JN411835

제 4 판

형법 총론

이주원

Criminal Law

박영사

제4판 서문

형법은 피의자를 위해 존재하는 법이다. 형법은 헌법의 구체화규범으로서, 피해자를 위해서가 아니라 '피의자'를 위해서 존재하는 법이다. '법률 없이 범죄 없고, 법률 없이 형벌 없다'는 죄형법정주의가 바로 그 표어적 표현이다. 형벌은 한 개인의 사회적 실존을 완전히 초토화시킬 수 있는 무서운 위력을 갖고 찾아온다. 그러므로 국가형벌은 언제나 일정한 한계를 염두에 두지 않으면 안 된다. 형법의 오용과 남용을 방지하기 위해 국가형벌권은 엄격한 통제 하에 놓여 있어야 한다는 점을 항상 명심해야 한다. 실체형법과 절차형법 모두 역사적으로 보나 사리상으로 보나 헌법의 구체화규범이라는 점에서 마찬가지이다.

많은 독자분들의 성원과 격려에 무거운 책임감을 느낀다. "형은 과거에 이미 저질러진 일을 징계하는 것이요, 법은 그 일을 미연에 방지하려는 것이다. 이미 저질러진 일을 징계함으로써 두려움을 알게 하는 것은, 그 일을 미연에 방지함으로써 피할 줄 알게 하는 것만 같지 못하다"(정인지, 고려사 형법). "죄를 정함으로써 죄를 그치게 하고(辟以止辟), 형을 정함으로써 형을 과하는 일이 없기를 기대함(刑期無刑)"이다(정도전, 삼봉집). 우리의 전통 형법사상을 되돌아보면서, 새로 쓰는 마음으로 처음부터 끝까지 내용을 가다듬었다. 죄형법정주의, 양벌규정, 인과관계, 결과적 가중범, 책임능력, 위법성조각사유 전제사실의 착오 등 서술을 손질한 것을 비롯하여, 기존 내용을 전부 재검토하여 그 내용을 고치고 표현도 다듬었다(총 17쪽 증가). 최신 판례는 2025. 12. 31.까지 선고된 헌법재판소 결정 및 대법원 판례(2026. 1. 1.자 판례공보 포함)를 반영했다. 이번 개정에 애쓰신 박영사 여러분과 수고를 아끼지 않으신 김선민 이사님께 감사드린다.

"생활은 검소하게, 생각은 높게(Plain living, High thinking)." 이 책을 읽는 모든 이에게 큰 행운이 있기를 소망한다.

2026. 1. 7.

저자 드림

제3판 서문

작년이 형법제정 70주년이라 바쁜 한해를 보냈던 것 같다. 형법은 사람을 처벌하는 법이다. '범죄' 때문이 아니라 '형벌' 때문에 존재하는 법이다. 형법은 형벌이라는 특수한 강제력을 사용하는 '수단의 특수성'이 있는 법이요, 그러한 형벌권을 오로지 국가에게 독점시킨 '공형벌(公刑罰) 체계'를 제도화한 법이다. 그러므로 형법은 마지막 수단으로 사용해야 하며, 절제되어야 할 가치체계인 것이다. 이것이 법치국가형법의 최후수단성·보충성 원칙이자 형법의 단편적·파편적 성격이다. 형법의 제1차 수신자는 개인이 아니다. 국가가 형법의 제1차 수신자이며, 형벌 권력의 속성을 우리는 항상 명심해야 한다. 헌법 구체화법으로서 형법의 문제의식을 잊지 않아야 할 것이다. 형법이 단지 수험법학이 되어서는 안 되는 이유가 여기에 있다.

초판 이래 매년 개정판을 내고 있다. 많은 성원과 격려에 진심으로 감사드린다. 이번 개정판에서는 바뀐 법령과 새 판례를 반영하고, 도표를 약간 추가·보완하고 설명도 좀 더 다듬었다. 즉, 최근 2023. 8. 8. 일부 개정된 형법 내용인 '사형의 집행시효 폐지', '영아살해·영아유기죄 폐지'를 반영하고, 그간 선고된 '정당방위의 현재성 완화', '정당행위 요건의 상호관계' 등 주요 형법판례를 빠짐없이 소개하였다. 최신 판례는 2024. 1. 15.까지 선고된 대법원 판례 및 헌법재판소 결정이다. 아울러 형법 제1조 제2항의 '법률의 변경'의 해석과 관련하여, 판례의 '한시법의 추급효 인정' 문제에 대한 분석과 비판을 추가하는 등 서술내용을 보완하였다.

이 책을 아껴주시는 많은 독자분들과 이번 개정에 애쓰신 박영사 여러분들께 깊이 감사드린다.

2024. 1. 19.

저자 드림

서 문

약 10년간의 형사재판 경험을 뒤로 하고 2008. 3. 1. 형법교수 자리를 얻은 이래, 햇수로는 올해가 15년째로 접어든다. 지난 2020년 봄 오랜 기다림 끝에 바야흐로 '법학전문대학원'에서 '형법총론'을 강의할 기회가 찾아왔다. 봄이 되고 학생들의 호응도 적지 않았으나, 학부 수업과는 달리 학생들이 배움의 잎을 한껏 피우기에는 한계가 있었다. 모두에게 그러했고 앞으로도 당분간 그러하겠지만, 비대면수업이라는 새로운 어려움도 마주하였다. 그리고 총론을 가르쳐 보아야 진짜 형법을 알 수 있다는 말씀이 늘 새로운 의미로 다가왔다. 이러한 여러 계기에서, 학생들의 요청에 부응하여 형법총론에 관한 '실용적인 책'을 내기로 했다. 여기에는 법학도에게 가장 중요한 공부인 방대한 민법 공부에 더하여, 짧은 기간에 어려운 형법총론 공부까지 해야 하는 학생들의 학습부담도 감안하지 않을 수가 없었다.

책을 준비하면서 짧지 않은 작업과정에서 내내 무엇을 가르칠 것인가, 어떻게 설명할 것인가, 어디까지 안내할 것인가를 늘 고민하였다. 그렇지만 천학비재한 몸으로서 해석론의 새로운 지평이나 어떤 창발을 크게 제시할 만한 형편은 되지 못했다. 단지 형법을 처음 배우는 학생의 심정을 십분 헤아려, 가급적 통설과 판례에 따라 '중요한 기본법리에 대한 알기쉬운 이해'를 돕고자 했다. 그리고 명확한 이해를 위해 무엇보다 '서술의 명료성과 정확성'에 중점을 두었다. 나아가 이론적 측면에서는 '도그마틱의 엄격성'을 견지하고자 했고, 실무적 측면에서는 책임론과 공범론, 특히 죄수론 및 형벌론 부분의 보강에 주력하였다. 이곳 고려대학에서 처음 교편을 잡던 그 시절부터 너무나도 많은 가르침을 주신 김일수 명예교수님을 비롯하여, 우리 형사법학계의 학회 활동을 통해 성장과 발전에 큰 도움을 주신 여러 형법이론의 선생님들께 깊은 감사의 말씀을 올린다. 미흡한 점이 적지 않지만, 여기서 멈추지 않고 앞으로 더욱 정치한 구성으로 다듬고 보완하여, 그 쓰임의 도리를 다하고자 한다.

몇 가지 양해 사항이 있다. 첫째, 쉽고 정확한 이해를 위해 중요사항은 적극 도표화했다. 그리고 다양한 예를 풍부하게 언급하였다. 둘째, 학생들의 희망에 따라 판례의 정확한 소개에 비중을 두었고 가급적 판례의 원문을 직접 인용하는 방식을 시도했다. 큰따옴표로 판례임을 알리면서 원문 그대로 싣는 것을 원칙으로 하되, 내용을 훼손하지 않는 한도에서 끊어 읽기, 핵심추출, 술어축약 등 약간 다듬었다. 상세한 내용은 원문을 정확하게 확인하면 좋을 것이다. 다만, 판례라고 해서 진리인 것은 아니라는 점만큼은 꼭 유념해야 한다. 이를테면 판례는 해석권력의 다수결에 의해 정해진 일종의 규칙이자 강제통용력 있는 선언일 뿐이다. 지금 이 순간에도 그 규칙은 변경되고 또한 변경이 논의되고 있을 것이다. 한편, 학설은 개설서임을 감안하여 개요 정도만 소개했고 문헌의 인용표시도 과감히 생략했다. 독자들의 너그러운 양해를 구하는 바이다. 최신 판례는 2021. 12. 31. 선고된 것까지 주요내용을 반영하였다. 셋째, 학습부담을 감안하여 큰 글씨 부분과 작은 글씨 부분으로 구분하여 서술했다. 큰 글씨가 주된 내용이고 작은 글씨 · 각주는 참고용이다. 요컨대 구성요건론, 위법성론, 책임론 등은 큰 글씨 부분을 위주로 학습하면 된다. 작은 글씨 부분은 부차적인 내용에 대한 보완 설명이거나 판례사례의 정리 또는 향후 뒷부분에서 등장할 중요 쟁점에 대한 사전예고용이다. 큰 부담 갖지 말고 그냥 건너뛰거나, 취향에 따라 가볍게 읽고 넘어가면 된다. 마찬가지로 죄수론도 일단 큰 글씨 부분을 위주로 학습하기를 권한다. 작은 글씨 부분은 개별 범죄의 죄수와 관련하여 중요한 내용을 정리한 것인데, 먼저 형법각칙의 개별 구성요건과 특별형법의 특별 구성요건을 공부하고 나아가 형사소송법까지 공부한 다음, 다시 죄수론으로 되돌아와 보면 그 전모가 더욱 쉽게 드러날 것이다.

책이 나오기까지 도움을 주신 분들께 감사드린다. 이 책의 출간에 대한 영감과 함께 적극적으로 성원해 주신 박영사의 안종만 회장님, 기획에서부터 큰 도움을 주신 조성호 이사님, 무엇보다도 편집과 교정에 많은 수고를 아끼지 않으신 김선민 이사님, 그리고 디자인과 출간에 애써 주신 박영사의 모든 직원분들께도 감사드린다. 아울러 박영사의 무궁한 발전을 진심으로 기원한다. 아무쪼록 이 책이 실체형법 공부에 조금이나마 도움이 되었으면 하는 마음과 노력을 담는다. 새해 독자 여러분께 큰 행운이 있기를 소망한다.

2022. 1. 3.

저자 드림

차 례

제 1 편 형법의 기초

제 1 장 형법과 죄형법정주의

제 2 장 형법의 적용범위

제 2 편 범 죄 론

제 1 장 범죄론 일반

제 2 장 구성요건론

제 3 장 위법성론

제4장 책 임 론

제5장 미 수 론

제6장 공 범 론

제7장 죄 수 론

제 3 편 형사제재론

제 1 장 형 벌

제 2 장 보안처분

제 1 편

형법의 기초

제 1 장

형법과 죄형법정주의

제 1 절 형법의 기본개념

Ⅰ. 형법의 의의와 기능

1. 의의

(1) 형법의 뜻

형법은 '범죄와 형벌에 관한 법률'이다. 무엇이 범죄이고 어떻게 처벌할 것인가에 관한 법규범의 총체이다. 그런데 범죄에 대한 법률효과로서 형법에는 형벌만이 규정되어 있으나, 형사특별법에는 형벌 이외에 보안처분 등 다양한 형사제재도 아울러 규정되어 있다. 따라서 형법은 '범죄와 그 법률효과인 형사제재(형벌·보안처분)에 관한 법규범의 총체'라고 할 수 있다.

우리나라를 비롯한 대륙법계에서는 '형법'(형벌에 관한 법률, Strafrecht), 미국 등 영미법계에서는 '범죄법'(범죄에 관한 법률, Criminal Law)이라는 용어를 사용한다. 이는 양자의 문화적 차이에 기인한 것으로, 형법이 국가의 통치수단이냐 시민의(자유에 대한) 한계수단이냐 그 역사적 중점이 다를 뿐, 실질적인 차이는 없다.

형법의 기본원칙이자 핵심이념은 '**죄형법정주의**'이다. 죄형법정주의란 범죄와 형벌은 미리 성문의 법률에 규정되어 있어야 한다는 원칙을 말한다. 이는 헌법에 근거를 둔 **헌법원칙**이다. 즉, 헌법 제12조 제1항은 "모든 국민은 … 법률과 적법한 절차에 의하지 아니하고는 처벌·보안처분 또는 강제노역을 받지 아니한다"고 규정한다. 따라서 범죄에 대한 법률효과인 형벌과 보안처분은 '**법률과 적법한 절차**'에 따라 부과될 것이 요구된다. "죄형법정주의 원칙상 어떤 행위가 처벌의 대상이 되기 위하여는, 처벌의 근거가 되는 법조가 일정한 행위를 요구하거나 금지하는 규범을 전제로 삼고 있어야 한다"(대판 1989.8.8. 88도1161).

(2) 형식적 의미의 형법과 실질적 의미의 형법

1) 형식적 의미의 형법 '형법'이라는 명칭을 가진 법률(1953.9.18. 법률 제293호로 제정되어 같은 해 10.3.부터 시행)을 말한다. 총칙과 각칙으로 되어 있다. '협의의 형법'이라고도 한다.

2) 실질적 의미의 형법 어떤 법률에 있는지 상관없이 범죄와 형사제재에 관한 내용을 담고 있는 모든 법규범을 말한다. '광의의 형법'이라고도 한다. 형법의 일반원칙은 모든 '실질적 의미의 형법'에 적용된다는 점에 그 실익이 있다.

여기에는 강학상 특별형법과 행정형법이 있다. ㉠ **특별형법**은 기존 형법의 특별구성요건이나 가중처벌을 규정한 형법의 특별법을 말하며, '형사특별법'이라고도 한다. 예컨대, '폭력행위 등 처벌에 관한 법률', '특정범죄 가중처벌 등에 관한 법률', '성폭력범죄의 처벌 등에 관한 특례법' 등이다. ㉡ **행정형법**은 행정관청의 행정목적을 달성하기 위한 의무이행확보수단으로써 형벌을 규정한 법률을 말한다. 예컨대, 도로교통법, 식품위생법, 건축법 등이다. 교통형법, 의료형법, 건축형법 등 다양한 용례가 있다.

[형법전의 구조: 총칙과 각칙] '형법전'(협의의 형법)은 총칙과 각칙으로 구성된다.

i) [총칙] 총칙(1–86)은 크게 형법의 적용범위, 범죄론, 형벌론으로 구성된다(4개 장). 즉, **형법의 적용범위**(제1장), **죄**(제2장), **형**(제3장), **기간**(제4장)이다. 모든 범죄와 형벌에 공통되는 **일반원칙**을 규정한 것이다. 특히 범죄론에서는 무엇이 범죄이고 범죄가 아닌가에 관하여, 고의(13), 과실(14), 인과관계(17), 부작위범(18) 등을 비롯하여, 위법성, 책임, 미수범, 공범, 죄수에 관하여 규정하고 있다. 형벌론에서는 형의 종류, 형의 양정, 선고유예와 집행유예, 형의 집행 등에 관하여 규정하고 있다.

ii) [각칙] 각칙(87–372)은 크게 **국가적 법익**, **사회적 법익**, **개인적 법익**에 대한 죄로 구성된다(42개 장). **각종 범죄**의 구성요건과 형벌을 구체적으로 규정한 것이다(예: 살인죄, 절도죄). 각칙의 각 범죄에는 총칙 규정이 적용된다.

(3) 형법총칙의 지위: 제8조

제8조(총칙의 적용) 본법 총칙은 타법령에 정한 죄에 적용한다. 단, 그 법령에 특별한 규정이 있는 때에는 예외로 한다.

1) 본문 총칙은 기본적으로 각칙의 일반원칙이다. 그런데 제8조 본문('본법 총칙은 타법령에 정한 죄에 적용한다') 규정에 의해, 총칙은 모든 광의의 형법(실질적 의미의 형법)에 대해서도 일반원칙으로 적용된다. 따라서 형법총칙은 우리나라 모든 형벌법규 체계에서 일반원칙으로서의 지위를 가진다.

2) 단서 다만, 제8조 단서('단, 그 법령에 특별한 규정이 있는 때에는 예외로 한다') 규정에 의해, 예외적으로 총칙규정의 적용이 배제된다. 그 이유는, 형법전이 자연범을 대상으로 한 벌칙규정이지만, 타법령은 해당 법령의 특수한 목적 달성을 위한 벌칙규정이기 때문이다. 이러한 사정은 특히 행정형법에서 뚜렷이 부각된다. 예컨대, 담배사업법 제31조는, 형법상 책임무능력자(9), 심신미약(10②), 법률의 착오(16), 벌금경합에 관한 가중제한(38①ii) 등의 적용을 광범위하게 배제하는 특별규정이다.

2. 법적 성격

(1) 법체계적 지위

우선, ㉠ 형법은 국가형벌권에 관한 법으로서, 국가와 개인 사이의 관계를 규율하는 '공법'(公法)이다. 개인과 개인 사이의 관계를 규율하는 민사법과 구별된다. ㉡ 형법은 재판에 쓰임이 있는 법으로, '사법법'(司法法)이다. 사법법은 합목적성보다는 법적 안정성을 추구한다. ㉢ 형법은 범죄의 성립요건과 그 법률효과를 규정하는 법으로, '실체법'(實體法)에 해당한다. 국가형벌권의 행사절차를 규정하는 형사소송법과 구별된다. ㉣ 형법은 형사소송법과 함께 '형사법'에 속한다. 양자는 서로 밀접한 보완관계에 있다. '망원경의 두 개의 렌즈' 또는 '칼자루와 칼날'로 비유된다.

(2) 규범적 성격

1) 가설규범 형법은 일정한 범죄행위를 조건으로 이에 대한 법률효과를 부과하는 가설규범이다(예: "사람을 살해한 자는 ~의 징역에 처한다"는 형식). 조건적 논리구조를 갖는다는 점에서, 정언명령의 형식인 도덕규범·윤리규범과 구별된다(예: "살인하지 말라"는 형식).

2) **행위규범과 재판규범** 형법은 행위규범인 동시에 재판규범이다. 형법은 일반 국민을 수범자로 하여, 일반 국민에게 일정한 행위를 금지(작위범의 경우)하거나 일정한 행위를 명령(부작위범의 경우)함으로써, 행위의 준칙을 제시하는 행위규범이다. 또한 형법은 법관을 수명자로 하여, 법관에게 형벌권행사의 한계를 설정함으로써, 사법작용을 규제하는 재판규범이다.

3) **평가규범과 결정규범** 형법은 평가규범인 동시에 의사결정규범이다. 형법은 일정한 행위를 범죄로 규정함으로써 그 행위가 위법하다고 평가하는 평가규범이다. 따라서 형법은 일반 국민에게 그 행위를 결의해서는 안된다는 의무를 부과함으로써, 의사결정의 기준이 되는 의사결정규범이다.

3. 형법의 기능

(1) 보호적 기능

1) **법익보호** 형법은 형벌이라는 특수한 강제력을 수단으로 사용하여, '법익을 보호하는 기능'을 수행한다. 법익보호 기능은 형법뿐 아니라 법 전체가 수행하는 기능이지만, 형법은 형벌을 도구로 사용한다는 점에서 다른 법률과 구별되는 '수단의 특수성'이 있다. 법익이란 법률을 통해 보호할 가치 있는 이익을 말한다. **법익의 보호**는 형법의 제1차적 과제이다. 형법각칙은 '개인적 법익', '사회적 법익' 및 '국가적 법익'으로 분류하여 규정한다.

2) **사회윤리적 행위가치의 보호** 법익보호뿐만 아니라 **사회윤리적 행위가치의 보호** 또한 형법의 기능이다. 사회윤리적 행위가치란 사회윤리에 부합하는 행위 그 자체, 즉 사회공동체의 일원으로서 개인이 실천해야 할 사회윤리적 의무의 이행을 말한다. 법익의 보호는 결과에 관한 것이고, 사회윤리적 행위가치의 보호는 행위 자체에 관한 것이다.

(2) 보장적 기능

1) **특히 범죄인의 마그나카르타** 형법은 국가의 자의적인 형벌권 남용으로부터 개인의 자유와 권리를 보장한다. 일반인 특히 범죄인의 **인권보장**은 형법의 중요한 기능이다. 즉, 일반인에 대한 관계에서는, 형법에 규정된 범죄행위 이외에는 행위자의 처벌이 금지된다는 점에서 일반인의 인권(자유)을 보장한다. 특히 범죄인에 대한 관계에서는, 법정형을 넘어서는 형벌권행사는 금지된다는 점에서 범죄인의 인권(자유)을 보장한다. 이러한 의미에서 형법은 전통적으로 '**범죄인의 마그나카르타**'라고 한다. 따라서 행위자는 자신의 책임 범위 내에서만 처벌

받는다는 **책임주의**를 요구한다.

형법의 보장적 기능을 수행하는 가장 중요한 원리는 **죄형법정주의**이다. 죄형법정주의는 형법의 기본원칙이며 핵심이념이다.

2) 형법의 보충성 원칙 형법에 의한 법익보호는 필요최소한에 그쳐야 한다. 즉, 형법은 민사제재나 행정제재 등 다른 수단으로는 법익보호가 불가능한 경우에 최후의 수단으로 동원되어야 한다. 가장 강력한 제재수단인 국가형벌의 무분별한 확대는 일반인의 기본권에 대한 막대한 침해를 초래하기 때문이다. 이를 **형법의 보충성 원칙** 또는 **형법의 최후수단성**이라고 한다. 과거에는 '**형법의 단편성 · 파편성**'(fragmentarischer Charakter)이라고 부르기도 하였다. 즉, "국가의 형벌권의 행사는 중대한 법익에 대한 위험이 명백한 경우에 한하여, 최후수단으로서 필요한 최소한의 범위에 그쳐야 한다"(헌재 2009.11.26. 2008헌바58). 형법에는 '**형법의 여백**'이 있다. 세상만사를 전부 형법으로 해결할 일은 아니다.

보충성원칙은 해석단계에서는 물론 입법단계에서도 적용된다. '범죄화 단계'뿐만 아니라 '법정형 설정단계'에도 적용된다(헌재 2003.11.27. 2002헌바24).[1] 즉, 형벌의 종류 중 가장 기본권침해가 경미한 수단이 먼저 적용되어야 하고, 신체의 자유를 박탈하는 자유형은 최후의 수단으로 사용되어야 한다.

[보호과제와 보장과제의 조화] 법익보호 대 인권보장, 즉, 일반인보호 대 범죄인처벌의 2가지 과제는 균형이 요구된다. 형법은 (일반인의) 법익 보호를 위해 (범죄인의) 법익을 박탈하는 사회통제수단이다. 형법은 범죄인에 대해 그 법익(인권)을 침해하는 국가 권한을 규정하면서, 동시에 그 침해의 한계를 규정하고 있다. 일반인을 위한 보호과제와 범죄인을 위한 보장과제는 서로 반비례관계에 있다. 그런데 현실의 상황은 보호목적의 상대적 우위에 직면한다. 즉 일반인의 법익보호 욕망은 쉽게 충족될 수 없는 성질의 것이기 때문에, 일반인보호의 과제를 위해 범죄인보장의 과제는 무시되는 경향이 있다. 자유주의 전통이 비교적 약한 우리의 경우 보장과제를 보호과제의 수준으로까지 높여 균형을 도모하는 것이야말로, 형법적용의 법치국가적 과제라고 할 수 있다. 형법은 '피해자를 위한 법'이기도 하지만, 무엇보다도 형법은 전통적으로 '피의자를 위한 법'인 것이다.

---

1) [입법과 보충성원칙] 위 2002헌바24 ("법정형의 종류와 범위를 정할 때는 형벌 위협으로부터 인간의 존엄과 가치를 존중하고 보호하여야 한다는 헌법 제10조의 요구에 따라야 하고, 헌법 제37조 제2항이 규정하고 있는 과잉입법금지의 정신에 따라 형벌개별화 원칙이 적용될 수 있는 범위의 법정형을 설정하여 실질적 법치국가의 원리를 구현하도록 하여야 하며, 형벌이 죄질과 책임에 상응하도록 적절한 비례성을 지켜야 한다").

Ⅱ. 형법이론과 형법학파

1. 형법이론

(1) 범죄이론

범죄이론이란 범죄의 본질이 무엇인가에 대한 이론을 말한다.

1) 객관주의 객관주의는 형법적 평가의 중점을 범죄, 즉 외부의 객관적인 행위와 결과에 두고, 형벌의 종류와 경중도 이에 상응해야 한다는 이론이다. 객관주의는 (자연과학적 결정론을 배제하고) 인간이 스스로 자기 의사를 결정할 수 있다는 자유의사의 존재를 긍정한다. 객관주의는 형벌이론에서 응보형주의 또는 일반예방주의와 결합한다.

2) 주관주의 주관주의는 형법적 평가의 중점을 범죄인, 즉 특수한 성격의 개인에 두고, 형벌의 대상은 범죄사실이 아니라 범죄인이며, 형벌의 종류와 경중도 범죄인의 악성 내지 사회적 위험성에 의하여 결정되어야 한다는 이론이다. 주관주의는 자연과학적 결정론을 배경으로, 인간의 자유의사를 부정하고, 행위자의 반사회적 성격에 주목한다. 주관주의는 형벌이론에서 특별예방주의와 결합한다.

3) 형법의 태도 객관주의와 주관주의의 대립은 범죄의 객관적 요소와 주관적 요소 가운데 그 중점에 차이가 있을 뿐, 객관주의라 하여 범죄의 주관적 요소를 무시하는 것은 아니며, 주관주의라 하여 객관적 요소를 전적으로 부정하는 것도 아니다. 형법도 객관주의와 주관주의를 고려한 절충적 구조를 취하고 있다. 기본적으로 객관주의적 입장이지만, 주관주의적 요소도 고려하고 있다.

(2) 형벌이론

형벌이론이란 형벌의 본질과 정당성의 근거가 무엇인가에 대한 이론이다.

1) 응보형주의 응보형주의는 형벌의 본질이 범죄에 대한 정당한 응보에 있다는 이론이다. 범죄는 피해자나 사회에 고통을 초래하므로 범죄에 상응하는 해악을 가하여야 하며, 그 해악이 형벌이라는 것이다. 즉, 형벌은 응분의 '죄값'을 묻는 방법, 즉 응보이며, 형벌은 그 자체가 목적이 된다. 범죄와 형벌의 비례성, 죄형의 균형이 강조되고, 형벌은 책임의 한도 내로 제한되며, 책임과 일치할 것이 요구된다.

그러나 원시적 형태의 보복과 본질적으로 다르지 않다는 비판이 있다.

2) 목적형주의: 일반예방과 특별예방 목적형주의는 형벌은 그 자체가 목

적이 아니라 장래의 범죄 예방이라는 다른 목적을 달성하기 위한 수단에 불과하다는 이론이다. 일반예방주의와 특별예방주의가 있다.

i) **일반예방주의**는 일반인에 대한 형벌의 위하(威嚇)를 통한 '일반인의 범죄예방'이 형벌의 목적이라는 이론이다. 일반예방주의는 인간은 이성을 지닌 존재라는 사고에 바탕을 두고 있다. 즉, 일반인은 형벌이라는 '위하'가 존재하면 이성을 통해 범죄를 자제할 수 있는 존재라는 것이다. 여기에는 ㉠ **소극적 일반예방**(형벌의 위하적 효과를 이용하여 일반인의 장래 범죄를 예방한다는 것)과 ㉡ **적극적 일반예방**(일반인의 규범의식을 강화하여 법질서를 준수하도록 하여 범죄를 예방한다는 것. 즉, '규범의 내면화를 통한 규범의 안정화'에 의해 사회통합 기능을 수행하고, 학습효과, 신뢰효과, 만족효과를 내용으로 한다는 것임)의 2가지 측면이 있다.

그러나 인간이 항상 이성적 판단을 하는 것은 아니고, 정신결함자도 우발적 범죄인도 많다는 점을 간과하였다는 비판을 받는다.

ii) **특별예방주의**는 '그 범죄인의 재범방지'가 형벌의 목적이라는 이론이다. 특별예방주의는 인간을 이성적 존재라기보다는 생물학적·기계적 존재로 파악한다. 범죄를 하나의 사회병리적 현상으로 파악하고, 그 치료를 위해 노력한다. 따라서 형벌의 목적은 일반인의 범죄예방이 아니라 그 범죄인에 대한 위하와 사회복귀 또는 격리를 통한 '그 범죄인의 재범방지'에 있다는 것이다.

그러나 인간이 항상 소질과 환경에 전적으로 종속되는 것은 아니고, 책임보다는 범죄인의 위험성에 지나치게 주목하여 형법상 책임주의를 희석시킬 위험이 있다는 비판을 받는다.

3) 형벌의 과제 형벌의 목적은 응보나 일반예방·특별예방의 어느 하나만으로 설명하기에는 불충분하므로, 이를 결합한 설명이 일반적이다. 형벌의 응보적 성질을 완전히 부정하지 않고, 책임에 기초한 응보의 범위 내에서 일반예방과 특별예방을 함께 고려하는 것이다. 판례도 기본적으로 응보와 예방을 모두 고려하고 있는 것으로 보인다.[1]

2. 형법학파

오늘날 형법이론은 형법학파의 논쟁을 통하여 형성·발전되어 왔다.

1) 고전학파 고전학파는 범죄이론인 객관주의, 형벌이론에서는 응보형주

1) 예컨대, "형벌의 목적이 결코 응보에만 있는 것이 아니다"(대판 1977.2.22. 76도4034 전합의 반대의견), "형벌의 목적은 교정에 있는 것이며 응보가 그 목적은 아니다"(대판 1984.10.10. 82도2595 전합의 반대의견) 등.

의와 일반예방주의를 결합하여 형성된 형법사상을 말한다. 인간의 자유의사를 긍정하고 합리적인 인간상을 전제로, 형벌과 보안처분을 엄격하게 구분하고 있다(2원론).

2) 근대학파 근대학파는 주관주의와 특별예방주의가 결합하여 형성된 형법사상을 말한다. 인간의 자유의사를 부정하고 소질과 환경에 구속되는 불평등한 인간상을 전제로, 형벌과 보안처분은 모두 사회방위처분으로서 그 본질이 동일하다고 본다(1원론).

[헌법 구체화규범으로서의 형법] 형법은 사람을 처벌하는 법이다. 형법은 '범죄' 때문이 아니라 '형벌' 때문에 존재하는 법이다. 형법은 형벌이라는 특수한 강제력을 사용하는 '수단의 특수성'이 있는 법이요, 그러한 형벌권을 오로지 국가에게 독점시킨 '공형벌(公刑罰) 체계'를 제도화한 법이다. 그러므로 형법은 마지막 수단으로 사용해야 하며, 절제되어야 할 가치체계인 것이다. 이것이 법치국가형법의 최후수단성·보충성 원칙이자 형법의 단편적·파편적 성격이다. 형법의 제1차 수신자는 개인이 아니다. 형법의 제1차 수신자는 국가이며, 형벌 권력의 속성을 우리는 항상 명심해야 한다. 헌법의 구체화규범으로서 형법의 문제의식을 잊지 않아야 한다. 형법이 단지 수험법학이 되어서는 안 되는 이유가 바로 여기에 있다.

형법에 대한 모든 헌법상의 제한을 형법의 법치국가적 제한이라 부른다. 법치국가의 개념에는 2종류가 있다. '형식적 의미의 법치국가' 개념은 법적 안정성을 이념으로 하고, 국가권력의 남용으로부터 개인의 자유와 안전을 보장하려는 것을 뜻한다. '실질적 의미의 법치국가' 개념은 인간의 존엄과 가치의 존중 및 보호를 그 이념으로 하고, 국가권력이 정의로운 국가의 이상형에 가능한 한 내용적으로 일치해야 함을 뜻한다.

죄형법정주의는 '형식적 법치국가' 개념으로부터 연역되는 형법의 기본원칙이고, 적법절차원칙은 '실질적 법치국가' 개념으로부터 연역되는 형법과 형사소송법의 기본원칙이다. 특히 적법절차 원칙(due process of law)은, 법률에 정한 절차라는 의미(헌법 12①) 외에, 그 법률의 실체적 내용이 또한 적정하여야 함을 말한다. 그러므로 형법과 형사소송법이 '적정'하다고 함은, 그 법률로서의 내용이 공정하고 합리적이며 상당성이 있어 정의의 이념에 합치될 뿐만 아니라, 궁극적으로는 그 법률의 내용이 인간의 존엄과 가치의 존중 요구에 합치하여야 함을 뜻한다.

제 2 절 죄형법정주의

Ⅰ. 의의

1) 뜻　죄형법정주의란 범죄와 형벌이 행위자의 행위 이전에 미리 성문화된 명확한 법률에 의해 확정되어 있어야 한다는 원칙이다.[1] 이는 "법률 없으면 범죄도 없고 형벌도 없다(nullum crimen, nulla poena sine lege)"라는 명제로 표현된다. (아무리 사회적으로 비난받는 행위라도) 그 행위 이전에 범죄로 규정되어, 그 가벌성이 미리 법률로 확정되어 있어야 하고('법률 없이 범죄 없다'), 형벌의 종류와 정도까지도 미리 법률로 확정되어 있어야 함('법률 없이 형벌 없다')을 뜻한다. 죄형법정주의는 역사적으로 1215년 영국의 대헌장(magna charta)에서 기원하여, 오늘날 형법의 보편적 일반원칙으로 확립되었다.[2]

죄형법정주의는 국가형벌권의 발동근거인 동시에 한계로 작용한다. "죄형법정주의는 국가형벌권의 자의적 행사로부터 개인의 자유와 권리를 보장하려는 법치국가 형법의 기본원리이다"(헌재 1991.7.8. 91헌가4). 형법의 보장적 기능을 수행하는, 형법의 기본원칙이자 최고원리이며 핵심이념이다(죄형법정'원칙'이라는 표현이 정확하나, 죄형법정'주의'라는 용어가 관행적으로 통용되어 왔다).

2) 근거　죄형법정주의는 헌법과 형법에 근거를 두고 있다. 즉, 헌법 제13조 제1항("모든 국민은 '행위시의 법률'에 의하여 범죄를 구성하지 아니하는 행위로 소추되지 아니한다") 및 헌법 제12조 제1항("누구든지 '법률과 적법한 절차'에 의하지 아니하고는 처벌·보안처분을 받지 아니한다)은 헌법상 죄형법정주의를 명문화한 것이다. 전자(헌법13①)는 '법률 없이 범죄 없다'는 원칙을 포괄하고, 후자(헌법12①)는 '법률 없이 형벌 없다'는 원칙을 포괄하고 있다. 이를 바탕으로, 형법 제1조 제1항("범죄의 성립과 처벌은 '행위시의 법률'에 따른다"), 형사소송법 제323조 제1항("형의 선고를 하는 때에는 판결이유에 '법령의 적용'을 명시하여야 한다")은, 죄형법정주의를 재차 확인하고 있다.[3]

1) [죄형법정주의] 헌재 1996.12.26. 93헌바65: "법률이 처벌하고자 하는 행위가 무엇이며 그에 대한 형벌이 어떠한 것인지를 누구나 예견할 수 있고, 그에 따라 자신의 행위를 결정할 수 있도록 구성요건을 명확하게 규정할 것"

2) [연혁] 죄형법정주의는 1776년 미국 Virginia / Maryland 헌법, 1787년 오스트리아 형법전으로 성숙되었다가, 1789년 프랑스 인권선언에서 오늘날과 같은 문언의 전형적인 공식으로 형성되었다. 그 후 1794년 프로이센 일반국법에 명문화되었고, 1891년 독일 제국형법을 거쳐, 1948년 세계인권선언, 1950년 유럽인권협약에도 천명되어 있다. 이제 죄형법정주의는 인류공동의 법문화적 유산임이 충분히 증명된 셈이다.

3) [4가지 정신사적 뿌리] 죄형법정주의는 일찍이 합리적 계몽주의사상으로부터 출발하여 자유주

"형법은 '헌법의 구체화법'이다."

3) **현대적 의의** 근대 이후 독재권력의 출현으로 죄형법정주의는 자유의 보장이 아니라 오히려 침해의 공식으로 악용되었다. 즉, 죄형법정주의의 형식적 측면만을 강조한다면, 법률의 내용과 관계없이 단지 성문의 법률로써 악법을 제정하여 형벌권을 남용하는 것이 가능하였기 때문이다.

현대적 의미의 죄형법정주의는 법치국가원리에 그 근거를 두고 있다. 실질적 법치국가원리는 법률의 '내용이 실질적 정의에 합치'될 것을 요구한다. 따라서 현대적 의미의 죄형법정주의는 보장적 기능을 실질적으로 수행하기 위해 "적정한 법률 없으면 범죄 없고 형벌 없다"는 원칙으로 발전하였다. 오늘날 죄형법정주의는 그 실질적 의미가 강조되며('실질적 죄형법정주의'), 입법권의 자의적인 남용으로부터도 개인의 자유와 권리를 보장하는 기능을 수행한다. 결국, 오늘날 "죄형법정주의는 이미 제정된 '정의로운 법률'에 의하지 아니하고는 처벌되지 아니한다는 원칙"(위 91헌가4)이다.

따라서 입법자는 입법과정에서 헌법원칙에 반하지 않는 형법을 입법하여야 한다. 나아가 형법적용자인 형사법관도 적용될 형법이 헌법원칙과 죄형법정주의에 위배될 소지가 있는지 여부를 항상 면밀히 심사하여야 한다. 형사법관의 '적용될 형법에 대한 제1차적 위헌심사'(위헌법률제청)는 '기본권 수호자'로서 형사법관의 헌법상 권한이자 책무이다.

4) **죄형법정주의의 실천적 의의** 죄형법정주의의 실천적 의의는 **보장적 의의**, 즉 '**국가형벌권에 대한 통제요건의 요구**'에 있다. 형법의 적용에 대해 모든 시민이 예측할 수 있고 신뢰하기 위해서는, 단순히 범죄와 형벌을 법률에 규정하는 것만으로는 부족하다. 형법의 오용과 남용을 방지하기 위해 형법이라는 법률에 대해 요구되는 조건들, 즉 죄형법정주의의 구체적 내용과 파생원칙이 오늘날 보편적 · 객관적으로 명확하게 확립되어 있다.

개인의 자유와 안전을 보장해 주는 것은 국가의 제1차적 임무이다. 개인의 자유와 안전을 국가의 형벌권남용으로부터 보장하려는 요청은, 자유민주적 법치국가의 헌법질서 하에서 필요불가결한 것이다. 따라서 형법의 제1차 수신자는 개인이 아니라 국가이다. 국가야말로 형법의 제1차 수신자라는 것이 죄형법

의적 정치사상의 발달과 더불어 구체화되었다. 그리고 Hobbes류의 법을 통한 지배자의 자기구속, Lock 및 Montesquieu 이래 권력분립론, Feuerbach의 심리강제설에 기초한 일반예방사상 · 법치국가적 책임원칙 등을 그 뿌리로 삼고 있다. 여기서 정치적 자유주의와 권력분립론은 국가법적 원리이고, 일반예방과 책임원칙은 형법에 특유한 원리이다.

정주의의 실천적 요청이다. 실정화된 형법만이 (국가형벌권에 의해) '형법적으로 규율되는 생활영역'과 '형법으로부터 자유로운 생활영역'의 결정적인 한계 표지인 것이다. 형법은 '범죄' 때문에 존재하는 법이 아니라 '형벌' 때문에 존재하는 법이다. 죄형법정주의의 이러한 자유보장적 의의는 예나 지금이나 동일하다.1)

["법률 없이 범죄 없다", "법률 없이 형벌 없다"] '법률 없이 범죄 없다'는 원칙으로부터 형법의 최후수단성·형법의 보충성이 추론된다. 자유사회가 형법으로부터 원칙적으로 자유로운 바다라면, 형법으로 규율될 범죄영역은 **'남쪽 바다에 듬성듬성 떠 있는 섬들'**이다. 그 섬들을 제외한 나머지 자유의 바다는 '형법으로부터 자유로운 생활영역'이다. 그래서 형법의 해석·적용도 '대충 또는 될 수 있는 대로 형법'이라는 생각보다는, 그것이 되도록 '최소한으로' 또는 '의심스러울 때는 시민의 자유에 유리하게'라는 길이 형법의 정도(正道)이다.

'법률 없이 형벌 없다'는 원칙으로부터도 '될 수 있는 대로 처벌 또는 엄벌'이라는 시각보다는, 범죄인의 처지에다 자신을 세워놓고 '**측은지심**(惻隱之心)' 또는 연민의 마음으로, 형벌을 다시 한번 생각해보는 관점이 역시 형법의 기본자세이다.

Ⅱ. 파생원칙

1. 법률주의

(1) 의의

범죄와 형벌은 성문의 '법률'에 규정되어 있어야 한다는 원칙이다. 여기서 법률은 국회가 제정한 형식적 의미의 법률을 의미한다. 따라서 명령, 규칙 등 하위법령과 관습법에 의해 범죄와 형벌을 규정할 수는 없다.

(2) 위임입법의 예외적 허용

1) 위임입법의 예외적 허용　헌법은 '법률에서 구체적으로 범위를 정하여 위임받은 사항'에 관하여 하위법령에 규정하는 것을 허용한다(헌법75). 이는 "사회현상의 복잡다기화와 국회의 전문적·기술적 능력의 한계 및 시간적 적응능력의 한계로 인하여, 형사처벌에 관련된 모든 법규를 예외 없이 형식적 의미의 법률에 의하여 규정한다는 것은, 사실상 불가능할 뿐만 아니라 실제에 적합하지도 아니하기 때문"이다(대판 2002.11.26. 2002도2998). 따라서 "특히 긴급한 필요가

1) [주의: 형법의 공백] 간혹 마땅히 처벌받아야 할 자가 처벌받지 않는 경우도 종종 생기지만, 이것은 입법자가 '법적 안정성', 즉 국가권력의 개입에 대한 '국민의 예측가능성'을 보장하기 위해, 불가피하게 치를 수밖에 없는 '법치국가적 대가'에 불과하다.

있거나 미리 법률로써 자세히 정할 수 없는 부득이한 사정이 있는 경우에 한하여"(위 2002도2998) 하위법령에 범죄와 형벌에 관해 위임할 수 있다. 이때 위임하는 법률을 '수권법률'(授權法律) 또는 '위임법률'(委任法律)이라 한다(위 2002도2998).

2) 위임입법의 허용요건 그러나 위임입법이 죄형법정주의에 위배되지 않기 위해서는, 수권법률(위임법률)은 **더욱 엄격**한 다음의 요건을 갖추어야 한다. 즉, "수권법률(위임법률)이 ㉠ **구성요건의 점**에서는 처벌대상인 행위가 어떠한 것인지 이를 **예측할 수 있을 정도로 구체적**으로 정하고,[1] ㉡ **형벌의 점**에서는 **형벌의 종류 및 그 상한과 폭**을 명확히 규정하는 것을 전제로, 위임입법이 허용되며 이러한 위임입법은 죄형법정주의에 반하지 않는다"(헌재 1996.2.29. 94헌마213; 위 2002도2998). 따라서 "법률의 명시적인 위임 범위를 벗어나 그 처벌의 대상을 확장하는 것은 죄형법정주의 원칙에 어긋난다"(대판 1999.2.11. 98도2816 전합).[2]

3) 포괄적 위임입법의 금지 포괄적 위임입법은 금지된다. 즉, 어떠한 법률이 처벌근거만을 규정하고 범죄구성요건과 형벌에 관한 세부사항을 명령·규칙 등 하위법령에 일반적·포괄적으로 위임하는 것은 허용되지 않는다. 위임입법에서 "예측가능성의 유무는, 당해 특정 조항 하나만을 가지고 판단할 것이 아니라 관련 법조항 전체를 유기적·체계적으로 종합 판단하여야 한다. 위임법률 자체로부터 장래 정립될 법규명령의 기본적 윤곽에 대한 예견가능성이 보장되어야 한다"(헌재 2010.2.25. 2008헌가6).

(3) 관습형법금지

성문의 법률이 아닌 관습법에 의해 범죄로 인정하거나 형벌을 부과하는 것은 죄형법정주의에 반한다. 다만 행위자에게 유리한 관습법은 허용된다. 즉 관습법에 의해 형법규정의 적용을 배제하거나 형을 감경하는 것은 금지되지 않는다.

---

1) [형벌법규의 위임: 엄격한 제한] 헌재 1995.11.30. 94헌바40 ("위임범위의 구체성·명확성의 요구 정도는 그 규제대상의 종류와 성격에 따라 달라질 수밖에 없는 것으로, 처벌법규와 같이 국민의 기본권을 직접적으로 제한하거나 침해할 소지가 있는 경우에는, 구체성의 요구가 강화되어 그 위임의 요건과 범위가 일반적인 급부행정법규의 경우보다 더 엄격하게 제한적으로 규정되어야 한다").

2) [예외] 다만, 헌법재판소는, ㉠ 규제의 대상의 변동이 잦은 경우 그 때마다 법령의 변경이 불가능한 경우에는 예외적으로 구성요건의 일부를 행정기관이 결정할 수 있고(헌재 2000.6.29. 99헌가16), ㉡ 각 지방의 특수성을 감안하여 구성요건을 정해야 하는 경우에는 조례로 구성요건의 내용을 구체화하더라도 위임입법의 한계를 일탈한 것은 아니라고 한다(헌재 2005.10.27. 2003헌마50).

[판례사례: 위임입법] i) [위임입법 유효사례] ㉠ "공공기관의 운영에 관한 법률 제53조가 공기업의 임직원으로서 공무원이 아닌 사람은 형법 제129조의 적용에서는 이를 공무원으로 본다고 규정하고 있을 뿐, 구체적인 공기업이 지정에 관하여는 하위규범인 기획재정부장관의 고시에 의하도록 규정하고 있는데, (공공기관의 사업 내용이나 범위 등이 계속적으로 변동할 수밖에 없는 현실, 국회가 공공기관의 재정상태와 직원 수의 변동, 수입액 등을 예측하기 어렵고 그러한 변화에 대응하여 그때마다 법률을 개정하는 것도 용이하지 아니한 점 등을 감안할 때) 공무원 의제규정의 적용을 받는 공기업 등의 정의 규정을 법률이 아닌 시행령이나 고시 등 그 하위규범에서 정하는 것에 부득이한 측면이 있고, (법 및 시행령상 '시장형 공기업'의 경우 자산규모가 2조 원 이상으로 직원 정원이 50인 이상인 공공기관으로서 총수입액 중 자체수입액이 85% 이상인 기업을 의미하는 것으로 명시적으로 규정되어 있어서) 법령에서 비교적 구체적으로 요건과 범위를 정하여 공공기관 유형의 지정 권한을 기획재정부장관에게 위임하고 있는 것으로 볼 수 있는 점 등에 비추어 보면, 공공기관의 운영에 관한 법률 제53조가, 죄형법정주의에 위배되거나 위임입법의 한계를 일탈한 것으로 볼 수 없다"(대판 2013.6.13. 2013도1685).

ii) [무효사례] ㉠ "복표발행, 현상기타사행행위단속법 제9조는 벌칙규정이면서도 형벌만을 규정하고 범죄의 구성요건의 설정은 완전히 각령에 백지위임하고 있는 것이나 다름없어, 위임입법의 한계를 규정한 헌법 제75조와 죄형법정주의를 규정한 헌법 제12조 제1항, 제13조 제1항에 위반된다"(헌재 1991.7.8. 91헌가4). 죄형법정주의와 위임입법의 한계를 명확하게 판단한 최초의 결정이다.

㉡ "불출석 등의 죄, 의회모욕죄, 위증 등의 죄에 관하여 형벌을 규정한 조례안에 관하여 법률에 의한 위임이 없었던 경우, 조례 위반에 형벌을 가할 수 있도록 규정한 조례안 규정들은 지방자치법 제20조에 위반되고, 죄형법정주의를 선언한 헌법 제12조 제1항에도 위반된다"(대판 1995.6.30. 93추83).

㉢ "의료법 제41조가 "환자의 진료 등에 필요한 당직의료인을 두어야 한다."라고 규정하고 있을 뿐인데도, 시행령 조항은 당직의료인의 수와 자격 등 배치기준을 규정하고 이를 위반하면 의료법 제90조에의한 처벌의 대상이 되도록 함으로써 형사처벌의 대상을 신설 또는 확장하였다. 그러므로 시행령 조항은 위임입법의 한계를 벗어난 것으로서 무효이다"(대판 2017.2.16. 2015도16014 전합).

2. 명확성 원칙

(1) 의의

범죄와 형벌은 그 내용이 명확하게 규정되어 있어야 한다는 원칙이다. 즉, “법률이 처벌하고자 하는 행위가 무엇이며 그에 대한 형벌이 어떠한 것인지를 **누구나 예견**할 수 있고, 그에 따라 자신의 **행위를 결정**할 수 있도록 구성요건을 명확하게 규정할 것을 요구한다”(헌재 1996.12.26. 93헌바65; 대판 2006.5.11. 2006도920).[1] 이는 ‘규범의 의사결정력을 담보’하고 ‘법관의 자의적인 해석을 방지’하기 위한 것이다(헌재 1990.4.2. 89헌가113).[2] 그러나 “일반적으로 법규는 그 규정의 문언에 표현력의 한계가 있고, 그 성질상 어느 정도의 추상성을 가지는 것은 불가피하며, 평가적 · 정서적 판단을 요하는 규범적 구성요건 요소도 있다”(대판 1995.6.16. 94도2413). 따라서 “명확성 원칙은 기본적으로 최대한이 아닌 **최소한의 명확성**을 요구하는 것이다”(헌재 1998.4.30. 95헌가16).

(2) 구성요건의 명확성

범죄의 구성요건은 명확하여야 한다. 이러한 명확성 원칙은 구성요건은 물론, 위법성조각사유 및 책임조각사유에도 적용된다. 예컨대, 정당방위 규정에도 명확성 원칙은 적용되며, 그 중 ‘상당한 이유’ 부분은 명확성 원칙에 위반되지 **않는다**(헌재 2001.6.28. 99헌바31).[3]

1) 판단기준 명확성 여부의 판단기준은, ㉠ 입법기술상 그러한 용어사용이 **불가피**한 것인지 여부(위 99헌바31), ㉡ 당해 조항이 **합리적 해석기준을 제공**하

---

1) [형벌법규의 명확성: 엄격] 헌재 1995.11.30. 94헌바40 (“죄형법정주의가 지배되는 형사관련 법률에서는 명확성의 정도가 강화되어 더 엄격한 기준이 적용된다”). 민법상 계약과 달리, 형벌법규에서는 당사자의 형성의 자유가 인정되지 않고 입법자가 정한 법률의 내용에만 따라야 하기 때문이다.

2) [명확성 원칙의 근거] 위 89헌가113 (“규범의 의미내용으로부터 무엇이 금지되는 행위이고 무엇이 허용되는 행위인지를 수범자가 알 수 없다면, 법적 안정성과 예측가능성은 확보될 수 없게 될 것이고, 또한 법집행 당국에 의한 자의적 집행을 가능하게 할 것이기 때문이다”); 헌재 1992.2.25. 89헌가104 (“법규의 내용이 애매하거나 그 적용범위가 지나치게 광범하면, 어떠한 것이 범죄인가를 법제정기관인 입법자가 법률로 확정하는 것이 아니라 사실상 법운영당국이 재량으로 정하는 결과가 되는 것이다”).

3) [정당방위의 ‘상당한 이유’와 명확성 원칙] 헌재 2001.6.28. 99헌가31 (“정당방위 상황을 미리 예상하여 일일이 법문에서 규정하는 것은 거의 불가능에 가깝고, 변화하는 사회에 대한 법규범의 적응력을 확보하기 위해서도 어느 정도 망라적인 의미를 가지는 내용으로 입법하는 것이 불가피하다고 할 것인바, ‘상당한 이유’ 부분에 대해서는 대법원도 일찍부터 합리적인 해석기준을 제시하고 있어 건전한 상식과 통상적인 법 감정을 가진 일반인이라면 그 의미를 어느 정도 쉽게 파악할 수 있다고 할 것이므로 명확성의 원칙을 위반하였다고 할 수 없다”).

고 있는지 여부(즉, 수범자에게 예측가능성을 주고 있는지 여부 및 법관의 자의적인 법해석이 배제되는지 여부. 헌재 2011.3.31. 2009헌가12)[1)]이다.

2) 판단주체　명확성의 판단주체는 원칙적으로 "통상의 판단능력을 가진 일반인"이다(헌재 1997.9.25. 96헌가16; 대판 2003.11.14. 2003도3600).[2)] 형법은 일반인을 수범자로 하는 행위규범이기 때문이다.

그런데도 실무는 명확성원칙의 초점을 주로 법관의 자의적 해석 방지에 맞추고 있다. 즉, ㉠ "법관의 보충적인 가치판단을 통해서 그 의미내용을 확인해낼 수 있고, 그러한 보충적 해석이 해석자의 개인적인 취향에 따라 좌우될 가능성이 없다면, 명확성 원칙에 반한다고 할 수 없다"(헌재 1998.4.30. 95헌가16). ㉡ (법령의 특성에 따라서는 전문지식을 가진 수범자를 대상으로 하거나 수범자가 어떤 행위를 결정할 때 통상 어느 정도 전문지식에 의한 보완을 받게 되는 경우) "일반인이라도 법률전문가의 도움을 받아 무엇이 금지되는 것인지 여부에 관하여 예측하는 것이 가능한 정도라면, 명확성 원칙에 반하지 않는다"(헌재 2005.3.31. 2003헌바12).[3)] ㉢ 형벌법규에 추상적·일반적 용어가 사용된 경우 "대법원의 판결 등에 의하여 구체적이고 종합적인 해석기준이 제시되고 있는지 여부"를 판단기준으로 적용한다(헌재 2011.3.31.

---

1) [명확성의 판단기준] 위 2009헌가12 ("법규범이 명확한지 여부는 그 법규범이 수범자에게 법규의 의미내용을 알 수 있도록 예측가능성을 주고 있는지 여부 및 그 법규범이 법을 해석·집행하는 기관에게 충분한 의미내용을 규율하여 자의적인 법해석이나 법집행이 배제되는지 여부, 다시 말하면 예측가능성 및 자의적 법집행 배제가 확보되는지 여부에 따라 이를 판단할 수 있다. 법규범의 의미내용은 그 문언뿐만 아니라 입법목적이나 입법취지, 입법연혁, 그리고 법규범의 체계적 구조 등을 종합적으로 고려하는 해석방법에 의하여 구체화하게 되므로, 결국 법규범이 명확성원칙에 위반되는지 여부는 위와 같은 해석방법에 의하여 그 의미내용을 합리적으로 파악할 수 있는 해석기준을 얻을 수 있는지 여부에 달려 있다"); 헌재 1992.2.25. 89헌가104 ("범죄구성요건에 일반적·규범적 개념을 사용하더라도, 법률규정에 의하여 그 해석이 가능하고, 또한 일반인이 금지된 행위와 허용된 행위를 구분하여 인식할 수 있다면, 명확성 원칙에 위배되는 것은 아니다")

2) [판단주체: 통상의 일반인] ㉠ 위 96헌가16 ("통상의 판단능력을 가진 국민"); 헌재 2006.7.27. 2005헌바19 ("건전한 상식과 통상적인 법감정을 가진 사람"); 위 2003도3600 ("사물의 변별능력을 제대로 갖춘 일반인의 이해와 판단으로서 그의 구성요건 요소에 해당하는 행위유형을 정형화하거나 한정할 합리적 해석기준을 찾을 수 있어야 명확성의 원칙에 반하지 않는다").
㉡ 대판 2022.12.22. 2016도21314 전합 ("한방의료행위의 의미가 수범자인 한의사의 입장에서 명확하고 엄격하게 해석되어야 한다는 죄형법정주의 관점에서, 진단용 의료기기－초음파 진단기기－가 한의학적 의료행위 원리와 관련 없음이 명백한 경우가 아닌 한 형사처벌 대상에서 제외됨을 의미한다").

3) [명확성 원칙 위반] 그러나 법률조항의 올바른 해석을 위하여 입법연혁이나 그 취지까지 참작해야 한다면 이는 법률전문가에게도 결코 쉽지 않은 일이 될 것이므로, 통상의 판단능력을 가진 일반인은 물론 법률전문가에게조차 법해석상 혼란을 야기할 수 있을 정도에 이를 정도라면 이는 적어도 형벌법규에는 적합하지 아니한 것으로서 죄형법정주의의 명확성원칙에 위반된다(헌재 1997.9.25. 96헌가16).

2009헌가12).[1] 결국 수범자인 일반인의 예측가능성 요건은 그만큼 약화되고 있다.

(3) 제재의 명확성

선고되는 형벌과 보안처분의 종류와 범위는 특정되어야 한다.

1) 절대적 부정기형 금지 절대적 부정기형(형의 장기와 단기를 전혀 결정하지 않는 것)은 명확성 원칙에 반하므로 금지된다. 부정기형은 형의 선고단계에서 형을 확정하지 않고 집행단계에서 결정하는 것을 말한다.

2) 소년에 대한 상대적 부정기형 소년에 대해서는 상대적 부정기형(형의 장기와 단기를 특정)이 도입되어 있다(소년법60①).[2] 그 범위를 벗어나는 형의 집행은 불가능하므로 명확성 원칙에 위배되지 않는다. 이는 소년범의 집행단계에서의 교화 정도에 따라 조속히 사회에 복귀시키기 위한 제도이다.

3) 절대적 부정기의 보안처분 금지 절대적 부정기의 보안처분도 명확성 원칙에 반한다는 것이 다수설이다. 치료감호와 관련하여, (과거 사회보호법에서는 '치료가 끝날 때까지' 절대적 부정기처분으로 규정하였으나) 대체입법인 치료감호법에서 15년을 초과할 수 없도록 규정하였다(동법16②).

[판례사례: 구성요건의 명확성 여부] i) [명확성 원칙 준수(명확)] ㉠ '음란'이라는 개념을 사용하는 것은 명확성 원칙에 반하지 않는다(대판 1995.6.16. 94도2413), ㉡ "형법 제349조 제1항(부당이득죄) 중 '궁박'이나 '현저하게 부당한 이익'이라는 개념도 이 조항이 지니는 약간의 불명확성은 법관의 통상적인 해석 작용에 의하여 충분히 보완될 수 있고, 건전한 상식과 통상적인 법감정을 가진 일반인이라면 금지되는 행위가 무엇인지를 예측할 수 있으므로, 이 조항은 죄형법정주의에서 요구되는 명확성의 원칙에 위배되지 아니한다"(위 2005헌바19).

ii) [명확성 원칙 위배(불명확)] ㉠ '공공의 안녕질서 또는 미풍양속을 해하는'이라는 불온통신의 개념은 너무나 불명확하고 애매하다. 동어반복이라고 해도 좋을 정도로 전혀 구체화되어 있지 아니하다. 사람마다의 가치관, 윤리관에 따라 크게 달라질 수밖에 없고, 법집행자의 통상적 해석을 통하여 그 의미내용을 객관적으로 확정하기도 어렵다. 명확성원칙에 반한다"(헌재 2002.6.27. 99헌마480).

---

1) [판단기준] 위 2009헌가12("대법원 판결 등에 의하여 이미 이에 관한 구체적이고 종합적인 해석기준이 제시되고 있는 이상, 법집행기관이 이 사건 법률조항을 자의적으로 확대하여 해석할 염려도 없으므로, 죄형법정주의의 명확성원칙에 위반되지 않는다").

2) [소년에 대한 상대적 부정기형] 소년법 제60조 ① 소년이 법정형으로 장기 2년 이상의 유기형에 해당하는 죄를 범한 경우에는 그 형의 범위에서 장기와 단기를 정하여 선고한다. 다만, 장기는 10년, 단기는 5년을 초과하지 못한다.

3. 소급효금지 원칙

(1) 의의

범죄의 성립과 처벌은 행위 당시의 법률에 의해야 하고, 사후입법을 제정하는 것은 물론 그 법률에 의해 이전의 행위에까지 소급하여 처벌하는 것은 금지된다는 원칙이다. 이는 사후입법에 의한 처벌을 금지함으로써, 국민의 신뢰를 보호하고 법적 안정성을 보장하기 위한 것이다. 헌법 제13조 제1항("모든 국민은 '행위시의 법률'에 의하여 범죄를 구성하지 아니하는 행위로 소추되지 아니하며")과 형법 제1조 제1항("범죄의 성립과 처벌은 '행위시의 법률'에 따른다")에 규정되어 있다.

(2) 내용

1) 사후입법에 의한 소급금지 사후입법으로 새로운 형벌조항을 신설하는 것은 물론, 기존의 형벌조항의 처벌범위를 확장하는 것도 금지된다. 입법자에 의한 소급입법뿐만 아니라 법관에 의한 소급적용도 금지된다.

2) 유리한 소급효 허용 행위자에게 불리한 소급효는 금지되지만, 행위자에게 유리한 소급효는 허용된다. 즉, 형벌을 폐지 또는 감경하는 내용의 사후입법은 소급효가 인정된다. 우리 형법 제1조 제2항 및 제3항은 이를 명시적으로 규정하고 있다.

(3) 적용범위

1) 보안처분의 소급효 문제 형벌은 이미 발생한 과거의 범죄행위에 대한 책임주의에 기초한 사후적 제재인 반면, 보안처분은 행위자의 사회적 위험성에 기초한 미래를 향한 예방적 제재라는 점에 차이가 있다. 문제는, 보안처분에 대해서도 소급효금지의 원칙이 적용되는지 여부이다.

이에 대해서는, ㉠ 소급효 긍정설(형벌이 아니라는 견해), ㉡ 소급효 부정설(보안처분도 범죄에 대한 제재이고, 개인의 자유를 제한하는 처분이며, 헌법 제12조 제1항은 형벌과 보안처분을 구별하지 않기 때문에, 소급효금지원칙이 적용된다는 견해), ㉢ 개별화설(보안처분의 종류에 따라 달리 판단하는 견해)이 대립한다. 소급효 부정설이 통설이다. 보안처분도 신체의 자유를 제한한다는 점에서 형벌과 실질적으로 동일하고, 형벌에 못지않은 강한 형사제재로서 형벌적 성격이 있기 때문이다.

판례는 **개별화설**의 입장이다. 즉, 보안처분의 종류에 따라 소급적용 여부를 달리 판단한다.[1] ㉠ 보호관찰, ㉡ 전자장치 부착명령, ㉢ 청소년보호법상 신상

---

1) [보안처분과 소급효 여부] 헌재 2012.12.27. 2010헌가82 ("보안처분은 형벌과는 달리 행위자의 장래 재범위험성에 근거하는 것으로서, 행위시가 아닌 재판시의 재범위험성 여부에 대한 판단

정보의 공개명령, 성폭력범죄처벌특례법상 공개명령 및 고지명령, ㉣ 성충동약물치료 등에 대해서는 소급적용을 인정하는 반면, ㉠ 실질적으로 신체의 자유를 제한하는 사회봉사명령, ㉡ 수강명령 · 이수명령, ㉢ 그 밖에 부착기간 하한의 2배 가중규정 등에 대해서는 소급적용을 부정한다.

[판례사례: 보안처분의 소급효 여부] i) [소급효 긍정] 소급효금지의 원칙이 적용되지 않는다고 한 사례로는, ㉠ (보호관찰) "보호관찰은 형벌이 아니라 보안처분의 성격을 갖는 것으로서, 재판시의 규정에 의하여 보호관찰을 받을 것을 명할 수 있다"(대판 1997.6.13. 97도703), ㉡ (전자장치 부착명령) "전자장치 부착은 전통적 의미의 형벌이 아니며, 이를 통하여 피부착자의 위치만 국가에 노출될 뿐 그 행동 자체를 통제하지 않는다는 점에서 비형벌적 보안처분에 해당되므로, 이를 소급적용하도록 한 부칙경과규정은 헌법 제13조 제1항 전단의 소급처벌금지원칙에 위배되지 아니한다"(헌재 2015.9.24. 2015헌바35), ㉢ (신상정보의 공개명령 또는 고지명령) "청소년성보호법상 공개명령제도는 일종의 보안처분이기 때문에 형벌에 관한 소급입법금지의 원칙이 그대로 적용되지 않는다"(대판 2011.3.24. 2010도14393), "신상정보의 공개명령 및 고지명령 제도는 성범죄자에 대한 응보 목적의 형벌과 달리 성범죄의 사전예방을 위한 보안처분적 성격이 강한 점 등에 비추어 보면, 성폭력범죄의 처벌 등에 관한 특례법 제32조 제1항에 규정된 등록대상 성폭력범죄를 범한 자에 대해서는 특례법 제37조, 제41조의 시행 전에 그 범죄를 범하고 그에 대한 공소제기가 이루어졌더라도 특례법 제37조, 제41조에 의한 공개명령 또는 고지명령의 대상이 된다"(대판 2011.9.29. 2011도9253; 2012.6.28. 2012도2947 등).

ii) [소급효 부정] 소급효금지의 원칙이 적용될 수 있다고 한 사례로는, ㉠ ('가정폭력처벌법'상 사회봉사명령) "형벌 그 자체가 아니라 보안처분의 성격을 가지는 것이 사실이나, 이는 가정폭력범죄행위에 대하여 형사처벌 대신 부과되는 것으로서, 가정폭력범죄를 범한 자에게 의무적 노동을 부과하고 여가시간을 박탈하여 실질적으로는 신체적 자유를 제한하게 되므로, 이에 대하여는 원칙적으로 형벌불소급의 원칙에 따라 행위시법을 적용함이 상당하다"(대결 2008.7.24.자 2008어4), 그 밖에 ㉡ 성폭력처벌상 수강명령 또는 이수명령의 병과규정(대판 2013.4.11. 2013도1525), ㉢ 전자장치 부착기간 하한을 2배 가중하는 규정("명시적인 경과규정을 두고 있지 않으므로, 소급적용을

에 따라 보안처분 선고를 결정하므로 원칙적으로 재판 당시 현행법을 소급적용할 수 있다. 그러나 보안처분의 범주가 넓고 그 모습이 다양한 이상, … 보안처분에 속한다는 이유만으로 일률적으로 소급효금지원칙이 적용된다거나 그렇지 않다고 단정해서는 안된다. 따라서 보안처분이라 하더라도 형벌적 성격이 강하여 신체의 자유를 박탈하거나 박탈에 준하는 정도로 신체의 자유를 제한하는 경우에는 소급효금지원칙을 적용하는 것이 법치주의 및 죄형법정주의에 부합한다").

부정하는 것이 형법 제1조 제1항의 행위시법 적용의 원칙 또는 죄형법정주의에 부합한다.": 대판 2013.7.26. 2013도6220).

2) 소송법규정의 소급효 소급효금지 원칙은 원래 실체법인 형법에만 적용될 뿐, 절차법인 형사소송법에 당연히 적용되는 것은 아니다. 소급효금지는 범죄의 성립과 처벌에 관한 국민의 신뢰를 보호하는 것이기 때문이다.

그런데 소송법규정이 행위자의 **가벌성과 관련된 경우**(예: 행위 후 친고죄가 비친고죄로 변경, 공소시효의 폐지 등)에 소급효금지 원칙이 적용되는지 여부가 문제된다. 가장 문제되는 것은 형사소송법상 **공소시효가 연장**되는 경우이다. 공소시효의 연장과 관련하여, ㉠ **부진정소급효**(아직 공소시효가 완성되지 않은 범죄에 대해 공소시효를 연장하는 입법을 한 경우)와 ㉡ **진정소급효**(이미 공소시효가 완성된 이후에 완성된 공소시효의 효력을 상실시키는 입법을 하는 경우)가 있다.

이에 대해서는, ㉠ 소급효 긍정설(형벌 그 자체가 아니라는 견해), ㉡ 소급효 부정설(절차법적 규정이라도 가벌성에 관계된 경우에는 원칙적으로 소급효를 부정해야 한다는 견해), ㉢ 진정소급효·부진정소급효 구별설(부진정소급효는 허용되나 진정소급효는 허용되지 않는다는 견해)이 대립한다. 구별설, 즉 '**부진정소급효 허용**·진정소급효 금지'가 다수설이고 타당하다. 부진정소급효의 경우에는 개인의 신뢰보호보다는 공익이 더 우선한다고 볼 수 있기 때문이다.

판례는, 부진정소급효는 물론, 나아가 **진정소급효까지도** 예외적으로 허용될 수 있다는 입장이다. 즉, "진정소급입법은 신뢰보호의 요청에 우선하는 **심히 중대한 공익상의 사유**가 소급입법을 정당화하는 경우에는, 예외적으로 허용될 수 있다"(헌재 1996. 2.16. 96헌가2; 대판 1997.4.17. 96도3376 전합. 공소시효의 정지를 규정한 5·18민주화운동등에관한특별법 사건). 한편, 공소시효를 정지·연장·배제하는 특례조항을 신설하면서 소급적용에 관한 명시적인 **경과규정을 두지 않은 경우** 그 소급적용 여부가 더욱 문제된다. "이를 해결할 보편타당한 일반원칙은 없으므로, 적법절차원칙과 소급금지원칙을 천명한 헌법(12①·13①)의 정신을 바탕으로 법적 안정성과 신뢰보호원칙을 포함한 **법치주의 이념**을 훼손하지 않는 범위에서 신중히 판단하여야 한다"(대판 2016. 5.28. 2015도1362).[1] 이와 같이 명시적인 경과규정이 없는 경우 '시행일 당시 아직 공소시효가 완성되지 않은 범죄'에 대한 '해당 특례조항의 **부진정소급효**'

---

1) 결국 공소시효 '배제' 규정에 대해 소급적용에 관한 명시적인 규정이 없다는 이유로 그 소급적용을 부정하고 공소시효가 완성되었다고 한 사례.

여부와 관련하여 판례는, 공소시효의 **정지**를 규정한 특례조항은 그 소급적용이 허용되나(대판 2003.11.27. 2003도4327; 2016.9.28. 2016도7273; 2021.2.25. 2020도369),[1] 공소시효의 **배제**를 규정한 특례조항은 그 소급적용이 허용되지 않는다(위 2015도1362)고 한다.

3) 판례변경의 소급효 행위 당시의 판례에서는 처벌 또는 가중처벌되지 않는 행위였으나, 그 이후 판례를 변경하여 그 변경 이전의 행위를 처벌 또는 가중처벌할 수 있는가 문제된다. 즉 '피고인에게 불리한 판례변경'에 대해서 그 소급효를 인정할 것인지 여부의 문제이다.

이에 대해서는, ㉠ 소급효 긍정설(소급효금지의 원칙은 법률의 변경에만 적용되고, 법률 아닌 판례의 변경에는 적용되지 않는다는 견해. 다만 행위 당시 기존의 판례를 신뢰한 경우에는 자신의 행위가 법적으로 허용되는 것으로 오인한 것이므로 위법성의 착오로 취급한다), ㉡ 소급효 부정설(판례가 유권해석으로서 사실상 구속력이 있고, 일반국민의 신뢰도 존재하므로, 법적 안정성을 보장하기 위해서는, 불리하게 변경된 판례의 소급효를 부정해야 한다는 견해), ㉢ 구별설(판례의 변경이 법적 견해의 변경인 경우에는 법률보충적 내지 법창조적 활동이므로 피고인의 신뢰보호를 위해 소급효금지가 적용되지만, 판례의 변경이 객관적 법상황의 변경에서 기인한 경우에는 법해석 또는 법발견에 불과하므로, 소급효가 인정된다는 견해)이 대립한다. 소급효 부정설이 다수설이다. 즉 판례변경의 경우에도 장래효만 인정해야 한다는 것이다.

판례는 **소급효 긍정설**의 입장이다. 즉, "형사처벌의 근거가 되는 것은 법률이지 판례가 아니고, 판례의 변경은 그 법률조항의 내용을 확인하는 것에 지나지 아니하여, 이로써 그 법률조항 자체가 변경된 것이라고 볼 수는 없다. 행위 당시의 판례에 의하면 처벌대상이 되지 아니하는 것으로 해석되었던 행위를, 판례의 변경에 따라 확인된 내용의 형법 조항에 근거하여 처벌한다고 하여, 그것이 형벌불소급의 원칙에 반한다고 할 수는 없다"(대판 1999.9.17. 97도3349). 따라서 행위 당시 처벌받지 않던 행위가 판례변경에 의해 가벌적 행위가 되는 경우에는, 그 행위에 대해서도 변경된 판례가 적용된다(예: 다른 사람의 운전면허증을 운전자격증명이 아니라 주민등록증 대신 신분확인을 위해 제시한 행위에 대해, 판례를 변경하여 공문서부정행사죄로 처벌한 사례인 대판 2001.4.19. 2000도1985 전합).

4) 유리한 신법적용을 배제하는 경과규정 형벌을 완화하는 법률개정을

---

1) [판례: '부진정소급효' 사안] 위 2003도4327 (1995.12.29. 개정된 형사소송법 <u>시행 당시 공소시효가 완성되지 아니한 범죄</u>에 대한 공소시효가 위 법률이 <u>개정되면서 신설된 제253조 제3항에 의해</u> <u>피고인이 외국에 있는 기간 동안 '정지'되었다</u>고 보아 공소제기시에 공소시효의 기간이 경과되지 아니하였다고 한 사례). 위 2020도369도 같은 취지이다.

하면서, 신법에 '구법시의 행위에 대해서는 구법을 적용한다'는 내용의 경과규정을 두는 것은 허용된다. 즉 "제8조에 의하면 신법에 경과규정을 두어 이러한 신법의 적용을 배제하는 것도 허용된다"(대판 1999.12.24. 99노3003). 이는 일종의 '불리한 구법의 추급효'를 인정하는 것이다.

4. 유추적용금지 원칙

(1) 의의

유추적용 금지란 법규의 내용을 '가능한 문언의 의미한계'를 넘어 비슷한 사례에 적용해서는 안 된다는 것을 뜻한다. 즉, "법률에 규정이 없는 사항에 대해 그것과 유사한 성질을 가지는 사항에 관한 법률을 끌어와 적용하는 것"은 형법에서 절대로 금지된다(예: 주거'침입'에 '장난전화'를 포함시키는 것).

[정확한 용어사용: 유추'적용' 금지] 원래 유추(類推)란 '유사성'을 의미한다. 유사하다는 것은 부분적으로는 서로 일치하나 부분적으로는 서로 다른 것을 말한다. 따라서 유추적용이란 법규의 내용을 문언상 꼭 맞아 떨어지지 않는 유사한 사례에 적용시키는 것을 뜻한다. 즉, 유추는 '문제되는 사실관계'와 '어떤 법률규정에 당연히 적용될 사실관계'의 유사성의 비교를 통해 결론을 추론하는 과정, 즉 '유사성의 비교추론' 또는 '유비추론(類比推論)'의 줄임말이다. 원래 법률이란 일단 제정되기만 하면 고정되는 속성이 있는 반면, 그것이 규율하고자 하는 생활세계는 계속 변화하기 때문에, 입법자가 미처 예상하지 못한 '법률의 흠결'은 발생하기 마련이다. 이러한 법률의 흠결을 새로운 법률을 만들지 않고서도 해석적용자의 유추적용을 통해 해결하려는 시도이다.

유추는 해석과 구별된다. 해석이 일반적·추상적 법률규정의 의미내용을 분명히 하여 개별적·구체적 사실관계에 적용될 수 있을 정도로 구체화하는 작업이라면, 유추는 당해 법률규정이 적용되기 어려운 경우에 '사실관계의 유사성'만을 근거로 삼아 그 법률규정을 적용하는 작업이므로, '해석의 바깥영역에 있는' 법적용 방법을 의미한다. 따라서 유추는 법의 흠결을 메우기 위한 보완작업으로, 법해석이라기보다는 '법관에 의한 법창조'이자 '일종의 입법'이다.

그러므로 현재 판례가 죄형법정주의의 파생원칙의 하나로 설명하고 있는 '유추해석 금지'의 원칙이라는 용어는 정확한 것이라 할 수 없다. '유추해석 금지'라는 용의주도하지 못한 표현보다는 '유추적용 금지'라는 표현이 더 정확하다.

유추적용은 다른 법영역, 특히 사법분야에서는 법발견의 수단으로 널리 통용되지만, 형법 분야에서는 행위자의 자유와 안전을 위해 행위자에게 불리한 유추적용은 죄형법정주의에 반하는 것으로서 엄격하게 금지된다. 만일 법률에서 규율된 것과 유사한 사례에 그 법률을 적용한다면, ㉠ 그 가벌성이 법률로 실정화되어 있지 않았음에도 처벌하는 것과 다를 바 없고, ㉡ 의사결정규범으로서의 형법의 역할에 비추어 명확성 원칙을 통한 '수범자의 예측가능성' 보장에도 반하는 것이며, ㉢ 형사법관에 의한 '입법권의 침해'이자 해석의 한계를 넘어 '입법의 권위를 대신'하는 일이 되어 법치국가에서는 허용될 수 없기 때문이다. 즉, "형벌법규의 해석은 엄격하여야 하고, 명문의 형벌법규의 의미를 피고인에게 불리한 방향으로 지나치게 확장해석하거나 유추해석(註 정확히는 유추'적용')하는 것은, 죄형법정주의 원칙에 어긋나는 것으로서 허용되지 않는다"(대판 2011.8.25. 2011도7725). 이러한 유추적용 금지는, '형사법관의 법률에 대한 구속성'을 강화하고, '형사법관의 자의로부터 개인의 자유와 권리를 보장'하는 기능을 수행한다. '형사법관의 법률구속성 원칙' 내지 '유추적용금지 원칙'은 명확성 원칙과 관계된 원칙으로, 법률주의와 명확성 원칙을 형법적용의 영역에서 관철하는 것이다.

(2) 내용

1) **적용범위** 유추적용 금지는 형법 총칙 및 각칙의 모든 사항에 적용된다. 즉, "유추해석금지의 원칙은 모든 형벌법규의 구성요건과 가벌성에 관한 규정에 준용된다"(대판 1997.3.20. 96도1167 전합). 예컨대, ㉠ **형법각칙의 모든 범죄구성요건, 형법총칙상 모든 가벌성에 관한 규정**에 적용된다. 범죄에 대한 '실패한 교사'(31②)나 '효과없는 교사'(31③)를 '방조범'에 유추적용하는 것은 허용되지 않는다. 또한 형법총칙에 의해 각칙상의 범죄구성요건의 가벌성을 확장한 경우(예: 미수 · 공동정범 · 공범 등)에도 유추적용이 금지된다. ㉡ **백지형법의 보충규정**에 대해서도 유추적용금지가 적용된다. 판례도 같다(대판 1991.4.23. 90도1287). ㉢ **형벌 및 보안처분**도 행위자에게 불리한 유추적용이 금지된다.[1)]

그러나 '타법 영역에서 발전된 개념의 범위확장'에는 유추적용 금지가 작동하지 않는다. 즉, 형법상의 개념이 사법(私法) 등 다른 법영역에 의존되어 있을 때, 형법의 법문 밖에서 발전된 개념의 확장범위는, 형법에도 그대로 적용될 수 있다(유추적용 금지의 대상이 아니다). 예컨대, 횡령죄 등 재산죄의 보호객체는 타인의 재물인바, 양도담보의 경우(자기가 소유하던 재물에 대해, 그 소유권은 타인에게 담보의

1) [보안처분과 유추적용금지] 보안처분은 그 전제로서 가벌성을 요구하고 있는 것은 아니므로, 유추적용금지가 직접 적용된다고 볼 것은 아니지만, 공법의 일반적 법률유보 원칙에 비추어, 행위자에게 불리한 보안처분의 유추적용은 금지된다고 해석된다.

목적으로 양도한 뒤 그 점유는 계속하는 경우) 점유자의 소유권은 대내적(對內的) 관계에서는 여전히 잔존한다(이른바 상대적 소유권 개념).

2) **위법성조각사유 등의 제한직 유추금지** 행위사에세 유리한 사유인 **위법성조각사유 · 책임조각사유 · 인적 처벌조각사유 · 소추조건**에 대해서도 유추적용금지 여부가 문제된다. 여기서는 '확장적 유추'와 '제한적 유추'를 구별할 필요가 있다. 특히 '**제한적 유추**'란 피고인에게 '유리한' 형법규정을 문언의 가능한 의미범위를 벗어나 '축소 · 제한'하는 방향으로 적용하는 것을 말한다. 행위자에게 '유리한' 형법규정에 대해 그 문언의 가능한 의미를 벗어나는 '제한적 유추'를 하게 되면, 입법자가 의도하지 않은 '가벌성의 범위 확대'로 귀결된다.

예컨대, ㉠ 위법성조각사유, 즉 정당화사유의 범위에 대해 '제한적 유추'를 하게 되면, 행위자의 가벌성의 범위는 확대되고, 결국 행위자에게 불리한 유추적용이 되어 법치국가적으로 문제가 발생하게 된다. 이는 가능한 문언의 의미를 넘어 범죄구성요건을 유추적용하는 것과 결과에서 다를 바 없다. 따라서 형법에서 규정하고 있는 정당화사유를 '가능한 문언의 범위를 넘어' 제한적으로 유추적용하는 것은 허용될 수 없다. 반면, 이 경우 '확장적 유추'를 하게 되면, 행위자의 가벌성의 범위가 축소되고 결국 행위자에게 유리한 유추적용이 되어 법치국가적으로 문제될 것이 없다. ㉡ 같은 취지에서, 책임조각사유(예: 강요된 행위), 인적처벌조각사유(예: 친족상도례)를 그 문언의 한계를 넘어 제한적으로 유추적용하는 것은 금지된다. ㉢ 소추조건(예: 친고죄에서 고소, 반의사불벌죄에서 처벌불원 의사표시)에 대해서도 행위자에게 불리한 유추적용은 법치국가적으로 금지된다.

판례도 같다. 즉, "위법성 및 책임의 조각사유나 소추조건, 또는 처벌조각사유인 **형면제 사유**에 관하여, 그 범위를 **제한적으로 유추**적용하게 되면, 행위자의 가벌성의 범위는 확대되어 행위자에게 불리하게 된다. 이는 가능한 문언의 의미를 넘어 범죄구성요건을 유추적용하는 것과 같은 결과가 초래되므로, 죄형법정주의의 파생원칙인 유추해석금지의 원칙에 위반하여 **허용될 수 없다**"(대판 1997.3.20. 96도1167 전합. '유리한 사유의 제한적 유추 금지'). 예컨대, "형면제 사유에 대하여 그 문언보다 제한해석하는 것은 허용되지 않는다"(위 96도1167 전합).[1] 즉, 행위

1) [판례사례: '자수'의 축소 여부] 위 96도1167 전합 ("공직선거법 제262조의 "자수"를 '범행발각 전에 자수한 경우'로 한정하는 풀이는 "자수"라는 단어가 통상 관용적으로 사용되는 용례에서 갖는 개념 외에 '범행발각 전'이라는 또다른 개념을 추가하는 것으로서, 결국은 '언어의 가능한 의미'를 넘어 "자수"의 범위를 그 문언보다 제한함으로써, 공직선거법 제230조 제1항 등의 처벌범위를 실정법 이상으로 확대한 것이 된다. 따라서 이는 단순한 목적론적 축소해석에 그치

자에게 유리한 형법규정인 공직선거법 제262조의 '자수' 개념을 '범행 발각 전'에 자수한 경우로 한정하여 해석한다면 이는 행위자에게 불리한 제한적 유추이므로 허용될 수 없다는 것이다.

3) 유리한 유추적용의 허용 행위자에게 불리한 유추적용은 금지되지만, 행위자에게 유리한 유추적용은 허용된다. 예컨대, ㉠ 형법상 벌금형의 감경 방법(55①vi)의 '다액의 2분의 1'이라는 문언 중 '다액'을 '금액'으로 해석하여, 상한은 물론 하한도 2분의 1로 내려간다고 한 것(대판 1978.4.25. 78도246 전합. 이른바 '금액판결'), ㉡ 군형법상 상관명예훼손(64③) 행위에 대해 위법성조각에 관한 별도의 규정은 없으나, 형법 제310조(위법성의 조각)가 유추적용된다고 한 것(대판 2024.4.16. 2023도13333) 등이 그러하다.

그러나 행위자에게 유리한 유추적용이라고 하여 무조건 허용되는 것은 아니다. 유리한 유추적용을 위한 '합리적인 근거'가 존재해야 한다. 즉 "그렇게 해석하지 아니하면 '그 결과가 현저히 형평과 정의에 반하거나 심각한 불합리가 초래되는 경우'에 한하여"(대판 2004.1.11. 2004도4049), 유리한 유추적용이 허용된다. 개인의 자유를 최대한 보장하기 위해서는 유추의 오용을 봉쇄할 필요가 있고, 입법자의 합리적 재량 또한 존중되어야 하기 때문이다.[1] 예컨대, 앞서 '상관명예훼손 행위'에 대한 '형법 제310조의 유리한 유추적용'에서도 이러한 '합리적 근거'가 인정된다.[2]

(3) 확장해석과 유추적용

유추적용과 확장해석은 구별되며, 유추적용금지 원칙이 확장해석까지 금지하는 것은 아니다.

1) 확장해석의 뜻 '문언의 가능한 의미 범위 안에서' 지금까지의 구성요

는 것이 아니라, 형면제 사유에 대한 제한적 유추를 통하여 처벌범위를 실정법 이상으로 확대한 것으로서 죄형법정주의의 파생원칙인 유추해석금지의 원칙에 위반된다").

1) [유리한 유추의 한계] "그렇게 해석하지 아니하면 '그 결과가 현저히 형평과 정의에 반하거나 심각한 불합리가 초래되는 경우'에 한하고, 그렇지 않는 한 입법자의 재량을 존중하여야 한다"(위 2004도4049).

2) [유리한 유추적용의 '합리적 근거'] 위 2023도13333 ("군형법상 상관명예훼손죄는 행위의 상대방이 '상관'이라는 점에서 형법 제307조 제1항의 명예훼손죄와 구별되는 것일 뿐, 구성요건적 행위인 명예훼손을 형법상의 개념과 다르게 해석할 이유가 없다. 군형법상 상관명예훼손죄와 형법상 명예훼손죄의 불법내용에 본질적인 차이가 없고, 문제되는 행위가 '공공의 이익에 관한 때'에 해당하는지를 심사할 때에 상관명예훼손죄가 보호하고자 아는 군의 통수체계와 위계질서에 대한 침해 위험 등을 추가적으로 고려함으로써 위법성조각사유의 해당 여부를 판단하면 충분하다").

건해석에는 포함되지 않던 사항을 목적론적 견지에서 최대한 넓게 해석 · 적용하는 것을 말한다. 예컨대, 감금죄에서 감금은 "물리적 · 유형적 장해 이외에 심리적 · 무형적 장해에 의해서도 가능하다"(대판 1984.5.15. 84도655)라는 해석이다.[1)]

2) 확장해석과 유추적용의 한계 양자의 구별기준은 '법률 문언의 가능한 의미'이다. 이때 '문언의 가능한 의미'는 그것이 일상언어로서 가지는 의미가 기준이 된다. 즉, 언어의 가능한 의미를 넘어서는 해석은 유추가 된다. 예컨대, "'양'과 '염소'는 모두 우과(牛科)에 속하는 반추하는 가축이기는 하나, 같은 동물이라고는 할 수 없다. 축산물가공처리법 소정의 '수축' 중의 하나인 '양'의 개념 속에 '염소'가 당연히 포함되는 것으로 유추해석할 수 없다"(대판 1977.9.28. 77도405. 이른바 '염소판결'). 그러나 '허용되는 확장해석'과 '금지되는 유추' 사이의 한계는 유동적이고, 구체적 논증이 필요한 매우 어려운 문제이다. 다만, 그 구별과 한계는 이를테면 '풍선 불기'에 비유할 수 있을 것인데, 풍선에 공기를 최대한 불어넣을 수는 있으나, 풍선이 점점 팽창하여 곧 터질 위험에 직면하게 되면 그 직전 단계에서 의식적으로 그 불기를 멈추어야 한다는 정도로 이해된다.

[판례사례: 금지되는 유추적용과 허용되는 해석] i) [금지사례] ㉠ "형법 제347조의2는 컴퓨터등사용사기죄의 객체를 재물이 아닌 재산상의 이익으로만 한정하여 규정하고 있으므로, 절취한 타인의 신용카드로 현금자동지급기에서 현금을 인출하는 행위가 재물에 관한 범죄임이 분명한 이상 이를 위 컴퓨터등사용사기죄로 처벌할 수는 없다"(대판 2003.5.13. 2003도1178). ㉡ "도로교통법 제43조의 해석상 '운전면허를 받지 아니하고'라는 법률문언의 통상적인 의미에 '운전면허를 받았으나 그 후 운전면허의 효력이 정지된 경우'가 당연히 포함된다고는 해석할 수 없다"(대판 2011.8.25. 2011도7725).[2)] ㉢ "어린이집 대표자를 변경하고도 변경인가를 받지 않은 채 어린이집을 운

---

1) [판례사례] 대판 2024.2.29. 2021도10133 ("옥외광고물법 시행령(3xiii)의 '교통수단 이용 광고물' 중 '교통수단 외부에 문자·도형 등을 직접 도료로 표시하는 광고물'에는 광고스티커와 같이 '특수한 재질의 종이에 도료로 문자·도형 등을 표현한 후 이를 교통수단에 표시 · 부착하는 것'도 포함된다", "직접 도료로 표시하는 것"이라고 정하고 있을 뿐 "직접 도료로 칠하는 것"이라고 정하고 있지는 않으므로, '교통수단 외부에 문자 · 도형 등을 직접 도료로 칠하는 경우'에만 직접표시형 교통수단 이용 광고물에 해당한다고 한정할 수 없다. '특수한 재질의 종이인 스티커 위에 도료를 칠하여 문자·도형 등을 표시한 다음 그 스티커를 교통수단 외부에 붙이는 경우'와 같이 넓게 '도료를 이용하여' 문자·도형 등을 표시하는 경우에도 직접표시형 교통수단 이용 광고물에 해당한다").

2) [입법적 보완] 이는 '원동기장치자전거면허의 효력이 정지된 상태에서' 원동기장치자전거를 운전하였다고 하여 도로교통법 위반(무면허운전)으로 기소된 사안에서, 무죄가 선고된 사례이다. 그 후 2019.12.24. 도로교통법 개정으로 벌칙규정인 제154조가 개정되어, 기존의 "원동기장치자전거 면허를 받지 아니하고" 외에 "(운전면허의 효력이 정지된 경우를 포함한다)"의 문언이

영한 행위에 대하여, 설치인가를 받지 않고 사실상 어린이집의 형태로 운영한 행위 등을 처벌하는 규정인 영유아보육법 제54조 제4항 제2호를 적용하거나 유추적용할 수 없다"(대판 2022.12.1. 2021도6860). ㉣ 승객이 탑승한 후 항공기의 모든 문이 닫힌 때부터 내리기 위하여 문을 열 때까지 항공기가 지상에서 이동하는 경로가 항공보안법 제42조에서 정한 '항로'에 포함되는지 여부와 관련하여, "항로가 공중의 개념을 내포한 말이고, 입법자가 그 말뜻을 사전적 정의보다 넓은 의미로 사용하였다고 볼 자료가 없다. 지상의 항공기가 이동할 때 '운항 중'이 된다는 이유만으로 그때 다니는 지상의 길까지 '항로'로 해석하는 것은 문언의 가능한 의미를 벗어난다"(대판 2017.12.21. 2015도8335 전합). ㉤ "피고인이 자신의 영업점에서 실제 행한 활동은 손님에게 연초 잎 등 담배의 재료를 판매하고 담배제조시설을 제공한 것인데, 이러한 피고인의 활동은 담배의 원료인 연초 잎에 일정한 작업을 가한 것이 아니어서 '담배의 제조'로 평가하기는 어렵다"(대판 2023.1.12. 2019도16782).

ii) [허용사례] ㉠ 실화죄의 해석과 관련하여, "형법 제170조 제2항에서 말하는 '자기의 소유에 속하는 제166조 또는 제167조에 기재한 물건'이라 함은 '자기의 소유에 속하는 제166조에 기재한 물건 또는 자기의 소유에 속하든, 타인의 소유에 속하든 불문하고 제167조에 기재한 물건'을 의미하는 것이라고 해석하여야 하며, 이렇게 해석한다고 하더라도, 그것이 법규정의 가능한 의미를 벗어나 법형성이나 법창조행위에 이른 것이라고는 할 수 없어, 죄형법정주의의 원칙상 금지되는 유추해석이나 확장해석에 해당한다고 볼 수는 없다"(대결 1994.12.20.자 94모32 전합). ㉡ "'약국 개설자가 아니면 의약품을 판매하거나 판매 목적으로 취득할 수 없다'고 규정한 구 약사법 제44조 제1항의 '판매'에 무상으로 의약품을 양도하는 '수여'를 포함시키는 해석이 죄형법정주의에 위배되지 않는다"(대판 2011.10.13. 2011도6287). ㉢ "수면제와 같은 약물을 투약하여 피해자를 '일시적으로 수면 또는 의식불명 상태'에 이르게 한 경우도 강간치상죄의 '상해'에 해당한다"(대판 2017.6.29. 2017도3196. 이른바 '졸피뎀' 사건). ㉣ 그런데, 자동차를 운전하여 사람을 폭행한 경우 특수폭행죄와 관련하여, "위험한 물건을 '휴대하여'라는 말은 소지뿐만 아니라 널리 이용한다는 뜻도 포함하고 있다"(대판 1997.5.30. 97도597)고 한다. 이에 대해서는, '휴대'의 일상생활에서의 의미내용에 부합한다고 보기 어렵기 때문에 논란이 있다(즉, 금지되는 확장해석 또는 유추적용).

(4) 목적론적 축소해석

한편, 형벌법규에 사용된 문언의 의미를 법률의 목적이나 입법자의 의사를 고려하여 일상생활에서의 관용적인 의미보다 축소하여 해석하는 것을 '목적론적 축소해석'이라 한다. 예컨대, 살인죄의 감경적 구성요건인 구형법 제251조의

추가되었다.

영아살해죄에서, 그 주체인 '직계존속'을 법의 취지(분만 직후의 비정상적 심리상태로 인한 책임비난의 감소)에 맞추어 영아를 분만하는 '산모'로 제한하고 '생부'나 '조부모'는 주체에서 제외하는 해석방법이다. 판례도 '행위자에게 유리한' 목적론적 축소해석(=가벌성의 범위 축소)을 허용한다. 예컨대, 행위자에게 불리한 '처벌특례 배제사유'인 "교특법 제3조 제3항 단서 제7호(무면허운전 사고)에서 말하는 '도로교통법 제43조를 위반'한 행위는 도로교통법위반죄(무면허운전)와 마찬가지로 '유효한 운전면허가 없음을 알면서도' 자동차를 운전하는 경우(=고의범)만을 의미한다"(대판 2023.6.29. 2021도17733).

그러나 (단순한 목적론적 축소해석이 아니라) 목적론적 축소해석이 '가벌성의 범위를 확대'시키는 경우에는 허용되지 않는다. 이와 관련하여, 판례는 앞서 본 바와 같이 (행위자에게 유리한 사유인) "위법성 및 책임의 조각사유나 소추조건, 또는 처벌조각사유인 형면제 사유에 관하여, 그 범위를 제한적으로 유추적용하게 되면, 행위자의 가벌성의 범위는 확대되어 행위자에게 불리하게 된다. 이는 가능한 문언의 의미를 넘어 범죄구성요건을 유추적용하는 것과 같은 결과가 초래되므로, 허용될 수 없다"(위 96도1167 전합)고 한다. 여기서 '제한적 유추'란 방법론상 일종의 '목적론적 축소'이다.

[형법의 해석] 전통적인 법학방법론에 따르면 형법의 해석에는 문리적 · 역사적 · 체계적 · 목적론적 해석방법이 있고, 이를 함께 고려하는 방법다원론(Methoden-pluralismus)이 유용한 형법해석의 방법으로 통용되고 있다. 오늘날 형법해석의 경우 적어도 '문리해석'을 출발점으로 삼고 '목적론적 해석'을 해석활동의 귀착점으로 삼으면서, 그 진행과정 사이에서 '역사적 해석'과 '체계적 해석'을 함께 고려하는 것이 대체로 바람직한 방법론이다. 법령 해석 방법은, ㉠ 원칙적으로 법문언의 의미를 일반적인 어의, 문법, 언어관행에 따라 '문언의 가능한 의미' 한계 내에서 '문리해석'을 하고, ㉡ 이를 토대로 통일된 체계로 구성된 법률의 다른 조문과의 관계 등을 고려하여 당해 규정의 법률체계적 관련에 의한 논리적 의미를 규명하는 '체계적 · 논리적 해석'을 하며, ㉢ 법규범의 목적을 염두에 두고 법규범의 목적에 따라 규범의 객관적 의미를 탐구하는 '목적론적 해석', ㉣ 역사적인 입법의도를 끌여들여 법의 변천과정을 살피는 '역사적 해석'을 한다. 그리고 ㉤ 한 나라의 최고법인 헌법 하에서 헌법에 합치하는 결과가 나올 수 있는 해석방법을 택하여야 한다는 '헌법합치적 해석'을 한다. 죄형법정주의에서 파생되는 형벌법규의 엄격해석의 원칙을 강조한다면, 가능한 한 피고인에게 유리하게 해석하여야 한다는 주장이 가능할 수도 있겠으나, 법문의 해석을 반드시 피고인에게 유리하게만 해석할 것은 아니다(가능한 한 피고인에게 유리하게 해석하여야

한다는 영미법상 Rule of Lenity는 현재에도 유효한 것인지 분명하지 않다).

모든 해석의 출발점은 법률문언이다. 특히 형법해석에서 문리해석의 중요성은 '형사법관의 법률문언에의 구속성' 때문이다. 형법해석을 '문언의 가능한 의미'라는 한계 속에 두는 것은 형법의 법치국가적 제한원리인 죄형법정주의의 요청에서 도출된다. '문언의 가능한 의미'를 벗어나는 형법의 적용은, ㉠ 국가형벌권의 발동을 제약하는 권력분립원칙의 '권력의 자기구속'의 요청을 침해하는 것이며, ㉡ 어떠한 행위가 범죄로 되는가를 사전에 고지함으로써 시민의 예측가능성을 보장한다는 '자유주의의 요청'과 ㉢ 어떠한 행위가 범죄로 되는가는 시민의 정통한 대표인 국회만이 결정할 수 있다는 '민주주의의 요청'에도 반한다.

판례도, "우선 법률에서 사용하는 어구나 문장의 가능한 언어적 의미내용을 명확하게 하고(문리해석), 동시에 다른 법률과의 관련성 등을 고려하여 논리적 정합성을 갖도록 해석해야 한다(논리해석). 형벌법규의 문언이나 논리에 따르는 것만으로는 법규범으로서 의미를 충분히 파악할 수 없을 때에는 형벌법규의 통상적인 의미를 벗어나지 않는 한 법질서 전체의 이념, 형벌법규의 기능, 입법 연혁, 입법 취지와 목적, 형벌법규의 보호법익과 보호의 목적, 행위의 형태 등 여러 요소를 종합적으로 고려하여 그 의미를 구체화해야 한다(목적론적 해석)"(대판 2020.6.18. 2019도14340 전합)고 한다.[1]

5. 적정성 원칙

(1) 의의

범죄와 형벌을 규정한 법률은 그 내용이 적정한 것이어야 한다는 원칙이다. 죄형법정주의의 다른 원칙과 달리 형식에 관한 것이 아니라 내용에 관한 것으로, 현대적 또는 실질적 의미의 죄형법정주의의 요청이다. 인간의 존엄과 가치 보장(헌법10), 기본권제한의 한계(헌법37②), 비례성원칙, 과잉금지원칙, 책임원칙('책임의 범위 내에서 형벌이 부과되어야 한다') 등을 근거로 한다.

1) [판례사례: 한의사의 '초음파 진단기기' 사용과 '무면허 의료행위' 여부] 한의사가 초음파 진단기기를 사용한 행위는 구 의료법 제27조 제1항 본문의 한의사의 면허된 것 이외의 의료행위(무면허 의료행위)에 해당하지 않는다고 한 대판 2022.12.22. 2016도21314 전합 ("이는 '종전 판단기준'과 달리, 한방의료행위의 의미가 수범자인 한의사의 입장에서 명확하고 엄격하게 해석되어야 한다는 죄형법정주의 관점에서, 진단용 의료기기가 한의학적 의료행위 원리와 관련 없음이 명백한 경우가 아닌 한, 형사처벌 대상에서 제외됨을 의미한다. 다만, 이 판결은 한의사로 하여금 모든 현대적 의료기기 사용을 허용하는 취지는 아니다. 한의사의 진단용 의료기기 사용에 관한 '새로운 판단기준'에 따라 살펴보면, ① 한의사의 초음파 진단기기의 사용을 금지하는 취지의 규정이 존재하지 않고, ② 초음파 진단기기의 특성과 그 사용에 필요한 지식과 기술 수준을 감안하면, 한의사의 사용이 의료행위에 통상적으로 수반되는 수준을 넘어서는 보건위생상의 위해가 생길 우려가 있는 경우라고 단정하기 어려우며, ③ 전체 의료행위의 경위·목적·태양에 비추어 한의사의 초음파 진단기기 사용이 한의학적 의료행위의 원리에 입각하여 이를 적용 또는 응용하는 행위와 무관한 것임이 명백히 증명되었다고 보기 어렵다").

(2) 내용

구체적 내용에는 ㉠ 필요성 원칙('필요 없으면 형벌 없다'), ㉡ 실질적 불법성 원칙('불법 없으면 형벌 없다'), ㉢ 죄형균형성 원칙('책임 없으면 형벌 없다') 등이 있다.

제2장

형법의 적용범위

제1절 형법의 시간적 적용범위

제1조(범죄의 성립과 처벌) ① 범죄의 성립과 처벌은 행위 시의 법률에 따른다.
② 범죄 후 법률이 변경되어 그 행위가 범죄를 구성하지 아니하게 되거나 형이 구법(舊法)보다 가벼워진 경우에는 신법(新法)에 따른다.
③ 재판이 확정된 후 법률이 변경되어 그 행위가 범죄를 구성하지 아니하게 된 경우에는 형의 집행을 면제한다.

Ⅰ. 의의

형법의 '시간적 적용범위'란 형법이 적용될 수 있는 시간적 한계를 말한다. '시제형법'이라고도 한다. 형법은 다른 법률처럼 시행시부터 폐지시까지 효력을 갖는다. 문제는 ㉠ 행위시와 재판시에 형벌법규가 변경된 경우 어느 법률이 적용되는지, ㉡ 행위시의 법률이 폐지된 경우 폐지된 (행위시의) 법률이 재판시까지 효력을 미치는 추급효(推及效)가 있는지 여부이다.

[행위시법주의와 재판시법주의] 행위시와 재판시에 형벌법규가 변경된 경우 어느 법률을 적용하는가와 관련하여 행위시법주의와 재판시법주의가 대립한다.

i) [행위시법주의] 행위시법주의란 형법은 행위규범이라는 전제 하에 행위 후 형벌법규가 변경된 경우에도 행위시법을 적용하여 재판해야 한다는 원칙을 말한다(구법주의). 이는 행위시법(구법)의 추급효(推及效)를 인정하는 것이 된다. 행위시법주의는 ㉠

형벌불소급원칙의 당연한 요청으로, 법적 안정성을 보호하는 장점이 있으나, ㉡ 범죄 후 법률변경으로 형의 폐지나 경한 변경을 고려하지 못한다.

ii) [재판시법주의] 재판시법주의란 형법은 재판규범이라는 전제 하에 행위 후 형벌법규가 변경된 경우에는 재판시법을 적용하여 재판해야 한다는 원칙을 말한다(신법주의). 이는 재판시법(신법)의 소급효(遡及效)를 인정하는 것이 된다. 재판시법주의는 ㉠ 형벌불소급 원칙에 반하는 문제점이 있으나, ㉡ 범죄 후 법률변경으로 행위자에게 유리하게 변경된 경우 이를 반영할 수 있다는 장점이 있다.

Ⅱ. 형법의 태도

1. 원칙: 행위시법주의

(1) 행위시법주의(제1항)

헌법(13①)과 형법(1①)에 따르면, 행위시법주의가 기본원칙이다(=행위규범). 즉, "범죄의 성립과 처벌은 행위시의 법률에 따른다"(1①). 이는 형벌불소급원칙의 당연한 요청으로, 사후입법에 의한 국가형벌권의 남용을 방지하기 위한 것이다. 즉, 사후입법에 의하여 비로소 범죄로 규정하거나, 사후입법에 의하여 그 형을 가중하는 것을 금지하는 것이다. 따라서 행위시 이후 그러한 법률개정이 있더라도, 행위시의 법률(구법)이 적용된다.

(2) 행위시의 의미

여기서 '행위시'란 '범죄의 (실행)**행위의 종료시**'를 의미한다(대판 1994.5.10. 94도563. 즉, 결과발생과는 무관). 예컨대, ㉠ 법률개정 이전에 실행에 착수해도 법률개정 이후에 실행행위가 종료된 경우 신법(행위시법)을 적용하고(위 94도563), ㉡ "포괄일죄로 되는 개개의 범죄행위가 법 개정의 전후에 걸쳐서 행하여진 경우에는, 신·구법의 법정형에 대한 경중을 비교하여 볼 필요도 없이, 범죄 실행 종료시의 법인 신법을 적용한다"(대판 1998.2.24. 97도183).

[포괄1죄와 불리한 소급효의 금지] 그런데 행위시의 법률을 종료시의 법률로 보면, 실행행위 중에 법률이 개정되어 형벌이 가중되는 경우에도, 개정된 법률을 적용함으로써 행위자에게 불리한 결과가 초래될 수 있다. 따라서 종료시의 법률이 형벌을 가중하는 특별법인 경우에는, '특별법 시행 이후에 행해진 범죄행위'가 특별법의 구성요건을 충족하는 경우에만 특별법(=신법)을 적용할 수 있다. 예컨대, ㉠ "구성요건이 신설된 상습강제추행죄가 시행되기 이전의 범행은, 상습강제추행죄로는 처벌할 수 없고, 행위시법에 기초하여 강제추행죄로 처벌할 수 있을 뿐"(대판 2016.1.28. 2015도15669)

이고, ㉡ "2008.12.26. 특정범죄가중처벌법은 뇌물수수죄 등에 대하여 종전에 없던 벌금형을 필요적으로 병과하는 규정을 신설하였는데, 포괄일죄인 뇌물수수 범행이 위 신설 규정의 시행 전후에 걸쳐 행하여진 경우에, 특가법 제2조 제2항에 규정된 벌금형 산정 기준이 되는 수뢰액은 위 규정이 신설된 2008.12.26. 이후에 수수한 금액으로 한정된다"(대판 2011.6.10. 2011도4260).

2. 예외: 재판시법주의 및 형집행의 특칙

(1) 재판시법주의(제2항)

형법(1②)에 따르면, **범죄 후** 법률이 행위자에게 **유리하게 변경**된 경우에는 예외적으로 신법(재판시법)이 적용된다. 즉, "범죄 후 법률이 변경되어 그 행위가 범죄를 구성하지 아니하게 되거나 형이 구법보다 가벼워진 경우에는 신법에 따른다"(1②). 이를 '재판시법주의(신법주의)' 또는 '**가장 유리한 법적용의 원칙**'이라고 한다. 소급효금지의 원칙은 불리한 소급효를 금지하는 것일 뿐 유리한 소급효까지 금지하는 것은 아니다. 이는 **우리 입법자의 형법적 결단**에 속한다(입법자의 수범자에 대한 일종의 '통 큰 보너스').[1]

물론 신법에 **경과규정**을 두어 유리한 재판시법의 적용을 배제하는 것도 허용된다(대판 1992.2.28. 91도2935). 그러나 "입법자가 법령의 변경 이후에도 종전 법령 위반행위에 대한 형사처벌을 유지한다는 내용의 경과규정을 따로 두지 않는 한, 형법 제1조 제2항의 규정은 그대로 적용된다"(대판 2022.12.22. 2020도16420 전합). 신법(재판시법)의 적용 요건은 다음과 같다.

1) 범죄 후 '법률의 변경' 우선, '범죄 후'라 함은 앞서 본 바와 같이 '실행행위의 종료 이후'를 의미한다. 결과발생 여부는 문제되지 않는다.

문제는, '법률의 변경'이다. ㉠ 여기서 '법률'은 가벌성의 존부와 정도를 규율하는 **총체적 법률상태** 내지 전체로서의 법률을 말한다(통설). 즉, 형법은 물론, 백지형법의 '보충규범'(예: 법률과 결합된 명령·규칙·고시·조례 등 하위법령)도 당연히 포함된다(대판 2006.4.27. 2004도1078: 고시). 나아가 형법의 해석에 영향을 미칠 수 있는 '다른 법률'(예: 민법상 친족규정의 변경)도 여기서의 '법률'에 포함된다(통설. 단, 판례는 다름). ㉡ '변경'은 이와 같은 법률의 개폐를 의미한다. 따라서 한시법의 유

---

1) [입법자의 형법적 결단] 엄밀히 말하면, 범죄 후 법률이 행위자에게 유리하게 변경된 경우 불리한 행위시법의 추급효 인정 여부 또는 유리한 재판시법의 소급효 여부는 입법정책의 문제이다. 그런데 우리 입법자는 독일형법(2④)과는 달리, '유리한 재판시법의 전면적(=예외없는) 소급효'를 명시적으로 규정한 것이다. 우리 입법자의 형법적 결단이다.

효기간 경과로 그 법이 실효된 경우도 법률의 '변경'에 해당한다(다수설. 단, 판례는 다름). 협의의 한시법(예: 법령이 개정 내지 폐지된 경우가 아니라, 스스로 유효기간을 구체적인 일자나 기간으로 특정하여 효력의 상실을 예정하고 있던 법령이 그 유효기간을 경과함으로써 더 이상 효력을 갖지 않게 된 경우)과 관련하여, 한시법 항목에서 별도로 서술한다. ㉢ '법률 변경'의 시간적 한계는 '범죄 후 재판확정 전'이라고 해석된다. 재판확정 후 법률의 변경은 오직 제1조 제3항의 적용대상이 되기 때문이다.

2) **범죄 불구성**(형의 폐지) 여기서 '범죄를 구성하지 아니하게 된 경우'에는 **구성요건이 폐지**된 경우는 물론, 정당화사유 · 면책사유 · 책임연령 등의 변경으로 **가벌성이 폐지**된 경우도 포함된다. 여기서의 '범죄를 구성하지 아니하게 된 경우'는, 형사소송법상 면소판결의 사유인 "범죄 후의 법령개폐로 형이 폐지되었을 때"의 '형이 폐지된 때'(형소326iv)와 같은 의미이다.[1)]

3) **형의 감경** 신법이 적용되는 다른 사유는 '형(=법정형)이 구법보다 가벼워진 경우'이다. 여기서 '형'은 '법정형'을 의미한다(처단형이 아님). '형의 경중'은 형법 제50조에 따라 결정된다. ㉠ "형이 가볍게 변경된 경우에는 (형법 제1조 제2항에 따라) 신법(재판시법)이 적용된다"(대판 2016.1.28. 2015도17907). ㉡ "형이 중하게 변경되는 경우나 형의 변경이 없는 경우에는 (제1조 제2항의 반대해석상 형법 제1조 제1항에 따라) 구법(행위시법)이 적용된다"(대판 2010.6.10. 2010도4416). ㉢ "행위시와 재판시 사이에 여러 차례 법령이 개정되어 형의 변경이 있는 경우에는 (형법 제1조 제2항에 따라 직권으로) 그 전부의 법령을 비교하여, 그 중 **가장 형이 가벼운 법령이 적용된다**"(대판 2012.9.13. 2012도7760). 따라서 형법 제1조 제2항은 '**가장 유리한 법적용의 원칙**'을 의미하게 된다.[2)]

[법원의 조치] 제1조 제2항의 신법주의(재판시법주의)에 따른 소송법적 효과이다.

---

1) [형의 폐지 여부(=형폐지 아님)] 대판 2024.9.27. 2024도7516 : 구 통신사기피해환급법(2023.11.17. 개정 전) 제15조의2 제1항 제1, 2호가 처벌 대상으로 규정한 '전기통신금융사기를 목적으로, 타인으로 하여금 컴퓨터 등 정보처리장치에 정보 또는 명령을 입력하게 하는 행위, 취득한 타인의 정보를 이용하여 컴퓨터 등 정보처리장치에 정보 또는 명령을 입력하는 행위'가 이후 개정된 신법 제15조의2 제1항에서 '전기통신금융사기'를 행한 자'로 규정하면서, 부칙에서 신법 시행 전에 이루어진 구법 위반행위에 대하여는 구법을 그대로 적용할 것인지에 관하여 별도의 경과규정을 두고 있지 않다. 이 경우는 구법의 행위가 신법의 행위에 충분히 포함되므로 '범죄를 구성하지 아니하게 되어 그에 관한 형이 폐지된 것'에 해당하지 않는다고 한 사례(형법 제1조 제1항에 따라 행위시의 법률 적용).

2) [공소시효기간의 기준] 대판 2008.12.11. 2008도4376 ("범죄 후 법률의 개정에 의하여 법정형이 가벼워진 경우에는, 형법 제1조 제2항에 의하여 당해 범죄사실에 적용될 가벼운 법정형(신법의 법정형)이 공소시효기간의 기준이 된다").

i) [형의 폐지] ㉠ "범죄 후 법률이 변경되어 그 행위가 범죄를 구성하지 아니하게 된 경우"는 형사소송법 제326조 제4호의 "범죄 후의 법령개폐로 형이 폐지되었을 때"에 해당하여 면소판결을 선고한다. 면소판결은 공소권의 소멸을 이유로 실체심리 없이 소송을 종결하는 것인데(='공소의 면제'), 일사부재리 효력이 있으므로, 해당 범죄사실에 대해 다시 공소제기할 수 없고, 다시 공소제기해도 유죄판결을 할 수도 없다(다시 또 면소판결을 한다). 결과적으로 행위자가 처벌받지 않는다는 점에서, 무죄판결과 거의 유사하다. 한편, 범죄 후 수사단계에서 형이 폐지된 경우에는 검사가 '공소권없음'을 이유로 불기소처분을 한다(면소사유는 공소권없음의 사유).

㉡ 한편, "헌법재판소의 위헌결정으로 형벌에 관한 법률조항이 소급하여 그 효력을 상실한 경우에는, '범죄로 되지 아니한 때'에 해당하므로, 법원은 형사소송법 제325조 전단에 따라 무죄를 선고한다"(대판 2010.12.16. 2010도5986 전합). ㉢ 또한 "헌법재판소가 헌법불합치결정을 선고하면서 개정시한을 정하여 입법개선을 촉구하였는데도, 위 시한까지 법률 개정이 이루어지지 않아, 그 법률조항이 소급하여 효력을 상실한 경우에도, 무죄를 선고한다. 헌법불합치결정을 위헌결정으로 보는 이상 이와 달리 해석할 여지가 없다"(대판 2011.6.23. 2008도7562 전합).

ii) [형을 가볍게 변경] "범죄 후 법률이 변경되어 형이 구법보다 가벼워진 경우"에는, ㉠ 범죄 후 제1심 판결 전에 법률이 변경된 경우에는 신법(재판시법)이 적용된다. ㉡ 상소심 판결 전에 법률이 변경된 경우에는 (신법 적용을 위해) 원심판결을 파기한다.

4) 판례: '법률의 변경'에 대한 축소해석 그런데 판례는 통설과 달리, 여기서의 법률의 변경은 "해당 형벌법규에 따른 범죄의 성립 및 처벌과 **직접 관련된**" "형벌법규의 **가벌성에 관한 형사법적 관점의 변화**를 전제로 한 법령의 변경"(대판 2022.12.22. 2020도16420 전합)으로 제한하여, 축소해석하고 있다. 그 결과 "(해당 형벌법규 자체 또는 그로부터 수권 내지 위임을 받은 법령이 아닌) **다른 법령이 변경**된 경우에는, 해당 형벌법규와 '직접 관련된' '형사법적 관점의 변화'를 주된 근거로 하는 것인지 여부를 면밀히 따져 보아야 한다"는 것이다. 즉, "형법 제1조 제2항을 적용하려면, '해당 형벌법규'에 따른 범죄의 성립 및 처벌과 '직접적으로 관련된' '형사법적 관점의 변화'를 주된 근거로 하는 법령의 변경에 해당하여야 한다. 이와 관련이 없는 법령의 변경으로 인하여 해당 형벌법규의 가벌성에 영향을 미치게 되는 경우(예: ㉠ 해당 형벌법규와 수권 내지 위임관계에 있지 않고 보호목적과 입법취지를 달리하는 민사적·행정적 규율의 변경, ㉡ 형사처벌에 관한 규범적 가치판단의 요소가 배제된 극히 기술적인 규율의 변경 등에 따라 간접적인 영향을 받는 것에 불과한 경우)에는 여기서의 '법령의 변경'에 해당한다고 볼 수 없다(형법 제1조 제2항이 적용되지 않고, 제1조 제1항에 따라 행위시

법이 적용된다. 가령 미성년자의 기준이나 재물의 소유권 귀속, 친족의 범위 등에 관한 민사법령의 변경으로 인하여 형사범죄의 구성요건 해당 여부나 소추조건 등이 달라지는 경우 제1조 제2항의 적용대상인 형사법적 관점의 변화에 근거한 법령의 변경에 해당하지 않으므로, 제1조 제1항에 따라 행위시법이 적용된다)(위 2020도16420 전합)"고 한다. 예컨대, 형벌법규의 가벌성에 '간접 관련된' 타법에서의 '비형사적 규율의 변경'이 있는 경우(예: 친족상도례에서 친족 범위에 관한 민법의 변경, 변호사법위반죄에서 법무사법 개정)에는 (통설과 달리) 문제된 형법법규의 가벌성에 간접적 영향을 미치는 경우에 불과하므로, 여기서의 법률의 변경에 해당하지 않고, 행위시법이 그대로 적용된다(대판 2023.2.23. 2022도4610)고 한다.[1)]

[★판례: 형법 제1조 제2항에서 법률의 변경 (위 2020도16420 전합)] 최근 2022.12.22. 선고된 새로운 대법원 전원합의체 판결의 주요 내용은 다음과 같다.[2)]

"[다수의견] [가] 형법 제1조 제2항과 형사소송법 제326조 제4호의 규정은 입법자가 법령의 변경 이후에도 종전 법령 위반행위에 대한 형사처벌을 유지한다는 내용의 경과규정을 따로 두지 않는 한 그대로 적용되어야 한다.

따라서 범죄의 성립과 처벌에 관하여 규정한 [①] '형벌법규 자체' 또는 [②] 그로부터 '수권 내지 위임을 받은 법령'의 변경에 따라 범죄를 구성하지 아니하게 되거나 형이 가벼워진 경우에는, '종전 법령이 범죄로 정하여 처벌한 것이 부당하였다거나

---

1) [판례사례: 변호사법위반죄와 법무사법의 개정(비형사적 규율의 변경] 위 2022도4610 (법무사인 피고인이 개인파산·회생사건 관련 법률사무를 위임받아 취급하여 변호사법 제109조 제1호 위반으로 기소되었는데, 범행 이후인 2020.2.4. 개정된 법무사법 제2조 제1항 제6호에 의하여 '개인의 파산사건 및 개인회생사건 신청의 대리'가 법무사의 업무로 추가된 경우, 법무사의 업무범위에 관한 위 법무사법의 개정은 해당 형벌법규 자체인 변호사법 또는 그로부터 수권 내지 위임을 받은 법령이 아닌 별개의 다른 법령의 개정에 불과한 점 등을 종합하면, 위 법무사법 개정은 형사법적 관점의 변화를 주된 근거로 하는 법령의 변경에 해당하지 않는다고 한 사례").

2) [사실관계 및 사건의 경과: 전동킥보드 음주운전 사건] 甲은 도로교통법위반(음주운전)죄로 4회 처벌받은 전력이 있음에도 2020.1.5. 혈중알코올농도 0.209%의 술에 취한 상태로 '전동킥보드'를 운전하였다.

검사는 甲을 구 도로교통법위반(음주운전)죄로 기소하였다. 제1심(유죄)을 거쳐 제2심도 2020.11.5. 유죄로 판단하였다. 甲이 상고하였다.

그런데 제2심 판결선고 후인 2020.12.10. 개정 도로교통법(법률 제17371호)이 시행되었다. 개정 도로교통법에서는 전동킥보드와 같은 '개인형 이동장치'와 이를 포함하는 '자전거등'에 관한 정의규정을 신설하였는데, 특히 '개인형 이동장치'의 음주운전에 대해서는, '자동차등'의 음주운전을 처벌하는 제148조의2의 적용대상에서 제외하는 대신, '자전거등'의 음주운전을 처벌하는 제156조 제11호가 적용되도록 규정하였으며, 별도의 경과규정을 두지 않았다. 그 결과 '개인형 이동장치'는 '자전거등'에 해당하게 되었고, 甲의 경우 상고심 계속 중 적용법조의 개정에 따라 그 법정형이 대폭 가벼워진 경우가 되었다(개정 도로교통법 제156조 제11호. 20만원 이하의 벌금이나 구류 또는 과료). 대법원은 "종전 법령이 반성적 고려에 따라 변경된 것인지를 따지지 않고 형법 제1조 제2항에 따라 신법(재판시법)으로 처벌할 수 있을 뿐"이라고 판단하여, 기존의 이른바 동기설을 폐기하는 판례변경을 단행하였다.

과형이 과중하였다는 반성적 고려에 따라 변경된 것인지 여부(=동기)를 따지지 않고' 원칙적으로 형법 제1조 제2항과 형사소송법 제326조 제4호가 적용된다. 형벌법규가 대통령령, 총리령, 부령과 같은 법규명령이 아닌 고시 등 행정규칙·행정명령, 조례 등(이하 '고시 등 규정'이라고 한다)에 구성요건의 일부를 수권 내지 위임한 경우에도 이러한 고시 등 규정이 위임입법의 한계를 벗어나지 않는 한 형벌법규와 결합하여 법령을 보충하는 기능을 하는 것이므로, 그 변경에 따라 범죄를 구성하지 아니하게 되거나 형이 가벼워졌다면 마찬가지로 형법 제1조 제2항과 형사소송법 제326조 제4호가 적용된다.

그러나 해당 형벌법규 자체 또는 그로부터 수권 내지 위임을 받은 법령이 아닌 [③] '다른 법령'이 변경된 경우 형법 제1조 제2항과 형사소송법 제326조 제4호를 적용하려면, '해당 형벌법규에 따른 범죄의 성립 및 처벌과 **직접적으로 관련된 형사법적 관점의 변화**'를 주된 근거로 하는 법령의 변경에 해당하여야 하므로, **이와 관련이 없는 법령의 변경**으로 인하여 해당 형벌법규의 가벌성에 영향을 미치게 되는 경우에는 형법 제1조 제2항과 형사소송법 제326조 제4호가 적용되지 않는다.

한편 법령이 개정 내지 폐지된 경우가 아니라, [④] '스스로 유효기간을 구체적인 일자나 기간으로 특정하여 효력의 상실을 예정하고 있던 법령이 그 유효기간을 경과함으로써 더 이상 효력을 갖지 않게 된 경우'도 형법 제1조 제2항과 형사소송법 제326조 제4호에서 말하는 법령의 변경에 해당한다고 볼 수 없다.

[나] '법령의 변경'의 의미: 가) 형법 제1조 제2항과 형사소송법 제326조 제4호에서 말하는 법령의 변경은 '해당 형벌법규에 따른 범죄의 성립 및 처벌과 직접 관련된 것'이어야 하고, 이는 결국 해당 형벌법규의 가벌성에 관한 '형사법적 관점의 변화'를 전제로 한 법령의 변경을 의미하는 것이다.

나) 구성요건을 규정한 [①] '형벌법규 자체' 또는 [②] 그로부터 '수권 내지 위임을 받은 법령'의 변경에 따라 범죄를 구성하지 아니하게 되거나 형이 가벼워진 경우에는, 당연히 해당 형벌법규에 따른 범죄의 성립 및 처벌과 직접적으로 관련된 형사법적 관점의 변화에 근거한 것으로 인정할 수 있으므로, 형법 제1조 제2항과 형사소송법 제326조 제4호가 그대로 적용된다.

형벌법규가 헌법상 열거된 법규명령이 아닌 고시 등 규정에 구성요건의 일부를 수권 내지 위임한 경우 (그) 고시 등 규정이 변경되는 경우에도 마찬가지로 형법 제1조 제2항과 형사소송법 제326조 제4호에서 말하는 법령의 변경에 해당한다.

다) 그러나 해당 형벌법규 자체 또는 그로부터 수권 내지 위임을 받은 법령이 아닌 [③] '다른 법령이 변경'되어 결과적으로 해당 형벌법규에 따른 범죄가 성립하지 아니하게 되거나 형이 가벼워진 경우에는, 문제된 법령의 변경이 해당 형벌법규에 따른 범죄의 성립 및 처벌과 직접적으로 관련된 형사법적 관점의 변화를 주된 근거로 하는 것인지 여부를 면밀히 따져 보아야 한다.

라) 법령 제정 당시부터 또는 폐지 이전에 [④] '스스로 유효기간을 구체적인 일자나 기간으로 특정하여 효력의 상실을 예정하고 있던 법령'이 '그 유효기간을 경과함으로써 더 이상 효력을 갖지 않게 된 경우'도 형법 제1조 제2항과 형사소송법 제326조 제4호의 적용 대상인 법령의 변경에 해당한다고 볼 수 없다.

이러한 법령 자체가 명시적으로 예정한 유효기간의 경과에 따른 효력 상실은 [㉠] 일반적인 법령의 개정이나 폐지 등과 같이 애초의 법령이 '변경'되었다고 보기 어렵고, [㉡] 어떠한 형사법적 관점의 변화 내지 형사처벌에 관한 규범적 가치판단의 변경에 근거하였다고 볼 수도 없다. [㉢] 유효기간을 명시한 '입법자의 의사'를 보더라도 유효기간 경과 후에 형사처벌 등의 제재가 유지되지 않는다면 유효기간 내에도 법령의 규범력과 실효성을 확보하기 어려울 것이므로, 특별한 사정이 없는 한 유효기간 경과 전의 법령 위반행위는 유효기간 경과 후에도 그대로 처벌하려는 취지라고 보는 것이 합리적이다.

[대법관 노태악, 대법관 천대엽의 별개의견(제2)] 다수의견이 '유효기간을 구체적인 일자나 기간으로 특정하여 효력의 상실을 예정하고 있던 법령이 유효기간을 경과한 경우'를 법령의 변경에 해당하지 않는다고 보아 일률적으로 피고인에게 유리한 재판시법의 적용을 배제하고 행위시법의 추급효를 인정하여야 한다는 부분에는 동의할 수 없다. 피고인에게 유리하게 형벌법규가 변경되었다는 관점에서 보면 법령이 개정·폐지된 경우와 법령의 유효기간이 경과된 경우는 본질적으로 차이가 없다. 추급효에 관한 경과규정을 두지 않은 이상 원칙적으로 피고인에게 유리한 재판시법이 적용되어야 한다."

[평석] (가) 이 판례는 형법 제1조 제2항의 '법률의 변경'과 관련하여, 이른바 동기설을 폐기하는 대신 '형사법적 관점의 변화'라는 새로운 기준을 제시하고 있다. 구기준인 동기설은 행위시법의 추급효 문제를 법률변경의 동기에 따라 세분하여, 법률이념의 변경(법적 견해의 변경 내지 반성적 고려)인 경우에는 가벌성이 소멸된다고 보아 그 추급효를 부정(면소판결)하였으나, 단순한 사실관계의 변화(사태의 호전, 경제·사회학적 여건의 변화)인 경우에는 가벌성이 유지된다고 보아 그 추급효를 인정(유죄판결)하였던 것이다(대판 2011.7.14. 2011도1303 등 참조).[1)]

---

1) [과거판례: 동기설] 참고를 위해, 폐기된 과거 동기설 판례를 간략히 회고하기로 한다.
 i) **[법률이념의 변경: 추급효 부정 및 면소판결]** '법률이념의 변경'으로 보아 추급효를 부정한 사례(=면소판결)로는, ㉠ 특정범죄가중처벌법의 가중처벌대상 기준금액이 변경된 경우(대판 1983.9.13. 80도902), ㉡ 청소년보호법 개정으로 청소년의 숙박업소 출입이 처벌대상에서 제외된 경우(대판 2000.12.8. 2000도2626), ㉢ 정당한 사유 없이 기일에 출석하지 아니한 자에게 형벌을 폐지하는 대신 감치를 명하도록 한 경우(대판 2002.8.27. 2002도2086), ㉣ '위계에 의한 간음죄'를 규정한 구 형법 제304조가 삭제된 경우(대판 2014.4.24. 2012도14253. 이는 한시법이나 백지형법의 경우가 아님에도, 일반적으로 형벌법규를 폐지 내지 가볍게 변경한 경우에 대해서까지 동기설을 적용한 사례임을 주의할 것) 등. 이 경우 '범죄 후의 법령개폐로 형이 폐지되었을 때'(형소법326iv)에 해당한다는 이유로, 면소판결을 하였다(대판 1978.2.28. 77도1280).

동기설에 대해서는, ㉠ 입법자가 형을 폐지하거나 가볍게 변경한 형벌법규에 대해, 법원이 그 동기를 심사하는 것은 권립분립 원칙에 반한다는 점, ㉡ 입법자가 가벌성을 폐지한 것을 법원이 명문 규정 없이 해석을 빙자하여 가벌성을 인정하는 것은 입법권 침해이자 죄형법정주의 위반이라는 점, ㉢ 동기에 대한 구별기준이 상대적이고 모호하여 일반인이 이를 예측하기란 사실상 불가능하다는 점에서 법원의 자의적 판단 위험성이 있는데다가, 수범자의 법적 안정성과 예측가능성을 담보할 수 없다는 점 등 학계의 비판이 꾸준히 제기되었다. 더구나 ㉣ 한시법의 경우 행위시법의 추급효를 명문으로 인정한 독일형법(제2조 제4항)과 달리 그러한 일반규정을 명문으로 두고 있지 않는 우리 형법의 해석에서, 동기설은 행위자에게 유리한 재판시법 적용을 규정한 제1조 제2항에 대해, 법문에 없는 추가적인 적용요건을 설정한 것으로, '목적론적 축소해석'에 해당하여 죄형법정주의 원칙에 위배된다는 강한 비판을 받았다.

1963년 최초 판시된 동기설(대판 1963.1.31. 62도257)이 2022. 12. 22. 폐기되기까지 무려 60년이나 걸렸다. 동기설의 폐기는 '정상의 회복'이자 만시지탄(晩時之歎)이다.

(나) 우리 형법은 시간적 적용에 대한 원칙규정과 예외규정을 제1조에 명시하고 있다. 즉, 제1조 제1항은 "범죄의 성립과 처벌은 행위 시의 법률에 따른다."라고 하여 행위시법(구법) 원칙을 규정하고, 제1조 제2항은 "범죄 후 법률이 변경되어 그 행위가 범죄를 구성하지 아니하게 되거나 형이 구법보다 가벼워진 경우에는 신법에 따른다." 라고 하여 행위시법 원칙의 예외로써 재판시법(신법) 적용을 규정하고 있다. 형사소송절차에서는 "범죄 후의 법령 개폐로 형이 폐지되었을 때는 판결로써 면소의 선고를 하여야 한다"(형소326iv)고 규정하고 있다.

형법의 시간적 적용범위 문제에서 제1조 제1항에 규정된 행위시법 적용의 원칙은 책임형법의 이념에 합치하는 소급효금지의 대원칙에 충실하려는 태도임은 의문이 없다. 행위시법 원칙이 헌법상 책임주의 원칙의 충실한 구현이라면, 소급효금지 원칙은 헌법상 죄형법정주의 원칙의 충실한 구현에 다름 아니다. 그 본래의 엄중한 취지는 어떤 정치적·사회적 필요 때문에 입법자나 해석적용자가 행위자의 자유에 불리한 방향으로 형법의 적용을 하지 말라는 것이다. 또한 이러한 행위시법 원칙과 제1조에 함께 규정된 제2항의 행위시법 원칙에 대한 예외규정(재판시법 적용)도 행위자의 자유에 유리할 경우에 한해, 행위시에는 미처 존재하지도 않았으나 그 후 만들어진 신법을

ii) [사실관계의 변화: 추급효 긍정 및 처벌] 반면, '사실관계의 변화'로 보아, 종전의 가벌성이 소멸하지 않는다(추급효 긍정)고 한 사례(=유죄판결)로는, ㉠ 계엄포고령을 해제한 경우(대판 1985.5.28. 81도1045 전합), ㉡ 외국환관리법의 개정으로 허가 없이 휴대할 수 있는 금전의 기본액수가 변경된 경우(대판 1996.2.23. 95도2858), ㉢ 단란주점 영업시간 제한에 관한 보건복지부 고시가 유효기간 만료로 실효되어 그 영업시간 제한이 해제된 경우(대판 2000.6.9. 2000도764), ㉣ 범행 후 도로교통법상의 지정차로 제도가 한때 폐지된 일이 있었던 경우(대판 1999.11.12. 99도3567) 등. 이 경우 판례는, 가벌성이 소멸되지 않고(즉, 행위시법 적용) 법률의 변경으로 그 형이 폐지된 경우에 해당하지 않으므로, 면소사유가 아니라고 하였다(=행위자 처벌)(대판 2003.10.10. 2003도2770).

적용하도록 지시하고 있다. 즉, 행위시법 원칙(제1항)과 그에 대한 예외로서의 재판시법 적용(제2항)은 형식상 원칙과 예외의 관계에 있지만, 제1항의 원칙과 제2항의 예외는 '모두' 행위자의 자유에 유리한 방향으로만 지향하고 있다는 공통점이 있다. 다시 말해, 행위자의 자유에 유리한 방향으로 원칙규범을 정해 놓고, 법률의 변경과 같은 사정변경이 있었을 때에는 행위자의 자유에 유리한 방향으로 예외적 조치를 하도록 정해 놓은 것이다. 그렇다면 형법의 시간적 적용범위 문제에서 원칙규정이든 예외규정이든 일관된 실질적인 기준은 '행위자의 자유에 유리한 방향으로'인 것이다. 즉, 우리 형법전은 스스로 '시민의 자유의 대헌장'임을 그 첫머리 제1조에서부터 명백히 선언하고 있는 셈이다. 더구나 이른바 한시법과 같이 종료기간이 가까워질수록 위반행위가 속출할 위험 등에 대비하여, 실효 후에도 유효기간 중의 위반행위를 처벌할 수 있다는 내용의 부칙조항상 특별규정 내지 경과규정의 문제까지 우리 형법은 이미 자족적으로 예정하고 있다. 즉, 형법 제8조 단서는 '그 법령에 특별한 규정이 있는 때에는 예외로 한다'고 규정하고 있는 것이다.

(다) 대상판결의 신기준인 형벌법규의 가벌성에 '직접 관련된' '형사법적 관점의 변화'라는 대체 표지는 동기설의 그늘에서부터 완전히 벗어난 것으로 평가되기 어렵다는 점에서, '신(新) 동기설'과 진배 없다는 비판이 제기될 수 있다. 비록 '입법자의 내심의 동기를 탐지하는' 구기준인 동기설과 달리 '객관적으로 드러난 사정'에 기초한 '법령해석'이라고 대상판결은 자평(다수의견 중 '법령의 변경'의 의미 부분 참조)하고 있지만, 구기준에서의 '과거의 처벌이 부당했다'는 반성적 고려 여부의 판단과 신기준의 '향후 처벌을 유지하지 않기로 했다'는 평가적 판단은 서로 원인과 결과의 관계에 있는 동전의 양면과 다를 바 없고, 신기준 역시 여전히 행위자에게 불리한 '목적론적 축소해석'을 시도하고 있는 것이기 때문이다. 또한 신기준은 비록 이에 따른 판례들이 아직 충분히 축적된 상태가 아닌 만큼 단정하기는 어렵지만, 결국 종전의 '반성적 고려 유무'라는 기준을 '형사법적 관점의 변화'로 대체할 뿐 종래 동기설 법리의 판단구조를 그대로 유지하는 결과가 되므로, 광범위한 영역에서 '불명확성'이 그대로 남아 있음을 부정할 수 없다(다수의견의 보충의견 참조).

(라) 나아가 대상판결은 '형사법적 관점의 변화'라는 대체표지를 새롭게 설정한 것 이외에, 당해 사건과 관계 없이 이례적으로 각 유형별로 세분화하여 각각 나름의 법리를 전개하고 있다. 특히 [1] '해당 형벌법규 자체'의 변경(=제1유형), [2] 그로부터 '수권 내지 위임받은 법령'(보충규범)의 변경(=제2유형)에서는 제1조 제2항(재판시법적용)의 규정이 당연히 적용된다는 것은 명백히 확인하고 있는데, 이는 법적 안정성과 예측가능성 측면에서 종전 판례의 문제점을 극복한 진일보한 판결이라는 점에서 그 실천적 의의를 찾을 수 있다.

그러나 [3] 해당 형벌법규 자체 또는 그로부터 수임 내지 위임받은 법령이 아닌 '다른 법령'의 변경(=제3유형)에서는 동기설의 구기준에서와 마찬가지의 문제점이 여전히 내재되어 있다. 즉, 제1조 제2항은 단순히 '법률'이라고만 규정하고 있을 뿐 문언상 그 대상에 대해 어떠한 제한도 두지 않고 있음에도(보충규범의 경우에도 다를 바 없다), 대상판결은 해당 형벌법규와 '간접적인 관련'을 갖은 법령은 제1조 제2항의 적용대상에서 제외(행위시법 적용)하고 있다. 따라서 행위자에게 불리한 '목적론적 축소해석'으로 죄형법정주의 원칙에 위배된다는 문제가 상존한다. 또한 신기준인 '형사법적 관점의 변화' 역시 상대적이고 모호한 기준이라는 점에서 구체적인 개별사건에서 법적 안정성 및 예측가능성의 문제도 여전함을 부인하기 어렵다. 제1조 제1항과 제2항의 일관된 실질적인 기준인 '행위자의 자유에 유리한 방향으로'라는 죄형법정주의 원칙에 배치된다는 점도 문제이다. 더구나 대상판결은 다른 법령의 변경에서는 그것이 해당 형벌법규의 가벌성에 '직접적으로 관련된' '형사법적 관점의 변화'를 주된 근거로 하는 것인지 여부를 면밀히 따져 보아야 한다고 하나, 결국은 실제로 대부분의 경우 제1조 제2항의 적용대상에서 배제(행위시법 적용)될 가능성이 농후하다. 예컨대, 최근 선고된 "변호사법 제109조 제21호 위반행위 이후 법무사법 개정으로 '개인의 파산사건 및 개인회생사건 신청의 대리'가 법무사의 업무로 추가된 경우"에도, 법무사의 업무범위에 관한 규정은 '타법에서의 비형사적 규율의 변경'으로 문제된 형벌법규의 가벌성에 '간접적인 영향'을 미치는 경우에 해당할 뿐이라는 이유로 유죄로 인정(재판시법 배제, 즉 행위시법 적용)한 사례(대판 2023.2.23. 2022도4610) 등이 그 연장선에 있는 것으로 보인다.

한편, [4] 대상판결은 '스스로 유효기간을 구체적인 일자나 기간으로 특정하여 효력의 상실을 예정하고 있던 법령이 그 유효기간을 경과함으로써 더 이상 효력을 갖지 않게 된 경우'를 제1조 제2항의 적용대상에서 일률적으로 제외(행위시법 적용)하고 있고, 그 근거로 앞서 본 ㉠㉡㉢의 논거를 제시하고 있다. 대상판결은 '달력에 의한 일시의 한정방식'에 대해서만 그 추급효를 인정하고 있는데, 이를 '최협의의 한시법'이라고 지칭해도 무방할 것이다. 한편, ㉠ 제1조 제2항의 '법률의 변경'에서 '변경'은 법률의 '변경' 이외에 법률의 '폐지'도 포함하는 것으로 해석하는 것이 일반적이다. 즉, 한시법이 그 유효기간의 경과로 실효된 경우도 법률의 '변경'에 포함된다(다수설).[1]

---

1) ['변경'의 문언적 의미] 국립국어원의 표준국어대사전에 따르면 '변경'은 "다르게 바꾸어 새롭게 고침"이다. 여기서 '바꾸다'는 "원래 있던 것을 없애고 다른 것으로 채워 넣거나 대신하게 하다"라는 뜻이고, '고치다'는 "(고장이 나거나 못 쓰게 된 물건을) 손질하여 제대로 되게 하다"라는 뜻이다. 여기서 '변경'의 개념 요소에 '사후성(事後性)'이 들어간다는 전제 하에, "예정된 유효기간의 경과로 인한 효력의 상실은 '사전적(事前的)'으로 정해진 기존 내용의 실현에 불과하므로 '변경'에 해당하지 않는다"는 견해가 있다. 만일 '변경'의 사전적 정의에 내포된 '바꾸다/고치다'의 의미까지 적극적으로 감안한다면, '변경'이 어떤 사후적 작위성을 함축하고 있는 것처럼 해석될 여지가 전혀 없는 것은 아니다.

그러나 ① 우선, '변경'이 어떤 방법으로 행해지는지 여부는 제1조 제2항이 추가적인 요건을 규정하고 있지 않다(=문언상 단지 '법률이 변경되어'라는 상태만을 규정하고 있을 뿐이다)는 점에서, 변경의 방법이 개정 또는 폐지인지, 정해진 유효기간의 경과로 실효된 것인지는 제1

이는 제1조 제1항과 제2항의 일관된 실질적인 기준인 '행위자의 자유에 유리한 방향으로'라는 죄형법정주의 원칙에도 정확하게 부합하는 해석인 것이다. 이러한 한시법은 그 추급효를 부정(재판시법 적용)하는 것이 통설적 견해이며, 만일 행위자에게 불리한 한시법의 추급효를 일반적으로 인정한다면, 이는 행위자의 자유에 유리하도록, 예외적으로 소급효까지 인정한 형법 제1조 제2항의 지시에 정반대되는 입장이 되는 셈이다(그리고 ㉡ 한시법의 한시적 가벌성에 비추어, 예정된 유효기간의 경과로 인한 효력의 상실로 말미암아 그 시점에서 이른바 형벌법규의 가벌성에 관한 '형사법적 관점의 변화' 또한 당연히 수반하는 것이 된다). 또한, ㉢ 다수의견은 추급효의 논거로 입법자 의사[㉢]를 제시하나, 추급효를 인정하는 경과규정이 없는 이상 행위시법 적용이 반드시 입법자의 의사라고 단정할 수도 없다. 법치국가 형법의 관점에서 보면, 다수의견보다는 제2 별개의견의 논거가 타당하다.

(마) 법치국가 형법의 확립된 원칙은 '원칙에 대한 예외는 가능하지만, 원칙 그 자체에 대한 부정은 허용될 수 없고, 원칙의 정신에 충실한 예외조치에 대한 부정도 허용될 수 없다'는 점이다. 원칙의 부정이든 예외의 부정이든 그러한 부정(否定)은 각 시민 개개인에게서 자유의 가치를 박탈하는 결과를 가져오기 때문이다. 이러한 자유의 원칙에 역행하는 해석론은 원칙에 대한 예외가 아니라 단순한 부정에 속할 뿐이다.

(2) 형의 집행에 관한 특칙(제3항)

"재판이 확정된 후 법률이 변경되어 그 행위가 범죄를 구성하지 아니하게 된 경우에는, 형의 집행을 면제한다"(1③). (유죄를 인정하여 형을 선고한) 재판이 확정되면, 확정판결은 유효하고 집행력이 발생하여, 그 내용대로 형이 집행된다. 제3항의 입법취지는 재판확정의 선후에 따른 처벌의 불공평을 해소하기 위한 것이다. 주의할 것은, 형법의 적용범위에 관한 특칙이 아니라, '형의 집행에 관한 특

조 제2항의 적용에 영향을 주지 않는다. ② 더구나, 형법 제1조의 제1항과 제2항은, 형식상 원칙과 예외의 관계에 있지만 양자 '모두' 행위자의 자유에 유리한 방향으로만 지향하고 있다는 공통점(즉, 형법의 일관된 실질적 기준은 '행위자의 자유에 유리한 방향으로'인 것이라는 점)에 대해 조금만 주의를 기울여 세심하게 천착해 본다면, 사후성이 있는 경우는 물론, 사후에 적극적 작위가 수반되지 않는 경우에도 '재판시법 적용'이라는 제1조 제2항에 따른 결론이 당연히 더욱 합리적이다. 애초부터 가벌성의 시간적 한계를 설정한 경우(정해진 유효기간의 경과로 실효)의 행위불법이 '사후적으로 가벌성을 폐지한 경우'(개정·폐지)의 그것에 비해, 결코 더 크다고 할 수 없고, 오히려 그 한시성·일시성(一時性)에 비추어 더 작을 수 있기 때문이다. ③ 별개의견2가 "피고인에게 유리하게 형벌법규가 변경되었다는 관점에서 보면 법령이 개정·폐지된 경우와 법령의 유효기간이 경과된 경우는 본질적으로 차이가 없다"라고 설명한 것도, 이와 같은 인식으로 이해된다.

따라서 여기서의 '변경'은 '사후적 개정·폐지'만으로 국한되는 것이 아니라 '유효기간의 결과로 실효'도 포함된다. '사전적(事前的) 예정된 유효기간의 경과로 인한 효력의 상실'은 포함되지 않는다는 해석은, 그 논리적 타당성이나 체계적 합리성이 있다고 볼 수 없다.

칙'이라는 점이다. 실체법적 규정이 아닌 절차법적 규정이며, '**실질적 의미의 형사소송법**'에 해당한다.

여기서 ㉠ '재판의 확정'이란 통상의 불복방법으로 판결의 효력을 다툴 수 없게 된 상태를 말한다(예: 상소기간의 경과, 상소의 포기·취하, 상소기각재판의 확정 등). ㉡ 나머지 '법률의 변경' '범죄를 구성하지 아니하게 된 경우'의 의미는 제2항의 경우와 같다.

다만, 제2항과 달리 '형이 구법보다 가벼워진 경우'는 명문의 규정이 없다. 이 경우에는 제1조 제2항과 제3항의 반대해석상 이미 확정된 형을 그대로 집행한다.

[형집행기관의 조치] '범죄를 구성하지 아니하게 된 경우'에는, 형법 제1조 제3항에 따라 '법률상 당연히' "형의 집행이 면제된다." 따라서 검사는 형집행 면제의 결정을 할 필요가 없다. 검사는 형집행 면제를 확인한 다음, 자유형의 수형자인 경우에는 석방지휘를 하며, 교도관은 서류에서 석방일시가 지정되지 않는 한, 그 서류가 교정시설에 도달한 후 12시간 이내에 석방하여야 한다(형집행법124①).

Ⅲ. 한시법

1. 의의

일반적으로 한시법이란 유효기간이 정해져 있는 법률, 즉 미리 폐지가 예상되는 법률을 말한다. 한시법과 관련하여, **추급효 인정 여부**가 문제된다. 즉, 유효기간 중의 위반행위에 대해 재판시에는 유효기간이 경과하여 폐지된 경우 이미 폐지된 한시법을 적용하여 처벌할 수 있는가의 문제이다. 우리 형법은 독일(2④)[1]과 달리, 한시법에 관한 명문의 규정을 두고 있지 않다.

우선, 한시법의 개념에 대해 견해의 대립이 있다. 협의설과 광의설이다. ㉠ 협의설은, 미리 유효기간이 명시된 법률이나 형벌법규의 폐지 전에 유효기간이 정해진 법률(예: 2018 평창 동계올림픽법 제90조, 부칙 제2조)만을 한시법으로 파악하는 견해이다.[2] 이와 같이 유효기간이 미리 정해진 '협의의 한시법'의 경우 그 전형

1) [독일형법] 제2조(시간적 적용범위) ④ 일정기간에 한하여 유효한 법률이 실효된 경우에도 그 유효기간 중에 범한 행위에 대하여는 이를 준용한다. 법률이 달리 규정하고 있는 경우에는 이를 적용하지 아니한다.

2) [2018 평창 동계올림픽법] 제90조(벌칙) 제32조(행위의 제한) 또는 제45조(행위의 제한) 제1

적인 예로는 '언제부터 언제까지 효력을 갖는다'는 식으로 '달력에 의한 일시의 한정방식'이고, 약간의 변경은 '시행일 이후 올림픽 폐막일까지'라는 식으로 '장래의 일정 사건발생시기까지 유효기간을 한정하는 방식'이다. ㉡ 광의설은, 법령의 내용과 목적이 일시적 특수사정에 대처하기 위한 것으로서 유효기간이 사실상 제한되는 법률까지도 한시법에 포함시키는 견해이다.

이러한 견해 대립은 결국 한시법의 추급효 여부와 관련하여 의미가 있다. 추급효 부정설(다수설)의 입장에서는, 어차피 그 효력상실 이후에는 처벌할 수 없으므로, 한시법의 개념을 어떻게 파악하든 상관 없다. 그러나 추급효 긍정설(소수설)의 입장에서는, 한시법의 범위를 넓게 파악할수록 그 처벌범위가 확대된다. 광의설은 그만큼 법적 안정성을 해할 위험이 가중되는 셈이다.

2. 한시법의 추급효

우리 형법은 한시법의 추급효를 인정하는 명문의 규정을 두고 있지 않다. 추급효에 관한 명문의 규정이 없는 경우에도 추급효를 인정하는 주장을 한시법이론이라 한다. 한시법이론에 의하여 그 유효기간 중의 위반행위에 대해 유효기간이 경과한 후에도 처벌할 수 있는지 여부가 문제된다.

(1) 학설

1) 추급효 긍정설 추급효 긍정설은, ㉠ 행위시에 이미 처벌규정이 존재한 이상, 유효기간 경과전의 행위는 여전히 비난할 가치가 있고, ㉡ 한시법의 추급효를 부정하면 한시법의 종기(終期) 또는 폐지가 가까워짐에 따라 위반행위가 속출하는 것을 막을 수 없다는 점을 근거로 한다.

2) 추급효 부정설 추급효 부정설은, ㉠ 형법 제1조 제2항은 신법주의를 규정하고 있는바, 한시법의 추급효를 인정하려면 행위시법주의로 환원하는 예외규정이 있어야 하는데, 이를 인정할 법적 근거가 없고, ㉡ 한시법의 추급효를 인정하면, 죄형법정주의의 실질적 의미에 반하며, 형법 제1조 제2항의 취지에도 맞지 않는다는 점을 근거로 한다. 다수설의 입장이다.

(2) 판례

판례는 과거 한시법의 개념을 광의로 파악한 다음, 추급효의 인정 여부에

항을 위반한 자는 1년 이하의 징역 또는 1천만원 이하의 벌금에 처한다.

부칙 제2조(유효기간) 제5조, 제6조, 제6조의2, 제7조부터 제39조까지, 제83조부터 제85조까지, 제88조, <u>제90조</u>, 제92조는 <u>2019년 3월 31일까지 효력을 가진다</u>.

대해 '법률변경의 동기'를 기준으로 결정하는 이른바 동기설의 입장을 취하였다. 이는 한시법에 대해 추급효를 인정하는 명문규정을 두고 있는 독일형법에 대한 판례와 다수 학설의 입장과 유사한 태도였다. 그러나 그러한 명문규정을 두고 있지 않은 우리 형법의 해석에서, 동기설은 행위자에게 유리한 규정(1②)의 '목적론적 축소해석'으로 죄형법정주의에 위배된다는 비판을 받았다.

대법원은 2022.12.22. 판례변경을 단행하여 마침내 동기설을 폐기하였다. 다만 한시법의 개념을 '달력에 의한 일시의 한정방식'(즉, 스스로 유효기간을 구체적인 일자나 기간으로 특정하여 효력의 상실을 예정하고 있던 법령이 그 유효기간을 경과함으로써 더 이상 효력을 갖지 않게 된 경우)으로 한정함으로써 사실상 최협의의 개념으로 좀더 좁게 파악한 다음, 이에 대해서는 (제1조 제2항의 법률의 '변경'에 해당하지 않는다-즉, 애초의 법령이 '변경'된 것은 아니다-라는 이유로) 추급효를 전면적으로 인정하는 사실상 추급효 긍정설의 입장으로 선회하였다.

1) 판례: 추급효 긍정설 "(법령이 개정 내지 폐지된 경우가 아니라) '스스로 유효기간을 구체적인 일자나 기간으로 특정하여 효력의 상실을 예정하고 있던 법령이 그 유효기간을 경과함으로써 더 이상 효력을 갖지 않게 된 경우'도 제1조 제2항(및 형소326iv)에서의 '법령의 변경'에 해당한다고 볼 수 없다"(위 2020도16420 전합). 즉, 사실상 최협의의 한시법에 대해서는, 유효기간이 경과하여 더 이상 효력을 갖지 않게 되더라도, 제1조 제2항의 법률의 '변경'에 해당하지 않는다는 것을 이유로, 추급효를 인정한다(추급효 긍정설).

2) 검토: 추급효부정 그러나 이는 명문의 규정도 없이 해석상 제1조 제2항의 예외를 인정하는 것으로, 해석이라는 이름으로 협의의 한시법에 대해 추급효를 인정하는 범위 만큼 그 처벌범위를 확장시키는 결과가 된다(즉, 제1조 제2항의 '법령의 변경'의 범위에서 법령이 예정한 유효기간을 경과한 경우를 일률적으로 제외함으로써, 결과적으로 처벌범위를 부당하게 확장시키는 것이 된다). '목적론적 축소해석'이라도 가벌성의 범위를 확대하는 경우에는 허용될 수 없다. 한시법의 추급효를 인정하는 명문의 규정이 없는 우리 형법의 해석에서는, 유효기간 경과 전의 위반행위는 적어도 '유효기간 경과 후에도 계속 적용한다'는 경과규정이 없는 한, 추급효를 부정하는 것이 죄형법정주의에 부합하는 타당한 해석이 된다(앞서 서술한 2020도16420 판례에 대한 평석 중 '제4유형' 부분을 참조할 것).[1] 결국 명문규정이 없는 한 제1조

1) [2020도16420 판례와 처벌범위의 일부 확대] 변경된 판례는 최협의의 한시법에 관한 한 동기를 묻지 않고 추급효를 일률적으로 인정하는데, 이는 판례변경 이전에 비해 그 처벌범위가 일부 확대된 부분이다. 그러나 최협의의 한시법은 그 내용과 목적이 일시적 특수사정에 대응하

제2항을 그대로 적용해야 한다.

3. 백지형법과 보충규범의 개페 문제

1) 뜻 백지형법이란 형벌의 전제가 되는 구성요건의 전부 또는 일부를 다른 법률이나 명령 또는 고시에 위임하여 보충해야 할 공백을 남겨두는 형벌법규를 말한다(예: 중립명령위반죄112, 행정법규 중 각종 경제통제법령 · 감염병예방 관련법령). 백지형법의 공백을 보충하는 규정을 '보충규범' 또는 '충전규범'이라고 한다.

백지형법의 경우 2가지 문제가 있다. 형벌법규 자체는 그대로 두고 보충규범만 개폐한 경우에 ㉠ 형법 제1조 제2항의 '법률의 변경'에 해당하는가,[1] ㉡ 보충규범을 한시법으로 보아 '추급효'를 인정할 것인가의 문제이다.

2) 법률의 변경 제1조 제2항의 '법률'은 총체적 법률상태(전체로서의 법률)을 의미하므로, 보충규범의 개폐는 '법률의 변경'에 해당한다(통설 · 판례).

3) 추급효 여부 협의의 한시법에 대해 추급효를 긍정하는 판례는 백지형법(협의의 한시법인 백지형법의 보충규범 또는 일반 법령의 보충규정 중 협의의 한시법에 해당하는 보충규범)에 대해서도 같은 입장이다. 즉, "형벌법규가 대통령령, 총리령, 부령과 같은 법규명령이 아닌 고시 등 행정규칙 · 행정명령, 조례 등(이하 '고시 등 규정')에 **구성요건의 일부를 수권 내지 위임한 경우에도** 이러한 고시 등 규정이 위임입법의 한계를 벗어나지 않는 한 형벌법규와 결합하여 법령을 보충하는 기능을 하는 것이므로, 그 변경에 따라 범죄를 구성하지 아니하게 되거나 형이 가벼워졌다면 **마찬가지로** 제1조 제2항(및 형소326iv)이 적용된다. 다만, 법령이 개정 내지 폐지된 경우가 아니라, 스스로 유효기간을 구체적인 일자나 기간으로 특정하여 효력의 상실을 예정하고 있던 법령이 그 유효기간을 경과함으로써 더 이상 효력을 갖지 않게 된 경우도 제1조 제2항(및 형소326iv)에서 의 법령의 변경에 해당한다고 볼 수 없다"(위 2020도16420 전합). 이는 협의의 한시법에 대해 추급효를 인정하는 사실상 추급효 긍정설의 입장이다. 유효기간을 특정한 고시 등 규정의 대표적인 예로는, 감염병예방법에 근거한 입원 · 격리조치 위반[감염병예방법79의3

기 위한 것이라는 점에서, 실제로는 이 부분이 현실적으로 문제될 일은 거의 없을 것으로 보인다. 이는 과거 동기설의 판례사안이 사실상 광의의 한시법 사건에 집중되었던 점에서도 충분히 확인된다.

1) [학설: 보충규범의 개폐와 법률의 변경] 이에 대한 학설로는, ㉠ 부정설(단지 형벌의 전제조건인 구성요건의 내용의 변경에 불과). ㉡ 적극설(법률의 변경에 해당), ㉢ 절충설(구성요건 자체를 정하는 법규의 개폐에 해당하면 법률의 변경, 단순히 구성요건에 해당하는 사실관계의 변경에 불과하면 법률의 변경이 아니다) 등.

(벌칙)·42(감염병에 관한 강제처분)]·집합금지 등 조치 위반[80(벌칙)·49(감염병의 예방조치)] 등을 들 수 있을 것이다.[1)]

제 2 절 형법의 장소적·인적 적용범위

Ⅰ. 형법의 장소적 적용범위

1. 의의

형법의 '장소적 적용범위'란 형법의 효력이 미치는 지역적 범위를 말한다. '형벌적용법' 또는 '국제형법'이라고도 한다. 이는 국제법이 아니라 국내법이다. 여기에는 속지주의, 속인주의, 보호주의, 세계주의가 있다.

2. 입법형식

(1) 속지주의

제2조(국내범) 본법은 대한민국영역내에서 죄를 범한 내국인과 외국인에게 적용한다.
제4조(국외에 있는 내국선박 등에서 외국인이 범한 죄) 본법은 대한민국영역외에 있는 대한민국의 선박 또는 항공기내에서 죄를 범한 외국인에게 적용한다.

속지주의는 자국의 영역 내에서 발생한 모든 범죄에 대하여 범죄인의 국적을 불문하고 자국의 형법을 적용한다는 원칙이다. 속지주의 원칙은 주권 개념 가운데 영토고권에 근거하고 있다. 국제형법의 제1원리이다.

1) **국내범** 형법은 대한민국 영역 내에서 죄를 범한 내국인과 외국인에게 적용한다(2). 문언상 영역은 영토보다 넓은 개념이므로, 영토·영해·영공을 포함한다. i) [영토] 우리나라 영토는 "한반도와 그 부속도서"이다(헌법3). ㉠ "북한도 우리 영토의 일부이므로 당연히 형법의 적용대상이지만, 단지 재판권이 미치지 못할 뿐이다"(대판 1957.9.20. 4290형상228). ㉡ 국내의 외교공간은 모두 대한민국

1) **[과거 판례: 동기설]** 과거 판례는, 백지형법에 대해서도 동기설에 따라 추급효 여부를 판단하였다. 예컨대, ㉠ 식품첨가물의 사용에 관한 고시의 변경에 따라 형이 폐지된 경우(대판 2005.12.23. 2005도747), ㉡ 외국통화수표의 수입방법에 관한 외국환거래규정의 변경에 따라 형이 폐지된 경우(대판 2005.1.14. 2004도5890)에, "법률이념의 변경이 아니고, 다른 사정의 변천에 따라 그때 그때의 특수한 필요에 대처하기 위하여 법령이 개폐된 경우"로서, 가벌성이 소멸되지 않는다고 하였다.

의 영토이고, 단지 재판관할권이 제한될 뿐이다. 그 반대의 경우도 같다. 예컨대, '중국 북경에 소재한 대한민국 영사관 내부'(대판 2006.9.22. 2006도5010), '독일 베를린 주재 북한대표부'(대판 2008.4.17. 2004도4889 전합)는 우리 영토의 일부가 아니다. ii) [영해] 영해는 기선(基線)으로부터 12해리까지의 수역이다(대한해협은 3해리까지). iii) [영공] 영공은 현재로서는 실정법상 제한이 없다. 과학의 발전으로 대기권을 벗어난 우주공간에 대해 국제법적 논의가 있다.

2) 기국주의 형법은 대한민국 영역 외에 있는 대한민국의 선박 또는 항공기 내에서 죄를 범한 외국인에게도 적용된다(4). 속지주의 원칙의 확장으로서, 기국주의라 한다. 선박·항공기는 영토 또는 영역의 확장으로 볼 수 있다.

3) 범죄지의 뜻 여기서 '죄를 범한'은 '행위지'와 '결과발생지'를 모두 포함한다(어느 하나만 있으면 된다는 의미에서 '편재설'). **편재설**이 통설·판례이다(대판 2000.4.21. 99도3403).[1] 공동정범의 경우 '공모지'도 범죄지가 된다(대판 1998.11.27. 98도2734). 부작위범의 경우에는 작위의무지(작위의무를 이행할 곳), 공범의 경우에는 정범의 행위지는 물론 공범의 행위지도 범죄지가 된다.

여기서 내국인은 대한민국 국적 보유자 외에 복수국적자를 포함한다. 외국인은 대한민국 국적을 갖지 않은 사람으로, 무국적자도 포함된다.[2]

4) 한계 그런데 속지주의만으로는 국외 범죄에 대해 형벌권을 행사할 수 없다는 문제점이 있다. 따라서 다른 원칙에 의한 보완이 필요하다.

(2) 속인주의

제3조(내국인의 국외범) 본법은 대한민국 영역 외에서 죄를 범한 내국인에게 적용한다.

속인주의는 자국민의 범죄에 대해서는 범죄지를 불문하고 자국의 형법을 적용한다는 원칙이다. 속인주의에 따라, 형법은 "대한민국 영역 외에서 죄를 범한 내국인에게 적용한다"(3). 이는 범죄의 주체를 기준으로 '적극적' 속인주의를 규정한 것이며,[3] 속지주의를 보충하는 기능을 한다. 자국민은 자국의 법질서에

---

1) [범죄지의 의미: 편재설] 99도3403 ("외국인이 대한민국 공무원에게 알선한다는 명목으로 금품을 수수하는 행위가 대한민국 영역 내에서 이루어진 이상, 비록 금품수수의 명목이 된 알선행위를 하는 장소가 대한민국 영역 외라 하더라도, 대한민국 영역 내에서 죄를 범한 것이다").

2) [국내 체류 외국인] 2019. 12. 31. 현재 국내에 체류하고 있는 외국인은 250만명을 넘어섰다(2,524,656명). 전체 인구에서 외국인이 차지하는 비중은 4.9%에 달한다. 한편, 2019년 한해 동안 외국인의 범죄현황은 총 36,400명에 이른다.

3) [적극적 속인주의] '범죄의 주체를 기준으로' 범죄주체가 자국민인 경우 행위지를 불문하고 자국형법을 적용하는 것을 '적극적 속인주의'라 한다. 반면, '범죄의 객체를 기준으로' 자국민

대한 성실의무가 있다는 사고에 근거하고 있다.

1) **내국인** 내국인은 대한민국 국적을 가진 사람이며, 범행 당시를 기준으로 판단한다(통설). 한편, **북한주민**도 내국인의 범주에 속하며(대판 1996.11.12. 96누1221), 북한이탈주민이 북한지역에서 저지른 범죄에 대해 우리 형법을 적용하여 처벌한 사례도 있다.[1)]

2) **국외범** 여기서 '죄'(국외범)는 내국인이 외국에서 저지른 우리 형법상 처벌가능한 모든 범죄를 말한다. 도박을 처벌하지 않는 국가에서 내국인이 도박한 경우 우리 형법이 적용되어 도박죄로 처벌된다(대판 2017.4.13. 2017도953).

즉, 행위지법상 가벌성 여부와 상관없이 내국인은 언제나 우리 형법으로 처벌된다. 이른바 쌍방가벌성 원칙(행위지에서 범죄로 되지 않는 경우에는 불가벌이라는 원칙. '상호주의'라고도 한다)은 우리 형법상 명문의 규정이 없는 이상 적용되지 않기 때문이다. 이를 '절대적' 적극적 속인주의라 한다.

(3) 보호주의

제5조(외국인의 국외범) 본법은 대한민국영역외에서 다음에 기재한 죄를 범한 외국인에게 적용한다. 1. 내란의 죄 2. 외환의 죄 3. 국기에 관한 죄 4. 통화에 관한 죄 5. 유가증권, 우표와 인지에 관한 죄 6. 문서에 관한 죄 중 제225조 내지 제230조 7. 인장에 관한 죄 중 제238조

제6조(대한민국과 대한민국국민에 대한 국외범) 본법은 대한민국영역외에서 대한민국 또는 대한민국국민에 대하여 전조에 기재한 이외의 죄를 범한 외국인에게 적용한다. 단 행위지의 법률에 의하여 범죄를 구성하지 아니하거나 소추 또는 형의 집행을 면제할 경우에는 예외로 한다.

보호주의는 자국 또는 자국민의 법익을 침해하는 범죄에 대해서는 범죄지와 범인의 국적을 불문하고 자국의 형법을 적용하는 원칙이다. 내국적 법익은 자국형법에 의해 보호되어야 한다는 이념에 기초하고 있다. 자국의 이익보장에 가장 철저한 원칙으로, 국가보호주의(자국의 국가적 법익을 보호)와 국민보호주의(자국민을 보호. 이는 피해자가 자국민인 경우로서 '소극적' 속인주의)로 구별된다.

1) **국가보호주의** 형법 제5조(외국인의 국외범)와 제6조 일부(대한민국에 대한 국외범)에 규정되어 있다. ㉠ [제5조] 형법은 "'7개의 범죄군'의 죄를 범한 외국인의 국외범에 대해 우리 형법을 적용한다"(5). 즉, 대상범죄는 내란, 외환, 국기,

---

이 피해자인 경우 행위지를 불문하고 자국형법을 적용하는 것을 '소극적 속인주의'라 한다.

1) [북한이탈주민 포함] 수원지판 2014.5.16. 2013고합846(대법원에서 상고기각으로 확정).

통화,[1] 유가증권 · 우표 · 인지, **문서**(공문서만. 사문서는 제외), **인장**(공인만. 私印은 제외)에 대한 죄이고, 이는 예시가 아니라 제한적 열거이다.

ⓛ [제6조 전단] 제5조를 보충하는 규정으로, 대상범죄는 대한민국에 대하여 범한 죄로서 "제5조에 기재한 이외의 죄"이다. 다만, 단서("행위지의 법률에 의하여 범죄를 구성하지 아니하거나 소추 또는 형의 집행을 면제할 경우에는, 예외로 한다")에서 행위지법상 가벌성을 요구하는 **'쌍방가벌성'** 요건 및 해석상 '법익침해의 직접성' 요건이 요구된다.[2] 제5조에 비해 보호정도가 미약하다.

2) 국민보호주의 형법 제6조 후단(대한민국 국민에 대한 국외범)에 규정되어 있다. 이는 '**대한민국 국민이 피해자**인 경우'로서 소극적 속인주의를 의미하며, 제6조 단서는 앞서 본 바와 같이 '**쌍방가벌성**' 요건 및 해석상 '법익침해의 직접성' 요건이 요구된다.

3) 제6조: 법익침해의 직접성 제6조와 관련하여 주의사항이 있다. i) [쌍방가벌성] '쌍방가벌성' 요건은 명문으로 규정하고 있다. ii) [법익침해의 직접성] 특히 '법익침해의 직접성' 요건은 해석상 요구된다. 즉, "여기서 '대한민국 또는 대한민국 국민에 대하여 죄를 범한 때'란 대한민국 또는 대한민국 국민의 법익이 '**직접적으로 침해**'되는 결과를 야기하는 죄를 범한 경우를 의미한다"(대판 2011.8.25. 2011도6507).

[판례사례: 직접 침해 여부] i) [긍정사례] ㉠ (사기죄) 외국인이 외국에 거주하는 대한민국 국민을 기망하여 그 외국에서 투자금을 수령한 경우는 대한민국 국민에 대하여 범죄를 저지른 경우에 해당한다(위 2011도6507). 쌍방가벌성이 충족되면 우리 형법을 적용된다.

ii) [부정사례] ㉠ (위조사문서행사죄) 외국인이 외국에서 위조사문서를 행사한 경우는 대한민국 국민의 법익을 **직접적으로 침해하는 행위가 아니므로**, 우리 형법이 적용되지 않고, 우리나라에 재판권이 없다(위 2011도6507). ⓛ (사문서위조죄) 외국인이 중국 북경시에 소재한 대한민국 영사관 내에서 여권발급신청서를 위조한 경우 "중국 북경시에 소재한 대한민국 영사관 내부는 여전히 중국의 영토에 속할 뿐 이를 대한민국의 영토로서 그 영역에 해당한다고 볼 수 없을 뿐 아니라, 사문서위조죄가 형법 제6조의 대한민국 또는 대한민국 국민에 대하여 범한 죄에 해당하지 아니함은 명백하

1) [사례] 예컨대, 일본인이 행사할 목적으로 중국에서 미화 100달러 지폐를 위조한 경우에도 우리나라 '형법'이 적용된다(2024년 변시 13회).

2) [쌍방가벌성의 증명책임: 검사] 대판 2011.8.25. 2011도6507 ("이 경우 행위지 법률에 의하여 범죄를 구성하는지는 엄격한 증명에 의하여 검사가 이를 증명하여야 한다").

다"(대판 2006.9.22. 2006도5010. 즉, 사문서위조에 의해 대한민국의 국가적 법익이나 그 국민의 개인적 법익이 직접 침해되는 것은 아니다). ㉢ (사인위조죄) "형법 제239조 제1항의 사인위조죄는 형법 제6조의 대한민국 또는 대한민국국민에 대하여 범한 죄에 해당하지 아니하므로, 중국 국적자가 중국에서 대한민국 국적 주식회사의 인장을 위조한 경우에는 외국인의 국외범으로서 그에 대하여 재판권이 없다"(대판 2002.11.26. 2002도4929).

(4) 세계주의

제296조의2(세계주의) 제287조부터 제292조까지 및 제294조는 대한민국 영역 밖에서 죄를 범한 외국인에게도 적용한다.

세계주의는 인류공동의 법익을 침해하는 범죄에 대해서는 범죄지, 범죄인의 국적 및 피해자를 불문하고 자국의 형법을 적용하는 원칙이다. 총칙에는 세계주의에 관한 규정이 없으나, 각칙에서 약취, 유인 및 인신매매죄에 대해 세계주의를 채택하고 있다(296의2). 따라서 이 경우에는 대한민국 영역 밖에서 위 죄를 범한 외국인(=외국인의 국외범)에 대하여도 우리 형법이 적용된다.[1]

(5) 외국에서 집행된 형의 산입

제7조(외국에서 집행된 형의 산입) 죄를 지어 외국에서 형의 전부 또는 일부가 집행된 사람에 대해서는 그 집행된 형의 전부 또는 일부를 선고하는 형에 산입한다.

우리 국민이 외국에서 그 나라의 국제형법에 의해 처벌된 경우에도, 다시 속인주의에 의해 우리 형법이 적용될 수 있다. 외국판결은 우리 법원을 기속할 수 없고, 우리나라에서는 기판력도 없어 일사부재리원칙이 적용되지 않기 때문이다. 이 경우 형법은 "외국에서 '집행된 형'의 전부 또는 일부를 선고형에 산입 '한다'"고 규정하여, 제한된 효력만 인정한다. 즉, 외국에서 집행된 '형'에 대해서만, 적어도 일부를 반드시 산입하도록 하였다(필요적 산입).[2]

여기서 '외국에서 형의 전부 또는 일부가 집행된 사람'이란 "문언과 취지에

1) [세계주의: 민간항공기납치사건] 대판 1984.5.22. 84도39 ("민간항공기납치사건에 대하여는, 항공기등록지 국에 원칙적인 재판관할권이 있는 외에, 항공기착륙국인 우리나라에도 경합적으로 재판관할권이 생기어 우리나라 항공기운항안전법은 외국인의 국외범까지도 적용대상이 된다").

2) [연혁] 2016년 개정 전 제7조는 형의 '임의적 감면'만을 규정하였는데, '외국에서 집행된 형을 전혀 반영하지 않을 수도 있는 규정은, 과잉금지원칙에 위배되어 신체의 자유를 과도하게 제한한다'는 취지의 헌법불합치 결정(헌재 2015.5.28. 2013헌바129)에 따라, 2016. 12. 20. 개정되었다

비추어 '외국 법원의 유죄판결에 의하여 자유형이나 벌금형 등 형의 전부 또는 일부가 실제로 집행된 사람'을 말한다"(대판 2017.8.24. 2017도5977 전합). 따라서 "형사사건으로 외국 법원에 기소되었다가 무죄판결을 받은 경우 그 미결구금 기간은 형법 제7조에 의한 산입의 대상이 될 수 없다"(위 2017도5977 전합).

Ⅱ. 형법의 인적 적용범위

1. 의의

형법의 '인적 적용범위'는 '형법이 어떤 사람에게 적용되는가'의 문제이다. 형법은 속인주의에 의해 모든 대한민국 국민에게 적용되고, 속지주의나 보호주의에 의해 외국인에게도 적용된다. 다만 국내법상, 국제법상 예외가 있다.

2. 예외

(1) 국내법상 예외

1) 국회의원의 면책특권 국회의원은 국회에서 직무상 행한 발언과 표결에 관하여 국회 외에서 책임을 지지 아니한다(헌법45). "국회의원의 면책특권의 대상이 되는 행위는, 직무상의 발언과 표결이라는 의사표현행위 자체에 국한되지 아니하고, 이에 통상적으로 부수하여 행하여지는 행위까지 포함한다"(대판 1992.9.22. 91도3317).

2) 대통령의 불소추특권 대통령은 내란 또는 외환의 죄를 범한 경우를 제외하고는 재직 중 형사소추를 받지 아니한다(헌법84. 내란 또는 외환의 죄를 범한 경우에는 재직 중에도 소추가 가능하다). 나머지 죄를 범한 경우 재직 중 소추만 금지되므로, 재직 중 수사가 가능하며, 퇴직 이후 소추할 수 있다. "대통령 재직 중에는 공소시효의 진행이 정지된다"(헌재 1995.1.20. 94헌마246).

(2) 국제법상 예외

1) 관할권 면제 국제법상 외국정부 또는 국제기구와 그 공식대표들은 국제법상 관할권면제(immunities)가 인정된다. 외국의 원수, 외교관 등이 해당하며, 이 경우 (우리 형법이 적용되지만) 우리나라의 형사재판권이 면제될 뿐이다.

2) 외국군대 주한미군지위협정(SOFA)에 의하면, '공무집행 중인 미군범죄'에 대해서는, (우리 형법의 적용이 배제되는 것이 아니라) 우리 형사재판권이 배제된다. 위 협정에는 우리나라가 형사재판권을 행사하는 경우도 규정되어 있다.

제 2 편

범 죄 론

제 1 장

범죄론 일반

제 1 절 범죄의 의의와 종류

Ⅰ. 범죄의 개념

형법은 범죄와 형벌에 관한 법률이다. 범죄를 구성하는 법률요건을 '구성요건'이라 하고, 범죄에 대한 법률효과(형벌 · 보안처분)를 '형사제재'라고 한다. 범죄란 '구성요건에 해당하고 위법하고 유책한 행위'를 말한다. 범죄론은 범죄의 구성부분인 행위 · 구성요건 · 위법성 · 책임을 체계적으로 이해하는 일반이론이다. 총칙 제2장의 제목인 '죄'는 형사제재의 대상인 '범죄'를 뜻한다. 범죄개념에는 2가지가 있다.

1) 형식적 범죄개념 형법에 범죄로 규정된 행위가 범죄라는 입장이다. 즉, '구성요건에 해당하는 위법하고 유책한 행위'가 범죄라는 것이다. 이는 범죄의 실질에 대해 아무런 내용을 제시하지 못하고 '범죄로 규정된 것이 범죄이다'라는 동어반복에 불과하지만, 무엇이 범죄인지 분명히 알려 주고, 형법해석의 대상인 범죄의 범위를 명확히 설정하는 장점이 있다. 따라서 형식적 범죄개념은 죄형법정주의와 형법의 보장적 기능을 실현하고, 형법해석에서 중점이 되는 개념이다.

2) 실질적 범죄개념 범죄의 실체와 내용이 무엇인가를 제시하는 입장이다. 즉, 형벌을 부과할 필요가 있는 불법한 행위 내지 사회적으로 유해한 행위가 범죄라는 것이다. 아직 범죄로 규정되지 않은 행위에 대해서도 범죄성을 규

명하고자 한다는 점에서 '형사정책적 범죄개념'이라고도 한다. 입법자의 자의적 범죄설정을 억제하는 장점은 있지만, 실질적 개념만으로 범죄개념을 정의하는 것은 죄형법정주의에 대한 위협이 된다. 따라서 형식적 개념과 실질적 개념은 상호보완적 기능을 수행한다.[1)]

한편, 범죄의 본질이 무엇인가에 대해서는 권리침해설(권리침해라는 견해), 법익침해설(법익의 침해 또는 그 위태화라는 견해), 의무위반설(사회질서 내지 법익을 침해하지 아니할 의무위반, 즉 작위범에서는 부작위의무위반, 부작위범에서는 작위의무위반)이 있다. 범죄의 본질에 대해서는 결합설, 즉 '법익침해라는 **결과반가치**'와 '의무위반이라는 **행위반가치**'를 동시에 결합한 견해가 일반적이다.

Ⅱ. 범죄의 종류

1. 각칙상 범죄유형

형법각칙에는 보호법익의 종류에 따라 범죄구성요건이 편장별로 체계화되어 있다. 여러 기준에 따라 범죄를 유형화하면 다음과 같다.

(1) 결과범과 거동범

범죄성립에 '결과의 발생'이 필요한지 여부에 따른 구분이다.

1) 결과범 결과의 발생이 구성요건의 내용인 범죄를 말한다. **실질범**이라고도 한다. 예컨대, 살인죄 · 상해죄 · 과실치사상죄, 강도죄 · 손괴죄 등 대부분의 범죄가 결과범이다. 결과적 가중범은 결과범의 특수한 형태이다.

2) 거동범 결과의 발생은 필요 없고 일정한 행위만으로 이미 구성요건이 충족되는 범죄를 말한다. **형식범**이라고도 한다. 예컨대, 폭행죄(260), 명예훼손죄(307) · 모욕죄(311), 위증죄(152), 무고죄(156) 등이 거동범이다.

3) 구별실익 결과범에서는 행위와 결과 사이에 '인과관계'가 요구된다. 결과발생이 없거나 (결과발생이 있더라도) 인과관계가 없으면 기수가 되지 않는다. 반면, 거동범에서는 행위의 존재만 문제될 뿐 인과관계는 문제되지 않는다.

---

1) [헌법재판소의 상대적 범죄개념] 헌재 2015.5.28. 2013헌바35 ("어떤 범죄를 어떻게 처벌할 것인가 하는 문제, 즉 법정형의 종류와 범위의 선택은 그 범죄의 죄질과 보호법익에 대한 고려뿐만 아니라 우리의 역사와 문화, 입법당시의 시대적 상황, 국민일반의 가치관 내지 법감정, 그리고 범죄예방을 위한 형사정책적 측면 등 여러 가지 요소를 종합적으로 고려하여 입법자가 결정할 사항으로서 광범위한 입법재량 내지 형성의 자유가 인정되어야 할 분야이다").

(2) 침해범과 위험범

범죄성립에 '법익의 침해'가 필요한지 여부에 따른 구분이다.

1) **침해범** 보호법익에 대한 현실적 침해가 구성요건의 내용인 범죄를 말한다. 예컨대, 살인죄·상해죄, 절도죄·사기죄 등이다.

2) **위험범** 현실적인 침해는 필요 없고 보호법익에 대한 위험의 발생만으로 구성요건이 충족되는 범죄를 말한다. **위태범**이라고도 한다. 위험범은 다시 구체적 위험범과 추상적 위험범으로 나뉜다.

㉠ **구체적 위험범**은 보호법익에 대한 구체적·현실적 위험의 발생이 구성요건에 명시되어 있는 범죄를 말한다. 형법에 "~의 위험을 발생시킨 자는"이라는 형식으로 규정되어 있다. 예컨대, 자기소유일반건조물방화죄(166②)·자기소유일반물건방화죄(167), 자기소유일반건조물·일반물건'실화'죄(170②) 등이 구체적 위험범이다. 여기서 위험은 객관적 구성요건요소이며, 그 위험이 발생했을 때 비로소 기수가 된다. 따라서 구체적 위험범은 일종의 결과범적 성격을 지닌다.

㉡ **추상적 위험범**은 단지 일반적인 위험의 발생만으로 구성요건이 충족되는 범죄이다. 여기서 위험은 구성요건요소로 규정되어 있지 않다. 예컨대, 현주건조물방화죄(164)·공용건조물방화죄(165), 위증죄(152)·무고죄(156) 등이다.

3) **구별** 구체적 위험범인가 추상적 위험범인가 여부는 구성요건에 '위험'이라는 문언의 명시 여부에 따라 쉽게 구별된다. 그러나 침해범인가 추상적 위험범인가 여부는 구성요건의 문언만으로 구별하기 어렵다. 이는 결국 개별 구성요건의 해석 문제이다.

(3) 즉시범·계속범 및 상태범

기수가 된 이후 '범죄행위의 계속'이 필요한지 여부에 따른 구분이다.

1) **즉시범** 행위에 의해 법익이 침해되거나 법익침해의 위험이 발생하면, 기수가 되고 동시에 범죄행위도 종료되는 범죄를 말한다. 범죄의 기수시기와 범죄행위의 종료시기는 대개 일치한다. 예컨대, 살인죄·상해죄, 방화죄 등 대부분의 범죄는 즉시범이다.

2) **상태범** 행위에 의해 법익이 침해되면 기수가 되고 동시에 범죄행위도 종료되지만, 기수 이후에도 법익침해 상태(위법상태)는 계속되는 범죄를 말한다. 즉, 범죄의 기수시기와 종료시기는 일치하지만, 기수 및 종료 이후에도 위법상태(법익침해 상태)가 계속되는 범죄이다. 예컨대, 절도죄(329)·횡령죄(355①) 등이다. 불가벌적 사후행위에 가담한 제3자는 별도로 처벌될 수있다.

3) 계속범 기수가 된 이후에도 '범죄행위가 계속'되고 법익침해 상태도 계속되는 범죄를 말한다. 즉, 범죄의 기수시기와 종료시기가 일치하지 않고 분리되며, 기수 이후에도 범죄행위의 계속과 위법상태(법익침해상태)의 계속이 있는 범죄이다. 기수 이후 또 다른 작위 또는 부작위에 의해 **불법이 강화**된다. 예컨대, **주거침입죄**(319),[1] 감금죄(276), 약취 · 유인죄(287) 등이다.

4) 구별실익 i) [계속범과 상태범] 계속범과 상태범의 구별실익은, ㉠ 공소시효의 기산점, ㉡ 공범의 성립시기, ㉢ 정당방위의 성립시기 등에 있다.

즉, ㉠ 공소시효는 기수시가 아니라 범죄종료시로부터 진행하므로(형소252), **계속범**은 '범죄가 종료한 때로부터' 공소시효가 진행된다. 또한 ㉡ 계속범은 기수 이후에도 '범죄행위의 종료시까지' 공범의 성립(공동정범, 교사 · 방조범)과 정당방위가 가능하게 된다. 반면, 상태범 · 즉시범은 범죄가 기수가 된 이후에는 기본적으로 공범의 성립이나 정당방위가 불가능하다.

ii) [상태범과 즉시범] 문제는 상태범과 즉시범을 구별하는 실익이다. 상태범의 경우 ㉠ 기수 이후 계속되는 법익침해 상태는 새로운 법익의 침해가 없는 한 별도로 다른 범죄를 구성하지 않는데, 불가벌적 사후행위라 한다(예: 절도범이 절취한 재물을 소비 · 처분해도, 절취행위의 범위를 초과한 새로운 법익을 침해하지 않는 한 별도로 손괴죄 등이 성립하지 않는다). 그런데 상태범에서도 ㉡ 기수 이후에 별도의 새로운 법익 침해가 없어 불가벌적 사후행위가 되는 경우라도, 그 시기에 가담하는 공범(방조범)은 처벌될 여지가 있다. 상태범과 즉시범의 구별 실익은 여기에 있다.

[판례] i) [농지 전용의 유형: 즉시범과 계속범] ㉠ 농지전용행위 자체에 의하여 당해 토지가 농지로서의 기능을 상실하여 원상회복이 어려운 상태로 만드는 경우(예: 절토, 성토, 정지 또는 유형물 설치 등 농지의 형질을 외형상으로뿐만 아니라 사실상 변경)에는 그와 같이 농지를 전용한 죄는 허가 없이 그와 같은 행위가 종료됨으로써 즉시 성립하고 그와 동시에 완성되는 즉시범이다(즉, 전용행위를 종료한 시점이 공소시효의 기산점이 된다). 그러나 농지전용으로 인해 원상회복이 가능한 상태에서 당해 토지를 농업생산 등 외의 다른 목적으로 사용하는 경우에는 허가 없이 그와 같이 농지를 전용하는 죄는 계속범으로서 그 토지를 다른 용도로 사용하는 한 가벌적인 위법행위가 계속 반복되고 있는 계속범이라고 보아야 한다(즉, 공소시효가 아직 진행되지 않는다)(대판 2009.4.16. 2007도6703 전합).

1) [주거침입죄의 분단효과] 헌재 2008.5.8. 2007도11322 ("다른 사람의 주택에 무단 침입한 범죄사실로 이미 유죄판결을 받은 사람이 판결 확정 후에도 퇴거하지 않은 채 계속하여 당해 주택에 거주한 경우, 판결확정 이후의 행위는 별도의 주거침입죄를 구성한다").

한편, 농지로서의 기능을 상실한 토지를 인수하여 사용한 자는 농지를 전용한 것이 아니므로, 농지전용죄가 성립하지 않는다.

ii) [즉시범] ㉠ 학대죄는 자기의 보호 또는 감독을 받는 사람에게 육체적으로 고통을 주거나 정신적으로 차별대우를 하는 행위가 있음과 동시에 범죄가 완성되는 상태범 또는 즉시범이다(대판 1986.7.8. 84도2922), ㉡ 도주죄는 즉시범으로서 범인이 간수자의 실력적 지배를 이탈한 상태에 이르렀을 때에 기수가 되어 도주행위가 종료한다는 판결(대판 1991.10.11. 91도1656), ㉢ 군형법 제79조에 규정된 무단이탈죄는 즉시범으로서 허가없이 근무장소 또는 지정장소를 일시 이탈함과 동시에 완성되고 그 후의 사정인 이탈 기간의 장단 등은 무단이탈죄의 성립에 아무런 영향이 없다(대판 1983.11.8. 83도2450).

iii) [상태범] ㉠ 내란죄는 한 지방의 평온을 해할 정도의 폭행·협박행위를 하면 기수가 되고, 이때 이미 내란의 구성요건은 완전히 충족된다고 할 것이어서 상태범으로 봄이 상당하다(대판 1997.4.17. 96도3376 전합) 등.

iv) [계속범] 건설폐기물을 허가받지 아니한 업체에 위탁하여 '처리'하는 행위(건설폐기물법63)는 즉시범이 아니고 계속범이다(대판 2009.1.30. 2008도8607).

(4) 일반범과 신분범

범죄주체가 '신분자'로 제한되는지 여부에 따른 구분이다.

1) 일반범 일반인 누구나 범죄주체가 될 수 있는 범죄를 말한다.

2) 신분범 일정한 신분을 가진 자(=신분자)로 범죄주체가 제한되어 있는 범죄를 말한다. 여기서 신분이란 범인의 인적 표지로서, 행위자의 일신전속적인 특별한 성질·지위·상태를 말한다. 즉, 신분범은 신분이 범죄의 성립 여부나 형사처벌의 경중에 영향을 미치는 범죄를 뜻한다.

신분범에는 진정신분범과 부진정신분범이 있다. ㉠ **진정신분범**은 신분자만이 범죄주체가 될 수 있고, 비신분자는 그 주체가 될 수 없는 범죄이다. 예컨대, 수뢰죄(129)·위증죄(152), 유기죄(271①), 횡령죄(355①, '타인의 재물을 보관하는 자')·배임죄(355, '타인의 사무를 처리하는 자') 등이 진정신분범이다. 여기서 '진정'은 신분이 범죄의 성립 여부를 결정한다는 점에서 신분범의 전형적인 형태임을 나타낸다. ㉡ **부진정신분범**은 비신분자도 일반 범죄의 범죄주체가 될 수 있으나, 신분자의 경우 그 형이 가중되거나 감경되는 범죄이다. 예컨대, 존속살해죄(250②)는 **'가중적'** 부진정신분범이고, (구)영아살해죄(251. 2023.8.8. 삭제, 2024.2.9. 시행)는 **'감경적'** 부진정신분범이다. 여기서 '부진정'은 신분이 범죄의 성립 여부가 아니라 단지 형벌의 경중만을 결정한다는 점에서 신분범의 비전형적 형태임을 나타낸다. ㉢ 한편, **'이중적 신분범'**은 진정신분범과 부진정신분범이 결합된 범죄이다. 예컨대, 업무상 횡령 · 배임죄(356, '업무상 임무를 맡은 자')는 진정신분범(즉, '보관자' 또는 '타인사무처리자')과 부진정신분범(즉, '업무자')이 결합된 형태이다. 존속유기죄(271②) · 존속학대죄(273②)도 마찬가지이다.

한편, 진정신분범에서 비신분자는 단독으로 그 죄의 정범이 될 수 없다. 다만, 비신분자도 신분자와 함께 공동정범 또는 교사 · 방조범은 될 수 있다. 이때 그 범위가 어떠한가, 법정형은 무엇인가 등의 복잡한 문제가 있다('공범과 신분'에서 상술한다).

(5) 목적범과 경향범

고의 이외에 별도로 목적 · 경향이 필요한지 여부에 따른 구분이다.

1) 목적범 고의 이외에 일정한 결과를 달성하려는 내심의 목적이 필요한 범죄를 말한다. 내심의 목적을 **초과주관적 구성요건요소**라고도 한다. 목적범에도 진정목적범과 부진정목적범이 있다.

㉠ **진정목적범**은 일정한 목적이 있어야 성립하는 범죄이다. 예컨대, 각종 위조죄의 '행사할 목적'(제18 · 19 · 20장 참조), 내란죄의 '국헌문란의 목적'(87) 등이다. ㉡ **부진정목적범**은 목적이 없어도 범죄는 성립하지만, 목적이 있는 경우 형이 가중되거나 감경되는 범죄이다. 예컨대, 모해목적위증죄(152②), 영리목적미성년자약취 · 유인죄(288①)는 **'가중적'** 부진정목적범이다.

한편, 목적범에서는, 목적이 형법 제33조의 신분에 해당하는가, 공범의 성립은 가능한가 등의 문제가 있다('공범과 신분'에서 상술한다).

2) 경향범 범죄의 성립에 고의 이외에 행위자의 일정한 내심의 경향이 필요한 범죄를 말한다. 예컨대, 공연음란죄(245)의 '음란의 경향', 학대죄(273)의 '학대의 경향' 등이 그 예라고 하나, 실제 개별 범죄의 해석상 경향범인지는 명확하지 않다. 판례는 경향범의 개념을 인정함에 소극적이다.[1]

(6) 단일범과 결합범

구성요건상 '행위의 개수'에 따른 구분이다.

1) 단일범 하나의 행위로 성립되는 범죄를 말한다. 예컨대, 폭행죄 · 상해

---

1) [판례: 경향범 부정] 대판 2004.3.12. 2003도6514 ("공연음란죄에서는 주관적으로 성욕의 흥분, 만족 등 성적인 목적이 있어야 성립하는 것이 아니다"); 대판 2013.9.26. 2013도5856 ("강제추행죄가 성립하기 위하여 성욕을 자극, 흥분, 만족시키려는 주관적 동기나 목적이 있어야 하는 것이 아니다").

죄 등 대부분의 범죄는 단일범이다.

2) **결합범** 복수의 행위가 결합하여 성립되는 범죄를 말한다. 예컨대, 강도상해죄는 강도죄와 상해죄의 결합범이다. 결합범이 성립하려면, 선행범죄가 완료되기 전에, 즉 선행범죄의 기회에, 후행범죄가 행해져야 한다.

2. 총칙상 범죄유형

한편, 형법총칙상 의미있는 범죄유형은 다음과 같다.

(1) 고의범과 과실범

범죄행위 당시 '행위자의 내심의 상태'에 따른 구분이다.

1) **고의범** 행위자가 고의에 의하여 구성요건을 실현한 경우에 처벌되는 범죄를 말한다. 고의란, 구성요건의 실현에 대한 인식과 이를 의욕하거나 적어도 인용(용인)하는 의사를 뜻한다(13).

2) **과실범** 행위자가 과실로 인하여 구성요건적 결과를 발생시킨 경우에 처벌되는 범죄를 말한다. 과실이란, 정상적으로 기울여야 할 주의를 게을리하여, 죄의 성립요소인 사실을 인식하지 못한 것, 즉 주의의무위반(부주의, 결과예견의무 · 결과회피의무 위반)을 뜻한다(14). 과실범은 주의의무위반만으로는 성립하지 않고, 법익침해의 결과가 발생한 경우에 성립하는 결과범이다. 과실범은 고의범과 전혀 다른 구조로 되어 있다. 과실범은 고의범의 완화된 형태가 아니라 독자적 범죄형태이다.

형법은 원칙적으로 고의범을 처벌하고, 과실범은 '법률에 특별한 규정이 있는 경우에만' 예외적으로 처벌한다. 과실범의 처벌규정은 **과실치상죄**(266), **과실치사죄**(267), **실화죄**(170) 등 매우 소수이며, 그 법정형도 매우 낮다(예: 과실치상죄는 폭행죄보다 낮으며, 과실치사죄는 상해죄보다 낮다).

3) **결과적 가중범** 기본범죄를 넘어 중한 결과가 발생한 경우 기본범죄와 중한 결과를 하나로 묶어, 기본범죄보다 특히 중하게 처벌하는 범죄를 말한다. 예컨대, 상해치사죄('상해의 고의'로 범행하였으나 '사망의 중한 결과'가 발생한 경우)가 대표적이다. 현행 형법상 결과적 가중범은 그 기본범죄가 모두 '고의범'이다. 따라서 결과적 가중범은 '고의에 의한 기본범죄'와 '과실에 의한 중한 결과'라는, 2개의 범죄(고의범+과실범)가 결합된 범죄유형이다(15②).

결과적 가중범에는 진정 결과적 가중범과 부진정 결과적 가중범이 있다. ㉠ **진정 결과적 가중범**은 고의의 기본범죄와 과실로 중한 결과가 발생한 전형적인 경우이다. ㉡ **부진정 결과적 가중범**은 중한 결과에 대해 과실이 있는 경우뿐만 아니라 고의가 있는 경우에도 성립하는 경우이다. 예컨대, **현주건조물방화'치사'죄**(164②, 즉, 현주건조물방화'살인'을 포함)가 대표적이다.

(2) 작위범과 부작위범

범죄행위가 '신체거동'을 수반하는지 여부에 따른 구분이다.

1) 작위범 적극적인 작위에 의해 구성요건을 실현하는 범죄를 말한다. 즉, 금지규범을 위반하는 작위로써 범죄를 실현하는 것이다. 대부분의 범죄는 작위범이다.

2) 부작위범 소극적인 부작위에 의해 구성요건을 실현하는 범죄를 말한다. 즉, 명령규범을 위반하는 부작위로써 범죄를 실현하는 것이다. 부작위란, 단순한 무위(無爲, 아무 것도 하지 않는 것)가 아니라 규범적으로 기대되는 일정한 행위를 하지 않는 것을 뜻한다. 특별히 작위의무 있는 사람의 부작위가 문제된다(18).

부작위범에는 진정 부작위범과 부진정 부작위범이 있다. ㉠ **진정 부작위범**은 구성요건 자체가 처음부터 부작위를 전제로 하고 있는 경우이다. 예컨대, 퇴거불응죄(319②), 다중불해산죄(116) 등이 여기에 해당한다. ㉡ **부진정 부작위범**은 구성요건 자체는 작위범의 형태로 규정되어 있으나 이를 부작위에 의해 실현하는 경우이다. 예컨대, '부작위에 의한 살인죄'가 대표적이다. 즉, 물에 빠져 익사직전에 있는 아들을 구조해야 할 의무가 있는 부모가 이를 방치하는 부작위로써 그 아들을 살해한 경우이다. 이는 '작위범의 구성요건'을 '부작위에 의해 실현'하는 경우이다('부작위에 의한 작위범').

(3) 기수범과 미수범

고의범에서 '범죄의 완성' 여부에 따른 구분이다.

1) 기수범 고의범의 경우 의도한 구성요건적 결과가 발생한 경우를 말한다. 형법상 처벌대상은 '기수'가 '원칙'이다. 기수시기는 특히 개별 구성요건의 해석 문제이다.

2) 미수범 고의범의 경우 실행의 착수는 있었으나, 범죄의 기수에 이르지 못한 경우를 말한다. ㉠ 결과가 발생하지 않은 경우는 물론, ㉡ 행위와 결과 사이에 인과관계(객관적 귀속)가 인정되지 않는 경우에도 미수범이 된다. 미수범은 형법각칙에 **미수범처벌규정**이 있는 경우에만 예외적으로 처벌한다(29). 예컨대, 살인미수죄, 상해미수죄 등 비교적 중한 범죄들이다. 형법총칙에는 3종류의 미수범(장애미수25 · 중지미수26 · 불능미수27)을 규정하고 있다. 장애미수범의 형은 기

수범보다 감경할 수 있다(25②).

과실범의 경우 미수는 불가벌이므로 아예 문제되지 않는다. 즉, 과실범은 주의의무위반 이외에 결과발생이 있는 경우에 한하여 성립한다. 과실범의 미수를 처벌하는 각칙규정은 형법상 존재하지 않는다.

(4) **단독범과 공범**(공동정범, 교사·방조범)

행위자가 '1인 또는 다수인'인지 여부에 따른 구분이다.

1) **단독범** 1인이 단독으로 범죄를 실행하는 경우를 말한다. 형법각칙이 예정하고 있는 가장 기본적인 범죄형태이다(예: 살인, 절도 등).

2) **공범** 다수인이 '함께' 관여하여 범죄를 실행하는 경우를 가장 넓은 의미에서 **공범**이라고 한다(최광의). 여기에는 강학상 '필요적 공범'과 '임의적 공범'이 있다. ㉠ **필요적 공범**은 각칙상 "처음부터 2인 이상이 '반드시 함께' 관여해야만 범죄가 되는 경우"이다(예: 내란, 도박 등. '반드시 함께' 해야 하는 범죄라는 의미에서, 강학상 붙여진 이름이다). ㉡ **임의적 공범**은 각칙상 1인이 단독으로 실행할 수 있는 범죄를, 다수인이 '임의적으로 함께' 관여하여 실행하는 경우이다. 형법총칙에 규정된 공동정범(30), 교사범(31), 종범(32. 즉, '방조범'), 그리고 간접정범(34)이 그러한데, **총칙상 공범** 또는 '광의의 공범'이라고도 한다(넓은 의미). 임의적 공범 가운데 **교사범·방조범**만을 지칭하여 '협의의 공범'이라 하는데, 이는 정범과 구별을 전제로 한 **정범과 대비되는 개념**이다. **정범**은 각칙상 구성요건의 기본형태이다.

Ⅲ. 범죄의 성립요건·처벌조건·소추조건

1. 범죄의 성립요건

형식적 의미의 범죄는 '구성요건에 해당하는 위법하고 유책한 행위'이다. 구성요건해당성, 위법성, 책임은 범죄의 성립요건이 된다. 어느 하나라도 갖추지 못하면 범죄는 성립하지 않는다.

1) **구성요건해당성** 구성요건이란 '성문의 형법에 규정된 범죄의 유형'을 말한다. 즉, 형법상 금지되거나 요구된 행위를 추상적으로 기술한 것이다. 예컨대, 살인죄의 '사람을 살해한 자'(250①)가 살인죄의 구성요건이다.

구성요건해당성이란 어떤 행위가 특정한 구성요건에 해당하는 성질을 말한다. 즉, 어떤 행위가 특정한 범죄구성요건의 '모든 요소를 100% 충족하는가'에 대한 평가이다. 구성요건이 정적 개념인 반면, 구성요건해당성은 동적 개념이다. 구성요건해당성이 없는 행위는 형법의 대상이 아니다.

2) **위법성** 위법성이란 구성요건에 해당하는 행위가 '전체 법질서'(法)에 '어긋난다'(違)는 성질, 즉 행위가 '전체 법질서의 관점에서 허용되지 않는다'는 부정적 가치판단을 말한다. 구성요건에 해당하는 행위는 원칙적으로 위법하다. 다만, 예외적인 경우에는 위법성이 배제되는데, 위법성조각사유라 한다. 형법총칙에 규정된 위법성조각사유는, 정당방위(21), 긴급피난(22), 자구행위(23), 피해자의 승낙(24), 정당행위(20)이다(5개).

3) **책임** 책임이란 '행위자에 대한 비난가능성'을 말한다. 구성요건해당성이 있으면 위법성이 사실상 추정되고, 위법행위를 한 사람은 책임이 있는 것으로 사실상 추정된다. 다만, 행위자의 사정에 의해 행위자를 비난할 수 없는 경우가 있는데, 이는 '책임'이 없기 때문이다. 예컨대, 형사미성년자(9. 14세 미만자)나 심신상실자(10①. 심신心神장애로 사물을 변별하거나 의사를 결정할 능력이 없는 자)의 행위는 책임이 없으므로 범죄가 성립하지 않는다. 적법행위를 기대할 수 없는(즉, 적법행위의 기대가능성이 없는) 강요된 행위(12)도, 구성요건에 해당하고 위법하더라도, 책임이 없으므로 범죄가 성립하지 않는다.

2. 처벌조건 · 소추조건

(1) 처벌조건

처벌조건이란 범죄가 성립된 경우 국가형벌권을 발동하기 위해 추가로 필요한 조건을 말한다. 범죄가 성립해도 처벌조건이 흠결되었다면, 행위자는 처벌되지 않는다. 처벌조건이 흠결된 경우 이론상으로는 (무죄판결이 아니라) 유죄판결의 일종인 '형면제 판결'이 타당하다(다수설). 범죄성립요건이 유 · 무죄를 가리는 사유인 반면, 처벌조건은 유죄임을 전제로 형의 부과 또는 면제를 가리는 사유이기 때문이다. 처벌조건에는 강학상 '객관적 처벌조건'과 '주관적 처벌조건(인적처벌조각사유의 부존재)'이 있다.

1) **객관적 처벌조건** 범죄의 성립과 독립적으로 발생하는 외부적 · 객관적 조건을 말한다. 예컨대, ㉠ 사전수뢰죄에서 공무원 · 중재인이 될 자가 수뢰한 후 '공무원 또는 중재인이 된 사실'(129②), ㉡ 사기파산죄에서 '파산선고가 확정된 때'(채무자회생법650)가 그 대표적인 예이다(다수설). 객관적 처벌조건은 고의의 대상이 되지 않는다. 범죄는 성립해도 객관적 처벌조건이 흠결된 경우 그 판결 형식은 이론상으로는 (무죄판결이 아니라) '형면제 판결'이다(다수설).[1]

2) **인적 처벌조각사유** 범죄가 성립하지만 행위자의 특수한 인적 관계로 형벌권이 발동되지 않는 사유를 말한다. 예컨대, 재산죄의 **친족상도례**(328)에서 직계혈족 등의 친족관계(이른바 '근친近親'관계로서 형면제사유)가 여기에 해당한다. 이 경우에는 '형면제 판결'이 선고된다.

(2) **소추조건**

소추조건이란 범죄가 성립된 경우에도 공소제기를 위해 필요한 조건을 말한다. **소송조건**이라고도 한다. 즉, 형사소송이 적법하게 성립 · 유지 · 존속하기 위한 기본조건으로, 공소제기의 적법 · 유효조건, 실체심판의 전제조건을 의미한다. 처벌조건이 실체법상 개념인 반면, 소추조건(소송조건)은 소송법상 개념이다. 소송조건이 흠결된 경우 대개 공소기각의 판결이 선고된다(형소327).

1) **친고죄** 피해자 기타 고소권자의 고소가 있어야만 공소를 제기할 수 있는 범죄를 말한다. 고소가 있어야만 공소제기할 수 있다는 점에서 '**정지조건부 범죄**'라고 한다. 친고죄는 형법에 "~ 고소가 있어야 논한다" 또는 "~ 고소가 있어야 공소를 제기할 수 있다"라고 규정되어 있다. 친고죄를 둔 이유는, 범인의 처벌도 중요하지만 피해자의 명예를 더욱 존중해야 할 필요가 있는 경우, 또는 법익침해가 경미하여 피해자의 의사를 존중할 필요가 있는 경우를 배려한 것이다. 즉, 국가형벌권의 발동을 고소권자의 의사에 맡겨두는 것이다.

친고죄에는 절대적 친고죄와 상대적 친고죄가 있다. ㉠ **절대적 친고죄**는, (범인과 피해자 사이에 일정한 신분관계가 있는지 여부와 상관없이) 범죄사실 그 자체가 친고죄로 규정된 일반 범죄이다. 예컨대, 사자명예훼손죄(308), **모욕죄**(311), 비밀침해죄(316), **업무상비밀누설죄**(317) 등이다. ㉡ **상대적 친고죄**는, 범인과 피해자 사이에 일정한 신분관계가 있는 경우에만 친고죄로 되는 범죄이다. 예컨대, 재산죄의 **친족상도례**(328)에서 동거하지 않는 삼촌 등의 친족관계(이른바 '원친遠親'관계)가 여기에 해당한다.

친고죄에서는 고소의 존재가 소송조건이므로, 이는 적극적 소송조건에 해

---

1) [이설: 초과객관적 구성요건요소(무죄판결)설] 이들 사유는 '범죄완성의 한 요건'으로서의 의미를 가지므로, '객관적 구성요건요소이면서도 고의의 대상이 되지 못하는 독특한 사유'이며, 그 체계적 지위는 '초과객관적 구성요건요소'라는 견해가 있다. 즉, 인적 처벌조각사유인 친족상도례 등의 경우와 달리, 형면제 판결의 명시규정이 없는 이상, 죄형법정주의의 기본정신에 충실하게 '의심스러울 때에는 범죄요건으로'라는 원칙에 따라 행위자에게 유리한 '범죄요건'으로 취급되고, 구성요건의 내용이기는 하나 전통적 구성요건요소가 아니라 '구성요건 부속물'의 성질을 갖는 독특한 사유라는 것이다('구성요건 부속물 이론'). 그 흠결시에는 형면제 판결이 아니라 무죄판결이 선고되어야 한다는 입장이다.

당한다. 고소가 없더라도 범죄는 성립하지만, 적법 · 유효한 고소 없이 공소제기되면 공소기각의 판결이 선고된다(형소327ii).

2) **반의사불벌죄** 피해자의 명시한 의사에 반하여 공소를 제기할 수 없는 범죄를 말한다. 원칙적으로 피해자의 의사를 묻지 않고 공소제기할 수 있지만, 일단 피해자가 '처벌을 원하지 않는다'는 의사를 표시한 경우에는 처벌할 수 없다는 점에서 **'해제조건부 범죄'**라고 한다. 반의사불벌죄는 형법에 "'~죄는 피해자의 명시한 의사에 반하여 공소를 제기할 수 없다"라고 규정되어 있다. 반의사불벌죄를 둔 이유는, 국가형벌권의 발동을 피해자의 의사에 종속시켜도 괜찮을 만큼 법익침해가 경미한 경우를 배려한 것이다.

반의사불벌죄는 다양하다. ㉠ 형법상 반의사불벌죄로는, 폭행죄(260①) · 존속폭행죄(260②), **과실치상죄**(266), **협박죄**(283①) · 존속협박죄(283②), **명예훼손죄**(307) · **출판물등에 의한 명예훼손죄**(309) 등이 있고, ㉡ 그 밖에 특별형법상 반의사불벌죄로는, 교통사고처리특례법위반죄(3①②. 교통사고로 인한 업무상과실치상죄), 도로교통법위반죄(151. 업무상과실 재물손괴죄), 부정수표단속법위반죄(2②④. 부도수표발행죄), 정보통신망법위반죄(70. 정보통신망을 통한 명예훼손죄), 정보통신망법위반죄(74①②. 불안감 유발 문언의 반복적 도달죄) 등이 있다.

반의사불벌죄에서는 처벌불원의사가 없을 것이 소송조건이므로, 이는 소극적 소송조건에 해당한다. 피해자가 처벌불원의사를 표시하였음에도 공소제기되면, 공소기각의 판결이 선고된다(형소327ii). 반의사불벌죄에서 처벌불원의사는 대리가 허용되지 않는다(대판 2023.7.17. 2021도11126 전합).

[전속고발범죄] 행정관청의 고발이 있어야만 소추할 수 있는 범죄를 '전속고발범죄'라고 한다. 고발은 원래 소추조건이 아니라 단지 수사의 단서에 불과하지만, 예외적으로 행정관청의 고발을 소추조건으로 규정한 경우이다. 예컨대, ㉠ 조세범처벌법위반죄(대판 2004.9.24. 2004도4066), ㉡ 관세법위반죄(대판 1971.11.23. 71도1106), ㉢ 공정거래법위반죄(대판 2010.9.30. 2008도4762), ㉣ 건설업법위반죄(대판 1992.7.24. 92도78), ㉤ 국회증언감정법위반죄(대판 2018.5.17. 2017도14749 전합) 등이다. 이때 소추조건이 되는 해당 행정관청(예: 세무서장 등)의 고발을 '전속고발'이라 한다. 이는 친고죄의 고소와 같은 의미를 가진다.

제 2 절 행위론과 범죄체계론

Ⅰ. 행위론

1. 의의

1) 뜻　범죄는 '구성요건에 해당하는 위법하고 유책한 행위'이다. '범죄는 행위이다'라는 전제에서 출발하면, 구성요건을 검토하는 전단계로서 형법상 행위개념을 검토할 필요가 있다. 즉, 행위와 비행위의 구별은 '가벌성 심사의 첫단계'이다. 형법상의 행위가 무엇인지에 관한 논의를 행위론이라 한다.

2) 행위개념의 기능　인간의 행위만이 범죄가 될 수 있다. 행위개념은 3가지 기능(한계기능 · 분류기능 · 결합기능)을 수행한다. ㉠ (한계기능) '행위'가 아닌 것을 가려내어 가벌성 심사에서 제외한다. 즉, '행위'가 아닌 것은 구성요건 해당 여부를 따질 필요도 없이 범죄가 아니다. ㉡ (분류기능) 고의 · 과실, 작위 · 부작위를 통일적인 하나의 개념으로 포섭하여 파악할 수 있다. ㉢ (결합기능) 행위개념은 다음 단계의 평가개념인 구성요건－위법성－책임의 범죄체계를 하나로 결합한다. 행위론은 범죄체계론의 확립에 기여한다.

2. 내용

1) 인과적 행위론　인과적 행위론은, 자연과학의 영향으로 행위를 인과적으로 파악한다. 즉, 행위는 '인간의 의사에 기한 외부적 거동'이라 정의하고, '유의성(有意性)'과 '거동성'이 그 내용이 된다. 여기서 유의성은 의사의 내용을 묻지 않고 단지 '모종의 의사'가 있기만 하면 된다는 의미이다. 의사는 거동의 원인적 요소일 뿐이므로, 구성요건 단계에서는 의사의 존재만이 문제되고, 그 의사의 내용은 책임단계에서 파악하게 된다. 이는 인과적 범죄체계로 연결된다.

그러나 ㉠ 부작위를 행위로 파악하기 어렵고(부작위는 거동성이 없기 때문), ㉡ 미수개념을 설명하지 못한다(고의의 내용을 구성요건단계에서 즉시 확정할 수 없기 때문).

2) 목적적 행위론　벨첼(Welzel)이 주창한 목적적 행위론은, 심리학적 개념을 행위론에 도입하여, 인간의 행위를 동물의 동작이나 자연현상과 달리 목적활동의 수행, 즉 목적 달성을 위한 수단으로 파악한다. 즉, 행위는 '목적성을 지닌 인간의 활동'이라 정의하고, '목적성'과 '활동성(거동)'이 그 내용이 된다. 여기

서 목적성은 인과과정에 대한 목적적 조종을 의미하므로, 고의행위는 그 의사의 내용이 곧 목적성이자 고의가 된다. 따라서 고의는 책임요소가 아니라 주관적 구성요건요소가 된다. 이는 목적적 범죄체계로 연결된다.

그러나 ㉠ 과실을 행위로 파악하기 어렵고(과실은 엄밀히 말하면 목적성이 없다), ㉡ 부작위를 행위로 인정하기 어렵다(부작위는 인과과정에 대한 목적적 조종이 없다).

3) 사회적 행위론 사회적 행위론은, 규범적·평가적 요소를 행위론에 도입하여, 행위를 사회적 의미를 고려하여 파악한다. 즉, 행위는 '사회적으로 중요한 인간의 행태'라고 정의하고, 몰가치적 인과성이나 존재론적 목적성 대신에 '사회적 중요성 내지 사회적 의미성'을 그 기준으로 삼는다. 따라서 고의행위·과실행위, 작위·부작위를 모두 무리 없이 포섭하는 상위개념으로 행위를 파악하고, 인간의 행태는 반드시 목적적 조종만이 아니며 인과성과 사회적 중요성까지 고려하여 파악한다. 그리하여 고의·과실은 구성요건요소임과 동시에 책임요소라는 '이중적 기능'을 인정한다. 절충적 범죄체계(합일태적 범죄체계)로 연결된다.

다만, '사회적 중요성'이라는 가치요소가 반드시 명확한 개념은 아니다.

4) 판례: 사회적 행위론 판례는 세월호 사건에서 사회적 행위론을 명시적으로 채택하고 있다. 즉, "부작위는, 법적 기대라는 규범적 가치판단 요소에 의하여 **사회적 중요성을 가지는 사람의 행태**가 되어, 작위와 함께 행위의 기본형태를 이루게 된다"(대판 2015.11.12. 2015도6809 전합).

[사례: 형법상 행위 여부] 행위론에 따른 행위 여부의 심사는 가벌성 심사의 첫단계이다. 그러나 몇 가지 특수한 경우에만 행위에서 제외되고, 구체적인 가벌성 심사는 다음 단계에서 이루어진다. 행위론이 큰 의미를 갖지 못하는 이유이다.

i) [행위 아님] ㉠ 동물의 거동은 행위가 아니다. ㉡ 인간의 단순한 사고·감정작용 등도 행위가 아니다. ㉢ 특히 인간의 행태 가운데에서도, 단지 '기계적 단위로서의 작동'에 불과한 경우, 즉 무의식상태의 동작(예: 수면상태, 마취상태 등), 반사적 동작, 절대적 폭력에 의한 동작(예: 강제로 손을 잡고 도장을 찍게 하는 것) 등은, 어떤 행위론에 의하더라도 형법상 행위에서 제외된다.

ii) [행위 해당] 반면, 인간의 행태 가운데, ㉠ 습관화되고 자동화된 행위(예: 무의식적으로 브레이크를 밟는 경우)는, 반사운동과 달리 의식적 반대조종이 가능하기 때문에 형법상 행위에 해당한다. ㉡ 즉흥적이고 충동적인 행위(예: 충동적 살인, 고도의 흥분상태나 명정상태에서의 행위)도, 의식적 반대조종이 가능하기 때문에 형법상 행위에 해당한다. ㉢ 한편, 상대적 폭력에 의한 행위(예: 절대적 폭력상황이 아니라 폭행·협박에 의한 심리적 폭력상황에서의 행위)는 또한 형법상 행위에 해당하되, 다만 책임단계에서 책임이 조각될 뿐이다.

Ⅱ. 범죄체계론

1. 의의

1) 뜻 범죄체계론이란 범죄의 구성요소가 무엇이고 그 체계적 순서와 배열을 어떻게 할 것인가에 관한 논의를 말한다. 즉, 범죄에 관한 체계적 이론을 뜻한다. 범죄란 '구성요건에 해당하는 위법하고 유책한 행위'이다. '구성요건-위법성-책임'의 범죄개념은 3단계 범죄체계론의 발전에 따른 것이다.

2) 필요성 범죄체계론은 '법률적용의 공식'을 제공한다. 사건에 대한 법률의 적용은 복잡한 논리구조를 갖는데, 범죄체계론은 범죄에 관한 '체계적인 사고의 틀'을 제시하여, 가벌성의 요소를 정리하고 그 한계를 긋는다. 법률가는 가벌성 판단의 구조화를 통해 체계적 사고가 가능하다는 점에서 일반인과 차이가 있다. 범죄체계론은 또한, 범죄행위의 불법내용을 명료하게 드러내고, 자의의 개입을 차단하여 사건의 평등한 취급을 보장한다.

3) 발전 범죄체계론은, 인과적 행위론에 따른 고전적 범죄체계 및 수정된 신고전적 범죄체계, 목적적 행위론에 따른 목적적 범죄체계가 있다. 한편, 사회적 행위론은 신고전적 범죄체계·목적적 범죄체계를 결합한다.

2. 내용

1) 고전적 범죄체계 범죄의 객관적 요소와 주관적 요소를 엄격하게 구별하여, 범죄의 모든 객관적 요소는 불법에, 모든 주관적 요소는 책임에 속한다고 본다. 즉, 행위의 객관적 사정은 구성요건해당성과 위법성에 속하고, 행위의 주관적 측면과 행위자의 주관적 사정은 책임에 속한다고 한다. 고전적 범죄체계는 구성요건의 객관성·몰가치성을 강조한다. 따라서 고의·과실은 책임요소이고, 책임의 본질은 심리적 사실관계라는 심리적 책임론에 따른다. 위법성의 인식은 고의의 한 구성요소가 된다(고의설). 고전적 범죄체계는 구성요건적 고의라는 개념을 아직 알지 못한다.

2) 신고전적 범죄체계 고전적 범죄체계를 기초로 이를 수정한 범죄체계

이다. 규범적 구성요건요소와 주관적 구성요건요소의 발견을 통해 구성요건을 가치관계적 개념으로 재편하고, 책임의 본질도 심리적 책임론에서 '평가적 가치관계로서 비난가능성'이라는 규범적 책임론으로 변형시켰다.

3) 목적적 범죄체계 목적적 행위론에 의한 범죄체계의 가장 큰 변화이다. 목적적 범죄체계에서 고의는, 책임요소가 아니라, (책임요소인 위법성의 인식과 분리된 채 구성요건적 고의라는 이름으로) 주관적 구성요건요소가 된다. 책임개념도 고의·과실과 관계없이 비난가능성이라는 순수한 규범적 책임개념으로 구성되고, 위법성의 인식은 고의와는 무관한 독자적인 책임요소가 된다(책임설). 고의가 책임에 속하지 않는다는 목적적 범죄체계는, 모든 주관적인 것을 책임에서 비로소 판단했던 고전적 범죄체계와는 정반대의 입장이다.

4) 합일태적 범죄체계 목적적 범죄체계를 토대로 신고전적 범죄체계와 합일한 절충적 범죄체계이다(신고전적·목적적 범죄체계의 합일태). 합일태적 범죄체계는 목적적 행위론 자체는 거부하나, 고의·과실이 주관적 구성요건요소라는 목적적 범죄체계를 대부분 수용하되, 고의·과실은 심정반가치(=법배반적 심정)로서 책임요소도 된다고 한다. 즉, '고의·과실의 이중적 기능'을 인정한다. 고의는 주관적 구성요건요소이면서 동시에 책임요소가 되고, 과실도 객관적 주의의무위반(객관적 과실)은 구성요건요소가 되고, 동시에 주관적 주의의무위반(주관적 과실)은 책임요소가 된다는 것이다. 위법성의 인식은 여전히 고의·과실과 분리된 독자적인 책임요소이다(책임설). 신고전적 체계에서 연유한, 책임의 본질은 '비난가능성'이라는 규범적 책임론은 물론 그대로 유지된다. 오늘날 지배적인 입장이다.[1)]

[범죄체계론의 한계] 범죄체계론은 일정한 한계를 갖는다. i) [사실성] 범죄체계는 법률이 아니라 이론에 불과하다. 범죄체계에 따르지 않더라도 위법인 것은 아니다. ii) [상대성] 범죄체계는 다양하다. 범죄체계에 대한 이해는 사람마다 다를 수 있다. iii) [수단성] 모든 범죄체계론이 제시하는 가벌성판단의 전체목록은 동일하다. <u>범죄체계를 달리 해도, 가벌성 판단의 결과는 달라지지 않는다(기능적 동일성)</u>.

요컨대, 범죄체계는 단지 문제를 분류할 뿐 궁극적으로 해결하는 것은 아니다.

---

1) [위법성조각사유의 전제사실의 착오] 합일태적 범죄체계는 오상방위(예: 가게 주인 甲이, <u>손님을 강도로 오인</u>하고 정당방위 의사로 폭행한 경우)와 같은 <u>위법성조각사유의 전제사실의 착오</u>에 대해서, <u>법효과제한 책임설</u>의 입장을 따른다. 법효과제한 책임설은 구성요건적 고의는 인정되지만 책임고의가 탈락하므로 과실범의 책임만을 인정하는 견해이다.

제 3 절 범죄의 주체

Ⅰ. 의의

1) 자연인 범죄란 구성요건에 해당하는 위법·유책한 행위이다. 누가 범죄행위의 주체가 되는가? 범죄의 주체는 원칙적으로 자연인에 한정된다. 자연인은 누구든지 그 주체가 될 수 있다(연령, 책임능력 유무를 불문한다). 다만, 형사미성년자, 책임무능력자의 경우 그 책임의 조각만이 문제될 뿐이다.

2) 법인 그런데 법인도 범죄의 주체가 될 수 있는가(범죄능력), 법인에 대해서도 형벌을 부과할 수 있는가(형벌능력) 여부에 대해 논란이 있다. 법인은 자연인과 달리 심신이 없기 때문에 직접 범죄행위를 할 수 없는 이상 범죄주체성을 인정하기 어려운 측면이 있다. 반면, 법인도 법률상 인격체로서 권리의무의 주체가 되고 그 기관을 통해 사회적 활동을 하며, 현대사회의 경제활동에서 법인이 차지하는 비중은 단순한 개인과는 비교가 안 될 정도로 매우 크기 때문에, 범죄주체성을 인정할 여지가 있다.

3) 양벌규정 범죄능력과 형벌능력은 일치하는 것이 원칙이다. 그런데 각종 행정형법에서는 실제 행위자(자연인) 이외에 법인(또는 개인 사업주)도 함께 처벌하는 규정(양벌규정)을 별도로 두고 있다. 예컨대, 도로교통법 제159조(양벌규정)[1]가 대표적이다. 우리나라 양벌규정은, ㉠ '법인의 대표자'가 위반행위를 한 경우(대표자위반 유형)와 ㉡ '법인의 대리인, 사용인, 그 밖의 종업원'이 위반행위를 한 경우(종업원위반 유형)로 구분하여, 법인을 양벌규정에 의해 처벌한다(개인사업주의 경우에도 개인의 대리인, 사용인, 그 밖의 종업원이 위반행위를 한 경우 그 개인사업주를 양벌규정에 의해 처벌한다).

이러한 양벌규정은 해당 행정형법의 적용에서 총칙적 기능을 한다. 형법 제8조에 따르면, '형법총칙은 타법령에 정한 죄에도 적용되지만, 그 법령에 특별한 규정이 있는 때에는 예외로 한다'. 양벌규정은 바로 형법 제8조의 '특별한 규정'에 해당한다. 따라서 해당 행정형법의 적용에서는 형법총칙의 규정이 배제되고,

---

1) 도로교통법 제159조(양벌규정) 법인의 대표자나 법인 또는 개인의 대리인, 사용인, 그 밖의 종업원이 법인 또는 개인의 업무에 관하여 제148조(미조치), 제148조의2(음주운전), 제149조부터 제157조까지의 어느 하나에 해당하는 위반행위를 하면 그 행위자를 벌하는 외에 그 법인 또는 개인에게도 해당 조문의 벌금 또는 과료의 형을 과(科)한다. 다만, 법인 또는 개인이 그 위반행위를 방지하기 위하여 해당 업무에 관하여 상당한 주의와 감독을 게을리하지 아니한 경우에는 그러하지 아니하다.

양벌규정이 그 총칙적 기능을 수행하게 된다.

Ⅱ. 법인의 범죄능력

1. 의의

법인이 범죄의 주체가 될 수 있는가, 즉 법인의 범죄능력에 대해서는 견해의 대립이 있다. 이는 법인의 본질론과 논리적 관련이 있는 것은 아니다. 법인의 본질에 대해, 대륙법의 법인실재설과 영미법의 법인의제설의 대립이 있었다. 그러나 대륙법계에서는 법인실재설(법인은 자연인과 구별되는 사회적 실체라는 입장)임에도 자연인만 범죄주체가 될 수 있을 뿐 법인은 범죄주체가 될 수 없다고 하여, 법인의 범죄능력을 부정하고 있다. 반면, 영미법계에서는 법인의제설(법인은 사회적 실체가 아니라 법률에 의해 법인격이 의제되는 존재)임에도 법인의 형사처벌할 현실적 필요성에 기초하여, 법인의 범죄능력을 인정하고 있다. 결국 법인의 범죄능력은 순수한 이론적인 문제라기보다는, 법인의 처벌과 관련된 형사정책적 차원의 문제이다.

2. 학설과 판례

(1) 학설

1) **범죄능력 부정설** 법인은 범죄의 주체가 될 수 없다는 입장이다. 법인은 자연인과 달리 의사와 육체가 없으므로 범죄의 주체가 될 수 없고, 법인은 목적 범위 내에서만 활동할 수 있는데 범죄는 법인의 목적이 될 수 없으며, 법인에게는 형법에 규정된 사형이나 징역형을 과할 수 없다는 점 등을 근거로 한다.

2) **범죄능력 긍정설** 법인의 사회적 활동이 증대하고 동시에 반사회적 활동도 증가함에 따라 현실적 필요성에 의해 법인의 범죄능력을 긍정하는 입장이다. 법인은 독립된 인격을 갖고 기관을 통해 의사를 형성하고 행위할 수 있으므로 자연인과 달리 취급할 수 없고, 법인도 그 활동과정에서 범죄행위를 하는 것이 현실인데 법인 전체가 가담하는 조직적 범죄를 처벌할 현실적 필요가 있으며, 법인에게도 벌금형은 적절한 형벌이라는 점 등을 근거로 한다.

3) **제한적 긍정설** 형사범과 행정범을 구별하여, 행정범에서만 법인의 범죄능력을 긍정하고 형사범에서는 법인의 범죄능력을 부정하는 입장이다. 법인의 활동은 윤리적인 요소보다는 행정적 단속의 대상이 되는 경우가 많고, 이는

합목적적·기술적 요소가 강하다는 점 등을 근거로 한다.

그 밖에 양벌규정에 한하여 법인의 범죄능력을 인정하는 견해, 즉 부분적 긍정설도 있다.

(2) 판례

판례는 법인의 **범죄능력**을 **부정**한다. 다만, 법인을 처벌하는 양벌규정이 있는 경우 그 **형벌능력**은 긍정한다.

[판례: 법인의 범죄능력과 형벌능력] i) [범죄능력 부정설] ㉠ 배임죄 사례에서 "타인의 사무를 처리할 의무의 주체가 법인이 되는 경우라도, 법인은 다만 사법상의 의무주체가 될 뿐 범죄능력이 없다. 법인이 처리할 의무를 지는 타인의 사무에 관하여는 법인이 배임죄의 주체가 될 수 없고, 그 법인을 대표하여 사무를 처리하는 자연인인 대표기관이 바로 타인의 사무를 처리하는 자 즉 배임죄의 주체가 된다"(대판 1984.10.10. 82도2595 전합). ㉡ 또한 "법인격 없는 사단과 같은 단체는, 법인과 마찬가지로 법률에 명문의 규정이 없는 한 그 범죄능력은 없다. 그 단체의 업무는 단체를 대표하는 자연인인 기관의 의사결정에 따른 대표행위에 의하여 실현될 수밖에 없다. 당사자가 정당인 경우에는 업무를 수행하는 정당의 기관인 자연인을 의미한다"(대판 2009.5.14. 2008도11040).

ii) [양벌규정과 형벌능력] "법인은 기관인 자연인을 통하여 행위를 하게 되는 것이기 때문에, 자연인이 법인의 기관으로서 범죄행위를 한 경우에도 행위자인 자연인이 범죄행위에 대한 형사책임을 지는 것이고, 다만, 법률이 목적을 달성하기 위하여 특별히 규정하고 있는 경우에만, 행위자를 벌하는 외에 법률효과가 귀속되는 법인에 대하여도 벌금형을 과할 수 있을 뿐이다"(대판 1994.2.8. 93도1483).

(3) 검토

범죄능력은 사법상 권리의무의 주체가 되는 일반적인 능력인 법인격과 구별된다. 법인은 법인격이 있으나 그렇다고 하여 당연히 범죄의 주체가 되는 것은 아니다(부정설). 법인의 범죄능력 인정 여부는 결국 개별행위에서 법인의 처벌문제이며, 이는 '양벌규정'이라는 입법형식으로 구체화된다.

Ⅲ. 양벌규정

1. (양벌규정에 의한) 법인의 처벌

다수설·판례에 따르면, 법인의 범죄능력은 부정되지만, 예외적으로 양벌규정이 있는 경우 법인의 형벌능력(수형능력)만큼은 인정된다(벌금형 부과).

양벌규정에 의한 법인의 처벌에서는 그 처벌의 근거가 문제된다.

1) **학설** 이에 대해서는 i) 법인의 처벌은 형법상 책임원칙의 예외로서 행정단속의 목적을 위한 정책적인 무과실책임이라는 견해(무과실책임설 내지 전가책임설), ii) 법인의 처벌은 종업원등에 대한 선임·감독상의 과실책임이라는 견해(과실책임설) 등이 있다. 특히 **과실책임설**에는 ㉠ **법인과실책임설**(법인 자신의 행위에 기인하는 과실책임이므로 법인 스스로의 과실이 필요하다는 견해), ㉡ **과실추정설**(법인이 과실 없음을 증명하지 못하면 과실이 추정된다는 견해), ㉢ **과실의제설**(법인의 과실은 당연히 의제된다는 견해), ㉣ **부작위감독책임설**(법인은 보증인지위에서 종업원의 위반행위를 감독할 책임이 있음에도, 법인 자신의 작위의무위반 때문에 자기책임을 진다는 견해) 등이 있다.

책임원칙상 법인의 처벌은 과실책임이라고 봄이 타당하다. 다만 여기서의 과실책임이 순수한 의미의 과실과 동일한 개념은 아니다.

2) **판례** 법인의 경우에도 자연인과 마찬가지로 '책임 없으면 형벌 없다'는 책임원칙이 적용된다(헌재 2007.11.29. 2005헌가10). 판례는 위반행위의 주체가 법인의 '대표자'인 경우와 '종업원등'인 경우를 구분한다.

㉠ (대표자위반 유형) 법인의 '대표자'가 위반행위를 한 경우 그 '법인'의 책임은, 법인이 대표자를 선임한 이상 **법인의 직접책임**이라고 한다. 여기서 법인은 대표자의 위반행위에 의한 과실책임은 물론 고의책임도 진다(헌재 2010.7.29. 2009헌가25; 대판 2010.9.30. 2009도3876).[1] 다만, 법인대표자가 현실적으로 처벌될 필요까지는 없다.[2] 이는 법인 대표자의 행위를 법인의 행위로 보아 법인의 형사책임

---

1) [대표자의 위반행위: 법인의 직접책임] 위 2009헌가25; 위 2009도3876 ("법인은 기관을 통하여 행위하므로 <u>법인이 대표자를 선임한 이상</u> 그의 행위로 인한 법률효과는 법인에게 귀속되어야 하고, 법인 대표자의 범죄행위에 대하여는 법인 자신이 책임을 져야 하는바, 법인 대표자의 법규위반행위에 대한 법인의 책임은 법인 자신의 법규위반행위로 평가될 수 있는 행위에 대한 <u>법인의 직접책임</u>으로서, <u>대표자의 고의에 의한 위반행위에 대하여는 법인 자신의 고의에 의한 책임을</u>, <u>대표자의 과실에 의한 위반행위에 대하여는 법인 자신의 과실에 의한 책임을 지는 것</u>이다").

2) [대표자의 현실적인 처벌 불필요] 대판 2022.11.17. 2021도701 ("대표자의 고의에 의한 위반행위에 대하여는 법인 자신의 고의에 의한 책임을, 대표자의 과실에 의한 위반행위에 대하여는 법인 자신의 과실에 의한 책임을 져야 한다. 이처럼 양벌규정 중 법인의 대표자 관련 부분은

문제를 해결하려는 것으로(이른바 '동일시 이론'), 법인에 대해서는 독자적인 처벌근거를 요구하지 않게 된다. 따라서 헌법상 책임원칙에 반한다는 비판이 제기되고 있다.

㉡ (종업원위반 유형) 법인의 '종업원'이 위반행위를 한 경우 그 '법인'의 책임은, 행위자의 위반행위가 발생한 업무와 관련하여 법인이 '상당한 **주의와 관리감독 의무를 게을리한' '과실책임'**이라고 한다(대판 2010.4.15. 2009도9624).[1] 만일 종업원의 업무 관련 위반행위에 대해 영업주의 비난받을 만한 행위 여부와는 관계없이 자동적으로 영업주도 처벌하는 규정이라면, 이는 '책임주의'에 반한다.[2] 여기서 법인은 과실책임만 질뿐 고의책임을 부담하는 것은 아니다.

[지방자치단체와 법인 여부(=제한적 긍정설)**]** 국가사무가 지방자치단체의 장에게 위임된 '기관위임사무'의 경우 지방자치단체는 양벌규정이 적용되는 법인에 해당하지 않는다(대판 2009.6.11. 2008도6530). 이때 지방자치단체는 국가기관의 일부로 볼 수 있으므로, 양벌규정의 적용이 배제된다. 이는 형벌권의 주체인 국가가 자신을 처벌할 수 없다는 논리에 입각한 것이다. 반면, '자치사무'의 경우 지방자치단체는 국가기관과는 별도의 독립한 공법인이므로, 양벌규정이 적용되는 '법인'에 해당한다.

2. 양벌규정의 적용

(1) 행위자

양벌규정에서 행위자는, 구체적으로 ㉠ 법인 사업주에 대해서는 "법인의 대표자, 대리인, 사용인, 기타 종업원"이 여기에 해당하고, ㉡ 개인 사업주에 대해서는 "개인의 대리인, 사용인, 기타 종업원"이 여기에 해당한다.

1) **확정문제**(실질) 행위자는 사업주의 사업경영과정에 있어서 **직접 또는**

대표자의 책임을 요건으로 하여 '법인'을 처벌하는 것이지 그 대표자의 처벌까지 전제조건이 되는 것은 아니다").

1) [종업원의 위반행위: 과실책임] 위 2009도9624 ("지입회사인 법인은 지입차주의 위반행위가 발생한 그 업무와 관련하여 법인이 상당한 주의 또는 관리감독 의무를 게을리한 과실로 인하여 처벌되는 것이다"); 대판 2010.7.8. 2009도6968 ("형벌의 자기책임원칙에 비추어 보면, 위반행위가 발생한 그 업무와 관련하여 법인이 상당한 주의 또는 관리감독 의무를 게을리한 때에 한하여 위 양벌규정이 적용된다고 봄이 상당하다").

2) [종업원의 위반행위: 책임주의] 헌재 2007.11.29. 2005헌가10 ("종업원의 업무 관련 무면허의료행위가 있으면 이에 대해 영업주가 비난받을 만한 행위가 있었는지 여부와는 관계없이 자동적으로 영업주도 처벌하도록 규정하고 있으므로, 결국 위 법률조항은 다른 사람의 범죄에 대해 그 책임 유무를 묻지 않고 형벌을 부과함으로써, 형사법의 기본원리인 '책임없는 자에게 형벌을 부과할 수 없다'는 책임주의에 반한다").

간접으로 사업주의 통제·감독하에 그 사업에 종사하는 자를 말한다. 여기에는 (사업주 스스로 고용한 자가 아니고, 타인의 고용인으로서 타인으로부터 보수를 받고 있거나, 그 타인의 보조자로 사용되고 있더라도) 객관적 외관상으로 사업주의 업무를 처리하고 사업주나 그 직원 등을 통하여 직접 또는 간접으로 사업주의 통제·감독을 받는 자도 포함된다(대판 1987.11.10. 87도1213; 1993.5.14. 93도344).

2) 사무처리의 독립성 　행위자는 사업주를 대신하여 어느 정도 독자적인 권한이 있어야 한다. 즉, 행위자는 사업주의 업무에 관하여 적어도 일정한 범위 내에서는 자신의 독자적인 판단이나 권한에 의해 그 업무를 수행할 수 있는 자이어야 한다. 만일 자신의 독자적인 권한이 없이 상급자의 지시에 따라 단순히 노무제공을 하는 것에 그치는 경우라면 여기서 제외된다(대판 2007.12.28. 2007도8401).

3) 업무관련성 　양벌규정은 행위자의 위반행위가 사업주(법인 또는 개인)의 업무에 관하여 행해진 경우에 국한하여 적용된다. 사업주의 업무와 관계없이 개인적으로 행해진 경우에는 적용되지 않는다. 이때 양벌규정이 적용되는 법인(또는 개인)의 업무라 함은 객관적 외형상으로 보아 법인(또는 개인)의 업무에 해당하는 행위이면 충분하다(대판 2002.1.25. 2001도5595). 예컨대, 객관적 외형상으로 법인의 업무에 관한 행위라면, '그 행위가 법인 내부의 결재를 받지 않았거나, 행위의 동기가 종업원 기타 제3자의 이익을 위한 것이라고 해도'(위 2001도5595), '그 위반행위의 동기가 직접적으로 종업원 자신의 이익을 위한 것에 불과하고 그 영업에 이로운 행위가 아니라고 해도'(대판 1977.5.24. 77도412; 2006.2.24. 2005도7673) 법인은 책임을 면할 수 없다.

(2) 사업주(법인 또는 개인)

1) 확정문제(실질) 　사업주인 법인 또는 개인은 단지 형식상의 명의자가 아니라 실질적인 경영귀속주체를 말한다(대판 2007.8.23. 2007도3787).[1]

2) 사업주 처벌의 독립성 　양벌규정에 의한 사업주(법인 또는 개인)의 처벌은 그 행위자(대표자 또는 종업원)의 처벌과는 독립적이다. 우선, ㉠ (대표자위반유형) "양벌규정 중 법인의 대표자 관련 부분은 대표자의 책임을 요건으로 하여 법인을 처벌하는 것이지, 그 대표자의 처벌까지 전제조건이 되는 것은 아니다"(대판 2022.11.17. 2021도701). 또한, ㉡ (종업원위반유형) 종업원의 범죄성립이나 처벌이 사

1) [실질적 주체] 위 2007도3787 ("도로법 제86조 소정의 '법인 또는 개인'이라 함은 단지 형식상의 명의자를 의미하는 것이 아니라 자기의 계산으로 사업을 경영하는 실질적 경영귀속주체를 말하고").

업주 처벌의 전제조건이 될 필요는 없다(이른바 '독립모델'. 대판 1987.11. 10. 87도1213; 대판 2006.2.24. 2005도7673). 사업주의 처벌은 위반행위자의 처벌에 종속하는 것이 아니라, 독립하여 그 자신의 종업원에 대한 선임감독상의 과실에 근거한 것이기 때문이다. 행위자의 행위가 구성요건에 해당하고 위법하면 충분하다.

3) 처벌(벌금형) 양벌규정이 적용되는 경우 그 법정형은 벌금형 등 양벌규정에 정한 형(재산형)이 된다. 사업주가 법인인 경우 법인에 대해서는 징역형이 불가능하므로, 법인은 항상 '양벌규정에 정한' 벌금형 등으로 처벌된다. 개인 사업주의 경우에도 행위자의 위반행위에 대해 양벌규정이 적용되는 경우에는 '양벌규정에 정한' 벌금형 등으로 처벌될 뿐이다. 다만, 개인 사업주 스스로 고의행위를 한 경우라면 자기책임의 원칙상 벌칙규정 각 본조가 적용될 뿐, 굳이 양벌규정을 적용할 필요는 없다.

3. 수범자 범위 확대기능: (수범자 아닌) 행위자의 처벌

해당 행정형법상 수범자를 '누구든지'로 규정한 경우와 달리, 수범자를 사업주(영업주·업무주)만으로 한정한 경우가 있다. 이 경우에도, 양벌규정의 '행위자를 벌하는 외에'라는 문언에 근거하여 '수범자 아닌 행위자'도 처벌할 수 있는지 여부가 문제된다.

1) 학설 양벌규정은 ① 위반행위의 주체를 종업원에게까지 확대한 것으로, '행위자를 벌하는 외에'라는 문언에 의해 새롭게 구성요건을 수정한 것이라는 견해(긍정설, 구성요건수정설), ② 행위자를 처벌하는 경우에 그 법인(또는 개인 사업주)도 처벌하려는 규정일 뿐, 그 반대의 경우에 행위자의 처벌까지 새롭게 정한 것인지 여부는 명확하지 않다는 견해(부정설)가 있다.

2) 판례(구성요건수정설) 판례는 양벌규정의 수범자범위 확대기능을 인정하고 있다(구성요건수정설). 즉, 양벌규정은 위반행위의 이익귀속주체인 업무주에 대한 처벌규정임과 동시에 **행위자의 처벌규정**이 된다는 것이다(대판 1999.7.15. 95도2870 전합).[1] 이는 행위자도 **양벌규정의 역적용**(=반대적용)에 의해 처벌대상이 된다는 것으

1) [행위자 처벌] 위 95도2870 전합 ("구건축법(1991.5.31. 전문개정 전) 제54조 내지 제56조는 적용대상자를 건축주, 공사감리자, 공사시공자 등 일정한 **업무주(業務主)로 한정**하였는데, 제57조의 양벌규정은 업무주가 아니면서 당해 업무를 실제로 집행하는 자가 있는 때에 위 벌칙규정의 실효성을 확보하기 위해 그 적용대상자를 당해 업무를 **실제로 집행하는 자**에게까지 확장함으로써, 그러한 자가 당해 업무집행과 관련하여 위 벌칙규정의 위반행위를 한 경우 위 양벌규정에 의하여 처벌할 수 있도록 한 행위자의 처벌규정임과 동시에 그 위반행위의 이익귀속

로, 행위자에게도 '수범자의 법정형'(=벌칙규정 각 본조의 법정형)을 적용하게 된다. 그러나 반대의견이 있다(즉, 양벌규정 자체가 행위자 처벌의 근거규정이 될 수는 없다는 견해. 독일형법14① 참조).[1]

3) 정리: 양벌규정의 역적용과 행위자의 처벌(법정형) 양벌규정의 역적용을 인정하는 판례에 따르면, 양벌규정은 행위자 처벌의 근거규정도 된다. 즉, 양벌규정을 매개로 하여 '행위자'가 해당 벌칙규정의 적용을 받게 된다(구성요건수정설). 따라서 벌칙규정 각 본조의 법정형이 그대로 수범자(사업주) 아닌 '행위자'에게도 적용된다.[2] 주의가 필요하다.

주체인 업무주에 대한 처벌규정이다"). 같은 취지의 최근 판례로는, 건설산업기본법 제98조 제2항(양벌규정)에 관한 대판 2017.12.5. 2017도11564 ("양벌규정은 해당 업무를 실제로 집행하는 자에 대한 처벌의 근거규정이 된다").

1) 위 대판 1999.7.15. 95도2870 전합의 반대의견.

2) 수범자 범위확대기능으로 행위자에게도 수범자의 법정형을 적용하게 된다.

제 2 장

구성요건론

제 1 절 구성요건 이론

Ⅰ. 의의

1) 구성요건의 뜻 범죄는 구성요건에 해당하는 위법·유책한 행위이다. 즉, 행위자의 행위가 구성요건해당성, 위법성, 책임을 모두 갖추면 비로소 범죄가 성립한다.

구성요건이란 '성문의 형법에 규정된 범죄의 유형'을 말한다. 즉, 형법상 금지 또는 명령된 행위를 추상적·일반적으로 규정한 개별적 범죄유형이다. 예컨대, 살인죄의 '사람을 살해한 자'(250①), 절도죄의 '타인의 재물을 절취한 자'(329) 등이다. 구성요건은 민법상 불법행위 가운데 특히 사회적 유해성이 있는 행위만을 선별한 것으로, 이른바 '**당벌적**(當罰的, 마땅히 처벌할 필요가 있는) 불법'[1)]을 유형화한 것이다. 이러한 구성요건은 금지·명령된 행위의 불법내용과 불법을 근거지우는 모든 표지를 포괄하고 있으므로, 특히 '불법구성요건'이라고 한다. 구성요건은 행위의 범죄 여부를 판단하는 제1차적 기준이다. 구성요건과 형사제재가 합쳐져서 하나의 형벌법규를 형성한다. 즉, 형벌법규의 문장형식은 예외없이

1) [당벌적 불법] 당벌적 불법이란 불법의 전체영역에서 당벌성(當罰性, Strafwürdigkeit)이 있는 불법만을 지칭하는 것으로, 특별히 사회적 유해성이 있는 법률위반행위만을 말한다. 이를테면, "형법이 사회경제질서에 개입하려면, 용납할 수 없을 정도로 국가나 사회의 경제질서에 혼란을 야기하고 이를 극복하기 위해 사법(私法) 등 다른 법률에 의한 해결을 도저히 기대할 수 없을 때에 국한되어야 한다".

구성요건(법률요건)과 형사제재(법률효과)로 구성된다.

2) 구성요건의 기능 구성요건은 예시적인 것이 아니라 **열거적**인 것이다. 즉, 구성요건은 무엇보다도 형법상 처벌대상이 되는 행위와 형법상 무의미한 행위를 구별하는 기능을 한다. 불법의 전체영역에서 당벌적 불법만을 가려준다는 점에서 '선별기능'이라고 한다(그 외의 행위에 대해서는 형법의 개입을 허용하지 않는다는 의미에서, 이러한 구성요건의 기능을 '보장적 기능' 내지 '죄형법정주의적 기능'이라고도 한다). 그 밖에도 구성요건에는 '지시기능'(어떤 행위가 형벌을 받게 되는 것인가를 알려주는 기능), '징표기능'(구성요건에 해당하는 그 행위가 위법하다는 점을 추단시켜 주는 기능)도 있다.

3) 구별: 구성요건해당성 구성요건은 구성요건해당성과 구별된다. 구성요건해당성은, 어떤 행위가 특정한 구성요건에 100% 부합한다는 판단, 즉 어떤 행위가 특정 구성요건의 '모든 요소를 100% 충족하는가'에 대한 평가이다. 구성요건은 불법유형이 성문형법에 추상적으로 기술된 '정적 개념'이지만, 구성요건해당성은 구성요건과 행위를 비교하는 '동적인 평가개념'이다.

형법상 무의미한 행위는 구성요건에 해당하지 않으므로, 가벌성심사에서 제외된다. 구성요건에 해당하는 행위만이 위법성판단의 대상이 되고, 위법한 행위만이 책임판단의 대상이 된다.

Ⅱ. 구성요건이론의 발전

구성요건 개념은 20세기 초 독일의 형법학자 벨링(Beling)에 의해 위법성·책임과 구별되는 독립적 지위를 구축했다. 이후 마이어(M.E. Mayer), 메츠거(Mezger), 벨첼(Welzel) 등에 의해 오늘날의 구성요건이론이 정립되었다.

1) 벨링의 순객관적·몰가치적 구성요건 벨링은 범죄의 일반적 성립요건으로서 구성요건해당성·위법성·책임이라는 범죄3원론을 확립하였고, 구성요건은 위법성·책임과 구별되는 '순객관적·몰가치적' 개념이라는 특징을 제시했다. ㉠ 여기서 '순객관적'이란, 구성요건은 행위의 외부적·객관적 측면에 대한 기술(記述, 묘사)일 뿐이라는 의미였다. 주관적 측면인 행위자의 내심의 경과는 구성요건과 무관하며, 책임의 영역에 속한다는 것이다. ㉡ 또한 '몰가치적'(가치중립적)이란, 구성요건은 모든 위법성요소로부터 절연된 것으로, 아무런 가치판단도 있을 수 없는 아주 중립적인 성격이라는 의미였다. 규범적인 평가는 구성요건과 무관하며, 위법성의 영역에서 비로소 가능하다는 것이다. 이로써 벨링은 구성요

건의 '보장적 기능'을 강조한 것이었다.

2) 규범적 구성요건요소의 발견 벨링의 구성요건개념 중 몰가치성 명제는 그 후 마이어에 의한 '규범적 구성요건요소'의 발견으로 수정되기에 이르렀다. 즉, 구성요건에도 규범적 요소가 존재한다는 것이다(예: 무고죄에서 사실의 '허위성', 절도죄에서 재물의 '타인성' 등).

3) 주관적 구성요건요소의 발견 벨링의 구성요건개념 중 순객관성 명제는 메츠거의 '주관적 구성요건요소' 발견으로 수정되기에 이르렀다. 즉, 구성요건에도 주관적 요소가 존재한다는 것이다(예: 목적범에서 '목적', 절도죄에서 '불법영득 의사' 등). 나아가 목적적 행위론의 등장으로, 벨첼에 의해 종래 책임요소이던 고의는 (주관적) 구성요건요소로 체계화되었다. 이에 따라 고의범의 고의와 과실범의 과실도 일반적·주관적 구성요건요소로 인정되었다.

Ⅲ. 구성요건과 위법성과의 관계

구성요건은 위법성과 엄격히 구별되면서도 밀접한 관계가 있다. 양자의 관계에 대해 인식근거설과 존재근거설이 있다. 마이어는 구성요건이 위법성의 인식근거, 메츠거는 구성요건이 위법성의 존재근거라고 하였다.

1) 인식근거설 구성요건이 위법성의 인식근거라는 견해로서, 양자의 관계를 '연기(구성요건)와 불(위법성)'의 관계로 설명한다. 구성요건은 불법유형을 정형화한 것이므로, 연기로부터 불이 났다는 사실을 인식(추정)할 수 있듯이, 구성요건의 내용에서 위법성을 인식(추정)할 수 있다는 것이다. 이는 구성요건해당성, 위법성, 책임의 3단계 범죄체계론의 토대를 형성한다. 구성요건 판단과 위법성 판단은 서로 독립된 것이고, 구성요건에 해당하는 행위는 그 위법성이 사실상 추정되다가 위법성조각사유가 확인되면 위법하지 않은 행위로 된다.

2) 존재근거설 구성요건이 위법성의 존재근거, 즉 구성요건에 위법성이 체화되어 있다는 견해로서, 양자의 관계를 '동전의 양면'의 관계로 설명한다. 동전에 앞면이 있으면 뒷면도 있듯이, 구성요건해당성이 인정되면 위법성이 반드시 인정되고, 동전의 뒷면이 없으면 앞면도 없듯이, 위법성조각사유가 인정되면 (위법성이 인정되지 않으면) 구성요건해당성도 인정될 수 없다는 것이다. 구성요건은 '잠정적 불법판단'을 내포한다는 점을 강조하고, 구성요건해당행위는 '원칙적으로' 위법하다고 한다. 이는 결국 '구성요건해당성과 위법성'을 **'총체적 불법구성**

요건'이라는 하나의 개념범주로 묶어, 범죄의 성립요건을 '불법(총체적 불법구성요건)'과 '책임'으로 구성하는 2단계 범죄체계론으로 귀결된다.

[소극적 구성요건표지이론(총체적 불법구성요건)] 이는 구성요건요소를 적극적 요소와 소극적 요소로 구분하고, 위법성조각사유는 구성요건해당성의 소극적 요소로 파악하는 이론이다. 구성요건해당성과 위법성을 하나의 개념범주로 묶어 '총체적 불법구성요건'이 되고, 여기서 '소극적'이란 위법성조각사유가 존재하지 않는다는 것을 의미한다. 따라서 범죄의 성립요건을 '총체적 불법구성요건'(=구성요건+위법성조각사유의 부존재)과 '책임'이라는 2단계의 구조로 파악하게 된다. 이에 따르면, (총체적 불법) 구성요건은 위법성의 존재근거가 된다. 그 결과 위법성조각사유의 전제사실에 관한 착오를 구성요건적 착오로 해결하게 된다.

그러나 '처음부터 구성요건에 해당하지 않는 행위'(예: 모기를 죽이는 행위)와 '구성요건에 해당하지만 위법성이 조각되는 행위'(예: 군인이 전투 중에 정당행위로서 적병을 사살하는 행위) 사이에는 분명한 질적 가치가 있음에도, 이 이론은 그 질적 차이를 무시한다는 문제점이 있다.

Ⅳ. 구성요건의 유형과 구성요건요소

1. 구성요건의 유형

(1) 기본구성요건

기본구성요건이란 형법이 규정하는 일정한 불법유형의 가장 기초가 되는 구성요건을 말한다. 예컨대, 살인의 죄에서 보통살인죄(250①), 상해의 죄에서 보통상해죄(제257①), 절도의 죄에서 단순절도죄(329) 등이다.

(2) 변형구성요건

변형구성요건이란 기본구성요건에 다른 표지가 추가되어 변경된 구성요건을 말한다. 형법상의 여러 구성요건은 기본구성요건을 중심으로 내적 연관성을 갖고 있다. 여기에는 파생된 구성요건과 수정된 구성요건이 있다.

1) 파생된 구성요건 기본구성요건보다 가중·감경된 형태(가중적 구성요건·감경적 구성요건) 또는 기본구성요건에서 독자적으로 파생된 형태(독자적 범죄)가 있다.

i) [가중적 구성요건] 기본구성요건에 형벌가중사유가 추가된 구성요건이다. 예컨대, 보통살인죄에 대한 관계에서 존속살해죄(250②), 단순절도죄에 대한

관계에서 특수절도죄(331) 등이다.

ii) [감경적 구성요건] 기본구성요건에 형벌감경사유가 추가된 구성요건을 말한다. 예컨대, 보통살인죄에 대한 관계에서 (구)영아살해죄(구형법 251), 촉탁·승낙에 의한 살인죄(252①) 등이다.

iii) [독자적 범죄] 기본구성요건과 범죄학적 연관성은 있지만 법률체계상 이와 독립된 독자적 특성을 갖는 구성요건을 말한다. 예컨대, 살인죄·상해죄에 대해 과실치사상죄(266·267), 절도죄·강도죄에 대해 준강도죄(335), 절도죄와 폭행협박죄에 대해 강도죄(333) 등이다.

2) **수정된 구성요건** 한편, 수정된 구성요건에는 ㉠ 예비·음모죄, ㉡ 미수범, ㉢ 공동정범 및 공범(교사·방조범), 간접정범 등이 있다.

2. 구성요건요소

(1) 기술적 구성요건요소와 규범적 구성요건요소

1) **기술적 요소** 기술적(記述的) 구성요건요소란 사실세계에 속하는 사항을 사실적·대상적으로 기술·**묘사**하는 구성요건요소를 말한다. 즉, 가치판단을 거치지 않고 단지 오관(五官)의 작용(五感)을 통한 사실확인에 의해 그 의미를 정확하게 인식할 수 있는 구성요건요소이다(예: 살인죄에서 '사람'·'살해', 절도죄에서 '재물' 등). 대부분의 구성요건요소들은 기술적 구성요건요소이다.

2) **규범적 요소** 규범적 구성요건요소란 규범적 **가치판단**을 통해서만 그 의미를 확정할 수 있는 구성요건요소를 말한다(예: 절도죄에서 재물의 '타인성'·'불법영득의 의사', 문서위조죄에서 '문서', 음란물판매죄에서 '음란성' 등). 규범적 요소는 고의의 인식 정도가 '일반적 평균인'을 기준으로 한다는 점에서 구별의 실익이 있다.

그런데 기술적 요소와 규범적 요소의 구별이 반드시 명확한 것은 아니다. 기술적 요소의 의미 확정도 규범적 가치판단과 결코 무관하지 않기 때문이다. 예컨대, 사람의 시기(始期)에 대해, 민법은 출생의 종료로 사람이 된다(전부노출설)고 보나, 형법에서는 '분만이 개시된 때'에 사람이 된다(진통설 또는 분만개시설. 대판 1982.10.12. 81도2621)고 본다. 즉, 언제부터 사람이고 언제까지 사람인지 그 시기와 종기는 규범적 가치판단에 의해 확정해야 되는 측면이 있다.

(2) 객관적 구성요건요소와 주관적 구성요건요소

1) **객관적 요소** 객관적 구성요건요소란 행위의 외부적 현상에 해당하는 구성요건요소를 말한다. 예컨대, 행위주체, 객체, 행위(작위와 부작위), 결과, 행위

와 결과 사이의 인과관계 등이 여기에 해당한다. 형법총칙에 규정된 객관적 구성요건요소는 '행위와 결과 사이의 인과관계'(17)이다.

2) 주관적 요소 주관적 구성요건요소란 행위의 내부적 현상, 즉 행위자의 내심상태에 해당하는 구성요건요소를 말한다. 고의범에서는 고의, 과실범에서는 과실(주의의무위반)이 주관적 구성요건요소가 된다. 형법총칙에 규정된 주관적 구성요건요소는 고의(13), 과실(14)이다.

한편, 목적범의 '목적'은 고의를 초과하는 초과주관적 구성요건요소이다. 이는 형법각칙의 개별 구성요건에 명시되어 있다. 그 밖에 경향범에서 '경향', 재산범죄에서 '불법영득(이득)의 의사' 등은 각칙에 직접 명시되어 있지는 않지만, 해석상 인정되는 초과주관적 구성요건요소이다.

(3) 기술된 구성요건요소와 기술되지 않은 구성요건요소

1) 기술된 요소 죄형법정주의의 명확성원칙에 따라 대부분의 구성요건요소는 구성요건에 명시적으로 기술되어 있다. 모든 객관적 요소와 주관적 요소는 원칙적으로 기술된 구성요건요소이다.

2) 기술되지 않은 요소 기술되지 않은 구성요건요소란 구성요건에 명시적으로 규정되어 있지는 않지만 해석상 인정되는 구성요건요소를 말한다(예: 재산범죄에서 '불법영득의사', 공무집행방해죄에서 공무집행의 '적법성' 등).

제 2 절 인과관계

제17조(인과관계) 어떤 행위라도 죄의 요소되는 위험발생에 연결되지 아니한 때에는 그 결과로 인하여 벌하지 아니한다.

Ⅰ. 의의와 유형

1. 의의

1) 뜻 형법상 인과관계는 객관적 구성요건요소의 중요한 쟁점이다. 이를테면, 결과범에서 기수범이 성립하기 위해서는, 구성요건적 '결과발생'은 물론, 행위와 결과 사이에 '인과관계'가 있어야만 한다. 이러한 '행위와 결과 사이의 연관관계'를 인과관계라 한다. 예컨대, 甲이 A를 살해하려고 칼로 찔렀으나 경

상만을 입었는데, 구급차로 병원에 후송하던 도중 교통사고로 사망한 경우(이른바 '비전형적 인과관계' 사례)에서, 칼로 찌른 행위와 사망 사이에 인과관계가 인정된다면 살인기수가 되나, 그렇지 않다면 살인미수가 될 뿐이다('기수'와 '미수'의 구별).

[제17조(인과관계)의 적용범위] 인과관계는 결과발생을 필요로 하는 모든 범죄에서 문제된다. i) [결과범] '결과범'의 경우 고의범은 물론, 과실범, 결과적 가중범, 나아가 부작위범에서도 문제된다. ㉠ 고의범에서는 인과관계가 '기수'와 '미수'의 구별 기준이 된다. ㉡ 과실범에서는 과실의 미수는 처벌되지 않으므로, 인과관계가 없는 경우 무죄가 된다. ㉢ 결과적 가중범에서는 기본범죄와 중한 결과 사이에 인과관계가 요구되며, 인과관계가 없는 경우 기본범죄만 성립한다.

한편, ii) [위험범] '위험범'에서도 법익침해의 '위험'이라는 결과가 구성요건으로 되어 있는 경우에는, 마찬가지로 인과관계가 문제된다. 인과관계(17)에서 '결과'는 침해범의 법익침해적 결과에 국한되지 않기 때문이다. 예컨대, ㉠ 구체적 위험범(예: 자기소유 일반건조물방화죄166②, 일반물건방화죄167)의 경우 '방화행위'와 '공공의 위험' 사이에 인과관계가 요구된다. ㉡ 추상적 위험범 가운데 구성요건적 결과를 특별히 명시하고 있는 경우(예: 현주건조물방화죄164)에는 '방화행위'와 '소훼(불태움)' 사이에 인과관계가 요구된다. ㉢ 그 밖의 추상적 위험범에서는 인과관계가 문제되지 않는다. ㉣ 단순 거동범에서도 인과관계는 문제되지 않는다.

2) 형법상 인과관계: 법적 · 규범적 개념 형법상 인과관계(Zusammenhang)는 행위와 결과 사이에서 '죄의 요소되는 위험발생에 연결된 행위'만 문제되는 법적 · 규범적 개념이다. 즉, 자연과학적 인과관계(Kausalität)와는 달리, 법적 · 규범적 평가를 포함하는 법적 · 규범적 개념인 것이다. 따라서 형법상 인과관계는 **'인과관계의 존부** 판단'과 **'객관적 귀속**(Objektive Zurechnung)의 인정여부 판단'을 포함한다(Zusammenhang ① Kausalität + ② Objektive Zurechnung). **객관적 귀속**이란 발생된 결과를 어느 행위의 '탓으로 돌릴 수 있다'는 성질을 말한다('탓으로 돌릴 수 있다'는 말 속에는 규범적 평가가 내포되어 있다). 여기서 '인과관계의 존부' 문제는 행위(원인)로부터 결과를 연역해 나가는 방법이며, 반면 '귀속의 인정여부' 문제는 결과로부터 행위를 추론해 가는 방법이다. 인과적 방법은 자연과학적인 반면, 귀속적 방법은 규범적이다. 만일 어떤 결과가 행위자의 행위와 **무관하게 발생**하였거나(사실적 · 자연적 인과관계의 부존재), 설령 행위자의 행위에서 비롯되었더라도 그의 작품으로 **귀속될 수 없는 경우**라면(객관적 귀속의 부인), 그 결과는 행위자의 행

위와 무관한 '우연한' 사건이거나, 행위자으이 행위에 귀속시킬 수 없는 '불행한' 사태일 뿐, 법적 의미에서 그 결과를 행위자의 행위에 객관적으로 귀속시킬 수 없다.

2. 유형

1) 이중적(택일적) 인과관계　단독으로도 결과발생이 충분한 여러 개의 원인이 중복적으로 작용하여 결과가 발생한 경우이다. 예컨대, 甲과 乙이 각각 A에게 치사량의 독약을 먹여 A가 사망한 경우(각 치사량 1.0g씩)이다.

2) 누적적(중첩적) 인과관계　단독으로는 결과발생이 불가능한 여러 개의 원인이 누적적으로 공동작용하여 결과가 발생한 경우이다. 예컨대, 甲과 乙이 각각 A에게 치사량 미달의 독약을 반반씩 먹여 A가 사망한 경우(각 0.5g씩=치사량 1.0g)이다.

3) 가설적 인과관계　현실적으로 결과를 발생시킨 제2행위가 없었더라도, 현실적으로 작용하지 않은 제1행위, 즉 가설적 원인(가정적 원인)에 의해 같은 결과가 발생했을 고도의 개연성이 있는 경우이다. 예컨대, 甲이 비행기에 시한폭탄을 설치하였는데(제1행위), 乙은 비행기 탑승 직전 A에게 치사량의 독약을 먹여 A가 사망하였으나(제2행위), 그 비행기는 공항이륙 몇 분 후 폭발하여 결국 탑승자 전원이 사망한 경우이다. 여기서 결과발생에 '현실적으로 작용하지 않은' 甲의 '제1행위'를 '가설적 인과관계'라 한다(이때 현실적 인과과정인 제2행위를 '추월한 인과관계'라 한다. 만일 2개의 행위 중 어느 하나에 의하더라도 '동시에' 결과가 발생했을 경우라면, 그 현실적 인과과정은 '경합한 인과관계'라 한다). 가설적 인과관계의 경우 (그것이 추월당하든 경합하든) 현실적으로 작용하지 않은 '가설적 인과과정'과 관련된 모든 원인을 '가설적 대체요인'이라 한다.

4) 단절된 인과관계와 추월한 인과관계　단독으로도 결과발생이 충분한 제1행위의 진행 도중 그 효력이 나타나기 전에, 독립적인 제2행위의 개입으로 그 결과가 발생하고, 이미 진행하던 제1행위의 인과과정은 단절된 경우이다. 여기서 독립적인 제2행위는 대부분 제3자 또는 피해자 자신의 것이다. 예컨대, 甲이 A에게 독약을 먹였는데(제1행위), 그 효력이 나타나기 전에, 乙이 A를 총으로 사살(제2행위)한 경우이다. 여기서 甲의 '제1행위'와 사망 사이의 인과관계는 '단절된 인과관계'이고, 乙의 '제2행위'와 사망 사이의 인과관계는 '추월한 인과관계'이다.

5) 비유형적 인과관계 제1행위가 결과발생에 대하여 일응의 원인이 되지만, 그 인과과정에서 '다른 원인'이 개입하거나 '피해자의 잘못 또는 피해자의 특이체질'이 개입하여 비유형적으로 결과가 발생한 경우이다. 예컨대, 甲이 A를 살해하려고 칼로 찔렀으나(제1행위) 경상만을 입었는데, ㉠ 구급차로 병원에 후송하던 도중 교통사고로 사망하거나, ㉡ A의 특이체질(예: 혈우병)로 사망한 경우이다. 여기서 甲의 '제1행위'와 사망 사이의 인과관계가 '비유형적 인과관계'(또는 '비전형적 인과관계')이다.

Ⅱ. 인과관계 이론

형법 제17조(인과관계)는, '죄의 요소되는 위험발생에 연결'이라고 추상적으로 규정할 뿐이므로, 그 의미와 내용에 대해 다양한 견해가 대립한다.

1. 학설

(1) 조건설

1) 내용 어떤 행위와 결과 사이에 만일 '그 행위가 없었다면 결과도 발생하지 않았을 것'이라고 인정되는 경우 그 행위와 결과 사이의 인과관계를 인정하는 입장이다. '그 행위(A)가 없었다면 결과(B)도 발생하지 않았을 것'이라는 관계라면, A가 B를 절대적으로 제약하는 것이므로, 이를 절대적 제약공식('가설적 제거공식', conditio sine qua non 즉 c.s.q.n.)이라 한다. 자연과학에서 사용되는 인과관계 개념을 형법에도 그대로 받아들이는 입장이다. 하나의 결과발생에 대한 논리적 필요조건은 무수히 많고, 이들 조건은 우열을 따지지 않고 모두 동등한 조건이 된다는 점에서, **등가설**(等價說)이라고도 한다.[1]

2) 비판 조건설은, ㉠ (인과관계의 유무를 직접 규명하는 것이 아니라) 일단 결과를 전제한 다음 가설적 사고과정을 통해 의미 없는 조건을 제거한다(즉, 논리상 순환논법). ㉡ 인과관계의 인정범위가 지나치게 넓어진다(예: 범인의 출산, 피해자의 출산

1) [조건설과 인과관계 유형] ㉠ 이중적 인과관계: 순논리적으로 보면 인과관계가 인정되지 않는다는 문제점이 발생한다. 여기에서 조건설은 절대적 제약공식을 수정하여, '이중적 조건 중 어느 하나라도 존재했다면 결과가 발생했으리라는 관계'에 있는 한 각각 결과에 대한 원인이 된다고 한다. ㉡ 누적적 인과관계: 인과관계가 인정된다. ㉢ 가설적 인과관계: 가설적 원인과 결과 사이에 인과관계는 존재하지 않는다. 현실적인 행위와 결과 사이에만 인과관계가 인정된다. ㉣ 단절된 인과관계: 단절된 제1행위는 인과관계가 인정되지 않는다. ㉤ 비유형적 인과관계: 인과관계가 인정된다.

등). 이는 모든 조건을 등가적으로 평가하기 때문인데, 어쨌든 사리에 반한다.[1] ㉢ 더 근본적으로는, 형법상 인과관계의 존재를 오히려 적극적으로 규명하지 못한다. 즉, 이중적 인과관계, 가설적 인과관계, 단절된 인과관계 사안에서는, 오히려 인과관계를 인정할 수 없다는 문제점이 있다.

(2) 상당인과관계설

1) 내용　상당인과관계설은 조건설과 달리, 인과관계를 원인과 결과의 연관관계의 문제만이 아니라, 형법상 책임귀속의 근거라는 '평가의 문제'도 함께 포함하여 파악한다. 상당인과관계설은 조건설에 의한 인과관계의 무제한적 소급을 제한하고, 결과발생의 여러 조건 가운데 '일반적 경험법칙에 비추어 상당한 조건'만을 원인으로 삼는다. 즉, 상당인과관계설은 행위와 결과 사이에 '**경험칙상 상당성**'이 있는 경우에만 인과관계를 인정하는 입장이다. 여기서 상당성이란 '고도의 가능성', 즉 '**개연성**'을 의미한다. 이처럼 상당인과관계설은 인과관계를 '**확률**'에 입각하여 검토하는 입장이다. 즉, 어떤 행위가 결과를 발생시킬 '확률'이 상대적으로 높으면(즉, '개연성'='높은 확률') 인과관계가 있고 귀속도 이루어지며, '확률'이 낮으면 인과관계도 없고 귀속도 이루어지지 않는다는 것이다.

상당인과관계설에서 인과관계는 '행위 당시'에 판단한 결과발생가능성이다. 예컨대, 앞서 본 '비전형적 인과관계' 사례에서 '경상과 사망 사이'의 확률을 검토하는 것이다. 여기서 상당인과관계설은 상당성 판단의 자료(소재)를 무엇으로 할 것인가에 따라, 주관설·객관설·절충설로 나뉜다. ㉠ 주관설(행위자 기준)은 '행위 당시 행위자가 인식하였거나 인식할 수 있었던 사정'을, ㉡ 객관설(일반인 기준)은 '행위 당시에 존재했던 모든 사정'을 기초로 판단한다. ㉢ **절충설**(일반인 및 행위자 기준)은 '행위 당시 **일반인이 인식할 수 있었던 사정**과 **행위자가 특별히 알고 있었던 사정**'을 기초로 판단한다. 이러한 견해 대립은 상당성 판단의 '자료'에 의한 구별일 뿐, 경험칙상 '상당성' 여부에 따라 인과관계의 유무를 판단한다는 점에서는, 모두 동일하다.

2) 비판　상당인과관계설은, ㉠ 인과관계의 존부 문제(자연과학적 문제)와 그것이 경험칙상 상당한 것인가라는 귀속의 인정여부 문제(규범적 평가 문제)를 무

---

1) [조건설의 보완: 원인설 및 인과관계중단설] 조건설의 문제점(인과관계의 범위가 너무 넓어진다)을 시정하기 위해 등장한 것으로, 현재 주로 논의되는 견해는 아니다. ㉠ **원인설은**, 결과발생의 모든 조건 중 '일정한 조건', 예컨대, 최종조건, 우월적 조건, 최유력조건, 필연조건 등만이 원인이 될 수 있다고 한다. ㉡ 인과관계중단설은, 행위와 결과발생 사이에 고의·과실행위나 자연적 사실이 개입된 경우 인과관계가 중단된다는 이론이다.

리하게 결합시키고 있다. ㉡ 인과관계의 존부 확인에 대해서도 침묵하고 있고, 귀속기준으로서의 인과관계의 '상당성'에 대해서도 그 판단기준이 모호하다(모호하면 그만큼 판단에 자의성이 개입될 여지가 많고, 그 용도와 한계를 알기 어렵다). ㉢ 누적적 인과관계 사안에서는 오히려 상당성을 인정할 수 없게 된다는 문제점이 있다. ㉣ 무엇보다도 인과관계는 '있으면 있고, 없으면 없는' 관계일 뿐, '확률에 따라 판단할 것은 아니다'라는 비판이 있다.

(3) 합법칙적 조건설

1) 내용 합법칙적 조건설은 전통적인 조건설과 달리, 절대적 제약공식(c.s.q.n. 공식)이 아니라, 그것이 있었기 때문에 결과가 발생하였다는 관계에 있는 모든 조건을 원인으로 삼는 입장이다. 인과관계의 유무를 행위와 결과 사이에 '자연법칙이나 경험법칙'상 '관련성'이 존재하는지 여부에 따라 결정한다. 즉, "어떤 행위가 시간적으로 그 행위에 뒤따르는 외부세계의 변화를 만들어내고, 그 외부세계의 변화가 구성요건적 결과로 이어졌을 경우, 외부세계의 변화와 구성요건적 결과발생이 그 행위와 **합법칙적인 연관관계**에 있는 것으로 확인되면, 인과관계가 인정된다." 합법칙적 조건설에서 '조건'이란 현대 과학으로 확인이 가능한 일상적 경험법칙상의 조건관계를 의미하고, 경험법칙도 규범의 세계에서 경험하는 당위법칙보다는 사실상의 경험법칙을 의미한다. 이는 (자연과학 내지 사회과학, 특히 역사학에서의) **'설명'** (explanation)의 이론을 차용한 입장으로, 현실세계에서 **실제로 전개된** 행위와 결과만으로 인과관계를 확인하는 방법을 취한다.[1)]

그 결과 합법칙적 조건설은, 전통적인 조건설에서 인과관계가 부정되는 경

---

1) [합법칙적 조건설과 인과관계 유형] ㉠ 이중적 인과관계 및 ㉡ 누적적 인과관계: 모두 인과관계가 인정된다. ㉢ 가설적 인과관계: 가설적 원인과 결과 사이에 인과관계는 존재하지 않는다. 현실적인 행위와 결과 사이에만 인과관계가 인정된다. ㉣ 단절된 인과관계: 단절된 제1행위는 인과관계가 인정되지 않는다. 다만, 제1행위의 결과 피해자의 방어력이 약화되어 제2행위가 성공할 수 있었던 경우에 한하여, 제1행위도 결과에 대해 합법칙적 연관성이 인정된다.

한편, ㉤ 비유형적 인과관계: 인과관계가 인정된다. 앞서 본 '비유형적 인과관계' 사례에서, 경상을 입힌 행위와 사망 사이에는 (매개변수가 있더라도, 즉 인과과정이 비유형적으로 진행된 경우에도) '인과관계가 있다'. 특히, '경상을 입은 것'과 '교통사고로 인한 사망' 사이의 인과관계는 없지만, 이것이 경상을 입힌 행위와 사망 사이의 인과관계 인정에 방해가 되는 것은 아니다.

설명이론에 따르면, 하나의 결과발생(예: 프랑스대혁명의 발발)에는 다양한 조건이 열거될 수 있고, ('조건들'과 '결과' 사이가 아니라) 그 '조건들 사이의 관계'는 인과적일 수도 있고 아닐 수도 있다. 중요한 것은 그 조건들이 '종합적으로 존재할 때' 결과가 발생한다는 것이다. 따라서 합법칙적 조건설은 '조건들과 결과' 사이의 관계, 즉 여러 조건들이 병존함으로써 결과를 발생시킨다는 합법칙적 관계를 규명하여, 그 조건과 그 결과를 인과적으로 결합시켜주는 이론이다.

우(예: 이중적 인과관계)에 대해, 그 인과관계의 존재를 확인해 준다. 특히 '법칙적' 인과관련성이 불분명한 경우(예: 가습기살균제의 성분과 폐의 병변 사이) 과학적 방법을 통해 '법칙의 확인' 내지 '법칙의 정립'을 촉구하는 기능적 장점도 있다.

그런데 합법칙적 조건설만으로는 일상적 경험법칙에 의한 인과관계가 지나치게 확대된다. 따라서 '객관적 귀속이론'에 의해 행위와 결과 사이의 규범적 관련성을 다시 판단하는 단계가 필연적으로 요구된다(통설).

2) 비판 합법칙적 조건설은, ㉠ 전혀 경험하지 못한 사건에서는 무엇이 경험법칙 내지 합법칙인지 기준을 제시하지 못한다. ㉡ 이러한 사건에서는 결국 법관의 주관적 확신에만 의존하는 문제점이 있다.

2. 판례 : 상당인과관계설

판례는 일찍부터 확고하게 상당인과관계설의 입장을 취하고 있다. 고의와 과실 그 자체는 인과성과 무관한 개념이지만, 행위 즉 작위와 부작위는 인과관계와 직접 연결된 개념이다. 작위의 인과성은 '발생한 결과에 대한 자연과학적 변화를 야기한 원인을 찾는 것'이고, 부작위의 인과성은 '작위의무를 이행하였다면 그 결과가 발생하지 않았을 것이라는 관계'(대판 2015.11.12. 2015도6809. 이른바 '세월호' 판결), 즉 일종의 '가설적 인과관계'이다. 판례는 고의 · 과실범이든 작위 · 부작위범이든 확고하게 상당인과관계설의 입장이다.

1) 고의범 "살인의 실행행위(=고의 작위)가 피해자의 사망이라는 결과를 발생하게 한 유일한 원인이거나 직접적인 원인이어야만 되는 것은 아니다. 살인의 실행행위와 피해자의 사망과의 사이에, 다른 사실이 개재되어 그 사실이 치사의 직접적인 원인이 되었다고 하더라도, 그와 같은 사실이 통상 예견할 수 있는 것에 지나지 않는다면, 살인의 실행행위와 피해자의 사망과의 사이에 (상당) 인과관계가 있다"(대판 1994.3.22. 93도3612: 살인).

2) 과실범 · 부작위범 "공사감독관이 무자격자에 의해 시공되고 있는 점을 '알고도 묵인'(=고의 부작위)하였거나, 이를 '쉽게 적발할 수 있었음에도 직무상의 의무를 태만히 하여'(=과실), 무자격자로 하여금 공사를 계속하게 함으로써 '붕괴사고 등의 재해가 발생'(=결과)한 경우에, 「만일 자격있는 자가 시공을 하였다면 당해 재해가 발생하지 아니하였거나 재해 발생의 위험이 '상당히' 줄어들었으리라고 인정된다면」(='가설적 인과관계'), 공사감독관의 그와 같은 직무상의 의무위반과 붕괴사고 등의 재해로 인한 치사상의 결과 사이에 상당인과관계가 있

다"(대판 1995.9.15. 95도906: 업무상과실치사상). 즉, "결과발생의 위험이 '상당히(=꽤 높이, 적지 않게, 어지간히 많이)' 줄어들었으리라"라고 판단된다면, '상당성'이 인정된다는 것이다.

3) 결과적 가중범 ㉠ "그 행위와 결과 사이에 피해자나 제3자의 과실 등 다른 사실이 개재된 때에도, 그와 같은 사실이 통상 예견될 수 있는 것이라면 상당인과관계를 인정할 수 있다"(대판 2014.7.24. 2014도6206: 일반교통방해치사상). ㉡ "피해자에게 당시 심장질환의 지병이 있었고 음주로 만취된 상태였으며 그것이 피해자가 사망함에 있어 영향을 주었다고 해서, 피고인의 폭행과 피해자의 사망간에 상당인과관계가 없다고 할 수 없다"(대판 1986.9.9. 85도2433: 폭행치사).

Ⅲ. 객관적 귀속이론

합법칙적 조건설만으로는 인과관계가 지나치게 확대된다. 객관적 귀속이론은 형법상 인과관계의 '규범적 평가' 측면, 즉, 발생된 일정한 결과를 행위자의 행위로 그 책임을 귀속시키는 것이 타당한가 여부에 대한 이론이다. 즉, 행위와 결과 사이의 (합법칙적 연관관계라는) 사실적·자연적 인과관계의 존재를 전제로 하여, 그 결과를 행위자의 작품(행위)으로 귀속시킬 수 있는지 여부를 규범적으로 평가하는 이론이다. 그런데 이는 인과관계의 존재를 적극적으로 확인하는 것이 아니라, 그 결과귀속을 부정하고 '인과관계를 부정'하려는 논의이다. 즉, 결과귀속이 불합리한 개별 사건에서 그 유형화를 통해 논리의 단편을 정리하고, 그에 따라 결과귀속과 인과관계를 부정하는 이론인 것이다(부정의 논리 내지 부정의 기준).

객관적 귀속의 판단기준으로는 위험증대이론, 위험실현이론(지배가능성이론·적법한 대체행위이론), 규범의 보호목적이론 등이 제시되고 있다. 이러한 객관적 귀속의 판단기준은, 판례상 귀속기준으로서의 인과관계의 '상당성' 판단에서도 실제로 매우 유용한 판단기준으로 사용된다.

1. 객관적 귀속의 판단기준

(1) 위험증대이론

위험증대이론이란, 일정한 행위가 보호객체에 대해 '위험을 야기하거나 증대'시키는 것이 '아닌' 경우에는 그 결과를 행위자의 행위에 '귀속시킬 수 없다'는 이론이다. 즉, 위험을 오히려 감소시켰거나 또는 야기된 위험이 허용된 위험의 범위 안에 있는 경우에는, 그 결과를 행위자에게 귀속시킬 수 없다는 이론이다. 예컨대, ㉠ 행위자가 오히려 **위험을 감소**시킨 경우(예: 공사현장에서 동료의 머리 위로 벽돌이 떨어지자, 다른 동료가 그의 생명을 보호하기 위해 그를 세게 밀쳐, 상해를 입힌 경우), ㉡ **창출된 위험이 허용된 위험의 한계 범위 안**에 있는 경우(예: 교통법규를 준수하는 운전자의 차량 앞으로, 보행자가 갑자기 뛰어 든 경우), 그 결과는 행위자에게 객관적 귀속이 인정되지 않는다는 것이다.

(2) 위험실현이론

위험실현이론이란, 행위자가 야기·증대시킨 위험이라도 '**그 행위의 위험이 실현되어 발생한 결과가 아닌 경우**'에는, 그 결과를 행위자에게 **귀속시킬 수 없**다는 이론이다. 여기에는 지배가능성이론과 적법한 대체행위이론이 있다.

1) **지배가능성이론**(비유형적 인과관계) 지배가능성이론은 행위자가 그 **결과발생 여부를 지배할 수 없었던 경우**에는, 그 결과를 행위자에게 귀속시킬 수 없다는 이론이다(지배불가능한 사건경과). 즉, 구체적으로 실현한 결과는 행위자가 객관적으로 예견가능하고 지배가능한 경우에 한하여, 그 행위자에게 객관적 귀속이 가능하다는 것이다. 예컨대, ㉠ 객관적 지배를 벗어나 **우연**에 의해 발생한 결과(예: 피해자를 살해하려 뇌우에 들판에 내보내어 낙뢰사고로 사망케 한 경우), ㉡ 시간적으로 멀리 떨어진 조건(예: 살인자를 낳은 부모의 출산행위, 살인에 사용된 총기의 제작행위) 등은, 행위자에게 객관적 귀속이 인정되지 않는다.

비유형적 인과관계도 '지배가능성이 없는 사례'로 설명되기도 한다. 예컨대, i) [제3자의 고의행위 개입] 행위자의 행위 이후 제3자에 의한 고의행위가 개입하여 발생한 결과(예: 피해자에게 상해를 가하여 피해자가 입원 중, 제3자가 피해자를 살해한 경우. 이는 그 결과가 행위자의 행위에 의해 위험이 야기되었으나, 그 선행행위의 위험이 실현된 것은 아니다), 또는 ii) [비유형적 인과관계] 행위자에 의해 창출된 위험이 실현된 것이 아니라 **우연**에 의해 발생한 결과(예: 피해자를 살해하려고 칼로 찔렀으나 경상만 입었는데, 병원으로 후송 도중 발생한 교통사고로 사망하거나, 피해자의 특이체질로 사망한 경우, 피해자를 칼로 찔러 중상을 입혔으나, 피해자가 입원한 병원의 화재로 사망한 경우) 등은 행위자에게 객관적 귀속이 인정되지 않는다는 것이다.

2) **적법한 대체행위 이론**(의무위반 관련성) 행위자가 금지된 행위로써 결과를 야기하였으나 **달리 적법행위를 하였더라도 같은 결과가 발생하였을 것이 '확실시'** 되는 경우, 그 결과를 행위자에게 **귀속시킬 수 없다**는 이론이다. 이 경우 그 결과는, 행위자에 의한 실제 행위의 위험이 실현되어 발생한 결과가 아니기 때

문이다. 특히 과실범의 결과귀속에서 중요한 지표가 된다.

i) [주의의무위반 관련성] 과실범이 성립하기 위해서는, 행위자의 과실행위(주의의무위반)와 결과 사이에 인과관계(객관적 귀속)가 인정되어야 한다. 과실범의 경우 주의의무위반으로 인하여 발생한 결과에 대해서만 그 결과를 행위자에게 객관적으로 귀속시킬 수 있는 것이다. 판례도 같다. 예컨대, "피고인이 급성 흡입독성시험을 실시하였다면 제품의 유해성을 확인할 수 있었을 것이므로, 피고인이 급성 흡입독성시험을 실시하지 않은 업무상과실과 사상의 결과 사이에 인과관계가 인정된다"(대판 2018.1.25. 2017도12537).[1] 즉, (주의의무를 가설적으로 투입해 보아) "'만일 주의의무를 다했더라면 그 결과가 발생하지 않았을 것'이라는 관계"가 인정되는 경우에, 비로소 그 결과는 객관적 귀속이 가능하다. 이를 '주의의무위반 관련성'이라 한다.

그러나 만일 주의의무를 다하였더라도 같은 결과가 발생하였을 것이 '확실한' 경우에는, 그 결과를 행위자의 행위에 귀속시킬 수 없다(그 결과는 행위자의 과실행위로 인한 것이 아니라 다른 위험이 실현된 것이므로, 주의의무위반 관련성이 부정된다). 판례도 같은 입장이다(대판 1990.12.11. 90도694. 간기능검사 없이 개복수술 시행한 사건).[2]

---

1) [과실범: 독성물질과 인과관계] 위 2017도12537은, 유해성이 명확하게 밝혀지지 않았던 물질 PHMG와 소비자의 사망 사이의 인과관계과 문제된 가습기살균제 사건이다.

한편, 교특법위반죄(교통사고로 인한 업무상과실치사상)의 경우 반의사불벌죄의 예외인 12개 단서와 결과발생 사이에는 '직접적 인과관계'가 요구된다. 이는 예외의 인정범위를 제한하기 위한 해석론으로 볼 수 있다. 예컨대, 대판 2012.3.15. 2011도17117 ("택시 운전자인 피고인이 교통신호를 위반하여 4거리 교차로를 진행한 과실로 교차로 내에서 갑의 승용차와 충돌하여 상해를 입게 하였다고 하여 교특법위반으로 기소된 사안에서, 피고인의 택시가 차량 신호등이 적색 등화임에도 횡단보도 앞 정지선 직전에 정지하지 않고 상당한 속도로 정지선을 넘어 횡단보도에 진입하였고, 횡단보도에 들어선 이후 차량 신호등이 녹색 등화로 바뀌자 교차로로 계속 직진하여 교차로에 진입하자마자 교차로를 거의 통과하였던 갑의 승용차 오른쪽 뒤 문짝 부분을 피고인 택시 앞 범퍼 부분으로 충돌한 점 등을 종합할 때, 피고인이 적색 등화에 따라 정지선 직전에 정지하였더라면 교통사고는 발생하지 않았을 것임이 분명하여, 피고인의 신호위반행위가 교통사고 발생의 직접적인 원인이 되었다").

그런데, 그 단서 위반에는 해당되지 않더라도, 사고발생 방지에 관한 주의의무위반의 과실이 인정되는 경우는 얼마든지 있다(대판 2001.10.9. 2001도2939 등 참조).

2) [주의의무위반 관련성] 위 90도694 ("응급환자가 아닌 난소종양환자의 경우에, 수술주관의사 또는 마취담당의사인 피고인들로서는 난소종양절제수술에 앞서 혈청의 생화학적 반응에 의한 검사 등으로 종합적인 간기능검사를 철저히 하여 피해자가 간손상 상태에 있는지의 여부를 확인한 후에 마취 및 수술을 시행하여야 할 주의의무가 있다. 혈청에 의한 간기능검사를 시행하지 않거나 이를 확인하지 않은 피고인들의 과실과 피해자의 사망 간에 인과관계가 있다고 하려면, 피고인들이 수술 전에 피해자에 대한 간기능검사를 하였더라면 피해자가 사망하지 않았을 것임이 입증되어야 할 것인데도(수술 전에 피해자에 대하여 혈청에 의한 간기능검사를 하였더라면 피해자의 간기능에 이상이 있었다는 검사결과가 나왔으리라는 점이 증명되어야 할 것이다) 원심은 피해자가 수술당시에 이미 간손상이 있었다는 사실을 증거 없이 인정함으로써

한편, 적법한 대체행위를 하였더라도 같은 결과가 발생하였을 것이 '불분명'한 경우에도 결과귀속이 부정된다. 이 경우 귀속을 부정하는 무죄추정설(가능성설), 귀속을 인정하는 위험증대설(확실성설), 절충설(상당위험증대설)이 대립하지만, '의심스러울 때에는 피고인에게 유리하게'라는 원칙에 따라 **무죄추정설**이 다수설·판례의 입장이다(위 90도694).

ii) [작위의무위반 관련성] 부작위범이 성립하기 위해서도, 행위자의 부작위행위(작위의무위반)와 결과 사이에 인과관계(객관적 귀속)가 인정되어야 한다. 부작위범의 경우에도 작위의무위반으로 인하여 발생한 결과에 대해서만 그 결과를 행위자에게 객관적으로 귀속시킬 수 있는 것이다. 판례도 같다. 예컨대, "작위의무를 이행하였다면 결과가 발생하지 않았을 것이라는 관계가 인정될 경우에는, 작위를 하지 않은 부작위와 사망의 결과 사이에 인과관계가 있다"(대판 2015.11.12. 2015도6809 전합. 세월호 선장의 부작위에 의한 살인죄 사건). 즉, (작위의무를 가설적으로 투입해 보아) "'만일 작위의무를 다했더라면 그 결과가 발생하지 않았을 것'이라는 관계"가 인정된다면, 그 결과는 객관적 귀속이 가능하다. 이를 '**작위의무위반 관련성**'이라 한다.

그러나 만일 **작위의무를 다하였더라도 같은 결과가 발생하였을 것**으로 '확실히' 인정되는 경우에는, 그 결과를 행위자의 행위에 귀속시킬 수 없다(그 결과는 행위자의 부작위행위로 인한 것이 아니라 다른 위험이 실현된 것이므로, 작위의무위반 관련성이 부정된다). 적법한 대체행위를 하였더라도 같은 결과가 발생하였을 것이 '불분명'한 경우에도, 결과귀속이 부정된다는 점은 과실범의 경우와 다를 바 없다(다수설).

(3) 규범의 보호목적이론

규범의 보호목적이론은 규범을 위반하여 위험을 증대시켰거나 허용되지 않는 위험을 야기시킨 경우라도, 발생된 결과가 **규범의 보호목적 범위를 벗어난 경우**에는, 그 결과를 행위자에게 **귀속시킬 수 없다**는 이론이다(그 결과는 그 규범의 침해로 인한 것이 아니다). 예컨대, ㉠ [과실범] 행위자가 제한속도를 초과한 과속으로 교차로에 예상보다 일찍 도착한 이후, 교차로에서는 과속 없이 주의의무를 다하였음(=과실 없음)에도 갑자기 뛰어든 보행자를 충격하여 사망하게 한 경우에, 피해자의 사망을 과속 운전행위에 귀속시킬 수 없다. 과속운전을 금지하는 도로교통법의 보호목적은 과속의 위험성에 따른 '해당 지점에서의 속도제한'일 뿐, 향후 '특정 지점에의 지연도착을 통한 교통사고 방지'까지 그 목적에 포함된 것은

채증법칙위반 및 인과관계에 관한 법리오해의 위법을 저지른 것이다").

아니기 때문이다. 판례도 같다(대판 1993.1.15. 92도2579).[1] ㉡ [고의범] 행위자가 폭행하였는데 피해자가 수치심 등으로 자살한 경우에, 피해자의 사망을 폭행행위에 귀속시킬 수 없다. 폭행을 금지하는 규범이 보호목적은, 신체에 대한 침해를 방지하는 것일 뿐, 폭행당한 사람의 자살 방지라는 목적까지 포함되어 있는 것은 아니기 때문이다. ㉢ [피해자의 고의적인 자손행위] '피해자의 고의적인 자손행위'로 인하여 발생한 결과 역시 규범의 보호목적 범위 밖에서 이루어진 것이다(예: 방화 이후 피해자가 진화작업에 열중하다가 화상을 입은 경우 현주건조물방화'치상'죄에 해당하지 않는다. 대판 1966.6.28. 66도1). ㉣ [타인의 책임영역] 결과발생의 방지의무가 행위자의 책임영역이 아니라 타인의 책임영역에 속하는 경우에도 객관적 귀속이 부정된다.

2. 객관적 귀속이론의 한계

객관적 귀속이론은, 부정의 기준, 단편적 논리(규범성 결여), 미완의 체계(생성중인 이론)라는 한계를 가진다. 즉, ㉠ 비록 다양한 귀속의 기준을 제시하고 있지만, 합법칙적 조건설에 의해 일단 인과관계가 인정되는 개별사안에서, 그 결과귀속을 부정하기 위한 논의이다. 제시된 다양한 귀속의 기준은 대부분 '부정의 기준'(즉, 왜 귀속이 '안 되는가'에 집중)으로 일관하여 제한된 논리성만을 갖는다(부정의 기준: 제한된 논리성). ㉡ 단편적인 개별 사안에서 인과관계를 부정해 내는 방식은, 정교한 이론적 정합성을 갖추기 어렵고, 그 규범성을 판단할 수 있는 명확한 기준도 찾기 어렵다(규범성 결여). ㉢ 결과귀속을 위한 좀더 세분화되고 구체화된 객관적 기준을 제시하려고 한다는 점에서 진일보한 것으로 평가되지만, 아직 완결된 체계를 갖고 있지 못한, 여전히 '생성중인 이론'이다(생성중인 이론).

---

1) [규범의 보호목적 관련성] 위 92도2579 ("신호등에 의하여 교통정리가 행하여지고 있는 ㅏ자형 삼거리의 교차로를 녹색등화에 따라 직진하는 차량의 운전자는 특별한 사정이 없는 한 다른 차량들도 교통법규를 준수하고 충돌을 피하기 위하여 적절한 조치를 취할 것으로 믿고 운전하면 족하고, 대향차선 위의 다른 차량이 신호를 위반하고 직진하는 자기 차량의 앞을 가로질러 좌회전할 경우까지 예상하여 그에 따른 사고발생을 미리 방지하기 위한 특별한 조치까지 강구하여야 할 업무상의 주의의무는 없다. 위 직진차량 운전자가 사고지점을 통과할 무렵 <u>제한속도를 위반하여 과속운전한 잘못이 있었다 하더라도</u> 그러한 잘못과 교통사고의 발생과의 사이에 <u>상당인과관계가 있다고 볼 수 없다</u>").

Ⅳ. 제17조의 해석

1. 검토

1) 일원적 방법(상당성)과 이원적 방법(합법칙적 조건+객관적 귀속) 상당인과관계설(판례)은 사실적 확인인 '인과관계의 문제'과 규범적 평가인 '결과귀속의 문제'를 상당성의 관점에서 통합하는 1원적 방법이다. 반면, 합법칙적 조건설(통설)은 '인과관계의 문제'는 합법칙적 연관에 의해 해결하고, '결과귀속의 문제'는 객관적 귀속이론에 의해 해결하는 2원적 방법이다.

2) 제17조의 해석 "어떤 행위라도 '죄의 요소되는 위험발생에 연결'되지 아니한 때에는, 그 결과로 인하여 벌하지 아니한다"(17). 여기서 ㉠ "어떤 행위라도 … 그 결과로 인하여" 부분은, 행위와 결과 사이의 사실적인 '인과관계'를 의미한다. ㉡ "죄의 요소되는 위험발생에 연결" 부분은, (그러한 인과관계가 있는 행위 가운데 '죄의 요소가 아닌 위험 즉 허용된 위험을 발생시킨 행위'는 제외하고) '허용되지 않은 위험을 발생시킨 행위' 가운데 '법익침해의 위험발생에 연결'된 행위를 의미한다. 상당인과관계설은 ㉠㉡의 요건이 충족되면 '상당성'이 인정된다는 해석이며, 합법칙적 조건설(객관적 귀속이론)은 ㉠은 합법칙적 조건관계, ㉡은 객관적 귀속관계를 의미하는 것으로 해석한다.

3) 평가 형법상 인과관계는 규범적 평가라는 속성이 있다. 즉, 사실적 인과관계의 측면과 규범적 결과귀속의 측면을 동시에 갖고 있다. 인과관계의 문제와 결과귀속의 문제를 구분하는 통설(합법칙적 조건설+객관적 귀속이론)이 좀더 합리적이다. 결과귀속의 측면에 불분명한 부분을 조금이라도 해소하고, 규범적 측면에 대한 좀더 세분화되고 구체화된 기준을 제시할 수 있기 때문이다.

판례는 '상당성'이라는 하나의 기준에 의하여 판단하지만, 그 개념이 모호하고 불분명하며, 특히 '상당하다/상당하지 않다'는 결론만 제시하는 수준일 뿐 그에 이르는 과정을 제3자가 알기 어렵다는 점에서 한계가 있다.

그런데 실제에 있어서는 통설과 판례 양자가 대부분 유사한 결론에 이른다. ㉠ 상당성과 합법칙성의 **표지**가 크게 다르지 않다. 즉, 상당성도 사회생활의 일반적 경험법칙을 바탕으로 하고, 합법칙적 연관도 일상의 사실상의 경험법칙을 바탕으로 하며, 모두 일반인들에게 잘 알려진 '자연과학적 지식'을 배제하는 것이 아니기 때문이다. ㉡ 나아가 판례는 상당성 판단에서도 **객관적 귀속의 척도**가 되는 기준을 그대로 사용하고 있다. 따라서 양자 사이에는 내용상 차이점이나 실제적인 결론상의 차이점은 거의 없다.

2. 판례사례: 비유형적 인과관계 사례

판례는 **비유형적 인과관계 사례**에서, 귀속기준으로서의 인과관계의 '상당성'과 관련하여, 일상생활의 경험에 비추어 객관적 귀속기준과는 **다소 다르게** 평가하는 경우가 있다. 즉, 다른 특수사정이나 제3의 원인이 개재되어, 그 사실이 결과발생의 직접 원인이 되었던 경우라도, 그 사실이 '**통상 예견될 수 있는 것**'이라면, 행위자의 행위와 결과발생 사이에 '상당'인과관계를 '인정'한다(객관적 귀속이론에 비해, 그 인정범위가 좀더 넓다).

[판례사례: 상당성 여부] 비유형적 인과관계의 사례를 4유형으로 세분하여, 판례상 상당성 인정 여부를 정리하면, 다음과 같다.

(1) **[피해자의 지병 등 특이체질 (상당한 원인 여부)]** 행위자의 지병 등 특수체질이 결과발생에 기여했더라도, 행위자의 폭행의 방법·정도 및 부위에 따라 결과발생에 '상당한 원인'이 된 경우에는 인과관계를 '인정'한다. 반면, 경미한 폭행에 불과한데도 피해자의 특이체질로 사망의 결과가 발생한 경우에는 (상당)인과관계를 '부정'한다.

예컨대, i) [상당성 긍정사례] ㉠ (폭행－치사) "피해자를 2회에 걸쳐 두 손으로 힘껏 밀어 땅바닥에 넘어뜨리는 폭행을 가함으로써 그 충격으로 인한 쇼크성 심장마비로 사망케 하였다면, 비록 위 피해자에게 그 당시 심관성동맥경화 및 심근섬유화 증세등의 심장질환의 지병이 있었고 음주로 만취된 상태였으며 그것이 피해자가 사망함에 있어 영향을 주었다고 해서, 피고인의 폭행과 피해자의 사망간에 상당인과관계가 없다고 할 수 없다"(대판 1986.9.9. 85도2433).

ii) [부정사례] 반면, ㉠ (폭행－치사 여부) "고등학교 교사가 제자의 잘못을 징계코자 왼쪽 뺨을 때려 뒤로 넘어지면서 사망에 이르게 한 경우, 위 피해자는 두께 0.5미리밖에 안되는 비정상적인 얇은 두개골이었고 또 뇌수종을 가진 심신허약자로서 좌측 뺨을 때리자 급성뇌성압 상승으로 넘어지게 된 것이라면, 위 소위와 피해자의 사망 간에는 (상당)인과관계가 없는 경우에 해당한다"(대판 1978.11.28. 78도1961).

(2) **[피해자의 과실 개입 (통상 예견 여부)]** 중간에 개입된 다른 사실이 통상 예견할 수 있는 것이라면 인과관계를 '인정'한다. 즉, "살인의 실행행위가 피해자의 사망이라는 결과를 발생하게 한 **유일한 원인이거나 직접적인 원인이어야만 되는 것은 아니**므로, 살인의 실행행위와 피해자의 사망과의 사이에 다른 사실이 개재되어 그 사실이 치사의 직접적인 원인이 되었다고 하더라도, 그와 같은 사실이 **통상 예견할 수 있는 것**에 지나지 않는다면, 살인의 실행행위와 피해자의 사망과의 사이에 인과관계가 있는

것으로 보아야 한다"(대판 1994.3.22. 93도3612). 반면, 과실범에서는 (교특법상 단서에 관한) 행위자의 주의의무위반이 결과발생의 '직접적인 원인'이 아닌 경우(즉, '피해자의 과실'이 결과발생에 대해 더 직접적인 원인이 된 경우)에는 인과관계를 부정한다.

예컨대, i) [상당성 긍정사례] ㉠ (살인) "피고인 등은 각목, 낫 등을 이용하여 여관에서 잠을 자던 피해자 등을 각목 등으로 머리와 몸을 마구 때리고, 낫으로 팔과 다리 등을 여러 차례 힘껏 찔렀다. 피해자는 자상으로 인하여 급성신부전증이 발생하였고 또 소변량도 심하게 감소된 상태였으므로 음식과 수분의 섭취를 더욱 철저히 억제하여야 하는데, 이와 같은 사실을 모르고 콜라와 김밥 등을 함부로 먹은 탓으로 체내에 수분저류가 발생하여 폐렴 등 합병증이 유발됨으로써 사망하게 되었다. 피고인들의 이 사건 범행이 위 피해자를 사망하게 한 직접적인 원인이 된 것은 아니지만, 그 범행으로 인하여 위 피해자에게 급성신부전증이 발생하였고 또 그 합병증으로 위 피해자의 직접사인이 된 패혈증 등이 유발된 이상, 비록 그 직접사인의 유발에 위 피해자 자신의 과실이 개재되었다고 하더라도 이와 같은 사실은 통상 예견할 수 있는것으로 인정되므로, 위 피고인들의 이 사건 범행과 위 피해자의 사망과의 사이에는 인과관계가 있다"(위 93도3612). ㉡ (업무상과실치사 여부) "피고인이 고속도로 2차로를 따라 자동차를 운전하다가 1차로를 진행하던 갑의 차량 앞에 급하게 끼어든 후 곧바로 정차하여, 갑의 차량 및 이를 뒤따르던 차량 두 대는 급정차하였으나, 그 뒤를 따라오던 을의 차량이 앞의 차량들을 연쇄적으로 추돌케 하여 을을 사망에 이르게 하고 나머지 차량 운전자 등 피해자들에게 상해를 입혔다. 그 행위와 결과 사이에 피해자나 제3자의 과실 등 다른 사실이 개재된 때에도 그와 같은 사실이 통상 예견될 수 있는 것이라면 상당인과관계를 인정할 수 있다"(대판 2014.7.24. 2014도6206).

ii) [부정사례] 반면, ㉠ (피해자의 중앙선침범) "피고인이 트럭을 도로의 중앙선 위에 왼쪽 바깥 바퀴가 걸친 상태로 운행하던 중 피해자가 승용차를 운전하여 피고인이 진행하던 차선으로 달려오다가 급히 자기 차선으로 들어가면서 피고인이 운전하던 트럭과 교행할 무렵 다시 피고인의 차선으로 들어와 그 차량의 왼쪽 앞 부분으로 트럭의 왼쪽 뒷바퀴 부분을 스치듯이 충돌하고 이어서 트럭을 바짝 뒤따라가던 차량을 들이받았다면, 설사 피고인이 중앙선 위를 달리지 아니하고 정상 차선으로 달렸다 하더라도 사고는 피할 수 없다 할 것이므로 피고인 트럭의 왼쪽 바퀴를 중앙선 위에 올려놓은 상태에서 운전한 것만으로는 위 사고의 직접적인 원인이 되었다고 할 수 없다."(대판 1991.2.26. 90도2856).

(3) [피해자의 피신 개입 (두려움·공포로 인한 도피 vs. 수치심·절망감 등으로 인한 의도적 별개행위 여부) : 피해자가 폭행등을 피하려다가 상해·사망에 이른 경우] 일상생활의 경험에 비추어 행위자의 침해행위로부터 피해자가 '두려움이나 공포로 인하여 이를 피하기 위해 도피'하는 것은 자연적인 결과이므로, 그 과정에서 상해 또는 사망에 이른 경우 인과관계를 '인정'한다. 반면, 행위자의 행위 후 피해자의 '의도적인

별개의 행위'에 의해 결과 발생한 경우에는 인과관계를 '부정'한다.

예컨대, i) [상당성 긍정사례] ㉠ (강간－치사) "피고인이 자신이 경영하는 속셈학원의 강사로 피해자를 채용하고 학습교재를 설명하겠다는 구실로 유인하여 호텔 객실에 감금한 후 강간하려 하자, 피해자가 완강히 반항하던 중 피고인이 대실시간 연장을 위해 전화하는 사이에 객실 창문을 통해 탈출하려다가 지상에 추락하여 사망하였다. 폭행이나 협박을 가하여 간음을 하려는 행위와 이에 극도의 흥분을 느끼고 공포심에 사로잡혀 이를 피하려다 사상에 이르게 된 사실과는 이른바 상당인과관계가 있어 강간치사상죄로 다스릴 수 있다"(대판 1995.5.12. 95도425). ㉡ (상해－치사) "상해행위를 피하려고 도로를 건너 도주하다가 차량에 치어 사망한 경우 상해행위와 피해자의 사망 사이에 상당인과관계가 있다"(대판 1996.5.10. 96도529), ㉢ (감금－치사) "승용차로 피해자를 가로막아 승차하게 한 후 피해자의 하차 요구를 무시한 채 당초 목적지가 아닌 다른 장소를 향하여 시속 약 60km 내지 70km의 속도로 진행하여 피해자를 차량에서 내리지 못하게 한 행위는 감금죄에 해당하고, 피해자가 그와 같은 감금상태를 벗어날 목적으로 차량을 빠져 나오려다가 길바닥에 떨어져 상해를 입고 그 결과 사망에 이르렀다면, 감금행위와 피해자의 사망 사이에는 상당인과관계가 있다"(대판 2000.2.11. 99도5286).

ii) [부정사례] 반면, ㉠ (강간－치사 여부) "강간을 당한 피해자가 집에 돌아가 음독자살하기에 이르른 원인이 강간을 당함으로 인하여 생긴 수치심과 장래에 대한 절망감 등에 있었다 하더라도 그 자살행위가 바로 강간행위로 인하여 생긴 당연의 결과라고 볼 수는 없으므로 강간행위와 피해자의 자살행위 사이에 인과관계를 인정할 수는 없다"(대판 1982.11.23. 82도1446), ㉡ (강간－치상 여부) "피해자가 피고인과 만나 함께 놀다가 큰 저항 없이 여관방에 함께 들어갔으며, 피고인이 강간을 시도하면서 한 폭행 또는 협박의 정도가 강간의 수단으로는 비교적 경미하였고, 피해자가 여관방 창문을 통하여 아래로 뛰어내릴 당시에는 피고인이 소변을 보기 위하여 화장실에 가 있는 때이어서 피해자가 일단 급박한 위해상태에서 벗어나 있었을 뿐 아니라, 무엇보다도 4층에 위치한 위 방에서 밖으로 뛰어내리는 경우에는 크게 다치거나 심지어는 생명을 잃는 수도 있는 것인 점을 아울러 본다면, 이러한 상황 아래에서 피해자가 강간을 모면하기 위하여 4층에서 창문을 넘어 뛰어내리거나 또는 이로 인하여 상해를 입기까지 되리라고는 예견할 수 없다고 봄이 경험칙에 부합한다"(대판 1993.4.27. 92도3229).

(4) [제3자의 행위 개입 (통상 예견 여부)] 피고인과 무관하게 제3자의 과실행위가 개입하여 그것이 공동원인이 되어 결과가 발생한 경우라도 '통상 예견' 가능하다면 상당인과관계를 '인정'하는 반면, 그러한 제3자의 개입이 일상생활의 경험에 비추어 '이례적'인 경우에는 상당인과관계를 '부정'한다.

예컨대, i) [상당성 긍정사례] (업무상과실－치사) "피고인이 야간에 오토바이를 운전하다가 도로를 무단횡단하던 피해자를 충격하여 피해자로 하여금 위 도로상에 전도케 하고, 그로부터 약 40초 내지 60초 후에 다른 사람이 운전하던 타이탄트럭이 도로위에 전도되어 있던 피해자를 역과하여 사망케 한 경우, 피고인이 전방좌우의 주시를 게을리한 과실로 피해자를 충격하였고, 나아가 이 사건 사고지점 부근 도로의 상황에 비추어 야간에 피해자를 충격하여 위 도로에 넘어지게 한 후 40초 내지 60초 동안 그대로 있게 한다면, 후속차량의 운전사들이 조금만 전방주시를 태만히 하여도 피해자를 역과할 수 있음이 당연히 예상되었던 경우라면, 피고인의 과실행위는 피해자의 사망에 대한 직접적 원인을 이루는 것이어서 양자간에는 상당인과관계가 있다" (대판 1990.5.22. 90도580).

ii) [부정사례] 반면, (업무상과실－치사 여부) "피고인 운전의 차가 이미 정차하였음(단, 앞차와 안전거리 미확보)에도 뒤쫓아오던 차의 충돌로 인하여 앞차를 충격하여 사고가 발생한 경우, 설사 피고인에게 안전거리를 준수치 않은 위법이 있었다 할지라도 그것이 이 사건 피해결과에 대하여 (상당)인과관계가 있다고 단정할 수 없다"(대판 1983.8.23. 82도3222).

제 3 절 고의범

제13조(고의) 죄의 성립요소인 사실을 인식하지 못한 행위는 벌하지 아니한다. 다만, 법률에 특별한 규정이 있는 경우에는 예외로 한다.
제15조(사실의 착오) ① 특별히 무거운 죄가 되는 사실을 인식하지 못한 행위는 무거운 죄로 벌하지 아니한다.

Ⅰ. 구성요건적 고의

1. 개념

(1) 의의

1) 뜻 고의란, 구성요건의 실현에 대한 인식과 의사를 말한다. 즉, 구성요건의 객관적 요소에 해당하는 사실의 인식과 구성요건의 실현을 위한 의사를 의미한다. 이와 같이 고의는 '인식'과 '의사'라는 2가지 요소로 구성되고, 이를 고의의 지적 요소(인식)와 의지적 요소(의사)라고 한다.

형법 제13조는 고의라는 제목하에 "죄의 성립요소인 사실을 인식하지 못한 행위는 벌하지 아니한다. 다만, 법률에 특별한 규정이 있는 경우에는 예외로 한다"라고 규정하고 있다. 여기서 '죄의 성립요소인 사실의 인식'은 고의의 지적 요소를 규정한 것인데, 이는 고의의 최소요건으로 '적어도 인식은 있어야 한다'는 의미일 뿐, 의지적 요소를 배제하는 것은 아니다(즉, 규정형식이 '그 인식이 없으면 벌하지 아니한다'는 것일뿐, 추가적으로 더 필요한 요소를 배제하는 것은 아니다). 오히려 고의의 의지적 요소(의사)는 비록 명문으로 규정되어 있지는 않지만, 사물의 논리상 당연히 요구되는 것으로 볼 수 있다.

2) **고의범** 고의에 의하여 구성요건을 실현한 경우에 처벌되는 범죄를 고의범이라 한다. 형법은, 원칙적으로 고의범만 처벌하고, 과실범은 법률에 특별한 규정이 있는 경우에 예외적으로 처벌한다(13).

(2) 본질

고의의 한계 획정과 관련하여, 확정적 고의, 미필적 고의, 인식있는 과실, 인식없는 과실 가운데, 어느 범주까지 고의에 포함되는지 문제된다.

종래 고의의 본질에 대해 인식설과 의사설의 대립이 있었다.

1) **인식설** 구성요건요소에 대한 인식만 있으면 고의가 성립한다는 견해이다. 고의의 지적 요소를 강조하는 입장으로, 의지적 요소는 고의의 요소가 아니라고 한다. 그 인식의 정도와 관련하여, ㉠ 확실성 인식, ㉡ 개연성 인식, ㉢ 충분한 가능성 인식의 단계로 구분한다. 그러나 인식설에 따르면, 확정적 고의, 미필적 고의 외에, '인식있는 과실'도 결과발생의 가능성에 대한 인식이 있는 이상 고의에 포함하게 되어, 고의의 범위가 부당하게 확대된다.

2) **의사설** 구성요건요소에 대한 인식 이외에 구성요건을 실현하려는 의사까지 필요하다는 견해이다. 고의의 의지적 요소를 강조하는 입장으로, 그 의사(의욕)의 정도와 관련하여, ㉠ 의욕적 의사, ㉡ 단순의사, ㉢ 용인 내지 감수의사의 단계로 구분한다. 그러나 의사설에 따르면, 확정적 고의만 고의를 인정할 뿐, '미필적 고의'도 결과발생을 의욕하지 않았던 이상 고의를 부정하게 되어, 고의의 범위가 부당하게 축소된다.

3) **통설 · 판례** 오늘날 고의는 인식뿐만 아니라 의사까지 고려하는, 지적 요소와 의지적 요소의 결합체로 파악되고 있다. 다만, 그 의사(의욕)의 정도에 대해서는 (의욕하지 않고) 단지 용인 내지 감수하는 의사만으로도 고의를 인정한다(통설 · 판례). 즉, "미필적 고의는 결과발생에 대한 '인식'이 있음은 물론, 나아가 이러한 결과발생을 '용인'하는 내심의 '의사'가 있어야 한다"(대판 1985.6.25. 85도660). 따라서 미필적 고의는 고의의 범위에 포함되고, 인식 있는 과실은 고의가

인정되지 않는다(後述).

[고의의 체계적 지위] 오늘날 고의가 주관적 구성요건요소라는 점에는 이견이 없다. 다만 행위론의 발전과 관련하여 그 체계적 지위가 논의되어 왔다.

i) [책임요소설] 인과적 행위론에서는, 고의가 구성요건요소가 아닌 책임요소라고 한다. 즉, 행위는 어떤 의사(=유의성)에 바탕을 둔 신체의 거동(=유체성)이므로, 행위의 요소가 되는 것은 인과적 원인으로서의 어떤 의사에 의한 결과만이고, 그 의사의 내용이 되는 고의는 책임요소가 된다는 것이다. 이는 행위의 외부적·객관적인 측면은 위법성에, 내부적·주관적인 측면은 책임에 속한다는 고전적 범죄체계론의 관점이다.

ii) [구성요건요소설] 목적적 행위론에서는, 고의가 책임요소가 아니라 구성요건요소라고 한다. 즉, 행위는 목적적 활동이므로, 목적성 즉 고의는 행위의 본질적 요소가 되고, 이러한 행위는 고의범의 구성요건에 해당하는 실행행위가 되므로 고의는 체계상 구성요건요소가 된다는 것이다. 목적적 범죄체계론의 관점이다.

iii) [이중적 지위설] 사회적 행위론에서는, 고의가 구성요건요소와 책임요소라는 이중적 지위에 있다고 한다. 즉, 행위의사로서의 고의는 구성요건적 고의이지만, 심정반가치로서의 고의는 책임고의가 된다는 것이다. 여기서 심정반가치는 고의의 불법행위를 통해 드러나는 행위자의 법적대적 태도에 대한 부정적 가치판단으로서, 책임비난의 내용을 이룬다. 이는 합일태적 범죄체계론의 관점이다.

이중적 지위설이 우리나라 통설의 입장이다. 고의는 구성요건 단계에서는 행위의 의미를 결정하지만, 책임 단계에서는 **책임판단에도 영향**을 미치기 때문이다. 즉, 고의는 책임단계에서 행위자의 비난가능성 유무나 정도에도 매우 중요한 영향을 준다. ㉠ 형법상 고의범을 과실범보다 무겁게 처벌하는 것은, 고의와 과실이 행위불법에서 차이가 있을 뿐만 아니라 책임에서도 차이가 있다(즉, 결과발생에 대한 의지적 요소가 있는 고의는 그렇지 않은 과실에 비해 강한 비난을 받게 된다). ㉡ 고의범의 경우에도 고의의 형태는 책임비난에서 차이가 있다(확정적 고의는 미필적 고의에 비해, 살인의 고의는 상해의 고의에 비해 강한 비난을 받게 된다).

2. 대상

고의는 객관적 구성요건요소에 대한 인식과 이를 실현하려는 의사이므로, 지적 요소(인식)와 의지적 요소(의사)가 필요하다.

(1) 지적 요소

1) 객관적 구성요건요소에 대한 인식 고의는 구성요건요소에 대한 '인식'이 필요하다. 고의의 지적 요소(인식)이다. 여기서 '인식'은 '죄의 성립요소인 사

실', 즉 객관적 구성요건요소를 인식하는 것이다.

객관적 구성요건요소인 ㉠ 행위주체(예: 신분범의 신분, 즉 수뢰죄에서 '공무원' 등), ㉡ 행위객체(예: 살인죄의 사람, 절도죄의 '타인의 재물' 등), ㉢ 행위의 방법(예: 살인죄의 '살해', 강도죄의 '폭행·협박' 등) 및 상황(예: 야간주거침입절도죄의 '야간', 명예훼손죄의 '공연히' 등), ㉣ 결과(예: 결과범인 살인죄의 '사망', 구체적 위험범인 방화죄의 '위험의 발생' 등) 등에 대한 인식이 모두 필요하다. 다만, 기수의 고의가 아닌 미수의 고의는 고의로서의 효력이 없다. ㉤ 인과관계의 인식도 필요하다. 인과관계는 기술되지 않은 구성요건요소이지만 객관적 구성요건요소이기 때문이다. 인과과정에 대한 인식도 필요한데, 인과과정의 본질적 또는 중요한 부분에 대한 인식이 있으면 충분하다(통설). 세부적 인과과정에 대한 정확한 인식은 전문가들만이 가능하기 때문이다. 그러나 규범적 평가에 속하는 객관적 귀속은 인식의 대상이 될 수 없다. ㉥ 가중요소(예: 존속살해죄의 '직계존속' 등) 또는 감경요소(예: 촉탁·승낙살인죄의 '촉탁 또는 승낙' 등)에 대한 인식도 필요하다. 이러한 객관적 구성요건요소 중 어느 하나라도 그 인식이 결여되면, 고의범은 성립하지 않는다. 행위자에게 고의의 지적 요소(인식)가 결여된 경우에는 '구성요건적 착오'가 문제된다(별도 항목으로 後述).

반면, ㉠ 주관적 구성요건요소(예: 목적범의 목적 등)는 고의의 인식대상이 아니다. 또한 ㉡ 구성요건요소가 아닌 것들, 예컨대, 책임조건(예: 만 14세 이상의 책임능력자), 처벌조건(예: 친족상도례의 친족관계), 소추조건(예: 친고죄의 고소) 등도 고의의 인식대상이 아니다. ㉢ 위법성의 인식은 고의의 인식대상이 아니라 독립된 책임요소가 된다(책임설).

2) 사실과 의미의 인식 인식은 객관적 구성요건요소를 파악하는 것, 아는 것 또는 의식하는 것을 말한다. 그 '사실'과 그 '의미'를 모두 인식해야 한다. '사실의 인식'은 경험세계에 존재하는 사실을 있는 그대로 오관의 작용에 의해 감지하는 것이고, '의미의 인식'은 사실에 대한 감각적 인식만으로는 부족하고 그 내용·의미까지 인식하는 것이다. 이러한 인식은 객관적 구성요건요소에 따라 내용이 달라진다. ㉠ 기술적 구성요건요소는 이미 경험세계에서 그 의미가 형성되어 있으므로, '사실의 인식'만 있으면 그 의미의 인식도 동시에 이루어진다. 반면, ㉡ 규범적 구성요건요소(예: 음화반포죄의 '음란', 문서위조죄의 '문서', 위증죄의 '허위' 등)는 사실의 인식이 있더라도 별도로 '의미의 인식'이 필요한 경우이다. 이때 의미의 인식은 전문가의 수준일 필요는 없고, '사회일반인의 보통수준에서의 인식'(즉, '문외한으로서의 소박한 인식', 즉, '문외한의 병행평가')이면 충분하다.

[규범적 구성요건요소에 대한 고의와 '문외한의 병행평가'] 구성요건적 고의는 '기술적 요소'에 대해서는 육감적 감지만으로 족하지만, '규범적 요소'에 대해서는 정신적 이해를 요한다. 그 이해의 정도(수준)는 소위 '문외한의 병행평가', 즉 '비전문가층의 평가에 평행한 (법관의) 평가'(Parallelwertung in der Laiensphäre)이다. 여기서 '문외한'이란 '비전문가층', 즉 일반인, 보통·평균인(=단순한 일반인이 아니라 인과관계·주의의무·기대가능성 등에서의 일반인과 같이 '우수한 판단능력을 가진 사람')을 뜻하고, '소박한 인식'이란 이들의 '상식적 인식'을 말한다.

규범적 구성요건요소에 대한 고의를 인정하기 위해서는, 이러한 수준에서 행위자가 규범적 요소의 법적·사회적 의미내용을 충분히 이해해야 한다. 예컨대, 문서위조죄에서 규범적 요소인 '문서'에 대한 고의를 인정하기 위해서는, 행위자가 형법상 문서의 개념까지 이해할 필요는 없지만, 그 '증명적 기능'은 알고 있어야 한다는 것이다. 경우에 따라서는 '규범적 요소에 대한 착오'가 '포섭의 착오'로서 '위법성의 착오'에 해당할 경우도 있다(대판 2024.7.25. 2023도16951).

(2) 의지적 요소

고의는 구성요건요소를 실현하려는 '의사'가 필요하다. 고의의 의지적 요소(의사)이다. 여기서 '의사'란 구성요건실현을 희망 또는 의욕하는 것이다. 인용설에 따르면 의욕 이외에 **인용**(認容)도 포함한다. 인용이란 '그러한 결과가 발생해도 할 수 없다'는 내심상태를 말하며, '**미필적 고의**'라 한다. 행위자에게 고의의 지적 요소(인식)는 존재하나 의지적 요소(의사)가 결여된 경우에는 '**인식 있는 과실**'의 문제가 된다.

한편, 고의의 지적 요소와 의지적 요소 사이에는 밀접한 상호관계가 있다. 인식이 있어야 의사도 가능하므로, 실현의사는 항상 인식에 의존한다. 또한 높은 인식은 약한 의사를 보충하기도 하고, 낮은 인식은 강한 의사에 의해 보충되기도 하므로, 전체로서 고의를 형성한다. 예컨대, 인식의 단계가 가장 높은 형태의 고의가 '지정(知情)고의'(그 사정을 잘 알면서)이며, 실현의사가 가장 강한 형태의 고의가 '의도적 고의'(악의로)이다. 다만, 고의는 행위자의 머리나 마음 속에 있는 것으로, 내심상태는 그 증명이 쉽지 않다.[1)]

---

1) [고의의 증명] ㉠ 대판 2006.4.14. 2006도734 ("피고인이 범행 당시 살인의 범의는 없었고 단지 상해 또는 폭행의 범의만 있었을 뿐이라고 다투는 경우에 피고인에게 범행 당시 살인의 범의가 있었는지 여부는 피고인이 범행에 이르게 된 경위, 범행의 동기, 준비된 흉기의 유무·종류·용법, 공격의 부위와 반복성, 사망의 결과발생가능성 정도 등 범행 전후의 객관적인 사정을 종합하여 판단할 수밖에 없다"), ㉡ 대판 2008.9.11. 2006도4806 ("고의는 내심의 사실이므로 피고인이 이를 부정하는 경우에는 사물의 성질상 이와 상당한 관련성이 있는 간접사실을

3. 종류

(1) 확정적 고의

확정적 고의는 행위자가 구성요건요소를 확실하게 인식하고 구성요건실현을 확실히 의욕한 경우이다. 이는 고의가 인정되는 일반적인 경우이다. 예컨대, "피해자를 살해하기로 결의하고 양손으로 피해자의 목을 졸라 질식 사망케 한 사실이 인정된다면, 살인의 확정적 범의가 있었음이 분명하다(과실이나 결과적 가중범을 논할 여지가 없다)"(대판 1983.9.13. 83도1817).

(2) 불확정적 고의

1) 미필적 고의 미필적(未必的) 고의란 행위자가 구성요건요소를 인식하기는 했지만 구성요건실현을 의욕하지는 않고 인용(認容)·용인(容認)만 하는 내심의 상태(즉, '결과가 발생해도 할 수 없다'는 내심상태)를 말한다. 결과발생에 대해 '반드시' 인식·의욕하는 것은 '아니다'(미필未必='반드시인 것은 아니다', '꼭 그러겠다는 것은 아니다')는 의미에서 미필적 고의라고 한다. 이는, '인식'과 '의욕' 양 측면에서 가장 약화된 형태의 고의이다. 즉, 인식의 정도가 '낮은 가능성 단계의 인식'으로 충분하며(예: '결과가 발생할 수도 있다'는 정도의 인식), 의욕의 강도 역시 '인용' 내지 '용인' 단계로도 충분하다(예: 결과가 발생해도 '어쩔 수 없다'는 정도의 의사).

특히 미필적 고의는 '인식 있는 과실'과의 구별이 문제된다. 이에 대해서는 인용설(용인설)과 감수설의 대립이 있다. 행위자가 구성요건실현을 '인용'한 경우 고의를 인정하는 **인용설**이 통설이다. 그런데, 인용설과 감수설은 실질적 차이가 없고, 양자 모두 '어떤 결과를 **기꺼이 받아들이겠다**'는 정도의 정서적 태도가 포함되어 있는 이상, 인용과 감수의 의미론적 차이는 없다. 고의범과 과실범의 구별기준으로서는 약한 수준이라도 의욕적 요소가 있다면 고의범이라고 해야 하고, 실제로도 인용과 감수는 명확하게 구별하는 것이 매우 어렵기도 하다. 양자를 같은 의미로 파악하는 것도 무방하다.

판례도 인용설(용인설) 내지 감수설의 입장이다. 즉, "미필적 고의가 있었다고 하려면, '결과발생의 가능성에 대한 인식'이 있음은 물론, 나아가 '결과발생을 **용인**하는 내심의 의사'가 있음을 요한다"(대판 1987.2.10. 86도2338).[1] "결과발생의

증명하는 방법에 의하여 입증할 수밖에 없고, 이때 무엇이 상당한 관련성이 있는 간접사실에 해당할 것인가는 정상적인 경험칙에 바탕을 두고 치밀한 관찰력이나 분석력에 의하여 사실의 연결상태를 합리적으로 판단하여 정하여야 한다").

1) [미필적 고의] 대판 2009.2.26. 2007도1214 ("미필적 고의라 함은 범죄사실의 발생가능성을 불

가능성을 인정하고 있으면서도, 사경에 이른 피해자를 '그대로 방치'한 소위는, 피해자가 사망하는 결과에 이르더라도 '**용인할 수밖에 없다**'는 내심의 의사, 즉 살인의 미필적 고의가 있다"(대판 1982.11.23. 82도2024), '사망의 결과발생을 희망할 필요는 없다'(대판 1988.6.14. 88도692).

미필적 고의는 확정적 고의와 구별된다. 그러나 형법적 효과는 미필적 고의와 확정적 고의가 동일하며, 어느 경우이든 모두 고의범이 성립한다. 예컨대, "살인죄의 범의는 (자기의 행위로 인하여 피해자가 사망할 수도 있다는 사실을 인식·예견하는 것으로 족하지) 피해자의 사망을 희망하거나 목적으로 할 필요는 없고, 또 확정적인 고의가 아닌 '미필적 고의'로도 족하다"(대판 1994.3.22. 93도3612).[1]

[인용설과 감수설] i) 인용설은, 행위자가 결과발생의 가능성을 인식하면서도 이를 내심으로 용인(=받아들임)한 경우에는 미필적 고의이고, 용인하지 않고 내심으로 거부하거나 결과발생을 부인한 경우에는 인식 있는 과실이 된다는 견해이다. 즉, "결과가 발생할 수도 있다. '그래도 할 수 없다, 어쩔 수 없다'"는 내심의 상태는 미필적 고의이고, "결과가 발생할 수도 있다. '그러나 설마'"하는 내심의 상태는 인식 있는 과실이 된다는 것이다.

ii) 감수설은, 행위자가 결과발생의 가능성을 인식하면서도 이를 감수(=달게 받아들임)하거나 묵인(=은근히 승인)한 경우에는 미필적 고의이고, 감수의사가 없거나 결과가 발생하지 않는다고 신뢰한 경우에는 인식 있는 과실이 된다는 견해이다. 정서적·심정적 측면에서는 단지 '받아들이는' 용인보다 '달게 받아들이는' 감수가 좀더 적극적이라 할 수 있으나, 이러한 심리상태가 고의의 본질적 요소는 아니다.

[판례사례: 미필적 고의 여부] i) [인정사례] ㉠ 과도로 피해자의 왼쪽 가슴을 힘껏 깊숙이 찌른 경우 그 범행이 우발적이라 할지라도 살인의 미필적 고의가 있었다(대판 1989.12.26. 89도2087), ㉡ 피해자들의 머리나 가슴 등 치명적인 부위를 낫이나 칼로 찌르지는 않았다고 하더라도, 쇠파이프와 각목으로 피해자들의 머리와 몸을 마구 때리고 낫으로 팔과 다리를 난자한 이상, 살인의 미필적 고의가 있었다고 볼 수 있다(위 93도3612), ㉢ "피해자를 아파트에 유인하여 양 손목과 발목을 노끈으로 묶고 입에 반창고를 두 겹으로 붙인 다음, 양손목을 묶은 노끈은 창틀에 박힌 시멘트 못에,

---

확실한 것으로 표상하면서 이를 '용인'하고 있는 경우를 말한다. 미필적 고의가 있었다고 하려면 범죄사실의 발생가능성에 대한 인식이 있음은 물론, 나아가 범죄사실이 발생할 위험을 '용인'하는 내심의 의사가 있어야 한다").

1) [같은 취지] 대판 2008.3.27. 2008도507 ("살인죄에 있어서의 범의는 반드시 살해의 목적이나 계획적인 살해의 의도가 있어야 인정되는 것은 아니고, 자기의 행위로 인하여 타인의 사망의 결과를 발생시킬 만한 가능 또는 위험이 있음을 인식하거나 예견하면 족한 것이고, 그 인식이나 예견은 확정적인 것은 물론 불확정적인 것이라도 소위 미필적 고의로도 인정되는 것이다").

양발목을 묶은 노끈은 방문손잡이에 각각 잡아매고, 얼굴에 모포를 씌워 감금한 후, 수차 아파트를 출입하다가 마지막 들어갔을 때 피해자가 이미 탈진 상태에 이르러 박카스를 마시지 못하고 그냥 흘려버릴 정도였고, 피고인이 피해자의 얼굴에 모포를 덮어씌워 놓고 그냥 나오면서 피해자를 그대로 두면 죽을 것같다는 생각이 들었다면, 피고인이 결과발생의 가능성을 인정하고 있으면서도 피해자를 병원에 옮기지 않고 사경에 이른 피해자를 그대로 방치한 소위는 피해자가 사망하는 결과에 이르더라도 용인할 수 밖에 없다는 내심의 의사 즉 살인의 미필적 고의가 있다"(위 82도2024), ㉣ 피고인들이 피조개양식장에 피해를 주지 아니하도록 할 의도에서 선박의 닻줄을 7샤클(175미터)에서 5샤클(125미터)로 감아놓았고, 그 경우에 피조개양식장까지의 거리는 약 30미터까지 근접한다는 것이므로, 닻줄을 50미터 더 늘여서 7샤클로 묘박하였다면 선박이 태풍에 밀려 피조개양식장을 침범하여 물적 손해를 입히리라는 것은 당연히 예상되는 것이고, 그럼에도 불구하고 태풍에 대비한 선박의 안전을 위하여 선박의 닻줄을 7샤클로 늘여 놓았다면 이는 피조개양식장의 물적피해를 인용한 것이라 할 것이어서 재물손괴의 점에 대한 미필적 고의를 인정할 수 있다(대판 1987.1.20. 85도221. 다만, 긴급피난을 인정한 사례), ㉤ 청소년유해업소의 업주는 청소년을 고용하여서는 아니됨에도 피고인이 자신이 운영하는 유흥주점에 청소년인 갑(17세)을 종업원으로 고용한 경우 그 청소년이 주민등록증을 보여달라는 요구를 받고도 이를 제시하지 않고, 자신의 나이를 속였음에도 피고인이 채용을 보류하거나 거부하지 아니하였고, 그 후 2주 동안 위 유흥주점에서 일하였는데도 그의 신분과 연령을 확인하지 아니한 이상 피고인에게는 청소년임에도 불구하고 청소년을 고용한다는 점에 관하여 미필적 고의가 있었다(대판 2011. 1.13. 2010도10029).

ii) [부정사례] ㉠ "대구지하철화재 사고 현장을 수습하기 위한 청소 작업이 한참 진행되고 있는 시간 중에 실종자 유족들로부터 이의제기가 있었음에도 대구지하철공사 A이 즉각 청소 작업을 중단하도록 지시하지 아니하였고 수사기관과 협의하거나 확인하지 아니하였다고 하여 위 A에게 그러한 청소 작업으로 인하여 증거인멸의 결과가 발생할 가능성을 용인하는 내심의 의사까지 있었다고 단정하기는 어렵다"(대판 2004.5.14. 2004도74), ㉡ 어로저지선을 넘어 어로작업을 하면 납북될 염려와 납북되면 그들의 활동을 찬양할 것을 예견하였다 하더라도, 납북되어도 좋다는 생각에서 들어간 것이 아니면, 위 범행에 대한 미필적 고의가 있다 할 수 없다(대판 1969.12.9. 69도1671).

2) 택일적 고의 택일적 고의란 행위자가 구성요건실현을 의욕하였으나, 결과가 발생할 대상이 택일관계로서 불확정인 고의를 말한다(양자택일 또는 다자택일). 예컨대, '둘 중 아무나 맞아도 좋다'고 생각하고 총을 발사한 경우이다. 이때 결과가 발생한 부분에 대해 고의가 인정되는 것은 물론, 결과가 발생하지 않은

부분에 대해서도 고의가 인정된다(양자의 상상적 경합).

3) 개괄적 고의 개괄적 고의는 행위자가 제1행위에 의해 결과발생을 의욕하였으나, 제1행위가 아니라 '**제2행위**'에 의해 비로소 결과가 발생한 경우에 고의·기수책임을 인정하기 위해 고안된 고의개념이다(이른바 '베버의 개괄적 고의').[1] 예컨대, 甲이 **살해의 고의**로 A를 '**돌멩이로** 그 가슴과 머리를 내리쳐'(제1행위: 가격) A가 정신을 잃고 축 늘어지자, 사망한 것으로 오인하고 **증거인멸의 목적**으로 그 사체를 '몰래 **파묻어** 매장'(제2행위: 매장)하였는데, 실제로 A는 돌멩이에 맞아 죽은 것이 아니라 '**암매장**(제2행위)으로 질식사'한 경우(대판 1988.6.28. 88도650)이다. 즉, 일련의 연속된 행위가 1개의 구성요건적 결과에 이른 경우 전체과정을 개괄하는 특수한 고의개념이다. 판례는 이러한 개괄적 고의를 인정한다. 즉 "**전과정을** '개괄적'**으로 보면**, 피해자의 살해라는 처음에 예견된 사실이 결국은 실현된 것으로서, 살인죄의 죄책을 면할 수 없다"(위 88도650). 그러나 제2행위의 고의와 제1행위의 고의는 서로 다른 것이므로(제2행위인 매장행위 당시 살인의 고의가 있었던 것은 아니다), 후술하는 '인과과정의 착오' 문제로 해결하자는 것이 일반적이다(다수설).

[사전고의와 사후고의] 고의는 '행위 당시'에 존재해야 한다. 사전고의(행위 당시에는 존재하지 않았으나 그 이전에는 존재했던 고의)와 사후고의(행위 당시에는 존재하지 않았으나 행위 이후에 비로소 생긴 고의)는, 모두 고의의 일종이라고 할 수 없다. 즉, 행위 당시 고의가 '없는' 경우이므로, 고의범이 성립되지 않는다.

Ⅱ. 구성요건적 착오

1. 의의

1) 뜻 일반적으로 착오란 행위자가 주관적으로 인식한 사실과 현실적으로 발생한 사실이 일치하지 않는 경우를 말한다. 즉, 착오는 행위의 주관적 측면과 객관적 측면의 불일치를 뜻한다. 그 중에서 특히 구성요건적 착오란 행위자가 주관적으로 인식·예견한 범죄사실과 현실적으로 발생한 범죄사실이 불일치

1) [베버의 개괄적 고의] 이른바 베버(v. Weber)의 개괄적 고의는 "범행결의가 하나의 행위결과에 영향을 준 '수개의 행위 또는 수개의 수단이나 행위단계를 포괄하여 이들을 통해 하나의 고의범죄가 성립'될 때"에 한하여 인정된다. 즉, 제1행위와 제2행위를 하나의 고의행위로 포괄시키고 있다. 오늘날 개괄적 고의는 '2개 이상의 행위가 연속되어 하나의 구성요건결과에 이른 사례'를 지칭하기 위한 법형상만을 뜻한다.

하는 경우를 말한다. 여기서 범죄사실은 객관적 구성요건요소인 사실이고, 이는 곧 고의의 대상이다. 구성요건적 착오는 행위자에게 발생사실에 대한 인식·인용이 '없다'는 점에서, **'소극적 착오'**의 일종에 속한다(발생사실에 대한 고의의 '결여').[1]

그런데 현실에서 행위자가 고의의 대상이 되는 사실을 모두 인식하는 것은 쉽지 않다. 행위자가 인식한 사실과 현실적으로 발생한 사실이 불일치하는 경우에, 발생한 결과에 대해 행위자의 고의를 인정할 것인지 여부가 문제된다. 이 경우 (엄격하게 보면, 발생사실에 대한 고의를 부정하는 것이 원칙이겠지만) 구체적으로는 어느 정도의 불일치가 있더라도 발생사실에 대한 고의를 인정할 수 있는지 여부가 문제된다. 따라서 '구성요건적 착오론'은 인식사실과 발생사실의 불일치가 있는 경우 일정한 범위 내에서 그 부합을 인정하여 발생사실에 대한 '고의를 인정하려는 논의'(=고의의 전용專用)이다. 즉, 구성요건적 착오론은 '이면에서 본 고의론'이다.

2) 대상 구성요건적 착오는 고의의 대상이 되는 객관적 구성요건요소에 관한 것이다. 고의의 대상이 아닌 소송조건, 처벌조건 등에 관한 착오는, 구성요건적 착오가 아니며, 고의에 영향을 미치지 않는다. 예컨대, "형의 면제사유에 관한 착오는 범죄의 성립이나 처벌에 아무런 영향도 미치지 않는다"(대판 1966.6.28. 66도104). 또한 객관적 구성요건요소에 관한 것이라도, 고의의 성립 여부가 문제되는 것은, 객체, 행위(결과), 인과관계의 착오에 한정되며, 나머지의 착오는 발생사실에 대한 고의가 모두 부정된다.

2. 유형

(1) 구체적 사실의 착오와 추상적 사실의 착오(객체의 가치)

1) 구체적 사실의 착오 구체적 사실의 착오는 행위자가 인식한 사실과 현실적으로 발생한 사실이 '동일한 구성요건'에 속하는 경우이다. 예컨대, 행위자가 사람 'A'를 살해하려다가 'B'를 살해한 경우인데, 인식사실과 발생사실은 모두 보통살인죄(250①)로서, 그 구성요건이 동일하다.

2) 추상적 사실의 착오 추상적 사실의 착오는 행위자가 인식한 사실과

---

1) [용어] 형법상 '사실의 착오'(15)라는 표제를 사용하고 있으나, 여기서 문제되는 착오는 구성요건의 객관적 요소인 사실에 대한 착오만을 의미할 뿐, 모든 사실(예: 위법성조각사유의 전제사실, 형사미성년자 여부에 관한 책임요건인 사실 등)의 착오가 전부 그 대상이 되는 것은 아니다. 따라서 '사실의 착오'라는 부정확한 용어보다는, 더 정확한 표현인 '구성요건적 착오'라는 용어가 널리 사용되고 있다.

현실적으로 발생한 사실이 '서로 다른 구성요건'에 해당하는 경우이다. 예컨대, 행위자가 '사람'을 살해하려다가 '개'를 사살한 경우인데, 인식사실을 살인죄(250①)의 고의이지만, 발생사실은 손괴죄(366)의 결과이다.

(2) 객체의 착오와 방법의 착오(착오의 양상)

1) 객체의 착오　객체의 착오는 행위자가 '행위객체의 동일성'에 대해 착오한 경우이다. 예컨대, 행위자가 'A'라고 생각하고 살해하였는데 '착각'이었고, 실제로는 'B'였던 경우(=착각)이다. 형법이 주목하는 객체의 속성(즉, 사람)에 대해서는 정확하게 인식하였으나, 그 다른 속성(즉, 동일성)에 대해서는 착오한 경우이다. '대상의 착오'라고도 한다.

2) 방법의 착오　방법의 착오는 범행의 방법 내지 수단이 잘못되어 의도한 객체가 아닌 다른 객체에 대해 결과가 발생한 경우이다. 예컨대, 'A'를 향해 돌을 던졌는데 그 돌이 '빗나가' 옆에 있던 'B'에게 명중한 경우(=빗나감)이다. 행위객체의 동일성에서는 착오가 없었으나, 그 방법이 잘못되어 원래 의도와 다른 객체에서 결과가 발생한 경우이다. '타격의 착오'라고도 한다.

3. 형법적 효과

문제는 행위자의 인식사실과 발생사실이 불일치하는 경우 '어느 정도 부합하면' 발생사실에 대한 고의·기수범을 인정할 수 있느냐라는 쟁점이다. 이러한 구성요건적 착오의 일반적 효과는 결국 해석론에 맡겨져 있다. 형법 제15조 제1항("특별히 무거운 죄가 되는 사실을 인식하지 못한 행위는 무거운 죄로 벌하지 아니한다")는, 단지 '추상적 사실의 착오' 가운데 '인식사실이 가벼운 범죄인데 발생사실이 무거운 범죄인 경우'만을 상정하고 있기 때문이다.

(1) 구체적 부합설

구체적 부합설은 행위자가 인식한 사실과 현실적으로 발생한 사실이 '구체적인 부분까지 부합(일치)'하는 경우에만 발생사실에 대한 고의·기수범을 인정하는 견해이다. 여기서 '구체적 부합'이란 인식한 '대상'과 발생한 '대상'이 구체적으로 일치한다는 의미이다(즉, 행위자가 인식한 '그것'에서 결과가 발생한다는 의미이다).

1) 객체의 착오　따라서 객체의 착오(예: A라고 생각하고 살해했는데 실제로는 B였던 경우)에서만 발생사실에 대한 살인죄의 고의·기수범을 인정한다.

2) 방법의 착오 등　그 밖에 방법의 착오(예: A를 향해 발포하였는데, 총알이 빗나가 B에게 명중한 경우. 인식한 것은 '이것'인데, 발생한 것은 이것 옆의 '저것'인 경우이다)는 물

론, 추상적 사실의 착오(다른 구성요건적 결과를 발생시킨 경우)에서는, 인식사실(A)에 대한 '미수범'(여기서의 미수는 '불능미수'를 말한다)과 발생사실(B)에 대한 '과실범'의 '상상적 경합'을 인정한다(결국 A에 대한 살인미수죄로 처벌. 세40소 참조).

(2) 법정적 부합설

법정적 부합설은 행위자가 인식한 사실과 현실적으로 발생된 사실이 '법적으로 부합(일치)'하는 경우, 즉 같은 구성요건에 속하거나 같은 죄질에 속하는 경우에는 발생사실에 대한 고의·기수범을 인정하는 견해이다. 여기서 '법정적 부합'이란 규범적 차원에서 '법적 사실의 범위 내'에서 부합한다는 의미이다. 따라서 객체의 착오이든 방법의 착오이든 구별할 필요가 없게 되며, 양자 모두 발생사실에 대한 고의·기수범을 인정하게 된다.

반면, 추상적 사실의 착오에서는, 양자 모두 인식사실에 대한 '미수범'과 발생사실에 대한 '과실범'의 '상상적 경합'을 인정하게 된다.

여기에는 '법정적 부합'의 의미와 관련하여, 법적 사실의 범위를 ㉠ '구성요건이 동일한 경우'로 한정하는 구성요건부합설, ㉡ '구성요건상 죄질이 동일한 경우'까지 확대하는 죄질부합설이 있다. 그 차이가 문제되는 것은, 구성요건이 서로 다른 경우 가운데, ⓐ '기본적 구성요건'과 '파생적 구성요건'의 경우(예: 보통살인죄와 존속살해죄), ⓑ 죄질이 동일한 경우(예: 절도죄와 점유이탈물횡령죄)에서이다.

1) 구성요건부합설　구성요건부합설은 인식사실과 발생사실이 '같은 구성요건에 속하는 경우'에만 한정하여 법정적 부합을 인정하는 견해이다. 따라서 절도의 고의로 점유이탈물횡령죄를 범한 경우에, 구성요건 자체가 다른 이상 법정적 부합이 아니므로, 결국 추상적 사실의 착오가 된다고 본다. 다만, 추상적 사실의 착오 가운데 '기본적 구성요건'과 '파생적 구성요건'의 경우(예: 보통살인죄와 존속살해죄)에는 큰 고의가 작은 고의를 포함한다는 점에서 '양 구성요건이 합치되는 범위 내에서' 고의·기수범을 인정한다. 이는 죄질의 문제라기보다는 구성요건의 문제(수정된 구성요건)로 평가함이 바람직하기 때문이다.

2) 죄질부합설　죄질부합설은 인식사실과 발생사실이 '같은 구성요건에 속하는 경우'는 물론, 구성요건이 서로 다른 경우라도 '죄질이 동일한 경우'에는 법정적 부합을 인정하는 견해이다. 기본적으로는 구성요건부합설과 같으나, 구성요건부합설보다 발생사실에 대한 고의·기수범의 인정 범위가 다소 넓어진다. 죄질이 동일한 경우에는 '죄질 부합'을 이유로 일부 추상적 사실의 착오까지도 구체적 사실의 착오 범주로 포섭하기 때문이다. 여기서 '죄질 부합'이란 피해법

익이 동일하고 행위태양이 동종·유사한 경우를 말한다. 예컨대, 절도의 고의로 점유이탈물횡령죄를 범한 경우에도 구성요건 자체는 다르지만 죄질이 동일한 이상, 구체적 사실의 착오가 된다고 본다.

[학설 정리: 구체적 부합설과 법정적 부합설] i) 학설의 내용을 정리하면 다음과 같다.[1])

구 분		구체적 부합설	법정적 부합설	추상적 부합설
구체적 사실의 착오	객체 착오(誤認)	(발생사실) 고의기수	*좌동 (발생사실) 고의기수	*좌동
	방법 착오(誤打)	(인식사실)+(발생사실) 미수 과실 (상상적 경합)	★(발생사실) 고의기수	*좌동
추상적 사실의 착오	객체 착오(오인)	(인식사실)+(발생사실) 미수 과실 (상상적 경합)	*좌동	1) 輕죄의 고의로 重죄 실현: 경죄의 기수+중죄의 과실 (상상적 경합) 2) 重죄의 고의로 輕죄 실현: 중죄의 미수+경죄의 기수 (상상적 경합)
	방법 착오(오타)			

ii) 구성요건적 착오는 일정한 범위 내에서 그 부합을 인정하여 고의를 확대시키는 기능을 한다. 그런데 법정적 부합설은 같은 구성요건에 속하거나 같은 죄질에 속하는 경우라도 고의의 내용이 다르다는 점을 경시하는 문제점이 있다. 한편 구체적 부합설은 이른바 병발사례(예: A를 살해하려다 A에게 상처를 입히고 B를 사망케 한 경우)를 가장 잘 설명하는 견해이기도 하다(예상 외의 병발사례).[2]) 현재 구체적 부합설이 지배적

1) [기타: 추상적 부합설] 추상적 부합설은 인식사실과 발생사실이 모두 범죄라는 점에서 일치하므로 추상적으로 부합한다고 하여, 가급적 고의·기수범을 인정하겠다는 견해이다. 따라서 구체적 사실의 착오에서는 발생사실에 대한 고의·기수범을 인정한다. 나아가, 추상적 사실의 착오에서도 발생사실 중 가벼운 범죄에 대해서는 고의·기수범을 인정하고, 무거운 범죄에 대해서는 미수범 또는 과실범을 인정한다. 예컨대, 사람을 살해하려다가 개를 사살하거나, 그 반대의 경우에, 가벼운 범죄(개의 사살)인 손괴죄의 고의·기수범을 인정하고, 무거운 범죄(사람의 살해)에 대해서는 전자의 경우 살인미수죄, 후자의 경우 과실치사죄를 인정한다.

그러나 이에 대해서는, ㉠ 사실과 전혀 부합하지 않는 의사를 처벌하는 것이 되어 죄형법정주의에 반하고, ㉡ 발생하지도 않은 결과에 대해 항상 고의·기수범으로 인정하는 것이 되어 지극히 부당하다는 비판이 제기된다.

2) [병발사례] 1개의 행위가 예상 외로 2개 이상의 결과를 발생시키는 경우가 있다. 이를 병발사례(倂發事例)'라고 하며, '방법의 착오'에서 논의된다. 예컨대, ㉠ A를 살해하려고 총을 쏘았는데, A가 사망하고, 옆에 있던 B까지 사망한 경우, ㉡ A를 살해하려고 총을 쏘았는데, A가 사망하고, 옆에 있던 B에게 상해를 입힌 경우, ㉢ A를 살해하려고 총을 쏘았는데, A에게는 상처만 입히고, 옆에 있던 B가 사망한 경우 등이다.

i) 구체적 부합설에 따르면, ㉠ A에 대한 살인죄와 B에 대한 과실치사죄(상상적 경합), ㉡ A에 대한 살인죄와 B에 대한 과실치상죄(상상적 경합), ㉢ A에 대한 살인미수죄와 B에 대한

인 입장이다(다수설).

(3) 판례: 법정적 부합설

판례는 법정적 부합설의 입장이다(다만, 구성요건부합설인지, 죄질부합설인지는 불분명하다). 즉, "소위 '타격의 착오'가 있는 경우라 할지라도, 행위자의 살인의 범의 성립에 방해가 되지 아니한다"(대판 1984.1.24. 83도2813). 판례사례는 인식사실과 발생사실 모두 동일한 구성요건에 속하는 경우(특히 '방법의 착오')에 관한 것이다.

[판례사례: 방법의 착오] ㉠ 피고인이 먼저 피해자 1을 향하여 살의를 갖고 소나무 몽둥이(길이 85센티미터 직경 9센티미터)를 양손에 집어들고 힘껏 후려친 가격으로 피를 흘리며 마당에 고꾸라진 동녀와 동녀의 등에 업힌 피해자 2의 머리부분을 위 몽둥이로 내리쳐 피해자 2를 현장에서 두개골절로 사망케 한 소위 타격의 착오가 있는 경우, 행위자의 살인의 범의 성립에 방해가 되지 아니한다(위 83도2813), ㉡ "피고인이 A와 A의 처 B를 살해할 의사로 농약 1포를 숭늉그릇에 투입하여 A의 식당에 놓아두었는데, 그 정을 알지 못한 A의 장녀 C가 이를 마시게 되어 C를 사망케 하였다면, 피고인이 C를 살해할 의사가 없었다 하더라도, C에 대하여 살인죄가 성립한다"(대판 1968.8.23. 68도884), ㉢ "'甲'을 살해할 목적으로 총을 발사한 이상 그것이 목적하지 아니한 (뛰어들던) '乙'에게 명중되어 '乙'이 사망한 경우에 '乙'에 대한 살인의 고의가 있는 것이다"(대판 1975.4.22. 75도727), ㉣ "甲이 乙등 3명과 싸우다가 힘이 달리자 식칼을 가지고 이들 3명을 상대로 휘두르다가 이를 말리면서 식칼을 빼앗으려던 피해자 丙에게 상해를 입혔다면, 甲에게 상해의 범의가 인정되며 상해를 입은 사람이 목적한 사람이 아닌 다른 사람이라 하여 과실상해죄에 해당한다고 할 수 없다"(대판 1987.10.26. 87도1745).

(4) 가중적 구성요건요소에 대한 착오: 제15조 제1항

형법상 "특별히 무거운 죄가 되는 사실을 인식하지 못한 행위는 무거운 죄로 벌하지 아니한다"(형법15①). 이는 가벼운 구성요건사실을 인식했으나 무거운 구성요건사실을 발생시킨 경우(예: 직계존속임을 알지 못한 채, A에 대한 보통살인의 고의로 직계존속인 B를 살해한 경우)를 규정한 것이다. 그 문언에 따라 가중 범죄사실에 대한 고의가 부정된다는 점은 분명하다. 다만, 대(大)는 소(小)를 포함하기 때문

과실치사죄(상상적 경합).

ii) 법정적 부합설에 따르면, ㉠㉡ 모두 구체적 부합설과 동일. 반면 ㉢ A에 대한 살인미수죄와 B에 대한 살인기수죄(상상적 경합)라는 견해, B에 대한 살인기수죄만 성립(A에 대한 상해 부분은 B에 대한 살인죄에 흡수)한다는 견해가 대립한다.

에 기본 범죄사실에 대한 고의는 인정된다.

그런데 그 구체적인 형법적 효과는 학설에 따라 달라진다. 즉, i) '구체적 부합설'은 ㉠ 객체의 착오에서는 'B에 대한 보통살인죄의 고의·기수범'을 인정하나, ㉡ 방법의 착오에서는 'A에 대한 살인미수죄'와 'B에 대한 과실치사죄'의 '상상적 경합'(결국 A에 대한 살인미수죄로 처벌. 제40조 참조)을 인정한다. 반면, ii) '법정적 부합설'은 객체의 착오이든 방법의 착오이든 상관 없이, 모두 'B에 대한 보통살인죄의 고의·기수범'을 인정한다.

판례는 법정적 부합설의 입장이다. 예컨대, ㉠ "직계존속임을 알지 못하고 살인을 한 경우에는 형법 제15조 소정의 특히 중한 죄가 되는 사실을 인식하지 못한 행위에 해당한다(보통살인죄 성립)"(대판 1960.10.31. 4293형상494).[1] 이 경우 가중사실에 대한 고의(존속살해의 고의)는 부정되더라도, 기본 범죄사실에 대한 고의(보통살인의 고의)는 인정되므로, '보통'살인죄가 성립한다는 것이다. ㉡ 흉기휴대사실을 알지 못하고 절도행위를 한 경우에도 마찬가지로, 특수절도죄(331②)가 아니라 단순절도죄(329)의 고의만 인정되고, 단순절도죄가 성립한다.

[그 반대의 경우] 가중사실을 인식했으나 가벼운 사실을 발생시킨 경우도 문제된다. 예컨대, 직계존속이 아님에도 직계존속이라고 오인한 경우이다(예: 행위자가 자신의 부친이라고 생각하고 살해하였는데, 실제로는 B였던 경우). 이에 대해서는 제15조 제1항이 직접 규정하고 있지 않다. 다양한 견해가 대립한다. 즉, ㉠ 기본범죄인 보통살인죄의 기수범만 성립한다는 견해, ㉡ 존속살해죄의 미수범과 보통살인죄의 기수범이 성립하고 상상적 경합이라는 견해, ㉢ 존속살해죄의 미수범과 과실치사죄가 성립하고 상상적 경합이라는 견해 등이 대립한다.

4. 인과과정의 착오

(1) 의의

1) 뜻　인과과정의 착오란 행위자가 행위와 결과 사이의 인과과정을 정확하게 인식하지 못한 경우를 말한다. 즉, 범죄행위가 있고 결과발생도 있지만, 행

1) [같은 취지의 판례] 대판 1977.1.11. 76도3871 ("제 분에 이기지 못하여 식도를 휘두르는 피고인을 말리거나 그 식도를 뺏으려고 한 그 밖의 피해자들을 닥치는 대로 찌르는 무차별 횡포를 부리던 중에 그의 부(父)까지 찌르게 된 결과를 빚은 경우 피고인이 칼에 찔려 쓰러진 부를 부축해 데리고 나가지 못하도록 한 일이 있다고 하여 그의 부를 살해할 의사로 식도로 찔러 살해하였다는 사실을 인정하기는 어렵다").

위자가 인식·예견한 과정과는 다른 인과과정을 거쳐 결과가 발생한 경우이다. 인과관계(객관적 귀속)도 객관적 구성요건요소이므로, 역시 고의의 인식대상이 된다. 즉, 고의범이 성립하기 위해서는 인과관계에 대한 인식이 요구된다.

그런데 인과과정을 정확하게 인식한다는 것은 일반인은 물론, 전문가에게도 결코 용이한 일이 아니다. 실제로도 일반인이 인과과정의 세세한 부분까지 구체적으로 인식하는 일은 별로 없다. 더구나 행위자의 행위 시점과 결과의 발생 시점 사이에 상당한 시간적 간격이 있다면, 행위자의 인식은 향후 그 진행과정에 대한 예측이 될 수밖에 없다. 따라서 사건이 애당초 예상과 달리 진행되는 경우 그 불일치를 어떻게 처리할 것인지 문제된다.

통설에 따르면, 여기서 인과과정의 인식은 인과과정의 **'본질적 부분 내지 중요한 부분'**을 인식하는 것(예: '사람의 심장을 찌르면 그 사람이 죽는다'는 정도의 인식)을 의미한다.

2) 유형 인과과정의 불일치 내지 착오가 있으면 발생사실에 대한 고의는 여전히 존재하지만, 그것이 '비본질적 차이(사소한 차이)에 불과하여 기수범'이 되는지 또는 '본질적 차이(중요한 차이)에 해당하여 미수범'이 되는지 여부가 문제된다. 인과과정의 착오가 행위자의 고의·기수책임 여부에 영향을 미치는 경우를 유형화하면, ㉠ 결과의 중간발생(이른바 '교각살해' 사례), ㉡ 결과의 조기발생, ㉢ 결과의 지연발생(이른바 '개괄적 고의' 사례) 등이 있다.

(2) 유형①: 결과의 중간발생(교각살해 사례)

1) 뜻 결과의 중간발생은, 1개의 범죄행위가 있고 그 행위에 의해 결과가 발생하였지만, 그 행위에 의한 인과과정이 진행되던 중간에, 행위자가 인식·예견한 것과 다른 과정을 거쳐 결과가 발생한 경우이다. 예컨대, 甲이 A를 강물에 빠뜨려 익사시키기 위해 다리 밑으로 '밀쳤는데'(1개의 행위: 밀침), A가 강물에서 익사한 것이 아니라, 추락하면서 '**교각**(다리의 다리)**에 머리를 부딪쳐** 뇌진탕'으로 사망한 경우이다.

2) 효과: 고의·기수 책임 이는 행위가 1개인 경우이므로 전형적인 인과과정의 착오에 해당한다. 위 사례에서 '살인의 고의·기수 책임'을 인정함에 이견이 없다. 비록 인식한 인과과정과 실제 발생한 인과과정 사이에 불일치가 있지만, 그 불일치 내지 차이는 일상의 생활경험상 예견가능한 것으로, '비본질적 차이 내지 무시할 수 있는 차이'에 불과하기 때문이다.

(3) 유형②: 결과의 조기발생

1) 뜻 결과의 조기발생은, 행위자가 제2행위에 의해 결과 발생을 의도하였지만, 제2행위가 아니라 '제1행위'에 의해 이미 결과가 발생한 경우이다. 예컨대, 甲이 A를 둔기로 가격하여 실신시킨 후(제1행위: 둔기로 가격) 달려오는 기차에 A를 던져 살해할 것을 의도하고 그대로 실행하였지만(제2행위: 기차로 던짐), 실제로 A는 '둔기로 맞았을 때' 이미 사망한 경우(제1행위)이다.

2) 효과: 고의·기수 책임 이 사례에서도 '살인의 고의·기수 책임'을 인정하는 견해가 지배적이다(다수설). 그 이유는, ㉠ 제1행위 당시 이미 살인죄의 실행의 착수를 인정할 수 있고(주관적 객관설), 이때 행위자에게 살인의 고의도 인정할 수 있으며, 제1행위에 의해 결과도 발생하였으므로, 여기서는 단지 인과과정의 착오만이 문제되는데, ㉡ 행위자가 인식·예견한 대로 인과과정이 진행되지 않은 차이는, 일상의 생활경험상 예견가능한 것으로, 본질적 부분 내지 중요한 부분이 아니기 때문이라는 것이다.1)

(4) 유형③: 결과의 지연발생(개괄적 고의 사례)

1) 뜻 결과의 지연발생은, 행위자가 제1행위에 의해 결과발생을 의도하였지만, 제1행위가 아니라 '제2행위'에 의해 결과가 발생한 경우이다. 예컨대, 甲이 살해의 고의로 A를 '돌멩이로 가슴과 머리를 내리쳐'(제1행위: 가격) A가 정신을 잃고 축 늘어지자, '사망한 것으로 오인'하고 증거인멸의 목적으로 그 사체를 '몰래 파묻어 매장'(제2행위: 매장)하였는데, 실제로 A는 돌멩이에 맞아 죽은 것이 아니라 '암매장으로 질식사'한 경우(제2행위)이다(대판 1988.6.28. 88도650). 인과과정의 착오가 가장 첨예하게 논의되는 유형이다.

2) 효과: 고의·기수 책임(판례·다수설) 이에 대해서는 다양한 견해가 대립한다. 우선 고의·기수 책임을 인정하는 견해로는, ㉠ 개괄적 고의설(개괄적 고의라는 개념을 사용하여, 구성요건적 착오의 한 유형이 아닌, 특수한 고의의 한 종류로 이해하는 견해), ㉡ 인과과정 착오설(인과과정의 착오로 이해하여, 인과과정의 차이가 일반적인 생활경험상 예견가능한 것이고, 본질적 부분 내지 중요한 부분이 아닌 경우에는 고의범이 성립한다는 견해), ㉢ 객관적 귀속설(고의의 문제가 아니라 객관적 귀속의 문제로 해결하는 견해) 등이 있다. 반면, 전체적인 행위과정을 서로 다른 고의를 갖는 두 개의 독립된 행위로 이해하는 견해로서, ㉣ 미수설(인식사실의 미수책임에 불과하다는 견해)도 있는데, 제1행위

---

1) [이설 있음] 제1행위 당시에는 상해의 고의만이 있었으므로, '상해치사죄'와 '살인죄의 불능미수'의 '경합범'이 성립한다는 견해도 있다.

의 '미수범'과 제2행위의 '과실범'이 성립하고 양자는 (실체적) '경합범'이 된다고 한다. 요컨대, **인과과정 착오설**이 지배적인 견해이다. 인과과정 착오설에 따르면, 인과과정의 불일치 정도가 일상생활의 경험칙상 예견가능한 범위 내에 있고, 그 차이가 본질적인 부분이 아닌 이상 고의·기수범의 책임을 인정한다.

판례는 **개괄적 고의설**의 입장이다. 즉, "피해자가 '살해의 의도로 행한 구타행위에 의하여 직접 사망'한 것이 아니라 (150m 떨어진 곳으로 옮긴 후) '죄적을 인멸할 목적으로 행한 매장행위에 의하여 사망'하게 되었다 하더라도, **전과정을 '개괄적'으로 보면**, 피해자의 살해라는 처음에 예견된 사실이 결국은 실현된 것으로서, 피고인은 살인죄의 죄책을 면할 수 없다"(대판 1988.6.28. 88도650). 제1행위와 제2행위를 하나의 행위로 평가하기는 어렵지만, 행위 자체는 2개이되 전체 과정을 '개괄적'으로 보면 제1행위 당시의 고의가 제2행위에도 효력을 미치기 때문이라는 취지이다.

한편, 판례는 '**개괄적 과실**'의 개념도 인정하고 있는데, 그 행위 자체는 2개이되 제1행위 당시의 과실과 제2행위의 과실을 '개괄적'으로 평가한다는 점에서 결국은 같은 맥락에 있다.[1)]

[학설] i) [개괄적 고의설] 개괄적 고의설은 개괄적 고의라는 개념을 사용하여, 전체 행위를 포괄하는 개괄적 고의에 의해, 발생된 결과에 대한 고의·기수 책임을 인정하는 견해이다. 즉, 행위는 두 개이지만 제1행위시에 존재했던 살인의 고의를 개괄적으로 보면, 사망의 결과를 발생시킨 제2행위에도 그 효력을 미친다는 의미에서, 전(全) 과정을 개괄적으로 보면, 발생된 결과에 대한 고의·기수 책임이 인정된다고 한다. 한편, 두 개의 부분행위 자체는 형법상 행위로서 독자성이 없는 관계로 형법상 하나의 행위로 평가할 수 있다는 '전체행위설'도 결과적으로 같은 주장에 속한다. 그러나 이에 대해서는, ㉠ 제1행위와 제2행위는 고의가 서로 다른 행위로서, 개괄적 고의를 인정하면 고의를 의제하는 것이 되고 사전고의를 인정하는 결과가 된다는 점, ㉡ 전체행위설과 같이 하나의 행위가 된다면, 애당초 개괄적 고의 문제는 생길 여지도 없다는 점 등이 그 문제점으로 지적된다.

ii) [객관적 귀속설] 객관적 귀속설은, 인과관계는 고의의 인식대상이지만, 인과과정은 고의의 인식대상이 될 수 없으며 현실적으로 야기된 결과의 객관적 귀속에 관한 문제라는 견해이다. 즉, 인과과정의 불일치가 본질적인 차이라면 객관적 귀속이

1) [판례사례: 개괄적 과실(=이른바 '**낙산비치호텔 사건**'] 대판 1994.11.4. 94도2361 ("피고인이 01:50경 상해의 의사로 피해자를 구타하여 상해를 입은 피해자가 정신을 잃고 빈사상태에 빠지자, '**사망**한 것으로 **오인**'하고, 자신의 행위를 은폐하고 피해자가 자살한 것처럼 가장하기 위하여 같은 날 03:10경 피해자를 베란다로 옮긴 후 베란다 밑 약 13미터 아래의 바닥으로 떨어뜨려 '사망'케 하였다면, 피고인의 행위는 포괄하여 단일의 상해'치사'죄에 해당한다").

부정되어 결과에 대한 고의·기수범이 성립되지 않고, 비본질적 차이에 불과하다면 고의·기수범이 성립한다고 한다. 그러나 이에 대해서는 착오이론은 객관적 귀속이 인정된 다음에 논의되는 것이며, 객관적 귀속이 부정되는 경우에는 아예 착오의 문제도 생기지 않는다는 비판이 제기된다.[1)]

iii) [미수설] 미수설은 개괄적 고의라는 개념을 부정하고, 두 개의 행위를 서로 다른 고의를 갖는 별개의 독립된 행위로 이해하는 견해이다. 그 결과 (살인의 고의가 있는 제1 행위의) 살인미수와 (살인의 고의가 없는 제2 행위의) 과실치사의 실체적 경합범이 성립한다고 한다. 그러나 이에 대해서는, ㉠ 비록 두 개의 행위가 있는 것으로 보이지만, 이는 사회적·형법적 관점에서 하나의 행위로 평가될 수 있으며, ㉡ 행위자의 행위로 객관적 귀속이 가능한 결과가 발생했음에도 미수범으로만 처벌하는 것은 부당하다는 비판이 제기된다.

제 4 절 과실범

제14조(과실) 정상적으로 기울여야 할 주의(注意)를 게을리하여 죄의 성립요소인 사실을 인식하지 못한 행위는 법률에 특별한 규정이 있는 경우에만 처벌한다.

Ⅰ. 과실의 의의

1. 개념

1) 과실 과실이란, 정상적으로 기울여야 할 주의를 게을리하여, 죄의 성립요소인 사실을 인식하지 못한 것을 말한다. 형법 제14조는 '과실'이라는 제목하에 "정상적으로 기울여야 할 주의를 게을리하여, 죄의 성립요소인 사실을 인식하지 못한 행위는, 법률에 특별한 규정이 있는 경우에만 처벌한다"라고 규정하고 있다. 여기서 '정상적으로 기울여야 할 주의를 게을리함'은 '부주의', 즉 사회생활상 요구되는 주의의무위반을 의미하고, '죄의 성립요소인 사실'은 범죄사실, 즉 구성요건적 결과발생을 의미한다. 비록 결과에 대한 인식이 없는 경우인 '인식 없는 과실'만을 규정한 것이지만, 인용설에 의할 때 고의가 될 수 없는 경우, 즉 그 인식은 있었으나 인용이 없는 경우인 '인식 있는 과실'도 포함한다.

1) [객관적 귀속→인과과정의 착오] 인과과정의 착오는 객관적 귀속이 인정된 이후 비로소 논의되는 것이다. 객관적 귀속이 부정되는 경우 애당초 인과과정의 착오는 문제되지 않는다.

2) 과실범 과실로 인하여 구성요건적 결과가 발생한 경우에 처벌되는 범죄를 과실범이라 한다. 즉, 과실범은 주의의무위반(부주의)만으로는 성립하지 않고, 대개 법익침해의 결과가 발생한 경우에 비로소 성립하는 결과범이다. 다만, 과실범은 행위자가 결과발생을 원치 않았음에도 부주의로 결과가 발생한 경우이므로, 고의범에 비해 그 불법과 책임의 정도가 낮다. 따라서 과실범은 고의범과 달리 항상 처벌되는 것이 아니라, '법률에 특별한 규정이 있는 경우에만' 예외적으로 처벌된다. 현행 형법상 과실범 처벌규정은, ㉠ **과실치사상죄**(266-268), ㉡ 업무상과실장물취득죄(364), ㉢ **실화죄**(170), ㉣ 과실폭발성물건파열죄(173의2), ㉤ 과실일수죄(181), ㉥ 과실교통방해죄(189) 등이다. 과실범의 법정형은 비현실적으로 매우 낮다(예: 과실치상죄는 폭행죄보다 낮으며, 과실치사죄는 상해죄보다 낮다).

과실범은 **고의범과 전혀 다른 구조**로 되어 있다. 고의범에서 고의는 행위자의 현실적인 인식과 의사가 중요하지만, 과실범에서 과실은 주의의무위반이라는 규범적 평가가 중요하다. 과실범은 고의범의 완화된 형태가 아니라 독자적 범죄형태이다. 고의가 인정되지 않는다고 하여 과실범이 인정되는 것은 아니며, 과실범의 구성요건을 별도로 충족해야 비로소 성립한다.

2. 종류

(1) 인식 없는 과실과 인식 있는 과실

결과발생의 가능성에 대한 인식 여부에 따른 구별이다. 양자의 형법적 효과에는 차등이 없으며, 불법과 책임에서 차이가 분명한 것도 아니다. 다만 그 구별의 실익은, 인식 있는 과실의 내용을 확정함으로써 미필적 고의와의 한계를 명백히 할 수 있다는 점에 있다.

1) 인식 없는 과실 행위자가 행위 당시 결과발생의 가능성을 인식조차 하지 못한 경우를 말한다. 과실의 전형적인 모습이다.

2) 인식 있는 과실 행위자가 행위 당시에 결과발생의 가능성은 인식하였으나 발생하지 않을 것으로 신뢰한 경우를 말한다.[1)]

---

1) [판례: 인식 있는 과실] 대판 1984.2.28. 83도3007 ("소위 과실범에서의 비난가능성의 지적 요소란 <u>결과발생의 가능성에 대한 인식</u>으로서, <u>인식있는 과실에는 이와 같은 인식이 있고, 인식 없는 과실에는 이에 대한 인식자체도 없는 경우</u>이나, 전자에 있어서 책임이 발생함은 물론, 후자에 있어서도 그 결과발생을 인식하지 못하였다는 데에 대한 부주의 즉 규범적 실재로서의 과실책임이 있다").

(2) 업무상과실과 중과실

형법의 과실범 처벌규정에 따른 구별이다. 양자의 형법적 효과에는 차이가 전혀 없고, 모두 동일한 법정형으로 (보통의 과실에 비해) 가중처벌된다.

1) 업무상과실 업무상과실이란 법익침해의 위험업무에 종사하는 사람이 업무상 요구되는 주의의무를 위반하여 구성요건적 결과가 발생한 경우를 말한다. 여기서 업무란 '사회생활상의 지위에 기하여 계속적으로 종사하는 사무'를 의미한다. 반드시 직업이나 영업일 필요가 없고, 보수의 유무를 묻지 않으며, 주된 사무가 아닌 부수적 사무라도 포함된다. 예컨대, 차의 교통에서 '차의 운전'은 일반적으로 '업무'에 해당한다. 다만 일회적으로 종사하는 사무는 업무라고 할 수 없다.

업무상과실은 '보통과실'에 비해 가중처벌된다. 업무상과실이 가중처벌되는 이유에 대해서는 다양한 견해가 있다. 즉, ㉠ 행위자가 업무자이므로 일반인보다 무거운 주의의무가 부과된다는 견해, ㉡ 주의의무는 동일하지만, 업무종사자는 일반인보다 높은 주의능력이 있다는 견해, ㉢ 주의의무는 동일하지만, 업무의 계속적·반복적 수행으로 일반인보다 예견가능성이 크기 때문에 책임이 가중된다는 견해 등이 있다.

2) 중과실 중과실이란 주의의무위반의 정도가 큰 경우를 말한다. 즉, 조금만 주의를 기울였더라면 충분히 결과발생을 방지할 수 있었던 경우이다(대판 1989.1.17. 88도643; '아주 작은 주의만 기울였더라면 결과발생을 예견하여 회피할 수 있었음에도 부주의로 결과가 발생한 경우'). 중과실은 '경과실'에 비해 가중처벌된다. 중과실과 경과실의 구별은 구체적인 경우에 사회통념을 고려하여 결정한다(대판 1980.10.14. 79도305). 대표적인 사례를 확인해 두자.[1)]

[과실의 체계적 지위] 고의의 체계적 지위와 마찬가지로, 과실의 경우에도 책임요소설, 구성요건요소설, 이중적 지위설이 논의되어 왔다.

---

1) [판례사례: 중대한 과실 여부] ㉠ (중과실) 대판 1993.7.27. 93도135 ("피고인이 성냥불로 담배를 붙인 다음 그 성냥불이 꺼진 것을 확인하지 아니한 채 플라스틱 휴지통에 던진 것이 중대한 과실에 해당한다"). ㉡ (중과실 여부) 대판 1989.1.17. 88도643 ("연탄아궁이로부터 80센티미터 떨어진 곳에 쌓아둔 스폰지요, 솜 등이 연탄아궁이 쪽으로 넘어지면서 화재현장에 의한 화재가 발생한 경우라고 하더라도, 피고인이 평상시에도 화재가 발생한 날의 경우와 마찬가지로 연탄아궁이에 불을 피워놓은 채 스폰지요, 솜들을 쌓아두고 귀가한 것으로 보이는바, 이와 같은 점포의 관리상황과 피고인이 점포를 떠난지 4시간 이상이 지난 뒤에 화재가 발생한 점 등에 비추어 보면, 화재의 발생에 관하여 피고인에게 과실이 있었다고 하더라도 이를 중대한 과실로 평가하기는 어렵다").

i) [책임요소설] 인과적 행위론(고전적 범죄체계)에서는 과실이 구성요건요소가 아닌 책임요소라고 한다. 즉, 과실은 고의와 함께 심리적·주관적 요소로서 책임형식이고, 주의의무위반도 책임요소라는 것이다.

ii) [구성요건요소설] 목적적 행위론(목적적 범죄체계)에서는 과실이 책임요소가 아니라 구성요건요소라고 한다. 즉, 고의범과 과실범이 결과반가치에서는 동일하지만, 행위반가치에서는 차이가 있으므로, 과실행위의 본질적인 불법요소는 결과반가치가 아닌 행위반가치에 있고, 과실범의 행위반가치는 주의의무위반이므로, 주의의무위반은 과실범의 구성요건요소라는 것이다.

iii) [이중적 지위설] 사회적 행위론(합일태적 범죄체계)에서는 고의가 구성요건적 고의와 책임 고의로서 이중적 지위에 있는 것처럼, 과실도 구성요건요소임과 동시에 책임요소라는 이중적 지위에 있다고 한다. 즉, 객관적 주의의무위반은 구성요건요소가 되고, 주관적 주의의무위반은 책임요소가 된다는 것이다.

이중적 지위설이 우리나라 통설의 입장이다. 구성요건요소로서의 과실은 객관적으로 요구되는 주의의무 위반이 문제되고, 책임요소로서의 과실은 행위자의 개인적 능력에 따라 객관적으로 요구되는 주의의무를 이행할 수 있었느냐 여부, 즉 행위자의 비난가능성 유무나 정도가 문제된다. 행위자가 그 객관적 주의의무를 준수할 수 없다면 그 행위자에게 책임비난을 할 수 없기 때문이다.

Ⅱ. 과실범의 구성요건

과실범이 성립하기 위해서는, ㉠ 객관적 주의의무위반, ㉡ 결과발생, ㉢ 주의의무위반과 결과발생 사이의 인과관계(객관적 귀속)가 있어야 한다.

1. 객관적 주의의무위반

과실범의 본질적 요소는 '정상적으로 기울여야 할 주의를 게을리하여, 죄의 성립요소인 사실을 인식하지 못한 것', 즉 객관적 주의의무의 위반이다. 과실은 주의의무 위반이며, 행위자에게 요구되는 주의의무가 전제된다.

(1) 주의의무의 내용과 근거

1) 뜻 객관적 주의의무 위반이란 행위자가 객관적으로 요구되는 주의의무를 다하였더라면 결과발생을 당연히 인식하고 예견하여 그 결과를 회피할 수 있었을 것이나, 그렇게 하지 못하고 '정상의' 주의를 게을리한 것을 말한다. 객관적 주의의무위반은 과실범의 구성요건요소이다.

2) 주의의무의 내용 주의의무는 결과예견의무와 결과회피의무이다. 즉,

주의의무의 내용은 구체적 행위로부터 발생할 수 있는 보호법익에 대한 위험을 예견하고(결과예견의무), 구성요건적 결과의 발생을 방지하기 위한 적절한 방어조치를 하는 것(결과회피의무)이다. 경솔 또는 무덤덤하여 결과를 예견하지 못했거나, 결과를 예견했더라도 '괜찮을 것'으로 생각하거나 자신의 능력을 과신하여 결과발생을 회피하지 못했다면, 과실이 성립한다. 예컨대, "의료과오사건에서 의사의 과실을 인정하려면, 결과 발생을 '예견'할 수 있고 또 '회피'할 수 있었음에도 이를 하지 못한 점을 인정할 수 있어야 한다"(대판 2006.10.26. 2004도486). 이처럼 과실은 예견가능한 결과 또는 회피가능한 결과에 대해서만 성립한다.

예견이나 회피가 불가능한 결과의 발생이라면, 이는 **불가항력**적인 사고로서, 과실범의 구성요건에 해당되지 않는다. 예컨대, 객관적으로 요구되는 주의의무를 다했더라도 상해의 결과는 예견가능했지만 사망의 결과는 예견불가능했던 경우라면, 사망의 결과가 발생했더라도, 과실치사죄는 성립하지 않고 단지 과실치상죄가 문제될 뿐이다.

3) 주의의무의 근거 주의의무의 근거는 일반적으로 **법령**에 규정된 경우가 대부분이다. 그러나 주의의무를 모두 법령에 규정하는 것은 입법기술상 불가능하므로, 판례나 **생활경험**에 의해서도 주의의무가 도출될 수 있다. 따라서 법령을 준수했다는 사실만으로 과실이 부정되는 것은 아니다.[1]

[객관적 주의의무의 제한원리] 고도로 산업화된 현대 기술문명사회에서는 정상의 주의의무를 다했더라도 사회생활상 불가피하게 발생한 위험을 부득이 허용할 수밖에 없는 경우가 있다. 과실범의 주의의무를 제한하는 일반원리로서 '허용된 위험'과 '신뢰의 원칙'이 논의되고 있다(별도 항목으로 後述).

(2) 주의의무위반의 판단기준: 객관설

1) 학설: 객관설 주의의무위반 여부를 판단하는 기준에 대해서는, ㉠ 객관설(평균인 내지 사회일반인의 주의능력을 기준으로 판단하는 견해. '평균인표준설'이라고도 한다), ㉡ 주관설(행위자 개인의 주의능력을 기준으로 판단하는 견해, '행위자표준설'이라고도 한다), ㉢ 절충설(주의의무의 정도는 평균인을 기준으로 객관적으로 판단하고, 주의능력은 행위자

---

1) [판례] 대판 1990.12.26. 89도2589 ("고속도로의 노면이 결빙된 데다가 짙은 안개로 시계가 20m 정도 이내였다면 차량운전자는 제한시속에 관계없이 장애물 발견 즉시 제동정지할 수 있을 정도로 속도를 줄이는 등의 조치를 취하였어야 할 것이므로 단순히 제한속도를 준수하였다는 사실만으로는 주의의무를 다하였다 할 수 없다").

를 기준으로 주관적으로 판단하는 견해, '이중표준설'이라고도 한다)이 대립한다. 그러나 객관설이 통설의 입장이다. 불법단계에서 요구되는 주의의무는 사회생활상 요구되는 객관적인 주의의무이고, 주의규범은 일반인의 준수를 전제로 하는 것으로 개개인의 능력에 따라 달라질 수 없기 때문이다.

여기서 '평균인'이란 행위자가 속한 집단의 '사려깊은 사람', **'신중한 사람'**을 의미하고, 실수를 할 수 있는 '보통사람'을 의미하는 것이 아니다. 이러한 객관적 기준은 주의의무의 지나친 요구를 제한하는 한계가 되고, 모든 행위자에게 평등하게 요구하는 동일한 주의의무의 척도가 된다.

객관설에 따르면 모든 행위자에게 '일반적인' 주의의무가 부과된다. 행위자가 평균인에 미달하는 주의능력을 가진 경우에도 평균인 수준의 주의의무가 요구되며, 행위자의 부족한 주의능력은 책임 단계에서 고려하게 된다. 한편, 객관설에서도 평균인을 초과하는 행위자의 '특별한 지식과 경험'은 객관적 주의의무 판단에 고려된다(예: 어느 교차로가 특히 위험하다거나 어느 육교 밑에 무단횡단자가 많다는 것을 운전자가 특히 알고 있었던 경우). 다만 이러한 예외는 '특별한 지식과 경험'에 국한되고, 행위자의 '특별한 능력'에 대해서는 적용되지 않는다. 따라서 숙련된 운전자가 비록 결과발생을 방지하기 위한 모든 조치를 다한 것은 아니지만, 평균적인 운전자가 할 수 있는 조치를 다한 경우라면, 객관적 주의의무위반은 인정되지 않는다는 것이다.

2) 판례: 객관설 판례도 객관설(평균인표준설)의 입장이다. 즉, "**평균인의 관점에서 객관적으로** 볼 때 충분히 예견할 수 있는 것이라면, 과실이 있다"(대판 2001.6.1. 99도5086). 같은 취지에서 "과실의 유무를 판단함에는 '같은 업무와 직무에 종사하는 **일반적 보통인**'의 주의 정도를 표준으로 한다"(대판 2008.8.11. 2008도3090), "의료과오 사건에서 의사의 과실이 있는지는 '같은 업무 또는 분야에 종사하는 **평균적인 의사**'가 보통 갖추어야 할 통상의 주의의무를 기준으로 판단하여야 한다"(대판 2018.5.11. 2018도2844).[1]

---

1) [판례: 과실판단과 의사의 재량] 대판 2023.1.12. 2022도11163 ("의료사고에서 의사의 과실 유무를 판단할 때에는 <u>같은 업무·직무에 종사하는 일반적 평균인</u>의 주의 정도를 표준으로 하여, <u>사고 당시의 일반적 의학의 수준과 의료 환경 및 조건, 의료행위의 특수성 등을 고려</u>하여야 한다"); 대판 2008.8.11. 2008도3090 ("의사는 진료를 행함에 있어 환자의 상황과 당시의 의료수준 그리고 자기의 지식경험에 따라 적절하다고 판단되는 <u>진료방법을 선택할 상당한 범위의 재량을 가진다</u>고 할 것이고, 그것이 <u>합리적인 범위를 벗어난 것이 아닌 한</u> 진료의 결과를 놓고 그중 어느 하나만이 정당하고 이와 다른 조치를 취한 것은 <u>과실이 있다고 말할 수는 없다</u>"); 위 2018도2844 ("의사에게 진단상 과실이 있는지를 판단할 때는 의사가 비록 완전무

2. 결과발생

과실범이 성립하기 위해서는 구성요건적 결과가 발생해야 한다. 과실범의 미수는 처벌되지 않으므로, 객관적 주의의무위반이 있더라도 결과발생이 없으면 처벌되지 않는다. 과실범에서의 결과는 사망·상해 등 법익침해(침해범)인 경우도 있고, 공공의 위험발생 등 법익에 대한 위험발생(위험범, 실화죄)인 경우도 있다.

3. 인과관계

객관적 주의의무위반과 결과발생 사이에는 인과관계(및 객관적 귀속)가 인정되어야 한다(앞의 2017도12537). 객관적 귀속기준으로 대개 주의의무위반 관련성과 규범의 보호목적 관련성이 문제된다. 인과관계가 부정되는 경우 미수가 문제되나, 과실범의 미수는 처벌되지 않으므로 불가벌이 된다.

1) 주의의무위반 관련성 행위자가 주의의무를 준수했더라면 결과발생을 회피할 수 있었다고 인정될 때에 한하여, 발생한 결과의 객관적 귀속이 가능하다. 이를 '**주의의무위반 관련성**'이라 한다. 만일 **주의의무를 다하였더라도** 같은 결과가 발생하였을 것이라면, 그 결과를 행위자에게 귀속시킬 수 없다(그 결과는 행위자의 과실행위로 인한 것이 아니라 다른 위험이 실현된 것이므로, 주의의무위반 관련성이 부정된다. 즉, 불가항력적 사고). 적법한 대체행위(주의의무 준수)를 하였더라도 같은 결과가 발생하였을 것이 '확실한' 경우는 물론, '불분명'한 경우에도 '의심스러울 때에는 피고인에게 유리하게'라는 원칙에 따라 결과귀속이 부정된다는 **무죄추정설**이 다수설·판례의 입장이다(앞의 90도694. 간기능검사 없이 개복수술 시행한 사건. 前述한 제2절 인과관계 부분 참조).[1] 다만, 「만일 주의의무를 다 하였다면 당해 결과가 발생하지 아니하였거나 결과 발생의 위험이 '**상당히**' 줄어들었으리라고 인정된다면」(='가

결하게 임상진단을 할 수는 없을지라도 적어도 임상의학 분야에서 실천되고 있는 진단 수준의 범위에서 전문직업인으로서 최선의 주의의무를 다하였는지를 따져 보아야 한다. 나아가 의사는 환자에게 적절한 치료를 하거나 그러한 조치를 하기 어려운 사정이 있다면 신속히 전문적인 치료를 할 수 있는 다른 병원으로 전원시키는 등의 조치를 하여야 한다").

1) [판례] 대판 2007.10.26. 2005도8822 ("선행 교통사고와 후행 교통사고 중 어느 쪽이 원인이 되어 피해자가 사망에 이르게 되었는지 밝혀지지 않은 경우 후행 교통사고를 일으킨 사람의 과실과 피해자의 사망 사이에 인과관계가 인정되기 위해서는 후행 교통사고를 일으킨 사람이 주의의무를 게을리하지 않았다면 피해자가 사망에 이르지 않았을 것이라는 사실이 증명되어야 하고, 그 증명책임은 검사에게 있다").

대판 2025.5.15. 2024도9443 ("업무상 과실이 인정되더라도, 그 과실로 인하여 환자에게 상해가 발생하였는지가 합리적인 의심의 여지가 없을 정도로 증명되어야 한다").

설적 인과관계'), 과실과 결과 사이에 **상당인과관계**가 인정된다"(대판 1995.9.15. 95도906 참고: 업무상과실치사상).

2) **규범의 보호목적 관련성** 또한 발생한 결과는 주의의무위반행위로 침해한 규범의 보호목적 범위 내에 속할 때에 한하여, 객관적 귀속이 가능하다. 이를 '**규범의 보호목적 관련성**'이라 한다. 즉, 발생한 결과가 **규범의 보호목적 범위를 벗어난 것**이라면, 그 결과를 행위자에게 귀속시킬 수 없다(그 결과는 그 규범의 침해로 인한 것이 아니다). 예컨대, 과속으로 주행한 자동차 운전자가 다음 교차로에서 (과실 없이) 보행자를 충격하여 사고를 발생케 한 이른바 '**과속 사례**'가 대표적인 경우이다(앞의 92도2579). 행위자가 제한속도를 준수했더라면 사고시간에 그 교차로에 도착할 수 없었고 사고도 막을 수 있었지만, 여기서 속도제한은 특정 구간에서 과속하면 안된다는 의미일 뿐, 행위자가 특정 장소에 도착하는 시기를 지연시키려는 규범은 아니다. 따라서 발생한 결과는 규범의 보호목적 범위를 벗어난 것이 되므로, (과속운전 자체에 대한 처벌은 별론으로 하고) 발생한 치사상의 결과를 행위자의 과속운전행위에 귀속시킬 수 없다(前述).

Ⅲ. 객관적 주의의무의 제한원리: 허용된 위험과 신뢰의 원칙

1. 허용된 위험

1) **뜻** 허용된 위험이란, 법익침해의 위험성을 수반한 행위라도, 그 위험성에 비해 사회적 이익이 현저히 큰 경우에는, 일정한 안전조치를 조건으로, 그 행위는 법적·사회적으로 허용된다는 이론을 말한다. 항공·해운·자동차 운행, 건설공사 등 고도로 산업화된 현대사회에서 일정한 위험은 불가피한 것이므로, 사회적 유용성과 필요성의 관점에서 일정한 정도의 법익위태화를 사회가 감수하도록 한 결과이다.

2) **효과** 허용된 위험은 위험을 허용한다는 것이 아니라 위험이 수반된 **행위**를 허용한다는 의미이다. 따라서 허용된 위험 행위는 일정한 안전조치를 한 이상 객관적 주의의무를 이행한 것이 되므로, 법익침해의 결과가 발생하더라도 주의의무위반이 부정된다. 즉, 허용된 위험 행위는 구성요건해당성조차 없게 된다(구성요건해당성배제사유설).

2. 신뢰의 원칙

(1) 의의

1) **뜻** 신뢰의 원칙이란, 스스로 교통규칙을 준수하는 자는, 다른 교통관여자도 교통규칙을 준수하리라는 것을 신뢰할 수 있고, 그렇게 신뢰하고 행위한 결과 구성요건적 결과가 발생하더라도 주의의무위반에 해당하지 않는다는 원칙이다. 허용된 위험의 이론이 좀더 구체화된 특수한 경우이다.

2) **효과** 신뢰의 원칙이 적용될 경우에는, 법익침해의 결과가 발생하더라도 주의의무위반이 부정되므로, 과실범의 구성요건해당성조차 인정되지 않는다.

(2) 적용범위

신뢰의 원칙은 **도로교통**과 관련하여 1935년 독일에서 인정된 이래, 우리나라에서도 1970년대에 이르러 고속도로 교통사고에서부터 인정되었다. 점차 그 적용범위가 확대되었고, 오늘날 다수인이 관여하는 수술 등 의료행위, 공장 등 기업활동과 같은 **분업적 공동작업**에서, 주의의무의 한계를 확정하는 일반원칙으로 발전하게 되었다. 이제 신뢰의 원칙은, 과실범에서 스스로 적법하게 행위하는 자는, 다른 관여자의 규칙준수를 신뢰할 수 있고, 그 신뢰에 반하는 행위를 할 것까지 예견하여 회피할 주의의무는 없다는 일반원칙을 의미하게 된다. 신뢰의 원칙을 분업적 공동작업에까지 확대하기 위해서는, 신뢰를 근거지울 수 있는 분업관계의 확립이 전제되어야 한다.

1) **도로교통** 신뢰의 원칙이 적용되는 대표적인 경우가 교통사고분야이다. 판례상 자동차 상호간, 자동차와 자전거 사이, 자동차와 보행자 사이에도 신뢰의 원칙이 적용된다. 다만 그 적용범위에는 다소 차이가 있다.

[판례: 교통사고와 신뢰원칙의 적용] i) [차 대 차] 자동차와 자동차 운전자 사이에서는 비교적 넓게 적용된다. ㉠ 교차로를 녹색등화에 따라 직진하는 차량의 운전자는, 다른 차량이 신호를 위반하고 좌회전할 경우까지를 예상하여 주의할 의무는 없다(대판 1985.1.22. 84도1493). ㉡ 중앙선표시가 있는 왕복 4차선 도로에서 차를 운행하는 운전자에게, 반대차선을 운행하는 차가 중앙선을 넘어 진행차선 전방으로 갑자기 진입해 들어올 것까지를 예견하여 감속하는 등 미리 충돌을 방지할 태세를 갖추어 차를 운전해야 할 주의의무는 없다(대판 1987. 6. 9. 87도995). ㉢ 녹색등화에 따라 왕복 8차선의 간선도로를 직진하는 차량의 운전자는, 접속도로에서 진행하여 오던 차량이 아예 허용되지 아니하는 좌회전을 감행하여 직진하는 자기 차량의 앞을 가로질러 진

행하여 올 경우까지 예상하여 그에 따른 사고발생을 미리 방지하기 위하여 특별한 조치까지 강구할 주의의무는 없다(또한 운전자가 제한속도를 지키며 진행하였더라면 피해자가 좌회전하여 진입하는 것을 발견한 후에 충돌을 피할 수 있었다는 등의 사정이 없는 한 운전자가 제한속도를 초과하여 과속으로 진행한 잘못이 있다 하더라도 그러한 잘못과 교통사고의 발생 사이에 상당인과관계가 있다고 볼 수는 없다)(대판 1998.9.22. 98도1854).

ii) [차 대 자전거] 자동차와 자전거 운전자 사이에도 적용된다. ㉠ 자전거 출입이 금지된 곳(서울 잠수교 노상)에서 자동차의 운전자는 자전거를 탄 피해자가 갑자기 차도상에 나타나리라고 예견할 수 없다(대판 1980.8.12. 80도1446).

iii) [차 대 보행자] 자동차와 보행자 사이에서는 매우 신중하게 적용된다. 즉, 고속도로·자동차전용도로의 무단횡단자, 적색신호 중 횡단보도의 무단횡단자, 육교 바로 밑의 무단횡단자에 대한 관계에서 적용된다. ㉠ 고속도로에서는 무단횡단자를 예상하여 감속서행할 주의의무가 없다(대판 1981.12.8. 81도1801). ㉡ 자동차전용도로에서 사람이 들어올 것을 예견해야 할 주의의무는 없다(대판 1989.2.28. 88도1689). ㉢ 차량의 운전자는 횡단보도의 신호가 적색인 상태에서 반대차선상에 정지하여 있는 차량의 뒤로 보행자가 건너오지 않을 것이라고 신뢰하는 것이 당연하고 그렇지 아니할 사태까지 예상하여 주의할 의무는 없다(대판 1993.2.23. 92도2077). ㉣ 육교가 설치되어 있는 차도를 주행하는 자동차운전자는 횡단이 금지된 육교 밑에서 보행자가 뛰어들 것을 예상하여 주의할 의무는 없다(대판 1985.9.10. 84도1572).

2) 분업적 공동작업: 분업적 의료행위 신뢰의 원칙은 교통사고뿐만 아니라 의료사고 등 분업적 공동작업의 경우에도 적용된다. 물론 분업관계의 확립이 전제된다. 예컨대, 의료사고의 경우 '수평적 분업관계' 또는 '수직적 분업관계' 여부에 따라 그 적용이 달라진다. 우선, ㉠ **수평적 분업관계**, 즉 공동으로 외과수술을 하는 의사들 상호간(예: 마취과 전문의와 수술담당 전문의 상호간), 같은 병원의 독립된 각과(各科) 상호간, 의사와 약사 상호간 등과 같이, 지휘·감독관계가 '없는' 경우에는 신뢰의 원칙이 적용된다. 반면, ㉡ **수직적 분업관계**, 즉 의사와 간호사 사이, 전문의와 전공의(인턴·레지던트) 사이, 주치의와 야간당직의 사이 등과 같이, 지휘·감독관계가 '있는' 경우에는 신뢰의 원칙이 적용되지 않는다. 한편, "일반적으로 대학병원의 진료체계상 과장은 병원행정상 직급으로서, 다른 교수나 전문의의 환자 진료까지 책임지는 것은 아니다"(대판 1996.11.8. 95도2710).

[판례: 의료사고와 신뢰원칙 적용 여부] i) [수평적 분업관계] ㉠ (의사와 의사) 내과의사가 신경과 전문의에 대한 협의진료 결과 피해자의 증세와 관련하여 신경과 영역에

서 이상이 없다는 회신을 받고, 그 회신을 신뢰하여 뇌혈관계통 질환의 가능성을 염두에 두지 않고 내과 영역의 진료 행위를 계속하다가, 피해자의 증세가 호전되기에 이르자 퇴원하도록 조치한 경우, 피해자의 지주막하출혈을 발견하지 못한 내과의사의 업무상과실은 부정된다(대판 2003.1.10. 2001도3292), 또한, (민사사건) 갑 의사가 수술 지원 요청에 의하여 수술(결석을 제거하고 난 뇨관의 협착부위를 절단하여 방광측부에 이식하는)을 한 후에 다른 의사들이 한 이형수혈의 부작용으로 인하여 환자가 사망한 경우에는 갑 의사에게는 손해배상책임이 없다(대판 1970.1.27. 67다2829).

㉡ (약사와 제약회사) 약사가 의약품이 그 표시 포장상에서 약사법 소정의 검인 합격품이고 또한 부패 변질 변색되지 아니하고 유효기간이 경과되지 아니함을 확인하고 조제판매한 경우에는, 특별한 사정이 없는 한 관능시험 및 기기시험까지 할 주의의무가 없으므로, 그 약의 표시를 신뢰하고 이를 사용한 경우에는 과실이 없다(대판 1976.2.10. 74도2046).

ii) [수직적 분업관계] ㉠ (의사와 간호사) 의사가 간호사로 하여금 의료행위에 관여하게 하는 경우에도 그 의료행위는 의사의 책임하에 이루어지는 것이고 간호사는 그 보조자에 불과하므로, 의사는 당해 의료행위가 환자에게 위해가 미칠 위험이 있는 이상 간호사가 과오를 범하지 않도록 충분히 지도·감독을 하여 사고의 발생을 미연에 방지하여야 할 주의의무가 있고, 이를 소홀히 한 채 만연히 간호사를 신뢰하여 간호사에게 당해 의료행위를 일임함으로써 간호사의 과오로 환자에게 위해가 발생하였다면 의사는 그에 대한 과실책임을 면할 수 없다(대판 1998.2.27. 97도2812). 다만, (수직적 분업관계의 예외) 간호사가 '진료의 보조'를 함에 있어서는 모든 행위 하나하나마다 항상 의사가 현장에 입회하여 일일이 지도·감독하여야 한다고 할 수는 없고, 경우에 따라서는 의사가 진료의 보조행위 현장에 입회할 필요 없이 일반적인 지도·감독을 하는 것으로 족한 경우도 있을 수 있다 할 것인데, 간호사가 의사의 처방에 의한 정맥주사(Side Injection 방식)를 의사의 입회 없이 간호실습생(간호학과 대학생)에게 실시하도록 하여 발생한 의료사고에 대해서는 의사의 과실이 부정된다(대판 2003.8.19. 2001도3667).

㉡ (전문의와 수련의) (수련병원의 전문의와 전공의 등의 관계처럼) 의료기관 내의 직책상 주된 의사의 지위에서 지휘·감독 관계에 있는 다른 의사에게 특정 의료행위를 위임하는 수직적 분업의 경우에는, 그 다른 의사에게 전적으로 위임된 것이 아닌 이상 주된 의사는 자신이 주로 담당하는 환자에 대하여 다른 의사가 하는 의료행위의 내용이 적절한 것인지 여부를 확인하고 감독하여야 할 업무상 주의의무가 있고, 만약 의사가 이와 같은 업무상 주의의무를 소홀히 하여 환자에게 위해가 발생하였다면 주된 의사는 그에 대한 과실 책임을 면할 수 없다(대판 2007.2.22. 2005도9229). 다만, (수직적 분업관계의 예외) 그 의료행위가 전문적인 의료영역 및 해당 의료기관의 의료 시스템 내에서 위임 하에 이루어질 수 있는 성격의 것이고 실제로도 그와 같이 이루어

져 왔는지 여부 등 여러 사정에 비추어, 해당 의료행위가 위임을 통해 분담 가능한 내용의 것이고 실제로도 그에 관한 위임이 있었다면, (그 위임 당시 구체적인 상황 하에서 위임의 합리성을 인정하기 어려운 사정이 존재하고 이를 인식하였거나 인식할 수 있었다고 볼 만한 다른 사정이 없는 한) 위임한 의사는 위임받은 의사의 과실로 환자에게 발생한 결과에 대한 책임이 있다고 할 수 없다(대판 2022.12.1. 2022도1499).[1]

㉢ (주치의와 야간당직의) 주치의사에게 요구되는 이러한 일련의 조치를 취하지 아니한 과실이 있다면, 그 치료 과정에서 야간당직의사의 과실이 일부 개입하였다고 하더라도, 그의 주치의사 및 환자와의 관계에 비추어 볼 때 환자의 주치의사는 업무상 과실치사죄의 책임을 면할 수는 없다(대판 1994.12.9. 93도2524).

㉣ (대학병원의 진료과장과 소속 의사) 일반적으로 대학병원의 진료체계상 과장은 병원행정상의 직급으로서 다른 교수나 전문의가 진료하고 있는 환자의 진료까지 책임지는 것은 아니다. 구강악안면외과 과장이라는 이유만으로 외래담당의사 및 담당 수련의들의 처치와 치료결과를 지시·감독할 주의의무가 있다고 단정할 수 없다(위 95도2710).

(3) 적용한계

신뢰의 원칙은 다른 관여자의 규칙준수를 신뢰할 수 있는 정상적인 상태를 전제로 한다. 다른 관여자를 신뢰할 수 없는 특별한 사정이 있는 경우에는 적용되지 않는다. 즉, ㉠ 행위자 스스로 규칙을 위반한 경우, ㉡ 상대방의 규칙위반을 이미 인식한 경우, ㉢ 상대방의 규칙준수를 신뢰(기대)할 수 없는 경우에는 신뢰의 원칙이 적용될 수 없다. 이 경우 행위자에게 과실이 인정된다.

[판례: 신뢰원칙의 한계] i) [행위자 스스로 규칙위반] ㉠ 행위자가 위험한 곡선 도로에서 도로 중앙선을 제한속도를 초과하여 운전하다가 반대방향에서 우측으로 달려오던 택시와 충돌한 경우에는 행위자에게 과실이 인정된다(대판 1973.6.12. 73다280).

ii) [상대방의 규칙위반을 이미 인식] ㉠ 고속도로에서 운전자가 무단횡단자를 제동거리 밖에서 발견하였다면 신뢰원칙이 배제되므로 사고방지를 위한 제반조치를 취할 주의의무가 있다(대판 1981. 3. 24. 80도3305). ㉡ 침범금지의 황색중앙선이 설치된 도로에서 자기차선을 따라 운행하는 차량의 운전자라도, 반대방향에서 오는 차량이 이

1) [판례사례: 수직적 분업의 예외] 위 2022도1499 ("장폐색이 있는 피해자의 치료를 담당하였던 대학병원 내과 교수의 대장내시경 준비지시를 받은 내과 전공의 2년차가 대장내시경을 위해 투여하는 장정결제를 감량하지 않고 일반적인 용법으로 투여하며 별도로 배변양상을 관찰할 것을 지시하지 않고 관련 설명을 제대로 하지 않은 업무상과실로 피해자의 장이 파열되고 결국 사망한 사안에서, 전공의가 분담한 의료행위에 관하여 내과 교수에게도 주의의무 위반에 따른 책임을 인정한 원심판결을 파기한 사례").

미 중앙선을 침범하여 비정상적인 운행을 하고 있음을 목격한 경우에는 자기의 진행 전방에 돌입할 가능성을 예견하여 그 차량의 동태를 주의깊게 살피면서 속도를 줄여 피행하는 등 적절한 조치를 취함으로써 사고발생을 미연에 방지할 주의의무가 있다(대판 1986. 2. 25. 85도2651).

iii) [상대방의 규칙준수를 신뢰할 수 없는 경우] ㉠ 버스운전자가 40미터 전방 좌측 노변에 어린아이가 같은 방향으로 걸어가고 있음을 목격한 경우에 자동차운전자는 그 아이가 진행하는 버스 앞으로 느닷없이 튀어나올 수 있음을 예견하고 이에 대비할 주의의무가 있다(대판 1970.8.18. 70도1336).

Ⅳ. 관련문제

1. 위법성과 책임

과실범의 위법성과 책임은 고의범의 경우와 같다.

1) 위법성 과실행위도 정당행위, 정당방위, 긴급피난, 자구행위, 피해자의 승낙에 의한 경우 위법성이 조각된다. 예컨대, ㉠ (정당방위) 강도의 피해자가 방위의사로 경고사격을 하였는데, 부주의로 범인이 맞아 부상을 입은 경우, ㉡ (긴급피난) 응급차 운전자가 중환자의 생명을 구하기 위해 과속으로 운전하였는데, 부주의로 교통사고를 일으켜 보행자가 부상을 입은 경우, ㉢ (정당행위) 경찰관이 강도범인 체포하기 위해 경고사격을 하였는데, 부주의로 범인이 맞아 부상을 입은 경우에는, 모두 위법성이 조각된다.

주관적 정당화요소(예: 정당행위의사, 방위의사, 피난의사 등)가 필요한지 여부가 문제되나, 학설의 대립에 불구하고 그 결론은 같다. 과실범의 미수는 처벌규정이 없기 때문이다. 즉, 주관적 정당화요소가 없더라도 '언제나 불가벌'이다.

[주관적 정당화요소 필요 여부] 과실범의 경우에도 위법성조각사유(정당화사유)를 인정하기 위해서는, 주관적 정당화요소(예: 정당행위의사, 방위의사, 피난의사 등)가 필요한지 여부가 문제된다. 이에 대해 필요설과 불요설이 대립하나, 학설의 대립과 상관없이 그 결론은 같다.

㉠ 필요설은, 과실범에서도 객관적 주의의무위반이라는 행위반가치를 상쇄하기 위해서는 주관적 정당화요소가 필요하다는 견해이다. 따라서 주관적 정당화요소가 없는 경우에는 위법성이 조각되지 않으나, 과실범의 (불능)미수가 되는데 과실범의 미수는 처벌규정이 없으므로, 불가벌이 된다고 한다.

㉡ 불요설은, 과실범에서는 애당초 결과불법만 문제되고 행위불법은 문제되지 않으

므로, 주관적 정당화요소가 필요 없다는 견해이다. 즉 행위자가 객관적 정당화상황에서 행위하면 행위불법은 문제되지 않는다는 견해이다. 따라서 주관적 정당화요소가 없는 경우에는 객관적 정당화상황만으로 위법성이 조각되므로, 무죄가 된다고 한다.

2) 책임 과실범의 책임은 책임능력, 주관적 주의의무위반, 위법성의 인식, 기대가능성이 요구된다.

특히, **주관적 주의의무위반**(즉, 주관적 과실)은 과실범의 책임요소가 된다. 주관적 주의무위반과 관련하여, **인수과실**(引受過失)이 문제된다. 인수과실이란 행위자가 위험발생의 회피를 위해 필요한 지식 · 경험이나 개인적 능력이 결여된 경우에는 처음부터 그 행위를 인수하지 않아야 함에도 불구하고, 그 행위를 함부로 인수한 행위자는 인수 자체에 주의의무위반이 인정된다는 것을 말한다(예: 선진적인 치료술에 관한 지식과 경험이 없는 의사가 환자의 수술을 인수한 경우 인수 자체가 과실). 즉, 행위자 자신의 개인적인 능력에 벅찬 일을 함부로 인수한 경우에는 그러한 인수 자체에 대해 책임비난이 가능하다는 것이다. 판례 중에는 이러한 '인수과실에 의한 주관적 주의의무위반 인정 사례'로 볼 만한 것도 있다(대판 1993.7.27. 92도2345; 산부인과 수련과정 2년차 의사의 불필요한 자궁적출술 시행사건).[1]

[과실범의 책임] i) [책임능력] 책임무능력자의 과실행위는 주관적 주의의무위반 여부와 관계 없이 책임이 조각된다.

ii) [주관적 주의의무위반] 특히 과실범의 경우 <u>주관적 주의의무위반은 책임요소</u>가 된다(다수설). 즉, 과실은 구성요건요소와 책임요소로서의 2중적 기능이 있는데, 구성요건요소로서의 과실은 객관적 주의의무위반이 문제되지만, 책임요소로의 과실은 주관적 주의의무위반이 문제된다. 책임은 행위자 개인에 대한 법적 비난이므로, 행위자 개인의 특성이 고려된다. 과실범의 책임비난도 행위자 개인의 주관적 지식과 능력에 의해 결정된다. 따라서 <u>주관적 주의의무위반은 '주관적 예견가능성'과 '주관적 회피가능성'</u>을 전제로 한다. 즉, 행위자 개인의 능력에 비추어 구성요건적 결과발생의 인식

1) [판례사례: 인수과실] 위 92도2345 ("산부인과 전문의 수련과정 2년차인 의사가 자신의 <u>시진, 촉진결과 등을 과신한 나머지</u> 초음파검사 등 피해자의 병증이 자궁외 임신인지, 자궁근종인지를 판별하기 위한 <u>정밀한 진단방법을 실시하지 아니한 채 피해자의 병명을 자궁근종으로 오진</u>하고, 이에 근거하여 의학에 대한 전문지식이 없는 피해자에게 자궁적출술의 불가피성만을 강조하여 피해자로부터 불충분한 설명을 근거로 수술승낙을 받았고, <u>수술단계에서도 냉동절편에 의한 조직검사 등을 거치지 아니한 상태에서 자궁근종으로 속단</u>하고, 일반외과 전문의와 함께 병명조차 정확히 확인하지 못한 채 자궁적출술을 시행하여, 현대의학상 <u>자궁적출술을 반드시 필요로 하는 환자가 아닌 피해자</u>의 <u>자궁을 적출함으로써 동인을 상해</u>에 이르게 한 사안에서, <u>업무상과실치상죄가 성립</u>한다고 한 사례").

과 예견이 가능했음에도 불구하고, 회피하지 아니한 것을 의미한다. 설령 객관적 주의의무위반이 있더라도, 행위자 개인의 주관적 능력을 벗어난 경우에는 책임비난을 할 수 없으므로, 책임이 조각된다.

iii) [위법성의 인식] 위법성의 인식은 위법성에 대한 '현실적 인식' 이외에 '잠재적 인식'의 형태도 가능하다. 과실범의 경우 적어도 잠재적 인식, 즉 '위법성의 인식가능성'은 인정된다. 판례도 같은 취지이다. 즉, "소위 과실범에서 비난가능성의 지적 요소란 결과발생의 가능성에 대한 인식으로서, '인식있는 과실'에는 이와 같은 인식이 있고, '인식없는 과실'에는 이에 대한 인식자체도 없는 경우이다. 그러나 전자(=인식있는 과실)에서 책임이 발생함은 물론, 후자(=인식없는 과실)에서도 그 결과발생을 인식하지 못하였다는 데에 대한 부주의 즉 규범적 실재로서의 과실책임이 있다"(대판 1984.2.28. 83도3007).

iv) [기대가능성] 적법행위의 기대가능성이 없으면 책임이 조각된다. 즉, 행위자의 주의의무 이행을 기대할 수 없는 경우에는 책임이 조각된다.

2. 과실범의 미수

과실범에서는 미수가 문제되지 않는다. 과실범에서는 행위자의 의사를 파악할 수 없으므로 미수가 성립할 수 없다. 더구나 형법상 과실범의 미수를 처벌하는 규정도 없으므로, 미수와 기수를 구분할 필요도 없다.

[과실범과 공범] i) [과실범의 공동정범] 과실범의 '공동'정범이란, 2인 이상이 공동의 과실로 과실범의 구성요건적 결과가 발생한 경우에 공동정범이 성립하는가의 문제이다. 견해의 대립이 극심하나, 판례는 이른바 '태신호' 사건에서 과실범의 '공동'정범을 부인하였으나(대판 1956.12.21. 4289형상276), 1962년 행위공동설의 입장에서 과실범의 '공동'정범을 처음으로 인정한 이래(대판 1962.3.29. 4294형상598), 현재까지 이를 긍정하고 있다. 그러나 기능적 행위지배는 고의범에 국한되므로, 과실범의 공동정범은 부정되어야 하고, 동시범으로 처벌할 수 있을 뿐이라는 비판적인 견해가 지배적이다. 자세한 것은 공범론 참조(後述).

ii) [과실범의 교사·방조범] 과실범에 대한 교사나 방조는 간접정범의 문제이다. 즉 "과실범으로 처벌되는 자를 교사 또는 방조하여 범죄행위의 결과를 발생하게 한 자"는 간접정범으로 처벌한다(34①). 한편, 과실에 의한 교사나 방조는 구조적으로 불가능하다(통설). 고의가 결여된 경우이므로, 교사나 방조가 될 수 없다. 자세한 것은 공범론 참조(後述).

제 5 절 결과적 가중범

제15조(사실의 착오) ② 결과 때문에 형이 무거워지는 죄의 경우에 그 결과의 발생을 예견할 수 없었을 때에는 무거운 죄로 벌하지 아니한다.

Ⅰ. 의의

1. 개념

1) 뜻 결과적 가중범이란 행위자가 의도한 기본범죄를 넘어 중한 결과가 발생한 경우 기본범죄와 중한 결과를 하나로 묶어, 기본범죄보다 형벌이 특히 가중되는 범죄유형을 말한다. 상해치사죄('상해의 고의'로 범행하였으나 '사망'의 중한 결과가 발생한 경우)가 그 대표적인 예이다. 현행 형법상 인정되는 결과적 가중범의 기본범죄는 모두 '고의범'이다.

결과적 가중범은 2개의 범죄(고의범+과실범)가 결합된 형태이지만, 독자적 불법내용을 가진 독립된 단일범죄인데, 그 법정형이 '기본범죄와 (중한 결과에 대한) 과실범'의 상상적 경합보다 훨씬 더 무겁다. 이는 단순히 중한 결과가 발생했기 때문이 아니라 기본범죄와 중한 결과 사이에 '특별한 내적 관련'이 있기 때문이다. 즉, 결과적 가중범에서 중한 결과는 '기본범죄에 내재하는 **전형적인 위험의 현실화**'라고 할 수 있다(헌재 2018.7.26. 2018헌바5).[1]

2) 책임주의의 관철 결과적 가중범은 기본범죄와 중한 결과 사이에 '**인과관계**' 이외에도, 책임주의를 관철하기 위한 추가적인 요건으로, 중한 결과에 대한 '과실'을 요구한다. 즉, 형법 제15조 제2항은, "결과 때문에 형이 무거워지는 죄의 경우에 그 결과의 발생을 '예견할 수 없었을 때'에는 무거운 죄로 벌하지

---

1) [결과적 가중범의 합헌성] 위 2018헌바5 ("결과적 가중범을 별도로 규정하여 상상적 경합에 의한 경우보다 중한 형으로 처벌하도록 하고 있는데, 이는 단순히 중한 결과가 발생하였기 때문이 아니라 기본범죄와 중한 결과가 특별한 내적 관련이 있기 때문이다. 결과적 가중범은 일정한 범죄로부터 일정한 중한 결과가 발생할 빈도가 높은 경우를 추출하여 하나의 독립된 범죄유형을 규정한 것으로서, 결과적 가중범에서의 중한 결과는 '기본범죄에 내재하는 전형적 위험성의 현실화'라고 할 수 있다. 따라서 결과적 가중범을 무겁게 벌하는 이유는 단순히 중한 결과가 발생하였기 때문이 아니라, 행위자가 고의의 기본범죄에 의하여 그 범죄에 전형적으로 결합되어 있는 위험을 주의의무에 위반하여 발생시켰기 때문이다. 특히 폭행행위는 특성상 상해의 결과에 이르게 할 위험성이 상당히 높고 행위자도 그러한 결과를 쉽사리 예견할 수 있다").

아니한다."라고 규정하여, 중한 결과에 대한 '**예견가능성**'(과실)을 요건으로 명시하고 있다.

2. 유형

(1) 진정 결과적 가중범

진정 결과적 가중범이란 '고의의 기본범죄'와 '과실로 중한 결과'가 발생한 경우를 말한다. 결과적 가중범의 전형적인 형태로서, 예컨대, 상해치사죄, 폭행치사상죄 등 대부분의 결과적 가중범이 여기에 해당한다.

진정 결과적 가중범에서 '중한 결과에 대해 고의'가 있는 경우에는, 결과적 가중범이 성립하는 것이 아니라 중한 결과에 대한 '고의범'이 성립한다. 예컨대, 사람을 상해하여 사망하게 한 경우 ('상해의 고의'와 '사망에 대한 과실'이 있다면 결과적 가중범인 상해치사죄가 성립하지만) '사망에 대한 고의'가 있다면 고의범인 살인죄가 성립한다.

(2) 부진정 결과적 가중범

1) 뜻 부진정 결과적 가중범이란 (기본범죄가 고의범인 것은 진정 결과적 가중범과 동일하지만) 중한 결과에 대해 과실이 있는 경우뿐만 아니라 '**고의**'가 있는 경우에도 성립하는 결과적 가중범을 말한다. 예컨대, ㉠ 치사죄로는 **현주건조물방화 '치사'죄**(164②, 즉, 현주건조물방화'**살인**'을 포함)가 유일하고, ㉡ 치상죄로는 **특수공무집행방해'치상'죄**(144②, 즉, 특수공무집행방해'**상해**'를 포함), 현주건조물방화치상죄(164②), 교통방해치상죄(188), 중권리행사방해죄(326) 등이 있으며, ㉢ 중상해죄(258)도 여기에 해당한다.

2) 인정이유 부진정결과적 가중범은, **형벌의 불균형을 시정**하기 위해 고안된 개념이다. 이는 (중한 결과에 대해 '과실'이 있을 뿐인) '결과적 가중범'의 법정형이 (중한 결과에 대해 '고의'가 있는) '고의범'의 법정형보다 더 무거운 경우에 문제된다. 예컨대, 현주건조물의 방화로 사망의 결과가 발생한 경우 현주건조물방화치사죄를 만일 진정 결과적 가중범으로만 해석한다면, 사망의 결과가 '과실로' 발생한 경우보다 '고의로' 사람을 살해한 경우가 더 가볍게 처벌되는 불합리한 결과를 가져오기 때문이다(즉, 부진정 결과적 가중범을 인정하지 않는다면, 사망에 대해 고의가 있는 경우 현주건조물방화살인죄를 별도로 처벌하는 규정이 없는 이상 살인죄와 현주건조물방화죄의 상상적 경합이 되고 결국 살인죄로 처벌하게 되는데, 살인죄의 법정형이 현주건조물방화치사죄의 법정형보다 낮은 관계로, 불법이 무거운 고의가 불법이 낮은 과실보다 오히려 가볍게 처벌되는

불합리한 결과가 발생한다는 것이다). 이러한 불합리를 해소하기 위해서는 중한 결과에 대한 '고의'가 있는 경우에도 결과적 가중범의 성립을 인정할 필요가 있게 된다. 판례도 "기본범죄를 통하여 '고의로 중한 결과를 발생'하게 한 경우에 가중처벌하는 부진정결과적 가중범"(대판 2008.11.27. 2008도7311)을 인정하고 있다.

3) 죄수(부진정 결과적 가중범과 고의범의 관계) 판례는, ㉠ 부진정 결과적 가중범의 법정형보다 (중한 결과의) **고의범을 '더 무겁게 처벌'**하는 규정이 있는 경우에는, 부진정 결과적 가중범 이외에 (중한 결과에 대한) **'고의범도 성립'**하고, 양자는 **'상상적 경합'관계**에 있다고 한다.[1] 반면, ㉡ (중한 결과의) 고의범을 더 무겁게 처벌하는 규정이 '없는' 경우에는, 부진정 결과적 가중범만 성립하고(=법조경합), 고의범은 별도로 성립하지 않는다고 한다. 이 경우 부진정 결과적 가중범은 고의범에 대해 **특별관계**에 있다는 것이다(위 2008도7311 등).

[판례: 부진정 결과적 가중범의 죄수(특별관계 여부)] 부진정 결과적 가중범의 경우 (중한 결과에 대한) 고의범의 법정형이 결과적 가중범의 법정형보다 '더 무거운' 경우에는 두 죄가 모두 성립하고 '상상적 경합'관계에 있지만, '같거나 가벼운 때'에는 결과적 가중범만 성립하고 고의범에 대해 '특별관계'에 있다(위 2008도7311).

i) [(중한 결과에 대한) 고의범 성립 및 상상적 경합] ㉠ (현주건조물방화'치사'죄와 강도살인죄) "피고인들이 피해자들의 재물을 강취한 후 그들을 살해할 목적으로 현주건조물에 방화하여 사망에 이르게 한 경우, 피고인들의 행위는 강도살인죄와 현주건조물방화치사죄에 모두 해당하고 두 죄는 상상적 경합범 관계에 있다"(대판 1998.12.8. 98도3416).

㉡ (현주건조물방화'치사'죄와 '존속살해'죄) "현주건조물방화치사상죄는 (중한 결과에 대해) 고의가 있는 경우에도 포함된다. 존속살인죄와 현주건조물방화치사죄는 상상적 경합범 관계에 있으므로, 법정형이 중한 존속살인죄로 의율함이 타당하다"(대판 1996.4.26. 96도485).

※ (★주의: 현주건조물방화'치사'죄와 '존속살해'죄) 위 판례는 구 형법상 '존속살인죄와 현주건조물방화치사죄' 상호간에도 '상상적 경합' 관계를 인정하였으나, 그 후 1995.12.29. 형법개정(1996.7.1. 시행)으로 존속살해죄의 법정형이 인하됨에 따라, 현주

---

1) [판례] 대판 1995.1.20. 94도2842 ("결과적 가중범에 고의로 중한 결과를 발생케 하는 경우가 포함된다고 해서, 고의범에 대해 더 무겁게 처벌하는 규정이 있는 경우까지 고의범에 정한 형으로 처벌할 수 없다고 볼 것은 아니다. 결과적 가중범은 행위자가 중한 결과를 예견하지 못한 경우에도 그 형이 가중되는 범죄인데, 고의로 중한 결과를 발생케 한 경우까지 이를 결과적 가중범이라 하여 무겁게 벌하는 고의범에 정한 형으로 처벌할 수 없다고 하면, 결과적 가중범으로 의율한 나머지 더 가볍게 처벌되는 결과를 가져오기 때문이다").

건조물방화치사죄의 법정형과 동일하게 되었다(사형, 무기 또는 7년 이상의 징역). 다만, 존속살해죄의 경우 현재에도 "유기징역에 처할 때에는 10년 이하의 자격정지를 병과할 수 있다"(256). 이와 관련하여, 위 판례(96도485)의 해석론이 현행법 하에서도 여전히 타당한지 여부, 즉 양죄의 죄수관계 여하에 대해, 견해의 대립이 있음을 주의할 것(상상적 경합설, 특별관계설 등 각주 참조★).[1]

㉢ (특수공무집행방해'치상'죄와 구 폭처법 제3조 제2항의 '야간' 흉기휴대등 상해죄) "고의로 중한 결과를 발생케 한 경우에 (고의범에 대해) 무겁게 벌하는 구성요건이 따로 있는 경우에는 당연히 무겁게 벌하는 구성요건에서 정하는 형으로 처벌하여야 할 것이고, 결과적 가중범의 형이 더 무거운 경우에는 결과적 가중범에 정한 형으로 처벌할 수 있도록 하여야 한다. 부진정 결과적 가중범의 경우에 그 중한 결과가 별도의 구성요건에 해당한다면 이는 결과적 가중범과 중한 결과에 대한 고의범의 상상적 경합관계에 있다"(대판 1995.1.20. 94도2842).

ii) [(중한 결과에 대한) 고의범 불성립 및 '부진정 결과적 가중범'만 성립(=특별관계)]

㉠ (현주건조물방화'치사'죄와 살인죄) "현주건조물방화치사상죄는 과실이 있는 경우뿐만 아니라 고의가 있는 경우에도 포함된다. 사람을 살해할 목적으로 현주건조물에 방화하여 사망에 이르게 한 경우 현주건조물방화치사죄로 의율하여야 하고 살인죄와의 상상적 경합범으로 의율할 것은 아니다"(위 96도485).

㉡ (특수공무집행방해'치상'죄와 구 폭처법 제3조 제1항의 '주간' 흉기휴대등 상해죄) "고의로 중한 결과를 발생하게 한 경우에 (그 고의범에 대하여 결과적 가중범에 정한 형보다 더 무겁게 처벌하는 규정이 있는 경우에는 그 고의범과 결과적 가중범이 상상적 경합관계에 있지만) 고의범에 대하여 더 무겁게 처벌하는 규정이 없는 경우에는 결과적 가중범이 고의범에 대하여 특별관계에 있으므로 결과적 가중범만 성립하고 이와 법조경합의 관계에 있는 고의범에 대하여는 별도로 죄를 구성하지 않는다. 직무를 집행하는 공무원에 대하여 위험한 물건을 휴대하여 고의로 상해를 가한 경우에는 특수공무집행방해치상죄만 성립할 뿐, 이와는 별도로 폭처법위반(집단·흉기 등 상해)죄를 구성하지 않는다"(대판 2008.11.27. 2008도7311). 이는 양 죄의 법정형이 동일한 사례이다.

※ (★주의: 특수공무집행방해'치상'죄와 특수상해죄) 특수공무집행방해'치상'죄만 성립하고(=특별관계), 특수상해죄는 별도로 성립하지 않는다. 즉, 특수공무집행방해치상죄

---

1) [★죄수관계: 현주건조물방화치사죄와 존속살해죄] 현행법상 견해의 대립은 다음과 같다.
㉠ 상상적 경합설(존속살해죄는 제256조의 자격정지형이 병과될 수 있는데, 이는 법정형이 더 무거운 경우에 해당하므로, 양자는 여전히 '상상적 경합범'이 된다는 견해),
㉡ 별도의 상상적 경합설(형법은 고의범 처벌이 원칙이고, 부진정결과적 가중범은 이례적·예외적 현상이며, 설령 양자의 법정형이 동일하더라도, 존속살해죄의 독립성을 유지하여 별도의 범죄로 파악해야 하므로, 양자는 상상적 경합범으로 해결해야 한다는 견해),
㉢ 현주건조물방화치사죄만 성립한다는 특별관계설(제256조의 자격정지형은 부가형으로서, 불이익변경금지원칙에서의 형량비교와 마찬가지로 주형主刑만으로 비교해야 하므로, 기존의 판례 법리에 따라 양자는 더 이상 상상적 경합관계가 아니라는 견해) 등.

의 법정형(3년 이상의 유기징역)에 비해, 고의범인 특수상해죄의 법정형(1년 이상 10년 이하의 징역, 258의2①)이 더 무거운 경우가 아니므로, 판례에 따르면, 이 경우 결과적 가중범은 고의범에 대해 특별관계에 있고, 결과적 가중범인 특수공무집행방해치상죄만 성립할 뿐, 이와 별도로 특수상해죄는 성립하지 않는다.

Ⅱ. 결과적 가중범의 구성요건

결과적 가중범이 성립하기 위해서는, ㉠ 고의의 기본범죄, ㉡ 중한 결과의 발생, ㉢ 기본범죄행위와 중한 결과 사이의 인과관계, ㉣ 중한 결과에 대한 예견가능성(과실)이 있어야 한다.

1) 고의의 기본범죄　현행 형법상 결과적 가중범의 기본범죄는 모두 고의범이다.[1] 즉, 기본범죄에 대한 고의가 있어야 한다. 고의의 기본범죄가 반드시 기수에 이르러야 하는 것은 아니며, 기본범죄가 미수에 그친 경우에도 기본범죄에 대한 미수범처벌규정이 있는 한 결과적 가중범은 성립한다. 예컨대, “강간치상죄의 경우 강간이 ‘미수’에 그쳤다고 해도 강간치상죄의 성립에는 영향이 없다”(대판 1988.8.23. 88도1212), “강간‘미수’행위와 피해자의 사망과의 사이에 상당인과관계가 있는 경우에는 강간치사죄가 성립한다”(대판 1995.5.12. 95도425).[2]

2) 중한 결과의 발생　고의의 기본범죄를 초과하는 중한 결과가 발생해야 한다. 중한 결과는 사망·상해와 같이 생명·신체의 법익을 침해하는 결과범인 경우가 대부분이지만, 중상해죄·중권리행사방해죄·중손괴죄 등에서와 같이 생명에 대한 위험발생, 즉 구체적 위험범인 경우도 있다.

3) 기본범죄와 중한 결과 사이의 인과관계　기본범죄와 중한 결과 사이에 인과관계가 있어야 한다. 인과관계에 관한 일반이론이 그대로 적용된다.

결과적 가중범의 가중처벌의 근거는 중한 결과가 ‘기본범죄에 내재하는 전형적인 위험의 현실화’라는 점에 있다. 이는 기본범죄와 중한 결과 사이에 직접

---

1) [특별법상 예외: 과실의 결과적 가중범] 특별법에서는 기본범죄가 과실인 경우도 결과적 가중범을 인정한 예가 있다. 예컨대, 환경범죄단속법 제3조 제2항은 오염물질을 불법으로 배출하여 사람을 사상에 이르게 한 경우를 처벌하면서, 제5조 제2항에서 업무상 과실 또는 중대한 과실로 위 죄를 범한 경우를 처벌한다(이는 기본범죄인 불법배출이 고의에 의한 경우는 물론, 과실에 의한 경우도 포함한다).

2) [주의] 강간치사죄·강간치상죄에는 형법상 미수범처벌규정이 없다(300 참조). 그러나 기본범죄인 강간죄에는 미수범처벌규정이 있다(300). 따라서 기본범죄인 강간이 미수에 그쳤더라도, 결과적 가중범인 강간치사죄·강간치상죄가 성립함에는 아무런 영향이 없다.

적 관련이 존재할 것을 요구하며, 이를 '**직접성**의 원칙'이라고 한다. 즉, 중한 결과가 다른 중간 원인의 개입 없이 기본범죄(및 그에 내재된 전형적인 위험)로부터 직접 초래되어야 중한 결과에 대한 객관적 귀속이 인정된다(='직접 인과관계'). 따라서 중한 결과가 행위자의 기본범죄 행위와 별개로 제3자의 행위가 개입하거나 피해자의 스스로의 행위가 개입한 경우에는 직접성이 부정되므로, 결과적 가중범은 성립하지 않는다고 해야 한다.

그러나 판례는 상당인과관계설의 입장에서, 예견가능성 이외에 별도로 '**직접성**'**을 요구하지 않는다**. 즉, "(기본범죄의) 행위가 피해자의 사상이라는 결과를 발생하게 한 유일하거나 직접적인 원인이 된 경우만이 아니라, 그 행위와 결과 사이에 피해자나 제3자의 과실 등 **다른 사실이 개재된 때에도**, 그와 같은 사실이 '**통상 예견**'될 수 있는 것이라면 **상당인과관계**를 인정할 수 있다"(대판 2014.7.24. 2014도6206. 각주의 '사안' 참조).[1] 예컨대, 피해자가 '두려움이나 공포'로 인하여 이를 피하기 위해 도피하는 과정에서 발생한 결과는 인과관계를 '인정'한다. 반면, 행위자의 행위 후 피해자의 '의도적인 별개 행위'에 의해 발생한 결과는 인과관계를 '부정'한다. 자세한 것은 제2절 인과관계 부분 참조(前述)[특히 Ⅳ. 2. 비유형적 인과관계사례 중 (3) 피해자의 피신행위, (4) 제3자의 행위 개입 참조].

여기서 중한 결과는 기본범죄로부터 발생한 것이면 족하고, 반드시 기본범죄의 '결과'에 의하여 발생한 것임은 요하지 '않는다'(통설·판례). 예컨대, "강간치상죄에서 상해의 결과는 강간의 수단으로 사용한 '폭행'으로부터 발생한 경우뿐 아니라, '간음행위' 그 자체로부터 발생한 경우나 '강간에 수반하는 행위'에서 발생한 경우도 포함하는 것이다"(대판 1999.4.9. 99도519).

4) 중한 결과에 대한 예견가능성(과실) 인과관계가 있어야 할 뿐만 아니라, 중한 결과에 대한 예견가능성도 있어야 한다. 중한 결과에 대한 예견가능성은 행위자가 과실로 중한 결과를 예견하지 못하였다는 것, 즉 결과발생에 대한 과실을 의미한다. 판례도 같다. "폭행치사죄는 결과적 가중범으로서 폭행과 사망의 결과 사이에 인과관계가 있는 외에 사망의 결과에 대한 예견가능성 즉 과

---

1) [사안] 피고인이 고속도로 2차로를 따라 자동차를 운전하다가 1차로를 진행하던 A의 차량 앞에 급하게 끼어든 후 곧바로 정차하여, A의 차량 및 이를 뒤따르던 차량 두 대는 급정차하였으나, 그 뒤를 따라오던 D의 차량이 앞의 차량들을 연쇄적으로 추돌케 하여 D를 사망에 이르게 하고 나머지 차량 운전자 등에게 상해를 입힌 사안에서, 피고인으로서는 '교통상황이나 운전행태 등에 비추어 다른 차량 운전자들이 제한속도 준수나 안전거리 확보 등의 주의의무를 완전하게 다하지 않을 수도 있다'는 점을 알았거나 충분히 알 수 있었다는 이유로, 피고인에게 일반교통방해치사상죄를 인정한 사례(위 2014도6206).

실이 있어야 한다"(대판 2010.5.27. 2010도2680). 즉, 인과관계가 있더라도 예견가능성이 부정되면, 결과적 가중범은 인정되지 않는다.[1)]

중한 결과에 대한 예견가능성은 기본범죄의 실행행위 시전에 존재해야 한다. 예견가능성은 평균인을 기준으로 판단한다(객관설). 즉, "예견가능성은 일반인을 기준으로 객관적으로 판단되어야 한다"(대판 2014.7.24. 2014도6206).

Ⅲ. 관련문제

1. 위법성과 책임

결과적 가중범이 성립하기 위해서는 위법성과 책임도 인정되어야 한다. 결과적 가중범의 위법성과 책임은 고의범·과실범의 경우와 동일하다. 따라서 기본범죄에 위법성조각사유가 존재하면 중한 결과의 발생에 대해 결과적 가중범은 성립하지 않고, 다만 중한 결과에 대해 과실이 인정되는 경우 그 과실범의 성립 여부만이 문제된다. 결과적 가중범의 책임은 책임능력, 위법성의 인식, 기대가능성 등 책임요소를 구비하면 인정된다.

2. 결과적 가중범의 미수

1) 기본범죄의 미수 문제　1995년 형법개정으로 일부 결과적 가중범에 대해 미수범 처벌규정(342등)이 신설되었고, 성폭력범죄처벌법에도 결과적 가중범

---

1) [판례사례: 예견가능성 인정] 대판 1991.10.25. 91도2085 ("피고인이 아파트 안방에서 안방문에 못질을 하여 동거하던 피해자가 술집에 나갈 수 없게 감금하고, 피해자를 때리고 옷을 벗기는 등 가혹한 행위를 하여 피해자가 이를 피하기 위하여 창문을 통해 밖으로 뛰어 내리려 하자 피고인이 이를 제지한 후, 피고인이 거실로 나오는 사이에 갑자기 안방 창문을 통하여 알몸으로 아파트 아래 잔디밭에 뛰어 내리다가 다발성 실질장기파열상 등을 입고 사망한 경우, 피고인의 중감금행위와 피해자의 사망 사이에는 인과관계가 있고, 피고인에게 그 결과에 대한 예측가능성도 있었다: 중감금치사죄 인정").

[판례사례: 예견가능성 부정] 대판 1990.9.25. 90도1596 ("이 사건에서 위 폭행과 사망의 결과 사이에 인과관계가 있다. 그러나 그 사망의 결과에 대하여 피고인에게 폭행치사의 죄책을 물으려면 피고인이 위와 같은 사망의 결과발생을 예견할 수 있었음이 인정되어야 할 것인바, 피고인이 피해자에게 상당한 힘을 가하여 넘어뜨린 것이 아니라 단지 공장에서 동료 사이에 말다툼을 하던 중 피고인이 삿대질하는 것을 피하고자 피해자 자신이 두어걸음 뒷걸음치다가 회전 중이던 십자형 스빙기계 철받침대에 걸려 넘어진 정도라면, 당시 바닥에 위와 같은 장애물이 있어서 뒷걸음치면 장애물에 걸려 '넘어질 수 있다는 것'까지는 예견할 수 있었다고 하더라도 그 정도로 넘어지면서 머리를 바닥에 부딪쳐 두개골절로 '사망한다는 것'은 이례적인 일이어서 통상적으로 일반인이 예견하기 어려운 결과라고 하지 않을 수 없으므로 피고인에게 폭행치사죄의 책임을 물을 수 없다").

에 대한 미수범 처벌규정(15)이 있다. 결과적 가중범에 대해 미수범 처벌규정이 있는 경우(예: 강도상해 · 치상죄 및 강도살인 · 치사죄, 성폭법상 특수강간등상해 · 치상죄 및 특수강간등살인 · 치사죄 등)에는 그 적용 여부가 문제된다. 특히 '기본범죄가 미수'이고 '중한 결과가 발생'한 경우에 결과적 가중범의 미수가 인정되는지 여부가 주된 쟁점이다(예: 강도상해 · 치상죄 가운데 강도'치상'죄 부분, 성폭법상 특수강간등상해 · 치상죄 가운데 특수강간등'치상'죄 부분 등). 이는 결국 '미수의 결과적 가중범' 인정 여부의 문제이다.

종래의 통설은 부정설로, 중한 결과가 발생한 이상 (기본범죄가 미수에 그친 경우라도) '결과적 가중범은 기수'가 된다고 한다(기수설). 판례도 같은 입장이다. 즉, "특수강간이 미수에 그쳤더라도 피해자가 상해를 입었다면 특수'강간치상죄의 기수'가 성립한다"는 것이다(대판 2025.3.20. 2023도10405 전합). 그 결과 해당 미수범 처벌규정은 결과적 가중범이 아닌 결합범(예: 강도'상해'죄에서 '상해'가 미수, 강도'살인'죄에서 '살인'이 미수)에 대해서만 적용된다고 한다.[1)]

[사견] 그러나 미수범 처벌규정의 취지를 살려 기본범죄가 미수에 그친 경우에는, 기본범죄가 기수에 이르른 경우에 비해 감경된 책임귀속(즉, 전체범죄의 미수)을 인정하는 것이 이론적으로 타당하다(미수설). 즉, ㉠ 기본범죄가 기수인지 미수인지 여부는 불법성에서 큰 차이가 있는데, 기본범죄가 미수에 그친 결과적 가중범의 경우에는 불법의 질과 양의 차이에 따른 책임세분화가 책임귀속의 관점에 부합한다. ㉡ 판례는 1995년 형법개정으로 미수범 처벌규정이 신설된 준강도의 경우에도, 준강도의 기수 여부는 절도행위의 기수 여부를 기준으로 판단한다(대판 2004.11.18. 2004도5074 전합. 이른바 '절취행위기준설'). 준강도의 경우 기본범죄로 볼 수 있는 절도의 기수 · 미수 여부가 전체 범죄의 기수 · 미수 여부를 결정한다는 점은, 불법성의 정도를 감안한 책임귀속의 관점에서는 '결과적 가중범의 미수'의 경우와 다를 바 없다. 요컨대, <u>행위관련적 결과적 가중범의 경우 기본범죄가 미수에 그친 때에는 결과적 가중범 전체의 미수를 인정하자</u>는 것이다.[2)]

---

1) [판례: 결합범의 미수] 대판 2008.4.24. 2007도10058 ("성폭력범죄처벌법 제9조 제1항에 의하면 같은 법 제6조 제1항에서 규정하는 특수강간의 죄를 범한 자뿐만 아니라, 특수강간이 미수에 그쳤다고 하더라도 그로 인하여 피해자가 상해를 입었으면 특수강간치상죄가 성립하는 것이고, 같은 법 제12조에서 규정한 위 제9조 제1항에 대한 <u>미수범 처벌규정은</u> 제9조 제1항에서 특수강간치상죄와 함께 규정된 <u>특수강간상해죄의 미수에 그친 경우, 즉 특수강간의 죄를 범하거나 미수에 그친 자가 피해자에 대하여 상해의 고의를 가지고 피해자에게 상해를 입히려다가 미수에 그친 경우 등에 적용된다</u>").

2) 같은 취지의 대구고법 2013.5.29. 2012노776 참조(다만, 대판 2013.8.22. 2013도7138로 파기됨).

2) (특히 현주건조물'방화''치사상'죄에서) 중한 결과의 미수 문제 한편, 현주건조물방화치사상죄는 부진정 결과적 가중범인데, 미수범 처벌규정이 없다. 1995년 개정으로 종전의 미수범 처벌규정이 삭제되었다. 따라서 부진정 결과적 가중범에서 (중한 결과에 대한 '고의'가 인정되지만) '중한 결과가 발생하지 않은 경우'에도 (미수범 처벌규정이 없으므로) 결과적 가중범의 미수는 인정되지 않는다(다만, 현주건조물'일수'치사상죄에 대해서는 미수범처벌규정이 존치되어 있는바, 이와 비교할 때 현주건조물'방화'치사상죄의 경우는 입법의 실수가 아니라면 설명되지 않는다). 그 결과 '기본범죄의 기수'와 '중한 결과 자체에 대한 (고의범의) 미수'의 '상상적 경합'이 된다(다수설). 즉, '현주건조물방화죄의 기수범'과 '(중한 결과에 대한) 살인·상해죄의 미수범'이 성립하고, 양죄는 '상상적 경합'관계에 있다.

[결과적 가중범과 공범] i) [결과적 가중범의 공동정범] 기본범죄를 공모한 공범자 1인이 양적으로 초과하여 중한 결과를 발생시킨 경우에, 다른 공범자에게 결과적 가중범의 공동정범이 성립하는지 여부가 문제된다(공범자 모두 적어도 기본범죄의 고의는 충족). 이때 (초과실행자 아닌) 다른 공범자는 중한 결과에 대한 **예견가능성**이 있는 경우에는 **결과적 가중범의 공동정범**이 성립한다(물론, 중한 결과에 대해 '미필적 고의'가 있다면, 중한 결과에 대해서도 공동정범이 성립한다). 판례도 같다. 예컨대, ㉠ 甲과 乙이 '강도' 공모했는데, 乙이 고의로 피해자를 '살해'한 경우(초과실행으로 '결합범'이 성립. 즉 강도'살인'죄)에, (乙에게는 당연히 강도'살인'죄가 성립하고) 甲은 중한 결과인 사망에 대한 '예견가능성'이 있다면, **결과적 가중범인 '강도치사죄의 공동정범'**이 성립한다(대판 1991.11.12. 91도2156). ㉡ 甲과 乙이 '강도' 공모했는데, 乙이 과실로 '상해의 결과'를 발생시킨 경우(초과실행으로 '결과적 가중범'이 성립. 즉 강도'치상'죄)에, (乙에게는 당연히 강도'치상'죄가 성립하고) 甲은 중한 결과인 상해의 결과에 대한 '예견가능성'이 있다면, **결과적 가중범인 '강도치상죄의 공동정범'**이 성립한다(대판 1998.4.14. 98도356).

ii) [결과적 가중범의 교사·방조범] 정범(피교사자·피방조자)이 교사·방조의 범위를 초과하여 중한 결과를 발생시켰을 경우에, (공동정범의 경우와 마찬가지로) 교사·방조자가 중한 결과에 대한 **예견가능성**이 있는 경우에는 **결과적 가중범의 교사·방조범**이 성립한다. 판례도 같다. 예컨대, 교사자가 상해를 교사하였는데 피교사자가 살인을 실행한 경우 (일반적으로는 교사자는 상해죄에 대한 교사범이 되는 것지만) 교사자가 중한 결과인 사망에 대해 '예견가능성'이 있는 때에는 '상해치사죄의 교사범'이 된다(대판 1993.10.8. 93도1873; 2002.10.25. 2002도4089 등). 자세한 것은 공범론 참조(後述).

제 6 절 부작위범

제18조(부작위범) 위험의 발생을 방지할 의무가 있거나 자기의 행위로 인하여 위험발생의 원인을 야기한 자가 그 위험발생을 방지하지 아니한 때에는 그 발생된 결과에 의하여 처벌한다.

Ⅰ. 의의

1. 부작위와 부작위범

(1) 뜻

1) 부작위　범죄는 대개 작위이나, 작위는 물론 부작위에 의해서도 실현될 수 있다. 즉, 범죄의 실행행위는 금지규범을 위반하는 작위와 명령규범을 위반하는 부작위로 구분된다. 작위는 규범이 금지하고 있는 행위를 적극적으로 하는 것이고, 부작위는 규범이 명령하고 있는 행위를 소극적으로 하지 않는 것이다. 형법상 부작위는 단순한 무위(無爲, 아무 것도 하지 않는 것)가 아니라 규범적으로 기대되는 일정한 행위를 하지 않는 것을 의미한다.

2) 부작위범　부작위범은 소극적 부작위에 의해 실현되는 범죄유형으로서, 적극적 작위에 의해 실현되는 범죄유형인 작위범과 구별된다. 형법에는 부작위범에 대한 명문의 규정이 있다. 즉, "위험의 발생을 방지할 의무가 있거나 자기의 행위로 인하여 위험발생의 원인을 야기한 자가 그 위험발생을 방지하지 아니한 때에는, 그 발생된 결과에 의하여 처벌한다"(18).

(2) 작위와 부작위의 구별

작위범과 부작위범은 가벌성의 요건에서 큰 차이가 있다. 작위범에 비해 부작위범의 성립요건은 훨씬 더 엄격하다(예: 부진정부작위범의 성립요건으로서의 보증인지위 등). 구체적인 사건에서 어느 행위가 작위인지 부작위인지 구별이 쉽지 않다. 특히 그 행위에 작위적 요소와 부작위적 요소가 혼재되어 있는 경우 작위와 부작위 중 무엇을 먼저 검토해야 하는지 문제된다. 예컨대, 환자의 보호자가 의학적 권고에도 불구하고 치료를 요하는 환자의 퇴원을 간청하여 담당 전문의 甲과 주치의 乙이 치료중단 및 퇴원을 허용하는 조치를 취한 경우에, 치료를 중단한 것은 소극적 부작위이지만 퇴원을 허용한 것은 적극적 작위라고 할 수 있다. 이 경우 작위와 부작위의 구별은, 그 범죄가 작위범인지 부작위범인지 여부의 선결문제가 된다.

1) 학설　작위와 부작위의 구별기준에 대해서는 작위우선설, 중점설, 에너지투입설 등이 대립한다. 부작위는 규범적 개념이며, 작위와 부작위는 규범적 관점에서 판단해야 한다.

[학설] i) 작위우선설은 작위와 부작위의 구별이 명확하지 않는 경우 먼저 작위를 우선하여 검토하고, 부작위는 작위에 대해 '보충관계'에 있다는 견해이다. 이에 대해서는, ㉠ 적극적 구별기준을 포기하고 있고, ㉡ 작위와 부작위를 보충관계로 취급해야 할 실정법적 근거가 없으며, ㉢ 작위부터 심사하게 되면 작위범의 성립이 손쉽게 긍정되어 그 가벌성이 부당하게 확대될 수 있다는 비판이 있다.

ii) 중점설은 형법적으로 의미 있는 행태의 중점 내지 '법적 비난의 중점'이 어디에 있는가에 따라 검토하는 견해이다. 이에 대해서는, ㉠ 법적 비난의 중점이 어디에 있는가는, 법적 평가에 선행되는 문제가 아니라, 법적 평가의 결과에 불과하고, ㉡ 중점 판단은 결국 판단자의 주관적 사고에 의존한다는 비판이 있다.

iii) 에너지투입설은 특정한 방향으로 에너지의 투입이 있으면 작위이고, 그러한 에너지의 투입이 없으면 부작위라는 견해이다. 이에 대해서는, ㉠ 이러한 자연과학적 척도만으로는 현실적으로 에너지의 투입이 있는 경우에는 항상 작위가 된다는 문제가 있고, ㉡ 부작위의 규범적 성격을 도외시한다는 비판이 있다.

2) 판례　판례는 "어떠한 범죄가 적극적 작위에 의하여 이루어질 수 있음은 물론, 결과의 발생을 방지하지 아니하는 소극적 부작위에 의하여도 실현될 수 있는 경우에, 행위자가 자신의 '신체적 활동이나 물리적·화학적 작용'을 통하여 적극적으로 타인의 법익 상황을 악화시킴으로써 결국 그 타인의 법익을 침해하기에 이르렀다면, 이는 '작위'에 의한 범죄로 봄이 원칙이고, 작위에 의하여 악화된 법익 상황을 다시 되돌이키지 아니한 점에 주목하여 이를 부작위범으로 볼 것은 아니다"(대판 2004.6.24. 2002도995; 2016.5.12. 2013도15616)라고 판시하고 있다. 그 의미에 대해서는, 에너지투입설에 가까운 판시라는 해석, 작위우선설이라는 해석, 양자(에너지투입설과 작위우선설)를 혼합하는 입장 또는 중점설의 입장이라는 해석 등 그 평가가 분분하다.

[판례사례] i) [보라매병원 사건(위 2002도995)] 보호자가 의학적 권고에도 불구하고

치료를 요하는 환자의 퇴원을 간청하여 담당 전문의와 주치의가 치료중단 및 퇴원을 허용하는 조치를 취함으로써 환자를 사망에 이르게 한 행위에 대하여 보호자, 담당 전문의 및 주치의가 '작위'에 의한 살인죄의 공동정범으로 기소된 사안에서, 특히 담당 전문의와 주치의의 형사책임이 문제되었다.

여기서, 담당 전문의와 주치의에 대해, (가) 제1심은 "사망원인은 인공호흡보조장치의 제거가 아니라 뇌간압박에 의한 호흡곤란이고, 인공호흡보조장치의 제거행위를 포함한 행위 전체를 규범적으로 평가해야 한다"는 이유에서 '부작위에 의한 살인죄의 공동정범'으로 인정하였으나, (나) 제2심은 "퇴원결정과 치료행위의 중단은 1개의 사실관계의 양면으로 상호결합되어 있는 것인데, 피해자가 퇴원하게 되어 치료를 중단하게 된 것이므로 비난은 치료행위의 중단이라기 보다는 '퇴원조치를 한 점'에 집중되어야 한다"(이는 '중점설'의 입장으로 볼 수 있다)는 이유에서 '작위에 의한 방조범'으로 인정하였다. (다) 대법원은 다음의 판시와 함께 '작위에 의한 방조범'이라는 판단을 수긍하여 상고기각하였다. 즉, 그들에게 환자의 사망이라는 결과 발생에 대한 정범의 고의는 인정되나, ㉠ 담당 전문의와 주치의는 환자를 집으로 후송하고 호흡보조장치를 제거할 것을 지시하는 등의 적극적 행위를 통해 보호자의 부작위에 의한 살인행위를 도운 것이므로, 이를 '작위'에 해당하고, ㉡ 환자의 사망이라는 결과나 그에 이르는 사태의 핵심적 경과를 계획적으로 조종하거나 저지·촉진하는 등으로 지배하고 있었다고 보기는 어려워, 공동정범의 객관적 요건인 이른바 기능적 행위지배가 흠결되어 있기 때문에, '작위에 의한 살인방조죄'만 성립한다고 한 사례이다(위 2002도995).

이에 대해서는, 신체적 치료활동을 대신하는 기계적 보조장치의 제거행위도 신체적 치료활동의 중단과 마찬가지로 사회통념상 '치료행위의 중단'으로 '부작위'로 파악하는 것이 타당하다는 견해가 지배적이다.

ii) [통신비밀보호법위반 사건(위 2013도15616)] 신문기자인 피고인이 재직 중인 신문사 빌딩에서 휴대폰의 녹음기능을 작동시킨 상태로, 다른 건물에 있던 재단법인 이사장의 휴대폰으로 전화를 걸어 약 8분간의 전화통화를 마친 후, 상대방에 대한 예우차원에서 바로 전화통화를 끊지 않고 상대방이 전화를 먼저 끊기를 기다리던 중, 상대방이 실수로 휴대폰의 통화종료버튼을 누르지 아니한 채 이를 이사장실 내의 탁자 위에 놓아두자, 상대방의 휴대폰과 통화연결상태에 있는 자신의 휴대폰 수신 및 녹음기능을 이용하여, 상대방과 다른 사람들과의 대화를 몰래 청취하면서 (계속하여) '녹음'한 사안에서, 피고인은 이 사건 대화에 원래부터 참여하지 아니한 자이므로, 통화연결상태에 있는 휴대폰을 이용하여 이 사건 대화를 청취·녹음하는 행위는 '작위'에 의한 구 통신비밀보호법 제3조의 위반행위로서 같은 법 제16조 제1항 제1호에 의하여 처벌된다고 한 사례(위 2013도15616).

이에 대해서는, 녹음행위의 처벌을 긍정하면서도 신의칙상 피고인에게 녹음행위를 중단할 작위의무가 있음을 전제로 '부작위'에 의한 녹음으로 평가되어야 한다는 비판이 있다.

iii) [기타] 공무원이 어떠한 위법사실을 발견하고도 직무상 의무에 따른 적절한 조치를 취하지 아니하고 위법사실을 적극적으로 은폐할 목적으로 허위공문서를 작성·행사한 경우에는 직무위배의 위법상태는 허위공문서작성 당시부터 그 속에 포함되는 것으로 작위범인 허위공문서작성, 동행사죄만이 성립하고 부작위범인 직무유기죄는 따로 성립하지 아니한다(대판 1993.12.24. 92도3334). 이는 작위우선설 내지 중점설에 가까운 판시라고 할 수 있다.

2. 부작위범의 유형

부작위범은 진정부작위범과 부진정부작위범으로 구별된다. 그 구별기준에 대해서는 형식설(구성요건의 형식을 기준)과 실질설(구성요건의 실질·내용을 기준)[1]이 대립하나, 통설인 형식설에 따르면 부작위범의 유형은 다음과 같다.

1) **진정부작위범** 진정부작위범이란 형법각칙의 구성요건 자체가 처음부터 부작위의 형식으로 규정되어 있는 범죄를 말한다. 예컨대, 퇴거불응죄(319②), 다중불해산죄(116), 전시군수계약불이행죄(103), 집합명령위반죄(145②) 등이 여기에 해당한다. 이러한 구성요건에는 불응, 불해산, 불이행 등 부작위가 규정되어 있다. 이처럼 '**부작위범의 구성요건**'을 '부작위에 의해 실현'하는 경우를 진정부작위범이라고 한다('부작위에 의한 부작위범').

2) **부진정부작위범** 부진정부작위범이란 구성요건 자체는 작위범의 형태로 규정되어 있으나 이를 부작위에 의해 실현하는 범죄를 말한다. 예컨대, '부작위에 의한 살인죄'가 그 대표적인 예이다. 즉, 살인죄(250)의 구성요건은 살해행위라는 작위를 예정하고 있지만, 물에 빠져 익사 직전에 있는 아들을 구조해야 할 의무가 있는 부모가 이를 방치하는 부작위로써 이를 실현한 경우이다. 이처럼 '**작위범의 구성요건**'을 '부작위에 의해 실현'하는 경우를 부진정부작위범이라고 한다('부작위에 의한 작위범').

진정부작위범과 부진정부작위범의 구별실익은, 부진정부작위범에서는 보증인지위 여부가 구성요건적 상황에 따라 개별적 검토가 필요하다는 점이다. 부작

1) [실질설] 진정부작위범은 단순한 부작위 자체가 구성요건을 충족하는 '거동범'이고, 부진정부작위범은 결과가 발생해야 구성요건을 충족하는 '결과범'이라는 견해이다.

그러나 거동범에 대해서도 부진정부작위범이 불가능한 것은 아니다(예: 폭행죄, 모욕죄 등). 예컨대, 사병이 장교에게 욕설을 하면 '작위에 의한 모욕'이 되나, 경멸의 의사로 경례를 하지 아니하면 '부작위에 의한 모욕'이 성립된다. 형식설이 간명하고 타당하다.

위범이 문제되는 영역은 거의 '부진정부작위범'에 집중되어 있다.

[판례: 형식설] 판례도 형식설의 입장이다. 즉, ㉠ "일정한 기간 내에 잘못된 상태를 바로잡으라는 행정청의 지시를 이행하지 않았다는 것을 구성요건으로 하는 범죄는 이른바 '진정부작위범'이다"(대판 1994.4.26. 93도1731). ㉡ "직무유기죄는 이른바 '부진정부작위범'으로서 구체적으로 그 직무를 수행하여야 할 작위의무가 있는데도 불구하고, 이러한 직무를 버린다는 인식하에 그 작위의무를 수행하지 아니함으로써 성립하는 것이다"(대판 1983.3.22. 82도3065). "업무방해죄와 같이 작위를 내용으로 하는 범죄를 부작위에 의하여 범하는 부진정부작위범이 성립하기 위해서는 부작위를 실행행위로서의 작위와 동일시할 수 있어야 한다"(대판 2017.12.22. 2017도13211). 부진정부작위범에서는 그 주요한 구성요건으로 '보증인지위(보증인의무 내지 작위의무)'와 '부작위와 작위의 동가치성'이 요구된다.

Ⅱ. 부작위범의 구성요건

부작위범이 성립하기 위해서는, 작위범과 마찬가지로 구성요건해당성, 위법성, 책임을 구비해야 한다. 그 가운데 부작위범의 '구성요건'으로는, ① 객관적 요건으로, 특히 ㉠ 구성요건적 상황, ㉡ 요구되는 행위의 부작위, ㉢ 개별적인 행위(작위)의 가능성이 충족되어야 한다. 그 밖에 작위범과 마찬가지로 ㉣ 결과발생 및 인과관계도 충족되어야 한다. ② 주관적 요건으로, 고의 또는 과실이 요구된다. 이는 진정부작위범과 부진정부작위범의 구별과 상관없이 모든 부작위범에 공통되는 구성요건이다. 모든 부작위범에서 공통된 구성요건으로 특히 문제되는 것은 ㉠㉡㉢이다.

1. 객관적 구성요건

(1) 구성요건적 상황

부작위범이 성립하기 위해서는 작위가 요구되는 구성요건적 상황이 존재해야 한다. ㉠ '진정부작위범'의 구성요건적 상황은 형법각칙의 해당 구성요건에 상세하게 규정되어 있다(예: 퇴거불응죄의 구성요건적 상황은 '타인의 주거 등에서 퇴거요구를 받은 때'). 반면, ㉡ '부진정부작위범'의 구성요건적 상황은 작위를 하지 않음으로써 생기는 **구성요건적 결과발생**에 대한 위험이다. 부진정부작위범은 작위범의 구성요건을 부작위에 의해 실현하는 것이므로, 그 구성요건적 상황은 '기술되지 않은 구성요건요소'에 해당한다.

(2) 부작위

요구된 행위의 부작위가 있어야 한다. 규범이 요구하는 행위를 하지 않은 때에 부작위가 성립한다. 부작위는 작위범의 경우와 달리 정형성을 갖는 것이 아니므로 여러 개의 행위유형이 가능하며, 그 중 어느 것이라도 이행하지 않은 때에 부작위가 된다. 요구되는 행위를 하였지만 구성요건실현을 저지하지 못한 경우에는, 적어도 고의에 의한 부작위범은 성립할 수 없고, 과실에 의한 부작위범만이 성립할 수 있을 뿐이다.

(3) 행위가능성

부작위범이 성립하려면 행위가능성 내지 작위가능성이 있어야 한다.

1) 일반적 행위가능성 일반적 행위가능성은 행위자가 작위를 할 수 있는 일반적·객관적 가능성을 말한다. 일반적·객관적으로 불가능한 것은 애당초 인간에게 요구할 수도 없고, 그 부작위를 문제삼을 수도 없기 때문이다(예: 다른 곳에 있는 사람). 이는 구성요건의 전단계인 행위성에 관한 문제이다.

2) 개별적 행위가능성 개별적 행위가능성은 구체적인 위기상황에서 행위자가 작위의무를 이행할 수 있는 개별적·구체적 가능성을 말한다. 개별적 행위가능성에는 외적 조건(예: 현장성, 적절한 구조수단의 존재 등) 및 개인적 능력(예: 신체적 능력이나 지능 등)이 필요하다. 이는 통찰력 있는 제3자의 입장에서 객관적으로 판단한다. 예컨대, 수영능력이 없는 부모가 익사 직전의 아들을 구조하지 못한 경우 개별적 행위가능성이 부인될 수 있다. 판례도 같다. 즉, "특정한 행위를 하지 아니하는 부작위가 형법적으로 부작위로서의 의미를 가지기 위해서는, 보호법익의 주체에게 해당 구성요건적 결과발생의 위험이 있는 상황에서, 행위자가 구성요건의 실현을 회피하기 위하여 요구되는 행위를 현실적·물리적으로 행할 수 있었음에도 하지 아니하였다고 평가될 수 있어야 한다"(대판 2015.11.12. 2015도6809 전합).

(4) 결과발생 및 인과관계

거동범에서는 부작위만 있으면 부작위범이 성립한다. 반면, 결과범에서는 결과발생 및 '부작위와 결과발생 사이에 인과관계'가 인정되어야 한다.

'진정부작위범의 결과적 가중범'(예: 산업안전보건법 제167조 제1항의 '조치의무위반치사죄' 등)에서도, 부작위와 중한 결과 사이에 인과관계가 인정되어야 한다. 부작위범의 인과관계(객관적 귀속)도 작위범에서와 같다.

2. 주관적 구성요건

부작위범에서도 주관적 구성요건이 요구된다. ㉠ 진정부작위범은 고의범만 처벌되고, 과실행위는 불가벌이다. 구성요건적 상황의 존재, 요구되는 행위의 부작위 및 개별적인 행위가능성에 대한 인식을 필요로 한다. ㉡ 목적이나 동기 등의 초과주관적 구성요건요소가 필요한 범죄의 경우 부작위범에서도 작위범과 같이 초과주관적 구성요건요소가 필요하다. ㉢ 부진정부작위범의 경우는 후술한다.

Ⅲ. 부진정부작위범의 특유한 구성요건

부진정부작위범은 작위범의 구성요건을 부작위로 실현하는 것이므로, '부작위에 의한 실현'이 '작위에 의한 실현'과 동등한 것으로 평가될 수 있는 경우에 그 구성요건해당성을 인정할 수 있다. 이를 '**부진정부작위범의 동치성**(同置性)'이라고 한다. 이러한 '동치성'은 ㉠ **보증인지위**(제1요소)와 ㉡ 행위정형의 **동가치성**(제2요소)를 포괄하는 개념이며, 부진정부작위범의 '기술되지 않은 규범적 구성요건요소'이다.

1. 보증인지위

(1) 보증인지위의 의의

1) 보증인지위의 뜻 부진정부작위범은 구성요건실현의 위험발생을 방지할 의무가 있는 자만이 주체가 될 수 있다. 이와 같이 부진정부작위범에서 구성요건실현의 위험이 발생하지 않도록 법적으로 보증해야 하는 특별한 인적 지위를 **보증인지위**라 한다. 예컨대, 동굴안내인은 동굴관광에서 발생가능한 위험을 방지하기 위한 특별한 인적 지위, 즉 보증인지위에 있다. 보증인지위는 부진정부작위범의 '기술되지 않은 규범적 구성요건요소'이며, 이 행위자표지에 의해 부진정부작위범은 '진정신분범'의 특성을 갖는다.

보증인지위의 특징은 일반적으로 셋으로 요약된다. 즉, "이른바 부진정 부작위범의 경우에는, ㉠ 보호법익의 주체가 법익에 대한 침해위협에 **대처할** 보호**능력**이 없고, ㉡ 부작위행위자에게 침해위협으로부터 법익을 보호해 주어야 할 법적 **작위의무**가 있으며, ㉢ 부작위행위자가 그러한 보호적 지위에서 법익침해를 일으키는 **사태를 지배**하고 있어 작위의무의 이행으로 결과발생을 쉽게 방지할 수 있어야 한다”(대판 2015.11.12. 2015도6809 전합). 여기서 특히 중요한 것은 작위의무, 즉 **보증인의무**이다.

보증인지위에 있는 자에게 보증인의무가 있다. 보증인지위로부터 보증인의무가 발생한다. 즉 보증인지위는 보증인의무를 발생시키는 근거가 된다. 형법 제18조의 ‘위험의 발생을 방지할 의무’가 보증인의무이며, 이러한 보증인의무를 발생시키는 근거가 보증인지위이다. 보증인지위로부터 유래하는 보증인의무는 ㉠ 적어도 ‘법적 의무’라야 하고, ㉡ 행위자에게 그 신분상의 지위로 인해 특별히 주어진 ‘행위자의 특별한 의무’라야 한다. 단순한 도덕적 의무나 모든 사람이 다같이 부담하고 있는 일반적인 부조의무 따위는 보증인의무가 아니다.

[보증인의무와 작위의무의 구별] 보증인의무는 통상 작위의무라고도 한다. 그러나 양자가 반드시 일치하는 것은 아니므로, 서로 구분될 필요가 있는 개념이다. 예컨대, 운전자 A가 교통사고로 B에게 상해를 입히고 B를 병원응급실로 후송하였는데, 응급실 당직자 甲이 ‘보험처리가 되느냐’는 A의 질문을 받고서는 A에게 ‘안된다, 다른 병원으로 가보라’라고 말하여, A가 B를 다른 병원으로 이송하던 중 B가 사망한 경우에, 甲은 진료거부죄 또는 응급의료의무불이행죄는 성립하지만, 살인죄 또는 과실치사죄는 성립하지 않는다. 즉, 작위의무인 의사의 응급의료의무(응급의료법6②)는 응급의료 미제공(=부작위)을 응급의료의무불이행죄의 실행행위로 만드는 근거가 될 뿐, 환자의 사망·상해의 결과에 대해 형사책임을 지우는 근거는 될 수 없다. 환자의 사망·상해의 결과에 대해서는, 의료계약을 통해 진료인수를 행한 의사만이 그 위험발생을 방지할 의무(=보증인의무)를 부담하기 때문이다. 즉, 모든 작위의무가 곧바로 보증인의무가 되는 것은 아니라는 점이다. 어떤 부작위를 구성요건실현행위로 만드는 작위의무만이 보증인의무가 된다.

2) 보증인지위와 보증인의무의 관계 보증인지위는 보증인의무의 기초가 되는 사실적·규범적 사정, 즉 보증인의무를 발생시키는 법적 사정을 말하고, 보증인의무는 보증인지위로부터 발생하는 구체적인 위험발생 방지의무를 말한다. 보증인지위와 보증인의무의 체계적 지위에 대해서는, 구성요건요소설(모두 구성요건요소라는 견해. 보증인설)과 이분설(보증인지위는 구성요건요소이나, 보증인의무는 위법성요소라는 견해. 수정된 보증인설)이 대립한다. 양자를 구별하는 ‘이분설’이 통설이며 타당하다. 즉, ‘보증인지위는 구성요건요소가 되며, 보증인의무는 위법성의 요소가 된다.’

[학설] 보증인지위에 대해서는 진정신분범의 특성을 갖는 부진정부작위범의 행위주체에 관한 요소로서 구성요건요소라는 점에 이견이 없다. 그러나 보증인의무에 대해서는 ㉠ 구성요건요소라는 구성요건요소설(보증인설)과 ㉡ 위법성의 요소라는 이분설(수정된 보증인설)이 대립한다.

그런데 부진정부작위범은 작위범의 구성요건을 부작위에 의해 실현하는 것이므로, 구성요건(예: 살인죄)에서 작위의무를 예정하고 있지 않다. 부작위의 구성요건해당성은 위법성을 징표하지 못하며, 작위의무위반이 있는 경우에 그 부작위가 비로소 위법하게 된다. 작위범에서 법적 의무(부작위의무)가 구성요건요소가 아니라 위법성의 내용이듯이, 부진정부작위범에서 법적 의무(작위의무) 역시 위법성의 내용이라고 해야 논리적이다. 과실범의 과실(주의의무위반)은 구성요건요소로 명시되어 있으나 부진정부작위범의 부작위는 작위범의 구성요건 자체에 명시되어 있지 않다는 차이가 있다. 이분설이 통설이며 타당하다. 즉, 모든 부작위가 구성요건에 해당하는 것이 아니라 보증인지위에 있는 자의 부작위만이 구성요건에 해당하며, 보증인의무 자체는 구성요건요소가 아니라 위법성의 요소가 된다는 것이다.

이분설에 따르면, 보증인지위는 구성요건요소가 되며, 보증인의무는 위법성의 요소가 된다. 따라서 ㉠ 보증인지위는 고의의 대상이 되지만, 보증인의무는 고의의 대상이 아니라 위법성인식의 대상이 된다. 또한 ㉡ 행위자가 보증인지위에 대해 인식이 없는 경우에는 구성요건적 착오가 되지만, 보증인의무에 대해 오인한 경우에는 위법성의 착오가 된다. 예컨대, 어린 아이가 익사 직전에 있는 것을 발견한 양부 甲이 이를 방치하였는데, 자식이라는 사정을 몰랐던 경우에는 고의가 조각되는 반면, 이를 알았으나 양부에게는 구조의무가 없다고 오인한 경우에는 고의가 조각되지 않고(부작위에 의한 살인죄의 구성요건에 해당), 다만 위법성의 착오가 되어, 오인에 정당한 이유가 있는 경우에 한하여 책임이 조각된다(책임설).

(2) 보증인지위의 발생근거

형법 제18조는 보증인지위의 발생근거에 대해 ㉠ '위험의 발생을 방지할 의무가 있는 자'(일반적 작위의무)와 ㉡ '자기의 행위로 인하여 위험발생의 원인을 야기한 자'(선행행위에 의한 작위의무)를 규정하고 있다. 후자(㉡)는 전자(㉠)의 예시에 불과하므로, 핵심은 ㉠ '위험의 발생을 방지할 의무'에 있다. 그런데 그 구체적 범위와 발생근거에 대해서는 법률에 그 이상의 규정이 없기 때문에 해석론에 맡겨져 있다. 해석론으로 가벌성을 인정하는 것이므로, 지나치게 확장되지 않도록 법치국가적 관점에서 유념해야 한다.

1) 학설(형식설과 실질설의 결합) 형식설, 실질설, 절충설이 대립한다. 우선,

㉠ 형식설은, 보증인지위의 발생근거가 형식적인 3유형, 즉 법령 · 계약 · 선행행위라는 견해로서, 법원설(法源說)이라고도 한다. 이에 대해서는 그 범위가 너무 좁고 근거 또한 형식적이라는 지적이 있다. 보증인의무를 인정해야 할 그 밖의 사안도 있고, 그 내용과 한계를 명확하게 알기 어렵다는 비판도 있다. ㉡ 실질설은, 법익보호라는 실질적 기준에서 보증인의무의 기능을 보호의무와 안전의무로 이해하는 견해로서, 기능설(機能說)이라고도 한다. '보호의무'는 일정한 법익을 보호해야 할 의무이고, '안전의무'는 일정한 위험원을 감시 · 통제해야 할 의무이다. 이에 대해서는 그 발생근거가 불명확하여 해석에 의해 확대될 우려가 있다는 비판이 있다.

한편, ㉢ 절충설은, 양자를 절충하여, 보증인지위 내지 보증인의무의 발생근거에 대해서는 형식설을, 그 내용에 대해서는 실질설을 결합한 견해이다. 형식설은 보증인의무의 내용과 한계를 명확히 알 수 없다는 단점이 있고, 실질설은 보증인의무의 범위가 지나치게 확대될 우려가 있다는 점에서, 양자를 결합한 절충설이 통설이다.

여기서 법령, 계약, 선행행위, 밀접한 공동체관계에서 나오는 작위의무는 이견 없이 보증인의무 발생근거가 된다. 문제는 일반조항인 '그 밖에 위험발생 방지의무'인데, '물건'과 '사람'에 대한 것이 중요 내용이 된다. 위험원인인 물건에는 건물, 기계, 동물 등이 있다. 사람에 대한 보증인에는 친권자, 상관 등이 있다.

2) 판례: 형식설 판례는 전통적으로 형식설의 입장이다. 즉, "작위의무는 법적인 의무이어야 하므로 단순한 도덕상 또는 종교상의 의무는 포함되지 않으나, 작위의무가 법적인 의무인 한 성문법이건 불문법이건 상관이 없고, 공법이건 사법이건 불문한다"(대판 1996.9.6. 95도2551). 그런데 판례는 특히 "여기서의 작위의무는 법령, 법률행위, 선행행위로 인한 경우는 물론, **신의성실의 원칙**이나 사회상규 혹은 조리상 작위의무가 기대되는 경우에도 인정된다"(대판 2015.11.12. 2015도6809 전합)는 입장이다. 즉, 법령 · 계약 · 선행행위 이외에, **신의칙** · 사회상규 · 조리에 의한 작위의무도 인정하고 있다.

(3) 보증인지위 · 보증인의무의 발생

보증인지위와 보증인의무는 법령 · 계약 · 선행행위 · 조리에 의해 발생한다.

1) 법령 작위의무의 발생근거가 되는 법령에는 사법(私法)뿐만 아니라 공법(公法)도 포함된다. 민법상의 의무에는, 친권자의 보호의무(913), 친족간의 부양

의무(974), 부부간의 부양의무(826) 등이 있고, 공법상의 의무에는, 경찰관직무집행법상 경찰관의 보호조치의무(4), 의료법상 의사의 진료 및 응급조치의무(15), 산업안전보건법상 사업주의 안전조치의무(23), 도로교통법상 교통사고발생시 운전자의 피해자구호의무(54) 등이 있다.

2) **계약** 계약 등 법률행위에 의하여 양육 또는 보호·감독의무를 지는 경우에도 작위의무가 발생한다. 예컨대, 고용계약에 의한 보호의무, 간호사의 환자 간호의무, 의사의 환자 보호의무 등이다. 다만, 그 작위의무는 계약의 범위 내에 한정되므로, 계약 이외의 사항에 대해서는 작위의무가 없다.

3) **선행행위** 선행행위로 인한 작위의무는 형법상 명문의 규정이 있다. 즉, "자기의 행위로 인하여 위험발생의 원인을 야기한 자"는 그 위험이 구성요건적 결과로 발전하지 않도록 해야 할 작위의무가 있다(18). 예컨대, ㉠ 과실로 불을 낸 사람의 소화조치의무(대판 1978.9.26. 78도1996; 2010.1.14. 2009도12109), ㉡ 미성년자를 유인하여 감금한 자가 탈진상태에 빠져 있는 피해자를 구조할 의무(대판 1982.11.23. 82도2024), ㉢ 어린 조카를 저수지로 데리고 가서 미끄러지기 쉬운 제방쪽으로 유인하여 걷게 한 자가 물에 빠진 조카를 구조할 의무(대판 1992.2.11. 91도2951) 등이 있다.

그러나 선행행위로 인한 작위의무를 너무 넓게 인정하면, 형사책임이 지나치게 확대될 염려가 있으므로, **제한할 필요**가 있다. 여기서 **선행행위**는 ㉠ 우선, **'직접적이고 상당한 위험'**을 창출하는 것이라야 한다(예: 담뱃불을 끄지 않은 채 버린 것만으로는 부족하지만, 숲속의 낙엽에 점화되었는데도 소화조치를 취하지 않는 것은 '직접적 위험'의 창출이 되고, 운전자에게 만취상태가 되도록 술을 권한 것은 '상당한 위험'의 창출이 된다). ㉡ 또한, 객관적으로 의무에 위반한 **'위법'**한 것이라야 한다(즉, '적법한' 선행행위로부터는 보증인지위 내지 보증인의무가 발생하지 않는다). 즉, 우리 형법은 위기에 빠진 피해자에 대한 일반적 구조의무를 인정하지 않으므로, '위법하지 않은' 선행행위로부터는 보증인지위가 발생한다고 할 수 없다는 견해가 지배적이다.

다만, 예외적으로 '적법'한 선행행위의 경우라도 명문의 법률규정이 있는 경우에는 작위의무가 발생한다. 예컨대, 도로교통법 제54조에 정한 교통사고발생시 조치의무(도교법54 및 위 2000도173 참조)는 작위의무의 발생이 법률상 명문으로 규정된 대표적인 '특별규정'이다. 교통사고의 속성상 '신속한 대처'가 요구되기 때문이다.[1)]

---

1) [판례: 귀책사유가 없는 운전자의 구호조치의무 및 신고의무] 즉, 도로교통의 안전과 도로에서

4) 신의칙 · 사회상규 · 조리 판례는 법령 · 계약 · 선행행위 이외에 신의칙 · 사회상규 · 조리에 의한 작위의무도 인정하고 있다(위 95도2551). 그러나 이에 대해서는 강한 비판이 제기되고 있다. 즉, 작위의무는 유리적 의무가 아니라 법적 의무이며, 신의칙이나 조리에 의한 작위의무를 인정하는 경우 그 범위가 지나치게 확대될 수 있다는 것을 그 이유로 한다. 특히 신의칙은, 권리 · 의무자의 행동강령으로서 법률행위의 정당성 여부를 평가하는 기준으로 작용하는 것일 뿐, 작위의무의 발생근거 내지 누가 작위의무자인지를 결정하는 근거가 될 수는 없기 때문이다.

[판례사례: 보증인지위 · 보증인의무의 발생근거] i) [계약] ㉠ (상표법위반죄의 방조: 백화점 담당자의 가짜상표 발견과 계약상 작위의무) "백화점에서 바이어를 보조하여 특정매장에 관한 상품관리 및 고객들의 불만사항 확인 등의 업무를 담당하는 직원은, 자신이 관리하는 특정매장의 점포에 가짜 상표가 새겨진 상품이 진열 · 판매되고 있는 사실을 발견하였다면, 고객들이 이를 구매하도록 방치하여서는 아니되고 점주나 그 종업원에게 즉시 그 시정을 요구하고 바이어 등 상급자에게 보고하여 이를 시정하도록 할 근로계약상 · 조리상의 의무가 있다"(대판 1997.3.14. 96도1639). 여기서 '방치'는 실행행위를 용이하게 한 것과 동등한 형법적 가치를 갖는다.

ii) [선행행위] ㉠ (살인죄: 어린 조카를 유인한 자의 물에 빠진 조카 구조의무) "피고인이 조카인 피해자(10세)를 살해할 것을 마음먹고, 저수지로 데리고 가서 미끄러지기 쉬운 제방 쪽으로 유인하여 함께 걷다가 피해자가 물에 빠지자, 그를 구호하지 아니하여 피해자를 익사하게 한 경우, 그 당시는 피고인이 살인죄의 예비 단계에 있었을 뿐 아직 실행의 착수에는 이르지 아니하였다고 하더라도, 피해자의 숙부로서 익사의 위험에 대처할 보호능력이 없는 나이 어린 피해자를 익사의 위험이 있는 저수지로 데리고 갔던 피고인으로서는, 피해자가 물에 빠져 익사할 위험을 방지하고 피해자가 물에 빠지는 경우 그를 구호하여 주어야 할 법적인 작위의무가 있다"(대판 1992.2.11. 91도2951). ㉡ (미성년자를 감금한 자의 탈진상태 피해자 구조의무) "피고인이 미성년자를 유인하여 포박 감금한 상태가 계속된 어느 시점에서 피해자가 탈진상태에 빠지게 되었다면, 자기행위로 인하여 위험발생의 원인을 야기되었기 때문에 그 위험발생을 방지할 법적인 작위의무가 있다"(대판 1982.11.23. 82도2024).

의 원활한 교통을 확보하기 위해 ""도로교통법이 규정한 교통사고발생시의 구호조치의무 및 신고의무는, 교통사고를 발생시킨 당해 차량의 운전자에게 그 사고발생에 있어서 고의 · 과실 혹은 유책 · 위법의 유무에 관계없이 부과된 의무라고 해석함이 상당할 것이므로, 당해 사고에 있어 귀책사유가 없는 경우에도 위 의무가 있다"(대판 2002.5.24. 2000도1731; 2015.10.15. 2015도12451 등).

iii) [신의칙 · 조리] ㉠ (사기죄: 신의칙상 고지의무) "사기죄의 요건으로서의 기망은 널리 재산상의 거래관계에 있어 서로 지켜야 할 신의와 성실의 의무를 저버리는 모든 적극적 또는 소극적 행위를 말하는 것이고, 그 중 소극적 행위로서의 부작위에 의한 기망은 법률상 고지의무 있는 자가 일정한 사실에 관하여 상대방이 착오에 빠져 있음을 알면서도 그 사실을 고지하지 아니함을 말하는 것으로서, 일반거래의 경험칙상 상대방이 그 사실을 알았더라면 당해 법률행위를 하지 않았을 것이 명백한 경우에는 신의칙에 비추어 그 사실을 고지할 법률상 의무가 인정된다"(대판 2004.5.27. 2003도4531). ㉡ (전기통신기본법위반죄의 방조: 조리상 의무) "인터넷 포털 사이트 내 오락채널 총괄팀장과 위 오락채널 내 만화사업의 운영 직원은, 콘텐츠제공업체들이 게재하는 음란만화의 삭제를 요구할 조리상의 의무가 있다"(대판 2006.4.28. 2003도4128).

[보증인지위 · 보증인의무의 실질적 내용과 한계: 실질설] 보증인지위와 보증인의무는 그 내용과 한계가 실질설(보호의무와 안전의무)에 따라 더욱 구체화된다.

1) ('법익'에 대한) **보호의무** 보증인과 법익주체 사이에 특별한 결합관계, 연대관계, 보호관계로 인하여 상호 의존관계에 있는 경우에는 위험으로부터 법익을 보호해야 할 보호책임이 생긴다(이른바 '보호'보증인).

i) [가족적 보호관계] 부부 · 가족 · 직계친족 · 형제자매 등의 가족관계와 같이, 긴밀한 자연적 결합관계에 의해 상호 의존관계에 있는 경우에는 상호간에 서로의 생명 · 신체 등에 대해 보증인지위에 있다. 예컨대, 부부간의 상호부양의무(826①), 친권자의 자녀에 대한 보호의무(913) 및 특유재산관리의무(949①), 친족간의 상호부양의무(947) 등이다. 대개 법률의 규정에 의해 법적 의무로 설정되어 있지만, 법률의 규정이 없더라도 긴밀한 자연적 결합관계가 존재하는 경우에는 보증인지위가 인정된다(예: 사실혼 관계 등).[1] 다만, 보호의무의 범위는 구체적 보호관계에 따라 개별적으로 결정될 수 밖에 없다.

ii) [특별한 위험공동체관계] 탐험 · 등산 등과 같이, 목적상 위험상황의 극복을 위한 위험공동체가 자의에 의해 형성된 경우에는 상호간에 보증인지위에 있다. 따라서 구성원 상호간에는 그 위험공동체의 활동에서 발생할 수 있는 전형적 위험을 방지할 의무를 서로 부담한다.

그러나 단순한 동거인, 동호인회 등은 특별한 연대관계를 기초로 한 위험공동체가 아니며, 교도시설 내의 재소자 상호간 등은 비자의적 관계로서 위험공동체가 아니므로, 보증인지위가 생기지 않는다. 일시적으로 우연히 형성된 공동체의 구성원 상호간

1) [판례: 사실혼관계와 보증인지위] 대판 2008.2.14. 2007도3952 ("사실혼에 해당하여 법률혼에 준하는 보호를 받기 위하여는, 단순한 동거 또는 간헐적인 정교관계를 맺고 있다는 사정만으로는 부족하고, 그 당사자 사이에 주관적으로 혼인의 의사가 있고 객관적으로도 사회관념상 가족질서적인 면에서 부부공동생활을 인정할 만한 혼인생활의 실체가 존재하여야 한다").

에도 보증인지위가 생기지 않는다. 예컨대, 우연히 길을 같이 걸어간 관계가 있다는 사실만으로는 동행자의 생명·신체에 대한 보호책임이 발생하지 않는다(대판 1977.1. 11. 76도3419).

iii) [보호기능의 사실상 인수] 피해자에 대한 보호기능을 사실상 인수하여 피해자와 인수인 사이에 보호·의존관계가 발생한 경우에도 인수인에게 보증인지위가 인정된다. 예컨대, 위험한 등산안내인, 동굴관광 안내인, 환자의 진료를 맡은 의사·간호사 등이다. 이러한 보증인지위는 그로 인하여 피해자에 대한 다른 구조의 가능성이 배제되었거나 새로운 위험이 발생한 경우에 한하여 인정된다.

런데 보호기능의 인수는 일반적으로 계약에 의하여 이루어지나, 반드시 계약 등 사법상의 근거가 필요한 것은 아니다. 계약이 무효·취소되거나 유효기간이 경과한 후라도, 적어도 사실상 보호기능을 맡고 있다면 보증인지위는 계속된다. 물론 자의에 의한 인수가 아니거나, 계약 후 아직 현실적 보호기능을 개시하지 않은 경우에는 보증인지위가 생기지 않는다.

2) ('위험원'에 대한) 안전의무 불특정 다수인의 법익을 위협하는 위험원이 있을 경우에는, 그 위험원에 대해 통제 및 지배관계를 가진 자는, 안전조치를 취하거나 그 위험원인을 감시·감독할 안전책임을 지게 된다(이른바 '안전'보증인). 위험원인에는 '물건'과 '사람'이 있다. 위험원에 대한 안전의무는 그 위험원을 통제하는 데 그친다.

i) [위험원 '감시'책임자] 위험원인이 '물건'인 경우 자기의 관할·지배영역 안에 일정한 위험원을 점유하거나 소유한 자는 그 위험원으로부터 타인의 법익이 침해되지 않도록 안전조치를 취하거나 그 위험원을 '감시'해야 할 보증인지위에 있다. 여기서 위험원이란 위험한 물건 즉, 건물·시설, 기계, 동물·식물 등을 말한다. 예컨대, 건축공사장의 시공자·감독자, 생산시설 내의 안전관리책임자, 운동시설 내의 안전시설의무자, 위험한 맹견을 점유한 자 등이다. "인터넷 포털 사이트를 운영하는 회사와 그 대표이사는 정보제공업체들이 음란한 정보를 반포·판매하지 않도록 통제하거나 저지하여야 할 조리상의 의무를 부담한다"(대판 2006.4.28. 2003도80). 한편, 위험원이 주거·건물 등 장소적 성격을 갖는 경우에는 보증인지위 내지 의무의 범위는 위험원의 장소적 폐쇄에 국한된다.

ii) [타인 '감독'책임자] 위험원인이 '사람'인 경우 그 타인을 감독할 책임이 있는 자는 그 타인의 위법행위로 다른 사람의 법익이 침해되지 않도록 '감독'해야 할 보증인지위가 있다. 예컨대, 부하직원을 감독하는 상사, 선원을 통솔하는 선장, 재소자를 감독하는 교도관 등이다. "은행지점장이 정범인 부하직원들의 범행을 인식하면서도 그들의 은행에 대한 배임행위를 방치하였다면, 배임죄의 방조범이 성립된다"(대판 1984.11.27. 84도1906). 타인에 대한 감독권에 의한 보증인의무의 범위는 피감독자의 범죄행위를 방지하는 것에 국한되며, 기왕의 피해자를 구조할 의무까지 포함되는 것은 아니다. 부부 사이에는 상대방의 법익에 대한 보호의무는 있지만, 상대방에 대한 감독의무는 없다. 부부가 위험원인은 아니기 때문이다.

iii) [선행행위] 자기의 행위로 법익에 대한 직접적이고 상당한 위험을 창출한 자, 즉 선행행위자는, 그 법익이 침해되지 않도록 위험을 제거나 결과발생을 방지해야 할 보증인지위에 있다. 그러나 선행행위로 인한 작위의무는 해석상 그 제한이 필요하다는 점은 이미 서술하였다.

2. 행위정형의 동가치성

1) 동가치성의 뜻 구성요건적 부작위가 작위와 동치성을 가지려면, 보증인지위에 있는 자의 부작위만으로는 부족하고, 그 부작위가 작위에 의한 실행행위와 동등한 것으로 평가할 수 있는 것이라야 한다. 즉, 그 "부작위를 실행행위로서의 **작위와 동일시**할 수 있어야 한다"(대판 2017.12.22. 2017도13211). 이를 행위정형의 동가치성(실행행위의 동가치성)이라 한다. 행위정형의 동가치성은 부진정부작위범의 '기술되지 않은 규범적 구성요건요소'이다.

판례에 따르면, "㉠ 형법이 금지하고 있는 법익침해의 결과발생을 방지할 법적인 작위의무를 지고 있는 자(='보증인지위에 있는 자')가 그 의무를 이행함으로써 결과발생을 쉽게 방지할 수 있었음에도 불구하고 그 결과의 발생을 용인하고 이를 '방관'한 채 그 의무를 이행하지 아니한 경우에, ㉡ 그 부작위가 '**작위**'**에 의한 법익침해와 동등한 형법적 가치**가 있는 것이어서 그 범죄의 실행행위로 평가될 만한 것(='행위정형의 동가치성')이라면, 작위에 의한 실행행위와 동일하게 부작위범으로 처벌할 수 있다"(대판 1992.2.11. 91도2951).

여기서 행위정형(수단·방법)의 동가치성은 부작위에 의한 구성요건 실현이 '그 구성요건에서 요구하는 수단과 방법으로 행해질 것', 즉 부작위가 '작위범의 수단·방법과 같은 것으로 평가할 수 있는 경우'를 의미한다.

2) 적용대상: 행태의존적 결과범 부작위의 동가치성은 모든 결과범에서 문제되는 것이 아니라 특별히 행위정형이 구성요건적으로 중요한 의미를 갖는 범죄에만 국한된다. 사기죄(기망), 특수폭행죄·특수협박죄(다중의 위력 또는 위험한 물건의 휴대), 모욕죄(모욕), 강제추행죄(추행) 등과 같은 **행태의존적 결과범**(구성요건상 행위수단이나 방법이 특정되어 있어 구성요건적 결과가 특정된 행위태양에 의해서만 발생될 것을 요구하는 범죄)에서는 그 구성요건이 요구하는 행위정형(수단·방법)과도 동가치성이 있어야 한다. 그러나 살인죄·상해죄·손괴죄·방화죄와 같은 **순수한 결과범**(구성요건적 결과만 발생하면 처벌되고, 행위수단이나 방법에는 제한이 없는 범죄)에서는 행위정형의 동

가치성이 특별히 문제되지 않는다. 요컨대, 부진정부작위범에서 행위정형의 동가치성은 '행태의존적 결과범'에서 특히 문제된다. 행위정형의 동가치성은 결국 개별 범죄의 구성요건 해석의 문제로 귀착된다.

3) 가담형태: 정범과 방조범의 구별 보증인지위에 있는 자가 '타인의 범행을 알고도' '묵인'하여 부작위로 나아간 경우 그 가담형태가 정범인지 방조범인지 여부가 문제된다. 이에 대해서는 정범설, 방조범설 등이 대립하고 있으나, **방조범설**이 타당하다. 부작위로는 적극적인 행위기여를 인정할 수 없는 데다가, 현행법상 부작위범에 대한 임의적 감경 규정이 없는 이상 방조범으로 인정하는 것이 처벌의 합리성을 도모할 수 있기 때문이다.

판례는 부작위에 의한 가담이 정범 또는 방조범인지 여부는 '작위와의 동가치성'이 기준이라는 입장이다. 즉, 당해 부작위가 작위에 의한 '정범'에 상응하면 부작위에 의한 '정범(공동정범)'이 되고, 작위에 의한 '방조범(공범)'에 상응하면 부작위에 의한 '방조범(공범)'이 된다는 것인데, 이는 기본적으로 (타인의 범죄에 부작위로 가담하는 경우에 대해서는) **방조범설**의 입장이다. 예컨대, 방조범만 인정한 사례로는, ㉠ 결과나 그에 이르는 사태의 핵심적 경과를 계획적으로 조종하거나 지배하고 있었다고 보기 어려운 경우(위 2002도995 참조), ㉡ 그대로 '방치'한 것이 "(정범의) 실행을 '용이'하게 하는 것과 동등한 형법적 가치"가 있는 것으로 평가되는 경우(아래의 96도1639 참조) 등이 있다.

[판례사례: 행위정형의 동가치성] i) [살인죄: <u>살인행위로서의 동가치성 인정</u>사례] ㉠ (조카 익사방치 사건) "피고인이 조카인 피해자가 물에 빠진 후에 피고인이 살해의 범의를 가지고 그를 구호하지 아니한 채 그가 <u>익사하는 것을 '용인하고 방관'한 행위(부작위)</u>는 피고인이 그를 직접 물에 빠뜨려 <u>익사시키는 행위와 다름없다</u>고 형법상 평가될 만한 <u>살인의 실행행위</u>라고 보는 것이 상당하다"(대판 1992.2.11. 91도2951). ㉡ (세월호 사건) "선박침몰 등과 같은 조난사고로 승객이나 다른 승무원들이 스스로 생명에 대한 위협에 대처할 수 없는 급박한 상황이 발생한 경우에는, 선박의 운항을 지배하고 있는 선장이나 갑판 또는 선내에서 구체적인 구조 행위를 지배하고 있는 선원들은, 적극적인 구호활동을 통해 보호능력이 없는 승객이나 다른 승무원의 사망 결과를 방지하여야 할 작위의무가 있으므로, 법익침해의 태양과 정도 등에 따라 요구되는 개별적 · 구체적인 구호의무를 이행함으로써 사망의 결과를 쉽게 방지할 수 있음에도, 그에 이르는 <u>사태의 핵심적 경과를 그대로 방관</u>하여 사망의 결과를 초래하였다면, 부작위는 <u>작위에 의한 살인행위와 동등한 형법적 가치</u>를 가지고, 작위의무를 이행하였

다면 결과가 발생하지 않았을 것이라는 관계가 인정될 경우에는 작위를 하지 않은 부작위와 사망의 결과 사이에 인과관계가 있다(대판 2015.11.12. 2015도6809 전합). 피고인의 '퇴선조치 불이행'은 승객 등을 적극적으로 물에 빠뜨려 익사시키는 행위와 다를 없다고 판단하여 부작위에 의한 살인죄를 인정한 사례이다.

ii) [법무사법위반죄] "피고인은 등기위임장이나 근저당권설정계약서를 작성함에 있어 자신이 법무사가 아님을 밝힐 계약상 또는 조리상의 법적인 작위의무가 있다고 할 것임에도, 이를 밝히지 아니한 채 법무사 행세를 하면서 등기위임장 및 근저당권설정계약서를 작성함으로써 자신이 법무사로 호칭되도록 '계속 방치'한 것은 작위에 의하여 법무사의 명칭을 사용한 경우와 동등한 형법적 가치가 있는 것으로 볼 수 있다"(대판 2008.2.28. 2007도9354).

iii) [상표법위반죄: 방조행위로서의 동가치성 인정사례] "이러한 사실을 알고서도 점주 등에게 시정조치를 요구하거나 상급자에게 이를 보고하지 아니함으로써 점주로 하여금 가짜 상표가 새겨진 상품들을 고객들에게 계속 판매하도록 '방치'한 것은 작위에 의하여 점주의 상표법위반 및 부정경쟁방지법위반 행위의 실행을 '용이'하게 하는 경우와 동등한 형법적 가치가 있는 것으로 볼 수 있으므로 백화점 직원인 피고인은 부작위에 의하여 공동피고인인 점주의 상표법위반 등 행위를 방조하였다고 인정할 수 있다"(대판 1997.3.14. 96도1639).[1]

iv) [업무방해죄: 작위와의 동가치성 부정사례] ㉠ "피고인은 甲과 토지 지상에 창고 신축에 필요한 형틀공사 계약을 체결한 후 그 공사를 완료하였는데, 甲이 공사대금을 주지 않는다는 이유로 위 토지에 쌓아 둔 건축자재를 '치우지 않고'(=방치) 공사현장을 막는 방법으로 위력으로써 甲의 창고신축공사 업무를 방해하였다는 내용으로 기소되었다. 그러나 피고인이 일부러 건축자재를 甲의 토지 위에 쌓아 두어 공사현장을 막은 것이 아니라 당초 자신의 공사를 위해 쌓아 두었던 건축자재를 공사 완료 후 치우지 않은 것에 불과하므로, 비록 공사대금을 받을 목적으로 건축자재를 치우지 않았더라도, 피고인이 자신의 공사를 위하여 쌓아 두었던 건축자재를 공사 완료 후에 단순히 치우지 않은 행위가 위력으로써 甲의 추가 공사 업무를 방해하는 업무방해죄의실행행위로서 甲의 업무에 대하여 하는 적극적인 방해행위와 동등한 형법적 가치를가진다고 볼 수 없다"(대판 2017.12.22. 2017도13211). ㉡ "피고인은 아파트 입주자대표회의 전임 회장인데, 갑이 후임 회장으로 당선되어 임기가 시작되었음에도 입주자대표회의의 은행거래용 인감도장을 자신이 보관하고 있음을 이용하여 갑에게 그 인감도장의 인도를 거부하고, 사업자등록증 원본의 반환요구를 거부하는 등 위력으로 갑의 입주자대표회의 회장으로서 업무를 방해하였다는 내용으로 기소되었다. 그러나 ⓐ 피고인이 갑에게 단순히 인감도장 등의 인도를 거절하거나 반환하지 않은 행위가 위

1) [주의: 동가치성] 당해 부작위에 의한 가담이 정범인지 공범(방조범)인지 여부는 작위와의 동가치성이 기준이 된다.

력으로써 갑의 입주자대표회의 회장으로서의 업무를 방해하는 적극적인 방해행위와 동등한 형법적 가치를 가진다고 볼 수 없고, ⓑ 피고인의 이와 같은 행위로 인하여 입주자대표회의 회장으로서 업무를 정상적으로 수행하는 것이 불가능하거나 현저히 곤란하게 되었다고 보기도 어렵다"(대판 2025.9.4. 2024도7386).

3. 기타 구성요건요소

(1) 객관적 구성요건요소

부진정부작위범의 경우에도 객관적 구성요건으로 구성요건적 상황, 요구된 행위의 부작위, 행위가능성 등이 존재해야 한다. 주의할 점이 있다.

1) 부작위에 의한 작위범의 구성요건실현 부진정부작위범은 부작위에 의해 작위범의 구성요건을 실현하는 것인데, 대부분 결과범이다. 따라서 작위범과 마찬가지로 결과발생이 있어야 한다. 결과발생이 없으면 미수범이 된다. 한편, 중한 결과가 발생한 때에는 결과적 가중범이 성립할 수 있다.

2) 인과관계: 작위의무위반 관련성 부진정부작위범도 작위범과 마찬가지로 부작위와 결과발생 사이에 인과관계(및 객관적 귀속)가 인정되어야 한다. 판례도 부진정부작위범에서 인과관계를 명시적으로 요구한다. 즉, "작위의무를 이행하였다면 결과가 발생하지 않았을 것이라는 관계가 인정될 경우에는, 작위를 하지 않은 부작위와 사망의 결과 사이에 인과관계가 있다"(대판 2015.11.12. 2015도6809 전합: 이른바 '세월호' 사건). 다만, **'작위의무위반 관련성'**이 요구된다(前述). 즉, 만일 **작위의무를 다하였더라도** 같은 결과가 발생하였을 것이라면, 그 결과를 행위자에게 귀속시킬 수 없다(그 결과는 행위자의 부작위로 인한 것이 아니라 다른 위험이 실현된 것이므로, 작위의무위반 관련성이 부정된다). 적법한 대체행위(작위의무 준수)를 하였더라도 같은 결과가 발생하였을 것이 '확실한' 경우는 물론, '불분명'한 경우에도 '의심스러울 때에는 피고인에게 유리하게'라는 원칙에 따라 결과귀속이 부정된다는 **무죄추정설**이 다수설·판례의 입장이다(前述한 제2절 인과관계 부분 참조).

[판례사례: 작위의무위반 관련성 여부] ㉠ (유죄 사례) "피고인들이 분리수거장 방향으로 담배꽁초를 던져 버리고 현장을 떠난 후 화재가 발생하여 각각 실화죄로 기소된 사안에서, 피고인들 각자 본인 및 상대방이 버린 담배꽁초 불씨가 살아 있는지를 확인하고 이를 완전히 제거하는 등 화재를 미리 방지할 주의의무가 있음에도 이를 게을리 한 채 만연히 현장을 떠난 과실이 인정되고 이러한 피고인들 각자의 과실이 경합하여 위 화재를 일으켰다고 보아, 피고인들 각자의 실화죄 책임을 인정한 사례"

(대판 2023.3.9. 2022도16120). 즉, "형법이 금지하고 있는 법익침해의 결과발생을 방지할 법적인 작위의무를 지고 있는 자가 그 의무를 이행함으로써 결과발생을 쉽게 방지할 수 있는데도 결과발생을 용인하고 방관한 채 의무를 이행하지 아니한 것이 범죄의 실행행위로 평가될 만한 것이라면 부작위범으로 처벌할 수 있다. 실화죄에 있어서 공동의 과실이 경합되어 화재가 발생한 경우 적어도 각 과실이 화재의 발생에 대하여 하나의 조건이 된 이상은 그 공동적 원인을 제공한 사람들은 각자 실화죄의 책임을 면할 수 없다"고 판시하였다.

㉡ (무죄 사례) "모텔 방에 투숙하여 담배를 피운 후 재떨이에 담배를 끄게 되었으나 담뱃불이 완전히 꺼졌는지 여부를 확인하지 않은 채 불이 붙기 쉬운 휴지를 재떨이에 버리고 잠을 잔 과실로 담뱃불이 휴지와 침대시트에 옮겨 붙게 함으로써 화재가 발생한 사안에서, 위 화재가 중대한 과실 있는 선행행위로 발생한 이상 화재를 소화할 법률상 의무는 있다 할 것이나, 화재 발생 사실을 안 상태에서 모텔을 빠져나오면서도 모텔 주인이나 다른 투숙객들에게 이를 알리지 아니하였다는 사정만으로는 화재를 용이하게 소화할 수 있었다고 보기 어렵다는 이유로, '부작위에 의한 현주건조물방화치사상죄'의 공소사실에 대해 '무죄'를 선고한 원심의 판단을 수긍한 사례" (대판 2010.1.14. 2009도12109). 이에 대한 분석으로는, ⓐ 개별적 가능성이 없는 사례로 파악하여, 화재를 용이하게 소화할 수 없었다면 부작위에 의한 방화죄는 성립하지 않는다는 견해, ⓑ 인과관계 사례로 파악하여, 불고지와 소훼 사이에 상당인과관계(내지 객관적 귀속)가 인정되지 않는다는 의미로 이해하는 견해가 있다.

(2) 주관적 구성요건요소

1) 고의 부작위범 부진정부작위범에서 고의범이 성립하기 위해서는, 작위범과 마찬가지로 객관적 구성요건, 즉 구성요건적 결과, 행위가능성, 보증인지위의 발생근거인 구성요건적 상황과 결과발생의 방지가능성 등에 대한 인식, 보증인지위에 대한 인식이 있어야 한다. 부진정부작위범의 고의에도 미필적 고의가 포함된다.[1)]

2) 과실 부작위범 부진정부작위범에서 과실범은 부작위범의 보증인지위와 과실범의 객관적 주의의무위반이 혼재되어 있는 경우이다. 즉, 과실에 의한 부진정부작위범은 보증인지위(부작위범의 요건)와 별도로 주의의무위반(과실범의 요

1) [판례: 미필적 고의] 대판 2015.11.12. 2015도6809 전합 ("부진정부작위범의 고의는 반드시 구성요건적 결과발생에 대한 목적이나 계획적인 범행 의도가 있어야 하는 것은 아니고, 법익침해의 결과발생을 방지할 법적 작위의무를 가지고 있는 사람이 의무를 이행함으로써 결과발생을 쉽게 방지할 수 있었음을 예견하고도 결과발생을 용인하고 이를 방관한 채 의무를 이행하지 아니한다는 인식을 하면 족하다. 이러한 작위의무자의 예견 또는 인식 등은 확정적인 경우는 물론 불확정적인 경우라도 미필적 고의로 인정될 수 있다").

건)이 인정되어야 한다. 결국 보증인지위에 있는 자가 객관적 주의의무를 위반하여 구성요건실현의 위험발생을 방지하지 아니한 경우 '과실 부작위범'이 성립한다(이른바 '망각범'). 예컨대, ㉠ "피고인이 함께 술을 마신 후 만취된 피해자를 촛불이 켜져 있는 방안에 혼자 눕혀 놓고, 촛불을 끄지 않고 나오는 바람에, 화재가 발생하여 피해자가 사망한 경우 과실치사책임을 인정한 사례"(대판 1994.8.26. 94도1291. '인식없는' 과실 사례), ㉡ 부모가 자기 자식이 아직 수영미숙으로 익사할 가능성을 인식했으나 이 정도 거리는 괜찮을 것으로 잘못 생각한 경우('인식있는' 과실 사례) 또는 부주의로 익사 위험 그 자체를 인식하지 못한 경우('인식없는' 과실 사례) 등이 있다.

Ⅳ. 관련문제

1. 위법성과 책임

부작위범의 위법성과 책임은 작위범의 경우와 동일하다. 즉, 부작위범의 구성요건에 해당하는 행위도 정당행위, 정당방위, 긴급피난, 자구행위, 피해자의 승낙에 의한 경우 위법성이 조각된다. 부작위범의 책임은 책임능력, 위법성의 인식, 기대가능성 등 책임요소를 구비하면 인정된다.

[의무의 충돌] 부작위범의 위법성과 관련하여, 특히 '의무의 충돌'이 문제된다. 둘 이상의 의무가 동시에 존재하지만 하나밖에 이행할 수 없는 긴급상황에서, 하나의 의무만을 이행하고 다른 의무는 불이행하여 그 의무불이행(부작위)이 구성요건에 해당하는 경우이다. 이 경우 충돌하는 작위의무를 비교하여 적어도 동가치 의무 중 하나를 이행하면 상당성이 인정되어 위법성이 조각된다. 반면, 긴급피난에서는, 동가치 법익이 충돌하는 경우 상당성이 결여되어 위법성이 조각되지 않는다(우월이익의 원리)는 것과 차이가 있다(단지, 책임조각).

2. 미수

부작위범의 미수에도 작위범의 미수에 관한 일반이론이 적용된다.

1) 진정부작위범의 미수 진정부작위범인 퇴거불응죄는 미수범 처벌규정(332)이 있지만, 퇴거요구에 응할 수 있음에도 불응하면 즉시 성립하는 거동범이므로, (불능범의 경우를 제외하고는) 사실상 미수범이 성립하기 어렵다.

2) **부진정부작위범의 미수** 부진정부작위범은 작위범의 구성요건을 실현하는 것이므로, 그 미수범이 성립할 수 있다. 그런데 부작위는 '존재론적으로 무(無)'로서 외견상 인식할 수 있는 동작이 없다. 따라서 부작위범의 경우 **실행의 착수시기**를 언제로 볼 것인가가 특히 문제된다. 이에 대해서는 ㉠ 최초구조가능시설(최초의 구조가능성의 방임시점), ㉡ 최후구조가능시설(최후의 구조가능성의 방임시점), ㉢ 절충설(부작위가 보호법익에 대한 직접적 위험을 야기하거나 증대시킨 시점) 등이 대립한다. 일정한 규범적 기대를 전제로 할 때, 법익 침해의 직접적 위험이 현존하면 그 즉시 위험을 제거하기 위한 작위로 나아가야 하므로, 작위와 동치할 수 있는 '현저점'(특이점)이 존재하는 시점은 법익에 대한 직접적인 위험증대 시점이 된다. **절충설**이 통설이며 타당하다. "부작위를 실행의 착수로 볼 수 있기 위해서는, 구성요건적 결과 발생의 위험이 구체화한 상황에서 부작위가 이루어져야 한다"(대판 2021.5.27. 2020도15529).

[부작위범과 공범] i) [부작위범의 공동정범] 부작위범 사이에도 공동정범이 성립할 수 있는지 문제된다. 긍정설이 통설이다. 그 성립요건으로 공동의무가 인정되고, 의무의 공동위반이 있어야 한다. 판례도 긍정설의 입장이다. 즉, "(진정)부작위범 사이의 공동정범은, 다수의 부작위범에게 '**공통된** (작위)**의무**'가 부여되어 있고, 그 의무를 '**공통으로 이행**'할 수 있을 때에만 성립한다"(대판 2008.3.27. 2008도89).

ii) [부작위에 의한 공범] 부작위에 의한 교사는 **불가능**하다(통설). 교사자가 정범에게 부작위에 의하여 범죄의 결의를 일으키게 할 수 없기 때문이다. 반면, '**부작위에 의한 방조**'는 방조범에게 보증인의무가 인정된다면 가능하다. 당해 부작위가 작위에 의한 '정범'에 상응하면 부작위'정범'이 되고, 작위에 의한 '공범(방조범)'에 상응하면 부작위'공범(방조범)'이 된다.

iii) [부작위범에 대한 공범] 부작위범에 대하여도 적극적인 작위에 의한 교사와 방조는 가능하다. 즉, 부작위범에 대한 교사는 교사자가 정범에게 부작위에 나가도록 결의하게 함으로써 가능하고, 부작위범에 대한 방조는 부작위하겠다는 부작위범의 결의를 도와줌으로써 가능하다. 자세한 것은 공범론 참조(後述).

제 3 장

위법성론

제 1 절 위법성 이론

Ⅰ. 의의

1) 위법성의 뜻 범죄는 구성요건에 해당하는 위법 · 유책한 행위이다. 위법성이란 구성요건에 해당하는 행위가 '전체 법질서'(法)에 '어긋난다'(違)는 성질, 즉 행위가 '전체 법질서의 관점에서 허용되지 않는다'는 부정적 가치판단을 말한다. 이때 전체 법질서란 형법뿐만 아니라 민법 · 행정법 등 성문법, 관습법 · 사회상규(20) 등 불문법을 모두 포함하는 넓은 개념이다.

한편, 위법성은 '구성요건화된 위법'인 **불법과 구별**된다.

[위법성과 불법의 구별] 위법성은 구성요건에 해당하는 행위가 전체 법질서에 위반된다는 부정적 평가인 반면, 불법은 구성요건에 해당하는 위법한 행위에 대한 부정적인 평가 그 자체(='**구성요건화된 위법**')를 말한다. 즉, 위법성은 법질서 전체의 관점에서 내린 일반적인 부정적 가치판단인 반면, 불법은 형법규범에 대한 위반을 전제로 보다 구체화된 특별한 부정적 가치판단이다.

위법성은 '존부가 문제되는 **관계개념**'이지만, 불법은 '정도가 문제되는 **실체개념**'이다. 즉, ㉠ 위법성은 행위와 법질서 사이의 관계를 의미하는 관계개념인 반면, 불법은 전체 법질서에 위반된다고 평가된 내용 그 자체를 의미하는 실체개념이다. ㉡ 위법성은 행위와 법질서 사이의 관계를 의미하므로, '위법이다/아니다'라는 관계의 존부가 문제되는 반면, 불법은 위법하다고 평가된 내용 그 자체를 의미하므로, '어느 정도 불법한가'의 정도와 양이 문제된다. 즉, 위법성은 항상 '단일하고 동일'한 평가인 반면, 불법은 그 내용의 종류와 정도에 따라 '질과 양의 정도가 세분화'된 개념이다. ㉢ 위법성은 형법과 민법에서 일치하는 것(즉, '법질서의 통일성')인 반면, 불법은 형법과 민법에서 반드시 일치하는 것은 아니다. 예컨대, 과실재물손괴는 민법에서는 불법이지만, 형법에서는 불법이 아니다. ㉣ 이러한 형사불법은 질적·양적으로 세분화된다. 예컨대, 살인행위와 상해행위, 고의행위와 과실행위, 기수와 미수는 모두 동일한 위법행위이지만, 행위의 불법은 전자(살인등)가 후자(상해등)보다 크고, 법정형도 당연히 전자가 더 무겁게 규정되어 있다.

2) 구성요건해당성과의 관계　　구성요건해당성과 위법성은 독자적 판단이다(통설). 구성요건해당성은 범죄구성요건이라는 획일적 기준에 의해 그 포섭 여부를 판단하는 것으로, 원칙적으로 사실판단이다. 반면, 위법성은 일단 구성요건에 해당하는 행위에 대해 전체 법질서의 관점에서 그 위반 또는 허용 여부를 판단하는 것으로, 가치판단이다. 그런데 위법성의 확인은 구성요건해당성의 검토 단계에서 먼저 잠정적으로 행해진다. 예컨대, 살인·상해 등의 구성요건해당 행위는 정도의 차이는 있지만, 잠정적으로 위법한 행위로 평가된다. 구성요건해당 행위는 원칙적으로 위법하지만, 위법성조각사유가 있는 경우에는 예외적으로 위법하지 않게 된다. 따라서 구성요건해당성은 위법성의 인식근거가 된다.

3) 책임과의 관계　　위법성과 책임도 독자적 판단이다(통설). 위법성이 행위자보다는 행위에 중점을 둔 '행위에 대한 객관적 비난가능성'이라면, 책임은 행위보다 행위자에 중점을 둔 '행위자에 대한 주관적 비난가능성'이다. 위법행위를 한 사람은 원칙적으로 '법적 비난'을 받지만, 책임조각·감경사유가 있는 경우에는 예외적으로 책임비난을 할 수 없거나 약화된다(책임조각 또는 감경). 따라서 위법성은 책임의 인식근거가 된다.

Ⅱ. 위법성의 본질과 평가방법

1. 위법성의 본질: 형식적 위법성론과 실질적 위법성론

위법성의 본질을 형식적으로 파악할 것인가 실질적으로 파악할 것인가의 문제이다.

1) 형식적 위법성론　　형식적 위법성론은 위법성의 본질을 '형법규범'에 대한 형식적 위반으로 보는 견해이다. 즉, 위법성의 판단기준을 형식적인 '형법규

범' 그 자체에 두고, 그러한 금지나 명령에 위반된다는 가치판단이 바로 위법성이라는 것이다. 그러나 이는 법실증주의라는 비판을 받는다.

2) **실질적 위법성론** 실질적 위법성론은 위법성의 본질을 권리침해, 법익침해 또는 사회질서위반 등과 같은 실질적 내용의 침해로 파악하는 견해이다. 즉, 위법성의 판단기준을 형식적 규범만이 아니라 그 규범의 바탕에 놓여 있는 '전체 법질서'의 실질적 내용에서 찾고, 그러한 실질적 내용의 침해가 위법성이라는 것이다. 오늘날 일반적으로 받아들여지는 견해는 '실질적 위법성론'이며, 그 중에서도 '법익에 대한 침해 내지 위태화'라는 **법익침해설**이 지배적이다.[1)]

3) **사회상규** 형법 제20조(정당행위)는 일반적 위법성조각사유로 '기타 사회상규에 위배되지 아니하는 행위'를 규정하고 있다. 이는 '사회상규' 위배 여부가 위법성의 판단기준이라는 것인데, 실질적 위법성론의 입장으로 이해되고 있다. 판례는 사회상규를 "법질서 전체의 정신이나 그 배후에 놓여 있는 사회윤리 내지 사회통념"이라고 한다(대판 2008.10.23. 2008도6999).[2)]

2. 위법성의 평가방법: 주관적 위법성론과 객관적 위법성론

위법성의 평가방법과 관련하여, 위법성 판단에서 개별 행위자의 주관적 능력을 고려할 것인가의 문제이다.

1) **주관적 위법성론** 주관적 위법성론은 행위자의 주관적 능력을 고려해야 한다는 견해이다. 법규범의 객관적 평가규범으로서의 성격보다는 의사결정규범으로서의 성격을 중시하는 입장인데, 위법성을 이해할 수 있는 능력을 지닌 사람의 행위만이 위법하다는 것이다.

2) **객관적 위법성론** 객관적 위법성론은 행위자의 능력이나 사정을 고려하지 않고, 법질서 전체의 관점에서 객관적으로 판단해야 한다는 견해이다. 1차적으로 법규범의 객관적 평가규범으로서의 성격을 중시하는 입장으로, 의사결

---

1) [법익침해설 판례] 대판 2001.10.23. 2001도2991 ("사기죄의 객체가 되는 재산상의 이익이 반드시 사법(私法)상 보호되는 경제적 이익만을 의미하지 아니하고, 부녀가 금품 등을 받을 것을 전제로 성행위를 하는 경우 그 행위의 대가는 사기죄의 객체인 경제적 이익에 해당하므로, 부녀를 기망하여 성행위 대가의 지급을 면하는 경우 사기죄가 성립한다"). 이는 비록 피해자에게 사법상 권리는 인정되지 않더라도, 형법상 보호할 만한 사실상의 이익(=법익)이 있다면, 그에 대한 침해는 위법하다는 취지이다.

2) 한편, 위법성의 내용이 실질화되어, 위법성의 실질이 불법과 같은 의미를 갖는 이상, 형식적 위법성론과 실질적 위법성론의 대립은 실익이 없어졌고, 형식과 실질은 형법에서 별개의 것으로 엄격히 분리해야 할 것이 아니라 합일해서 사고해야 한다는 견해도 있다.

정규범으로서의 성격은 단지 책임에서 고려하면 된다는 것이다. 그 결과, 책임무능력자의 행위도 객관적으로 '위법'한 것인 이상, 이에 대해 상대방은 정당방위로 대응할 수 있게 된다. 위법성 판단의 주된 대상은 객관적 측면이라는 점에서, 객관적 위법성론이 통설·판례의 입장이다.[1)]

Ⅲ. 위법성조각의 원리

1. 위법성조각사유

1) 뜻　위법성조각사유(違法性阻却事由)란, 구성요건에 해당하는 행위의 위법성을 처음부터 조각(배제·부정)시켜 주는 특별한 사유를 말한다. '위법성배제사유' 또는 '정당화사유'라고도 한다. 구성요건은 불법유형이므로 구성요건에 해당하는 행위는 위법성이 일단 추정된다. 그러나 위법성조각사유가 있으면, 구성요건 행위라도 위법하지 않고 처음부터 적법한 것이 된다.

2) **형법규정**　형법총칙에는 5개의 위법성조각사유가 규정되어 있다. ㉠ **정당행위**(20), ㉡ 정당**방위**(21), ㉢ 긴급**피난**(22), ㉣ **자구**행위(23), ㉤ 피해자의 승낙(24)이 그것이다. 특히 정당행위는 '법령에 의한 행위, 업무로 인한 행위, 기타 사회상규에 위배되지 않는 행위'를 규정하고 있는데, 여기서 '사회상규에 위배되지 않는 행위'는 '**일반적**' 위법성조각사유이다. 그 밖에 나머지 사유들은 모두 특별한 위법성조각사유를 규정한 것이다. 따라서 개별 사유부터 먼저 검토하는 것이 당연한 순서가 된다. 한편, 각칙에는 1개의 특별규정이 있는데, ㉥ 명예훼손죄에서의 '위법성의 조각'(310)이다.

2. 위법성조각의 원리

이러한 위법성조각사유들이 위법성을 조각하고 불법을 정당화시켜 주는 원리가 무엇인지에 대한 논의이다.

1) 일원론　공통되는 하나의 원리가 있다는 입장이다. 여기에는, ㉠ 목적

---

1) [객관적 위법성론 판례] 대판 1997.11.14. 97도2118 ("어떠한 행위가 형법 제20조 소정의 사회상규에 위배되지 않는 행위로 판단되기 위하여서는 그 범행의 동기, 행위자의 의사, 목적과 수단의 정당성, 그로 인한 법익침해의 정도 등을 종합적으로 고려하여 <u>사회통념상 용인될 정도의 상당성</u>이 있다고 인정되어야 하고, 그와 같은 판단에는 <u>법질서 전체의 정신이나 그 배후에 놓여 있는 사회윤리가 그 판단의 기준</u>이 되어야 할 것이다"), 대판 2008.10.23. 2008도6999 ("어떠한 행위가 사회상규에 위배되지 아니하는 정당한 행위로서 위법성이 조각되는 것인지는 <u>구체적인 사정 아래서 합목적적, 합리적으로 고찰</u>하여 개별적으로 판단되어야 한다").

설(정당한 목적을 달성하기 위한 수단, 즉 국가적으로 승인된 공동생활의 목적을 달성하기 위한 상당한 수단은 정당하다는 견해), ㉡ 이익형량설(더 큰 이익을 보호하기 위해 작은 이익을 침해하는 것은 정당하다는 견해), ㉢ 사회적 상당설(사회윤리적 질서에 합치되는 행위는 정당하다는 견해) 등이 있다.

2) **다원론** 공통원리는 없고 개별 사유마다 다르다는 입장이다. 여기에는, ㉠ 이원설(이익흠결이론+우월이익원리), ㉡ 개별화설(다원설)이 있다. 특히 ㉠ 이원설은 피해자의 승낙은 '이익흠결이론'(법익주체가 그 법익을 처분하여 방기함으로써 보호해야할 이익이 없으면 그 침해행위는 위법하지 않다는 것)으로, 그 나머지는 '우월이익원리'(좀더 큰 이익을 보호하기 위해 작은 이익을 침해하는 것은 정당하다는 것)로 나누어 설명한다. ㉡ 개별화설(다원설)은 정당방위를 '긴급성', 긴급피난·자구행위를 '긴급성+우월이익원리', 피해자의 승낙을 '이익흠결이론'에 의해 각각 설명한다.

정당화원리는 위법성조각사유 각각의 성립범위와 한계를 규명하는 데 실익이 있다. 일반적으로 이익흠결이론과 우월이익원리를 공통의 근거로 인정하되, 위법성조각사유마다 개별적으로 여러 원리를 결합하여 설명한다(개별화설 내지 다원설).

3. 형법의 태도

형법은 정당행위(20)에서 위법성조각의 근거를 사회상규라고 규정하고 있는데, 결국은 **다원설**의 입장으로 이해된다. 판례도 같다. 즉, 사회상규 적합성에 관하여 5대 요건을 제시하는바, "첫째, 행위의 동기나 목적의 정당성, 둘째, 행위의 수단이나 방법의 상당성, 셋째, 보호이익과 침해이익과의 법익균형성, 넷째, 긴급성, 다섯째, 그 행위 외에 다른 수단이나 방법이 없다는 보충성"이다(대판 1983.3.8. 82도3248; 2010.5.27. 2010도2680 등).[1] 사회상규는 사실상 위법성조각사유의 공통요소를 망라한 상위의 포괄적 위법성조각사유로 파악되고 있는 것이다.

---

1) [정당행위의 판단기준: 개별사안에서 완급조절의 문제] 대판 2023.5.18. 2027도2760 ("행위의 긴급성과 보충성은 수단의 상당성을 판단할 때 고려요소의 하나로 참작하여야 하고 이를 넘어 독립적인 요건은 아니다. 또한 그 내용 역시 다른 실효성 있는 적법한 수단이 없는 경우를 의미하고 '일체의 법률적인 적법한 수단이 존재하지 않을 것'을 의미하는 것은 아니다").

Ⅳ. 주관적 정당화요소

1. 의의

1) 뜻 주관적 정당화요소란, (구성요건에 해당하는 행위를 하는) 행위자가 자신의 행위가 정당한 행위(위법성이 조각되는 행위)라는 것을 인식·의욕하는 내심의 의사를 말한다. 예컨대, 정당방위에서 방위의사, 긴급피난에서 피난의사, 자구행위에서 자구의사 등이 여기에 해당한다. 위법성조각사유의 객관적 전제상황이 '정당화상황'(객관적 요건)이라면, 이를 인식하는 주관적 의사가 '주관적 정당화요소'(주관적 요건)인 것이다.

2) 필요 여부: 필요설 위법성조각사유의 요건으로, 정당화사정 외에 '주관적 정당화요소'가 필요한지 여부가 문제된다. 이에 대해서는, ㉠ 필요설, ㉡ 불요설이 대립하나,[1] 통설은 **필요설**의 입장이다. 즉, 형법상 '방위하기 위한' (21), '피난하기 위한'(22), '(현저히 곤란해지는) 상황을 피하기 위한'(23)이라는 문언은, 모두 주관적 의사를 염두에 둔 것이며, 행위불법(행위반가치)을 상쇄하기 위해서는 주관적 정당화의사가 필요하다는 것이다. 판례도 같다. 즉, "정당행위가 성립하기 위하여는 건전한 사회통념에 비추어 그 행위의 동기나 목적이 정당하여야 하고, 정당방위·과잉방위나 긴급피난·과잉피난이 성립하기 위하여는 '방위의사' 또는 '피난의사'가 있어야 한다"(대판 1997.4.17. 96도3376 전합; 1980.5.20. 80도306 전합).[2]

3) 내용 주관적 정당화요소는 정당화상황에 대한 '인식' 외에 나아가 이를 '인용'하거나 '의욕'하는 의사적 요소까지 함께 요구된다(통설·판례). 주관적 정당화요소는 주관적 불법요소인 '고의'를 상쇄시키는 대응관계에 있기 때문이다.

2. 주관적 정당화요소의 흠결: 불능미수설

1) 주관적 정당화요소 흠결의 뜻 이는 주관적 정당화요소가 흠결된 경우

---

1) [학설: 필요설과 불요설] ㉠ 필요설(행위반가치·결과반가치 이원론의 입장에서, 행위자의 행위가 정당화되기 위해서는 이미 성립한 불법의 결과반가치뿐만 아니라 행위반가치도 상쇄되어야 하는데, 행위자의 고의를 핵심요소로 하는 행위반가치가 상쇄되기 위해서는 주관적 정당화요소가 필요하다는 견해), ㉡ 불요설(결과불법 일원론의 입장에서, 객관적 요건만 충족되면 위법성이 조각된다는 견해)이 대립한다.

2) [판례: 필요설] "피고인들이 계엄군의 시위진압행위를 이용하여 국헌문란의 목적을 달성하려고 한 행위는 그 행위의 동기나 목적이 정당하다고 볼 수 없고, 또한 피고인들에게 방위의사나 피난의사가 있다고 볼 수도 없어 정당행위, 정당방위·과잉방위, 긴급피난·과잉피난에 해당한다고 할 수는 없다"(위 80도3376 등).

의 법적 취급에 대한 문제이다. 예컨대, **우연방위**(상대방 A가 甲을 살해하려는 순간, 甲이 그 사실을 모른 채 그와 별개로 A를 살해한 경우) 등과 같이, 정당화상황은 존재하지만, 정당화상황에 대한 인식 없이 우연히 방위행위가 행해진 경우이다.

2) 흠결의 효과: 불능미수설 이에 대해서는, 주관적 정당화요소 필요 여부에 따라 ㉠ 무죄설(불요설에 따라, 객관적 정당화상황이 존재하는 한 결과불법이 없으므로 위법성이 조각되어 '무죄'라는 견해), ㉡ 기수범설(필요설에 따라, 주관적 정당화요소가 결여된 이상 위법성이 조각될 수 없고, '기수범'이 성립한다는 견해) 등 원칙에 충실한 입장이 있다.

그러나 ㉢ **'불능미수설'**이 지배적이다. 우연방위, 우연피난, 우연자구행위 등과 같이 주관적 정당화요소가 흠결된 경우에, 그 행위는 위법성이 조각될 수 없고, 다만 불능미수범이 성립한다는 견해이다. 즉, 기본적으로 행위자(甲)에게 행위불법이 인정되지만, 정당화상황의 존재로 결과불법은 상쇄되고 탈락하게 됨으로써 미수범의 결과불법 정도에 불과하게 되므로, 기수범이 아닌 미수범의 성립을 인정하는 견해이다. 다만, 이는 그 구조가 '행위불법 존재, **결과불법 탈락**'(=우연방위 등의 구조)으로서, '행위불법 존재, 결과발생 불가능'(=불능미수의 구조)인 불능미수(27)과 유사하므로(즉, 우연방위등의 '결과불법 탈락'은 불능미수의 '결과발생 불가능성'과 유사), 결국 불능미수 규정(형의 '임의적 감면')을 유추적용하자는 입장이다(다수설).

제 2 절 정당방위

제21조(정당방위) ① 현재의 부당한 침해로부터 자기 또는 타인의 법익(法益)을 방위하기 위하여 한 행위는 상당한 이유가 있는 경우에는 벌하지 아니한다.
② 방위행위가 그 정도를 초과한 경우에는 정황(情況)에 따라 그 형을 감경하거나 면제할 수 있다.
③ 제2항의 경우에 야간이나 그 밖의 불안한 상태에서 공포를 느끼거나 경악(驚愕)하거나 흥분하거나 당황하였기 때문에 그 행위를 하였을 때에는 벌하지 아니한다.

Ⅰ. 의의

1) 뜻 정당방위란 '현재의 부당한 침해로부터 자기 또는 타인의 법익을

방위하기 위한 행위로서, 상당한 이유가 있는 행위'를 말한다(21①). 정당방위는 현재의 부당(=위법)한 침해에 대한 정당한 방위를 의미하므로, '부정(不正) 대 정(正)'의 관계에 있다. 그 결과 다른 위법성조각사유에 비해 상당성의 평가가 훨씬 덜 엄격하다.

2) 근거: 자기보호 및 법확증 ㉠ 자기보호를 위한 정당방위는 긴급상황에서 자기 스스로를 방어하는 '자기보호의 원리'에 기초하고 있다(개인권적 근거). ㉡ 타인보호를 위한 정당방위는 '법은 불법에 양보할 필요가 없다'는 법확증사상에 기초하고 있다(사회권적 근거). 즉, 현재의 부당한 침해에 대한 방어를 통해 법질서의 효력을 강화한다.

[구별: 긴급피난 · 자구행위] i) 정당방위는 긴급피난과 구별된다. 정당방위는 '부정(不正) 대 정(正)'의 관계인 반면, 긴급피난은 '정(正) 대 정(正)'의 관계이다. 긴급피난은 피난의 원인이 된 침해(위난)가 반드시 부정한 것임을 요구하지 않는다(긴급상황에서의 피난이므로, 때로는 상대방의 정당한 이익을 침해할 수도 있다). 따라서 긴급피난에서는 최후수단이라는 '보충성'과 더 큰 법익의 보전이라는 '이익형량'이 엄격하게 요구된다. 반면, '부정(不正) 대 정(正)'의 관계인 정당방위에서는, '보충성'과 '이익형량'이 엄격하게 요구되지 않는다. ii) 정당방위는 자구행위와도 구별된다. 정당방위는 자기는 물론 '타인', 청구권 아닌 '법익'을 방위하기 위한 행위인 반면, 자구행위는 '자기'의 '청구권'을 보전하기 위한 행위이다. 또한, 정당방위는 과거의 침해가 아니라 현재의 부당한 침해를 방위하기 위한 행위인 반면, 자구행위는 정당방위와 달리 현재성이 요건이 아니며, 과거의 침해, 즉 이미 침해된 청구권을 스스로 보전하는 '사후적 긴급행위'이다.

Ⅱ. 성립요건

정당방위가 성립하기 위해서는, ① 객관적 요건으로, ㉠ 정당방위상황(현재의 부당한 침해) 및 ㉡ 방위행위(자기 또는 타인의 법익을 방위하기 위한 행위), ② 주관적 요건으로, 정당방위의사, ③ 그 밖에, 상당성(방위행위에 상당한 이유)이 있어야 한다.

1. 정당방위상황

(1) 현재의 부당한 침해

1) 침해 침해(행위)란 법익에 대해 공격하는 '사람의 행위'를 말한다. 즉, 정

당방위가 성립하기 위해서는 '법익을 침해하는 타인의 행위'가 선행되어야 한다.

i) [사람의 행위] 동물의 공격은 사람의 행태가 아니며, 사람의 행태라도 '형법상 행위' 개념에 상응하는 행위라야 한다. 행위가 아닌 단순한 거동(예. 반사적 동작, 무의식적 거동, 절대적 강제에 의한 동작 등)은 침해가 될 수 없고, 이에 대한 대응은 정당방위가 아니라 긴급피난이 가능할 뿐이다. 자연현상에 의한 침해(재해)도 마찬가지이다. 이러한 현상들은 모두 적법·위법의 판단대상이 아니기 때문이다.

ii) [침해행위] ㉠ 침해는 고의행위는 물론 '과실'행위라도 무방하다(예: 과실로 피해자를 매달고 후진하는 운전자에 대해, 정당방위할 수 있다). 정당방위의 근거에 비추어 법익침해라는 점에서는 차이가 없기 때문이다. ㉡ 침해는 작위가 대부분이나 '부작위'라도 무방하다. 다만, 부작위에 의한 침해는, 부작위범의 구조에 따라 보증인지위(작위의무)가 있어야 하고, 그 부작위가 가벌적이라야 한다(예: ⓐ 익사 위기의 자녀를 방치하는 부모에 대해, 협박하는 것, ⓑ 퇴거요구를 받고 불응하는 방문객에 대해, 밀어내기 하는 것 등).

[★대물방위 문제] 특히 '동물의 공격'에 대해 정당방위로 대응할 수 있는지 여부가 문제된다. 이에 대해서는 견해가 대립하는바, i) 대물방위 긍정설도 있으나,[1] ii) 통설은 '대물방위 부정설'의 입장이다. 즉, ㉠ '**야생동물** 또는 주인 없는 동물의 공격'은 여기서의 '침해'에 해당하지 않으므로, 이에 대응하여 살상하더라도 형법적으로 문제되지 않는다. 다만, 수렵금지구역일 경우 야생생물법위반죄에서 긴급피난이 문제될 수 있다. ㉡ '**사육되는 동물**의 공격'은 주인의 사주 또는 관리자의 관리소홀에 기인한 경우에는 여기서의 '침해'에 해당하므로, 이에 대해서는 정당방위로 대응할 수 있으나, 고의·과실도 없는 경우에는 '긴급피난'만 문제된다(통설). 판례도 같다(로트와일러 사건).[2]

---

1) [대물방위 긍정설] 이는, 대물방위가 문제되는 경우에서 정당방위로 위법성을 조각하는 본질을 되새겨 본다면, 정당방위에서 관건은 침해가 위법한지 여부가 아니라 '정당하지 않은 침해로 인한 불이익'을 누구에게 귀속시킬 것인가의 측면(원래의 침해자에게 귀속)을 고려해야 하므로, 이러한 경우에는 "부정은 위법이라는 원칙"에 '예외'를 둘 필요가 있다는 견해이다.

2) [판례사례: 로트와일러 기계톱 도살사건] 대판 2016.1.28. 2014도2477 (피고인이 자신의 진돗개를 보호하기 위해 기계톱으로 피해견의 척추 등을 절단하여 죽인 사안에서, 동물보호법위반 및 재물손괴죄를 모두 유죄로 인정한 사례: "자신의 진돗개를 보호하기 위해 몽둥이나 기계톱 등을 휘둘러 피해견을 쫓아버리는 방법으로 자신의 재물을 보호할 수 있었을 것이므로, 피해견을 기계톱으로 내리쳐 등 부분을 절개한 것은, 피난행위의 상당성을 넘은 행위로서 형법 제22조 제1항에서 정한 긴급피난의 요건을 갖춘 행위로 보기 어렵고, 그 당시 피해견이 피고인을 공격하지도 않았고 피해견이 평소 공격적인 성향을 가지고 있었다고 볼 자료도 없는 이상 형법 제22조 제3항에서 정한 책임조각적 과잉피난에도 해당하지 아니한다").

그런데, 민법 제759조(동물의 점유자의 책임)[1]와 관련하여, 좀더 심도있는 검토가 필요하다. 민법 제759조는 위험책임의 법리를 반영하여, 동물의 점유자에게 증명책임을 전환한 것이므로, 점유자가 면책사유의 존재(즉, 보관상 상당한 주의)를 증명하지 못하는 한, 손해배상책임이 인정된다. '제3자의 행위'가 개입된 경우에도 점유자가 자신이 보관하는 동물에 대한 제3자의 개입을 가능하게 한 경우라면, 여전히 동물의 점유자책임을 부담한다. 실무상 면책사유의 존재가 거의 인정되지 않으므로, 사실상 무과실책임에 가깝다. 그런데 형사소송에서는 검사가 증명책임을 부담한다. 따라서 검사가 위법성조각사유의 부존재(정당방위상황의 부존재), 즉 면책사유의 존재(점유자의 무과실)를 증명하지 못하는 한, 정당방위의 대상이 된다고 함이 타당하다.

2) '부당'한 침해 침해는 부당한 것이라야 한다. i) [위법] 여기서 부당은 '위법'을 의미하며, 위법은 형법적 불법뿐만 아니라 객관적으로 법질서 전체에 반하는 일반적 위법도 포함한다(객관적 위법성). 예컨대, 불법체포를 면하기 위해 저항하는 과정에서 경찰관에게 상해를 가한 경우 위법한 침해를 벗어나기 위한 행위로서 정당방위가 된다(대판 2011.5.26. 2011도3682).[2]

ii) [객관적 위법] 따라서 ㉠ 위법한 침해에 대해서만 정당방위로 대응할 수 있으므로('不正 대 正'), 정당한 침해에 대해서는 정당방위가 불가능하다.[3] ㉡ 위법한 침해로써 충분하고, 책임은 요구되지 않는다. 즉, 책임무능력자의 침해, 위법성의 착오로 책임이 조각되는 침해에 대해서도 정당방위로 대응할 수 있다(단, 책임무능력자에 대해서는 정당방위의 사회윤리적 제한이 문제된다). ㉢ 위법한 침해만 정당방위의 대상이 된다. 따라서 정당방위, 긴급피난, 정당행위 등 정당한 행위에 대해서는 정당방위로 대응할 수 없다.

---

1) [민법 제759조(동물의 점유자의 책임)] 제759조(동물의 점유자의 책임) ① 동물의 점유자는 그 동물이 타인에게 가한 손해를 배상할 책임이 있다. 그러나 동물의 종류와 성질에 따라 그 보관에 상당한 주의를 해태하지 아니한 때에는 그러하지 아니하다.
② 점유자에 갈음하여 동물을 보관한 자도 전항의 책임이 있다.

2) [위법한 체포와 정당방위] "경찰관이 현행범인 체포 요건을 갖추지 못하였는데도 실력으로 현행범인을 체포하려고 하였다면 적법한 공무집행이라고 할 수 없고, 현행범인 체포행위가 적법한 공무집행을 벗어나 불법인 것으로 볼 수밖에 없다면, 현행범이 체포를 면하려고 반항하는 과정에서 경찰관에게 상해를 가한 것은 불법체포로 인한 신체에 대한 현재의 부당한 침해에서 벗어나기 위한 행위로서 정당방위에 해당하여 위법성이 조각된다"(위 2011도3682).

3) [판례사례: 정당한 직무집행에 대한 대항행위(정당방위 부정)] 대판 1997.4.17. 96도3376 전합("W육군참모차장의 부대출동명령 · 출동준비명령과 X수경사령관의 피고인들에 대한 공격준비행위는 피고인들의 불법공격에 대비하거나 반란을 진압하기 위한 정당한 직무집행으로서, 이를 가리켜 현재의 부당한 침해행위라고 볼 수 없으므로, 이에 대항한 피고인들의 병력동원행위가 정당방위에 해당한다고 할 수 없다").

3) '현재'의 침해 정당방위는 '현재'의 침해에 대해서만 허용되고, 과거의 침해나 장래의 침해에 대해서는 정당방위가 허용되지 않는다.

i) [현재의 침해] 현재의 침해란 침해가 현재 존재하고 있는 경우는 물론, 침해가 직접 임박(=급박急迫 내지 목전 임박目前臨迫)한 것 또는 아직 계속되는 것을 포함한다(=엄격한 현재성). ㉠ 여기서 '직접 임박'한 침해란 법익침해에 대한 미수에 근접한 예비단계를 말한다(예: 장전된 총을 집어드는 상황 등). ㉡ '아직 계속'되는 침해란, 계속범의 경우 범행이 종료되는 시점까지 침해행위가 계속되므로, 현재성을 구비한 것이 된다. 반면, ㉠ '침해에서 벗어난 이후'에는, 설령 방위행위라고 하더라도, 이는 과거의 침해에 대한 것이므로 현재성을 충족할 수 없다. 즉, "침해행위에서 벗어난 후 (분을 풀려는 목적에서 나온) 공격행위는 정당방위에 해당하지 않는다"(대판 1996.4.9. 96도241). ㉡ '장래에 예상되는 침해'에 대해서도 정당방위가 불가능하다. 다만, 현재성을 판단하는 시점은 방위행위시가 아니라 침해행위시이다. 장래의 침해에 대비하여 미리 준비한 감전장치는, 준비행위 당시에는 현재성을 충족할 수 없지만, 장차 침해행위가 발생한 '그 시점'에서는 침해의 현재성을 충족하므로, 정당방위가 성립한다.

그런데 최근에, 엄격한 현재성을 다소 완화하여 좀더 넓게 인정하는 판례가 선고되었다. 즉, "이때 '침해의 현재성'이란 침해행위가 형식적으로 기수에 이르렀는지에 따라 결정되는 것이 아니라, 자기 또는 타인의 법익에 대한 침해상황이 종료되기 전까지를 의미하는 것이다. 따라서 일련의 연속되는 행위로 인해 침해상황이 중단되지 아니하거나 일시 중단되더라도 추가 침해가 곧바로 발생할 객관적인 사유가 있는 경우에는, 그중 일부 행위가 범죄의 기수에 이르렀더라도, 전체적으로 침해상황이 종료되지 않은 것으로 볼 수 있다"(대판 2023.4.27. 2020도6874).[1] 이는 침해의 현재성 여부를 침해 당하는 방어자의 관점에서 파악해야 한다는 것으로 지극히 타당하다.

---

1) [정당행위의 침해의 현재성] (사안) 포장부에서 근속한 피고인은, 자신을 비롯한 다수의 근로자들을 영업부로 전환배치하는 회사의 조치에 따라 노사갈등이 격화되어 있던 중, 사용자가 사무실에 출근하여 항의하는 근로자 중 1명의 어깨를 손으로 미는 과정에서 뒤엉켜 넘어져 근로자를 깔고 앉게 되었는데, 피고인이 근로자를 깔고 있는 사용자의 어깨 쪽 옷을 잡고 사용자가 일으켜 세워진 이후에도 그 옷을 잡고 흔들어 폭행으로 기소되었다.

(판단) 원심은 피고인이 어깨를 흔들 당시 사용자의 가해행위가 종료된 상태였고, 피고인의 행위가 소극적인 저항행위를 넘어서는 적극적인 공격행위라는 이유로 유죄로 판단하였다. 그러나 대법원은 위 법리에 따라 침해의 현재성과 방어행위의 상당성을 인정하는 취지로 원심을 파기환송하였다.

ii) [현재성의 존속기간] 절도의 범행이 기수가 된 이후 그 현행범으로부터 장물을 탈환하는 경우에 정당방위의 성립 여부가 문제된다. 이에 대해서는 ㉠ 정당방위설(기수에 이른 이후에도 그 직후 범죄가 완료되지 않은 상황에서 계속 추격 중에 있는 상태라면, 침해의 계속성을 인정하는 견해), ㉡ 자구행위설(절도범이 기수에 이른 이상 침해는 종료되어 정당방위는 성립하지 않고 자구행위만 문제될 뿐이라는 견해)이 대립한다. 요컨대, 범죄가 기수에 이르렀으나 계속 추격중인 상태라면 아직 완료된 것은 아니므로, 침해의 계속성과 현재성은 인정된다고 보는 **정당방위설**이 타당하다(다수설). 물론 추격이 일단 중단된 이후 다시 범인을 발견하여 탈환한 경우에는 자구행위가 문제될 뿐이다.

[★예방적 정당방위 문제] 장래의 침해에 대해서는 정당방위가 불가능하다. 문제는, 현재의 침해는 없지만 과거에 계속적인 침해가 있었고 장래에도 반복될 위험이 있는 침해(가능성)에 대해, 정당방위가 가능한지 여부이다(예: 음주만취하면 구타하는 습성을 가진 남편의 가정폭력으로부터 벗어나기 위해, 아내가 만취하여 잠자는 남편을 미리 살해한 경우 등). 이른바 '예방적 정당방위'의 인정 여부의 문제인데, (견해의 대립이 있으나) 침해의 현재성을 인정할 수 없는 이상 정당방위가 불가능하다(통설. 부정설). 즉, 예방적 정당방위는 허용되지 않는다.

판례는 그 현재성을 긍정하는 듯한 판시를 낸 적도 있지만(대판 1992.12.22. 92도2540. 이는 궁극적으로 상당성을 결여하였다는 이유로 정당방위를 부정한 사례), 긍정설의 입장이라고 단정할 수는 없다. 즉, "의붓아버지의 강간행위에 의하여 정조를 유린당한 후 계속적으로 성관계를 강요받아 왔고, 그러한 침해행위가 그 후에도 반복하여 계속될 염려가 있었다면, 피고인들의 이 사건 범행(피고인이 공동피고인과 사전에 공모하여 술에 취하여 잠들어 있는 의붓아버지를 식칼로 심장을 찔러 살해) 당시 피고인 D의 신체나 자유등에 대한 현재의 부당한 침해상태가 있었다고 볼 여지가 없는 것은 아니나, 당시의 상황에 비추어도 사회통념상 상당성을 인정하기가 어렵다고 하지 않을 수 없고, 그 상당성을 결여한 이상 정당방위가 성립하지 아니한다".

한편, 폭처법 제8조 제1항에서는 예방적 정당방위를 명문으로 인정하고 있다.[1]

---

1) [폭처법 제8조(정당방위등)] 폭처법 제8조 "① 이 법에 규정된 죄를 범한 사람이 흉기나 그 밖의 위험한 물건 등으로 사람에게 위해를 가하거나 가하려 할 때 이를 예방하거나 방위하기 위하여 한 행위는 벌하지 아니한다." 여기서 '위해를 가하려 할 때 이를 예방하기 위하여 한 행위' 부분은 예방적 정당방위를 규정한 것으로, 형법 제21조 제1항에 비해 현재성 요건을 예외적으로 크게 완화하고 있다.

(2) 자기 또는 타인의 법익

1) 자기 또는 타인의 법익 정당방위는 '자기 또는 타인의 법익'을 방위하기 위한 행위이다. i) [개인적 법익] 여기서 법익은 생명, 신체, 자유, 명예, 프라이버시, 재산 등 법률상 보호되는 **개인적 법익**을 말한다. 형법에 의해 보호되는 법익뿐만 아니라, 민법 등 다른 법률에 의해 보호되는 법익도 포함한다(예: 민법상 점유, 일반적 인격권, 초상권, 과실범 처벌규정이 없는 과실행위 등). ii) [자기 또는 타인의 법익] 자기의 법익뿐만 아니라, 타인의 법익을 보호하기 위해서도 정당방위가 허용된다. 타인의 보호를 위한 정당방위를 '긴급구조'라고 한다. "타인의 법익에 대한 현재의 부당한 침해를 방위하기 위한 행위도 상당한 이유가 있으면 정당방위에 해당하여 위법성이 조각된다"(대판 2017.3.15. 2013도2168). 문제는 '타인'에 국가·사회가 포함되는지 여부이다.

2) 국가·사회적 법익 포함 여부 정당방위는 원래 자기보호 원리에서 출발한 것으로, 타인의 법익도 개인적 법익을 전제로 한다. 따라서 (견해의 대립이 있으나) 국가적·사회적 법익에 대한 긴급구조는 원칙적으로 허용되지 않는다(다수설). 다만, ㉠ 국가가 법익주체라도 그 법익의 내용이 '개인적 법익'인 경우에는, 정당방위가 인정된다(예: 국가 소유 물건의 절도·손괴 등에 대한 정당방위). ㉡ 사회적 법익이라도 **개인적 법익과 밀접한 관련**이 있는 경우에는, 예외적으로 정당방위가 인정된다(예: 피해자 소유의 재물을 현재 방화·일수·교통방해하는 사람에 대해, 제지·상해 등의 방법으로 정당방위). 반면, 순수한 국가적·사회적 법익을 보호하기 위한 정당방위는 허용되지 않으며(예: 현재 문서를 위조하는 사람에 대한 폭행 등), 단지 긴급피난만 가능하다.

2. 방위행위

(1) 방위행위

정당방위가 성립하기 위해서는, 현재의 부당한 침해로부터, 자기 또는 타인의 법익을 방위하기 위하여 한 행위라야 한다. i) [보호방어와 반격방어] 방위행위란 그 침해가 계속되지 못하게 하거나 침해를 배제하는 수비 또는 공격의 모든 행위를 포함한다. 즉, 수비적인 **보호방어**(예: 몽둥이로 공격하는 사람에 대해, 그 몽둥이를 막아 뿌러지게 하는 것)는 물론 공격적인 **반격방어**(예: 그 공격자를 두들겨 패는 것)도 가능하다. 판례도 같다. 즉, "정당방위의 성립요건인 방어행위에는, 순수한 수비적 방어뿐 아니라 적극적 반격을 포함하는 '반격방어'의 형태도 포함된다"(대판

1992.12.22. 92도2540). 예컨대, "인적이 드문 심야에 혼자 귀가 중인 행위자(여)가 강제로 키스하는 강제추행범(남)의 '혀를 깨물어(즉, 소극적으로 뿌리치는 것을 넘어)' 설(혀)절단상을 입힌 경우"라도, 반격방어로서 정당방위에 해당한다(대판 1989.8.8. 89도358).[1] ii) [방위의 상대방: 공격자] 방위행위의 상대방은 오로지 공격자에게만 국한된다. 공격자 이외의 제3자에 대한 가해는 긴급피난만이 문제된다.

(2) 방위의사

정당방위에는 행위자에게 방위의사가 있어야 한다. 즉, 행위자가 정당방위상황을 인식하면서 방위하겠다는 방위의사가 필요하다. 이러한 방위의사는 정당방위의 주관적 정당화요소이다. 즉, "정당방위 · 과잉방위나 긴급피난 · 과잉피난이 성립하기 위하여는 '방위의사' 또는 '피난의사'가 있어야 한다"(대판 1997.4.17. 96도3376 전합; 1980.5.20. 80도306 전합). 방위의사는 주관적 불법요소인 '고의'를 상쇄시키는 역할을 한다.

한편, 방위의사가 주된 경우라면, 다소간의 분노 등과 같은 다른 동기가 함께 작용하더라도 정당방위가 성립한다. 다만, 정당방위상황을 인식하면서도 '다른 목적'에서 방위행위로 나아간 경우에는 방위의사가 인정되지 않는다(예: 공격을 틈타 적극적 가해를 하는 등의 특별한 사정이 있는 경우, 방위를 빌미로 적극적인 공격을 감행한 경우 등).

[우연방위] 방위의사가 흠결된 경우에는 우연방위가 된다. 이에 대해서는 무죄설, 기수범설, 불능미수설(다수설)이 대립한다(前述한 '주관적 정당화요소의 흠결').

3. 상당한 이유

정당방위가 성립하기 위해서는, 방위행위에 상당한 이유, 즉 상당성이 있어야 한다. i) [상당성] 상당성은 일반적으로 적합성, 필요성, 균형성을 의미하는데, 여기서의 상당성은 방위행위가 방어를 위한 '적합한' 수단이고, 여러 적합한 수단 중에서 '최소한의 피해를 주는' 수단이며, 방위수단으로서의 사회적으로 상당한 것을 의미한다. ii) [보충성 · 균형성 불문] 그러나 정당방위는 '부정(不正)

---

1) [판례사례: 반격방어] "(추행할 목적으로) 인적이 드문 심야에 혼자 귀가중인 피해자에게 뒤에서 느닷없이 달려들어 양팔을 붙잡고 어두운 골목길로 끌고들어가 담벽에 쓰러뜨린 후 음부를 만지며, 반항하는 피해자의 옆구리를 무릎으로 차고 억지로 키스를 하자, 피해자가 정조와 신체를 지키려는 일념에서 엉겁결에 가해자의 혀를 깨물어 설절단상을 입혔다면, 피해자의 범행은 자기의 신체에 대한 현재의 부당한 침해에서 벗어나려고 한 행위로서, 위법성이 결여된 행위이다. 정당방위에 해당하여 무죄이다"(위 89도358).

대 정(正)'의 관계이므로 정(正)이 부정(不正)에 양보할 필요가 없다는 점에서, 긴급피난과 달리, 최후수단이라는 **'보충성'이 요구되지 않는다.** 즉, "정당방위에서는, 긴급피난의 경우와 같이 불법한 침해에 대해서 달리 피난방법이 있었나는 것을 반드시 필요로 하는 것이 아니다"(대판 1966.3.5. 66도63). 또한, 긴급피난과 달리, 더 큰 법익의 보전이라는 **'법익균형성'이 엄격하게 요구되지 않는다.** 즉, 정당방위에서의 '균형성'은 법익교량(法益較量)이 필요 없고 **'극단적 불균형만 아니라면'** 균형성이 충족된다(=완화된 균형성).

iii) [상당성 판단방법] "방위행위가 사회적으로 상당한 것인지 여부는, 침해행위에 의해 침해되는 법익의 종류, 정도, 침해의 방법, 침해행위의 완급과 방위행위에 의해 침해될 법익의 종류, 정도 등 '일체의 구체적 사정들을 참작'하여 판단하여야 한다"(대판 2003.11.13. 2003도3606).

[판례사례: 상당성 여부] i) [상당성 인정(=무죄)사례] ㉠ 강제로 키스하는 강제추행범에 대항하여, 그 혀를 깨물어 설절단상을 가한 행위(대판 1989.8.8. 89도358), ㉡ 차량 앞에 뛰어 들어 함부로 타려고 하고, 바지춤을 잡아 당겨 찢고 끌고가려는 것에 대항하여, 경찰관이 도착할 때까지 양 손목을 3분 정도 잡아 누른 행위(대판 1999.6.11. 99도943), ㉢ 공사를 계속하기 위해, 현수막을 찢고 낙서를 지운 행위(대판 1989.3.14. 87도3674), ㉣ 30cm 이상 성장한 보리를 수확하기 위해, 보리를 갈아 뭉개는 소 앞을 가로막고 쟁기를 잡아당기는 등의 행위(대판 1977.5.24. 76도3460), ㉤ 긴급체포의 요건이 갖추어지지 않은 행위에 대해, 저항한 행위(대판 2006.9.8. 2006도148), ㉥ 경찰관이 무기를 사용하여 상대방을 사망에 이르게 한 행위, 즉 경찰관이 씨름대회에서 우승할 만큼 건장한 체구의 소유자인 피해자가 함께 출동한 동료 경찰관과 몸싸움을 하던 중 배위에 올라탄 자세에서 목을 조이는 등 공격하자, 공포탄 발사에서 나아가 근접한 거리에서 피해자의 몸을 향한 실탄 발사로 나아간 경우(업무상과실치사죄의 구성요건에 해당하나, 경찰관직무집행법과 정당방위의 법리에 따라 정당방위가 성립할 수 있다)(대판 2004.3.25. 2003도3842), ㉦ 피해자인 경찰관이 범행현장에서 즉시 범인을 체포할 급박한 사정이 있다고 보기도 어려우므로, "(현행범체포의 요건을 갖추지 못하였음에도) 경찰관이 피고인을 체포한 행위는 적법한 공무집행이라고 볼 수 없고, 피고인이 체포를 면하려고 반항하는 과정에서 상해를 가한 것은 정당방위에 해당한다"는 이유로, 공무집행방해 및 상해를 무죄로 판단한 사례(위 2011도3682) 등에서는, 상당성을 인정하고 있다.

ii) [상당성 부정(=유죄)사례] 반면, ㉠ 전투경찰대원이 상관에게 심한 기합을 받지 않기 위해, 상관을 사살한 행위(대판 1984.6.12. 84도683), ㉡ 피해자로부터 뺨을 맞고 손톱깎이 칼에 찔려 약 1cm의 상처를 입었다 하여, 약 20cm의 과도로 피해자의 복부를 찌른 행위(대판 1968.12.24. 68도1229), ㉢ 이혼소송 중인 남편이 찾아와 가위로 폭행하고 변태적 성행위를 강요하는 데에 격분하여, 처가 칼로 남편의 복부를 찔러 사망에 이르게 한 행위(대판 2001.5.15. 2001도1089), ㉣ 자신의 소유인 밤나무 단지에서 밤 18개를 푸대에 주워 담는 것을 보고 푸대를 빼앗으려다가, 반항하는 피해자의 뺨·팔목을 때려 상처를 입힌 행위(대판 1984.9.25. 84도1611), ㉤ 아파트 게시판의 공고문은 입주자대표회의에서 발생한 여러 분쟁들을 아파트 주민들에게 알리려는 것에 불과하고, 거기에 피고인의 명예를 훼손하는 내용도 없음에도, 이를 떼어간 행위(대판 2006.4.27. 2003도4735) 등에 대해서는, 상당성을 부정하고 있다.

4. 정당방위의 제한

정당방위의 제한이 문제되는 경우로는, 사회윤리적 제한, 그 밖에 싸움 및 자초한 침해의 경우가 논의되고 있다.

(1) 사회윤리적 제한

정당방위의 요건인 상당한 이유와 관련하여, 정당방위의 사회윤리적 제한이 가능한지 여부가 문제된다. 그 근거로는 권리남용금지원칙, 과잉금지원칙, 기대가능성이론, 정당방위의 이념으로서 자기보호 원리와 법확증 원리 등이 제시되고 있다. 사회윤리적 제한을 넘는 방위행위는 정당방위가 제한된다는 것이다(과잉방위가 성립할 가능성). 사회윤리적 제한에 해당하는 경우에는, 첫째, 우선 그 상황을 회피해야 하고(회피의 원칙), 둘째, 방위행위를 하더라도 공격적 방위가 아닌 보호를 위한 소극적 방위에 그쳐야 한다는 것이다(보호방위의 원칙). 이는 정당방위권의 내재적 한계라고도 한다. 그 구체적인 내용은 다음과 같다.

1) 책임무능력자의 공격에 대한 방위 어린이, 정신병자, 명정자 등 책임무능력자의 공격이나 책임능력이 현저하게 감소된 자의 공격에 대한 방위행위이다. 보호가 필요한 책임무능력자의 공격에 대해서는 정당방위의 두 가지 근거(자기보호, 법확증)가 현저하게 약화된다.

2) 부부·친족간의 공격에 대한 방위 부부나 친족 등 긴밀한 인적 관계에 있는 자의 공격에 대한 방위행위이다. 예컨대, 이혼소송 중인 남편이 찾아와 가위로 폭행하고 변태적 성행위를 강요하자, 처가 격분하여 '칼로 남편의 복부를 찔러 사망'에 이르게 한 경우라면, 이는 정당방위가 인정되지 않는다(대판 2001.5.15. 2001도1089).

3) 극히 경미한 침해에 대한 방위 극히 경미한 침해행위에 대한 방위행위이다. 방위행위의 보호법익(=경미)과 침해법익(=중대) 사이에 현저한 불균형이 있는 경우이다.

(2) 싸움

1) 원칙: 정당방위 부정 싸움은 통상적인 정당방위와는 그 구조가 사뭇 다르다. 즉, 싸움은 공격과 방어가 교차되는 경우로서, 가해행위가 방어행위인 동시에 공격행위를 구성한다. 싸움은 공격의사가 강한 경우로서, 어느 행위만을 방어행위라고 할 수 없으므로(대판 1984.5.22. 83도3020), **원칙적으로 정당방위가 인정되지 않는다.** 즉, "공격행위와 방어행위가 연속적으로 교차되고, 방어행위는 동시에 공격행위가 되는 양면적 성격을 띠는 것이므로, 어느 한쪽 당사자의 행위만을 가려내어 방어를 위한 정당행위 또는 정당방위에 해당한다고 보기 어려운 것이 보통이다"(대판 1999.10.12. 99도3377). 예컨대, 서로 공격할 의사로 싸우다가 먼저 공격을 받고 이에 대항하여 이루어진 적극적인 가해행위(대판 2000.3.28. 2000도228; 2007.4. 26. 2007도1794)[1) 등은 정당방위라고 할 수 없다.

2) 예외 다만, 통상 싸움에서 예상되는 정도를 초과하여 흉기 등을 사용하여 공격하는 경우와 같이, 공격·방어의 교차라는 싸움의 통상 구조인 **'대등성'이 깨진 예외적인 경우**에는 정당방위가 인정될 수 있다. 예컨대, ㉠ 일방이 **싸움을 중단한 이후** 타방(상대방)의 공격이 이루진 경우 이에 대한 방어행위, ㉡ 일방이 다수 또는 무술실력자 등 **압도적인 경우** 이에 대한 방어행위, ㉢ 일방이 당연히 예상할 수 있는 정도를 초과하여 살인의 **흉기** 등을 사용하여온 경우 이에 대한 방어행위(대판 1968.5.7. 68도370), ㉣ 상대방의 일방적인 불법 폭행에 대해, 자신을 보호하고 이를 벗어나기 위한 저항수단으로서 **소극적인 방어의 한도**를 벗어나지 않은 방어행위(대판 1999.10.12. 99도3377)[2) 등이 그러하다. 또한, ㉤ 정당

1) [판례사례: 싸움(정당방위 '부정'사례)] ㉠ 처남이 술에 만취하여 누나와 말다툼을 하다가 누나의 머리채를 잡고 때렸으며, 당시 그 남편이었던 피고인이 이를 목격하고 화가 나서 처남과 싸우게 되었다. 그 과정에서 몸무게가 85㎏ 이상이나 되는 처남이 62㎏의 피고인을 침대 위에 넘어뜨리고, 피고인의 가슴 위에 올라타 목부분을 누르자, 호흡이 곤란하게 된 피고인이 안간힘을 쓰면서 허둥대다가 그곳 침대 위에 놓여있던 길이 21cm의 과도로 처남의 왼쪽 허벅지를 1회 찔러 2주 상해를 가하였다(위 2000도228). ㉡ 말다툼을 하다가, 건초더미에 있던 낫을 들고 반항하는 피해자로부터 낫을 빼앗아, 그 낫으로 피해자를 10여 차례 찔러 사망하게 하였다(위 2007도1794).

2) [판례사례: 싸움(정당방위 '긍정'사례)] 오십대의 부부가 연로한 여자인 피고인이 혼자 묵을 만들고 있는 외딴 장소에 찾아와, 공소외 1은 헛첩의 자식이라는 소문을 퍼뜨렸다며 먼저 피고인의 멱살을 잡고 밀어 넘어뜨리고 배 위에 올라타 주먹으로 팔, 얼굴 등을 폭행하였고, 공소

방위의 방어행위에는 수비적인 보호방어뿐만 아니라 공격적인 '반격방어'의 형태도 포함된다(위 89도358 등). 방어자의 구성요건해당행위가 적극적 공격행위로 보이는 경우라도, 전체로서 방어행위의 일환으로 평가될 수 있는 경우에는, 정당방위의 가능성을 인정하는 것이 타당하다.

(3) 자초한 침해

행위자의 책임있는 사유로 침해를 자초한 경우에 정당방위가 부정되거나 제한된다. 그 제한의 근거는 권리남용이론에 기초하고 있다(통설).

1) 의도적 도발 의도적 도발이란 정당방위라는 미명 아래 상대방의 법익을 침해하기 위해 의도적으로 상대방의 공격을 도발하는 경우이다. 상대방의 공격을 의도적으로 도발한 경우 이에 대한 반격행위는, 정당방위권의 남용이므로, 정당방위가 성립할 수 없다. 판례도 같다. 즉, "피해자를 살해하려고 먼저 가격한 이상, 피해자의 반격이 있었더라도 피해자를 살해한 행위는 정당방위에 해당한다고 볼 수 없다"(대판 1983.9.13. 83도1467).

2) 비의도적 유발 상대방의 공격을 의도적으로 도발한 것이 아니라 과실 기타 책임 있는 사유로 정당방위 상황을 유발한 경우이다(예: 주거침입한 절도범이 주인의 공격에 대해 반격하는 행위, 간통현장을 목격한 배우자의 공격에 대해 상간자가 반격하는 행위). 이 경우에는, 의도성이 없으므로 정당방위에 의한 보호 필요성은 인정된다(통설). 다만, 이때의 방위행위는 법확증의 원리가 현저하게 감소되지만 완전히 배제되는 경우라고 할 수는 없다. 따라서 정당방위가 성립할 수는 있겠지만, 일정한 제한이 따른다. 즉, 방위행위자로서는 첫째, 우선 그 상황을 회피해야 하고(회피의 원칙), 둘째, 경미한 침해행위는 감수해야 하며(경미한 법익상실의 감수), 셋째, 회피할 수 없는 상황이라도, 공격적 방위가 아닌 보호를 위한 소극적 방위에 그쳐야 한다(보호방위의 원칙).

반면, 자초행위가 적법행위인 경우라면, 그로 인한 공격에 대해서는 당연히 정당방위가 가능하다.

외 2는 이에 가세하여 피고인의 얼굴에 침을 뱉으며 발로 밟아 폭행을 하였다. 이에 연로한 탓에 힘에 부쳐 달리 피할 방법이 없던 피고인은 이를 방어하기 위하여 그들의 폭행에 대항하여, 공소외 1의 팔을 잡아 비틀고, 다리를 무는 등 오른쪽 팔목과 대퇴부 뒤쪽에 멍이 들게 하였다(위 99도3377). 이는 '정당행위'에도 해당한다(後述).

Ⅲ. 효과

정당방위는 '벌하지 아니한다'(21①). 정당방위의 요건을 충족한 행위는 '위법성이 조각'되기 때문이다. 정당방위는 위법하지 않은 행위가 되므로, 정당방위에 대해서는 정당방위로 대응할 수 없다. 다만 긴급피난으로 대응할 수는 있다.

Ⅳ. 과잉방위

제21조(정당방위) ② 방위행위가 그 정도를 초과한 경우에는 정황(情況)에 따라 그 형을 감경하거나 면제할 수 있다.
③ 제2항의 경우에 야간이나 그 밖의 불안한 상태에서 공포를 느끼거나 경악(驚愕)하거나 흥분하거나 당황하였기 때문에 그 행위를 하였을 때에는 벌하지 아니한다.

1. 과잉방위의 유형: 질적 과잉과 양적 과잉

과잉방위란 방위행위가 그 정도를 초과하여 상당성이 없는 경우, 즉 정당방위의 다른 요건은 모두 충족하지만, 방위행위의 정도가 '지나치게 심하여'(즉, 그 정도를 초과하여) 상당성이 없는 경우를 말한다. 정당방위상황과 정당방위의사는 존재하지만, 방위행위의 정도가 상당성의 한계를 초과하는 경우이다. 만일 정당방위 상황 자체가 존재하지 않거나 방위의사 자체가 존재하지 않는다면, 정당방위는 물론 과잉방위에도 해당할 여지가 없다. 여기서 행위자가 과잉에 대해 인식하였는지 여부는 문제되지 않는다(상당성은 객관적 기준으로 판단하기 때문). 과잉방위는 "정황에 따라 그 형을 감경하거나 면제할 수 있다"(임의적 감면사유, 21②).

과잉방위는 '질적인 부분의 과잉'과 '양적인 부분의 과잉'으로 구분된다.

1) 질적 과잉 질적 과잉은 질적으로 상당성의 정도를 초과한 **강한 반격**, 즉 방위행위가 필요 이상으로 고강도인 경우이다(예: '맨손'으로도 충분히 방어할 수 있는 것을 '쇠망치'로 중상을 가한 경우, '목검'으로 공격해 오는 상대방을 다른 목검으로 방어하면서 동시에 '진검'으로 살해한 경우 등). 질적으로 '세게' 방위행위를 한 경우로서, 다른 말로 '내포적(고강도의) 과잉방위'라고도 한다. 질적 과잉이 과잉방위에 속한다는 점에는 논란이 없다.

2) 양적 과잉 양적 과잉은 양적으로 상당성의 정도를 초과한 일련의 연속된 **수개 행위**, 즉 수개의 연속된 방위행위가 시간적 한계를 초과하여(즉, 침해의

'현재성' 종료) 필요 이상으로 계속하여 가해진 경우이다(예: 주먹으로 공격해 오는 상대방을 '때려 눕힌' 다음, 이미 침해의 현재성이 종료되었음에도 '거듭 발길질'을 계속하여 중상을 가한 경우. 이미 '의식을 잃은' 상대방을 '계속하여 구타'한 경우 등). 양적으로 '많게' 방위행위를 한 경우로서, 다른 말로 '외연적(확장적) 과잉방위'라고도 한다. 수개의 방위행위 가운데 제1행위는 정당한 방위행위이지만, 제2행위는 정당방위상황이 부재(침해의 '현재성' 종료 · 결여)하여 오상방위에 해당하는 경우이다.

양적 과잉은 과잉방위에 속하지 않는다는 입장(침해의 '현재성' 결여)도 있지만, 문제는 연속된 전후행위가 **포괄하여 일체의 행위**로 파악될 수 있는지 여부가 관건이 된다. 즉, 연속된 전후행위가 포괄하여 일체로 파악될 수 있는 경우라면, 양적 과잉도 과잉방위로 평가될 수 있다. **연속된 전후행위가 하나의 행위**로서 양적 과잉으로 인정되려면, 선행행위와 후행행위가 모두 ㉠ 계속된 하나의 방위의사에 따라(방의의사의 동일성), ㉡ 시간적 · 장소적으로 근접한 '불가분적으로 연속된 일련의 행위'(=일련의 연속된 불가분적 행위)로 평가할 수 있는 경우라야 한다(방위행위의 불가분적 연속성). 만일 연속된 전후행위가 일체로 파악될 수 없는 경우라면, 후행행위는 선행행위에 대한 관계에서 양적 과잉에 해당할 수 없고, 이러한 후행행위에 대해서는 과잉방위의 효과 또한 인정할 수 없게 된다.

[판례: 양적 과잉의 판단(대판 1986.11.11. 86도1862)**]** "사건 당시 피해자가 피고인의 방위행위로 말미암아 뒤로 넘어져 피고인의 몸 아래 깔려 더 이상 침해행위를 계속하는 것이 불가능하거나 또는 적어도 현저히 곤란한 상태에 빠졌음에도, 피고인이 피해자의 몸 위에 타고앉아 그의 목을 계속하여 졸라 누름으로써 결국 피해자로 하여금 질식하여 사망에 이르게 하였다. 이러한 행위는, 정당방위의 요건인 상당성을 결여한 행위라고 보아야 할 것이나, 극히 짧은 시간내에 계속하여 행하여진 피고인의 위와 같은 일련의 행위는 이를 전체로서 하나의 행위로 보아야 할 것이므로, 방위의사에서 비롯된 피고인의 위와 같이 연속된 전후행위는 하나로서 형법 제21조 제2항 소정의 과잉방위에 해당한다."

2. 과잉방위의 효과

1) 형벌감면적 과잉방위 과잉방위에 대해서는 '정황에 따라 그 형을 감경 또는 면제할 수 있다'(임의적 감면. 21②). 이를 '형벌감면적 과잉방위'라 한다.[1] 임

1) [폭처법상 과잉방위] 이와 달리, 폭처법 제8조 제2항에서는 과잉방위에 대해 '그 형을 감경한다'라고 규정하여, 형의 '필요적 감경사유'로 되어 있다.

의적으로나마 형을 감경하거나 면제하는 이유에 대해서는, 상당성의 정도를 초과하는 과잉방위의 경우 정당방위의 적법성을 초과한 이상 '**위법**'하지만, 부당한 침해를 배제하기 위한 방위행위라는 점에서 긴급상황으로 적법행위에 대한 기대가능성이 없거나 감소되므로, '**책임**이 조각 또는 **감경**'되기 때문이라고 한다(책임감소·소멸설. 다수설).[1] 그러나 과잉방위의 효과는 '임의적 감경 또는 면제'인데, 감경의 경우에는 타당한 설명이지만, 적어도 형면제의 경우에는 형면제가 유죄판결의 일종(형소321①)이라는 점에서 책임이 조각(소멸)된다는 설명은 납득하기 어렵다(형'면제'의 경우에는 오히려 형사정책적 이유라는 설명이 더 설득력이 있다). 한편 과잉방위는 위법한 행위이므로, 상대방은 정당방위로 대응할 수 있다.

2) 불가벌적 과잉방위 과잉방위가 특히 특별한 상황인 경우("야간 그 밖의 불안한 상태에서 공포를 느끼거나 경악(驚愕)하거나 흥분하거나 당황하였기 때문에 그 행위를 하였을 때")에는 "벌하지 아니한다"(불가벌. 21③). 이를 '불가벌적 과잉방위'라 한다. 이는 야간·불안상태라는 행위자의 특별한 심리상태로 인하여 적법행위에 대한 기대가능성이 없으므로 **책임이 조각**되기 때문이다(책임소멸설). 제3항의 과잉방위는 '제2항의 과잉방위의 성립'을 전제로 한다. 즉, 규정체계상 제3항의 과잉방위는 **우선 제2항의 과잉방위가 성립해야** 한다. 한편 과잉방위는 위법한 행위이므로, 제3항의 과잉방위에 대해서도 상대방은 정당방위로 대응할 수 있다.

[착오문제: 오상방위와 오상과잉방위] i) [오상방위] 오상방위란 정당방위의 객관적 요건, 즉 정당방위상황(현재의 부당한 침해)이 없음에도 불구하고, 있다고 잘못 알고 반격한 경우를 말한다(예: 술에 만취하여 밤늦게 귀가하는 남편을 아내가 강도로 오인하여 방위의사로 공격하여 상해를 가한 경우 등). 위법성조각사유의 객관적 성립요건에 대한 착오이다. 오상방위는 정당방위의 요건을 충족한 것이 아니므로 일응 위법한 행위이다. 오상방위에 대해서는 형법상 아무런 규정이 없다. 오상방위는 '위법성조각사유의 전제사실에 관한 착오'에 관한 문제가 된다(後述: 책임론의 '위법성의 인식' 중 IV. 참조). 학설은 다양한 견해가 극심하게 대립하나, 판례는 위법성조각설의 입장이다(대판 2004.3.25. 2003도3842).

ii) [오상과잉방위] 오상과잉방위란 오상과잉방위는 오상방위와 과잉방위가 결합된 경우로서, 정당방위 상황이 없음에도 불구하고, 있다고 오인하고 반격하였는데, 그 상당성의 정도 또한 초과한 경우를 말한다(예: 상대방이 인사로 손든 것을 공격으로 오인한 채, '맨손'으로도 충분히 방어할 수 있는 것을 '쇠망치'로 중상을 가한 경우 등). 이에 대해

1) [학설: 형벌감면적 과잉방위] 이에 대해서는 ㉠ 책임감소·소멸설(다수설) 외에, ㉡ 위법성감소·소멸설, ㉢ 위법성감소 및 책임감소·소멸설 등이 대립한다.

서도 형법상 아무런 규정이 없다. 오상방위로 취급하는 견해와 과잉방위로 취급하는 견해가 대립하나, 오상과잉방위는 기본적으로 정당방위 상황이 부존재하는 경우이므로 오상방위의 일종이라는 견해(오상방위설)이 지배적이다(다수설).

제 3 절 긴급피난

제22조(긴급피난) ① 자기 또는 타인의 법익에 대한 현재의 위난을 피하기 위한 행위는 상당한 이유가 있는 때에는 벌하지 아니한다.
② 위난을 피하지 못할 책임이 있는 자에 대하여는 전항의 규정을 적용하지 아니한다.
③ 전조 제2항과 제3항의 규정은 본조에 준용한다.

Ⅰ. 의의

1) 뜻 긴급피난이란 자기 또는 타인의 법익에 대한 현재의 위난을 피하기 위한 행위로서 상당한 이유가 있는 행위를 말한다(22①). 긴급피난은 정당방위와 달리, 피난행위에 의해 법익침해를 받는 사람(즉, 피난행위의 상대방)에게 어떠한 잘못이 있는 것이 아니므로, 긴급피난은 '정(正) 대 정(正)'의 관계이다. 즉, 긴급피난은 현재의 위난이라는 긴급상황에서, 그 위난에 처한 사람이 희생을 감수하는 것이 아니라, 피난행위를 통해 다른 사람에게 손해발생을 전가하는 기능을 한다. 따라서 긴급피난에서는 **보충성**과 **법익균형성**이 엄격하게 요구된다. 즉, 피난행위는 ㉠ '최후수단'이라야 하고(보충성), ㉡ 상대방에게 '가장 경미한 손실을 주는 방법'을 선택해야 한다(최소침해성). ㉢ 피난행위로 보호된 이익이 희생된 이익보다 '본질적 우월'한 때에는 균형성이 인정되고 정당화되지만(균형성), 동등한 경우에는 균형성이 인정되지 않는다.

2) 법적 성질: 위법성조각설 우리 형법 제22조 제1항에 규정된 긴급피난의 법적 성질에 대해서는, ㉠ 위법성조각설, ㉡ 책임조각설(현재 소멸), ㉢ 이분설이 대립한다. 그러나 이분설을 명문화한 독일 형법 제34조(정당화적 긴급피난) 및 제35조(면책적 긴급피난)와 달리, 우리 형법의 긴급피난 규정은 이분설이 아닌 단일한 구조로 되어 있다. 따라서 우리 형법상 긴급피난은 위법성조각사유만으로 해석하는 **위법성조각설**이 타당하다(다수설).

[학설] i) [학설] ㉠ 위법성조각설(긴급피난상황에서 피난행위는 우월한 이익이 있으므로 위법성이 조각된다는 견해. 제22조 제1항은 '이러한 위법성조각사유만을 규정'한 것이고, '동가치 법익이 충돌'이나 '이익형량이 불가능한 경우'는 긴급피난의 문제가 아닌 '초법규적 책임조각사유'의 문제가 된다는 견해), ㉡ 책임조각설(긴급피난상황에서 피난행위는 정당한 제3자의 법익을 침해하므로 그 자체는 일단 위법하지만, 적법행위의 기대가능성이 없으므로 책임이 조각될 뿐이라는 견해. 현재 소멸한 견해), ㉢ 이분설(긴급피난에는 위법성을 조각하는 '정당화적 긴급피난'과 책임을 조각하는 '면책적 긴급피난'이 있다는 견해. 전자는 우월이익의 원리가 적용될 수 있는 경우로서 위법성이 조각되고, 후자는 우월이익의 원리가 적용될 수 없는 경우로서 책임이 조각되는데, 제22조 제1항은 두 유형의 긴급피난을 '함께 규정'한 것이라는 견해)이 대립한다.[1)]

ii) [위법성조각설과 이분설의 차이] 위법성조각설과 이분설의 차이는 제22조 제1항의 '상당한 이유'의 해석에서 그 내용이 달라진다. 여기서의 '상당성'에 대해, 위법성조각설은 위법성조각사유만의 요건으로서 엄격한 우월적 이익을 의미하는 반면, 이분설은 양자 모두에 적용되고 상당성의 내용이 양자 사이에 달라지게 된다. 즉, 정당화적 긴급피난에서는 균형성이 상당성의 주된 내용이 되고(즉, 이익형량상의 엄격한 균형성), 면책적 긴급피난에서는 적법행위의 기대가능성이 상당성의 주된 내용이 된다(즉, 기대가능성의 흠결).

3) 긴급피난의 근거: 우월이익의 원리 긴급피난이 위법성을 조각하는 근거에 대해서는, ㉠ 자기 보호를 위한 긴급피난은 '자기보호의 원리'와 '우월이익의 원리', ㉡ 타인 보호를 위한 긴급피난은 '연대성의 원리'와 '우월이익의 원리'가 제시되고 있다. 긴급피난은 (긴급성 외에) 우월이익의 원리에 근거한 위법성조각사유이다. 여기서 우월이익의 원리는 '큰 이익을 보호하기 위해 작은 이익을 희생하는 것은 정당하다'는 원리이다.

---

1) [독일형법] 제34조(정당화 긴급피난) 생명, 신체, 자유, 명예, 재산 기타의 법익에 대한 달리 피할 수 없는 현재의 위험 속에서 자기 또는 타인에 대한 위험을 피하기 위하여 범행을 실행한 자는 충돌하는 이익, 특히 관련된 법익과 긴박한 위험의 정도를 교량하여 보호된 이익이 침해된 이익보다 본질적으로 우월한 경우에는 위법하게 행위한 것이 아니다. 다만, 피난행위가 위험을 피하기 위하여 적합한 수단인 경우에 한하여 적용된다.

제35조(면책적 긴급피난) ① 생명, 신체 또는 자유에 대한 달리 피할 수 없는 현재의 위험 속에서 자기, 친족 또는 기타 이와 밀접한 관계에 있는 자의 위험을 피하기 위하여 위법행위를 한 자는 책임 없이 행위한 것이 아니다. (이하 생략)

Ⅱ. 성립요건

긴급피난이 성립하기 위해서는, ① 객관적 요건으로, ㉠ 긴급피난상황(자기 또는 타인의 법익에 대한 현재의 위난) 및 ㉡ 피난행위(위난을 피하기 위한 행위), ② 주관적 요건으로, 피난의사, ③ 그 밖에, 상당성(피난행위에 상당한 이유)이 있어야 한다.

1. 긴급피난상황

(1) 자기 또는 타인의 법익

긴급피난으로 보호되는 법익은 자기의 법익뿐만 아니라 타인의 법익도 포함된다. 형법상 법익뿐만 아니라 민법 등에 의해 보호되는 법익도 포함된다. 권리에 국한되지 않고 사실상의 이익도 포함된다. 이는 정당방위와 같다. 문제는 개인적 법익 외에 국가적·사회적 법익도 포함되는지 여부인데, 위난이라는 점에서 정당방위와 달리, 긴급피난에서는 국가적·사회적 법익도 포함된다는 것이 다수설이다(이른바 '사회적 긴급피난' 내지 '국가적 긴급피난').

(2) 현재의 위난

1) 위난　'위난'이란 법익침해의 위험이 있는 상태를 말한다. 단순히 위험한 상황이면 된다. i) [위난의 원인 불문] 위난의 원인에는 제한이 없다. 즉, 위난의 원인이 사람의 행위이건 동물의 공격이나 자연현상에 의한 것이건 불문한다. ii) [위법 여부 불문] 위난은 위법한 것임을 요하지 않는다. 긴급피난은 정당방위와 달리 '정(正) 대 정(正)'의 관계이다. 따라서 위법한 위난에 대해서는 정당방위는 물론 긴급피난도 가능하다. 나아가 정당방위나 긴급피난에 대해서도 상대방은 긴급피난으로 대응할 수 있다.

iii) [보호객체와 피해객체] 한편, 피난행위로 인한 보호법익의 주체와 침해법익의 주체가 동일한 경우에도 긴급피난은 인정될 수 있다. 예컨대, ㉠ 화재시 어린아이의 생명을 구하기 위해 그 어린아이를 창밖으로 던져 상해를 입힌 경우, ㉡ 자살을 막기 위해 자살기도자를 체포·감금한 경우에도 긴급피난은 인정된다.

2) 위난의 현재성　위난은 '현재'의 위난이라야 한다. i) [뜻] 현재의 위난은 '법익침해의 발생이 현존하거나 그 발생이 근접한 상태'를 말한다. 즉, '법익침해의 시작 직전부터 법익침해가 종료된 직후까지'의 시점을 뜻한다. 과거의 위난, 장래 예상되는 위난에 대해서는 긴급피난이 허용되지 않는다.

ii) [범위] 긴급피난에서 현재성은 그 인정 범위가 정당방위의 경우보다 넓다(통설). 정당방위에서 침해의 현재성은 '침해가 급박한 것'을 의미하지만, 긴급피난에서 피난의 현재성은 '침해의 발생이 근접한 상태'를 의미하기 때문이다. 즉, 긴급피난에서 위난의 현재성은 '법익침해 그 자체가 시간적으로 절박할 것'을 요구하지 않는다(=느슨한 현재성). 정당방위에서 현재성은 부당한 침해에 대한 제한이라는 측면에서 정당방위의 허용근거(긴급성)로서 작용하지만, 긴급피난에서 현재성은 사회적 유용성에 따른 시간적 긴박성과 별도로, 우월이익의 원리에 따른 엄격한 상당성 요건에 의해 그 통제가 가능하기 때문이다(=엄격한 균형성).

따라서 예견된 위난, 계속된 위난, 예방적 긴급피난 등에서도 그 '현재성'은 인정된다. 즉, ㉠ **[예견된 위난]** 지금 즉시 피난하지 않으면 장래 손해발생이 예견되는 경우(예: 즉시 피난하지 않으면 수개월 뒤 법익을 상실하는 경우), ㉡ **[계속된 위난]** 위험상태가 계속 또는 반복되어 앞으로도 같은 위난이 예상되는 경우(예: 의붓아버지의 계속적이 성폭력이 예상되는 경우), ㉢ **[예방적 긴급피난]** 위난으로 인한 손해발생이 목전에 임박한 것은 아니지만, 피난행위가 늦어지면 피난이 불가능하거나 더 큰 위난의 발생이 예견되는 경우 등에서도 위난의 '현재성'은 인정된다.[1)]

iii) [현재성 판단방법] 위난의 현재성은 피난자의 주관적 판단이 아니라, 구체적 상황과 그 상황에서 발생할 위험을 예측하여 객관적·개별적으로 판단해야 하며, 그 판단의 기준시점은 피난행위보다 바로 앞선 시점이다.

3) 자초위난 자초위난(自招危難)이란 위난의 원인이 피난자 자신에게 있는 경우를 말한다. 긴급피난상황에 대하여 책임이 없을 것이 긴급피난의 요건은 아니므로, 자초위난이라도 긴급피난이 당연히 부정되는 것은 아니다. ㉠ 첫째, 타인의 법익을 침해할 목적으로 애초부터 피난행위를 의도하면서 **'의도적으로'** 위난을 초래한 경우(예: 피난을 빌미로 상대방을 범행도구로 이용하는 경우 등)에는 당연히 긴급피난이 허용되지 않는다. ㉡ 둘째, **'고의에 의해'** 위난을 자초한 경우(예: 피난자의 선행 범죄행위가 원인이 된 위난 등)에는 원칙적으로 긴급피난이 허용되지 않는다(다만, 예외적으로 허용될 여지도 있다. 즉, 자살을 위해 남의 차로 물속에 돌진했다가, 살기 위해 차를 손괴한 경우 등). ㉢ 셋째, **과실**로 위난이 초래된 경우(예: 실수로 화재를 야기한 경

---

1) [판례: 위난의 현재성] 판례는, ㉠ 의붓아버지의 강간행위에 의하여 계속적으로 성관계를 강요받아 온 피해자가 의붓아버지를 살해한 경우(대판 1992.12.22. 92도2540: '침해의 현재성'은 부정. 그러나 '위난의 현재성'은 인정될 수 있을 것임), ㉡ 분묘가 위치한 토지에 대한 개발계획에 따른 분묘이장 기한을 넘기고 있다는 사정만으로는 분묘발굴이 긴급피난에 해당하지 않는다고 한 사례(대판 2007.7.26. 2007도1707: 부정) 등이 있다.

우 등)에는 상당성이 인정되는 한 긴급피난이 가능하다.

[판례사례: 자초위난] i) [긴급피난 부정('고의로 위난을 자초'한 이후의 피난: 유죄)] 피고인이 스스로 야기한 강간범행의 도중에 피해자에게 깨물린 손가락을 비틀며 잡아 뽑다가 치아결손의 상해를 입게 하여, 강간치상죄로 기소된 사안에서, "피고인이 스스로 야기한 강간범행의 와중에서 피해자가 피고인의 손가락을 깨물며 반항하자 물린 손가락을 비틀며 잡아 뽑다가 피해자에게 치아결손의 상해를 입힌 소위를 가리켜, 법에 의하여 용인되는 피난행위라 할 수 없다"(대판 1995.1.12. 94도2781).

ii) [긴급피난 인정('과실로 위난을 자초'한 이후의 피난: 무죄)] 태풍에 대비하여 미리 선박을 이동시키지 않은 과실로 위난을 자초한 다음, 정박한 선박이 태풍에 밀려 피조개양식장을 침범하여 재산피해가 발생한 사안에서, "태풍에 대비한 선박의 안전을 위하여 선박의 닻줄을 7샤클로 늘여 놓았다면, 이는 피조개양식장의 물적 피해를 인용한 것이라서, 재물손괴의 점에 대한 미필적 고의를 인정할 수 있다. … 다른 해상으로 이동을 하지 못하고 있는 사이에 태풍을 만나게 되고, 그와 같은 위급한 상황에서 선박과 선원들의 안전을 위하여 사회통념상 가장 적절하고 필요불가결하다고 인정되는 조치를 취하였다면, (재산 피해는) 형법상 긴급피난으로서 위법성이 없어 범죄가 성립되지 아니한다. 미리 선박을 이동시켜 놓아야 할 책임을 다하지 아니함으로써 위와 같은긴급한 위난을 당하였다는 점만으로는 긴급피난을 인정하는데 아무런 방해가 되지 아니한다"(대판 1987.1.20. 85도221).

2. 피난행위

(1) 피난행위

피난행위는 위난을 피하기 위한 일체의 행위이다. 즉, 피난의 방향이 ㉠ 위난의 원인을 향해 직접 반격을 가하는 '**방어적 피난**'은 물론, ㉡ 위난의 원인과 무관한 제3자에게 위난을 전가시키는 '**공격적 피난**'도 포함한다. 특히 제3자에 대한 공격적 방위가 제한되는 정당방위와 달리, 공격적 긴급피난은 상대적으로 넓게 허용된다.

(2) 피난의사

긴급피난에도 주관적 정당화요소로서 피난의사가 필요하다. 즉, 피난자가 긴급피난상황을 인식하면서 더 우월한 법익을 보호하기 위해 피난한다는 의사가 있어야 한다. 즉, "정당방위·과잉방위나 긴급피난·과잉피난이 성립하기 위하여는 '방위의사' 또는 '피난의사'가 있어야 한다"(대판 1997.4.17. 96도3376 전합;

1980.5.20. 80도306 전합). 다만 피난의사가 피난행위의 유일한 동기일 필요는 없다.

[우연피난] 피난의사가 흠결된 경우에는 우연피난이 된다. 우연방위에서와 같이 무죄설, 기수범설, 불능미수설(다수설)이 대립한다(前述 '주관적 정당화요소의 흠결').

3. 상당한 이유

긴급피난은 '정(正) 대 정(正)'의 관계이므로, 피난행위의 상당성은 정당방위의 상당성보다는 엄격한 개념이다.

1) 적합성 피난행위는 그 자체가 사회윤리나 법질서 전체의 정신에 비추어 사회상규에 위배되지 않는 적합한 수단이라야 한다. 예컨대, 위급한 신장질환자를 구하기 위해 강제로 타인의 신장을 적출하는 행위는 허용되지 않는다. 설령 보충성 및 우월이익원칙을 충족한 경우라도, 수단의 적합성이 인정되지 않는다면, 긴급피난으로 위법성이 조각되지 않는다.

2) 필요성: 보충성 및 최소침해성 i) [보충성] 피난행위가 위난에 처한 법익을 보호하기 위한 '유일한 수단'이어야 한다. 즉, 위난을 피할 다른 방법이 있는 경우에는 그 수단을 사용해야 한다. 피난행위는 다른 방법이 없는 경우 '최후수단'이어야 한다. ii) [최소침해성] 피난행위는 위난을 피하기 위해 제3자의 법익을 침해하므로, 상대방에게 '가장 경미한 손해를 주는 방법'을 선택해야 한다.

3) 균형성: 엄격한 이익형량 i) [우월이익의 원리] 긴급피난에서는 피난행위로 보호되는 이익이 침해되는 이익보다 '본질적으로 우월'해야 한다(우월이익의 원리 내지 이익형량의 원칙).[1] 따라서 보호법익과 침해이익이 동등한 가치인 경우에는 균형성이 인정되지 않으므로, 위법성이 조각될 수 없다. 다만, 이 경우 기대불가능성을 근거로 별도로 책임조각이 문제될 수 있을 뿐이다.

ii) [판단기준] 이익의 우월성 여부에 대한 판단은, 단순한 법익비교 차원을 넘어 구체적인 사안에서 여러 사정을 종합적으로 비교·검토해야 한다. 이익형량론의 중요한 판단기준은 다음과 같다. ① 인격적 법익(생명·신체·자유·명예)은

---

1) [판례: 상당성의 의미 (방송안테나 절단사건)] "긴급피난이란 자기 또는 타인의 법익에 대한 현재의 위난을 피하기 위한 상당한 이유 있는 행위를 말한다. 여기서 '상당한 이유 있는 행위'에 해당하려면, 첫째 피난행위는 위난에 처한 법익을 보호하기 위한 유일한 수단이어야 하고, 둘째 피해자에게 가장 경미한 손해를 주는 방법을 택하여야 하며, 셋째 피난행위에 의하여 보전되는 이익은 이로 인하여 침해되는 이익보다 우월해야 하고, 넷째 피난행위는 그 자체가 사회윤리나 법질서 전체의 정신에 비추어 적합한 수단일 것을 요하는 등의 요건을 갖추어야 한다"(대판 2006.4.13. 2005도9396).

재산적 법익보다 우선한다. ㉡ 인격적 법익 가운데 생명·신체는 자유·명예보다 우선한다. ㉢ '법정형의 정도'는 법익의 가치비교에 참고자료가 될 수 있다. ㉣ 구체적 상황에서 '**법익침해의 정도**'는 이익형량의 중요한 고려요소가 된다. 예컨대, 낮은 가치의 법익 보호를 위해 높은 가치의 법익 침해도 정당화될 수 있다(예: 막대한 재산상 손해를 피하기 위해 경미한 상해 등의 인격적 법익 침해). 특히, 동등한 법익 사이에서는 법익침해의 정도가 이익형량의 중요한 고려요소가 된다. ㉤ '생명'은 절대적 가치를 가지므로 양적·질적 이익형량의 대상이 되지 않는다. 기대불가능성을 고려한 책임조각의 문제가 된다. ㉥ 보호법익에 대한 손해발생의 개연성과 피난으로 인한 법익침해의 가능성도 아울러 고려되어야 한다.

[판례: 긴급피난에서 상당성] i) [판례사례: 긴급피난 인정(위법성 조각)] ㉠ (생명 > 재산) 정박한 선박이 태풍에 밀려 피조개양식장을 침범한 사안에서, 선원들의 안전을 재산피해에 대해 우월적 이익을 인정하여 긴급피난을 인정한 사례(대판 1987.1.20. 85도221. 前述한 자초위난 부분 참조). 이는 판례가 긴급피난을 인정한 거의 유일한 사례이다. ㉡ (임부의 생명 > 태아의 생명) 그 밖에 산부인과 전문의의 낙태행위에 대해 임부의 생명을 태아의 생명에 대해 우월적 이익을 인정하여 긴급피난 또는 정당행위에 해당한다고 한 사례로, "임신의 지속이 모체의 건강을 해칠 우려가 현저할 뿐더러 기형아 내지 불구아를 출산할 가능성마저도 없지 않다는 판단하에, 부득이 취하게된 산부인과 의사의 낙태 수술행위는, 정당행위 내지 긴급피난에 해당되어 위법성이 없는 경우에 해당된다"(대판 1976.7.13. 75도1205).

ii) [판례사례: 긴급피난 부정(위법)] 대표적인 사례로는, 피고인이 피해자에게 '건물 2층은 공장, 건물 3층은 연구실'로 임대할 당시, 승객용 승강기로 원료인 쌀을 운반하는 데 동의해 준 것으로 보이는 사안에서, 승강기의 안전성에 문제점이 발생되었거나 발생될 우려가 있다는 구체적 사정이 발견되지 않았음에도, 피고인이 승강기를 2, 3층에 정지하지 않게 조작하여, 피해자로 하여금 7개월 이상 승강기를 이용하지 못하게 한 경우, 이는 정당행위, 정당방위 또는 긴급피난에 해당하지 않는다고 한 사례. 즉 "동기와 목적이 정당하다거나, 수단이나 방법이 상당하다고 할 수 없고, 또한 그에 관한 피고인의 이익과 피해자가 침해받은 이익 사실에 균형이 있는 것으로도 보이지 않을 뿐만 아니라, 현재의 부당한 침해를 방어하기 위한 것으로서 상당성이 있다거나, 현재의 위난을 피하기 위한 상당한 이유 있는 행위라고도 볼 수 없다"(대판 2008.9.25. 2007도4851).

Ⅲ. 효과

1) 위법성조각　긴급피난은 '벌하지 아니한다'(22①). 긴급피난의 요건을 충족한 행위는 '위법성이 조각'되기 때문이다. 긴급피난은 위법하지 않은 행위이므로, 긴급피난에 대해서는 정당방위로 대응할 수 없다. 다만 긴급피난으로 대응할 수는 있다.

2) 긴급피난의 특칙: 위난감수 책임자(특별의무자)　"위난을 피하지 못할 책임이 있는 자에 대하여는 전항의 규정을 적용하지 아니한다"(22②). 즉, 위난을 피하지 못할 책임이 있는 자는 긴급피난을 할 수 없다. ㉠ 여기서 '위난을 피하지 못할 책임이 있는 자'란 **일정한 위험의 감수**를 직무상 의무로 하는 특별의무자를 말한다(예: 군인, 경찰관, 소방관, 의사, 119 구조대원 등). ㉡ 이러한 특별의무자는 자신의 직무상의 위험을 일반인에게 전가하는 것이 허용되지 않는다. 예컨대, 경찰관이 자신에게 칼을 휘두르는 범인을 막기 위해, 옆에 있던 무관한 시민을 앞으로 밀어버린 경우에는, 긴급피난이 성립하지 않으며, 위법성이 조각되지 않는다. ㉢ 다만, 특별의무자의 긴급피난이 절대적으로 금지되는 것은 아니다. 예컨대, '직무상 감수범위를 넘는 위험'에 대해서는 긴급피난이 허용된다. 그 밖에 특별의무자가 자신의 책임을 다한 이상 자기뿐만 아니라 타인을 위한 긴급피난도 허용된다.

Ⅳ. 과잉피난

1) 뜻　과잉피난이란 피난행위가 그 정도를 초과하여 상당한 이유가 없는 경우를 말한다. 과잉피난이 성립하기 위해서는 상당한 이유 이외에 긴급피난의 다른 요건은 모두 충족해야 한다. 예컨대, 과거의 위난에 대한 피난행위나 피난의사가 없는 피난행위의 경우에는, 긴급피난은 물론 과잉피난도 될 수 없다. 과잉에 대한 행위자의 인식 여부는 문제되지 않는다(객관적 과잉). 과잉피난은 상당성 요건을 충족하지 못하므로, 위법성이 조각되지 않는다.

2) 준용　과잉피난에 대해서는 '과잉방위에 관한 규정(21②③)을 준용한다'(22③). 즉, ㉠ "'정황에 따라' 그 형을 감경 또는 면제할 수 있다"(임의적 감면. 22③ · 21②). 이를 '**형벌감면적 과잉피난**'이라 한다. ㉡ "'야간 그 밖의 불안한 상태에서 공포 · 경악 · 흥분 · 당황하여 그 행위를 하였을 때'에는 벌하지 아니한다"

(불가벌. 22③ · 21③). 이를 '불가벌적 과잉피난'이라 한다.

[착오문제: 오상피난과 오상과잉피난] i) [오상피난] 오상피난은 긴급피난의 객관적 요건, 즉 긴급피난상황(현재의 위난)이 없음에도, 있다고 잘못 알고 피난한 경우이다. 오상방위에서와 같다('위법성조각사유의 전제사실의 착오' 문제).

ii) [오상과잉피난] 오상과잉피난은 오상피난과 과잉피난이 결합된 경우로서, 긴급피난상황이 없음에도 있다고 오인하고 피난행위를 하였는데, 그 상당성의 정도 또한 초과한 경우이다. 오상과잉방위에서와 같다.

Ⅴ. 의무의 충돌

1. 의의

1) 뜻 의무의 충돌이란 두 개 이상의 의무가 동시에 존재하지만 하나밖에 이행할 수 없는 긴급상황에서, 하나의 의무만을 이행하고 다른 의무는 불이행하여 그 의무불이행(부작위)이 구성요건에 해당하는 경우를 말한다. 예컨대, ㉠ 강물에 빠진 자식 둘을 모두 구조할 수 없는 긴급상황에서, 하나만을 구조하고 다른 자식은 익사한 경우, ㉡ 응급실에 후송된 위급한 환자 둘을 모두 치료할 수 없는 긴급상황에서, 하나만을 치료하고 다른 환자는 치료하지 못해 사망한 경우 등이다. 이때 그 의무불이행은 부작위에 의한 살인죄의 구성요건에 해당한다. 형법상 의무충돌에 관한 명문의 규정은 없다.

2) 문제 범위: 작위의무와 작위의무의 충돌 의무의 충돌은 '작위의무와 작위의무가 충돌'하는 경우에 한정된다. 반면, ㉠ 부작위의무와 부작위의무가 충돌하는 경우에는, 부작위함으로써 그 의무의 동시이행이 가능하고, ㉡ 작위의무와 부작위의무가 충돌하는 경우에도, 대부분 작위의무를 이행함으로써 그 의무의 이행이 모두 가능하기 때문이다.[1)]

---

1) 작위의무와 부작위의무가 충돌하는 경우에 양자의 동시이행이 불가능한 때(예: 응급환자를 후송하기 위해 과속한 경우 등)에도, 명문의 규정이 있는 '긴급피난'으로 충분히 해결할 수 있기 때문이다. 참고로, 과속 운전은 도교법상 안전운전의무위반죄를 구성한다.
도로교통법 제48조(안전운전 및 친환경 경제운전의 의무) 제1항에 따르면, "모든 차 또는 노면전차의 운전자는 차 또는 노면전차의 조향장치와 제동장치, 그 밖의 장치를 정확하게 조작하여야 하며, 도로의 교통상황과 차 또는 노면전차의 구조 및 성능에 따라 다른 사람에게 위험과 장해를 주는 속도나 방법으로 운전하여서는 아니 된다." 그리고 동법 제156조(벌칙) 제1호에 따르면, "제48조 제1항을 위반한 차마 또는 노면전차의 운전자는 20만원 이하의 벌금이나 구류 또는 과료에 처한다."

의무의 충돌은 이렇듯 작위의무 사이에서만 문제되며, 특히 그 어느 하나 의무의 불이행으로 인한 부작위범에서만 주로 위법성과 관련하여 문제된다.

[용어 정리] i) [실질적 충돌과 논리적 충돌] ㉠ 의무의 충돌은 하나의 의무를 이행함으로써 다른 의무의 이행이 불가능한 경우이다. 여기서 의무의 충돌은 두 개 이상의 법적 의무가 실질적으로 충돌하는 경우이다. 예컨대, 동일인이 같은 일시에 두 개의 법원으로부터 동시에 증인으로 출석요구를 받은 경우 등이다. 실질적 충돌만이 의무의 충돌에 해당한다. ㉡ 한편, 실질적 충돌은 (단지 법적 의무가 서로 모순되어 외관상 충돌하는 것처럼 보이는) 논리적 충돌과 구별된다. 논리적 충돌의 예로는, 감염병예방법상 의사 등의 신고의무(동법11②)와 형법상 의사 등의 비밀유지의무(317)가 충돌하는 경우 등이다. 이러한 논리적 충돌은 하나의 의무가 다른 의무를 배제하고 있는 경우이므로, 작위의무의 이행이 우선하고, 부작위의무의 불이행은 '법령에 의한 행위'(정당행위)로 취급된다.

ii) ['이익형량이 가능한 충돌'과 '불가능한 충돌'] ㉠ '이익형량이 가능한 충돌'은 생명을 구할 의무와 재산을 구할 의무 사이의 충돌과 같이, 이익형량이 가능한 경우이다. '해결할 수 있는 충돌'이라고도 한다. ㉡ '이익형량이 불가능한 충돌'은 생명을 구할 의무 사이의 충돌과 같이, 이익형량이 불가능한 경우이다. '해결할 수 없는 충돌'이라고도 한다.

우선, ㉠ '이익형량이 가능한 의무의 충돌'에서는, ⓐ 높은 가치의 의무를 이행한 경우는 위법성이 조각된다. ⓑ 동등한 가치의 의무를 이행한 경우 위법성조각설과 책임조각설이 대립한다(위법성조각설=다수설). 한편, ⓒ 낮은 가치의 의무를 이행한 경우에는 위법성 조각이 아닌 책임이 조각된다.

다음, ㉡ '이익형량이 불가능한 의무의 충돌'에서는, 위법성조각설과 책임조각설이 대립한다(위법성조각설=다수설).

3) 법적 성격 형법에는 의무충돌에 관한 명문의 규정이 없다. 이러한 의무의 충돌의 법적 성격에 대해서는, ㉠ 긴급피난설(의무충돌은 긴급피난의 특수한 경우라는 견해), ㉡ 정당행위설(의무충돌은 정당행위 중 '기타 사회상규에 위배되지 않는 행위'라는 견해), ㉢ 초법규적 위법성조각사유설(의무충돌은 명문의 규정이 없으므로 초법규적 위법성조각사유라는 견해) 등이 있다. 의무의 충돌은 긴급상황에서만 문제되고 긴급피난(법익 상호간의 충돌)과 구조적으로 유사하므로, 긴급피난의 특수한 경우라는 긴급피난설이 지배적이다(다수설).

[긴급피난과 차이점] 의무충돌은 긴급피난과 몇 가지 차이점이 있다. ㉠ 의무충돌은 두 개 이상의 작위의무 가운데 부작위가 문제되나, 긴급피난은 작위가 문제된다. ㉡ 의무충돌은 자신의 의무(법적 의무)에 한정되고 타인의 의무는 포함되지 않으나, 긴급피난은 타인의 법익을 위한 피난도 가능하다. ㉢ 특히, 의무충돌은 동가치 의무도 상당성이 인정되어 위법성조각이 가능하나(다수설), 긴급피난은 동가치법익의 경우 상당성이 결여되어 위법성이 조각되지 않는다(우월이익의 원리).

2. 성립요건

(1) 의무의 충돌상황

1) 둘 이상의 법적 의무의 실질적 충돌 의무의 충돌이 성립하기 위해서는, 둘 이상의 법적 작위의무가 실질적으로 충돌해야 한다. 즉, ㉠ 둘 이상의 '작위의무'가 동시에 충돌하여야 하고, 충돌하는 의무는 모두 '법적 의무'라야 한다. 법적 의무가 아닌 도덕적·종교적 의무의 충돌은 '의무의 충돌'로 취급되지 않으며(즉, 위법성이 조각되지 않는다), 확신범의 문제가 된다. ㉡ 하나의 의무를 이행함으로써 다른 의무의 이행이 불가능하게 되는 '실질적 충돌'이라야 한다. 법적 의무가 모순되어 외관상 충돌하는 것처럼 보이는 '논리적 충돌'(이 경우에는 어느 의무가 다른 의무에 우선한다)이나, 의무의 이행이 모두 가능한 '이시(異時)의 충돌' 등은 의무의 충돌에 해당하지 않는다. 즉, 의무충돌은 동시성이 있어야 한다. ㉢ 일부 의무의 불이행이 '구성요건에 해당'해야 한다. 구성요건해당성이 없는 부작위는 형법상 문제되지 않는다.

2) 높은 가치 또는 동등한 가치의 의무 이행 행위자가 이행한 의무는 높은 가치의 의무 또는 적어도 동가치 이상의 의무라야 한다. 의무의 충돌은 긴급피난과 달리, 의무형량에서 본질적으로 우월한 것일 필요는 없다(후술).

(2) 충돌피난의사

행위자는 의무의 충돌상황에 대한 인식과 적어도 동가치 이상의 의무를 이행한다는 의사가 있어야 한다. 이는 의무의 충돌의 '주관적 정당화요소'가 된다. 행위자가 이러한 의사로 하나의 의무를 '선택'하여 이행한 이상 그 선택의 동기는 문제되지 않는다.

(3) 상당성

의무의 충돌은 긴급피난의 법리에 따라 위법성이 조각된다. 따라서 행위자의 의무이행에는 '상당한 이유'가 있어야 한다.

1) 동가치 이상의 의무 이행 i) 높은 가치의 의무를 이행한 경우에는 낮은 가치 의무의 불이행은 상당성이 인정된다. 우월이익의 원리에 따라 더 큰 법익을 우선 이행할 것이 요구되기 때문이다(예: 자식과 애완견이 동시에 물에 빠진 경우 자식을 구조하고 애완견을 구조하지 않은 것).

ii) 문제는 '동등한 가치의 의무충돌' 또는 '이익형량이 불가능한 의무충돌'에서, 어느 하나를 이행한 경우이다. 이때 다른 의무의 불이행에 대한 위법성 여부와 관련하여 견해가 대립한다. 즉, ㉠ 위법성조각설(어느 의무를 이행할 것인가는 행위자의 선택에 달려 있고, 법은 불가능을 강요할 수 없으므로, 위법성이 조각된다는 견해), ㉡ 책임조각설(동가치 의무는 어느 하나도 포기할 수 없으므로, 기대불가능성 등을 근거로 책임조각만 가능하다는 견해), ㉢ 이분설(동가치 의무의 충돌인 경우에는 위법성이 조각되나, 생명 대 생명처럼 비교 불가능한 상황인 경우에는 책임이 조각된다는 견해) 등이 있다. 그러나 의무의 충돌에서 문제되는 의무는 법적 의무이고, 그 의무 이행은 법적 강제성이 수반되며, 그 충돌상황에서 어느 하나를 이행하면 부득이 다른 하나의 이행은 불가능하다. 즉, 그 충돌상황에서 '동등한 가치'의 의무 중 어느 하나만을 이행한 것을 위법이라고 할 수는 없다(그렇지 않다면, 불행에 마주한 모든 사람은 형법적으로 불법 내지 책임에서 벗어날 수 없기 때문이다). 이는, 동가치 의무의 충돌은 물론, 이익형량이 불가능한 충돌의 경우에도 (생명의 위급 정도 등을 따져 우선 순위를 정할 수 있겠지만 예외적으로 그 조차도 동일하거나 판단이 불가능한 경우라면) 그 사정이 다르지 않다. 따라서 의무의 충돌은 긴급피난과는 달리, '동등한 가치'의 의무 중 어느 하나를 선택하여 이행하더라도 '위법성이 조각'된다고 보는 위법성조각설이 타당하다(다수설). 그 결과, 높은 가치의 의무나 적어도 동가치 의무를 이행하는 것은, 의무의 충돌의 성립요건이 되며, '상당한 이유'의 내용이 된다.

2) 낮은 가치의 의무 이행 낮은 가치의 의무를 이행한 경우에는 높은 가치 의무의 불이행은 위법성이 조각되지 않는다. 다만, 기대불가능성을 이유로 책임이 조각되거나 감경될 수는 있다.

3. 효과

1) 위법성 조각 의무의 충돌은 그 성립요건을 충족한 경우 위법성이 조각된다(다수설). 즉, ㉠ 높은 가치의 의무를 이행한 경우, ㉡ 적어도 동가치의 의무를 이행한 경우, ㉢ 이익형량이 불가능한 충돌에서 어느 하나의 의무를 이행한 경우가 여기에 해당한다. ㉣ 반면, 낮은 가치의 의무를 이행한 경우에는, 위법

성이 조각되지 않고, 책임이 조각·감경될 수 있을 뿐이다. 또한, 착오로 낮은 가치의 의무를 이행한 경우와 같이 법익의 가치순위에 대해 착오한 경우에도, 위법성의 착오로서 책임이 조각·감경될 수 있다.

한편, 의무의 충돌을 명시적으로 다룬 판례는 아직 없다. 그러나 양립할 수 없는 2개의 가치 중 어느 하나를 존중한 사안에서, 과실 자체를 부정한 사례는 있다.[1)]

2) 자초한 의무충돌　행위자의 책임있는 사유로 의무의 충돌을 일으킨 경우에는, (견해가 대립하나) 자초위난의 예에 따라 해결한다(소극설).

제 4 절　자구행위

제23조(자구행위) ① 법률에서 정한 절차에 따라서는 청구권을 보전(保全)할 수 없는 경우에 그 청구권의 실행이 불가능해지거나 현저히 곤란해지는 상황을 피하기 위하여 한 행위는 상당한 이유가 있는 때에는 벌하지 아니한다.
② 제1항의 행위가 그 정도를 초과한 경우에는 정황에 따라 그 형을 감경하거나 면제할 수 있다.

Ⅰ. 의의

1) 뜻　자구행위란 청구권을 침해당한 자가 국가의 법정절차에 의한 구제가 어려운 긴급한 상황에서, 스스로 실력행사를 하여 그 청구권을 보전(保全. 온전하게 보호하여 유지함)하는 행위를 말한다. 즉, 법률에서 정한 절차('법정절차')에 따

1) [판례: 의무의 충돌상황] 다만, 의무의 충돌상황에서 '주의의무 위반(과실)이 없다'고 판단한 사례로는, 담당의사가 여호와의 증인 신도(환자)의 강력한 요구에 따라 무수혈방식(타인의 혈액을 수혈하지 않는 방식)으로 수술하다가, 환자가 과다 출혈로 사망하여, 업무상과실치사로 기소된 사건에서, 무죄가 선고된 사례가 있다. 즉, 대판 2004.6.26. 2009도14407 ("환자의 명시적인 수혈 거부 의사가 존재하여 수혈하지 아니함을 전제로 환자의 승낙(동의)을 받아 수술하였는데, 수술 과정에서 수혈을 하지 않으면 생명에 위험이 발생할 수 있는 응급상태에 이른 경우에, 환자의 생명을 보존하기 위해 불가피한 수혈 방법의 선택을 고려함이 원칙이지만, 한편으로 환자의 생명 보호에 못지않게 환자의 자기결정권을 존중하여야 할 의무가 대등한 가치를 가지는 것으로 평가되는 때에는 이를 고려하여 진료행위를 하여야 한다. … 다만 환자의 생명과 자기결정권을 비교형량하기 어려운 특별한 사정이 있다고 인정되는 경우에 의사가 자신의 직업적 양심에 따라 환자의 양립할 수 없는 두 개의 가치 중 어느 하나를 존중하는 방향으로 행위하였다면, 이러한 행위는 처벌할 수 없다").

라서는 청구권을 보전할 수 없는 경우에, 그 청구권의 실행이 불가능해지거나 현저히 곤란해지는 상황을 피하기 위한, 상당한 이유가 있는 행위이다(대판 2007. 3.15. 2006도9418). 예컨대, ㉠ 채무를 변제하지 않고 도망가는 채무자를 채권자가 '붙잡는' 행위(체포), ㉡ 길에서 우연히 만난 절도범으로부터 피해자가 피해품을 '강제로 회수'하는 행위(탈환) 등이다.

2) **법적 성질: 국가권력 대행행위** 근대 법치국가에서 자력구제(自力救濟)는 원칙적으로 금지되고, 권리침해에 대한 구제는 국가의 법정절차에 따라야 한다. 그러나 '국가의 공권력에 의한 법적 구제를 기대할 수 없는' **긴급한 상황**이 발생할 수 있고, 이때 예외적으로 개인의 자력에 의한 구제를 인정하지 않는다면, 이는 오히려 정의관념에 반하게 된다. 형법상 자구행위는 국가의 도움을 받을 수 없는 긴급한 상황에서, 예외적으로 개인이 **국가권력을 대행**하여 행하는 긴급한 권리보전행위이다(국가권력 대행행위설). 다만 자구행위를 넓게 인정한다면 공권력에 의한 법적 구제를 경시하는 풍조가 만연할 위험이 있으므로, 국가적 강제수단 우선의 원칙이 적용된다(보충성).

3) **특징** 자구행위는 위법한 침해에 대해 자기보호 원리와 법질서수호 원리에 근거한 독자적인 위법성조각사유이다. ㉠ 자구행위는 '부정(不正) 대 정(正)'의 관계라는 점에서 정당방위와 유사하고, '정(正) 대 정(正)'의 관계인 긴급피난과는 구별된다. ㉡ 자구행위는 **이미 청구권이 침해된 상태**에서 그 청구권을 스스로 보전하는 '**사후적 긴급행위**'라는 점에서, 정당방위 · 긴급피난과 구별된다. 정당방위와 긴급피난은 현재의 부당한 침해 내지 현재의 위난에 대한 사전적 긴급행위이다. ㉢ 자구행위는 사후적 긴급행위라는 점에서, 보충성이 필요하고 일종의 이익형량이 요구된다. 그러나 한편 '부정(不正) 대 정(正)'의 관계라는 점에서, 긴급피난에서와 같은 엄격한 이익형량은 적용되지 않는다. 자구행위가 긴급피난과 유사하면서도 다른 점이다.

Ⅱ. 성립요건

자구행위는 ① '법률이 정한 절차에 따라서는 청구권을 보전할 수 없는 경우'(=자구행위상황)에, ② '그 청구권의 실행이 불가능해지거나 현저히 곤란해지는 상황을 피하기 위하여 한 행위'(=자구행위)로서, ③ 상당한 이유(=상당성)가 있어야 한다.

1. 자구행위 상황: 법정절차에 의한 청구권 보전의 불능 상태

(1) 청구권의 존재

1) **청구권** 자구행위로 보전의 대상이 되는 청구권은, '사법(私法)상의 청구권'으로서, 상대방에 대해 일정한 작위 또는 부작위를 요구할 수 있는 권리를 말한다. 채권적 청구권뿐만 아니라 물권적 청구권도 포함한다. 재산상 청구권에 한정하지 않고, 인지청구권, 동거청구권, 상속권 등과 같은 가족법적 청구권도 포함한다.

2) **자기의 청구권** 자기의 청구권에 한정된다. 타인의 법익을 위한 정당방위 내지 긴급피난이 가능한 것과 달리, 타인의 청구권을 위한 자구행위는 허용되지 않는다. 다만, 청구권자로부터 위임을 받은 경우(예: 여관주인으로부터 숙박비 추심을 위임받은 종업원)에는, 타인을 위한 자구행위를 할 수 있다.

3) **보전 가능한 청구권** 자구행위는 청구권의 보전을 위한 행위이므로, 원상회복 · 보전이 가능한 청구권에 한정된다. 생명 · 신체 · 자유 · 명예 · 성적 자기결정권 등과 같이 한번 침해되면 원상회복이 불가능한 경우에는, 자구행위가 허용되지 않는다.

(2) 법정절차에 의한 보전이 불가능한 상태

1) **청구권에 대한 불법한 과거의 침해** 자구행위가 성립하기 위해서는,

i) [불법한 침해] 청구권에 대한 **불법한 침해**가 있어야 한다. 타인의 적법한 행위에 대해서는 자구행위를 할 수 없다. 명문으로 규정된 것은 아니지만, '법정절차에 의한 청구권의 보전'이라는 요건 속에 그 전제로서 당연히 포함되어 있다. 불법한 침해를 전제로 하는 '부정(不正) 대 정(正)'의 관계라는 점에서 정당방위와 유사하다. 적법행위나 자연현상에 의한 청구권 침해의 경우에는, 자구행위로 대응할 수 없고 긴급피난만이 가능하다.

ii) [과거의 침해] 자구행위는 **과거의 침해**에 대해서만 가능하고, 현재의 침해에 대해서는 정당방위만이 가능하다. 예컨대, '절취당한 재물을 탈환'하는 경우 범죄가 기수라도 침해의 현재성이 유지되는 경우라면 정당방위에 해당하나, 나중에 우연히 마주친 경우처럼 이미 범죄상태가 완료된 이후라면, 사후적 긴급행위라는 점에서 자구행위에 해당한다.

2) **법정절차에 의한 보전이 불가능한 상태** 자구행위는 법정절차에 의해 청구권을 보전하기 불가능한 경우, 즉 긴급한 경우라야 한다(보전의 긴급성). 즉,

법정절차에 의해 청구권을 보전할 수 있는 경우에는 자구행위가 허용되지 않는다(보충성). 여기서 법정절차란 통상의 권리보호제도인 민사집행법상 가압류 · 가처분 등 보전처분, 강제집행절차는 물론, 이에 국한되지 않고 국가의 모든 공권력에 의한 구제절차, 예컨대, 행정공무원이나 경찰공무원 등 기타 국가기관에 의한 청구권보전절차도 포함한다. 법정절차에 의한 '청구권 보전이 불가능'한 경우란 시간적 · 장소적 기타 사정상 국가의 공권력에 의한 구제수단을 강구할 수 없는 긴급한 경우를 말한다. 법정절차에 의한 구제를 기다릴 여유가 없거나, 공적 구제에 따르더라도 실효를 거둘 수 없는 긴급한 경우를 뜻한다. 문제되는 경우는 다음과 같다.

i) '가옥명도청구, 토지인도청구' 등에서는 자구행위가 허용되지 않는다. 부동산의 성질상 법정절차에 의한 청구권 보전이 얼마든지 가능하기 때문이다. 예컨대, '소유권의 귀속에 관한 분쟁으로 민사소송이 계속 중인 건조물에 관하여, 현실적으로 관리인이 있음에도 그 건조물의 자물쇠를 쇠톱으로 절단하고 침입한 것'은 자구행위라 할 수 없다(대판 1985.7.9. 85도707).

ii) 도망가는 채무자를 채권자가 '붙잡는' 경우에도 시간적 급박성이 있는 때에 한하여 자구행위가 허용된다(예: 외국으로 출국하는 채무자). 단지 도망을 준비하는 과정에서 부동산을 처분한 것만으로는, '청구권의 보전이 불가능한 상황'에 해당하지 않는다.

2. 자구행위: 청구권의 실행불능 · 실행현저곤란 회피행위

(1) 자구행위

1) 청구권의 실행이 불가능 또는 현저히 곤란해지는 상황 즉시 자력구제행위를 하지 않으면, 청구권의 실행이 사실상 불가능해지거나 현저히 곤란해지는 사정이 있어야 한다(실행의 긴급성 · 보충성). 청구권'보전'의 긴급성 · 보충성 이외에 청구권'실행'의 긴급성 · 보충성이 이중으로 요구된다(2중의 긴급성 · 보충성). 따라서 법정절차에 의한 청구권 보전이 불가능해도, 청구권의 실행이 불가능 또는 현저히 곤란해지는 상황이 아니라면, 자구행위는 허용되지 않는다. 예컨대, 법정절차에 의한 청구권보전은 불가능하더라도, 청구권에 대한 **충분한 인적 · 물적 담보가 확보**되어 있는 경우에는, (청구권의 실행이 얼마든지 가능하므로) 자구행위가 허용되지 않는다.

2) 피하기 위하여 한 행위: 보전행위 자구행위는 공적 절차에 따라서는

청구권의 '보전'이 불가능한 긴급 상황에서, 청구권의 실행이 불가능해지거나 현저히 곤란해지는 상황을 '피하기 위하여 한 행위'에 국한된다. 법문상 청구권의 '보전'이 불가능한 경우 그 "실행이 현저히 곤란한 상황을 '피하기 위한 행위'"만이 가능하므로, 이는 결국 적극적 행위가 아니라 소극적 행위(=회피), 즉 청구권의 실현행위가 아니라 청구권의 **'보전행위'**에 한정되고, 그러한 범위 내에서 제한적으로만 허용된다는 것을 의미한다. 따라서 나아가 적극적으로 청구권을 '실행 또는 만족까지 하는' 행위는 자구행위가 될 수 없다(다만, 도품의 경우 점유의 탈환은 가능하다). 예컨대, ㉠ 청구권의 보전을 넘는 강제적인 채권'추심'행위는 자구행위가 될 수 없다. ㉡ 단순히 입증의 불능 또는 곤란을 피하기 위한 행위도 자구행위가 될 수 없다. 한편, 자구행위의 수단에는 재물의 탈환, 손괴, 채무자의 체포·감금, 강요, 주거침입, 폭행·협박 등 구체적 상황에 따라 다양한 방법이 있을 수 있다.

한편, 권리행사를 위한 수단으로 폭행·협박·기망·공갈행위를 사용하는 경우에, 그 허용 한계가 문제된다. 판례는 '사회통념상 권리행사의 수단으로서 용인할 수 있는 정도' 여부를 기준으로 위법성을 판단한다. 예컨대 ㉠ 욕설이나 탁자 등을 들었다 놓았다 하는 행위가 "사회통념상 용인된 범위를 일탈한 것이라면, 공갈죄의 죄책을 인정할 수 있고"(대판 1980.11.25. 79도2565), ㉡ 기망행위가 "사회통념상 용인할 수 없는 정도라면, 그 권리행사에 속하는 행위는 사기죄를 구성한다"(대판 2011.3.10. 2010도14856)는 것이다.

[판례사례: 자구행위 부정] ㉠ "채무자인 피해자가 부도를 낸 후 '도피'하였고, 다른 채권자들이 채권확보를 위하여 피해자의 물건들을 '취거해 갈 수도 있다'는 사정만으로는, (채권자인) 피고인들이 법정절차에 의하여 자신들의 피해자에 대한 청구권을 보전하는 것이 불가능한 경우에 해당한다고 볼 수 없다. 또한 피해자 소유의 가구점에 관리종업원이 있음에도 불구하고 위 가구점의 '시정장치를 쇠톱으로 절단하고 들어가' 가구들을 '무단으로 취거'한 행위가 피고인들의 피해자에 대한 청구권의 실행불능이나 현저한 실행곤란을 피하기 위한 상당한 이유가 있는 행위라고도 할 수 없다"(대판 2006.3.24. 2005도8081), ㉡ "(이 사건 토지의 소유자를 대위 또는 대리하여 실질적으로 관리하고 있는) 피고인의 주장대로 그 인접 토지 위의 건물에 건축법상 위법요소가 존재하고, 위 건물의 건축허가 또는 이 사건 토지상의 가설건축물 허가 여부에 관한 관할관청의 행정행위에 하자가 존재한다고 가정하더라도, 그러한 사정만으로, (피고인이 이 사건 토지에 철주를 세우고 철망을 설치하는 등의 방법으로, 위 건물의 통행로로 이용하

지 못하게 하는 등 피해자들의 상가임대업무 · 상가영업업무를 방해한 행위는) 피고인이 법정절차에 의하여 이 사건 토지의 소유권을 방해하는 사람들에 대한 방해배제 등 청구권을 보전하는 것이 불가능하였거나 현저하게 곤란하였다고 볼 수 없고, 피고인의 행위가 그 청구권의 실행불능 또는 현저한 실행곤란을 피하기 위한 상당한 행위라고 볼 수도 없다"(대판 2007.12.28. 2007도7717).

(2) 자구의사

자구행위에는 자구행위의 객관적 상황을 인식하고 청구권의 실행이 불가능 또는 현저히 곤란해지는 상황을 피하려는 의사가 있어야 한다. 이러한 자구의사는 자구행위의 주관적 정당화요소이다.

[우연자구행위] 자구의사가 흠결된 경우에는 우연자구행위가 된다. 우연방위나 우연피난에서와 같이 무죄설, 기수범설, **불능미수설**(다수설)이 대립한다(前述 '주관적 정당화요소의 흠결').

3. 상당한 이유

1) **적합성** 자구행위는 청구권의 보전을 위하여 적합한 수단이어야 한다. 이는 자구행위가 '사후적' 긴급행위라는 점에서 엄격하게 요구된다. 청구권보전의 실효성 있는 수단이어야 하며, 권리남용이나 사회윤리에 반하는 수단은 허용되지 않는다.

2) **필요성: 보충성 · 최소침해성** 자구행위는 ① 법정절차에 의한 청구권 보전의 불능 상태 및 ② 청구권의 실행이 불가능해지거나 현저히 곤란해지는 상황, 즉 청구권의 '보전'과 '실행'의 두가지 측면의 긴급상황에서 허용된다. 따라서 자구행위는 최후수단으로만 허용되며, 상대방에게 '최소침해를 주는 행위수단'을 사용해야 한다.

3) **균형성** 자구행위는 일응 상대방의 '불법한 침해에 대응'하는 청구권 보전행위이므로, 보호이익과 침해이익 사이에 엄격한 균형은 요구되지 않는다. 이는 정당방위와 유사하고 긴급피난과 구별된다. 예컨대, 보전하려는 청구권의 가액보다 금액가치가 높은 재산에 대한 자구행위도 허용된다.

그러나 자구행위는 청구권을 보전하기 위한 '사후적' 구제수단이라는 점에서, 정당방위에 비해서는 **보다 엄격한 이익형량**이 요구된다. 예컨대, ㉠ 도품을 탈환하기 위해 절도범을 살해하는 등 극심한 불균형이 있는 것, ㉡ 청구권의 보전을 넘어서 채권을 강제추심하거나 재산을 임의처분하여 충당하는 것 등은 자구행위의 상당성을 벗어난다.

Ⅲ. 효과

자구행위는 '벌하지 않는다'(23①). 자구행위의 요건을 충족한 행위는 '위법성이 조각'되기 때문이다. 자구행위는 위법하지 않은 행위이므로, 자구행위에 대해서는 정당방위로 대응할 수 없다.

Ⅳ. 과잉자구행위

과잉자구행위의 개념은 과잉방위·과잉피난에서와 같다. 상당성을 초과한 과잉자구행위는 위법하지만, 이에 대해서는 형을 감경 또는 면제할 수 있다(23②). 그러나 과잉방위·과잉피난과 달리, 야간 상황에서 책임을 조각하는 '불가벌적 과잉행위' 규정(21③)은 준용되지 않는다(주의).

[착오문제: 오상자구행위와 오상과잉자구행위] i) [오상자구행위] 오상자구행위는 자구행위의 객관적 상황이 없음에도 있다고 잘못 알고 자구행위로 나아간 경우이다. 오상방위·오상피난에서와 같다('위법성조각사유의 전제사실의 착오' 문제).

ii) [오상과잉자구행위] 오상과잉자구행위는 오상자구행위와 과잉자구행위가 결합된 경우로서, 자구행위상황이 없음에도 있다고 오인하고 자구행위를 하였는데, 그 상당성의 정도 또한 초과한 경우를 말한다. 오상과잉방위·오상과잉피난에서와 같다.

제 5 절 피해자의 승낙

제24조(피해자의 승낙) 처분할 수 있는 자의 승낙에 의하여 그 법익을 훼손한 행위는 법률에 특별한 규정이 없는 한 벌하지 아니한다.

Ⅰ. 의의

1. 피해자의 승낙

1) 뜻　피해자의 승낙이란 처분가능한 법익의 주체인 피해자가 상대방인 가해자에게 자신의 법익에 대한 침해를 허용하는 것을 말한다. 피해자의 승낙에 의한 행위는 원칙적으로 처벌되지 않으며, 피해자의 승낙은 '위법성조각사유'가 된다(통설 · 판례).

2) 근거: 법률정책설　피해자의 승낙이 위법성을 조각하는 근거에 대해서는, ㉠ 법률정책설(승낙은 개인의 자기결정권과 국가형벌권 사이의 조율 또는 조화를 위한 도구로서, 법률정책상 개인의 자유를 더 중시하는 것이 합리적인 경우라는 견해), ㉡ 법익포기설(법익을 스스로 포기하면 형법상 그 법익을 보호할 필요가 없다는 견해), ㉢ 사회상당성설(승낙에 의한 행위는 사회질서 전체의 이념에 비추어 사회적 상당성이 있다는 견해) 등이 대립한다. **법률정책설**이 다수설이다. 처분할 수 있는 개인적 법익에 대해서는, 특별한 침해가 없는 한 개인의 자기결정권이 최대한 존중되어야 한다.

2. 승낙과 양해의 구별: 피해자의 양해

1) 양해의 뜻　양해(諒解)란 피해자의 동의가 구성요건해당성 자체를 배제하는 경우를 말한다. 다수설은 피해자의 '승낙'과 '양해'를 구별한다.[1] 즉, '승낙'은 위법성을 조각하고, '양해'는 구성요건해당성 자체를 배제한다는 것이다. 피해자의 의사에 반할 것을 본질적 불법내용으로 하는 경우 피해자의 동의는 '양

---

1) [구별부정설] 승낙과 양해를 구별하지 않는 견해도 있다. 양자는 체계상 구별해야 할 실무적 이유가 없고, 그 성격상 차이가 본질적인 것이 아닌 상대적인 것으로 동일하게 취급해야 한다는 것이다. 또한 엄격히 구별할 만한 일반적 기준이 없으므로, 개개 구성요건의 구조 및 특성에 따라 개별적으로 판단해야 할 해석상 문제에 불과하다는 것이다. 구별부정설 안에서도 피해자의 승낙을 ㉠ '구성요건배제사유'로 보는 견해와 ㉡ '위법성조각사유'로 보는 견해로 다시 나뉜다.

해'가 되며, 피해자의 양해가 있는 경우 '침해행위' 그 자체가 존재하지 않는다는 것이 일반적인 설명이다.

2) **양해의 대상 범죄** 형법각칙의 개별 구성요건 중에는 그 문언, 구조·속성, 보호법익에 따라 법익침해에 대한 피해자의 동의가 구성요건해당성 자체를 배제하는 경우가 있다. 양해의 대상이 되는 범죄는 구성요건이 개인의 '의사에 반하는' 경우에만 실현될 수 있도록 규정된 범죄이다.

주로 **개인적 법익** 중 법익가치가 개인의 의사에 의존하는 '자유·재산·사생활의 평온' 등을 보호법익으로 하는 범죄이다. 예컨대, 그 문언상 ㉠ 자동차등 불법사용죄(331의2 '권리자의 동의 없이'), ㉡ 카메라등 이용촬영죄(성폭력처벌법14① '촬영대상자의 의사에 반하여')에서는 피해자의 동의가 구성요건을 배제한다. 그 속성이나 보호법익상 ㉠ 강간죄(297), ㉡ 주거침입죄(319), ㉢ 절도죄(329), ㉣ 횡령죄(355) 등에서도 동의는 구성요건을 배제한다. 한편, **사회적 법익** 중 '문서위조죄'가 그 대상인지에 대해 견해가 대립한다. 판례는 "명의자나 작성권한자의 승낙이 있다면 문서위조죄는 성립하지 않는다"는 입장이다. 즉, 명의인이 작성에 동의하면 '진정하게 성립'한 문서가 되기 때문에 구성요건해당성이 배제된다는 취지이다.

판례는 '양해'라는 개념을 별도로 사용하고 있지 않으나, 피해자의 승낙이 있으면 구성요건에 해당하지 않는다고 판시한 예가 다수 있다. 이러한 구성요건에 대해서는 '양해' 개념이 어느 정도 유용성이 있다. 나아가 판례는 '현실적 양해' 개념 외에 이른바 '추정적 양해' 개념까지도 인정하고 있다.[1]

판례상 피해자의 승낙이나 동의가 있으면 구성요건에 해당하지 않는다고 한 사례로는, ㉠ **절도**(대판 2001. 10.26. 2001도4546), ㉡ **주거침입**(대판 2021.9.9. 2020도12630 전합),[2] ㉢ **카메라등 이용촬영**(대판 2010.10.28. 2010도6668), ㉣ **공문서위조**(대

---

1) [문서위조죄에서의 추정적 승낙] 대판 2011.9.29. 2010도14587 ("사문서의 위·변조죄는 작성권한 없는 자가 타인 명의를 모용하여 문서를 작성하는 것을 말하므로 사문서를 작성·수정할 때 명의자의 명시적이거나 묵시적인 승낙이 있었다면 사문서의 위·변조죄에 해당하지 않고, 한편 행위 당시 명의자의 현실적인 승낙은 없었지만 행위 당시의 모든 객관적 사정을 종합하여 명의자가 행위 당시 그 사실을 알았다면 당연히 승낙했을 것이라고 '추정'되는 경우 역시 사문서의 위·변조죄가 성립하지 않는다").

2) [주거침입죄의 '침입'] 위 2020도12630 ("주거침입죄의 구성요건적 행위인 침입은 주거침입죄의 보호법익과의 관계에서 해석하여야 한다. 따라서 침입이란 '거주자가 주거에서 누리는 사실상의 평온상태를 해치는 행위태양으로 주거에 들어가는 것'을 의미하고, 침입에 해당하는지 여부는 출입 당시 객관적·외형적으로 드러난 행위태양을 기준으로 판단함이 원칙이다. 사실상의 평온상태를 해치는 행위태양으로 주거에 들어가는 것이라면 대체로 거주자의 의사에 반하

판 1983.5.24. 82도1426, 공문서의 작성권한자의 지시 내지 승낙에 따라 그의 서명을 대신한 경우), 사문서위조 · 변조(대판 2008.4.10. 2007도9987. 사문서 명의자의 명시적 · 묵시적 승낙에 따라 그 사문서를 작성 · 수정한 경우. 이는 아예 위조 · 변조가 아니라는 의미이다) 등이 있다. ㉥ 반면, 재물손괴죄에서는 피해자의 승낙이 위법성조각사유로 취급된다(대판 1997.6.24. 97도87. 이는 상대방의 동의가 있어도 손괴의 구성요건에 해당된다는 의미이다).

3) 양해의 법적 성격 양해의 법적 성격에 대해서는, 자연적 의사만으로 충분한지 여부가 문제된다. ㉠ 사실적 성격설(양해는 피해자에게 자연적 의사능력만 있으면 충분하고 판단능력은 필요 없다는 견해), ㉡ 개별검토설(개별적인 구성요건마다 그 성격을 달리한다는 견해)이 대립하나, 개별검토설이 다수설이다.

[양해의 유효요건과 효과] 양해의 유효요건과 효과에 대한 일반적인 설명이다.

1) 양해의 유효요건에 대해서는, i) [양해능력과 양해의사의 표시] 양해능력과 양해의사의 표시 여부가 문제된다. ㉠ 자연적 의사능력만 있으면 충분한 범죄(예: 강간죄, 협박죄, 감금죄, 절도죄)에서는, 양해의사가 외부에 표시될 필요는 없고, 양해자의 내심에 반하지 않으면 양해가 된다. 따라서 정신질환자라도 유효하게 양해할 수 있으며, 내심의 하자가 있더라도 문제되지 않는다. ㉡ 판단능력까지 필요한 범죄(예: 주거침입죄, 사기 · 공갈죄)에서는, 양해의사가 외부에 표시되어야 하고, 유효한 양해라야 하며 행위자는 양해가 있음을 인식하여야만 한다. 따라서 의사표시에 하자가 있으면 유효한 양해가 될 수 없다. ii) [양해의 시기] 양해의 존재시기는 적어도 행위시에 있어야 하며, 사후 양해는 아무런 영향이 없다. iii) [추정적 양해] 판례는 현실적 양해 외에 이른바 '추정적 양해'도 인정한다. 예컨대, 사문서위조 · 변조의 경우(대판 2003.5.30. 2002도235).[1]

2) 양해의 효과에 대해서는, i) [구성요건해당성 배제] 양해는 구성요건해당성을 배제하므로, 범죄판단의 대상에서 아예 제외된다. 따라서 양해가 없는데도 있다고 잘못

는 것이겠지만, 단순히 주거에 들어가는 행위 자체가 거주자의 의사에 반한다는 거주자의 주관적 사정만으로 바로 침입에 해당한다고 볼 수는 없다. 외부인이 공동거주자 중 주거 내에 현재하는 거주자로부터 현실적인 승낙을 받아 통상적인 출입방법에 따라 주거에 들어간 경우라면, 특별한 사정이 없는 한 사실상의 평온상태를 해치는 행위태양으로 주거에 들어간 것이라고 볼 수 없으므로 주거침입죄에서 규정하고 있는 침입행위에 해당하지 않는다").

판례는 '침입'의 의미에 대해 종래의 의사침해설에서 평온침해설로 태도를 변경하였다.

1) [추정적 양해] "사문서의 위 · 변조죄는 작성권한 없는 자가 타인 명의를 모용하여 문서를 작성하는 것을 말하는 것이므로, 사문서를 작성 · 수정함에 있어 그 명의자의 명시적이거나 묵시적인 승낙이 있었다면, 사문서의 위 · 변조죄에 해당하지 않는다. 한편 행위 당시 명의자의 현실적인 승낙은 없었지만 행위 당시의 모든 객관적 사정을 종합하여 명의자가 행위 당시 그 사실을 알았다면 당연히 승낙했을 것이라고 추정되는 경우 역시 사문서의 위 · 변조죄가 성립하지 않는다"(위 2002도235).

알고 행위로 나아간 경우에는, 구성요건적 사실에 대한 인식이 없는 경우(구성요건적 착오)로서 고의가 조각된다. ii) [착오에 의한 양해] 자연적 의사능력만으로 충분한 범죄에서는, 양해를 순수한 사실적 개념으로 이해하는 이상 현실적인 내적 동의만 있으면 충분하므로, 착오에 의한 양해도 유효하다(예: 절도죄의 절취행위 아님. 대판 1990.8.10. 90도1211).[1] 그러나 판단능력까지 필요한 범죄에서는, 착오에 의한 양해는 무효이다(예: 주거침입죄. 대판 1967.12.19. 67도1281).[2] 다만, 주거침입죄에서도 '동기의 착오'에 의한 양해만큼은 유효하다. 즉, 관리자에 의해 출입이 통제되는 건물에 관리자의 현실적인 승낙을 받아 통상적인 출입방법으로 들어간 경우에, 승낙의 동기에 착오가 있어 관리자가 실제 출입 목적을 알았더라면 출입을 승낙하지 않았을 것이라는 사정이 있더라도, 행위자에게 건조물침입죄가 성립하지 않는다.

Ⅱ. 성립요건

피해자의 승낙은, ① 법익을 '처분할 수 있는 자의 유효한 승낙', ② ㉠ 승낙에 의한 법익훼손행위 및 ㉡ 행위자의 승낙에 대한 인식(주관적 정당화요소)이 있어야 한다. 다만, ③ 법률에 특별한 규정이 없어야 하고, ④ 승낙에 의한 행위가 사회상규에 위배되지 않아야 한다.

1. 처분할 수 있는 자의 유효한 승낙

(1) 승낙주체

1) 처분권한 승낙이란 자신의 법익에 대한 침해를 허용하는 것을 말한다. 승낙자는 구성요건으로 보호되는 '보호법익의 주체'라야 한다. 법익주체가 아니라도, 타인의 법익에 대한 '처분권한이 있는 자'(예: 미성년자의 법정대리인, 성년후견인)는 법익주체를 '대리하여 승낙'할 수 있다. 다만, 고도의 일신전속적 행위(예: 장기이식을 위한 신체 일부 기증)는 대리승낙이 허용되지 않는다.

2) 승낙능력 승낙자는 승낙의 의미, 내용과 효과 및 법익침해의 의미와 결과를 이해할 수 있는 승낙능력이 있어야 한다. 민법상 행위능력과는 구별되는

1) [착오에 의한 양해: 유효(절도행위 아님)] "피고인이 피해자에게 이 사건 밍크 45마리에 관하여 자기에게 그 권리가 있다고 주장하면서 이를 가져간 데 대하여 피해자의 묵시적인 동의가 있었다면, 피고인의 주장이 후에 허위임이 밝혀졌더라도 피고인의 행위는 절도죄의 절취행위에는 해당하지 않는다"(위 90도1211).

2) [착오에 의한 양해: 무효(주거침입행위 해당)] "대리응시자들의 시험장의 입장은 시험관리자의 승낙 또는 그 추정된 의사에 반한 불법침입이라 아니할 수 없고 이와 같은 침입을 교사한 이상 주거침입교사죄가 성립된다"(위 67도1281).

것으로, 형법상 자기 행위의 의미를 이해할 수 있을 정도의 자연적 통찰능력과 판단능력을 의미한다. 판례상 '승낙능력이 부정'된 예로는, ㉠ 아동매매죄에서 '가출한 13세의 중학교 1학년생'(대판 2015.8.27. 2015도6480), ㉡ 사문서위조죄에서 '노인성 치매 환자'(대판 2004.12.10. 2004도4850) 등이 있다. 구체적 사안에 따라 개별적으로 판단할 수밖에 없다.

승낙자에게 전문지식이 필요한 경우에는, 행위자가 사전에 충분히 설명할 의무가 있다. 예컨대, 의료행위의 승낙에서는 의사에게 **설명의무**가 부과된다.

형법에는 승낙할 수 있는 **연령의 한계**를 규정한 경우가 있다. 예컨대, ㉠ 미성년자 간음·추행죄(305)에서 13세 미만자 및 16세 미만자, ㉡ 아동혹사죄(274)에서 16세 미만자, ㉢ 미성년자 약취·유인죄(287)에서 미성년자 등의 경우에는, 피해자의 승낙은 효력이 없다(설령 승낙이 있더라도, 해당 범죄는 그와 상관 없이 성립한다).

(2) 처분할 수 있는 법익

1) 개인적 법익 승낙으로 처분할 수 있는 법익은 일반적으로 개인적 법익이다. 개인적 법익 가운데 신체의 완전성, 신용이나 명예, 소유권과 같은 법익은 여기에 해당한다. 예컨대, 소송상대방의 사전 승낙이 있다면 소송사기죄는 성립하지 않는다(대판 2017.10.26. 2016도16031). 반면, 사람의 생명과 신체는 개인적 법익이지만 처분에는 일정한 제한이 따른다. 결국, 개별 구성요건의 해석에 달려 있는 문제이다.

2) 국가·사회적 법익 국가적·사회적 법익은 개인이 처분할 수 있는 법익이 아니므로, 승낙의 대상이 되지 않는다. 예컨대, 무고죄와 같은 국가적 법익은 승낙의 대상이 아니다. "설령 피무고자의 승낙이 있었더라도, 무고죄는 성립한다"(대판 2005.9.30. 2005도2712).

다만, 판례는 사회적 법익과 개인적 법익이 중첩된 범죄인 '**문서위조죄**'(사문서위조·변조죄, 공문서위조죄)의 경우 "명의자나 작성권한자의 승낙이 있다면 문서위조죄는 성립하지 않는다"는 입장이다. 즉, 문서명의인이 작성에 동의한 문서는 '진정하게 성립'한 문서가 되므로, 구성요건해당성이 배제된다는 것이다. 현실적 승낙 및 묵시적 승낙은 물론, 더 나아가 '추정적 승낙'(사실상 '추정적 양해')도 인정하며, 구성요건해당성을 배제하고 있다.[1)]

---

1) [문서위조죄에서의 추정적 승낙 (긍정)] 대판 2011.9.29. 2010도14587 ("행위 당시 명의자의 현실적인 승낙은 없었지만 행위 당시의 모든 객관적 사정을 종합하여 명의자가 행위 당시 그

(3) 유효한 승낙

1) 자유의사에 의한 승낙 유효한 승낙이 되기 위해서는, '자유로운 의사'에 의한 승낙이라야 한다. 폭행 · 협박, 기망 · 착오 등에 의한 승낙은 유효한 승낙이 아니다(통설 · 판례). 즉, "하자 있는 의사로 승낙하더라도, 범죄는 성립한다"(대판 1998.3.27. 98도310; 1998.4.24. 98도672), "기망 및 협박에 의한 승낙은 무효이다"(대판 2007.1.25. 2006도5979. '1인 2역' 사건). 그러나 단순한 동기의 착오는 승낙의 유효성에 영향을 미치지 않는다. 의사에게는 의료행위에 대한 설명의무가 부과되는데, 불충분한 설명을 근거로 한 환자의 수술승낙은 '유효한 승낙이 아니다'.

[불충분한 설명과 유효한 승낙 여부] "산부인과 전문의 수련과정 2년차인 의사가 자신의 시진, 촉진결과 등을 과신한 나머지, 초음파검사 등 피해자의 병증이 자궁외 임신인지, 자궁근종인지를 판별하기 위한 정밀한 진단방법을 실시하지 아니한 채, 피해자의 병명을 자궁근종으로 오진하고, 이에 근거하여 의학에 대한 전문지식이 없는 피해자에게 자궁적출술의 불가피성만을 강조하였을 뿐, 위와 같은 진단상의 과오가 없었으면 당연히 설명받았을 자궁외 임신에 관한 내용을 설명받지 못한 피해자로부터 수술승낙을 받았다면, 위 승낙은 부정확 또는 불충분한 설명을 근거로 이루어진 것으로서 수술의 위법성을 조각할 유효한 승낙이라고 볼 수 없다"(대판 1993.7.27. 92도2345).

2) 승낙의 표시 승낙이 외부에 표시되어야 하는가에 대해서는 견해가 대립한다. ㉠ 의사표시설(명시적으로 외부에 표시되어야 한다는 견해), ㉡ 의사방향설(내심의 동의만으로 충분하다는 견해), ㉢ 의사확인설(명시적 표시는 없더라도 어떤 방식으로든 외부에서 '인식할 수 있을 정도로 표현'되어야 한다는 견해) 등이 있다. 의사확인설(절충설)이 통설이다. 승낙의 본질은 자율적 결정이지만, 법적 안정성의 관점에서 승낙은, 명시적이든 묵시적이든 적어도 외부에서 '인식'할 수 있어야 한다. 따라서 묵시적 승낙도 외부에서 인식할 수 있는 한, 승낙이 된다. 예컨대, 사문서위조죄에서는 "그 명의자의 명시적이거나 묵시적인 승낙 또는 위임이 있었다면, 사문서위

사실을 알았다면 당연히 승낙했을 것이라고 '추정'되는 경우 역시 사문서의 위 · 변조죄가 성립하지 않는다").

[주거침입죄에서의 추정적 승낙 (부정)] 대판 1989.9.12. 89도889 ("건물의 소유자라고 주장하는 피고인과 그것을 점유관리하고 있는 피해자 사이에 건물의 소유권에 대한 분쟁이 계속되고 있는 상황이라면, 피고인이 그 건물에 침입하는 것에 대한 피해자의 추정적 승낙이 있었다거나 피고인의 이 사건 범행이 사회상규에 위배되지 않는다고 볼 수 없다").

조에 해당하지 않는다. 특히 포괄적으로 위임한 것이라면, 특별한 사정이 없는 한 사문서위조죄는 성립하지 않는다"(대판 2015.5.30. 2003도1256).

3) 승낙의 시기　승낙은 '사전에' 표시되어야 하고 '행위시까지 존속'되어야 한다. 사후승낙은 승낙으로서의 효력이 없다. 즉, "사후에 피해자의 동의 또는 추인은 이미 성립한 범죄에는 아무런 영향이 없다"(대판 2007.6.28. 2007도2718).

4) 승낙의 철회　사전에 표시된 승낙은 언제든지 철회할 수 있다(통설·판례). 다만, 승낙 후 철회 이전에 이미 행해진 행위는 승낙의 효력이 그대로 유지된다. 철회의 방법에는 제한이 없다.

[승낙의 철회와 범죄성립] "피해자의 승낙은 언제든지 철회할 수 있는 것이므로, 피해자측이 단전조치에 대해 (승낙했다가) '즉각 항의'하였다면 그 승낙은 이미 '철회'된 것으로 보아야 한다. 피해자가 피고인으로부터 단전조치를 통지받았다거나, 혹은 피고인에게 (단전조치의) 기한유예 요청을 하였다는 사정만으로는, 단전조치를 묵시적으로 승낙하였던 것으로 볼 수도 없다"(대판 2006.4.27. 2005도8074).

2. 승낙에 의한 법익훼손행위

(1) 법익훼손행위

1) 승낙의 내용과 범위　승낙의 내용과 '다른' 법익훼손행위 또는 승낙의 범위를 '초과'하는 법익훼손행위는, 위법성이 조각되지 않는다. 피해자가 처분하지 않은 법익은 여전히 형법적 보호의 대상이 된다. 피해자의 진정한 의사, 승낙의 구체적 내용과 범위에 대해서는 행위자의 확인이 필요하다.

[승낙내용과 상이 또는 승낙범위의 초과] i) [승낙의 내용과 다른 경우] ㉠ "백지 문서에 날인한 자의 의사에 반한 문서작성의 경우 피해자들 명의의 동의서는, 승낙한 내용과 다른 것이고 승낙한 취지에도 어긋나는 것이어서, 피해자들이 승낙한 문서 아닌 문서를 작성한 셈이 되어, 사문서를 위조한 경우에 해당한다"(대판 1992.3.31. 91도2815), ㉡ "피해자의 스마트폰으로만 신체촬영을 승낙하였음에도, 피고인이 자신의 스마트폰으로 피해자의 나체를 촬영한 행위는, 피해자의 의사에 반하는 촬영에 해당한다"(대판 2018.11.9. 2018도13122).

ii) [승낙의 범위를 초과한 경우] "재건축조합의 규약이나 정관에 '조합은 사업의 시행으로서 그 구역 내의 건축물을 철거할 수 있다', '조합원은 그 철거에 응할 의무가 있다'는 취지의 규정이 있고, 조합원이 재건축조합에 가입하면서 '조합원의 권리,

의무 등 조합 정관에 규정된 모든 내용에 동의한다'는 취지의 동의서를 제출하였다고 하더라도, 조합원은 이로써 조합의 건축물 철거를 위한 명도의 의무를 부담하겠다는 의사를 표시한 것일 뿐이므로, 조합원이 그 의무이행을 거절할 경우 재건축조합은 명도청구소송 등 법적 절차를 통하여 그 의무이행을 구하여야 함이 당연하고, 조합원이 위와 같은 동의서를 제출한 것을 '조합원이 스스로 건축물을 명도하지 아니하는 경우 재건축조합이 법적 절차에 의하지 아니한 채 자력으로 건축물을 철거하는 것'에 대해서까지 사전 승낙한 것이라고 볼 수는 없다"(대판 2007.9.20. 2007도5207).

2) **과실행위와 승낙**　피해자의 승낙은 일반적으로 고의범에서 문제되나, **과실범에 대해서도** 피해자의 승낙이 인정된다. 예컨대, ㉠ 피해자가 행위자의 주의의무위반을 인식하고서도 자신에 대한 위험행위를 승낙한 경우이다(예: 음주운전 사실을 알고 동승한 자는 운전과실에 의한 상해를 승낙한 것). ㉡ 또한, 권투 등 생명·신체에 위험을 초래할 수 있는 운동경기의 경우에도, 고의의 상해행위뿐만 아니라 과실에 의한 상해까지 미리 승낙한 것이므로, 과실치상 행위는 위법성이 조각된다(다만, 의도적 반칙에 의한 상해는 위법성이 조각되지 않는다).

3) **인과관계**　승낙과 법익훼손행위 사이에는 인과관계가 있어야 한다.

한편, 판례는 "의사의 '설명의무 위반'이 있더라도, '결과발생'과 사이에 상당인과관계가 없다면 업무상과실치사상죄가 성립하지 않는다"는 입장이다. 즉, "의사가 설명의무를 위반한 채 의료행위를 하였다가 환자에게 상해 또는 사망의 결과가 발생한 경우 의사에게 업무상 과실로 인한 형사책임을 지우기 위해서는, 의사의 '설명의무 위반'과 환자의 '상해 또는 사망' 사이에 '상당인과관계'가 존재하여야 한다"(대판 2011.4.14. 2010도10104; 2015.6.24. 2014도11315). 그런데 판례는, 설명의무를 다하였더라도 같은 결과가 발생하였을 것이라면, 상당인과관계를 부정한다. 즉, "**설명의무를 다하였더라도** 피해자가 반드시 수술(시술)을 거부하였을 것이라고 볼 수 없는 때에는, 피고인의 설명의무 위반과 피해자의 상해 사이에 상당인과관계를 인정하기 어렵다"(위 2010도10104; 2014도11315)고 한다. 이는 민사상 '가정적 승낙에 의한 면책 법리'가 형사사건에 도입된 것으로 평가된다.[1)]

---

1) [비판: 가정적 승낙] 이에 대해서는, 환자의 자기결정권이 형해화될 우려가 있고, 추정적 승낙의 보충성(현실적 승낙이 불가능한 경우라야 한다)이 무시되거나, 위법성조각사유인 피해자 승낙이 객관적 구성요건요소인 인과관계(객관적 귀속)의 문제로 치환되는 문제점이 지적되고 있다.

(2) 승낙에 대한 인식

행위자는 행위 당시 피해자의 승낙에 대해 인식하고 있어야 한다. 승낙에 대한 행위자의 인식은 '주관적 정당화요소'가 된다.

[우연한 행위] 이러한 인식이 흠결된 경우, 즉 피해자의 승낙이 있었음에도, 행위자가 인식하지 못한 경우에는, 우연한 행위가 되며, 위법성이 조각되지 않는다. 우연방위에서와 같이 무죄설, 기수범설, **불능미수설**(다수설)이 대립한다(前述 '주관적 정당화요소의 흠결').

3. 법률에 특별규정이 없을 것

형법각칙 등에는 피해자의 승낙이 있더라도 처벌하는 특별한 법률규정이 있다. 이러한 특별규정은 제24조(피해자의 승낙)에 우선한다. 즉, ㉠ 승낙이 범죄의 성립 여부에 아무런 영향을 미치지 않는 경우(예: 13세 미만자 및 16세 미만자에 대한 간음·추행죄305, 피구금자간음죄303② 등), ㉡ 승낙이 형의 감경 효력만 있을 뿐인 경우(예: 승낙살인죄252①, 자기소유 일반건조물 방화죄166② 등) 등이 그러하다. ㉢ 그 밖에 병역의무 기피목적의 신체손상(병역법86), 근무 기피목적의 신체상해(군형법41①)에서도 승낙은 위법성을 조각하지 못한다.

4. 사회윤리적 제한: 사회상규

피해자의 승낙은 정당방위·긴급피난·자구행위와 달리, 상당한 이유가 요건으로 명시되어 있지 않다. 이와 관련하여, 판례는 '승낙이 사회상규에 위배되지 아니할 것'이라는 요건을 추가적으로 요구한다. 즉, "그 승낙이 윤리적·도덕적으로 사회상규에 반하는 것이 아니어야 한다"(대판 1985.12.10. 85도1892; 2008.12.11. 2008도9606). 승낙 자체 또는 승낙에 의한 행위가 사회상규에 반하는 때에는 위법성이 조각되지 않는다. 이는 승낙의 사회윤리적 한계에 해당한다. 신체상해만으로 제한하는 명문의 규정은 없다.

[판례사례: 사회상규에 어긋나는 것] i) [승낙 자체가 사회상규에 반하는 경우] 위법한 목적에 이용하기 위해 승낙을 얻어 상해를 가한 경우 위법성이 조각되지 않는다. ㉠ "피고인이 피해자와 공모하여 교통사고를 가장하여 보험금을 편취할 목적으로 피해자에게 상해를 가하였다면, 피해자의 승낙이 있었더라도, 이는 위법한 목적에 이용

하기 위한 것이므로, 피고인의 행위가 피해자의 승낙에 의하여 위법성이 조각된다고 할 수 없다"(대판 2008.12.11. 2008도9606), ㉡ "피고인이 때려 주면 돈을 주겠다는 요청을 하여 공소외 1 등이 피고인을 폭행하였고, 그 과정에서 피고인이 다발성 좌상 등의 상해를 입게 된 경우라면, 비록 피고인이 먼저 공소외 1 등에게 때려 달라고 요청하였더라도, 그러한 피고인의 요청은 윤리적·도덕적으로 사회상규에 어긋나는 것이어서 위법성 조각사유로서의 피해자의 승낙에 해당한다고 할 수는 없다"(대판 2010.4.29. 2010도2745).

ii) [행위가 사회상규에 반하는 경우] 승낙에 의한 행위라도 행위 자체가 사회상규에 위배되지 않아야 위법성이 조각된다. ㉠ 잡귀를 쫓아내야 한다고 설득하여 승낙을 받고, 폭행하여 사망하게 한 경우에 안수기도 행위 자체가 사회상규에 위배되어 폭행치사죄가 성립한다. 즉, "폭행에 의하여 사람을 사망에 이르게 하는 따위의 일에서 피해자의 승낙은, 윤리적, 도덕적으로 허용될 수 없는 즉 사회상규에 반하는 것"(위 85도1892), ㉡ "피할만한 여유도 없는 좁은 장소와 상급자인 피고인이 하급자인 피해자로부터 아프게 반격을 받을 정도의 상황에서, 신체가 보다 더 건강한 피고인이 피해자에게 약 1분 이상 가슴과 배를 때렸다면, (사망의 결과에 대한 예견가능성을 부정할 수도 없을 것이며) 위와 같은 상황에서 이루어진 폭행이 장난권투로서 피해자의 승낙에 의한 사회상규에 어긋나지 않는 것이라고도 볼 수 없다"(대판 1989.11.28. 89도201).

Ⅲ. 효과

승낙에 의한 행위는 법률에 특별한 규정이 없는 한 '벌하지 않는다'(24). 피해자 승낙의 요건을 충족한 행위는 사회상규에 위배되지 않는 한 '위법성이 조각'되기 때문이다.

[착오문제: 오상승낙에 의한 행위] i) [오상행위] 오상 승낙에 의한 행위는 피해자 승낙이 객관적으로 없음에도 있다고 잘못 알고 법익훼손행위로 나아간 경우이다. 오상방위·오상피난에서와 같다('위법성조각사유의 전제사실의 착오' 문제).

Ⅳ. 추정적 승낙

1. 의의

1) 뜻 추정적 승낙이란 피해자의 현실적인 승낙은 없지만 행위 당시의 객관적 사정을 '피해자가 알았더라면 당연히 승낙했을 것으로 기대'되는 경우를

말한다. 예컨대, 의식을 잃은 응급환자를 구하기 위해 의사가 환자의 승낙 없이 수술을 한 경우이다. 현실적인 승낙이 없다는 점에서, 현실적 승낙의 하나인 묵시적 승낙과 구별된다. 승낙과 양해를 구별하는 입장에서는 피해자의 추정적 동의가 구성요건해당성을 배제하는 경우를 '추정적 양해'로 분류한다. 물론, 추정적 승낙에 의한 행위는 위법성이 조각된다.

2) 법적 성질 ㉠ 긴급피난설(긴급피난의 일종), ㉡ 대체승낙설(피해자 승낙의 일종), ㉢ 정당행위설(정당행위 중 '사회상규에 위배되지 않는 행위'), ㉣ 독자적 위법성조각사유설(긴급피난이나 피해자의 승낙에 의한 행위와는 다른, 독특한 구조를 가진 독자적 사유) 등이 대립한다. 독자적 위법성조각사유설이 다수설이다.

2. 유형

1) 피해자의 더 큰 이익 보호: 피해자의 이익으로 추정 피해자의 더 큰 이익을 위해 작은 이익을 희생시키는 경우이다(예: 아내가 남편의 부재 중에 남편에게 온 긴급편지를 무단 개봉하여 긴급한 용무를 처리한 경우 등). 피해자의 승낙이 충분히 추정될 수 있다.

2) 피해자의 경미한 이익 침해: 이익포기로 추정 행위자나 제3자의 이익을 위해 피해자의 경미한 이익을 침해하는 경우이다(예: 현행범을 뒤쫓기 위해 친구의 자전거를 타고 간 경우, 어린이가 과일 풍년에 과수원에 들어가 떨어진 과일을 주워온 경우). 신뢰관계나 이익의 경미함으로 피해자의 이익포기 내지 승낙이 충분히 추정될 수 있다.

3. 성립요건

(1) 피해자 승낙과 공통되는 요건

추정적 승낙에 의한 행위가 위법성이 조각되기 위해서는, ① 법익을 처분할 수 있는 자의 추정적 승낙(법익처분 권한 및 승낙능력, 처분할 수 있는 법익), ② 추정적 승낙에 의한 법익훼손행위가 있어야 한다. 다만, ③ 법률에 특별한 규정이 없어야 하고, ④ 추정적 승낙에 의한 행위가 사회상규에 위배되지 않아야 한다. 이는 현실적 승낙의 경우와 마찬가지이다.

(2) 추정적 승낙에 고유한 요건

1) 현실적 승낙의 불가능 현실적 승낙이 없음에도 승낙을 추정해 주는 그 특성상 피해자의 현실적 승낙을 받는 것이 불가능한 사정이 있어야 한다. 이

를 '추정적 승낙의 보충성'이라 한다. 여기서 불가능한 사정은 피해자가 승낙을 거부한 경우가 아니라 부득이한 사정으로 적시에 피해자의 승낙을 받지 못한 경우를 의미한다. 피해자의 현실적 승낙이 가능한 경우에는 추정적 승낙은 문제되지 않는다.

2) 피해자의 명시적 반대의사가 없을 것 피해자의 명시적 반대의사가 없어야 한다(다수설). 피해자의 명시적인 반대의사가 있는 때에는 추정적 승낙을 인정할 수 없다.

3) 승낙의 객관적 추정 승낙의 추정은 객관적으로 이루어져야 한다. 행위 당시의 객관적 사정에 비추어 피해자가 행위의 내용을 알았거나 현실적 승낙이 가능한 상황이었다면 당연히 승낙했을 것으로 기대되는 경우를 말한다.[1]

따라서 ㉠ 피해자의 현실적 승낙을 받는 것이 가능했던 경우, ㉡ 피해자가 명시적·묵시적으로 승낙을 거부했을 경우, ㉢ 행위 당시의 모든 사정에 비추어 객관적으로 승낙이 추정되지 않을 경우에는, 승낙이 추정될 수 없다.

4) 양심에 따른 심사 추정적 승낙은 행위자가 행위 당시의 모든 상황에 대해 승낙의 추정 여부를 성실하게 검토 내지 면밀하게 심사한 결과여야 한다. 이를 충분히 검토하지 않은 경우에는 위법성이 조각되지 않는다. 이러한 양심적 심사가 추정적 승낙의 주관적 정당화요소가 되는지 여부에 대해 견해가 대립하나, 판례는 행위자에게 추정적 승낙에 대한 성실한 검토의무를 인정하는 것으로 보인다. 예컨대, 문서죄에서 "명의자의 명시적인 승낙이나 동의가 없다는 것을 알고 있으면서도, 명의자가 문서작성 사실을 알았다면 승낙하였을 것이라고 '기대하거나 예측한 것'만으로는, 그 승낙이 추정된다고 단정할 수 없다"(대판 2011.9.29. 2010도14587).

Ⅴ. 안락사와 존엄사

[안락사] i) [뜻] 안락사란 임종단계에서 육체적 고통이 현저한 환자에 대해 그 승낙

1) [승낙의 객관적 추정] 대판 2011.9.29. 2010도14587 ("행위 당시 명의자의 현실적인 승낙은 없었지만 행위 당시의 모든 객관적 사정을 종합하여 명의자가 행위 당시 그 사실을 알았다면 당연히 승낙했을 것이라고 추정되는 경우 역시 사문서의 위·변조죄가 성립하지 않는다"); 대판 1989.9.12. 89도889 ("건물의 소유자라고 주장하는 피고인과 그것을 점유관리하고 있는 피해자 사이에 건물의 소유권에 대한 분쟁이 계속되고 있는 상황이라면 피고인이 그 건물에 침입하는 것에 대한 피해자의 추정적 승낙이 있었다거나 피고인의 이 사건 범행이 사회상규에 위배되지 않는다고 볼 수 없다").

에 의해 그 고통을 완화·제거하여 '편안한 죽음'에 이르도록 하는 의학적 조치를 말한다.

ii) [유형] 여기에는 ㉠ 적극적 안락사(적극적으로 환자를 살해하여 죽음의 시기를 앞당기는 형태), ㉡ 간접적 안락사(완화조치가 결과적으로 죽음의 시기를 앞당기는 형태), ㉢ 소극적 안락사(생명연장에 필요한 적극적 조치를 취하지 않음, 즉 치료중단으로 죽음의 시기를 앞당기는 형태)가 있다. 일반적으로 ㉠은 위법성 인정(살인죄), ㉡㉢은 일정한 요건 하에 위법성이 조각된다는 것이 다수설이다. 특히, 소극적 안락사에서 의사의 행위가 위법성이 조각되기 위해서는, 다음의 조건을 갖추어야 한다. 첫째, 환자가 감내할 수 없는 육체적 고통에 시달리고 있을 것, 둘째, 의학적 견지에서 불치의 질병으로 죽음의 시기가 임박하였을 것, 셋째, 원칙적으로 환자의 진지한 촉탁 또는 승낙이 있을 것, 넷째, 의사의 치료중단이 환자의 육체적 고통을 제거하거나 경감하기 위한 목적에서 이루어질 것 등이다.

[존엄사] i) [뜻] 존엄사란 회복가능성이 없는 환자의 의사에 따라 연명치료를 중지하고 인간으로서의 존엄을 유지하면서 '품위 있는 죽음'을 맞도록 하는 의학적 조치를 말한다. 연명치료의 중단(부작위)이라는 점에서 소극적 안락사의 유형이다. 판례는 존엄사를 허용한다. 즉, "회복불가능한 사망의 단계에 이른 후에, 환자가 인간으로서의 존엄과 가치 및 행복추구권에 기초하여 자기결정권을 행사하는 것으로 인정되는 경우에는, 특별한 사정이 없는 한 연명치료의 중단이 허용될 수 있다"(대판 2009.5.21. 2009다17417 전합). 이에 따라 현재 연명의료결정법이 제정·시행되고 있다.

ii) [연명의료중단결정의 이행] 담당의사는 임종과정에 있는 환자에 대해 연명의료중단결정을 이행할 수 있는데, ㉠ 환자의 사전연명의료의향서 또는 환자가족의 진술을 통한 환자의 의사가 연명의료중단결정을 원하는 것이고, 임종과정에 있는 환자의 의사에도 반하지 않는 경우, 또는 ㉡ 환자의 의사를 확인할 수 없고 환자가 의사표현을 할 수 없는 의학적 상태인 경우 해당 환자를 위한 연명의료중단결정이 있는 것으로 간주되는 때(근친자의 합의에 의한 연명의료중단결정의 의사표시 및 담당의사와 해당 분야 전문의 1명의 확인)이다(연명의료결정법15).

제 6 절 정당행위

제20조(정당행위) 법령에 의한 행위 또는 업무로 인한 행위 기타 사회상규에 위배되지 아니하는 행위는 벌하지 아니한다.

Ⅰ. 의의

1) 뜻 정당행위란 사회상규에 위배되지 아니하는 행위로서 법 공동체에 의해 사회생활상 정당한 것으로 승인된 행위를 말한다. 형법 제20조는 법령에 의한 행위, 업무로 인한 행위, 기타 사회상규에 위배되지 아니하는 행위를 정당행위로 규정하고 있다. 법령과 업무로 인한 행위는 사회상규에 위배되지 아니하는 행위의 예시이고, 사회상규는 위법성 판단의 일반적·포괄적 기준이 된다. 따라서 정당행위는 다른 위법성조각사유에 대해 일반적·포괄적 성격을 띠며, 다른 위법성조각사유에 해당하지 않는 경우 보충적으로 적용된다. 정당행위는 사회상규라는 초법규적 정당화사유를 실정법상 정당화사유로 규정한 것이다. 사회상규란 "법질서 전체의 정신이나 그 배후에 놓여 있는 사회윤리 내지 사회통념"(대판 1997.11.14. 97도2118 등)을 말한다. 다만 주의할 점이 있다. 즉 "어떠한 행위가 범죄구성요건에 해당하지만 정당행위라는 이유로 위법성이 조각된다는 것은, 그 행위가 적극적으로 용인, 권장된다는 의미가 아니라, 단지 특정한 상황하에서 그 행위가 범죄행위로서 처벌대상이 될 정도의 위법성을 갖추지 못하였다는 것을 의미한다"(대판 2021.12.30. 2021도9680).

2) 정당행위의 일반적 요건 정당행위는 위법성조각사유라는 것이 통설의 입장이다. 구성요건에 해당하는 어떤 행위가 정당행위로서 위법성이 조각되는 것인가는 구체적인 경우에 합목적적, 합리적으로 가려져야 할 일이다. 일반적으로 정당행위로 인정되려면, "첫째, 행위의 동기·**목적의 정당성**, 둘째, 행위의 수단·방법의 **상당성**, 셋째, 보호법익과 침해법익과의 **법익균형성**, 넷째, **긴급성**, 다섯째, 그 행위 외의 다른 수단 방법이 없다는 **보충성**의 요건을 모두 갖추어야 한다"(대판 1986.9.23. 86도1547; 2018.12.27. 2017도15226). 예컨대, 본능적인 소극적 방어행위 내지 소극적 저항행위는 위법성이 없는 정당행위에 해당한다(대판 1995.8.22. 95도936). 다만, 여기서 "행위의 **긴급성**과 **보충성**은 수단의 상당성을 판단할 때

고려요소의 하나일 뿐, 독립적인 요건은 아니다"(대판 2023.5.18. 2017도2760).

Ⅱ. 법령에 의한 행위

법령에 따라 권리 · 권한 또는 의무로 행해지는 실정법에 근거를 둔 행위를 말한다. 전체 법질서의 통일성 관점에서 형법은 물론 민법 · 노동법 등도 포함되고, 법률은 물론 명령 · 규칙 · 조례에 따른 행위도 위법성이 조각된다.

1. 공무원의 직무집행행위

(1) 법령에 의한 직무집행행위

1) 법령에 의한 직무집행　공무원이 법령에 의하여 직무를 수행하는 행위이다. 예컨대, 형법상 형의 집행(66-70), 형사소송법상 긴급체포 · 구속 · 압수 · 수색 등 강제처분행위(200의3 · 201 · 215), 민사집행법상 강제집행행위(5), 경찰관직무집행법상 불심검문(3) · 무기사용(11) 등이다.

2) 적법요건　이러한 공무집행행위가 위법성이 조각되기 위해서는, ㉠ 객관적 요건으로, 공무원의 직무범위 내에 속하고, 법령에 규정된 요건과 절차에 따라야 하며, 비례성의 원칙에 맞는 범위 내에서 이루어져야 한다. ㉡ 또한 주관적 요건으로, 직무집행의 의사가 있어야 한다.

(2) 상관의 명령에 의한 행위

1) 상관의 적법한 명령　"상관의 적법한 직무상 명령에 따른 행위는 정당행위로서 위법성이 조각된다"(대판 1997.4.17. 96도3376 전합). 상관의 명령 자체가 적법성 요건을 갖추어야 한다.

2) 구속력 있는 위법한 명령　상관의 위법한 명령을 수행한 행위는, 명령이 사실상 절대적 구속력을 가지는 경우에도 위법성이 조각되지 않으며, 책임이 조각될 여지가 있을 뿐이다(통설). "상관의 위법한 명령에 따라 범죄행위를 한 경우에는 상관의 명령에 따랐다고 하여 위법성이 조각될 수는 없다"(위 1997.4.17. 96도3376 전합).

3) 구속력 없는 위법한 명령　상관의 구속력 없는 위법명령을 수행한 행위는, 위법성은 물론 책임도 조각되지 않는다(통설). 판례도 같다.[1]

---

1) [구속력 없는 위법명령] 대판 1988.2.23. 87도2358 ("명백한 위법 내지 불법한 명령인 때에는 이는 벌써 직무상의 지시명령이라 할 수 없으므로 이에 따라야 할 의무는 없다. 설령 대공수

2. 징계행위

(1) 법령에 의한 징계행위

1) 법령에 의한 징계 법령상 징계권 있는 징계권자의 징계행위는 정당행위가 된다. 예컨대, 친권자의 자녀의 보호·교양을 위한 (체벌 아닌) 징계행위(민법 913 여부),[1] 학교장의 교육상 필요에 의한 학생에 대한 징계행위(초·중등교육법18), 소년원장의 보호소년등에 대한 징계행위(보호소년법15) 등이다.

2) 적법요건 이러한 징계권행사가 정당행위가 되기 위해서는, ㉠ 객관적 요건으로, 징계사유가 있어야 하고, 교육(징계)의 목적을 달성하기 위하여 허용된 범위 안에서 필요하고 적절한 정도에 그쳐야 한다. ㉡ 또한 주관적 요건으로, 교육(징계)의 의사가 있어야 한다.

(2) 체벌 문제

징계의 수단으로 신체적 징계, 즉 체벌이 허용되는지 문제된다.

1) 친권자의 체벌 그런데 친권자의 징계권 규정(구민법915)[2]은 2021. 1. 26.자 민법 개정으로 삭제되었다. 이는, 아동학대 가해자인 친권자의 항변사유로 이용되는 등 아동학대를 정당화하는 데 악용될 소지가 있다는 이유에서이다. 따라서 현행 민법상 징계권 규정 자체가 삭제된 이상, 친권자의 자녀에 대한 체벌은 더 이상 법령에 의한 행위에 해당하지 않는다. 다만, 사회상규에 위배되지 않는 행위로서 위법성의 조각 여부는 여전히 문제될 수 있다. 형법의 보충성원칙상 친권자의 훈육에 형법이 개입하는 것은 바람직하지 않다. 어쨌든 지나치게 가혹한 체벌은 여전히 형법상 문제되며, 체벌이 가정폭력·아동학대의 수준에 이르면 형법·아동복지법 등이 적용된다.

2) 학교장·교사의 체벌 현행 초·중등교육법상 징계처분의 내용에는 체벌이 포함되어 있지 않고(18·시행령31①), 도구·신체 등을 이용하여 학생의 신체

사단 직원은 상관의 명령에 절대복종하여야 한다는 것이 불문율로 되어 있다 할지라도, 국민의 기본권인 신체의 자유를 침해하는 고문행위 등이 금지되어 있는 우리의 국법질서에 비추어 볼 때, 그와 같은 불문율이 있다는 것만으로는, 위법명령에 따른 행위가 정당한 행위라거나, 강요된 행위로서 적법행위에 대한 기대가능성이 없는 경우라고는 볼 수 없다").

1) [친권자의 징계와 정당행위] 민법 제913조에 따르면, "친권자는 자녀를 보호하고 교양할 권리의무가 있다." 친권자의 자녀에 대한 단순 징계(체벌 제외)가 '법령에 의한 행위'인지는 논란의 여지가 있다. 결국 민법 제913조 해석의 문제인데, 여기에 포함된다면 '법령에 의한 행위'가 된다. 만일 그렇지 않다면 '기타 사회상규에 위배되지 않는 행위'가 될 것이다.

2) [구 민법 제915조(징계권)] 친권자는 그 자를 보호 또는 교양하기 위하여 필요한 징계를 할 수 있고 법원의 허가를 얻어 감화 또는 교정기관에 위탁할 수 있다. <2021.1.26. 삭제>

에 고통을 가하는 방법의 사용은 **명시적으로 금지**되어 있다(동법시행령31⑧: 관계 법령의 내용은 각주 참조).[1] 학교장의 체벌 허용 여부에 대해서는, ㉠ 부정설(교육관계 법령의 내용 및 인간의 존엄과 가치질서를 존중하는 헌법정신과 교육의 목적상 체벌은 허용되지 않는다는 견해), ㉡ 긍정설(동법시행령 제31조 제8항의 반대해석상 허용된다는 견해), ㉢ 제한적 긍정설(학칙상 체벌규정이 있는 경우에는 동법 제18조의 '그 밖의 방법으로 지도'에 해당하여 법령에 의한 행위로서, 제한적으로 허용된다는 견해), ㉣ 사회상규설(법령에 의한 행위는 아니지만, 기타 사회상규에 위배되지 않는 행위로 정당화될 수 있다는 견해) 등이 대립한다. 그러나 학생에 대한 체벌은 헌법정신과 교육목적, 특히 2011. 3. 18.자 초·중등교육법시행령의 개정 취지와 문언에 부합하지 않으므로, 더 이상 허용될 수 없다(부정설). 판례도 같은 취지이다. 즉 "(중학교 교사가) 위 법령과 규정에서 금지하는 수단과 방법을 사용하여 체벌을 하였다면, 훈육 또는 지도 목적으로 행하여졌다고 할지라도, 신체적 학대행위에 해당한다"(대판 2022.10.27. 2022도1718).[2]

[종전 판례: 체벌] i) [친권자의 체벌 문제] 위 민법 개정 전에는 친권자의 체벌이 허용된다는 점에 대해 이견이 없었다(통설·판례). 물론 당시에도 "인격의 건전한 육성을 위하여 필요한 범위 안에서 상당한 방법으로 행사되어야만 한다"(대판 2002.2.8. 2001도6468)는 법리가 확립되어 있었으며, 지나치게 가혹한 체벌만 형법상 문제되었다.[3]

---

1) [학생의 체벌 관련, 현행 교육법령의 내용] 초·중등교육법 제18조(학생의 징계) ① 학교의 장은 교육을 위하여 필요한 경우에는 법령과 학칙으로 정하는 바에 따라 학생을 징계하거나 그 밖의 방법으로 지도할 수 있다.

동법시행령 제31조(학생의 징계 등) ① 법 제18조제1항 본문의 규정에 의하여 학교의 장은 교육상 필요하다고 인정할 때에는 학생에 대하여 다음 각 호의 어느 하나에 해당하는 징계를 할 수 있다. <개정 2011.3.18.> 1. 학교내의 봉사 2. 사회봉사 3. 특별교육이수 4. 1회 10일 이내, 연간 30일 이내의 출석정지 5. 퇴학처분

⑧ 학교의 장은 법 제18조제1항 본문에 따라 지도를 할 때에는 학칙으로 정하는 바에 따라 훈육·훈계 등의 방법으로 하되, 도구, 신체 등을 이용하여 학생의 신체에 고통을 가하는 방법을 사용해서는 아니 된다.

2) ['금지된 체벌 아닌' 지도행위(=정당)] 다만, "교사의 아동 학생에 대한 지도행위가 법령과 학칙의 취지에 따른 것으로서 객관적으로 타당하다고 인정된다면 여전히 법령에 따른 교육행위의 범위에 속하는 것이고, 초·중등교육법시행령 제31조 제8항에 따라 금지되는 체벌에 해당하지 않는 한 지도행위에 다소의 유형력이 수반되었다는 사정만으로 달리 볼 수 없다"(대판 2024.10.8. 2021도13926).

3) [종전 판례: 정당행위 아닌 친권자의 체벌] ㉠ "친권자가 스스로의 감정을 이기지 못하고 야구 방망이로 때릴듯이 피해자에게 "죽여 버린다"고 말하여 협박하는 것은, 그 자체로 피해자의 인격 성장에 장해를 가져올 우려가 커서 이를 교양권의 행사라고 보기 어렵다"(위 2001도6468), ㉡ "4세된 아들이 대소변을 가리지 못한다고 닭장에 가두고 전신을 구타한 것은 친권자의 징계권행사에 해당한다고 볼 수 없다"(대판 1969.2.4. 68도1793).

ii) [학교장 · 교사의 체벌 문제] 학생에 대한 체벌에 관하여, 과거의 판례는, '법령에 의한 행위'[1]라거나 '사회상규에 위반되지 않는 행위'[2]라고 하여 '정당행위'로 인정한 경우가 있었다. 그러나 2011. 3. 18.자 초 · 중등교육법시행령의 시행 이후 그 의미는 상실되었다.

3) **군인의 체벌** 현행 군인복무기본법상 "군인은 어떠한 경우에도 구타, 폭언, 가혹행위 및 집단 따돌림 등 사적 제재를 하거나 직권을 남용하여서는 아니 된다"(26). 군인에 대한 체벌은 법령상 금지되므로, 상관의 군인에 대한 체벌은 더 이상 법령에 의한 행위에 해당하지 않는다. 다만, 사회상규에 위배되지 않는 행위로서 위법성의 조각 여부만이 문제될 수 있다.

판례도, 군인복무기본법의 규정상 위법성이 조각되지 않는다는 입장이며,[3] 다만 경미한 폭행의 경우 '사회상규에 위배되지 않는 행위'라고 한 사례는 있다.[4]

3. 노동쟁의행위

1) **법령에 의한 노동쟁의행위** 헌법 제33조 제1항이 보장하는 노동3권(단결권, 단체교섭권, 단체행동권)을 행사하기 위한 노동쟁의행위는, (업무방해죄의 구성요건에 해당하더라도) 헌법과 노동조합법에 의한 정당행위로서 위법성이 조각된다. 특히 노동조합법에는 명문의 규정이 있다(4).[5] 그러나 정치적 목적의 쟁의행위,

---

1) [종전 판례: 학생의 체벌과 법령에 의한 행위] 대판 2004.6.10. 2001도5380 ("학생에 대한 폭행, 욕설에 해당되는 지도행위는 학생의 잘못된 언행을 교정하려는 목적에서 나온 것이었으며 다른 교육적 수단으로는 교정이 불가능하였던 경우로서 그 방법과 정도에서 사회통념상 용인될 수 있을 만한 객관적 타당성을 갖추었던 경우에만 법령에 의한 정당행위로 볼 수 있다").

2) [종전 판례: 학생의 체벌과 사회상규에 위배되지 않는 행위] 대판 1976.4.27. 75도115 ("학교장이 훈계의 목적으로 교칙위반 학생에게 뺨을 몇차례 때린 정도는, 감호교육상의 견지에서 볼 때 징계의 방법으로서 사회관념상 비난의 대상이 될 만큼 사회상규를 벗어난 것으로는 볼 수 없다").

3) [판례사례: 군인의 체벌과 정당행위(부정)] 예컨대, ㉠ "방위병들의 훈련중에 군인정신을 환기시키기 위해 감금 · 구타한 경우"(대판 1984.6.12. 84도799), ㉡ "40분 내지 50분간 머리박아(속칭 '원산폭격')를 시키거나, 양손을 깍지 낀 상태에서 약 2시간 동안 팔굽혀펴기를 50－60회 정도 하게 한 경우"(대판 2006.4.27. 2003도4151), ㉢ "부하를 훈계하기 위한 것이라도, 폭행행위가 훈계권의 범위를 넘었다고 보여지고 그로 인하여 상해를 입은 경우(대판 1984.6.26. 84도603: 사회상규에 위배) 등은 모두 정당행위가 아니다는 입장이다.

4) [경미한 폭행과 사회상규] 대판 1978.4.11. 77도3149 ("군대내의 질서를 지키려는 목적에서 지휘관이 부하에게 가한 경미한 폭행은 지키려는 법익이 피해법익에 비하여 월등이 크다고 할 것이므로 그 위법성을 결여한다").

5) [노동쟁의행위와 정당행위] 노동조합 및 노동관계조정법 제4조(정당행위) 형법 제20조의 규정은 노동조합이 단체교섭 · 쟁의행위 기타의 행위로서 제1조의 목적을 달성하기 위하여 한 정당

폭력이나 파괴행위는 위법성이 조각되지 않는다.

2) 적법요건 근로자의 쟁의행위가 형법상 정당행위가 되기 위하여는, "첫째, 그 주체가 '단체교섭의 주체로 될 수 있는 자'이어야 하고, 둘째, 그 목적이 근로조건의 향상을 위한 '노사간의 자치적 교섭'을 조성하는 데에 있어야 하며, 셋째, 사용자가 근로자의 근로조건 개선에 관한 구체적인 요구에 대하여 단체교섭을 거부하였을 때 개시하되, 특별한 사정이 없는 한 조합원의 찬성결정 등 법령이 규정한 절차를 거쳐야 하고, 넷째, 그 수단과 방법이 사용자의 재산권과 조화를 이루어야 함은 물론, 폭력의 행사에 해당되지 아니하여야 한다는 여러 조건을 모두 구비하여야 한다"(대판 2003.11.13. 2003도687). 예컨대, 단체교섭 사항이 될 수 없는 사항을 달성하려는 쟁의행위는 그 목적의 정당성이 없고(대판 2012.5.24. 2010도9963), 노동조합원의 찬·반투표 절차와 같은 필요적 절차를 거치지 아니한 쟁의행위는 절차의 정당성이 없다(대판 2001.10.25. 99도4837 전합).

['소극적 노무제공 거부' 내지 '집단적 근로제공 거부'와 '위력' 여부] 폭력을 수반하지 않는 '소극적 노무제공 거부' 내지 '집단적 근로제공 거부' 형태의 파업의 경우에는, 원칙적으로 위력에 의한 업무방해죄가 성립하지 않고, 예외적으로만 위력에 해당한다. 즉, "㉠ 사용자가 예측할 수 없는 시기에 전격적으로 이루어져(전격성), ㉡ 사용자의 사업운영에 심대한 혼란 내지 막대한 손해를 초래하는(심대한 혼란 내지 막대한 손해) 등으로 ㉢ 사용자의 사업계속에 관한 자유의사가 제압·혼란될 수 있다고 평가할 수 있는 경우에, 비로소 집단적 노무제공의 거부가 '위력'에 해당하여 업무방해죄가 성립한다"(대판 2011.3.17. 2007도482 전합).

[하청업체 소속 근로자의 원청업체 사업장에서의 쟁의행위와 정당행위] "사용자인 수급인에 대한 정당성을 갖춘 쟁의행위가 도급인의 사업장에서 이루어져 형법상 보호되는 도급인의 법익을 침해한 경우, 그것이 항상 위법하다고 볼 것은 아니고, 사회통념에 비추어 용인될 수 있는 행위에 해당하는 경우에는 형법 제20조의 '사회상규에 위배되지 아니하는 행위'로서 위법성이 조각된다"(대판 2020.9.3. 2015도1927).

4. 사인의 현행범인 체포행위

1) 뜻 현행범인은 누구든지 영장 없이 체포할 수 있다(형소212). 일반인의 현행범인 체포행위는 체포죄(276)의 구성요건에 해당하지만, 법령에 의한 행위로서 위법성이 조각된다. 체포의 목적을 달성하기 위하여 필요한 범위 내에서

한 행위에 대하여 적용된다. 다만, 어떠한 경우에도 폭력이나 파괴행위는 정당한 행위로 해석되어서는 아니된다.

일반인도 강제력을 행사할 수 있다. 다만, 일반인은 타인의 주거에 들어갈 수 없고, 무기를 사용할 수는 없다.

2) 적법요건 "현행범인으로 체포하기 위하여는, 행위의 가벌성, 범죄의 현행성·시간적 접착성, 범인·범죄의 명백성 이외에 체포의 필요성, 즉 도망 또는 증거인멸의 염려가 있어야 한다"(대판 2011.5.26. 2011도3682).[1] 이러한 요건을 갖추지 못한 현행범인 체포는 법적 근거에 의하지 아니한 영장 없는 체포로서 위법한 체포에 해당한다"(위 2011도3682). 예컨대, 편면적 대향범에서 불가벌적 대향자에 대한 현행범 체포행위는 위법한 체포이다.[2]

5. 기타 법령에 의한 행위

그 밖에 형법상 범죄구성요건에 해당하지만 다른 법령에 근거하여 위법성이 조각되는 경우가 있다. 예컨대, ㉠ 연명의료결정법에 따른 **연명의료 중단결정의 이행**(19①, 살인죄·촉탁살인죄의 구성요건에 해당), ㉡ 장기이식법에 따른 **장기적출**(22, 살인죄·중상해죄의 구성요건에 해당), ㉢ 전염병예방법에 따른 의사·한의사의 **전염병신고**(4①, 업무상비밀누설죄의 구성요건에 해당), ㉣ 정신건강복지법에 따른 정신질환자에 대한 **강제입원**(43·44, 감금죄의 구성요건에 해당), ㉤ 모자보건법에 따른 **인공임신중절수술**(14, 낙태죄의 구성요건에 해당), ㉥ 복권법에 따른 **복권발매**(4), 한국마사회법에 따른 승마투표권발매(6, 모두 복표에 관한 죄의 구성요건에 해당) 등도 법령에 의한 행위로 위법성이 조각된다.

---

1) [판례사례: 사인의 현행범체포(=적법)] 피고인의 차를 손괴하고 도망하려는 피해자를 도망하지 못하게 멱살을 잡고 흔들어 피해자에게 전치 14일의 흉부찰과상을 가한 경우, 정당행위에 해당한다(대판 1999.1.26. 98도3029) 등.

2) [판례사례: 사인의 현행범체포(=위법)] ㉠ 현행범을 추적하여 그 범인의 부(父)의 집에 들어가서 동인과 시비 끝에 상해를 입힌 경우 주거침입죄가 성립한다(대판 1965.12.21. 65도899), ㉡ 조합원 갑 등은 파업기간 중 사용자에게 채용되어 기중기 운전작업을 대체 수행하던 대체근로자 A를 발견하고 붙잡으려고 하는 과정에서, A를 넘어지게 하여 약 4주 상해를 가한 경우에, 대체근로자에 불과한 A는 '사용자'만 처벌하는 위 노동조합법위반죄의 단독정범이 될 수 없고, 형법 총칙상 공범 규정을 적용하여 공동정범 또는 방조범으로 처벌할 수도 없다. 결국 편면적 대향범에서 불가벌적 대향자에 해당하는 A는 현행범인이 아니고, 체포 당시 상황을 기초로 보더라도 현행범인 체포의 요건을 갖춘 것도 아니므로, 조합원 갑 등의 행위는 법령에 의한 행위 내지 정당행위에 해당하지 않는다(대판 2020.6.11. 2016도3048) 등.

Ⅲ. 업무로 인한 행위

업무란 사람이 사회생활상의 지위에서 계속·반복의 의사로 행하는 사무를 말한다. 업무로 인한 행위는 법령에 의한 행위가 아니라도 정당행위로서 위법성이 조각된다. 이는 "업무자의 행위이기 때문이 아니라, 그 직무로 인한 행위에 정당·적법성을 인정하기 때문이다"(대판 1983.3.8. 82도3248).

1. 의사의 의료행위

1) 의료행위의 뜻　의사의 의료행위란, 의사가 환자의 건강을 유지 또는 증진할 목적으로(주관적 치료목적), 의술의 법칙에 따라(객관적 의술법칙), 환자의 신체에 위험을 초래하는 수술 등의 의료행위를 말한다.

2) 법적 성격　의료행위의 법적 성격에 대해서는, ㉠ 구성요건에 해당하지 않는다는 견해(상해의 고의가 없다), ㉡ 과실범의 성립 여부만 문제된다는 견해(상해의 고의가 없으므로 과실범의 성립 여부만 문제)도 있지만, 다수설·판례는 **위법성이 조각된다**는 입장인데, ㉢ 업무로 인한 행위로 정당행위가 된다는 견해, ㉣ 피해자의 승낙 또는 추정적 승낙에 의한 행위라는 견해(다수설)가 대립한다. **피해자의 승낙**으로 보는 견해는, 환자의 자기결정권이라는 인격적 자유는 타인의 업무활동에 의해 침해될 수 없는 법익이고, 의료행위는 원칙적으로 환자의 승낙에 의해만 가능하다는 점을 근거로 한다. 피해자의 승낙으로 본다면 **의사의 설명의무**를 전제로 한 **하자 없는 승낙**이 요구된다.

3) 판례　과거에는 그 수단과 방법이 현대의술에 적합하면 '업무로 인한 행위'로서 정당행위라고 하였지만,[1] 최근에는 '**피해자의 승낙**'에 의한 행위로 본다. 그리고 '의사의 부정확하거나 **불충분한 설명**을 근거로 이루어진 승낙은 **유효한 승낙이 될 수 없다**'고 한다(즉, 환자의 수술동의서가 면책의 만능근거는 아니다).

[판례: 의사의 설명의무와 유효한 승낙] ㉠ [충분한 설명과 환자의 동의(승낙)] "환자의 수술과 같이 신체를 침해하는 진료행위를 하는 경우에는 질병의 증상, 치료방법의

1) [업무로 인한 행위로 본 판례] ㉠ 대판 1978.11.14. 78도2388 ("의사가 인공분만기인 '샥숀'을 사용하면 통상 약간의 상해정도가 있을 수 있으므로, 그 상해가 있다 하여 '샥숀'을 거칠고 험하게 사용한 결과라고는 보기 어려워, 의사의 정당업무의 범위를 넘은 위법행위라고 할 수 없다"), ㉡ 대판 1986.6.10. 85도2133 ("비록 위 제2차 소파수술이 피해자의 자궁외임신을 오진한 피고인의 과실에 기인된 것이라 하더라도, 이는 사회적 상당성이 인정되는 의사의 통상적인 진료행위에 지나지 않는 것이므로, 과실로 상해를 입힌 행위로는 볼 수 없다") 등.

내용 및 필요성, 발생이 예상되는 위험 등에 관하여 당시의 의료수준에 비추어 상당하다고 생각되는 사항을 설명하여, 당해 환자가 그 필요성이나 위험성을 충분히 비교해 보고 그 진료행위를 받을 것인지의 여부를 선택하도록 함으로써 그 진료행위에 대한 동의를 받아야 한다. 환자의 동의는 헌법 제10조에서 규정한 개인의 인격권과 행복추구권에 의하여 보호되는 자기결정권을 보장하기 위한 것으로서, 환자가 생명과 신체의 기능을 어떻게 유지할 것인지에 대하여 스스로 결정하고 진료행위를 선택하게 되므로, 의료계약에 의하여 제공되는 진료의 내용은 의료인의 설명과 환자의 동의에 의하여 구체화된다."(대판 2009.5.21.2009다17417 전합: 이른바 김할머니 사건).

㉡ [불충분한 설명과 하자 있는 승낙] "산부인과 전문의 수련과정 2년차인 의사가, 자신의 시진, 촉진결과 등을 과신한 나머지 피해자의 병명을 자궁근종으로 오진하고, 이에 근거하여 의학에 대한 전문지식이 없는 피해자에게 자궁적출술의 불가피성만을 강조하였을 뿐, 위와 같은 진단상의 과오가 없었으면 당연히 설명받았을 자궁외 임신에 관한 내용을 설명받지 못한 피해자로부터 수술승낙을 받았다면, 위 승낙은 부정확 또는 불충분한 설명을 근거로 이루어진 것으로서 수술의 위법성을 조각할 유효한 승낙이라고 볼 수 없다"(대판 1993.7.27. 92도2345).

2. 변호사 등의 업무행위

1) 변호사의 업무행위 변호사의 업무는 피고인을 위하여 변호활동을 하는 의무를 포함한다. 변호사가 **법정에서 변론**하는 가운데 타인의 명예를 훼손하는 사실을 말하거나, 업무 중 알게 된 비밀을 누설한 경우에는, 명예훼손죄(307)·업무상비밀누설죄(317)의 구성요건에는 해당하더라도, 업무로 인한 정당행위로서 위법성이 조각된다.

그러나 변호사가 변론행위와 무관하게 또는 그 허용되는 한계를 넘은 경우(예: 법정 외에서 신문기자에게 진범이 甲이라 말한 경우, 위증·증거인멸을 교사한 경우 등)에는 위법성이 조각되지 않는다.[1)]

2) 성직자의 종교행위 성직자가 고해성사를 통해 알게 된 타인의 범죄사실을 고발하지 않거나 묵비하는 경우에, 불고지죄(국가보안법10)나 범인은닉죄(151)의 방조에 해당하더라도, 업무로 인한 정당행위로서 위법성이 조각된다.

---

1) [변호인의 변론행위의 한계] 대판 2012.8.30. 2012도6027 ("형사변호인의 기본적인 임무가 피고인 또는 피의자를 보호하고 그의 이익을 대변하는 것이라고 하더라도, 그러한 이익은 법적으로 보호받을 가치가 있는 정당한 이익으로 제한되고, 변호인이 의뢰인의 요청에 따른 변론행위라는 명목으로 수사기관이나 법원에 대하여 적극적으로 허위의 진술을 하거나 피고인 또는 피의자로 하여금 허위진술을 하도록 하는 것은 허용되지 않는다").

그러나 "사제가 (죄지은 자를 능동적으로 고발하지 않는 것에 그치지 아니하고) 은신처 마련, 도피자금 제공 등 범인을 적극적으로 은닉·도피케 하는 행위는 사제의 정당한 직무에 속하는 것이라고 할 수 없다"(위 82도3248).

3) 언론인의 취재행위 신문은 헌법상 보장되는 언론자유의 하나로서 정보원에 대하여 자유로이 접근할 권리와 취재한 정보를 자유로이 공표할 자유를 가진다(신문법3②참조). "신문기자가 기사 작성을 위한 자료를 수집하기 위해 취재활동을 하면서, 취재원에게 취재에 응해줄 것을 요청하고 취재한 내용을 관계 법령에 저촉되지 않는 범위 내에서 보도하는 것은, 신문기자의 일상적 업무 범위에 속하는 것으로서, 특별한 사정이 없는 한 사회통념상 용인되는 행위(정당행위)라고 보아야 한다"(대판 2011.7.14. 2011도639). 따라서 협박죄에서의 '해악의 고지'(예: '추가 취재요구에 응하지 않으면 이미 취재한 내용대로 보도하겠다'고 말한 경우)에 해당하더라도, 업무로 인한 정당행위로서 위법성이 조각된다(위 2011도639).

그러나 주거를 침입하거나 초상권자 동의 없이 몰래 촬영하는 식으로 실정법을 위반하는 경우에는 위법성이 조각되지 않는다.

4) 운동선수의 운동경기 권투 등 사회통념상 스포츠로 용인되는 운동경기를 통해 타인의 법익을 침해한 경우이다. 경기규칙에 따라 경기한 운동선수라면 업무로 인한 행위로서 위법성이 조각된다.

Ⅳ. 기타 사회상규에 위배되지 아니하는 행위

"기타 사회상규에 위배되지 않는 행위는 벌하지 아니한다"(20). 즉, 다른 개별적인 위법성조각사유가 없는 경우에도 사회상규에 위배되지 않는 때에는 정당행위로서 위법성이 조각된다.

1. 의의

1) 사회상규의 뜻 여기서 사회상규란 공서양속(公序良俗), 즉 '공공질서와 선량한 풍속'으로 설명된다.[1] 그런데 사회상규라는 규범은 없으므로, 그에 대한

---

1) [제정형법상 '사회상규' 개념] 형법 제정 당시 제20조의 정당행위에 사회상규 개념을 도입한 가인 김병로 선생은 정당행위가 위법성이 조각되는 이유에 대해 다음과 같이 설명한다: "무릇 위법성의 관념은 공서양속(公序良俗)에 위반되는 비상규성(非常規性)이 되는 까닭에, 일정한 행위가 위법조각의 사유되는 이유는, 공공질서와 선량한 풍속에 위반하지 아니하는 상규적 행위되는 소이라 말할 수 있다."

직접 설명 또한 매우 어렵다. 판례에 따르면, 사회상규란, "그 입법정신에 비추어 국가질서 존중성의 인식을 기초로 한 국민일반의 건전한 도의감"(대판 1956.4.6. 4289형상42) 또는 "법질서 전체의 정신이나 그 배후에 놓여 있는 사회윤리 내지 사회통념"(대판 1997.11.14. 97도2118 등)을 말한다.

2) **사회상규에 위배되지 않는 행위** '사회상규에 위배되지 아니하는 행위'란, "법질서 전체의 정신이나 그 배후에 놓여 있는 사회윤리 내지 사회통념에 비추어, 용인될 수 있는 행위"를 말한다(대판 2006.4.27. 2003도4735). "초법규적인 기준에 의하여 이를 평가할 것이다"(대판 1983.11.22. 83도2224).

2. 판단기준

판례상 그 판단기준은, ㉠ 동기·목적의 정당성, ㉡ 수단·방법의 상당성, ㉢ 법익균형성, ㉣ 긴급성, ㉤ 보충성이다.[1] 여기서 "행위의 **긴급성**과 **보충성**은 '수단의 상당성'을 판단할 때 **고려요소의 하나**일 뿐, 독립적인 요건은 아니다"(대판 2023.5.18. 2017도2760; 2024.8.1. 2021도2084). "긴급성이나 보충성의 정도는 개별 사안에 따라 다를 수 있다"(위 2018도1917; 위 2021도2084). 즉, 긴급성과 보충성은 '수단의 상당성' 판단에서 고려할 요소일 뿐이며, 구체적 개별 사안에 따라 완급조절이 문제된다(즉, 경미한 법익침해는 긴급성과 보충성이 없더라도 정당화될 수 있다).

[판례: 긴급성과 보충성 요건의 위상 (위 2017도2760)] 정당행위의 요건인 "위 '목적·동기', '수단', '법익균형', '긴급성', '보충성'은 불가분적으로 연관되어 하나의 행위를 이루는 요소들로 종합적으로 평가되어야 한다. '목적의 정당성'과 '수단의 상당성' 요건은 행위의 측면에서 사회상규의 판단기준이 된다. 사회상규에 위배되지 아니하는

---

1) [사회상규에 위배되지 않는 행위] 대판 2023.6.29. 2018도1917 ("정당행위가 인정되려면, 첫째 행위의 동기나 목적의 정당성, 둘째 행위의 수단이나 방법의 상당성, 셋째 보호이익과 침해이익의 법익균형성, 넷째 긴급성, 다섯째 그 행위 이외의 다른 수단이나 방법이 없다는 보충성 등의 요건을 갖추어야 한다. 이때 어떠한 행위가 사회상규에 위배되지 아니하는 정당한 행위로서 위법성이 조각되는 것인지는 구체적인 사정 아래서 합목적적, 합리적으로 고찰하여 개별적으로 판단되어야 한다. 구체적인 사안에서 정당행위로 인정되기 위한 긴급성이나 보충성의 정도는 개별 사안에 따라 다를 수 있다").

위 판례의 쟁점은, 공장 내 CCTV에 비닐봉지를 씌워 촬영하지 못하도록 한 행위가 위력에 의한 업무방해에 해당하는지 여부 및 정당행위로 볼 수 있는지 여부이다. CCTV 카메라의 촬영을 불가능하게 한 각 행위들은 모두 위력에 의한 업무방해죄의 구성요건에 해당하고, 그중 회사가 CCTV를 작동시키지 않았거나 시험가동만 한 상태에서 촬영을 방해한 행위는 정당행위로 볼 수 없으나, 정식으로 CCTV 작동을 시작한 후에는 회사의 정당한 이익 달성이 명백하게 정보주체의 권리보다 우선하는 경우에 해당한다고 보기 어려워 그 촬영을 방해한 행위가 정당행위에 해당할 여지가 있다고 한 사례이다.

행위로 평가되려면 행위의 동기와 목적을 고려하여 그것이 법질서의 정신이나 사회윤리에 비추어 용인될 수 있어야 한다. 수단의 상당성·적합성도 고려되어야 한다. 또한 보호이익과 침해이익 사이의 법익균형은 결과의 측면에서 사회상규에 위배되는지를 판단하기 위한 기준이다. 이에 비하여 행위의 긴급성과 보충성은 수단의 상당성을 판단할 때 고려요소의 하나로 참작하여야 하고 이를 넘어 독립적인 요건으로 요구할 것은 아니다. 또한 그 내용 역시 **다른 실효성 있는 적법한 수단이 없는 경우를 의미하고 '일체의 법률적인 적법한 수단이 존재하지 않을 것'을 의미하는 것은 아니다.**"[1] 비례원칙의 내용이 다소 변형되어 반영되고 있음을 알 수 있다.

흔히 문제되는 것은 다음과 같다.

1) **소극적 방어(저항)행위** 상대방의 부당한 행패를 저지하기 위한 본능적인 소극적 방어행위 내지 그 행패로부터 벗어나기 위한 소극적 저항행위는, '사회상규에 위배되지 않는 행위'에 해당한다. 즉, ㉠ 상대방의 부당한 행패를 저지하기 위한 본능적인 **소극적 방어행위**(대판 1992.3.10. 92도37), ㉡ 목에 졸린 상태에서 벗어나기 위한 **소극적 저항행위**(대판 1996.5.28. 96도979), ㉢ 상대방의 일방적인 불법 폭행에 대해 자신을 보호하고 이를 벗어나기 위한 저항수단으로서, **소극적인 방어의 한도**를 벗어나지 않은 경우(대판 1999.10.12. 99도3377), ㉣ "당시의 상황에서 사회윤리나 사회통념상 취할 수 있는 '본능적이고 소극적인 방어행위'"(대판 2014.3.27. 2012도11204) 등(각주 참조).[2]

---

1) [긴급성·보충성 요건의 위상] (사안) 甲 대학교는 부정입학과 관련된 금품수수 등의 혐의로 구속되었던 대학교 전 이사장이 다시 총장으로 복귀함에 따라 학내 갈등이 악화되었고, 대학교 총학생회는 대학교 교수협의회와 총장 퇴진운동을 벌이면서 총장과의 면담을 요구하였으나 면담이 실질적으로 성사되지 않았다. 이에 총학생회 간부인 피고인들이 총장실 입구에서 진입을 시도하거나 회의실에 들어가 총장 사퇴를 요구하다가 이를 막는 교직원들과 실랑이를 벌였고, 이로 인해 위력에 의한 업무방해로 기소되었다.

(판단) 피고인들의 행위에 대하여 동기와 목적의 정당성, 행위의 수단이나 방법의 상당성, 법익균형성이 인정되고, 특히 학습권 침해가 예정된 이상 긴급성이 인정되고, 피고인들이 선택할 수 있는 법률적 수단이 더 이상 존재하지 않는다거나 다른 구제절차를 모두 취해본 후에야 면담 추진 등이 가능하다고 할 것은 아니어서 보충성도 인정되므로 정당행위에 해당한다고 인정하였다.

2) [판례사례: 소극적 방어(저항)행위] [㉠ 사안] 피해자(남, 57)가 술에 만취하여 아무런 연고도 없는 가정주부인 피고인의 집에 들어가 유리창을 깨고 아무데나 소변을 보는 등 행패를 부리고 나가자, 피고인이 유리창 값을 받으러 피해자를 뒤따라 가며 그 어깨를 붙잡았으나, 상스러운 욕설을 계속하므로 더 이상 참지 못하고 잡고 있던 손으로 피해자의 어깨부분을 밀치자, 술에 취하여 비틀거리던 피해자가 몸을 제대로 가누지 못하고 앞으로 넘어져 시멘트 바닥에 이마를 부딪쳐 1차성 쇼크로 사망하였다(위 92도37), [㉡ 사안] 피해자가 양손으로 피고인의 넥타이를 잡고 늘어져 후경부피하출혈상을 입을 정도로 목이 졸리게 된 피고인이, 피해자를 떼어놓기 위하여 왼손으로 자신의 목 부근 넥타이를 잡은 상태에서 오른손으로 피해자의 손을

2) **권리실행** 정당한 권리를 실현하는 과정에서 그 권리실현의 수단방법(예: 기망 · 해악고지 · 고소 · 고발 등)이 '사회통념상 허용되는 정도나 범위를 넘지 않은 경우'에는, '사회상규에 위배되지 않는 행위'에 해당한다(대판 1998.3.10. 98도70 참조).[1] "구체적으로 사회통념상 허용되는 정도나 범위를 넘는 것이냐의 여부는 그 행위의 주관적인 측면과 객관적인 측면, 즉 추구된 목적과 선택된 수단을 전체적으로 종합하여 판단한다"(대판 1995.3.10. 94도2422).

[판례사례: 정당한 권리실현과 위법한 권리실현] i) [위법성조각] 정당한 권리실현의 예로는, ㉠ 피해자로부터 범인으로 오인되어 경찰에 끌려가 구타당하여 입원한 경우에 피해자에게 치료비를 요구하고, '이에 불응하면 무고죄로 고소하겠다'고 말한 경우(대판 1971.11.9. 71도1629), ㉡ 신문기자인 피고인이 고소인에게 2회에 걸쳐 증여세 포탈에 대한 취재를 요구하면서, '이에 불응하면 자신이 취재한 내용대로 보도하겠다'고 말하여 협박한 경우(대판 2011.7.14. 2011도639) 등.

ii) [위법성 인정] 반면, 위법한 권리실현의 예로, ㉠ 피고인이 피해자를 상대로 목재대금청구소송 계속 중 피해자에게 '피해자의 양도소득세포탈사실을 관계기관에 진정하여 일을 벌리려 한다'고 말하여, 겁을 먹은 피해자로부터 목재대금을 지급하겠다는 약속을 받아낸 경우(대판 1990.11.23. 90도1864), ㉡ 행방불명된 남편에 대하여 불리한 민사판결이 선고되자, 적법한 다른 방법을 강구하지 아니하고 남편 명의의 항소장을 임의로 작성하여 법원에 제출한 경우(대판 1994.11.8. 94도1657) 등이다.

iii) [**'단전 · 단수조치'**] 한편, '단전 · 단수조치'의 정당성 여부도 문제된다. 즉, "임대인이 임차인의 차임 연체를 이유로 계약서상 규정에 따라 위 주점에 대하여 단전 · 단수조치를 취한 경우, ㉠ 약정 기간이 만료되었고 임대차보증금도 차임연체 등으로 공제되어 이미 남아있지 않은 상태에서 미리 예고한 후 단전 · 단수조치를 하였다면 형법 제20조의 정당행위에 해당하지만, ㉡ 약정 기간이 만료되지 않았고 임대차보증금

잡아 비틀면서 서로 밀고 당기고 하였다(위 96도979), [㉢ 사안] 오십대의 부부가 연로한 여자인 피고인이 혼자 묵을 만들고 있는 외딴 장소에 찾아와, 공소외 1은 헛첩의 자식이라는 소문을 퍼뜨렸다며 먼저 피고인의 멱살을 잡고 밀어 넘어뜨리고 배 위에 올라타 주먹으로 팔, 얼굴 등을 폭행하였고, 공소외 2는 이에 가세하여 피고인의 얼굴에 침을 뱉으며 발로 밟아 폭행을 하였다. 이에 연로한 탓에 힘에 부쳐 달리 피할 방법이 없던 피고인은 이를 방어하기 위하여 그들의 폭행에 대항하여, 공소외 1의 팔을 잡아 비틀고, 다리를 무는 등 오른쪽 팔목과 대퇴부 뒤쪽에 멍이 들게 하였다(위 99도3377), 그 밖에 ㉣ 택시운전사가 상의단추가 떨어질 정도로 멱살을 잡고 흔드는 피해자의 손을 뿌리치고 택시를 출발시킨 경우(대판 1989.11.14. 89도1426) 등.

1) [판례: 협박죄 여부] "해악의 고지가 있다 하더라도, 그것이 사회의 관습이나 윤리관념 등에 비추어 사회통념상 용인할 수 있을 정도의 것이라면 협박죄는 성립하지 아니한다"(위 98도70; 대판 2010.7.15. 2010도1017 등).

도 상당한 액수가 남아있는 상태에서 계약해지의 의사표시와 경고만을 한 후 단전·단수조치를 하였다면 정당행위로 볼 수 없다(대판 2007.9.20. 2006도9157).” 물론, 사무실 임차인이 임대차계약 종료 후 갱신계약 여부에 관한 의사표시나 명도의무를 지체하고 있다는 이유로 임대인이 단전조치를 취한 경우도 정당행위에 해당하지 않는다(대판 2006.4.27. 2005도8074).

3) 음란물의 ‘결합 표현물’ “음란물이 (그 자체로는 하등의 문학적·예술적·사상적·과학적·의학적·교육적 가치를 지니지 아니하더라도) 음란성에 관한 논의의 특수한 성격 때문에, 그 논의의 형성·발전을 위해 문학적·예술적·사상적·과학적·의학적·교육적 표현 등과 결합되는 경우가 있다. 이러한 경우 ‘음란 표현의 해악이, 이와 결합된 위와 같은 표현 등을 통해 상당한 방법으로 해소되거나, 다양한 의견과 사상의 경쟁메커니즘에 의해 해소될 수 있는 정도’라는 등의 특별한 사정이 있다면, 이러한 ‘결합 표현물’에 의한 표현행위는 공중도덕이나 사회윤리를 훼손하는 것이 아니어서 (법질서 전체의 정신이나 그 배후에 놓여 있는 사회윤리 내지 사회통념에 비추어 용인될 수 있는 행위로서) 형법 제20조의 ‘사회상규에 위배되지 아니하는 행위’에 해당된다”(대판 2017.10.26. 2012도13352).

4) 민간의료시술 문제: 무면허의료행위 무면허의료행위는 의료법위반죄(87·27), 영리 목적의 무면허의료행위는 보건범죄단속법위반죄(5)의 구성요건에 해당한다. 일반인의 금지된 의료행위라도 ‘사회상규에 위배되지 아니하는 행위’로 위법성이 조각될 수 있다. 판례가 위법성조각을 인정한 예로는 ‘수지침 시술행위’(대판 2002.4.25. 98도2389)가 있으나, 대부분의 경우 그 위법성이 조각되지 않는다고 한다. 즉, ㉠ 단순한 수지침 정도의 수준을 넘어 ‘체침’을 시술한 경우(대판 2002.12.26. 2002도5077), ㉡ 눈썹 등 부위의 피부에 자동문신용 기계로 색소를 주입하여 ‘문신’을 하여 준 행위(대판 1992.5.22. 91도3219), ㉢ 부항 시술행위(대판 2004.10.28. 2004도3405), ㉣ 한의사 면허나 자격 없이 소위 ‘통합의학’에 기초하여 환자를 진찰 및 처방하는 행위(대판 2009.10.15. 2006도6870) 등은, 금지된 의료행위로서 위법성이 조각되지 않는다.

5) 징계권 없는 자의 징계 징계권 없는 자의 징계행위가 객관적으로 징계의 범위를 벗어나지 않은 상당한 수단이고, 주관적으로 교육의 목적으로 행해진 경우(예: 이웃 어른이 잘못을 저지르는 남의 자녀를 징계하는 경우. 대판 1978.12.13. 78도2617)에는 사회상규에 위배되지 아니한다.

[판례사례] i) [사회상규에 '위배'되는 행위(=유죄) 사례] ㉠ 모자보건법에 규정된 인공임신중절사유 이외에 사회·경제적 사유에 의한 낙태(대판 1985.6.11. 84도1958), ㉡ 속칭 '생일빵'을 한다는 명목하에 피해자를 가격한 행위(대판 2010.5.27. 2010도2680), ㉢ 특정 인터넷 홈페이지에 게시한 글을 인터넷 카페 게시판에 퍼온 뒤, 모욕적인 표현을 사용하여 댓글을 달거나 허위사실을 적시한 행위(대판 2009.10.29. 2009도4783), ㉣ 감독관청의 허가 없이 사회복지법인의 기본재산을 처분한 대가로 수령한 보상금을 사용한 행위(대판 2006.11.23. 2005도5511) 등.

ii) [사회상규에 '위배되지 않는' 행위(=무죄) 사례] ㉠ 삼보일배 시위방법(대판 2019.4.8. 2009도113951), ㉡ MBC 감독기관의 이사장인 갑에 대한 비판적인 글을 게시하면서 "철면피, 파렴치, 양두구육, 극우부패세력"이라는 표현을 사용(대판 2022.8.25. 2020도168970) 등.

[착오문제: 오상정당행위] 오상정당행위란 예컨대, 징계사유가 없음에도 그 사유가 있다고 잘못 알고 징계한 경우와 같이, 정당행위의 객관적 성립요건이 흠결되었음에도 불구하고, 있다고 잘못 알고 정당행위로 나아간 경우이다. 오상방위·오상피난 등과 함께 '위법성조각사유의 전제사실의 착오' 문제이다. 판례는, 교사가 욕설을 하지 않은 학생을 오인하여 구타한 사례에서, 징계권의 범위를 일탈한 것으로 위법성이 조각되지 않는다고 하였는데(대판 1980.9.9. 80도762), 이는 오상정당행위 사안으로 볼 수 있다. '위법성조각사유의 전제사실의 착오'에 대해서는, 다양한 견해가 극심하게 대립하나, 판례는 '위법성조각설'의 입장이다(後述).

제4장
책 임 론

제1절 책임 이론

Ⅰ. 의의

1) **책임의 뜻** 범죄는 구성요건에 해당하는 위법·유책한 행위이다. 범죄가 성립하기 위해서는 어떤 행위가 구성요건에 해당하는 위법한 행위이고, 그 행위자에게 행위에 대한 '책임'을 물을 수 있어야 한다. 책임은 불법을 전제로 하고("불법 없이 책임 없다"), 불법의 내용과 정도는 책임의 경중에 불가분적 영향을 미친다.

여기서 책임이란, 구성요건에 해당하는 위법한 행위를 한 행위자에게 '개인적 비난을 할 수 있는가' 또는 '책임을 물을 수 있는가'의 문제이다. 즉, 책임이란 **'행위자에 대한 비난가능성'**을 말한다. 그 핵심은 '행위자가 적법행위를 할 수 있었음에도, 위법한 행위로써 불법을 실현한 것'에 중점을 둔, '행위자'를 향한 '법적 비난'이다. 책임은 행위자 개인에 대한 법적 비난이므로, '개인책임의 원칙'(자기책임의 원칙)이 적용되고, 연대책임은 금지된다(헌법13③ 연좌제 금지).

위법성이 '행위'에 대한 비난으로 객관적 가치판단인 반면, 책임은 '행위자'에 대한 비난으로 주관적 가치판단이다. 즉, 구성요건과 위법이 행위 중심의 객관적인 판단이지만, 책임은 행위자 중심의 주관적 판단이다. 위법성은 행위자의 특성을 고려하지 않으나, 책임은 행위자의 특성을 고려한다.

[법적 책임: 민사책임과의 구별] 책임은 구성요건에 해당하는 위법한 행위를 행한 행위자에 대한 비난이므로, 형사책임은 법적 책임이다. 그러나 형사책임은 민사책임과도 구별된다. 민사책임은 '손해의 공평한 분담'에 목적이 있고 그 효과는 '금전배상'이지만, 형사책임은 '국가 형벌권의 정당한 실현'에 목적이 있고 그 효과는 '행위자의 처벌'이다. 따라서 민사책임에서는 고의책임 · 과실책임 사이에 큰 차이가 없으며 무과실책임도 인정되지만, 고의범이 원칙인 형사책임에서는, 과실범은 예외적으로 처벌되며 그 형벌도 고의범에 비해 현저히 가볍다. 형사책임에는 '책임 없으면 형벌 없다'는 책임주의(책임원칙)가 엄격하게 적용된다.

2) 책임주의 책임주의(책임원칙)란, '책임 없으면 형벌 없고, 형벌은 책임의 정도에 상응해야 하며 책임의 한도를 초과할 수 없다'는 원칙이다. 즉, ㉠ 책임은 형벌의 근거가 되며 형벌을 정당화한다[형벌근거 책임]. ㉡ 형벌은 책임의 정도에 상응해야 하며 책임의 한도를 초과할 수 없다[형벌제한 책임].

책임주의는 ㉠ '책임 없으면 형벌 없다'는 것이므로, (책임없이 발생된 결과에 대해, 결과만으로 형사책임을 묻는) 결과책임을 배제한다. 또한 책임주의는 ㉡ '형벌은 책임의 정도에 상응해야 한다'는 것이므로, 책임의 범위 한도 안에서 형벌을 한정함으로써, 국가형벌권의 과도한 행사로부터 개인의 자유와 권리를 보장하는 기능을 수행한다. 다만, 형벌은 범죄예방의 관점에서 책임의 정도보다 '낮게' 부과될 수는 있다.

이러한 책임원칙은 헌법원칙이다. 즉, "'책임 없는 자에게 형벌을 부과할 수 없다'(=형벌근거 책임)는 형벌에 관한 **책임주의는**, **형사법의 기본원리**로서, 헌법상 법치국가의 원리에 내재하는 원리인 동시에, 헌법 제10조(행복추구권 및 국가의 기본적 인권 보장의무)의 취지로부터 도출되는 원리"(헌재 2009.7.30. 2008헌가10)이다. 그리고 "'책임의 정도를 초과하는 형벌을 과할 수 없다'(=형벌제한 책임)는 책임과 형벌 간의 **비례의 원칙**은, 과잉금지원칙을 규정하고 있는 헌법 제37조 제2항(헌법상 비례원칙)으로부터 도출된다"(헌재 2010.7.29. 2008헌바88).

3) 위법성과의 관계 구성요건해당성은 '위법성의 인식근거'가 되고, 위법성은 '책임의 인식근거'가 된다(통설). 따라서 구성요건해당성이 있으면 위법성이 사실상 추정되고, 위법행위를 한 사람은 책임이 있는 것으로 사실상 추정된다. 그 결과 위법성론이 위법성조각사유를 중심으로 소극적으로 논의되는 것처럼, 책임론에서도 소극적으로 책임조각 · 감경사유를 중심으로 논의된다(12내지16).

[행위책임의 원칙: 행위책임과 행위자책임] 책임은 구성요건에 해당하는 위법한 행위를 행한 행위자 개인에 대한 법적 비난이므로, 책임판단의 대상은 '구성요건에 해당하는 위법한 행위' 그 자체이다. 이를 **행위책임의 원칙**이라 한다. 즉, **행위책임**은 행위자가 행한 '행위 및 그 결과'를 근거로 책임의 유무 및 정도를 결정하는 것을 말한다. 따라서 행위자의 범죄적 인격형성이나 생활태도 등 행위자의 속성, 즉 이른바 '행위자책임'은 책임판단의 대상이 아니다. **행위자책임**이란 행위 및 그 결과가 아니라 '행위자의 소질 · 환경 · 인격형성'을 근거로 책임의 유무 및 정도를 결정하는 것을 말한다.

그런데 형법에서 행위자책임이 예외적으로 고려되는 경우가 있다(예: 상습범의 가중처벌). 예컨대, 절도의 습벽이 있는 자와 없는 자가 동일한 절도 범행을 저지른 경우 양자의 행위책임은 동일하지만, 절도의 습벽이 있는 자는 '상습성'이라는 '행위자의 소질 내지 인격형성'이 책임의 근거가 되고, 그 결과 상습범은 책임(행위자책임)이 가중되고 형벌도 가중된다. 한편, 보안처분에서는 행위자책임이 당연히 적용된다.

Ⅱ. 책임의 근거와 본질

1. 책임의 근거: 도의적 책임론과 사회적 책임론

책임은 행위자에 대한 비난가능성이므로, 행위자에 대한 비난의 근거가 무엇인지 문제이다. 이는 곧 인간에게 스스로 의사를 결정할 수 있는 '자유의사'가 있는지의 문제와 관련된다.

1) **도의적 책임론** 도의적 책임론은, 인간에게는 자유의사가 있다는 이성적 · 윤리적 인간을 전제로, 책임의 근거는 **자유의사**에 있다는 견해이다(비결정론). 즉, 책임은 자유의사를 오용 또는 남용한 것에 대한 '도의적 비난'이라는 것이다. 이러한 도의적 책임론에 따르면, ㉠ 자유의사를 가진 자(즉, 책임능력자)만이 범죄를 범할 수 있고, 자유의사를 갖지 못한 심신상실자 등 책임무능력자는 그 행위가 범죄로 될 수 없다. ㉡ 따라서 책임능력은 곧 **'범죄능력'**(즉, 범죄를 저지를 수 있는 능력)을 의미한다. ㉢ 범죄능력이 없는 책임무능력자의 행위에 대해서는, 형벌을 부과할 수는 없고 보안처분만 부과할 수 있다(형벌과 보안처분 2원론).

2) **사회적 책임론** 사회적 책임론은, 인간의 행위가 자유의사가 아니라 환경과 소질에 의해 결정된다는 결정론적 사고에 기초하여, 책임의 근거는 '행위자의 **사회적 위험성**'에 있다는 견해이다(결정론). 즉, 책임은 환경과 소질에 의해 결정되는 '행위자의 반사회적 성격'에 있다는 것이다. 이러한 사회적 책임론에 따르면, ㉠ 사회적 위험성이 있는 자가 책임이 있고, 형사제재를 받을 수 있

다. ㉡ 따라서 책임능력은 곧 '수형능력'(즉, '형사제제를 받을 능력' 내지 '사회방위처분을 받을 법적 지위')을 의미한다. ㉢ 책임능력자이건 책임무능력자이건 사회적 위험성이 인정되면, 사회방위처분(형벌 또는 보안처분)을 부과할 수 있다(사회방위처분 1원론).

[기타: 인격적 책임론 및 뇌과학적 견해의 대두] i) 인격적 책임론은, 책임의 근거를 행위자의 배후에 있는 인격에서 찾는 견해이다. 즉, 인간은 소질과 환경의 제약을 받으면서 어느 정도의 자유의사를 갖고 인격을 형성해 나가는 것이므로, 책임비난의 근거는 잘못된 인격형성에 있고, 책임은 행위자의 인격에 대한 도덕적·윤리적 비난이라는 것이다. 그러나 자유의사의 상대성을 인정하는 점에서는 타당하지만, 잘못된 인격의 형성과정을 확정하는 것은 거의 불가능한 측면이 있다. ii) 오늘날 첨단의료기술의 발달과 뇌과학의 발달에 따라 인간의 자유의사 문제를 과학적으로 증명할 수 있다는 입장이 대두되었다. 뇌의 기질적·기능적 손상 등이 행위자의 책임능력 판단에도 근거가 될 수 있다는 것이다. 그러나 기존의 이론을 대체할 정도에 이르렀다고 보기에는 아직 난점이 있다.

3) 형법의 태도 형법은 심신장애인(10. 책임무능력자·한정책임능력자)에서 책임능력의 판단기준으로 사물변별능력과 의사결정능력을 규정하고 있는데, 이는 자유의사가 있다는 **도의적 책임론**에 입각한 것으로 이해되고 있다. 반면, 치료감호법은 치료감호처분 등을 책임무능력자 등의 재범위험성으로부터 사회를 보호하기 위한 보안처분으로 규정하고 있는데, 이는 사회적 책임론에 따른 것으로 이해되고 있다. 소질과 환경의 영향을 받는 제한된 범위 내에서 인간의 '상대적 자유의사'를 인정하고 있는 셈이다.

2. 책임의 본질: 심리적 책임론과 규범적 책임론

책임개념은 책임의 본질과 내용이 무엇인지에 관한 논의과정에서 발전해왔다. 책임의 본질에 관한 이론은 책임개념을 파악하는 근간이 된다.

1) 심리적 책임론 심리적 책임론은, 책임은 행위 당시 행위자가 갖고 있던 고의·과실이라는 심리적 사실이라는 견해이다. 즉, 고의·과실이라는 심리상태가 비난의 대상이 되는 책임으로서, 고의·과실이 있으면 책임이 있다는 것이다(사실판단의 문제). 따라서 행위자에게 책임능력이 있고, 고의 또는 과실이 있으면, 행위자에 대한 책임비난이 가능하게 된다. 그러나 형사미성년자에게도 고의·과실이 있는 이상 책임을 인정하는 결과가 되므로, 다른 책임조각사유에 의

해 책임이 부정되는 이유를 설명하지 못한다.

2) **규범적 책임론** 규범적 책임론은, 책임은 사실판단이 아니라 규범적 판단의 문제로서, 구성요건에 해당하는 위법한 행위를 행한 행위사에 대한 '**비난가능성**'이라는 견해이다. 즉, 행위자가 적법행위를 할 수 있었음에도 위법행위를 한 것에 대한 비난가능성이라는 것이다. 여기서는 행위 당시 행위자의 심리적 상태가 아니라, 행위 당시 행위자에게 '적법행위로 나아갈 가능성이 있었는지 여부', 즉 '적법행위의 **기대가능성**'이 중심요소가 된다(규범적 평가의 문제). 다만, 규범적 책임론에서도 '책임요소가 무엇으로 구성되는가'는 견해대립이 있다.

우선, i) 순수한 규범적 책임론은, 고의·과실이라는 심리적 요소는 책임요소가 아니라 구성요건요소로 파악하여, 책임개념을 순수하게 '비난가능성'으로 이해한다. 따라서 책임의 구성요소는 ㉠ 책임능력, ㉡ 위법성의 인식, ㉢ 기대가능성이라고 한다.

한편, ii) 최근의 규범적 책임론(합일태적 책임개념)은 위법한 행위 속에서 드러난 법적으로 비난할 만한 행위자의 심리적 상태도 책임요소라고 한다. 즉, 행위자의 심정을 책임판단의 대상으로도 함께 고려하는 것이다. 그리하여 고의·과실의 이중적 기능을 인정하여, 행위방향으로서의 고의는 구성요건요소로, 심정반가치로서의 고의는 책임요소로 파악한다. 고의·과실은 주관적 불법요소·행위반가치요소이면서도, 동시에 심정반가치요소가 된다는 것이다.[1] 따라서 책임의 구성요소는 ㉠ 책임능력, ㉡ 위법성의 인식, ㉢ 기대가능성, 그리고 ㉣ 책임형식으로서의 고의·과실이라고 한다.

[기타: 예방적 책임론] 예방적 책임론은, 책임은 행위자에 대한 비난가능성이라는 규범적 요소 이외에, 일반예방·특별예방이라는 형벌의 목적도 함께 고려해야 한다는 견해이다. 책임은 형벌을 부과하기 위한 전제이므로, 책임개념을 형벌목적을 달성하기 위한 하나의 수단으로 파악하여 목적과 수단의 관점에서 기능적으로 이해하는 것으로, 기능적 책임론이라고도 한다.

1) [위법성조각사유의 전제사실에 대한 착오] 범죄체계론 가운데 오늘날 '신고전적 범죄체계와 목적적 범죄체계의 합일태적 범죄체계'는 그 구체적인 내용이 이와 같은 '고의·과실의 이중적 기능'을 승인하는 것이다. 이 범죄체계론에서는, 이른바 '위법성조각사유의 전제사실에 대한 착오'는 형법 제15조(사실의 착오)나 제16조(법률의 착오)가 아니라 제3의 독자적 착오로 보고, 그 법적 효과에 대해서는 '책임고의에서 그 법률효과만 제한'하는 방법으로 해결한다('법효과제한책임설').

3) 최근의 규범적 책임론 책임의 본질적 요소는 심리적 사실이 아니라 그러한 사실에 대한 규범적 평가인 '비난가능성'으로 파악하는, 규범적 책임론이 지배적이다. 위에서 본 바와 같이 책임의 구성요소에 대해, 순수한 규범적 책임론은 고의·과실의 이중적 기능을 부정하지만, 최근의 규범적 책임론은 고의·과실의 이중적 기능을 인정하고 있다(다수설).

Ⅲ. 책임요소

1) 책임요소 구성요건에 해당하는 위법한 행위를 한 사람에게 책임을 인정하기 위해서는, 행위자에게 ㉠ **책임능력**, ㉡ **위법성의 인식** 또는 인식할 가능성, ㉢ 적법행위에 대한 **기대가능성**이 있어야 한다. 즉, 행위자에게 책임능력이 없다면 그 행위자를 비난할 수 없고, 위법성인식이 없다면 또한 비난할 수 없고, 기대가능성이 없다면 역시 비난할 수 없다.

2) 고의·과실의 이중적 기능 한편, ㉣ 고의·과실이 책임요소인지 여부(즉, 고의·과실이 행위자에 대한 비난 여부나 정도를 결정하는 기능이 있는지의 문제)에 대해서는, 이미 본 바와 같이 견해가 대립한다. i) **고의·과실의 이중적 기능**을 인정하는 입장(다수설)에 따르면, 고의·과실이 주관적 구성요건요소만이 아니라 책임요소도 된다. 즉, 고의·과실의 책임요소로서의 지위도 인정하고, 구성요건요소로서의 고의·과실과 구별하여, **책임고의·책임과실**이라고 한다. ii) 반면, ('책임은 사실판단이 아니라 비난가능성이라는 규범적 판단'이라는) 순수한 규범적 책임론의 입장에서는, 심리적 사실에 불과한 고의·과실은 주관적 구성요건요소일 뿐 (비난가능성이 근간인) 책임요소가 될 수는 없다고 한다. iii) 이러한 견해대립은 이른바 '위법성조각사유의 전제사실에 대한 착오'(예: 오상방위, 오상피난, 오상자구행위, 오상정당방위 등)의 경우 '착오자'의 죄책 및 '이를 알고 가담한 제3자'의 공범 성립 여부에서 그 실익이 있다(後述).

제 2 절 책임능력

제9조(형사미성년자) ① 14세되지 아니한 자의 행위는 벌하지 아니한다.

제10조(심신장애인) ① 심신장애로 인하여 사물을 변별할 능력이 없거나 의사를 결정할 능력이 없는 자의 행위는 벌하지 아니한다.

② 심신장애로 인하여 전항의 능력이 미약한 자의 행위는 형을 감경할 수 있다.

③ 위험의 발생을 예견하고 자의로 심신장애를 야기한 자의 행위에는 전2항의 규정을 적용하지 아니한다.

제11조(청각 및 언어 장애인) 듣거나 말하는 데 모두 장애가 있는 사람의 행위에 대해서는 형을 감경한다.

Ⅰ. 책임능력

1. 의의

1) 뜻 책임능력이란 법규범에 따라 행위할 수 있는 능력, 즉 사물을 변별하여 행위의 불법성을 **통찰**하고(통찰능력), 그에 따라 의사를 결정하여 자기행위를 조종·**통제**할 수 있는 능력(행위통제능력)을 말한다. 어떤 사람이 그 행위 당시 형사책임을 질 수 있느냐라는 책임의 문제는, 법적 비난의 문제이고, 이는 책임능력을 전제로 한다. 책임능력이 없으면 비난가능성도 없다. 책임능력이 있었는지 여부는 행위시를 기준으로 판단한다('행위와 책임의 동시존재 원칙'). 형법은 책임능력에 대해 적극적 규정을 두고 있지 않고, 소극적으로 책임능력이 '없는' 경우(책임무능력자)와 '미약'한 경우(한정책임능력자)를 규정하고 있다.

2) 본질 형법 제10조는 책임능력을 '사물을 변별할 능력'과 '의사를 결정할 능력'(10①)으로 규정하고 있는데, 이는 자유의사의 존재를 긍정하는 **도의적 책임론**에 입각한 것이다(통설). 도의적 책임론에서 책임능력은 '범죄능력'을 의미한다. 한편, 사회적 책임론에서 책임능력은 '수형능력'을 의미한다. 수형능력은 다른 말로 형벌적응능력이라고도 한다.

3) 사물변별능력·의사결정능력 여기서 '사물을 변별할 능력'이란 사물을 변별하여 행위의 불법성을 **통찰**할 수 있는 능력(통찰능력, 불법통찰 내지 불법인식능력)을 말한다. 즉, 자기 행위의 의미를 인식하고 시비선악(옳은 것인가 그른 것인가)을

판단할 수 있는 능력, 행위의 불법성을 통찰하는 능력을 의미한다. 판별능력으로, 심리학적 요소 중 '**지적 요소**(知的 要素)'에 해당한다.

한편, '의사를 결정할 능력'이란 사물의 통찰에 따라 의사를 결정하여 자기 행위를 지배·조종·**통제**할 수 있는 능력(조종능력·행위통제능력)을 말한다. 즉, 사물을 변별한 바에 따라 의지를 정하고 행동을 통제할 수 있는 능력을 뜻한다. 제어능력으로, 심리학적 요소 중 '**의지적 요소**(意志的 要素)'에 해당한다.

그런데 사물변별능력·의사결정능력은 '기억능력'과는 분명하게 구별된다. 즉, 범행 경위를 소상하게 기억하고 있다는 사실만으로 '범행 당시 사물변별능력이 있었다'고 단정할 수는 없고, 반대로 범행을 기억하고 있지 않다는 사실만으로 '범행 당시 사물변별능력이 없었다'고 단정할 수도 없다.[1)]

[책임능력 판단의 순서] 구성요건적 고의나 상습성이 부인될 경우 책임능력 판단 단계에 이르기 이전 단계에서 이미 무죄판단이 이루어진다. 예컨대, ㉠ 교통사고 직후 뇌전증 발작으로 도주한 사안에서, 뇌전증이란 정신장애 상황을 고의 단계에서 아예 도주의 범의가 없다고 한 사례(대판 2002.6.11. 2001도3124), ㉡ 생리증후군으로 인한 상습절도 여부가 문제된 사안에서, 생리증후군이라는 심신장애의 상태에 저지른 것이라면 절도습벽의 발로라고만 볼 수 없으므로 책임능력 단계가 아닌 상습성 여부의 판단 단계에서 먼저 심리·판단하여야 한다고 한 사례(대판 2002.5.24. 2002도1541) 등 참조.

2. 판단방법

(1) 혼합적 방법

책임능력의 판단방법에는 생물학적 방법, 심리학적·규범적 방법, 혼합적 방법 등이 있다.

1) 생물학적 방법 생물학적 방법은 행위자가 정신병과 같은 생물학적(정신적·신체적)으로 비정상적 상태(정신적 장애)에 있었는지 여부(즉 '정신장애 여부')를 기준으로 책임능력을 결정하는 방법이다. 자연과학적·의학적 기준에 따르며, 정신의학의 등 전문가의 정신감정에 의해 결정된다. 이는, ㉠ 자연과학적 사실

1) [사물변별능력과 기억능력의 구별] ㉠ 대판 1990.8.14. 90도1328 ("범행당시 정신분열증으로 심신장애의 상태에 있었던 피고인이 피해자를 살해한다는 명확한 의식이 있었고 범행의 경위를 소상하게 기억하고 있다고 하여 범행당시 사물의 변별능력이나 의사결정능력이 결여된 정도가 아니라 미약한 상태에 있었다고 단정할 수는 없는 것"), ㉡ 대판 1985.5.28. 85도361 ("범행을 기억하고 있지 않다는 사실만으로 바로 범행당시 심신상실 상태에 있었다고 단정할 수는 없다") 등.

을 근거삼는 것이므로, 법관의 자의적 판단을 배제할 수 있다. ㉡ 반면, 의학적 판단의 불확실성이나 감정전문가의 자의와 편견 가능성은 배제할 수 없다.

2) **심리학적 · 규범적 방법** 심리학적 · 규범적 방법은 행위자의 생물학적 비정상 상태 여부와 무관하게, 행위 당시 행위자에게 자유로운 의사결정능력이 있었는지 여부, 즉 사물변별능력(통찰능력)이나 의사결정능력(행위통제능력)의 여부만을 기준으로 책임능력을 법관이 규범적으로 판단하는 방법이다. 이는, ㉠ 의학적 판단의 불확실성이나 감정전문가의 주관적 판단의 폐해를 방지할 수는 있다. ㉡ 반면, 법관은 정신의학의 전문가는 아닌데다가, 정신의학적 또는 과학적 지식을 충분히 고려할 수 없게 된다.

3) **혼합적 방법**(통설) 혼합적 방법은 양자를 종합하여, 정신병 등 비정상 상태는 생물학적 방법으로, 사물변별능력이나 의사결정능력은 심리학적 · 규범적 방법으로 책임능력을 판단하는 방법이다. 즉, 정신적 장애라는 생물학적 요소를 기초로 하여, 그 요소가 행위자의 심리학적 요소인 사물변별능력 · 의사결정능력에 어느 정도 영향을 미쳤는가를 규범적 방법으로 판단하는 방식이다. 정신의학적 판단에 의존하는 '생물학적 방법'이나 정신현상의 징후에 불과한 인식능력 위주의 '심리학적 방법' 중 어느 하나에만 의존하는 것은 불완전하므로, '혼합적 방법'(즉, 둘다 요구)이 통설의 입장이다. 여기서 **주의**할 점은, 행위자의 책임능력을 부정하기 위해서는 반드시 **'생물학적 요소'**(정신적 장애)가 전제되어야 한다는 것이다.

4) **형법 규정** 형법상 심신장애인(10①)에 관한 규정은 **혼합적 방법**에 따른 것이다. 즉, '심신장애'라는 생물학적 방법과 '사물변별능력 · 의사결정능력'이라는 심리학적 방법, 그 양자를 혼합하여 규정하는 방식이다. ㉠ "'심신장애'로 인하여 '사물을 변별할 능력'이 없거나 '의사를 결정할 능력'이 '없는' 자"(10①)는 책임무능력자(책임조각), ㉡ "'심신장애'로 인하여 '전항의 능력'이 '미약'한 자"(10②)는 한정책임능력자(책임감경)로 규정되어 있다.[1)]

다만, ㉠ 형법상 '형사미성년자'(9. '만 14세가 되지 아니한 자')는 책임이 조각되고, ㉡ '청각 및 언어 장애인'(11. '듣거나 말하는 데 모두 장애가 있는 사람'. 2020.12.8. 개정 전의 '농아자')은 책임이 감경되는데, 이들 규정은 모두 **생물학적 방법**에 따른 것이다.

---

1) [참조: 일본형법 제29조] 일본은 우리 형법과 달리 심신장애만을 단일한 요소로 규정하고 있다. 즉, "제39조(심신상실 및 심신미약) ① 심신상실자의 행위는 벌하지 아니한다. ② 심신미약자의 행위는 그 형을 감경한다."

[심신(心神)장애의 뜻: 정신장애] 심신장애(10)의 '심신(心神)'은 법률용어로서, 일상생활 용어인 심신(心身)과는 구별된다. 법률용어인 '심신(心神)'은 심리(心理)의 '심(心)'과 정신(情神)의 '신(神)'을 합친 말이다. 즉, '심신(心神)'장애는 '정신'장애를 의미한다.

5) 판례 판례도 기본적으로 제10조를 '혼합적 방법'으로 이해한다. 즉, "형법 제10조에 규정된 '심신장애'(註 광의)는 생물학적 요소로서 정신병 또는 비정상적 정신상태와 같은 정신적 장애가 있는 외에, 심리학적 요소로서 이와 같은 정신적 장애로 말미암아 '사물에 대한 변별능력'과 그에 따른 '행위통제능력'이 결여되거나 감소되었음을 요한다. 정신적 장애가 있는 자라고 하여도, 범행 당시 정상적인 사물변별능력이나 행위통제능력이 있었다면, 심신장애로 볼 수 없다"(대판 1992. 8.18. 92도1425; 2018.9.13. 2018도7658).

[통설과 판례의 차이: 규범적 판단구조] 양자의 판단구조상 차이는 다음과 같다.

i) [통설의 판단구조] 통설은, 제10조의 판단구조를 그 문언에 따라 이해한다. 여기서 ㉠ 심신장애와 ㉡ 사물변별능력·의사결정능력은 병렬적인 2요소이다.

※ 통설(2단계 판단구조): [1단계] ㉠ 심신장애(생물학적 요소) + ㉡ 사물변별능력 또는 의사결정능력의 상실/미약(심리학적 요소) → [2단계] 책임무능력/한정책임능력.

ii) [판례의 판단구조] 그런데 판례는, 심신장애를 단순히 생물학적 정신장애가 아니라 책임능력을 판단하기 위한 법적 의미에서의 정신이상이라는 의미, 즉 규범적 개념으로 이해한다. 즉, 심신장애를 ㉠ 정신적 장애(생물학적 요소)와 ㉡ 사물변별능력·의사결정능력(심리학적 요소)을 포함하는, 보다 '상위 개념'으로 재구성한 규범적 개념으로 이해한다. 따라서 판례의 판단구조는 규범적 개념으로서의 심신장애가 ㉠과 ㉡의 상위 개념이 되는 구조이다. 그 결과 규범적 개념인 심신장애 여부의 판단에는 ㉠과 ㉡ 이외에 여러 규범적 요소도 참작하게 된다.

※ 판례(3단계 판단구조): [1단계] ㉠ 정신적 장애(생물학적 요소) + ㉡ 사물변별능력 또는 의사결정능력의 상실/미약(심리학적 요소) → [2단계] 심신장애(법적 정신이상이라는 규범적 평가) → [3단계] 책임무능력/한정책임능력.

그러나 심신장애는 제10조에 명시된 책임능력 판단요소의 하나에 불과하다. '심신장애'를 책임무능력 내지 한정책임능력과 동일한 의미로 사용하는 것은 '생물학적 요소'와 '심리학적 요소'가 갖는 독자적인 성격을 파악하기 어렵게 만드는 결과가 되고, 특히 전문의학적·과학적 전문지식에 의한 전문감정인의 역할을 명확히 인정하는 것에 한계를 드러낸다. 즉, ㉠ 사실문제(생물학적 요소)와 법률문제(심리학적·규범적 요소)의 혼동, ㉡ 과학적 전문영역에 대한 법률가의 월권이라는 비판에 직면한다. 판례의 태도는 현행 형법의 명문규정에 부합하지 않는다.

(2) 판례: 심신장애 판단의 규범성(감정의견과 규범적 판단)

1) 생물학적 요소인 심신장애 생물학적 요소인 심신장애 여부의 판단에는 기초자료가 필요하다. 이는 사실문제, 즉 전문감정인에 의한 사실확인의 문제이다. 과학이나 정신의학에 기초한 객관적이고 전문적인 해당 분야 전문가의 감정이 필요하고, 감정인의 감정의견이 그 자료가 된다. 이에 근거하여 '행위자에게 심신장애가 있음'을 먼저 확인하게 된다.

2) 사물변별능력 · 의사결정능력 심신장애라는 생물학적 요소, 즉 전문감정인에 의해 확인된 사실 또는 진단평가를 기초로, 그러한 심신장애가 행위자의 사물변별능력 · 의사결정능력에 미친 영향력에 대해 심리학적 방법에 의해 법관이 규범적 판단을 한다. 이는 법률문제, 즉 법관에 의한 법률판단의 문제이다. 다만, 법관 내지 법원은 전문감정인의 의견에 반드시 기속될 필요는 없다. 전자(심신장애)는 법적 판단을 위한 전제조건의 문제이고, 후자(사물변별능력 · 의사결정능력)는 결론의 정당성 문제이다.

3) 책임무능력 유무 · 정도 판단: 감정의견의 기속력 여부 책임무능력 여부 및 정도의 판단에서, 법원은 감정인의 의견에 반드시 기속되어야 하는 것은 아니고, 법원이 독립적 · 규범적으로 판단할 수 있다. 즉, 감정결과를 중요한 참고자료로 삼으면서도, 사물변별능력 또는 의사결정능력의 유무에 관한 판단 여부를 경험칙에 비추어 '독립적 · 규범적'으로 평가한다.[1)]

그런데 판례는 '광의의 심신장애' 개념을 별도의 상위표지로 사용함으로써, 불필요한 오해와 혼동을 유발하고 있다. 즉, 다른 차원의 '심신장애' 표지를 중간의 상위표지로 사용함으로써, 광의의 '심신장애'를 단일한 법률문제로 파악하

---

1) [법원의 감정의견에의 기속 여부: 법관의 재량] ㉠ 대판 1999.1.26. 98도3812 ("형법 제10조 제1항, 제2항에 규정된 심신장애의 유무 및 정도의 판단은 법률적 판단으로서 반드시 전문감정인의 의견에 기속되어야 하는 것은 아니고, 정신분열증의 종류와 정도, 범행의 동기, 경위, 수단과 태양, 범행 전후의 피고인의 행동, 반성의 정도 등 여러 사정을 종합하여 법원이 독자적으로 판단할 수 있다"). 다만, 여기서 '독자적'(individual)이라는 표현보다는 '독립적'(independent)이라는 표현이 좀더 정확하다.

㉡ 대판 1998.4.10. 98도549 ("피고인이 범행 당시 그 심신장애의 정도가 단순히 사물을 변별할 능력이나 의사를 결정할 능력이 미약한 상태에 그쳤는지, 아니면 그러한 능력이 상실된 상태이었는지 여부가 불분명하므로, 원심으로서는 먼저 피고인의 정신상태에 관하여 충실한 정보획득 및 관계 상황의 포괄적인 조사 · 분석을 위하여 피고인의 정신장애의 내용 및 그 정도 등에 관하여 정신의로 하여금 감정을 하게 한 다음, 그 감정결과를 중요한 참고자료로 삼아 범행의 경위, 수단, 범행 전후의 행동 등 제반 사정을 종합하여 범행 당시의 심신상실 여부를 경험칙에 비추어 규범적으로 판단하여 그 당시 심신상실의 상태에 있었던 것으로 인정되는 경우에는 무죄를 선고하여야 한다") 등.

고 있는 것이다. 이는 사실문제와 법률문제를 혼동하고, 오히려 후자에 무게중심을 둠으로써 사실문제까지도 독자적으로 판단할 수 있다는 듯한 오해를 유발하고 있는 것이다. 판례에 따르면, "**심신장애**(즉, 심신상실 또는 심신미약)에 해당되는지 여부는 **법률문제**에 속한다"고 한다. 즉, "사물을 판별할 능력 또는 의사를 결정할 능력의 유무와 정도는, **감정사항**에 속하는 사실문제이지만, 그 능력에 관한 확정된 사실이 **심신상실 또는 심신미약**에 해당되는 여부는 **법률문제**에 속하는 것이다"(대판 1968.4.30. 68도400)라고 한다.

4) 전문가 감정의 필요 여부: 원칙적 재량 나아가 판례는, 반드시 전문가의 감정이 필요한지 여부에 대해, 이는 원칙적으로 '**법원의 재량**'이라는 입장이다. 즉, "범행 당시 심신장애상태에 있었는지 여부를 판단함에는 반드시 전문가의 감정을 거쳐야 하는 것은 아니고, 범행의 경위, 수단, 범행 전후의 피고인의 행동 등을 종합하여 이를 판단하여도 위법이 아니다"(대판 1987.10.13. 87도1240; 2007.4.26. 2007도2119)[1]고 한다. 다만, 예외적으로 "범행 당시 '심신장애가 있음을 **의심할 사정**이 있는 경우'에는 법원이 감정 결정을 하여 전문가 감정을 받아야 한다"고 한다.[2] 이 경우에도 법원은 전문가의 감정결과에 기속되지 않는다.

Ⅱ. 책임무능력자

형법상 책임무능력자에는 형사미성년자(9)와 심신상실자(10①)가 있다. 한편, 한정책임능력자에는 심신미약자(10②)와 '청각 및 언어 장애인'(농아자, 11)이 있다. 심신상실자와 심신미약자를 합쳐 심신장애인이라 한다.

---

1) [비판] 그러나 법관이 정신의학의 등 과학적 전문가는 아니라는 점에서 비판이 제기된다.

2) [예외적 감정실시의무] ㉠ 대판 1955.11.29. 4288형상315 ("범행의 상태 및 범인의 선천적 소인이나 후천적 환경과 일상언동을 종합하여 심신장애 있음을 의심할 사정이 있으면 전문가의 정신감정을 하지 않고 유죄판결을 선고함은 심리미진의 위법이 있다"), ㉡ 대판 1999.4.27. 99도693 ("피고인에게 우울증 기타 정신병이 있고 특히 생리도벽이 발동하여 절도 범행을 저지른 의심이 드는 경우 전문가에게 피고인의 정신상태를 감정시키는 등의 방법으로 심신장애 여부를 심리하여야 한다"), ㉢ 대판 2006.10.13. 2006도5360 ("피고인에 대한 정신감정 결과 등에 비추어 피고인의 각 범행이 매우 심각한 충동조절장애와 같은 성격적 결함으로 인하여 심신장애 상태에서 순간적으로 저지른 것일 가능성도 있는데도, 원심판결이 객관적 정신감정기관을 통하여 자세한 정신감정을 다시 실시하는 등의 방법으로 심신장애 여부를 심리하지 아니한 것은 위법하다") 등.

1. 형사미성년자

1) 뜻 "'14세 되지 아니한 자'의 행위는 벌하지 아니한다"(9). 즉, 연령을 기준으로 **만 14세 미만자**(대개 중1 정도까지)의 행위는 모두 일률적 · 획일적으로 책임무능력자로 규정한 것이다.[1)] 이는 신체적 · 정신적으로 대체로 미성숙하기 때문인데, 그 정신적 성숙의 정도와 사물변별능력 · 의사결정능력의 정도는 개개인마다 천차만별이고 이를 개개인마다 판단하는 것도 곤란하다. 또한, 교육적 조치에 의한 개선가능성이 있으므로 오히려 형벌 이외의 수단이 적정하다는 형사정책적 고려도 충분히 감안한 것이다.[2)] 다만, 만 10세 이상 만 14세 미만의 소년('촉법소년')은 형사처벌이 아닌 소년법상 보호처분의 대상이 될 수 있다.

[소년법상 특칙] i) [**촉법소년 · 범죄소년 · 우범소년**] 소년법은 만 19세 미만인 자를 소년으로 규정하고 있다. 소년법 제4조에 따르면, **범죄소년**('죄를 범한' 소년), **촉법소년**(형벌 법령에 '저촉되는' 행위를 한 10세 이상 14세 미만인 소년), **우범소년**(형벌 법령에 저촉되는 행위를 할 '우려가 있는' 10세 이상 19세 미만인 소년)에 대해 소년보호사건으로 심리한다(동법4①). 모두 소년법상 보호처분의 대상이 되며, 범죄소년은 선택적으로 형사처분의 대상도 될 수 있다.

ii) ['**범죄소년**'에 대한 형사처분의 특칙] 한편, 범죄소년은 책임능력이 인정되지만, 형사처분의 특칙이 있다. ㉠ (**사형 · 무기형의 특칙**) 죄를 범할 당시 18세 미만인 소년에 대하여 사형 또는 무기형으로 처할 경우에는 <u>15년의 유기징역으로</u> 한다(동법59). ㉡ (**부정기형**) 소년이 법정형으로 <u>장기 2년 이상의 유기형에 해당하는 죄</u>를 범한 경우에는 그 형의 범위에서 <u>장기와 단기를 정하여 선고</u>한다. 다만, <u>장기는 10년, 단기는 5년을 초과하지 못한다</u>(동법60①). 소년에 대한 부정기형을 집행하는 기관의 장은 형의 단기가 지난 소년범의 행형 성적이 양호하고 교정의 목적을 달성하였다고 인정되는 경우에는 관할 검찰청 검사의 지휘에 따라 그 형의 집행을 종료시킬 수 있다(동법60

---

1) [형사미성년자와 역수(曆數)] 대판 1991.12.10. 91도2478 ("피고인은 ○○생으로서 위 <u>죄를 범할 당시에는 아직 14세가 되지 아니하였음이 역수상 명백</u>하므로, 위 범죄행위는 형법 제9조에 의하여 벌할 수 없는 것이다").

2) [소년사법에서 전미래성(前未來性, à-venir)] 소년의 신경생물학적 연구 결과에 따르면, 소년기는 뇌의 재구조화가 이루어지는 시기로서 규범적 판단능력이 미성숙한 시기이다. 프랑스의 철학자 자크 데리다(Jacques Derrida)의 '전미래성' 개념에 따르면, 소년은 아직 미성숙하지만 장차 성숙한 존재로 도래할 것이라고 이해되고, 소년사법은 전통적인 '과거-현재'의 시간개념을 넘어 장차 '도래'할 것인 소년의 책임능력 성숙과 위험감소 가능성을 고려하는 '과거-현재-미래'로 시간개념을 확장해야 한다는 것이다. 소년사법에서 전미래성 판단은 소년사법의 취지와 헌법원칙에 따라 "의심스러울 때에는 소년의 이익으로(in dubio pro minore)" 고려되어야 한다.

④). ㉢ (노역장유치의 금지) 18세 미만인 소년에게는 벌금 또는 과료를 선고하는 경우에 그 미납에 대한 노역장유치를 선고를 하지 못한다(동법62본문).

2) 만 14세 미만 여부: 사실판단 '만 14세 미만 여부'는 사실판단의 문제이다. 주민등록이나 가족관계등록이 절대적인 근거가 될 수는 없고, 공적 장부만으로 확인이 어렵다면 증언이나 감정 등으로 실제 연령을 확정한다.

2. 심신상실자

1) 뜻 "심신장애로 인하여 사물을 변별할 능력이 '없'거나 의사를 결정할 능력이 '없는' 자의 행위는 벌하지 아니한다"(10①). 이러한 능력이 '없는'(즉, '상실') 상태에 있는 자를 심신'상실'자라고 한다.

심신상실자로 인정되기 위한 요건으로는, ㉠ 심신장애, ㉡ 사물변별능력이나 의사결정능력의 '상실', ㉢ 심신장애사유와 심신상실 사이의 인과관계가 있어야 한다.

2) 요건①: 심신장애 '정신장애의 유형'과 특히 충동조절장애와 같은 '성격적 결함'이 문제된다.

i) [정신장애의 유형] 심신장애는 **정신장애** 또는 정신기능의 장애를 말한다. 신체적 장애는 여기에 포함되지 않는다. 판례에 따르면, "제10조에 규정된 심신장애는 생물학적 요소로서 정신병, 정신박약 또는 비정상적 정신상태와 같은 정신적 장애"(대판 1992.8.18. 92도1425; 2013.1.24. 선고 2012도12689)를 의미한다. ㉠ **정신병**에는 내인성(內因性)인 정신분열병(대판 1984.2.28. 83도3007), 망상장애(대판 2004.11.12. 2004도5785), 편집증(대판 2003.5.16. 2003도601), 우울증 · 양극성 정동장애(대판 2002.5.28. 2002도1595), 신경증 · 해리장애(대판 1999.2.9. 98도4128), 뇌전증(대판 2009.2.12. 2008도11550)은 물론, 외인성(外因性) 뇌손상 등 뇌기능장애(2005도7342) 등이 여기에 해당한다. ㉡ **정신박약**은 유전적 원인 또는 질병이나 뇌손상으로 인한 선천적인 정신발달의 저지 또는 지체상태를 말한다. 정신지체와 지능박약증(대판 2002.10.8. 2002도417), 정신박약증(대판 1986.7.8. 86도765: 종합지능지수 71로서 정신박약증세－심신미약) 등이 여기에 해당한다. ㉢ **비정상적인 정신상태**와 같은 정신적 장애는 실신, 혼수상태, 깊은 최면상태, 음주로 인한 **명정**(酩酊. 몸을 가눌 수 없을 정도로 술에 몹시 취함), 극심한 피로, 충격 등에 의한 심한 '의식장애'를 말한다. 음주명정은 심한 만취로 인한 의식상실 또는 의식저하 상태로서 변별능력 · 의사결정능력의 문제

이다(예: 음주만취한 자가 자신도 모르게 상대방에게 주먹을 날려 폭행을 가하는 경우).

ii) [충동조절장애] 반면, 충동조절장애와 같은 '성격적 결함'은 원칙적으로 심신장애에 해당하지 않는다. 특단의 사정이 없는 한 성격적 결함을 가진 자에 내하여 자신의 충동을 억제하고 법을 준수하도록 요구하는 것은 적어도 기대할 수 있기 때문이다(대판 2007.2.8. 2006도7900). 즉, 충동조절장애로 인한 병적 도벽, 성주물성애증, 소아기호증과 같은 질환이 있다는 사정은 그 자체만으로는 심신장애에 해당하지 않는다.

다만, 주의할 점이 있다. 즉, "충동조절장애와 같은 성격적 결함이라 할지라도 그 증상이 매우 심각하여 '원래의 의미의 정신병이 있는 사람과 동등하다고 평가할 수 있는 경우' 또는 '다른 심신장애사유와 경합된 경우'에는 심신장애를 인정할 여지가 있다"(위 2006도7900)(각주 사례 참조).[1]

iii) [블랙아웃과 사이코패스] 블랙아웃(black out)과 사이코패스(psychopath)도 심신장애에 해당하지 않는다. 우선, ㉠ 음주명정은 블랙아웃과 구별된다. 블랙아웃은 의식장애가 아니라 단순한 기억장애에 불과한 것으로 기억능력의 문제이다.[2] 또한, ㉡ 반사회적 인격장애(≒'사이코패스')도 단지 도덕적 판단능력의 결여

---

1) [판례사례: 충동조절장애] (사안) "甲은 13세 미만의 미성년자강간 등의 죄로 징역 5년을 선고받고 복역한 후 그 형의 집행을 종료하였으나 출소 후에도 다시 10여 차례에 걸쳐 13세 미만의 여자아이를 강간하였다. 정신감정 결과 甲의 범행 전력, 범행 내용, 횟수 등에 비추어 볼 때, 甲은 이 사건 범행 당시에 중증의 소아기호증으로 인하여 범행의 충동을 억제하지 못하고 범행에 이르게 된 것으로 나타났다. 甲의 변호인은 甲이 심신장애 상태에서 자기통제능력을 상실하였다고 주장하였다. 甲의 죄책은?

(해설) 소아기호증은 성적인 측면에서의 성격적 결함으로 인하여 나타나는 것으로서, 소아기호증과 같은 질환이 있다는 사정은 그 자체만으로는 형의 감면사유인 심신장애에 해당하지 아니한다고 봄이 상당하고, 다만 그 증상이 매우 심각하여 원래의 의미의 정신병이 있는 사람과 동등하다고 평가할 수 있거나, 다른 심신장애사유와 경합된 경우 등에는 심신장애를 인정할 여지가 있다(위 2006도7900). 甲은 원래의 의미의 정신병이 있는 사람과 동등하다고 평가할 수 있을 정도로 그 증상이 심한 경우라고 할 수 있으므로 심신장애를 인정할 수 있다.

2) [알코올 블랙아웃] 대판 2021.2.4. 2018도9781 ("의학적 개념으로서의 '알코올 블랙아웃(black out)'은 중증도 이상의 알코올 혈중농도, 특히 단기간 폭음으로 알코올 혈중농도가 급격히 올라간 경우 그 알코올 성분이 외부 자극에 대하여 기록하고 해석하는 인코딩 과정(기억형성에 관여하는 뇌의 특정 기능)에 영향을 미침으로써 행위자가 일정한 시점에 진행되었던 사실에 대한 기억을 상실하는 것을 말한다. 알코올 블랙아웃은 인코딩 손상의 정도에 따라 단편적인 블랙아웃과 전면적인 블랙아웃이 모두 포함한다. 그러나 알코올의 심각한 독성화와 전형적으로 결부된 형태로서의 의식상실의 상태, 즉 알코올의 최면진정작용으로 인하여 수면에 빠지는 의식상실(passing out)과 구별되는 개념이다").

블랙아웃을 컴퓨터에 비유하자면, 워드 작업을 한 뒤 저장하지 않고 나간 것과 같다. 작업하는 도중에는 이것이 저장될 것인지 결정되지 않은 상태인데, 마지막 저장 명령을 않고 프로그램을 끝낸 것과 같다. 반면, 음주 후 의식을 잃는 것(passing out)은 과음 후 수면 상태에 빠지는 것으로, 알코올의 최면진정 작용에 의한다. 수면 상태이므로 주위에서 일어나는 일들을

일 뿐 심신장애에 속하지 않는다(대판 1985.3.26. 85도50).

3) 요건②: 사물변별능력/의사결정능력의 '상실' 심신장애가 있는 것만으로 심신상실자가 될 수 없고, 심신장애로 인하여 사물변별능력이나 의사결정능력이 '없어야'(즉, '상실'되어야) 한다. 심신장애로 인하여 사물변별능력(통찰능력)이 결여되었거나, 또는 불법을 인식하였더라도 의사결정능력(행위통제능력)이 결여된 경우에만 심신상실자로 인정될 수 있다.

4) 효과: 책임조각 심신상실자의 행위는 '벌하지 아니한다'(10①). 심신상실자는 책임무능력자로서 책임이 조각되어 범죄가 성립하지 않는다. 한편, 심신상실자도 재범의 위험성이 있으면 보안처분의 대상은 된다. 즉, 심신상실자가 금고 이상의 형에 해당하는 죄를 범한 경우 치료감호시설에서 치료를 받을 필요가 있고 재범의 위험성이 있는 때에는 치료감호 대상자가 된다(치료감호법2①i).

Ⅲ. 한정책임능력자

1. 심신미약자

1) 뜻 "심신장애로 인하여 사물을 변별할 능력이나 의사를 결정할 능력이 '미약'한 자의 행위는 형을 감경할 수 있다"(10②). 심신미약자는 비록 완전한 책임능력자는 아니지만, 책임이 감경된 한정책임능력자로 된다.

2) 요건 심신미약자로 인정되기 위한 요건으로는, ㉠ 심신장애, ㉡ 사물변별능력이나 의사결정능력의 '미약', ㉢ 심신장애사유와 심신미약 사이의 인과관계가 있어야 한다.

i) [심신장애] 심신미약의 경우에도 심신장애가 있어야 한다. 다만 그 정도가 심신상실에 이르지 않을 정도라는 차이가 있을 뿐이다. 대개 중증이 아닌 정신박약자, 신경쇠약자, 알코올중독자 등이 여기에 해당한다.

ii) [사물변별능력·의사결정능력의 미약] 심신미약은 사물변별능력이나 의사결

인식할 수도 없고, 그 기간중의 일에 대한 기억도 없다. 당연히 어떤 행위를 하는 것도 불가능하다.

블랙아웃은 무의식과 구별된다. ㉠ 주취상태에서 일탈 행위를 하는 순간에는 이후 블랙아웃이 될지 여부가 아직 결정되지도 않은 상태이다. ㉡ 무의식 상태에서는 목적지향적 행위를 수행할 수 없는데, 주취상태에서의 행위는 목적지향적－의도적이다. ㉢ 나중에 블랙아웃 상태로 판정되는 행위를 하는 사람을, 행위하는 순간에 혼수 척도로 평가해 본다면 완전한 의식상태로 판정될 것이다. 자발적으로 눈 뜨고, 의미있는 대화를 하고, 싸움이나 성폭행 등 의도적 행위가 가능하기 때문이다.

정능력이 '미약'한 경우이다. 즉, "심신미약은 정신장애가 위와 같은 능력을 결여하는 정도에는 이르지 않았으나, 그 능력이 **현저하게 감퇴된 상태**를 말한다"(대판 1984.2.28. 83도3007).[1)]

판례상 심신상실과 심신미약은 엄격하게 구분된다. 즉, 범행 당시 심신미약 상태인지 심신상실 상태인지 불분명하다면, 정신의로 하여금 감정을 실시하는 등 면밀하게 판단한다(대판 1998.4.10. 선고 98도549).

3) 효과: 임의적 감경사유 심신미약자의 행위는 '형을 감경할 수 있다'(10②). 종래 필요적 감경사유로 규정하였으나, 2018년 개정에서 **'임의적' 감경사유**로 변경되었다. 심신미약을 감형의 수단으로 악용하려는 일부 범죄자들의 시도에 대한 국민적 비판여론이 반영된 것이다. 한편, 심신미약자도 재범의 위험성이 있으면 형벌 이외에 보안처분의 대상이 된다. 즉, 심신미약자가 금고 이상의 형에 해당하는 죄를 범한 경우 치료감호시설에서 치료를 받을 필요가 있고 재범의 위험성이 있는 때에는 **치료감호** 대상자가 된다(치료감호법2①i).

2. 청각 및 언어 장애인(농아자)

"듣거나 말하는 데 **모두 장애**가 있는 사람의 행위에 대해서는 형을 감경한다"(11). 청각기능과 발음기능에 모두 장애가 있는 사람으로, '농아자'(聾啞者)라고도 한다. 생물학적 요소만으로 책임이 감경되는 한정책임능력자로 규정한 것인데, **'필요적'** 감경사유로 되어 있다.

청각장애는 신체장애에 불과하지만 정신 발육에도 영향을 주는 경우가 많다는 점을 고려한 것이나, 최근 장애인에 대한 특수교육의 발달로 일반인과 큰 차이는 없다는 점에서 입법론적으로 삭제하자는 주장이 있다.

Ⅳ. 원인에 있어서의 자유로운 행위

제10조(심신장애인) ③ 위험의 발생을 예견하고 자의로 심신장애를 야기한 자의 행위에는 전2항의 규정을 적용하지 아니한다.

---

1) [판례사례: 심신미약] ㉠ 정신분열증세와 방화에 대한 억제하기 어려운 충동으로 말미암아 사물을 변별하거나 의사를 결정할 능력이 미약한 상태에서 연속된 방화를 감행한 경우(위 83도3007), ㉡ 피해망상 및 관계망상등으로 인한 판단력의 장애에 따른 비현실감의 지배를 받아 심신미약상태에서 살인을 저지른 경우(대판 1986.5.27. 86도475) 등.

1. 의의

1) 뜻　'원인에 있어서 자유로운 행위'(actio libera in causa)란, 책임능력 있는 자가 '위험의 발생을 예견'하고 '자의로 심신장애를 야기'(원인설정행위)한 후에 그 심신장애 상태에서 범죄의 구성요건행위(결과실현행위, 구성요건에 해당하는 위법한 행위)를 한 경우(10③)를 말한다. 예컨대, 甲이 A를 살해하기로 마음먹고 음주만취한 후, 명정(酩酊, 몸을 가눌 수 없을 정도로 술에 몹시 취함)에 의한 책임무능력상태에서 처음 계획대로 A를 칼로 찔러 살해한 경우이다. 그 명칭은 '원인(원인설정행위)에서는 자유이나, 결과(결과실현행위)에서는 부자유(인 상태에서의 행위)'라는 의미에서 붙여진 것이다. 다른 말로 '원인이 자유로운 행위' 또는 '원인에서 자유로운 행위'라고 칭하기도 하고, 줄임말로 '원자행' 또는 '원인자'라고도 하나, 여기서는 편의상 '**원인자유행위**'라고 한다(같은 한자문화권인 중국학계에서도 강학상 '원인자유행위'라는 표현이 통용되고 있다).

2) 원인행위와 결과행위의 밀접한 결합　원인자유행위는 원인설정행위(이하 '원인행위')와 결과실현행위(이하 '결과행위')의 2원적 구조인데(법문상 '야기한 자의 행위' 중 '야기'는 원인행위, '행위'는 결과행위를 의미한다), 그 원인행위 시점에서는 완전한 책임능력을 구비하고 있지만, 결과행위 시점에서는 책임무능력 또는 한정책임능력상태인 경우이다. 이에 대해 제10조 제3항은 '전 2항의 규정(심신상실 불벌 · 심신미약 감경)을 적용하지 아니한다'라고 규정하여, 완전한 책임능력이 있는 경우와 동일하게 취급할 것을 명문으로 규정하고 있다. 즉, 원인자유행위는 책임능력에 관한 특수한 경우로서, 행위자가 위험을 예견하고도 자의로 심신장애를 야기하고 범죄의 실행을 한 경우에는 (책임의 조각 또는 감경을 인정하지 않고) 완전한 책임을 인정하여 처벌하는 것이다. 이때 원인행위와 결과행위의 양자는 원인과 결과의 관계로 '밀접하게 결합된다'는 특성(='밀접불가분의 연관')이 있으며, 만일 양자가 이러한 결합 없이 우연히 이루어진 경우라면 특수한 연관관계가 끊어진 것이므로, 원인자유행위가 되지 않는다.

2. 가벌성의 근거 및 실행의 착수시기

(1) 이론적 문제

1) 행위와 책임의 동시존재 원칙　책임주의 원칙은 행위책임을 기본으로 하므로, 범죄의 실행행위 당시에 책임능력이 존재해야 한다. 이를 '행위와 책임

(책임능력)의 동시존재 원칙' 또는 '행위·책임능력 동시존재 원칙'이라 한다.

2) 실행행위의 정형성 문제 범죄의 실행행위는 해당 구성요건적 행위로서의 정형성을 구비해야 한다. 이를 '실행행위의 정형성'이라 한다.

3) 가벌성의 이론적 근거 문제 우리 형법은 원인자유행위의 가벌성에 대해 명문의 규정을 두고 있다(입법적 해결). 그런데 ㉠ 원인행위 당시에는 책임능력이 존재하나 실행행위의 정형성은 충족하지 못한다(예: 음주행위가 살인행위는 아니다). ㉡ 반면, 결과행위(예: 명정상태에서의 살인행위) 당시에는 실행행위의 정형성을 충족하나 심신장애상태라는 책임능력의 결함이 존재한다. 그럼에도 불구하고 제10조에서는 그러한 행위자에 대해 (책임조각·감경을 인정하지 않고) 명문 규정으로 완전한 책임능력자의 가벌성을 인정하고 있다. 이는, '행위와 책임의 동시존재 원칙'과 상충될 여지가 있다. 여기에서 그 가벌성의 이론적 근거가 문제된다.

(2) 가벌성의 근거

1) 원인행위에서 찾는 견해: 구성요건모델과 예외모델 가벌성의 근거를 원인행위에서 찾는 견해에는 구성요건모델과 예외모델이 있다.

i) [구성요건모델] 구성요건모델은, 책임능력이 인정되는 원인행위에 불법의 중점이 있다는 이유로, 원인행위의 구성요건해당성을 긍정하면서 (책임능력이 인정되는 상태에서의) 원인행위가 실행행위라는 견해이다(구성요건모델). 즉, 책임능력 있는 상태의 행위자가 자의로 심신장애를 야기하고, 심신장애상태의 자신을 도구로 이용하는 범행형태이고, 이는 타인을 도구로 이용하는 간접정범과 유사한 구조를 갖는다는 것이다(간접정범유사설도 같은 맥락). 따라서 원인행위가 실행행위이고, 실행의 착수시기도 원인행위시를 기준으로 하며, 결과행위는 원인행위의 인과과정에 불과한 것으로 파악한다(원인행위시설). 결국 가벌성의 근거를 (책임능력이 있는) 원인행위 그 자체에서 찾는 것으로, '행위와 책임의 동시존재 원칙'을 고수할 수 있는 이론이다.

그러나 ㉠ 실행행위의 정형성을 무시하여 죄형법정주의의 보장적 기능을 해칠 우려가 있고, ㉡ 실행의 착수시기가 훨씬 앞당겨지는 결과 미수범의 처벌범위가 확장된다. 특히 ㉢ 한정책임능력자(심신미약자)의 경우에는 '한정'책임능력자를 도구로 이용하는 간접정범은 현행법상 있을 수 없다(즉, 심신미약자는 형법34①의 '처벌되지 아니하는 자'에 해당할 수 없다)는 점에서 구성요건모델의 문제점이 지적된다.

ii) [예외모델(다수설)] 예외모델은, 실행행위 그 자체는 심신장애상태에서의 결과행위이며, 다만 원인행위와의 '불가분적 관련성' 때문에 전체로 보아 책임비난과 가벌성이 인정된다는 견해이다. 즉, (실행행위의 정형성을 충족하는) **결과행위가 실행행위이며, 실행의 착수시기도 결과행위시**를 기준으로 파악한다(결과행위시설). 따라서 실행행위의 정형성을 관철하되, '행위 · 책임능력 동시존재 원칙'의 **'예외'**를 인정하는 이론이다(예외모델). 그 가벌성의 근거는 **원인행위와의 '불가분적 관련성'**에서 찾는다. 즉, 결과행위는 원인행위와 밀접불가분하게 연결되어 있다는 점에서, 원인행위가 갖는 '결과행위의 불가분의 전단계로서의 연관성'에 주목하여, 그 밀접한 결합상태를 근거로, 책임비난과 가벌성을 인정하는 것이다. 결국 가벌성의 근거를 (책임능력이 있는) 원인행위에서 찾되, '행위 · 책임능력 동시존재 원칙'의 '예외'를 인정하는 것은 합리적인 근거가 있다는 이론이다. 현재 다수설의 입장이다.

2) 결과행위에서 찾는 견해: 반무의식상태설 가벌성의 근거를 결과행위에서 찾는 견해에는 반무의식상태설이 있다. 이는 결과행위 당시 심신장애상태는 완전한 무의식상태가 아니라 '반무의식상태'라는 견해이다. '심층심리학적 관점'에서 원인행위인 예비단계로부터 실행행위의 단계로 돌입하는 것이 일종의 '반무의식상태' 하에 있는 것이므로, 반무의식상태에서의 결과행위가 가벌성의 근거가 된다는 입장이다. 그러나 ㉠ 의식과 무의식의 중간단계인 반무의식상태를 구별하여 인식하기 어렵고, ㉡ 이러한 개념을 사용하면 대부분의 경우 책임능력이 인정되어 법적 안정성을 해칠 염려가 있다는 문제점이 제기된다.

(3) 실행의 착수시기

원인자유행위에서 실행의 착수시기는, 구성요건모델에 의하면 원인행위가 되나, **예외모델**(다수설)에 의하면 **결과행위시**가 된다. 즉, '결과행위시설'이 다수설이다.

3. 성립요건

원인자유행위가 성립하기 위해서는, ① 원인행위에서 ㉠ '위험발생에 대한 예견', ㉡ '자의에 의한 심신장애의 야기'가 있어야 하고, ② 결과행위에서 '심신장애상태에서의 구성요건행위'가 있어야 하며, ③ 원인행위와 결과행위 사이에 '인과관계'(=불가분적 연관성)가 존재해야 한다.

(1) 원인행위

1) 위험발생에 대한 예견 여기서는 '위험'과 '예견'의 개념이 문제된다.

i) [위험발생] '위험발생'이란 장래적 개념으로서 결과행위에 의한 법익침해

또는 법익위태화의 모든 경우를 의미한다. 위험의 개념과 관련하여, ㉠ 특정 구성요건실현설(구성요건적 결과실현의 가능성, 즉 결과행위로 고의범 · 과실범의 특정한 구성요건이 실현될 위험이라는 견해), ㉡ 전형적 위험설(원인행위에 전형적으로 수반되는 법익침해의 가능성, 즉 특정 구성요건의 실현이 아니라 원인행위에 전형적으로 수반되는 모종의 법익침해 또는 그 위험성까지도 포함된다는 견해) 등이 대립한다. 학설의 일반적인 견해는 '특정 구성요건의 실현'으로 이해하는 특정구성요건실현설이다(다수설). 그러나 **판례**는 오히려 **전형적 위험설**의 입장에 있다.

판례는 위험발생을 반드시 '특정 구성요건의 실현'으로 제한하지 않는다. 즉, ㉠ "음주운전의 의사로 음주만취한 후 운전을 결행하다가 교통사고를 일으킨 경우에는, 음주시에 '**교통사고를 일으킬 위험성**'을 예견하였는데도 자의로 심신장애를 야기한 경우에 해당한다"(대판 2007.7.27. 2007도4484. 교특법위반죄 사건)라고 하여, ⓐ 음주운전죄(고의범)는 물론, 무면허운전죄(고의범), ⓑ 교통사고처리특례법위반죄(교통사고로 인한 '업무상과실치사상'죄, 과실범), 특정범죄가중처벌법상 위험운전치사상죄(교특법위반죄의 특례－대판 2008.12.11. 2008도9182, 즉, 과실범)까지 원인자유행위로 인정하고 있다. 나아가 ㉡ "자신의 승용차를 운전하여 술집에 가서 술을 마신 후 운전을 하여 교통사고를 일으킨 것이라면, 음주할 때 '**교통사고를 일으킬 수 있다는 위험성**'을 예견하면서 자의로 심신장애를 야기한 경우에 해당한다(심신미약으로 인한 형의 감경을 할 수 없다)"(대판 1992.7.28. 92도999; 1994.2.8. 93도2400; 1995.6.13. 95도826 등. 모두 도주차량죄 사건)라고 하여, ⓐ 음주운전죄(고의범), ⓑ 교통사고처리특례법위반죄(교통사고로 인한 '업무상과실치사상'죄, 과실범)는 물론, ⓒ 특정범죄가중처벌법상 **도주차량죄**(이른바 뺑소니＝교통사고 후 도주, 과실범＋고의범)까지 원인자유행위로 인정하고 있다.

요컨대, 판례는 음주만취와 관련하여, ⓐ 단순히 특정 구성요건의 실현(음주운전죄: 고의범)뿐만 아니라 ⓑ 나아가 업무상과실치사상죄(과실범), ⓒ 더 나아가 도주차량죄(과실범＋고의범)까지 '예견 또는 예견가능한 위험'에 포섭하여 원인자유행위로 인정하고 있는 반면, ⓓ 특수공무집행방해치상죄(별도의 결과적 가중범)는 그 죄를 범할 가능성이 충분히 있다고 보기 어렵다는 이유로 원인자유행위로 인정할 수 없다고 한다. 판례는 이와 같이 '위험발생'을 '특정 구성요건의 실현'으로 제한하지 않고, 원인행위와 밀접한 관련이 있는 '**전형적 위험**'이 실현된 구성요건행위까지 '위험발생'의 개념에 포섭함으로써, '전형적 위험설'의 태도임을 분명하게 보여주고 있다.[1]

ii) [예견] 위험발생에 대한 '예견'의 의미에 대해서는 여기서의 '예견'에 '예견가능성'이 포함되는지 여부와 관련하여, ㉠ 고의설('예견'의 문언을 엄격하게 해석하여 고의만 포함된다는 견해), ㉡ 과실포함설('예견'에는 고의 외에 인식 없는 과실, 즉 '예견가능성'까지 포함된다는 견해), ㉢ 무관설('예견'은 고의·과실과 무관한 개념으로, '위험발생'을 심신장애상태에서의 구성요건행위가 고의범·과실범인지 여부와 관련하여 해석할 필요가 없다는 견해) 등이 대립하고 있다. 학설의 일반적인 견해는 '예견가능성'을 포함하는 입장이다. 원인자유행위는 과실에 의한 경우가 대부분이기 때문에 과실도 포함시켜야 한다는 것이다.

판례는 위험발생을 '예견'한 경우뿐만 아니라 '**예견할 수 있었던 경우**'도 포함한다는 입장이다. 즉, "이 규정은 '고의에 의한 원인에 있어서의 자유로운 행위'만이 아니라 '**과실**에 의한 원인에 있어서의 자유로운 행위'까지도 포함하는 것으로서, 위험의 발생을 '**예견할 수 있었는데도**' 자의로 심신장애를 야기한 경우도 그 적용 대상이 된다"(대판 1992.7.28. 92도999. 도주차량죄 사건)라고 한다. 여기서 '예견할 수 있었는데도'가 위험발생의 '**예견가능성**'이 있는 경우를 뜻한다는 점은 의문이 없다. 이러한 판례의 태도는, '예견'이라는 개념은 '인식'과는 달리, 장래의 사실에 대한 불확실한 '추측'의 성격이 내포된 것이자 위험발생과 관련하여 '장래의 사실을 예상'하는 현재의 심리상태라는 관념 아래, '위험발생에 대한 예견' 및 '위험발생의 가능성에 대한 예견' 외에, 나아가 '위험발생에 대한 예견가능성'이 있었던 경우(즉, 위험발생을 예견할 수 있었던 경우)까지도 여기에 포함된다는 취지로 보인다. 한편, 이에 대해서는, "예견과 예견가능성은 개념이나 문언상 구분되는 이상, 여기서의 '예견하고'에 '예견가능한' 경우까지 포함시키는 것은, 문리해석상 불가능하고 피고인에게 불리한 유추해석으로 허용될 수 없다"는 비판이 제기되고 있다. 그러나 예견의 대상인 '위험발생'을 '특정 구성요건의 실현'이 아닌 '법익침해의 전형적 위험'으로 이해하는 한, 판례의 해석론이 논리적으로 반드시 불가능한 것은 아니라고 본다(아래 '사견' 참조). 다만, 예견가능성은 자칫 가벌성의 확대로 이어질 염려가 있으므로, 합리적인 제한기준이 함께 요구될 것이다(인과관계 부분 참조).

1) [판례사례: 전형적 위험] 판례는, i) 음주운전의 의사로 음주만취한 후 운전을 결행한 경우에는, 음주운전죄는 물론, 무면허운전죄, 교통사고 범죄, 도주차량죄까지도 '예견가능한 위험'에 포섭시켜 원인자유행위로 인정한다. ii) 반면, 음주만취와 관련하여, 음주운전의 가능성은 있지만 '**특수공무집행방해치사죄**'를 범할 가능성이 충분히 있었다고 보기 어렵다는 이유로 원인자유행위로 인정할 수 없다고 한 사례도 있다(서울고판 1999.5.12. 99노337: 확정).

여기서의 '예견 또는 예견가능성'은 엄밀히 말하면 결과행위에서의 '고의·과실'과 구분되고 또한 무관한 것이지만, 판례는 '예견'이 있는 경우에는 '**고의에 의한**' 원인자유행위, '예견할 수 있었던' 경우에는 '**과실에 의한**' 원인자유행위라는 표현을 관행적으로 사용하고 있다.

[사견: '예견'이라는 문언의 포섭범위] 생각건대, '예견'은 행위자의 태도에서 보면 위험발생의 가능성이라는 미래 사태에 대한 현재의 심리상태이다. 따라서 '예견'에는 위험발생에 대한 '현실적 예견'은 물론 그 '가능성의 예견'까지 포함된다고 보는 것은 당연하다. 문제는 '예견의 대상'인데, 예견의 대상인 '위험발생'에 대해, 이를 특정구성요건의 실현이 아니라 '법익침해의 전형적 위험'으로 이해한다면, 이는 특정 구성요건의 실현은 물론, "**현실적으로 예견하지는 못하였으나 예견할 수 있었던, 전형적'위험'의 발생가능성**"(='가능성의 가능성')에 대한 예견까지도 포함된다고 볼 수 있다. 즉, 범행을 의도한 것은 아니지만 심신장애상태하에서라면 전형적 위험에 속하는 구성요건적 결과를 발생시킬지도 모른다는 그 '위험성의 예견'은, 일종의 '**가능성의 가능성**에 대한 예견'이고, 이는 곧 그러한 전형적 위험발생을 예견할 수 있었던 경우, 즉 '예견가능성이 있는 경우'를 의미하게 된다는 것이다. 이러한 관점에서 보면 여기서의 '예견'이라는 문언에 '**예견가능성**'이 포함된다는 해석론은 그 입론이 가능하다고 본다.

2) 원인행위의 자의성 위험발생의 야기에 대한 '자의성'의 의미에 대해서는, ㉠ 고의설(심신장애를 고의로 야기한 경우에 한정된다는 견해), ㉡ 과실포함설(고의뿐만 아니라 과실로 야기한 경우도 포함된다는 견해), ㉢ 자기의사설(문언 그대로 본인 스스로 자유롭게 심신장애를 야기한 것이면 충분하다는 견해) 등이 대립한다. 요컨대, **자기의사설**이 타당하다. 심신장애야기행위 자체는 범죄행위가 아니므로, 여기서의 '자의로'는 고의라는 개념이 아니며, 타의와 대비되는 개념, 즉 외부적 강요없이 자유롭게, 책임능력 있는 상태에서 스스로 또는 자유로운 의사결정에 따라 심신장애상태를 야기했다는 의미로 이해하는 것이 타당하다.

판례는 '자의로'의 개념과 관련하여, 법문상 '**자의로**'라는 용어를 그대로 사용하면서 '강제없이' 또는 '자유로운 의사결정'이라고 새기고 있다(대판 1996.6.11. 96도857 등).

(2) 결과행위

결과행위란 심신장애 상태에서 행한 구성요건에 해당하는 위법한 행위를 말한다. 이때 심신장애 상태는 심신상실과 심신미약의 상태를 모두 포함한다.

구성요건적 결과실현을 위한 결과행위에는 고의 · 과실행위, 작위 · 부작위행위가 모두 포함된다. 실행의 착수시기는 실행행위, 즉 결과행위시가 된다(예외모델).

(3) 인과관계

1) 뜻 원인행위와 결과행위 사이에는 인과관계가 있어야 한다. 여기서 인과관계는, 원인행위와 (심신장애상태에서의) 결과행위 사이의 '밀접불가분의 연관성', 즉 원인행위와 (심신장애상태에서의) 결과행위 사이에 '지배관계가 있다고 평가할 수 있을 정도의 강한 관련'(=직접 영향력 내지 상당한 영향력)을 의미한다. 이는 구체적으로 '원인행위와 심신장애 사이' 및 '원인행위와 위험발생(=결과행위) 사이'의 밀접불가분의 연관성을 모두 포함하는 개념이다. 판례상 귀속기준으로서의 인과관계의 '직접성'(대판 1991.2.26. 90도2856 등 참조) 내지 '상당성'(대판 1986.9.9. 85도2433; 1989.9.12. 89도866. 과실범에 대해서는 대판 2014.7.24. 2014도6206 등 참조)은 여기서의 참고기준이 될 수 있다. 이러한 인과관계가 인정되지 않는 경우로는, 예컨대, ㉠ 원인행위가 심신장애의 주된 원인이 아닌 경우, ㉡ 위험발생에 대한 예견이 전혀 없거나, 예견한 위험의 범위를 벗어난 결과발생의 경우(예: 음주만취자가 자신을 구조하기 위해 출동한 구급대원에게 폭행 · 상해를 가한 경우 또는 병원에서 의료인에게 특별한 이유 없이 폭행 · 상해를 가한 경우 등)는 물론, ㉢ 특히 위험발생에 대한 '예견가능성'만 있는 경우로서, 원인행위와 발생한 결과행위 사이에 귀속기준으로서 인과관계의 '직접성 내지 상당성'이 인정되지 않는 경우 등이다.

2) 기능 여기서의 인과관계는 책임단계에서 문제되는 것으로, 책임주의 원칙('행위 · 책임능력 동시존재 원칙')의 예외에 대한 한계기능을 수행한다. 즉, 책임원칙의 관점에서 '위험발생의 예견' 개념의 확장 가능성에 대한 한계로서 작용한다.

3) 흠결의 효과 이러한 인과관계가 인정되지 않는다면(즉, 밀접한 연관성이 단절 또는 희석된 경우라면) 외견상 결과행위가 발생하더라도 이는 원인자유행위에 해당하지 않는다. 이와 같이 행위 당시 '심신장애상태에서의 결과발생'이라도, 원인자유행위의 요건을 갖추지 못한 이상, 책임원칙으로 돌아가 '행위 · 책임능력 동시존재 원칙'이 적용되며, 그 결과 제10조 제1 · 2항이 적용된다(우리 형법에는 독일형법 제323a조 완전명정죄와 같은 처벌규정이 없다).[1)]

---

1) [독일형법 제323a조 완전명정(Vollrausch)죄] (1) 알코올 음료 또는 다른 마취약물을 통해 고의 또는 과실로 명정상태에 빠뜨린 자가 그 상태에서 위법한 행위를 했으나 명정상태로 인하여 책임능력이 없거나 그러한 상태임을 배제할 수 없는 이유로, 그 행위에 대한 처벌이 이루어질 수 없는 경우 5년 이하의 자유형 또는 벌금형에 처한다. (2) 형은 명정상태에서 범한 죄

[판례사례: 원인행위와 심신장애의 인과관계 여부] i) [인과관계 긍정 사례: 완전한 책임] "양극성 정동장애를 앓던 피고인이 약물복용을 중단하는 경우 정신질환 증세가 악화되고, 그 상태에서 술을 마시면 더욱 병세가 악화되는 것을 알고 있었음에도, 일정 기간 약물을 복용하지 않은 상태에서 평소 주량을 훨씬 넘긴 많은 양의 술을 마셔 자의로 만취상태를 야기하고, 폭력을 저지른 경우에, 원인에 있어서 자유로운 행위에 해당할 수 있다"(대판 2015.7.23. 2015도7582) 등.

ii) [인과관계 부정 사례: 심신장애 인정] 망상형 정신분열증의 정신적 장애를 가진 자가 음주를 한 후 정신질환과 음주 상호간의 상승효과로 제어능력 결함이 발생하여 상해치사의 범행을 저지른 경우에, '음주로 인한 충동조절능력 저하'보다 '본래 정신질환의 영향력이 지대'한 경우라면, 원인행위인 음주로 말미암은 심신장애라고 볼 수 없으므로, 원인에 있어서 자유로운 행위에 해당하지 않을 수 있다(대판 1992.8.18. 92도1425) 등.

4. 유형

(1) 유형론

1) 강학상 유형론 강학상 원인자유행위의 유형과 관련하여, 4유형론 · 8유형론 · 12유형론이 있다(아래 참조). 이러한 유형론은, 불법판단 단계에서 이미 고의불법과 과실불법이 확정되는데도, 책임능력판단 단계에 이르러 제10조 제3항에서 다시 고의 · 과실을 문제삼는 것이다. 범죄론의 체계에도 부합하지 않고, 무엇보다 우리 형법규정의 구조에도 부합하지 않는, 소모적 논쟁이라는 비판이 있다. 이러한 유형론은 이해하기도 복잡할 뿐만 아니라, 범죄론의 체계상 구별의 필요성도 별로 없다. 판례는 이러한 유형론에 따른 도식화된 결론이 아니라, 제10조 제3항의 문언대로 '위험발생을 예견하고 자의로 심신장애를 야기'한 것인지 여부에 중점을 두어 판단하고 있다.

[강학상 유형론] i) [4유형론] 예견개념과 자의개념을 모두 고의 또는 과실과 결부시키는 태도는 ㉠ '원인행위의 고의 · 과실 여부' 및 ㉡ '결과행위의 고의 · 과실 여부'를 구분하여 4가지 조합($2 \times 2 = 4$)의 형태를 인정하는 입장이다. 이에 따르면, '고의의 원

에 정한 형을 초과할 수 없다. (3) 명정상태의 범죄가 고소, 수권, 처벌요구 등과 같은 소추조건을 요하는 경우 본죄도 같은 조건에 의해서만 소추된다.

그러나 이 규정에 대해서는, 특히 책임원칙의 관점에서 법리적 타당성을 인정하기 어렵다고 한다. 객관적으로 책임능력이 없는 상태에서 범해진 것이므로 그 처벌은 책임주의 원칙에 위배되는 것이 자명하기 때문이다. 독일의 통설도 이 규정은 헌법적 책임원칙과 책임론의 기본구조에 거스르는 것이며, 심지어 입법적 오류라는 점에 다수가 공감한다.

인행위'와 '고의의 실행행위'인 경우(모두 고의인 경우)에만 고의범으로 처벌되고, 나머지 경우는 모두 과실범으로 처벌된다고 한다.

ii) [8유형론] 고의 또는 과실의 대상을 좀더 세분하여, ㉠ '심신장애 야기의사에 대한 고의(의도)·과실 여부', ㉡ '심신장애 야기 후 하게 될 범행에 대한 고의·과실 여부' 및 ㉢ '실제로 심신장애상태에서의 결과행위에 대한 고의·과실 여부'로 구분하여 8가지 조합(2×2×2=8)의 형태를 인정하는 입장이다. 이에 따르면, '고의－고의－고의'로 연결되는 경우에만 '고의에 의한 원인자유행위'가 성립하고, 나머지 경우는 모두 '과실에 의한 원인자유행위'가 된다고 한다.

iii) [12유형론] 이는 ㉠ '위험발생에 대한 예견과 인용이 모두 있는 경우', '예견만 있고 인용은 없는 경우', '예견가능성만 있는 경우'로 세분하고, ㉡ 심신장애야기에 대한 고의·과실 여부, ㉢ 심신장애상태에서의 결과행위에 대한 고의·과실 여부로 구분하여, 12가지 조합(3×2×2=12)의 형태를 인정하는 입장이다.

2) 범죄체계론과 제10조 제3항의 적용 순서 '구성요건－위법성－책임'이라는 3단계 범죄체계론의 관점에서는 다음과 같은 이해가 간명하다.

i) [불법단계: 결과행위의 불법 여부] 심신장애상태에서의 결과행위(예외모델에서 실행행위)에 대해, 고의·과실 여부를 판단한다. 결과행위에 고의가 있으면 고의불법, 과실이 있으면 과실불법이 인정된다. 실행의 착수시기도 결과행위시를 기준으로 판단하며(결과행위시설), 결과행위는 구성요건에 해당하는 위법한 행위를 의미한다.

ii) [책임단계①: 결과행위의 심신장애 여부] 결과행위에 초점을 맞추어, 결과행위에서의 행위자의 심신상실·심신미약 상태 여부를 판단한다. 행위자가 심신상실상태이면 책임무능력자(10①), 심신미약상태이면 한정책임능력자(10②)가 된다.

iii) [책임단계②: 원인자유행위 해당 여부] 다시 원인행위에 초점을 맞추어, 원인행위에서의 '위험발생의 예견 여부' 및 '원인행위의 자의성 여부'를 판단한다(10③). 그리고 인과관계(불가분적 연관성) 등 그 성립요건을 모두 갖추면, 행위자는 제10조 제3항이 적용되어 완전한 책임능력이 인정되고 완전한 책임비난이 확정되며(10③), 이때 불법단계에서 이미 확정된 대로 고의범 또는 과실범이 성립한다. 만일 그 성립요건을 어느 하나라도 충족하지 못하면, 행위자는 제10조 제3항이 아니라 제10조 제1항 또는 제10조 제2항이 적용되며, 책임조각(심신상실) 또는 책임감경(심신미약)의 효과가 인정된다.

(2) 판례상 유형

앞서 본 바와 같이 판례는, 위험발생의 '예견'이 있는 경우를 '고의에 의한' 원인자유행위, 위험발생을 '예견할 수 있었던' 경우를 '과실에 의한' 원인자유행위로 표현하고 있다.

1) **고의에 의한 원인자유행위** 판례는, 피고인들이 피해자들을 살해할 의사를 가지고 범행을 공모한 후에 대마초를 흡연하고, 그로 인하여 심신이 다소 미약한 상태에서 살인 범행을 저지른 사안에 대해, 대마초 흡연시에 이미 범행을 '예견'하고도 자의로 위와 같은 심신장애를 야기한 경우 고의범에서의 원인자유행위를 인정하고 있다. 즉, "대마초 흡연시에 이미 범행을 '**예견**'하고도 자의로 위와 같은 심신장애를 야기한 경우에 해당하므로, 형법 제10조 제3항에 의하여 심신장애로 인한 감경 등을 할 수 없다"(대판 1996.6.11. 96도857. 살인죄 사건).

여기에서 '고의'에 의한 원인자유행위란, 결과행위가 고의범이라는 의미라기보다는 원인행위 시점에서 위험발생을 '예견'하였다는 의미이다. 즉, 여기서 '고의'는 '예견'이라는 의미로 보인다.

2) **과실에 의한 원인자유행위** 판례는, "이 규정은 '고의에 의한 원인에 있어서의 자유로운 행위'만이 아니라, '**과실**에 의한 원인에 있어서의 자유로운 행위'까지도 포함하는 것으로서, 위험의 발생을 '**예견할 수 있었는데도**' 자의로 심신장애를 야기한 경우도 그 적용 대상이 된다"(위 92도999)고 한다. 그리하여 과실범을 인정한 사례도 있고, 고의범을 인정한 사례도 있다. 즉, ㉠ 과실범을 인정한 대표적인 사례로는, 결과행위가 '교통사고로 인한 업무상치사상죄'인 경우로서, "음주운전을 할 의사를 가지고 음주만취한 후 운전을 결행하다가 교통사고를 일으킨 경우에는, 음주시에 '**교통사고를 일으킬 위험성을 예견**'하였는데도 자의로 심신장애를 야기한 경우에 해당하므로, 형법 제10조 제3항에 의하여 심신장애로 인한 감경 등을 할 수 없다"(위 2007도4484. 음주운전죄·무면허운전죄 이외에 '교특법위반죄' 사건. 음주운전죄라는 특정 구성요건의 실현에 대해서는 예견이 있었지만, 교통사고의 발생가능성에 대해서는 현실적인 예견은 없었고 단지 그 가능성의 예견만이 있었을 뿐인 경우이다), ㉡ 고의범을 인정한 대표적인 사례로는, 결과행위가 '특정범죄가중처벌법상 도주차량죄'(과실범+고의범)인 경우로서, "자신의 승용차를 운전하여 술집에 가서 술을 마신 후 운전을 하여 교통사고를 일으킨 것이라면, 음주할 때 '**교통사고를 일으킬 수 있다는 위험성을 예견**'하면서 자의로 심신장애를 야기한 경우에 해당한다 할 것이므로, 심신미약으로 인한 형의 감경을 할 수 없다"(위 93도2400. 교통

사고의 발생가능성에 대해서는 예견이 있었더라도, 나아가 도주의 가능성에 대해서는 그 가능성의 예견조차 없었던 경우이다).

여기에서 '과실'에 의한 원인자유행위란, 결과행위가 과실범·고의범인지 여부와 상관 없이, 원인행위 시점에서 위험발생의 '예견가능성'이라는 의미이다. 즉, 여기서 '과실'은 '예견가능성'이라는 의미로 보인다.

[예견과 예견가능성] i) 우선, 고의에 의한 원인자유행위에서 '살인행위의 예견'과 '(음주)운전행위의 예견'은 모두 '특정한 구성요건의 실현'에 대한 예견이 된다. ii) 그런데 음주운전에 대한 현실적 예견이 있었더라도 그 운전과정에서 교통사고의 발생가능성에 대한 예견이 있었는지 여부는 별도의 문제인데, 만일 교통사고의 발생가능성에 대한 예견이 있었지만 이를 애써 용인하지 않았다면 이는 '가능성의 예견'이 된다. 그러나 만일 교통사고의 발생가능성에 대해서는 아예 그 가능성의 예견조차 없었던 경우라면 이는 '가능성의 가능성에 대한 예견'이 된다. iii) 더구나 교통사고의 발생가능성에 대한 예견이 있었더라도 더 나아가 도주의 가능성에 대해서는 아예 그 가능성의 예견조차 없었던 경우에는 마찬가지로 '가능성의 가능성에 대한 예견'이 된다. iv) 여기서 '가능성의 가능성에 대한 예견'은 곧 '가능성에 대한 **예견가능성**'을 의미하게 된다.

5. 효과

1) 책임조각·감경 불가 원인자유행위에는 "전 2항의 규정을 적용하지 않는다" (10③). 즉, 책임능력 있는 상태에서 심신장애상태를 야기한 후 심신상실 또는 심신미약 상태에서 결과행위를 실행한 경우에는, **책임능력자의 행위로** 취급된다. 따라서 (결과행위 당시) 심실상실 상태에서의 행위라도 책임이 조각되지 않고, 심신미약 상태에서의 행위라도 책임과 형이 감경되지 않는다.

2) 예견한 위험과 발생한 위험의 불일치 원인행위 시점에서 예견한(또는 예견가능한) 위험과 결과행위로 실현한 위험(범죄) 사이에 불일치가 있는 경우 원칙적으로 원인자유행위가 성립하지 않는다. 이에 대해서는 ㉠ 축소범위내에서 범행을 인정해야 한다는 견해, ㉡ 고의가 탈락되고 과실이 인정될 여지가 있을 뿐이라는 견해 등이 있으나, 원인행위 시점에서 예견하였거나 예견할 수 있었던 위험이 아니라면, 원인자유행위가 되지 않으므로, 책임의 조각 또는 감경(10①②)이 여전히 적용된다.

예컨대, ㉠ 절취할 것을 예견하고 음주만취한 후 실제로는 살인을 실행한 경우에는, 물론 '위험발생의 예견'이라는 요건을 충족한 것이 되지 않으므로, 원인자유행위에 해당하지 않는다(즉, 10①② 적용). ㉡ 또한, A를 살해할 것을 예견하고 음주만취한 후 실제로는 B를 살해한 경우에는, (객체의 착오이든 방법의 착오이든) '위험발생의 예견'이라는 요건을 충족한 것이 되지만(10③ 적용), 한편, A에 대한 위험의 실현과정에서 A가 아님을 알면서 (A가 아닌) B에 대해 새로운 고의를 형성하여 B를 살해한 경우에는, '위험발생의 예견' 요건을 충족한 것이 되지 않을 뿐만 아니라, (설령 그 예견가능성은 인정되더라도) 인과관계를 인정할 수도 없으므로, B에 대한 살해행위는 원인자유행위에 해당하지 않는다(즉, 10①② 적용).

다만, 판례는 음주운전의 의사로 음주만취한 후 운전을 결행한 경우에는, 음주운전죄는 물론, 무면허운전죄(고의범), 교통사고 범죄(과실범), 도주차량죄(과실범+고의범)까지도 '예견가능한 위험'에 포함시켜 원인자유행위로 인정하고, 제10조 제3항을 적용하여 (책임의 조각 또는 감경을 부정하고) 완전한 책임을 인정하고 있다(前述). 즉, 원인행위에 수반된 '전형적 위험의 실현'이라면 제10조 제3항을 적용하여 완전한 책임을 인정하고 있는 것이다. 주의를 요한다.

[특별법상 형법 제10조 제1·2항의 적용 배제] 성폭력처벌법 및 아동·청소년성보호법에는 형법상 책임조각·감경 규정에 관한 특례가 규정되어 있다. ㉠ **[성폭법]** 음주 또는 약물로 인한 심신장애 상태에서 성폭력범죄(제2조 제1항 제1호의 죄는 제외한다)를 범한 때에는 (원인자유행위가 아니라도) 형법 제10조 제1항·제2항 및 제11조를 적용하지 아니할 수 있다(성폭법20). ㉡ **[아청법]** 음주 또는 약물로 인한 심신장애 상태에서 아동·청소년대상 성폭력범죄를 범한 때에는 (역시 원인자유행위가 아니라도) 형법 제10조 제1항·제2항 및 제11조를 적용하지 아니할 수 있다(아청법18).

이들 조항은 음주와 약물에 의한 경우 등 비록 제한적이기는 하지만, 어쨌든 '행위·책임능력 동시존재 원칙'에 대한 또 하나의 중대한 예외를 특별형법상 인정한 것이다. 그러나 이들 조항은 형법 제10조 제3항(원인자유행위)의 경우와는 달리, 아무런 이론적 근거가 없는 것이므로, '헌법상 책임원칙'에 위반되는 위헌적 법률조항에 해당한다(특히 형법 제10조 제1항 배제 부분).

제 3 절 위법성의 인식

제16조(법률의 착오) 자기의 행위가 법령에 의하여 죄가 되지 아니하는 것으로 오인한 행위는 그 오인에 정당한 이유가 있는 때에 한하여 벌하지 아니한다.

Ⅰ. 의의와 체계적 지위

1. 위법성의 인식

1) 뜻 위법성의 인식이란, 행위자가 자기의 행위가 법질서에 반하고 법적으로 금지되어 있다는 것을 인식하는 것을 말한다. 행위자가 자기행위의 위법성을 인식하고도 행위했다면 그 행위자를 비난할 수 있으나, 그러한 인식 없이 행위했다면 그 행위자를 비난할 수 없거나 그 비난이 감소된다. 따라서 위법성의 인식은 '행위자에 대한 비난가능성'(책임)에 영향을 미치는 핵심적인 책임요소가 된다. 위법성의 인식은 규범적 책임요소가 된다.

2) 위법성인식의 내용 위법성인식의 구체적 내용에 대해 논의가 있다. 즉, ㉠ (좁게는) '형법에 반한다는 인식', ㉡ (넓게는) 형법에 반한다는 인식까지는 아니더라도, '전체 법질서에 반한다는 인식'(통설), ㉢ (가장 넓게는) 법 이전의 조리·사회윤리에 반한다는 인식이라는 견해이다. 판례는 "사회정의와 조리에 어긋난다는 것을 인식하는 것으로 족하다"(대판 1987.3.24. 86도2673)라고 하여, 가장 넓게 파악하고 있다.[1)]

위법성의 인식은 '법적 금지'에 대한 인식이다. 민법이나 행정법 등 어떤 법이건 '전체 법질서에 반한다는 인식'이 있으면 족하고, 구체적인 해당 법조문까지 인식할 필요는 없다(통설).[2)] 그러나 단순한 조리·사회윤리에 어긋난다는 인

---

1) [판례: 위법성인식의 내용] 위 86도2673 ("범죄의 성립에 있어서 위법의 인식은 그 범죄사실이 사회정의와 조리에 어긋난다는 것을 인식하는 것으로서 족하고 구체적인 해당 법조문까지 인식할 것을 요하는 것은 아니므로, 설사 형법상의 허위공문서작성죄에 해당되는 줄 몰랐다고 가정하더라도 그와 같은 사유만으로는 위법성의 인식이 없었다고 할 수 없다").

2) [구성요건 관련성과 위법성인식의 분리가능성원칙] 위법성인식은 형법조문까지 인식할 필요는 없지만, 금지되는 행위라는 점은 인식해야 하므로, 구체적인 구성요건과 관련된다[구성요건 관련성]. 수개의 구성요건을 실현한 경우(경합범) 각각 구성요건의 실질적인 불법내용에 대해 범적 금지를 인식해야 한다. 만일 경합범 중 일부 불법내용에 대해 위법성인식이 없는 경우라면, 그 위법성인식 없는 부분에 대해서는 위법성인식이 분리된다[위법성인식의 분리가능성원칙].

식만으로 형사책임을 부과한다면, 이는 도덕과 법을 혼동한 것이 된다.

이른바 양심범·확신범의 경우에도 위법성의 인식은 인정된다. 양심에 따른 행위라도 자기행위가 실정법에 위반된다는 인식은 있기 때문이다.

3) 위법성인식의 정도 위법성의 인식은, ㉠ 확정적 인식은 물론 '**미필적 인식**'도 포함된다. 즉, 자기행위가 위법할 수도 있겠다고 생각하면서 이를 용인하고 위법행위로 나아가는 경우이다. 또한, ㉡ 현실적 인식은 물론 '**잠재적 인식**'도 포함된다. 즉, 충동범죄나 격정범죄에서도 (겉으로 드러나지는 않지만 암암리에 수반되는) 아주 낮은 정도의 잠재적인 위법성인식은 인정된다.

[고의범·과실범의 규범적 책임요소] 위법성인식은 고의범과 과실범에 공통되는 규범적 책임요소이다. ㉠ 고의범은 구성요건요소를 인식하고 있으므로, 대개 위법성인식이 인정된다. 위법성인식이 없는 경우에도 구성요건고의가 있는 이상 '위법성의 인식가능성'은 존재한다. ㉡ 과실범은 구성요건요소에 대한 인식이 없으므로, 위법성의 인식이 있을 수 없다. 그러나 결과발생에 대한 예견가능성이 있으면 대체로 '위법성의 인식가능성'도 또한 존재한다고 할 수 있다.

2. 체계적 지위

고의와 위법성인식의 관계에 관한 논의이다. 고의설과 책임설이 있다.

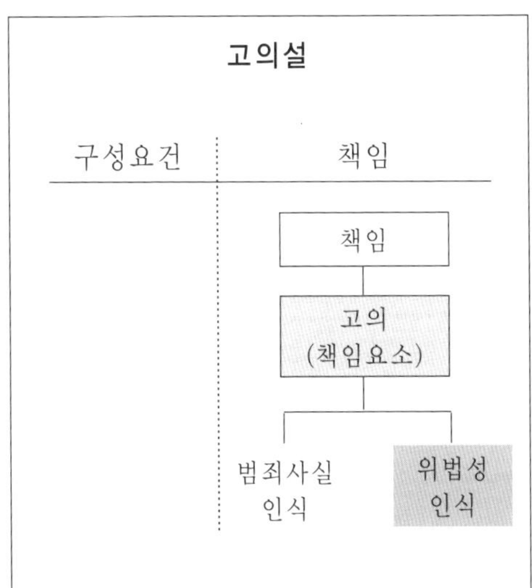

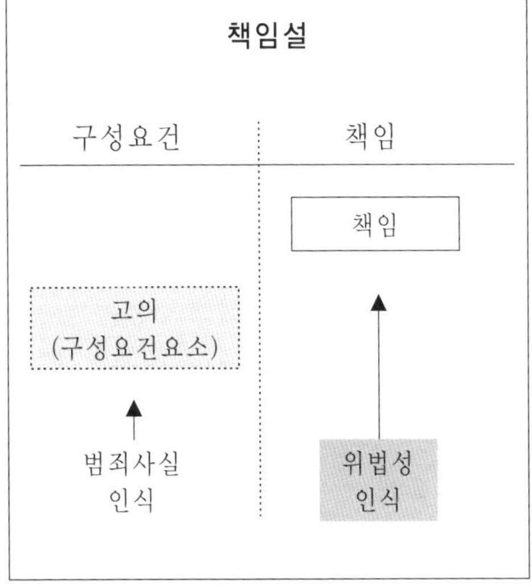

(1) 고의설

고의설은, “위법성인식은 (책임요소인) 고의의 구성요소”라는 견해이다. “고의는 책임요소이고, 위법성인식은 (책임요소인) 고의의 한 구성요소”라고 한다. 이는 고의를 책임요소로 파악하는 ‘고전적 범죄체계’의 입장인데, 책임요소인 고의는 ‘범죄사실의 인식’과 ‘위법성의 인식’로 구성된다는 것이다. 고의설에 따르면, 위법성의 인식이 없는 경우 ‘고의’가 부정되고 ‘책임’도 조각된다. 다만, 고의설은 “위법성의 현실적 인식없이 단지 그 ‘인식가능성’만 있는 경우 고의책임을 인정할 것인가”에 관해, 엄격고의설과 제한고의설로 나뉜다.1)

1) 엄격고의설(위법성의 ‘현실적 인식’ 필요) 엄격고의설은, 위법성의 현실적 인식이 있는 경우에만 고의책임을 인정한다. 위법성의 인식가능성만 있는 경우에는 과실책임으로 파악한다. 물론 그 인식가능성조차 없는 경우에는 고의책임·과실책임 모두 조각된다고 한다.

2) 제한고의설(위법성의 ‘인식가능성’만으로 충분) 제한고의설은, 위법성의 인식가능성이 있는 경우에도 고의책임을 인정한다. 위법성의 인식가능성이 있는 경우란 결국 주의를 기울이면 인식할 수 있는 경우이므로(이른바 ‘법과실’), 결국 과실적 요소를 고의의 내용으로 파악한다는 비판을 받는다.

(2) 책임설

책임설은, “위법성인식은 고의와 독립된 책임요소”라는 견해이다. “고의는 (책임요소가 아니라) 구성요건요소이고, 위법성인식은 고의와 별개의 독자적인 책임요소”라는 입장이다. 고의를 주관적 구성요건요소로, 위법성인식을 독자적 책임요소로 파악하는 ‘목적적 범죄체계’의 입장이다(즉, 고의는 구성요건요소일 뿐, 책임영역에서 완전히 배제된다).2) 책임설에 따르면, 위법성의 인식이 없는 경우 (고의와 무관하게) ‘책임’이 조각된다(위법성의 현실적 인식이 있는 경우는 물론 ‘책임’이 인정된다. 위법성의 인식이 없는 경우에는, 좀더 정확히는－제16조가 적용되어 위법성을 인식하지 못한 점에 ‘정

1) [고의설 비판] 고의설에 대해서는, 고의를 조각하는 구성요건착오와 위법성을 조각하는 위법성착오의 구별이 어렵게 되고, 고의와 위법성은 본질적으로 그 성질을 달리하는 것이라는 비판이 있다.

2) [책임설의 연혁] 책임설의 출처는 원래 독일의 신고전적 범죄체계이다. 고전적 범죄체계에 머물러 있던 1952년, 독일연방대법원 판결에 의해 책임설이 수용됨으로써 책임설은 고전적 범죄체계의 내적 수정형태, 즉 신고전적 범죄체계의 내용이 되었다(책임설은 1872년부터 1975년까지 시행된 고전적 범죄체계에 기초한 독일형법 제57조의 의미와 관련하여, 이미 1889년 Adolf Merkel에 의해 주장되었다). 그런데 그후 고의로부터 불법인식을 구별해내야만 했던 벨첼의 필요에 의해 책임설에 적극적으로 활용되었고, 목적적 행위론자들에 의해 수용됨으로써 결국 목적적 행위론의 특징적 책임요소로 정립되었다.

당한 이유'가 있는지 여부에 따라－그것이 불가피하면 '책임'이 조각되고, 정당한 이유가 없으면 '책임'은 인정되나 '책임'이 감경된다). 즉, "위법성인식은 책임요소일 뿐, 고의 · 과실에는 영향이 없다." 다만, 책임설은 '고의 · 과실의 이중적 지위이 인정 여부' 또는 '위법성조각사유의 전제사실에 대한 착오의 처리 문제'와 관련하여, 엄격책임설과 제한책임설로 나뉜다.[1)]

1) 엄격책임설(위법성인식은 절대로 '고의에는 영향을 미치지 않는다') 엄격책임설은, "위법성인식은 책임요소일 뿐, 고의 · 과실에는 영향이 없다"는 책임설의 내용을 '엄격'하게 관철하는 견해이다. 따라서 고의 · 과실의 이중적 지위를 부정하며, '위법성조각사유의 전제사실의 착오'는 (구성요건고의가 인정되고, 달리 고의를 조각하지 못하며) '위법성의 착오(16)' 문제로 이해한다.

2) 제한책임설(위법성인식이 제한적으로 '고의에도 영향을 미친다') 제한책임설은, "위법성인식은 고의 · 과실에는 영향이 없다"는 책임설을 제한하여, "위법성의 인식은 고의 · 과실에도 영향을 미친다"라고 수정하고 (구성요건고의가 인정됨에도) 과실범의 효과를 인정하자는 견해이다. 다만, 제한책임설은 '위법성조각사유의 전제사실의 착오'에 대해 유추적용설과 법효과제한책임설로 나뉜다. ㉠ [유추적용설] 유추적용설은 구성요건착오규정을 '유추적용'하여 '불법고의'가 조각된다는 견해(즉, 과실범 성립)이다. ㉡ [법효과제한책임설] 법효과제한책임설은 '고의의 이중적 지위(구성요건요소인 동시에 책임요소)'를 인정하고, 구성요건고의는 인정되지만 책임고의가 탈락된다는 견해(즉, 과실범 성립)이다. 현재 다수설의 입장이다. 위법성조각사유의 전제사실에 대한 착오 문제는 별도로 상술한다(후술).

[소극적 구성요건표지이론] 소극적 구성요건표지이론은, 위법성의 인식은 불법고의의 내용이 된다는 견해이다. 이 이론은, 불법과 책임의 2단계 범죄체계에 입각하여, 위법성은 총체적 불법구성요건의 소극적 요소이며, 위법성이 조각되면 총체적 불법구성요건의 해당성도 없다는 이론이다. 여기서의 '고의'는 '총체적 불법구성요건의 고의'이므로, 구성요건의 존재와 위법성조각사유의 부존재를 모두 인식하는 것이 그 내용이 된다. 이를 '불법고의'라고 하는데, 위법성의 인식은 당연히 불법고의의 내용이 된다. 소극적 구성요건표지이론에 따르면, 위법성의 착오는 물론, 위법성조각사유의 전제사실의 착오에 대해서도, 모두 '불법고의'가 조각된다(즉, 과실범 성립).[2)]

---

1) [책임설의 타당성] 자신의 행위가 법적으로 금지된 사실이라는 것을 인식하는 '위법성의 인식'은 고의와 구별된다. 고의는 책임판단의 대상에 불과하고 위법성인식은 책임판단의 기준이다. 위법성인식을 고의와 준별하여 고의와 독립된 책임요소로 파악하는 책임설이 정당하다.

2) [소극적 구성요건표지이론 비판] 이에 대해서는, 구성요건과 위법성의 기능상 차이를 전적으

(3) 판례

판례의 태도는 고의설인지 책임설인지 명확하지 않다. 즉, ㉠ 고의설로 이해되는 판례로는, "법률의 착오가 범의를 조각한다"(대판 1974.11.12. 74도2676), "위법의 인식이 있었다고 보지 못할 바 아니므로, 미필적 고의를 인정할 수 있다"(대판 1988.12.13. 88도184)라고 하여, 위법성인식을 고의의 한 요소로 보는 듯한 판시가 있다. 반면, ㉡ 책임설로 이해되는 판례로는, "자기행위가 법령에 의하여 죄가 되지 아니한 것으로 오인하였더라도, 범의가 없다고 할 수는 없다"(대판 1987.4.14. 87도160)라고 하여, 위법성인식을 고의와는 독립된 독자적인 책임요소로 보는 듯한 판시도 있다. 고의설이라 단정할 수는 없다.

Ⅱ. 위법성의 착오

1. 의의

1) 뜻 위법성의 착오란, 위법성의 인식이 없는 경우, 즉 자기행위가 위법함에도 불구하고 그 위법성을 인식하지 못한 경우를 말한다. 구성요건요소는 정확히 인식하고 있으나, 그 행위가 '전체 법질서의 관점에서 허용되지 않는다'라는 '법적 금지'를 인식하지 못한 경우이므로, 다른 말로 '금지의 착오' 또는 '법률의 착오(16)'라고도 한다. 위법성착오는 소극적 착오의 일종이다.

2) **구성요건착오와 구별** 위법성의 착오는 구성요건적 착오와 구별된다. 구성요건적 착오는 자신의 행위가 구성요건을 실현한다는 것을 인식하지 못한 것이므로, 구성요건고의가 조각되고 과실의 여지가 남는다. 반면, 위법성의 착오는 자기행위의 위법성을 인식하지 못한 것이므로, 구성요건고의는 조각되지 않으며, 원칙적으로 가벌적이지만, '정당한 이유'가 있는 경우에 한하여(16) 예외적으로 '책임'이 조각된다(책임설).

[구별개념: 환각범과 불능미수] i) [구별개념] 위법성의 착오와 구별해야 하는 개념으로 '환각범'과 '불능미수'(27)가 있다. 우선, ㉠ '환각범'은 죄가 되지 않음에도 불구하고 죄가 된다고 착각한 경우(예: 간통이나 동성연애도 범죄라고 착각 등)를 말한다. 환각범은 구성요건 자체가 없으므로 처벌되지 않는다. 따라서 형법 제16조(법률의 착오)의

로 무시한다는 근본적인 비판이 제기된다. 예컨대, '구성요건해당성은 있으나 위법성이 조각되는 행위'와 아예 '구성요건해당성조차 없는 행위'가 모두 총체적 불법구성요건의 해당성이 없는 이상 동일하게 취급되는 것은 문제가 있다는 비판이다.

적용대상도 아니다. ㉡ '불능미수'는 애당초 결과발생이 불가능한 것을 '가능하다'고 오인한 경우(예: 설탕에도 살인력이 있다고 착각하거나 사체를 사람으로 착각한 채 살해행위를 하는 경우 등)를 말한다. 이는 '위험성'이 있는 경우에 한하여 처벌한다(27).

ii) [착오의 상호관계] 형법상 착오의 상호관계는 다음과 같다.

우선, ㉠ (사실의 착오: 구성요건적 착오와 불능미수) 구성요건적 사실을 오인한 착오 가운데, 구성요건적 착오는 결과발생이 가능한 구성요건적 결과를 의도한 대로 발생시키지 '못한' 것이므로 '소극적 착오'인 반면, 불능미수는 결과발생이 불가능한 것을 '가능하다'고 오인한 것이므로 '적극적 착오'이다. 따라서 불능미수는 '반전된' 구성요건적 착오에 해당한다.

㉡ (위법성의 착오와 환각범) 위법성 여부를 오인한 착오 가운데, 위법성의 착오는 행위자가 자기행위의 위법성을 인식하지 '못한' 경우이므로 '소극적 착오'인 반면, 환각범은 죄가 되지 않음에도 불구하고 '죄가 된다'고 착각한 것이므로 '적극적 착오'이다. 따라서 환각범은 '반전된' 위법성의 착오에 해당한다.

	소극적 착오	적극적 착오
사실의 착오	구성요건적 착오	불능미수
법률의 착오	위법성의 착오	환각범

2. 착오유형과 법률의 부지

(1) 직접적 착오

자기행위에 직접적으로 적용되는 '금지규범 자체를 잘못 이해'하여 그 행위가 허용된다고 오인한 경우가 직접적 착오이다. '규범이해에 관한 착오'이다. 3가지 형태가 있다.

1) **법률의 부지** 금지규범의 존재 자체를 알지 못한 경우, 즉 금지규정 자체가 존재하지 않는다고 잘못 생각한 경우(예: 건축법상 허가대상인 주택을 모르고 무허가로 건축한 경우, 도박이 허용된 나라의 외국인이 한국의 도박죄 규정을 알지 못한 채 우리나라에서 도박한 경우 등)이다. 이와 달리 '효력의 착오'와 '포섭의 착오'는 금지규범의 존재 자체는 알고 있는 경우이다.

2) **효력의 착오** 유효한 금지규범이 효력이 없다고 잘못 생각한 경우(예: 도박죄 규정이 위헌 무효라고 잘못 생각하고 도박한 경우 등)이다.

3) **포섭의 착오** 금지규범을 잘못 해석·적용하여 자신의 행위는 그것에 해당하지 않는다고 잘못 생각한 경우(예: 공무원이 업자들의 정기적 상납은 뇌물이 아니라

고 오인하고 뇌물을 수수한 경우 등)이다.

(2) 간접적 착오

자기행위가 금지규범에 위반된다는 것은 알았으나, '위법성조각사유에 해당되어 허용된다'고 오인한 경우가 간접적 착오이다. '정당화사유에 관한 착오'이다. 3가지 형태가 있다.

1) 위법성조각사유의 존재에 대한 착오 위법성조각사유가 없음에도 '있다'고 잘못 생각한 경우(예: 아내를 때린 남편이 '남편은 아내에 대한 징계권이 있다'고 오인한 경우)이다.

2) 위법성조각사유의 한계에 대한 착오 위법성조각사유의 법적 한계를 오인한 경우, 즉 기존의 위법성조각사유에 포함된다고 잘못 생각한 경우(예: 사인私人이 현행범을 체포하면서 '주거'침입까지도 허용된다고 오인한 경우 등)이다.

3) 위법성조각사유의 전제사실에 대한 착오 위법성조각사유의 전제사실이 없음에도 있다고 오인한 경우(예: 가게 주인이 손님을 강도로 오인하고 정당방위 의사로 폭행한 경우 등)이다.

간접적 착오 가운데, 1)과 2)는 모두 전형적인 법률의 착오에 속한다. 여기에서는 행위자가 사실을 착오한 바가 없기 때문이다. 즉 사실관계에 대해서는 어떠한 착오도 없다는 점에서, 3)(위전착)과 구별된다. 3)에 대해서는 다양한 견해가 극심하게 대립하므로, 별도의 항목으로 상술한다.

(3) 법률의 부지 문제

통설은 '법률의 부지'를 '직접적 착오'의 한 유형으로 본다. 그럼에도 판례는 '법률의 부지'를 '위법성의 착오'(16)의 적용범위에서 아예 제외하고, 제16조(법률의 착오)는 금지규범에 대한 '적극적 오인'이 있는 경우에 한하여 '아주 좁게' 적용된다는 입장이다. 즉, "형법 제16조(법률의 착오)는, 단순한 법률의 부지의 경우를 말하는 것이 아니다. 일반적으로 범죄가 되는 행위이지만 '자기의 특수한 경우에는 법령에 의하여 허용된 행위로서 죄가 되지 아니한다'고 그릇 인식하고, 그와 같이 그릇 인식함에 정당한 이유가 있는 경우에는 벌하지 않는다는 취지이다"(대판 1961.10.5. 4294형상208; 2006.4.28. 2003도4128)라고 한다. 그 결과 '법률의 부지'의 경우 아예 제16조(법률의 착오)가 적용되지 않고, 정당한 이유에 대한 심사의 기회조차 박탈된다. 즉, 행위자는 법률의 부지인 경우 정당한 이유가 있는지 여부와 상관없이 항상 책임을 부담하게 된다.[1]

1) [판례: 법률의 부지] ㉠ 대판 2006.1.13. 2003도7040 ("피고인이 이 사건 엘피파워가 구 석유

그러나 이는 '법률의 부지는 용서받지 못한다'는 법언(法諺)의 역사적 배경에 대한 심층적인 이해 없이, '수범자는 법을 알아야 한다'는 전제 하에, 사실상 위법성인식을 당연히 의제하는 것처럼 오해될 수 있다. 판례가 법률의 부지이론을 적용하는 사례는 대부분 건축법, 식품위생법, 국토이용관리법 등 행정형법위반 사안이다. 복잡한 현대사회에서 수많은 행정법규의 금지규정과 처벌규정에 대해 법률전문가조차 이를 모두 알기란 쉽지 않은 것이 현실이며, 법률문외한인 일반인이 이를 모두 안다는 것은 거의 불가능에 가깝다. 행위자가 금지규범 자체를 전혀 알지 못한 법률의 부지는 '위법성의 착오의 전형'에 해당하며, 이는 '정당한 이유'의 심사를 거쳐 그 책임의 인정 여부를 판단해야 할 사항이다. 행위자가 법률의 부지에 의해 위법성인식이 없고 정당한 이유까지 있는 경우에도 그 행위자에게 형사책임을 부과한다면, 이는 책임주의 원칙을 무시하는 결과가 될 수 있다.

3. 제16조와 착오의 효과

1) 제16조 제16조(법률의 착오)에 따르면, "자기의 행위가 법령에 의하여 죄가 되지 아니하는 것으로 오인한 행위는, 그 오인에 '정당한 이유'가 있는 때에 한하여 벌하지 아니한다"(16). 즉, 위법성의 착오에 '정당한 이유'가 있는 때에는 '책임이 조각'된다는 것이다. 요컨대, 위법성의 착오에서 '정당한 이유'는 책임조각사유가 된다.

[착오의 효과: 학설] 위법성의 착오는 위법성의 인식이 결여된 경우이며, 학설마다 그 효과가 다르다. 우선, i) (고의설) ㉠ 엄격고의설에서는, 행위자에게 위법성의 현실적

사업법 제26조에서 규정하는 유사석유제품인 사실을 몰랐다고 하더라도 이는 법률의 부지에 불과하여, 그와 같은 사정만으로 피고인에게 범의가 없었다거나 위법성의 인식이 없었다고 할 수 없다"); ㉡ 대판 1991.10.11. 91도1566 ("피고인이 자신의 행위가 건축법상의 허가대상인 줄을 몰랐다는 사정은 단순한 법률의 부지에 불과하고 특히 법령에 의하여 허용된 행위로서 죄가 되지 않는다고 적극적으로 그릇 인식한 경우가 아니어서 이를 법률의 착오에 기인한 행위라고 할 수 없다"); ㉢ 대판 1985.4.9. 85도25 ("유흥접객업소의 업주가 경찰당국의 단속대상에서 제외되어 있는 만 18세 이상의 고등학생이 아닌 미성년자는 출입이 허용되는 것으로 알고 있었더라도 이는 미성년자보호법 규정을 알지 못한 단순한 법률의 부지에 해당하고 특히 법령에 의하여 허용된 행위로서 죄가 되지 않는다고 적극적으로 그릇 인정한 경우는 아니므로 비록 경찰당국이 단속대상에서 제외하였다 하여 이를 법률의 착오에 기인한 행위라고 할 수는 없다"); ㉣ 대판 1986.6.24. 86도810 ("허가를 얻어 벌채하고 남아 있던 잔존목을 벌채하는 것이 위법인 줄 몰랐다는 사정은 단순한 법률의 부지에 불과하며 형법 제16조에 해당하는 법률의 착오라 볼 수 없다").

인식이 없으므로 고의가 인정되지 않고, 행위자는 과실범이 성립한다고 한다. ㉡ 제한고의설에서는 행위자에게 위법성의 인식가능성이 있으므로 고의가 인정되고 책임도 인정된다고 한다. 그러나 고의설은 형법 제16조에 부합하지 않는다. 위법성의 착오는 오인에 '정당한 이유'가 있는 경우 벌하지 아니한다(16)라고 규정하고 있고, 또한 과실범으로 처벌하는 것도 아니기 때문이다.

한편, ii) (책임설) 책임설에 따르면, 엄격책임설이나 제한책임설 모두 (위법성조각사유의 전제사실에 대한 착오를 제외하고는) 위법성인식이 고의에 영향이 없는 이상, 위법성의 착오는 (구성요건고의가 인정될 뿐만 아니라) 책임이 인정되고, 다만 책임이 감경될 뿐이다. 좀더 정확하게 말하면, 위법성의 착오에는 제16조가 적용되어, 착오에 정당한 이유가 있으면 책임이 조각되나, 정당한 이유가 없으면 책임은 인정되나 책임이 감경된다(고의범 성립).

2) 정당한 이유의 뜻 제16조에서 '정당한 이유'는 위법성을 인식할 수 있었음에도 어떠한 사정이나 원인에 의해 인식하지 못하였거나 잘못 인식한 것에 대해 '정당성이 있다'는 것을 말한다. "착오에 '정당성이 있다'는 것"은 곧 '착오를 피할 수 없었다' 내지 '착오가 불가피했다'는 것을 의미하므로, '정당한 이유'의 유무는 결국 착오의 '**회피가능성**' 여부로 귀결된다(통설).[1] 즉, '정당한 이유가 있는 때'란 위법성을 인식하지 못한 '착오가 회피할 수 없는 때'라는 의미인데, 정당한 이유에 대한 심사는 회피가능성의 판단 문제가 된다. 그 결과 ㉠ 오인에 '정당한 이유가 없는' 경우에는 책임이 인정된다. '정당한 이유가 없는' 경우란, '회피가능성이 있는' 경우 즉, 오인을 '회피할 수 있는' 경우이며, **오인을 회피할 수 있었다면 책임은 인정된다**(다만, 책임이 감경될 수는 있다. 형법상 책임감경 규정이 없는 이상, 제53조의 정상참작감경 규정을 적극 활용하는 수밖에 없다).[2] ㉡ **반면**, 오인에 '정당한 이유가 있는' 경우에는 책임이 조각된다. '정당한 이유가 있는' 경우란, 오인에 '회피가능성이 없는' 경우, 즉 오인에 '그만한 이유가 있'거나 오인이 '불가피'한 경우이며, **오인이 불가피했다면**(즉, 회피불가능성) **책임은 조각된다.**

1) [학설] 정당한 이유의 판단기준에 대해서는, 회피가능성설 외에도, 지적 인식능력설, 과실설 등이 있다. ㉠ 지적 인식능력설은, 행위자가 지적 인식능력을 다하여 위법성을 인식하는 수단은 숙고와 조회이고, 위법성인식의 계기가 존재하는 경우에는 숙고와 조회에 의하여 위법성을 인식해야 하며, 그럼에도 위법성을 인식하지 못한 때에 비로소 정당한 이유가 인정된다는 견해이다. ㉡ 과실설은, 과실의 유무에 따라 판단하는 견해로서, 정당한 이유가 인정되기 위한 주의의 정도와 관련하여, 과실의 주의정도보다 높다는 견해와 과실의 주의의무와 같은 수준이라는 견해로 나뉜다.

2) [의미] 행위자의 '회피노력이 불충분했다'라고 하여 곧바로 '그 착오는 회피가능했다'라는 등식이 성립하는 것은 아니지만, 적어도 '행위자는 그 착오를 주장할 수 없다'는 의미를 가진다.

〈표〉 법률의 착오(16조)와 그 효과

<table>
<tr><td rowspan="2">위법성 인식</td><td colspan="4">법률의 착오 (위법성인식의 결여)</td></tr>
<tr><td>법률의 부지</td><td colspan="3">오 인 (16조)</td></tr>
<tr><td rowspan="2">책임○</td><td rowspan="2">책임○
(판례)</td><td>정당한 이유×</td><td>=회피가능성○</td><td>책임○</td></tr>
<tr><td>정당한 이유○
(그럴만한 이유)</td><td>불가피
=회피불가능성</td><td>책임×
(책임조각)</td></tr>
</table>

Ⅲ. 제16조: 정당한 이유

1. 판단기준

1) 판단기준　　통설·판례는 제16조의 정당한 이유에 대해 회피가능성의 유무로 치환하여 판단한다. 정당한 이유의 유무 판단에서는 구체적으로 ㉠ 위법의 가능성에 대해 '심사숙고하거나 조회할 수 있는 **계기**'(=심사숙고 or조회의 계기) 및 ㉡ 이를 '회피하기 위한 진지한 **노력**'(=진지한 회피노력) 여부가 중요한 고려사항이 된다. 따라서 ㉠ 위법의 가능성에 대해 '**심사숙고나 조회할 계기**'가 있음에도, 무관심한 태도를 보인 경우에는 정당한 이유가 부정된다. 예컨대, '일반상식'으로 되어 있는 수준의 내용을 몰랐다는 것은 정당한 이유로 인정될 수 없다(대판 1979.8.28. 79도1671).[1] 또한, ㉡ 그러한 계기가 있음에도, '유관기관에 조회'하거나 '전문가에게 문의'하는 등 '**회피하기 위한 진지한 노력**'을 다하지 않은 경우에도 정당한 이유가 부정된다. ㉢ 이때 위법성인식의 가능성은, 일반적 평균인을 기준으로 판단하되, 행위자 개인의 특수한 지식이나 인식능력을 고려한다.

2) 판례　　판례는 종래 '과실의 유무'를 기준으로 삼는 듯한 태도를 보인 바 있으나("그렇게 오인함에 어떠한 '과실'이 있음을 가려낼 수 없어 정당한 이유가 있는 경우에 해당한다": 대판 1983.2.22. 81도2763), 최근에는 회피가능성설의 입장에서, ㉠ 위법의 가능성에 대한 **심사숙고와 조회의 계기**, ㉡ 지적 능력을 다한 **진지한 회피노력**을 통한 **위법성인식의 가능성 여부**를 기준으로 삼고 있다.

즉, "정당한 이유가 있는지 여부는, 행위자에게 자기행위의 위법의 가능성

---

1) [판례: 정당한 이유(부정)] ㉠ 위 79도1671 ("사람이 죽으면 의례 당국에 신고한 연후에 그 시체를 매장하여야 함은 일반상식으로 되어 있으므로, 그것을 몰랐다고 변소한다 하여, 이를 합법행위로 오인하였음에 정당한 이유가 있는 때에 해당한다고 할 수 없다"), ㉡ 대판 1995.6.30. 94도1017 ("공무원에 대한 금원공여행위가 관례에 좇은 것이라고 하더라도, 그러한 사유만으로 그 행위가 죄가 되지 않는 것으로 오인한 데에 정당한 이유가 있다고 할 수 없다").

에 대해 심사숙고하거나 조회할 수 있는 계기가 있어, 자신의 지적능력을 다하여 이를 회피하기 위한 진지한 노력을 다하였더라면, 스스로의 행위에 대하여 위법성을 인식할 수 있는 가능성이 있었음에도, 이를 다하지 못한 결과 자기 행위의 위법성을 인식하지 못한 것인지 여부에 따라 판단하여야 한다. 이러한 위법성의 인식에 필요한 노력의 정도는, 구체적인 행위정황과 행위자 개인의 인식능력 그리고 행위자가 속한 사회집단에 따라 달리 평가되어야 한다"(대판 2006.3.24. 2005도3717; 2018.4.19. 2017도14322 전합).[1)]

2. 구체적 판단기준

1) 관할관청 또는 담당공무원의 회신을 신뢰 행위자가 관할관청 또는 담당공무원에게 문의하여 허용된다는 관할관청의 회신이나 담당공무원의 답변을 신뢰한 경우에는 정당한 이유가 인정된다. 다만, 질의회신을 자기에게 유리하게 잘못 해석한 것에 불과한 경우에는 정당한 이유가 부정된다.

[판례사례: 관할관청 · 담당공무원의 회신] i) [정당한 이유 '인정'(책임조각) 사례] ㉠ 허가를 담당하는 공무원이 허가를 요하지 않는다고 잘못 알려 준 것을 믿은 경우(대판 1992.5.22. 91도2525), ㉡ 건축허가사무 담당 공무원에게 국유지상에 건축물의 건축가능 여부를 문의하여 그 답변에 따라 일정한 절차를 거쳐 건물을 신축한 경우(대판 1993.10.12. 93도1888), ㉢ 관할 공무원과 소송을 위임하였던 변호사에게 문의하여 신고하지 않아도 된다는 의견을 듣고 미신고한 경우(대판 1976.1.13. 74도3680) 등에 대해서는, 정당한 이유를 인정하였다.

ii) [정당한 이유 '부정'(책임인정) 사례] ㉠ 관할관청의 서로 배치되는 수개의 질의회신 중에서 일부를 자신들에게 유리하게 해석하여 관할관청의 허가가 필요 없다는 회신이 있는 것으로 믿은 경우(대판 1992.11.27. 92도1477), ㉡ 자기행위의 적법성(폐기물 자가처리의 범위)에 대한 직접적인 자료가 되지 않는 사항은 관할관청에 질의하여,

---

1) [판례: 정당한 이유(부정)] ㉠ 위 2005도3717 ("피고인(＝변호사 자격을 가진 국회의원으로서 법률전문가)이 그 보좌관을 통하여 관할 선거관리위원회 직원에게 문의하여 이 사건 의정보고서에 앞서 본 바와 같은 내용을 게재하는 것이 허용된다는 답변을 들은 것만으로는, 자신의 지적 능력을 다하여 이를 회피하기 위한 진지한 노력을 다 하였다고 볼 수 없고, 그 결과 자신의 행위의 위법성을 인식하지 못한 것이라고 할 것이므로 그에 대해 정당한 이유가 있다고 하기 어렵다"), ㉡ 위 2017도14322 전합 ("사이버팀 직원들은 국가정보원 직원이라는 신분을 숨기고 일반인으로 행세하면서 익명으로 위와 같은 사이버 활동을 하였는데, 이러한 업무수행 방법에는 상당성이 없다. 이러한 행위로 정당이나 일반 시민들의 정치활동 자유나 정치적 의사형성의 자유 등 기본권을 침해하는 결과가 발생할 수 있다고 충분히 예상할 수 있었다. 이 사건 사이버 활동은 특정 정당이나 정치인을 직접 지지하거나 반대하는 내용이 많아 그 내용 자체만으로도 행위의 정당성을 의심하기에 충분하다").

그 질의회신을 자기에게 유리하게 잘못 해석한 것에 불과한 경우(대판 2009.1.30. 2008도8607), ㉢ '일반음식점 영업 중 음식류의 조리·판매보다는 주로 주류의 조리·판매를 목적으로 하는 소주방·호프·카페 등의 영업형태로 운영되는 영업'을 청소년고용금지업소의 하나로 규정하고 있는데, 피고인이 운영하는 업소는 야간 특히 주류가 판매되는 저녁 9시경 이후 시간대에는 청소년고용금지업소에 해당하는 사안에서, (주로 음식류를 조리·판매하는 레스토랑으로 허가받았으면 청소년을 고용해도 괜찮을 줄로 알고 있었다거나, 시내 다른 레스토랑이나 한식당에서도 청소년을 고용하는 업소가 많고, 구미시청 위생과 등에 문의해도 레스토랑은 청소년을 고용해도 괜찮다는 대답이 있어 자신의 행위가 법률에 의하여 죄가 되지 아니하는 것으로 인식하였다고 주장하더라도), 이는 일반음식점을 영위하는 자가 주로 음식류를 조리·판매하는 영업을 하면서 19세 미만의 청소년을 고용하는 경우에는 특별한 사정이 없는 한 청소년보호법의 규정에 저촉되지 않는다는 것을 피고인이 자기나름대로 확대해석하거나 달리 해석했을 뿐이라고 보여지는 경우(대판 2004.2.12. 2003도6282) 등에 대해서는, 정당한 이유를 부정하였다.

2) 법원의 판결 등을 신뢰 행위자가 자신의 행위와 관련된 일관된 판례를 신뢰한 경우에는 정당한 이유가 인정된다. 일반인이 판결의 실질적 정당성까지 심사할 수는 없기 때문이다. 다만, 사안을 달리하는 사건에 관한 판례의 취지를 오해한 것에 불과한 경우 또는 검사의 무혐의결정을 신뢰한 경우에는 대개 정당한 이유가 부정된다.

[판례사례: 법원의 판결 등] i) [정당한 이유 '인정'(책임조각) 사례] ㉠ (비록 판결은 아니지만, 유사한 것으로) "허가 없이 십전대보초를 제조·판매하다가 검거되어 검사로부터 혐의없음 결정을 받은 적이 있는 자가, 다시 허가 없이 한약 가지수에만 차이가 있는 가감삼십전대보초를 제조·판매한 경우"(대판 1995.8.25. 95도717) 등에 대해서는, 정당한 이유를 인정하였다.

ii) [정당한 이유 '부정'(책임인정) 사례] ㉠ 설사 피고인이 대법원의 판례에 비추어 자신의 행위가 무허가 의약품의제조·판매행위에 해당하지 아니하는 것으로 오인하였다고 하더라도, 사안을 달리하는 사건에 관한 대법원의 판례의 취지를 오해하였던 것에 불과한 경우(대판 1995.7.28. 95도1081), ㉡ 검사가 범죄혐의 없다고 무혐의 처리하였다가 고소인의 항고를 받아들여 재기수사명령에 의한 재수사 결과 기소에 이른 경우(대판 1995.6.16. 94도1793), ㉢ 인가받지 않고 교습소를 운영한 피고인이 한국무도교육협회의 정관에 따라 교습소를 운영한 것이고 또 위 협회가 소속회원을 교육함에 있어서는 학원설립인가를 받을 필요가 없다고 한 검사의 무혐의결정내용을 통지받은 사실만 있는 경우(대판 1992.8.18. 92도1140) 등에 대해서는, 정당한 이유를 부정하였다.

3) **법률전문가의 자문을 신뢰** 행위자가 변호사 등 법률전문가 또는 관련 전문가의 자문 의견을 신뢰한 경우 그 전문성 · 객관성 및 구체성이 담보되는 때에 한하여, 정당한 이유가 인정된다. 그러나 자문 변호사 또는 변리사 · 건축사 등 전문가의 자문이라고 하더라도, 일반적으로 객관성 · 구체성 등이 담보되지 않는 자문(=추상적 · 편파적 자문)이나, 단순히 관련 직역의 이익을 대변하는 직능단체 등의 의견(=직능단체의 이익 대변)에 불과한 경우에는, 이를 신뢰하는 것만으로는 정당한 이유가 인정되기 어렵다.

[판례사례: 전문가의 자문] i) [정당한 이유 '인정'(책임조각) 사례] 피고인의 제품생산이 고소인의 의장권을 침해하지 않는다는 변리사의 회답과 감정결과를 믿었고, 자신의 제품에 대한 의장등록까지 받았으며, 고소인이 피고인을 상대로 한 권리범위확인심판의 제1심과 항소심에서는 피고인이 승소하였다가 상고심에서 비로소 패소한 경우(대판 1982.1.19. 81도646) 등에 대해서는, 정당한 이유를 인정하였다.

ii) [정당한 이유 '부정'(책임인정) 사례] ㉠ 가처분결정으로 직무집행정지 중에 있던 종단대표자가 변호사의 조언을 듣고 종단소유의 보관금을 인출하여 소송비용으로 사용한 경우(대판 1990.10.16. 90도1604), ㉡ 압류물을 집달관의 승인 없이 관할구역 밖으로 옮기면서 변호사 등에게 자문을 구하였다고만 주장하는 경우(대판 1992.5.26. 91도894), ㉢ 변리사로부터 타인의 등록상표가 효력이 없다는 자문과 감정을 받아 의장등록을 하고 그 등록상표와 유사한 상표를 사용한 경우(대판 1995.7.28. 95도702), ㉣ 피고인이 상표권의 존부와 직접적인 관련이 없는 실용신안과 의장에 관한 무효확인심판에서는 승소하였으나, 정작 상표권에 관한 무효확인심판에서는 승소하지 못하였는데, 변리사로부터 고소인의 상표권을 침해하지 않는다는 취지의 회답과 감정결과를 통보받았고, 3회에 걸쳐서 검사의 무혐의처분이 내려졌다가 최종적으로 고소인의 재항고를 받아들인 대검찰청의 재기수사명령에 따라 기소된 경우(대판 1998.10.13. 97도3337), ㉤ 담당공무원의 종용이 건축법령에 어긋난다는 도청 건축과 소속공무원 및 건물신축에 관여한 건축사의 견해가 옳다고 믿은 경우(대판 1991.6.14. 91도514), ㉥ 부동산중개업자가 부동산중개업협회의 자문을 받은 경우(대판 2000.8.18. 2000도2943) 등에 대해서는, 정당한 이유를 부정하였다.

4) **직무상 상관의 지시를 신뢰** 행위자가 직무상 상관의 판단이나 지시를 신뢰한 경우에는 정당한 이유가 인정된다.[1)]

---

1) [판례: 정당한 이유(인정)] ㉠ 초등학교 교장이 도교육위원회의 지시에 따라 교과식물을 비치하려고 양귀비를 학교 화단에 심은 경우(대판 1972.3.31. 72도64).

5) 행위자의 독자 판단 행위자의 독자적 판단이라도 자기행위의 적법성을 올바르게 판단할 능력이 인정되는 경우에는 정당한 이유가 인정된다.1) 그러나 자신의 직업과 관련된 특수한 법규범이 있는 경우에는 조사의 계기가 있고, 이러한 조사의무의 이행이 없다면, 정당한 이유가 부정된다.2)

Ⅳ. 위법성조각사유의 전제사실에 대한 착오

1. 의의

1) 뜻 위법성조각사유의 전제사실에 대한 착오(이하 '전제사실의 착오')란, 위법성조각사유의 전제가 되는 객관적 요건이 충족되지 않았음에도 행위자(이하 '착오자')가 충족된다고 잘못 생각하고 위법성조각사유에 해당하는 행위로 나아간 경우를 말한다. 예컨대, 오상방위,3) 오상긴급피난, 오상자구행위, 오상정당행위 등이 바로 그것이다.

[오상방위 사례] 오상방위란 정당방위의 요건인 '현재의 부당한 침해 자체'가 없음에도, 그 침해가 있는 것으로 오인한 경우이다. 예컨대, ㉠ 가게주인 甲이, 손님을 강도로 오인하고 정당방위 의사로 폭행한 경우, ㉡ 아내 甲이, 술에 만취하여 밤늦게 담을넘어 귀가하는 남편 A를 강도로 오인하고 정당방위 의사로 공격하여 상해를 가한 경우, ㉢ 남자친구 甲이, 버스 승객이었던 자신의 여자친구에게 휴대폰을 돌려주려고 어깨를 잡는 다른 승객 A를 성폭행범으로 오인하고 폭행한 경우 등이다. 한편, ㉢ (김밥나라 사건: 헌재 2010.10.28. 2008헌바629) 김밥값을 지불하지 않고 뛰어가는 학생들을 쫓아가던 식당 여주인이 '계산은 하고 가야지' 하는 말을 하자, 이를 들은 행인 甲(청구인)이 15m 가량 뒤쫓아 가 부근에 있던 다른 학생 A의 멱살을 잡고 10－15m 가량 끌고와 폭행한 경우에, "청구인의 행위가 오상방위에 해당한다면 폭행

---

1) [판례: 정당한 이유(인정)] ㉠ 이복동생의 이름으로 해병대에 지원 입대하여 근무하다가, 휴가시에 이복동생이 군에 복무 중임을 알았고, 다른 사람의 이름으로 군생활을 할 필요가 없다고 생각하여 귀대하지 않은 경우(대판 1974.7.23. 74도1399), ㉡ 건설폐기물 처리업 허가를 받은 피고인이 예정사업지에 건설폐기물 처리시설을 미리 갖춘 후 실제 영업행위를 하기 이전에 변경허가를 받으면 된다고 그릇 인식한 경우(대판 2015.1.15. 2013도15027).

2) [판례: 정당한 이유(부정)] ㉠ 피고인이 공무상표시무효죄로 기소된 사안에서, 공무원이 그 직무에 관하여 실시한 봉인 등의 표시가 법률상 효력이 없다고 믿었다는 사정만으로는 정당한 이유가 없다(대판 2000.4.21. 99도5563).

3) [오상방위와 우연방위의 구별] 전제사실의 착오인 오상방위는 위법성조각사유의 정당화상황에 대한 '적극적 착오'에 해당한다. 반면, 우연방위는 정당화상황은 존재하나 정당화상황에 대한 인식이 없는 경우로서, 정당화상황에 대한 소극적 착오에 해당한다.

죄에는 과실범 처벌규정이 없으므로, 그 법률효과에 관하여 고의를 배제하거나 고의의 불법을 배제하는 견해, 또는 책임이 감면된다는 견해 중 어떤 견해에 의하더라도 피의사실에서 청구인의 고의 또는 책임이 조각되어 처벌받지 않을 여지가 있다"고 한 사례도 참조.

2) 특성: 이중의 착오　착오자는 객관적 구성요건사실에 대한 인식이 있으므로 구성요건고의는 인정된다. 그러나 위법성조각사유의 전제된 '사실'을 착오하였다는 점에서 사실의 착오가 있고, 자신의 행위의 '위법성을 인식'하지 못했다는 점에서, 위법성의 착오도 있다(이중의 착오).

그러나 전제사실의 착오는 구성요건적 착오나 위법성의 착오와는 명백히 구별된다. ㉠ ['구성요건적 착오'와 구별] 전제사실의 착오는, 사실 측면의 착오라는 점에서 구성요건적 착오와 유사하다. 그러나 전제사실의 착오는, 구성요건고의는 인정되고 전제사실은 위법성조각사유를 기초지우는 사실이라는 점에서, 구성요건적 착오와 구별된다. ㉡ ['위법성의 착오'와 구별] 전제사실의 착오는, 구성요건고의가 있고 위법성의 인식이 없다는 점에서 위법성의 착오와 유사하다. 그러나 전제사실의 착오는, 사실의 착오라는 측면이 있는데다가, 그 행위가 허용된다고 오인한 것이 '허용규범에 의해 금지규범의 적용이 간접적으로 배제된다'고 오인한 '간접적 착오'라는 점에서, 위법성의 착오와 구별된다(간접적 착오라는 점에서는 금지규범의 적용이 직접 배제된다고 오인한 직접적 착오와 구별되고, 사실의 착오라는 측면도 있다는 점에서는 위법성조각사유의 존재 · 한계에 대한 착오 등 순수한 법률의 착오에 해당하는 다른 간접적 착오와도 구별된다).

2. 학설의 대립

전제사실의 착오 문제에 대해, 고의설(엄격고의설 · 제한고의설), 책임설(엄격책임설 · 제한책임설)이 있다(학설의 자세한 것은 '위법성인식의 체계적 지위' 부분 참조). 이는 궁극적으로 착오자의 고의조각 또는 책임조각 문제로 귀착된다.[1)]

(1) 고의설(책임요소인 고의 조각/책임도 조각)

고의설은, "위법성인식은 (책임요소인) 고의의 구성요소"라는 견해이다. 고의는 책임요소이고, 그 고의는 '범죄사실의 인식'과 '위법성의 인식'으로 구성된다

1) [학설대립의 본질] 학설 대립의 본질은, '구성요건을 기초지우는 사실'(예: 사람을 살해한다는 사실)의 인식과 '위법성조각사유를 기초지우는 사실'(예: 현재의 부당한 침해가 존재한다는 사실)의 인식이, 동질 · 대등한 것인가 또는 이질적인 것인가에 있다.

는 '고전적 범죄체계'의 입장이다. 엄격고의설 · 제한고의설이 있다.

1) **엄격고의설**(책임요소인 고의에 위법성의 '현실적 인식' 필요) 엄격고의설에 따르면, ㉠ '착오자'에게는 위법성의 현실적 인식이 없으므로 고의범이 성립하지 않고, 착오자에게 과실이 있으면 과실범이 되며, 과실도 없으면 책임이 조각된다. ㉡ 전제사실의 착오는 사실의 착오에 해당하며, ㉢ (착오자를 교사 · 방조한) '악의의 가담자'에게는 간접정범(형법34)이 성립한다.

2) **제한고의설**(책임요소인 고의에는 위법성의 '인식가능성'만으로 충분) 제한고의설에 따르면, ㉠ '착오자'에게 위법성의 인식가능성이 있으면 고의범이 성립하고, 그러한 가능성도 없으면 책임이 조각된다. ㉡ 전제사실의 착오는 사실의 착오에 해당하며, ㉢ (착오자를 교사 · 방조한) '악의의 가담자'는 (간접정범이 성립하는 외에) '공범'도 성립할 수 있다(정범이 고의범).

(2) **엄격책임설**(위법성인식은 '고의에 영향 없다': 구성요건고의 인정/위법성착오)

책임설은, "위법성인식은 고의와 독립된 책임요소"라는 견해로서, "고의는 (책임요소가 아니라) 구성요건요소이고, 위법성인식은 고의와 별개의 독자적인 책임요소"라는 입장이다. 고의를 주관적 구성요건요소로, 위법성인식을 독자적 책임요소로 파악하는 '목적적 범죄체계'의 입장이다. "위법성의 인식은 책임요소일 뿐, 고의 · 과실에는 영향이 없다"는 책임설의 내용을 '엄격'하게 관철하는 입장이 **엄격책임설**이다.[1)]

엄격책임설에 따르면, ㉠ '착오자'에게 구성요건적 사실의 인식이 있으므로 고의는 인정되지만(고의범 성립), 자기행위의 위법성을 인식하지 못한 경우이므로, **위법성의 착오**(16)에 해당한다. 따라서 착오자의 착오가 '불가피'한 때(회피가능성이 없음)에는 책임이 조각되고, 회피가능한 때(회피가능성이 있음)에 한하여 책임이 감경되지만 여전히 고의범이 성립된다. ㉡ 전제사실의 착오는 위법성의 착오(법률의 착오)에 해당하며, ㉢ (착오자를 교사 · 방조한) '악의의 가담자'는 착오자의 착오에 '정당한 이유'의 인정 여부에 따라 '공범'(착오자의 착오에 정당한 이유가 없어 착오자에게 고의범이 성립하는 경우) 또는 간접정범(착오에 정당한 이유가 있어 착오자의 책임이 조각되는 경우로서, 악의의 가담자에게 의사지배가 인정되는 경우)이 성립한다. 다만, **정범개념 우위성원칙**에 따라 **'간접정범의 성립 여부'를 먼저 검토**해야 하고, 그 반대로 하는 것

1) ['엄격'과 '제한'의 뜻] '엄격'(streng, strict)이란 원칙을 엄격하게 또는 예외 없이 관철한다는 의미이고, '제한'(eingeschränkt, restricted)이란 원칙을 일정한 범위 내에서만 적용한다(예외를 둔다)는 의미이다.

은 잘못이라는 점에 특히 주의할 필요가 있다(자세한 것은 공범론의 '정범과 (협의)공범'의 구별 참조).

(3) **제한책임설**(위법성인식은 제한적으로 '고의에도 영향이 있다': 과실범의 효과)

제한책임설은, 엄격책임설의 법적 효과를 제한하여, '전제사실의 착오'에 한하여 고의범의 성립을 부정하고 **과실범의 효과**를 인정하는 이론이다. 즉, **엄격책임설**은 전제사실의 착오를 위법성의 착오(16)로 취급하므로, 책임이 조각되지 않는 경우 고의범이 성립하게 되는데, 이는 자기행위의 위법성을 인식하지 못한 행위자에게 **고의범의 책임을 인정**하는 것이 되어 **가혹**한 점이 있다. 이를 극복하기 위해 제안된 것이 제한책임설이다. 3가지 견해가 있는데, 모두 "위법성인식은 고의·과실에는 영향이 없다"는 책임설의 내용을 제한하여, "위법성인식은 고의·과실에도 영향을 미친다"라고 수정하고 (구성요건고의가 인정됨에도) 착오자에게 **과실범의 효과**를 인정하자는 견해이다.

1) **소극적 구성요건표지이론**(불법고의 조각－구성요건착오) 소극적 구성요건표지이론은, 위법성의 인식은 불법고의의 내용이 된다는 견해이다. 불법과 책임의 2단계 범죄체계에 입각하여, 위법성조각사유는 총체적 불법구성요건의 소극적 구성요건표지이며, 위법성이 조각되면 총체적 불법구성요건의 해당성도 없다는 이론이다. 여기서의 '고의'는 '총체적 불법구성요건의 고의'를 의미하므로, 구성요건의 존재와 위법성조각사유의 부존재를 모두 인식하는 것이 그 내용이 된다. 이를 '불법고의'라고 하는데, 이 불법고의는 객관적 구성요건요소의 인식인 일반적인 고의개념과는 다른 것이다. 여기서의 고의는, 구성요건고의가 아니라 '객관적 구성요건요소의 인식' 및 '위법성조각사유의 부존재에 대한 인식(즉, 위법성조각사유의 전제사실의 인식)'을 대상으로 삼는 '불법고의'라는 점을 특히 주의할 필요가 있다.

이 이론에 따르면, 총체적 불법구성요건에 해당하기 위해서는 ('불법고의'가 요구되므로) '구성요건해당성에 대한 현실적 인식'과 '**위법성의 현실적 인식**'이 있어야 한다. 만일 위법성의 현실적 인식이 없는 경우에는 불법고의가 인정되지 않고, 위법성의 인식가능성이 있는 경우 불법과실이 인정된다.

소극적 구성요건표지이론에 따르면, ㉠ '착오자'에게는 위법성의 현실적 인식이 없으므로 애당초 **불법고의가 조각**되고, 불법단계에서 고의범의 성립이 부정되며, 착오자에 불법과실(위법성의 인식가능성)이 있는 경우에는 과실범처벌규정이 있는 경우 과실범이 성립한다. ㉡ 전제사실의 착오는 구성요건착오(13)의 직접 적용례가 되며, ㉢ '악의의 가담자'는 간접정범이 성립한다.

2) **구성요건착오 유추적용책임설**(구성요건고의 있으나 불법고의 조각—구성요건착오 유추적용) 유추적용책임설은 구성요건착오규정을 유추적용하여 '불법고의'를 조각함으로써 고의범의 성립을 제한하는, 제한책임설이다. 범죄의 핵심적 불법성은 행위반가치에 있다는 전제에서 출발하여, 구성요건착오처럼 행위대상에 대한 침해의 인식(고의)이 없는 것과 전제사실의 착오에서 '행위반가치의 부존재'는 '행위반가치가 없다'는 점에서 공통된다는 것에 주목한다. 이 견해는, 소극적 구성요건표지이론이 상정한 총체적 불법구성요건 자체는 부인하지만, 전제사실의 착오 문제를 해결하기 위해 부분적으로 '불법고의' 개념을 수용하는 입장이다. 따라서 여기서 조각되는 '고의'는 구성요건고의가 아니라 소극적 구성요건표지이론에서 말하는 '불법고의'를 의미한다. 즉, 유추적용책임설은 책임설의 입장에서 위법성의 인식을 독자적 책임요소로 인정하되, 엄격책임설과 달리, 형법 제16조의 적용에 대한 제한을 통해 '정당한 이유'의 유무를 따질 필요도 없이(즉, '제한'책임설의 일종), 구성요건착오처럼 곧바로 불법단계에서 고의의 성립을 부정한다(제13조의 유추적용).

유추적용책임설에 따르면, ㉠ '착오자'는 (구성요건적 사실의 인식이 있으므로) '구성요건적 고의'는 있으나 **'불법고의가 탈락'**(조각)하여 고의범으로 처벌할 수 없고, 과실범의 문제는 남는데 과실범처벌규정이 있는 경우 그 과실범이 불법단계에서 성립한다. ㉡ 전제사실은 사실이라는 점에서 구성요건사실과 유사하므로 구성요건착오규정(13)을 (직접 적용할 수는 없으니) 유추적용한다. ㉢ (착오자를 교사·방조한) '악의의 가담자'는 간접정범이 성립한다. 그 결과 착오자는 불법단계에서 이미 과실범으로 취급되는 이상, '악의의 가담자'가 공범(교사·방조범)으로 처벌될 가능성은 원천적으로 배제된다. 즉, 유추적용책임설은 공범처벌 측면에서 결정적 결함을 안고 있는 것이다.

유추적용책임설은 총체적 불법구성요건을 부인하지만 부분적으로 불법고의의 개념을 수용하고 있으므로, 소극적 구성요건표지이론과 비교하면, 구성요건고의의 인정(불법고의는 부정하나, 구성요건고의는 인정) 및 착오유형(유추적용)만 다를 뿐, 불법고의가 동일하게 조각됨에 따라, 결국 '착오자' 및 '악의의 가담자'의 죄책에 관한 법적 효과는, 소극적 표지이론과 동일하게 된다.

3) **법효과제한책임설**(구성요건고의 있으나 책임고의 탈락—제3의 독자적 착오) 법효과제한책임설(법효과지시적 책임설 내지 법효과전환책임설)은 **공범처벌의 불비라는 실무상의 문제점을 극복하기 위해 제안된 것으로**, 구성요건적 고의는 인정하되 책

임고의를 부인함으로써 법효과를 제한하는, 제한책임설의 일종이다. 즉, 3단계 범죄체계를 고수하면서도 '고의의 이중적 지위(구성요건요소인 동시에 책임요소)'를 인정하는 '합일태적 범죄체계'의 입장이다. 현재 다수설이다.

법효과제한책임설에 따르면, ㉠ '착오자'는 (구성요건적 사실의 인식이 있으므로) 구성요건적 고의는 있으나, 착오자가 법질서에 충실하려는 심정으로 행위한 이상 그 행위에는 법적으로 비난받을 만한 심정반가치적 요소('법배반적 심정')가 드러나지 않으므로, 심정반가치인 **책임고의가 탈락**하여 고의범으로 처벌할 수 없고, 책임단계에서 고의범으로서의 법적비난만을 제한하여 **법효과만 과실범으로 제한**(전환)된다. 다만, 과실범의 성립 여부는 별개의 문제인데, 과실범 처벌규정이 있는 경우라야 하고 그 성립 여부를 별도로 검토해야 하므로, 착오자의 과실 유무에 따라 착오자에게 책임과실이 인정되는 경우에 한하여 과실범으로 처벌된다. ㉡ 전제사실의 착오는 위법성의 착오가 아니며(즉, 제16조의 '정당한 이유'의 유무를 따질 필요도 없음), 단지 책임고의 탈락사유에 불과하여 '불법단계의 고의범이 **책임단계에서 과실범으로 전환**된다'는 것이므로, 구성요건착오도 아니고 위법성 착오도 아닌 '제3의 독자적 착오'로 파악한다. 즉, 법효과제한책임설도 유추적용책임설과 비슷한 구조를 갖고 있으나, 유추적용책임설처럼 불법단계에서 고의의 성립을 전면 부정하는 것이 아니라, 불법단계에서는 구성요건적 고의의 성립을 인정하되, 책임단계에서 고의범으로서의 책임비난만을 제한하는, 제한책임설이다. ㉢ (착오자를 교사·방조한) '악의의 가담자'는 '**공범**'(교사·방조범)의 성립이 얼마든지 가능하게 된다. 구성요건단계에서는 정범(즉, 착오자)에게 구성요건적 고의가 그대로 인정되는데다가, 정범에게 구성요건적 고의가 인정되면 '**공범**'(교사·방조범)의 성립을 인정하기 위한 기본 전제가 확보되기 때문이다. 물론 '악의의 가담자'는 착오자에 대한 의사사지배가 인정되는 경우에는 '**간접정범**'이 성립되고, 그러한 의사지배가 인정되지 않는 경우에는 제한종속형식에 따라 공범이 성립할 가능성도 있다. 다만, **정범개념 우위성원칙**에 따라 '**간접정범의 성립 여부**'**를 먼저 검토**해야 **한다**(자세한 것은 '정범과 (협의)공범의 구별' 참조).

[검토: 엄격책임설] '전제사실의 착오' 문제는 변호사시험을 비롯한 각종 시험에서 거의 매년 중요한 문제로 자주 출제되고 있다. 이는 형법상 고의 개념, 구성요건의 개념, 위법성조각사유, 책임개념, 위법성의 착오 등 형법 체계 전반에 걸친 지식 점검을 위한 최적의 문제로 이해하기 때문인 듯하다. 앞서 설명에서 이미 폐기된 학설까지

전부 나열하지 않을 수 없는 까닭이 여기에 있다.

i) (소극적 구성요건표지이론 비판) 이에 대해서는, 위법성조각사유를 구성요건의 소극적 요소로 인정하는 소극적 구성요건표지이론 자체에 대한 비판이 그대로 타당하다. 기본적으로 '구성요건해당성은 있으나 위법성이 조각되는 행위'와 아예 '구성요건해당성 조차 없는 행위'를 모두 동일하게 취급한다는 점이다. 또한 이 입장에 따르면, 오상방위 외에 과잉방위도 불법고의가 부정되므로 과잉방위도 과실범으로 처벌된다는 결론에 이르게 되는데, 이는 과잉방위를 고의범으로 처벌하는 형법규정에 부합하지 않는다는 비판도 있다.

ii) (유추적용책임설 비판) 이에 대해서는, ㉠ 총체적 불법구성요건을 부인하면서도 불법고의를 원용하는 것은 체계적으로 논리일관되지 못하고, 결국 2개의 고의를 인정하는 결과가 되며(행위자가 전제사실의 착오에 빠진 경우라 하더라도, 구성요건적 고의가 결코 사라질 수는 없는 것), ㉡ 무엇보다도, 공범을 처벌하지 못하는 결정적 결함이 있다는 비판이 제기된다.

iii) (법효과제한책임설 비판) 이에 대해서는, ㉠ 구성요건단계에서 고의불법을 인정하면서 책임단계에서 과실불법을 인정하는 것은 체계 모순으로 결국 과실의 의제에 불과하고, ㉡ 책임고의가 고의범의 적용법조를 과실범의 적용법조로 바꿀 수 있는지, 그 근거가 무엇인지에 대해 아무런 설명이 없으며, ㉢ 일반적인 법률의 착오에서도 행위자에게 법배반적 심정(법적대적 의사)은 없다는 비판이 있다.

iv) (사견: 엄격책임설) 전제사실의 착오는 구성요건고의가 인정되는 경우임은 분명하고, 단지 자기행위의 위법성을 인식하지 못한 경우이므로, 엄격책임설에 따라 책임조각 또는 책임감경을 인정하는 것이 이론적으로 타당하다. 즉, ㉠ 착오가 불가피한 경우에는 제16조의 정당한 이유가 인정되어 범죄자체가 성립하지 않으므로, 엄격책임설이 반드시 법감정에 반하는 것도 아니다. ㉡ 착오자의 공범과 미수범을 처벌할 수 있고, 착오에 회피가능성이 있는 착오자는 책임만 감경될 뿐이므로, 과잉방위의 경우와 형평을 기할 수도 있다. ㉢ 책임감경의 경우에는 정상참작감경(53)의 적용을 통해 합리적 양형에 도달할 수 있다.

v) (판례: 위법성조각설) 판례는, '위법성조각'이라는 독자적인 태도를 보이고 있다. 이에 대해서는, 위법성조각사유의 객관적 요건은 그 요건이 충족된 경우에만 그 행위의 위법성이 조각되는 것이며, 전제사실의 착오는 위법성조각사유의 객관적 요건이 충족되지 않는 경우이므로, 어떤 경우에도 '위법성'은 조각될 수 없는 것이라는 비판이 있다. 만일 판례가 엄격책임설의 입장이라면 형법 제16조의 적용을 통해 '책임'조각의 결론을 내리는 것이 범죄체계론에 부합한다.

3. 판례의 태도: 위법성조각

판례는 전제사실의 착오 문제에 대해, 착오자의 착오에 '정당한 이유' 내지 '상당한 이유'가 '있는' 경우에 책임조각이 아니라 **'위법성 조각'**을 인정하는 독자적인 입장이다. 반면, 착오에 '정당한 이유'가 '없는' 경우에는 위법성이 인정된다. 한편, (착오자를 교사·방조한) '악의의 가담자'는 착오자의 착오에 '정당한 이유'의 인정 여부에 따라 '공범'(착오자의 착오에 정당한 이유가 없어 착오자에게 고의범이 성립하는 경우) 또는 간접정범(착오에 정당한 이유가 있어 착오자의 책임이 조각되는 경우로서, 악의의 가담자에게 의사지배가 인정되는 경우)이 성립한다. 다만, **정범개념 우위성원칙**에 따라 **'간접정범의 성립 여부'를 먼저 검토**해야 한다(자세한 것은 '정범과 (협의)공범의 구별' 참조).

판례가 착오에 '정당한 이유' 내지 '상당한 이유'를 '인정'한 사례로는, 예컨대, ㉠ 오상방위와 관련하여, 경찰관이 현재의 급박하고도 부당한 침해가 있는 것으로 오인한 데에 정당한 이유가 있는 사건에서, '경찰관의 권총 사용이 허용범위를 벗어난 위법행위로서 정당방위에 해당하지 않는다'고 판단한 것은 정당방위에 관한 '법리오해'고 한 사례(대판 2004.3.25. 2003도3842),[1] ㉡ 오상정당행위와 관련하여, 중대장의 당번병이 중대장의 적법한 명령이 아니라 중대장 처의 사적인 심부름을 위해 관사를 이탈한 사건에서, '법령에 의한 행위'로 인정되지 않아 위법성이 조각되지 않지만, '당번병으로서의 임무범위 내에 속하는 일로 오인하고 한 행위라면 그 오인에 정당한 이유가 있다'고 한 사례(대판 1986.10.28. 86도1406),[2] ㉢ 오상정당행위와 관련하여, 복싱클럽 회원(甲)이 관장(乙)에게 항의하

---

1) [오상방위 사례] 위 2003도3842 ("상대 파출소 근무자로부터 'A가 술집에서 맥주병을 깨 다른 사람의 목을 찌르고 현재 자기 집으로 도주하여 칼로 아들을 위협하고 있다'는 상황을 고지받고 현장에 도착한 피고인으로서는, <u>A가 칼을 소지하고 있는 것으로 믿었고 또 그렇게 믿은 데에 정당한 이유</u>가 있었다. 피고인은 A와의 몸싸움에 밀려 함께 넘어진 상태에서 칼을 소지한 것으로 믿고 있었던 A와 다시 몸싸움을 벌인다는 것은 피고인 자신의 생명 또는 신체에 위해를 가져올 수도 있는 위험한 행동이라고 판단할 수밖에 없을 것이고, A가 언제 소지하고 있었을 칼을 꺼내어 피고인을 공격할지 알 수 없다고 생각하였던 <u>급박한 상황에서</u>, 다른 피해자를 구출하기 위하여 <u>A를 향해 권총을 발사한 행위</u>는, 경찰관직무집행법 제10조의4 제1항의 허용범위를 벗어난 위법한 행위라거나 피고인에게 업무상과실치사의 죄책을 지울 만한 행위라고 단정할 수는 없다").

2) [오상정당행위 사례: 여우고개 사건] 위 86도1406 ("소속 중대장의 당번병이 근무시간중은 물론 근무시간 후에도 밤늦게 까지 수시로 영외에 있는 중대장의 관사에 머물면서 집안일을 도와주고 그 자녀들을 보살피며 중대장 또는 그 처의 심부름을 관사를 떠나서까지 시키는 일을 해오던 중, 사건당일 중대장의 지시에 따라 관사를 지키고 있던중 중대장과 함께 외출나간 그 처로부터 24:00경 비가 오고 밤이 늦어 혼자 귀가할 수 없으니 관사로부터 1.5킬로미터 가량 떨어진

는 과정에서 왼손을 주머니에 넣어 불상의 물건을 움켜쥐자, 이를 지켜보던 복싱클럽 코치(피고인)가 그 회원의 주먹을 강제로 펴게 하여 상해(손가락 골절상)를 가한 사건에서, 사회상규에 의한 정당한 행위라는 그 오인에 정당한 이유가 있어 위법성이 없다고 한 사례(대판 2023.11.2. 2023도10768),[1] ㉣ 명예훼손죄에 관한 위법성조각사유(310)와 관련하여, 적시된 사실이 허위임에도 진실한 것으로 오인한 사건에서, '행위자가 진실한 것으로 믿었고 또 그렇게 믿을 만한 상당한 이유가 있는 경우에는 **위법성이 조각된다**'고 한 사례(대판 1996.8.23. 94도3191)[2] 등이 있다.

이러한 판례의 태도에 의하면, ㉠ 착오자는 전제사실의 착오에 '정당한 이유' 내지 '상당한 이유'가 있는 이상, '위법성이 조각'되고, ㉡ 착오자의 행위가 위법성이 조각되는 이상('어느 행위로 인하여 처벌되지 않는 자'), 그 착오자를 이용한 (악의의) 제3자는 간접정범이 성립하게 된다. ㉢ 한편, 이는 이를테면 오상방위를 정당방위와 동일하게 취급하는 결과가 되고, 상대방은 착오자에 대해 정당방위로 대항할 수 없게 된다. 이러한 판례의 태도에 대해서는, 그다지 불합리한 것은 아니라는 설명이 있다.[3]

지점까지 우산을 들고 마중을 나오라는 연락을 받고, 당번병으로서 당연히 해야 할 일로 생각하고 그 지점까지 나가 동인을 마중하여 그 다음날 01:00경 귀가하였다면, 위와 같은 당번병의 관사이탈 행위는 중대장의 직접적인 허가를 받지 아니하였다 하더라도, 당번병으로서의 그 임무범위내에 속하는 일로 오인하고 한 행위로서 그 오인에 정당한 이유가 있어 위법성이 없다").

1) [오상정당행위 사례: 복싱클럽 코치 사건] 위 2023도10768 ("① 甲(회원)이 상대방의 생명·신체에 위해를 가하려는 것으로 충분히 오인할 만한 객관적인 정황이 있었던 점, ② 당시 피고인은 甲의 주먹이나 손 모양만으로 그가 움켜쥔 물건이 무엇인지조차 알기 어려웠던 점, ③ 만일 몸싸움을 하느라 신체적으로 뒤엉킨 상황에서 甲이 실제로 위험한 물건을 꺼내어 움켜쥐고 있었다면 그 자체로 乙의 생명·신체에 관한 급박한 침해나 위험이 초래될 우려가 매우 높은 상황이었던 점, ④ 형법 제20조의 사회상규에 의한 정당행위를 인정하기 위한 요건들 중 행위의 '긴급성'과 '보충성'은 다른 실효성 있는 적법한 수단이 없는 경우를 의미하지 '일체의 법률적인 적법한 수단이 존재하지 않을 것'을 의미하지는 않는다는 판례 법리에 비추어, 피고인의 행위는 적어도 주관적으로는 그 정당성에 대한 인식하에 이루어진 것이라고 보기에 충분한 점 등을 종합하면, 피고인이 당시 죄가 되지 않는 것으로 오인한 것에 대해 '정당한 이유'가 있다").

2) [명예훼손죄 사례] 위 94도3191 (내용 중에 일부 허위사실이 포함된 신문기사를 보도한 사안에서, 기사 작성의 목적이 공공의 이익에 관한 것이고 그 기사 내용을 작성자가 진실하다고 믿었으며 그와 같이 믿은 데에 객관적인 상당한 이유가 있다는 이유로 명예훼손의 위법성을 부인한 사례).

3) [위법성조각 평석] "'정당방위상황 자체가 인정되는 사안'(위법성 조각)과 '그 오신만이 문제되는 사안'(전제사실의 착오)의 구별은 미묘하며, 이러한 경우에 정당방위상황이 인정되는 범위가 약간 넓어지는 것은, 정당방위의 권리성이나 형법의 보충성이라는 견지에서는, 오히려 바람직하다. 정당방위상황 판단(사실판단)과 정당방위 상황의 오신 판단(법률판단)은 동시에 같은

구분		고의조각? or 책임조각? 고의조각?	고의조각? or 책임조각? 책임조각?	착오의 종류	효과 착오자 죄책	효과 악의의 가담자
학설	엄격고의설	책임요소인 고의 조각 = 책임조각		사실의 착오	과실범	간접정범
학설	제한고의설	책임요소인 고의 조각 = 책임조각		사실의 착오	<u>고의범</u>	<u>공범</u> or 간접정범
학설	엄격책임설	<u>고의 인정</u>	책임조각△	위법성착오 (제16조 적용)	<u>고의범</u> (책임/책임조각)	<u>공범</u> or 간접정범
학설 / 제한책임설	소극적 구성요건 표지이론	'불법고의' 조각	[비교] <u>1.착오유형만 상이</u>	구성요건착오 *13조(직접적용)	과실범	(공범불가능) 간접정범
학설 / 제한책임설	유추 적용설	*(구성요건 고의 인정)* '불법고의' 조각	<u>2.효과는 동일 ('불법고의' 조각)</u>	구성요건착오 유사(유추적용)	(불법단계) 과실범	(공범불가능) 간접정범
학설 / 제한책임설	법효과 제한 책임설	<u>(구성요건 고의 인정)</u>	책임고의 조각	제3의 독자적 착오 *제16조와 무관	(책임단계) 과실범 전환[1] ※(불법단계) 고의범	<u>공범</u> or 간접정범
판 례		고의 인정	위법성 조각	독자적 착오	위법성 조각	간접정범

<u>지점(교착지점)</u>에서 일어난다. 양자는 같은 것을 표현하는 두가지 방법이며, 같은 방향을 가리키는 두가지 지표이다. 즉, '<u>정당방위상황이 존재한다고 평가하는 정당한 사유가 있는 경우에만, 정당방위상황이 존재한다고 평가되는 것</u>'이다."

1) ['과실범 전환'의 의미] 여기서 '고의범의 과실범 전환'이란, 착오자가 구성요건단계에서는 고의범이 성립하나, 책임단계에서 책임고의가 조각되므로, '고의범이 과실범으로 전환된다(=그 법효과를 제한한다)'한다는 의미일 뿐, 착오자가 무조건 과실범으로 처벌된다는 의미가 아님을 주의할 필요가 있다. 즉, 착오자에게 과실이 있고, 과실범처벌규정이 있어야만 비로소 과실범이 성립하게 된다. 따라서 착오자의 과실 유무에 따라, 착오자에게 과실이 있는 경우에 한하여 '고의범이 과실범으로 전환'되고, 이와 달리, 착오자에게 과실이 없는 경우에는 책임이 조각되어 처벌되지 않는다(법효과제한책임설의 적용).

제 4 절 기대가능성

Ⅰ. 기대가능성의 의의

1) 뜻 기대가능성이란 적법행위의 기대가능성, 즉 행위 당시의 구체적 사정에 비추어 위법행위가 아닌 적법행위를 기대할 수 있는 가능성을 말한다. 규범적 책임론에 따르면 책임은 비난가능성인데, 적법행위의 기대가능성이 없는 경우에는 비난가능성이 없기 때문에 책임이 조각된다. 즉, **기대불가능성**은 책임조각사유가 된다.

2) **체계적 지위: 소극적 책임요소** 기대가능성이 독립된 책임요소이지만, 그 존재가 적극적 책임요소인지 또는 그 부존재가 소극적 책임요소인지 여부가 문제된다. ㉠ 적극적 책임요소설과 ㉡ 소극적 책임요소설이 대립한다. 소극적 책임요소설(다수설)에 따르면, 기대가능성이 '없는' 경우에 책임이 '조각'된다. 즉, **기대불가능성**이 책임조각사유가 된다. 다시 말하면, 기대가능성은 기대가능성이 있는 경우에 적극적으로 책임을 인정하기 위한 요소가 아니라, 적법행위를 기대할 수 없는 경우에 소극적으로 책임을 조각하는 요소이다. 따라서 기대가능성은 다른 책임요소와 동등한 위치에 있는 것이 아니다. 즉, 책임능력과 위법성인식이 있으면 원칙적으로 책임이 인정되나, 기대가능성이 없는 경우 예외적으로 책임이 조각된다.

3) **형법 규정** 기대가능성을 직접 규정한 형법의 일반 조문은 없다(=일반법리). 그 대신 적법행위의 기대불가능성을 이유로 책임조각을 규정하거나, 기대가능성 감소를 이유로 책임감경을 규정한 개별 조문은 있다. 즉, 형법은 단지 적법행위의 기대가능성이 없거나 감소된 경우를 명문으로 규정하고 있다. i) 우선, **기대불가능성**을 이유로 한 **책임조각 규정**으로는, ㉠ 총칙상 강요된 행위(12) 외에도, 과잉방위의 특수한 경우(21③), 과잉피난의 특수한 경우(22③) 등이 있고, ㉡ 각칙상 친족간의 범인은닉(151②), 친족간의 증거인멸(155④) 등이 있다. ii) 한편, **기대가능성의 감소**를 이유로 한 **책임감경 규정**으로는, ㉠ 총칙상 과잉방위(21②), 과잉피난(22③), 과잉자구행위(23②)의 경우 형을 감경할 수 있고, ㉡ 각칙상 단순도주죄(145)의 법정형이 도주원조죄(147)보다 가벼운 것, 위조통화취득 후 '지정'(知情)행사죄(210)의 법정형이 위조통화행사죄(207)보다 가벼운 것 등이 있다.

Ⅱ. 기대불가능성의 판단기준과 착오

1. 기대불가능성의 판단기준

1) 학설: 평균인표준설 누구를 기준으로 기대불가능성을 판단할 것인지의 문제이다. 이에 대해서는 ㉠ 행위자표준설(행위자의 개인적·구체적 능력을 기준으로 판단), ㉡ 국가표준설(국가의 법질서 내지 국가이념에 따라 판단), ㉢ 평균인표준설(행위자가 아닌 사회적 평균인을 행위자의 위치에 두고 판단)이 대립한다. 행위자표준설의 경우 행위자는 행위 당시 거의 대부분 기대가능성이 없을 수 있다는 점에서, 사실상 책임비난이 곤란하게 된다. 국가표준설의 경우 국가는 항상 적법행위를 기대한다는 점에서, 기대불가능성으로 책임조각되는 경우가 거의 없게 된다는 문제점이 있다. 형법규범은 '사회적 평균인'의 준수를 예상하고 그 준수를 요구하고 있으므로, **평균인표준설**이 통설이다. 평균인표준설에 따르면, 당해 행위자가 아니라 사회일반의 '평균인'을 상정하여, 행위자와 동일한 사정하에서 적법행위의 가능·불가능 여부를 판단한다.

2) 판례: 평균인표준설 판례도 같다. 즉, "피고인에게 적법행위를 기대할 가능성이 있는지 여부를 판단하기 위하여는, 행위 당시의 구체적인 상황하에 행위자 대신에 **사회적 평균인**을 두고, 이 평균인의 관점에서 그 기대가능성 유무를 판단한다"(대판 2008.10.23. 2005도10101; 2015.11.12. 2015도6809 등).

2. 기대불가능성의 착오

1) 학설: 유추적용설 기대가능성에 대한 착오는 기대불가능한 행위사정이 없음에도 있다고 오인한 경우, 즉 '기대가능성이 없다'고 잘못 생각한 경우를 말한다. 기대불가능성의 기초가 되는 사정에 대한 착오의 효과에 대해서는, ㉠ 구성요건착오설(구성요건적 착오로 취급하여 고의가 조각된다는 견해), ㉡ 위법성의 착오 유추적용설, ㉢ 특별한 종류의 착오(착오의 이유를 묻지 않는 구성요건적 착오가 아니라 고유한 종류의 제3의 착오로서, 범죄성립에는 영향이 없고, 양형에서 고려된 사정이라는 견해) 등이 대립한다. 형법에는 이에 관한 아무런 규정이 없다. 형법상 착오는 구성요건착오와 위법성의 착오 이외에는 없으므로, 별도의 특별한 제3의 착오를 인정할 이유는 없다. 기대가능성은 위법성 인식과 구별되는 책임의 규범적 요소이지만, 기대가능성은 행위자에 대한 비난가능성으로 귀결된다는 점에서, (위법성의 착오) **유추적용설**이 일반적 견해이다(다수설).

2) 위법성의 착오 유추적용 유추적용설에 따르면, 기대가능성의 착오는 그 오인에 정당한 이유가 있으면(회피불가능, 즉 불가피) 책임이 조각되고, 정당한 이유가 없으면(회피가능) 책임이 감경된다.

Ⅲ. 강요된 행위

제12조(강요된 행위) 저항할 수 없는 폭력이나 자기 또는 친족의 생명, 신체에 대한 위해를 방어할 방법이 없는 협박에 의하여 강요된 행위는 벌하지 아니한다.

1. 의의

1) 뜻 강요된 행위란 '저항할 수 없는 폭력'이나 자기 또는 친족의 생명·신체에 대한 위해(危害)를 '방어할 방법이 없는 협박'에 의하여 강요된 행위를 말한다(12).

2) 법적 성질 강제상태에 있는 행위자에게는 적법행위의 기대가능성이 없기 때문에, 강요된 행위는 책임이 조각되는 책임조각사유의 '예시'다. 즉, 이와 같이 강요된 행위는 그 행위가 구성요건에 해당하고 위법한 행위라도 행위자의 '책임이 조각'됨을 의미한다.

2. 성립요건

강요된 행위가 성립하기 위해서는, 즉 구성요건에 해당하는 위법한 행위가 강요된 행위로써 행위자의 책임이 조각되기 위해서는, 다음 요건이 충족되어야 한다. ① 객관적 요건으로 ㉠ 저항할 수 없는 폭력 또는 위해를 방어할 방법이 없는 협박에 의한 (강요자의) 강요(강제상태), ㉡ 피강요자의 강요된 '행위'가 있어야 하고, ㉢ 강요와 행위 사이에 '인과관계'가 있어야 하며, ② 주관적 요건으로 피강요자의 '강제상태에 대한 인식'이 있어야 한다.

(1) 객관적 요건

1) 강요: 폭행 또는 협박 이때 "강요라 함은 피강요자의 자유스런 의사결정을 하지 못하게 하면서 특정한 행위를 하게 하는 것을 말한다"(대판 1983.12.13. 83도2276). 이는 저항할 수 없는 폭력, 방어할 방법이 없는 협박을 말한다.

i) [저항할 수 없는 폭력] 여기서 ㉠ (폭력의 뜻: 강제적 폭력 내지 심리적 강제력 행사)

'폭력'은 절대적 폭력이 아니라 **강제적 폭력**(심리적 폭력)에 한정된다. 즉, 어떤 행위를 하도록 육체적 · 물리적으로 완전히 억압하는 절대적 폭력(예: 손을 붙들어 강제로 문서에 날인하게 하는 것)이 아니라, 심리적으로 의사형성에 영향을 주는 **심리적 강제력의 행사**(예: 강제로 감금하여 문서에 무인을 찍지 않을 수 없게 하는 것)를 말한다. 즉, "저항할 수 없는 폭력은, 심리적인 의미에서 육체적으로 어떤 행위를 절대적으로 하지 아니할 수 없게 하는 경우와 윤리적 의미에서 강압된 경우를 말한다" (대판 1983.12.13. 83도2276).[1] 이와 달리, 절대적 폭력은 억압된 자를 '의사 없는 도구'로 이용하는 것으로, 그 도구의 거동은 형법상 행위가 아니므로 아예 강요된 행위가 문제되지 않고, 강요자의 직접행위가 될 뿐이다. ㉡ (저항의 불가능성) 저항의 가능 · 불가능 여부는 폭력의 성질 및 강도 등 모든 사정을 종합적으로 고려하여 판단한다.

ii) [(자기 또는 친족의 생명 · 신체에 대한 위해를) **방어할 방법이 없는 협박**] 여기서 ㉠ (협박의 뜻) '협박'은 상대방에게 공포심을 일으킬 만한 해악의 고지를 말한다. 상대방에게 공포심을 야기했느냐가 관건이며, 협박을 실현할 의사가 없거나 그 실현가능성이 없더라도 해악에 대한 지배력이 있다면 무방하다. ㉡ (협박의 범위) 다만, 여기서의 협박은 협박 가운데 '자기 또는 친족의 생명 · 신체'에 대한 위해를 내용으로 하는 '**제한된 범위의 협박**'만을 의미한다. 그 범위를 넘는 것은 강요된 행위의 문제가 아니다. 즉, ⓐ 우선, ('자기 또는 친족'의 생명 · 신체에 대한 것이 아니라) 사실혼 배우자 · 애인 · 친구 등의 생명 · 신체에 대한 위해는, 강요된 행위가 아니라 초법규적 책임조각사유 여부(준강요된 행위)가 문제된다. ⓑ 다음, (생명 · 신체에 대한 것이 아니라) 자유 · 명예 · 비밀 · 재산 등에 대한 위해 또한, 초법규적 책임조각사유 여부(준강요된 행위)가 문제된다. ㉢ (협박의 정도) 방어할 방법이 없다는 것은 강요에 굴복하는 것 외에는 달리 방법이 없을 정도로 의사결정의 자유를 침해하는 것을 말한다. ㉣ (방어의 불가능성) 위해의 방어 불가능성 여부 역시 모든 사정을 종합적으로 고려하여 판단한다.

2) **강요된 행위** 강제상태에서 피강요자가 강요된 '행위'를 해야 한다. 피

---

1) [판례: 저항할 수 없는 폭력(긍정)] 위83도2276 (남편이 자신의 아내와 직장동료가 내연관계에 있다는 소문을 듣고, 아내를 의심하던 끝에 아내를 폭행 · 협박하여 간통사실을 허위로 시인하게 만든 뒤 간통죄로 고소하였으나, 재판과정에서 아내가 간통사실을 부인하여 석방되자, 다시 아내를 강요하여 그 직장동료에 대한 허위내용의 고소장을 작성 · 제출케 하여, 결국 아내가 무고죄로 기소된 사안. 이때 아내의 무고행위는 강요된 행위로서 무죄를 선고한 것이 정당하다고 한 사례).

강요자의 강요된 '행위'는 '구성요건에 해당하고 위법한 행위'를 의미한다(위법명령에 따른 행위도 또 하나의 쟁점이 되는데, 적법한 명령은 복종의무가 있지만, 명백히 위법한 명령은 복종의무가 없다. 자세한 것은 후술한다). 강요된 행위에 위법성이 있는 이상 이에 대해 정당방위나 긴급피난으로 대항이 가능하다.

3) 인과관계 강요와 행위 사이에는 인과관계가 요구된다. 따라서 다른 사람의 강요에 의해 이루어진 행위가 아니라 "어떤 사람의 성장교육과정을 통하여 형성된 '내재적인 관념 내지 확신'으로 인하여 행위자 스스로의 의사결정이 사실상 강제되는 결과를 낳게 하는 경우까지 포함하는 것은 아니다"(대판 1990.3.27. 89도1670. KAL기 폭파사건). 즉, 인과관계 있는 외적 강요나 강제상태만을 의미한다. 인과관계가 없다면 피강요자는 책임이 조각되지 않고 '강요자와 공범관계'가 성립할 수 있다.

4) 자초한 강요상태 피강요자가 강요상태를 자초하거나 예견한 경우에는 강요된 행위라고 할 수 없다. 적법행위의 기대가능성이 있기 때문이다. 즉, "어로저지선을 넘어 어로의 작업을 하면 북괴 구성원에게 납치될 염려가 있으며, 만약 납치된다면 대한민국의 각종 정보를 북괴에게 제공하게 된다 함은 일반적으로 예견된다. 피고인이 그 전에 선원으로 월선 조업을 하다가 납북되었다가 돌아온 경험이 있는 자로서, 월선하자고 상의하여 월선조업을 하다가 납치되어, 북괴의 물음에 답하여 제공한 사실을 강요된 행위라 할 수 없다"(대판 1971.2.23. 70도2629).

(2) 주관적 요건

피강요자는 강요된 행위 당시 강요상태에 대한 인식이 있어야 한다. 폭력이나 협박을 인식하지 못하고 한 행위는 강요된 행위가 될 수 없다.

3. 강요된 행위의 효과

1) 피강요자 피강요자의 강요된 행위는 '벌하지 않는다'(12). 적법행위의 기대가능성이 없기 때문에 피강요자의 행위는 '책임이 조각'된다.

2) 강요자 강요자는 ㉠ 피강요자가 범한 죄의 '간접정범'이 성립한다. '어느 행위로 인하여 처벌되지 않는 자(=도구)를 이용하여 범죄라는 결과를 발생시킨 경우'(34①)에 해당하기 때문이다. 또한 ㉡ 강요자의 행위는 그 자체가 '강요죄'(324)에 해당한다. 강요죄의 실행의 착수시기는 폭력이나 협박을 개시한 시점이다. ㉢ 甲이 심리적 강제력을 행사하여 문서를 위조하게 한 경우 강요자 甲은 '위조죄의 간접정범' 및 '강요죄'가 성립하고, 양자는 상상적 경합관계(40)에 있다.

Ⅳ. 초법규적 책임조각사유

1. 인정 여부

형법상 명문규정이 있는 책임조각사유 이외에, 명문규정이 없는 경우에도 기대불가능성을 근거로 초법규적인 책임조각사유를 인정할 수 있는지 여부가 문제된다.

1) 학설: 긍정설 　이에 대해서는 ㉠ 부정설(기대불가능성이라는 추상적 표지만으로 책임조각을 인정한다면, 책임판단에서 법관의 자의가 개입하거나 형법의 기능을 약화시킬 위험성이 있다는 견해), ㉡ 제한적 긍정설(과실범과 부작위범에 대해서는 초법규적 책임조각사유를 인정할 수 있지만, 고의작위범에서는 부득이한 예외적인 경우에 한하여 인정해야 한다는 견해), ㉢ 긍정설(형법규정이 없는 사정으로 적법행위가 불가능한 경우가 충분히 있고, 이러한 기대불가능한 사정들을 모두 법에 규정하는 것은 입법기술상 불가능하다는 견해) 등의 견해가 있다. 그런데 기대불가능한 모든 사정을 책임조각사유로 모두 일일이 입법화하는 것은 입법기술상 불가능하고, 적법행위의 기대불가능성 여부가 고의행위, 과실행위, 부작위에 따라 달라질 수 없다. 따라서 초법규적 책임조각사유를 인정하는 긍정설이 일반적 견해이다(다수설).

2) 요건과 한계 　다만, 그 적용의 지나친 확대를 제한하고 적용상의 확실성을 담보하기 위해서는, 그 요건과 한계를 명확히 설정할 필요가 있다. 즉, ㉠ 적법행위가 불가능한 객관적 사정이 있어야 하고(객관성), ㉡ 사회일반의 평균인 관점에서 그 행위가 유일한 최후수단이어야 하며(보충성), ㉢ 행위자가 적법행위가 불가능한 객관적 사정과 유일한 최후수단이라는 점을 인식해야 하고(행위자의 인식), ㉣ 성실한 검토의무를 다한 후 행위로 나아가야 한다(성실한 검토의무).

3) 판례: 긍정설 　판례도 긍정설의 입장으로, 기대불가능성을 초법규적 책임조각사유로 인정한다. 즉, 형법에 규정된 책임조각사유가 아니라도, 적법행위를 기대하는 것이 "보통의 경우 도저히 불가능"(대판 1966.3.22. 65도1164)하거나, "사회통념상 기대가능성이 없다거나 불가피한 사정이 인정되는 경우에는, 책임조각사유로 된다"(대판 2001.2.23. 2001도204).

[판례사례: 기대불가능성 여부] i) [기대불가능성 인정(책임조각, 무죄) 사례] ㉠ (업무방해죄 여부) "입학시험 응시자가 우연한 기회에 미리 출제될 시험문제를 알게 되어 그에 대한 답을 암기하였을 경우 그 암기한 답에 해당된 문제가 출제되었다 하여도, 위

와 같은 경위로서 암기한 답을 그 입학시험 답안지에 기재하여서는 아니된다는 것을 그 일반수험생에게 기대한다는 것은 '보통의 경우 도저히 불가능'하다"(위 65도1164), ㉡ (근로기준법위반죄 여부) "사용자가 기업이 불황이라는 사유만을 이유로 하여 임금이나 퇴직금을 지급하지 않거나 체불하는 것은 근로기준법이 허용하지 않는 바이나, 사용자가 모든 성의와 노력을 다했어도 임금의 체불이나 미불을 방지할 수 없었다는 것이 사회통념상 긍정할 정도가 되어, 사용자에게 더 이상의 적법행위를 기대할 수 없다거나, 불가피한 사정이 인정되는 경우에는 그러한 사유는 근로기준법위반범죄의 책임조각사유로 된다"(위 2001도204), ㉢ (식품위생법위반죄 여부) "수행여행을 온 대학교 3학년생 34명이 지도교수의 인솔 하에 나이트클럽을 찾아와 단체입장을 원하자, 일부만의 학생증을 제시받아 확인한 경우, 피고인에게 위 학생들 중에 미성년자가 섞여 있을지도 모른다는 것을 예상하여 그들의 증명서를 일일이 확인할 것을 요구하는 것은 사회통념상 기대가능성이 없다"(대판 1987.1.20. 86도874), ㉣ (범인도피죄 · 범인도피교사죄 여부) "공범자 중 1인이 다른 공범을 도피하게 하는 것이 자신의 범행 은닉과 밀접불가분 관계를 가졌다면 자기도피와 마찬가지로 적법행위에 대한 기대가능성이 없다. 피고인들이 강제집행면탈죄의 공동정범으로서 한 범인도피교사 행위와 범인도피 행위는, 자신들의 범행 은닉과 밀접불가분 관계에 있어, 자기도피와 마찬가지로 적법행위에 대한 기대가능성이 없고, 방어권 남용으로 보기 어렵다"(대판 2018.8.1. 2015도20396) 등.

ii) [기대불가능성 부정(유죄) 사례] ㉠ (위증죄 성립) "(자신의 강도상해 범행을 일관되게 부인하였으나) 유죄판결이 확정된 피고인이 별건으로 기소된 공범의 형사사건에서 자신의 범행사실을 부인하는 증언을 한 경우에, 피고인에게 사실대로 진술할 것이라는 기대가능성이 있으므로 위증죄가 성립한다(이미 유죄의 확정판결을 받은 경우에는 일사부재리의 원칙에 의해 다시 처벌되지 아니하므로 증언을 거부할 수 없는바, 이는 사실대로의 진술 즉 자신의 범행을 시인하는 진술을 기대할 수 있기 때문)"(위 2005도10101), ㉡ (담배사업법위반죄 성립) "피고인들이 공모하여, 전자장치를 이용해 흡입할 수 있는 '니코틴이 포함된 용액'을 만드는 방법으로 담배제조업 허가 없이 담배를 제조하였다고 하여 담배사업법 위반으로 기소된 경우에, 담배사업법의 위임을 받은 기획재정부가 전자담배제조업에 관한 허가기준을 마련하지 않고 있으나, 궐련담배제조업에 관한 허가기준은 이미 마련되어 있는 상황에서 담배제조업 관련 법령의 허가기준을 준수하거나 허가기준이 새롭게 마련될 때까지 법 준수를 요구하는 것이, 피고인들이 아닌 사회적 평균인의 입장에서도 기대가능성이 없는 행위를 처벌하는 것이어서 위법하다고 보기 어렵다"(대판 2018.9.28. 2018도9828), ㉢ (뇌물공여죄 성립) "비서라는 특수신분 때문에 주종관계에 있는 상사의 지시를 거절할 수 없어 뇌물을 공여한 것이었다 하더라도 그와 같은 사정만으로는 피고인에게 뇌물공여 이외의 반대행위를 기대불가능한 것은 아니다"(대판 1983.3.8. 82도2873), ㉣ (업무상배임죄의 공범) "직장의 상사가 범법행위를 하는데 가담한 부하에게 직무상 지휘 · 복종관계에 있다 하여 범법행위에 가담하지 않을 기대가능성이 없다고 할 수 없다"(대판 1999.7.23. 99도1911), ⓜ (남북교류협력법위반죄 성립) "통일원장관의 접촉 승인 없이 북한 주민과 접촉한 행위가 정당행위 혹은 적법행위에 대한 기대가능성이 없는 경우에 해당하지 아니한다"(대판 2003.12.26. 2001도6484) 등.

2. 유형

기대불가능성이 문제되는 초법규적 책임조각사유는 다음과 같다.

1) **면책적 긴급피난** 긴급피난의 의사로 행위를 하였으나 긴급피난의 요건을 충족하지 못한 경우(예: 보충성 요건을 충족하지 못한 경우, '동등한 이익'이나 '비교형량이 곤란한 이익'을 침해한 경우)에는 위법성이 조각되지 않지만, 객관적 사정상 기대가능성이 없다면, 초법규적 책임조각사유로서의 긴급피난에 해당하여 책임이 조각될 수 있다.

2) **낮은 가치의 의무이행** 의무의 충돌에서 충돌하는 의무의 서열을 잘못 알고 낮은 가치의 의무를 이행한 경우에는 위법성이 조각되지 않지만, 객관적 사정상 기대가능성이 없다면, 책임이 조각될 수 있다.

3) **위법하지만 구속력 있는 상관의 명령** 군대 · 경찰과 같은 특수조직에서 상관의 명령이 절대적 구속력을 갖는 경우에, 상관의 위법한 명령에 따른 부하의 책임이 조각 · 감경될 수 있는가의 문제이다. 객관적 사정상 적법행위에 대한 기대가능성이 없다면, 책임이 조각될 수 있다(통설).

그러나 판례는 책임조각을 거의 인정하지 않는다. 명백히 위법 내지 불법한 명령인 때에는, 하관(下官, 부하직원)이 이에 따라야 할 의무는 없고 적법행위의 기대가능성이 있기 때문이다(대판 1999.4.23. 99도636; 2013.11.28. 2011도5329).[1] 예컨대, "대공수사단 직원은 상관의 명령에 절대 복종하여야 한다는 것이 불문율로 되어 있다 할지라도, 고문치사와 같이 중대하고도 명백한 위법명령에 따른 행위는, 강요된 행위로서(의) 적법행위에 대한 기대가능성이 없는 경우에 해당하지

---

1) [판례: 기대불가능성 부정(유죄) 사례] ㉠ 위 2011도5329 ("공무원의 경우에도 그 직무를 수행함에 있어 상관은 하관에 대하여 범죄행위 등 위법한 행위를 하도록 명령할 직권이 없는 것이며, 또한 하관은 소속 상관의 적법한 명령에 복종할 의무는 있으나, 증거인멸 및 공용물손상행위와 같은 명백히 위법 내지 불법한 명령인 때에는 이에 따라야 할 의무는 없으므로, 적법행위에 대한 기대가능성이 있다"), ㉡ 위 99도636 ("하관은 소속상관의 적법한 명령에 복종할 의무는 있으나 그 명령이 대통령 선거를 앞두고 특정 후보에 대하여 반대하는 여론을 조성할 목적으로 확인되지도 않은 허위의 사실을 담은 책자를 발간 · 배포하거나 기사를 게재하도록 하라는 것과 같이 명백히 위법 내지 불법한 명령인 때에는 이는 벌써 직무상의 지시명령이라 할 수 없으므로 이에 따라야 할 의무가 없으므로, 적법행위에 대한 기대가능성이 있다").

않는다"(대판 1988.2.23. 87도2358).

4) (생명 · 신체 이외의 법익에 대한) **준강요된 행위** 자기 또는 친족의 생명 · 신체 이외의 법익, 예컨대, 성적 자기결정권이나 재산, 명예등에 대한 방어할 방법이 없는 협박에 의하여 강요된 행위는 제12조의 강요된 행위에 해당하지 않는다. 그러나 객관적 사정상 적법행위에 대한 기대가능성이 없는 때에는, 초법규적 책임조각사유인 '준강요된 행위'로서 책임이 조각될 수 있다.

제5장
미 수 론

제1절 미수 이론

Ⅰ. 범죄의 실현단계

범죄란 범죄의사가 실행행위를 통해 외부화되는 과정이다. 범죄의 실현을 단계화하면, **고의범**의 경우 "㉠범죄의 결의→㉡범죄의사의 표시→㉢범죄의 예비·음모→㉣실행의 착수→㉤미수→㉥기수→㉦범죄의 종료" 순서로 진행된다. 즉, '범죄의 준비단계'(㉠㉡㉢), '범죄의 미완성단계'(㉣㉤), '범죄의 완성단계'(㉥㉦)이다. 여기서 특히 중요한 것은, **예비·미수·기수**의 3단계이다.

반면, **과실범**은 '결과발생'과 '주의의무위반'(부주의)으로 구성된다. 과실범의 경우 범죄의사가 존재하지 않고, 과실범의 미수는 처벌규정이 없어 불가벌이다. 과실범에서는 미수가 아예 문제되지 않는다.

1. 범죄의 준비단계

1) 범죄의 결의 범죄의 결의란 구성요건 실현의 결의를 말한다. 외부적 행위로 나타나지 않는 한, "생각만으로는 처벌되지 않는다."

2) 범죄의사의 표시 범죄의사의 (외부적)표시만으로도 처벌되지는 않는다. 다만 2인 이상의 범행약속과 관련하여, 범죄의사를 표시한 사람이 제31조(②③ 기도된 교사)에 따라 예비·음모에 준하여 처벌될 수 있다.[1)]

---

1) [기도된 교사] 제31조(교사범) ② 교사를 받은 자가 범죄의 실행을 승낙하고 실행의 착수에 이

3) 예비 · 음모 음모는 2인 이상 사이의 범죄실행의 합의를 말하고, 예비는 범죄실현을 위한 외부적 준비행위를 말한다. 양자 모두 '실행의 착수' 이전 단계이다. 중대범죄에 대해 **특별규정**이 있는 경우에만 극히 예외적으로 처벌된다. 즉, "범죄의 음모 또는 예비행위가 실행의 착수에 이르지 아니한 때에는, 법률에 특별한 규정이 없는 한, 벌하지 아니한다"(28).[1)]

2. 범죄의 미완성 단계

1) 실행의 착수 실행의 착수란 구성요건적 행위의 개시, 즉 **구성요건 실현행위**(실행)**의 직접적인 개시**를 말한다. 실행의 착수가 있으면, 범죄행위의 종료나 결과발생 여부와 관계 없이 적어도 미수단계에 이른다.

2) 미수 미수란, 범죄의 실행에 착수하여 '행위를 종료하지 못하'였거나, (실행)행위는 종료하였지만 '결과가 발생하지 않은' 경우를 말한다(25). 전자를 **착수미수**('착수했으나 미수'라는 의미), 후자를 **실행미수**('실행까지 종료했으나 미수'라는 의미)라고 한다. 미수는 예비 · 음모에 비해 '실행의 착수'가 있고 법익침해의 위험성과 범죄의사의 확실성이 증가되므로, 처벌의 필요성도 그만큼 증대된다. 비교적 중한 범죄에 대해, **미수범처벌규정**이 있는 경우에만 예외적으로 처벌된다. 즉, "미수범을 처벌할 죄는 각칙의 해당 죄에서 정한다"(29).

3. 범죄의 완성단계

1) 기수 기수란 범죄의 행위를 종료하였거나 구성요건적 결과가 발생한 경우를 말한다. 거동범의 경우 행위의 종료만으로 기수가 된다. 반면, 결과범의 경우에는 행위의 종료만으로는 부족하고 구성요건적 결과가 발생해야 하며, 또한 행위와 결과 사이에 인과관계(객관적 귀속)가 인정되어야만 기수가 된다. 형법상 처벌대상은 '기수'가 '원칙'이다.[2)] 기수시기는 개별 구성요건의 해석문제이다.

르지 아니한 때에는 교사자와 피교사자를 음모 또는 예비에 준하여 처벌한다.[효과 없는 교사]
③ 교사를 받은 자가 범죄의 실행을 승낙하지 아니한 때에도 교사자에 대하여는 전항과 같다.[실패한 교사]

1) [특별법상 예비죄] 대판 2018.6.19. 2018도5191 ("폭력행위 등 처벌에 관한 법률 제7조는 '정당한 이유 없이 이 법에 규정된 범죄에 공용될 우려가 있는 흉기나 그 밖의 위험한 물건을 휴대하거나 제공 또는 알선한 사람은, 3년 이하의 징역 또는 300만 원 이하의 벌금에 처한다'라고 규정하고 있다. 이러한 폭력행위처벌법위반(우범자)죄는 대상범죄인 '이 법에 규정된 범죄'의 예비죄로서의 성격을 지니고 있다. 폭력행위처벌법 제7조에서 말하는 '이 법에 규정된 범죄'라고 함은 '폭력행위처벌법에 규정된 범죄'만을 의미한다").

2) [위험범의 기수 성립] 대판 2019.4.23. 2017도1056 ("일반교통방해죄는 이른바 추상적 위험범으

2) **범죄의 종료** 종료란 기수 이후에 보호법익에 대한 침해가 실질적으로 끝난 경우를 말한다. 대개의 범죄(예: 상태범)는 기수와 동시에 범죄도 일응 종료한다. 그러나 **계속범**에서는 '기수'와 '종료'가 구별된다. 즉, 계속범은 기수 이후에도 범죄행위가 계속되고, 피해자가 법익침해상태로부터 벗어난 시점에 범죄가 종료된다. 예컨대, 감금죄(276)는 감금행위가 피해자의 장소선택의 자유를 침해할 정도로 시간적으로 계속되면 기수이지만, 그 후 감금행위가 계속되다가 '피해자가 석방된 시점'에 비로소 범죄가 종료된다.

특히, '기수'와 '종료'를 구별하는 실익은, ㉠ 기수와 종료 사이에는 **공범**의 성립이 가능하고(예: 계속범의 공동정범 · 방조범.[1] 한편, 상태범의 경우에도 절도 · 강도죄의 기수 이후 범인의 도주로를 확보해 주는 경우와 같이 어느 시점까지는 절도 · 강도죄의 방조범 가능), ㉡ 기수 이후에도 종료되기 전까지 **정당방위 · 긴급피난**이 가능하며(즉, 침해행위나 위난의 현재성 인정), ㉢ 기수 이후 종료 이전에 **가중적 구성요건**의 실현이 가능하다(예: '감금죄'의 기수 이후 감금행위가 계속되는 동안 '가혹행위'를 하면, '중감금죄'(277)가 성립). ㉣ **공소시효**는 범죄의 '종료'시부터 진행된다(즉, 범죄의 '기수'시가 아니라 "시효는 범죄행위의 '종료'한 때부터 진행한다": 형소252①).[2]

로서 교통이 불가능하거나 또는 현저히 곤란한 상태가 발생하면 바로 기수가 되고 교통방해의 결과가 현실적으로 발생하여야 하는 것은 아니다").

1) [계속범인 범인도피죄(예: '범인자처 허위자백')의 방조시기] 대판 2012.8.30. 2012도6027 ("범인도피죄(151)는 범인을 도피하게 함으로써 기수에 이르지만, 범인도피행위*(즉, 범인을 도피하게 하는 행위)*가 계속되는 동안에는 범죄행위도 계속되고, 행위가 끝날 때*(즉, '범인이 발견된 때)* 비로소 범죄행위가 종료된다").

예컨대, (1) 甲이 A · B의 범인도피교사에 따라, 수사기관 및 법원에 출석하여 A · B의 사기범행을 '자신이 저질렀다'는 취지로 허위자백한 경우 甲은 범인도피죄가 성립한다. 즉, "2010.8.31. 경찰 및 2011.2.17. 검찰에서 조사를 받고, 제1심 재판에서 2011.3.18. 및 2011.4.8. 자신이 범인임을 자처하여 허위자백함으로써, 범인 A · B를 도피하게 한" 경우에, 甲의 위 범행은 2011.4.8. 이전에 이미 '기수'에 이르렀고, (그 후 2011.5.23. 진실을 밝히는 내용의 항소이유서를 항소심에 제출하기는 하였으나), 이후 2011.6.14. 열린 항소심 공판기일에서는 여전히 위 허위자백을 유지하였고, 2011.6.28. 검찰조사를 받으면서 비로소 A · B가 진범임을 밝혔으므로, 甲의 범행이 '종료'된 시점은 2011.6.28.이다.

(2) 항소심과정에서 선임된 甲의 변호인 乙이 甲과 A 등 사이에 부정한 거래가 진행 중이라는 사실을 분명히 인식하고도, 사건을 수임하여 그 합의의 성사를 돕는 한편 스스로 합의금의 일부를 예치하는 방안까지 용인하고 합의서를 작성하는 등 甲과 A 등의 거래관계에 깊숙이 관여하는 방법으로, 2011.5.2.경부터 2011.6.28. 오전 경까지 진범을 은폐하는 허위자백을 적극적으로 유지한 경우에, 乙의 위 행위는 정범인 甲에게 결의를 강화하게 한 방조행위로 평가되므로, 乙은 범인도피'방조'죄가 성립한다고 한 사례.

2) [계속범과 공소시효의 기산점] 대판 2001.9.25. 2001도3990 ("건축법상 허가를 받지 아니하거나 또는 신고를 하지 아니한 경우 처벌의 대상이 되는 건축물의 용도변경 행위는, 유형적으로 용도를 변경하는 행위뿐만 아니라 다른 용도로 사용하는 것까지를 포함한다. 이와 같이 허가를

[범죄의 완료] 한편, 결합범 등 일정한 범죄에서는 '범죄의 완료'라는 개념이 문제된다. 예컨대, 결합범이 성립하려면, 선행범죄의 '완료 전에' 후행범죄가 행해져야 한다. 그런데 주의할 점은, '범죄의 완료' 개념은 결합범의 해석기준인 개념에 불과하고, 처벌을 차등하는 범죄 실현단계의 구분기준은 아니라는 것이다.

i) 결합범인 강도상해죄(337)는, 강도범행의 '완료' 이전에 상해가 행해져야 한다(강도의 기수 단계를 지나 어느 정도의 시간이 경과하기 이전에, 즉, '강도의 기회에'). 그 완료 이후에 상해가 행해지면, '강도죄와 상해죄의 경합범'이 될 뿐이다.

ii) 준강도죄(335)는, 절도범행의 '완료' 이전에 폭행·협박이 행해져야 한다(즉, '절도의 기회에'). 판례에 따르면, ㉠ 절도범이 "피해자에게 발견되어 계속 추격당하다가 범행현장으로부터 200m 떨어진 곳에서 폭행을 가한 경우, 절도의 기회 계속 중에 폭행한 것이므로, 준강도죄가 성립한다"(대판 1984.9.11. 84도1398). ㉡ 반면, "피해자의 집에서 절도범행을 마친지 10분 가량 지나 피해자의 집에서 200m 가량 떨어진 버스 정류장이 있는 곳에서, 피고인을 절도범인이라고 의심하고 (뒤늦게) 뒤쫓아 온 피해자에게 붙잡혀 피해자의 집으로 돌아왔을 때 비로소 피해자를 폭행한 경우, 그 폭행은 절도범행이 이미 완료된 이후에 행해진 것으로서, 준강도죄가 성립하지 않는다(대판 1999.2.26. 98도3321). ㉢ 즉, "여기서 절도의 기회라고 함은 절도범인과 피해자측이 절도의 현장에 있는 경우와 절도에 잇달아 또는 절도의 시간·장소에 접착하여 피해자측이 범인을 '체포할 수 있는 상황', 범인이 '죄적인멸에 나올 가능성이 높은 상황'에 있는 경우를 말한다. 그러한 의미에서 피해자측이 추적태세에 있는 경우나 범인이 일단 체포되어 아직 신병확보가 확실하다고 할 수 없는 경우에는 절도의 기회에 해당한다"(대판 2001.10.23. 2001도4142).

Ⅱ. 미수범 개관

1. 미수범의 의의

1) 미수·미수범 미수란, 주관적 구성요건요소는 충족되었으나, 범죄의 실행에 착수하여 행위를 종료하지 못하였거나 (종료하였더라도) 결과가 발생하지 아니하여 객관적 구성요건요소가 충족되지 못한 경우이다. 즉, 실행의 착수는 있었으나, 범죄의 기수에 이르지 못한 경우이다. 이러한 미수가 가벌적인 경우를 '미수범'이라 한다. 미수는 오로지 고의범에서만 문제된다.

받지 아니하거나 신고를 하지 아니한 채 건축물을 다른 용도로 사용하는 행위는 계속범의 성질을 가지는 것이어서, 허가 또는 신고 없이 다른 용도로 계속 사용하는 한 가벌적 위법상태는 계속 존재하고 있다고 할 것이므로, 그러한 용도변경행위에 대하여는 공소시효가 진행하지 아니하는 것으로 보아야 한다").

형법상 미수범은 형법각칙에 미수범처벌규정("~조의 미수범은 처벌한다")이 있는 경우에만 예외적으로 처벌된다. 즉, "미수범을 처벌할 죄는 각칙의 해당 죄에서 정한다"(29). 미수범의 형은 기수범보다 감경할 수 있다(25②).

2) **구성요건의 수정형식** 범죄체계의 관점에서 미수론은 공범론과 함께 '**구성요건론의 일부**'로서 취급된다. 즉, 미수범은 기수범의 수정된 형식으로, 공범과 함께 '구성요건의 수정형식' 또는 '**수정된 구성요건**'이다. 미수범은 항상 '각칙상'의 구체적인 개별 구성요건에서 출발하여, 그 구성요건과 결합하여 수정된 형식인, 구성요건의 수정형식이다(예: '살인'미수, '절도'미수 등).

2. 미수범의 처벌근거

미수범의 본질론은 미수범의 처벌근거에 대한 논의이다. 이에 대해서는 주관설과 객관설이 대립하여 왔다(다음의 별도 설명 참조). 현재의 통설적 견해는 **절충설**이다. 절충설은 행위반가치와 결과반가치의 절충과 결합 속에서 미수범의 불법을 파악한다. 따라서 미수의 처벌근거를 행위자의 범죄의사에서 찾지만, 그 범죄의사가 (행위로써 외부에 표시됨에 따라) 법질서의 효력에 대한 일반인의 신뢰를 깨뜨리고 법적 안정감과 법적 평화를 저해할 수 있을 정도에 이르렀다는 점도 고려한다. 즉, 행위자의 주관적 범죄의사(행위반가치)가 적어도 객관적인 법적 평화를 혼란케 함(제3의 결과반가치)[1]으로써, 전체적으로 공동체의 법질서에 대한 신뢰를 저해시키는 '범죄적 인상' 내지 '법동요적 인상'을 가져왔다는 점에 미수범의 처벌근거가 있다는 것이다. 이를 **인상설**이라고도 한다. 결과불법의 차이 때문에, 미수범(결과불발생)은 기수범(결과발생)에 비해 형을 감경할 수 있게 된다.

[종래의 견해: 객관설과 주관설] i) [객관설] 미수범의 처벌근거가 법익침해의 객관적 위험성(결과반가치)에 있다는 견해이다. 그 결과 미수범은 기수범에 비해 결과불법에 차이가 있으므로, 반드시 형을 감경하게 된다. 그러나 행위반가치를 전혀 고려하지 않고 있으며, 현행 형법상 (필요적 감경이 아니라) 임의적 감경(장애미수), 임의적 감면(불능미수)으로 규정한 것에도 부합하지 않는다.

ii) [주관설] 미수범의 처벌근거가 행위자의 범죄의사의 반사회적 위험성(행위반가치)에 있다는 견해이다. 그 결과 미수범은 기수범에 비해 행위자의 반사회적 위험성에 차이가 없으므로, 기수범과 동일하게 처벌하게 된다. 그러나 결과반가치를 전혀 고려하지 않고 있으며, (기수와 동일 처벌이 아니라) 임의적 감경(장애미수)으로 규정한

1) [결과반가치] 제1의 결과반가치는 법익침해, 제2의 결과반가치는 법익위태화.

현행 형법의 태도에 부합하지 않는다.

3. 형법상 미수범체계와 공통된 성립요건

(1) 현행법상 미수범의 체계

형법은 3종류의 미수범(장애미수 · 중지미수 · 불능미수)을 규정하고 있다. 각칙의 개별범죄마다 3종류의 미수범이 모두 문제될 수 있다(예: 살인미수에서도 살인의 장애미수 · 중지미수 · 불능미수가 모두 문제될 수 있다).

1) **장애미수**(25) 행위자의 의사에 반하여 우연적인 사정으로 뜻밖의 장애에 부딪쳐 범죄를 완성하지 못한 경우이다. "형을 기수범보다 감경할 수 있다"(임의적 감경). 불능미수와 달리, '결과발생이 가능'했던 경우이다.

2) **중지미수**(26) 행위자가 '자의(自意)'로 범죄를 중지한 경우이다. 미수범 가운데 가장 관대하게 "형을 감경하거나 면제한다"(필요적 감면).

3) **불능미수**(27) 행위자의 의사에 반하여 범죄를 완성하지 못했으나, 애당초 범죄의 '결과발생이 불가능'하고 '위험성만' 있는 경우이다. "형을 감경 또는 면제할 수 있다"(임의적 감면).

(2) 미수범의 공통된 성립요건

1) **미수범처벌규정** 우선, 형법각칙에 **미수범처벌규정**이 있어야 한다.

2) **객관적 요건** 미수범의 공통된 객관적 요건은, ㉠ **실행의 착수**가 필요하고, ㉡ **'미수'**, 즉 범죄의 미완성이라야 한다('행위의 미종료' 또는 '결과의 불발생'). 미수에는 ⓐ 실행에 착수하여 행위를 종료하지 못한 경우인 '착수미수', ⓑ 행위는 종료하였지만 결과가 발생하지 않은 경우인 '실행미수'가 있다. 양자의 구별은 특히 '중지미수'의 성립요건에서 중요한 의미가 있다.

3) **주관적 요건** 미수범의 공통된 주관적 요건으로는, ㉠ **'기수의 고의'**가 있어야 한다. 즉, 미수범의 주관적 구성요건요소로서 고의의 내용은 기수범과 동일하다(미수범은 '기수범의 구성요건을 수정'한 것이므로, 기수의 고의가 요구되는 것은 당연하다. 단순한 미수의 고의만으로는 처벌대상이 되지 못한다). 다만, 결과가 불발생하게 된 특별한 사유(장애 · 중지 · 불능)에 대한 인식이 추가적으로 요구될 뿐이다. ㉡ 고의 이외에 초과주관적 구성요건요소(목적, 동기, 불법영득의사 등)가 필요한 범죄에서는, '초과주관적 요소'도 구비해야 한다.

제 2 절 장애미수

제25조(미수범) ① 범죄의 실행에 착수하여 행위를 종료하지 못하였거나 결과가 발생하지 아니한 때에는 미수범으로 처벌한다.
② 미수범의 형은 기수범보다 감경할 수 있다.

Ⅰ. 의의

1) 뜻 장애미수란, 행위자가 '뜻밖의 장애'에 부딪쳐 그 의사에 반하여 범죄를 완성하지 못한 경우이다. 즉, 결과발생이 가능한 범죄의 실행에 착수하여, 뜻밖의 장애에 의해 '행위를 종료하지 못하'였거나 '결과가 발생하지 아니'한 경우를 말한다.

2) 구별 장애미수는 ㉠ 중지미수와 구별된다. 장애미수는 결과발생이 가능하였지만 현실적으로 결과의 불발생이라는 점에서는 (중지미수와 함께) 가능미수에 속한다. 그러나 장애미수는 범죄의 미완성이 비자의적인 뜻밖의 장애 때문이므로, 자의에 의해 중지·방지한 경우인 중지미수와 다르다. 또한, ㉡ 불능미수와도 구별된다. 장애미수는 결과발생이 가능했다는 점에서, 처음부터 결과발생이 불가능한 경우인 불능미수와 다르다.

Ⅱ. 성립요건

장애미수가 성립하기 위해서는, ① 주관적 요건으로 확정적인 행위의사로서 '기수의 고의'가 존재하고, ② 객관적 요건으로 ㉠ '실행의 착수'가 인정되고, ㉡ '장애에 의한' '미수(범죄 미완성)'이어야 한다.

1. 기수의 고의

1) 기수의 고의 미수범의 고의는 '기수의 고의'와 같다. 처음부터 '미수에 그치겠다'는 '미수의 고의'는 고의로서 인정되지 않는다. 따라서 '함정수사'에서 행위자의 의사는 기수의 고의가 아니므로 불가벌이다.

2) 초과주관적 요소 고의 이외에 목적, 동기, 불법영득의사 등 '초과주과

적 구성요건요소'가 필요한 범죄에서는, 이를 구비해야 한다.

2. 실행의 착수

(1) 의의

실행의 착수란, 구성요건적 행위의 개시, 즉 **구성요건 실현행위**(실행)**의 직접적 개시**를 말한다. 실행의 착수는 바로 예비와 미수를 구별하는 한계선이다. 현행 형법상 예비죄보다는 미수죄의 처벌규정이 훨씬 더 많으므로, 실행의 착수가 인정되면 행위자의 처벌가능성이 높아진다. 예컨대, 절도죄의 경우 절도예비는 불가벌이고 절도미수는 처벌되므로, 절도에서의 실행의 착수는 **불가벌과 가벌의 경계**를 긋는다.

가령 절도죄의 경우 "(다세대주택의) 가스배관을 타고→난간에 올라가→(창문을 통해) 집 내부를 살피다가→(문을 열기 위해) 손잡이를 당겨→열고→들어가→(방안에서 절취품을) 물색→접촉→취득"의 순서상 어느 시점에 실행의 착수를 인정할 것인지 문제된다.

(2) 학설

1) 객관설: 형식적 객관설 · 실질적 객관설 객관설은 행위자의 의사를 배제하고 객관적 행위만을 기준으로 판단한다. 여기에는 '형식적 객관설'(구성요건을 기준으로 형식적으로 판단하는 견해)과 '실질적 객관설'(법익침해의 위험성이라는 실질적 기준에 의해 이를 보충하는 견해)이 있다. ㉠ 형식적 객관설은, 개별 범죄의 '구성요건행위' 또는 그 행위의 '일부분'을 행한 때(예: 절도죄에서 절취할 물건을 '손으로 잡을 때'=접촉)라는 견해이다. 죄형법정주의의 법치국가적 요청에는 합당하지만, 착수시기를 너무 늦게 잡아 미수의 범위가 지나치게 좁게 된다. ㉡ **실질적 객관설**은, 법익에 대한 '직접적 위험'을 초래하는, 구성요건적 행위의 **바로 직전 단계의 행위**(밀접행위)가 있는 때(예: 절도죄에서 절취할 물건을 '물색할 때'='물색'행위, 또는 살인죄에서 낫을 들고 피해자에게 '다가설 때'='밀접'행위)라는 견해이다. 법익침해의 '직접적 위험'이라는 기준에 모호한 점이 있고, 행위자의 의사를 고려하지 않는다는 비판을 받는다.

2) 주관설 주관설은 행위자의 주관적 의사만을 기준으로 판단한다. 즉, '행위자의 범죄의사가 그 행위를 통해 확정적으로 외부화될 때', '범의의 비약적 표동이 있는 때'(범의가 '눈에 확 띄게 겉으로 드러난 때'라는 의미)라는 견해이다. 객관적 기준이 무시되고 미수의 가벌성 영역이 지나치게 확대된다.

3) 주관적 객관설 주관적 객관설(절충설)은, 행위자의 주관적인 범행의 전

체계획에 비추어, 범죄실현의 직접적인 개시행위(밀접행위)를 한 때(예: 금고가 있는 특정 방문의 자물쇠를 뜯고 방에 '들어 갔을 때')라는 견해이다. 객관적 기준을 주된 기준으로 하되, 주관적 기준인 행위자의 개별적인 범행계획을 고려하여 결정하므로, 개별적 객관설이라고도 한다. 통설의 입장이다.

(3) 구체적 판단기준 및 판례의 태도

1) 구체적 판단기준 주관적 객관설(절충설, 개별적 객관설)에 따르면, 일반적·획일적 판단이 불가능하므로, 실행의 착수시기는 개별적 사안에서 구체적으로 판단해야 한다. 다만, 그 판단기준으로는, ㉠ 구성요건적 행위의 개시(형식적 구성요건 기준 충족), ㉡ 구성요건 실현을 위한 직접적인 행위(바로 직전 단계, 법익침해의 실질적 위험성 기준), ㉢ 행위자의 범죄의사 내지 범행계획의 고려(주관적 의도) 등이 제시될 수 있다.

2) 판례 그런데 실행의 착수시기에 관하여 판례는, 대체로 '밀접행위설'(실질적 객관설)의 입장을 기본으로 하되, 개별 범죄유형에 따라 기준을 다소 다르게 적용하여, 그 시기를 '앞으로 당겼다가 뒤로 늦추기도' 한다.

[판례사례: 실행의 착수 (밀접행위설)] i) [절도죄: 밀접행위설] "절도죄의 실행의 착수 시기는 재물에 대한 타인의 사실상의 지배를 침해하는 데에 밀접한 행위를 개시한 때라고 할 것이고(대판 1999.9.17. 98도3077), 실행의 착수가 있는지 여부는 구체적 사건에 있어서 범행의 방법, 태양, 주변상황 등을 종합 판단하여 결정하여야 한다(대판 2010.4.29. 2009도14554)".

즉, 절도죄의 실행의 착수를 '**긍정한 사례**'로는, ㉠ (주간주거침입－절도) "야간이 아닌 주간에, 절도의 목적으로 다른 사람의 주거에 침입하여 절취할 재물의 물색행위를 시작하는 등 그에 대한 사실상의 지배를 침해하는 데에 밀접한 행위를 개시한 경우"(대판 2003.6.24. 2003도1985), ㉡ (소매치기) "소매치기의 경우 피해자의 양복상의 주머니로부터 금품을 절취하려고 그 호주머니에 손을 뻗쳐 그 겉을 더듬은 경우"(대판 1984.12.11. 84도2524), ㉢ (자동차 안의 물건) "피해자 소유 자동차 안에 들어 있는 밍크코트를 발견하고 이를 절취할 생각으로 공범이 위 차 옆에서 망을 보는 사이 위 차 오른쪽 앞문을 열려고 앞문손잡이를 잡아당기다가 피해자에게 발각된 경우"(대판 1986.12.23. 86도2256) 등(절도의 실행의 착수 인정).

반면, 절도죄의 실행의 착수를 '**부정한 사례**'로는, ㉠ (주간주거침입－절도) "야간이 아닌 주간에 절도의 목적으로 타인의 주거에 침입하였다고 하여도 아직 절취할 물건의 물색행위를 시작하기 전인 경우(주거침입죄만 성립, 절도미수죄는 부정)"(대판 1992.9.8. 92도1650), ㉡ (소매치기) "소를 흥정하고 있는 피해자의 뒤에 접근하여 그가 들고 있던 가방으로 돈이 들어 있는 피해자의 하의 왼쪽 주머니를 스치면서 지나간 행위(단지 피해자의 주의력을 흐트려 주머니속에 들은 금원을 절취하기 위한 예비단계의 행위에 불과한 것)"(대판 1986.11.11. 86도1109), ㉢ (자동차 안의 물건) "노상에 세워 놓은 자동차안에 있는 물건을 훔칠 생각으로 자동차의 유리창을 통하여 그 내부를 손전등으로 비추어 본 경우(타인의 재물에 대한 지배를 침해하는데 밀접한 행위를 한 것이라고는 볼 수 없음)"(대판 1985.4.23. 85도464) 등(절도의 실행의 착수 부정).

ii) [주거침입죄: 밀접행위설] 즉, 주거침입죄의 실행의 착수를 '긍정한 사례'로는, (출입문을 당겨보는 행위) "출입문이 열려 있으면 안으로 들어가겠다는 의사 아래 출입문을 당겨보는 행위(바로 주거의 사실상의 평온을 침해할 객관적인 위험성을 포함하는 행위를 한 것)"(대판 2006.9.14. 2006도2824) 등.

반면, 주거침입죄의 실행의 착수를 '부정한 사례'로는, (초인종을 누른 행위) "침입대상인 아파트에 사람이 있는지를 확인하기 위해 그 집의 초인종을 누른 행위(침입의 현실적 위험성을 포함하는 행위를 시작하였다거나, 주거의 사실상의 평온을 침해할 객관적인 위험성을 포함하는 행위를 한 것으로 볼 수 없다)"(대판 2008.4.10. 2008도1464) 등.

iii) [야간주거침입절도죄: 밀접행위설] 야간주거침입절도죄의 실행의 착수시기는 주거침입시이다. 즉, "야간에 타인의 재물을 절취할 목적으로 사람의 주거에 침입한 경우에는 주거에 침입한 행위의 단계에서 이미 형법 제330조에서 규정한 야간주거침입절도죄라는 범죄행위의 실행에 착수한 것"(대판 1984.12.26. 84도2433).

그 실행의 착수를 '긍정한 사례'로는, (창문을 열려고 시도) "야간에 아파트에 침입하여 물건을 훔칠 의도하에 아파트의 베란다 철제난간까지 올라가 유리창문을 열려고 시도하였다면, 야간주거침입절도죄의 실행에 착수한 것으로 보아야 한다고 한 사례"(대판 2003.10.24. 2003도4417) 등.

반면, 야간주거침입절도죄의 실행의 착수를 '부정한 사례'로는, (가스배관을 타고 오르던 중 발각) " 야간에 다세대주택에 침입하여 물건을 절취하기 위하여 가스배관을 타고 오르다가 순찰 중이던 경찰관에게 발각되어 그냥 뛰어내렸다면, 야간주거침입절도죄의 실행의 착수에 이르지 못했다고 한 사례"(대판 2008.3.27. 2008도917) 등.

iv) [살인죄: 밀접행위설] "피해자를 살해할 것을 마음먹고 밖으로 나가 낫을 들고 피해자에게 다가서려고 하였으나 제3자 이를 제지하여 그 틈을 타서 피해자가 도망함으로써 살인의 목적을 이루지 못한 경우, 피고인이 낫을 들고 피해자에게 접근함으로써 살인의 실행행위에 착수하였다"(대판 1986.2.25. 85도2773).

[판례사례: 실행의 착수시기 (주관설)] i) [간첩죄·관세포탈죄: 주관설] ㉠ (간첩죄) "간첩의 목적으로 외국 또는 북한에서 국내에 침투 또는 월남하는 경우에는 기밀탐지가 가능한 국내에 침투 상륙함으로써 간첩죄의 실행의 착수가 있다"(대판 1984.9.11. 84도1381), ㉡ (관세포탈죄) "관세를 포탈할 범의를 가지고 선박을 이용하여 물품을 영

해내에 반입한 때에는 관세포탈죄의 실행의 착수가 있다. 선박에 적재한 화물을 양육하는 행위 또는 그에 밀접한 행위가 있음을 요하지 아니한다"(대판 1984.7.24. 84도832) 등.

[판례사례: 실행의 착수 (범행계획 고려)] ㉠ (필로폰매매죄) "당시 필로폰을 소지 또는 입수한 상태에 있었거나 그것이 가능하였다는 등 매매행위에 근접·밀착한 상태에서 대금을 지급받은 것이 아니라, 단순히 필로폰을 구해 달라는 부탁과 함께 대금 명목으로 돈을 지급받은 것에 불과한 경우에는 필로폰 매매행위의 실행의 착수에 이른 것이라고 볼 수 없다"(대판 2015.3.20. 2014도16920).

[판례사례: 실행의 착수 (긍정사례와 부정사례)]

(1) 긍정사례 i) [강간죄·강제추행죄: 폭행협박시] ㉠ (강간죄) "피고인이 간음할 목적으로 새벽 4시에 여자 혼자 있는 방문 앞에 가서, 피해자가 방문을 열어 주지 않으면 부수고 들어갈 듯한 기세로 방문을 두드리고, 피해자가 위험을 느끼고 창문에 걸터 앉아 가까이 오면 뛰어 내리겠다고 하는데도 베란다를 통하여 창문으로 침입하려고 하였다면, 강간의 수단으로서의 폭행에 착수하였다고 할 수 있으므로 강간의 착수가 있었다"(대판 1991.4.9. 91도288), ㉡ (강제추행죄 중 기습추행) "피고인은 갑을 추행하기 위해 뒤따라간 것으로 추행의 고의를 인정할 수 있고, 피고인이 가까이 접근하여 갑자기 뒤에서 껴안는 행위는 그 자체로 이른바 '기습추행' 행위로 볼 수 있다. 피고인의 팔이 갑의 몸에 닿지 않았더라도 양팔을 높이 들어 갑자기 뒤에서 껴안으려는 행위는 갑의 의사에 반하는 유형력의 행사로서 폭행행위에 해당하며, 그때 '기습추행'에 관한 실행의 착수가 있다. 마침 갑이 뒤돌아보면서 소리치는 바람에 몸을 껴안는 추행의 결과에 이르지 못하고 미수에 그쳤으므로, 피고인의 행위는 아동·청소년에 대한 강제추행미수죄에 해당한다"(대판 2015.9.10. 2015도6980) 등.

ii) [소송사기죄: 제소시] ㉠ (소송사기) "소송사기는 법원을 기망하여 자기에게 유리한 판결을 얻고 이에 터잡아 상대방으로부터 재물의 교부를 받거나 재산상 이익을 취득하는 것을 말하는 것으로서, 소송에서 주장하는 권리가 존재하지 않는 사실을 알고 있으면서도 법원을 기망한다는 인식을 가지고 소를 제기하면 이로써 실행의 착수가 있었다고 할 것이고, 피해자에 대한 직접적인 기망이 있어야 하는 것은 아니다"(대판 1993.9.14. 93도915), ㉡ (강제집행절차를 통한 소송사기) "강제집행절차를 통한 소송사기는 집행절차의 개시신청을 한 때 또는 진행 중인 집행절차에 배당신청을 한 때에 실행에 착수하였다"(대판 2015.2.12. 2014도10086).

iii) [사기도박죄: 기망행위시] ㉠ "사기도박에서 실행의 착수시기는 사기도박을 위한 기망행위를 개시한 때"(대판 2011.1.13. 2010도9330).

iv) [방화죄: 매개물 점화시] ㉠ "매개물을 통한 점화에 의하여 건조물을 소훼함을 내용으로 하는 형태의 방화죄의 경우에, 범인이 그 매개물에 불을 켜서 붙였거나 또는 범인의 행위로 인하여 매개물에 불이 붙게 됨으로써 연소작용이 계속될 수 있는 상태에 이르렀다면, 그것이 곧바로 진화되는 등의 사정으로 인하여 목적물인 건조물 자체에는 불이 옮겨 붙지 못하였다고 하더라도, 방화죄의 실행의 착수가 있었다고 보아야 한다. 피고인이 방화의 의사로 뿌린 휘발유가 인화성이 강한 상태로 주택주변과 피해자의 몸에 적지 않게 살포되어 있는 사정을 알면서도, 라이터를 켜 불꽃을 일으킴으로써 피해자의 몸에 불이 붙은 경우, 비록 외부적 사정에 의하여 불이 방화 목적물인 주택 자체에 옮겨 붙지는 아니하였다 하더라도, (즉, 방화의 목적물인 건조물이 아니라 매개물에 불이 붙은 경우에도) 현존건조물방화죄의 실행의 착수가 있었다고 봄이 상당하다"(대판 2002.3.26. 2001도6641).

(2) 부정사례 i) [강간죄: 폭행협박시] ㉠ (강간죄) "안방에 들어가 누워 자고 있는 피해자의 가슴과 엉덩이를 만지면서 간음을 기도하였다는 사실만으로는 강간의 수단으로 피해자에게 폭행이나 협박을 개시하였다고 하기는 어렵다"(대판 1990.5.25. 90도607) 등.

ii) [소송사기죄: 제소시] ㉠ (가압류) "가압류는 강제집행의 보전방법에 불과한 것이어서 허위의 채권을 피보전권리로 삼아 가압류를 하였다고 하더라도 그 채권에 관하여 현실적으로 청구의 의사표시를 한 것이라고는 볼 수 없으므로, 본안소송을 제기하지 아니한 채 가압류를 한 것만으로는 사기죄의 실행에 착수하였다고 할 수 없다"(대판 1988.9.13. 88도55) 등.

iii) [공전자기록불실기재죄: 허위신고시] ㉠ (서류교부) "공전자기록등불실기재죄에 있어서의 실행의 착수 시기는 공무원에 대하여 허위의 신고를 하는 때라고 보아야 할 것인바, 이 사건 피고인이 위장결혼의 당사자 및 중국 측 브로커와의 공모 하에 허위로 결혼사진을 찍고, 혼인신고에 필요한 서류를 준비하여 위장결혼의 당사자에게 건네준 것만으로는 아직 공전자기록등불실기재죄에 있어서 실행에 착수한 것으로 보기 어렵다"(대판 2009.9.24. 2009도4998) 등.

3) 실행의 착수와 관련문제 실행의 착수가 특히 문제되는 경우가 있다. 공동정범, 간접정범, 원인자유행위, 부진정부작위범 및 결합범 등이 그러하다.

[관련문제: 실행의 착수시기] i) (공동정범) 실행의 착수 여부는 공동정범의 전체행위를 기초로 판단한다. 즉 공범자 1인이 실행에 착수하면 공동정범 전원에 대해 실행의 착수가 인정된다(전체적 해결설, 다수설).

ii) (간접정범) 실행의 착수 여부는 이용자의 이용행위를 기준으로 판단한다(이용행위시설, 종래의 통설 및 대판 2019.9.9. 2019도9315 참조).

iii) (원인자유행위) 실행의 착수 여부는 구성요건적 정형성에 근거하여, 심신장애상태에서의 구성요건적 행위를 실행한 시점으로 본다(실행행위시설, 다수설).

iv) (부진정부작위범) 실행의 착수 여부는 부작위가 보호법익에 대한 직접적인 위험을 야기하거나 증대시킨 시점을 착수시기로 본다(절충설, 다수설).

v) (결합범) 2개 이상의 구성요건적 행위가 결합하여 1개의 구성요건을 이루는 결합범의 경우에는 특히 실행의 착수시기가 문제된다. 여기에는 ㉠ 제1행위의 실행의 착수가 있으면 전체에 대한 실행의 착수가 인정되는 경우(예: 강도죄나 강간죄 등은 폭행·협박행위가 있는 때에 실행의 착수가 있다), ㉡ 제2행위의 실행의 착수가 있어야 전체에 대한 실행의 착수가 인정되는 경우(예: 강도살인죄나 강간살인죄는 단순히 일부의 실행만으로는 부족하고 해당 범죄의 본질적 행위를 개시해야 실행의 착수를 인정할 수 있으므로, 폭행·협박한 때가 아니라 강도범·강간범이 살해행위를 개시한 때에 전체 범죄의 실행의 착수가 있다)로 나뉜다.

그런데 판례는, 특수강도 중 야간주거침입강도(334①)의 실행의 착수시기와 관련하여, ㉠ 주거침입시설을 취한 것도 있고(대판 1992.7.28. 92도917),[1] ㉡ 폭행·협박시설을 취한 것도 있다(대판 1991.11.22. 91도2296).[2] 그러나 주거침입 시점에서는 야간주거침입'절도'인지 야간주거침입'강도'인지 여부가 불분명하므로, 주거침입시설에 의하면 어느 범죄가 성립하는지의 문제가 오로지 행위자의 내심의 태도만으로 결정되는 불합리한 결과가 된다. 강도의 의사가 외부로 표출되는 시점을 기준으로 하는 '(㉡)폭행·협박시설'이 타당하다.

3. 장애에 의한 미수

1) 미수(범죄 미완성) 범죄의 미완성이란, '행위의 미종료' 또는 '결과의 불발생'을 말한다. 즉, ㉠ 착수미수(실행에 착수하여 행위를 종료하지 못한 경우), ㉡ 실행미수(실행행위는 종료하였지만 결과가 발생하지 않은 경우)가 있고, 양자의 구별은 '중지

1) [야간주거침입강도의 착수시기(주거침입시설)] 위 92도917 ("야간주거침입강도죄(334①)는 주거침입과 강도의 결합범으로서 시간적으로 주거침입행위가 선행되므로, 주거침입을 한 때에 본죄의 실행에 착수한 것으로 볼 것이다. (특수강도 중) 흉기휴대 합동강도죄(334②)도 그 강도행위가 야간에 주거에 침입하여 이루어지는 경우에는 주거침입을 한 때에 실행에 착수한 것으로 보는 것이 타당하다").

2) [야간주거침입강도의 착수시기(폭행협박시설)] 위 91도2296 ("강도의 범의로 야간에 칼을 휴대한 채 타인의 주거에 침입하여 집안의 동정을 살피다가 피해자를 발견하고 갑자기 욕정을 일으켜 칼로 협박하여 강간한 경우, 야간에 흉기를 휴대한 채 타인의 주거에 침입하여 집안의 동정을 살피는 것만으로는 특수강도의 실행에 착수한 것이라고 할 수 없으므로, 위의 특수강도에 착수하기도 전에 저질러진 위와 같은 강간행위가 구 특정범죄가중처벌법 제5조의6 제1항(註: 현행 성폭력처벌법 제3조 제2항) 소정의 특수강도강간죄에 해당한다고 할 수 없다").

미수의 성립요건'에서 중요하다.

그런데 **거동범**의 경우에는 행위가 종료하면 곧바로 기수가 되므로, '착수미수'('실행에 착수하였으나 실행을 종료하지 못한 때')만 문제되고, 실행미수는 문제되지 않는다. 협박죄(위험범)는 ('해악의 고지→도달→지각→인식→외포'의 현실적 과정 가운데, '해악 고지'한 시점에서 실행의 착수가 있고) 상대방이 '인식'한 시점에서 기수가 되므로, 해악의 고지가 상대방에게 '도달'하지 아니하였거나, 상대방이 이를 '지각'하지 못하였거나, 그 의미를 '인식'하지 못한 경우에는 그 미수범이 성립한다(대판 2007.9.28. 2007도606 전합).[1]

한편, **결과범**의 경우에는 ㉠ 착수미수, ㉡ 실행미수는 물론, ㉢ 결과가 발생하였더라도 실행행위와 결과 사이에 '**인과관계**(객관적 귀속)가 **부정**'되는 경우에도, 미수범이 성립한다.[2]

그런데 '기수시기'는 특히 각칙상 개별 구성요건의 해석문제로서, 이 또한 개별 범죄 해석론의 중요한 과제이다. 여기서는 일부만 살펴본다.

[판례사례: 기수시기 (중요)] ㉠ (주거침입죄) "야간에 타인의 집의 창문을 열고 집 안으로 얼굴을 들이미는 등의 행위를 한 경우, 비록 신체의 '일부만'이 집 안으로 들어갔다고 하더라도, 사실상 주거의 평온을 해하였다면, 주거침입죄는 기수에 이르렀다" (대판 1995.9.15. 94도2561).

㉡ (입목에 대한 절도죄) "입목을 절취하기 위하여 '캐낸 때'에 소유자의 입목에 대한 점유가 침해되어 범인의 사실적 지배하에 놓이게 되므로, 범인이 그 점유를 취득하고 (입목에 대한) 절도죄는 기수에 이른다. 이를 운반하거나 반출하는 등의 행위는 필요하지 않다"(대판 2008.10.23. 2008도6080). 절도범(甲)이 혼자 입목('영산홍')을 땅에서 완전히 캐낸 후에 비로소 제3자(乙)가 범행 장소로 와서 가담하여 함께 입목을 승용차까지 운반한 사안에서, 특수절도죄의 성립을 부정한 사례(甲은 절도죄, 乙은 장물운반죄)이다. 매우 특이한 판례로서, 주의할 필요가 있다.

---

1) [협박죄의 기수시기] 위 2007도606 전합 ("협박죄는 사람의 의사결정의 자유를 보호법익으로 하는 위험범이라 봄이 상당하고", "해악을 고지함으로써 상대방이 그 의미를 '인식'한 이상, 상대방이 현실적으로 공포심을 일으켰는지 여부와 관계없이 그로써 구성요건은 충족되어 협박죄의 기수에 이르는 것"이다).

[주거침입죄의 미수] 대판 1995.9.15. 94도2561 ("예컨대 주거로 들어가는 문의 시정장치를 부수거나 문을 여는 등 침입을 위한 구체적 행위를 시작하였다면 주거침입죄의 실행의 착수는 있고, 신체의 극히 일부분이 주거 안으로 들어갔지만 사실상 주거의 평온을 해하는 정도에 이르지 아니하였다면 주거침입죄의 미수에 그친다").

2) [동시범(19)] 같은 취지에서 동시범의 경우에도 '원인된 행위가 판명되지 아니한 때'에는 각자를 '미수범으로 처벌'하고 있다.

㉢ (타인의 수목에 대한 횡령죄) "피고인이 보관하던 수목(소나무 39주, 팥배나무 1주)을 함부로 제3자에 매도하는 계약을 체결하고, 계약금을 수령·소비한 경우, 수목에 관하여 피고인 또는 부동산매수인 명의의 명인방법 등의 조치를 취한 적도 없었고, 피고인이 수목을 토지에서 분리·보관하거나 분리·반출한 사실도 발견되지 않는다. 수목에 관하여 매매계약을 체결하고 계약금을 수령한 사실만으로는 횡령죄의 '기수범'에 이르렀다고 보기는 어렵다"(대판 2012.8.17. 2011도9113). 판례는 횡령죄에 대해 위험범설의 입장에서 미수를 거의 인정하지 않고 있으나, 구체적·개별적인 사안에서 미수로 평가될 수 있는 행위가 있을 수 있고, 실제로 미수를 인정한 예외적인 판결로서, 주의할 필요가 있다.

㉣ (배임죄) "㉮ 주식회사의 대표이사가 대표권을 남용하는 등 그 임무에 위배하여 회사 명의로 의무를 부담하는 행위를 하더라도, 일단 회사의 행위로서 유효하고, 다만 상대방이 대표이사의 진의를 알았거나 알 수 있었을 때에는, 회사에 대하여 무효가 된다. 따라서 상대방이 대표권남용 사실을 알았거나 알 수 있었던 경우 그 의무부담행위는 원칙적으로 회사에 대하여 효력이 없고, 경제적 관점에서 보아도 이러한 사실만으로는 회사에 현실적인 손해가 발생하였다거나 실해 발생의 위험이 초래되었다고 평가하기 어려우므로, 달리 그 의무부담행위로 인하여 실제로 '채무의 이행'이 이루어졌다거나 '회사가 민법상 불법행위책임을 부담'하게 되었다는 등의 사정이 없는 이상 배임죄의 '기수'에 이른 것은 아니다. 그러나 이 경우에도 대표이사로서는 배임의 범의로 임무위배행위를 함으로써 실행에 착수한 것이므로 배임죄의 미수범이 된다. 그리고 상대방이 대표권남용 사실을 알지 못하였다는 등의 사정이 있어 그 의무부담행위가 회사에 대하여 유효한 경우에는 회사의 채무가 발생하고 회사는 그 채무를 이행할 의무를 부담하므로, 이러한 채무의 발생은 그 자체로 현실적인 손해 또는 재산상 실해 발생의 위험이라고 할 것이어서 그 채무가 현실적으로 이행되기 전이라도 배임죄의 기수에 이르렀다고 보아야 한다. ㉯ 주식회사의 대표이사가 대표권을 남용하는 등 그 임무에 위배하여 약속어음 발행을 한 행위가 배임죄에 해당하는지도 원칙적으로 위에서 살펴본 의무부담행위와 마찬가지로 보아야 한다. 다만 약속어음 발행의 경우 어음법상 발행인은 종전의 소지인에 대한 인적 관계로 인한 항변으로써 소지인에게 대항하지 못하므로(어음법 제17조, 제77조), 어음발행이 무효라 하더라도 그 어음이 실제로 '제3자에게 유통'되었다면, 회사로서는 어음채무를 부담할 위험이 구체적·현실적으로 발생하였다고 보아야 하고, 따라서 그 어음채무가 실제로 이행되기 전이라도 배임죄의 기수범이 된다. 그러나 약속어음 발행이 무효일 뿐만 아니라 그 어음이 유통되지도 않았다면 회사는 어음발행의 상대방에게 어음채무를 부담하지 않기 때문에 특별한 사정이 없는 한 회사에 현실적으로 손해가 발생하였다거나 실해 발생의 위험이 발생하였다고도 볼 수 없으므로, 이때에는 배임죄의 기수범이 아니라 배임미수죄로 처벌하여야 한다"(대판 2017.7.20. 2014도1104 전합). 이는, 주식회사의

대표이사가 대표권을 남용하는 등 그 임무에 위배하여 약속어음을 발행한 경우에, 약속어음 발행은 회사에 대하여 무효일 뿐만 아니라, 그 어음이 유통되지도 않았다면, 배임죄의 기수가 아니라 미수범이 될 뿐이라고 한 사례이다. 역시 주의할 필요가 있다.

㉤ (직권남용죄) "타인의 권리행사방해죄(123)가 기수에 이르려면, (의무없는 일을 시키는 행위 또는 권리를 방해하는 행위가 있었다는 것만으로는 부족하고) 행위에 결과가 발생한 것을 필요로 하므로, 공무원의 직권남용이 있다 하여도 현실적으로 권리행사의 저해가 없다면 기수를 인정할 수 없다"(대판 1978.10.10. 75도2665). 이는, 정보관계를 담당한 순경이 증거수집을 위해 정당의 지구당집행위원회에서 쓸 회의장소에 몰래 도청기를 설치해 놓았다가, 회의 개최 전에 들켜 뜯겨서 도청을 하지 못한 사안에서, 회의진행을 도청당하지 아니할 권리가 현실적으로 침해된 사실은 없다고 보아 직권남용죄의 기수에 이렀다고 볼 수 없다고 한 사례이다.

2) 장애　범죄의 미완성이 '자의'가 아니라, 비자의적인 '장애'에 의한 것이라야 한다. 따라서 '장애'는 '(자의에 의한)중지'를 제외한 나머지 영역이며, 소극적으로 정의된다.

3) 결과발생 가능　장애미수는 행위종료(거동범)나 결과발생(결과범)이 가능하지만(즉, 기수가 가능하지만), 장애에 의해 미수(범죄 미완성)에 그친 경우이다. 만일 처음부터 결과발생이 불가능한 경우라면, 불능미수가 문제된다.

[결과적 가중범의 미수] 결과적 가중범에서 '기본범죄가 미수'이고 '중한 결과가 발생'한 경우에 결과적 가중범의 미수가 인정되는지 여부가 문제된다.

종래의 통설은 부정설의 입장으로, 중한 결과가 발생한 이상 결과적 가중범은 기수가 된다는 것이다(기수설). 판례도 같다. 즉, ㉠ "강간치상죄의 경우 강간이 미수에 그쳤다고 해도 강간치상죄의 성립에는 영향이 없다"(대판 1988.8.23. 88도1212), ㉡ "강간미수행위와 피해자의 사망과의 사이에 상당인과관계가 있는 경우에는 강간치사죄가 성립한다"(대판 1995.5.12. 95도425). ㉢ "성폭력처벌법 제15조에 정한 같은 법 제8조 제1항에 대한 미수범 처벌규정은, 제9조 제1항에서 특수강간치상죄와 함께 규정된 특수강간'상해'죄의 미수에 그친 경우, 즉 특수강간의 죄를 범하거나 미수에 그친 자가 피해자에 대하여 상해의 고의를 가지고 피해자에게 상해를 입히려다가 미수에 그친 경우 등에 적용될 뿐, 같은 법 제9조 제1항에서 정한 특수강간'치상'죄에는 적용되지 않는다"(대판 2008.4.24. 2007도10058; 2013.8.22. 2013도7138). 판례의 이러한 입장은 현재까지 유지되고 있다.

그러나 기본범죄가 기수인지 미수인지 여부는 불법성에서 큰 차이가 있다. 기본범죄가 미수에 그친 경우에는 기본범죄의 기수에 비해 감경된 책임귀속을 인정하는 것이 이론적으로 타당하다(미수설). 자세한 것은 '결과적 가중범' 참조(前述).

Ⅲ. 처벌(임의적 감경)

장애미수의 요건을 구비하더라도 미수범처벌규정이 없으면 처벌할 수 없다. "미수범의 형은 기수범보다 감경할 수 있다"(25② 임의적 감경). 임의적 감경의 대상은 주형에 제한되고, 부가형(몰수·추징)이나 보안처분은 감경할 수 없다. 징역 및 벌금형은 주형이므로 모두 그 대상이 된다.

[판례사례: 미수범처벌규정의 부재(여신전문금융업법상 신용카드부정사용죄)] "위 부정사용죄의 구성요건적 행위인 신용카드의 사용이라 함은, 신용카드의 소지인이 신용카드의 본래 용도인 대금결제를 위하여 가맹점에 신용카드를 제시하고 매출전표에 서명하여 이를 교부하는 일련의 행위를 가리킨다. 단순히 신용카드를 제시하는 행위만으로는 신용카드부정사용죄의 실행에 착수한 것이라고 할 수는 있을지언정, 그 사용행위를 완성한 것으로 볼 수 없고, 신용카드를 제시한 거래에 대하여 카드회사의 승인을 받았다고 하더라도 마찬가지이다. 신용카드를 절취한 사람이 대금을 결제하기 위하여 신용카드를 제시하고 카드회사의 승인까지 받았다고 하더라도, 매출전표에 서명한 사실이 없고 도난카드임이 밝혀져 최종적으로 매출취소로 거래가 종결되었다면, 신용카드 부정사용의 미수행위에 불과하다. 여신전문금융업법에서 위와 같은 미수행위를 처벌하는 규정을 두고 있지 아니한 이상 피고인을 위 법률위반죄로 처벌할 수 없다"(대판 2008.2.14. 2007도8767).

제 3 절 중지미수

제26조(중지범) 범인이 실행에 착수한 행위를 자의(自意)로 중지하거나 그 행위로 인한 결과의 발생을 자의로 방지한 경우에는 형을 감경하거나 면제한다.

Ⅰ. 의의

1) 뜻 중지미수란, 범죄의 실행에 착수한 자가 그 범죄가 완성되기 전에 '자의로' '실행행위를 중지'하거나 '결과발생을 방지'한 경우이다.

중지미수는, ㉠ 범죄의 미완성이 행위자의 '자의'에 의한 것이라는 점에서, ('뜻밖의 장애'에 의한) **장애미수**와 구별된다. ㉡ 중지하지 않았다면 결과발생이 가능했다는 점에서, (애당초 결과발생이 불가능한) **불능미수**와 구별된다.

2) 관대한 처벌의 근거 중지미수는 특별히 관대하게 처벌된다(필요적 감면). 그 근거에 대해 견해가 대립하나, 결합설(형사정책설+책임감소설, 다수설)에 따르면, 형의 '면제'는 범죄의 완성을 방지하려는 형사정책적 고려이며, 형의 '감경'은 중지행위자에 대한 책임비난의 감소에 있다.

[학설] 중지미수의 법적 성격에 대해서는 여러 견해가 대립한다. 이는 관대한 처벌에 대한 입법화의 근거를 제시할 뿐 제26조의 해석론과는 크게 상관이 없다.

i) 형사정책설은, 범죄의 완성(기수)을 방지하려는 '형사정책적 고려'라는 견해이다. 필요적 감면은 ㉠ '되돌아가는 황금의 다리'라는 견해, ㉡ '공적에 대한 보상 내지 은사'라는 견해, ㉢ '형벌목적(일반예방 · 특별예방)에 비추어 처벌필요성의 소멸 · 감소'라는 견해 등이 여기에 속한다.

ii) 법률설은, 형사정책이 아닌 형법이론적으로 설명하는 견해이다. ㉠ 중지의 결의로써 '위법성이 소멸 · 감소'한다는 견해, ㉡ 행위자에 대한 비난가능성, 즉 '책임이 소멸 · 감소'한다는 견해 등이 여기에 속한다.

iii) 결합설은, 형의 면제는 형사정책설에 의해, 형의 감경은 법률설로 설명하는 견해이다. 여기에는, 형사정책설에다가, ㉠ 위법성감소설을 결합한 견해, ㉡ 책임감소설을 결합한 견해, ㉢ 위법성감소 · 책임감소 모두를 결합한 견해가 있다. 현재 '형사정책설(면제)+책임감소설(감경)을 절충'한 결합설이 지배적이다(다수설).

Ⅱ. 성립요건

중지미수가 성립하기 위해서는, ① 주관적 요건으로, '기수의 고의' 외에 '자의성'이 요구되고, ② 객관적 요건으로 '실행의 착수'와 '미수(범죄 미완성)' 외에 '중지행위'가 존재해야 한다.

1. 자의성

중지미수도 미수의 일종이므로, 주관적 요건인 고의 등을 모두 갖추어야 한다(장애미수 부분 참조). 중지미수에만 특유한 주관적 요건은 '자의성'이다. 자의성 표지를 어떤 기준으로 판단할 것인지에 대해 견해가 대립한다.

(1) 학설

1) 주관설 행위자의 후회, 동정, 연민, 죄책감 등 윤리적 동기에 의한 중지만 (자의성 있는) 중지미수이고, 그 외에는 장애미수라는 견해이다. 자의성과 윤리성을 동일시하여, 중지미수의 인정범위가 지나치게 좁게 된다.

2) 객관설 외부적 사정과 내부적 동기를 구별하여, 외부적 사정에 의한 중지라면 장애미수, 내부적 동기에 의한 중지라면 (자의성 있는) 중지미수라는 견해이다. 그 구별기준이 불명확하고, 중지미수의 범위도 불분명하다(외부적 사정이 의사결정에 미치는 영향의 정도는 평가하기 나름)는 비판이 있다.

3) 프랑크(Frank) 공식 자의성을 가능성으로 파악하여, "범죄를 할 수 있었지만, '원치 않아서' 중지한 경우"('안한 것')는 (자의성 있는) 중지미수이고, "범죄를 하려고 했지만, '할 수 없어서' 중지한 경우"('못한 것')는 장애미수라는 견해이다. 자의성의 개념을 실행가능성과 혼동하고, 해석에 따라서는 자의성의 범위가 지나치게 확대될 수 있다는 비판이 있다.

4) 규범설 중지의 동기를 규범적으로 평가하여, 범행의 중지가 '합법성으로의 회귀'라고 평가할 수 있을 때에는 자의성을 인정하는 견해이다. 즉, 합법적 동기이면 (자의성 있는) 중지미수이고, 범죄목적에 봉사하는 형태의 표현이면 장애미수라는 것이다. 자의성의 인정에 합법성을 요구하는 것은 부당하고, 자의성의 개념이 지나치게 좁다는 비판이 있다.

5) 절충설(자율적 동기·타율적 동기 구별설) 자율적 동기와 타율적 동기를 구별하여, 자율적 동기에 의한 것이면 (자의성 있는) 중지미수이고, 타율적 동기에 의한 것이면 장애미수라는 견해이다. 즉, 외부사정의 변화 유무에 따라, ㉠ '행위자에게 결정적으로 불리한 외부사정의 변화'로 범행을 중지한 것이면, 타율적 동기가 되고, 반면, ㉡ '(행위자에게 결정적으로 불리한) 외부사정의 변화가 없음'에도 스스로 중지한 것이면, 자율적 동기가 된다고 한다. 나아가, ㉢ 외부사정의 변화가 있더라도, 그 사정이 (행위자의) 의사결정을 압박할 정도가 아니거나, 범행의 중지가 (행위자의) 이성적인 심사숙고의 결단인 경우라면, 자의성을 인정한다.[1)]

1) [절충설에 따른 자의성 인정 사례(자율적 동기)] 독일(필요적 면제)의 판례가 자의성을 긍정한 사례로는, ㉠ 자신의 처와 '현장'에 함께 있는 정부(情夫)를 살해하려고 실행에 착수하였다가, 현장에서 도망하는 처를 살해하는 일이 더 급해서, 정부에 대한 살해행위를 중지한 경우(정부에 대한 실행행위의 중지가 객관적인 심사숙고에 의한 것이라는 이유. BGHSt 35,187), ㉡ 양심의 가책을 받아 그만 둔 경우(RGSt 14, 22), ㉢ 수치심 때문에 중지한 경우(RGSt 47, 79), ㉣ 두려움으로 인해 그만 둔 경우(RGSt 54, 326), ㉤ 공포심 때문에 중지한 경우(BGH MDR 1952, 530, 반대: RGSt 68, 238), ㉥ 피해자가 고함을 질렀지만 행위자가 누구도 그 고함을 듣

행위자의 주관과 객관적 사정을 함께 고려하는 절충설이며, 통설적 견해이다.

(2) 구체적 판단기준 및 판례

1) 구체적 판단기준 절충설에 따르면, 자율적 동기와 타율적 동기를 구별하여 판단하는 것이 바람직하다.

i) [자율적 동기] 중지는 **자율적 동기**에서 비롯된 것이라야 한다. ㉠ 여기에서는 범죄 수행의 가능 여부라는 객관적 측면보다는, 오히려 행위자의 주관적 태도, 즉 **의사지배력**('자신의 의사를 지배하고 있었느냐')이 중시된다. 따라서 행위자가 '주관적으로 인식한 사정'이 중요한 것은 당연하며, 그 결과 범행을 아직도 완성할 수 있다고 믿었다면 불능미수의 경우에도 중지가 가능하다. ㉡ 또한, **외부사정의 변화가 없음**에도 스스로 자율적 동기에서 중지하면 자의성이 인정된다. 자율적으로 중지한 이상 반드시 윤리적 동기일 필요가 없음은 물론이다. ㉢ 외부사정의 변화가 있더라도, 그 외부사정이 행위자의 원래의 의사지배력을 마비·압박할 정도에 이르지 않은 상태에서 자발적으로 중지했다면 자의성이 인정된다.

ii) [타율적 동기] **타율적 동기**에 의한 중지는, 자의성이 인정되지 않는다. 즉, ㉠ **사태의 본질적인 변화**, ㉡ **범행발각의 위험**(범행발각에 대한 두려움), ㉢ 행위자 개인이 **극복할 수 없는 장애**(예: 범행을 관철할 수 없게 만드는 '심리적 장애') 등에 의한 중지는, 대개 '비자의적'(非自意的)인 것이다(장애미수).

iii) [자의성판단의 기초사정] 자의성 판단은, 객관적·외부적 사실을 기준으로 결정되는 것이 아니라, 행위자가 '**주관적으로 인식한 사정**'을 기초로 판단한다. 중지미수의 핵심표지인 '자의성'은 책임감면사유로서 범죄체계론상 책임영역에 속하는 것이고, 중지미수는 일종의 면책사유이기 때문이다.

2) 판례 판례도 **기본적으로 절충설**의 입장으로 보인다. 즉, 범행의 중지가 자의에 의한 중지이냐 또는 어떤 장애에 의한 중지이냐 여부를 '사회통념'에 따라 판단하고, "사회통념상 범죄실행에 대한 장애라고 여겨지지 않는 경우"(대판 1993.10.12. 93도1851)에는 자의성을 인정하고 있기 때문이다. 예컨대, "중지미수와 장애미수의 구분은, 범죄의 미수가 자의에 의한 중지이냐 또는 어떤 장애에 의한 미수이냐에 따라 가려야 한다. 특히 자의에 의한 중지 중에서도 '일반 사회

지 못할 것이라고 믿은 경우(BGH MDR 1979, 279) 등이 있다.

반면, 자의성을 부정한 사례로는 ㉠ 범행발각의 위험성 때문에 그만 둔 경우(RGSt 37, 406), ㉡ 사용한 수단이 효과가 없어 그만 둔 경우(RGSt 15, 281) 등이 있다.

통념상' '장애에 의한 미수라고 보여지는 경우를 제외한 것'을 중지미수라고 풀이함이 일반이다"(대판 1985.11.12. 85도2002). "그 중지가 일반 사회통념상 범죄를 완수함에 장애가 되는 사정에 의한 것이 아니라면, 이는 중지미수에 해당한다"(대판 1999.4.13. 99도640).

그런데 판례는, 살인미수사례('가슴 부위에서 많은 피가 흘러나오는 것을 발견하고, 겁을 먹고')나 방화미수사례('불길이 치솟는 것을 보고, 겁이 나서')에서, 행위자의 의사결정을 마비·압박할 정도의 장애가 아닐 가능성이 있음에도, 모두 자의성을 부정하고 (중지미수가 아닌) 장애미수에 해당한다고 하였다. 즉, 이른바 '심리적 장애'도 사회통념상 장애라고 하여 자의성을 부정하고 있는 것이다. 이 한도에서 판례는 절충설의 경우보다 자의성의 범위를 좁게 이해하고 있다. 자의성을 좁게 이해하면 그만큼 장애미수의 성립 범위는 넓어진다.

[판례사례: 자의성 인정(중지미수)] 자의성을 인정한 판례사례(중지미수)들이다.

㉠ (윤리적 동기) 절도를 공모한 후 공범이 훔칠 물건을 물색하고 있는 동안 밖에 있던 자가 자신의 범행전력 등을 생각하여 가책을 느낀 나머지 스스로 결의를 바꾸어 피해자에게 공범의 침입사실을 알려 피해자와 함께 그 공범을 체포한 경우(대판 1986.3.11. 85도2831).

㉡ (자율적 동기: '다음번에 만나 친해지면 응해주겠다'는 취지의 피해자의 간곡한 부탁) "피해자를 강간하려다가 피해자의 다음 번에 만나 친해지면 응해 주겠다는 취지의 간곡한 부탁으로 인하여 그 목적을 이루지 못한 경우"(피해자의 '다음에 만나 친해지면 응해 주겠다'는 취지의 간곡한 부탁은, 사회통념상 범죄실행에 대한 장애라고 여겨지지는 아니하므로, 중지미수에 해당)(대판 1993.10.12. 93도1851).

[판례사례: 자의성 부정(장애미수)] 자의성을 부정한 판례사례(장애미수)이다.

i) [타율적 동기 1: '사태의 본질적인 변화'] ㉠ (강간죄의 장애미수) "강간하려고 하였으나 잠자던 피해자의 어린 딸이 잠에서 깨어 우는 바람에 도주하였고, 또 피해자가 시장에 간 남편이 곧 돌아온다고 하면서 임신중이라고 말하자 도주한 경우에는 자의로 강간행위를 중지하였다고 볼 수 없다"(대판 1993.4.13. 93도347), ㉡ (강간죄의 장애미수) "피해자를 강간하려고 작은 방으로 끌고가 팬티를 강제로 벗기고 음부를 만지던 중 피해자가 수술한 지 얼마 안되어 배가 아프다면서 애원하는 바람에 그 뜻을 이루지 못하였다면, 간음행위를 중단한 것은 피해자를 불쌍히 여겨서가 아니라 피해자의 신체조건상 강간을 하기에 지장이 있다고 본 데에 기인한 것이므로, 이는 일반의 경험상 강간행위를 수행함에 장애가 되는 외부적 사정에 의하여 범행을 중지한 것에 지나지 않는 것으로서 중지범의 요건인 자의성을 결여하였다"(대판 1992.7.28. 92도917).

ii) [타율적 동기 2: '**범행발각의 위험**', 즉 '범행발각에 대한 두려움'] ㉠ (관세법위반죄의 장애미수) "미리 제보를 받은 세관직원들이 잠복근무를 하고 있어 그들이 왔다 갔다 하는 것을 본 피고인이 범행의 발각을 두려워한 나머지 자신이 분담하기로 한 실행행위에 이르지 못한 경우"(대판 1986.1.21. 85도2339), ㉡ (간첩죄의 장애미수) "입국하여 기밀을 탐지 수집 중 경찰관이 피고인의 행적을 탐문하고 갔다는 말을 전해 듣고 지령사항수행을 보류하고 있던 중 체포된 경우"(대판 1984.9.11. 84도1381), ㉢ (필로폰 제조의 장애미수) "원료불량으로 인한 제조상의 애로, 제품의 판로문제, 범행탄로시의 처벌공포, 원심 공동피고인의 포악성 등으로 인하여 히로뽕 제조를 단념한 경우"(대판 1985.11.12. 85도2002), ㉣ (사기죄의 장애미수) "갑에게 위조한 예금통장 사본 등을 보여주면서 외국회사에서 투자금을 받았다고 거짓말하며 자금 대여를 요청하였으나, 갑과 함께 그 입금 여부를 확인하기 위해 은행에 가던 중 은행 입구에서, 피고인이 범행이 발각될 것이 두려워 범행을 중지한 경우"(대판 2011.11.10. 2011도10539).

iii) [타율적 동기 3: '**개인이 극복할 수 없는 장애**', 특히 '**심리적 장애**'의 문제] ㉠ (살인죄의 장애매수) "피해자를 살해하려고 그의 목 부위와 왼쪽 가슴 부위를 칼로 수회 찔렀으나 피해자의 가슴 부위에서 '많은 피'가 흘러나오는 것을 발견하고 겁을 먹고 그만 두는 바람에 미수에 그친 경우(많은 피가 흘러나오는 것에 놀라거나 두려움을 느끼는 것은 일반 사회통념상 범죄를 완수함에 장애가 되는 사정에 해당하므로, 자의에 의한 중지미수라고 볼 수 없다)"(대판 1999.4.13. 99도640), ㉡ (방화죄의 장애미수) "장롱 안에 있는 옷가지에 불을 놓아 건물을 소훼하려 하였으나 '불길'이 치솟는 것을 보고 겁이 나서 물을 부어 불을 끈 경우(치솟는 불길에 놀라거나 자신의 신체안전에 대한 위해 또는 범행 발각시의 처벌 등에 두려움을 느끼는 것은 일반 사회통념상 범죄를 완수함에 장애가 되는 사정에 해당하므로, 자의에 의한 중지미수라고는 볼 수 없다)"(대판 1997.6.13. 97도957). 이에 대해서는 자의성을 인정할 수 있다는 학설상 논의가 있다.

2. 실행행위의 중지 또는 결과발생의 방지

중지미수도 미수의 일종이므로, 객관적 요건으로 '실행에 착수'하여 '미수(범죄 미완성)'라야 한다. 중지미수에만 특유한 객관적 요건은 '중지행위'이다. 실행에 착수한 행위를 중지(행위중단)하거나, 그 행위로 인한 결과발생을 방지(결과방지)해야 한다. 즉, ㉠ 실행행위가 종료되기 전에는 '실행행위의 중지'(행위중단), ㉡ 실행행위가 종료된 후에는 '결과발생의 방지'(결과방지)가 요구된다. 전자(㉠)를 착수중지(착수미수의 중지, 미종료미수), 후자(㉡)를 실행중지(실행미수의 중지, 종료미수)라고 한다. 착수중지에서는 '실행행위의 중지'(행위중단), 실행중지에서는 '결과발생의 방지'(결과방지)가 필요하다. 중지미수의 객관적 요건은 착수중지(행위중단)와 실행중지(결과방지)에 따라 차이가 있다.

(1) 실행행위의 종료시기: 착수중지와 실행중지의 구별

착수중지와 실행중지는 실행행위의 종료 여부에 따라 구별된다. 실행행위의 종료시기가 어느 시점인지에 대해서는, 실행의 착수시기와 대응하여, ㉠ 주관설(행위자의 의사에 따라 그 종료시점을 결정), ㉡ 객관설('객관적으로 결과발생의 가능성이 있는 행위가 있는 때'), ㉢ 절충설(행위자의 범행계획과 객관적 사정을 모두 고려하여, '결과발생에 필요한 행위가 끝난 시점')이 대립한다. 실행의 착수시기(절충설, 주관적 객관설)와 마찬가지로, 절충설이 통설이다. 절충설에 따르면, '결과발생에 필요한 행위가 끝난 시점'이 실행행위의 종료시점이 된다. 즉, 행위자에게 추가적인 실행할 행위가 남아 있는 경우에, 이미 실행한 행위와 아직 실행하지 못한 행위가 하나의 행위인 때에는 착수미수, 양자가 서로 다른 별개의 행위인 때에는 이미 실행행위는 종료한 것이므로 실행미수가 된다.

(2) 착수중지: 실행행위의 중지(행위중단)+결과불발생

착수중지는 '실행행위의 중지(행위중단)'와 '결과의 불발생'이 요건이다.

1) 실행행위의 중지 착수중지가 성립하기 위해서는, 행위자가 실행행위의 종료 전에 자의로 '실행행위의 계속을 중지'(행위중단)하면 된다. 작위범의 경우에는 실행행위를 더 이상 계속하지 않는 '부작위'에 의해, 부작위범의 경우에는 필요한 '작위의무의 이행'에 의해 착수중지(행위중단)가 완성된다. 실행행위의 중지는 반드시 후회나 양심상 가책과 같은 윤리적 동기에 의할 필요는 없다. 나아가 범행을 종국적으로 포기할 필요도 없다. 예컨대, 유리한 기회에 범행하기 위해 범죄실행을 일시적 보류 내지 잠정적 중지하는 경우에도 중지미수가 된다. 판례도 같다(대판 1993.10.12. 93도1851. 이는 '다음번에 만나 친해지면 응해주겠다'는 취지의 피해자의 부탁에 따라 중지한 경우 강간죄의 '중지'미수를 인정한 사례).

2) 결과불발생 미수범이 성립하려면 범죄의 결과가 발생하지 않아야 한다. 실행행위를 중지했지만 결과가 발생한 경우에는, 기수범이 성립하고, 중지미수는 인정되지 않는다.

(3) 실행중지: 결과발생의 방지(결과방지)+결과불발생

실행중지는 '결과발생의 방지(결과방지)'와 '결과의 불발생'이 요건이다.

1) 결과발생의 방지 실행중지가 성립하기 위해서는, 행위자가 실행행위가 종료된 이후 자의로 '결과발생을 방지'(결과방지)하는 적극적 행위를 해야 한다. 결과발생 방지행위는 인과적 진행을 의식적으로 중단시키는 행위자의 '적극적

행위'이어야 하고(적극성), 결과발생을 방지하기 위한 행위자의 '진지한 노력'이 있어야 하며(진지성), 원칙적으로 행위자 자신이 '직접' 해야 한다(직접성).

㉠ [적극성] 적극적 행위라야 한다. 소극적 방치만으로는 부족하다.

㉡ [진지성] 결과방지를 위한 행위자의 '진지한 노력'이 있어야 한다. 예컨대, 방화 후에 "불이야" 고함을 치고 이웃에게 "불을 꺼달라, 잘 부탁한다"는 말만 하고 달아난 경우에는, 진화되었더라도 진지한 노력에 의한 것이 아니므로, 중지미수가 인정되지 않는다(장애미수).

㉢ [직접성] 행위자 자신이 '직접' 방지행위를 해야 한다. 다만, 결과발생 방지조치는 행위자 자신이 직접 취할 필요는 없다. 의사 등 전문가의 도움을 받을 수 있음은 물론이다. 예컨대, 의사의 치료를 받게 한다거나 소방관으로 하여금 진화(鎭火·消火)하게 하는 경우이다(즉, 구체적인 조치는 행위자의 처·자식·가족은 물론 전문가 등의 도움을 받아, 행위자가 '스스로 방지한 것과 동일시할 수 있는 정도'라면 무방하다).

2) 결과불발생 범죄의 결과가 발생하지 않아야 한다. 만일 결과가 발생한 경우라면, 중지미수는 인정되지 않는다.[1] 즉, 결과발생의 방지를 위한 행위자의 '진지한 노력'이 있었더라도, 결과가 발생한 이상 기수범이 성립한다.

3) 인과관계 행위자(내지 제3자·보조자)의 방지행위와 결과불발생 사이에 **인과관계**가 있어야 한다. 다만, 여기서의 인과관계는 (엄격한 의미의 인과성이 아니라) 결과불발생이 '행위자 자신'의 '**진지한 노력의 산물**'로서 평가될 수 있는 정도의 의미이다.

문제는, '행위자의 방지 노력'보다는, 오히려 '제3자의 행위' 또는 '다른 원인'에 의해 **결과가 불발생**한 경우(즉, 행위자의 방지 노력과 결과불발생 사이의 인과관계가 인정되지 않는 경우)에도 중지미수의 특례를 인정할 것인지 여부이다. 중지행위를 하였으나 중지행위와 관계없이 결과가 불발생한 경우로는, ㉠ 제3자의 개입에 의해 결과가 불발생한 경우, ㉡ 처음부터 결과발생이 불가능한 불능미수의 경우가 대표적으로 문제된다. 우선, ㉠ 전자, 즉 '**제3자의 개입과 결과불발생**'의 경우와 관련하여, 결과발생 방지를 위해 행위자가 **진지한 노력**을 하였으나 제3자의 개입에 의하여 결과가 불발생한 경우에 중지미수를 인정할 것인지 여부에 대해,

---

1) [결과발생과 중지미수 여부] ㉠ 대판 1978.11.28. 78도2175 ("타인의 재물을 공유하는 자가 공유자의 승낙을 받지 않고 공유대지를 담보에 제공하고 가등기를 경료한 경우 횡령행위는 기수에 이르고 그후 가등기를 말소했다고 하여 중지미수에 해당하는 것이 아니다"), ㉡ 대판 2008.12.24. 2008도9169 ("영업비밀취득죄가 기수에 이른 후에 이를 삭제하였더라도 미수로 평가할 수 없다").

긍정설(중지행위와 결과방지 사이에 인과관계가 없는 경우라도, 행위자가 자의로 '진지한 노력'을 다한 이상, 인과성 요건을 완화하여 피고인에게 유리하게 그것으로 인과관계를 대체할 수 있다는 견해)과 부정설(중지행위와 결과방지 사이에 인과관계가 없는 경우에는 명문의 규정이 없는 이상 중지미수의 특례를 인정할 수 없다는 견해)이 대립한다. 긍정설이 통설적 견해이며, 형벌목적론적 책임감소설의 취지에 비추어 긍정설이 타당하다.[1] 다만 주의할 점은, 단순한 자의성 이외에 결과발생의 방지를 위한 행위자의 '진지한 노력'이 전제되어야 하며, 이는 일련의 방지행위를 통하여 '외부적으로' 드러나야 한다(㉡ 후자, 즉 '불능미수의 중지미수'에 대해서는 후술한다).

물론, 다른 원인으로 **결과가 발생**한 경우에도 결과발생방지를 위한 행위자의 **진지한 노력**이 있었다면, '중지'미수가 성립할 여지가 있다. 즉, 진지한 노력에 의한 방지행위가 있었다면, 설령 실행행위와 인과관계가 없는 다른 사유로 인하여 결과가 발생한 경우라도, 중지미수가 인정될 수 있다. 예컨대, 피해자를 살해하려고 칼로 찔렀으나 곧 자의로 구급차를 불러 병원으로 후송하였는데, 그 후송 도중 교통사고로 피해자가 사망한 경우라면, 이는 비록 결과가 발생하였지만 실행행위와 결과 사이에 '인과관계가 부정'되는 경우인데, 행위자의 진지한 노력이 있었던 이상, '중지'에 의한 '미수'가 된다.

Ⅲ. 처벌(필요적 감면)

중지미수의 요건을 구비하더라도 미수범처벌규정이 없으면 처벌할 수 없다. 중지미수에 대해서는 형을 반드시 감경 또는 면제한다(26 필요적 감면). 착수중지와 실행중지의 형에 차이가 없다.

중지미수에 대한 형벌의 감경·면제는 인적 처벌감경·조각사유이다. 따라서 **중지행위자에게만 적용**되고(중지미수), 다른 공범자에게는 적용되지 않는다(장애미수). 예컨대, 甲과 乙이 살인의 실행에 착수한 후에, 甲만이 실행행위를 중단하고 乙의 행위도 중단시켜 사망의 결과발생을 방지한 경우에는, 중지행위자인 甲만 중지미수가 되고, 다른 공범자 乙은 장애미수가 된다(만일 甲의 실행행위 중지에도 불구하고 乙에 의해 결과가 발생한 경우에는, 甲·乙 모두 기수범이 된다).

---

1) [참조] 독일형법 제24조 제2문(범죄가 중지자의 행위 없이 기수에 이를 수 없는 경우 그 중지자가 범죄의 완성을 방지하기 위하여 자의로 진지하게 노력한 때에는 벌하지 아니한다).

[불능미수의 중지미수] i) [학설] 애초부터 결과발생이 불가능함에도 행위자가 이를 알지 못한 채 실행행위를 중지하거나 결과발생 방지를 위한 진지한 노력을 한 경우에도, 중지미수의 성립을 인정할 것인지 여부가 문제된다. 즉, 불능미수의 중지를 인정할 것인지의 문제이다. 만일 '불능미수의 중지미수' 관념을 인정한다면, 장애미수의 중지미수보다는 이른바 '불능미수의 중지미수'가, 그 죄질이 더 가볍다고 할 수 있다. 이에 대해서는 견해가 대립한다.

㉠ 긍정설(중지미수로 인정한다는 견해)은, 중지미수의 형은 필요적 감면이지만 불능미수의 형은 임의적 감면인데, 불능미수에 중지미수의 규정을 적용하지 않는다면, '처벌의 불균형'이 발생한다는 점, 즉 결과방지를 위한 노력은 동일함에도 불구하고, 결과발생이 가능하고 위험성이 더 큰 가능미수의 경우에는 필요적 감면을 인정하면서, 결과발생이 불가능한 불능미수의 경우에는 이를 더 무겁게 처벌하는 불합리한 결과가 발생한다는 점 등을 근거로 한다.

㉡ 부정설(불능미수의 중지미수는 인정될 수 없고, 단지 불능미수가 될 뿐이라는 견해)은, 결과불발생은 행위자의 노력과 무관하게 처음부터 결과발생이 불가능한 것이었고, 방지행위와 결과불발생 사이에 '인과관계를 인정할 여지가 전혀 없다'는 점을 근거로 한다. 처벌의 불균형 문제는 '임의적 감면' 규정을 적극적으로 활용하여 양형과정에서 해소하는 수밖에 없다고 한다.

ii) [검토] 긍정설이 통설이며 타당하다. 행위자가 자의로 '진지한 노력'을 다하였다면 앞서본 '제3자 개입'의 경우 인과관계를 대체할 수 있다고 해석하는 이상, 처음부터 결과발생이 불가능하기 때문에 죄질이 그보다 더 가벼울 수밖에 없는 '불능미수'의 경우에도 동일하게 인과성 요건을 완화하는 것이 균형에 맞기 때문이다(긍정설).

[예비의 중지 (판례: 부정설)**]** 예비의 중지란, 예비행위를 한 자가 자의로 실행의 착수를 포기하는 경우이다. 중지미수 규정의 유추적용 여부가 문제되는데, 견해가 대립한다(후술). 판례는, 부정설이다. 즉, "중지범은 범죄의 실행에 착수한 후 자의로 그 행위를 중지한 때를 말하는 것이고, <u>실행의 착수가 있기 전인 예비음모</u>의 행위를 처벌하는 경우에, <u>중지범의 관념은 이를 인정할 수 없다</u>"(대판 1999.4.9. 99도424).

그러나 예비죄에서도 '실행행위의 중지' 관념을 인정할 여지가 있다면, '형의 불균형' 문제에 대한 시정과 해소가 필요하다(後述).

[공범의 중지] i) [공동정범과 중지] 공동정범의 중지미수가 성립하기 위해서는, 공범자 1인의 중지만으로는 부족하고, 다른 공범자 <u>전원이 모두 중지해야</u> 한다. 그 결과 ㉠ 공범자 1인이 자의로 중지했더라도, <u>다른 공범자가 기수</u>에 이르면, 모두 기수범이 된다(대판 2005.2.25. 2004도8259).[1] ㉡ 공범자 1인(甲)이 자의로 중지하고 <u>다른 공범자(乙)의 범행까지 중지</u>하게 하였다면, 그 1인(甲)은 **중지미수**이나, <u>다른 공범자(乙)는</u>

1) [다른 공범자의 기수] 위 2004도8259 ("<u>다른 공범의 범행을 중지하게 하지 아니한 이상</u> 자기만의 범의를 철회, 포기하여도, 중지미수로는 인정될 수 없는 것이다").

장애미수가 된다.

ii) [교사 · 방조범과 중지] ㉠ '정범'이 자의로 중지한 경우에는, 정범은 중지미수이나, 교사 · 방조범은 장애미수가 된다. ㉡ '교사 · 방조범'이 자의로 중지하고 '정범'의 범행까지 중지하게 한 경우에는, '교사 · 방조범'은 중지미수가 되나, '정범'은 장애미수가 된다('정범'이 기수에 이르렀다면, 교사 · 방조범도 기수가 됨은 물론이다).

제 4 절 불능미수

제27조(불능범) 실행의 수단 또는 대상의 착오로 인하여 결과의 발생이 불가능하더라도 위험성이 있는 때에는 처벌한다. 단, 형을 감경 또는 면제할 수 있다.

Ⅰ. 의의

1) 뜻 불능미수란, 실행의 수단 또는 대상의 착오로 인하여 결과발생이 불가능하더라도 위험성이 있는 경우이다. 제27조는 표제가 '불능범'이지만, 통설은 위험성이 있는 가벌적인 불능미수를 규정한 것으로 해석한다. 즉, '위험성'의 유무에 따라, '위험성이 있는 가벌적인 불능미수(不能未遂)'와 '위험성도 없는 불가벌적인 불능범(不能犯)'으로 구별한다.

2) 구별: 장애미수 · 환각범 한편, i) [장애미수와 구별] 불능미수는 처음부터 결과발생이 불가능하다는 점에서, 처음부터 결과발생이 가능한 '장애미수'와 구별된다. 예컨대, 치사량에 '약간' 미달하는 농약을 마시게 한 경우 '사망의 결과발생 가능성을 배제할 수는 없다'는 점에서 '결과발생 가능성'이 있음을 전제로 하는 '장애'미수가 성립한다(대판 1984.2.28. 83도3331).[1] 그러나 만일 치사량에 '현저히' 미달하는 농약이었다면, 처음부터 결과발생이 불가능한 경우이므로, '위험성'의 유무에 따라 불능미수 또는 불능범이 성립하게 된다. 따라서 "독살하려 하였으나 동인이 토함으로써 그 목적을 이루지 못한 경우에는, 독의 양이 치사량 미달이어서 결과발생이 불가능한 경우도 있으므로, 독약의 치사량을 좀더

1) [장애미수] 위 83도3331 ("이 사건 농약의 치사추정량이 쥐에 대한 것을 인체에 대하여 추정하는 극히 일반적 추상적인 것이어서 마시는 사람의 연령, 체질, 영양 기타의 신체의 상황여하에 따라 상당한 차이가 있을 수 있는 것이라면, 피고인이 요구르트 한병마다 섞은 농약 1.6씨씨가 그 치사량에 약간 미달한다 하더라도, 이를 마시는 경우 사망의 결과발생 가능성을 배제할 수는 없다"), 장애미수 사안임은 위 판례의 '참조조문이 제27조(장애미수)'인 점을 참조.

심리하여 장애미수인지 또는 불능미수인지 가렸어야 한다"(대판 1984.2.14. 83도2967).

또한, ii) [환각범과 구별] 불능미수는 '환각범'과도 구별된다. 불능미수는 구성요건적 '결과발생이 불가능함'에도 가능하다고 오인한 경우인 반면, 환각범은 '죄가 되지 않음'에도 죄가 된다고 착각한 경우(예: 동성연애도 범죄라고 착각, '수입자동승인물품'을 '수입 제한·금지품목'으로 착각[1])이다. 양자는 모두 안되는 것을 '된다'고 오인한 경우이므로, 적극적 착오에 해당한다. 단, 환각범은 구성요건 자체가 없는 경우이므로 언제나 처벌되지 않는다.

[착오의 상호관계] i) (구성요건적 착오와 불능미수) 구성요건적 착오는 결과발생이 가능한 구성요건적 결과를 의도한 대로 발생시키지 '못한' 것이므로 '소극적 착오'인 반면, 불능미수는 결과발생이 불가능한 것을 '가능하다'고 오인한 것이므로 '적극적 착오'이다. 따라서 불능미수는 '반전된' 구성요건적 착오에 해당한다.

ii) (위법성의 착오와 환각범) 위법성의 착오는 행위자가 자기행위의 위법성을 인식하지 '못한' 경우이므로 '소극적 착오'인 반면, 환각범은 죄가 되지 않음에도 불구하고 '죄가 된다'고 착각한 것이므로 '적극적 착오'이다. 따라서 환각범은 '반전된' 위법성의 착오에 해당한다.

	소극적 착오	적극적 착오
사실의 착오	구성요건적 착오	불능미수
법률의 착오	위법성의 착오	환각범

Ⅱ. 성립요건

불능미수가 성립하기 위해서는, ① 주관적 요건으로 '기수의 고의'가 있어야 하고, ② 객관적 요건으로, ㉠ '실행의 착수'와 '미수(범죄 미완성)' 외에, ㉡ '실행의 수단 또는 대상이 착오'로 인한 '결과발생이 불가능'해야 하며, ㉢ '위험성'이 존재해야 한다. 여기서 불능미수에만 특유한 객관적 요건은, '수단 또는 대상

1) [환각범] 대판 1983.7.12. 82도2114 ("수입자동승인품목을 가사 수입제한품목이나 수입금지품목으로 잘못 알고 반제품인양 가장하여 수입허가신청을 하였더라도, 그 수입물품이 수입자동승인품목인 이상, 이를 (무역거래법 제33조 제1항의) 사위 기타 부정한 행위로써 수입허가를 받은 경우에 해당한다고 볼 수 없다").

의 착오'로 인한 '결과발생의 불가능성' 및 '위험성'이다.

1. 실행의 착수

불능미수도 미수범이므로 실행의 착수가 있어야 한다. 불능미수의 경우 외형상으로도 실행의 착수가 있고 실질적으로도 실행의 착수는 있다.

반면, 불능범의 경우 외형상으로는 실행의 착수가 있지만 (아무런 '위험성'도 없으므로) 실질적으로는 실행의 착수라고 할 수 없다. 환각범의 경우에는 (사실상 허용되는 행위로서 불가벌이므로) 외형상으로도 실행의 착수는 없다.

2. 실행의 수단 또는 대상의 착오로 인한 결과발생의 불가능

(1) 실행의 수단 또는 대상의 착오

불능미수는 실행의 수단이나 대상의 착오로 인하여 결과발생이 불가능함에도 불구하고, 결과발생이 '가능하다'고 오인한 경우를 말한다.

1) 수단의 착오 수단의 착오는, 그 수단으로는 객관적으로 결과발생이 불가능함에도 불구하고, 가능하다고 오인한 경우이다(수단의 불가능성). 예컨대, '치사량에 (현저히) 미달하는 독약'이나 '빈총'으로, 사람을 살해할 수 있다고 착오한 경우이다. 다만, 그 수단이 비과학적인 방법(예: 주술)인 경우에는, (위험성도 없으므로, 불능미수를 논할 필요조차 없이) 불능범의 일종인 '미신범'이 된다.

2) 대상의 착오 대상의 착오는, 그 대상에 대해서는 결과발생이 불가능함에도 불구하고, 가능하다고 오인한 경우이다(객체의 불가능성). 예컨대, 시체를 살아있는 사람으로 착오하고 살해행위를 한 경우('사실상 불가능'한 경우), 자신의 재물을 타인의 재물로 오인하고 절취행위를 한 경우('법률상 불가능'한 경우) 등이다. 한편 "소매치기가 '빈 주머니인 줄 모르고' 손을 넣어 절취를 하려고 한 경우"도 불능미수의 '대상의 착오' 사례로 종종 언급된다.[1)]

3) 주체의 착오 문제 (부정) 주체의 착오는, 진정신분범에서 행위자가 신분이 없음에도 불구하고, 신분이 있다고 오인한 경우이다. 예컨대, 수뢰죄(진정신분범)에서 공무원 아닌 일반인(비신분자)이 스스로 공무원으로 착각하고 뇌물을 수수하거나, 공무원임용이 무효임을 알지 못하는 자가 공무원이라 믿고 뇌물을

---

1) [빈주머니: 불능미수인가 장애미수인가] '주머니가 비어 있음'에 대해서는, 그 결과발생의 불가능성에 중점을 둔다면, 불능미수가 되나, 대개의 경우 그 대상자가 '아무런 재물도 소지하지 않고 있을리 없다'(그 주머니는 비었으나 다른 주머니는 비어 있을리 없다)는 점에 중점을 둔다면, 결과발생의 가능성이 있으므로, 장애미수가 된다.

수수하는 하는 경우이다.

제27조는 주체의 착오에 대해서는 언급이 없다. 불능미수가 성립하는지 여부에 대해, ㉠ 긍정설(진정신분범의 불능미수), ㉡ 부정설(단지 환각범에 불과하여 불가벌), ㉢ 이원설(착오의 사유를 구분하여, 환각범 또는 불능미수)이 있으나, **부정설**이 타당하다(통설). 그 이유는, 제27조에는 수단 또는 대상의 착오만 규정되어 있고, 주체의 착오까지 포함시키게 되면 죄형법정주의에 반하며, 신분범에서 비신분자의 행위는 미수범으로서의 행위불법이 결여되기 때문이다. 결국 제27조의 문언상 주체가 될 수는 없고, 환각범으로서 불가벌이다.

(2) 결과발생의 불가능

불능미수는 '결과발생의 불가능'이 요건이라는 점에서, 결과발생이 가능한 장애미수(25)와 구별된다. 여기서 결과발생의 불가능이란 '범죄성립의 불가능'을 의미한다. 즉 결과범에서의 '결과발생 불가능'뿐만 아니라 거동범(또는 위험범)에서의 '범죄성립 불가능'도 포함한다. 물론 불능미수는 결과범에서 주로 문제된다.

1) 사실적 개념 여기서 '결과발생의 불가능'은 결과발생의 객관적 가능성이 없음을 의미하며, **'사실적 · 자연과학적'** 개념이다. 즉, 결과발생의 가능 · 불가능 여부는 사실적 · 자연과학적 법칙에 따라 객관적으로 결정된다. 판례도 같다. 따라서 "여기에서 '결과의 발생이 불가능하다'는 것은 '범죄행위의 성질상 어떠한 경우에도 구성요건의 실현이 불가능하다'는 것을 의미한다"(대판 2019.5.16. 2019도97).[1]

2) 사후 판단 결과발생의 불가능 여부는, (미수범의 성립시점인) 실행의 착수시점이 아니라, '사후적 시점'에서 판단한다. 즉, 일단 실행행위가 있은 이후에 밝혀진 여러 사정까지 고려한 (법관의) **'사후적 · 객관적'** 판단이다.

3. 위험성

(1) 의의

제27조의 '위험성'은 '가벌적인 불능미수'와 '불가벌적인 불능범'을 구별하는 중요한 기준이다. 즉, 불능미수만의 구성요건적 표지인 동시에, 가벌성의 근거

1) [결과발생의 가능] 위 2019도97 ("피고인은 베트남에 거주하는 공소외인으로부터 필로폰을 수입하기 위하여 '워터볼'의 액체에 필로폰을 용해하여 은닉한 다음 이를 국제우편을 통해 받는 방식으로 필로폰을 수입하고자 하였다. 이러한 행위가 범죄의 성질상 그 실행의 수단 또는 대상의 착오로 인하여 '결과의 발생이 불가능한 경우'가 아님은 너무도 분명하다. 마약류관리에 관한 법률 위반(향정)죄의 불능미수가 된다고 한 것은 잘못이다").

가 된다. 애당초 결과발생이 불가능하다면 위험성도 없다고 볼 여지가 있다. 그런데도 '위험성'은 가벌성의 근거로서 별도로 규정되어 있다. 여기서 그 '위험성'이 미수범의 일반적인 '결과발생 가능성'과의 관계에서, 독자적인 의미를 갖는지, 나아가 그 의미가 무엇인지가 문제된다.

[동일설과 구별설] 여기서의 '위험성'이 미수범의 처벌근거인 일반적인 위험성, 즉 '결과발생 가능성'과 동일한 의미인가 여부에 대해, ㉠ 동일설(양자는 동일한 의미로서, 수단·대상의 착오가 있고 결과발생이 불가능하면, '위험성 유무와 관계 없이' 가벌적인 불능미수가 된다는 견해)과 ㉡ 구별설(양자는 다른 개념이며, '결과발생의 가능성'이 없으면 원칙적으로 미수범으로 처벌할 수 없으나, 예외적으로 '또 다른 위험성'이 있으면, 가벌적 불능미수로서, 약화된 강도로 처벌할 수 있다는 견해)이 대립한다.

1) '위험성' 개념의 독자성: 규범적 개념·사전 판단 여기서의 '위험성'은 '결과발생 가능성'과 구별되는 독자성을 갖는 개념이다(구별설). 즉, 미수범을 처벌하는 일반적인 근거는 '사후적·객관적 관점'에서 '사실적·자연과학적'으로 '결과발생의 가능성'이 있기 때문이다. 그런데, 제27조의 '위험성'은 이러한 '사후적 관점'에서 '결과발생의 가능성'이 '없는' 경우를 전제로, 다시 '위험성'을 별도의 표지로써 규정하고 있다. 또한 제27조(불능범)의 입법경위를 보더라도, 원래 그 표제처럼 착오로 인하여 결과발생이 불가능한 불능범을 처벌하려고 한 것이었으나, 불능범에 대한 가벌성의 확대를 제한하기 위해 입법과정에서 '위험성'을 특별히 추가한 것이다. 즉, 여기서의 '위험성'은 형법이 규정한 '법치국가적 안전핀의 하나'로서 독자적 의미가 있다.

그리하여 여기서의 '위험성'은 '결과발생의 가능성'과 달리, 그 개념이 ('사실적·자연과학적' 개념이 아닌) **'규범적·평가적'** 개념이며, 그 판단시점도 ('사후적 시점'이 아닌) '실행의 착수' 시점에서 이루어지는 **'사전적'** 판단이다.

2) '위험성'의 뜻 그 '위험성'의 의미는 미수범의 본질(처벌근거)에 관한 입장에 따라 달라진다.[1] 절충설(인상설)에 따르면, 미수범의 본질(처벌근거)은 "'행위

---

1) [위험성의 뜻] 미수범의 본질(처벌근거)에 관한 여러 입장 가운데, ㉠ 절충설(인상설)의 입장에 따르면, 여기서의 '위험성'은 "법적대적인 행위자의 의사실행(행위반가치)이 법적 평온상태를 교란(제3의 결과반가치)함으로써, 법질서에 대한 일반인의 신뢰를 저해시키는 '법적 평화의 파괴' 또는 '법동요적 인상' 내지 **'범죄적 인상'**"을 의미한다(인상설).

㉡ 주관설(미수범의 처벌근거가 '행위자의 범죄의사의 반사회적 위험성'－행위반가치－에 있다는 견해)의 입장에서는, '범죄의사로 나타난 행위반가치' 내지 '법적대적 의사의 실행'으로 표현되고, ㉢ 객관설(미수범의 처벌근거가 '법익침해의 객관적 위험성'－결과반가치－에 있다

자의 범죄의사 실행'에 의한 '법적 평온상태의 교란'을 통해 야기되는, 일반인의 **'법동요적 인상'** 내지 **'범죄적 인상'"**에 있다. 그런데 불능미수는 결과발생이 불가능한 경우이므로, 여기서의 '위험성'은 (그 불가능성 때문에 비록 구체적인 행위상황에서는 직접 일반인의 법적 안정감을 교란시키는 것은 아니지만) 장차 행위자가 비슷한 갈등상황에서 같은 행위를 저지를 수 있다는 예상 때문에 '일반인의 안정감이 교란'된다는 점을 의미한다. 즉, (행위의 '구체적 위험성'이 아니라) 구체적 법익에 대한 **'잠재적 위험성'**, 즉 행위자의 범죄의사 실행에 의한 "일반인의 **객관적인 '법적 안정감의 동요 · 교란'"**을 말한다(객관적인 **법적 불안**).

정리하면, 불능미수는 결과발생의 '가능성'이 없는 경우이므로, 여기서의 위험성은 ('결과발생 가능성'으로서의 위험성이 아니라) 다른 의미의 위험성이며, 이는 (결과발생의 가능성을 전제로 하지 않은) 법적 판단에 의한 위험성, (법익침해의 현실적 위험성이 아니라) 법익침해의 '잠재적 위험성'이며, **"행위 당시** 일반인이 느끼는 **객관적인 '법적 안정감의 동요 · 교란'"**, 즉 **객관적인 법적 불안**을 의미한다. 불능미수의 '위험성'과 관련하여, 판례는 '결과발생의 가능성'이라 표현하기도 하나(대판 2002.2.8. 2001도6669; 2005.12.8. 2005도8105 등), 불능미수의 '위험성'은 미수범의 '결과발생의 가능성'과는 전혀 다른 별개의 위험성이며, 좀더 정확히는 '결과발생 가능성의 가능성' 내지 (마치 '~했다면 ~했을 수도 있다'는 가정법의 문법구조와 같이, 어떤 가정적인 상황 하에서, 일반인이 느끼는) '결과발생의 가능성이 있을 수도 있다는 가능성' 정도로 선해할 수 있다.

[지하철역의 안전선(노란선)] '가벌적인 불능미수'와 '불가벌적인 불능범'을 구별하는 기준인 '위험성' 표지는, (스크린도어가 설치되지 않은) **지하철역 또는 KTX역의 '안전선** (노란선)' 표지에 비유할 만하다. 결과발생의 가능성이 없는 행위 영역 중, '불가벌' 영역에서 '가벌' 영역으로 옮겨 가는 경계선이 '위험성' 표지인 것처럼, 진입하는 열차에 부딪칠 가능성이 없는 승강장 영역 중, '안전' 영역에서 '위험' 영역으로 옮겨 가는 경계선이 바로 '노란선' 표지이기 때문이다. 또한, 그 '위험성'은 열차의 진입 전에 '노란선을 넘는 시점'에서 이루어지는 '사전적' 판단이기도 하다.

(2) 판단자료와 판단기준: 학설

1) 구체적 위험설 구체적 위험설은, i) 행위 당시에 '일반인이 인식할 수

는 견해)의 입장에서는, '구성요건적 결과실현의 가능성', '법익에 대한 구체적 위험' 또는 '법질서에 대한 위험' 등으로 표현된다.

있었던 사정' 및 '행위자가 특별히 인식한 사정'을 기초로, 일반인(통찰력 있는 일반인)의 입장에서 일상적 경험법칙에 따라 위험성 여부를 판단하는 견해이다('위험성'이 있으면 불능미수, 없으면 불능범). 현재 다수설의 입장이다. ii) 이에 대해서는, 행위자가 인식한 사정과 일반인이 인식할 수 있었던 사정이 서로 다를 경우에 판단기준이 분명치 않다는 비판이 있다. 그러나 구체적 위험설의 경우 (통상은 일반인의 인식을 기초로 삼지만) 만일 행위자가 일반인보다 '높은 사실인식력'을 갖고 있었다면(예: 의사 또는 총기전문가 등), '행위자의 높은 인식'을 기초로 삼게 된다. 즉, 만일 행위자가 인식한 사정과 일반인이 인식가능한 사정이 다를 경우에는 통상적으로 '일반인이 인식가능한 사정'을 기초로 하되, 이를 초과하는 '행위자가 특별히 알고 있는 사정'을 고려하여 위험성을 판단하게 된다. 그 결과 ㉠ '일반인이 인식한 사정'을 행위자가 이에 미달하여 인식하지 못한 경우에는, '일반인의 인식'을 기초로 위험성 여부를 판단하게 되며(대개 구체적 위험성이 인정되지 않는다), ㉡ 일반인이 인식하지 못하였지만 이를 초과하여 '행위자가 특별히 인식한 사정'이 있는 경우에는, '행위자의 특별한 인식'을 기초로 위험성 여부를 판단하게 된다. iii) 학설의 '명칭'은, (객관적인) 구체적 사정에 따라 행위의 위험성을 객관적으로 판단한다는 의미에서 '구체적 위험설'이라 하며, 행위의 객관적 위험성에 중점이 있다는 의미에서 '신'객관설 또는 '신'객관적 위험설이라고도 한다.

2) 추상적 위험설 추상적 위험설은, i) 행위 당시에 '행위자가 인식한 사정'만을 기초로 하여, 만일 행위자가 생각한 대로의 사정이 실제로 존재하였을 경우 일반인의 입장에서 위험성 여부를 판단하는 견해이다('위험성'이 있으면 불능미수, 없으면 불능범). 구체적 위험설이 행위의 객관적 위험성에 중점을 두는 반면, 추상적 위험설은 행위자의 주관적 위험성에 중점을 두고 있다. 현재 판례의 입장이다. 즉, "피고인이 행위 당시에 인식한 사정을 놓고 일반인이 객관적으로 판단하여 보았을 때, 위험성이 있으면 불능미수가 성립한다"(대판 2019.3.28. 2018도16002 전합). ii) 이에 대해서는, 행위자가 경솔하게 잘못 인식한 사정도 위험성 판단의 기초가 되므로, 불능미수의 성립범위가 부당하게 확장될 수 있다는 비판이 있다. iii) 학설의 '명칭'은, (행위자가 인식한 주관적인 사정을 기초로, 일반인의 관점에서 판단함으로써, 비록 일반인이 구체적으로는 위험성을 느끼지 못해도) 행위자만이 느끼는 위험성 내지 행위자의 위험성이라는 추상적 위험성은 여전히 존재한다는 의미에서 추상적 위험설이라 하며, 위험성의 판단기초를 행위자의 주관에 두는 점에서는 주관적이지만, 위험성 판단의 주체를 일반인에 두는 점에서는 객관적이므로,

‘주관적 객관설’이라고도 한다.

[기타 학설] i) (‘구’객관설, 절대적 불능 · 상대적 불능 구별설) ‘구’객관설은, 법관이 사후에 인식한 사정을 기초로, 어느 경우에나 결과발생이 불가능한 ‘절대적 불능’과, 일반적으로는 결과발생이 가능하나 구체적인 특수한 경우에만 결과발생이 불가능한 ‘상대적 불능’을 구별하여, 절대적 불능인 경우는 불가벌적 불능범, 상대적 불능인 경우는 가벌적인 불능미수가 된다는 견해이다. 예컨대, 수단의 착오에서 ‘설탕’을 독약인 줄 알고 먹인 경우는 절대적 불능이나, ‘치사량 미달의 독약’을 먹인 경우는 상대적 불능이라고 한다. 대상의 착오에서는 ‘사체’를 사람으로 오인하고 발포한 경우는 절대적 불능이나, ‘사정거리 밖에 있는 사람’을 향해 발포한 경우는 상대적 불능이 된다.

그러나 절대적 불능 · 상대적 불능의 구별이 반드시 명확한 것은 아니고 ‘상대적’인 것이라는 비판을 받는다. 예컨대, 상대적 불능도 개별 사례에서는 절대로 결과발생이 불가능하다는 점에서 절대적 불능이 될 수 있고(예: 사정거리 밖에 있는 사람은 절대 사살할 수 없다), 절대적 불능도 관점에 따라서는 상대적 불능이 될 수 있다(예: 설탕을 독약으로 오인하지 않고 진짜 독약을 먹였다면 결과발생이 가능하다).

ii) (주관설) 주관설은, ‘행위자가 인식한 사정’을 기초로 ‘행위자의 입장에서’ 위험성 여부를 판단하는 견해이다. 행위자의 범죄의사가 확실하게 표현된 이상 (객관적으로 불가능해도) 주관적 위험성은 인정되므로 불능미수가 성립한다는 것이다. 그 결과 미신범을 제외하고는 불가벌적인 불능범의 개념을 인정하지 않는다. 이에 대해서는, 위험성이 있는 경우에만 불능미수를 인정하는 우리 형법의 태도와 일치하지 않으며, 불능미수의 적용범위가 너무 넓어진다는 비판이 있다.

iii) (인상설) 인상설은 행위자의 법적대적 의사의 실현이 법질서의 효력에 대한 일반인의 신뢰를 동요시키고 법적 평온상태를 교란시키는 인상을 줄 경우 위험성이 인정된다는 견해이다. 이에 대해서는, 불능미수나 미수범 일반의 처벌근거를 설명하는 데에는 적당하지만, 위험성의 판단방법은 여전히 미해결이며, 명확한 기준을 제시하지 못한다는 비판이 있다.

3) 적용 예 위험성의 인정범위는 “객관설→구체적 위험설→추상적 위험설→주관설”의 순서로, 점차 더 넓게 확대된다. 구체적인 예를 들어 ‘구체적 위험설’과 ‘추상적 위험설’에 따른 위험성 인정 여부를 살펴보자.

착 오	사 례	구체적 위험설	추상적 위험설	비고
수단	치사량 미달 때마침 빈총(일반인도 탄환있다고 오인)	○	○	
	설탕을 독약으로 오인 (일반인은 설탕, 단, 행위자는 독약으로 오인) 사정거리 밖인데 안이라고 오인 (일반인은 사정거리 밖. 행위자는 안이라고 오인)	×	○	○ 불능 미수
	실제 사정거리 '안'인 사정을 행위자는 정확히 인식 (일반인은 사정거리 밖, 행위자는 안이라고 인식)	○	○	
	설탕의 살인력 오인 / 유황오리의 살인력 오인 두통약의 낙태력 오인	×	×	× 불능범
대상	시체를 사람으로 오인하고 살인행위(일반인도 오인) 자기 물건을 타인소유로 오인 절취(일반인도 오인)	○	○	
수단 + 대상	사람의 생존사실을 특히 알고 빈총으로 살인행위 (일반인은 죽은 것으로 오인, 행위자는 아직 피해자의 생존해 있음을 특히 인식, 발포하였는데 빈총)	○	○	

4) 검토 미수범의 처벌근거에 관한 절충설에 입각하면, 주관과 객관을 모두 고려하여 '위험성'을 판단하는 것이 타당하다. 양자를 모두 고려하는 구체적 위험설과 추상적 위험설 가운데, 구체적 위험설은 객관적 요소에 중점을 두는 반면, 추상적 위험설은 주관적 요소에 중점을 두고 있다. 불능미수의 위험성은 '일반인이 느끼는 객관적인 법적 안정감의 교란', 즉 '일반인이 느끼는 객관적 위험성'이므로, 추상적 위험설보다는 (객관적 요소에 중점을 두는) **구체적 위험설이 타당**하다. 게다가 추상적 위험설은 자칫 불능미수의 가벌성 범위가 부당하게 확장될 수 있다는 문제점을 안고 있다(즉, '설탕의 살인력을 오인한 사례' 정도를 제외하고는, 거의 대부분 가벌적인 불능미수로 인정하며, 불가벌적인 불능범은 사실상 거의 인정하지 않는다).

(3) 판례

그런데 판례는, 최근에 이르러 추상적 위험설의 입장임을 더욱 명백히 하고 있다. 즉, "피고인이 행위 당시에 인식한 사정을 놓고 일반인이 객관적으로 판단하여 보았을 때, 위험성이 있으면 불능미수가 성립한다"(대판 2019.3.28. 2018도16002 전합). 다만, 판례는 위험성 판단기준으로서 단순한 '일반인'의 관점이 아니라 '**과학적 일반인**'의 관점 내지 '**전문지식을 가진 일반인**'의 관점을 표방하고 있다. 이는, 그 분야에 관한 '객관적 전문지식을 갖춘 자'를 가상의 판단주체로 삼는다는 것이다. 즉, ㉠ "히로뽕제조를 위해 에페트린에 빙초산을 혼합한 행위가 불능범이 아니라고 인정하려면, 위와 같은 사정을 놓고 '객관적으로 제약방법을 아는 일반인'('과학적 일반인')의 판단으로 보아 결과발생의 가능성이 있어야 한다(필로폰제조를 터무니없이 시도하였으나 기술부족으로 완제품을 제조하지 못한 경우 '불능범'이라고 한 사례)"(대판 1978.3.28. 77도4049), ㉡ "소송비용을 편취할 의사로 소송비용의 지급을 구하는 손해배상청구의 소를 제기한 경우, 이는 '객관적으로 소송비용의 청구방법에 관한 **법률적 지식을 가진 일반인**'의 판단으로 보아 결과 발생의 가능성이 없어 위험성이 인정되지 않는다(사기죄의 '불능범'이라고 한 사례)"(대판 2005.12.8. 2005도8105).[1] 이 한도에서는 가벌적인 불능미수의 성립범위가 그만큼 축소된다('불능범').

[판례사례: 불능미수 긍정사례] 판례가 '위험성'을 인정하여 불능미수의 성립을 긍정한 사례로는, i) 수단의 착오에 관한 것으로는, ㉠ "일정량 이상을 먹으면 사람이 죽을 수도 있는 '초우뿌리'나 '부자(附子)' 달인 물을 마시게 하여 피해자를 살해하려다 피해자가 토해버림으로써 미수에 그친 행위가 불능범이 아닌 살인미수죄에 해당한다고 본 사례"(대판 2007.7.26. 2007도3687), ㉡ "제조기술의 부족으로 완성하지 못한 미완성품에서 히로뽕성분이 검출되지 않아도 향정신성의약품제조미수죄가 성립된다고 한 사례"(대판 1984.10.10. 84도1793), ㉢ "향정신성의약품인 메스암페타민 속칭 '히로뽕' 제조를 위해 그 원료인 염산 에페트린 및 수종의 약품을 교반하여 '히로뽕' 제조를 시도하였으나 그 약품배합미숙으로 그 완제품을 제조하지 못하였다면, 그 성질상 결과발생의 위험성이 있다고 한 사례"(대판 1985.3.26. 85도206), ㉣ "피해자를 살해하라면서 상피고인에게 치사량의 농약이 든 병을 주고, 또 피해자 소유의 승용차의 브레이크호스를 잘라 제동기능을 상실시켜 피해자가 차를 운전하다가 인도에 부딪치게 한 각 행위는, 어느 것이나 사망의 결과발생에 대한 위험성을 배제할 수 없다"(대판

---

1) [소송비용의 지급을 구하는 손해배상청구의 소(=소송사기죄의 '불능범')] 위 2005도8105 ("민사소송법상 소송비용의 청구는 소송비용액 확정절차에 의하도록 규정하고 있으므로, 위 절차에 의하지 아니하고 손해배상금 청구의 소 등으로 소송비용의 지급을 구하는 것은 소의 이익이 없는 부적법한 소로서 허용될 수 없다. 따라서 소송비용을 편취할 의사로 소송비용의 지급을 구하는 손해배상청구의 소를 제기하였다고 하더라도, 이는 객관적으로 소송비용의 청구방법에 관한 **법률적 지식을 가진 일반인**의 판단으로 보아 결과 발생의 가능성이 없어 위험성이 인정되지 않는다. 소송사기죄의 불능미수에 해당한다고 볼 수 없다").

[사망한 자를 상대로 한 제소(=소송사기죄의 '불능범')] 대판 2002.1.11. 2000도1881 ("피고인의 제소가 사망한 자를 상대로 한 것이라면, 사망한 자에 대한 판결은 그 내용에 따른 효력이 생기지 아니하여 상속인에게 그 효력이 미치지 아니하고, 따라서 사기죄를 구성한다고 할 수 없다. 나아가 소송사기죄의 불능미수에 해당한다고 볼 수도 없다").

그 밖에 같은 취지의 판결로는, 대판 2002.2.8. 2001도6669 (전세계약서상 임차인 명의를 처 명의로 변경 기재하여 소액임차인으로 우선변제받은 경우), 대판 2011.2.24. 2010도1916 (이미 압류 및 전부명령에 기한 채권이 제3자에게 양도된 상태에서 그 채권의 양도행위) 등.

1990.7.24. 90도1149).[1]

ii) 대상의 착오에 관한 것으로는, ⓜ (야간에 피해자의 주거에 침입하여 재물을 절취하고 피해자의 항거불능 상태를 이용하여 추행하려다가 미수에 그쳤다고 하여, 야간주거침입절도 후 준강제추행 미수로 공소가 제기된 사건에서) "피고인이 피해자의 주거에 침입할 당시 피해자는 이미 사망한 상태였기 때문에, 피고인의 행위는 대상의 착오로 인하여 결과의 발생이 불가능한 때에 해당하지만, 위험성이 있기 때문에, 주거침입 후 준강제추행의 불능미수의 유죄로 인정한 것은 정당하다고 판단하였다(대판 2013.7.11. 2013도5355. 이는 2018도16002 전합에서 재인용). ⓗ "소매치기가 피해자의 주머니에 손을 넣어 금품을 절취하려 한 경우, 비록 그 주머니속에 금품이 들어있지 않았었다 하더라도, 위 소위는 절도라는 결과 발생의 위험성을 충분히 내포하고 있으므로, 이는 절도미수에 해당한다"(대판 1986.11.25. 86도2090).

[판례사례: 준강간의 불능미수(2018도16002 전합)**]** i) "피고인이 피해자가 심신상실 또는 항거불능의 상태에 있다고 인식하고 그러한 상태를 이용하여 간음할 의사로 피해자를 간음하였으나, 피해자가 실제로는 심신상실 또는 항거불능의 상태에 있지 않은 경우에는, 실행의 수단 또는 대상의 착오로 인하여 준강간죄에서 규정하고 있는 구성요건적 결과의 발생이 처음부터 불가능하였고 실제로 그러한 결과가 발생하였다고 할 수 없다. 피고인이 준강간의 실행에 착수하였으나 범죄가 기수에 이르지 못하였으므로 준강간죄의 미수범이 성립한다. 피고인이 행위 당시에 인식한 사정을 놓고 일반인이 객관적으로 판단하여 보았을 때 준강간의 결과가 발생할 위험성이 있었으므로 준강간죄의 불능미수가 성립한다"(대판 2019.3.28. 2018도16002 전합). 이는 피고인이 자신의 집 안방에 누워있던 피해자가 술에 만취하여 항거불능상태에 있다고 오인하고 간음하여 주위적으로 준강간, 예비적으로 준강간의 불능미수로 기소(공소장변경)한 사안에서, 준강간의 불능미수를 인정한 사례이다.[2]

---

1) [비판] 이 경우는 어느 것이나 결과발생이 가능한 경우이므로, 굳이 위험성 유무를 따질 것이 아니라, 형법 제25조의 가능미수가 성립한다고 함이 타당하다. 대상판결은 결과발생의 가능성 여부에 대해 먼저 판단하지 않은 오류가 있다.

2) [준강간죄의 객체: '사람' ('심신상실 상태에 있는 사람'이 아님)] 위 전원합의체 판결의 다수의견에 따르면, "④ 형법 제299조에서 정한 준강간죄는 사람의 심신상실 또는 항거불능의 상태를 이용하여 간음함으로써 성립하는 범죄로서, 정신적·신체적 사정으로 인하여 성적인 자기방어를 할 수 없는 사람의 성적 자기결정권을 보호법익으로 한다. 심신상실 또는 항거불능의 상태는 피해자인 사람에게 존재하여야 하므로 준강간죄에서 행위의 대상은 '심신상실 또는 항거불능의 상태에 있는 사람'이다. 그리고 구성요건에 해당하는 행위는 그러한 '심신상실 또는 항거불능의 상태를 이용하여 간음'하는 것이다. 심신상실 또는 항거불능의 상태에 있는 사람에 대하여 그 사람의 그러한 상태를 이용하여 간음행위를 하면 구성요건이 충족되어 준강간죄가 기수에 이른다."라고 한다.

그러나 형법 제299조 준강간죄의 객체는 '심신상실 상태에 있는 사람'이 아니라 '사람'이다. 객체인 사람이 생략된 입법불비일 뿐이다. 성폭법 제6조(장애인에 대한 강간·강제추행 등) 제

ii) 이 판결은, '항거불능' 요건의 해석을 통해 이미 충분히 준강간죄의 '기수'로 인정하여 처벌할 수 있는데다가, 그것이 소송법적으로 충분히 가능한 사안임에도,[1] 구태여 불필요하게 복잡한 논리를 전개하여 준강간의 '불능미수'로 관념적인 이론구성을 하고 있다는 점에서, 일종의 '사유의 낭비'에 해당한다. 어쨌든 이 판결에 의해, 형법각칙에 규정되지 않은 이른바 '비동의간음죄'를, 해석의 이름으로 사실상 인정하는 결과가 되기에 이르렀다.[2] 따라서 이 판례법리는 준강간 · 준강제추행 등 대상범죄에 국한되어야 하며, (아예 기수범이 성립하지 않는 사안에서) 다른 일반 범죄에까지 확대 적용되어서는 곤란하다(예컨대, 부동산 이중매매로 인한 배임죄에서, 매도인이 제1매수인에게 등기해 준 경우 제2매수인에 대한 관계에서 배임죄의 불능미수 운운 등은 결코 바람직하지 않다).

Ⅲ. 처벌(임의적 감면)

불능미수는 "형을 감경 또는 면제할 수 있다"(27단서 임의적 감면). 불능미수의 형이 임의적 감면사유라는 점에서, 장애미수가 형의 임의적 감경사유이고, 중지

4항과 비교하면 바로 알 수 있다. 위 성폭법에는 객체를 명확히 '사람'으로 규정하고 있다. 양자의 해석을 달리할 이유는 없으며, 동일하게 해석하는 것이 체계적 해석이 된다.

■ 형법 제299조(준강간, 준강제추행) 사람의 심신상실 또는 항거불능의 상태를 이용하여 간음 또는 추행을 한 자는 제297조, 제297조의2 및 제298조의 예에 의한다.

■ 성폭법 제6조(장애인에 대한 강간 · 강제추행 등) ④ 신체적인 또는 정신적인 장애로 항거불능 또는 항거곤란 상태에 있음을 이용하여 사람을 간음하거나 추행한 사람은 제1항부터 제3항까지의 예에 따라 처벌한다.

1) [상고심의 심판대상: 주위적 · 예비적 공소에는 공방대상론 적용 없음] 위 전원합의체 판결의 다수의견에 대한 보충의견에 따르면, "이 사건은 원심에서 준강간죄의 불능미수가 인정된 데 대하여 피고인만 상고한 사안이다. 따라서 준강간죄의 기수가 성립하는지의 여부는 상고심의 판단대상이 아니고 불능미수의 성립 여부만이 쟁점이다"라고 하여, 주위적 공소인 준강간죄의 기수 여부에 대한 판단은 도외시한 채 곧바로 예비적 공소인 준강간죄의 불능미수 여부에 직행하여 판단하고 있다.

그러나 주위적 · 예비적 공소에는 이른바 공방대상(이탈)론이 적용되지 않는다. 즉, "항소심이 주위적 공소사실 부분은 무죄로 판단하고 예비적 공소사실 부분을 유죄로 인정한 경우, 피고인만 예비적 공소사실 부분에 대하여 상고하였더라도 주위적 공소사실 부분 역시 상고심의 심판대상에 포함된다"(대판 2006.5.25. 2006도1146 등)는 것이 확립된 판례이다. 따라서 위 보충의견의 판단에는, 준강간죄의 기수 여부도 상고심의 심판대상이 된다는 점을 간과한 명백한 잘못이 있다.

2) [그 이전의 유사판결] 유사한 사안에서 불능미수를 인정한 판결이 다수 있었다. 즉, ㉠ 준유사강간의 불능미수(대판 2015.8.13. 2015도7343), ㉡ 준강제추행의 불능미수(잠들어 있는 것으로 오인한 사례)(대판 2016.7.29. 2016도5873; 2018.9.13. 2018도10053), ㉢ 준강간의 불능미수(잠들어 있는 것으로 오인하고 간음을 시도하였다가 눈을 뜨는 바람에 미수에 그친 사례)(대판 2017.9.7. 2017도9805) 등.

미수가 필요적 감면사유인 것과 구별된다. 물론 불능미수도 미수범 처벌규정이 있는 경우에만 처벌된다.

한편, 불능미수의 중지미수를 인정할 것인지에 대해서는, 통설이며 타당하다는 점은 이미 설명하였다(중지미수 부분 참조).

[미수범의 검토 순서: 불능미수→중지미수→장애미수] 불능미수는 '불벌'의 세계에서 '가벌'의 세계로 나아가는 가벌성의 첫 지점에 위치한다. 즉, 결과발생이 불가능한 경우 불가벌적 불능범이 원칙이나, 예외적으로 '위험성'이 있는 경우에 한하여 가벌적인 불능미수가 성립한다. 따라서 미수범 성립의 검토순서는 불능미수가 가장 먼저 그 검토대상이 된다. 즉, 실행의 착수는 하였으나 결과가 불발생하거나 인과관계가 부정되는 경우(미수)에서는, ㉠ 먼저, '결과발생의 가능성'의 유무를 기준으로, 결과발생이 불가능한 경우에는, 불능미수의 성립을 우선 검토하고, ㉡ 이와 달리 결과발생의 가능성이 인정되는 경우라면, 중지미수의 성립을 차순위로 검토한다. 장애미수는 중지미수의 '자의성'이 인정되지 않는 나머지 경우이기 때문에, 중지미수 여부를 먼저 검토하는 것이 순서이다. ㉢ 불능미수나 중지미수가 성립하지 않는다면, 비로소 장애미수의 성립을 검토한다.

가능미수	③ 중지미수(자의로)	④ 장애미수(장애로)
불가능미수	② 불능미수 (위험성은 있음)	
	① 불능범 (위험성도 없음)	

※ 불능미수의 중지미수 (통설: 긍정설)

제 5 절 예비 · 음모죄

제28조(예비 · 음모) 범죄의 음모 또는 예비행위가 실행의 착수에 이르지 아니한 때에는 법률에 특별한 규정이 없는 한 벌하지 아니한다.

Ⅰ. 의의와 법적 성격

1. 의의

1) 음모 음모는 예비에 선행하는 단계이다. 음모란 "2인 이상 사이에 성립한 범죄실행의 합의"를 말한다(대판 2015.1.22. 2014도10978 전합). 반드시 개별 범죄

에 관한 세부적인 합의일 필요는 없다. 그러나 “어떤 범죄를 실행하기로 ‘막연하게 합의’한 경우나 특정한 범죄와 관련하여 ‘단순히 의견을 교환’한 경우까지 모두 범죄실행의 합의가 있는 것으로 볼 수 없다. 단순히 범죄결심을 외부에 표시·전달하는 것만으로는 부족하고, **객관적으로** 범죄의 실행을 위한 **합의**라는 것이 **명백**히 인정되고, 그러한 합의에 **실질적인 위험성**이 인정되어야 한다”(위 2014도10978 전합). 예컨대, ㉠ “총을 훔쳐 전역 후 은행이나 현금수송차량을 털어 ‘한탕 하자’”는 정도만으로는 강도‘음모’죄가 성립하지 않는다(대판 1999.11.12. 99도3801). ㉡ “특정 정당 소속의 국회의원 甲 및 지역위원장 乙 등이, 이른바 조직원들과 회합을 통하여 회합 참석자 130여 명과 ‘한반도에서 전쟁이 발발하는 등 유사시에 상부 명령이 내려지면 바로 전국 각 권역에서 국가기간시설 파괴 등 폭동할 것’을 통모한 것만으로는, 내란‘음모’가 성립하지 않는다”(위 2014도10978 전합).1)

2) **예비** 예비란 실행의 착수 이전 단계에서 행해지는 ‘범죄의 실현을 위한 **외부적 준비**행위’를 말한다. 예컨대, 범행 도구를 구입하는 행위 등이다. 반드시 물질적 준비에 한정되거나 특별한 정형을 갖출 필요는 없다. 그러나 단순한 범행의 의사 또는 계획만으로는 부족하고, 적어도 행위자의 의사가 외부에서 객관적으로 확인될 수 있는 ‘외부적’ 준비행위라야 한다. 예컨대, “피해자를 살해하기 위하여 ‘사람을 고용’하면서 대가의 지급을 약속한 경우, 살인죄의 실현을 위한 준비행위를 하였으므로, 살인‘예비’죄가 성립한다”(대판 2009.10.29. 2009도7150).

3) **예비·음모의 개념상 구별** 판례는 예비와 음모를 구별하고 있다. 즉, “예비는 ‘음모에(만) 해당하는 행위를 제외’한다”(대판 1984.12.11. 82도3019. ‘음모+α=예비’라는 의미). 예컨대, “일본으로 밀항하고자 공소외인에게 도항비로 일화 100만엔을 주기로 ‘약속’한 바 있었으나 그 후 이 밀항을 포기하였다면, 이는 밀항의 ‘**음모**’에 불과할 뿐 밀항의 ‘예비’는 아니다”(대판 1986. 6.24. 86도437). 음모가 ‘인

---

1) [내란‘음모’ 여부(부정)] 위 2014도10978 전합 (“내란음모가 성립하기 위해서는, 개별 범죄행위에 관한 세부적인 합의가 있을 필요는 없으나, 공격의 대상과 목표가 설정되어 있고, 그 밖의 실행계획에 있어서 주요 사항의 윤곽을 공통적으로 인식할 정도의 합의가 있어야 한다. 나아가 합의는 실행행위로 나아간다는 확정적인 의미를 가진 것이어야 하고, 단순히 내란에 관한 생각이나 이론을 논의한 것으로는 부족하다. 피고인들을 비롯한 회합 참석자들이 전쟁 발발시 대한민국의 체제를 전복하기 위하여 선전전, 정보전, 국가기간시설 파괴 등을 논의하기는 하였으나, 1회적인 토론의 정도를 넘어서 내란의 실행행위로 나아가겠다는 확정적인 의사의 합치에 이르렀다고 보기는 어려워, 형법상 내란음모죄 성립에 필요한 ‘내란범죄 실행의 합의’를 하였다고 할 수 없다”).

적 · 무형적 · 심리적 준비'라면, 예비는 나아가 '물적 · 유형적 · 외부적 준비'이다.

4) **형법상 취급** 음모와 예비는 개념상으로는 구별되지만, 법적 효과에서는 형법상 **동일한 취급**을 받는다. 즉, 형법각칙에서는 음모와 예비를 '함께 처벌'하므로, 그 구별의 실익이 크지 않다. 다만, 특별법상 '예비만'을 처벌하는 경우가 있다(관세법271③ 등).

2. 법적 성격

(1) 기본범죄와의 관계

예비죄는 기본범죄와 어떤 관계가 있는가의 문제이다.

1) **기본범죄의 수정형식**(발현형태) 이에 대해서는 수정형식설(발현형태설), 독립범죄설,[1] 이분설이 대립한다. **수정형식설**(통설)에 따르면, 예비죄는 기본범죄와 별개의 독립된 범죄유형이 아니라, 단지 기본범죄의 발현형태라고 한다. 즉, 기본범죄의 전단계 행위(즉, 발현행위)에 대한 수정적 구성요건(수정형식)이라는 것이다. ㉠ 예비죄는 형법각칙상 항상 '~죄를 범할 목적으로'라는 **획일적 형식**으로 규정되어 있는데, 이는 기본범죄의 수정적 구성요건인 미수범 규정과 크게 다를 바 없다는 점, ㉡ 예비죄는 기본범죄의 사전행위라는 점에서 불법의 중점이 기본범죄에 있다는 점, ㉢ 만일 예비죄를 독립범죄로 본다면, 구성요건의 내용이 너무 넓어져 명확성의 원칙에 반한다는 점을 근거로 한다. 예비죄는 기본범죄의 불법이 가장 초보적으로 발현하는 기본범죄의 발현형태에 불과하다는 것이다.

2) **판례: 수정형식설** 판례도 같다. 즉, "형법각칙의 예비죄를 처단하는 규정을 바로 '독립된 구성요건' 개념에 포함시킬 수는 없다. 이는 죄형법정주의 원칙에도 합당하는 해석이다"(대판 1976.5.25. 75도1549).

(2) 예비행위의 실행행위성

예비행위가 '예비죄라는 범죄'의 실행행위가 되는가의 문제이다.

1) **예비행위: 예비죄의 실행행위** 이에 대해서는 ㉠ 긍정설(예비죄라는 수정된 구성요건이 있는 이상 예비행위는 '예비죄라는 범죄'의 실행행위가 될 수 있다는 견해)과 ㉡ 부정설(형법상 '실행행위'는 기본범죄의 구성요건 실현행위를 의미하므로, 실행의 착수 이전 단계

1) [독립범죄설] 예비죄는 기본범죄와는 독립된, 독자적인 불법의 실질을 가진 범죄형태라는 견해이다. 즉, 법상 미수범에 대해서는 "본죄의 미수범은 처벌한다"고 규정하여, 구성요건으로서의 실체가 없는 것과 달리, 형법상 예비죄는 "~죄를 범할 목적으로 예비한 자는 ~에 처한다"라고 규정하여, 독자적 불법유형의 형식을 갖추고 있다는 것이다.

의 예비행위는 무정형 · 무형식의 행위로서 구성요건적 정형성을 결여한 이상, 이를 실행행위로 인정할 수 없다는 견해) 등이 대립한다. 긍정설(다수설)에 따르면, 예비행위는 분명 기본범죄의 실행행위와는 구별되지만, '예비죄라는 수정된 구성요건'의 실행행위는 될 수 있다.

2) 판례: 절충설 판례는, 예비죄의 공동정범은 인정하나 예비죄의 방조범은 인정하지 않는다. 이는 예비죄의 실행행위성에 관한 절충설의 입장이다. 즉, "정범이 실행의 착수에 이르지 아니한 예비의 단계에 그친 경우에는, 이에 가공한다 하더라도 예비의 공동정범이 되는 때를 제외하고는, 종범(방조범)으로 처벌할 수 없다"(대판 1979.5.22. 79도552).

Ⅱ. 성립요건과 처벌

1. 예비죄의 성립요건

예비죄가 성립하기 위해서는 ① 객관적 요건으로, 예비행위 및 ② 주관적 요건으로, ㉠ 예비행위에 대한 고의와 ㉡ 기본범죄를 범할 목적(고의+목적)이 존재해야 한다.[1)]

(1) 객관적 요건: 예비행위

1) 예비행위: 외부적 준비행위 예비행위는 기본범죄의 실현을 위한 외부적 준비행위로서, 적어도 행위자의 의사가 객관적으로 확인될 수 있는 외부적 준비행위일 것을 요한다. 다만, 예비행위는 그 수단 · 방법에는 제한이 없고, 무정형 · 무한정이므로, 자칫 그 범위가 무한히 확대될 위험이 있다. 적어도 실행행위에 필수불가결한 준비행위라는 '정형성'은 요구된다.

2) 물적 예비와 인적 예비 물적 예비(물적 형태의 준비행위)가 보통이지만, 인적 예비(예: 절도범이 건물구조에 관한 정보 수집, 장물처분자 확보 등)도 가능하다.

3) 자기 예비일 것 자기예비란 행위자 자신의 실행행위를 위한 준비행위를 말한다. 문제는 타인예비가 예비행위가 될 수 있는지 여부이다. 타인예비란 타인의 실행행위를 돕기 위하여 '준비하여 주는 행위'를 뜻하는데, 부정설이 다수설이다. 즉, (타인의 실행행위를 돕기 위한 준비행위인) 타인예비는 예비행위에 포함되지 않는다. 그 이유는, ㉠ 형법상 예비죄는 '죄를 범할 목적으로'라고 규정하고

---

1) [살인예비 · 음모죄] 제255조(예비, 음모) 제250조와 제253조의 죄를 범할 목적으로 예비 또는 음모한 자는 10년 이하의 징역에 처한다.

있는 이상 자기예비만 예비행위에 해당하고, ㉡ 타인예비를 인정하게 되면 예비죄의 범위를 지나치게 확대할 위험이 있기 때문이다. ㉢ 만일 타인예비를 포함한다면, 타인예비자는 '예비죄의 정범'이 되고, 이후 타인이 실행에 착수한 때에는 '기본범죄의 공범'이 된다는 셈인데, 이는 타인의 실행착수 여부에 따라 타인예비자가 정범이었다가 공범이 되는 부당한 결과가 된다. 판례도 타인예비에 해당하는 '예비죄의 방조범'의 성립을 부정하고 있으며(위 75도1549), 명시적으로 타인예비를 인정한 사례도 없다. 요컨대, '준비행위'와 '준비에 도움을 주는 행위'는 구별된다.[1)]

(2) 주관적 요건: 고의 및 목적

1) 고의: 예비행위에 대한 고의 　예비죄의 주관적 요건으로는, 예비행위에 대한 고의가 있어야 한다. 그 고의의 내용에 대해 ㉠ 예비고의설(예비행위 그 자체에 대한 고의)과 ㉡ 실행고의설(기본범죄의 실행행위에 대한 고의)이 대립한다. **예비고의설**이 다수설·판례이다. 예비죄는 기본범죄의 수정구성요건이므로, 예비죄의 구성요건적 행위는 예비행위가 되고, 예비죄의 고의는 예비행위(즉, 준비행위) 그 자체에 대한 고의를 의미한다. "살인예비죄(255)가 성립하기 위하여는, 형법 제255조에서 명문으로 요구하는 '살인죄를 범할 목적' 외에도 '살인의 **준비에 관한 고의**'가 있어야 한다"(대판 2009.10.29. 2009도7150).

2) 목적: 기본범죄를 범할 목적 　예비죄의 주관적 요건으로는, 고의 외에 '기본범죄를 범할 목적'이 있어야 한다. 다만 예비죄에서 목적은 일반 목적범에서의 목적과는 달리 그 목적이 '불법의 핵'의 구성하며 예비죄에서 고의의 강도를 '의욕·목적함' 수준으로 강화한다는 특성이 있다. 예비죄의 실행행위인 '준비행위'만으로는 불법의 실질을 전혀 포착할 수 없기 때문이다. 즉, 예비죄에서 목적은 '의도적 고의의 수준으로 강화된 예비죄의 고의'라는 의미를 갖는다. 그런데도 판례는 이러한 목적은 '미필적 인식'이라도 무방하다(대판 2006.9.14. 2004도6432)고 한다.

한편 주의할 점은, **강도예비죄**(343)에서 '강도할 목적'에는 '준강도할 목적'은

1) [★ 타인예비 사례] 甲(갑)은 乙(을)에게 A를 살해할 계획을 설명하면서 범행도구인 칼을 구해달라고 부탁하였고, 이에 乙은 甲에게 살인에 사용할 칼을 구해 주었다. 甲이 그 칼을 들고 A의 집 주변에서 기다렸으나 A를 만나지 못하였다. 甲과 乙의 죄책은?
(해설) 아직 甲이 살인의 실행에 착수한 것이 아닌 이상 乙은 타인예비일 뿐이므로 살인예비죄가 성립할 수 없고, 甲(갑)의 살인예비에 대한 방조죄도 성립할 수 없다.
다만, 甲이 살인의 실행에 착수하였다면, 乙은 살인방조죄가 성립한다.

포함되지 않는다는 것이다.[1)]

2. 예비 · 음모의 처벌

예비 · 음모는 법률에 특별한 규정이 있는 경우에만 예외적으로 처벌된다(28). 총칙상 형에 관한 규정이 있는 미수범(25 · 26)과 달리, 예비죄는 각칙의 개별 규정에서 그 법정형을 별도로 규정해야 한다. 따라서 예비 · 음모를 처벌한다는 규정만 있고 그 형을 따로 정하지 않은 경우 "죄형법정주의의 원칙상 예비음모를 처벌할 수 없다"(대판 1977.6.28. 77도251). 예비 · 음모죄는 대체로 중대한 범죄이며, 법정형도 기본범죄보다 가볍게 규정되어 있다.[2)]

3. 관련문제

(1) 예비죄의 공범

1) 예비죄의 공동정범 2인 이상이 범죄를 범할 목적으로 공동으로 예비행위를 하는 경우 예비죄의 공동정범이 성립한다. 예비죄의 실행행위를 인정하는 이상, 예비행위를 공동으로 실행한 경우 공동정범의 성립을 인정함이 이론적으로 타당하다. 판례도 같다. 즉, 정범이 실행의 착수에 이르지 아니하고 예비단계에 그친 경우에, 이에 가공한 행위자는 예비의 공동정범이 될 수 있다(대판 1979.5.22. 79도552).

2) 예비죄의 방조(부정) 반면, 정범이 기본범죄의 실행의 착수에 이르지 아니한 예비의 단계에 그친 경우에, 이를 방조한 행위자에 대해 방조범의 성립

---

1) [강도예비죄의 '강도를 할 목적'] 위 2004도6432 ('강도할 목적'에 이르지 않고 단지 '준강도할 목적'이 있음에 그치는 경우에는 강도예비죄가 성립하지 않는다. 즉, "형법은 흉기를 휴대한 절도를 특수절도라는 가중적 구성요건(형법 제331조 제2항)으로 처벌하면서도 그 예비행위에 대한 처벌조항은 마련하지 않고 있는데, 만약 준강도를 할 목적을 가진 경우까지 강도예비로 처벌할 수 있다고 본다면, 흉기를 휴대한 특수절도를 준비하는 행위는 거의 모두가 강도예비로 처벌받을 수밖에 없게 되어 형법이 '흉기를 휴대한 특수절도'의 '예비행위'에 대한 처벌조항을 두지 않은 것과 배치되는 결과를 초래하게 된다는 점 및 정당한 이유 없이 흉기 기타 위험한 물건을 휴대하는 행위 자체를 처벌하는 조항을 폭력행위 등 처벌에 관한 법률 제7조에 따로 마련하고 있다는 점 등을 고려하면, 강도예비 · 음모죄가 성립하기 위해서는 예비 · 음모 행위자에게 미필적으로라도 '강도'를 할 목적이 있음이 인정되어야 하고 그에 이르지 않고 단순히 '준강도'할 목적이 있음에 그치는 경우에는 강도예비 · 음모죄로 처벌할 수 없다고 봄이 상당하다").

2) [형법상 예비 · 음모죄] 형법각칙상 예비 · 음모가 처벌되는 범죄로는, 내란의 죄, 외환의 죄, 폭발물사용죄, 도주원조죄, 방화죄, 폭발성물건파열죄, 가스 · 전기등방류죄, 가스 · 전기등공급방해죄, 일수죄, 기차 · 선박동교통방해죄, 기차등전복죄, 음용수사용방해죄, 수도불통죄, 통화위조죄, 유가증권위조죄, 인지 · 우표위조죄, 살인죄, 약취 · 유인죄, 강도죄 등이 있다.

을 인정할 수 있는지 여부의 문제이다.[1] 이에 대해서는 ㉠ 긍정설(예비행위도 실행행위성을 가지고 있는 이상 예비죄의 방조가 가능하다는 견해)과 ㉡ 부정설(구성요건 정형성을 가지고 있지 않는 예비죄의 실행행위에 대한 방조까지 인정하면 처벌범위가 지나치게 확대된다는 견해)이 대립한다.

요컨대, **부정설**이 통설 · 판례의 입장이다. 즉, ㉠ "(범죄의 구성요건 개념상 예비죄의 실행행위는 무정형 · 무한정한 행위이고, 종범의 행위도 무정형 · 무한정한 것이고) 종범(방조범)이 처벌되기 위하여는 정범의 실행의 착수가 있는 경우에만 가능하고, 형법 전체의 정신에 비추어 정범이 실행의 착수에 이르지 아니한 예비의 단계에 그친 경우에는 이에 가공하는 행위가 **예비의 공동정범이 되는 경우를 제외하고는** 종범의 성립을 부정하고 있다"(대판 1976.5.25. 75도1549). 그 결과 방조범이 성립하려면, 정범이 실행에 착수하여, 기수 또는 미수에 이르러야 한다. ㉡ 예비죄의 방조범을 처벌하는 것은 무엇보다도 기도된 방조(실패한 방조 및 효과 없는 방조)를 처벌하지 않는 형법의 태도에도 부합하지 않는다. ㉢ 공범종속설에 따르더라도 예비죄의 방조범은 부정된다.

3) '예비죄만의 교사'와 '효과 없는 교사' 우선, ㉠ 교사자가 피교사자에게 '기본범죄에 대한 고의 없이' 예비죄만을 교사한 경우(예: "범행에 필요한 흉기를 미리 준비하고 있으라")이다. 피교사자의 특정한 범죄에 대한 실행행위가 없는 이상, 교사범은 성립하지 않는다. 문제는, ㉡ 교사자가 '기본범죄에 대한 고의'를 갖고 교사하였으나 피교사자가 예비행위에 그친 경우이다. 예컨대, 甲이 乙에게 "강도를 하라"고 교사하였는데, 乙이 승낙을 하였으나 범행도구만 준비한 채 실행에 착수하지 않은 경우이다. 이는 이른바 '**효과 없는 교사**'로서, 교사자와 피교사자 '모두' '예비 · 음모에 준하여 처벌된다'(31②).

(2) 예비의 중지

1) 쟁점 예비의 중지란 예비행위를 한 자가 자의로 실행의 착수를 포기하는 경우이다. 이는 실행의 착수 이전 단계에서 예비행위를 중지한 것에 불과하므로, 실행의 착수 이후 단계의 중지미수 규정이 직접 적용될 수는 없다. 결국 중지미수 규정의 유추적용 여부가 문제된다. 예비죄의 경우 예비행위의 중지에 대한 '일반적' 감면규정이 없고, 실행의 착수 이후 단계의 중지미수 규정과 비교하여 '형의 불균형' 문제가 발생할 수 있기 때문이다.

---

1) 기본범죄의 범행결의를 갖고 예비행위하는 자를 방조한 경우만 문제되고, 예비행위'만'을 결의한 자를 위하여 그 예비행위'만'을 방조하는 경우는 당연히 여기에서 제외된다.

2) 판례: 부정설 "중지범은 범죄의 실행에 착수한 후 자의로 그 행위를 중지한 때를 말한다. 실행의 착수가 있기 전인 **예비음모**의 행위를 처벌하는 경우에, **중지범의 관념은 인정할 수 없다**"(대판 1999.4.9. 99도424).

3) 학설 이에 대해서는 ㉠ 유추적용부정설, ㉡ 전면적 유추적용설, ㉢ 제한적 유추적용설(예비죄의 형이 중지미수의 형보다 무거운 경우에만 중지미수 규정을 유추적용) 등이 대립한다. 일응 제한적 유추적용설이 다수설이다.

[학설] i) [유추적용 부정설] 유추적용부정설은, 중지미수는 실행의 착수 이후의 개념이므로, 실행의 착수 이전의 예비행위에 대해서는 중지미수 규정을 유추적용할 수 없다는 견해이다. 예비죄는 일종의 거동범이고, 예비행위가 있으면 예비죄가 성립하므로, 중지의 관념은 생각할 수 없다는 점이다. 즉, '예비의 미수'란 일종의 '형용의 모순'이며, 형의 불균형은 예비의 중지를 자수로 볼 수 있는 경우에 한하여, 예비죄의 자수에 관한 필요적 감면규정(90①단서 등)을 유추적용할 수 있을 뿐이라고 한다.

ii) [전면적 유추적용설] 전면적 유추적용설은, 예비의 중지는 결국 실행의 착수를 포기하는 것으로, 실행의 착수 이후의 중지보다 더욱 참작할 이유가 크므로, 모든 예비의 중지에 대해 언제나 유추적용하자는 견해이다. 실행의 착수 이전의 중지나 실행의 착수 이후의 중지는 모두 하나의 과정에서 다음 과정으로 이어지는 범행의 계속을 중지한다는 점에서 공통된다는 것이다. 즉, 예비의 중지에 대해서는 예비죄의 법정형에 그대로 제26조를 유추적용하여, 예비죄의 형 그 자체를 필요적으로 감면해야 한다고 한다.

예컨대, ㉠ 강도예비(343. 법정형이 7년 이하의 징역)의 경우 '강도예비의 중지'의 형(처단형)은 '3년 6월 이하의 징역 또는 면제'가 되고, ㉡ 일반이적예비죄(101①. 법정형이 2년 이상의 유기징역)의 경우 '일반이적예비의 중지'의 형(처단형)은 '1년 이상 (15년 이하. 55iii 참조)의 징역 또는 면제'가 된다고 한다.

iii) [제한적 유추적용설] 제한적 유추적용설은, '기본범죄의 중지미수의 형'과 '예비죄의 형'을 서로 비교하여, 중지미수의 형이 예비죄의 형보다 가벼운 경우에만 중지미수 규정을 유추적용하자는 견해이다(다수설). 중지미수 규정을 유추적용하는 것은 예외적인 경우이므로, 그 적용범위를 최소화하려는 것이다. 즉, 중지미수의 형이 예비죄의 형보다 가벼운 때에는 형의 균형상 중지미수 규정을 유추적용하고, 반대로 중지미수의 형이 예비죄의 형보다 무거운 때에는 중지미수 규정을 유추적용하지 않는다고 한다. 다만, 중지미수의 형 가운데 면제 부분은 언제나 중지미수의 형이 가벼운 경우이므로 '면제'는 항상 가능하다고 해석한다.

예컨대, ㉠ 강도예비(343, 법정형이 7년 이하의 징역)의 경우 기본범죄인 강도죄

(333. 법정형이 3년 이상의 징역)의 '중지미수의 형'(처단형이 1년 6월 이상의 징역 또는 '면제')이 '강도예비죄의 형'(법정형이 7년 이하의 징역)보다 무거운 경우이므로, 강도예비의 중지에 대해 제26조를 유추적용하지 않고 그대로 예비죄의 형인 '7년 이하의 징역'을 적용하는 반면, '면제'의 경우는 언제나 중지미수의 형이 예비죄의 형보다 가벼운 경우이므로 유추적용을 한다는 것이다. 그 결과 '강도예비의 중지'의 형은 결국 '7년 이하의 징역' 또는 '면제'(법정형+처단형의 결합을 의미하는 것으로 보임)가 된다고 한다. ㉡ 일반이적예비(101①, 법정형이 2년 이상의 유기징역)의 경우 기본범죄인 일반이적죄(99. 법정형이 무기 또는 3년 이상의 징역)의 '중지미수의 형'(처단형이 1년 6월 이상−유기징역의 경우 55iii에 따라 15년 이하, 무기징역의 경우 55ii에 따라 10년 이상 50년 이하−의 징역 또는 '면제')이 '일반이적예비죄의 형'(법정형이 2년 이상의 유기징역)보다 가벼운 경우이므로, 일반이적예비의 중지에 대해서는 중지미수 규정을 유추적용한 결과, '일반이적예비죄의 중지'의 형은 (일반이적죄의 중지미수의 형인) '1년 6월 이상 (일반이적'예비'죄의 법정형 상한인) 유기징역' 또는 '면제'(일반이적예비죄의 법정형 한도 내에서의 '일반이적죄의 처단형'+'필요적 면제의 처단형'의 결합을 의미하는 것으로 보임)가 된다고 한다.

4) 검토 그러나 '전면적 유추적용설'이 타당하다. ㉠ 첫째, 사회적 정형성을 갖춘 예비행위의 경우에는 실행행위성을 인정할 수 있고, 그 실행행위의 중지, 즉 '예비행위의 중지' 관념도 충분히 인정할 수 있는 경우가 있다(예: 살인예비행위로써 폭탄을 설치하던 중 그 계속을 중단하거나, 나아가 이미 설치된 폭탄을 제거하는 방법으로, 실행의 착수를 포기한 경우). ㉡ 둘째, 실행착수 이후 단계에서의 적법회귀에 대해 관대한 필요적 감면을 인정한다면, 그보다 이전 단계에서의 적법회귀에 대해서도 더욱 강한 배려나 적어도 동등한 취급을 인정하는 것이 사리에 비추어 당연하다. ㉢ 셋째, 유추적용함에 있어 예비죄의 형이 중지미수의 형보다 무거운지 또는 가벼운지 비교할 일은 아니다. 예비의 중지관념을 인정하는 한 언제나 형의 불균형 상황('면제' 부분)이 발생할 수 있는데, 제한적 유추적용설은, 면제의 경우에는 항상 유추적용하면서도, 감경의 경우에는 제한적으로 유추적용하는 일관성의 결여를 합리적으로 설명하지 못한다. 무엇보다도 제한적 유추적용설은 '비교의 대상이 동일하지 않다'는 근본적인 문제점이 있다. 즉, 총칙규정의 형(즉, 중지미수의 형은 처단형)과 각칙규정의 개별 구성요건의 형(즉, 법정형)을 비교한다는 것은, 비교할 수 없는 대상을 비교하는 것('법정형'과 '처단형'의 비교)으로 논리적 오류라는 문제에 봉착한다.

따라서 형의 불균형 문제를 해소하기 위해서는, '전면적 유추적용설'이 타당하고 또한 간명하다. 물론 '예비행위의 중지 관념을 인정할 수 있는 경우'라야 하며, 구체적 사건에서 예비행위의 중지관념 인정 여부는 각칙상 다양한 예비죄의 개별 구성요건에 대한 해석의 문제라는 점은 유념할 필요가 있다.

(3) 예비죄의 죄수

범죄의 실현을 위한 예비행위를 한 후 그 범죄의 실행행위에 착수하면, 미수범이나 기수범만 성립하고, 별도로 예비죄가 성립하지 않는다. 이를 보충관계라 한다. 판례도 같다.[1)]

1) [보충관계] 위 65도695 ("살해의 목적으로 동일인에게 수차에 걸쳐 단순한 예비행위를 하거나 또는 공격을 가하였으나 미수에 그치다가 드디어 그 목적을 달성한 경우에, 그 예비행위 내지 공격행위가 동일한 의사발동에서 나왔고 그 사이에 범의의 갱신이 없는 한, 각 행위가 같은 일시 장소에서 행하여졌거나 또는 다른 장소에서 행하여졌거나를 막론하고, 또 그 방법이 동일하거나 여부를 가릴 것 없이, 그 살해의 목적을 달성할 때까지의 행위는 모두 실행행위의 일부로서 이를 포괄적으로 보고 단순한 한 개의 살인기수죄로 처단할 것이지 살인예비 내지 미수죄와 동 기수죄의 경합죄로 처단할 수 없는 것이다").

제 6 장

공 범 론

제 1 절 공범 이론

Ⅰ. 공범의 의의

1. 범죄참가형태

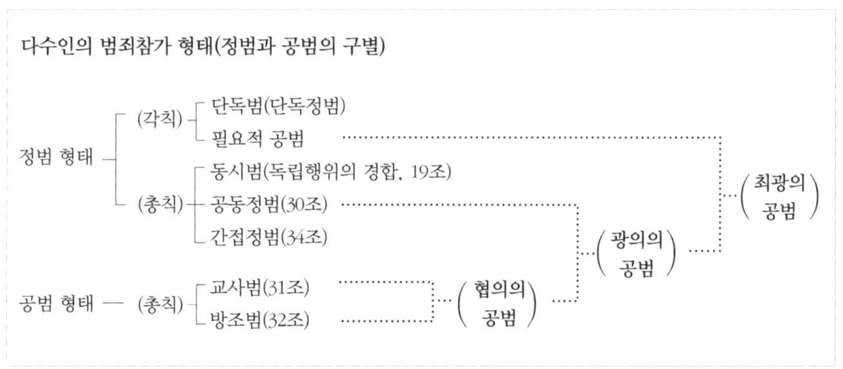

1) 단독범과 (가장 넓은 의미의) 공범　범죄는 한 사람이 저지를 수도 있지만 여러 사람이 함께 저지를 수도 있다. 1인이 단독으로 범죄를 실행하는 경우를 '단독범', 다수인이 '함께' 관여하여 범죄를 실행하는 경우를 가장 넓은 의미에서 '공범'이라고 한다(최광의).[1] 형법각칙이 예정하고 있는 가장 기본적인 범죄형태

1) [공범의 사전적 의미] 공범(共犯)의 국어사전적 의미는 "몇 사람이 공모하여 공동으로 행한 범

는 1인이 단독으로 범죄를 저지르는 '단독범'이며(예: 살인, 절도 등), 각칙의 개별 구성요건에서 예외적으로 "처음부터 2인 이상이 '반드시 함께' 관여해야만 범죄가 되는 경우"를 규정한 예도 있는데, 이를 강학상 '**필요적 공범**'이라 한다(예: 내란, 도박 등. '반드시 함께' 해야 하는 범죄라는 의미에서, 강학상 붙여진 이름이다). 필요적 공범은 각칙에 규정되어 있으므로 원칙적으로 총칙의 공범규정이 적용되지 않는다.

한편, 2인 이상이 (의사연락 없이) 각자 독립적으로 저지른 범행이 우연히 동시에 이루어진 경우가 있는데, 이를 '**동시범**' 또는 '독립행위의 경합'(19)이라 한다. 그러나 하나의 범죄에 여럿이 관여하지만, 실제로는 단독범이 (서로 의사연락 없이, 각자 독립적으로) 우연히 동시에 경합한 것에 불과하므로, 공범이라고 하지는 않는다. 즉, 동시범은 공범이 아니다.

2) **임의적 공범**(광의의 공범) 형법각칙상 1인이 단독으로 실행할 수 있는 범죄를 1인이 단독으로 저지르는 것이 아니라 다수인이 함께 관여하여 실행하는 경우도 있다. 형법총칙에 규정된 공동정범(30), 교사범(31), 종범(32. 즉, '방조범'), 그리고 간접정범(34)이 그러하다. 이는 단독범으로도 가능한 범죄를 '임의적으로 함께' 관여하여 실행하는 다수인의 범죄참가형태(유형)이므로, 강학상 '**임의적 공범**'이라 한다. 최광의의 공범 중 필요적 공범을 제외한 나머지 '**총칙상 공범**'을 의미하며, '광의의 공범'이라고 한다(넓은 의미). 총칙상 공범론은 공동정범, 간접정범, 교사범과 방조범이 그 대상이다.

3) (협의의) **공범**(=교사 · 방조범) : **정범과 공범**(협의)**의 구별** **정범**은 형법각칙상 구성요건의 기본형태이다. 각칙의 구성요건은 1인이 단독 그리고 직접 구성요건을 실현하는 '단독정범' 및 '직접정범'의 형태가 대부분이다. 형법총칙에 규정된 공동정범 · 간접정범 · 동시범 등의 정범형태는 이러한 각칙상의 정범형태에 대한 보충적 규정이다.

한편, 임의적 공범 가운데 **교사범 · 방조범**만을 지칭하여 '협의의 공범'이라 한다. 교사범은 '타인을 교사하여 죄를 범하게 한 자'(31①)를 말하고, 방조범(종범)은 '타인의 범죄를 방조한 자'(32①)를 말한다. 이러한 협의의 공범은, 정범과의 구별을 전제로 하는, **정범에 대비되는 개념**이다.[1]

그런데 (협의)**공범**(교사 · 방조범)은 독자적인 의미보다는 정범을 전제로 하고 정범에 의존하여 성립되는 범죄참가형태이다. 따라서 정범의 개념이 밝혀지면,

---

죄 또는 그 사람"이다. 즉 공범은 공범죄, 공범자를 아우르는 말인 셈이다.

1) [협의의 공범] 이러한 의미에서 '협의의 공범'은 결국 공범(功犯), 즉 가담범을 뜻한다.

이에 따라 (협의)공범의 개념도 확정된다. 즉, '정범 없이 공범 없다.' 다른 말로 '정범개념의 우위성, 공범개념의 종속성'이라 표현하기도 한다.

2. 정범과 (협의)공범의 입법형식

다수인의 범죄참가형태를 규율하는 입법방식에는 '정범 · 공범 2원체계'(정범 · 공범 구별체계)와 '단일정범체계'의 2가지가 있다.[1)]

우리 형법은 **'정범 · 공범 2원체계'**를 기본모델로 삼고 있다. 즉, 형법총칙은 제2장 제3절에서 '공범'이라는 표제 하에, 공동정범(30), 간접정범(34), 교사범(31), 종범(32, 방조범), 공범과 신분(33)을 규정함으로써 정범과 (협의)공범(교사 · 방조범)의 개념적 구별을 전제하고 있다. 특히 (협의)공범(교사 · 방조범) 가운데 교사범에서는 정범을 '죄를 실행한 자'(31①)로, 종범(방조범)에서는 정범을 글자 그대로 '정범'(32②)이라는 문언으로 명시함으로써 2원적 체계임을 분명히 밝히고 있다.

다만, 형법상 고의범과 달리 특별한 구조를 갖는 과실범의 경우에는, **예외적으로 단일정범체계**를 수용하고 있다(즉, 과실범의 경우 공범인 교사 · 방조범이 성립할 가능성은 처음부터 봉쇄되어 있다). 과실범에 대한 (협의)공범의 성립은 애당초 불가능하며, 사정에 따라 단지 정범형태만 가능하기 때문이다.

그런데 우리 형법이 정범과 (협의)공범을 구별하여 규정하면서도, 정범에 관한 정의규정을 따로 두고 있는 것은 아니다. 여기서 정범과 (협의)공범의 구별기준이 별도로 문제된다.[2)]

Ⅱ. 정범과 (협의)공범의 구별

1. 정범의 개념

정범인지 (협의)공범인지의 구별은 행위자의 죄책과 처벌에 중요한 영향을 미친다. 예컨대, 甲이 절도할 때 乙이 망을 보았을 경우 甲은 절도죄의 정범임이 분명하나, 乙이 정범인지 방조범인지 여부는 불분명하다. 만일 乙이 정범이

---

1) ['이원적 체계'와 '단일정범체계'] 여기서 ㉠ 2원적 체계란, 다수의 범죄참가자 중 전체범행에 대한 주도권을 가진 행위자만을 선별하여 정범으로 규율하고, 그 이외의 자를 공범으로 구분하여 분리 취급하는 방식(다수의 국가)이다. ㉡ 단일정범체계란, 범죄참가형태를 세분하지 않고 범죄실현에 기여한 자 전부를 모두 정범으로 간주하되, 구체적인 범죄 기여도에 따라 양형상 처벌을 개별화하는 방식(예: 오스트리아)이다.

2) '정범과 공범의 구별', '공범의 종속성 · 종속형식'이라는 용어에서 사용되는 '공범'은 '협의의 공범(교사 · 방조범)'만을 지칭한다.

라면, 합동절도(331②)가 되어 높은 법정형(1년 이상 10년 이하의 징역)으로 처벌되지만, 만일 乙이 방조범에 불과하다면, 단순절도의 방조범이 되어 훨씬 낮은 처단형(단순절도의 법정형인 6년 이하의 징역을 방조범으로 감경한 형인 3년 이하의 징역)으로 처벌된다. 실무상 문제되는 정범과 공범의 구별은, 특히 **공동정범이냐 방조범이냐** 또는 **간접정범이냐 교사범이냐**의 문제인데, 개별 사안에서 그 구별은 결코 쉽지 않다.

개념적으로 정범의 개념을 먼저 밝혀야만 (협의)공범 개념을 비로소 파악할 수 있다. 또한 현실적으로도 '정범'을 먼저 확정한 다음에야 비로소 '공범'의 행위에 대한 형법적 평가가 가능해진다. 정범과 (협의)공범의 구별에서 **정범우위성 원칙**이라 한다. 즉, 정범 없이 공범은 존재할 수 없고('정범 없는 공범은 없다'), '정범 아닌 사람만이 공범이 될 수' 있는 것이다. 그렇다면 과연 '정범이란 무엇인가?' 이는 곧 정범의 본질에 관한 질문이다.

'정범의 개념'에 대해서는, 종래 ㉠ '제한적 정범개념'(형법각칙의 구성요건에 해당하는 행위를 스스로 행한 자만이 정범이라는 견해)과 ㉡ '확장적 정범개념'(구성요건적 결과발생에 조건을 제공한 자는 모두 정범이라는 견해)이 대립한다.[1] 앞서 본 바와 같이 '**정범·공범 2원체계**'를 채택하고 있는 우리 형법의 해석에서는, 고의범에 관한 한 **제한적 정범개념**이 타당하다. 확장적 정범개념은 결국 단일정범체계에 귀착되고, 그 결과 우리 형법과 조화될 수 없기 때문이다(고의범과 달리, 단일정범체계를 수용한 과실범에서는 확장적 정범개념이 예외적으로 타당하다).

다만, 제한적 정범개념에 의하더라도 정범과 공범의 구별에는 별도의 다른 기준이 필요하게 된다. 예컨대, '구성요건적 행위를 **직접 실행하지 않은 자**'(예: 타인을 도구로 이용하여 간접적으로 범죄를 실현한 자 등)의 경우 **정범성의 인정 문제**와 관련하여, 제한적 정범개념에 따르면 정범성을 인정할 수 없게 되지만, 그럼에도 '정

---

1) ['제한적 정범개념'과 '확장적 정범개념'] 여기서 ㉠ 제한적 정범개념이란, 형법각칙의 구성요건에 해당하는 행위를 스스로 행한 자만이 정범이며, 그 이외의 행위를 통해 결과발생에 기여한 자는 공범에 불과하다는 견해이다. 이에 따르면 총칙상 협의의 공범(교사·방조범) 규정은 구성요건적 실행행위를 하지 않는 자를 처벌하는 '처벌확장사유'가 된다. 이는 정범과 공범을 구성요건에 해당하는 행위와 이에 대한 가공행위라는 객관적 요소로 구별하는 객관설과 결합하게 된다. 한편, ㉡ '확장적 정범개념'이란, 구성요건적 결과발생에 조건을 제공한 자는 모두 정범이라는 견해이다. 정범의 범위가 지나치게 확대되어 결국 단일정범개념에 귀착되며, 총칙상 협의의 공범(교사·방조범) 규정은 정범을 공범으로 처벌하는 '처벌축소사유'가 된다. 교사범은 물론이거니와 특히 방조범은 정범에 비해 형벌을 필요적으로 감경하기 때문에 형벌축소사유가 된다. 이는 정범과 공범을 객관적 요소가 아니라 주관적 요소에 의해 구별하는 주관설과 결합하게 된다.

범성'을 인정할 현실적인 필요가 있기 때문이다. 결국 정범을 근거짓는 표지, 즉 '정범표지(정범성)'가 무엇인지 문제된다.

2. 정범과 (협의)공범의 구별기준

1) 학설: 행위지배설 정범과 공범의 구별기준에 대해 19세기 초부터 '객관설'과 '주관설'의 대립이 있어 오다가, 1933년 '행위지배설'(정확한 명칭은 '범행지배설')이 구성된 이래, 현재 '행위지배설'이 절대적인 우위를 차지하고 있다.[1] 행위지배설은 객관과 주관의 의미통일체로서 '행위지배'라는 개념을 도입함으로써, 객관적 요소와 주관적 요소를 함께 고려하여 정범과 공범을 구별하는 견해이다.

여기서 행위지배란 "구성요건에 해당하는 '사건의 진행을 조종 · 장악'하거나 '사태의 핵심형상을 지배'하는 것"을 말한다. 따라서 범죄참가자들의 주관적 의사와 객관적 행위를 모두 고려하여, 사태의 핵심형상을 계획적으로 조종 · 장악하여 범행의 전체과정을 '지배'한 자는 '정범', 이러한 행위지배 없이 단순히 구성요건적 행위를 야기하거나 촉진하여 단지 범행에 '관여'한 자는 '(협의)공범'이라 한다. 즉, 사건의 '중심인물'이 정범, '주변인물'은 공범이 된다는 것이다. 이러한 행위지배의 형태는 정범의 유형에 따라 달라진다.

2) 행위지배의 유형 행위지배의 개념을 유형적으로 세분화하면, 실행지배(단독정범 · 직접정범), 의사지배(간접정범), 기능적 행위지배(공동정범) 등의 정범표지

---

1) [정범과 공범의 구별기준: '객관설'과 '주관설'] 이들 학설은 형법학에서 학설사적 의미밖에 없다.
우선, i) 객관설 가운데, ㉠ (형식적 객관설) 법문언을 기준으로, 구성요건적 실행행위를 전부 또는 일부를 직접 수행한 자가 정범이며, 그 이외의 방법(예: 예비나 원조행위 등)으로 범죄실현에 기여한 자는 공범이라는 견해이다. 그러나 이는 간접정범을 정범으로 인정할 수 없다는 문제점이 있다. ㉡ (실질적 객관설) 법문언이 아니라 실질적 기준, 즉 행위기여의 위험성의 정도에 따라, 정범과 공범을 구별하는 견해이다. 세부적으로는, 결과발생에 대해 필연적 행위를 하였는지 여부(필연설), 개개 사례의 사정을 고려하여 범죄참가자의 행위가 법익침해행위와 협동적(동가치적)이었는지 또는 종속적(열위적)이었는지 여부(우위설), 행위자의 행위가 결과야기에 직접적 인과관계가 있는지 여부(직접설) 등을 기준으로, 정범성 여부를 판단한다. 그러나 이는 공동정범과 방조범의 구별에는 의미가 있지만, 간접정범과 교사범의 구별에는 별 쓸모가 없다는 문제점이 있다.
다음, ii) 주관설 가운데, ㉠ (의사설) 범행을 자기의 것으로 하려는 의사(정범의사)로 행위하면 정범이고, 타인의 것으로 하려는 의사(공범의사)로 행위하면 공범이라는 견해이다. 그러나 이는 정범의사나 공범의사에 따라 정범과 공범을 구별한다는 것은 순환론에 빠진다는 문제점이 있다. ㉡ (이익설) 자신의 목적이나 이익을 위해 행위하면 정범이고, 타인의 이익을 위해 행위하면 공범이 된다는 견해이다. 그러나 이는 자신의 이익인지 타인의 이익인지 분명하게 구별되지 않으며, 형법상 촉탁살인 등도 정범으로 처벌하고 있으므로 형법규정과 맞지 않다는 문제점이 있다.

가 있고, 이에 따라 다양한 정범형태가 인정된다. 즉,

i) **실행지배**: 구성요건에 해당하는 행위의 실행 자체에 대한 지배. 이는 '단독정범'(직접정범)의 정범성 표지가 된다.

ii) (우월한) **의사지배**: 우월적 지위에서 이용자의 의사와 계획대로(='마음대로) 타인을 조종·장악하여 **도구로써 이용**하는 지배(즉, 타인의 행위는 이용자의 의사와 계획에 따라 지배된 작품에 불과). 이는 '간접정범'의 정범성 표지가 된다. 즉, (이용자의) '의사지배'과 (피이용자의) '도구성' 은 동전의 양면과 같다(즉, '마음대로' 지배 ⇔ 의사지배).

iii) **기능적 행위지배**: 공동의 범죄결의와 역할분담에 의한 공동의 구성요건에 대한 분업적 실행, 즉 '분업적 역할분담에 의한 기능적 행위지배'(대판 1989.4.11. 88도1247). 이는 '공동정범'의 정범성 표지가 된다.

3) 판례 판례도 **행위지배설**에 따라 '행위지배'를 정범표지 내지 공범과의 구별기준으로 삼고 있다. 즉, ㉠ 공동정범(정범)과 방조범(공범)의 구별기준으로 **기능적 행위지배**를 명시하고 있다. 즉, "공동정범은 공동의사에 의한 **기능적 행위지배**가 있음에 반하여, 종범은 그 행위지배가 없는 점에서 구별된다"(대판 1989.4.11. 88도1247). 또한 ㉡ 간접정범(정범)과 교사범(공범)의 구별기준으로 의사지배를 직접 언급한 바는 없지만, 피이용자의 '**도구성**'을 전제로 이용자의 '정범성'을 긍정하고 있다(이른바 '도구이론'). 즉, "제34조 제1항의 간접정범은, 책임무능력자 등을 '마치 **도구**나 손발과 같이' 이용하여 간접으로 죄의 구성요소를 실행한 자를 처벌하는 것이다"(대판 1983.6.14. 83도515 전합). 그런데 피이용자의 '도구성'과 이용자의 '의사지배'는 밀접불가분의 상호관련성을 갖는다.

4) 행위지배설의 한계 형법각칙상 어떤 구성요건에서는 행위지배가 있더라도 정범이 아닌 (협의의) 공범만이 인정되는 경우가 있다. 이는 정범과 공범의 구별기준으로서의 행위지배설이 그 한계를 드러내는 지점이다. 신분범, 의무범, 자수범, 목적범, 영득범 등이 그러하다. 즉, 행위지배 여부와 상관 없이, 범죄구성요건상의 특수한 표지(예: 신분, 특별의무, 직접실행, 목적, 영득의사 등)의 충족 여부에 따라 정범과 공범이 결정되는 한계사례군들이다.

[행위지배의 예외] 이들 범죄유형에서는 행위지배가 정범성의 기준이 아니다. 예컨대, 우선, ㉠ **진정신분범**의 경우 신분자만이 정범이 될 수 있고, 비신분자는 행위지배가 있더라도 정범이 될 수 없으며 공범만이 될 수 있을 뿐이다. 다만 비신분자도 (제

33조 본문에 따라) 신분자와의 공동정범은 될 수 있다. 예컨대, 수뢰죄의 '공무원 또는 중재인', 위증죄의 '법률에 의해 선서한 증인' 등이 그러한 신분자에 해당한다.

또한, ㉡ **의무범**이란, 구성요건에 앞서 존재하는 특별의무(형법外的 특별의무)를 가진 자만이 정범이 될 수 있는 경우를 말한다. 예컨대, 공무원의 직무상 범죄(예: 직무유기, 피의사실공표, 공무상 비밀누설, 수뢰죄 등)는 대부분 이에 속한다. 공직자에게는 공법상의 특별한 의무가 부과되어 있기 때문이다. 그 밖에 횡령죄, 배임죄, 부진정부작위범 등도 그 예다. 의무범의 경우 특별한 의무의 주체가 아니면, 행위지배가 있더라도 정범이 아니라 단지 방조범에 불과하다. 그런데 **'의무범과 신분범의 관계'**가 문제된다. 즉, 의무범으로 분류되는 범죄 가운데 종래 신분범인 범죄와의 관계 문제이다. 만일 '의무 없는 비신분자'의 '의무 있는 신분자'와의 공동정범을 인정하지 않는다면, 제33조 본문에 반하는 결과가 된다는 이유로 의무범이라는 개념을 별도로 인정할 필요가 없다는 견해가 있다. 반면, 의무범의 개념을 인정함으로써 오히려 공동정범의 성립범위를 제한해야 한다는 견해도 있다.

한편, ㉢ **자수범**이란, 구성요건의 자수(自手)적 실행, 즉 구성요건적 행위를 '직접' 실행한 경우에만 정범이 될 수 있는 경우를 말한다. 예컨대, 위증죄가 대표적인 예다. 자수범의 경우에도 자수성이 없는 이용자(즉, 다른 사람의 행위를 이용하여 간접적으로 범죄를 저지르는 자)는 (비록 '우월한 의사지배'가 있더라도) 간접'정범'이 될 수 없고, 단지 교사 또는 방조범이 될 수 있을 뿐이다.

그 밖에, ㉣ 고의 이외에 특별한 초과주관적 구성요건요소를 가진 자만이 정범이 될 수 있는 경우가 있다. **목적범**의 경우 '목적', 재산범죄 중 **영득죄**의 경우 '불법영득의사'가 그러하다. 이러한 '목적' 또는 '불법영득의사'가 없는 자는 정범이 될 수 없고, 행위지배가 있더라도 단지 공범이 될 수 있을 뿐이다. 다만, 판례는 목적범 가운데 '모해 목적'을 행위자관련적인 '신분'요소로 파악하므로(대판 1994.12.23. 93도1002), 이러한 경우 '목적 없는 자'의 '목적 있는 자'와의 공동'정범'은 성립될 수 있다.

Ⅲ. 정범과 (협의)공범의 관계: 공범의 종속성

정범의 처벌근거는 비교적 분명하다. **정범**은 구성요건적 실행행위를 전부 또는 일부를 직접 수행하거나, 행위지배를 통해 구성요건의 실행과정을 장악·지배한 자이기 때문이다. 반면, (협의)공범의 처벌근거는 오히려 불분명하다. (협의)**공범**은 구성요건적 행위를 실행하거나 그 범행에 대한 행위지배가 있는 것이 아니라, 부수적인 행위(교사·방조행위)를 통해 단순히 정범의 실행에 '관여'한 자에 불과하기 때문이다. 그런데 우리 형법에 따르면, (협의)공범은 반드시 '정범'의 존재를 전제로 하고 있다. 즉, 교사범에 관한 제31조 제1항(즉, '타인'을 교사하여 죄를 범하게 한 자)과 방조범에 관한 제32조 제1항(즉, '타인'의 범죄를 방조한 자)의 '타인'은 바로 실행행위를 하는 '정범'을 뜻하기 때문이다. 따라서 (협의)공범의 성립과 처벌을 위해서는 '정범과의 관계(관련성)'가 문제된다.

1. (협의)공범의 종속성 여부

(협의)공범이 '정범'의 존재를 전제로 하지만, (협의)공범의 범죄성이 '정범에 종속'되는 것인지(공범종속성), 아니면 '정범과 무관하게 독자적'인 것인지(공범독립성) 여부가 문제이다.

1) 공범종속성설과 공범독립성설 i) [공범종속성설] (협의)공범의 성립은 정범의 성립에 종속한다는 견해이다. 즉, 정범이 범죄의 실행행위를 하고, (협의)공범은 여기에 가담하는 것에 불과하므로, (협의)공범은 정범의 실행행위에 종속되어 정범이 성립하는 때에 한하여 성립한다는 것이다. 공범의 범죄성을 **정범의 실행행위**에서 찾는 객관주의 입장이다. 적어도 정범이 실행에 착수해야 비로소 공범이 성립하므로, 피교사자가 실행에 착수하지 않은 경우에는 '기도된 교사'에 불과하여 처벌될 수 없다(불가벌)라고 한다.

ii) [공범독립성설] (협의)공범은 정범의 성립 여부와 관계 없이, 독립적으로 가벌성이 인정된다는 견해이다. 즉, (협의)공범은 교사 또는 방조행위에 의해 반사회성이 징표되므로, 정범의 실행행위나 범죄성 여부와 관계없이 독자적으로 성립한다는 것이다. 공범의 범죄성을 **공범의 범죄의사 내지 반사회성**에서 찾는 주관주의 입장이다. 비록 정범의 실행행위가 없더라도 공범행위 자체가 실행행위가 되므로, 피교사자가 실행에 착수하지 않은 경우에도 교사행위는 '교사의 미수'로 처벌된다(가벌)라고 한다.

2) 형법해석: 공범종속성 형법은 **공범종속성설**의 입장으로 이해된다. 형법상 교사범(31①에서, '타인'을 교사하여 '죄'를 범하게 한 자와 '죄를 실행한 자'를 엄격하게 구분)이나 방조범(32①의 '타인'의 '범죄'를 방조한 자와 32②의 '정범'을 엄격하게 구분)은, 법문에 '타인의 범죄 실행'을 전제로 규정하고 있는데, 이는 ㉠ 실행행위를 하는 '타인', 즉 '정범'의 존재 및 ㉡ 그 타인의 '범죄 실행', 즉, '구성요건적 실행행위'의 존재를 전제로, ㉢ 이에 '종속하여 성립한다'는 취지라고 해석할 수 있기 때문이다.

한편, 형법 제31조 제2항(효과없는 교사) · 제3항(실패한 교사)은 이른바 '기도된 교사'를 예비 · 음모에 준하여 처벌하는데, 이는 공범독립성설과 맞지 않는다. 공범독립성설의 논리를 관철한다면, 이 경우 정범의 실행행위가 없더라도 교사자는 '죄를 실행한 자'와 동일하게 미수죄로 처벌할 일이지, 예비·음모에 준하여 처벌할 일은 아니기 때문이다. 물론 공범종속성설에서는 이를 '예외적 특별규정'이라 하여 나름대로 설명하고 있다.

3) 판례: 공범종속성　판례도 **공범종속성설**의 입장이다. 즉, "정범의 성립은 교사범, 방조범의 구성요건의 일부를 형성한다. 교사범, 방조범이 성립함에는 먼저 정범의 범죄행위가 인정되는 것이 그 전제요건이 된다. 이것은 **공범의 종속성**에 연유하는 당연한 귀결이다"(대판 1981.11.24. 81도2422).[1)]

2. (협의)공범의 종속 정도

공범종속성의 측면에서 공범이 정범의 실행행위에 종속하는 경우에도, 정범이 범죄성립요건 중 어느 단계까지 충족해야 공범이 성립하느냐가 공범의 종속정도에 관한 문제이다. 4가지 종속형식이 오늘날에도 통용된다.

1) 종속형식　i) [최소종속형식] 정범의 행위가 구성요건에 해당하기만 하면, 비록 위법·유책하지 않더라도, 공범이 성립한다. ii) [**제한종속형식**] 정범의 행위가 구성요건에 해당하고 위법하면, 비록 유책하지 않더라도, 공범이 성립한다(통설). iii) [**극단종속형식**] 정범의 행위가 구성요건에 해당하고 위법·유책해야만 비로소 공범이 성립한다. iv) [최극단(확장적)종속형식] 정범의 행위가 구성요건에 해당하고 위법·유책한 것임은 물론, 가벌성의 모든 조건(처벌조건 등)까지 완전히 갖추어야 비로소 공범이 성립한다.

2) 형법해석: 제한종속형식　현행 형법의 해석상 입법자의 의도와 합치하는 것으로는, 제한종속형식과 극단종속형식이 거론된다. 우리 형법의 해석상 **제한종속형식**이 더 타당하다(통설). '불법의 연대성'과 '책임의 개별화'에 부합하는 종속형식은 '제한종속형식'이기 때문이다. 즉, 공범은 공범행위(교사·방조행위)에 의하여 정범의 실행행위에 관여하므로, 공범과 정범은 '불법의 연대성'이 인정된다. 반면, 책임은 본래 행위자의 특수한 사정에 관한 것이므로, 공범의 책임은

---

1) [공범종속성] 위 81도2422 ("따라서 교사범, 방조범의 사실 적시에 있어서도 정범의 범죄 구성요건이 되는 사실 전부를 적시하여야 하고, 이 기재가 없는 교사범, 방조범의 사실 적시는 죄가 되는 사실의 적시라고 할 수 없다"); 대판 2000.2.25. 99도1252 ("교사범이 성립하기 위해서는 교사자의 교사행위와 정범의 실행행위가 있어야 하는 것이므로, 정범의 성립은 교사범의 구성요건의 일부를 형성하고, 교사범이 성립함에는 정범의 범죄행위가 인정되는 것이 그 전제요건이 된다"); 대판 2017.5.31. 2016도12865 ("방조범은 종범으로서 정범의 존재를 전제로 하는 것이므로, 정범의 범죄행위 없이 방조범만이 성립될 수는 없다").

정범의 책임에 종속될 성질의 것이 아니다. 개인책임의 원칙에 따라 정범과 공범은 '책임의 개별화'가 적용되므로, 공범의 책임은 정범과 구별되어 개별적으로 판단된다.

3) 판례: 제한종속형식 판례도 제한종속형식의 입장이다. 즉, 범인도피교사의 경우 정범이 '형법 제151조 제2항에 의하여 처벌받지 않는 친족 등'에 해당하더라도(이는 기대불가능성을 이유로 한 책임조각사유), 공범(교사범)의 성립을 인정하고 있다(대판 2006.12.7. 2005도3707).[1]

[공범종속성과 정범우위성원칙] i) [정범우위성 원칙] 공범종속성 원칙에 따르게 되면, 정범의 실행행위부터 먼저 심사한 다음, 그 후에 비로소 공범의 행위를 심사하게 된다. 이를 '정범우위성원칙'이라고 한다. 그 결과 어느 행위자의 가담형태를 평가하는 경우에도, "㉠ '정범성 여부' 심사 → ㉡ (정범성이 부정될 경우) 다시 '공범 성립 여부' 검토"의 순서에 따라야 한다.

ii) [공범종속성의 귀결] 공범의 성립여부는 항상 정범 행위부터 심사해야 한다.

우선, ㉠ 정범의 행위가 실행의 착수에 이르지 않은 경우(실패한 교사 · 효과 없는 교사): 기도된 교사가 문제된다. 교사의 경우 예비 · 음모에 준하여 처벌된다(31②③). 그러나 방조의 경우에는 상응하는 규정이 없으므로, 불가벌이다.

다음, ㉡ 정범의 행위가 실행에 착수하였으나 기수에 이르지 않은 경우(미수): 정범의 미수행위에 대한 공범(교사 · 방조범)이 성립한다. 예컨대, 정범이 살인미수에 그쳤다면 살인을 교사한 공범은 살인교사의 미수죄(즉, 살인미수 교사죄)가 성립한다.

나아가, ㉢ 정범의 행위가 기수에 이른 경우(기수): 정범의 기수행위에 대한 공범이 성립한다. 한편, 기수 이후부터 범죄종료 이전까지는 방조행위만 가능할 뿐, 교사행위는 불가능하다.

반면, ㉣ 정범의 행위가 종료된 이후의 경우: 방조행위도 더 이상 불가능하다. 이에 대해서는 별도로 구성요건(범인은닉, 증거인멸 등)이 규정되어 있다.

---

1) [제한종속형식] 위 2005도3707 ("범인이 자신을 위하여 타인으로 하여금 허위의 자백을 하게 하여 범인도피죄를 범하게 하는 행위는 방어권의 남용으로 범인도피'교사'죄에 해당하는바, 이 경우 그 타인이 형법 제151조 제2항에 의하여 처벌을 받지 아니하는 친족, 호주 또는 동거 가족에 해당한다 하여 달리 볼 것은 아니다").

한편, "형법 제34조 제1항이 정하는 소위 간접정범은 (중략) 이와 같은 책임무능력자 (중략) 등을 마치 도구나 손발과 같이 이용하여 간접으로 죄의 구성요소를 실행한 자를 간접정범으로 처벌하는 것"(대판 1983.6.14. 83도515 전합)이라는 판결을 토대로, 극단종속형식으로 이해하는 견해도 있다. 이는 판례가 정범의 행위에 책임조각사유가 인정되면 (공범이 아니라) 간접정범을 인정한다는 것을 근거로 한다. 그러나 정범의 실행행위에 대해 책임조각사유가 인정되는 경우라고 하더라도, 간접정범으로서의 '우월한 의사지배'가 결여되면, 다시 공범의 성립 가능성도 배제할 수 없으므로, 반드시 극단종속형식에 입각한 판례라고 단정할 수는 없다.

3. (협의)공범의 처벌근거

정범에 대한 공범의 종속정도는 공범의 처벌근거와 밀접한 관련이 있다. 공범의 처벌근거를 정범의 어디에서 찾을 것인가의 문제는, 공범의 불법이 무엇인가를 밝히는 작업이기도 하다. 가담설과 야기설이 대립한다.

[종래의 견해: 가담설] 가담설은, 공범의 처벌근거를 (공범의 행위 그 자체에서 찾는 것이 아니라) 정범의 범죄행위에 '가담'했다는 점에서 찾는 견해이다. 공범의 독자적 범죄성을 부정하고, 가담을 전제로 정범의 범행에서 그 처벌근거를 찾는다. 공범종속성의 전제 하에, 종속정도와 관련하여 책임가담설과 불법가담설이 있다.

i) (책임가담설) 공범은 정범의 행위에 가담하여, 정범으로 하여금 유책한 범죄행위를 저지르게 함으로써, 정범을 범죄자로 만들었기 때문에 처벌된다는 견해이다. 논리적으로 정범의 범죄실현(범죄성의 완성)을 전제로 하기 때문에, '극단종속형식'과 결합한다. 개인책임원칙에 반한다는 비판을 받았다.

ii) (불법가담설) 공범은 정범의 행위에 가담하여, 정범으로 하여금 불법을 저지르게 함으로써, 정범과 사회가 유지해왔던 일체성을 단절시켜 법적 평화를 침해했기 때문에 처벌된다는 견해이다. 정범이 책임조각되더라도 불법의 실행과 법적 평화의 침해는 달라지지 않는다는 것이므로, '제한종속형식'과 결합한다. 교사에 대해서는 타당하나, 방조의 처벌근거는 설명하지 못한다.

야기설은, 공범의 처벌근거를 공범이 정범의 범죄행위를 '야기'했다는 점에서 찾는 견해이다. 정범에의 종속과 함께, 공범의 독자적 범죄성을 어느 정도 긍정한다는 점에서 가담설과 구별된다. 다만, 공범의 독자적 불법요소와 정범의 불법요소를 가미하는 '비율'에 따라 셋으로 세분된다.

1) 순수야기설과 종속적 야기설 먼저, ㉠ 순수'야기'설은, 공범은 정범의 불법과 무관하게 공범이 독자적으로 불법을 야기했기 때문에 처벌된다는 견해(=공범불법 독립)이다. 공범의 불법은 순수하게 공범행위 자체만으로도 충분하다는 입장이다. 정범에 대한 공범의 종속성 자체를 인정할 필요가 없다는 것이므로, 공범독립성설과 결합한다. 그러나 이는 공범의 불법이 정범의 불법에 '종속'된다는 점을 '무시'하는 단점이 있다. 또한 교사범은 잘 설명할 수 있으나 방조범은 설명하지 못한다는 비판도 있다.

한편, ㉡ '종속'적 야기설은, 공범은 정범의 실행행위를 전제로 한 경우에만 처벌되는 것이므로, 공범의 불법은 정범의 불법에 '종속'된다는 견해(=공범불법

종속)이다. 공범의 독자적 불법요소를 무시하고, 공범종속설에 따라 종속성을 강조하여 순수야기설을 수정한 것으로, '수정된 야기설'이라고도 한다. 그러나 이는 공범행위 자체의 '독자적인 불법'을 '무시'하는 단점이 있다. 그 결과 기도된 교사(실패한 교사 · 효과 없는 교사)를 (정범의 실행행위가 없음에도) 처벌하는 우리 형법(31②③)의 태도와 모순되며, 미수의 교사(함정수사)의 불가벌성 또한 설명하지 못한다는 난점이 있다.

2) 혼합적 야기설: 종속적 법익침해설과 결과불법 종속설 혼합적 야기설은, 순수야기설(공범불법 독립)과 종속적 야기설(공범불법 종속)을 '혼합'하여, 공범행위 자체의 '독자적인 불법'과, 정범의 불법에 종속하는 '종속적 불법' 모두를 공범의 처벌근거로 제시하는 견해이다. 다만, 공범의 '독자적 불법'과 '(정범에의) 종속적 불법'의 내용이 무엇인가와 관련하여, 2가지 견해가 있다.

우선, ㉠ (종속적 법익침해설) 공범은 스스로 구성요건적 행위를 하지 않고, 정범의 실행행위에 가담함으로써 '(구성요건에 의해 보호되는) 법익을 간접적으로 침해'하기 때문에 처벌된다는 견해(간접적 '법익침해')이다. 즉, 공범불법의 '독자성'은 그 자신에게도 형법적 보호가 요청되는 법익에 대해 정범의 행위를 통해 간접적으로 침해하였다는 그 '법익침해'에 있고, 공범 불법의 '종속성'은 정범의 실행행위를 전제로 하는 공범에게는 정범의 불법에서 상당 부분 도출된 '종속적 요소'가 있다(공범은 단지 정범의 행위를 보충하는 종된 개념)는 내용으로, 혼합적 야기설의 원형에 속한다.

다음, ㉡ (결과불법 종속설) 공범은 법익침해라는 '결과반가치'에 대해서는 정범에 '종속'하고(결과불법'에만' 종속), 행위반가치는 공범 자신의 행위에서 독자적으로 인정된다는 견해이다. 즉, 행위불법은 공범이 스스로 실현하지만, 법익침해라는 결과불법은 구성요건을 실행하는 정범만이 가능하므로, 공범은 정범의 결과불법에 종속한다는 것이다.

3) 결론: 결과불법 종속설 요컨대, 혼합적 야기설 가운데 '**결과불법 종속설**'이 공범의 처벌근거와 불법 내용을 가장 잘 설명한다. 예컨대, ㉠ '종속적 법익침해설'의 입장에서는, 기도된 교사의 경우 공범의 불법이 결국 종속적 불법으로만 구성되는 결과 공범의 불법이 존재하지 않게 되기 때문에, 예비 · 음모로도 처벌할 수 없게 된다. 반면, ㉡ '결과불법 종속설'의 입장에서는, 기도된 교사의 경우 공범의 불법 가운데 종속적 불법(결과반가치)은 없고, 독자적 불법(교사행위)만이 있기 때문에, 공범을 예비 · 음모로만 처벌하는 점을 적절하게 설명할 수 있다.

Ⅳ. 필요적 공범과 동시범

1. 필요적 공범

(1) 의의

1) 뜻 구성요건의 실현에 반드시 2인 이상의 관여가 요구되는 범죄유형(예: 내란죄, 뇌물죄 등)을 필요적 공범이라 한다. 이는 형법각칙상 개별 구성요건에 처음부터 2인 이상의 가담이 예정된 범죄유형으로, 각 가담자는 공범이 아니라 '정범'에 해당한다. 이를 총칭하여 강학상 붙인 명칭인데, 원래 1인으로도 가능한 범죄(예: 살인죄 등)를 2인 이상이 함께 실현하는 '임의적 공범'에 대응하는 개념 정도의 의미만 있다.

2) 행위의 공동만 필요적 공범의 성립에는 "'행위의 공동'만을 필요로 하며, 반드시 행위자 전부가 책임이 있을 필요는 없다"(대판 1987.12.22. 87도1699).[1] 즉, 행위자 전부에게 범죄가 성립되어야 한다는 의미는 아니다.

(2) 종류

1) 집단범 집단범(집합범)이란 2인 이상이 같은 목표를 향하여 같은 방향에서 공동으로 행위할 것을 요구하는 범죄유형이다. 여기에는 ㉠ 행위자 전원의 법정형이 모두 같은 경우(예: 소요죄, 다중불해산죄 등), ㉡ 행위자의 지위·역할 등에 따라 법정형이 다른 경우(예: 내란죄 등)가 있다.

한편, 2인 이상이 합동하여 범죄를 실현하는 경우(예: 특수절도, 특수강도, 특수도주, 특수강간등)를 강학상 합동범이라 하는데, 형법각칙상 개별 구성요건에 규정된 범죄유형이다. 합동범이 필요적 공범인지 여부와 관련하여, 견해가 대립하나, 필요적 공범(집단범)이 아니라, '공동정범의 특수한 형태'에 불과할 뿐이라는 견해가 지배적이다(다수설).

2) 대향범 대향범이란 2인 이상이 서로 다른 방향에서 대향적으로 같은 목표를 향해 공동으로 행위할 것을 요구하는 범죄유형이다. 여기에는 ㉠ 대향자 쌍방의 법정형이 같은 경우(예: 구 간통죄(2016.1.6. 삭제), 도박죄, 인신매매죄 등), ㉡ 법

---

1) [행위자 전원의 책임 요부] 위 87도1699 ("뇌물공여죄가 성립되기 위해서는 뇌물을 공여하는 행위와 상대방측에서 금전적으로 가치가 있는 그 물품 등을 받아들이는 행위(부작위 포함)가 필요할 뿐이지, 반드시 상대방측에서 뇌물수수죄가 성립되어야만 한다는 것을 뜻하는 것은 아니다"); 대판 1991.1.15. 90도2257 ("배임수재죄와 배임증재죄는 통상 필요적 공범의 관계에 있기는 하나, 이것은 반드시 수재자와 증재자가 같이 처벌받아야 하는 것을 의미하는 것은 아니고, 증재자에게는 정당한 업무에 속하는 청탁이라도 수재자에게는 부정한 청탁이 될 수도 있는 것이다").

정형이 다른 경우(예: 뇌물죄에서 수뢰죄와 증뢰죄, 배임수증재죄에서 배임수재죄와 배임증재죄 등), ㉢ 대향자의 일방만을 처벌하는 경우(예: 공무상 비밀누설죄, 음화등반포·판매·임대죄, 범인은닉죄 등)가 있다. 특히 대향자의 일방만을 처벌하는 경우를 '**편면적 대향범**'이라 하는데, 대향자 중 처벌되지 않는 자를 '불가벌적 대향자'라 한다.

(3) 총칙상 공범규정의 적용 여부

1) 내부자 상호간 필요적 공범의 '내부자 상호간'에는 임의적 공범(공동정범, 교사·방조범)에 관한 '**총칙의 공범규정**'이 **적용되지 않는다**. 필요적 공범의 경우 각칙상 규정된 개별 구성요건의 내용에 따라 각 가담자는 '정범'으로서, 각각 개별적으로 해당 범죄의 성립과 처벌이 예정되어 있기 때문이다. 집합범(집단범)이건 대향범이건 마찬가지이다. 판례도 같다. 즉, "2인 이상의 서로 대향된 행위의 존재를 필요로 하는 대향범에 대하여는, 공범에 관한 형법총칙 규정이 적용될 수 없다"(대판 2007.10.25. 2007도6712).

문제는, **편면적 대향범**에서 처벌규정이 없는 일방(불가벌적 대향자)에 대해, '총칙의 공범규정'이 적용될 수 있는지 여부이다. 견해가 대립하나, 판례는 전면부정설(입법자의사설)의 입장이다. 즉, ㉠ 공무상비밀누설죄에서 처벌규정이 없는 '누설받은 자'의 경우, "형법 127조는 공무원 또는 공무원이었던 자가 법령에 의한 직무상 비밀을 누설하는 행위만을 처벌하고 있을 뿐, 직무상 비밀을 누설받은 상대방을 처벌하는 규정이 없는 점에 비추어, 직무상 비밀을 '**누설받은 자**'에 대하여는 공범에 관한 **형법총칙 규정이 적용될 수 없다**"(대판 2011.4.28. 2009도3642). ㉡ 의료법위반죄에서 처벌규정이 없는 '교부받은 자'의 경우,[1] "의사가 직접 환자를 진찰하지 않고 처방전을 작성하여 교부한 행위와 대향범 관계에 있는 '처방전을 교부받은 행위'에 대하여 공범에 관한 형법총칙 규정을 적용할 수 없다"(대판 2011.10.13. 2011도6287). ㉢ 약사법위반죄에서 처벌규정이 없는 '전문의약품을 판매하는 약국개설자'의 경우에도, "매도, 매수와 같이 2인 이상의 서로 대향된 행위의 존재를 필요로 하는 관계에서는 공범이나 방조범에 관한 형법총칙 규정이 적용될 수 없다. 따라서 **매도인에게 따로 처벌규정이 없는 이상, '매도인'**의 매도행위(염산날부핀)는 그와 대향적 행위의 존재를 필요로 하는 상대방의 매수범행에 대하여, **공범이나 방조범관계가 성립되지 아니한다**"(대판 2001.12.28. 2001

1) [의료법위반죄] 제17조(진단서 등) ① 의료업에 종사하고 직접 진찰하거나 검안한 의사 (중략)가 아니면 진단서、검안서、증명서를 작성하여 환자(중략)에게 교부하지 못한다.
제89조(벌칙) 다음 각 호의 어느 하나에 해당하는 자는 1년 이하의 징역이나 1천만원 이하의 벌금에 처한다. 1. (중략) 제17조제1항 (중략)을 위반한 자

도5158). ㉣ 이는, 입법자가 대향자의 일방에 대해 처벌규정을 두지 않은 것은, 입법자가 '그 일방의 행위는 처벌하지 않고 불문에 부치겠다'는 의사를 명시적으로 표시한 것이므로, 이를 존중해야 한다는 입장이다(이른바 '입법자의사설'). 다른 말로, '정범으로 처벌할 수 없는 자'는 '공범으로도 처벌할 수 없다'라고 표현하기도 한다.[1)]

[사견: 제한적 긍정설] 이는 불가벌적 대향자의 '**가담의 정도**'에 따라 총칙상의 공범규정을 적용하는 견해이다. 예컨대, 단순히 음화를 구입한 사람은 처벌되지 않지만, 음화를 판매할 의사가 없는 사람을 교사하여 음화를 판매케 하고 이를 통해 구입한 사람은 음화판매죄의 교사·방조범이 될 수 있다는 것이다.

생각건대, ㉠ 처벌규정이 없는 대향자가 단순히 구성요건의 실현에 필요한 최저한의 정도에 그치는 것이 아니라, **그 최저한의 정도를 넘는 적극적 가담행위**를 한 경우에는, 가담자의 독자적 불법이 인정되므로 형벌확장사유로서의 공범 성립이 가능하다고 보는 것이 타당하다. ㉡ 다만, 처벌규정이 없는 대향자가 당해 구성요건의 **보호법익 주체**인 경우에는, 공범이 될 수 없고 언제나 불가벌이다. 예컨대, 촉탁살인죄(252)에서 피해자가 적극 간청한 경우, 13세 미만자에 대한 간음·추행죄(305)에서 13세 미만자가 적극 유도한 경우이다. 그 이유는, 이들이 당해 구성요건이 보호하고자 하는 법익의 주체(즉, 보호법익의 향유자)이기 때문이다.

2) 외부가담자 집합범과 대향범의 경우를 구분할 필요가 있다.

i) [집합범] 원칙적으로 외부가담자는 공동정범, 교사·방조범이 성립할 수 있다. 소요죄나 다중불해산죄 같은 집단범죄의 경우 외부에서 정보나 자금을 제

1) [변호사법위반죄: 비변호사에게 고용된 변호사(불벌)] 대판 2004.10.28. 2004도3994 ("변호사 아닌 자에게 고용되어 법률사무소의 개설·운영에 관여한 변호사의 행위가 일반적인 형법 총칙상의 공모, 교사 또는 방조에 해당된다고 하더라도 변호사를 변호사 아닌 자의 공범으로서 처벌할 수는 없다").

이에 대해서는 "대향범의 논리를 지나치게 확대적용한 것으로, '공범과 신분에 관한 문제'와 '대향범'을 혼동한 중대한 하자가 있는 판례"라는 비판이 있다. 그 이유는 대향적 고용관계를 형성한 이후 '법률사무소를 개설 운영하는 행위'는 공동의 목적을 향해 함께 나아가는 공범의 관계라는 것이다. 즉, 만약 변호사가 고용만 된 상태에서 사건이 종료되었다면, 대향범의 문제만 발생하고, 처벌규정 없는 변호사는 불가벌이라는 해석론이 정당성을 가질 수 있지만, 여기서 문제되는 것은 고용계약 자체가 아니라, 비변호사의 불법적인 법률사무소 운영의 공동에 있고, 이는 대향범의 문제를 넘어 공범과 (소극적) 신분의 문제라는 것이다. 소극적 신분자가 비신분자에게 단순히 교사·방조한 경우에는, 소극적 신분자에게도 교사·방조범이 성립한다는 것이 판례의 기본입장이다. 즉, "의료인이 의료인 아닌 자의 의료기관 개설행위에 공모하여 가공하면, 의료법 제66조 제3호, 제30조 제2항 위반죄의 공동정범에 해당된다"(대판 2001.11.30. 2001도2015).

공하는 등 가담한 사람에게도 총칙상 공범규정이 적용되고, 행위지배 여부에 따라 그 공동정범 또는 교사·방조범이 성립할 수 있다. 다만 개별 구성요건의 해석에 따라 달라질 여지는 있다. 예컨대, 내란죄의 주체가 될 수 없는 자는 공범이 모두 불가능하다는 견해, 내란죄의 경우 공동정범은 불가능하나 교사·방조범은 가능하다는 견해 등이 대립한다.

ii) [**대향범**] 대향범 쌍방을 모두 처벌하는 경우에는, 외부에서 각 대향자에게 가담한 제3자에 대해서도 총칙의 공범규정이 적용된다. 예컨대, 도박방조, 뇌물수수죄의 공동정범 등이다. 대향범이 신분범인 경우에도 비신분자는 형법 제33조 본문이 적용되므로, 행위지배 여부에 따라 공동정범 또는 교사·방조범이 성립한다. 대향자 중 일방만을 처벌하는 경우(편면적 대향범)에도, 처벌되는 대향자에게 가담한 외부자 또한 같다.

문제는, **편면적 대향범**에서, 처벌되지 않는 일방(불가벌적 대향자)에게 가담한 외부가담자의 경우이다. 이때에는 **총칙의 공범규정이 적용되지 않는다**(전면부정설, 통설). 불가벌적 대향자의 행위가 구성요건에 해당하지 않는 이상 공범종속성의 원칙상 그에 대한 공범도 애당초 불가능하기 때문이다.

2. 동시범

제19조(독립행위의 경합) 동시 또는 이시의 독립행위가 경합한 경우에 그 결과발생의 원인된 행위가 판명되지 아니한 때에는 각 행위를 미수범으로 처벌한다.

제263조(동시범) 독립행위가 경합하여 상해의 결과를 발생하게 한 경우에 있어서 원인된 행위가 판명되지 아니한 때에는 공동정범의 예에 의한다.

(1) 의의

1) 뜻 동시범은 2인 이상이 '의사연락 없이' 동일한 객체에 대해 '동시 또는 이시(異時)에' 각자 별개로 범죄를 실행하는 경우를 말한다. 상호간 의사연락이 없는 동시범은, 단독정범이 우연히 경합된 경우일 뿐이다. 다른 말로 '독립행위의 경합' 또는 **동시정범**이라고도 한다. 즉, 동시범은 각자 정범일 뿐 공범이 아니다.[1] 동시범은 고의범과 과실범 모두에서 문제되고, 고의범 상호간에는 물론, 고의범과 과실범, 과실범 상호간에도 인정된다.

---

1) 동시범은 정범이지만 의사연락이 없다는 점에서 공동정범과 구별된다. 또한 동시범은 정범일 뿐 공범이 아니라는 점에서 공범(교사·방조범)과도 구별된다.

2) 공동정범과의 관계 동시범은 상호간 의사연락이 없다는 점에서 공동정범과 구별된다. 공동정범이 성립하면 그 한도에서는 동시범의 성립이 배제된다. 즉, 2인 이상의 정범이면서 '공동정범이 되지 않는 모든 현상'은 동시범이 된다. 다만, 동시범의 경우 제263조(상해죄의 동시범 특례)의 예외규정이 있다.

3) 원인행위의 판명 여부 동시범에는 원인행위가 판명된 경우와 원인행위가 판명되지 않은 경우가 있다. ㉠ 원인행위가 판명된 경우에는 그에 따라 각자 책임을 진다. 즉, 결과를 발생시킨 자만 그 책임을 지고(기수범), 나머지는 결과에 대해 책임지지 않는다(미수범). ㉡ 동시범이 주로 문제되는 것은, '원인행위가 판명되지 않은 경우'이다. 이 경우에만 제19조가 적용되고('미수범'으로 처벌), 다만 그 예외로서 제263조(상해죄의 동시범특례)의 특례규정이 있다('공동정범의 예'로 처벌. 즉 기수범으로 처벌).

(2) 독립행위의 경합

동시 또는 이시의 독립행위가 경합한 경우에 그 결과발생의 원인된 행위가 판명되지 아니한 때에는 각 행위를 미수범으로 처벌한다(19).

1) 요건 i) [행위주체와 객체] ㉠ (다수인의 실행행위) 행위자는 2인 이상의 다수인이어야 하고, 각자의 행위는 실행행위, 즉 '실행의 착수'가 있어야 한다. (다수인이 아닌) 1인이 여러 행위를 한 경우는 동시범이 아니며, (아직 실행의 착수에 이르지 못한) 예비나 음모행위는 동시범이 아니다. 더구나 "가해행위를 한 것 자체가 분명치 않은 사람"도 (아예) 동시범이 될 수 없다(대판 1984.5.15. 84도488). 상해를 발생시킬 수 없는 행위인 경우에도 동시범이 될 수 없다. ㉡ (객체의 동일성) 독립행위는 동일한 객체를 향한 것이어야 한다. 여기서 객체가 동일하다는 것은 물리적 의미가 아닌 규범적·사회적 의미에서 동일하다는 것이므로, 예컨대, '2인이 살해의 고의로 의사연락 없이 각자 A 또는 B에게 발포했는데 A만 사망한 경우'에도, 원인행위가 판명되지 않는 이상 모두 동시범이 된다. 물론 객체가 동일한 이상 각자의 행위가 구성요건적으로 동일할 필요는 없다. 예컨대, 살인과 상해의 동시범이 가능하다.

ii) [동시 또는 이시의 독립행위 경합] (시간적·장소적 동일성 여부) 동시범은 시간적·장소적 동일성이 요구되지 않는다. 다수인의 행위가 반드시 동일한 시각에 행해질 필요는 없고(즉, '동시 또는 이시에'), 시간적으로 근접한 이상 서로 다른 장소에서 행해져도 동시범이 된다.

iii) [의사연락의 부존재] 다수인 상호간에는 '의사연락이 없어야' 한다. "의사연락이 있어 공동정범이 성립한다면, 독립행위 경합 등의 문제는 아예 제기될 여지가 없다"(대판 1997.11.28. 97도1740). 즉, 공동정범이 성립하면 동시범은 배제된다. 따라서 공동정범의 성립 여부는 동시범의 성립범위에 중요한 영향을 미친다. 공동정범 법리와 관련하여, ㉠ 공동정범이 성립되지 않는 경우(즉, 고의가 동일하지 아니한 다수인의 고의범 상호간, 고의범과 과실범 상호간), ㉡ 공동정범이 아닌 경우(이른바 편면적 공동정범)에는 모두 동시범이 된다.

iv) **[결과발생]** 결과가 발생해야 한다. 결과가 발생하지 않는 경우에는 아예 동시범이 문제되지 않는다.

v) **[원인행위 불분명]** 결과발생의 원인된 행위가 판명되지 않아야 한다. 즉, 어느 행위가 원인이 되어 결과가 발생하였는지에 대한 인과관계의 증명이 불가능한 경우이다. 인과관계는 각각의 행위와 결과를 개별적으로 검토한다. 인과관계가 판명된 경우에는 그에 따라 각자 책임을 질 뿐이다.

2) 효과 원인행위가 불분명한 동시범의 경우 각자를 '미수범'으로 처벌한다(19). 형법상 책임주의 원칙이나 형사소송법상 무죄추정 원칙(in dubio pro reo)에 따른 당연한 귀결이다. 다만 개별 사안에 따라 구분이 필요하다. ㉠ **고의행위가 경합**된 경우에는 미수범 처벌규정이 있는 경우에 한하여 **미수범으로 처벌**된다(19). ㉡ 반면, **과실행위**가 경합된 경우에는 과실범의 미수를 처벌하는 규정이 없으므로 **불가벌**이 된다. ㉢ 한편, 형법 제263조(상해죄의 동시범 특례)는 처벌의 공백상태를 메우기 위한 예외규정이다.

(3) 상해죄의 동시범 특례

1) 뜻 '상해의 결과'를 발생하게 한 동시범은 그 '원인된 행위가 판명되지 아니한 때'에도 "공동정범의 예"에 의하여 처벌한다(263. 즉, 기수범으로 처벌). 이는 상해 결과가 누구의 행위로 발생한 것인지 증명하기 곤란한 경우 이를 구제하기 위한 것으로, 제19조의 특례규정이다. 형법상 책임주의 원칙 및 형사소송법상 무죄추정 원칙의 중대한 예외인데, 합헌결정을 받았다(헌재 2018.3.29. 2017헌가10).

2) 법적 성격 그 법적 성격에 대해, ㉠ 법률상 추정설, ㉡ 법률상 의제설, ㉢ 증명책임 전환설, ㉣ 이원설 등 견해가 대립하나,[1] 법률상 '추정'이나 '의제'는 형사법의 기본원칙과 맞지 않으므로, 증명책임 전환설이 일반적 견해이

1) [학설] 증명책임전환설 이외의 학설내용은 이러하다. 즉, ㉠ 법률상 추정설(법률상 공동정범의 책임을 추정하는 규정), ㉡ 법률상 의제설(공동정범이 아닌 것을 공동정범으로 의제하는 규정), ㉢ 이원설(소송법상으로는 증명책임의 전환규정인 동시에, 실체법상으로는 공동정범의 범위를 확장시키는 규정) 등.

다. 즉, 피고인에게 증명책임이 전환되므로, '인과관계의 부존재'(즉, 자기의 행위로 상해의 결과가 발생하지 않았음)를 피고인이 증명해야 한다.

3) **요건 및 효과** 2인 이상의 행위가 서로 의사연락 없이 행해져야 하며, '상해의 결과'가 발생하여야 한다. 또한 누구의 행위에 의해 상해의 결과가 발생하였는지 인과관계가 판명되지 않아야 한다.

동시범은 '공동정범의 예'에 따라 처벌된다. "공동정범의 예에 의한다"란, 비록 공동정범은 아니지만, 공동정범의 처벌원리('일부실행 전부책임')에 따른다는 의미이다. 즉, 모두 기수범으로 처벌됨을 뜻한다(예: 경합한 행위가 '상해'인 경우에는 전원에게 상해－기수－죄가 성립하고, 경합한 행위가 폭행인 경우에는 전원에게 폭행－기수－죄가 성립하게 된다).

4) **적용범위** 중요한 것은 적용범위이다. ㉠ 상해죄는 물론, **폭행치상죄**도 '상해의 결과'를 발생하게 한 경우이므로 적용된다. ㉡ 판례에 따르면, **상해치사죄**나 **폭행치사죄**와 같이, 상해의 결과가 아닌 '사망의 결과'가 발생한 경우임에도 적용된다(대판 2000.7.28. 2000도2466. 각주 사례 참조).[1] 이에 대해서는 유추적용금지 원칙에 반하므로 허용될 수 없다는 비판이 있다. 반면, ㉢ **과실치사상죄에는 적용되지 않는다**. ㉣ '강간치상죄'와 '강도치상죄'에도 적용되지 않는다(대판 1984.4.24. 84도372).[2] 요컨대, 판례에 따르면, (제263조가 위치한) **각칙 제25장**(상해와 폭행의 죄)**에 규정된 죄**(고의범 및 결과적 가중범)**는 모두 적용범위**에 속하지만, 다른 장의 범죄(특히, 제26장 과실치상의 죄)에는 적용되지 않는다는 결과가 된다.

주의할 점은, 과실치사상죄는 그 적용범위가 아니므로 과실'**치사**'죄에는 제263조가 적용되지 않지만, 이 경우 제19조에 따라 항상 불가벌(과실범의 미수를 처벌하는 규정이 없다)이 되는 것은 아니고, **각자의 원인에 따라** 과실'**치상**'죄가 성립할 수 있다는 점이다. 예컨대, 2인 이상이 각자 자동차를 운전하여(즉, 의사연락 없이)

---

1) [상해치사죄, 폭행치사죄: **이시(異時)의 동시범**] (사안) A는 거리에서 행인 乙과 시비를 벌이다가 힘이 센 乙로부터 구타를 당하여 A가 부상을 입고 실신하였고, 乙은 달아났다. 이에 주위에 있던 사람들이 A를 의자에 눕혀 놓았다. 그로부터 2시간 후에 이러한 사정을 모르는 甲은 자신이 즐겨 앉던 의자에 A가 누워 있는 것을 보고 A를 밀어 땅바닥에 떨어지게 하여, 이미 부상하여 있던 A로 하여금 사망에 이르게 하였다. 그러나 사망의 원인된 행위가 甲의 행위인지 아니면 乙의 행위인지 판명되지 않았다.
[판시] "시간적 차이가 있는 독립된 상해행위나 폭행행위가 경합하여 사망의 결과가 일어나고 그 사망의 원인된 행위가 판명되지 않은 경우에는 공동정범의 예에 의하여 처벌할 것이다"(위 2000도2466). 판례에 따르면, 甲은 폭행치사죄가 성립하고, 乙은 상해치사죄가 성립한다.

2) [강간치상죄, 강도치상죄 (적용 안됨)] 위 84도372 ("제263조의 동시범은 상해와 폭행죄에 관한 특별규정으로서 동 규정은 그 보호법익을 달리하는 강간치상죄에는 적용할 수 없다").

근접한 시간에 순차로 A를 충격 · 역과하였는데, 연속하여 역과하는 과정에서 A가 '사망'한 경우에, 사망의 원인이 그 누구의 행위 때문인지 판명되지 않았다면, (업무상과실'치사'죄 내지 교통사고처리특례법위반-'치사'-죄는 성립할 수 없지만) 적어도 '각자의 원인에 따라' 업무상과실'치상'죄 내지 교통사고처리특례법위반('치상')죄는 성립할 수 있다는 것이다(예컨대, '선행 운전자'는 적어도 '치상'죄가 성립할 수 있다. 다만, '후행 운전자'는 역과 당시 피해자가 생존한 '사람'이라는 사실이 별도로 증명되어야 한다).

제 2 절 공동정범

제30조(공동정범) 2인 이상이 공동하여 죄를 범한 때에는 각자를 그 죄의 정범으로 처벌한다.

Ⅰ. 공동정범의 의의와 본질

1. 의의

1) 뜻 공동정범(共同正犯)이란 '2인 이상이 공동하여 죄를 범한 경우'를 말한다. 여기서 '2인 이상이 공동하여 죄를 범한다'는 것은 2인 이상이 분업적으로 구성요건을 실현한다는 것을 의미한다. '분업적 실현'이란 공범자 각자의 부분행위가 그 자체로는 구성요건을 완전하게 실현하지 못하지만, 이를 기능적으로 통합한 전체행위로는 구성요건을 완전하게 실현하는 것을 뜻한다. 즉, 공동정범은 **'분업의 원리'**에 기초한다. 이러한 '분업의 원리'에 따라 공동정범은, 공범자 상호간의 범죄의사를 강화하고, 각 부분행위의 산술적 합산보다 더 큰 범죄효과를 창출한다. 따라서 공동정범은 **'일부실행 전부책임'**('부분실행 전체책임')이라는 특성이 있다.

2) 정범성 공동정범은 '각자를 그 죄의 정범으로 처벌한다'(30). 공동의사에 따른 분업적 실현이나 역할분담을 통해 범행 전체를 지배하는 것이므로 이른바 **'기능적 행위지배'**에 그 정범성이 있다. 즉, 범죄수행의 본질적인 기능을 분담한 행위자는, 자신의 행위기여에 관한 지배뿐만 아니라, 전체 범행에 대한 공동지배를 가진다는 것이다.

3) 구별개념 공동정범은 ㉠ 그 정범표지가 '기능적 행위지배'라는 점에

서, (타인을 하나의 도구로 이용하여, 그 타인에 대해 '우월적 의사지배'라는 정범표지를 갖는) **간접정범과 구별**되고, ㉡ 직접 실행행위를 분담하는 정범(기능적 행위지배)이라는 점에서, (정범의 실행행위를 전제로 하는) **교사·방조범과 구별**된다. 또한 ㉢ 공동정범은 '공동의사'(의사연락)가 요구된다는 점에서, (2인 이상이 범죄에 참가해도, 의사연락이 없는) **동시범과도 구별**된다.

2. 본질: 공동정범의 성립범위

공동정범은 '2인 이상이 공동하여 죄를 범한 경우'인데, 여기서 공동하는 것이 '무엇'인지, 즉 공동의 대상인 '죄'의 의미에 대해 견해가 대립한다. 이는 공동정범의 본질에 관한 논의이며, 공동정범의 성립범위를 결정한다.

1) **학설: 범죄공동설과 행위공동설** 우선, i) **범죄공동설**은, 2인 이상이 공동하여 '**특정한 범죄**'를 실현하는 것이 공동정범이라는 견해이다. 즉, 공동정범에서 공동의 대상은 1개의 '특정한 범죄'라는 것이다. 따라서 특정한 범죄의 구성요건적 실행행위의 공동뿐만 아니라 특정한 범죄에 대한 고의의 공동도 요구한다. 제30조가 "2인 이상이 공동하여 '죄'를 범한 때"라고 규정하고 있으므로, 법문에도 충실한 입장이다. 그 결과, 상호간에 범죄가 다르다면, 서로 다른 종류의 고의범 상호간은 물론, 고의범과 과실범 상호간 또는 과실범 상호간에는 공동정범이 불가능하다는 것이 된다. 공동정범의 성립범위가 지나치게 협소하다는 난점을 일부 보완하기 위해, 죄질이 동일한 범죄의 경우 '구성요건이 중첩되는 부분'에 대해서는 공동정범의 성립을 인정하는 '**부분적 범죄공동설**'이 대두되었다.

ii) **행위공동설**은, 2인 이상이 '행위'를 공동하여 각자의 범죄를 수행하는 것이 공동정범이라는 견해이다. 즉, 공동정범에서 공동의 대상은 (특정한 범죄나 특정한 객관적 구성요건사실이 아니라) 사실상의 '**행위 그 자체**'라는 것이다. 이때 '행위'란 '전구성요건적 또는 자연적 의미의 행위'를 의미한다고 해석한다. 여기에서는 제30조를 "2인 이상이 '행위를' 공동하여 '각자의' 죄를 범한 때"라고 해석하는 입장이다. 그 결과, 상호간에 행위만 공동으로 한다면, 범죄가 서로 다르더라도, 즉 서로 다른 종류의 고의범 상호간은 물론, 고의범과 과실범 상호간 또는 과실범 상호간에도 공동정범이 가능하다는 것이 된다. 공동정범의 성립범위가 지나치게 광범위하다는 난점을 일부 보완하기 위해, 최근에는 그 '행위'의 의미를 제한하여, '행위'의 공동은 '개개 구성요건에 해당하는 행위'의 전부 또는 일부의 공동이라고 축소하는 '**구성요건적 행위공동설**'이 대두되었다. 구성요건적 행위에는 고의행위 이외에 과실행위도 있으므로, 과실범의 공동정범을 인정함은 물론이다.

[본질론의 재구성: 기능적 행위지배설] 범죄공동설은 공동정범의 성립범위를 엄격히 제한함으로써 책임원칙에는 충실하나, 형사정책적 합목적성을 충족하지 못한다. 반면, 행위공동설은 공동정범의 성립범위를 확대함으로써 형사정책적 합목적성을 충족하나, 책임원칙을 저해할 위험이 있다. 비록 범죄공동설과 행위공동설은 서로 접근하는 경향을 보이고 그 거리가 좁혀졌으나, 이론적 난점을 여전히 극복하지 못하고 있다. 이에 따라 오늘날 제30조의 해석론은, '무엇을 공동으로 하는가'라는 공동의 '대상' 문제에서, '어떤 조건과 어떤 범위에서 어떻게 하는 것이 공동인가'라는 공동의 '방법' 문제로 초점이 옮겨졌다. 따라서 공동정범의 본질문제도 행위지배설에 따라 해결하는 것이 바람직하다. 행위지배설이 등장하기 전에 존재하였던 종래의 범죄공동설 또는 행위지배설보다는, 오히려 2인 이상의 공범이 전체 범행을 장악·지배했는가, 즉 행위지배설에 따라 그 정범성을 판단하는 학설과 판례의 태도가 타당하다. 행위지배설에 따르면, 제30조는 "2인 이상이 '기능적 행위지배를 통하여' 공동하여 죄를 범한 때"라고 해석한다.

2) 판례: 기능적 행위지배설 판례는 공동정범의 본질에 대해, 종래(과실범의 공동정범을 인정하면서) 행위공동설의 입장을 판시한 바 있으나,[1] 최근에는 '기능적 행위지배설'의 입장에 있다. 즉, "공동정범의 본질은 **분업적 역할분담**에 의한 **기능적 행위지배**에 있다"(대판 1989.4.11. 88도1247; 2013.1.10. 2012도12732). 따라서 "공동정범이 성립하기 위하여는, 주관적 요건으로서 '공동가공의 의사'와 객관적 요건으로서 공동의사에 기한 '기능적 행위지배를 통한 범죄의 실행'사실이 필요하다"(대판 2003.3.28. 2002도7477).

Ⅱ. 공동정범의 성립요건

공동정범이 성립하기 위해서는 ① 주관적 요건으로 '공동의사'(즉, 넓은 의미

1) [판례: 과실범의 공동정범(행위공동설)] 대판 1962.3.29. 4294형상598 ("공동정범의 주관적 요건인 공동의 의사도 고의를 공동으로 가질 의사임을 필요로 하지 않고, 고의 행위이고 과실 행위이고 간에 그 행위를 공동으로 할 의사이면 족하다"); 대판 2000.5.12. 2000도745 ("**결과적 가중범**인 상해치사죄의 공동정범은, 폭행 기타의 신체침해 행위를 공동으로 할 의사가 있으면 성립되고, 결과를 공동으로 할 의사는 필요 없다").

의 '공모'), ② 객관적 요건으로 '공동실행(실행분담)'('실행행위의 분담' 또는 '기능적 역할분담')이 존재해야 한다.

1. 공동정범의 요건

(1) 공동의사(넓은 의미의 공모)

1) 뜻 공동정범이 성립하기 위해서는 주관적 요건인 '공동의사'가 필요하다. 공동의사는 2인 이상이 동등한 참가자로서 공동의 범죄계획에 따라 함께 범죄를 실행한다는 의사를 말한다. 다른 말로 '의사연락', '공동의 범행결의', '공동실행의 의사' 또는 '공동범행의 의사'라고도 하며, 판례상 '범죄를 공동실행할 의사'(대판 1985.8.20. 84도1373), '공동가공의 의사' 또는 '공동의사'(대판 2001.11.9. 2001도4792), '공모'(대판 2013.8.23. 2013도5080) 등 다양하게 표현된다(여기서의 '공모'는, 예모적 공동정범 또는 공모공동정범에서의 공모와 달리, '넓은 의미의 공모'를 의미한다). 공동의사는 기능적 행위지배에 의해 성립되는 공동정범의 본질적 요건이며, 개별적 부분행위를 하나의 전체행위로 '묶는' 역할을 수행하면서,[1] 분업적으로 실현된 행위의 전체에 대한 책임을 행위자 모두에게 귀속시키는 중요한 기능을 한다. 판례에 따르면 "공동가공의 의사는 타인의 범행을 인식하면서도 이를 제지하지 아니하고 용인하는 것만으로는 부족하고, 공동의 의사로 특정한 범죄행위를 하기 위하여 일체가 되어 '서로 다른 사람의 행위를 이용하여 자기의 의사를 실행에 옮기는 것'(='공동의사에 기한 상호 이용관계')을 내용으로 하여야 한다"(대판 2018.9.13. 2018도7658).[2] "하나의 범죄행위에 관여한 여러 사람 중 한 명이 자신의 행위가 범죄에 이용된다는 사실을 모르고 그 행위에 나아간 경우에는, 공동정범이 성립하지 않는다"(대판 2024.12.12. 2024도10141).

---

1) ['묶는'] 공범자 전체를 하나로 '묶는' 역할은, 공동의사뿐만 아니라 기능적 역할분담도 담당한다.

2) [공동의사 부정 사례] ㉠ 대판 2003.3.28. 2002도7477 ("피해자 일행을 한 사람씩 나누어 강간하자는 피고인 일행의 제의에 아무런 대답도 하지 않고 따라 다니다가, 자신의 강간 상대방으로 남겨진 공소외인에게 일체의 신체적 접촉도 시도하지 않은 채, 다른 일행이 인근 숲 속에서 강간을 마칠 때까지 공소외인과 함께 이야기만 나눈 경우, 피고인에게 다른 일행의 강간 범행에 공동으로 가공할 의사가 있었다고 볼 수 없다"), ㉡ 대판 2015.11.12. 2015도6809 전합 (세월호 사건에서 1등·2등 항해사인 "乙과 丙이 간부 선원들로서 선장을 보좌하여 승객 등을 구조하여야 할 지위에 있음에도, 별다른 구조조치를 취하지 아니한 채 사태를 방관하여 결과적으로 선내 대기 중이던 승객 등이 탈출에 실패하여 사망에 이르게 한 잘못은 있으나, 이러한 부작위를 작위에 의한 살인의 실행행위와 동일하게 평가하기 어렵고, 또한 살인의 미필적 고의로 선장 甲의 부작위에 의한 살인행위에 공모 가담하였다고 단정하기도 어려우므로, 乙과 丙에 대하여 작위에 의한 살인의 죄책을 지울 수 없다").

공동의사는 모두에게 **상호적**으로 존재해야 한다. 2인 이상이 죄를 범한 경우라도 공동의사가 없다면, 동시범이 성립할 뿐이다. 동시범은 (공범이 아닌) 단독정범의 병존에 불과하며, 각자 자신의 실행행위에 대해 책임진다. 예컨대, '우발적으로 수인이 피해자를 연달아 폭행한 경우'에는, 동시범이 될 뿐, 공동정범 관계가 성립할 수 없다(대판 1985.5.14. 84도2118).

2) 의사연락의 방법 공동의사는 반드시 명시적일 필요는 없고 **묵시적인 의사연락**만 있어도 족하다(대판 1986.1.25. 85도2421).[1] 1인 또는 2인 이상이 릴레이식으로 하는 **연쇄적 의사연락**이나 **간접적인 의사연락**이라도, 그 내용에 대한 포괄적 또는 개별적인 의사연락이나 인식이 있으면, 전원에게 공동의사가 인정된다(대판 1983.3.8. 82도2873).[2] 공범자 전원이 일정한 장소에 집합하여 직접 모의해야만 하는 것도 아니다(위 85도2421). 서로 면식이 있을 필요도 없다. 즉, "2인 이상이 범죄에 공동 가공하는 공범관계에서 공모는, 법률상 어떤 정형을 요구하는 것이 아니고, 2인 이상이 공모하여 어느 범죄에 공동 가공하여 그 범죄를 실현하려는 의사의 결합만 있으면 되는 것으로서, 비록 **전체의 모의과정이 없었다고** 하더라도, 수인 사이에 **순차적으로 또는 암묵적으로** 상통하여 그 의사의 결합이 이루어지면 공모관계가 성립한다"(대판 2012.1.27. 2010도10739).[3]

3) 편면적 공동정범(부정) 공동의사는 공동행위자 모두에게 '상호적'으로 존재해야 한다. 행위자 일방만이 가공의사를 가진 이른바 '**편면적 공동정범**'은 **공동정범이 아니다**. 즉, "공동가공의 의사는 공동행위자 상호간에 있어야 하며 '행위자 일방의 가공의사'만으로는 공동정범관계가 성립할 수 없다"(대판 1985.5.

---

1) [암묵적 의사연락] "공동정범의 주관적 성립요건인 공모는 공범자 상호간에 직접 또는 간접적으로 범죄의 공동실행에 관한 <u>암묵적인 의사연락</u>이 있으면 족하고, 반드시 공범자들이 미리 일정한 장소에 집합하여 사전에 각자의 분담행위를 정하는 등 직접적인 모의를 하여야만 하는 것은 아니다"(위 85도2421).

2) [연쇄적 · 간접적 의사연락] "공범자 상호간의 공모관계는 공범자 전원이 일정한 장소에 집합하여 직접 모의한 바 없더라도 상호간에 <u>간접적 또는 순차적인 방법</u>에 의하여 범행의사의 연락이 있거나 그에 대한 인식이 있으면 성립한다"(위 82도2873).

3) [판례사례: 암묵적 · 순차적 의사연락] 대판 1994.3.11. 93도2305 (피고인들이 ○○대학교 교수와 교무처장에게 자녀들의 부정입학을 청탁하면서 그 대가로 위 대학교측에 기부금명목의 금품을 제공하였고, 이에 따라 교무처장은 그들의 실제 입학시험성적을 임의로 고쳐 그 석차가 모집정원의 범위 내에 들도록 사정부를 허위로 작성한 다음, 이를 그 정을 모르는 위 대학교 입학사정위원들에게 제출하여 합격자로 사정처리되게 하였다. 이러한 경우 <u>부정입학알선을 의뢰받은 교수와 실제로 부정입학을 주도한 교무처장 등과의 사이에 암묵적 의사연락에 의한 순차적인 공모관계</u>가 있다고 보아야 할 것이므로, 이는 위계에 의한 업무방해죄의 공동정범이 성립한다고 한 사례).

14. 84도2118). 단지 동시범 또는 방조범이 문제될 뿐이다.

4) 공동의사의 성립시기 공동의사는 대부분 공동의 실행행위가 있기 전에 성립하는 것이지만, 공동의 실행행위가 있을 때 또는 공동의 실행행위가 이루어지는 도중에도 성립할 수 있다. 공동의사가 범행의 어느 시점에 성립하는가에 따라, ㉠ (공동의 실행행위가 있기 전에 성립하는) **예모적**(豫謀的) 공동정범('사전적 공동정범' 또는 '공모공동정범'이라고도 한다. 여기서의 '공모'는 '사전 모의'라는 의미이므로 '좁은 의미의 공모'에 해당한다), ㉡ (사전 모의는 없었지만 공동의 실행행위가 이루어질 때 '우연히' 공동의사가 성립하는) **우연적**(偶然的) 공동정범, ㉢ (실행행위가 일부 종료한 후 나머지 실행행위가 계속하는 중 공동의사가 성립하는) **승계적**(承繼的) 공동정범으로 구분된다. 판례도 '우연적 공동정범'을 인정한다. 즉, "공동정범이 성립하기 위하여는 반드시 공범자간에 사전에 모의가 있어야 하는 것은 아니며, 우연히 만난 자리에서 서로 협력하여 공동의 범의를 실현하려는 의사가 암묵적으로 상통하여 범행에 공동가공하더라도, 공동정범은 성립된다"(대판 1984.12.26. 82도1373).[1] 그러나 승계적 공동정범은 별도의 설명이 필요하다(후술). 한편, 공동의사만으로 (실행행위의 분담없이) 공동정범이 성립하는지 여부('공모공동정범')에 대해서는 견해가 대립한다(후술).

(2) 공동실행(공동의 실행행위 또는 실행행위의 분담)

1) 뜻 공동정범이 성립하기 위해서는 객관적 요건인 '공동실행'이 필요하다. 공동실행(실행분담)은, 공동참가자들이 공동의 범행계획을 실현하기 위해 분업적 공동작업의 원리에 따라 상호간의 역할을 분담하여, 각 실행단계에서 협동적으로 전체 범죄를 완성하는 것을 말한다('본질적 범행기여' 내지 '기능적 역할분담'). 다른 말로 '**실행행위의 분담**', '기능적 역할분담' '공동의 실행행위', '공동실행 · 실행분담', '공동가공의 사실', '행위의 공동'이라고도 하며, 판례상 '범죄의 공동실행'(대판 2012.4.26. 2010도2905), '기능적 행위지배를 통한 범죄의 실행사실'(대판 2001.11.9. 2001도4792) 등 다양하게 표현된다. '분업적 협력'은 모두에게 '일부실행 전부책임'('부분실행 전체책임')을 인정하는 근거가 된다.

---

1) [우연적 공동정범] 위 82도1373: 피고인들(甲 · 乙)은 원심공동피고인(丙)이 피해자를 강간하려고 ○○천 제방으로 유인하여 가는 것을 알고서 그 뒤를 따라가다가, 제방뚝에서 원심공동피고인이 피해자를 강간하려고 폭행하기 시작할 무렵, 원심공동피고인의 주위에 나타나서, 원심공동피고인의 폭행으로 항거불능의 상태에 있는 피해자를 강간하기 위하여 하의를 벗고 대기하고 있었고, 원심공동피고인이 강간을 끝내자마자 그의 신호에 따라 차례로 윤간한 사안에서, 피고인들이 원심공동피고인의 뒤를 따라갈 때까지는 강간의 모의가 있었다고는 할 수 없으나, 원심공동피고인의 강간의 실행에 착수할 무렵에는 원심공동피고인과 피고인들 사이에 암묵적으로 범행을 공동할 의사연락이 있었다고 할 것이므로, 피고인들 및 원심공동피고인을 공동정범으로 인정한 사례.

2) 본질적 범행기여　공동실행은 범죄의 실행단계에서 분업적 협력을 필요로 하며, 각자의 역할분담은 범죄실현에서 '본질적 기능'을 수행하는 것이라야 한다. 즉, 실행단계에서 분업적 협력을 통한 행위기여는, 전체 범행계획의 실현에 '필수불가결한 기능' 또는 전체 범죄의 수행에 '본질적인 기능'을 갖은 것을 의미한다. 그 범행기여 없이는 전체 범죄의 수행이 전혀 불가능하거나 거의 불가능할 경우라야 공범자 1인의 기여는 본질적 범행기여가 된다. 이러한 공동실행의 형태를 '기능적 행위지배'라 한다. 여기서 '행위지배'란 "구성요건에 해당하는 사건진행을 장악하거나 또는 사태의 핵심형상을 지배하는 것"을 말한다. 공범자 상호간의 역할분담은 전체 범죄계획을 실현하는 과정에서 상호간 기능면에서 독자적이고 대등한 관계라야 한다.

이는, ㉠ 공범자 모두가 구성요건의 전부를 동시에 실현하거나, 구성요건상 실행행위의 일부씩을 분담한 경우에는 쉽게 인정된다. ㉡ 또한, 구성요건적 행위 이외의 행위를 분담한 경우라도, 전체 범행계획에 따른 범행 수행에 필수불가결한 역할을 분담한 것이라면, 범죄의 공동실행으로 인정된다. 예컨대, 다른 공범자가 범행을 하는 동안 단순히 '망'을 보아준 경우라도, 그것이 전체 범죄과정에서 성공을 위해 빼놓을 수 없는 역할이라면, (단지 '방조'가 아니라) 본질적 기여가 된다(대판 1971.4.6. 71도311; 1982.10.26. 82도1818; 1986.7.8. 86도843 등).[1] 즉, "범죄의 공동실행은 모든 공범자가 스스로 범죄의 구성요건을 실현하는 것을 전제로 하지 아니하고, 그 실현행위를 하는 공범자에게 그 행위결정을 강화하도록 협력하는 것으로도 가능하다"(대판 2012.4.26. 2010도2905).

한편, 범행을 공모하였으나 객관적으로 실행행위를 분담하지 않은 행위자도 공동정범인지 여부('공모공동정범')가 문제되는데, 따로 설명한다(후술).

3) 현장성 (불요)　반드시 범죄현장에 함께 있어야만 되는 것은 아니다. 예컨대, 범죄현장으로부터 멀리 떨어진 곳에서 무선전화 등으로 범행을 지휘한 경우에도 공동정범이 성립한다. 이 점에서 통상의 공동정범은, 현장성이 요구되는 '합동범'·'공동범'과 구별된다(후술).

---

1) ['망을 보아주는 행위'와 '본질적 범행기여'] ㉠ "두 사람이 공모 합동하여 타인의 재물을 절취하려고 한 사람은 망을 보고 또 한 사람은 기구를 가지고 출입문의 자물쇠를 떼어내거나 출입문의 환기창문을 열었다면 특수절도죄의 실행에 착수한 것이다"(위 86도843), ㉡ "강간을 모의한 1인이 강간하고 있는 중 다른 피고인이 강간피해자의 딸을 살해하고, 다시 전자는 강간을 끝내고 망을 보고 있는 사이에 후자가 강간피해자를 묶고 집에 불을 놓아 피해자를 살해한 경우, 전자는 강간 이후의 다른 피고인의 일련의 범행에 대하여 공동정범의 죄책을 면할 수 없다"(위 82도1818).

4) 부작위에 의한 공동정범 부작위범에서도 부작위에 의한 공동정범이 가능하다. 부작위의 특수성에 주목하면 부작위범의 공동정범은 부정되겠지만, 공동정범의 본질에 주목하면 부작위에 의한 공동정범도 가능하다(통설). '공통된 작위의무'와 '의무의 공동위반'이 요구된다(예: 보증인지위에 있는 2인 이상이, 공모하여, 공동으로 부작위하는 방법으로 구성요건을 실현한 경우). 판례도 같다. 즉, "(진정)부작위범 사이의 공동정범은, 다수의 부작위범에게 '**공통된** (작위)**의무**'가 부여되어 있고, 그 의무를 '**공통으로 이행**할 수 있을 때'에만 성립한다"(대판 2008.3.27. 2008도89). 예컨대, 만일 공통된 작위의무(예: 신고의무)가 인정되지 않는 경우라면, 진정부작위범(예: 신고의무 위반으로 인한 공중위생관리법 위반죄)의 공동정범은 성립될 수 없다.

한편, 부진정부작위범의 공동정범도 가능하다. '보증인의무'가 있는 자들의 '공모'와 '각자 불이행(=부작위)'이 있는 경우 공동정범이 성립한다. 예컨대, ㉠ 부와 모가 공모하여 모두 유아를 돌보지 않은 경우 그 공모에 따라 부작위범(예: 유기죄)의 공동정범이 성립한다. ㉡ 부작위에 의한 기망행위(계약상 중요사항의 고지의무 위반)의 공동정범도 가능하다. 즉, 기망행위에 가담한 작위의무 있는 다수인이 '공모'에 따라 각자 '필수적인 역할'을 수행하였다면, 부작위에 의한 사기죄의 '공동정범'이 성립한다(대판 2006.2.23. 2005도8645 참조).

작위범과 부작위범 사이의 공동정범도 가능하다. 예컨대, 공범자 중 1인은 작위에 의해 실행행위를 분담하고, 나머지 1인은 이를 제지해야 할 작위의무를 불이행한 경우이다.

(3) 한계

1) 시간적 한계: 공동정범 성립의 최후시점(종기) 실행의 착수 이후 공동정범이 성립할 수 있는 시간적 한계에 대해서는, ㉠ 기수시까지라는 견해, ㉡ 기수 이후 범행종료시까지라는 견해가 대립한다. 판례는 범죄의 종류에 따라 공동의사의 성립시기의 시간적 한계를 구분하고 있다. 즉, ㉠ 즉시범과 '**상태범**'(예: 횡령죄, 배임죄 등)의 경우에는 '**기수시**'까지, ㉡ '**계속범**'(예: 범인도피죄 등)의 경우에는 기수 후 '**범행종료시**'까지 공동정범의 성립이 가능하다는 입장이다. 그리하여, ㉠ 특히, '**상태범**'의 경우 '**기수가 된 이후**'에는 원칙적으로 **공동정범이 성립할 수 없다**. 예컨대, 절도범이 기수 이후 절취한 재물을 '운반'하는 시점에서 후행자가 그 운반행위에 가담한 경우에는 절도죄의 공동정범이 성립하지 않는다. 운반행위에 대해서는 공동의사가 있지만, 절도행위에 대해서는 공동의사가 존재하지 않기 때문이다. ㉡ 반면, 계속범의 경우에는 기수 이후라도, 범죄행위가 계

속되는 동안은 법익침해 상태가 계속되고 있으므로, '범죄행위가 종료되는 시점'까지 공동정범이 성립할 수 있다.

[판례사례: 공동정범 성립의 최후시점] 우선, i) 상태범은 '기수시'까지 공동정범이 가능하다. 예컨대, ㉠ "원래 공동정범관계는 범죄가 기수되기 전에 성립하는 것이요, 횡령죄가 기수가 된 후에 그 내용을 지실(知悉)하고 그 이익을 공동취득할 것을 승낙한 사실이 있더라도, 횡령죄의 공동정범관계는 성립할 수 없다"(대판 1953.8.4. 4286형상20). ㉡ "회사직원이 영업비밀을 경쟁업체에 유출하거나 스스로의 이익을 위하여 이용할 목적으로 무단으로 반출한 때 업무상배임죄의 기수에 이르렀다고 할 것이고, 그 이후에 위 직원과 접촉하여 영업비밀을 취득하려고 한 자는 업무상배임죄의 공동정범이 될 수 없다"(대판 2003.10.30. 2003도4382).

ii) 계속범은 기수 후 '범행종료시'까지 공동정범의 성립이 가능하다. 예컨대, 범인도피죄는 계속범이다. 즉, "**범인도피죄**는 범인을 도피하게 함으로써 기수에 이르지만, 범인도피행위가 계속되는 동안에는 범죄행위도 계속되고 행위가 끝날 때 비로소 범죄행위가 종료된다. 따라서 공범자의 범인도피행위 도중에 그 범행을 인식하면서 그와 공동의 범의를 가지고 기왕의 범인도피상태를 이용하여 스스로 범인도피행위를 계속한 경우에는, 범인도피죄의 공동정범이 성립하고, 이는 공범자의 범행을 방조한 종범의 경우도 마찬가지이다"(대판 2012.8.30. 2012도6027).

2) 요건 완화: 가벌성 확장 문제 공동정범의 요건인 '공동의사'와 '공동실행'은, 공동정범의 본질적 요소인 동시에 중요한 정범표지이다. 그런데 형사실무상 그 요건의 완화를 통한 다양한 형태의 '변형된 공동정범'(예: 승계적 공동정범, 과실범의 공동정범, 공모공동정범)이 문제되고 있다. 공동정범 요건의 완화는 곧 가벌성의 확장으로 직결된다.

2. 주관적 요건의 완화: 승계적 공동정범 및 과실범의 공동정범

(1) 승계적 공동정범

1) 뜻 승계적 공동정범이란, (사전 모의 없이) 타인의 실행행위 도중에 타인의 공동의사를 '물려받아'(='승계'하여) 비로소 공동의사를 형성한 경우를 말한다. 즉, 공동정범에서 공동의사는 적어도 '실행행위 이전' 또는 늦어도 '실행행위시'에는 존재해야 하는데, 실행행위가 '**일부** 종료한 후' 뒤늦게 공동의사가 형성된 경우 그 '범행 전체에 대한 공동정범'을 인정할 수 있는지 여부가 문제된다. 즉,

상태범 결합범에서는 아직 '기수에 이르기 전'에 뒤늦게 공동의사가 형성된 경우가 주로 문제되나, 계속범에서는 아직 '범죄행위의 종료(형소252①)에 이르기 전'에 뒤늦게 공동의사가 형성된 경우에도 '일응' 문제될 여지가 있다. 다만, 승계적 공동정범이라는 개념이 판례상 명시적으로 사용되고 있는 것은 아니다.

흔히 문제되는 것은, '2개 이상의 행위로 구성된 범죄'(예: 결합범, 포괄1죄, 실체적 경합범 등)의 경우이다. 예컨대, 甲이 강도의 고의로 피해자를 폭행하여 항거불능상태에 이르게 한 후, 우연히 이를 알게 된 乙이 상호 의사연락 하에 이에 가담하여 피해자의 재물을 빼앗은 경우에, 乙에게 ('특수절도죄'의 공동정범을 넘어) '강도죄'의 공동정범이 성립하는지 여부의 문제이다.

[승계가 문제되지 않는 구간: 단일행위범과 계속범에서 실행행위 '종료' 이전] 승계적 공동정범의 개념을 인정하는 것이 일반적이다. 즉, 공동정범의 주관적 요건인 공동의사는 반드시 실행의 착수 이전이나 실행의 착수시에 있을 것을 요하지 않는다는 이유로, 실행행위 도중에 성립한 경우에도 공동정범이 성립될 수 있다고 한다. 그런데 합리적인 접근을 위해서는, '단일행위로 구성된 범죄'(단일행위범)와 '2개 이상의 행위로 구성된 범죄'(결합범, 포괄1죄, 실체적 경합범 등)를 구분하여 검토할 필요가 있다.

우선, i) [단일행위범] 단일행위범에서는, 비록 후행자가 선행자의 실행착수 이후에 가담했더라도 실행행위를 '종료'(25①)하기 전이라면, '승계'라는 문제 자체가 발생하지 않는다. 실행행위를 종료하기 전에 의사연락을 통해 실행행위를 분담한 이상, 공동정범의 2가지 요건(공동의사, 공동실행)을 모두 충족하기 때문이다. 단일행위범에서 승계 여부가 문제되는 것은, 단지 선행자가 실행행위를 '종료'한 이후부터 '기수' 이전까지의 문제로 한정된다.

다음, ii) [계속범] 계속범에서도, 후행자가 선행자의 기수 이후에 가담했더라도, 범죄행위의 '종료'(형소252①) 이전이라면, 의사연락을 통해 공동의 실행행위를 한 이상, 공동정범의 2가지 요건(공동의사, 공동실행)을 모두 충족한다. 따라서 여기에서도 '승계'의 문제는 발생하지 않으며, 통상의 공동정범이 성립하게 된다. 즉, 계속범의 경우, 엄밀한 의미에서 승계적 공동정범의 문제는 아니다.

[판례사례: 단순일죄와 계속범] 판례도, '승계'의 문제가 발생하지 않는 경우(불가분적 관계)에서는, 통상적인 공동정범의 성립을 인정한다. 이는 불가분적 범죄에 해당하는 단순일죄(사기죄, 공갈죄)와 계속범(범인도피죄) 사안이다.

우선, i) [단순일죄 사례] ㉠ (사기죄) 甲의 기망행위에 의하여 피해자들이 이미 착오에 빠져 있었고, 乙이 그 양도계약체결에 당하여 甲의 기망내용이 사실이냐고 묻는 피해자들에게 사실이라고 확인하여 준 경우에, 乙에게 사기죄의 공동정범이 성립한다(대판 1985.8.20. 84도1373), ㉡ (공갈죄) "공범자가 공갈행위의 실행에 착수한 후 그 범행을 인식하면서 그와 공동의 범의를 가지고 그 후의 공갈행위를 계속하여 재물의 교부나 재산상 이익의 취득에 이른 때에는 공갈죄의 공동정범이 성립한다"(대판 1997.2.14. 96도1959) 등.

다음, ii) [계속범 사례] (범인도피죄) "공범자의 범인도피행위의 도중에 그 범행을 인식하면서 그와 공동의 범의를 가지고 기왕의 범인도피상태를 이용하여 스스로 범인도피행위를 계속한 자에 대하여는 범인도피죄의 공동정범이 성립한다"(대판 1995.9.5. 95도577; 2012.8.30. 2012도6027 등).

2) 후행자의 책임 범위 승계적 공동정범의 문제는 결국 실행행위의 일부 종료 후 그 '기수 전'에 가담한 후행자의 책임범위, 즉 후행자의 공동정범 성립 범위의 문제이다. 이에 대해서는, ㉠ 후행자가 그 가담 전에 이루어진 '범행 전체'에 대해 공동정범의 책임을 부담한다는 전체책임설(승계긍정설. 후행자의 공동의사는 범죄의 전체계획에 대한 동의이고, 당해 구성요건적 실행행위가 여전히 계속되는 이상 후행자의 후행가담은 여전히 의미 있는 실행행위라는 견해)과 ㉡ 후행자가 그 '가담 이후'의 공동실행 부분에 대해서만 공동정범의 책임을 부담한다는 일부책임설(승계부정설. 가담 이전 부분에 대해서는 후행자의 행위지배를 인정할 수 없고, 공동의사 역시 사후적 양해로 대체될 수 없다는 견해)이 대립한다. 요컨대, 승계부정설(일부책임설)이 타당하다. 즉, 후행자는 그 '가담 이후'의 행위에 대해서만 공동정범이 성립한다. 그 이유는 ㉠ 선행자가 이미 실현한 부분에 대해서는 후행자의 행위가 원인이 될 수 없고, ㉡ 선행자가 단독으로 행한 결과에 대해서는 후행자의 행위지배가 인정될 수 없으며, ㉢ 형법상 추인 또는 사후 고의는 인정될 수 없기 때문이다.

판례도 승계부정설 내지 2원설(가분이면 가담 이후만 책임, 불가분이면 전부 책임)의 입장이다. 즉, ㉠ (가분적인) "포괄일죄의 범행 도중에 공동정범으로 가담한 자는, 이미 이루어진 종전의 범행을 알았더라도, 가담 이후의 범행에 대해서만 공동정범의 책임을 진다"(대판 1997.6.27. 97도163). 이와 같이 후행자의 책임범위가 '가담 이후'로만 제한된다는 것은, 결국 가담 이전의 범죄에 대한 '승계' 자체를 부정하는 것이 된다. ㉡ 다만, 예외적으로 후행자에게 '전체 범죄의 방조범'(승계적 방조)을 인정한 사례도 있다. 한편, ㉢ (불가분) 승계 문제가 발생하지 않는 불가분적 범죄(단순1죄인 사기·공갈죄, 계속범인 범인도피죄 등)에서는 통상적인 공동정범의 성립을 인정한다(前述).

[판례사례: 후행자의 책임범위] i) ['가담 이후'만] (가분적인) "연속된 히로뽕 제조행위 도중에 공동정범으로 범행에 가담한 자는, 비록 그가 그 범행에 가담할 때에 이미 이루어진 종전의 범행을 알았다 하더라도, 그 '가담 이후'의 범행에 대하여만 공동정범으로 책임을 지는 것이니, 비록 이 사건에서 공소외 1의 위 제조행위 전체가 포괄하여 하나의 죄가 된다 할지라도, 피고인에게 그 가담 이전의 제조행위에 대하여까지 유죄를 인정할 수는 없다(대판 1982.6.8. 82도884).

ii) [승계적 방조] "비록 타인이 미성년자를 약취·유인한 행위에는 가담한 바 없더라도, 사후에 그 사실을 알면서 재물등을 요구하는 타인의 행위에 가담하여 이를 방조한 때에는, 단순히 재물등 요구행위의 종범(방조범)이 되는데 그치는 것이 아니라, 종합범인 특정범죄가중처벌등에 관한 법률 제5조의2 제2항 제1호 위반죄의 종범(방조범)에 해당한다"(이른바 '주교사 사건', 대판 1982.11.23. 82도2024).

(2) 과실범의 공동정범

1) 뜻 과실범의 '공동'정범이란, 2인 이상이 공동의 과실로 과실범의 구성요건적 결과가 발생한 경우에 공동정범이 성립하는가의 문제이다. 이를 인정하면, 공동과실로 결과를 야기한 각자는 '공동'정범으로 처벌된다.

여기서 과실범의 공동정범을 인정하는 실익은, 오로지 처벌의 공백을 메우기 위한 형사정책적 필요에 있다. 즉, 과실행위로 결과가 발생한 경우 그 원인된 행위가 판명되지 않은 때에는 제19조(동시범)에 따라 미수범이 되는데, 과실범의 미수를 처벌하는 규정이 없으므로 결국 불가벌이 된다. 만일 그 '공동'정범을 인정한다면, ㉠ 인과관계의 문제를 건너뛰어, 각자 전체에게 그 결과 책임을 인정할 수 있게 되고, ㉡ 검사는 굳이 인과관계의 존재를 개별적으로 증명할 필요가 없게 된다.

2) 인정 여부: 학설 과실범의 공동정범의 인정 여부와 그 이론적 근거에 대해서는, 긍정설과 부정설의 다양한 견해가 대립한다.

[학설] i) [긍정설] 과실범의 공동정범을 인정하는 다양한 견해가 있다. 즉,

㉠ 행위공동설(공동정범의 '공동'은 특정한 범죄의 공동이 아니라 단순히 '자연적 의미의 행위, 즉 사실적인 행위의 공동'으로 충분하며, 공동의사는 '행위를 공동으로 할 의사'라면 충분하다는 견해),

㉡ 공동행위주체설(공동행위를 하겠다는 의사의 결합이 있으면 공동행위의 주체가 성립되며, 공동행위주체가 과실범의 구성요건적 결과를 발생시킨 경우에는 공동책임을 진다는 견해),

㉢ 구성요건적 행위공동설(과실공동 · 행위공동설. 과실행위를 함께 한다는 의사연락은 불필요하고, 주의의무위반의 공동과 구성요건적 행위의 공동이 있으면, 과실범의 공동정범을 인정할 수 있다는 견해),

㉣ 기능적 범행지배설(과실공동 · 기능적 범행지배설. 동질 · 동량의 주의의무를 전제로, 주의의무의 공동과 기능적 행위기여 및 공동목표달성을 위한 행위공동의 협력의식이 있으면, 과실범의 공동정범이 성립한다는 견해),

㉤ 과실공동 · 공동행위인식설(동질 · 동량의 '공동의 주의의무'를 전제로, 과실의 공동, 즉 '공동의 주의의무' 및 '위반의 공동, 즉 공동위반'이 있고, '공동의 주의의무에 대한 인식'과 '공동으로 행위한다는 의사'가 있으면, 과실범의 공동정범이 성립한다는 견해. 그러나 고의범과 과실범에서 공동정범의 성립요건을 달리하는 이유가 불분명하고, 타인의 과실에 대해 책임을 부담하는 것이 되어 자기책임에 반한다는 비판이 있다),

㉥ 과실공동 · 기능지배설('과실공동, 즉 주의의무위반행위의 공동'과 '기능지배'가 있으면, 과실범의 공동정범이 성립한다는 견해. 그러나 기능지배는 기능적 행위지배의 변형개념이고, 기능적 행위지배는 고의범에서만 가능하다는 비판이 있다),

㉦ 과실공동 · 기능적 상호연관설(주의의무의 공동 및 위반의 공동이 있고, 결과발생의 기능적 상호연관성이 있으면, 과실범의 공동정범이 성립한다는 견해) 등.

반면, ii) [부정설] 과실범의 공동정범을 부정하는 다양한 견해도 있다. 즉,

㉠ 범죄공동설(공동정범은 '특정 범죄'를 공동으로 하는 것이므로, 특정한 범죄에 대한 '고의의 공동이 없는' 과실범의 공동정범은 불가능하다는 견해),

㉡ 기능적 행위지배설(기능적 행위지배는 '공동의 범죄결의'에 기초한 '기능적 역할분담'이 있어야 하는데, 과실범은 애당초 공동의 범행결의가 불가능하므로 기능적 행위지배가 성립할 수 없고, 따라서 공동정범이 성립될 수 없다는 견해),

㉢ 이분설(지배범과 의무범의 구별을 전제로, 의무범의 경우에는 과실범의 공동정범이 가능하나, 지배범의 경우에는 기능적 행위지배가 성립할 수 없으므로, 불가능하다는 견해. 과실범의 주의의무는 특별 의무가 아닌 일반 의무에 불과하다는 점에서, 사실상 부정설에 속한다) 등.

3) 판례 판례는, 과거 이른바 '태신호' 사건에서 과실범의 '공동'정범을 부인하였다(대판 1956.12.21. 4289형상276). 그러나 1962년 이른바 '그대로 가자' 사건에서 행위공동설에 입각하여 과실범의 '공동'정범을 최초로 인정한 이래(대판 1962.3.29. 4294형상598),[1] 현재까지 이를 견지하고 있다. 다만, "의사의 연락이나

---

1) [과실범의 공동정범(행위공동설)] ("형법 제30조에 '공동하여 죄를 범한 때'의 '죄'는 고의범이고 과실범이고를 불문한다. 따라서 공동정범의 주관적 요건인 공동의 의사도 고의를 공동으로 가질 의사임을 필요로 하지 않고, 고의 행위이고 과실 행위이고 간에 그 행위를 공동으로 할 의사이면 족하다. 2인 이상이 어떠한 과실 행위를 서로의 의사연락 아래 하여 범죄되는 결과를

주의의무 위반에 대한 공동의 인식이 없었다면 '공동하여' 죄를 범하였다고 볼 수 없으므로, 과실범의 공동정범이 성립하지 않는다"(대판 2024.12.26. 2024도1856. 이른바 '가습기살균제 제조' 사건).

[판례사례] i) [주요사례] 판례가 과실범의 '공동'정범을 인정한 대표 사례이다.

(가 군: 의사연락 사례) ㉠ ('그대로 가자' 사건; 4294형상598) 트럭운전사 갑은 화주 을과 함께, 부정임산물인 장작을 트럭에 가득 싣고 가던 중 검문소 전방 약 35미터 지점에 이르러, 검문소 순경이 손전등으로 정차신호를 하여 갑이 속력을 줄이자, 운전석 옆에 앉아 있던 을은 '그냥 가자'고 하여, 갑은 트럭을 가속하였는데, 이때 검문을 하려던 순경 병은 차에 매달렸다가 위 검문소로부터 약 150미터 지점에서 떨어져 트럭 뒷바퀴에 치어 사망하였다. 갑은 무면허 운전의 단속을, 을은 화주로서 부정임산물의 단속을 회피하기 위하여 경관의 검문에 응하지 않고 화물자동차를 질주할 의사를 상통하였다. 서로 의사를 연락하여 경관의 검문에 응하지 않고 트럭을 질주케 하였던 것임을 충분히 인정할 수 있음이 명백하므로, 운전자와 화주에게 '업무상'과실치사죄의 공동정범이 성립하고, 다만 화주에 대해서는 제33조 단서에 따라 '단순' 과실치사죄의 형으로 처벌된다고 한 사례.

㉡ ('선임탑승자' 사건: 대판 1979.8.21. 79도1249) 운전병 을이 운전하던 지프차의 선임탑승자 갑은 을의 안전운행을 감독하여야 할 책임이 있는 것이므로, 을이 차량운행 중 음주를 한다면 이를 적극 제지하여야 할 뿐만 아니라, 을이 안전운행을 할 수 있는 정도로 술에서 깰 때까지는 운전을 하지 못하도록 할 주의의무가 있음에도 불구하고, 오히려 을을 데리고 주점에 들어가서 각각 소주2홉 이상을 마신 다음 이를 운전케 한 결과, 을이 운전 중 음주로 인하여 취한 탓으로 차량의 전조등에 현기를 느껴 전후좌우를 제대로 살피지 못한 결과 본건 사고가 발생하였다. 선임탑승자 갑에게도 업무상과실 군용물손괴죄의 공동정범이 성립된다고 한 사례.

㉢ ('정·부기관사 열차퇴행' 사건: 대판 1982.6.8. 82도781) 정기관사 갑과 부기관사 을이 함께 열차를 운행하던 중 장애물이 나타나자 본건 116열차의 퇴행에 대해 서로 상론하였으며, 정기관사 갑의 제안에 부기관사 을도 동의하였다. 후진하던 중 후방에서 다른 열차가 달려와 두 열차가 충돌·전복되었다. '피고인 을이 정기관사의 지휘감독을 받는 부기관사이기는 하나, 위 열차의 퇴행에 관하여 상론 동의한 이상 이에 과실이 있다면 과실책임을 면할 수 없으며, 위의 퇴행에는 적절한 조치 없이 한 업무상의 과실이 있다'는 이유로 과실범의 공동정범이 성립된다고 한 사례.

㉣ ('터널굴착공사' 사건: 대판 1994.5.24. 94도660) 터널굴착공사를 도급받아 담당한 건설회사의 '현장소장'과 공사현장의 시공업무 전반을 관리·감독하는, 위 공사를 발

발생케 한 것이라면 여기에 과실범의 공동정범이 성립되는 것이다.")

주한 한국전력공사 지중선사업처의 '지소장'에게 과실범의 공동정범을 인정한 사례.

(나 군: 공동의 주의의무 사례, 즉 누적적 인과관계 사례) ㉤ ('우암상가아파트 붕괴' 사건: 1994.3.22. 94도35) "건물의 설계자와 시공시의 대표이사 등은, 각자가 협력하여 이 사건 건물을 안전하고도 견고하게 신축하여야할 주의의무가 있었을 뿐만 아니라, 서로 의사를 연락하여 이 사건 건물을 신축하였던 것이므로, 이들 사이에 형법 130조 소정의 공동정범의 관계가 성립한다."

㉥ ('성수대교 붕괴' 사건: 대판 1997.11.28. 97도1740) "성수대교와 같은 교량이 그 수명을 유지하기 위하여는 건설업자의 완벽한 시공, 감독공무원들의 철저한 제작·시공상의 감독 및 유지·관리를 담당하고 있는 공무원들의 철저한 유지·관리라는 조건이 합치되어야 하는 것이므로, 위 각 단계에서의 과실 그것만으로 붕괴원인이 되지 못한다고 하더라도, 그것이 합쳐지면 교량이 붕괴될 수 있다는 점은 쉽게 예상할 수 있고, 따라서 위 각 단계에 관여한 자는 전혀 과실이 없다거나 과실이 있다고 하여도 교량붕괴의 원인이 되지 않았다는 등의 특별한 사정이 있는 경우를 제외하고는, 붕괴에 대한 공동책임을 면할 수 없다."

㉦ ('삼풍백화점 붕괴' 사건: 대판 1996.8.23. 96도1231) "건물(삼풍백화점) 붕괴의 원인이 건축계획의 수립, 건축설계, 건축공사공정, 건물 완공 후의 유지관리 등에 있어서의 과실이 복합적으로 작용한 데에 있는 경우 각 단계별 관련자들에게는 업무상과실치사상죄의 공동정범이 성립한다."

(다 군) ㉧ ('가습기살균제' 사건; 대판 2018.1.25. 2017도12537) 가습기살균제의 개발·제조·판매에 관여한 피고인 15명은 공동의 주의의무와 인식 아래 업무상과실로 결함있는 가습기살균제를 각각 제조·판매하였고, 그 결함으로 그 중 두 종류 이상의 가습기살균제를 사용한 피해자들에게 사망 또는 상해 결과가 발생하였다. 위 피고인들과 공소외 8명 중 특정 피해자가 중복 사용한 가습기살균제들의 제조·판매에 관해 업무상과실이 있는 사람들 간에는 업무상과실치사상죄의 공동정범이 성립한다.

ii) [그 밖의 사례] 그 밖에 참고 사례는 다음과 같다.

㉨ ('운전교습자' 사건; 대판 1984.3.13. 82도3136) 피고인 을이 사고차량의 운전자 공소외 갑의 부탁에 응하여 위 차량의 조수석에 올라탄 것은, 피고인 을이 운전자 갑의 차량운전행위를 살펴보고 잘못된 점이 있으면 이를 지적하여 교정해 주려는 목적에서였는데, 피고인 자신이 주도적인 지위에서 동 차량을 운행할 의도가 있었다거나 실제로 그러한 운행이 이루어졌다고는 보기 어려웠다. 피고인 을에 대한 교특법위반죄 피고사건에서, '조수석에 동승하여 차량운전을 교정하여 준 자와 과실범의 공동정범' 여부와 관련하여, "피고인이 운전자의 부탁으로 차량의 조수석에 동승한 후, 운전자의 차량운전행위를 살펴보고 잘못된 점이 있으면 이를 지적하여 교정해 주려 했던 것에 그치고, 전문적인 운전교습자가 피교습자에 대하여 차량운행에 관해 모든 지시를 하는 경우와 같이 주도적 지위에서 동 차량을 운행할 의도가 있었다거나 실제로

그 같은 운행을 하였다고 보기 어렵다면, 그 같은 운행중에 야기된 사고에 대하여 과실범의 공동정범의 책임을 물을 수 없다"고 한 사례.

ⓩ ('빵소니' 사건; 대판 2007.7.26. 2007도2919) "운전자가 아닌 동승자가 교통사고 후 운전자와 공모하여 운전자의 도주행위에 가담하였다 하더라도, 동승자에게 과실범의 공동정범의 책임을 물을 수 있는 특별한 경우가 아닌 한, 특정범죄가중처벌등에관한법률위반(도주차량)죄의 공동정범으로 처벌할 수는 없다"고 한 사례.

㉪ ('오리케이지 낙하' 사건; 2017.5.31. 2016도21034) 피고인 甲이 주식회사 △△의 작업팀장으로서 오리의 상하차 업무를 담당하면서, ○○오리농장 내 공터에서 피해자가 사육한 오리를 피고인 乙이 운전한 트럭 적재함의 오리케이지에 상차하는 작업을 하였는데, 피고인 乙은 아직 차량의 시동을 끄지 아니한 채 운전석에 앉아 있었고, 차량의 좌우가 경사진 곳에 정차한 것이 원인이 되어 케이지의 고박이 풀려 넘어지면서, 위 차량 앞으로 다가서던 피해자의 하반신 위로 떨어지게 하여 피해자에게 갈비뼈 골절 등의 상해를 입게 하였다. 피고인 乙은 교통사고처리특례법위반죄가 성립하나, (작업팀장인) 피고인 甲이 담당하는 업무 및 그에 따른 주의의무와 과실의 내용이 피고인 乙의 경우와 달라 피고인 甲은 '특례법이 적용되는 운전자라 할 수 없고' 형법 제268조에서 정한 업무상과실치상의 죄책을 진다고 한 사례.

iii) [분석] 판례가 과실범의 공동정범을 인정한 사례는, 일응 의사연락 유형과 공동의 주의의무 유형으로 분류할 수 있는데, '의사연락'이 있는 경우(㉠㉡㉢ 등) 또는 '공동의 주의의무'가 있는 경우(㉤㉥㉦ 등)이다. 한편, 동종과실 유형과 이종과실 유형으로도 분류할 수 있는데, 과실의 내용이 서로 같은 경우(㉢ 등) 또는 과실의 내용이 서로 다른 경우(㉡㉣㉤㉥㉦ 등)이다. 특히 ㉤㉥㉦은, 각각의 원인들이 단독으로는 결과를 발생시킬 수 없고 일련의 단계의 원인들이 결합해서만 결과를 발생시킬 수 있는, 소위 **'누적적 인과관계'**의 사례로 평가된다(서로 다른 업무상 과실의 누적).[1]

4) 결론 판례의 이러한 태도는, **민법상** (공동 불법행위자들에게 부진정연대책임을 인정하는) **'공동'불법행위**의 성립범위와 일치하는 결과가 된다.

요컨대, 과실범의 '공동'정범은 부정설이 타당하다. 이유는 이러하다.

㉠ 공동정범의 본질은 기능적 행위지배에 있고, 기능적 행위지배는 공동의사에 기초한 기능적 역할분담에 있다. 과실범에서는 공동정범의 주관적 요건인 '공동의사'가 존재할 수 없고, 과실행위를 공동으로 모의한다는 것은 불가능하다. 즉, '기능적 행위지배'를 인정할 여지가 전혀 없다. 과실범에서 '의사연락'은 형법적으로 무의미한 사실행위에 대한 모종의 의사연락일 뿐, 범죄적 결과라는

1) 상당인과관계설은 누적적 인과관계의 경우 개별 원인에 대한 인과관계를 부정한다(인과관계 부분 참조).

특정한 방향성을 가진 범행의 모의라고 할 수 없다.

ⓛ 과실범의 주의의무는 구성요건적 결과발생에 대한 예견의무 · 회피의무를 요소로 하는 것으로, '공동의 주의의무'는 극히 예외적인 경우를 제외하고는 상정하기 어렵다. 공동의 주의의무에 대한 이론적 합의가 존재하는 것도 아니다. 공동의 주의의무를 상정할 수 있는 예외적인 경우(예: 공동운전자 등)라 하더라도, 주의의무의 공동이 인정된다고 하여, 곧바로 '공동'정범이 성립하는 것도 아니다. 공동의 주의의무만으로 발생한 결과에 대해 전체 책임을 귀속시키는 것은, 인과관계의 문제를 도외시하고 개별적인 인과관계를 불문하는 것이며, 이는 결국 인과관계의 존재를 의제하는 것이 된다.

ⓒ 동시범의 경우 그 '원인된 행위가 판명된 때'에는 미수범이 아니라 '기수'범으로 처벌된다. 결과발생에 직접 '인과관계'가 있는 특정한 행위를 규명하여, 그 특정된 행위자를 과실범의 정범으로 처벌하면 된다. 나아가 과실범의 경우 그 인과관계가 증명된다고 하여, 곧바로 '공동'정범이 되는 것도 아니며, 단지 '단독'정범이 될 뿐이다. 과실범의 '공동'정범은 과실범에 관해 '단일정범체계'를 취하고 있는 우리 형법에도 부합하지 않는다.

ⓔ 결과발생으로부터 소급하여 문제삼을 수 있는 주의의무의 범위에는 사실상 그 제한이 없다. 그런데도 각 행위자의 과실 내용이 서로 다른 경우까지도 공동의 과실을 인정할 수 있다는 것은, 마치 작은 주의의무 위반을 큰 주의의무 위반과 동일하게 취급하는 것이며, 논리적 오류이자 일탈이다.

ⓜ 과실범의 미수로 불가벌이 되는 가벌성의 공백을 방지하기 위해서는, 사고의 원인된 행위가 판명되어야 하고, 이러한 인과관계의 존재는 검사의 증명책임에 속한다. '공동'정범을 인정함으로써 인과관계의 증명책임을 피고인에게 그 부존재를 증명하도록 전가하는 것은, 형법상 책임주의 원칙 및 형사소송법상 증명책임 등 형사법의 기본원칙에도 부합하지 않는다. 오히려 검사가 사소한 주의의무 위반에 대해서도 공동과실이라는 이유를 들어 공소제기할 경우 그 전부를 '공동'정범으로 손쉽게 처벌하는 부당한 결과가 야기될 수 있다.

ⓑ 물론 인과관계가 인정되지 않거나 그 증명에 성공하지 못하는 경우 다소간 가벌성의 공백 공간이 발생할 여지는 있지만, 이는 과실범을 예외적으로 처벌하는 우리 형법 체계에서는 불가피한 현상이며, 고의범과 달리 '예외적으로 처벌'되는 과실범의 경우 그 책임귀속은 더욱 엄격해야 한다.[1)]

1) 그 입법적 보완책으로, '진정부작위범의 결과적 가중범'(예: 산업안전보건법 제167조 제1항의

3. 객관적 요건의 완화: 공모공동정범

(1) 공모공동정범

1) 뜻 공모공동정범이란 2인 이상이 사전에 범죄를 모의하였으나 그 중 일부만이 실행행위를 한 경우에, 공모에만 가담하고 직접 실행행위를 하지 않은 자도 공동정범이 된다는 판례 이론이다. 공동정범의 객관적 요건인 실행행위를 전혀 분담하지 않은 자도 공동정범이 된다는 점에서, 객관적 요건의 완화를 통한 가벌성의 확장이 문제된다. 판례는 일관되게 공모공동정범을 인정한다. 즉, "모의자 중의 일부만이 실행행위를 담당하여 범죄를 수행한 경우에도 공모자는 **모두 정범**으로 처벌된다"(대판 1990.9.11. 90도16), "공모가 이루어진 이상 실행행위에 직접 관여하지 않은 자라도 다른 공모자의 행위에 공동정범의 형사책임을 진다"(대판 2004.8.30. 2004도3212)고 한다.

여기서 공모공동정범을 인정하는 실익은, 공모만 인정되면 공동정범으로 처벌이 가능해짐에 따라, ㉠ 집단범죄에서 공동정범과 교사·방조범의 구별 필요성이 희박해진다는 점, ㉡ 실무에서 공범관계의 세부적 내용을 검사가 굳이 증명할 필요가 없다는 점에 기인하는 듯하다.

2) 인정 여부: 학설 공모공동정범의 인정 여부에 대해서는 긍정설과 부정설의 다양한 견해가 대립한다.

[학설] 우선, i) 긍정설은, 공모공동정범의 성립을 인정한다. 여기에는 ㉠ 공동의사주체설(공모에 의해 공동의사주체가 형성되고, 공동의사에 따라 일부의 실행행위가 있는 이상, 실행행위를 분담하지 않은 공모자도 공동의사주체로서 공동정범이 성립한다는 견해), ㉡ 간접정범유사설(단순한 공모자도 공모를 통하여 타인의 실행행위를 이용하여 자신의 범죄를 실현하는 것이므로, 간접정범과 유사한 정범성을 갖는다는 견해), ㉢ 적극이용설(공모자의 이용행위가 적극적 이용행위로서 실행행위와 동일시할 수 있는 경우에 한정하여 공동정범이 성립한다는 견해), ㉣ 기능적 행위지배설(공동정범이 성립할 수 있는 공모의 범위를 기능적 행위지배가 인정되는 경우로 제한함으로써 엄격한 요건 아래 공동정범이 성립한다는 견해) 등이 있다.

반면, ii) 부정설은, 실행행위의 분담이 공동정범의 객관적 요건이므로, 객관적 요건을 충족하지 못한 공모공동정범은 인정할 수 없고, 공모자는 그 가담형태에 따라 교

'조치의무위반치사죄' 등)이 논의될 수 있다. 이는 주의의무의 내용을 구체화하여 작위의무로 규정한 다음 그 작위의무위반으로 중한 결과의 발생을 가중처벌하는 방식이다.

사범이나 방조범이 성립할 수 있을 뿐이라는 견해이다(통설). 즉, ㉠ 단순한 공모자에 대해 공동정범을 인정하는 것은 일종의 단체책임으로 책임주의원칙에 반하고, ㉡ 비록 범죄조직의 수괴를 처벌하기 위한 이론이지만, 교사범을 정범과 동일한 형으로 처벌(31①)하고 특수교사·방조 규정(34②)에 의해 더욱 무겁게 처벌할 수 있는 우리 형법체계상 이를 인정할 필요도 없다고 한다.

3) **판례** 판례는, 일관되게 공모공동정범을 인정하되, 그 근거를 '공동의사주체설' 내지 '간접정범유사설'의 입장에서 판시하다가,[1] 최근 들어 **'기능적 행위지배설'**의 입장에서 그 인정범위를 제한하는 법리가 등장하고 있다. 즉, ㉠ "구성요건행위를 직접 분담하여 실행하지 아니한 공모자가 공모공동정범으로 인정되기 위하여는, 전체 범죄에 있어서 그가 차지하는 지위·역할이나 범죄경과에 대한 지배 내지 장악력을 종합하여 그가 '단순한 공모자에 그치는 것이 아니라' 범죄에 대한 **'본질적 기여'를 통한 기능적 행위지배**가 존재하는 것으로 인정되어야 한다"(대판 2007.4.26. 2007도428; 2010.7.15. 2010도3544; 2018.4.19. 2017도14322 전합 등). 한편, ㉡ 공모공동정범의 공모자들에게 공모한 범행 외에 (공모한 범행을 수행하거나 목적달성을 위해 나아가는 도중에) 부수적으로 **파생된 범죄**에 대하여도 **'암묵적인 공모'**와 기능적 행위지배를 이유로 공모공동정범의 성립도 인정하고 있다(대판 2007.4.26. 2007도428).[2] 다만, 이에 대해서는 '본질적 기여'가 있어야 행위지배가 인정된다고 한 점에서 행위지배설을 제대로 이해하고 있으나(객관적 요건의 축소), 암묵적 공모를 통해 행위지배를 넓게 인정하는 결과를 초래한 점(주관적 요건의 확

---

1) [공동의사주체설 판례] 대판 1983.3.8. 82도3248 ("공모공동정범은 공동범행의 인식으로 범죄를 실행하는 것으로 **공동의사주체**로서의 집단 전체의 하나의 범죄행위의 실행이 있음으로써 성립하고, 공모자 모두가 그 실행행위를 분담하여 이를 실행할 필요가 없다. <u>공모에 의하여 수인 간에 공동의사주체가 형성</u>되어 범죄의 실행행위가 있으면 실행행위를 분담하지 않았다고 하더라도 공동의사주체로서 정범의 죄책을 면할 수 없다").

[간접정범유사설 판례] 대판 1988.4.12. 87도2368 ("공모공동정범이 성립하려면 두 사람 이상이 공동의 의사로 특정한 범죄행위를 하기 위하여 일체가 되어 서로가 <u>다른 사람의 행위를 이용하여</u> <u>각자 자기의 의사를 실행</u>에 옮기는 것을 내용으로 하는 모의를 하여 그에 따라 범죄를 실행한 사실이 인정되어야 한다").

2) [파생된 범죄와 암묵적 공모] 위 2007도428 ("공모공동정범의 경우, 공모자들이 그 <u>공모한 범행을 수행하거나 목적 달성을 위해 나아가는 도중에 부수적인 다른 범죄가 파생되리라고 예상하거나 충분히 예상할 수 있는데도</u>, 그러한 가능성을 외면한 채 이를 방지하기에 족한 합리적인 조치를 취하지 아니하고 공모한 범행에 나아갔다가 결국 그와 같이 예상되던 범행들이 발생하였다면, 비록 그 파생적인 범행 하나하나에 대하여 개별적인 의사의 연락이 없었다 하더라도 <u>당초의 공모자들 사이에</u> 그 범행 전부에 대하여 <u>**암묵적인 공모**는 물론</u> 그에 대한 <u>기능적 행위지배가 존재</u>한다").

장)에서는 비판받고 있다.

4) 기능적 행위지배로서의 공모와 단순한 공모의 구별 실행행위의 분담이 전혀 없는 공모자는 공동정범의 객관적 요건을 충족하지 못하므로, 애당초 공동정범이 될 수 없다.

한편, 기능적 행위지배로서의 공모는 단순한 공모와 달리 취급될 여지가 있다. 즉, 단지 의사연락 정도에 불과한 단순한 공모의 차원를 넘어, 공모 내용 자체가 '범죄의 전체 과정에서 범죄의 성패를 좌우하는 결정적인 중요 기능의 수행'으로서 '기능적 행위지배가 인정되는 극히 예외적인 경우'에는, 이미 단순한 공모자가 아니라 '공동정범'이 된다. 예컨대, ㉠ 조직범죄의 수괴, ㉡ 절도죄나 사기죄 등에서의 '주도적 참여자'(주모자) 등이 여기에 해당된다. 이와 같이 공모의 범위를 극히 제한하여 기능적 행위지배가 인정되는 '가장 좁은 의미의 공모'(최협의의 공모)에 한하여, 공동실행 개념을 인정할 수 있는 예외적인 경우에는, (공모공동정범이 아니라) 공동정범의 영역으로 포섭·해소하여, 실행행위의 분담이 전혀 없는 공모자라도 공동정범의 성립을 인정할 수 있다는 것이다. 이는 이미 행위지배로 인하여 공동정범이 성립되는 경우라는 점에서 굳이 '공모'공동정범이라는 표현을 사용할 필요조차 없는 경우이다. 여기서의 '공모'는 공동정범의 주관적 요건인 '공동의사로서의 공모'(넓은 의미의 공모), 사전의 범죄모의인 '예모적 공동정범에서의 공모'(좁은 의미의 공모)보다 훨씬 더 좁은 범위에서 정범성의 표지인 '기능적 행위지배로서의 공모'('가장 좁은 의미의 공모', '최협의의 공모')를 의미한다. 최근의 판례는 그 공모의 의미를 '기능적 행위지배'로 점차 축소·제한 해석하는 경향에 있다.

반면, 판례는 이러한 최근의 제한법리에도 불구하고, 여전히 단순한 공모만으로도 공동정범의 성립을 인정하는 종래 입장을 고수하는 경우가 가끔 있다. 즉, "공모가 이루어진 이상 실행행위에 직접 관여하지 않은 자라도, 다른 공모자의 행위에 공동정범의 형사책임을 진다"(대판 2010.4.29. 2009도13868 등). 그러나 이는 결국 편의주의적 발상으로 개인책임 원칙에 반하고, 공동정범의 무분별한 확장과 공범(교사·방조)이론의 공동화를 초래하는 결과가 된다.

(2) 공모관계의 이탈

1) 뜻 공모관계의 이탈이란 공모자 중 1인이 다른 공범자가 '기수에 이르기 전'에 공동의사를 철회하는 경우를 말한다. 이 경우 이탈자에게 공동정범이 성립하는지 여부가 문제된다. 공동정범의 경우 공범자 1인이 일단 기수에 이르

게 되면, '일부실행 전부책임'의 법리에 따라, 공동정범 전원이 기수범이 된다. 공모관계의 이탈은 '실행의 착수 이전의 이탈'과 '실행의 착수 이후의 이탈'로 구분하여 검토된다. 주의할 것은, 여기서 문제되는 '공모'란 '좁은 의미의 공모', 즉 사전의 범죄모의인 '예모적 공동정범에서의 공모'를 의미한다는 점이다.[1)]

2) 실행의 착수 이전의 이탈　공모 이후 공모자 중 1인이 다른 공범자의 '실행의 착수 이전에' 공모관계에서 이탈한 경우이다.

i) [이탈의 요건] 먼저, 이탈이 인정되기 위해서는, ㉠ 다른 공모자에게 이탈의 **의사표시**를 하여야 한다. 이탈의 표시는 명시적은 물론, **묵시적으로도** 가능하다. 즉 "이탈의 표시는 반드시 명시적임을 요하지 않는다"(대판 1986.1.21. 85도2371). 그러나 적어도 묵시적으로나마 표시되어야 한다. ㉡ 반면, '다른 공모자의 승낙'까지 받아야 하는 것은 물론 아니다. 다만 그 인식으로 충분하다. ㉢ 나아가, 추가로 결과발생에 대한 인과성까지 제거해야 하는지 여부에 대해서는, 필요설, 불요설, '**평균적 일원과 주도적 참여자**(주모자)의 **구별설**' 등이 대립하나, 판례는 '구별설'의 입장이다. 이에 따라 이탈의 효과가 달라진다(아래 참조).

ii) [이탈의 효과: '평균적 일원'과 '주도적 참여자'의 구별] 공모자 중 1인이 실행의 착수 이전에 공모관계에서 이탈한 경우 ㉠ 원칙적으로 ('평균적 일원'은) "다른 공모자의 행위에 관하여는 공동정범의 책임을 지지 않는다"(대판 1995.7.11. 95도955). ㉡ 다만, '**주도적 참여자**'는 "**기능적 행위지배를 해소**하는 것이 필요하므로, 다른 공모자의 실행에 미친 **영향력을 제거**해야 한다"(대판 2008.4.10. 2008도1274). 즉, "공모공동정범에 있어서 공모자 중의 1인이 다른 공모자가 실행행위에 이르기 전에 그 공모관계에서 이탈한 때에는, 그 이후의 다른 공모자의 행위에 관하여는 공동정범으로서의 책임은 지지 않는다. 그러나, 공모관계에서의 이탈은 공모자가 공모에 의하여 담당한 **기능적 행위지배를 해소**하는 것이 필요하므로, 공모자가 공모에 **주도적으로 참여**하여 다른 공모자의 실행에 영향을 미친 때에는, 범행을 저지하기 위하여 적극적으로 노력하는 등 실행에 미친 **영향력을 제거**하지 아니하는 한, 공모관계에서 이탈하였다고 할 수 없다"(위 2008도1274).

[판례사례] 우선, i) ['평균적 일원' 사례 – 이탈 인정: 공동정범 부정] ㉠ '시라소니'파 범죄단체조직에 가입하여 활동하던 피고인이 같은 '시라소니'파 조직원들과 공모 공

---

1) [공모 도중의 이탈] 공모의 중간에 이탈한 경우 예비의 중지가 문제된다. 예비의 형이 중지의 형보다 무거울 때에는 형의 균형을 위해 중지미수 규정을 준용하는 것이 타당하다(다수설).

동하여, 반대파 조직 '파라다이스'파에 대해 보복을 하기 위해 청주시 사직동 무심천 고수부지 로울러스케이트장에 집결한 후 '파라다이스'파 조직원들을 공격하여 상해를 가하거나 살해할 것을 결의하고, 위 조직원들과 공동하여 생선회칼, 손도끼, 낫 등 흉기를 들고 8대 차량에 분승하여 나이트클럽에 이르러 반대파를 폭행하고, 살해한 사안에서, 피고인은 술을 마시고 있다가 같은 조직원으로부터 연락을 받고 무심천 로울러스케이트장에 가서 '파라다이스'파에게 보복을 하러 간다는 말을 듣고, 다른 조직원들이 여러 대의 차에 분승하여 출발하려고 할 때 사태의 심각성을 실감하고 범행에 휘말리기 싫어서 그곳에서 택시를 타고 집에 온 경우, 공모관계가 인정된다 하더라도 다른 조직원들이 각 이 사건 범행에 이르기 전에 그 공모관계에서 이탈한 것으로, 공동정범으로의 책임을 지지 않는다고 한 사례(대판 1996.1.26. 94도2654). ㉡ 구체적인 살해방법이 확정되어 피고인을 제외한 나머지 공범들이 피해자의 팔, 다리를 묶어 저수지 안으로 던지는 순간에 피해자에 대한 살인행위의 실행의 착수가 있다 할 것이고 따라서 피고인은 살해모의에는 가담하였으나 다른 공모자들이 실행행위에 이르기 전에 그 공모관계에서 이탈하였다 할 것이고 그렇다면 피고인이 위 공모관계에서 이탈한 이후의 다른 공모자의 행위에 관하여는 공동정범으로서의 책임을 지지 않는다고 한 사례(대판 1986.1.21. 85도2371).

다음, ii) ['주도적 참여자' 사례－이탈 부정: 공동정범 성립] 다른 3명의 공모자들과 강도 모의를 하면서 삽을 들고 사람을 때리는 시늉을 하는 등 그 모의를 주도한 피고인이, 함께 범행 대상을 물색하다가 다른 공모자들이 강도의 대상을 지목하고 뒤쫓아 가자, 단지 "어?"라고만 하고 비대한 체격 때문에 뒤따라가지 못한 채 범행현장에서 200m 정도 떨어진 곳에 앉아 있었으나, 위 공모자들이 피해자를 쫓아가 강도상해의 범행을 한 사안에서, 피고인에게 공동가공의 의사와 공동의사에 기한 기능적 행위지배를 통한 범죄의 실행사실이 인정되므로 강도상해죄의 공모관계에 있고, 다른 공모자가 강도상해죄의 실행에 착수하기까지 범행을 만류하는 등으로 그 공모관계에서 이탈하였다고 볼 수 없으므로 강도상해죄의 공동정범으로서의 죄책을 진다고 한 사례(위 2008도1274).

3) **실행의 착수 이후의 이탈** 다른 공범자가 이미 실행에 착수한 이후에는, 그 공모관계에서 이탈한 경우라도 공모자는 **공동정범이 성립**한다. 즉, "다른 공모자가 이미 실행에 착수한 이후에는, 그 공모관계에서 이탈하였다고 하더라도, 공동정범의 책임을 면할 수 없다"(대판 1984.1.31. 83도2941), "포괄일죄의 범행 일부를 실행한 후 공범관계에서 이탈하였으나, 다른 공범자에 의하여 나머지 범행이 이루어진 경우, 피고인이 관여하지 않은 부분에 대하여도 죄책을 부담한

다"(대판 2011.1.13. 2010도9927).[1] 공범자 중 1인이 기수에 이르른 이상 모두 기수범의 공동정범이 성립하기 때문이다. 그런데 판례는 심지어 공범자가 퇴사한 경우에도 그 퇴사자에 대해 이탈의 효과를 부정하고 공동정범의 책임을 묻고 있다.[2] 그러나 이는 책임의 한계를 넘는 과도한 적용이므로 타당성에 의문이 제기된다. '퇴사한 이후에도 기능적 행위지배가 향후 계속되고 있다고 인정할 만한 특별한 사정이 없는 한, 더 이상 공범으로서의 책임을 부담하지 않는다'라고 함이 타당하다('공직 퇴임'에 관한 같은 취지의 대판 2020.2.13. 2019도5186 참조).

공범자 모두 미수에 그친 경우 미수범의 공동정범이 성립하고, 다만 '**중지미수**' 여부가 문제된다. 즉, 공범관계의 이탈이 인정되기 위해서는 결과발생을 완전히 방지하거나 다른 공범자의 범죄 실행을 저지해야 하며, 이때 그 공모자는 중지미수가 되고, 다른 공범자는 장애미수가 된다.

Ⅲ. 공동정범의 처벌

1) 각자를 정범으로 처벌 공동정범은 '각자를 그 죄의 정범으로 처벌한다'(30). 즉, 일부만 실행한 경우라도 '공동의사'(공동의 범행결의) 범위 안에서 발생한 결과 전체에 대해 각자 단독정범과 동일하게 처벌된다. 이를 '일부실행 전부책임'('부분실행 전체책임')의 법리라고 한다. 따라서 공동정범의 **인과관계**는, 각자의 행위와 결과 사이에서 개별적으로 검토하는 것이 아니라, 가담자 전원의 행위와 발생한 결과를 '**전체적으로**' 검토하는 것이다.

---

1) [실행착수 이후의 이탈: 공동정범 성립] 대판 1984.1.31. 83도2941 ("금품을 강취할 것을 공모하고 피고인은 집 밖에서 망을 보기로 하였으나, 다른 공모자들이 피해자의 집에 침입한 후 담배를 사기 위해서 망을 보지 않았다고 하더라도, 피고인은 강도상해죄의 공동정범의 죄책을 면할 수가 없다").

2) [실행착수 이후의 이탈: 퇴사(공동정범 성립)] 예컨대, ㉠ 대판 2002.8.27. 2001도513 ("피고인이 공범들과 다단계금융판매조직에 의한 사기범행을 공모하고 피해자들을 기망하여 그들로부터 투자금명목으로 피해금원의 대부분을 편취한 단계에서 위 조직의 관리이사직을 사임한 경우, 피고인의 사임 이후 피해자들이 납입한 나머지 투자금명목의 편취금원도 같은 기망상태가 계속된 가운데 같은 공범들에 의하여 같은 방법으로 수수됨으로써 피해자별로 포괄일죄의 관계에 있으므로 이에 대하여도 피고인은 공범으로서의 책임을 부담한다").

㉡ 대판 2011.1.13. 2010도9927 ("피고인이 갑 투자금융회사에 입사하여 다른 공범들과 특정 회사 주식의 시세조종 주문을 내기로 공모한 다음 시세조종행위의 일부를 실행한 후 갑 회사로부터 해고를 당하여 공범관계로부터 이탈하였고, 다른 공범들이 그 이후의 나머지 시세조종행위를 계속한 사안에서, 피고인이 다른 공범들의 범죄실행을 저지하지 않은 이상, 그 이후 나머지 공범들이 행한 시세조종행위에 대하여도 죄책을 부담한다").

공동정범의 경우 공범자 상호간에 구성요건해당성 및 위법성은 공동하지만, 공범자 각자의 **책임은 개별화**된다. 예컨대, 甲(14세 이상)과 乙(14세 미만자)이 공동하여 상해죄를 범한 경우에, 甲은 상해죄의 공동정범이 성립하지만, 乙은 형사미성년자로서 책임이 조각되어 상해죄의 공동정범이 성립하지 않는다.

각자를 정범으로 처벌한다는 것이므로, 각자의 법정형은 모두 동일하다. 그러나 형의 가중·감경사유나 양형사유는 각각 적용되는 것이므로, 각자의 처단형이나 선고형은 서로 달라질 수 있다.

2) 실행의 착수시기 공동정범의 실행의 착수시기는 공동정범의 전체행위를 기초로 전체적으로 판단한다. 즉, 이에 대해, ㉠ 전체적 해결설(전체적 관점에서, 공동정범 중 일부가 실행행위를 직접 개시한 순간부터 공동정범 모두에게 실행의 착수는 개시된다는 견해), ㉡ 개별적 해결설(각자의 개별적 관점에서, 기능적 역할분담에 따른 공모자 각자의 실행행위를 개시한 때를 기준으로, 공모자별로 실행의 착수를 판단해야 한다는 견해)이 대립하지만, 전체적 해결설이 지배적이다(다수설).

문제는 공동정범 중 일부만이 실행에 착수하였을 뿐 다른 공모자가 실행행위를 전혀 하지 않은 경우 공동정범 모두에게 실행의 착수가 인정되는지 여부이다. 이러한 경우 전체적 해결설에 따르게 되면, 단순한 공모자도 공동정범으로 취급하게 되어 사실상 공모공동정범을 인정하는 부당한 결과가 될 여지가 있다. 그러나 공모자 일부의 실행행위는 공동의 범죄계획(역할분담)의 부분적 실현이므로, 그 일부의 실행행위를 근거로 공동정범 전체의 객관적 요건이 존재하는 것으로 평가할 부분도 있다. 비록 실행의 분담이 전혀 없는 공모자라도, 단순한 의사연락의 정도를 넘어 '범죄에 대한 본질적 기여를 통한 기능적 행위지배가 존재하는 예외적인 경우'(대판 2009.6.23. 2009도29940)라면, 실행행위가 존재하는 것으로 규범적으로 평가하여, 공모공동정범이 아니라 통상의 '공동정범'으로 포섭할 수 있을 것이다.

3) 공동정범의 미수 공동정범은 1인이 미수에 그친 경우에도 다른 1인의 범행이 기수에 이르렀다면 모두 기수범의 공동정범이 된다. 따라서 공동정범의 미수는 공동정범 전원이 미수에 그친 경우에 한하여 인정되며, 이 경우 자의로 중지한 자가 중지미수가 되더라도, 다른 가담자는 장애미수가 된다.

4) 공동정범과 신분 우선, ㉠ 진정신분범(예: 수뢰죄, 허위공문서작성죄)의 경우 '**비신분자**'는 정범적격이 없으므로 '단독으로 진정신분범의 정범이 될 수 없다.' 그러나 비신분자도 신분자와 공동하여 **진정신분범의 '공동'정범**은 될 수 있

다(33본문). 예컨대, "공무원 아닌 자가 공무원과 공동하여 허위공문서작성죄를 범한 때에는 공무원 아닌 자도 허위공문서작성죄의 공동정범이 된다"(대판 2006.5.11. 2006도1663). 한편, ㉡ 부진정신분범의 경우(예: 존속살해죄. 이는 가중적 신분범의 일종)에는 '비신분자'에 대해, 학설과 판례가 엇갈린다. 통설은 '진정 · 부진정신분범 구별설'(부진정신분범의 경우 비신분자는 제33조 본문이 적용되지 않고 제33조 단서-'무거운 형으로 벌하지 아니한다'-가 적용된다는 이유로, '통상 범죄의 공동정범이 성립하고 통상 범죄의 형으로 처벌된다'는 견해')이다. 반면, 판례는 '성립 · 과형 구별설'의 입장으로, "비신분자에게 제33조 본문을 적용하여 '(가중적) **신분범의 공동정범**'이 성립하되, 다만 처벌만은 제33조 단서에 따라 '**통상 범죄**'의 법정형으로 처단된다"고 한다. 예컨대, 비신분자인 아내가 아들과 더불어 (아들의 직계존속인) 남편을 살해한 경우 비신분자는 '존속살해죄의 공동정범'이 성립하되, '보통살인죄의 법정형'으로 처벌된다(대판 1961.8.2. 4294형상284). 자세한 것은 후술한다.

Ⅳ. 공동정범의 착오

1. 공모내용과 실행행위의 불일치

공범자들이 공모한 범죄와 실제로 실행한 범죄가 구성요건적으로 일치하지 않는 경우이다. 이는, 공범자의 일부가 공모내용과 다른 범죄를 실행한 경우로서, 다른 공범자의 책임이 문제되며, '공동정범간의 착오'라 한다.

(1) 질적 차이: 질적 초과실행

공범자의 일부가 공모내용과 '질적으로 전혀 다른' 별개의 범죄를 실행한 경우이다. 이 경우 다른 공범자는 **초과 부분에 대해서는 책임지지 않는다**(초과 부분은 실행행위자의 단독정범). 공동정범은 그 본질상 '공동의 범행결의' 범위 안에서만 책임을 부담하며, 공범자 일부의 '공모내용과 질적으로 차이가 있는 범죄결과'에 대해서는 책임지지 않기 때문이다. 예컨대, 甲과 乙이 절도를 공모했는데, 甲이 절도를 하던 중 단독으로 강간을 범한 경우에, 乙은 강간죄에 대해서는 공동정범이 성립하지 않는다(乙은 '절도죄의 공동정범'만 성립할 뿐, 초과 부분인 강간죄는 甲의 단독정범이 된다). 판례도 같다(대판 1988.9.13. 88도1114).[1]

---

1) [질적 초과] 위 88도1114 (甲 · 乙 · 丙이 강도를 공모하였는데, 甲 · 乙이 피해자 A의 집 안방에 들어가 수회 때려 A의 반항을 억압하고, 甲이 물건을 뒤지느라 정신이 팔려 있었는데, 그 사이에 乙은 A가 움직이지 못하도록 머리를 붙잡고 丙은 A를 강간한 사안에서, <u>乙 · 丙은 강도강간죄의 공동정범</u>이 성립하나, <u>甲은 강간을 공모하지 않은 이상 강도강간죄의 공동정범이 성립</u>

(2) 양적 차이

공범자의 일부가 공모내용과 '질적으로 같으나 양적으로 차이가 있는' 범죄를 실행한 경우이다. 여기에는 '양적 초과'와 '양적 과소'가 있다. 이때 다른 공범자는 원칙적으로 **중첩 부분**에 대해서만 책임을 부담한다. 이러한 법리는 원칙적으로 간접정범, 교사·방조범의 경우에도 그대로 적용된다.

1) **양적 초과실행** 여기서 양적 초과란 '실행한 범죄의 구성요건'이 '공모한 범죄의 구성요건'과 **공통된 요소를 포함**하고 있는 경우(예: '절도' 공모→'강도' 실행)를 말한다. 이때 (초과실행자 아닌) 다른 공범자는 **중첩 부분**(=공모범죄)**에 대해서만** 공동정범이 될 뿐, **초과 부분**에 **대해서는 책임지지 않는다**. 예컨대, 甲과 乙이 '절도'를 공모했는데, ㉠ 甲이 '강도'를 범한 경우에는, 乙은 '절도죄의 공동정범'만 성립할 뿐 '강도죄'의 공동정범은 성립하지 않고(초과 부분인 강도죄는 甲의 단독정범이 된다), ㉡ 만일 甲이 '강도미수'를 범한 경우라면, 乙은 '절도미수죄의 공동정범'만이 성립할 뿐이다.

2) **양적 과소실행** 반대로 양적 과소실행의 경우에도, **중첩 부분**, 즉 실제로 **실행한 범위 내**(=실행범죄)**에서만** 공동정범이 성립한다. 다만, **공모한 범죄의 예비·음모** 여부가 문제될 수 있다. 예컨대, 甲과 乙이 살인을 공모했는데, 甲이 '상해'를 범한 경우에, 甲·乙 모두 실제 실행한 범위 내인 '상해죄의 공동정범'이 성립하고, 이는 '살인예비·음모죄'와 상상적 경합범이 된다.

(3) 특수문제: 결과적 가중범의 공동정범

양적 초과실행의 특수한 경우로, 공범자 1인이 양적 초과실행으로 '결합범'(예: 강도살인죄) 또는 '결과적 가중범'(예: 강도치사죄)이 성립하는 경우가 있다. 이때 (초과실행자 아닌) 다른 공범자는 중한 결과에 대한 **예견가능성**이 있는 경우에는 **결과적 가중범의 공동정범**이 성립한다(물론, 중한 결과에 대해 '미필적 고의'가 있다면, 중한 결과에 대해서도 공동정범이 성립한다). 판례도 같은 입장이다.

1) **결합범의 경우** 甲과 乙이 '강도' 공모했는데, 甲이 고의로 피해자를 '살해'한 경우에, (甲의 초과실행은 '결합범', 즉 강도'살인'죄. 甲에게는 당연히 강도'살인'죄가 성립하고) 乙은 중한 결과인 사망에 대한 '예견가능성'이 있다면(판례원문은 "그 살인행위나 치사의 결과를 '예견할 수 없었던 경우가 아니'면"으로 되어 있음), **결과적 가중범인 '강도치사죄의 공동정범'**이 성립한다(대판 1991.11.12. 91도2156).

2) **결과적 가중범의 경우** 甲과 乙이 '강도' 공모했는데, 甲이 과실로 '상

하지 않고, 단지 합동범인 특수강도죄만 성립한다고 한 사례).

해의 결과'를 발생시킨 경우에, (甲의 초과실행은 '결과적 가중범', 즉 강도'치상'죄. 甲에게는 당연히 강도'치상'죄가 성립하고) 乙은 중한 결과인 상해의 결과에 대한 '예견가능성'이 있다면, **결과적 가중범인 '강도치상죄의 공동정범'**이 성립한다(대판 1998.4.14. 98도356).

한편, "수인이 가벼운 상해 또는 폭행 등의 범의로 범행 중 1인의 소위로 '살인'의 결과를 발생케 한 경우, 그 나머지 자들은 (사망의 결과에 대한 예견가능성이 있다면) 상해 또는 폭행죄 등과 결과적 가중범의 관계에 있는 상해'치사' 또는 폭행'치사' 등의 죄책은 면할 수 없다. 그러나 위 살인등 소위는 '전연 예기치 못하였다' 할 것이므로, 그들에게 살인죄의 책임을 물을 수는 없다"(대판 1984.10.5. 84도1544).[1]

2. 공동정범의 구성요건적 착오

공동정범이 공모한 범죄와 실행한 범죄가 구성요건적으로 일치하지만, 공동정범의 일부가 그 실행과정에서 **'객체의 착오'** 또는 **'방법의 착오'**를 일으킨 경우[2]이다. 이는 다른 공동정범에게도 같은 내용의 착오가 되며, 이러한 구성요건적 착오에는 그 일반이론이 그대로 적용된다.

1) 객체의 착오 공동정범 甲과 乙 모두에게 '객체의 착오'가 되며, 착오에 대한 어느 학설에 따르더라도 그 결론은 같다.[3]

2) 방법의 착오 공동정범 甲과 乙 모두에게 '방법의 착오'가 되며, 착오에 대한 학설(구체적 부합설, 법정적 부합설)에 따라 그 결론이 달라진다.[4]

1) [예견가능성 여부] 판례 중에는, 예견가능성을 '넓게 인정'한 사례도 있다. 즉, 등산용 칼을 이용하여 노상강도를 하기로 공모한 공범자 중 1인이 강도살인행위를 저지른 경우 살인행위에 직접 관여하지 아니한 다른 공범자의 죄책과 관련하여, 모두 강도살인죄로 처단하면서, "강도살인행위에 이를 것을 전혀 예상하지 못하였다고 할 수 없으므로 피고인들 모두는 강도치사죄로 처단함이 옳다"(대판 1990.11.27. 90도2262)라고 하였다. 그러나 기본범죄에 대한 공동의사만으로 사실상 무조건 결과적 가중범을 인정하는 것은 타당하지 않다.

2) ['방법의 착오'와 '객체의 착오'] 甲과 乙이 'A를 살해'하기로 공모하였는데, ㉠ (방법의 착오) 乙이 A를 향해 총을 쏘았으나 빗나가, 옆에 있던 B가 맞고 사망한 경우, ㉡ (객체의 착오) 乙이 A라 생각하고 총을 쏘았는데, 가서 확인해 보니 정작 맞아 죽은 사람은 A가 아닌 B였던 경우.

3) ['객체의 착오'와 학설] 객체의 착오인 경우 구체적 부합설이나 법정적 부합설은 일치하여, 발생사실에 대한 고의기수범이 성립하므로, 甲과 乙 모두에게 'B에 대한 살인기수죄'가 성립하며, 그 공동정범이 된다.

4) ['방법의 착오'와 학설] 방법의 착오인 경우 甲과 乙 모두 ㉠ 구체적 부합설에 따르면, (인식사실인) 'A에 대한 살인미수죄의 공동정범'과 (발생사실인) 'B에 대한 과실치사죄'의 상상적 경합이 성립하며, ㉡ 법정적 부합설에 따르면, 발생사실에 대한 고의기수범이 성립하므로 'B에 대한 살인기수죄'가 성립하며, 각각 그 공동정범이 된다.

Ⅴ. 합동범과 공동범

1. 합동범

제331조(특수절도) ② 흉기를 휴대하거나 2인 이상이 합동하여 타인의 재물을 절취한 자도 전항의 형과 같다.

제334조(특수강도) ② 흉기를 휴대하거나 2인 이상이 합동하여 전조의 죄를 범한 자도 전항의 형과 같다.

제146조(특수도주) 수용설비 또는 기구를 손괴하거나 사람에게 폭행 또는 협박을 가하거나 2인 이상이 합동하여 전조 제1항의 죄를 범한 자는 7년 이하의 징역에 처한다.

성폭법 제4조(특수강간 등) ① 흉기나 그 밖의 위험한 물건을 지닌 채 또는 2명 이상이 합동하여 형법 제297조(강간)의 죄를 범한 사람은 무기징역 또는 7년 이상의 징역에 처한다.

(1) 의의와 본질

1) 뜻　2인 이상이 '합동'하여 죄를 범하는 경우를 강학상 합동범(合同犯)이라 한다. 합동범의 예로는, 형법상 3개 범죄 — 특수절도(331②) · 특수강도(334②) · 특수도주(146) — 뿐이고, 형사특별법상 성폭법(성폭력처벌법)의 특수강간등(4)이 있다. 공동정범(30)의 '공동하여' 대신 '합동하여'라는 용어가 사용되고, 공동정범에 비해 그 형이 매우 가중된다. 합동성 요건을 충족하는 행위자는 모두 정범이 된다.

2) 본질: 현장설　합동범의 본질은 결국 '합동'의 의미에 대한 해석론이다. 여기서 '합동'은 '시간적 · 장소적 협동관계'를 의미한다는 '현장설'이 일반적이다.[1)]

판례도 현장설이다. 즉, 합동범이 성립하려면 "주관적 요건으로서의 '공모'와 객관적 요건으로서의 '실행행위의 분담'이 있어야 하고, 그 실행행위에서는 **'시간적으로나 장소적으로 협동관계'**에 있음을 요한다"(대판 1996.3.22. 96도313).

형법이 '공동'의 개념과 달리 굳이 '합동'이라는 개념을 사용하면서 가중처벌하는 것은, 그 범행방법이나 범행정도가 공동정범의 '공동'과는 다르기 때문이다. 그리고 '합동'(合同)이라는 말은 사전적 의미가 '모여서 함께'이므로, 이미 '시간적 · 장소적 근접성'을 내포하는 개념이며, '합동'을 '협동'으로 풀이하는 것은

---

1) [기타 학설] ㉠ '공모'공동정범설은, 합동이 공모를 의미한다고 해석하는 견해이다. 공모공동정범을 합동범에 한하여 예외적으로 인정하는 것이라고 하나, 현재 소멸된 학설이다.

㉡ 가중적 '공동'정범설은, 합동범은 본질상 공동정범이지만 집단범죄에 대한 대책상 특별히 형을 가중한 경우라고 한다. 그러나 문언상 '합동'과 '공동'을 구별하는 형법의 취지에 반한다는 문제점이 있다.

우리말의 어법에도 합치된다. 따라서 현장설이 타당하다. 그렇다면 합동범은 총칙상의 공동정범보다 좁은 개념이며, '현장에 있는' 공동정범을 의미한다. 즉, 합동범은 '공동정범의 특수한 형태'에 해당한다.

(2) 합동범의 성립요건

1) 공동정범의 성립 합동범이 성립하려면, 우선 공동정범관계가 성립해야 한다. 판례도 "주관적 요건으로서의 '공모'와 객관적 요건으로서의 '실행행위의 분담'이 있어야 한다"(위 96도313)라고 하여, 이 점을 분명히 하고 있다. 물론, 기능적 행위지배(정범표지)도 있어야 함은 당연하다. 그러나 ㉠ 공모한 사실이 있더라도, 직접 범행에 가담하지 않은 자, ㉡ 범행현장에 있더라도, 기능적 행위지배가 없는 자 등은 합동범이 될 수 없다.

2) 현장성 합동범이 성립하려면, 범인이 현장에 있어야 한다. 예컨대, ㉠ 절도현장에서 파수(把守, 망)를 본 경우, ㉡ 1인은 망을 보고 다른 1인은 기구를 가지고 출입문의 자물쇠를 떼어 내거나 출입문의 환기 창문을 연 경우에는 '시간적·장소적 협동관계'가 있다. 그러나 공모한 사실이 있더라도 현장에 있지 않은 자는 합동범이 될 수 없다.

[판례사례: 합동범] 시간적·장소적 협동관계가 있는 이유로, 합동범을 인정한 사례로는, ㉠ 절도범이 피해자의 집에서 절취행위를 하는 동안 그 집안의 가까운 곳에 대기하고 있다가 절취품을 가지고 같이 나온 경우(위 96도313), ㉡ 절취행위 장소 부근에서 자신이 운전하던 차량 내에 대기한 이상, 공동행위자가 범행대상을 물색하는 과정에서 절취행위 장소가 자신이 대기 중인 차량으로부터 다소 떨어지게 된 때가 있었더라도, 시간적·장소적 협동관계에서 일탈한 것은 아니라고 한 사례(대판 1988.9.13. 88도1197), ㉢ 피고인 2명이 한 명의 피해자를 연속적으로 간음하면서 상대방이 간음행위를 하는 동안에 방문 밖에서 교대로 대기하고 있었던 경우(대판 1996.7.12. 95도2655), ㉣ 피고인 4명이 비록 특정한 1명씩의 피해자만 강간하거나 강간하려고 하였다 하더라도, 사전의 모의에 따라 강간할 목적으로 심야에 인가에서 멀리 떨어져 있어 쉽게 도망할 수 없는 야산으로 피해자들을 유인한 다음, 곧바로 암묵적인 합의에 따라 각자 마음에 드는 피해자들을 데리고 불과 100m 이내의 거리에 있는 트럭과 벤치로 흩어져, 동시 또는 순차적으로 각자 선택한 피해자들을 각각 강간한 경우(대판 2004.8.20. 2004도2870) 등.

(3) 합동범의 공동정범

예컨대, "3인 이상의 범인이 합동절도의 범행을 공모한 후 적어도 2인 이상의 범인이 범행현장에서 **시간적·장소적으로 협동관계**를 이루어 절도의 실행행위를 분담하여 절도범행을 한 경우에, '그 공모에는 참여하였으나 현장에서 절도의 실행행위를 직접 분담하지 아니한 다른 범인'에 대하여", 합동범(특수절도)의 공동정범이 성립하는지 문제된다.

1) 학설 합동범에 대한 교사·방조범은 가능하다. 그러나 합동범의 공동정범 성립 여부에 대해서는 견해가 대립한다. 우선, 현장설의 입장에서도, ㉠ 부정설과 ㉡ 긍정설이 대립하고 있다.[1] 특히 ㉢ 현장적 공동정범설은, 현장 밖에서 범행지휘 등의 '기능적 행위지배'를 한 경우에는 '합동범의 공동정범'을 인정한다.

2) 판례 판례는 '공모에만 참여하고 범행현장에 가지 아니한 자'에 대하여 '합동범의 공동정범'을 인정하고 있다. 즉, "그 공모에는 참여하였으나 현장에서 절도의 실행행위를 직접 분담하지 아니한 다른 범인에 대하여도, 그가 현장에서 절도 범행을 실행한 위 2인 이상의 범인의 행위를 자기 의사의 수단으로 하여 합동절도의 범행을 하였다고 평가할 수 있는 **정범성의 표지**를 갖추고 있다고 보여지는 한, 공동정범의 일반 이론에 비추어, 그 다른 범인에 대하여 **합동절도의 공동정범**의 성립을 인정할 수 있다. 그 결과 범행현장에 존재하지 아니한 범인도 공동정범이 될 수 있으며, 반대로 상황에 따라서는 장소적으로 협동한 범인도 방조만 한 경우에는 종범으로 처벌될 수도 있다"(대판 1998.5.21. 98도321 전합).[2] 부연하면, "공모자 중 일부가 구성요건 행위 중 일부를 직접 분담하

---

1) [학설: 합동범의 공동정범 성립 여부] 우선 ㉠ 부정설은, 합동범에서의 합동을 현장설로 파악하는 이상, 현장에서 실행행위를 분담한 자만이 합동범이 될 수 있고, 현장에 있지 아니한 자는 합동범으로는 물론이고, 그 공동정범으로도 처벌할 수 없다는 견해이다.

한편, ㉡ 긍정설은, 합동범의 공동정범은 합동범의 본질과 논리필연적인 연관관계에 있지 않으며, 합동범의 본질을 현장설에서 파악하더라도, 공동정범의 본질이 기능적 행위지배에 있는 이상, 현장에 없는 관여자에 대해서도 합동범의 공동정범은 여전히 인정될 수 있다는 견해이다.

특히 ㉢ 현장적 공동정범설은, 합동범은 현장적 공동정범으로만 성립하고, 그 밖에 합동범에 대해 기능적 행위지배를 한 배후거물이나 두목은, 비록 현장에 없더라도, 공동정범의 정범표지인 기능적 행위지배의 기준에 따라 정범성을 갖춘 때에는 '합동범의 공동정범'이 될 수 있다는 견해이다.

2) [**삐끼주점 사건**] 속칭 삐끼주점의 지배인인 甲이 피해자 A로부터 신용카드를 강취하고 신용카드의 비밀번호를 알아낸 후, 현금자동지급기에서 인출한 돈을 삐끼주점의 분배관례에 따라 분배할 것을 전제로 하여, 甲·乙(삐끼)·丙(삐끼주점 업주)·丁(정)의 공모에 따라, <u>甲이 삐끼주점 내에서 A를 계속 붙잡아 두면서 감시</u>하는 동안, <u>乙·丙·丁은 합동하여 현금자동지급기에서 현금 473만원을 인출(=절취)</u>한 사안에서, <u>乙·丙·丁은 합동절도</u>, <u>甲은 합동절도의 '공동정범</u>'이 성립한다고 한 사례.

여 실행하지 않은 경우라 할지라도, 전체 범죄에서 그가 차지하는 지위, 역할이나 범죄 경과에 대한 지배 내지 장악력 등을 종합해 볼 때, 단순한 공모자에 그치는 것이 아니라 범죄에 대한 본질적 기여를 통한 **기능적 행위지배**가 존재하는 것으로 인정된다면, 이른바 **공모공동정범**으로서의 죄책을 면할 수 없다"(대판 2011.5.13. 2011도2021).

'합동범의 공동정범'의 성립을 인정한 위 전원합의체 판결(대판 1998.5.21. 98도321 전합)은, 다음에서 보는 '공동범의 공동정범'의 성립을 인정한 기존 판결(대판 1994.4.12. 94도128)의 법리를 더욱 발전시켜, 이를 더욱 정교하고 적확하게 이론구성한 것으로, 판례 법리의 관점에서는 당연한 논리적 귀결이다(시간적 순서 비교). 그리고 이는 합동범에 관한 '현장적 공동정범설'을 정면으로 수용한 획기적인 판결로 평가된다(비록 판례와 달리, '공모'공동정범'을 부정하고 있으나, 기능적 행위지배가 결여된, 즉 정범성 표지가 없는 단순한 공모만으로는 공동범의 '공동정범'이 성립할 수 없다고 한 부분은 '현장적 공동정범설'의 내용이기 때문이다).

2. 공동범

폭처법 제2조(폭행 등) ② <u>2명 이상이 공동하여</u> 다음 각 호의 죄를 범한 사람은 「형법」 각 해당 조항에서 정한 형의 2분의 1까지 가중한다.
특가법 제5조의4(상습 강도 · 절도죄 등의 가중처벌) ② <u>5명 이상이 공동하여</u> 상습적으로 형법 제329조부터 제331조까지의 죄 또는 그 미수죄를 범한 사람은 2년 이상 20년 이하의 징역에 처한다.

(1) 의의와 본질

1) 뜻 폭처법(폭력행위처벌법)상 공동범(共同犯)이란, 2명 이상이 '공동'하여 폭력행위(8개 범죄, 즉 폭행 · 협박 · 주거침입 · 손괴, 체포감금 · 강요, 상해 · 공갈)의 죄를 범하는 경우를 말한다. 합동범의 '합동하여' 대신 공동정범의 '공동하여'와 같은 용어를 사용하는데, 과연 그 의미가 무엇인지 문제된다. 공동범의 경우에도, 공동정범에 비해 그 형이 2분의 1까지 가중된다. 공동범의 요건을 충족하는 행위자는 모두 '정범'이 된다.

2) 본질: 현장설 판례에 따르면, 여기서 '공동'이란, "그 수인 간에 소위 **공범관계**가 존재하는 것을 요건으로 하는 것이며, 수인이 **동일 장소에서 동일 기회**에 상호 다른 자가 가하는 상해 또는 폭행을 인식하고 이를 이용하여 상해 또

는 폭행을 가한 경우"(대판 1970.3.10. 70도163)라고 한다.

공동범의 '공동'('동일한 장소에서 동일한 기회에')은 합동범의 '합동'('시간적 · 장소적 협동관계')과 비교하면, 형식적 표현에서 '협동관계'라는 용어를 명시적으로 사용하지 않을 뿐, 실질적 내용에서는 '실행행위가 시간적 · 장소적 동일성의 제약하에 이루어져야 한다'는 점에서, 합동범의 '합동'과 사실상 차이가 없다. 즉, 폭처법상 공동범의 '공동'은 합동범의 '합동'과 같은 의미이며, 이른바 **현장설**의 입장이라고 평가된다.[1] 표현상의 차이는 단지 연혁적 이유에서 비롯한 것으로 짐작된다.[2] 어쨌든 공동범 역시 합동범과 마찬가지로 '현장에 있는' 공동정범을 의미한다. 특가법상 공동범인 '5명 이상 공동 상습절도'(5의4②)의 '공동'도 같다.

(2) 공동범의 성립요건

이는 합동범의 경우와 다를 바 없다. 그 설명이 그대로 적용된다.

1) 공동정범의 성립 공동범이 성립하려면, 우선 공동정범관계가 성립해야 한다. 판례는 합동범의 경우 "주관적 요건으로서의 '공모'와 객관적 요건으로서의 '실행행위의 분담'이 있어야 한다"(위 96도313)라고 하여 이를 분명히 하고 있다. 공동범의 경우 판례는 "소위 공범관계가 존재하는 것을 요건으로 한다"라고 표현하고 있으나, 결국은 같은 의미이다. 물론 공동범의 경우에도 기능적 행위지배가 있어야 함은 당연하다. 따라서 ㉠ 의사연락(공모)이 결여된 '동시범'은 폭처법상 공동범이 될 수 없다. ㉡ 공모한 사실이 있더라도 직접 범행에 가담하지 않은 자, ㉢ 범행현장에 있더라도 기능적 행위지배가 없는 자 등도 공동범이 될 수 없다.

2) 현장성 공동범이 되려면, 범인이 현장에 있어야 한다. '동일한 장소에서 동일한 기회에'라는 현장설의 제한이 가해진다. 예컨대, 폭력행위 현장에서 1인은 망을 보고 다른 1인은 폭력행위를 한 경우에는 '동일 장소에서 동일 기회에' 내지 '시간적 · 장소적 협동관계'라는 현장성 요건이 충족된다. 공모한 사실

---

1) 폭처법의 '공동하여'를 똑같은 문구인 공동정범(30)의 '공동하여'보다 **현장설의 관점**에서 엄격 해석한 결과, 합동범의 '합동하여'와 같게 된 것이다.

2) [연혁적 이유] 이는 일본판례(최고재판소 1956.6.29. 판결; 1957.5.7. 판결 등)의 해석론을 그대로 참고한 것으로 보인다. 일본의 폭력행위등처벌에관한법률 제1조는 '수인이 공동하여'라고 규정하고 있고, 우리의 폭처법은 이를 참고하여 1971년 제정되었다.

반면, 일본 형법에는 합동절도, 합동강도, 합동도주에 관한 규정은 없다. 오히려 우리 형법의 '합동'은 구법시대에 도범방지법(도범등의방지및처분에관한법률) 제2조 제2호의 '2인 이상이 현장에서 공동하여 범한 때'를 입법과정에서 우리 형법상 특수절도에 '2인 이상이 합동하여'로 축약하여 규정한 것이라는 이해가 있다. 그러나 우리 형법상 도주죄에도 합동범을 인정하고 있어 과연 입법자가 폐지된 구법시대의 도범방지법의 문언을 그대로 채용했는지 의문이다.

이 있더라도 현장에 있지 않은 자는 공동범이 될 수 없다.

(3) 공동범의 공동정범

이것 또한 합동범의 경우와 다를 바 없다. 범행장소에 가지 아니한 사람도 '공동범의 공동정범'이 성립한다. 즉, "여러 사람이 폭처법 제2조에 열거된 죄를 범하기로 공모한 다음, 그 중 2인 이상이 범행장소에서 범죄를 실행한 경우에는, 범행장소에 가지 아니한 사람들도, 같은 법 제2조 제2항에 규정된 죄(공동범)의 공모공동정범으로 처벌할 수 있다"(대판 1994.4.12. 94도128).[1] 이 판결 이후 그 법리를 더욱 정교하게 발전시켜, 앞서 본 '합동범의 공동정범' 판례가 나왔다.

제 3 절 간접정범

제34조(간접정범, 특수한 교사·방조에 대한 형의 가중) ① 어느 행위로 인하여 처벌되지 아니하는 자 또는 과실범으로 처벌되는 자를 교사 또는 방조하여 범죄행위의 결과를 발생하게 한 자는 교사 또는 방조의 예에 의하여 처벌한다.

② 자기의 지휘, 감독을 받는 자를 교사 또는 방조하여 전항의 결과를 발생하게 한 자는 교사인 때에는 정범에 정한 형의 장기 또는 다액에 그 2분의 1까지 가중하고 방조인 때에는 정범의 형으로 처벌한다.

Ⅰ. 간접정범의 의의와 본질

1) 뜻 간접정범(間接正犯)이란 '타인을 생명 있는 도구로 이용하여 간접적으로 범죄를 실행하는 자'를 말한다. 제34조 제1항에 대비하면, 타인을 생명 있는 도구로(즉, '어느 행위로 인하여 처벌되지 아니하는 자 또는 과실범으로 처벌되는 자'를) 이용하여('교사 또는 방조하여') 간접적으로 범죄를 실행하는 자('범죄행위의 결과를 발생하게 한 자')를 뜻한다. 예컨대, ㉠ 정신이상자를 충동하여 방화하게 하거나(방화죄의 간접정범), ㉡ 사정을 모르는 간호사에게 독이 든 주사를 놓게 하여 환자를 살해한 자(살인죄의 간접정범)이다. 범인이 자기 스스로 또는 물적 도구를 사용하여 '직접' 범죄를 실행하는 '직접'정범에 대응하는 개념이다.

1) [용팔이 창당방해 사건] N정당 지구당의 창당대회를 물리적 방법을 동원하여 전국적으로 방해하기로 공모한 다음, "비록 각 범죄의 실행에 가담한 바 없고, 각 범죄장소에 없었다고 하더라도" 2인 이상의 공범들이 실행한 이상, 공동범의 '공동정범'이 성립한다고 한 사례.

판례상 간접정범이 자주 문제되는 경우로는, ㉠ 허위공문서작성죄의 간접정범 여부(대판 1977.12. 13. 74도1900; 2011.5.13. 2011도1415 등),[1] ㉡ 피해자를 도구로 삼은 강제추행죄의 간접정범(대판 2018.2.8. 2016도17733),[2] ㉢ 사기죄(대판 2017.5.31. 2017도3894)나 소송사기죄(대판 2007.9.6. 2006도3591)의 간접정범 등으로, 실제로 매우 다양하다.

2) 본질: 정범설 간접정범은 타인을 이용하여 범죄를 실행한다는 점에서 협의의 공범인 교사범과 유사하다. 그러나 교사범은 행위지배(정범표지)가 피교사자(정범)에게 있는 반면, 간접정범은 이용자가 '우월한 지위에서 우월한 의사를 가지고 (타인을 생명 있는 도구로 이용하여) 범행을 지배'한 것이기 때문에 피이용자가 아닌 이용자가 (간접적인) 정범이 된다. 즉, 간접정범은 정범으로서, 그 우월한 의사지배의 힘에 의해 범행매개자인 피이용자를 하나의 '인간도구'(人間道具, Menschliches Werkzeug)로 이용하는 형태인 것이다. 간접정범은 **'우월한 의사지배'** 라는 정범표지를 가진 **정범**이다(정범설). 이렇듯 간접정범의 본질에 대해서는 정범설이 지배적인 견해이다(다수설).

판례도 의사지배를 명시적으로 직접 언급한 바는 없지만, 피이용자의 **'도구성'**을 전면에 내세움으로써, 그와 같이 부각된 도구성을 전제로 이용자의 '정범성'을 긍정하고 있다(이른바 '도구이론'). 즉, "제34조 제1항의 간접정범은, 책임무능력자 등을 '마치 **도구**나 손발과 같이' 이용하여 간접으로 죄의 구성요소를 실행한 자를 처벌하는 것이다"(대판 1983.6.14. 83도515 전합).

[학설: 공범설과 정범설] 간접정범의 본질에 대해 공범설과 정범설이 대립한다.

i) 정범설은, 정범개념의 우위성에 따라 이론적으로 간접정범의 본질이 정범이라는 것을 먼저 확정한 다음, 그에 따라 제34조 제1항의 문언을 해석하는 견해이다. 간접

---

1) [허위공문서작성죄의 간접정범] 위 2011도1415 ("허위공문서작성의 주체는 직무상 그 문서를 작성할 권한이 있는 공무원에 한하고, 작성권자를 보조하는 직무에 종사하는 공무원은 허위공문서작성죄의 주체가 되지 못한다. 다만 공문서의 작성권한이 있는 공무원의 직무를 보좌하는 사람이 그 직위를 이용하여 행사할 목적으로 허위의 내용이 기재된 문서 초안을 그 정을 모르는 상사에게 제출하여 결재하도록 하는 등의 방법으로 작성권한이 있는 공무원으로 하여금 허위의 공문서를 작성하게 한 경우에는 허위공문서작성죄의 간접정범이 성립한다").

2) [강제추행죄의 간접정범] 위 2016도17733 ("강제추행죄는 사람의 성적 자유 내지 성적 자기결정의 자유를 보호하기 위한 죄로서 정범 자신이 직접 범죄를 실행하여야 성립하는 자수범이라고 볼 수 없으므로, 처벌되지 아니하는 타인을 도구로 삼아 피해자를 강제로 추행하는 간접정범의 형태로도 범할 수 있다. 여기서 강제추행에 관한 간접정범의 의사를 실현하는 도구로서의 타인에는 피해자도 포함될 수 있으므로, 피해자를 도구로 삼아 피해자의 신체를 이용하여 추행행위를 한 경우에도 강제추행죄의 간접정범에 해당한다").

정범은 피이용자를 도구로 이용하는 것으로(도구이론), 우월한 의사를 가지고 '피이용자를 지배하여' 범행을 실행하는 '의사지배'에 의하여 정범성을 갖는다(행위지배이론)는 것이다.

ii) 공범설은, 제34조 제1항의 간접정범은 공범(또는 '공범형 간접정범')을 규정한 것이라는 견해이다. 공범설은 극단적 종속형식을 전제로 하여, 책임이 조각되는 자를 교사·방조한 경우 공범 성립이 부정되고 그 가벌성의 공백을 보충하는 것이 바로 간접정범 규정이라고 이해한다. 그 근거로는, ㉠ 제34조 제1항의 문언이 '이용하여'가 아닌 "교사 또는 방조하여"로 되어 있고, ㉡ 그 처벌형식도 '정범'이 아닌 "교사 또는 방조의 예에 의한다."라고 되어 있으며, ㉢ 조문위치가 공동정범(30), 교사범(31), 종범(32), 공범과 신분(33) 다음에 비로소 간접정범(34)의 규정이 있는데다가, 간접정범이라는 '표제'가 규범력을 갖는 것도 아니라는 것이다.

iii) 생각건대, 제34조 제1항의 규정이 분명하지 않은 관계로 해석상 논란이 있다. 그러나 ㉠ 간접정범의 본질은 정범성 여부에 따라 결정되어야 한다. 처벌형식이 정범성을 결정하는 것은 아니다. 예컨대, 교사범의 경우에도 정범이 아닌 것이 분명한데도, 그 처벌형식은 '정범의 형으로 처벌한다'고 규정되어 있다. ㉡ '교사 또는 방조하여'라는 문언이 이용행위의 형태를 규정한 것이라는 해석도 불가능한 것이 아니다. ㉢ '표제'가 규범력을 갖는 것은 아니지만, 그렇다고 하여 정범을 공범이라고 할 수는 없다. ㉣ 오히려 정범설은 제한적 종속형식에 따라, 책임이 조각되는 자를 교사·방조한 경우 공범 성립도 가능하고, 간접정범의 성립도 가능하다고 이해한다. 즉, 정범우위성원칙에 따라 간접정범의 성립 여부를 먼저 검토하여, 정범표지(행위지배)가 인정되면 간접정범이 되고, 그렇지 않으면 공범 성립만이 문제된다는 것이다. 정범설의 설명이 보다 설득력이 있다. ㉤ 특히, 간접정범이 공범이라면 공범종속성이 적용되어야 하는데, 처벌되지 않는 자(예: 구성요건해당성이 없는 자 등)에게 종속하는 공범이란 상정하기 어렵다.

iv) 정범설과 공범설의 차이가 가장 극명한 지점은, ㉠ 실행의 착수시기, ㉡ 진정신분범의 간접정범 인정 여부(정범설은 부정, 공범설은 긍정) 등이다.[1)]

Ⅱ. 간접정범의 성립요건

간접정범이 성립하기 위해서는 ① 객관적 요건으로, ㉠ 이용자의 이용행위(타인을 이용하여 범죄를 발생시킬 것)와 ㉡ 피이용자의 범위의 한정(ⓐ 어느 행위로 인하

1) [진정신분범의 간접정범 (부정)] 정범설에 따르면, 진정신분범의 경우 비신분자는 단독으로 정범이 될 수 없으므로 (단독으로) 진정신분범의 간접정범도 될 수 없다. 예컨대, 진정신분범인 허위공문서작성죄의 경우 비신분자인 '공무원 아닌 자'는 (단독으로) 간접정범도 될 수 없다.

여 처벌되지 아니하는 자 또는 ⓑ 과실범으로 처벌되는자'), ② 주관적 요건으로, 이중의 고의(의사지배의 고의+정범의 고의)가 존재해야 한다.[1]

1. 이용자의 이용행위(우월한 의사지배)와 범죄 발생

(1) '교사 또는 방조'의 의미

1) 이용 간접정범이 성립하려면, 이용자에게 정범표지로서 타인에 대한 '우월한 의사지배'가 있어야 한다. 물론 피이용자의 '도구성'과 이용자의 '의사지배'는 밀접불가분의 상호관련성을 갖는다. 어쨌든 이용자에게 정범표지가 요구되는 이상, 여기서의 '교사 또는 방조하여'라는 문언은, 단지 교사·방조범의 교사·방조라는 의미가 아니라, 널리 '사주 또는 이용하여'라는 넓은 의미로 해석한다(정범설). 즉, 간접정범의 이용행위로서의 '교사'는 우월한 의사지배에 의한 조종행위를 뜻하고, '방조'는 우월한 의사지배에 의한 도움행위를 뜻한다(다만, 방조의 경우 의사지배까지 인정되는 예는 별로 흔치 않을 것이다).

판례도 이를 '이용'의 개념으로 해석하고 있다. 즉, 타인을 도구로 '이용'하는 행위만 있으면 충분하고, 그 이용의 과정에서 반드시 '그 타인의 의사를 부당하게 억압할 것'을 요구하지는 않는다(대판 2008.9.11. 2007도7204).[2]

2) 부작위에 의한 간접정범 여부 이용행위가 부작위에 의한 경우 간접정범의 성립은 불가능하다(통설). 부작위에 의한 경우에는 피용자에 대해 의사지배를 할 수 없기 때문이다. 부작위에 의한 직접정범 또는 부작위에 의한 방조범의 성립 여부만이 문제될 뿐이다.

3) 과실에 의한 간접정범 여부 이용행위가 과실에 의한 경우 간접정범의

---

1) [서술순서] 간접정범에 대한 기존의 서술방식은 피이용자의 범위에서부터 시작한다. 간접정범의 성립 여부와 관련하여, 가장 먼저 그리고 가장 중요하게 검토해야 할 사항도 바로 피이용자의 도구성 여부이다. 그러나 여기서는 기존의 서술순서와 달리, 이용자의 이용행위를 먼저 서술하고자 한다. 그 이유는, 간접정범의 실행구조가 '이용관계'(이용자의 의사지배에 관한 이용행위)와 '범죄실현'(피이용자라는 도구를 통한 실행)으로 되어 있는데, 이는 타인을 이용하는 가담형태인 교사범의 실행구조와 유사한 데다가, 간접정범의 정범표지인 우월한 의사지배는 이용행위의 중심이라는 점을 적극 고려한 결과이다. 즉, 독자들의 이해의 편의상 이용자의 이용행위를 먼저 서술하고, 곧이어 우월한 의사지배를 실현하는 '도구'의 설명에 초점을 맞추어 '도구의 유형'을 집중하여 서술하고자 한다.

2) ['이용'] 위 2007도7204 (정유회사 경영자가 정유회사 소속 직원들로 하여금 위 국회의원이 사실상 지배·장악하고 있던 후원회에 후원금을 기부하게 한 사안에서, "처벌되지 아니하는 타인의 행위를 적극적으로 유발하고 이를 '이용'하여 자신의 범죄를 실현한 자는 형법 제34조 제1항이 정하는 간접정범의 죄책을 지게 되고, 그 과정에서 타인의 의사를 부당하게 억압하여야만 간접정범에 해당하는 것은 아니다").

성립은 불가능하다(통설). 과실에 의한 경우에는 이용의사를 인정할 수 없고, 이용자의 의사지배를 인정할 수 없기 때문이다.

(2) '범죄행위의 결과발생'의 의미

1) 범죄행위라는 결과 발생 여기서의 '범죄행위의 결과 발생'이란, 범죄의 결과가 발생한다는 의미가 아니라, '범죄행위가 행해진다는 것'을 말한다. 즉, **'범죄행위라는 결과 발생'**을 뜻한다. ㉠ '결과범'에서 그 결과가 발생한 경우뿐만 아니라 ㉡ '거동범'에서 피이용자의 행위가 있는 경우를 포함한다.

2) 미수죄의 간접정범 결과범에서 그 결과가 발생하지 않은 경우에는 '미수죄의 간접정범'이 성립한다.

2. 피이용자의 범위: 생명 있는 도구

간접정범의 성립과 관련하여, 피이용자는 '어느 행위로 인하여 처벌되지 아니하는 자' 또는 '과실범으로 처벌되는자'로 한정되어 있다(34①).

(1) '어느 행위로 인하여 처벌되지 않는 자' 이용

'어느 행위로 인하여 처벌되지 아니하는 자'란, 범죄의 성립요건인 구성요건해당성, 위법성, 책임 중의 어느 하나를 충족하지 못하여, 범죄성립이 부정되는 경우이다. 피이용자(=도구)의 유형에는 여러 가능성이 있다.

1) 구성요건해당성이 없는 행위를 한 자 구성요건해당성이 없는 행위를 한 자에는 ㉠ 객관적 구성요건해당성이 없는 도구, ㉡ 고의 없는 도구, ㉢ '목적 없는' 고의 있는 도구, ㉣ '신분 없는' 고의 있는 도구 등이 있다.

i) **[객관적 구성요건해당성이 없는 도구]** 도구인 피용자의 행위가 구성요건적 행위가 아닌 경우이다. 예컨대, **자상행위**, **자기추행행위**, **자살** 등이 전형적인데, 자상행위나 자기추행행위에 대해서는 처벌규정 자체가 없다. 다만, 자살행위에 대해서는 위계·위력에 의한 살인죄(253)의 규정이 있으나 이는 자살자가 그 의미를 아는 경우이므로, **자살의 의미조차 모르는 자**인 경우에 한하여만 도구성이 인정되고, 이를 이용한 자에 대해 (살인죄의) 간접정범 성립이 문제된다.

판례도 같다.[1] 이들은 모두 피해자를 도구로 삼아 피해자를 이용하여 구성

---

1) [판례사례: 간접정범 긍정] i) ['자상'을 이용] 이용자가 ㉠ 피해자를 협박하여 그로 하여금 자상케 한 경우(상해죄, 대판 1970.9.22. 70도1638), ㉡ 피해자를 협박하여 그로 하여금 자상케 하여 안면부 불구가 되게 한 경우(중상해죄, 대판 1970.9.22. 70도1638) 등. 다만 이들 판례의 참조조문에 간접정범에 관한 형법 제34조가 기재되어 있지 않다는 점 등을 감안하면, 간접정범이 아닌 '직접'정범을 인정한 것이라고 볼 여지도 있다.

요건에 해당하지 않는 자상, 자기추행, 자살 등을 하게 한 경우로서, 이용자는 간접정범이 성립한다고 한 것이다.

ii) [고의 없는 도구] 도구인 피이용자에게 고의가 없는 경우이다. 나아가, 구성요건적 착오에 빠진 자를 이용하는 경우에도, 사안에 따라서는 고의 없는 도구를 이용한 것이 될 수 있다(예: 적대관계에 있는 자 A를 현행범으로 속이고 그 정을 모르는 자 B를 기망하여 A를 체포하게 한 경우에, B는 고의 없는 도구에 해당한다). 또한, 피이용자의 행위가 과실행위인 경우에도 과실범처벌규정이 없다면 결국 불가벌적 과실범이 되는데(예: 과실재물손괴, 과실장물취득 등), 이처럼 '불가벌적 과실범'을 이용한 경우에도, 이용자는 간접정범이 될 수 있다.

판례도 '고의 없는 도구'를 이용한 경우 간접정범의 성립을 인정한다. 예컨대, "타인의 유가증권을 자신의 것처럼 제시하여, 그 사정을 모르는 점원(=도구)으로 하여금 금액란을 정정 기재하게 한 경우"(유가증권변조죄의 간접정범, 대판 1984.11.27. 84도1862) 등이다.[1)]

---

ii) ['자기추행행위' 등을 이용] ㉠ 피해자를 도구로 삼아 피해자의 신체를 이용하여 추행행위를 한 경우, 즉, 피해자를 협박하여 겁을 먹은 피해자로 하여금 어쩔 수 없이 나체나 속옷만 입은 상태가 되게 하여 스스로를 촬영하게 하거나, 성기에 이물질을 삽입하거나 자위를 하는 등의 행위를 하게 한 경우(강제추행죄의 간접정범, 대판 2018.2.8. 2016도17733), ㉡ 아동·청소년인 피해자를 협박하여 스스로 아동·청소년이용음란물을 제작하게 한 경우(아동·청소년음란물제작죄의 간접정범, 대판 2018.1.25. 2017도18443).

iii) ['자살'을 이용] ㉠ 7세, 3세 남짓된 어린자식들에 대하여 함께 죽자고 권유하여 물속에 따라 들어오게 하여 결국 익사하게 한 경우(비록 피해자들을 물속에 직접 밀어서 빠뜨리지는 않았다고 하더라도, '자살의 의미를 이해할 능력이 없고 피고인의 말이라면 무엇이나 복종하는' 어린 자식들을 권유하여 익사하게 한 경우)(살인죄, 대판 1987.1.20. 86도2395) 등.

1) [판례사례: '고의 없는 도구'를 이용 (간접정범 긍정)] ㉠ 대판 1996.10.11. 95도1706 (경찰서 보안과장인 甲이 A의 음주운전을 눈감아주기 위하여 그에 대한 음주운전자 적발보고서를 찢어버리고, 부하로 하여금 일련번호가 동일한 가짜 음주운전 적발보고서에 B에 대한 음주운전 사실을 기재케 하여 그 정을 모르는 담당 경찰관으로 하여금 주취운전자 음주측정처리부에 B에 대한 음주운전 사실을 기재하도록 한 경우 → 허위공문서작성 및 동행사죄의 간접정범), ㉡ 대판 2002.6.28. 2000도3045 (자기에게 유리한 판결을 얻기 위하여 소송상의 주장이 사실과 다름이 객관적으로 명백하거나 증거가 조작되어 있다는 정을 인식하지 못하는 제3자를 이용하여 그로 하여금 소송의 당사자가 되게 하고 법원을 기망하여 소송 상대방의 재물 또는 재산상 이익을 취득하려 한 경우(간접정범의 형태에 의한 소송사기죄, 대판 2007.9.6. 2006도3591), ㉢ 타인을 비방할 목적으로 허위의 기사 재료를 그 정을 모르는 기자에게 제공하여 신문 등에 보도되게 한 경우 → 출판물에 의한 명예훼손죄의 간접정범) 등.

한편, ㉣ [허위공문서작성죄의 간접정범] 대판 1990.10.30. 90도1912 ("허위공문서작성죄의 주체는 직무상 그 문서를 작성할 권한이 있는 공무원에 한하고 작성권자를 보조하는 직무에 종사하는 공무원은 허위공문서작성죄의 주체가 되지 못하나, 이러한 보조직무에 종사하는 공무원이 허위공문서를 기안하여 허위인 정을 모르는 작성권자에게 제출하고 그로 하여금 그 내용이 진실한 것으로 오신케 하여 서명 또는 기명날인케 함으로써 공문서를 완성한 때에는, 허위공문서작성죄의 간접정범이 성립된다. 면의 호적계장이 정을 모른 면장의 결재를 받아 허위내용의 한편, 형법에는 고의 없는 도구를 이용한 간접정범에 대해, 형법각칙에서 별도로 처벌하는 **특별규정**을 둔 경우가 있다. 즉, 제228조(공정증서원본 등의 불실기재)는 '공무원에게 허위신고를 하여 공정증서원본등(예: 등기부)에 불실의 사실을 기재하게 한 자'(='허위신청인')를 별도로 처벌하는 것으로, 제34조의 간접정범에 대한 특별규정이다.

iii) [**'목적 없는' 고의 있는 도구**] 목적범에서 고의는 있으나 목적이 없어 처벌되지 않는 자가 여기서의 '어느 행위로 인하여 처벌되지 아니하는 자'에 해당 여부가 문제된다. 즉, 목적 있는 이용자가 목적 없는 피이용자의 고의행위를 이용한 경우에 간접정범의 성립 여부의 문제이다. 이에 대해서는 견해가 대립하나, '목적 없는' 고의 있는 도구를 이용한 경우에도 이용자에게 간접정범의 성립을 인정한다(다수설). 그 이유는, (피이용자도 고의를 갖고 있다는 점에서 이용자의 사실적인 행위지배를 인정할 수는 없겠지만) 적어도 이용자에게 '**규범적 또는 사회적** 의미에서의 **의사지배**'를 인정할 수 있다는 설명이다.

판례도 내란죄와 관련하여 '목적 없는 고의 있는 도구'를 이용한 경우에도 간접정범을 인정한다. 즉, 국헌문란의 목적으로 비상계엄을 전국으로 확대한 사안에서, "국헌문란의 목적을 달성하기 위하여 (병기를 휴대한 병력으로 국무회의장을 '**포위**'하고 외부와 연락을 차단하여 국무위원들을 '**강압**'·외포시키는 등의 폭력적 불법수단을 동원하여) 그러한 목적이 없는 대통령을 이용하여 이루어진 것이므로, 간접정범의 방법으로 내란죄를 실행한 것이다"(대판 1997.4.17. 96도3376 전합).

iv) [**'신분 없는' 고의 있는 도구**] 신분범에서 고의는 있으나 신분이 없어 처벌되지 않는 자도 여기서의 '어느 행위로 인하여 처벌되지 아니하는 자'에 해당 여부가 문제된다. '목적 없는' 고의 있는 도구를 이용한 경우와 마찬가지로, '신분 없는' 고의 있는 도구를 이용한 경우에도 간접정범의 성립을 인정한다(다수설). 그 이유는, (피이용자가 고의를 갖고 있다는 점에서 이용자에게 사실적인 행위지배를 인정할 수는 없겠지만) 신분 있는 자에게만 규범의 명령이나 금지가 부과되기 때문에 '**규범적 또는 사회적** 의미에서의 **의사지배**'를 인정할 수 있다는 설명이다. 다만, 이를 위해서는 이용자가 **정범적격이 있는 신분자**라야 한다. 예컨대, 공무원(신분자)이 그 아내(비신분자)를 이용하여 뇌물을 수수한 경우에 공무원은 뇌물수수죄의 간접정범이 된다.

판례도 같다. 즉, "제34조 제1항은 목적범, 신분범인 경우 그 목적 또는 신

<u>호적부를 작성한 경우 허위공문서작성, 동행사죄의 간접정범</u>이 성립된다").

분이 없는 자 (중략) 등을 마치 도구나 손발과 같이 이용하여 간접으로 죄의 구성요소를 실행한 자를 간접정범으로 처벌하는 것"(대판 1983.6.14. 83도515 전합)이라고 한다.[1] 다만, 이용자가 정범적격이 없는 비신분자인 경우에는, 간접'정범'이 성립할 여지는 없다고 한다.[2]

2) 위법하지 않은 행위를 한 자 피이용자에게 구성요건에 해당하지만 위법성조각사유가 있는 경우이다. 즉, 적법하게 행위하는 도구를 이용하는 경우이다. 예컨대, 국가기관의 적법한 행위를 이용하거나, 정당방위상황 내지 긴급피난상황 등을 이용하는 경우에, 피이용자는 '어느 행위로 인하여 처벌되지 않는 자'에 해당하고, 이용자는 간접정범이 된다. 판례도 같다.[3]

3) 책임이 없는 자 피이용자에게 구성요건에 해당하는 위법한 행위이지만, 책임조각사유가 있는 경우이다. 즉, ㉠ 피이용자에게 책임능력이 없는 경우('책임능력 없는 도구'), ㉡ 피이용자의 위법성 착오에 정당한 이유가 있는 경우(책임조각), ㉢ 피이용자의 강요된 행위를 이용한 경우 등이다(이상 ㉡㉢은 '책임 없는 도구'를 이용하는 경우이다). 반면, 피이용자에게 책임까지 있는 경우에는 이용자는 공범(교사 · 방조범)의 성립만이 문제될 뿐 간접정범은 성립하지 않는다. 피이용자가 '어느 행위로 인하여 처벌되지 않는 자'에 해당하지 않는 이상 간접정범이 문제

---

1) ['신분 없는' '고의 있는 도구' 이용] 위 83도515 전합 ("어느 행위로 인하여 처벌되지 아니하는 자는, 시비를 판별할 능력이 없거나 강제에 의하여 의사의 자유를 억압당하고 있는 자, 구성요건적 범의가 없는 자와 목적범이거나 신분범일 때 그 목적이나 신분이 없는 자, 형법상 정당방위, 정당행위, 긴급피난 또는 자구행위로 인정되어 위법성이 없는 자 등을 말하는 것으로, 이와 같은 책임무능력자, 범죄사실의 인식이 없는 자, 의사의 자유를 억압당하고 있는 자, 목적범, 신분범인 경우 그 목적 또는 신분이 없는 자, 위법성이 조각되는 자 등을 마치 도구나 손발과 같이 이용하여 간접으로 죄의 구성요소를 실행한 자를 간접정범으로 처벌하는 것이다"),

2) [판례사례: 비신분자의 간접정범 부정] 대판 1992.11.10. 92도1342; 2003.1.24. 2002도5939 ("부정수표단속법 제4조가 '수표금액의 지급 또는 거래정지처분을 면할 목적'을 요건으로 하고, 수표금액의 지급책임을 부담하는 자 또는 거래정지처분을 당하는 자는 발행인에 국한되는 점에 비추어 볼 때, 그와 같은 발행인이 아닌 자는 부정수표단속법 제4조가 정한 허위신고죄의 주체가 될 수 없고, 발행인이 아닌 자는 허위신고의 고의 없는 발행인을 이용하여 간접정범의 형태로 허위신고죄를 범할 수도 없다"). 이는 발행인 아닌 자가 허위신고의 고의 없는 발행인을 이용하여 부수법 제4조에 따른 허위신고를 하게 한 사안에서, 허위신고죄의 간접정범의 성립을 부정한 사례이다.

3) [판례사례: '법령에 의한 행위' 이용] ㉠ 대판 2006.5.25. 2003도3945 ("감금죄는 간접정범의 형태로도 행하여질 수 있는 것이므로, 인신구속에 관한 직무를 행하는 자 또는 이를 보조하는 자가 피해자를 구속하기 위하여 진술조서 등을 허위로 작성한 후 이를 기록에 첨부하여 구속영장을 신청하고, 진술조서 등이 허위로 작성된 정을 모르는 검사와 영장전담판사를 기망하여 구속영장을 발부받은 후 그 영장에 의하여 피해자를 구금하였다면, 형법 제124조 제1항의 직권남용감금죄가 성립한다"), ㉡ 대판 2007.9.6. 2006도3591 ("법원을 기망하여 소송 상대방의 재물 또는 재산상의 이익을 취득하려 했다면 간접정범의 형태에 의한 소송사기죄가 성립한다").

될 수 없기 때문이다.

i) [‘책임무능력자’ 이용] 반면, 피이용자에게 책임능력이 없는 경우에는, 공범의 종속성에 관한 **제한적 종속형식**을 취한다면, 피이용자가 구성요건에 해당하고 위법성이 있는 경우이므로, 이용자는 공범(교사 · 방조범)의 성립이 가능하다. 한편 이 경우 피이용자는 ‘어느 행위로 인하여 처벌되지 않는 자’에 해당하므로, 간접정범의 성립도 가능하다. 여기서 공범(교사 · 방조범)과 간접정범의 구별이 문제된다. 정범우위성원칙에 따라 해결한다(다수설). 우선, 간접정범의 성립 여부를 먼저 검토하여, 이용자에게 정범표지(우월한 의사지배)가 인정되면 간접정범이 되고, 그렇지 않으면 공범(교사 · 방조범)이 성립한다. 즉, 이용자의 행위지배를 기준으로 하여, 이용자가 피이용자의 책임무능력 또는 책임조각사유를 인식하고 피이용자를 책임 없는 도구로 장악, **우월한 의사지배**에 의하여 이용한 때에는 간접정범이 성립한다. 피이용자의 관점에서 본다면, ‘소아(小兒)나 고도의 정신이상자 등과 같이 **의사능력이 없는 자**’를 이용한 경우에는 이용자가 간접정범이 되고, 비록 형사미성년자이지만 뛰어난 지적 능력을 가진 자 등과 같이 ‘의사능력이 있는 자’를 이용한 경우에는 이용자가 공범(교사 · 방조범)이 된다. 이를 요약하면 다음의 [표]와 같다.

[제한 종속형식: 간접정범과 공범(교사 · 방조범)의 관계]

타 인	구성요건	위법성	책 임	
	○	○	× [타인](예: 14세 미만)	
↑	(제한종속형식)		**정범** ★실행지배 의사능력자 (예: 돌돌이)	**도구** 의사무능력자 (예: 젖먹이)
교사 · 방조한 자			↑ **교사 · 방조범** (제한 종속형식)	⇑ **간접‘정범’** (‘처벌되지 않는 자’ 이용) ★의사지배

ii) [‘피이용자의 위법성착오’ 이용] 한편, 피이용자가 위법성착오에 빠진 경우에도 간접정범의 성립 여부가 문제된다. ㉠ 만일 피이용자의 위법성의 착오에 ‘정당한 이유’가 부정되는 경우라면, 피이용자는 책임조각이 되지 않으므로, ‘처벌되는 자’에 해당하게 되고, 제34조의 피이용자의 범위에 해당하지 않게 된다.

따라서 그 이용자는 간접정범이 성립하지 않고, 단지 가담행위의 태양과 정도에 따라 공범(교사·방조범)이 성립할 수 있을 뿐이다. ㉡ 반면, (피이용자의 위법성의 착오에) '정당한 이유'가 있는 경우에는 피이용자의 책임이 조각되므로, 책임무능력자를 이용한 경우와 마찬가지로 이용자의 우월한 의사지배 여부를 기준으로 간접정범의 성립 여부를 판단하면 충분하다.

['피이용자의 위법성조각사유의 전제사실의 착오'를 이용한 경우] 피이용자가 위법성조각사유의 전제사실에 대한 착오에 빠진 경우에 이용자의 간접정범 또는 공범(교사·방조범) 성립 여부에 대해서는, 견해에 따라 결론이 달라질 수 있다.

i) '엄격고의설, 소극적구성요건표지이론, 구성요건적 착오 유추적용설'에 따르면, 피이용자에게 구성요건적 착오가 인정되어 불법고의가 조각되므로, 결국 피이용자는 '과실범으로 처벌되는 자'가 된다. 따라서 어느 견해에 의하든 이용자는 우월한 의사지배가 인정되는 한 간접정범이 성립할 수 있다.

ii) 한편, '법효과제한책임설'에 따르면, 피이용자에게 구성요건적 고의는 인정되는 반면 책임고의가 조각되므로, 피이용자는 불법단계에서는 고의범이 되지만 책임단계에서 그 법률효과만 과실범으로 제한함에 따라 '과실범으로 처벌되는 자'가 된다. 따라서 이용자는 간접정범은 물론, 공범(교사·방조범)이 성립할 수도 있다.

iii) 그러나 이러한 착오를 위법성의 착오로 취급하는 '엄격책임설'에 따르면, 앞서 본 '위법성의 착오' 이용에서의 설명과 마찬가지로, '정당한 이유'의 인정 여부에 따라, 이용자는 간접정범이나 공범(교사·방조범)이 성립할 수 있다.

iv) 판례가 취하는 '위법성조각설'에 따르면, 착오자는 위법성이 조각되므로, 그 착오자인 피이용자는 '어느 행위로 인하여 처벌되지 않는 자'가 된다. 이용자는 간접정범이 성립한다.

4) 정범 배후의 정범 이론 '정범 배후의 (간접)정범이론'이란, 피이용자의 행위가 구성요건에 해당하고 위법하며 책임까지 인정됨에 따라 피이용자에게 정범(고의범)이 성립하는 경우에, 그 정범을 배후에서 지배·조종한 이용자(배후자)도 '우월한 의사지배'를 인정하여 간접정범이 성립할 수 있다는 이론이다. 독일형법(25①) 해석론에서 유래한 것으로, ㉠ 피이용자의 위법성의 착오에 정당한 이유가 인정되지 아니하여 책임이 조각되지 않는 경우, ㉡ 피이용자가 동일한 종류의 구성요건과 관련된 객체의 착오를 일으켜 고의가 조각되지 않는 경우, ㉢ 조직적 권력구조속에서 절대복종할 수밖에 없는 행동대원을 이용한 경우 등을 예로 들고 있다. 우리 형법의 해석론으로도 이를 인정할 수 있는지에 대해

견해가 대립한다. 그러나 이를 부정하는 견해가 지배적이다(다수설). 그 이유는, ㉠ (법문상 불가능) 제34조 제1항은 간접정범을 '어느 행위로 인하여 처벌되지 않는 자'로 한정하고 있으므로, '고의범으로 처벌되는 정범'을 이용한 자를 간접정범으로 처벌하는 것은 문언에 반하고, ㉡ (실익도 없음) 간접정범은 '교사 또는 방조의 예에 따라 처벌'하므로(즉, 공범의 예에 따라 처벌하므로 단순방조는 제외), (배후의) 공범을 다시 간접정범으로 인정할 실익도 없기 때문이다. 대부분의 경우 기능적 행위지배가 인정되어 공동정범이 성립될 수 있고, 교사범에 해당하는 경우에는 특수교사로서 가중하여 처벌될 수 있다. 판례도 같은 입장이다(부정설).[1]

(2) '과실범으로 처벌되는 자' 이용

1) '가벌적인 과실범' 이용　과실범으로 처벌되는 자를 이용하는 경우에도 이용자는 간접정범이 성립한다. 과실범 처벌규정이 있는 '가벌적인 과실범'을 이용한 경우에 피이용자는 과실범이 성립하고, 이용자는 (고의범죄의) **간접정범**이 성립한다. '이용자의 간접정범(고의범)'과 '피이용자의 과실범'은 동시범의 관계가 된다.

2) '불가벌적인 과실범' 이용 문제　한편, 피이용자의 행위가 과실행위인 경우에도 과실범처벌규정이 없는 '불가벌적 과실범'인 때(예: 과실재물손괴, 과실장물취득 등)에는, '고의 없는 도구'를 이용한 경우에 해당하며, 이용자는 (고의범죄의) 간접정범이 될 수 있다. 앞서 설명하였다.

3. 이용자의 고의

간접정범이 성립하려면, 이용자에게 ㉠ 정범의 고의(피이용자를 인간도구로써 이용한 '당해 범죄의 구성요건사실'에 대한 인식과 의사)와 ㉡ 의사지배의 고의(피이용자를 인간도구로써 '의사지배한다'는 인식과 의사)가 함께 요구된다. 이러한 점에서 이용자의 고의는 '이중의 고의'라고 할 수 있다. 이용행위가 과실에 의한 경우인 과실에 의한 간접정범은 불가능하다.

1) ['KAL기 폭파사건'] 대판 1990.3.27. 89도1670 (항공기를 폭파한 피고인의 행위는 저항할 수 없는 상태에서의 강요된 행위가 아니라 자신의 확신에 따라 스스로 결정한 것이므로, 폭파지령을 받은 공작조장과 함께 공동정범에 해당한다고 한 사례).

Ⅲ. 간접정범의 처벌

1) 교사 또는 방조의 예에 의한 처벌　간접정범은 '교사 또는 방조의 예'에 의하여 처벌한다(34①). 이용행위가 외형상 교사에 해당하는 때에는 '정범과 동일한 형'으로(31①), 방조범(종범)에 해당하는 때에는 '정범의 형보다 감경'한다(32②). 여기서의 '형'은 모두 법정형을 뜻한다.

2) 실행의 착수시기　간접정범의 실행의 착수시기에 관하여, ㉠ 이용자행위기준설(이용행위시설. 주관설), ㉡ 피이용자행위기준설(피이용행위가 실행행위를 개시한 시점이라는 견해. 객관설), ㉢ 이분설(피이용자가 고의 없는 도구인 경우에는 이용행위 시점, 고의 있는 도구인 경우에는 피이용자가 실행에 착수하는 시점이라는 견해. 절충설), ㉣ 개별화설(보호법익에 대한 위험야기행위가 어느 시점에 직접적 위험야기의 단계에 이르는가를 고려하여 개별구성요건별로 결정하는 견해. 다수설) 등이 대립한다. 간접정범은 배후에 있는 이용자가 도구인 피이용자를 이용하여 범죄를 실현하는 정범이고, 피이용자의 행위는 이용자의 우월한 의사지배 하에 놓인 자동적 행위에 불과하므로, 이용자의 이용행위를 기준으로 하는 '이용행위시설'이 원칙적으로 타당하다.

간접정범의 실행의 착수시기에 관한 명시적인 판례는 아직 없다. 다만 간접정범 형태의 강제추행죄에서 '이용행위시설'에 따른 원심의 결론을 수긍한 사례는 있다(대판 2019.9.9. 2019도9315).[1]

3) 간접정범의 미수　결과범에서 인간도구를 이용해도 그 결과가 발생하지 않은 경우에는 '미수죄의 간접정범'이 성립한다. 간접정범은 '정범'이므로 간접정범의 미수도 정범에 관한 일반 미수범 규정이 적용된다. 간접정범이 '교사 또는 방조의 예에 따라 처벌된다'고 하여, 교사의 미수(31③) 규정이 적용되는 것은 결코 아니다.

4) 특수교사·방조　"자기의 지휘·감독을 받는 자를 교사 또는 방조하여 전항의 결과를 발생하게 한 자는, 교사인 때에는 정범에 정한 형의 장기 또는 다액에 2분의 1까지 가중하고, 방조인 때에는 정범의 형으로 처벌한다"(34②). 이러한 경우는 비난가능성이 더욱 크기 때문에 가중처벌하는 것이다. 한편, 그

---

1) ['이용행위시설' 사례] 위 2019도9315 (피해자를 도구로 삼아 간접정범 형태로 강제추행을 하는 경우 피이용자들로 하여금 스스로 추행하게 할 고의로 이용자가 피이용자를 협박하였다면, 이는 피이용자의 의사제압을 위한 이용행위에 해당함과 동시에, 강제추행의 고의로 피해자를 직접 협박한 경우에 해당하므로, 피이용자가 추행행위에 나아가지 않았더라도 실행의 착수가 있었다고 볼 수 있다고 한 사례).

적용범위와 관련하여, '특수공범설'(교사 · 방조범의 특수한 경우에만 적용), '특수간접정범설'(간접정범의 특수한 경우에만 적용), '결합설'(양자 모두에 적용. 교사 · 방조범의 경우는 물론, 간접정범의 특수한 경우에도 적용)이 대립하나, 결합설이 지배적이다(다수설). 즉, 제34조 제2항은 특수교사 · 특수방조범은 물론, '특수간접정범에게도 적용'된다.

[간접정범과 위조문서'행사'죄: 도구에게 행사(=행사죄)**]** 간접정범을 통한 위조문서행사 범행에서, 도구로 이용된 자에게 행사한 경우에도, 위조문서'행사'죄가 성립한다. 즉, "간접정범을 통한 위조문서행사 범행에 있어 도구로 이용된 자라고 하더라도, 문서가 위조된 것임을 '알지 못하는 자'에게 행사한 경우에는 위조문서'행사'죄가 성립한다"(대판 2012.2.23. 2011도14441).

Ⅳ. 간접정범의 착오

1. 피이용자의 초과실행

피이용자가 질적 · 양적으로 초과실행한 경우 **공동정범의 착오와 같은 법리**가 그대로 적용된다.

1) 질적 초과실행 피이용자가 이용자가 의도한 범죄와 전혀 다른 범죄를 실행한 경우에는, 피이용자 이외에 이용자는 **책임지지 않는다**. 즉, 피이용자의 실행 부분에 대해 간접정범이 성립하지 않는다.

2) 양적 초과실행 피이용자가 양적으로 초과실행한 경우 이용자는 자신이 의도한 범위내에서만 책임지고, **초과 부분에 대해서는 책임지지 않는다**.

다만, 이용자가 중한 결과에 대한 **예견가능성**이 있는 경우에는 **결과적 가중범의 간접정범**이 성립한다.

2. 간접정범의 착오

1) 피이용자에 대한 착오 이용자가 피이용자의 성질 또는 그로 인한 의사지배 여부에 관하여 착오한 경우이다. 어느 경우든지 **간접정범은 성립하지 않는다**. ㉠ [이용자에게 '의사지배'가 없는 경우] 우선, 책임능력자를 책임무능력자로 오인하고 이용하려고 한 경우(피이용자가 실제로는 고의 있는 책임능력자였던 경우, 즉 악의 있는 도구)와 같이, 실제로는 의사지배가 없는데도 의사지배가 있다고 오인한 경우이다. 교사범설과 간접정범설 등이 대립하나, 이용자에게 실제로 '의사지배가

없었던 이상' 단지 정범의 범행에 대해 가담한 정도에 불과할 뿐이므로, 이용자는 '간접정범이 아닌' 교사범이 성립한다(통설). ㉡ [이용자에게 '의사지배의 인식'이 없는 경우] 반대로 책임무능력자를 책임능력자로 오인하고 이용하려고 한 경우(피이용자가 실제로는 책임능력 없는 자였던 경우, 즉 선의의 도구)와 같이, 실제로는 의사지배가 있었으나 이용자에게 의사지배에 대한 인식이 없었던 경우이다. 이용자에게 (간접정범의 주관적 요건의 하나인) '의사지배에 관한 인식이 없었던 이상' '간접정범이 아닌' 교사범으로 처벌하는 것이 합리적이다. 요컨대, '이용자의 인식'과 '피이용자의 실제'가 **중첩 부분에 대해서만** 책임을 부담하는 결과가 된다.

2) 피이용자의 구성요건적 착오 피이용자가 범죄의 실행과정에서 방법의 착오 또는 객체의 착오를 일으킨 경우 이는 모두 이용자에게 **방법의 착오**가 된다. ㉠ [방법의 착오] 피이용자의 방법의 착오는 이용자의 관점에서도 방법의 착오가 된다. ㉡ [객체의 착오] 피이용자의 객체의 착오는 (견해의 대립이 있지만) 이용자의 관점에서도 방법의 착오가 된다는 것이 일반적인 견해이다. 피이용자는 이용자의 '도구'나 '손발'에 불과하기 때문이다.

V. 간접정범의 한계

1. 진정신분범과 간접정범

1) 신분자가 비신분자를 이용한 경우 신분자가 비신분자를 이용한 경우(예: 공무원이 아내를 이용하여 뇌물을 수수한 경우)에, 비신분자(피이용자)는 정범적격이 없으므로 진정신분범이 성립하지 않는다. 이 경우 신분자(이용자)는 '어느 행위로 처벌되지 않는 자'를 이용한 것이고, 진정신분범의 정범적격(신분)도 있으므로, 진정신분범의 **간접정범**이 성립한다. 이는 피이용자가 '신분 없는 고의 있는 도구'인 경우인데, '규범적 또는 사회적' 의미에서 의사지배가 인정된다는 것이 일반적인 설명이다(정범설). 앞서 설명하였다.

2) 비신분자가 신분자를 이용한 경우 반대로 비신분자가 신분자를 이용한 경우에는, 이용자는 비신분자로서 진정신분범의 정범적격이 없으므로, 간접정범으로 처벌될 수 없다(예: 공무원의 아내가 남편을 도구로 이용하여 뇌물을 수수한 경우). **즉, 비신분자는 단독으로 진정신분범의 정범이 될 수 없다.**[1] 간접정범도 정범이므

---

1) ['공범과 신분'] 공범과 신분에 관한 제33조는 비신분자가 <u>신분자와 함께</u> 진정신분범의 공동정범 또는 협의의 공범(교사·방조범)이 될 수 있다는 것일 뿐이다.

로, 비신분자는 진정신분범의 '직접'정범이 될 수 없음은 물론, (신분자를 이용하여) 진정신분범의 '간접'정범도 될 수 없다. 예컨대, ㉠ 비공무원은 공무원을 이용하여 허위공문서작성죄의 간접정범이 될 수 없다. 즉, "공무원 아닌 자가 관공서에 허위 내용의 증명원을 제출하여 그 정을 모르는 담당공무원으로부터 증명서를 발급받은 경우 공문서위조죄의 간접정범이 될 수 없다"(대판 2001.3.9. 2000도938). ㉡ "발행인 아닌 자는 부정수표단속법 제4조가 정한 허위신고죄의 주체가 될 수 없고, 허위신고의 고의 없는 발행인을 이용하여 간접정범의 형태로 허위신고죄를 범할 수도 없다"(대판 1992.11.10. 92도1342; 2003.1. 24. 2002도5939).[1]

다만, 판례는 예외적으로 **'보조공무원'**이나 **'감독공무원'**의 경우에는 **'허위공문서작성죄의 간접정범'**을 인정한다. 예컨대, ㉠ 공문서의 작성권한이 있는 공무원의 '보조직무에 종사하는 공무원'이 허위공문서를 기안하여 허위인 정을 모르는 상사(작성권자)에게 제출하여 결재하도록 하는 방법으로 허위의 공문서를 작성하게 한 경우(대판 1990.10.30. 90도1912), ㉡ 경찰서 보안과장이 (A의 음주운전을 눈감아주기 위해, 그에 대한 음주운전자 적발보고서를 찢어버리고) 일련번호가 가짜인 (B에 대한) 음주운전자 적발보고서를 작성하여, 담당 경찰관으로 하여금 음주측정처리부에 기재토록 한 경우(대판 1996.10.11. 95도1706) 등에서 이용자에게 허위공문서의 간접정범을 인정하였다. 이들은 비록 작성권자는 아니지만, **'실질적 작성권한'**이나 '감독권한'이 있기 때문이다.

나아가, 판례는 위 보조공무원과 '공모한 **일반인**'에 대해서는 허위공문서작성죄의 **'간접정범의 공범'**을 인정한다. 즉, "공문서의 작성권한이 있는 공무원의 직무를 보좌하는 자는 간접정범이 성립되고, 이와 '공모한 자' 역시 그 '간접정범의 공범'이 된다. 여기서의 공범은 반드시 공무원의 신분이 있는 자로 한정되는 것은 아니다. 신분이 공무원인지 여부에 관계없이 '그 공범'으로서의 죄책을 면할 수 없다"(대판 1992.1.17. 91도2837).[2]

---

1) [판례: '진정신분범에서 비신분자의 간접정범'(부정)] 같은 취지의 판례로는, ㉠ 대판 2011.12.8. 2011도2467 ('타인사무처리자가 아닌 자'가 매도인을 이용하여 2중매매한 경우 배임죄의 간접정범 성립을 부정); ㉡ 2012.8.23. 2011도14045 ("'대표이사나 제출업무를 담당하는 이사가 아닌 자'는 고의 없는 대표이사나 제출업무를 담당하는 이사를 이용하여 간접정범의 형태로 자본시장법위반죄를 범할 수도 없다") 등.

한편, 이러한 판례의 입장과 배치되는 이례적인 판례도 있다. 대판 2009.12.24. 2009도7815 [미간행] ("부동산소유권이전등기법상 허위보증서작성죄에서, 보증인이 아니라고 하더라도, 허위 보증서 작성의 고의 없는 보증인들로 하여금 허위의 보증서를 작성하게 한 경우에는, 간접정범이 성립한다").

2) ['공범과 신분'] 위 91도2837 (공무원 아닌 자가 예비군훈련을 받은 사실이 없음에도 소속 예

2. 자수범과 간접정범

1) 자수범의 뜻 자수범이란 자수(自手)로만 범할 수 있는 범죄, 즉 정범 자신이 구성요건적 행위를 '직접' 실행해야만 성립하는 범죄를 말한다. 자수성이 없으면 정범이 될 수 없다. 따라서 자수범은 타인을 도구로 이용하는 **간접정범이 불가능한 범죄**, 즉 교사·방조범만 가능한 범죄이다. 예컨대, 위증죄가 대표적인 자수범죄에 속한다.

[학설: 자수범의 인정기준] 자수범의 인정 여부에 대해 종래 부정설이 있었으나 현재 긍정설이 통설이다. 어떤 범죄가 자수범인지, 즉 자수범의 인정기준에 대해서는 견해가 대립한다. 문언설(구성요건의 문언을 기준으로 자수범을 결정하는 견해)도 있으나, 3유형설이 다수설이다. 3유형설에 따른 자수범의 유형은 이러하다. ㉠ 행위자 자신의 직접적인 신체활동을 통해서만(즉, 자신의 신체를 범행수단으로 직접 사용해야만) 구성요건실현이 가능한 범죄(예: 준강간, 준강제추행, 피구금자간음 등), ㉡ (신체의 직접 사용이 요구되지는 않지만) 행위자의 인격적 태도가 표출될 것이 구성요건실현에 필요한 범죄(예: 명예훼손, 모욕, 업무상비밀누설, 성매매알선 등), ㉢ (범죄 그 자체의 성질 때문이 아니라) 형법 이외의 법률에서 행위자 스스로의 실행행위를 요구하는 범죄(예: 위증, 도주, 군무이탈 등).

2) 판례 판례가 명시적으로 자수범이라고 판시한 범죄는 없다. 다만, 자수범임을 전제로 판단한 사례(예: 호별방문죄)[1]가 있고, 명시적으로 자수범이 아니라고 한 사례(예: 강제추행죄, 국가공무원법상 집단행위금지위반죄 등)[2]도 있다. 즉, 자수

비군동대 방위병에게 '예비군훈련을 받았다'는 내용의 확인서를 부탁하자, 방위병이 작성권자인 예비군 동대장에게 허위 보고하여 그 작성권자로 하여금 허위의 '예비군훈련 확인서'를 작성하게 하여 이를 발급받은 사례).

1) ['호별방문죄'] 대판 2003.6.13. 2003도889 ("농업협동조합법 제50조 제2항 소정의 호별방문죄는 '임원이 되고자 하는 자'라는 신분자가 스스로 호별방문을 한 경우만을 처벌하는 것으로 보아야 하고, 비록 신분자가 비신분자와 통모하였거나 신분자가 비신분자를 시켜 방문케 하였다고 하더라도 비신분자만이 호별방문을 한 경우에는 신분자는 물론 비신분자도 같은 죄로 의율하여 처벌할 수는 없다").

2) ['강제추행죄'등(자수범 아님)] 대판 2018.2.8. 2016도17733 ("강제추행죄는 정범 자신이 직접 범죄를 실행하여야 성립하는 자수범이라고 볼 수 없다"); 2005.10.13. 2004도5839 ("국가공무원법 제66조 제1항 및 지방공무원법 제58조 제1항은 '공무원은 노동운동 기타 공무 이외의 일을 위한 집단적 행위를 하여서는 아니된다'고 규정하여 그 주체를 공무원으로 제한하고 있으나, 위 법조항에 의하여 금지되는 집단적 행위의 태양이 행위자의 신체를 수단으로 하여야 한다거나 행위자의 인격적 요소가 중요한 의미를 가지는 것으로 볼 수 없어, 공무원이 스스로 위와 같은 행위를 한 경우만을 처벌하는 것으로 볼 수는 없고").

범이라는 개념 자체는 인정하고 있다.

제 4 절 교사범

제31조(교사범) ① 타인을 교사하여 죄를 범하게 한 자는 죄를 실행한 자와 동일한 형으로 처벌한다.
② 교사를 받은 자가 범죄의 실행을 승낙하고 그 실행의 착수에 이르지 아니한 때에는 교사자와 피교사자를 음모 또는 예비에 준하여 처벌한다.
③ 교사를 받은 자가 범죄의 실행을 승낙하지 아니한 때에도 교사자에 대하여는 전항과 같다.

Ⅰ. 교사범의 의의

1) 뜻 제31조 제1항에 따르면, 교사범(敎唆犯)이란 '타인을 교사하여 죄를 범하게 한 자'를 말한다. 여기서 '죄를 실행한 자'는 정범을 말한다.

교사범은 타인을 이용하여 죄를 범한다는 점에서 간접정범과 유사하지만, 교사범은 정범표지(행위지배)가 없고 별도로 정범의 존재를 전제로 한다는 점에서 정범인 간접정범과 구별된다. 교사범과 방조범(종범)은 모두 '정범의 존재'와 '정범의 실행행위'를 전제로 한다는 점에서 모두 협의의 공범에 속하지만, 교사범은 아직 범죄의 결의가 없는 타인에게 범죄 실행의 결의를 야기하는 것이고, 방조범은 이미 범행을 결의한 타인(정범)의 실행행위를 용이하게 도와주는 것이라는 점에서 구별된다.

2) 종속성 및 처벌근거 교사범은 '교사자의 교사행위'와 '피교사자의 실행행위'로 구성된다. 공범의 처벌근거(혼합적 야기설)에 따르면, 교사범의 불법은 '교사행위 그 자체로 인한 불법'(독자적 불법)과 '피교사자의 행위에 의한 구성요건 실현이라는 불법'(종속적 불법)으로 구성된다. 공범의 종속성(제한종속형식)에 따르면, 교사범의 책임은 책임개별화 원칙상 피교사자와 별개로 파악된다.

[기도된 교사: '실패한 교사'와 '효과 없는 교사'] i) 기도된 교사에는 실패한 교사와 효과 없는 교사가 있다.

우선, ㉠ '실패한 교사'는 교사자가 교사하였으나 피교사자가 실행을 승낙하지 않은 경우이다. 교사자만 예비 · 음모에 준하여 처벌한다(31③).

㉡ '효과 없는 교사'는 피교사자가 범죄의 실행을 승낙하였으나 실행에 착수하지 않은 경우이다. 교사자 · 피교사자를 모두 예비 · 음모에 준하여 처벌한다(31②).

ii) 기도된 교사에 대한 우리 형법규정은 공범종속성설과 공범독립성설의 양자를 절충한 이른바 **혼합적 야기설**의 입장으로 평가된다. 공범종속성설에 따르면 교사자의 처벌은 피교사자인 정범의 실행의 착수가 있어야 하므로 기도된 교사의 경우 교사자를 처벌할 수 없게 되는 반면, 공범독립성설에 따르면 교사행위 자체에 교사자의 독자적인 불법행위 내지 가벌성이 있으므로 교사한 범죄의 미수범으로 처벌할 수 있다. 제31조 제2항 · 제3항은 양자를 절충한 입장이다.

Ⅱ. 교사범의 성립요건

교사범이 성립하기 위해서는 ① 객관적 요건으로, ㉠ 교사자의 교사행위와 ㉡ 피교사자(정범)의 실행행위, ② 주관적 요건으로, 이중의 고의(교사의 고의 + 정범의 고의)가 존재해야 한다.

1. 교사자의 교사행위

(1) 교사행위의 뜻

1) 범행 결의의 야기 교사행위란 애초에 '아직 범죄의사가 없는 자'(정범)에게 범죄 실행의 결의를 갖게 하는 일체의 행위를 말한다. 따라서 피교사자는 교사자의 교사에 의해 범죄 실행을 결의해야 한다. 만일 피교사자가 이미 범죄의사를 갖고 있다면, 교사범이 성립하지 않는다. 단지 '실패한 교사'(31③) 내지 '방조범'(32)이 될 뿐이다.

2) 이미 범죄의사 있는 자에 대한 '중한 범죄'의 교사 문제는 예컨대, 교사자가 이미 '절도'를 결의하고 있는 자에게 '강도'를 실행하도록 '(양적)초과 범죄'를 교사한 경우에, 전체 범죄에 대한 교사가 성립하는지 여부이다. 단지 초과부분만의 교사(즉, 폭행의 교사범)가 된다는 견해도 있으나, (중한) **전체 범죄에 대한 교사**(즉, 강도의 교사범)가 된다는 견해가 지배적이다. 그 이유는 원래의 결의와는 다른 불법행위를 결의하게 한 것이기 때문이다. 이와 반대로 이미 범죄결의를 가진 자에게 그보다 경미한 죄를 범하도록 한 경우에는, (그 경미한 범죄에 대해) 교사범이 아니라 방조범의 성립만이 문제된다.

(2) 교사의 수단·방법

제31조 제1항은 교사범에 대해 "타인을 '교사'하여 죄를 범하게 한 자"라고만 규정하므로, 교사의 수단·방법에는 제한이 없다. 예컨대, 명령·시시, 실득·애원·부탁, 기망·위협, 대가제공·이익제공의 약속 등이 가능하며, 명시적·직접적 방법이든 묵시적·간접적 방법이든 상관없다. 교사자가 2인 이상인 공동교사도 가능하다. 교사 여부가 특히 문제되는 것은 다음과 같다.

1) 묵시적 교사 묵시적 교사('은연 중'에 부추김)가 가능하다. 예컨대, 대리시험을 교사한 경우에, 판례에 따르면, 위계에 의한 공무집행방해죄(또는 업무방해죄)에 대해서는 명시적 교사에 해당하지만, 대리응시자들의 시험장 입장이라는 주거침입죄(즉, 건조물침입)에 대해서는 '묵시적 교사'에 해당한다(대판 1967.12.19. 67도1281).

2) 간접교사와 연쇄교사 간접교사란 교사자가 피교사자에게 '다른 사람을 교사하여 실행행위를 할 것'을 교사하는 경우(즉, 1인의 중간교사자의 개입이 예정되어 있는 경우)이며, 연쇄교사란 피교사자가 직접 실행행위의 교사를 받았으나 다시 제3자를 교사하여 실행행위를 하게 한 경우(즉, 교사가 중간에 여러 명을 거쳐 순차적으로 계속되는 경우)이다. 양자는 '교사자의 최종 실행행위자에 대한 인식의 유무'에 따라 구별된다. 간접교사의 경우 교사자가 최종 실행행위자를 인식하고 있는 반면, 연쇄교사에서는 그러한 인식이 없다.

우선, **간접교사**가 가능하다는 것은 통설·판례(대판 1974.1.29. 73도3104)의 입장이다.[1] 교사의 방법에는 제한이 없으므로 피교사자가 반드시 정범일 필요는 없으며, 정범의 범행을 야기한다는 점에서는 간접교사와 직접교사 사이에 질적인 차이가 없기 때문이다.

다음, **연쇄교사**도 가능하다(통설). 교사자에 의한 제1교사에서 피교사자는 특정된 것이며, 교사행위와 최종적인 피교사자의 실행행위 사이에 형법상 인과관계가 인정되는 한 연쇄교사도 인정된다는 것이다. 연쇄교사에서는 특히 문제되는 것은 '**선의의 중간교사자가 개입**된 경우'인데, 이 경우에도 '**그 이전의 교사자**'에게는 교사범이 성립한다(통설). 즉, 중간에 교사사실을 인식하지 못한 선의의 제3자가 개입한 경우에도, 최초의 교사행위가 있었던 사실에는 변함이 없고,

---

1) [간접교사] 대판 1967.1.24. 66도1586 ("의사 아닌 자를 교사하여 의사와 공모하여 허위진단서를 작성케 하면 교사죄가 성립한다"); 위 73도3104 ("甲이 乙에게 범죄를 저지르도록 요청한다 함을 알면서도 甲의 부탁을 받고 甲의 요청을 乙에게 전달하여 乙로 하여금 범의를 야기케 하는 것은 교사에 해당한다").

교사자가 의도한 범죄가 실현된 이상 그 이전의 교사자는 '타인을 교사하여 죄를 범하게 한 자'(31①)에 해당되기 때문이다.

3) 부작위에 의한 교사 · 부작위범에 대한 교사 그러나 부작위에 의한 교사는 불가능하다(통설). 타인에게 범행 결의를 불러일으키는 행위는 본질적으로 적극적 행태일 수밖에 없는데, 부작위에 의해서는 (정범의 결의를 방해하지 않을 수는 있어도) 새로운 결의를 야기하게 할 수는 없기 때문이다.

한편, 부작위범에 대한 교사는 가능하다. 예컨대, 물에 빠져 죽어가고 있는 자식에 대하여 제3자가 그 아버지에게 '그대로 방치해라'고 교사한 경우에, 교사한 제3자는 (부작위에 의한 살인죄의) 교사범이 성립한다.

4) 과실에 의한 교사 · 과실범에 대한 교사 과실에 의한 교사나 과실범에 대한 교사는 구조적으로 불가능하다(통설). 교사범은 고의로 타인을 교사하여 피교사자로 하여금 고의로 범죄를 결의하고 실행행위를 하게 하는 구조이다. 우선, ㉠ '과실에 의한 교사'는 고의가 결여되는 경우이므로 교사행위가 될 수 없으며, 경우에 따라 과실범의 정범으로 처벌될 수 있을 뿐이다. 다음, ㉡ '과실범에 대한 교사'는 피교사자의 행위가 과실행위인 경우 정범개념의 우위성에 비추어 교사범의 성립에 앞서 간접정범의 성립이 먼저 문제되므로, 과실범에 대한 이용행위로서의 교사는 간접정범이 될 뿐이다.

(3) 교사의 특정성: 특정 범죄의 교사

교사행위가 성립하려면, '교사하는 범죄' 및 '피교사자'가 구체적으로 특정되어야 한다.

1) 구체적 범죄의 특정 타인에게 특정된 구체적 범죄의 실행을 결의시켜야 교사행위가 된다. 교사범은 특정된 구성요건의 수정형식이기 때문이다(예: 살인교사죄). 따라서 구체적 내용 없이 막연히 '범죄를 하라', '절도를 하라'는 것만으로는 교사행위가 되지 않는다. 다만, 일정한 범죄의 실행을 결의할 정도에 이르게 하면 충분하므로, 범행의 일시, 장소, 방법 등의 세부적인 사항까지 자세히 특정할 필요는 없다(대판 1991.5.14. 91도542).[1]

---

1) [교사의 특정성: 특정 범죄] 위 91도542 (막연히 "범죄를 하라"거나 "절도를 하라"고 하는 등의 행위만으로는 교사행위가 되기에 부족하다 하겠으나, 타인으로 하여금 일정한 범죄를 실행할 결의를 생기게 하는 행위를 하면 되는 것으로서 교사의 수단방법에 제한이 없다 할 것이므로, 교사범이 성립하기 위하여는 범행의 일시, 장소, 방법 등의 세부적인 사항까지를 특정하여 교사할 필요는 없는 것이고, 정범으로 하여금 일정한 범죄의 실행을 결의할 정도에 이르게 하면 교사범이 성립된다).

판례에 따르면, i) (교사행위 부정) '막연한 지시'는 교사행위가 될 수 없다. 즉, ㉠ 막연히 '범죄를 하라'거나 '절도를 하라'고 하는 등의 행위만을 한 경우(위 91도542), ㉡ 연소한 자에게 '밥값을 구해 오라'고 말한 경우(대판 1984.5.15. 84도418) 등은 절도범행을 교사한 것이라고 할 수 없다. ii) (교사행위 긍정) 반면, '일정한 범죄의 실행을 결의하게 할 정도의 지시'는 교사행위가 될 수 있다. 즉, ㉠ 절도범에게 드라이버 1개를 사주면서 '열심히 일을 하라(도둑질을 하라)'고 말한 경우(위 91도542)에는 절도죄의 교사범이 되고, ㉡ 교사자가 피교사자에게 피해자를 '정신 차릴 정도로 때려 주라'고 말한 경우에는 상해죄의 교사범이 된다(대판 1997.6.24. 97도1075).

2) 피교사자의 특정 피교사자가 특정되어야 한다. 불특정인에 대한 교사는 선동이 문제될 뿐 교사행위가 되지 않는다. 즉, 막연히 일반인에게 특정 범죄를 교사하거나, 특정된 피교사자에게 막연히 범죄를 하라는 것만으로는 교사행위가 되지 않는다. 피교사자가 특정되어 있기만 하면 충분하므로(공간·상황 등), 그가 누구인지 교사자가 몰라도 상관없다.

2. 피교사자의 실행행위

(1) 범행결의

교사자의 교사행위에 의해 피교사자가 범행을 결의해야 한다.

1) 인과관계 따라서 교사자의 교사행위와 피교사자의 범행결의 사이에는 인과관계가 있어야 한다. 이러한 인과관계가 결여된 경우 그 효과는 다음과 같다. ㉠ 피교사자가 이미 범죄의 결의를 갖고 있는 경우 교사범이 성립할 여지가 없다(위 91도542). 교사자는 실패한 교사(31③)가 되거나, 단지 그 결의를 강화시켰다는 의미에서 방조범(32)이 될 뿐이다. ㉡ 피교사자가 실행을 승낙조차 하지 않은 경우에도 교사범이 성립하지 않는다. 교사자는 제31조 제3항('실패한 교사')에 따라 예비·음모에 준하여 처벌된다.

2) 인과관계 단절 여부 비록 "피교사자가 교사자의 교사행위 당시에는 일응 범행을 승낙하지 아니한 것으로 보여진다 하더라도, 이후 '그 교사행위에 의하여 범행을 결의한 것'으로 인정되는 이상, 교사범의 성립에는 영향이 없다" (대판 2013.9.12. 2012도2744).[1)]

---

1) [인과관계 인정 (단절 안됨)] 위 2012도2744: 피고인이 결혼을 전제로 교제하던 여성 甲에게 수회에 걸쳐 낙태를 권유하였다가 거부당하자, 甲에게 더 이상 결혼을 진행하지 않겠다고 통

3) 교사행위가 범죄결의의 유일한 조건 여부 교사행위가 정범에게 유일한 조건일 필요는 없고, 교사행위와 다른 조건이 복합적으로 작용한 경우에도 교사범이 성립한다. 즉, "교사범의 교사가 정범이 죄를 범한 유일한 조건일 필요는 없으므로, 교사행위에 의하여 정범이 실행을 결의하게 된 이상, 비록 정범에게 범죄의 습벽이 있어 그 **습벽이 함께 원인이 되어** 정범이 범죄를 실행한 경우에도, 교사범의 성립에 영향이 없다"(위 91도542).

4) 편면적 교사 피교사자가 교사받고 있다는 사실을 알지 못한 경우를 편면적 교사라 한다. 편면적 교사는 **불가능**하며, 교사자는 불가벌이 된다. 교사행위와 피교사자의 범행 결의 사이에 인과관계를 인정할 수 없기 때문이다. 편면적 교사는 불가벌이다(반면, 편면적 방조범은 인정된다: 통설).

(2) 실행행위

1) 공범종속성과 제한종속형식 공범종속성에 따르면, "교사범이 성립하기 위해서는 정범의 실행행위가 있어야 한다. 정범의 실행행위는 교사범의 구성요건의 일부를 형성하고, 교사범이 성립함에는 정범의 범죄행위가 전제요건이 된다"(대판 2000.2.25. 99도1252). 즉, '**정범 없이 교사범 없다**'.[1] 종속성의 정도에 관한 '제한'종속형식에 따르면, 정범(피교사자)의 실행행위는 적어도 '구성요건에 해당'하고 '위법'해야 하지만, 책임까지 인정될 필요는 없다.

2) 실행의 착수 교사범이 성립하기 위해서는 적어도 피교사자가 범죄의 실행에 착수해야 한다. 즉, 교사자의 실행의 착수는 피교사자의 실행의 착수를 기준으로 한다. 피교사자가 범죄의 실행을 승낙하였으나 실행의 착수에 이르지 않은 경우에는, 교사범이 성립하지 않고, 교사자와 피교사자 모두 제31조 제2항('효과 없는 교사')에 따라 예비·음모에 준하여 처벌된다.

3) '교사의 미수'(=미수죄의 교사범 성립) '교사의 미수'란 피교사자가 실행에 착수하였으나 기수에 이르지 못하고 미수에 그친 경우이다. 결과가 불발생한 경

보하고, 이후에도 낙태할 병원을 물색해 주기도 하였는데, 그 후 甲이 피고인에게 알리지 아니한 채 자신이 알아본 병원에서 낙태시술을 받은 사안에서, 피고인에게 낙태교사죄를 인정한 사례. (그 이유는 "피고인은 甲에게 직접 낙태를 권유할 당시뿐만 아니라 그 통보한 이후에도 계속 낙태를 교사하였고, 甲은 이로 인하여 낙태를 결의·실행하게 되었다고 보는 것이 타당하며, 甲이 당초 아이를 낳을 것처럼 말한 사실이 있다는 사정만으로 피고인의 낙태교사행위와 甲의 낙태결의 사이에 인과관계가 단절되는 것은 아니다").

1) [정범 없는 교사범 불가] 대판 2022.9.15. 2022도5827 ("교사범이 성립하려면 교사자의 교사행위와 정범의 실행행위가 있어야 하므로, 정범의 성립은 교사범 구성요건의 일부이고, 교사범이 성립하려면 정범의 범죄행위가 인정되어야 한다").

우는 물론, 인과관계 및 결과귀속이 인정되지 않는 경우를 포함한다. 이 경우 교사자는 정범인 미수범과 같이 처벌된다(즉, '미수죄'의 교사범 성립). 예컨대, 절도를 교사하였는데 피교사자가 '절도미수'에 그친 경우 교사자는 '절도미수죄의 교사범'이 된다.

3. 교사자의 고의

(1) 이중의 고의

1) 뜻 교사자의 고의는, 피교사자에게 범행의 결의를 갖게 하여, 피교사자로 하여금 범죄의 기수까지 실행하게 할 고의를 말한다. 따라서 교사자는 ㉠ 자신의 교사행위에 대한 고의('교사의 고의')와 ㉡ 피교사자(정범)의 '특정한 범죄'의 실행행위에 대한 고의('정범의 고의')가 모두 있어야 한다. 즉, 교사자의 고의는 '이중의 고의'이며, 이러한 고의는 미필적 고의로도 충분하다.

2) 구체적이고 특정된 고의 교사자의 고의는 특히 구체성과 특정성이 있어야 한다. 즉, 특정한 범죄와 특정한 피교사자(정범)에 대한 인식이 있어야 한다. 피교사자가 특정되어 있다면 교사자가 피교사자를 몰라도 무방하다. 막연히 일반인에게 특정 범죄를 교사하거나, 특정된 피교사자에게 막연히 범죄를 하라는 것만으로는 교사자의 고의가 인정되지 않는다. 다만, 간접교사나 연쇄교사의 경우에도 적어도 교사자가 교사 당시 피교사자를 지정한 이상 피교사자는 특정된 것이므로 교사자의 고의가 인정된다.

3) 기수의 고의 교사자의 고의는, 피교사자의 실행행위를 통하여 구성요건적 결과를 실현하고자 하는 '기수의 고의'를 뜻한다. 처음부터 정범으로 하여금 미수에 그치게 할 의사로 교사한 '미수의 교사'는 교사의 고의가 없는 것이 된다.[1)]

(2) 미수의 교사

1) '미수의 교사'(=불가벌) '미수의 교사'란 교사자가 처음부터 피교사자의 행위가 미수에 그칠 것을 예상하면서도 교사하는 경우이다. '미수의 교사'는 정범의 실행행위에 대한 '기수의 고의'가 없는 경우이므로, 교사범이 성립하지 않는다. 예컨대, 범인검거를 위해 활용되는 수사기법인 '함정수사'가 그 대표적인 예이다. **함정수사**에서 그 '교사자'(수사기관이나 그 의뢰를 받아 교사한 자)는 교사범이

---

1) [미수의 고의] 미수범의 경우 기수의 고의가 요구되며, 미수의 고의만 있는 경우에는 처벌대상이 되지 않는다. <u>미수의 고의만 있는 경우</u> 미수범(=정범)이 성립할 수 없다면, 미수의 고의만 있는 경우 <u>교사범도 성립할 수 없다</u>고 하는 것이 당연한 논리적 귀결이다.

성립하지 않는다.

[함정수사: 피교사자의 형사책임] i) 함정수사는 대개 기회제공형과 범의유발형으로 구분된다. 우선, ㉠ '기회제공형'은 이미 범죄의사를 가진 자에게 수사기관이 범죄의 기회만을 제공하는 경우이다. 다음, ㉡ '범의유발형'은 본래 범죄의사가 없는 자에 대하여 수사기관이 사술이나 계략 등을 써서 범의를 유발시켜 범죄를 실행하도록 하는 경우이다. 이러한 함정수사에서 그 '교사자'(수사기관이나 그 의뢰를 받아 교사한 자)는 교사범이 성립하지 않는다.

ii) 문제는 이러한 함정수사에서 피교사자는 어떠한 형사책임을 부담하는가 여부이다. ㉠ 기회제공형의 경우 피교사자는 정범의 고의로 미수에 그친 것이므로 미수범이 성립한다. ㉡ 범의유발형의 경우 피교사자는 정범의 고의로 실행한 것이므로 기수 또는 미수에 따라 기수범 또는 미수범의 성립 여부가 문제될 수 있다.

그런데 피교사자가 이와 같은 실체법적 죄책을 실제로 부담하는지 여부는 함정수사의 적법성 여부와 밀접한 관련이 있다. 판례는 ① 당초 주관설(피교사자의 내심의 의사만을 기준으로 위법 여부를 판단)의 입장에서, 기회제공형은 적법하고 범의유발형만 위법한 것으로 보아, 기회제공형의 경우에는 피교사자에 대해 유죄판결을, 범의유발형의 경우에는 피교사자에 대해 공소기각의 판결을 선고하였다. 그러나 ② 2005년 이후 절충설(피교사자의 내심의 의사와 수사기관의 직접 관련의 정도를 종합하여 위법 여부를 판단)의 입장으로 선회하였다(대판 2005.10.28. 2005도1247; 2007.7.12. 2006도2339).

위법한 함정수사의 법적 효과에 대해, 피교사자(피유인자)의 경우 공소기각설과 무죄판결설이 대립하지만, 판례는 무죄판결이 아닌 공소기각 판결설의 입장이다. 즉, "이러한 (범의유발형) 함정수사에 기한 공소제기는 그 절차가 법률의 규정에 위반하여 무효인 때에 해당하므로, 공소기각의 판결(형소법327ii)을 선고해야 한다"(대판 2005.10.28. 2005도1247). 반면, 적법한 함정수사라면 피교사자(피유인자)에 대해 유죄판결이 선고된다.

2) **'미수의 교사'와 '기수의 결과발생'**(=과실범 성립) 교사자가 미수를 교사했으나, 그 기대와 달리 피교사자의 실행행위가 기수에 이르렀을 경우에 교사자의 죄책이 문제된다. 피교사자는 고의기수범이 성립하는 반면, 교사자는 과실 유무에 따라 결과발생에 대한 과실범이 성립한다.

(3) 교사자의 공범관계 이탈

판례는 교사행위에 의해 형성된 피교사자의 범죄 결의가 더 이상 유지되지 않게 된 경우에 교사자의 공범관계 이탈을 인정한다는 입장이다. 즉, 교사자가 공범관계로부터 이탈하여 교사범의 죄책을 부담하지 않기 위한 요건으로, '실행의 착수 이전에, 피교사자의 범죄 결의의 해소', 즉, ㉠ '교사자의 철회의 의사표시' + ㉡ '피교사자의 승낙' 또는 '교사자의 진지한 노력에 의한 피교사자의 범죄결의 제거'를 제시하고 있다.

[교사자의 공범관계 이탈 (대판 2012.11.15. 2012도7407)] "교사범이 그 공범관계로부터 이탈하기 위해서는 피교사자가 범죄의 실행행위에 나아가기 전에 교사범에 의하여 형성된 피교사자의 범죄 실행의 결의를 해소하는 것이 필요하다. 이때 교사범이 피교사자에게 교사행위를 철회한다는 의사를 표시하고 이에 피교사자도 그 의사에 따르기로 하거나 또는 교사범이 명시적으로 교사행위를 철회함과 아울러 피교사자의 범죄 실행을 방지하기 위한 진지한 노력을 다하여 당초 피교사자가 범죄를 결의하게 된 사정을 제거하는 등 제반 사정에 비추어, 객관적·실질적으로 보아 교사범에게 교사의 고의가 계속 존재한다고 보기 어렵고 당초의 교사행위에 의하여 형성된 피교사자의 범죄 실행의 결의가 더 이상 유지되지 않는 것으로 평가할 수 있어야 한다. 설사 그 후 피교사자가 범죄를 저지르더라도, 이는 당초의 교사행위에 의한 것이 아니라 새로운 범죄 실행의 결의에 따른 것이므로, 교사자는 형법 제31조 제2항에 의한 죄책을 부담함은 별론으로 하고, 형법 제31조 제1항에 의한 교사범으로서의 죄책을 부담하지는 않는다."[1)]

Ⅲ. 교사범의 처벌

교사범은 '죄를 실행한 자'(정범)와 **동일한 형**으로 처벌한다(31①). 이는 피교사자(정범)가 범한 죄의 '법정형'을 의미하고, 각자 '선고형'은 달라질 수 있다. 교사범이 실행행위까지 분담하면 공동정범이 된다(법조경합의 보충관계).

자기의 지휘·감독을 받는 자를 교사하여 범죄행위의 결과를 발생하게 한 **특수교사범**에 대해서는, 정범에 정한 형의 장기 또는 다액의 2분의 1까지 가중한다(34②).

1) [공갈교사와 공범관계 이탈 여부(부정)] 위 2012도7407 ("피고인의 교사행위로 인하여 공소외인이 범행의 결의를 가지게 되었고 그 후 공갈의 실행행위에 착수하여 피해자로부터 500만원을 교부받음으로써 범행이 기수에 이르렀으므로, 피고인의 교사행위와 공소외인의 범행 결의 및 실행행위 사이에 인과관계가 인정되고, 또 피고인이 전화로 범행을 만류하는 취지의 말을 한 것만으로는 피고인의 교사행위와 공소외인의 실행행위 사이에 인과관계가 단절되었다거나 피고인이 공범관계에서 이탈한 것으로 볼 수 없다").

Ⅳ. 교사의 착오와 불일치

1. 교사내용과 실행행위의 불일치

(1) 질적 차이

1) 본질적 차이 피교사자가 교사자의 교사내용과 전혀 다른 범죄를 실행한 경우와 같이 양자 사이에 본질적 차이가 있는 경우에는, 교사자는 피교사자의 실행부분에 대해 **교사범이 성립하지는 않는다.** 다만, 교사한 범죄의 예비·음모에 관한 처벌규정이 있으면, 교사자는 형법 제31조 제2항(효과 없는 교사)에 의해, **교사한 범죄의 예비·음모**에 준하여 처벌될 여지가 있다. 예컨대, 교사자가 상해를 교사하였는데 피교사자가 절도를 실행한 경우 교사자는 상해죄의 예비·음모에 준하여 처벌될 수 있는데, 상해죄의 예비·음모는 처벌규정이 없다(결국 무죄).

2) 본질적 동일 양자 사이에 질적 불일치가 있더라도 본질적인 차이가 없는 경우에는, 교사자는 피교사자의 실행부분에 대해 **교사범이 성립한다.** 예컨대, 사기를 교사하였는데 피교사자가 공갈죄를 실행한 경우 교사자는 공갈죄의 교사범이 된다.

(2) 양적 차이

1) 양적 초과실행 피교사자가 교사자의 교사범죄와 본질적으로 동일한 범죄를 초과실행하는 경우이다. 여기서 양적 초과란 '실행한 범죄의 구성요건'이 '교사한 범죄의 구성요건'과 **공통된 요소를 포함**하고 있는 경우(예: '절도'교사→'강도'실행)를 말한다. 이 경우 교사자는 원칙적으로 자신의 고의 내용(교사한 범죄) 내에서만 책임지고, **초과 부분에 대해서는 책임지지 않는다**(공동정범의 경우와 동일). 예컨대, 절도를 교사하였는데 피교사자가 '강도(또는 강도미수)'를 실행한 경우 교사자는 '절도(또는 절도미수)죄의 교사범'이 될 뿐이다.

다만, 교사자가 중한 결과에 대한 **예견가능성**이 있는 경우에는 **결과적 가중범의 교사범**이 성립한다. 판례도 공동정범의 경우와 마찬가지로, 예컨대, 교사자가 상해를 교사하였는데 피교사자가 살인을 실행한 경우 교사자가 중한 결과인 사망에 대해 '예견가능성'이 있는 때에는 '상해치사죄의 교사범'이 된다(대판 1993.10.8. 93도1873; 2002.10.25. 2002도4089 등)[1]는 입장이다.

---

1) ['결과적 가중범'의 교사범] 위 93도1873 "교사자가 피교사자에 대하여 상해 또는 중상해를 교사하였는데 피교사자가 이를 넘어 살인을 실행한 경우 일반적으로 교사자는 상해죄 또는 중상

2) **양적 과소실행** 피교사자가 교사내용보다 양적으로 과소실행한 경우 원칙적으로 교사자는 피교사자(정범)가 실제로 **실행한 범위 내**에서만 교사범의 책임을 진다. 다만, **교사한 범죄의 예비·음모** 여부가 문제될 수 있다(32② 효과 없는 교사). 예컨대, 강도를 교사하였는데 절도죄를 실행한 경우 교사자는 '강도의 예비·음모죄'와 '절도죄의 교사범'이 성립한다. 서로 상상적 경합관계에 있으므로(다수설), 교사자는 결국 형이 더 무거운 강도예비·음모죄로 처벌된다.

2. 교사의 착오

(1) 피교사자에 대한 착오

예컨대 책임무능력자에 대해 '교사'한 경우와 같이, 교사자가 피교사자의 성질에 대해 착오를 일으킨 경우 교사자의 고의 여부가 문제된다. 즉, 교사자가 피교사자를 '책임능력자 또는 처벌되는 자'로 오인하였으나, 실제로는 피교사자가 생명있는 도구(책임무능력자 또는 처벌되지 않거나 과실범으로 처벌되는 자)인 경우이다. 이 경우 교사자에게 '의사지배에 대한 인식'이 없었던 이상 교사자로서는 간접정범이 성립할 수 없고, 단지 자신이 **인식한 범위 내**에서 '교사범'의 책임을 부담하게 될 뿐이다(교사범 성립).

(2) 피교사자의 구성요건적 착오

피교사자(정범)가 범죄의 실행과정에서 '방법의 착오' 또는 '객체의 착오'를 일으킨 경우에,[1] 이는 교사자의 관점에서도 착오에 해당한다.

1) **방법의 착오** 피교사자의 방법의 착오는 교사자에게도 방법의 착오가

해죄의 죄책을 지게 되는 것이지만 이 경우에 교사자에게 피해자의 사망이라는 결과에 대하여 과실 내지 예견가능성이 있는 때에는 상해'치사'죄의 교사범으로서의 죄책을 지울 수 있다").

이와 관련하여, ㉠ 과실범에 대한 교사는 불가능하므로 (진정)결과적 가중범에 대한 교사범도 인정되지 않는다는 비판이 있으나, ㉡ 과실로 인한 중한 결과는 기본범죄에 내포된 고유한 위험이 실현된 것이므로, 결과적 가중범의 핵심적 불법요소가 고의로 범한 기본범죄에 있는 이상, 교사자가 중한 결과에 대해 예견가능성이 있는 때에는 교사범의 성립을 인정할 수 있다.

1) ['방법의 착오'와 '객체의 착오'] 甲이 乙에게 'A를 살해하라'고 교사하였는데, ㉠ (방법의 착오) 乙이 A를 향해 총을 쏘았으나 빗나가, 옆에 있던 B가 맞고 사망한 경우, ㉡ (객체의 착오) 乙이 A라 생각하고 총을 쏘았는데, 가서 확인해 보니 정작 맞아 죽은 사람은 A가 아닌 B였던 경우.

[피교사자(정범)의 죄책] 이 경우 정범 乙의 죄책은, ㉠ 구체적 부합설에 따르면, ⓐ 방법의 착오의 경우 'A에 대한 살인미수죄'와 'B에 대한 과실치사죄'의 상상적 경합이 성립하고, 결국 乙은 형이 더 무거운 'A에 대한 살인미수죄'로 처벌된다. ⓑ 객체의 착오의 경우 乙은 고의기수범이 성립하고, 'B에 대한 살인기수죄'로 처벌된다.

㉡ 법정적 부합설에 따르면, 피교사자(乙)는 위 두 경우 모두 고의기수범이 성립하고, 'B에 대한 살인기수죄'로 처벌된다.

된다는 것에는 다툼이 없다. 다만, 이 경우 교사자의 고의 인정 여부는 구체적 부합설이냐(인식사실에 대한 '미수죄'와 발생사실에 대한 '과실죄'의 상상적 경합) 법정적 부합설이냐(발생사실에 대한 고의'기수'범 인정)에 따라 결론이 달라진다.

2) 객체의 착오　피교사자의 객체의 착오가 교사자에게 어떤 의미를 갖는지에 대해서는 견해가 대립한다. 즉, ㉠ 객체의 착오설(교사자에게 피교사자의 착오내용과 동일하게 교사자의 착오를 인정하는 견해. 이에 따르면, 교사자는 고의가 조각되지 않으며, 고의기수범이 성립한다), ㉡ 방법의 착오설(교사자 입장에서 피교사자의 객체의 착오는 범행의 수단·방법이 잘못된 것과 동일한 구조를 갖는다는 이유로 교사자에게 방법의 착오가 된다는 견해. 이에 따르면, 교사자의 고의 인정 여부는 구체적 부합설이냐 법정적 부합설이냐에 따라 달라진다) 등이 있다. 일반적인 견해는 방법의 착오설이며, 특히 법정적 부합설에 따르면 객체의 착오이든 방법의 착오이든 결론상 차이가 없다(발생사실에 대한 고의'기수'범 인정).

[예비죄만의 교사와 효과 없는 교사] i) (예비죄만 교사: 불가벌) 교사자가 피교사자에게 '기본범죄에 대한 고의 없이' 예비죄만을 교사한 경우(예: "범행에 필요한 흉기를 미리 준비하고 있으라")에, 교사범은 성립하지 않는다. ii) (효과 없는 교사: 예비음모에 준하여 처벌) 교사자가 '기본범죄에 대한 고의'를 갖고 교사하였으나 피교사자가 예비행위에 그친 경우(예: 甲이 乙에게 "강도를 하라"고 교사하였는데, 乙이 승낙을 하였으나 범행도구만 준비한 채 실행에 착수하지 않은 경우)에는, 이른바 '**효과 없는 교사**'로서, 교사자와 피교사자 '모두' '예비·음모에 준하여 처벌된다'(31②).

제 5 절　방조범

제32조(종범) ① 타인의 범죄를 방조한 자는 종범으로 처벌한다.
② 종범의 형은 정범의 형보다 감경한다.

Ⅰ. 방조범의 의의

1) 뜻　제32조 제1항에 따르면, 방조범(幇助犯)이란 '타인의 범죄를 방조한 자'를 말한다. 조문에서는 '종범'(從犯)으로 규정하고 있으나, 종범은 주범을 전제로 한 용어로서 적절하지 않고, 오히려 교사범과 마찬가지로 그 행위에 중점을 둔 '방조범'이라는 용어가 바람직하다. 방조범은 '정범'을 전제로 한다(32②).

협의의 공범으로서 방조범은, 정범표지(행위지배)가 없는데다가 정범의 존재를 전제로 하므로, 정범인 **공동정범과 구별**된다.[1] 또한 방조범은 이미 범행을 결의한 정범의 실행행위를 쉽게 도와주는 것일 뿐, 범죄의사 없는 정범에게 그 결의를 야기하는 것이 아니므로, 교사범과 구별된다.

특히 문제되는 것은, ㉠ 방조행위의 시기, ㉡ 무형적·정신적 방조, ㉢ 부작위에 의한 방조, ㉣ 방조행위와 정범의 범죄실현 사이의 인과관계이다.

2) 종속성 및 처벌근거 방조범은 '방조자의 방조행위'와 '정범의 실행행위'로 구성된다. 공범의 종속성(제한종속형식) 및 처벌근거(혼합적 야기설)에 따르면, 방조범의 불법은 '방조행위 그 자체로 인한 고유한 불법'(독자적 불법)과 '정범의 실행행위에 의한 구성요건실현이라는 불법'(종속적 불법)으로 구성되고, 방조범의 책임은 개별화원칙에 따라 정범과 별개로 파악된다.

[기도된 방조 여부: '실패한 방조'와 '효과 없는 방조' (없음)] 교사범의 경우와 달리, 방조범에서는 형법상 '실패한 방조'와 '효과 없는 방조'를 처벌하는 규정이 없다. 따라서 교사의 경우와는 달리 방조가 미수에 그친 경우, 방조자의 착오와 불일치 등에서 방조자가 예비·음모에 준하여 처벌되는 경우는 없다.

Ⅱ. 방조범의 성립요건

방조범이 성립하기 위해서는 ① 객관적 요건으로, ㉠ 정범(피방조자)의 실행행위와 ㉡ 방조자의 방조행위, ② 주관적 요건으로, 이중의 고의(정범의 고의+방조의 고의)가 존재해야 한다.

1. 정범의 실행행위

1) 공범종속성과 제한종속형식 공범종속성에 따르면, 방조범이 성립하기

---

1) [공동정범과 방조범의 구별] 대판 2011.11.10. 2010도11631 ("게임산업진흥법 제45조 제2호 위반죄는, 청소년게임제공업 등을 영위하고자 하는 자가 등록의무를 이행하지 아니하고, 나아가 영업을 하였다는 요건까지 충족되어야 비로소 구성요건이 실현되는 것이다. 여기서 '청소년게임제공업 등을 영위하고자 하는 자'란 청소년게임제공업 등을 영위함으로 인한 권리의무의 귀속주체가 되는 자(이하 '영업자'라고 한다)를 의미한다. 영업활동에 지배적으로 관여하지 아니한 채 단순히 영업자의 직원으로 일하거나 영업을 위하여 보조한 경우, 또는 영업자에게 영업장소 등을 임대하고 사용대가를 받은 경우 등에는, 같은 법 제45조 위반에 대한 본질적인 기여를 통한 기능적 행위지배를 인정하기 어려워, 이들을 방조범으로 처벌할 수 있는지는 별론으로 하고, 공동정범으로 처벌할 수는 없다").

위해서는 '정범의 실행행위'가 있어야 한다. 즉, **'정범 없이 방조범 없다'**. "정범의 성립은 방조범 구성요건의 일부를 형성하고, 방조범의 성립에는 먼저 정범의 범죄행위가 인정되는 것이 그 전제요건이 된다"(대판 2025.8.14. 2022도15547). 종속성의 정도에 관한 '제한'종속형식에 따르면, 정범의 실행행위는 적어도 '구성요건해당성'과 '위법성'이 인정되어야 한다. 정범의 책임이 조각되는 경우에도 방조범은 가능하다.

2) 실행의 착수 방조범이 성립하기 위해서는 적어도 정범이 범죄의 실행에 착수해야 한다. 즉, "방조죄는 정범의 범죄에 종속하여 성립하는 것으로서, 방조의 대상이 되는 정범의 실행의 착수가 없는 이상 방조죄만이 독립하여 성립될 수 없다"(대판 1979.2.27. 78도3113). 정범이 실행에 착수하였으나 기수에 이르지 못한 경우에는 정범인 '미수죄'에 대한 방조범이 된다.

주의할 것은 교사범의 경우와는 달리, 이른바 '기도된 방조', 즉 실패한 방조와 효과 없는 방조에 대해서는 형법상 처벌규정이 없다는 점이다. 따라서 (교사와 달리 방조의 경우에는) 정범(피방조자)이 아직 실행에 착수하지 않은 이상, 방조자가 예비·음모에 준하여 처벌되는 일은 없다.

3) 예비죄의 방조 여부 정범이 예비 단계에 그친 경우에는 **예비죄의 '방조범'은 인정되지 않는다**(통설). 예비죄는 독립된 구성요건이 아니고 기수범이라는 구성요건의 수정형식에 불과하며, 예비죄의 실행행위는 무정형·무한정한 행위이고 방조범의 방조행위도 무정형·무한정한 행위로서, 그 처벌범위가 부당하게 확대될 위험이 있기 때문이다. 판례도 예비죄의 공동정범은 인정하나 예비죄의 방조범은 부정하고 있다. 즉, "종범이 처벌되기 위하여는 정범의 실행의 착수가 있는 경우에만 가능하고, 정범이 실행의 착수에 이르지 아니한 예비의 단계에 그친 경우에는, 이에 가공하는 행위가 예비죄의 공동정범이 되는 경우를 제외하고는, 종범으로 처벌할 수 없다"(대판 1976.5.25. 75도1549; 1979.5.22. 79도552).[1] 물론 방조자가 정범의 예비행위를 방조한 경우에도 그 후 정범의 실행의 착수

1) [예비죄의 방조범 부정 이유] 위 75도1549 ("왜냐하면 범죄의 구성요건 개념상 예비죄의 실행행위는 무정형 무한정한 행위이고 종범의 행위도 무정형 무한정한 것이고 형법 제28조에 의하면 범죄의 음모 또는 예비행위가 실행의 착수에 이르지 아니한 때에는 법률에 특별한 규정이 없는 한 벌하지 아니한다고 규정하여 예비죄의 처벌이 가져올 범죄의 구성요건을 부당하게 유추 내지 확장해석하는 것을 금지하고 있기 때문에 형법각칙의 예비죄를 처단하는 규정을 바로 독립된 구성요건 개념에 포함시킬 수는 없다고 하는 것이 죄형법정주의의 원칙에도 합당하는 해석이라 할 것이기 때문이다. 따라서 형법전체의 정신에 비추어 예비의 단계에 있어서는 그 종범의 성립을 부정하고 있다고 보는 것이 타당한 해석이다").

가 있고 그 방조가 정범의 실행행위에 영향을 미쳤다면 방조행위가 될 수 있다.

2. 방조자이 방조행위

(1) 방조의 뜻과 시기

1) 뜻 방조행위는 정범이 범행을 한다는 정을 알면서 정범의 실행행위를 용이하게 하는 직접·간접의 모든 행위를 말한다(대판 1986.12.9. 86도198).

2) 방조행위의 시기: 방조범의 시간적 한계 (가) 방조행위의 시기는 정범의 실행행위의 착수 전·후에 걸쳐 가능하다. 즉, "방조범은 정범의 실행행위 중에 이를 방조하는 경우는 물론이고, 실행의 착수 전에 (장래의 실행행위를 예상하고 이를 용이하게 하는 행위를 하여) '방조'한 경우에도, '정범이 그 실행행위에 나아갔다면' 성립하는 것"이다(대판 1997.4.17. 96도3377 전합; 2018.9.13. 2018도7658). 착수 전의 방조행위라도 착수 후의 방조행위와 질적으로 큰 차이가 없기 때문이다.

(나) 나아가 방조행위는 정범이 기수(Vollendung)에 이를 때까지 물론 가능하다. 정다만, 범이 실행행위의 일부를 종료한 후 그 사정을 알면서 기수 전에 나머지 실행행위를 방조한 경우에는, 전체범죄에 대한 방조범(=승계적 방조)의 성립을 인정한 사례가 있다. 즉, "비록 타인이 미성년자를 약취·유인한 행위에는 가담한 바 없더라도, 사후에 그 사실을 알면서 재물등을 요구하는 타인의 행위에 가담하여 이를 방조한 때에는, 단순히 재물등 요구행위의 종범(방조범)이 되는데 그치는 것이 아니라, 종합범인 특정범죄가중처벌등에 관한 법률 제5조의2 제2항 제1호 위반죄의 종범(방조범)에 해당한다"(대판 1982.11.23. 82도2024).

(다) 더 나아가 정범이 기수에 이른 후에도 그 범죄가 '종료되기 전까지'는 방조범이 가능하다(통설). 정범의 법익침해를 유지·강화하는 것도 방조행위에 포함될 수 있기 때문이다. 즉, 계속범에서는 '범죄행위가 계속되는 동안' 범죄가 종료되지 않으므로 방조범이 가능하다(대판 2012.8.30. 2012도6027).[1)]

특히 주의할 점은, 계속범이 아닌 상태범의 경우에도 정범의 기수 이후 아직 완료(Beendigung, 즉 '범죄의 목적 달성')에 이르기 전까지, 즉 위법상태(법익침해)의

1) [방조행위의 시간적 한계: 범인도피죄(계속범)의 방조] 위 2012도6027 ("범인도피죄는 범인을 도피하게 함으로써 기수에 이르지만, 범인도피행위가 계속되는 동안에는 범죄행위도 계속되고 행위가 끝날 때 비로소 범죄행위가 종료된다. 따라서 공범자의 범인도피행위 도중에 그 범행을 인식하면서 그와 공동의 범의를 가지고 기왕의 범인도피상태를 이용하여 스스로 범인도피행위를 계속한 경우에는 범인도피죄의 공동정범이 성립하고, 이는 공범자의 범행을 방조한 종범의 경우도 마찬가지이다").

계속으로 아직 그 범죄행위가 종료(형소252①)되기 전이라면, 방조범이 가능하다는 점이다.

i) 강학상 예로는, ㉠ 절도죄가 기수에 이른 후 도품을 '안전한 곳으로 운반'하는 절도범을 도와 함께 운반해 주는 행위, 추격되고 있는 절도범이 '안전하게 도피'할 수 있도록 오토바이를 이용하여 그 절도범의 도와주는 행위 등은 모두 절도죄의 방조행위가 될 수 있다. 이는 준강도죄에서 **'절도의 기회에'** 상황과 대체로 일치한다. 즉, "사회통념상 범죄행위가 '완료'되지 아니한 단계에서 행해지면 된다"(대판 1999.2.26. 98도3321 참조). ㉡ 방화에 의해 건물에 불이 붙은 후 휘발유를 뿌려 건물이 전소(全燒)하도록 돕는 행위 역시 방화죄의 방조가 된다.

ii) **판례도 같은 입장**이다. 즉, ㉠ 전기통신금융사기(보이스피싱 범죄)의 범인이 피해자를 기망하여 사기이용계좌로 송금·이체받았다면 이로써 편취행위는 기수에 이르지만, 그 후 범인의 지시에 따라 현금지급기에서 편취된 돈을 인출한 행위는 사기죄의 방조범이 성립한다(대판 2017.5.31. 2017도3045). ㉡ 간호보조원의 무면허진료행위 이후 의사가 그 내용을 진료부에 기재하는 행위는 무면허의료행위의 방조에 해당한다(대판 1982.4.27. 82도122).

(라) 그러나 정범의 범죄가 실질적으로 완료(완수)된 후에는 방조범이 성립할 수 없다. 이로써 실질적 법익침해 상태가 종료되고 범죄가 종료되기 때문이다. 범인은닉, 증거인멸, 장물취득 등은 사후방조가 아니라 독립된 비호범죄 유형이 된다. 즉, "정범의 범죄종료 후의 이른바 사후방조를 방조범(종범)이라고 볼 수 없다"(대판 1982.4.27. 82도122; 2009.6.11. 2009도1518).

(2) 방조의 수단·방법

1) 제한 없음 방조의 수단·방법에는 제한이 없다. 즉, "방조행위는 정범의 실행행위를 용이하게 하는 직접, 간접의 모든 행위를 가리키는 것으로서, 그 방조는 유형적·**물질적인 방조**뿐만 아니라, 정범에게 '범행의 결의를 강화'하도록 하는 것과 같은 무형적·**정신적 방조**행위까지도 이에 해당한다"(대판 1995.9.29. 95도456). 유형적·물질적인 방조는 예컨대, 흉기대여·범죄장소 제공·범죄자금 제공 등인데, 이는 기능적 행위지배 여부에 따라 공동정범과의 구별이 문제된다. 무형적·정신적 방조는 예컨대, 조언·격려·충고·정보제공 등인데, 이는 정범에게 기존의 범죄결의 유무에 따라 교사범과의 구별이 문제된다.

2) 무형적·정신적 방조 기술적 조언(예: 범죄에 필요한 지식이나 정보 제공 등)도 여기에 해당하나, 특히 문제되는 것은 정범에게 두려움을 없애주고 심리적

안정감을 주는 형태의 '범행결의 강화'(예: 격려, 응원 등)이다. 그러나 격려나 응원 등이 있다고 하여 이미 존재하고 있는 정범의 범죄결의가 반드시 강화되는 것은 아니고, 정신적 방조라는 형태를 넓게 인정하면 방조범의 가벌성 범위가 지나치게 확대될 위험도 있다. 따라서 정신적 방조는, 단지 정범의 범죄결의를 강화시켰다는 사실만으로는 부족하고, 정범의 강화된 범죄결의가 그 후 정범의 범죄실현에 **현실적인 기여**를 했다는 점이 실제로 확인될 필요가 있다. 이는 방조행위와 정범의 범죄실현 사이의 인과관계에 관한 문제로서, 방조범의 가벌성 제한에서 중요한 의미를 갖는다.

판례가 공동정범을 부정하고 방조범으로 인정한 사례 가운데 정신적 방조를 긍정한 사례로는, ㉠ 절도범에게 장물처분을 약속('오토바이를 절취하여 오면 그 물건을 사 주겠다')한 경우(대판 1997.9.30. 97도1940-절도죄의 방조), ㉡ 증권회사 담당직원이 정범에게 주식관리를 약속('타인의 주식을 무단 인출해 오면 관리하여 주겠다')하고, 나아가 무단 인출해 온 주식임을 알고도 입고받아 관리·운용한 경우(대판 1995.9.29. 95도456-출고전표의 사문서위조·행사·사기죄의 방조), ㉢ 불법시위 직전에 주동자의 지시를 받고 그 시위현장을 사진촬영한 경우(대판 1997.1.24. 96도2427) 등이 있다. 이들 사례는 모두, 비록 명시적 언급은 없으나 정신적 방조로서 정범의 범죄결의를 강화하였다는 점을 인정한 것으로 볼 수 있다. 그 밖에 ㉣ 사기 범행에 이용되리라는 사정을 알고서도 자신 명의로 은행 예금계좌를 개설하여 양도한 경우(대판 2010. 12.9. 2010도6256-사기죄의 방조)에도 방조범이 성립함은 물론이다.

3) 부작위에 의한 방조·부작위범에 대한 방조 교사와 달리 방조범의 경우에는 '**부작위에 의한 방조**'도 가능하다. 즉, "방조행위는 작위에 의한 경우뿐만 아니라 부작위에 의한 경우도 포함한다. 법률상 정범의 범행을 방지할 의무있는 자가 그 범행을 알면서도 방지하지 아니하여 범행을 용이하게 한 때에는 부작위에 의한 종범(방조범)이 성립한다"(대판 1985.11.26. 85도1906). 다만 부작위에 의한 가담이 정범인지 공범(방조범)인지 여부는 '보증인의무'와 '작위와의 동가치성'이 기준이 된다. 즉, 당해 부작위가 ㉠ 작위에 의한 '정범'에 상응하면 부작위'정범'이 되고, ㉡ 작위에 의한 '공범(방조범)'에 상응하면 부작위'공범(방조범)'이 된다.

부작위에 의한 '방조'가 인정된 판례사례로는, ㉠ (팀장의 포털사이트 내 음란만화 방치) 인터넷 포털 사이트 내 오락채널 총괄팀장과 담당 직원이 사이트 내 성인 오락물 채널에 **음란만화**가 지속적으로 게재되는 사실을 알면서도 그 콘텐츠 제공업체들에게 삭제를 요구하지 않은 경우(대판 2006.4.28. 2003도4128). ㉡ (백화점 직원의 가짜 상표 방치) 백화점 담당직원이 매장의 점포에 **가짜 상표**가 새겨진 상품이 진열 · 판매되고 있는 사실을 발견하고도 바이어 등 상급자에게 보고하지 않고 묵인한 경우(대판 1997.3.14. 96도1639). ㉢ (은행지점장의 부하직원 배임행위 방치) 은행지점장이 정범인 **부하직원들의 배임**행위(부정대출)를 인식하였으나 그대로 방치한 경우(대판 1984.11.27. 84도1906). ㉣ (입찰공무원의 횡령사실 방치) 입찰담당공무원이 자신이 맡고 있는 입찰사건의 입찰보증금이 계속적으로 횡령되고 있다는 사실을 알면서도 이를 제지하거나 상관에게 보고하지 않고 방치한 경우(대판 1996.9.6. 95도2551) 등이 있다.

또한, **부작위범에 대한 방조**도 가능하다. 교사범의 경우와 다를 바 없다.

4) 과실에 의한 방조 · 과실범에 대한 방조 '과실에 의한 방조'나 '과실범에 대한 방조'는 구조적으로 불가능하다. 교사범의 경우와 다를 바 없다.

5) 방조의 방조 · 교사의 방조 · 방조의 교사 정범에 대한 방조범이 될 여지가 있다. i) '방조의 방조(방조범에 대한 방조)'는 단지 방조범에 대한 방조에 그치는 것이 아니라 정범에 대한 간접방조나 연쇄방조가 될 수 있다. 다만, 정범의 실행행위에 영향을 미친 경우에만 정범에 대한 방조가 된다. ii) '교사의 방조(교사범에 대한 방조)'도 정범의 실행행위에 영향을 미친 경우에는 정범에 대한 방조가 되고, iii) '방조의 교사(방조범에 대한 교사, 방조를 교사한 자)'도 정범의 실행행위에 영향을 미친 경우에는 정범에 대한 방조가 된다.

(3) 방조행위와 정범의 범죄실현 사이의 인과관계

1) 뜻 방조의 수단 · 방법은 매우 광범위한데, 단순한 격려 · 응원 내지 연대감의 표시에 불과하거나 또는 방조의 시도만 있는 경우 그렇다고 하여 방조범의 성립을 무조건 인정할 수는 없다. 이러한 경우까지 방조범을 넓게 인정하면, 방조범의 가벌성 범위는 지나치게 확대될 위험이 있다. 또한 **'기도된 방조'는 애당초 불가벌이다.** 불가벌적인 방조(기도된 방조)와 가벌적인 방조(미수의 방조 내지 기수의 방조)를 구분하는 일은 매우 어려운 작업이다. 특히 기도된 방조(인과관계 없음)와 가벌적 방조 · 기수의 방조(인과관계 있음)를 구분하자면 **인과관계**가 유일한 기준이다. 여기서 방조범의 성립에 '방조행위와 정범의 범죄실현 사이의 인과적 관련성이 필요한지 여부'와 '필요하다면 그 인과관계의 구체적 내용이 무엇인지'가 문제된다. 예컨대, 절도범에게 만능열쇠를 건네주었지만 마침 문이 이미 열려 있어서 그 만능열쇠를 사용하지 않은 경우 '열쇠를 건네준 행위'가 절도죄의 방조범으로 성립하는지 여부와 같은 문제이다.

2) 인과관계의 필요 방조행위와 정범의 범죄실현 사이에 인과관계가 필요한지 여부에 대해서는 필요설과 불요설의 대립이 있다. 필요설은, 방조행위가 실제로 영향을 미쳐 정범의 범죄실현을 촉진하거나 용이하게 해야 한다는 견해이다. 오늘날 **필요설**이 통설이다. 공범의 처벌근거가 타인의 불법을 야기 또는 촉진시킨 것에 있으므로, 방조행위가 정범의 범죄실현에 아무런 영향을 미치지 못한 경우에는 그 처벌근거가 없게 된다는 점을 근거로 한다. 반면, 불요설은, 방조의 시도만으로 또는 정범에게 아무런 영향을 주지 않은 방조행위만으로도 방조범의 성립을 인정하는 견해이다. 그러나 이는 불가벌적 방조(기도된 방조)와 가벌적 방조(기수의 방조)를 구분하지 않음으로써, 방조범의 성립범위를 지나치게 확장하게 되므로, 채용하기 어렵다.

[불요설과 필요설의 내용] 크게 인과관계 불요설과 필요설로 분류할 수 있다.

i) [불요설] 종래에는, 방조행위가 정범의 범행을 용이하게 할 정도이면 충분하고, 방조행위가 정범의 범행에 원인이 될 필요는 없다는 견해(불요설)가 있었다. 좀더 구체적으로는, ㉠ **위험야기설**(방조행위가 정범에 의한 구체적인 법익침해의 위험을 실현할 필요는 없고, 그 법익 위해에 대한 모종의 위험을 **야기**하기만 하면 충분하다는 견해), ㉡ **위험증대설**(방조행위가 정범의 범행에 대한 인과적 원인이 될 필요는 없고, 정범의 범죄실현의 위험을 **증대**시키기만 하면 충분하다는 견해), ㉢ **정범행위 촉진설**(방조행위는 정범에 의해 야기된 결과에 대해 인과적 원인일 필요는 없고, 단지 정범의 행위를 사실상 **촉진**시키거나 용이하게 해주기만 하면 충분하다는 견해) 등이 있었다. 특히 '촉진설'은 '방조행위'와 '정범에 의해 실현되는 결과발생'과의 사이에 인과관계를 요구함으로써 발생하는 '소송상 증명의 곤란 문제'를 덜기 위한 이론으로 비판받았다. 즉, 방조범의 성립범위가 지나치게 확장되는 단점이 있다. 이러한 <u>불요설에 따르면, 위의 '열쇠를 건네준 행위'는 곧바로 절도죄의 방조범이 성립</u>한다.

ii) [필요설] 현재에는 방조행위와 정범의 범행 사이에 인과관계가 필요하다는 견해가 통설의 입장이다. 어느 정도의 인과적 관련성이 요구되는지와 관련하여, 좀더 구체적으로는, ㉠ **합법칙적 조건설**(방조행위가 정범의 '실행행위' 또는 정범의 '구성요건적 결과발생'에 합법칙적 조건관계가 성립될 정도로 영향을 미쳤거나 기여했을 때 인과관계가 충족된 것으로 보는 견해) 또는 **상당인과관계설**(방조행위가 정범의 실행행위에 대해 엄격한 조건이었나를 묻지 않고, 상당히 개연적인 원인행위가 되었으면 인과관계가 충족된 것으로 보는 견해), ㉡ **기회증대설**(가벌적 방조행위가 성립하려면 통상의 인과관계나 수정된 인과관계의 존재만으로 불충분하고, 더 나아가 <u>방조행위가 특정한 '구성요건적 결과발생'의 기회를 증대시킨 경우라야 한다는 견해. 기회증대설은 정범의 '구성요건적 결과발생'의 위험</u>

을 현실적으로 실현시킴으로써, 어떠한 방법으로든지 범죄의 성공기회를 증대시켰다라는 점에서 방조범의 가벌성을 찾는다. 인과적 기회증대설 내지 인과적 위험증대설이라고도 한다) 등이다. 필요설에 따르면, 위의 '열쇠를 건네준 행위'는 절도에 영향을 미친 것이 아닌 이상 '물리적 방조'는 인정되지 않지만, 정범의 범행결의를 유지 내지 강화시켰다면 이른바 '정신적 방조'로서 '절도죄의 방조범' 성립 여부가 문제될 수 있다.[1)]

3) 인과관계의 내용: 인과적 기회증대 방조행위의 인과관계 문제는 정범행위의 인과관계 문제와는 구별된다. 즉, 정범의 행위와 결과 사이의 인과관계 문제가 아니라, 방조행위와 정범의 범죄실현 사이의 인과관계 문제이다. 합법칙적 조건설이나 상당인과관계설은 '정범행위 자체의 인과관계'를 그 영역이 다른 '방조행위와 정범의 범죄실현 사이의 인과관계'에 그대로 적용하는 것에 불과하다. 정범행위의 인과관계에 따라 방조행위(예: 정신적 방조)를 인정할 수는 없다.

요컨대, 방조행위와 정범의 범죄실현 사이에 '인과관계' 및 '객관적 귀속'의 관점을 함께 고려하는 **기회증대설**(인과적 기회증대설 내지 인과적 위험증대설)이 가장 타당하다(다수설). 여기서 ㉠ 인과관계는 단지 '합법칙적 조건관계'이면 충분하며, ㉡ 가장 문제되는 방조행위의 '객관적 귀속관계'는, 단순한 위험창출이나 위험증대가 아니라, 객관적 사후예측의 방법에 따라 귀속이 가능한 구체적 위험의 실현이나 결과 발생의 기회증대를 의미한다(기회증대설). 여기에서는 방조행위가 정범의 범죄실현과 '직접적으로 밀접한 관련성'을 갖고, 정범의 범죄실현에 현실적인 기여를 했는지 여부가 중요하다. 즉, 방조행위가 정범의 범죄실현과 '**직접적인 관련성**'을 갖게 됨으로써 일단 증대된 위험을 현실적으로 실현시킨 경우에도 가벌적인 방조행위가 된다. 반면, 정범의 범죄실현과 '**직접 관련성이 없는 행위**'를 도와준 것에 불과한 경우에는 방조행위가 되지 않는다. 예컨대, 범인에게 '한 잔의 음료수'를 제공한 경우에도 평가가 달라진다. 즉, ㉠ 오랜 시간 동안 '굴착작업을 하던 지친 은행금고털이에게' 힘을 내라고 음료수를 제공한 것은 '인과적인 기회증대(인과적 위험증대)'이지만, ㉡ 단지 '복사기로 복사문서를 위조하는 문서위조범'에게 음료수를 제공하는 것은 인과적인 기회증대가 아니다. 이처럼 기회증대설은 방조범의 가벌성 범위를 제한하는 기능을 한다. 정범의 범죄

---

1) 반면, 무용한 방조는 기도된 방조가 되어 불가벌이다. 예컨대, 절도범이 이미 그 집의 열쇠를 갖고 있는데도 또 다른 열쇠를 제공한 경우에는, (열쇠 없는 절도범에게 열쇠를 제공하는 경우와는 달리) 범죄의 성공기회를 증대시킨 경우가 아니므로, 가벌적 방조행위가 될 수 없다. 즉, 결과발생에 유용하지도 유해하지도 않은 정도의 영향에 그친 방조행위는 가벌적 방조행위가 될 수 없다.

실현과 아무런 관련성이 없는 '기도된 방조'는 방조가 될 수 없다.

그런데 여기서 **정범의 '범죄실현'**이란, 정범의 '실행행위'는 물론, 정범의 '구성요건적 결과발생'(법익침해)까지 모두 포함한다. 정범이 기수에 이른 이후라도 법익침해의 계속으로 '그 범죄가 **종료되기 전까지**'는 방조행위가 가능하기 때문이다. 따라서 방조범의 성립요건인 인과적 기회증대란, 방조행위가 정범의 범죄실현, 즉 정범의 '실행행위' 또는 '**구성요건적 결과발생**'(법익침해)의 '**기회를 현실적으로 증대**'시킴으로써, '범죄의 성공기회를 증대'시킨 경우를 의미한다. 결국 방조행위의 '인과적 기회증대(인과적 위험증대)'란 '범행 성공의 기회증대 내지 결과발생의 위험증대'를 뜻한다.[1] 정신적 방조가 문제되는 경우에도, 방조행위가 정범의 실행행위와는 인과관계가 없으나, 방조행위로 정범의 범행결의가 강화되었고 그 강화된 범죄결의가 현실적으로 실현되어 정범의 범죄실현에 실제로 기여한 효과가 증명된다면, 정신적 방조로서 가벌적 방조행위가 될 수 있다.[2]

4) 판례 판례는 최근에 이르러, 방조행위와 정범의 범죄 실현 사이에 인과관계가 필요하다는 필요설, 특히 **인과적 기회증대설**을 명시적으로 선언하고 있다(대판 2021.9.9. 2017도19025 전합).

[★판례: 인과적 기회증대설 (위 2017도19025 전합)] "형법 제32조 제1항은 "타인의 범죄를 방조한 자는 종범으로 처벌한다."라고 정하고 있다. 방조란 정범의 구체적인 범행준비나 범행사실을 알고 그 실행행위를 가능·촉진·용이하게 하는 지원행위 또는 정범의 범죄행위가 '종료'하기 전에 정범에 의한 법익 침해를 강화·증대시키는 행위로서, 정범의 범죄 실현과 밀접한 관련이 있는 행위를 말한다. 방조범은 정범의 실행을 방조한다는 이른바 방조의 고의와 정범의 행위가 구성요건에 해당하는 행위인 점에 대한 정범의 고의가 있어야 한다.

방조범은 정범에 종속하여 성립하는 범죄이므로 방조행위와 정범의 범죄 실현 사이에는 인과관계가 필요하다. 방조범이 성립하려면 방조행위가 '정범의 범죄 실현과 **밀접한 관련**'이 있고 '정범으로 하여금 **구체적 위험을 실현**시키거나 범죄 결과를 발생

1) [인과적 기회증대] 이는 구성요건적 결과발생의 현실적 기회 증대, 즉 '법익침해의 구체적 위험의 실현 내지 법익침해의 기회 증대'를 의미한다. 즉, 일체의 도움행위가 전부 방조범이 되는 것이 아니라, 정범의 범죄 실현과 밀접한 관련 있는, 구체적·현실적 기여가 있는 도움행위만이 비로소 방조범으로 된다는 것이다. 이를테면 인과적 기회증대란, 정범의 실행행위 또는 범죄실현에 대해 방조행위를 통하여 '가교(架橋, 다리)를 놓아 준다', '운동장을 넓힌다', '길을 확장한다'라는 것에 비유할 수 있다.

2) 만일 이러한 제한이 없다면 결국 물리적 방조의 미수가 곧바로 정신적 방조의 기수가 되는 셈인데, 이러한 결과는 방조범의 가벌성이 지나치게 확장되므로 바람직하지 않다.

시킬 기회를 높이는 등으로 정범의 범죄 실현에 현실적인 기여'를 하였다고 평가할 수 있어야 한다. 정범의 범죄 실현과 밀접한 관련이 없는 행위를 도와준 데 지나지 않는 경우에는 방조범이 성립하지 않는다."[1]

판례는 과거에도, 정범의 범죄실현과 '밀접한 관련이 없는 행위'를 도와준 것에 불과한 경우에는 일관되게 방조범의 성립을 부정하였다. 예컨대, ㉠ 수입물품을 반입하면서 세관공무원에게 '잘 부탁한다'라는 말을 하였다는 사실만으로는, 관세포탈의 방조죄가 되지 않는다(대판 1971.8.31. 71도1204). ㉡ 미성년자 여부와 클럽출입 여부를 출입구에서 지배인이 결정하게 되어 있을 때에 종업원이 미성년자를 출입구로 안내한 것만으로는, 미성년자를 클럽에 출입시킨 행위의 방조행위가 아니다(대판 1984.8.21. 84도781). ㉢ 스스로 입영기피를 결심하고 집을 나서는 아들에게 이별을 안타까워하면서 '잘되겠지, 몸조심하라'고 말하며 악수를 나눈 것만으로는, 입영기피를 방조하였다고 보기 어렵다(대판 1983.4.12. 82도43). ㉣ 간첩의 심부름으로 안부편지나 사진을 전달하거나(대판 1966.7.12. 66도470), 간첩인 줄 알면서 숙식을 제공하거나(대판 1967.1.31. 66도1661), 무전기를 매몰하는 행위에 망을 보아 준 것(대판 1983.4.12. 82도43)만으로는, 간첩방조죄가 되지 않는다. ㉤ (최근, 노조조합원들의 생산라인 점거와 관련하여) 농성현장에서 독려행위는 그 방조행위가 되지만, 회사 앞 집회에 참여하거나, 노조국장으로서 상급 노조의 공문을 전달한 것만으로는, 생산라인 점거 자체를 직접 독려하거나 지지하였다고 보기 어렵다(대판 2021.9.16. 2015도12632).[2]

---

1) 이는, 공중송신권을 침해하는 게시물인 영상저작물에 연결되는 링크를 자신이 운영하는 사이트에 영리적·계속적으로 게시한 행위가 전송의 방법으로 공중송신권을 침해한 정범의 범죄를 방조한 행위에 해당한다고 한 사례이다. 이로써 이와 배치되는 종전의 대판 2015.3.12. 2012도13748(저작권자의 공중송신권을 침해하는 웹페이지 등으로 링크를 하는 행위만으로는 어떠한 경우에도 공중송신권 침해의 방조행위에 해당하지 않는다는 취지)은 변경되었다.

2) [대향적 행위 유형의 배임죄에서, '중립적 행위'와 방조 여부] 대판 2005.10.28. 2005도4915; 2011.10.27. 2010도7624 ("거래상대방의 대향적 행위의 존재를 필요로 하는 유형의 배임죄에서 거래상대방은 기본적으로 배임행위의 실행행위자와 별개의 이해관계를 가지고 반대편에서 독자적으로 거래에 임한다는 점을 감안할 때, 거래상대방이 배임행위를 교사하거나 배임행위의 전 과정에 관여하는 등 배임행위에 적극 가담함으로써 실행행위자와의 계약이 반사회적 법률행위에 해당하여 무효로 되는 경우 배임죄의 교사범 또는 공동정범이 될 수 있음은 별론으로 하고, 관여 정도가 거기에까지 이르지 아니하여 법질서 전체적인 관점에서 살펴볼 때 사회적 상당성을 갖춘 경우에는, 비록 정범의 행위가 배임행위에 해당한다는 점을 알고 거래에 임하였다는 사정이 있어 외견상 방조행위로 평가될 수 있는 행위가 있었다 할지라도, 범죄를 구성할 정도의 위법성은 없다고 봄이 상당하다").

3. 방조자의 고의

1) **이중의 고의** 방조자의 고의는 '이중의 고의'이다. 즉, 방조자는 "㉠ 정범의 실행행위를 방조한다는 이른바 **'방조의 고의'**와 ㉡ 정범의 행위가 구성요건에 해당하는 행위인 점에 대한 **'정범의 고의'**가 있어야 한다"(대판 2005.4.29. 2003도6056). 여기서 정범의 고의란 정범의 행위가 '범죄의 구성요건에 해당한다'는 사실에 대한 인식과 의사를 말한다(실무상 해당 범죄사실란에서 흔히 "정범의 범행을 알면서"라고 표현된다). 이러한 고의는 "정범의 실행행위에 대한 '미필적 고의'가 있는 것으로 충분하다"(대판 2007.12.14. 2005도872). 또한, 목적범의 경우 정범의 목적에 대한 구체적 내용까지 정확히 인식할 것을 요하는 것도 아니다(대판 2022.10.27. 2020도12563). 방조범은 고의가 요건이므로, 과실에 의한 방조는 불가능하다.

2) **고의의 구체화 정도** 방조자의 고의와 관련하여, "**정범의 행위**가 실행되는 일시, 장소, 객체 등을 **구체적으로 인식할 필요가 없**으며, 나아가 정범이 누구인지 확정적으로 인식할 필요도 없다"(대판 2007.12.14. 2005도872). "정범이 범행을 한다는 점을 알면서 그 실행행위를 '용이'하게 한 이상, 그 행위가 간접적이거나 직접적이거나를 가리지 않으며, 이 경우 정범이 누구에 의하여 실행되어지는가를 확지할 필요는 없다"(대판 1977.9.28. 76도4133).

3) **기수의 고의** 방조의 고의는 정범의 범행을 통해 구성요건적 결과를 실현하고자 하는 '기수의 고의'를 뜻한다. 처음부터 정범으로 하여금 미수에 그치게 할 의사에 불과한 '미수의 방조'는 방조의 고의가 없는 것이다.

4) **편면적 방조** 편면적 방조란, 방조범만이 방조의 의사를 가질 뿐, 정범은 방조받고 있다는 사실을 알지 못한 경우를 말한다. 교사의 경우와는 달리 편면적 방조도 가능하다. 방조범의 성립에는 방조범과 정범 사이의 의사의 일치가 필요한 것은 아니기 때문이다. 단, "편면적 종범(방조범)에서도 정범의 범죄행위 없이 방조범만이 성립될 수 없다"(대판 1974.5.28. 74도509). 공범의 종속성에 비추어 당연하다.

Ⅲ. 방조범의 처벌

방조범의 형은 '정범'의 형보다 감경한다(32②). 교사범의 경우와는 달리 필요적 감경사유이다. 여기서 '형'은 정범이 범한 죄의 '법정형'을 의미한다. 그리고 '감경한다'는 것은 "법정형을 정범보다 감경한다는 것(=처단형의 산출)이지 선고형을 감경한다는 것이 아니므로, '선고형'이 정범보다 가볍지 않더라도 위법이 아니다"(대판 2015.8.27. 2015도8408).

방조범이 실행행위까지 분담한 경우에는 공동정범이 성립하고, 교사행위까지 한 경우에는 교사범이 성립한다(법조경합의 보충관계).

자기의 지휘·감독을 받는 자를 방조하여 범죄행위의 결과를 발생하게 한 **특수방조범**에 대해서는, 정범의 형으로 처벌한다(34②).[1]

Ⅳ. 방조의 착오와 불일치

1. 정범의 실행행위와 방조자의 고의의 불일치

정범이 질적·양적으로 초과(과소)실행한 경우 **교사의 착오와 같은 법리**가 적용된다. 다만, 교사와 달리 '기도된 방조'에 관한 처벌규정이 없다.

(1) 질적 불일치

1) 본질적 차이 　정범이 방조자가 방조한 범죄와 전혀 다른 범죄를 실행한 경우에는, 방조자는 정범의 실행 부분에 대해 **방조범이 성립하지는 않는다.** 특히, '기도된 방조'에 관한 규정이 없으므로, 항상 처벌되지 않는다.

2) 본질적 동일 　만일 본질적 차이가 없는 경우라면, 방조자는 정범의 실행부분에 대해 **방조범이 성립한다**(예: '사기'방조→'공갈'실행: 공갈죄의 방조범).

(2) 양적 불일치

1) 양적 초과실행 　정범이 양적으로 초과실행한 경우 방조범은 자신의 고의 내용(방조한 범죄) 내에서만 책임지고, **초과 부분에 대해서는 책임지지 않는다.** 예컨대, 절도를 방조하였는데 정범이 '강도(또는 강도미수)'를 실행한 경우 방조자는 '절도(또는 절도미수)죄의 방조범'이 될 뿐이다.

다만, 방조자가 중한 결과에 대한 **예견가능성**이 있는 경우에는 **결과적 가중범의 방조범**이 성립한다.

2) 양적 과소실행 　정범이 양적으로 과소실행한 경우 방조범은 정범이 실제로 **실행한 범위 내**에서만 방조범의 책임을 진다. 특히, '효과 없는 방조'에 관한 규정이 없으므로, 예비·음모로 처벌될 경우도 생기지 않는다.

---

1) [예외] 간첩죄(98①)와 관세법위반행위(182①)의 경우는 그 방조행위에 대해 정범과 동일한 법정형을 부과하고 있다.

2. 방조의 착오

방조의 착오에는 교사의 착오와 같은 법리가 적용된다. 즉, i) '정범의 성질에 대해 착오한 경우'에 방조자는 그 인식한 범위 내에서 책임진다. ii) '정범의 구성요건적 착오' 가운데 ㉠ 정범의 '방법의 착오'는 방조범에게도 방법의 착오가 된다. ㉡ 정범의 '객체의 착오'는 견해의 대립이 있지만, 방조범에게는 방법의 착오가 된다고 본다.

	교사	방조	비고
정범의 범행 결의	교사에 의하여	이미 결의	
부작위에 의해	×	○	※
부작위범에 대해	○	○	
과실에 의해	×	×	
과실범에 대해	×	×	
편면적	×	○	※
미수의 교사/방조	×	×	
기도된 (실패한 / 효과 없는)	○ (예비 · 음모에 준해)	× (규정 없음)	※
간접(연쇄)	○	○	

제 6 절 공범과 신분

제33조(공범과 신분) 신분이 있어야 성립되는 범죄에 신분 없는 사람이 가담한 경우에는 그 신분 없는 사람에게도 제30조부터 제32조까지의 규정을 적용한다. 다만, 신분 때문에 형의 경중이 달라지는 경우에 신분이 없는 사람은 무거운 형으로 벌하지 아니한다.

Ⅰ. 신분범과 신분

신분범이란 신분이 범죄의 성립 또는 형벌의 가중 · 감경에 영향을 미치는 범죄를 말한다. 즉, 신분이 불법을 구성하거나 책임을 가중 · 감경하는 범죄이다.

신분범에서 신분 있는 사람(신분자)과 신분 없는 사람(비신분자)이 공범관계에 있는 경우 그 법적 취급에 관한 논의가 '공범과 신분'의 문제이다.

1. 신분범

신분범에는 진정신분범과 부진정신분범이 있다.

1) **진정신분범** 신분자만이 범죄주체가 될 수 있고, 비신분자는 그 주체가 될 수 없는 범죄이다. 예컨대, 수뢰죄(129) · 위증죄(152) 등이 대표적인 진정신분범이다. 진정신분범에서 요구되는 신분을 '구성적 신분'이라 한다. 신분이 있어야 범죄가 성립된다는 점에서 '구성적 신분'이다.

2) **부진정신분범** 비신분자도 범죄주체가 될 수 있으나, 신분자의 경우 형이 가중되거나 감경되는 범죄이다. 예컨대, 존속살해죄(250②)는 **'가중적'** 부진정신분범이고, (2023.8.8. 개정 – 2024.2.9. 시행 – 으로 삭제되기 전의) (구)영아살해죄(구251) · (구)영아유기죄(구272)는 **'감경적'** 부진정신분범이다.[1] 부진정신분범에서 요구되는 신분을 '가감적 신분'이라 한다. 신분이 있으면 형벌이 가중 또는 감경된다는 점에서 '가감적 신분'이라 한다.

2. 신분

(1) 신분의 의의

1) **신분** 형법 제33조는 신분의 개념을 따로 정의하고 있지 않다. 통설에 따르면, 신분이란 "범죄의 성립이나 형의 가중 · 감경에 영향을 미치는 범인의 인적 표지로서, 행위자의 일신상 구비된 특별한 성질 · 지위 · 상태"를 말한다. 한편, 판례는 "신분이라 함은 남녀의 성별, 내 · 외국인의 구별, 친족관계, 공무원인 자격과 같은 관계뿐만 아니라 널리 일정한 범죄행위에 관련된 범인의 인적 관계인 특수한 지위 또는 상태"(대판 1994.12.23. 93도1002; 대판 2010.9.30. 2009도8885)라고 정의한다.

2) **내용** 신분 중 ㉠ '인적 성질'은 정신적 · 육체적 · 법적으로 사람의 본질적 표지가 되는 것을 말한다. 예컨대, 성별(남자 또는 여자), 연령(14세 미만자), 내 · 외국인의 구별 등이다. 행위자에게 불가분적으로 결합된 일신전속적인 성질

---

1) [공소시효] 예컨대 갑녀가 장남 을과 함께 남편 A를 '상해'한 경우, 다수설(진정 · 부진정신분범 구별설)에 따르면 갑은 단순상해죄의 죄명(7년 이하의 징역 등) 및 단순상해죄의 법정형으로 처벌되므로 공소시효가 7년이지만, 소수설(성립 · 과형 구별설)에 따르면 갑은 존속상해죄의 죄명(10년 이하의 징역 등) 및 단순상해죄의 법정형으로 처벌되므로 공소시효가 10년이 된다.

이다. ㉡ '인적 관계인 지위'는 어떤 사람이 타인이나 국가 또는 사물에 대하여 갖는 사회적 지위·자격 또는 관계를 말한다. 예컨대, 직계존비속·친족관계, 공무원·의사·약사·조산사·변호사인 지위, 부진정부작위범에서의 **보증인지위**(통설·판례)[1] 등이다. ㉢ '인적 상태'는 인적 성질이나 지위에 포함되지 않는, 행위자의 일신상의 특별한 상태를 말한다. 예컨대, **업무성**(대판 1962.3.29. 4294형상598), **상습성**(대판 1984.4.24. 84도195) 등이다.

(2) 신분의 특성

우선, 신분은 일신상 구비된 것, 즉 일신전속적인 것이라야 한다('일신전속성'). 또한 신분은 일정 범위의 사람만이 갖고 다른 사람은 갖지 못하는, '특수한 것'이라야 한다('특수성'). 모두 다 갖고 있는 지위나 상태는 신분이라 할 수 없다. 특히 문제되는 것은 '행위자표지'와 '계속성'이다.

1) **행위자표지** 신분은 행위자관련적 표지에 국한된다. 따라서 행위관련적 표지(행위표지)는 신분 개념에 포함되지 않는다. 예컨대, 고의·동기·목적·불법영득의사와 같은 행위관련적 표지는, 비록 행위자의 인적 불법과 연관된 것일지라도, 신분개념에 포함되지 않는다(통설).

2) **계속성** 계속성이 신분의 요소인지 여부는 견해가 대립한다. 주로 '인적 상태'와 관련하여 논의된다. 신분 중 '인적 성질'이나 '인적 지위'는 본질적으로 계속성이 전제되어 있기 때문이다. '인적 상태'는 반드시 계속성이 있을 필요는 없다는 견해(불요설)가 통설이다. 그러나 신분 개념에는 어느 정도의 계속성이 필요하다고 해야 한다(필요설). 만일 계속성이 신분의 요소가 아니라면, ㉠ 일시적인 심신상실상태, 흥분상태 등도 신분이 될 수 있고, 나아가 ㉡ 목적도 신분이라고 해야 하는 문제가 있으며, ㉢ 준강도죄의 행위주체인 '절도자'나 강도상해·살인죄의 행위주체인 '강도자' 등까지도 모두 신분자로 보아야 하는 해석상의 문제점이 발생하기 때문이다.

3) **'목적'의 신분 여부** 그런데 판례는 이례적으로 모해위증죄에서 **'모해의 목적'**을 제33조의 신분개념에 포함시키고 있다. 그 밖에 다른 범죄에서 목적을 신분으로 인정한 사례는 없다.

---

1) [영아살해죄 등의 삭제] 영아살해죄와 영아유기죄는 2023.8.8. 개정으로 삭제되었다(공포 후 6개월이 경과한 날부터 시행한다. 부칙1단서). 그 입법취지는 영아살해죄와 영아유기죄를 폐지함으로써 저항능력이 없거나 현저히 부족한 사회적 약자인 영아를 두텁게 보호하기 위한 것이다.

[★모해목적과 신분: 모해위증교사] "형법 제152조 제1항과 제2항은 위증을 한 범인이 형사사건의 피고인 등을 '모해할 목적'을 가지고 있었는가 아니면 그러한 목적이 없었는가 하는 범인의 특수한 상태의 차이에 따라 범인에게 과할 형의 경중을 구별하고 있으므로, 이는 바로 형법 제33조 단서 소정의 "신분관계로 인하여 형의 경중이 있는 경우"에 해당한다"(대판 1994.12.23. 93도1002).[1]

甲이 모해목적으로, 모해목적 없는 증인 乙을 교사하여 위증하게 한 사안에서, 판례는, 모해목적도 신분(가중적 신분)으로 보고, 제33조 단서를 적용하여 甲에게 '모해'위증죄의 교사범을 인정하였다. 만일 모해목적을 신분 개념에 포함시키지 않는다면, 甲은 '단순'위증죄의 교사범이 된다.

(3) 신분의 종류

일반적으로 구성적 신분, 가감적 신분, 소극적 신분으로 분류한다.

1) 구성적 신분 · 가감적 신분 구성적 신분은, 범죄의 성립에 필요한 신분으로, 진정신분범에서의 신분이다. 가감적 신분은, 형벌이 가중 또는 감경되는 신분으로, 부진정신분범에서의 신분이다.

구 분		예
진정신분범	구성적 신분	㉠ 수뢰죄와 허위공문서작성죄의 공무원 ㉡ 위증죄의 선서한 증인 ㉢ 횡령죄의 타인재물 보관자 ㉣ 배임죄의 타인사무 처리자 등
부진정신분범	가중적 신분	㉠ 존속살해죄의 직계비속 ㉡ 업무상과실치사상죄의 업무자 ㉢ 업무상횡령 · 배임죄 등의 업무자 ㉣ 상습도박죄의 상습자 ㉤ 모해위증죄의 모해 목적(판례) 등
	감경적 신분	㉠ (구)영아살해죄(2024.2.9. 삭제)의 직계존속 ㉡ (구)영아유기죄(2024.2.9. 삭제)의 직계존속

2) 소극적 신분 신분이 있으면 범죄가 성립되지 않거나 형벌이 배제되는 신분을 소극적 신분이라 한다. 예컨대, 의사 아닌 자의 의료행위는 무면허의료행위로 범죄가 되지만, 의사의 의료행위는 범죄가 되지 않는다. 이때 의사라는 신분이 소극적 신분이다. 여기에는 ㉠ 불구성적 신분(구성요건해당성을 조각하는 신

---

1) [비판] 그러나, 모해목적은 제33조의 신분이 될 수 없다. 즉, ㉠ 모해목적은 행위자에게 특유한 성질이 아니라 불법에 영향을 미치는 범인의 일시적 심리상태로서 행위관련적 요소일 뿐이다. ㉡ 문법적 해석에 의하더라도 목적과 신분은 같을 수 없다. 목적이 신분이라는 것은 '언어의 가능한 의미'를 넘어서는 유추적용이다.

분), ㉡ 위법조각적 신분(위법성을 조각하는 신분), ㉢ 책임조각적 신분(책임을 조각하는 신분), ㉣ 형벌조각적 신분(인적 처벌조각사유)이 있다.

구 분		예
소극적 신분	불구성적 신분	㉠ 의료법위반죄의 의사 ㉡ 변호사법위반죄의 변호사
	위법조각적 신분	㉠ 범인체포행위에서의 경찰관 신분 ㉡ 직무수행 관련 무기휴대행위에서의 경찰관 신분
	책임조각적 신분	㉠ 형사미성년자 ㉡ 범인은닉죄 · 증거인멸죄의 '친족 또는 동거가족'
	형벌조각적 신분	㉠ (구)친족상도례의 '직계혈족이나 배우자'

Ⅱ. 제33조의 해석 일반론 — 학설과 판례

1. 문제의 소재: 제33조 본문과 단서의 관계

1) 제33조 신분범의 경우 비신분자가 공범으로 가담하는 경우 비신분자의 처리방법에 관해 제33조가 규정하고 있다. 즉, "'신분이 있어야 성립되는 범죄'에 신분 없는 사람이 가담한 경우에는, 그 신분 없는 사람에게도 제30조부터 제32조까지의 규정을 적용한다. 다만, '신분 때문에 형의 경중이 달라지는 경우'에 신분이 없는 사람은 무거운 형으로 벌하지 아니한다."

2) 쟁점 제33조가 진정신분범과 부진정신분범의 공범에 관한 규정임은 분명하지만, '본문과 단서의 관계'에 대해 견해가 대립된다. 즉, ㉠ 본문의 '신분이 있어야 성립되는 범죄'의 의미, ㉡ 이에 따른 '본문과 단서의 관계'와 관련하여, 진정 · 부진정신분범 구별설, 성립 · 과형 구별설로 나뉜다.

2. 학설과 판례

(1) 학설

1) 진정 · 부진정신분범 구별설 본문의 '신분이 있어야 성립되는 범죄'는 '진정신분범'을, 단서의 '신분 때문에 형의 경중이 달라지는 경우'는 '부진정신분범'을 의미한다는 견해이다. 즉, 본문은 '진정신분범의 성립 및 과형'에 관한 규정이고, 단서는 '부진정신분범의 성립 및 과형'에 관한 규정이라고 한다. 본문의 신분은 구성적 신분이고, 단서의 신분은 가감적 신분이라고 한다. 따라서 단서는 가감적 신분에 관한 부진정신분범에서 비신분자에게 신분자와는 다른 책임을 인

정하는 '**책임의 개별화**'를 규정한 것이라고 한다. **다수설**의 입장이다.

그리하여 ㉠ **진정신분범**의 경우, '구성적 신분의 연대작용'에 의해, 비신분자도 신분자와 함께 '진정신분범'의 공범(공동정범, 교사·방조범)으로 처벌된다. 예컨대, 진정신분범인 수뢰죄에서 비신분자(공무원 아닌 자)가 신분자에게 가담한 경우, 비신분자에게는 본문이 적용되므로, '수뢰죄'의 공범(공동정범, 교사·방조범)이 '성립'하고 그 법정형에 따라 '처벌'된다. ㉡ 반면, **부진정신분범**의 경우, '가감적 신분의 개별작용'에 의해, 비신분자는 (가중범죄가 아니라) '통상범죄'에 대한 공범(공동정범, 교사·방조범)으로 처벌된다. 예컨대, 부진정신분범인 존속살해죄에서 비신분자(직계비속 아닌 자)가 신분자에게 가담한 경우, 비신분자에게는 단서가 적용되므로, 단지 '보통살인죄'의 공범(공동정범, 교사·방조범)이 '성립'하고 그 법정형에 따라 '처벌'된다는 것이다.

2) 성립·과형 구별설 본문의 '신분이 있어야 성립되는 범죄'에는 '진정신분범'뿐만 아니라 '**부진정신분범**'도 **포함**되고, **단서**('신분 때문에 형의 경중이 달라지는 경우'에 신분이 없는 사람은 '무거운 형으로 벌하지 아니한다')는 **부진정신분범의 과형**만을 규정한 것이라는 견해이다. 즉, **본문**은 (진정신분범·부진정신분범의 구별 없이) '**진정신분범·부진정신분범**' 모두의 '**성립**'에 관한 규정이고, **단서**는 '**부진정신분범의 과형**'만에 관한 규정이라고 한다. 따라서 **단서**는 **부진정신분범**에서 비신분자에게 '**과형**(처벌)**의 개별화**'를 규정한 것이라고 한다. 소수설의 입장이다.

그리하여 ㉠ **진정신분범**의 경우에는 진정·부진정신분범 구별설과 같다. 진정신분범의 경우에는 어느 학설에 의하더라도 본문이 적용되므로, 비신분자는 진정신분범의 공범(공동정범, 교사·방조범)이 성립하고 그 법정형에 따라 처벌된다. ㉡ 반면, **부진정신분범**의 경우에는 차이가 있다. 예컨대, 존속살해죄에 가담한 비신분자(직계비속 아닌 자)에게는, 그 성립은 본문이 적용되기 때문에 '**존속살해죄**'의 공범(공동정범, 교사·방조범)이 '**성립**'하되, 그 과형은 단서가 적용되기 때문에, 단지 통상범죄인 '**보통살인죄**'의 법정형에 따라 '처벌(과형)'된다는 것이다(부진정신분범에서 '죄명과 과형의 분리').[1)]

본문은 진정신분범은 물론 '부진정신분범의 성립'을, 단서는 특히 '부진정신

---

1) [부진정신분범에서 학설의 차이] 부진정신분범의 경우에는 어느 학설에 의하든 공범으로 <u>가담한 비신분자에게 결과적으로 귀착되는 법정형은 같다</u>. 다만 그 과정이 다를 뿐이다. 예컨대, <u>존속살해죄에 가담한 비신분자에 대하여</u>, '진정·부진정신분범 구별설'은 단서가 적용되어 '보통살인죄'가 성립한다는 것이고, <u>'성립·과형 구별설'은 본문이 적용되어 '존속살해죄'가 성립</u>한다는 것이다.

분범의 과형'만을 규정한 것이므로, 본문의 적용은 단서의 적용을 위한 전제로 된다.

第33조	진정·부진정신분범 구별설(다수설)	성립·과형 구별설(소수설·판례)
본문	진정신분범의 성립 진정신분범의 과형	진정신분범의 성립 (진정신분범의 과형) 부진정신분범의 성립★
단서	부진정신분범의 성립 부진정신분범의 과형	부진정신분범의 과형

[학설의 특색] I) [진정·부진정신분범 구별설] 이 견해에 따르면, 본문은 '구성적 신분의 연대적 작용'을, 단서는 '가감적 신분의 개별적 작용'을 각각 규정한 것이 된다. 제33조에서의 구성적 신분·가감적 신분의 구별은 위법신분·책임신분과 완전히 대응하는 것으로 이해하는 특색이 있다. 따라서 단서는 '책임의 개별화 원칙'을 규정한 것이라고 본다. 이 견해는 본문에 대한 단서의 독자성을 강조한다.

ii) [성립·과형 구별설] 이 견해에서, 본문은 구성적 신분이건 가감적 신분이건 불문하고 일단 비신분자에게 신분관계를 확장하는 '신분의 연대성' 자체를 선언한 것이고, 단서는 부진정신분범에 가담한 비신분자의 '과형(처벌)의 개별화'를 규정한 것이라고 본다. 즉, 단서는 부진정신분범에 가담한 비신분자에게 본문에 의한 신분의 효과(연대성)가 그대로 관철되어 중한 형으로 처벌되는 것을 방지하기 위한 일종의 '완충장치'로서, 굳이 통상범죄보다 형벌을 가중할 필요가 없다는 것을 의미한다. 이 견해는 공범과 신분에 관한 우리 형법 제33조가 독일 형법이나 일본 형법과는 달리, 본문·단서의 구조라는 점에 주목하고 있다.[1)]

3) 학설의 차이와 실익　　진정신분범의 경우 학설의 차이는 전혀 없다.

부진정신분범의 경우 양 학설은 (귀결되는 법정형에서는 동일하고) **죄명에서만 차이**가 있다. 그리하여 학설에 따라 **'일반사면의 범위'**와 **'공소시효의 계산'**에서 차이가 발생한다. 즉, ㉠ (일반사면의 대상) 일반사면은 죄의 종류를 정하여 행하는 사면인데(사면법8), 예컨대, '단순상해죄'(257①)를 일반사면하면, '존속상해죄'(257②)의 범인은 그 혜택을 받지 못한다. ㉡ (공소시효의 계산) 공소시효는 대상범죄의 법정형을 기준으로 시효기간을 계산하는데(형소법249), 단순상해죄의 공소시효(7년)보다 존속상해죄의 공소시효(10년)가 장기간이다. 결과적으로 성립·과형구별

1) [본문·단서의 구조] 형법 제33조를 본문·단서의 구조로 규정한 것은 우리 입법자의 고유한 결단이다. 반면, 독일 형법 제28조(특별한 인적 표지)도 ①②항의 구조이고, 일본 형법 제65조(공범과 신분)도 ①②항의 구조로 되어 있다.

설이 비신분자에게 더 불리하게 작용한다.[1])

(2) 판례

판례는 소수설(성립 · 과형 구별설)의 입장을 따르고 있다.

[★판례: 성립 · 과형 구별설] ㉠ [대판 1961.8.2. 4294형상284: 존속살해] "처가 실자實子와 더불어 그 남편을 살해할 것을 공모하고 자로 하여금 남편을 … 질식사에 이르게 한 경우에 그 처와 실자를 존속살해죄의 공동정범으로 인정한 것은 적법하다." 부진정신분범인 존속살해죄와 관련하여, 비신분자인 아내와 신분자인 아들이 공동하여 아버지를 살해하여 존속살해죄가 문제된 경우에, 비신분자인 아내에 대해서는 일단 제33조 본문을 적용하여 '존속'살해죄의 공동정범이 성립하되, 과형에 관해서는 단서를 적용하여 '보통'살인죄의 법정형에 따라 처단한다는 내용이다.

㉡ [대판 1997.12.26. 97도2609: 상호신용금고법위반 등] "신분관계가 없는 자가 그러한 신분관계에 있는 자와 공모하여 위 상호신용금고법위반죄를 저질렀다면, 그러한 신분관계가 없는 자에 대하여는 형법 제33조 단서에 의하여 형법 제355조 제2항에 따라 처단하여야 할 것인바, 그러한 경우에는 신분관계가 없는 자에게도 일단 업무상배임으로 인한 상호신용금고법 제39조 제1항 제2호 위반죄(단순배임죄에 비해 형이 가중된 업무상 배임죄의 일종)가 성립한 다음, 형법 제33조 단서에 의하여 중한 형이 아닌 형법 제355조 제2항(단순배임죄)에 정한 형으로 처벌되는 것이다."

3. 검토

1) 결론: 성립 · 과형 구별설 생각건대, 형법 제33조를 그 본문 · 단서의 구조와 문언에 맞게 해석하면, 성립 · 과형 구별설이 타당하다.

[성립 · 과형 구별설의 타당성] 다수설(진정 · 부진정신분범 구별설)은 법문에 충실하고, 소수설(성립 · 과형 구별설)은 논리성이 강하다고 평가되지만, 검토가 필요하다.

i) [진정 · 부진정신분범 구별설에 대한 비판] 우선, ㉠ 단서는 그 문언상 부진정신분범의 '과형'에 대해서만 규정한 것이 명백하다(제15조 제1항의 "무거운 '죄'로 벌하지 아니한다"는 것과 달리, 제33조 단서는 "무거운 '형'으로 벌하지 아니한다"는 내용이다). 이를 부진정신분범의 '성립'에 관한 규정으로도 해석하는 것은 문리해석에 반한다. ㉡ 진정 · 부진정신분범 구별설을 취하면, 결국 부진정신분범에 대해서는 공범의 '성립' 근

1) [공소시효] 예컨대 갑녀가 장남 을과 함께 남편 A를 '상해'한 경우, 다수설(진정 · 부진정신분범 구별설)에 따르면 갑은 단순상해죄의 죄명(7년 이하의 징역 등) 및 단순상해죄의 법정형으로 처벌되므로 공소시효가 7년이지만, 소수설(성립 · 과형 구별설)에 따르면 갑은 존속상해죄의 죄명(10년 이하의 징역 등) 및 단순상해죄의 법정형으로 처벌되므로 공소시효가 10년이 된다.

거에 관한 규정이 없게 된다. ㉢ 이는 무엇보다도 본문·단서의 규정방식에 반하는 해석이다. 진정·부진정신분범 구별설은 '진정신분범과 부진정신분범을 제1항과 제2항으로 나누어 별도의 조문으로 규정'하는 입법형식에서나 가능한 해석론이다.

ii) [성립·과형 구별설에 대한 비판] 이러한 비판이 있다. ㉠ '진정신분범의 과형에 관한 규정이 없게 된다. ㉡ 본문의 "신분이 있어야 성립되는 범죄"는 진정신분범이다. 부진정신분범은 "신분이 있어야 '성립'되는 범죄"가 아니다. ㉢ 비신분자의 죄명과 과형이 분리됨에 따라, 죄명이 갖는 법적 의미가 부정된다.

iii) [성립·과형 구별설의 타당성] 그러나 그러한 비판은 부당하다. ㉠ (진정신분범에서 과형의 근거) 진정신분범의 경우 '과형'은 별도의 규정이 필요 없다. 진정신분범이 성립하면 그 법정형으로 처벌하는 것이 당연하기 때문이다. 본문은 진정신분범의 '성립'과 '과형'의 문제를 동시에 해결하는 의미가 있다. ㉡ (본문의 '성립'되는 범죄) 부진정신분범도 "신분이 있어야 성립되는 범죄"이다. 부진정신분범도 신분이 있어야 '성립'하고, 신분이 없으면 '성립하지 않'기 때문이다. ㉢ (죄명과 과형의 괴리) 본문에서 신분의 효과를 비신분자에게 확장하는 '신분의 연대성'을 규정하고, 단서에서 양형의 과중을 방지하는 완충장치인 '과형의 개별화'를 규정하는 것은 입법정책의 문제이다. ㉣ (본문·단서의 구조) 무엇보다 제33조의 본문·단서의 구조에 부합하는 해석은 성립·과형 구별설이다. 단서는 본문의 성립을 전제로 그 적용을 일부 제한하는 내용으로 해석하는 것이 자연스러운 해석방법이다.

2) 제33조의 법적 성질: 특별규정 부진정신분범의 가감적 신분은 책임신분이고, 책임신분의 경우 가중적 신분이든 감경적 신분이든 그 신분은 신분자에게만 효과를 미친다. 이러한 책임신분에서의 '책임의 개별적 작용' 내지 '책임의 개별화 원칙'은 형법의 일반원칙에 속한다. 그런데 특히 **부진정신분범**과 관련하여, 제33조 **본문**은 **책임개별화 원칙의 예외**를 입법에 의해 명시적으로 규정한 **특별규정**이다. 즉, 본문은 부진정신분범의 경우에 가중적 신분범에서 비신분자가 신분자에게 가담한 경우에 그 '성립'에서 '가중적 신분의 연대성'을 인정하고 있다는 점에서, 책임개별화 원칙의 예외가 된다. 물론 **단서**는 이 경우 그 양형의 과중을 방지하는 '**과형의 개별화**'를 인정한다는 점에서는, 책임개별화 원칙을 반영한 것이라고 할 수 있다.

Ⅲ. 진정신분범과 공범

1. 진정신분범(1): 비신분자가 신분자에게 가담한 경우

진정신분범에서 비신분자가 신분자에게 가담한 경우 비신분자에게 제33조 본문이 적용된다는 점은 학설상 이견이 없다. 진정신분범의 경우 비신분자도 신분자와 함께 공동정범, 교사·방조범이 될 수 있다.

1) **공동정범** 진정신분범에서 비신분자는 정범적격이 없지만, '신분자와 함께' "진정신분범의 공동정범이 될 수 있다"(견해 일치). 예컨대, 수뢰죄에서 비공무원과 공무원이 공동하여 뇌물을 받은 경우 비공무원도 수뢰죄의 공동정범이 된다. 판례도 같다.[1)]

2) **교사·방조범** 진정신분범에서 비신분자는 신분자와 함께 "진정신분범의 교사·방조범이 될 수 있다"(견해 일치). 예컨대, 수뢰죄에서 비공무원이 공무원을 교사방조하여 공무원이 뇌물을 수수한 경우 비공무원(비신분자)도 수뢰죄의 교사·방조범이 된다. 판례도 같다.[2)]

3) **비신분자의 신분자 이용: 간접정범 여부** 제33조 본문("신분 없는 사람에게도 제30조부터 제32조까지의 규정을 적용한다")에는 비신분자에게 제34조(간접정범)를 적용한다는 내용이 없다. 여기서 비신분자가 신분자를 도구로 이용한 경우 제33조 본문이 적용되어 비신분자도 진정신분범의 간접정범이 될 수 있는지 여부가 문제된다. 예컨대, 비공무원이 그 사정을 모르는 공무원을 도구로 이용하여 뇌물을 수수한 경우 비공무원은 수뢰죄의 간접정범이 될 수 있는가? 이에 대해서는, ㉠ 제33조 적용긍정설(간접정범은 교사 또는 방조의 예에 의해 처벌하도록 하고 있으므로, 우회적으로 제33조가 적용된다), ㉡ 제33조 적용부정설(비신분자는 단독으로 진정신분범의 정범이 될 수 없으므로, 진정신분범의 간접정범이 될 수 없다)이 대립한다.

---

1) [판례: 진정신분범의 공동정범] ㉠ "공무원이 아닌 자가 공무원과 공동하여 허위공문서작성죄를 범한 때에는 공무원이 아닌 자도 허위공문서작성죄의 공동정범이 된다"(대판 1971.6.8. 71도795; 대판 2006.5.11. 2006도1663). ㉡ "정부관리기업체의 과장대리급 이상이 아닌 직원도 다른 과장대리급 이상인 직원들과 함께 뇌물수수죄의 공동정범이 될 수 있다"(대판 1992.8.14. 91도3191). ㉢ "점포의 임차인이 임대인의 배임행위에 적극가담한 경우에는 배임죄의 공동정범에 해당한다"(대판 1983.7.12. 82도180). ㉣ "발행명의인이나 직접 발행자가 아니라 하더라도 공모에 의하여 부정수표단속법 제2조 제2항 소정 범죄의 공동정범이 될 수 있다"(대판 1993.7.13. 93도1341).

2) [판례: 진정신분범의 교사·방조범] ㉠ "피고인(비공무원)이 건축물조사 및 가옥대장 정리업무를 담당하는 지방행정서기를 교사하여 무허가 건물을 허가받은 건축물인 것처럼 가옥대장 등에 등재케 하여 허위공문서 등을 작성케 한 사실이 인정된다면, 허위공문서작성죄의 교사범으로 처단한 것은 정당하다"(대판 1983.12.13. 83도1458).

비신분자는 진정신분범의 정범적격이 없으므로, (단독으로) 진정신분범의 정범이 될 수 없다. 제33조 본문은 비신분자가 '신분자와 함께' 진정신분범의 '공동정범'이 될 수 있다는 것을 규정한 것일 뿐, 비신분자가 '단독으로' 진정신분범의 정범이 될 수 있다는 의미는 아니다. 따라서 **"비신분자는 진정신분범의 간접정범이 될 수 없다"**(적용부정설, 통설). 판례도 같다. 예컨대, "공무원이 아닌 자는 (형법 제228조의 경우를 제외하고는) '허위공문서작성죄의 간접정범'으로 처벌할 수 없다"(대판 2006.5.11. 2006도1663).[1]

2. 진정신분범(2): 신분자가 비신분자에게 가담한 경우

제33조 본문은 비신분자가 신분자에게 가담한 경우에 적용되는 규정이라는 점은 문언상 분명하다("신분 없는 사람이 가담한 경우에는 그 신분 없는 사람에게도"). 반대로 신분자가 비신분자에게 가담한 경우에도 제33조 본문이 적용되는지 여부가 문제된다.

1) 공동정범 앞서 본 비신분자가 신분자에게 가담한 경우와 같다(견해일치). 신분자와 비신분자가 공동정범인 경우에는 제33조 본문이 적용된다.

2) 신분자의 비신분자에 대한 교사·방조: 간접정범 문제는 신분자가 비신분자를 교사·방조한 경우 제33조 본문의 적용 여부이다. 예컨대, 공무원이 비공무원을 교사·방조하여 뇌물을 받게 한 경우 제33조 본문을 적용하여 그 공무원을 수뢰죄의 교사·방조범으로 처벌할 수 있는가의 문제이다.

진정신분범의 신분은 구성요건요소이고 비신분자의 단독행위는 구성요건해당성이 없으므로, 공범종속성의 원칙에 따르면 신분자는 진정신분범의 교사·방조범이 성립할 수 없다. 제33조 본문은 신분이 피교사자·피방조자에게 있는 경우에만 적용되고, 반대로 신분이 교사·방조자에게만 있는 경우에는 적용되지 않는다(적용부정설, 통설). 이 경우 신분자는 비신분자를 단지 **'신분 없는 고의 있는 도구'**로 이용한 것이므로, 진정신분범의 **'간접정범'**이 성립한다.[2] 예컨대, 수뢰죄

---

1) [판례: 예외] 다만 판례는, 예외적으로 '보조공무원'이나 '감독공무원'은 허위공문서작성죄의 '간접정범'이 될 수 있다고 한다. 비록 그 작성권자는 아니지만 '실질적 작성권한'이 있기 때문이다. 나아가 위 보조공무원과 '공모한 일반인'에 대해서는 허위공문서작성죄의 '간접정범의 공범'의 성립을 인정한다. 예컨대, ㉠ 공문서의 작성권한 있는 공무원의 직무를 보좌하는 자에 대해서는 간접정범이 성립하며(대판 1992.1.17. 91도2837; 대판 2011.5.13. 2011도1415), ㉡ 이에 공모가담한 비신분자(공무원 아닌 자)도 간접정범의 공동정범이 성립한다(대판 1992.1.17. 91도2837).

2) [하급심판례: 간접정범] "신분자가 비신분자를 이용하여 간접으로 죄의 구성요소를 실행한 경

에서 공무원이 비공무원을 교사·방조하여 뇌물을 받게 한 경우 신분자인 공무원은 수뢰죄의 간접정범이 성립한다.

Ⅳ. 부진정신분범과 공범

부진정신분범은 가중적 신분범과 감경적 신분범이 있고, 각각 비신분자가 가담하는 경우와 신분자가 가담하는 경우가 있다. 이를 유형화하면 모두 4개 유형이 된다. 즉, i) 가중적 신분범에서 ㉠ 비신분자가 신분자에게 가담하는 경우(제1유형), ㉡ 반대로 신분자가 비신분자에게 가담하는 경우(제2유형), ii) 감경적 신분범에서 ㉠ 비신분자가 신분자에게 가담하는 경우(제3유형), ㉡ 반대로 신분자가 비신분자에게 가담하는 경우(제4유형)이다.

1. 가중적 부진정신분범

(1) 제1유형: 비신분자가 신분자에게 가담한 경우 — 제33조 적용

가중적 신분범에서 비신분자가 신분자에게 가담한 경우 제33조 본문과 단서에 대해 앞서와 같이 학설이 대립한다. 요약하면, ㉠ 다수설(진정·부진정신분범 구별설)은, 부진정신분범의 경우 그 성립·과형 모두에 '단서'가 적용되어, 비신분자는 **통상범죄**의 공범이 성립하고 그 법정형으로 처벌된다(신분자는 부진정신분범의 정범이 된다). ㉡ 반면, 소수설·판례(성립·과형 구별설)는, 부진정신분범의 경우 그 성립에는 '본문'이 적용되어 비신분자도 부진정신분범(가중적 신분범), 즉 **가중범죄**의 **공범**이 성립하되, 그 과형에는 '단서'가 적용되어 **통상범죄의 형**으로 처벌된다. 학설의 결론이 극명하게 차이나는 지점이다.

1) 공동정범 진정·부진정신분범 구별설은 비신분자에게 통상범죄의 공동정범이 성립한다는 입장이며, 성립·과형 구별설은 비신분자에게 가중범죄의 공동정범이 성립하되, 통상범죄의 형으로 처벌된다는 입장이다. 판례는 성립·과형 구별설의 입장이다.

[★판례: 가중적 신분범에서 비신분자가 가담한 경우(제1유형)] ㉠ (존속살해죄) "신분자(직계비속) 甲과 비신분자 乙이 공동하여 신분자 甲의 직계존속을 살해한 경우, 신

우 간접정범으로 처벌할 수 있다"(서울고법 2010.3.25. 2009노2945).

분자 甲은 존속살해죄의 공동정범이 성립하고 그 법정형으로, 비신분자 乙은 일단 존속살해죄의 공동정범이 성립하되, 단서에 의하여 보통살인죄의 법정형으로 처벌된다"(대판 1961.8.2. 4294형상284; 대판 1997.12.26. 97도2609).

㉡ (업무상과실치사죄) "트럭운전사 甲은 화주 乙과 함께 트럭을 운전하던 중 검문소 순경이 정차신호를 하자, 운전석 옆에 앉아 있던 乙이 '그냥 가자'고 하고 甲은 트럭을 가속하여, 검문을 하려던 순경을 사망에 이르게 한 경우에, (업무자가 아니라서 비신분자인) 乙에 대하여 乙의 행위가 "형법 제33조 본문, 제268조(업무상과실치사죄)에 해당하는바 범인의 신분에 의하여 특히 형의 경중이 있는 경우에 해당하고, 乙에게는 그 신분이 없으므로 형법 제33조 단서에 의하여 형법 제267조의 단순 과실치사죄의 형에 따라 처벌된다고 한 사례"(대판 1962.3.29. 4294형상598).

2) 교사 · 방조범　　진정 · 부진정신분범 구별설은 비신분자에게 통상범죄의 교사 · 방조범이 성립한다는 입장이며, 성립 · 과형 구별설은 비신분자에게 가중범죄의 교사 · 방조범이 성립하되, 통상범죄의 형으로 처벌된다는 입장이다. 성립 · 과형 구별설에 따르면, 예컨대, 존속살해죄에서 비신분자 乙이 신분자(아들) 甲을 교사 · 방조하여 신분자 甲이 그의 부친을 살해한 경우, (신분자 甲은 존속살해죄의 정범이 성립하고) 비신분자 乙은 존속살해죄의 교사 · 방조범이 성립하되, 보통살인죄의 (교사 · 방조범의) 형으로 처벌된다.

(2) 제2유형: 신분자가 비신분자에게 가담한 경우 — 책임개별화 원칙

제33조 단서도 비신분자가 신분자에게 가담한 경우에 적용되는 규정이라는 점은 문언상 분명하다("신분이 없는 사람은 무거운 형으로 벌하지 아니한다"). 반대로 신분자가 비신분자에게 가담한 경우에도 제33조 단서가 적용되는지 여부가 문제된다.

1) 공동정범　　앞서 본 '비신분자가 신분자에게 가담한 경우'(제1유형)와 같다. 신분자와 비신분자가 공동정범인 경우 그 가담의 선후가 문제되지 않으며, 제33조가 적용된다(학설이 대립하며, 판례는 성립 · 과형 구별설의 입장이다).

2) 교사 · 방조범　　가중적 신분자에게 가중범죄의 교사 · 방조범이 성립하는지, 아니면 통상범죄의 교사 · 방조범이 성립하는지 여부가 문제된다(정범인 비신분자는 통상범죄의 정범이 성립함에는 의문이 없다). 예컨대, 아들 甲이 친구 乙을 교사하여 乙로 하여금 甲의 부친을 살해하게 한 경우 아들 甲이 존속살해죄의 교사범이 되는지, 보통살인죄의 교사범이 되는지의 문제이다.

이에 대해서는 ㉠ 단서적용 긍정설(제33조 단서는 책임개별화 원칙을 규정한 것으로,

단서가 "신분 때문에 형의 경중이 달라지는 경우"라고 규정할 뿐 신분이 정범과 공범 중 어디에 있는가를 묻지 않으므로, 제33조 단서가 적용된다는 견해. 가중적 신분자 甲은 가중범죄인 존속살해죄의 교사범이 된다). ㉡ 단서적용 부정설(제33조 단서가 적용되지 않고, 공범종속성의 일반원칙에 의해 해결해야 된다는 견해. 가중적 신분자 甲은 통상범죄인 보통살해죄의 교사범이 된다)이 대립한다.

다수설과 판례는 '단서적용 긍정설'이다. 즉, 다수설(진정·부진정신분범 구별설)에서는 "제33조 단서는 책임개별화 원칙을 규정한 것"이고, 소수설·판례(성립·과형 구별설)에서는 "제33조 단서는 공범종속성 원칙에 우선하여 적용된다"라고 한다. 제33조 단서가 '비신분자를 신분자에 비해 무겁게 처벌하지 않는다'는 것이므로, 신분자는 비신분자에 비해 무겁게 처벌된다는 것이다. 따라서 가중적 신분자 甲은 가중범죄인 존속살해죄의 교사범이 된다고 한다.

[★판례: 가중적 신분범에서 신분자가 가담한 경우(제2유형)] ㉠ (모해목적과 모해위증교사) '모해할 목적'을 신분이라고 해석하는 전제에서, "형법 제31조 제1항은 협의의 공범의 일종인 교사범이 그 성립과 처벌에 있어서 정범에 종속한다는 일반원칙을 선언한 것에 불과하고, 신분관계로 인하여 형의 경중이 있는 경우에 신분이 있는 자가 신분이 없는 자를 교사하여 죄를 범하게 한 때에는 형법 제33조 단서가 형법 제31조 제1항에 우선하여 적용됨으로써 신분이 있는 교사범이 신분이 없는 정범보다 중하게 처벌된다"(대판 1994.12.23. 93도1002).

㉡ (상습성과 상습도박방조) "상습도박의 죄나 상습도박방조의 죄에 있어서의 상습성은 행위의 속성이 아니라 행위자의 속성으로서 도박을 반복해서 거듭하는 습벽을 말하는 것인바, 도박의 습벽이 있는 자가 타인의 도박을 방조하면 상습도박방조의 죄에 해당한다"(대판 1984.4.24. 84도195).

사견으로는, 이 경우 비록 제33조 단서는 적용되지 않지만, 제33조 단서의 적용 내지 원용 여부와 관계 없이, 해석상 인정되는 형법의 일반원칙인 **책임개별화 원칙**에 의하여 단서적용 긍정설과 동일한 결론이 가능하다고 본다('책임개별화원칙 적용설'). 즉, 제33조는 그 본문이 책임개별화 원칙의 예외를 규정한 특별규정이고, 그 단서는 단지 책임개별화 원칙의 내용인 '과형의 개별화'를 규정한 것에 불과한데, 특별규정인 제33조가 적용되지 않는 영역에서는, 일반원칙으로 돌아가 형법의 일반원칙인 책임개별화 원칙이 적용되는 것은 당연하기 때문이다.

[사견: 책임개별화 원칙 적용설] 첫째, 이 경우 제33조 단서가 적용된다는 해석은 부

당하다는 점이다. 제33조 문언에 비추어 본문과 단서를 유기적으로 해석하면, 제33조 단서는 가중적 신분범에서 비신분자가 신분자에게 가담한 경우에 한하여 적용되고, 이 경우 비신분자에 대해 과형의 개별화를 규정한 것에 불과하다는 것이다. 단서의 독자성을 지나치게 강조하여 단서는 부진정신분범에 대해 책임개별화 원칙을 규정한 것이라는 다수설의 해석, 또는 단서는 신분이 정범과 공범 중 어디에 있는가를 묻지 않는다는 해석은, 모두 문리해석의 한계를 벗어난 것이 된다. 따라서 단서는 신분이 정범에게 있는 경우에만 적용되고, 신분이 공범(교사·방조범)에게만 있는 경우에는 적용되지 않는다고 해석하는 것이 타당하다. 한편, 앞서 본 바와 같이 '진정신분범에서 구성적 신분자가 비신분자에게 교사·방조의 형태로 가담한 경우'에도 제33조는 적용되지 않는다는 것인데, 이러한 해석은 부진정신분범의 경우에도 다르지 않다는 점이다.

둘째, 제33조 단서의 적용 여부와 관계 없이, 해석상 책임개별화 원칙이 인정되고, 이에 따라 가중적 신분자에게 가중적 신분범의 교사·방조범이 인정된다는 점이다. 가감적 신분은 가중적 신분이든 감경적 신분이든 모두 구성적 신분과 달리, 존속살해죄·영아살해죄 등에서 별도의 특별구성요건으로 반영되어 있다. 이러한 가감적 신분요소는 모두 책임요소로서 개별적 작용을 하므로, 이론적으로도 제33조 단서와 관계없이 각자의 신분 유무에 따라 각자의 구성요건을 실현하고 동시에 각자는 자기책임을 진다는 것이다. 책임개별화 원칙은 불법요소까지는 타인과 연대할 수 있으나 책임요소는 연대할 수 없다는 원칙, '책임요소인 신분의 효과는 개별화된다'는 원칙으로, 제33조가 없더라도 인정되는 형법의 대원칙이다. 따라서 제33조 단서의 적용 여부와 관계 없이, 해석상 인정되는 책임개별화라는 형법의 일반원칙에 의해, 가감적 신분자와 비신분자는 얼마든지 개별적 취급이 가능하다는 것이다.

이러한 해석론은 제33조에 관한 성립·과형 구별설의 입장에서도, 책임개별화 원칙의 적용을 통하여 이론적 해결이 가능하다는 것을 의미한다.

2. 감경적 부진정신분범

(1) 제3유형: 비신분자가 신분자에게 가담한 경우 — 책임개별화 원칙

감경적 신분범에서 비신분자가 신분자에게 가담한 경우에도 제33조 단서의 적용이 문제된다. 제33조 단서는 "신분이 없는 사람은 '무거운 형으로 벌하지 아니한다'"라고 규정하고 있다. 여기서 감경적 신분범의 신분자에게 가담한 비신분자에게도 **책임개별화 원칙**을 규정한 제33조 단서가 적용된다는 전제 하에, '무거운 형으로 벌하지 아니한다'는 문언의 의미에 대하여 견해가 대립한다. 즉, 비신분자가 감경적 신분자에게 가담한 경우 비신분자는 통상범죄의 형으로 처벌되는지(통상범죄설), 아니면 언제나 가벼운 형으로 처벌되는지(감경형설) 여부의 해석문제이다. **통상범죄설**이 다수설의 입장이다. 즉, 비신분자는 통상범죄의 형(즉, 가중·감경되지 않은 범죄의 형)으로 처벌된다는 것이다. 이에 관한 판례는 아직 없다.

1) **공동정범** 예컨대, (2023.8.8. 형법개정으로 2024.2.9. 영아살해죄가 삭제되기 전에) 甲(모친)과 乙이 공모하여 甲의 영아를 살해한 경우 감경적 신분자 甲(모친)은 감경범죄인 영아살해죄의 공동정범, 비신분자 乙은 통상범죄인 보통살인죄의 공동정범이 된다.

2) **교사·방조범** 예컨대, (2023.8.8. 형법개정 이전에) 乙이 甲(모친)을 교사하여 甲의 영아를 살해한 경우 (감경적 신분자 甲은 감경범죄인 영아살해죄의 정범이 되고) 비신분자 乙은 통상범죄인 보통살인죄의 교사범이 된다.

[사견: 책임개별화 원칙 적용설] 그런데 감경적 신분범에서 비신분자가 신분자에게 가담한 경우에도 제33조가 적용된다는 해석에는 문제가 있다. 제33조의 문언을 본문과 단서의 유기적 관계 속에서 해석하면, 제33조는 '가중적 신분범에서 비신분자가 가담한 경우'에 한하여 적용된다는 것이다. 만일 감경적 신분범의 경우에도 제33조가 적용된다면, 감경적 신분자에 가담한 비신분자의 경우 성립·과형 구별설에 따라 일단 감경범죄인 (구)영아살해죄의 교사범이 성립하되, 제33조 단서에 의해 통상범죄인 보통살인죄의 형으로 처벌된다는 결과에 이를 수 있기 때문이다. 그러나 이는 성립된 범죄보다 무거운 형벌을 과하는 것으로서 책임주의원칙에 반하는 모순적 상황이다. 본문·단서의 구조로 되어 있는 제33조의 입법취지가 이러한 불합리한 결과까지 의도한 것이라고 볼 수는 없다. 오히려 제33조가 '통상범죄의 형으로 처벌한다' 내지 '가벼운 형으로 처벌한다'라는 규정형식이 아니라 '무거운 형으로 벌하지 아니한다'라고 규정형식으로 되어 있는 것은, '가중적 신분범에서 비신분자가 가담한 경우'에 한정하는 제한적 적용을 함축하고 있는 것으로 보아야 한다.

사견으로는, 이 경우 비록 제33조 단서는 적용되지 않지만, 제33조 단서의 적용 내지 원용 여부와 관계 없이, 형법의 일반원칙인 **책임개별화 원칙**에 의하여 단서적용긍정설 내지 통상범죄설과 동일한 결론이 가능하다고 본다(**'책임개별화원칙 적용설'**). 즉, 제33조는 책임개별화 원칙의 예외를 규정한 특별규정이고, 특별규정인 제33조가 적용되지 않는다면, 일반원칙으로 돌아가 형법의 일반원칙인 책임개별화 원칙이 적용되는 것은 당연하기 때문이다.

(2) 제4유형: 신분자가 비신분자에게 가담한 경우 — 책임개별화 원칙

신분자가 비신분자에게 가담한 경우 제33조는 적용되지 않는다는 점은 앞서 제2유형에서 본 바와 같다. 따라서 형법의 일반원칙인 책임개별화 원칙이 적용된다. 다만 여기서는 감경적 신분이 문제된다.

1) **공동정범** '비신분자가 신분자에게 가담한 경우'(제3유형)와 같다.

2) **교사·방조범** 문제는 감경적 신분자가 비신분자에게 교사·방조의 형태로 가담한 경우이다. 예컨대, (2023.8.8. 형법개정 이전에) 영아살해죄에서 감경적 신분자 甲(모친)이 친구 乙을 교사하여 乙로 하여금 甲의 영아를 살해하게 한 경우이다. 이에 대해서는 ① 단서적용 긍정설(가담한 감경적 신분자 甲뿐만 아니라 정범인 비신분자 乙도 중한 형으로 처벌할 수 없기 때문에 모두 영아살해죄의 법정형으로 처벌해야 한다는 견해), ② 단서적용 부정설(공범종속성 원칙에 따라 정범인 비신분자 乙에게는 보통살인죄가 성립하고, 가담한 감경적 신분자 甲에게도 보통살인죄의 교사범이 성립하고 보통살인죄의 형으로 처벌한다는 견해) 등이 대립한다.

앞서 설명한 제2유형에서 본 것처럼, 형법의 일반원칙인 책임개별화 원칙에 따라 신분자와 비신분자는 얼마든지 개별적 취급이 가능하다. 따라서 감경적 신분자 甲은 감경범죄인 (구)영아살해죄의 교사범이 성립하고, 정범인 비신분자 乙은 통상범죄인 보통살인죄가 성립한다는 해석이 타당하다('책임개별화원칙 적용설').

Ⅴ. 관련문제

1. 이중적 신분과 공범

1) **뜻** 이중적 신분이란 구성적 신분과 가중적 신분이 함께 존재하는 경우를 말한다. 예컨대, 업무상 횡령죄는 주체가 '업무상 보관자'인데, ㉠ 단순 보관자에 대한 관계에서는 업무자(가중적 신분)라는 부진정신분범이지만, ㉡ 일반인에 대한 관계에서는 업무자(가중적 신분) 이외에 보관자(구성적 신분)라는 이중적 신분범이다. 제33조는 이중적 신분범에 대해서는 규정이 없다.

2) **구성적 신분자가 2중적 신분자에게 가담** 우선, 구성적 신분자가 이중적 신분자에게 가담한 경우에는, '가중적 신분범에서 비신분자가 신분자에게 가담한 경우'의 예에 따라 해결하면 된다. 구성적 신분자와 이중적 신분자 상호간에는 부진정신분범(가중적 신분)의 관계에 있기 때문이다. 예컨대, 단순 보관자(구성적 신분자)가 업무상 보관자(이중적 신분자)의 업무상 횡령죄에 가담한 경우 단순 보관자는 제33조 본문을 적용하여 '업무상' 횡령죄의 공범이 성립하되, 단지 그 과형은 단서를 적용하여 '단순'횡령죄의 형으로 처벌한다(성립·과형 구별설).

[정리 : 부진정신분범에서 교사·방조]

	비(非)신분자가 가담	신분자가 가담
가중신분	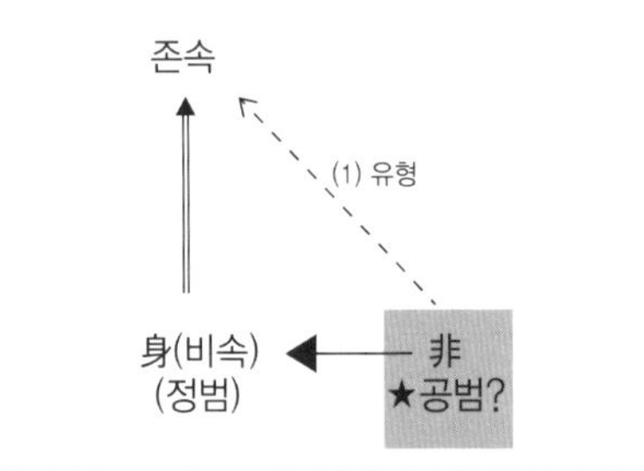 존속 / (1) 유형 / 身(비속) (정범) / 非 ★공범?	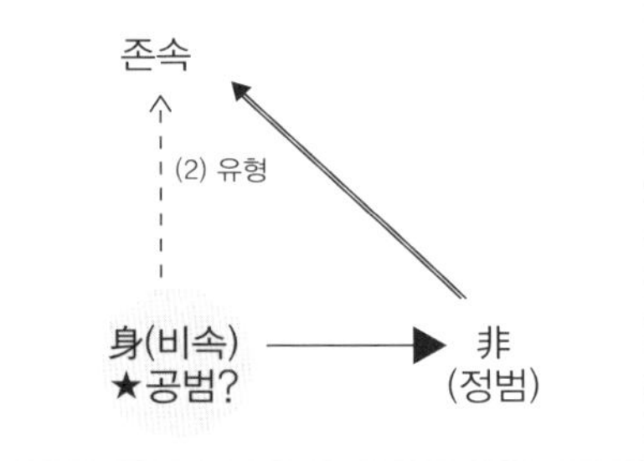 존속 / (2) 유형 / 身(비속) ★공범? / 非 (정범)
	[가담한 비신분자] 성립·과형 구별설은 '존속'살해죄의 교사·방조범 '성립'(본문), '보통'살인죄의 형(단서). 단, 진정·부진정신분범 구별설은 비신분자는 '보통'살인죄 성립(단서 적용) (정범인 가중적 신분자: 존속살해죄의 정범)	책임개별화 원칙 [가담한 가중적 신분자] '존속'살해죄의 교사·방조범 (정범인 비신분자: '보통'살인죄의 정범)
감경신분	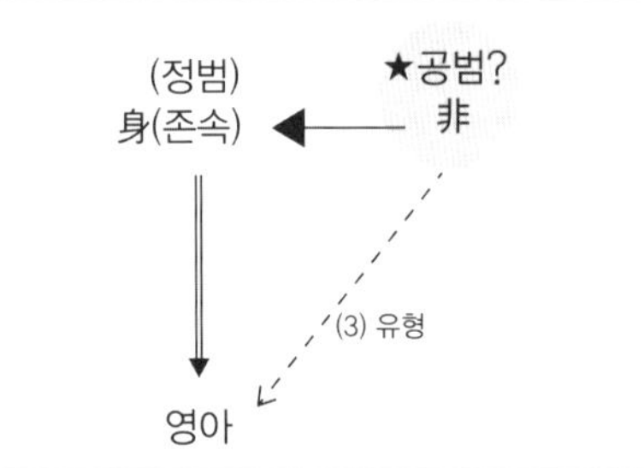 (정범) 身(존속) / ★공범? 非 / (3) 유형 / 영아	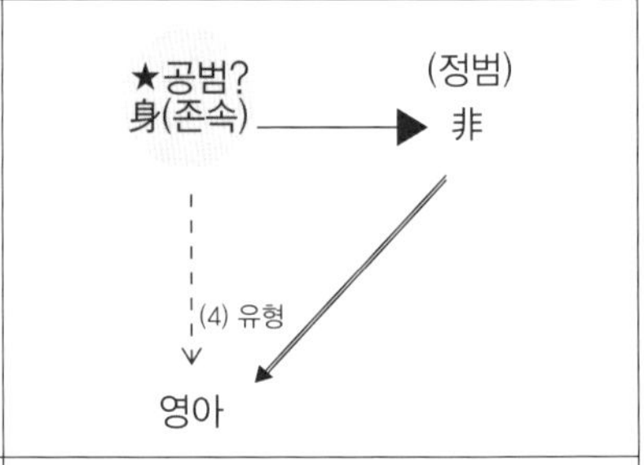 ★공범? 身(존속) / (정범) 非 / (4) 유형 / 영아
	책임개별화 원칙 [가담한 비신분자] '***보통***'살인죄의 교사·방조범 (정범인 감경적 신분자: (구)'영아'살해죄의 정범)	책임개별화 원칙 [가담한 감경적 신분자] (구)'***영아***'살해죄의 교사·방조범 (정범인 비신분자: '보통'살인죄의 정범)

3) 일반인이 2중적 신분자에게 가담 특히 문제되는 것은 일반인이 이중적 신분자에게 가담한 경우이다. 판례는 성립·과형 구별설의 입장이다. 예컨대, 일반인(비신분자)이 업무상 보관자(이중적 신분자)의 '업무상' 횡령죄에 가담한 경우 일반인(비신분자)은 제33조 본문을 적용하여 '업무상' 횡령죄의 공범(공동정범, 교사·방조범)이 성립하되, 단지 그 과형은 단서를 적용하여 '단순'횡령죄의 형으로 처벌한다. 반면, 진정·부진정신분범 구별설에서는, 비신분자인 일반인은 단지 '단순'횡령죄의 공범만 성립한다.

[판례: 이중적 신분] i) [업무상 횡령죄] ㉠ "비점유자가 업무상점유자와 공모하여 횡령한 경우에 비점유자도 형법 제33조 본문에 의하여 공범관계가 성립되며 다만 그 처단에 있어서는 동조 단서의 적용을 받는다"(대판 1965.8.24. 65도493), ㉡ "면이 예산과는 별도로 면장이 면민들로부터 모금하여 그 개인명으로 예금하여 보관하고 있던 체육대회성금의 업무상 점유보관자는 면장뿐이므로, 면의 총무계장이 면장과 공모하여 '업무상'횡령죄를 저질렀다 하여도 업무상 보관책임있는 신분관계가 없는 총무계장에 대하여는 형법 제33조 단서에 의하여 형법 제355조 '제1항'('단순'횡령죄. ※ 판결요지에는 '제2항'으로 되어 있으나 판결본문에 비추어 오기임이 명백하다)에 따라 처단하여야 한다"(대판 1989.10.10. 87도1901) 등.

ii) [업무상 배임죄] ㉠ "은행원이 아닌 자가 은행원들과 공모하여 '업무상' 배임죄를 저질렀다 하여도, 이는 업무상 타인의 사무를 처리하는 신분관계로 인하여 형의 경중이 있는 경우이므로, 그러한 신분관계가 없는 자에 대하여서는 형법 제33조 단서에 의하여 형법 제355조 제2항('단순'배임죄)에 따라 처단하여야 한다"(대판 1986.10.28. 86도1517), ㉡ "신분관계가 없는 자가 그러한 신분관계에 있는 자와 공모하여 위 상호신용금고법위반죄(단순배임죄에 비해 형이 가중된 업무상 배임죄의 일종)를 저질렀다면, 그러한 신분관계가 없는 자에 대하여는 형법 제33조 단서에 의하여 형법 제355조 제2항에 따라 처단하여야 할 것인바, 그러한 경우에는 신분관계가 없는 자에게도 일단 '업무상배임으로 인한 상호신용금고법 제39조 제1항 제2호 위반죄'가 성립한 다음 형법 제33조 단서에 의하여 중한 형이 아닌 형법 제355조 제2항('단순'배임죄)에 정한 형으로 처벌되는 것이다"(대판 1997.12.26. 97도2609) 등.

2. 필요적 공범과 신분

1) 대향범과 공범 필요적 공범 가운데 대향범에서 외부의 제3자가 대향범의 일방에 가담하는 경우 제33조가 문제된다. 상습도박죄와 뇌물죄가 주로 문제된다. 그 중 진정신분범인 수뢰죄의 경우는 앞서 설명하였다.

2) 상습도박죄와 상습성(가중적 신분) 상습성은 신분이며 상습자는 신분자이다. 상습도박죄는 단순도박죄에 비해 형이 가중되는 경우이므로, 도박의 상습성은 **가중적 신분**이고, 상습도박죄는 가중적 부진정신분범에 해당한다. 외부의 제3자가 도박죄의 대향자 중 일방에 가담한 경우 제33조의 적용이 문제된다. 성립·과형 구별설(판례)에 따르면, 다음과 같이 요약된다.

i) [제1유형] 비상습자(비신분자)가 상습자(신분자)에게 교사·방조의 형태로 가담한 경우 **비상습자**에게는 일단 제33조 본문이 적용되어 '상습'도박죄의 교사·방조범이 성립하되, 단서에 의해 '단순'도박죄의 형으로 처벌된다(성립·과형

구별설).

ii) [제2유형] 반대로 상습자(신분자)가 비상습자(비신분자)에게 가담한 경우 상습자에게는 (책임개별화 원칙이 적용되어) '상습'도박죄의 교사·방조범이 성립한다(前述). 판례도 같다.[1]

3. 소극적 신분과 공범

제33조는 적극적 신분에 대해서만 규정하고, 소극적 신분에 대해서는 규정이 없다. 이 점은 2020년 형법 개정으로 문언상 더욱 분명해졌다(즉, 제33조는 "'신분이 있어야 성립되는 범죄'에 신분 없는 사람이 가담한 경우"만을 대상으로 한다). 따라서 협의의 공범(교사·방조범)은 공범종속성 원칙, 특히 제한종속형식에 따라 해결하면 된다. 다만 공동정범은 별도로 문제된다.

(1) 불구성적 신분과 공범

1) 교사·방조범 우선, ㉠ (비신분자→신분자) 비신분자가 신분자의 적법행위에 가담한 경우에는, 신분자에게 범죄가 성립하지 않으므로 비신분자에게도 범죄가 성립하지 않는다(예: 일반인이 의사의 의료행위에 가담한 경우 양자 모두 불가벌). 반면, ㉡ (신분자→비신분자) 신분자가 비신분자의 불법행위에 가담한 경우 (비신분자는 해당 범죄의 정범이 되고) 신분자는 그 범죄의 교사·방조범이 된다. 공범종속성의 원칙이 적용되기 때문이다. 판례도 같은 취지에서, **유죄설**의 입장이다. 예컨대, "**치과의사가** 치과기공사들에게 진료행위를 지시하였다면 **무면허의료행위의 교사범에** 해당한다"(대판 1986. 7.8. 86도749).

2) 공동정범 이에 대해서는 ㉠ 공동정범 긍정설(**기능적 범행지배**의 표지를 갖춘 경우에는, 비신분자의 불법실현에 분업적으로 가담한 것이므로 공동정범까지 인정할 수 있다는 견해), ㉡ 공동정범 부정설(비신분자만 정범이 될 수 있으므로 비신분성은 '정범'표지이고, '정범'표지가 결여된 소극적 신분자는 정범이 될 수 없다는 견해)이 대립한다. (소극적 신분자에 대한) **유죄설(=공동정범 긍정)**이 다수설·판례이다. 즉, "의사가 간호사에 의한 의료행위가 실시되는데 간호사와 함께 공모하여 그 공동의사에 의한 기능적 행위지배가 있었다면, **의사도 무면허의료행위의 공동정범**이 된다"(대판 2012.5.10. 2010도5964), "의료인이 일반인의 의료기관 개설행위에 공모하여 가공하면 의료법위반

1) [판례: 상습도박죄와 제33조] 예컨대, "도박의 습벽이 있는 자가 타인의 도박을 방조하면 상습도박방조의 죄에 해당하는 것이며, 도박의 습벽이 있는 자가 도박을 하고 또 도박방조를 하였을 경우 상습도박방조의 죄는 무거운 상습도박의 죄에 포괄시켜 1죄로서 처단하여야 한다"(대판 1984.4.24. 84도195).

죄의 공동정범에 해당한다"(대판 2017.4.7. 2017도378).[1]

(2) 책임조각적 신분과 공범

1) 교사 · 방조범 우선, ㉠ (비신분자→책임조각적 신분자) 비신분자가 책임조각적 신분자의 행위에 가담한 경우 **책임개별화 원칙**이 적용된다. 따라서 정범인 **신분자는 책임이 조각되어** 범죄가 성립하지 않으나, 공범인 비신분자는 (책임이 조각되지 않으므로) 교사 · 방조범이 성립한다. 예컨대, 비신분자인 제3자 甲이 범인의 부친 A(책임조각적 신분자)를 교사하여 범인 B를 은닉하게 한 경우 정범인 신분자 A는 책임이 조각되지만, 비신분자인 제3자 甲은 범인은닉죄의 교사범이 된다.

한편, ㉡ (책임조각적 신분자→비신분자) 책임조각적 신분자가 비신분자의 행위에 가담한 경우에도 책임개별화 원칙이 적용된다고 해야 한다. 따라서 정범인 비신분자의 범죄 성립에는 의문이 없다. 그런데 공범인 (책임조각적) **신분자**의 범죄 성립 여부에 대해서는, 책임조각 긍정설(무죄설, 책임신분에는 책임개별화 원칙이 적용되므로, 책임이 조각된다는 견해), 책임조각 부정설(유죄설, 책임신분으로 인한 불가벌의 범위를 일탈한 것이므로, 공범이 성립한다는 견해)이 대립한다. 학설은 **무죄설**(＝**책임조각 긍정**)이 통설이다. 반면, 판례는 대체로 **유죄설**(＝**책임조각 부정**)로서, 신분자에게 **교사범**의 성립을 인정한다. 즉, 책임조각적 신분자라 하더라도 비신분자를 교사한 경우에는 그 신분자에게 책임조각을 부정하고 교사범의 성립을 인정한다. 예컨대, 신분자인 형 乙이 범인인 동생 A를 위하여 제3자(범인도피의 정범)로 하여금 범인도피를 범하게 한 경우에는, 형 乙에게는 범인도피'교사'죄가 성립한다는 것이다.[2] 다만, 무죄설에 입각한 판례도 있다(대판 2007.11.29. 2007도706).

---

1) [비변호사의 변호사 고용과 법률사무소 개설: 대향범] 다만, 판례는 <u>변호사 아닌 자가 변호사를 고용하여 법률사무소를 개설한 사안에서</u> 예외적으로 "<u>변호사를 공범으로 처벌할 수 없다</u>"고 하여 모순된 태도를 보이고 있다. 즉, 대판 2004.10.28. 2004도3994 ("변호사 아닌 자에게 고용되어 법률사무소의 개설 · 운영에 관여한 변호사의 행위가 일반적인 <u>형법 총칙상의 공모, 교사 또는 방조에 해당된다고 하더라도</u> <u>변호사를 변호사 아닌 자의 공범으로서 처벌할 수는 없다</u>").

이에 대해서는 "대향범의 논리를 지나치게 확대적용한 것으로, '대향범'과 '공범과 신분'에 관한 문제를 혼동한 중대한 하자가 있는 판례"라는 비판이 있다. 즉, 변호사의 고용계약 자체만이라면 대향범의 문제이겠지만, 나아가 <u>법률사무소 운영의 공동에까지 이른 이상 공범관계의 문제</u>라는 것이다.

2) [판례: 신분자가 비신분자에 가담한 경우 신분자의 책임(긍정)] 대판 1996.9.24. 96도1382 ("피고인이 그 동생이 벌금 이상의 형에 해당하는 범죄를 저지른 자임을 알면서 제3자로 하여금 수사기관에 허위의 진술을 하도록 교사한 것이라면, 이러한 경우(주: <u>친족이 타인을 이용하여 범인을 도피시킨 경우</u>)는 형법 제151조 제2항에 정한 친족이 본인(범인)을 도피하게 한 경우

[(범인 자신이 친족을 이용하여 범한) **자기도피의 교사**] 범인이 자신을 위하여 친족(책임조각적 신분자)으로 하여금 범인도피죄를 범하게 한 경우 비신분자인 그 범인은 범인도피'교사'죄가 성립한다. 즉, "범인이 자신을 위하여 타인으로 하여금 허위의 자백을 하게 하여 범인도피죄를 범하게 하는 행위는 방어권의 남용으로 범인도피교사죄에 해당하는바, 이 경우 그 타인이 형법 제151조 제2항에 의하여 처벌을 받지 아니하는 친족, 호주 또는 동거 가족에 해당한다 하여 달리 볼 것은 아니다"(대판 2006.12.7. 2005도3707).

2) **공동정범** 책임조각적 신분자와 비신분자가 공동가공한 경우에도, 각자의 책임에 따르게 되므로, 신분자는 무죄(책임조각), **비신분자**는 범죄가 성립하고 **정범**이 된다. 판례도 같다. 예컨대, "친족 간의 정치자금 기부행위 불처벌 규정(정치자금법45①단서)은 책임조각사유이다. 정치자금부정수수죄에서 책임조각적 신분자(친족)와 비신분자가 공동한 경우 신분자는 책임이 조각되고, 비신분자는 범죄가 성립한다"(대판 2007.11.29. 2007도7062). 책임신분의 경우에는 **책임개별화 원칙**이 적용되기 때문이다.

(3) 형벌조각적 신분과 공범

형벌조각적 신분의 대표적인 예는 친족상도례의 근친관계이다. 근친관계의 경우 형을 면제하는데, 그 법적 성격은 인적 처벌조각사유가 된다. 위법성조각이나 책임조각의 경우 '벌하지 아니한다'라는 규정형식과 달리, 근친간의 친족상도례의 경우 '형을 면제한다'고 규정하고 있기 때문이다. 형의 면제는 **'신분자'**에게만 적용된다(인적 처벌조각사유). 요컨대, 신분자는 (정범이든 공범이든) 형이 면제되지만, 비신분자는 형이 면제되지 않고 언제나 처벌된다(유죄설).

1) **교사·방조범** 우선, ㉠ (비신분자→신분자) 비신분자가 형벌조각적 신분자(친족상도례의 근친)에게 가담한 경우 신분자·비신분자 모두 범죄가 성립하나, **신분자**만 그 **형이 면제**된다. 예컨대, 피해자의 아들 친구가 피해자의 아들을 교사하여 피해자 재물을 절도하게 한 경우 그 아들만 형이 면제된다.

한편, ㉡ (신분자→비신분자) 형벌조각적 신분자가 비신분자에게 가담한 경우 신분자에게 형벌조각이 인정되는지 여부가 문제된다. 예컨대, 피해자의 아들이 친구에게 절도를 교사한 경우이다. 이에 대해서는 형면제 부정설(신분자가 단독 실

에 해당하지 아니하므로, 피고인은 범인도피의 교사범으로서의 죄책을 면할 수 없다"). 신분자가 직접 범인인 친족을 은닉하는 경우와 달리, 제3자와의 관계가 문제되고, 범인은닉죄의 정범인 제3자에 대한 관계에서는 책임조각적 신분자로 되는 것이 아닌 이상 책임조각을 인정받을 사유(기대불가능성)를 상실한다는 의미로 보인다.

행하면 형벌이 면제되지만 타인을 교사하여 새로운 범인을 창조하면 형벌이 면제되지 않는다는 견해), 형면제 긍정설(제한종속형식의 취지에 비추어 직접·간접의 단독실행 여부는 중요한 것이 아니므로 일률적으로 형이 면제된다는 견해) 등이 있다. 형벌조각사유는 정범에 종속되지 않고 각자 개별화되며, 형법 제328조 제3항과 제한종속형식의 취지에 비추어, 신분자에 대해서는 여전히 (신분자만 형이 면제된다는) **형면제 긍정설**이 통설이다.

2) **공동정범** 위 ㉠과 같다. 신분자만 형이 면제된다. 즉, 피해자의 아들과 아들 친구가 공동정범의 관계에 있는 경우에도 마찬가지로 신분자인 '피해자의 아들'만 형이 면제된다.

제7장
죄 수 론

제1절 죄수 이론

Ⅰ. 의의와 종류

1. 죄수론의 의의

1) 죄수론과 경합론 죄수론은 범죄의 개수가 1개인가 또는 수개인가를 규명하는 이론이다. 형법각칙의 구성요건은 1개의 행위로 하나의 구성요건을 실현하는 것을 상정하고 있지만, 현실에서는 1개의 행위로 수개의 구성요건을 실현하거나 수개의 행위로 수개의 구성요건을 실현하는 경우가 허다하다.

이 경우 ㉠ 범죄의 수를 어떤 기준에 따라 결정할 것인가의 문제('협의의 죄수론')와 ㉡ 범죄의 수가 수개인 경우 그 수죄의 경합을 어떻게 처리할 것인가의 문제('경합론')가 등장한다. 특히 후자의 '경합론'은 형법이 범죄에 대해 그 '행위자인 사람'에게 형벌을 가하는 것이기 때문에 등장하는 특유한 문제이다. 형법은 '경합론'에 대해 '상상적 경합'(40)과 '실체적 경합'(37~39)만을 규정할 뿐, 나머지는 전적으로 해석론에 맡기고 있다.

2) 죄수론의 위치 죄수론은 1인이 범한 범죄의 수와 관련하여, 1죄와 수죄의 구별 및 그 효과에 관한 논의이다. 죄수에 따라 범죄의 위법성과 책임이 증감하고, 죄수에 따라 처단형과 선고형이 달라지게 된다. 따라서 죄수론은 범죄론과 형벌론의 중간에 위치한다.

2. 죄수의 종류

죄수에는 1죄(1罪)와 수죄(數罪)가 있다. 1죄에는 '단순일죄'와 '포괄일죄'가 있고, 수죄에는 '상상적 경합'과 '실체적 경합'이 있다.

(1) 1죄

1) 단순1죄 단순일죄에는 ㉠ 1개의 행위가 하나의 구성요건만을 충족하는 원래적 의미의 **단순일죄**와 ㉡ 1개의 행위[1)]가 외관상 수개의 구성요건을 충족하는 것처럼 보이지만 (하나의 구성요건이 충족되면 다른 구성요건의 충족은 배제되는 결과) 실질적으로 1죄만을 구성하는 **법조경합**이 있다. 법조경합에는 특별관계, 보충관계, 흡수관계 등이 있다.

2) 포괄1죄 **포괄일죄**는 수개의 행위가 1개의 구성요건을 반복적으로 실현한 경우 그 수개의 행위를 포괄하여 (수죄가 아닌) 하나의 범죄로 평가하는 것 (즉, 구성요건의 1회 충족으로 평가)이다. 여기에는 결합범, 계속범, 접속범, 연속범, 그리고 집합범이 있다.

(2) 수죄

1) 상상적 경합 **상상적 경합**은 '1개의 행위'가 수개의 죄에 해당하는 경우이다(40). 실체법상으로는 수죄이지만 소송법상으로는 일죄인데, '과형상 일죄'라고도 한다.

2) 실체적 경합 **실체적 경합**은 '수개의 행위'가 수개의 죄에 해당하는 경우로서, 수죄의 가장 전형적인 예이다. 단순히 '경합범'이라고도 한다. 경합범에는 ㉠ '아직 판결이 확정되지 아니한 수개의 죄'인 동시적 경합범(37전단)과 ㉡ '금고 이상의 판결이 확정된 죄와 그 판결확정 전에 범한 죄'에 관한 사후적 경합범(37후단)이 있다.

[도해 : 1죄와 수죄]

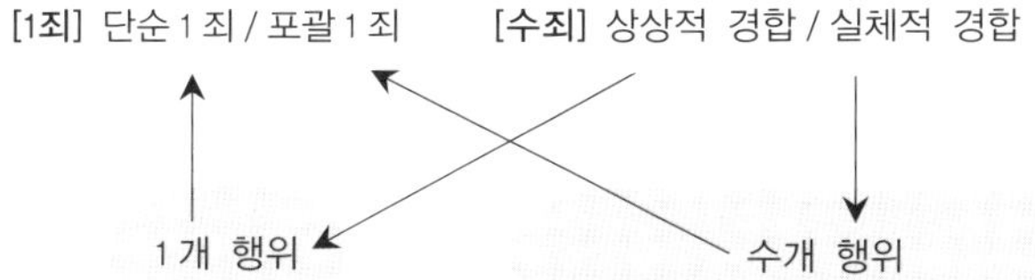

---

1) 다만, 불가벌적 사후행위의 경우에는 수개의 행위이다.

Ⅱ. 죄수결정의 기준

1. 학설의 대립

죄수의 결정기준에 대해서는 행위표준설, 법익표준설, 의사표준설, 구성요건표준설 등이 있다. 그 어떤 견해도 현행 형법과 완전히 조화될 수는 없다.

[학설] 1) **행위표준설** 행위의 수를 기준으로, 행위가 하나이면 1죄이고 수개이면 수죄라는 견해이다. 그러나 이는 ㉠ 행위가 수개라도 구성요건 1개인 결합범, ㉡ 행위는 하나라도 실질적 수죄인 상상적 경합을 설명하지 못한다.

2) **법익표준설** 침해되는 법익의 수를 기준으로, 수개의 법익을 침해하면 수죄이고, 하나의 법익을 침해하면 1죄라는 견해이다. 다만 그 법익이 일신전속적인지 여부에 따라 범죄의 개수가 달라진다. 즉, 법익의 주체와 불가분의 관계가 있는 일신전속적 법익(예: 생명 · 신체 · 자유 등)을 침해하는 범죄인 경우에는 '각 피해자별로' 1개의 범죄가 성립하고(대판 1983.4.26. 83도524), 법익의 주체와 분리 가능한 비전속적 법익(예: 재산 · 공공의 안전 등)을 침해하는 범죄는 '재산관리의 수에 따라'(또는 사회의 평온과 같은 '법익침해의 수에 따라') 죄수를 결정한다(대판 1970.7.21. 70도1133). 그러나 이 견해는 수개의 법익침해가 1개의 범죄를 구성하는 경우(예: 강도죄)를 설명하지 못한다.

3) **의사표준설** 행위나 법익침해의 수와 관계 없이 범죄의사의 수를 기준으로 하는 견해이다. 고의 · 과실을 불문하고, 단일하고 일관된 하나의 범죄의사가 있으면 1죄이고, 범죄의사가 수개이면 수죄가 된다고 한다. 그러나 ㉠ 범죄의 수를 단지 행위자의 의사만으로 결정한다는 것은 범죄의 정형성을 무시하는 것이며, ㉡ 다수의 범죄결과가 발생한 경우까지 범죄의사가 하나라는 이유로 항상 1죄라고 하는 것은 부당하다는 비판이 있다.

4) **구성요건표준설** 충족하는 구성요건의 수를 기준으로 하는 견해이다. 행위가 수개라도 구성요건을 1회 충족하면 1죄이고, 행위가 1개라도 구성요건을 수회 충족하면 수죄가 된다는 것이다(다수설). 그러나 이 견해도 ㉠ 구체적으로 구성요건을 몇번 충족하는가 판단하기란 쉽지 않고, ㉡ 수개의 행위로 하나의 구성요건을 반복적으로 충족하는 접속범 · 연속범(포괄일죄)의 경우, 과연 1죄인지 수죄인지 구별하기가 쉽지 않다(이 경우 1죄로 평가함이 타당함에도 자칫 수죄로 평가될 수도 있다)는 난점이 있다.

5) **총합설** 행위 · 결과 · 법익침해 · 범죄의사 및 구성요건의 충족 횟수를 종합하여 합목적적으로 판단해야 한다는 견해이다. 그러나 구체적으로 어떤 기준을 어떻게 고려하여 적용할 것인지가 불분명하다는 문제점이 있다.

형법은 제40조(상상적 경합: 1개의 행위가 '수개의 죄'에 해당하는 경우)와 제37조(경합범: 수개의 행위를 전제로 '수개의 죄'가 성립하는 경우)를 규정하고 있는데, 그 해석상 '행위'와 '죄'는 동의어가 될 수 없다. 요컨대, 죄수(즉, 범죄의 수)의 결정은 기본적으로 **구성요건표준설**이 바람직하다. 범죄란 행위에 대한 구성요건적 평가로서 구성요건 충족의 문제이기 때문이다. 다만, 접속범 등과 같이 구성요건만을 기준으로 하면 부당한 결론에 이르게 되는 경우 구체적 범죄형태에 따라 다른 기준(행위, 보호법익, 의사 등)도 함께 고려할 필요가 있다.

2. 판례의 태도

판례는 구성요건표준설을 기본으로 하되, 개별 범죄유형에 따라 어느 하나의 기준 또는 여러 기준을 결합함으로써, 죄수 결정의 기준을 달리 하고 있다. 예컨대, ㉠ 조세포탈의 죄수는 위반사실의 '구성요건 충족 횟수'를 기준으로 결정된다(대판 2000.4.20. 99도3822 전합).[1] 구성요건표준설의 입장이다. ㉡ 한편, (법조경합과 상상적 경합의 구별기준에 대해) "실질적으로 1죄인가 또는 수죄인가는 '구성요건적 평가'와 '보호법익'의 측면에서 고찰하여 판단하여야 한다"(대판 2000.7.7. 2000도1899). 다른 기준도 함께 고려한다는 것이다.

[판례 (죄수결정 기준)] 각 개별 범죄유형에 따른 죄수결정의 기준은 다음과 같다.

1) **구성요건 기준** ㉠ 감금죄가 강도죄나 강간죄의 수단이 된 경우라도, 감금죄는 강도죄나 강간죄와는 별개의 죄를 구성하고(대판 1997.1.21. 96도2715), ㉡ 예금통장과 인장을 '절취'한 행위와 예금환급금수령증을 '위조'한 행위는 각각 별개의 범죄구성요건을 충족하는 각 독립된 행위이므로 (수죄이고) 경합범이 성립한다(대판 1968.12.24. 68도1510). 구성요건표준설에 따른 것이다.

2) **행위 기준** ㉮ **성범죄**의 경우 판례는 행위 기준이다(원칙). 즉, 미성년자의제강간·의제강제추행죄는 간음행위마다 1개의 범죄가 성립한다(대판 1982. 12.14. 82도

1) [조세포탈범의 죄수] 위 99도3822 전합 ("원래 조세포탈범의 죄수는 위반사실의 구성요건 충족 횟수를 기준으로 하여 예컨대, 소득세포탈범은 각 과세년도의 소득세마다, 법인세포탈범은 각 사업년도의 법인세마다, 그리고 부가가치세의 포탈범은 각 과세기간인 6월의 부가가치세마다 1죄가 성립하는 것이 원칙이다. 그러나, 특정범죄가중처벌법 제8조 제1항은 연간 포탈세액이 일정액 이상이라는 가중사유를 구성요건화하여 조세범처벌법 제9조 제1항의 행위와 합쳐서 하나의 범죄유형으로 하고 그에 대한 법정형을 규정한 것이므로, 조세의 종류를 불문하고 1년간 포탈한 세액을 모두 합산한 금액이 특정범죄가중처벌법 제8조 제1항 소정의 금액 이상인 때에는 같은 항 위반의 1죄만이 성립하고, 또한 같은 항 위반죄는 1년 단위로 하나의 죄를 구성하며 그 상호간에는 경합범 관계에 있다").

2442).[1] 행위표준설에 따른 것이다. 한편, ㉠ 피해자를 1회 강간하여 상처를 입게 한 후 '약 1시간 후에 장소를 옮겨' 다시 1회 강간한 행위는 각 별개의 범의에서 이루어진 행위로서 (강간치상죄와 강간죄의) 실체적 경합범이 되고(대판 1987. 5.12. 87도694), 반면, ㉡ 피해자를 1회 강간하였다가 '200미터쯤 오다가' 다시 1회 강간한 경우에는 2개의 강간죄가 아니라 1죄가 된다(대판 1970.9.29. 70도1516). 이는 행위표준설과 의사표준설을 결합한 것이다. ㈏ 특히 '**연명문서의 위조**', 즉 2인 이상의 연명으로 된 문서(예: 계약서 등)를 위조한 때에는, 작성명의인의 수대로 수개의 문서위조죄가 성립하고, 상상적 경합범에 해당한다(대판 1987.7.21. 87도564. 연명문서 위조행위는 자연적 관찰이나 사회통념상 하나의 행위).

3) **법익 기준** 예컨대, ㉠ 위조통화행사죄와 사기죄는 그 보호법익이 다르므로 실체적 경합범이 성립하고(대판 1979.7.10. 79도840), ㉡ 사기의 수단으로 발행한 수표가 지급거절된 경우 부정수표단속법위반죄와 사기죄는 실체적 경합관계이며(대판 2004.6.25. 2004도1751), ㉢ 수인의 피해자에 대하여 각별로 기망행위를 하여 각각 재물을 편취한 경우에는 (범의가 단일하고 범행방법이 동일하더라도) 각 피해자의 피해법익은 독립한 것이므로 이를 포괄일죄로 파악할 수 없고 피해자별로 독립한 사기죄가 성립된다(대판 2001.12.28. 2001도6130). 또한 ㉣ 주취운전의 도로교통법위반죄와 음주측정거부의 도로교통법위반죄는 (양자가 반드시 동일한 법익을 침해한 것이라 단정할 수 없어) 실체적 경합관계에 있다(대판 2004.11.12. 2004도5257).

㉤ 한편, 동일한 공무를 집행하는 여럿의 공무원에 대해 폭행·협박을 한 경우에 '공무원의 수에 따라' 여러 공무집행방해죄가 성립하고, 그 행위가 동일한 장소에서 동일한 기회에 이루어진 것으로서 사회관념상 1개의 행위인 경우에는 상상적 경합의 관계에 있다(대판 2009.6.25. 2009도3505)고 한다.

4) **의사 기준** '단일하고 계속된 범의' 하에 동종 범행을 일정기간 반복하였다면 포괄1죄가 성립한다(의사표준설). ㉠ 사기죄에서 같은 피해자에 대해 수회 기망행위를 하여 금원 편취한 경우, 범의가 단일하고 범행 방법이 동일하다면 사기죄의 포괄일죄만이 성립하고(대판 2002.7.12. 2002도2029), ㉡ 여러 개의 뇌물수수행위가, 단일하고 계속된 범의하에 동종의 범행을 일정 기간 반복한 것이고, 피해법익도 동일한 경우에는 각 범행을 통틀어 포괄일죄로 본다(범의의 단일성과 계속성이 없다면 각 범행마다 별개의 죄로서 경합범이 된다. 대판 1998.2.10. 97도2836).

5) **법정형 고려** 부진정 결과적가중범의 경우 판례는 '법정형'도 죄수 결정에 고려한다.[2] 예컨대, ㉠ "사람을 살해할 목적으로 현주건조물에 방화하여 사망에 이르

---

1) "간통죄는 성교행위마다 1개의 간통죄가 성립한다"는 판례(대판 1982.12.14. 82도2448)도 같다.

2) [법정형 고려] 대판 2008.11.27. 2008도7311 ("기본범죄를 통하여 고의로 중한 결과를 발생하게 한 경우에 가중 처벌하는 부진정결과적가중범에서, 고의로 중한 결과를 발생하게 한 행위가 별도의 구성요건에 해당하고 그 고의범에 대하여 결과적가중범에 정한 형보다 더 무겁게

게 한 경우에는, 현주건조물방화치사죄로 의율하여야 하고, 이와 더불어 살인죄와의 상상적 경합범으로 의율할 것은 아니며"(대판 1996.4.26. 96도485. 즉, 현주건조물방화죄 1죄만 성립), ㉡ 반면, "재물을 강취한 후 피해자를 살해할 목적으로 현주건조물에 방화하여 사망에 이르게 한 경우에는, 강도살인죄와 현주건조물방화치사죄에 모두 해당하고 그 두 죄는 상상적 경합범관계에 있다"(대판 1998.12.8. 98도3416). 이는 형의 불균형을 고려하여 죄수를 결정한 것이다.

Ⅲ. 죄수론의 중요성

죄수론(경합론 포함)은 실체법(형법)과 절차법(형사소송법)에서 중요한 의미를 갖는다.

(1) 실체법(형법)

1) 처단형 죄수론은 실체법적으로 **처단형**의 결정(법정형 가운데 형벌의 종류를 선택한 후, 법률상 및 재판상 가중·감경을 한 것)에서 중요한 의미가 있다. 포괄1죄는 (구성요건을 달리해도) 가장 무거운 죄 하나만 성립하고, 상상적 경합범은 가장 무거운 죄에 대하여 정한 형으로만 처벌한다(흡수주의). 실체적 경합범은 흡수주의(가장 무거운 죄의 형에 나머지 죄의 형을 흡수시키는 방식), 가중주의(가장 무거운 죄의 형에 50% 가중하는 방식), 병과주의(각각의 형을 선고하고 모두 집행하는 방식) 셋이 있는데, 우리 형법은 가중주의를 기본으로 흡수주의·병과주의를 가미하여 처단형을 산출하고 있다.

2) 법정형 또한 죄수론은 특별형법상 가중적 구성요건에서 **법정형** 자체에 영향을 주는 경우도 있다(1죄에 대해, 특가법 제2조는 수뢰액에 따라, 특경법 제3조는 이득액에 따라, 특가법 제8조는 포탈세액에 따라, 각 일정 금액 이상이면 법정형 자체가 가중된다).

(2) 절차법(형사소송법)

1) 소송관계 특히, 죄수론은 소송법상 **소송관계**에서 극히 중요한 의미를 갖는다 즉, 죄수에 따라 소송절차상 공소사실의 특정 정도, 공소시효, 공소제기의 효력, 심판대상과 공소장변경의 한계, 기판력 내지 일사부재리 효력의 범위, 판결의 주문표시, 일부상소 및 상소심의 심판범위 등에서 큰 차이가 있다.

2) 형의 집행 죄수론은 **형의 집행**에도 영향을 미친다(예: 형소462).

처벌하는 규정이 있는 경우에는 그 고의범과 결과적가중범이 상상적 경합관계에 있지만, 위와 같이 고의범에 대하여 더 무겁게 처벌하는 규정이 없는 경우에는 결과적가중범이 고의범에 대하여 특별관계에 있으므로 결과적가중범만 성립하고 이와 법조경합의 관계에 있는 고의범에 대하여는 별도로 죄를 구성하지 않는다").

제 2 절 일죄

Ⅰ. 일죄의 의의와 종류

1) 뜻 1죄란 범죄의 수가 1개인 것, 즉 행위가 1개의 구성요건을 1회 충족하는 경우를 말한다. 1죄의 가장 전형적인 예는 1개의 행위가 1개의 범죄의사로써 1개의 법익을 침해하여 1개의 구성요건을 충족하는 경우이다(원래적 의미의 단순일죄). 그런데 외형상 형식적으로는 수개의 구성요건을 충족하는 것처럼 보이지만 실질적으로 1개의 구성요건만 적용되는 결과 단순1죄가 되는 경우가 있다(법조경합).

한편, 수개의 행위가 1개의 동일구성요건을 반복적으로 충족하는 경우에도 포괄하여 1죄로 취급하는 경우가 있다. 수개의 행위가 포괄하여 해당 구성요건을 1회 충족한 것으로 인정할 만한 요건을 구비해야 한다(포괄1죄).

2) 1죄의 종류 이처럼 1죄에는 단순1죄(법조경합 포함), 포괄1죄가 있고, 이는 실체법상 1죄에 속한다. 실체법상 1죄는 소송법상 1개 사건이 되므로 소송법상으로도 1죄가 된다. 한편 상상적 경합(과형상 1죄)은 실체법상 수죄에 속한다.[1]

Ⅱ. 법조경합

1. 의의

1) 뜻 법조경합이란 1개 또는 수개[2]의 어느 행위가 외관상 수개의 구성요건(법조法條)에 해당하는 것처럼 보이지만, 그 구성요건(법조)의 성질상 실질적으로는 1개의 구성요건만 적용되고 다른 구성요건은 적용이 배제되는 결과 1죄만 성립하는 경우를 말한다. 수개의 구성요건 상호간 관계일 뿐이므로, 행위가 1개인지 수개인지는 고려되지 않는다. 이러한 법조경합은 실제로는 하나의 구성요건(법조)만 적용된다는 점에서, 수개의 구성요건상의 범죄가 모두 성립하는 상상적 경합 및 실체적 경합과 구별된다.

2) 본질 법조경합의 본질은 이중평가금지의 원칙에 있다. 예컨대, 직계존

1) 한편, 상상적 경합은 실체법상 수죄이지만 가장 중한 죄에 정한 형으로 처벌하는 관계상 1죄로 취급되는 경우인데, '과형상 1죄'라고도 하며, 당연히 소송법상 1죄이다.

2) 예컨대, 흡수관계인 '불가벌적 사후행위'의 경우 문제되는 행위는 2개(선행행위와 후행행위).

속을 살해한 경우 존속살해죄만이 적용되고 보통살인죄의 적용은 배제되는데, 존속살해의 의미에는 보통살인도 포함되어 있으므로, 존속살해죄와 보통살인죄를 동시에 적용하는 것은 이중평가가 되기 때문이다.

2. 법조경합의 종류

통설·판례에 따르면, 법조경합에는 특별관계, 보충관계, 흡수관계로 유형화된다. 택일관계는 법조경합이 아니라는 견해가 지배적이다.

(1) 특별관계

"어느 구성요건이 다른 구성요건의 모든 요소를 포함하는 외에 다른 요소를 구비하여야 성립하는 경우"를 특별관계라고 한다. "특별관계에서는, '특별법의 구성요건'을 충족하는 행위는 '일반법의 구성요건'을 충족하지만, 반대로 '일반법의 구성요건'을 충족하는 행위는 '특별법의 구성요건'을 충족하지 못한다"(대판 2003.4.8. 2002도6033). 즉, 특별관계는 여러 형벌법규가 일반법과 특별법의 관계에 있는 경우이다. "특별법은 일반법에 우선한다"라는 원리에 따라, 특별법만 적용되고 일반법은 적용되지 않는다(lex specialis derogat legi generali: "특별법은 일반법을 폐지한다"='특별법 우선적용의 원칙').

우선 ㉠ 가중적 구성요건과 기본적 구성요건의 관계(예: 존속살해죄는 보통살인죄의 특별규정, 특수상해죄·특수절도죄는 단순상해죄·단순절도죄의 특별규정, 상습도박죄는 단순도박죄의 특별규정), ㉡ 감경적 구성요건과 기본적 구성요건의 관계(예: 구 영아살해죄)가 대표적이다. 법정형의 경중이 특별관계의 유일한 판단기준이 되는 것은 아니다(예: 법정형이 높은 구성요건이 적용되는 존속살해죄의 경우와 반대로, 영아살해죄의 경우 법정형이 낮은 구성요건이 적용되고, 법정형이 높은 구성요건이 배척된다). 그 밖에 ㉢ 결합범과 그 내용인 범죄의 관계(예: 강도죄는 폭행협박죄와 절도죄의 특별규정), ㉣ 결과적 가중범과 기본범죄의 관계(예: 상해치사죄는 상해죄와 과실치사죄의 특별규정), ㉤ 특별형법과 일반형법의 관계(대판 1967.4.18. 67도113)도 특별관계이다.

[판례 (특별관계 여부)] 판례는, ㉠ **부진정 결과적 가중범**의 경우 (중한 결과에 대한) 고의범의 형이 (부진정) 결과적 가중범의 형보다 ('중한' 경우에는 상상적 경합관계에 있지만) '갈거나 가벼운 때'에는 결과적 가중범이 고의범에 대해 특별관계에 있다고 한다(대판 2008.11.27. 2008도7311). ㉡ 또한, "음주로 인한 특가법위반(위험운전치사상)죄가 성립하는 때(주취상태의 자동차 운전으로 인한 교통사고에 대해 형법 제268조의 업무상 과실치사상죄의 특례를 규정하여 가중처벌하는 것)에는, (차의 운전자가 형법 제268조의 죄

를 범한 것을 내용으로 하는) 교특법위반죄는 그 죄에 흡수되어 별죄를 구성하지 아니한다"(대판 2008.12.11. 2008도9182)라고 한다. 이는 '위험운전치사상죄가 교특법위반죄에 대해 특별관계에 있다'는 것을 의미한다.[1] ㉢ 또한, 형법상 유사강간죄나 강제추행죄(특별법)는 강요죄(일반법)에 대해 특별관계에 있다. 따라서 "피해자를 도구로 이용한 간접정범 형태로 유사강간죄나 강제추행죄가 성립하는 경우 별도로 강요죄가 성립하지 않는다"(대판 2025.9.4. 2025도9690).

반면, 판례는 ㉠ '형법의 구성요건'과 '행정적 처벌법규'는 입법목적이나 보호법익이 다르고 구성요건에도 차이가 있으므로, 행정형법은 일반형법에 대해 특별관계가 아니라, 상상적 경합이라고 한다. 예컨대, 도교법위반죄(과실손괴)와 형법상 업무상과실자동차파괴죄(대판 1983.9.27. 82도671)는 물론, 임의로 다른 차량의 번호판을 떼어 자기 차량에 부착한 경우의 자동차관리법위반죄와 형법상 공기호부정사용죄(대판 1997.6.27. 97도1085)는 상상적 경합 관계에 있다. ㉡ 행정법규 상호간에도 특별관계를 대체로 부정하고 있다(대판 1993.6.22. 93도498).

(2) 보충관계

원래의 형벌법규가 적용될 수 없는 경우에 비로소 어떤 형벌법규가 보충적으로 적용되는 것을 보충관계라 한다. 보충관계는 여러 형벌법규가 같은 법익에 대한 서로 다른 침해단계에서 적용되는 경우에 인정된다. 즉, 보충관계는 여러 형벌법규가 '기본법'과 '보충법'의 관계에 있는 경우이다. '기본법은 보충법에 우선한다'라는 원리에 따라, 기본법이 적용되고 보충법은 적용이 배제된다(lex primaria derogat legi subsidiariae: "기본법은 보충법을 폐지한다"='기본법 우선적용의 원칙').

여기에는 명시적 보충관계와 묵시적 보충관계가 있다. **명시적 보충관계**란, 형법이 명문으로 보충관계를 규정한 경우인데, 예컨대, 현주건조물방화(164) · 공용건조물방화죄(165)→일반건조물방화죄(166)→일반물건방화죄(167)의 관계이다(각각 전자가 기본법, 후자는 보충법). **묵시적 보충관계**란, 명시적 규정은 없지만 구성요건의 체계적 해석과 의미연관에 의하여 해석상 보충관계가 인정되는 경우이다. '**묵시적 보충관계**'에는 다음의 2가지가 있다.

1) 불가벌적 사전행위(경과범죄) 범죄가 일련의 과정을 거치는 동안 전 단계의 과정은 후 단계의 과정에 대해 보충관계에 있다. 여기서 '불가벌'이라는 표현은 단지 '별도로 처벌할 필요가 없다'는 뜻이다. 예컨대, ㉠ 예비는 미수에 대해, 미수는 기수에 대해 각각 보충관계에 있다(대판 1965.9.28. 65도695). ㉡ 위험범

1) 단, 특가법위반(위험운전치사상)죄와 도로교통법위반(음주운전)죄는 실체적 경합 관계이다(대판 2008.11.13. 2008도7143).

은 침해범에 대해 보충관계에 있다. ⓒ 상해는 살인의 결과에 이르는 전 단계의 과정이므로, 살인에 대해 보충관계에 있다.

2) 가벼운 침해방법(경한 범죄) 같은 법익에 대한 가벼운 침해방법은 무거운 침해방법에 대해 보충관계에 있다. 예컨대, ㉠ 방조범은 교사범에 대해, 교사범은 정범에 대해, ㉡ 과실범은 고의범에 대해, ㉢ 부작위범은 작위범에 대해(대판 2004.6.24. 2002도995)[1] 각각 보충관계에 있다. 예컨대, 공동정범이 성립하면 방조범은 성립하지 않고, 공동정범이 성립하지 않는 경우에만 방조범이 문제된다.

(3) 흡수관계 — 불가벌적 수반행위와 불가벌적 사후행위

다른 구성요건을 충족하면, 어떤 구성요건에 해당하는 행위가 통상적으로 여기에 완전히 포함되어 흡수되는 경우를 흡수관계라고 한다. 1개나 또는 수개의 행위(불가벌적 사후행위의 경우)에 의해 여러 구성요건을 실현하지만, 전부법(흡수법)만 적용되는 특수한 관계이다(예: 살인에 수반된 의복손괴, 절도 후 손괴). '전부법은 부분법을 폐지한다'는 원리에 따라, 전부법만 적용되고 부분법은 적용이 차단된다(lex consumens derogat legi consumptae: "전부법은 부분법을 폐지한다"='부분법 적용차단의 원칙').

흡수관계는 ㉠ 부분법(피흡수법)의 구성요건이 전부법(흡수법)의 구성요건에 구성요건상 당연히 포함되는 것은 아니라는 점에서, (당연히 포함되는 관계인) 특별관계와 구별되고, ㉡ 일련의 과정에서 서로 다른 행위가 통상적·전형적으로 결합된 것이라는 점에서, (그렇지 않은) 보충관계와도 구별된다.[2]

'흡수관계'에는 '불가벌적 수반행위'와 '불가벌적 사후행위'가 있다.

1) 전형적 또는 불가벌적 수반행위 불가벌적 수반행위란 주된 범죄행위

1) [작위와 부작위의 보충관계] 대판 2004.6.24. 2002도995 ("어떠한 범죄가 적극적 작위에 의하여 이루어질 수 있음은 물론 결과의 발생을 방지하지 아니하는 소극적 부작위에 의하여도 실현될 수 있는 경우에, 행위자가 자신의 신체적 활동이나 물리적·화학적 작용을 통하여 적극적으로 타인의 법익 상황을 악화시킴으로써 결국 그 타인의 법익을 침해하기에 이르렀다면, 이는 작위에 의한 범죄로 봄이 원칙이다").

[허위공문서 작성·행사죄와 직무유기죄] 대판 1993.12.24. 92도3334 ("공무원이 어떠한 위법사실을 발견하고도 위법사실을 적극적으로 은폐할 목적으로 허위공문서를 작성·행사한 경우에는 작위범인 허위공문서작성, 동행사죄만이 성립하고 부작위범인 직무유기죄는 따로 성립하지 아니하나, 직접적으로 위법사실(농지불법전용)을 은폐하기 위하여 한 것은 아니라면 위 허위공문서작성, 동행사죄와 직무유기죄는 실체적 경합범의 관계에 있다").

2) [법조경합의 순차성] 법조경합의 3유형 사이에는 '특별관계→보충관계→흡수관계'의 순차성이 존재한다. 즉, 특별관계에 해당하지 않는 경우에만 보충관계가 인정될 수 있고, 특별관계나 보충관계에 해당하지 않는 경우에 비로소 흡수관계가 인정될 수 있다.

에 — 비록 논리필연적인 것은 아니지만 — 일반적 · **전형적**으로 결합하여 불가피하게 **수반**되는 제3의 경미한 종된 위법행위를 말한다. 수반된 행위의 불법 · 책임은 주된 범죄에 비해 경미하기 때문에 별도로 처벌할 필요가 없다.

예컨대, ㉠ 살인에 수반된 재물손괴, 상해에 수반된 협박(대판 1976.12.14. 76도3375), ㉡ 사문서위조에 수반된 인장의 위조(대판 1978.9.26. 78도1787), ㉢ 감금의 수단이 된 폭행 · 협박(대판 1982.6.22. 82도705), ㉣ 자동차불법사용죄에 수반된 휘발유 소비(대판 1985.3.26. 84도1613), ㉤ 신용카드 부정사용죄에 수반된 매출전표의 위조 · 제시(행사)(대판 1992.6.9. 92도77), ㉥ 반란에 수반된 지휘관의 계엄지역수소 이탈 · 불법진퇴(대판 1997.4.17. 96도3376 전합) 등은 모두 전형적 수반행위로서 각 죄에 흡수되고 별도 범죄를 구성하지 않는다.

다만, 수반행위가 주된 범죄에 비해 '침해의 질과 양'을 초과하지 않아야 한다. 만일 수반행위가 그 범위를 초과하여 고유한 불법 · 책임내용을 가질 때에는 흡수관계가 아니라 별도의 범죄가 성립하며, 상상적 경합관계가 된다. 예컨대, 폭행행위가 업무방해죄의 수단이 된 경우 폭행행위는 업무방해죄에 대해 흡수관계가 아니라 별도의 폭행죄가 성립하며(대판 2012.10.11. 2012도1895),[1] 양죄는 상상적 경합이 된다.

2) 불가벌적 사후행위 불가벌적 사후행위란, 선행행위에 의한 주된 범죄가 성립한 후 그 결과를 이용 또는 유지하는 후행행위(사후행위)는, 그 자체로는 구성요건에 해당하고 위법 · 유책한 행위이지만, 이미 주된 범죄(선행행위)에 의해 완전히 평가된 것이어서 따로 범죄로 처벌되지 않는 경우를 말한다. 예컨대, 재물을 절취한 자가 그 물건을 손괴한 경우 (비록 재물손괴죄에 해당되지만 이미 절도죄에 의해 완전히 평가된 것이기 때문에) 절도죄 외에 손괴죄로 처벌되지 않는다는 것이다(손괴행위는 불가벌적 사후행위). 특히 불가벌적 사후행위의 요건으로는 '새로운 법익침해가 없을 것'이 강조된다. 만일 사후행위에 의해 주된 범죄와 다른 새로운 법익침해가 발생하면, 별도의 범죄가 성립하고 따로 처벌된다(예: 예금통장 · 인장을 갈취한 후 사문서를 위조 · 행사한 경우 공갈죄 외에 별도로 사문서위조 · 행사죄와 사기죄가 성립한다).

---

1) [업무방해죄와 폭행죄(상상적 경합)] 위 2012도1895 ("업무방해죄와 폭행죄는 구성요건과 보호법익을 달리하고 있고, 업무방해죄의 성립에 일반적 · 전형적으로 사람에 대한 폭행행위를 수반하는 것은 아니며, 폭행행위가 업무방해죄에 비하여 별도로 고려되지 않을 만큼 경미한 것이라고 할 수도 없으므로, (설령 피해자에 대한 폭행행위가 동일한 피해자에 대한 업무방해죄의 수단이 되었다고 하더라도) 그 폭행행위가 '불가벌적 수반행위'에 해당하여 업무방해죄에 대하여 흡수관계에 있다고 볼 수는 없다").

[불가벌적 사후행위의 성립요건] 첫째, 주된 선행행위는 '범죄가 성립'해야 하며, 주로 상태범인 경우이다(제1요건). 즉, 선행행위는 적어도 기수에 이르러야 하며, 재산죄인 경우가 보통이지만 반드시 이에 국한되지는 않는나. 예컨대, ㉠ 살인죄를 범한 후 사체를 '그대로 방치'한 채 도망한 행위는 별도로 사체유기죄를 구성하지 않으며, ㉡ 간첩이 탐지·수집한 국가기밀을 적국에 누설한 행위도 불가벌적 사후행위가 된다(대판 1982.4.27. 82도285). 주된 선행행위가 범죄로 성립하는 이상 사후행위보다 법정형이 낮더라도 무방하다. 예컨대, 점유이탈물을 횡령하여 손괴한 경우에도 형이 무거운 손괴행위는 불가벌적 사후행위가 된다.

둘째, 주된 선행행위가 범죄로 성립하는 이상 그 선행행위자가 처벌받았을 것을 요하지 않는다(제2요건). 선행행위자가 공소시효의 완성, 소송조건의 결여(예: 고소의 부존재, 인적처벌조각사유의 존재) 등으로 처벌되지 않는 경우에도 사후행위는 불가벌이다. 다만, 선행행위 자체가 범죄의 증명이 없거나 위법성조각사유 등에 의해 처음부터 범죄성립이 부정되는 경우에는, 사후행위는 그 처벌이 가능하다.

셋째, 사후행위는 '구성요건에 해당하는 위법한 행위'라야 한다(제3요건). 예컨대, 절도범이 절취한 재물을 소비하는 것은 구성요건(횡령)에 해당하지 않는다. 구성요건해당성조차 없는 사후행위는 당연히 불가벌이며, 굳이 불가벌적 사후행위라고 할 것도 없다.

넷째, 사후행위는 주된 범죄와 동일한 보호법익·행위객체를 침해해야 하되, 그 '침해의 양을 초과'하거나 '새로운 법익을 침해'해서는 안된다(제4요건). 만일 주된 범죄의 침해의 양을 초과하거나 새로운 법익을 침해하면 별도의 범죄를 구성한다(주된 범죄와 실체적 경합 관계).

다섯째, 사후행위는 주된 범죄의 '본범' 또는 '공범자'가 스스로 행하거나 가담해야 한다(제5요건). 예컨대, "횡령죄의 불가벌적 사후행위는 선행 횡령행위의 '본범' 또는 이에 '공동정범 등'으로 가담한 사람에게 적용되는 것이 원칙이다"(대판 2025.10.16. 2023도5329). 따라서 사후행위는 제3자에 대한 관계에서는 불가벌이 아니다. 제3자가 사후행위에만 가공한 때에는 사후행위의 공범이 성립한다. 정범의 사후행위가 처벌되지 않더라도 사후행위 자체는 구성요건에 해당하는 위법한 행위이기 때문이다. 예컨대, 절취한 장물을 절도범인과 공동하여 손괴한 제3자는 손괴죄로 처벌된다.

[판례 (불가벌적 사후행위 여부)] i) [불가벌적 사후행위 '인정'사례] 불가벌적 사후행위라고 긍정한 판례사례로는, ㉠ 절취한 자기앞수표를 음식대금으로 교부하고 거스름돈을 환불받은 행위(대판 1987.1.20. 86도1728), ㉡ 장물인 자기앞수표를 취득한 후 이를 현금 대신 교부한 행위(대판 1993.11.23. 93도213),[1] ㉢ 절취한 열차승차권을 자기

1) [자기앞수표의 현금 대신 기능] 위 93도213 ("금융기관 발행의 자기앞수표는 그 액면금을 즉시 지급받을 수 있는 점에서 현금에 대신하는 기능을 가지고 있어서 장물인 자기앞수표를 취득한

의 것인 양 속이면서 환불받은 행위(대판 1975.8.29. 75도1996), ㉣ 장물보관을 의뢰받은 자가 그 정을 알면서 이를 보관하고 있다가 임의 처분한 행위(대판 2004.4.9. 2003도8219),[1] ㉤ 타인을 공갈하여 교부받은 재물을 소비하고 처분한 행위(대판 1986.2.11. 85도2513), ㉥ 횡령행위의 완료후에 행해진 횡령물의 처분행위(대판 1978.11.28. 78도2175) 등. 이들 사후행위는 모두 '주된 범죄에 의한 가벌적 평가 범위 내'이므로 별개의 범죄를 구성하지 않는다.

ii) [불가벌적 사후행위 '부정'사례(=별도 범죄 성립)] 불가벌적 사후행위가 아니라서 별도 범죄가 성립한다고 한 판례사례로는, ㉠ 절도범인이 절취한 장물을 자기 것인양 제3자를 기망하여 담보로 제공하고 금원을 편취한 행위(대판 1980.11.25. 80도2310), ㉡ 편취한 약속어음을 그 사실을 모르는 제3자에게 편취사실을 숨기고 할인받는 행위(대판 2005.9.30. 2005도5236) 등. 이들 사후행위는 모두 **'새로운 법익에 대한 침해'**가 있으므로 별도의 범죄(사기죄)를 구성한다.

또한 ㉢ 예금통장과 인장을 갈취한 후 예금인출에 관한 사문서를 위조·행사하여 예금을 인출한 행위는 공갈죄 외에 별도로 사문서위조·행사죄 및 사기죄가 성립한다(대판 1979.10.30. 79도489). 한편, ㉣ 신용카드를 절취한 후 이를 사용하는 행위는 절도죄 외에 별도로 신용카드부정사용죄가 성립하고(대판 1996.7.12. 96도1181), ㉤ 강취한 신용카드를 가지고 정당한 소지인인양 가맹점 점주를 속여 물품 등을 제공받은 경우 신용카드부정사용죄와 별도로 사기죄가 성립한다(대판 1997.1. 21. 96도2715).

㉥ 절취한 대마를 흡입할 목적으로 소지하는 행위는 절도죄 외에 대마소지죄를 구성하며(대판 1999.4.13. 98도3619), 흡연할 목적으로 대마를 매입한 후 매입한 대마의 소지행위는 대마매매죄 외에 별도로 대마소지죄가 성립한다(대판 1990.7.27. 90도543). 특히, ㉦ A 주식회사의 대표이사와 실질적 운영자인 甲 등이 공모하여, 자신들이 B에 대해 부담하는 개인채무 지급을 위하여 A 회사로 하여금 약속어음을 공동발행하게 하고 위 채무에 대하여 연대보증을 하게 한 후에, A 회사를 위하여 보관 중인 돈을 임의로 인출하며 B에게 지급하여 위 채무를 변제한 경우, 약속어음채무와 연대보증채무 부담으로 인한 회사에 대한 배임죄와 별도로 횡령죄를 구성하며(대판 2011.4.14. 2011도277), ㉧ 부동산 명의수탁자가 보관 중이던 그 토지를 명의신탁자의 승낙 없이 제3자에게 근저당권설정등기를 경료해 준 다음(일단 횡령죄 기수), 다시 그 토지에 별개의 근저당권을 설정한 경우 별도로 횡령죄를 구성한다(대판 2013.2.21. 2010도10500 전합).

후 이를 현금 대신 교부한 행위는 장물취득에 대한 가벌적 평가에 당연히 포함되는 불가벌적 사후행위로서 별도의 범죄를 구성하지 아니한다").

1) [보관장물의 임의 처분과 횡령죄 여부] 위 2003도8219 ("절도 범인으로부터 장물보관 의뢰를 받은 자가 그 정을 알면서 이를 인도받아 보관하고 있다가 임의 처분하였다 하여도 장물보관죄가 성립하는 때에는 이미 그 소유자의 소유물 추구권을 침해하였으므로 그 후의 횡령행위는 불가벌적 사후행위에 불과하여 별도로 횡령죄가 성립하지 않는다").

(4) 택일관계

택일관계란 성질상 양립할 수 없는 2개 이상의 구성요건에서 어느 하나만 적용되는 경우(배타적 · 비양립적 관계)를 말한다. 예컨대, 절도죄와 횡령죄는 양립할 수 없는 택일관계에 있다. 즉, 절도죄는 '타인이 점유하는' 타인의 재물을, 횡령죄는 '자기가 점유하는' 타인의 재물을 객체로 하므로, 서로 양립할 수 없기 때문이다. 택일관계는 외관상으로도 어느 하나의 범죄만 성립한다는 점에서, 법조경합과 구별된다. 따라서 법조경합의 유형에서 제외된다(다수설).

3. 법조경합의 효과

법조경합은 하나의 구성요건(법조)만이 적용된다(즉, 다른 구성요건 또는 법조는 '그 적용이 배제'된다). 배제되는 법조(法條)는 적용될 수 없고, 이를 행위자에 대한 형사제재의 근거로 삼을 수도 없다. 배제되는 법조 부분은 판결주문에는 물론, 상상적 경합의 경우와는 달리 판결이유(즉, 범죄사실, 법령의 적용)에도 기재되지 않는다. 즉, 이 부분은 재판실무상 고려되지 않는다는 것이다. 다만, '배제되는 법조'는 '적용되는 법조'의 일부이므로, 배제되는 범죄에 대해 제3자는 공범으로 가담할 수 있다.

한편, 법조경합은 단일한 범죄(즉, 단순1죄)인바, 법조경합 중의 일부 행위만을 분리하여 공소제기하는 경우 그 적법 여부에 대해 별도로 문제된다.[1)]

Ⅲ. 포괄1죄

1. 의의

1) 뜻 포괄일죄란 수개의 행위가 포괄적으로 1개의 구성요건에 해당하여 1죄가 되는 경우를 말한다. 포괄1죄는 법조경합과 구별된다. 포괄1죄는 수개의 행위 상호간의 관계인 반면, 법조경합은 수개의 구성요건 상호간의 관계이다.

---

1) [법조경합 관계에 있는 친고죄에서의 일부기소] 특히 친고죄에서 소송조건이 결여된 경우(고소가 없거나 고소가 취소된 경우 또는 고소기간이 경과한 후 고소가 있는 경우) '결합범의 일부로서 법조경합의 관계에 있는' 그 수단인 폭행 · 협박만을 따로 떼어 공소제기할 수 있는지 여부가 문제된다. 2012. 12. 18. 형법 개정 전에 친고죄였던 강간죄의 고소가 없는 경우에서, 판례는 "결합범인 강간죄의 일부로서 법조경합의 관계에 있는 폭행 · 협박의 점만을 따로 떼어내어 '폭행 · 협박죄 또는 폭력행위등처벌에관한법률위반죄'로 공소제기할 수 없고, 만일 이와 같이 일부 기소한 경우 '이는 친고죄로 규정한 취지에 반하기 때문에' 법원은 '공소기각 판결'(형소법 327ii)을 하여야 한다"(대판 2002.5.16. 2002도51 전합)는 입장이다.

즉, 양자 모두 행위의 수에 상관없이 원래 1죄라는 점에서는 유사하나, 포괄1죄는 수개의 행위 전부가 범죄로 성립하는 경우인 반면, 법조경합은 외형상 수개의 범죄에 해당하는 것처럼 보이지만 실제로는 그 일부 행위만이 범죄로 성립하는 경우라는 점(예: 불가벌적 사후행위)에서, 큰 차이가 있다. 또한 포괄1죄는 수개의 행위가 모두 '1죄'라는 점에서, '수죄'인 상상적 경합(1개의 행위가 수죄로 되는 경우) 또는 실체적 경합(수개의 행위가 수죄로 되는 경우)과도 구별된다.

2) 유형　형법상 **구성요건 자체**에 이미 수개의 서로 다른 행위가 하나로 **결합**하여 포괄적으로 규정된 경우가 있다. 여기에는 결합범, 계속범, 협의의 포괄1죄 등이 있다. 이들은 모두 수개의 행위가 이미 하나의 구성요건 자체에 통합하여 규정되었기 때문에, 당해 구성요건을 1회 충족시켜 포괄하여 1죄가 되는 것들인데, 이를 강학상 '행위통합적 구성요건'이라고도 한다.

한편, '수개의 행위가 반복적으로 하나의 구성요건을 실현하는 경우' 또는 '구성요건의 성질상 (수개의) **동종행위의 반복**이 예상되어 있는 경우'가 있다. 대체로 여기에는 **접속범**, **연속범**, **집합범**이 해당한다. 이들은 일련의 행위가 그 구성요건의 형식상 또는 해석상 수개의 자연적 행위의 결합이나 연속을 전제로 하나의 구성요건을 충족시키는 것으로 평가되는 경우인데, 논란은 있지만 이를 광의의 포괄1죄로 인정하고 있다.

[협의의 포괄1죄] 협의의 포괄1죄는 1개의 구성요건에 수개의 서로 다른 행위태양이 규정되어 있는 경우를 말한다. 예컨대, ㉠ 체포하여 감금하는 경우에는 포괄하여 감금죄(276①)만, ㉡ 장물을 운반, 보관하여 취득한 경우에는 포괄하여 장물취득죄(362①)만, ㉢ 뇌물을 요구 또는 약속하여 수수한 경우에는 포괄하여 뇌물수수죄(129①)만이 성립한다. 이는 (수개의 행위가 현실적으로 전부 행해져서 모두 결합된 경우에만 그 구성요건이 충족되는 결합범과는 달리) 수개의 행위 가운데 임의의 어느 하나의 행위만으로도 그 구성요건이 충족된다는 특징이 있다.

2. 포괄1죄의 종류

(1) 결합범

결합범이란 구성요건의 내용상 (개별적으로 독립된 범죄를 구성하는) 수개의 행위가 '결합'하여 하나의 범죄를 구성하는 범죄를 말한다. 결합범은 각 부분행위의 산술적 합산보다 더 큰 위험성 때문에 가중처벌하는 경우이다. 예컨대, 야간주거침입절도죄는 야간주거침입죄와 절도죄의 결합범이고, 준강도죄는 절도죄와 폭행협박죄의 결합범이다.

결합범은 그와 결합된 각 부분범죄에 대해서는 법조경합인 **특별관계**에 있지만, 결합범 자체는 1개의 범죄완성을 위한 수개 행위의 결합이고 수개 행위의 불법내용을 함께 평가하는 것이므로, **포괄1죄**가 된다. 결합범에서는 ㉠ 대개 그 일부에 대한 실행의 착수는 전체에 대한 실행의 착수가 되고(항상 그러한 것은 아니다),[1] ㉡ 일부에 대한 방조는 전체에 대한 방조가 된다.

(2) 계속범

계속범이란 범죄가 기수에 도달한 이후에도 위법상태의 계속과 함께 범죄행위도 '**계속**'되는 형태의 범죄를 말한다. 감금죄(276), 주거침입죄(319①) 등이 그 예이다.[2] 감금죄는 감금한 때 기수가 되지만 석방할 때까지 감금행위가 계속된다. 계속범에서는 위법상태의 **야기행위**와 그 **유지행위**가 하나의 구성요건을 실현하는 것이므로, 포괄하여 1죄가 될 뿐이다.

계속범에서는 기수시기와 범죄의 종료시점이 일치하지 않는다. 따라서 계속범에서는 기수 이후에도 ㉠ 범죄행위가 계속되기 때문에 공범의 성립이 가능하고, ㉡ 공소시효의 기산점도 기수시점이 아니라 종료시점이 된다.

(3) 접속범

1) 뜻 접속범이란 동일한 법익에 대한 수개의 구성요건적 행위가 **시간적·장소적**으로 불가분하게 '**접속**'하여 행해지는 범행형태를 말한다. 예컨대, ㉠ 절도범이 문앞에 자동차를 대기해 놓고 재물을 수회 반출하여 자동차에 싣는 방법으로 절취한 경우(예: 같은날 밤에 창고에서 2시간 단위로 3회에 걸쳐 절취), ㉡ 하루

---

1) [결합범의 실행의 착수] 제1행위시에 실행의 착수가 인정된다고 한 사례로는, ㉠ 야간주거침입절도죄의 경우 주거침입한 때(대판 2003.10.24. 2003도4417), ㉡ 야간주거침입강도죄의 경우도 주거침입한 때(대판 1992.7.28. 92도917)가 있다.

2) [계속범] 판례에 따르면, ㉠ 직무유기죄도 위법한 부작위상태가 계속되는 한 가벌적 위법상태는 계속 존재하므로, 즉시범이 아닌 계속범이다(대판 1997.8.29. 97도675). ㉡ 무면허운전죄나 음주운전죄도 제한된 범위 내에서 계속범에 해당한다. 즉, "무면허운전으로 인한 도로교통법위반죄는 사회통념상 운전한 날을 기준으로 '운전한 날마다' 1죄가 성립한다"(대판 2002.7.23. 2001도6281). 주행거리 및 시간, 주유소나 휴게소에서의 잠시의 운전 중단은 아무런 영향을 미치지 못한다. 다만 교통사고 또는 교통단속으로 인하여 운전의 계속이 단절되는지 문제되나, 교통사고가 아닌 교통단속을 기준으로 단절된다. 즉, "음주상태로 운전하다가 제1차 사고를 내고 그대로 진행하여 제2차 사고를 낸 후 비로소 음주측정을 받은 경우 (그때까지의 음주운전은) 포괄1죄에 해당한다"(대판 2007.7.26. 2007도4404). 이는 범죄의사가 계속되고 새로운 결의가 없었기 때문인데, 그 교통단속 이후 계속된 음주운전은 별도의 범죄가 성립하고 양자는 실체적 경합범이 된다.

에 행해진 연속적인 수회의 무면허 수입행위(대판 1984.6.26. 84도782), ㉢ 선서한 증인이 같은 기일에 여러 사실에 관하여 기억에 반하는 허위의 진술을 한 경우(대판 1998.4.14. 97도3340), ㉣ 1장의 문서에 1인의 명예를 훼손하는 수개의 사실을 적시한 경우 등이 여기에 해당한다. 수개의 동종행위가 '접속하여' 1개의 같은 구성요건을 충족하는 것이므로, 포괄하여 1죄로 평가된다.[1] 즉, "**단일한 범의** 하에 수회의 접속된 행위로서 동일한 법익을 침해한 경우에는, 그것이 계속적 사정으로 인하여 촉발된 행위라는 점과 동일한 기회를 이용한 시간적 접착행위라는 점을 포괄적으로 평가하여, 1개의 범죄로 보는 것이 타당하다"(대판 1960.3.9. 4292형상573).

2) 접속범의 성립요건 접속범이 되려면, 그 요건으로 ① 반복된 행위가 시간적·장소적으로 밀접하게 접속될 것(시간적·장소적 접속성), ② 단일한 범의에 기하여(범의의 단일성), ③ 동일한 법익을 침해할 것(피해법익의 동일성)이 요구된다. 따라서 시간적·장소적 접속성과 범의의 단일성 여부는 포괄1죄 또는 경합범 여부를 결정한다.[2] 그리고 '구성요건을 달리하는 범죄 사이'에는 포괄1죄(접속범)를 구성할 수 없다(대판 1991.1.29. 90도2445).

피해자가 반드시 동일할 필요는 없으나, 침해되는 법익이 생명·신체·자유 등 일신전속적 법익인 경우에는 (피해자들 사이에) 접속범(포괄1죄)이 될 수 없으며 피해자별로 별개의 범죄가 된다(실체적 경합). 일신전속적 법익은 비전속적 법익과 달리 그 법익의 향유자와 분리할 수 없는 성질의 것이기 때문이다.

[판례 (피해법익의 동일성과 접속범)] (1) [일신전속적 법익: 피해자별로] 단일한 범의로 시간적·장소적으로 접착된 범행이라도, 일신전속적 법익이 침해된 경우에는 피해자별로 별개의 범죄가 성립한다(판례). 즉, ㉠ "동일한 일시·장소에서 동일 목적으로 저질러졌어도 피해자를 달리하면 '피해자별로' 별개의 상해죄를 구성하고"(대판 1983.4.26. 83도524), ㉡ "동일한 상황에서 처와 자식들의 머리에 각기 1발씩 권총을 발사하여 살해하였다면 '피해자들의 수에 따라' 수개의 살인죄를 구성한다(대판 1991.

---

1) [접속범과 집합범의 구별] 접속범은, 집합범(상습범·영업범)과 달리, ㉠ 구성요건 자체가 수개 행위의 반복을 예정한 것이 아니며 ㉡ 시간적·장소적 접속성이 요건이다.

2) [강간죄의 죄수] 판례상 ㉠ (1죄) 피해자를 폭행하여 1회 간음하고 '200미터쯤 오다가' 다시 1회 간음한 경우라면 1죄가 되는데(대판 1970.9.29. 70도1516), 단일한 범의 및 그 시각과 장소로 보아 두 번째의 간음행위는 처음 행위의 계속으로 볼 수 있고, 이는 동일한 기회에 같은 부녀를 여러 차례 간음한 경우이기 때문이다. 반면, ㉡ (경합범) 피해자를 1회 강간하여 상처를 입게 한 후 '약 1시간 후에 장소를 옮겨' 다시 1회 강간한 행위는 각 별개의 범의에서 이루어진 행위로서, 실체적 경합범이 성립한다(대판 1987.5.12. 87도694).

8.27. 91도1637).

(2) [비전속적 법익 중 절도죄: 관리인별로] 한편, 비전속적 법익이 침해된 경우에 속하는 절도죄에서는 '같은 관리자의 관리'를 기준으로 하여, 관리사를 달리히면 관리자별로 별개의 범죄가 성립한다. 즉, ㉠ "단일 범의로서 절취한 시간과 장소가 접착되어 있고 같은 관리인의 관리 하에 있는 방 안에서 소유자를 달리하는 두 사람의 물건을 절취한 경우에는 1개의 절도죄가 성립하고"(대판 1970.7.21. 70도1133), ㉡ "절도범이 A의 집에 침입하여 그 집의 방안에서 A 소유의 재물을 절취하고, 그 무렵 그 집에 세들어 사는 B의 방에 침입하여 재물을 절취하려다 미수에 그쳤다면, 위 두 범죄는 그 범행 장소와 물품의 관리자를 달리하고 있어서 별개의 범죄를 구성한다"(대판 1989.8.8. 89도664).

(3) [구성요건을 달리] 구성요건을 달리하는 범죄 간에는 포괄일죄를 구성할 수 없다. 즉, ㉠ "포괄1죄라 함은 각기 따로 존재하는 수개의 행위가 한개의 구성요건을 한번 충족하는 경우를 말하므로, 구성요건을 달리하고 있는 횡령, 배임 등의 행위와 사기의 행위는 포괄1죄를 구성할 수 없다"(대판 1988.2.9. 87도58). ㉡ 슈퍼마켓 사무실에서 '식칼을 들고 피해자를 협박한 행위'와 식칼을 들고 매장을 돌아다니며 '손님을 내쫓아 그의 영업을 방해한 행위'는 별개의 행위로 (협박죄와 업무방해죄의) 실체적 경합범이 성립한다(대판 1991.1.29. 90도2445).

(4) 연속범

1) 뜻 연속범이란 '**연속**'된 수개의 행위가 '단일하고 계속된 범의 아래'(시간적 · 장소적으로 접속되지 아니한 상태에서) 동종의 범행을 반복하여 동일한 법익을 침해하는 범행형태를 말한다. 예컨대, 절도범이 쌀창고에서 수일에 걸쳐 매일 밤마다 쌀 1가마씩 절취하는 경우이다. 연속범은 포괄1죄 가운데 행위들 사이의 결속성이 가장 약하다. 즉, 연속된 수개의 행위가 ㉠ 반드시 구성요건적으로 일치할 필요가 없고, ㉡ 시간적 · 장소적으로 접속할 필요가 없어 그 연관성이 긴밀하지도 않으며, ㉢ 범의의 단일성 요건도 전체고의가 아니라 '연속의 고의'로 완화될 수 있다. 이 점에서 연속범은 접속범과 구별된다.

2) 죄수: 포괄1죄 구 형법상 연속범을 1죄로 규정하였으나 제정형법에서는 삭제됨에 따라 1죄인지 수죄인지에 대해 논란이 있다. ㉠ 연속범은 동일한 방법과 의사로 동일한 법익을 계속적으로 침해하는 행위라는 점에서 포괄1죄라는 견해(포괄1죄설, 다수설), ㉡ 연속범은 접속범의 개념과는 달리 수개의 독립된 행위로서 실질상 수죄이며, 많은 범죄를 범한 자에게 특혜를 주는 것은 실질적 정의에 반한다는 점에서 경합범이라는 견해(경합범설) 등이 있다. 다수설 · 판례는

포괄1죄설의 입장이다. 즉, "단일하고도 계속된 범의 아래 동종의 범행을 일정기간 반복하여 행하고 그 피해법익도 동일한 경우에는 각 범행을 통틀어 포괄일죄이다"(대판 2000.1.21. 99도4940). 연속범은 하나의 생활영위책임이 인정되는 경우이므로 행위자에게 유리한 이론틀을 제공하는 판례이론을 뒤집을 이유는 없지만, 행위책임의 원칙상 적절한 처벌이라는 관점에서 좀더 엄격하게 제한된 범위 내에서 인정할 필요가 있다.

3) 연속범의 성립요건 연속범이 되려면, 객관적 요건으로 ① 침해되는 법익이 동일해야 하고(피해법익의 동일성), ② 동종의 범행을 일정기간 반복해야 하며(행위의 동종성), ③ 행위가 시간적 · 장소적으로 연관성(시간적 · 장소적 연관성)이 있어야 한다. 주관적 요건으로는 ④ 범의가 단일해야 한다(범의의 단일성). 즉, "수개의 범죄행위를 포괄하여 하나의 죄로 인정하기 위하여는 범의의 단일성 외에도 각 범죄행위 사이에 시간적 · 장소적 연관성이 있고 범행의 방법 간에도 동일성이 인정되는 등 수개의 범죄행위를 하나의 범죄로 평가할 수 있는 경우에 해당하여야 한다"(대판 2005.9.15. 2005도1952). 이는 포괄1죄(연속범) 또는 경합범 여부를 결정한다.[1] 다만 판례는 연속범이라는 명시적 표현을 사용한 바 없으며, 크게 포괄1죄의 관점에서 접근하고 있다.

[연속범의 성립요건] i) [피해법익의 동일성] 연속범은 우선, 개개의 행위가 같은 법익을 침해하는 것이라야 한다. ① 법익의 동일성은 원칙적으로 같은 구성요건에 해당하여야 하지만, 형법각칙의 같은 장 또는 같은 조문에 속하는가가 아니라 같은 형법상 금지에 기초하였는가를 기준으로 한다. 따라서 절도죄와 횡령죄, 절도죄와 강도죄(대판 1990.1.23. 89도2260), 공갈죄와 준강도죄, 문서위조죄와 문서손괴죄 사이에는 연속범이 될 수 없다. ② 한편, 피해법익이 동일한 동종의 범죄인 이상, 기본적 구성요건과 가중적 구성요건 사이, 미수와 미수 사이에서도 연속범이 될 수 있고, 이때 가중적 구성요건 또는 기수의 포괄1죄가 된다. 예컨대, 절도, 절도미수, 특수절도가 연속범의 관계에 있다면, 1개의 특수절도죄가 성립한다. ③ 같은 법익을 침해한 경우에도 침해되는 법익이 재산 등의 비전속적인 법익의 경우에는 피해자가 다르더라도 연속범이 가능하지만, 일신전속적인 법익의 경우 피해자가 다르다면 연속범이 성립하지

---

1) [범의의 단일성: 포괄1죄와 실체적 경합] 대판 2008.11.11. 2007도8645 ("동일 죄명에 해당하는 수개의 행위를 단일하고 계속된 범의 하에 일정기간 계속하여 행하고 그 피해법익도 동일한 경우에는 이들 각 행위를 통틀어 포괄일죄로 처단하여야 할 것이나, 범의의 단일성과 계속성이 인정되지 아니하거나 범행방법이 동일하지 않은 경우에는 각 범행은 실체적 경합범에 해당한다").

않고 실체적 경합범이 성립한다. 예컨대, ㉠ 수인에 대한 살인은 포괄1죄가 될 수 없고(대판 1991.8.27. 91도1637), ㉡ 강도가 강도범행을 하는 기회에 수명의 피해자에게 각 폭행을 가하여 각 상해를 입힌 경우에는 각 피해자별로 수개의 강도상해죄가 성립하며, 실체적 경합범의 관계에 있다(대판 1987.5.26. 87도527). ④ 다만, 사기죄의 경우 비전속적 법익이 침해된 경우라도 피해자별로 독립한 사기죄가 성립한다는 것이 판례의 입장이다(사기죄: 피해자별로). 즉, "수인의 피해자에 대하여 각별로 기망행위를 하여 각각 재물을 편취한 경우에는 범의가 단일하고 범행방법이 동일하더라도 각 피해자의 피해법익은 독립한 것이므로 이를 포괄일죄로 파악할 수 없고 피해자별로 독립한 사기죄가 성립된다"(대판 2001.12.28. 2001도6130).

ii) [행위의 동종성] 연속된 수개의 행위는 범행방법이 동일해야 한다. 즉, 동종의 범행을 동일하거나 유사한 방법으로 일정기간 반복해야 한다(대판 1996.7.12. 96도1181). 따라서 고의범과 과실범, 작위범과 부작위범, 정범과 공범 사이에는 연속범이 성립하지 않는다.

iii) [시간적·장소적 연관성] 연속범이 되려면 시간적·장소적 연관성, 즉 계속해서 각 개별 범죄를 실행했다는 관계가 인정되어야 한다. 개개 행위는 접속범처럼 긴밀하지는 않더라도 어느 정도의 시간적·장소적 근접성(계속성)이 있어야 한다.

판례는 ㉠ 절취한 카드로 여러 곳의 가맹점에서 물품을 구입한 경우 신용카드부정사용죄의 포괄일죄가 성립하고(대판 1996.7.12. 96도1181),[1] ㉡ 수뢰죄의 경우 연속범의 요건을 갖춘 이상, 비록 돈을 받은 일자가 상당한 기간에 걸쳐 있고, 돈을 받은 일자 사이에 상당한 기간이 끼어 있다 하더라도, 각 범행을 통틀어 포괄일죄가 성립된다고 한다(대판 2001.1.21. 99도4940).

반면, 피고인의 처음의 히로뽕 제조행위와 두 번째의 히로뽕 제조행위 사이에 약 9개월의 간격이 있고 범행장소도 상이하여 범의의 단일성과 계속성을 인정하기 어려운 경우에는 (포괄1죄를 부정하고) 경합범을 인정하였다(대판 1982. 11.9. 82도2055). 부정선거방지법상 '호별방문죄'[2]의 경우에도 ㉠ 금지되는 선전행위 등이 약 2개월 남짓한 기간에 걸쳐 서로 다른 장소에서 별개의 사람들을 대상으로 이루어진 경우(대판 2005.9.15. 2005도1952), ㉡ 각 방문행위 사이에 3~4개월의 간격과 6~7개월의 시간적 간격이 있는 경우(대판 2007.3.15. 2006도9042)에는 모두 포괄1죄를 부정하였다.

---

1) [신용카드부정사용(포괄1죄)] 위 96도1181 ("피고인은 절취한 카드로 가맹점들로부터 물품을 구입하겠다는 단일한 범의를 가지고 그 범의가 계속된 가운데 동종의 범행인 신용카드 부정사용행위를 동일한 방법으로 반복하여 행하였고, 또 위 신용카드의 각 부정사용의 피해법익도 모두 위 신용카드를 사용한 거래의 안전 및 이에 대한 공중의 신뢰인 것으로 동일하므로, 피고인이 동일한 신용카드를 위와 같이 부정사용한 행위는 포괄하여 일죄에 해당한다").

2) [호별방문죄: 연속범] 대판 2007.7.12. 2007도2191 ("호별방문죄는 연속적으로 두 집 이상을 방문함으로써 성립하는 범죄로서 선거운동을 위하여 다수의 조합원을 호별로 방문한 때에는 포괄일죄가 된다").

iv) [범의의 단일성('단일하고도 계속된 범의')] 연속범이 되려면 행위자는 '단일하고 계속된 범의'를 가지고 개개의 행위를 하여야 한다. 여기서의 범의의 단일성은 처음부터 전체범행을 계획하고 이를 개별적으로 실현하려는 전체고의가 아니라, 연속된 행위에 대한 '그때 그때의 고의'('계속적 고의' 내지 '연속의 고의')만 있으면 충분하다(연속고의설). 판례도 연속범의 범의가 단일하고 계속적이어야 한다고 한다. 그러나 단일하고 계속적인 범의에 대한 판례의 판단기준이 명확한 것은 아니며,[1] 개별적인 사안에서 판례의 태도가 항상 일관된 것이라고 보기는 어렵다. 예컨대, ㉠ 피고인의 2달 동안 11회에 걸친 카드깡 자금융통행위에 대해서는 "여신전문금융업법 제70조 제2항 제3호 위반죄는 신용카드를 이용한 자금융통행위 1회마다 하나의 죄가 성립하고, 일정기간 다수인을 상대로 동종의 자금융통행위를 계속하였다고 하더라도 그 범의가 단일하다고 할 수 없으므로 이를 포괄하여 하나의 죄가 성립한다고 할 수 없다"(대판 2001.6.12. 2000도3559)고 하였으나, ㉡ 반면, 피고인의 3년 10개월 동안 43회에 걸친 재산국외도피행위에 대해서는 모두 포괄일죄를 인정(대판 1995.3.10. 94도1075)한 것 등이다.

(5) 집합범

1) 뜻 집합범이란 다수의 동종행위가 동일한 의사경향에 따라 '**반복**'될 것이 구성요건의 성질상 당연히 예상되는 범죄를 말한다. 여기에는 ㉠ 상습범(예: 상습도박죄), ㉡ 영업범(예: 음화판매죄, 무허가유료직업소개행위), ㉢ 직업범(예: 무면허의료행위)이 있다. 상습범은 행위자의 범죄습벽에 의해 행해지는 범죄, 영업범은 행위의 반복으로 경제적 수입을 얻는 영업적 범죄, 직업범은 행위의 반복이 경제적·직업적 활동이 되는 범죄를 말한다. 이 경우 동종행위의 반복이 이미 예상되므로 미리 법정형에 반영하는 것이 일반적이다.

2) 죄수: 포괄1죄 이러한 집합범이 1죄인지 수죄인지에 대해 논란이 있다. i) (1죄설) 집합범은 (수개의 행위가 1개의 행위로 통일되어) 1죄가 된다는 견해이다.

---

1) [포괄1죄와 경합범의 구별기준] 대판 2016.10.27. 2016도11318 ("사기죄 등 재산범죄에서 동일한 피해자에 대하여 단일하고 계속된 범의하에 동종의 범행을 일정기간 반복하여 행한 경우에는 각 범행은 통틀어 포괄일죄가 될 수 있다. 다만 각 범행이 포괄일죄가 되느냐 경합범이 되느냐는 그에 따라 피해액을 기준으로 가중처벌을 하도록 하는 특별법이 적용되는지 등이 달라질 뿐 아니라 양형 판단 및 공소시효와 기판력에 이르기까지 피고인에게 중대한 영향을 미치게 되므로 매우 신중하게 판단하여야 한다. 특히 범의의 단일성과 계속성은 개별 범행의 방법과 태양, 범행의 동기, 각 범행 사이의 시간적 간격, 그리고 동일한 기회 내지 관계를 이용하는 상황이 지속되는 가운데 후속 범행이 있었는지, 즉 '**범의의 단절이나 갱신**'이 있었다고 볼 만한 사정이 있는지 등을 세밀하게 살펴 논리와 경험칙에 근거하여 합리적으로 판단하여야 한다").

ii) (수죄설) 집합범 자체는 실체적 경합범이 된다는 견해이다. 집합범을 포괄일죄로 인정하면 특수한 범죄에너지를 가진 행위자에게 부당한 특혜를 주게 된다는 것을 이유로 한다. 그러나 iii) 집합범은 포괄1죄라는 1죄설이 통설·판례의 입장이다.[1] 이는 ㉠ 집합범의 성립요소가 되는 상습성·영업성(직업성)은 다수의 개별적 행위들을 하나의 행위로 통일하는 기능을 갖고 있으며, ㉡ 상습범이나 영업범은 다수의 행위를 예상하여 이미 법정형이 가중되어 있으므로(특히, 상습범은 형법각칙상 단순범죄에 비해 법정형의 2분의 1까지 가중처벌) 부당한 특혜라고 할 수 없다는 것을 근거로 한다.

[판례 (상습범의 죄수)] ㉠ (가장 중한 죄의 상습범) 상습으로 직계존속을 '폭행'하고 '상해'를 가한 것이 존속에 대한 동일한 폭력습벽의 발현에 의한 것으로 인정된다면, 그 중 법정형이 더 중한 상습존속상해죄에 나머지 행위들을 포괄시켜 '하나의 죄(상습존속'상해'죄)만' 성립한다(대판 2003.2.28. 2002도7335). 상습범의 경우 동종의 범죄인 이상 기본적 구성요건과 가중적 구성요건, 기수와 미수 사이에는 포괄1죄가 성립하고, 이 경우 가장 중한 죄의 상습범으로 처단된다. 강도예비는 상습강도죄에 흡수된다(대판 2003.3.28. 2003도665). ㉡ (상습도박죄만 성립) 도박의 습벽이 있는 자가 도박을 하고 또한 타인의 '도박을 방조'하였을 경우 상습도박방조의 죄는 무거운 상습도박의 죄에 포괄시켜 일죄(상습'도박'죄)로 처벌한다(대판 1984.4.24. 84도195). ㉢ (상습절도죄만 성립) 절도습벽의 발현으로 자동차등불법사용의 범행도 함께 저지른 경우, 자동차등불법사용의 범행은 상습절도죄에 흡수되어 1죄(상습'절도'죄)만이 성립하고 이와 별개로 자동차등불법사용죄는 성립하지 않는다(대판 2002.4.26. 2002도429). ㉣ (상습범 처벌규정이 없는 경우의 죄수관계) 상습범을 별도의 범죄유형으로 처벌하는 규정이 없는 경우, 수회에 걸쳐 저작권법 제136조 제1항의 죄를 범한 것이 상습성의 발현에 따른 것이라고 하더라도, 이는 원칙적으로 경합범으로 보아야 하는 것이지 하나의 죄로 처단되는 상습범으로 볼 것은 아니다. 그것이 법규정의 표현에 부합하고, 상습

---

1) [상습범(포괄1죄)] 대판 2004.9.16. 2001도3206 전합 ("상습성을 갖춘 자가 여러 개의 죄를 반복하여 저지른 경우에는 각 죄를 별죄로 보아 경합범으로 처단할 것이 아니라 그 모두를 포괄하여 상습범이라고 하는 하나의 죄로 처단하는 것이 상습범의 본질 또는 상습범 가중처벌규정의 입법취지에 부합한다").

[영업범(포괄1죄)] 대판 1993.3.26. 92도3405 ("무허가유료직업소개 행위는 범죄구성요건의 성질상 동종행위의 반복이 예상되는데, 반복된 수개의 행위 상호간에 일시·장소의 근접, 방법의 유사성, 기회의 동일, 범의의 계속 등 밀접한 관계가 있어 전체를 1개의 행위로 평가함이 상당한 경우에는 포괄적으로 한 개의 범죄를 구성한다").

[직업범(포괄1죄)] 대판 1966.9.20. 66도928 ("무면허의료행위는 그 범죄의 구성요건의 성질상 동종행위의 반복이 예상되는 것이므로 반복된 수개의 행위는 포괄적으로 한 개의 범죄로서 처단되어야 할 것이다").

범을 포괄일죄로 처단하는 것은 그것을 가중처벌하는 규정이 있기 때문이라는 법리적 구조에도 맞다(대판 2012.5.10. 2011도12131).

[판례 (영업범 여부: 포괄1죄와 실체적 경합의 구분)] ㉠ (새로운 영업: 실체적 경합) 불법게임영업에 관하여, 1차 범행 후 게임기가 몰수되고 영업정지가 된 후 새로이 물건을 구입하여 영업을 재기한 경우, 별개의 범죄가 성립된다(대판 2007.3.29. 2007도595). ㉡ (사업장폐기물의 불법매립에서 매립장소의 변경: 실체적 경합) "폐기물을 어느 곳에 매립하는지에 따라 범죄의 성립 여부가 달라질 뿐만 아니라, 매립은 그 자체로 매립장소와 불가분의 관계에 있다고 볼 수 있고, 매립장소에 따라 해당 지역이나 주민에게 미치는 영향이 상당하며, 매립장소 변경 시 범의의 갱신이 이루어질 수 있다는 점을 고려할 때, 폐기물관리법 제8조 제2항 위반죄에서 매립장소는 포괄일죄 여부를 판단하는 중요한 기준이 된다."

3. 포괄1죄의 효과

(1) 실체법적 효과

1) 실체법상 1죄 포괄일죄는 실체법상 1죄이므로 1개의 형벌법규만 적용된다. 구성요건을 달리하는 수개의 행위가 포괄1죄가 되는 경우에는 가장 중한 죄 하나만 성립한다.[1] 예컨대, 상습절도죄는 포괄1죄(집합범)인데, 상습으로 '단순절도, 야간주거침입절도, 특수절도'를 모두 범한 경우에는 가장 중한 상습'특수'절도죄 하나만 성립한다.

특히, 포괄1죄는 경합범의 경우와 달리 특별법상 가중적 구성요건(㉠ 특가법 제2조는 수뢰액, ㉡ 특경법 제3조는 이득액, ㉢ 특가법 제8조는 포탈세액 기준)에서, 일정금액 이상이면 그 법정형 자체가 가중된다. 그 결과 '포괄1죄의 딜레마' 상황이 발생한다.[2]

2) 포괄1죄의 완성시기: 최종행위시 포괄1죄는 최종의 범죄행위시에 완

1) [절도범이 수인 폭행하여 1인 상해: (준)강도상해의 포괄1죄] 대판 2001.8.21. 2001도3447 ("절도범이 체포면탈 목적으로 여러 명의 피해자(경찰 2명)에게 같은 기회에 폭행을 가하여 그중 1인에게만 상해를 가하였다면, 포괄하여 하나의 강도상해죄만 성립한다").

2) ['포괄1죄의 딜레마'] 통상의 경우에는 형법상 경합범가중을 한 수죄의 처단형이 포괄1죄의 형보다 중하게 된다. 그러나 특별법상 가중적 구성요건의 경우(특가법 또는 특경법상 수뢰액, 이득액 내지 포탈세액이 각 일정 금액 이상이면 법정형 가중)에는, 그 반대로 포괄1죄로 되는 것이 무거운 법정형의 적용을 받게 되는 결과, 형법상 경합범가중을 한 수죄의 처단형보다 현저하게 불리하게 되는 역전현상이 발생한다. 그 때문에 재판실무에서는 피고인이 포괄1죄가 아니라 차라리 수죄의 경합범으로 처리되기를 희망하는 기이한 현상이 나타나고 있다. 이는 일종의 '포괄1죄의 딜레마' 상황이다.

성된다. 즉, 포괄1죄에서는 ㉠ "개개의 범죄행위가 법 개정의 전후에 걸쳐 행해진 경우에도 (신·구법의 법정형에 대한 경중을 비교하여 볼 필요도 없이) 최종행위 종료시의 법(신법)을 적용하여야 한다"(대판 1998.2.24. 97도183). ㉡ 포괄일죄의 공소시효는 최종의 범죄행위가 종료한 때로부터 진행한다(대판 2002. 10.11. 2002도2939).

3) 공범 포괄1죄의 일부분에 대해 공범의 성립도 가능하다. 각 행위부분은 그 자체로 독립성을 갖고 있기 때문이다. 다만 공동정범은 자신의 가담 이후의 범행에만 책임을 진다(대판 1997.6.27. 97도163).[1)]

(2) 소송법적 효과

1) 소송법상 1죄 실체법상 1죄는 소송법상으로도 1죄이므로 소송법상 1개의 사건이 된다. 포괄1죄는 소송법상으로도 1죄이므로, 포괄1죄의 일부에 대한 공소제기가 있는 경우('일죄의 일부기소') 공소제기의 효력은 그 전부에 미치고, 포괄1죄의 전부가 법원의 잠재적 심판대상이 된다.

2) 포괄1죄의 일부에 대한 확정판결의 기판력 포괄일죄의 일부에 대한 확정판결의 효력은 그 전부에 미친다. ㉠ 이미 선행사건에서 포괄일죄의 '일부'에 대해 유죄판결이 확정된 경우에, 그 확정판결의 사실심판결 '선고일자'(약식명령은 '발령일자')를 기준으로 일사부재리의 효력 내지 기판력이 발생한다. 만일 그 판결 선고 전에 저질러진 '나머지' 범죄에 대하여 새로이 공소가 제기되었다면, 그 새로운 공소는 확정판결이 있었던 사건과 동일한 사건에 대하여 다시 제기된 것에 해당하므로, 면소판결을 선고하여야 한다(형사소송법326i). ㉡ 그 결과 "실체법상 포괄일죄의 관계에 있는 일련의 범행 중간에 '동종(同種)의 죄'에 관한 확정판결이 있는 경우에는, 확정판결로 전후 범죄사실이 나뉘어져, 원래 하나의 범죄로 포괄될 수 있었던 일련의 범행은 확정판결의 전후로 분리된다. 사실심판결 선고시 이후의 범죄는, 확정판결의 기판력이 미치지 않으므로, 설령 확정판결 전의 범죄와 포괄일죄의 관계에 있다고 하더라도, 별개의 독립적인 범죄가 된다"(대판 2017.5.17. 2017도3373). 즉, 그 선고일자 이후의 범행에 대해서만 별도의 포괄1죄로 처벌한다(대판 1994.8.9. 94도1318. 반면, 중간에 별종범죄에 대한 확정판결이 끼어있는 경우에는 포괄1죄가 확정판결 전후로 분리되는 것이 아니다).[2)]

---

1) [공범의 죄수] 공범의 죄수는 공동정범에 대해서는 원칙적으로 같게 결정되지만, 협의의 공범에 대해서는 (정범과는) 별도로 판단한다. 참조판결로는, 대판 1959.7.20. 4292형상140 ('간첩미수를 방조한 일련의 행위는, 이를 포괄하여 1개의 방조죄로 처벌할 것이다').

2) [별종범죄와 포괄1죄] ㉢ "포괄일죄는 그 중간에 '별종(別種) 범죄'에 대한 확정판결이 끼어 있어도, 그 때문에 포괄적 범죄가 둘로 나뉘는 것은 아니며, 이 경우에는 (포괄1죄가 최종행위시에 완성되므로) 그 확정판결 후의 범죄로서 다루어야 한다"(대판 2002.7.12. 2002도2029). 즉, 이 경우 "2죄로 분리되지 않고 확정판결 후인 최종의 범죄행위시에 완성되는 것이다"(대판 2003.8.22. 2002도5341).

㉢ 다만, "상습범의 경우 이러한 법리가 적용되기 위해서는 전의 확정판결에서 '당해 피고인이 상습범으로 기소되어 처단되었을 것'을 필요로 한다"(대판 2004.9.16. 2001도3206 전합). 상습범 아닌 기본 범죄로 처단되었을 경우에는 (상습범의 일부에 대한 판결이 아니기 때문에) 기판력이 그 사실심판결 선고 전의 나머지 범죄에 미치지 않는다(즉, "그 중간에 '별종의 범죄'에 대한 확정판결이 끼어 있는 경우"와 같게 취급되며, 포괄1죄는 2죄로 분리되지 않고 그 확정판결 후의 범죄가 된다).

3) 판결의 주문과 이유 포괄1죄는 1죄이고 1죄에 대해서는 하나의 주문만이 있을 뿐이므로(대판 1961.10.26. 4294형상449), 포괄1죄의 일부가 무죄인 경우 주문에서 따로 무죄를 선고하지 않고 판결이유에서 그 취지를 판단한다('이유무죄').

제 3 절 수죄

Ⅰ. 수죄의 의의와 처벌

1) 뜻 구성요건에 해당하는 수개의 행위는 원칙적으로 수죄(數罪)이다. 형법상 수죄에는 상상적 경합범과 실체적 경합범이 있다. ㉠ 상상적 경합범은 1개의 행위로 수개의 죄를 범하는 경우로, 실체법상 수죄이지만 소송법상으로는 1죄로 취급되는 과형상 1죄이다. 반면, ㉡ 실체적 경합범은 수개의 행위로 수개의 죄를 범하는 경우로, 실체법뿐만 아니라 소송법상으로도 수죄로 취급된다.

2) 수죄의 처벌 수개의 죄가 성립하는 경우 형법상 그 처벌방식에는 ㉠ 흡수주의(가장 중한 죄에 정한 형으로만 처벌하는 방식), ㉡ 가중주의(가장 중한 죄에 정한 형을 2분의 1까지 가중하는 방식), ㉢ 병과주의(수죄에 정한 형을 모두 합산하는 방식)가 있다. 우리 형법상 실체적 경합범은 가중주의를 기본으로 흡수주의·병과주의를 가미하며(38), 상상적 경합범은 흡수주의를 채택(40)하고 있다.

Ⅱ. 상상적 경합

제40조(상상적 경합) 한 개의 행위가 여러 개의 죄에 해당하는 경우에는 가장 무거운 죄에 대하여 정한 형으로 처벌한다.

1. 의의

1) 뜻 상상적 경합(想像的 競合)은 1개의 행위가 수개의 범죄에 해당하는 경우를 말한다. '상상적'이라는 말은 머릿속으로 그려본다는 뜻으로, 외관상 1개의 행위로 보이지만 머릿속에서는 여러 행위로 그려진다는 의미이다. 다른 말로 '관념적 경합'이라고도 한다. 이때 1개의 행위로 '서로 다른' 구성요건을 실현할 수도 있고(이종異種의 상상적 경합), 1개의 행위로 '동일한' 구성요건을 수개 실현할 수도 있다(동종同種의 상상적 경합). 예컨대, 폭탄 1개를 던지는 1개의 행위로 ㉠ 사람을 살해하고 동시에 재물을 손괴할 수도 있고, ㉡ 여러 사람을 한꺼번에 살해할 수도 있다. 전자(㉠)의 경우 살인죄와 재물손괴죄가 성립하고 상상적 경합이 되며(이종의 상상적 경합), 후자(㉡)의 경우 수개의 살인죄가 성립하고 상호간에 상상적 경합이 된다(동종의 상상적 경합). 상상적 경합의 처벌은 그 중 '가장 중한 죄에 정한 형'으로만 처벌된다(흡수주의).

상상적 경합과 법조경합은 행위가 1개라는 점에서는 유사하지만(단, 법조경합은 자연적 행위가 수개인 경우도 있다), 실질적으로 수죄로서 수개의 구성요건이 적용된다는 점에서는, 외관상 수죄로 보일 뿐 실질적 1죄인 법조경합과 구별된다(대판 2002.7.18. 2002도669). 상상적 경합은 행위가 1개이지만 수죄이므로, 이는 수개의 행위가 포괄하여 1죄가 되는 포괄1죄와 구별되며, 수개의 행위로 수죄를 실현하는 실체적 경합과도 구별된다.

2) 본질 상상적 경합이 1죄인지 수죄인지에 대해 논란이 있다. 1죄설(행위가 1개이므로 1죄라는 견해)은 행위표준설 · 의사표준설의 입장인 반면, 수죄설('여러 개의 죄에 해당하는 경우'이므로 수죄라는 견해)은 법익표준설 · 구성요건표준설의 입장이다. 그러나 우리 형법 제40조는 상상적 경합에 대해 **'여러 개의 죄'**라고 아예 명시하고 있다(수죄설). "실질적으로 1죄인가 또는 수죄인가는 구성요건적 평가와 보호법익의 측면에서 고찰하여 판단한다"(대판 2000.7.7. 2000도1899).

한편, 상상적 경합은 실질적으로는 수죄이지만 행위가 1개이기 때문에, '가장 중한 죄의 형'으로만 처벌되는 특색이 있다. 이는 1개의 행위불법에 대한 양형사정의 **이중평가를 방지**하기 위한 것이다. 따라서 상상적 경합은 **'과형상 1죄'**이며, 행위가 1개이므로 '소송법상 1죄'이기도 하다.

2. 상상적 경합의 요건

(1) 1개의 행위

1) 뜻 상상적 경합이 되려면 행위가 1개라야 한다(행위의 단일성). 상상적 경합(1개의 행위가 여러 개의 죄에 해당하는 경우)과 실체적 경합(수개의 행위가 수개의 범죄에 해당하는 경우)은 행위가 1개이냐(행위단일성), 수개이냐(행위다수성)에 따라 구분된다. 이때 행위다수성은 행위단일성이 인정되지 않는 범죄행태이므로, 문제는 행위단일성(행위가 평가상 1개임)의 인식에 집중된다. 죄수론(특히 경합론)의 행위개념인 '1개의 행위'에 대해서는, ㉠ 자연적 행위개념, ㉡ 구성요건적·법적 행위개념, ㉢ 해석학적 행위개념이 논의되고 있다(아래 참조).[1)]

그런데 경합론의 행위개념은 죄수론의 행위개념과 구별이 필요하다. 1죄 또는 수죄의 죄수결정 과정에서는 자연적 행위개념으로 충분하지만, 경합론에서는 (단순한 자연적 관찰이 아니라) 규범적 평가를 수반하는 구성요건적·법적 관찰이기 때문이다. 즉, 경합론상 행위개념은 제40조(상상적 경합)의 입법목적이 '이중평가의 방지'에 있으므로, 행위가 1개인지 여부는 결국 '사회통념'에 따라 판단할 수밖에 없다. 구체적으로 보면, 자연적 행위가 1개인 경우에는 형법적으로도 1개의 행위가 된다(예: 폭탄 1개를 던져 여럿을 동시에 살해한 경우). 그러나 자연적 행위가 수개이고 수개의 구성요건을 실현한 경우에는 구성요건적·법적 관찰에 따라 자연적 행위에 대해 별도의 구성요건적·법적 평가를 통해 구성요건적 실행행위로 재평가하는 과정이 필요하다. 구성요건을 기준으로 보면, 실행행위가 부분적으로 중첩되거나 동일한 경우 형법적으로 1개의 행위가 된다. 따라서 '1개의 행위'란 사회통념상 '수개의 죄를 구성하는 **각각의 구성요건 실행행위**'가 '**전부 또는 일부 중첩**'되는 경우이다.

[죄수론의 행위개념] 죄수론의 행위개념에 대해서는, 다음의 견해가 대립한다.

㉠ 자연적 행위개념은, 1개의 행위란 법적 평가 이전의 '자연적 의미의 행위' 내지 '사회통념상의 행위'를 의미한다는 입장이다. '자연적 관찰방법'이라고도 한다. 즉, 하나의 행위결의와 하나의 의사실행이 있으면 자연적 의미에서 하나의 행위라고 한다. 나아가, 다수의 행동방식일지라도 하나의 통일적 의사에 의해 시·공간적 연관을 기초로 자연적 삶의 파악에서 단일한 것으로 보일 만큼 서로 얽혀져 있을 경우에는 하나의 행위라고 한다.

---

1) [사건개념과 구별] 형법상 죄수론의 행위개념은 소송법상 사건개념과 구별된다.

㉡ 구성요건적 행위개념은, 행위는 법적 개념이므로 행위단일성 여부는 구성요건적 · 법적 관점에서 평가한 이후에 비로소 판단된다는 입장이다. '구성요건적 · 법적 관찰방법'이라고도 한다. 즉, 1개의 행위 여부는 침해된 구성요건과의 관계에서만 결정되고, 1개의 행위란 구성요건적 의미에서 행위가 1개를 뜻한다고 한다.

㉢ 해석학적 행위개념은, 죄수론상의 행위단일성은 자연적으로는 무수한 분할이 가능한 인간행태에 대해 '그것은 1개의 행위이다'라는 법공동체 구성원들간의 상호주관적(객관적) 의미합치에 의해 포착된다는 입장이다. 자연적 행위파악만으로는 무수한 분할이 가능한 의사활동과 물리적 활동의 연속체에 통일성(단일성)을 부여하는 공동체구성원간의 상호주관적 의미합치를 포착하지 못하고, 죄수론상 행위가 구성요건해당적 행위는 아니지만 이것이 곧 행위단일성이 구성요건과 전혀 무관한 것은 아니라고 한다. 즉, 인간의 연속된 행동을 하나의 행위로 인식하는 것은 구성요건에 대한 선이해 없이는 파악이 불가능한 것이므로, 행위단일성 판단에서 구성요건이 하나의 기준이 된다는 점을 수용한다. 그 판단의 고려요소로서 구성요건 이외의 범의의 단일성(하나의 통일된 의사결정)과 범죄실행의 단일성을 요구한다.

판례는 원칙적으로 **자연적 행위개념**에 입각하면서도 **구성요건적 행위개념**을 병용하고 있다. 행위가 1개인지 여부는 우선 '**자연적 관찰방법**'에 따라 '자연적 의미의 행위'를 기준으로 삼는다. 즉, 여기서 '1개의 행위'란 "법적 평가를 떠나 **사회관념상** '행위가 **사물자연의 상태로서** 1개'로 평가되는 것"이라는 입장이다(대판 1987.2.24. 86도2731).[1] "'자연적 관찰'이나 '사회통념'"을 기준으로 제시하기도 한다(대판 1987.7.21. 87도564).[2] 다만, '**구성요건적 · 법적 관찰방법**'에 따라 판단한 경우도 있다. 예컨대, ㉠ 자연적 행위가 1개인지 수개인지 의문이 있는 사안에서, '여관종업원에 대한 강도행위'와 '주인에 대한 강도행위'가 각별로 강도죄를 구성하되, '법률상 1개의 행위'로 평가된다고 한 사례(대판 1991.6.25. 91도643)[3]가

1) [무면허 · 음주운전(=사회관념상 1개의 행위)] 위 86도2731 ("형법 제40조에서 말하는 1개의 행위란 법적 평가를 떠나 사회관념상 행위가 사물자연의 상태로서 1개로 평가되는 것을 말하는바, 무면허인데다가 술이 취한 상태에서 오토바이를 운전하였다는 것은 위의 관점에서 분명히 1개의 운전행위라 할 것이고, 이 행위에 의하여 도로교통법상 무면허운전죄와 음주운전죄에 동시에 해당하는 것이니, 두 죄는 형법 제40조의 상상적 경합관계에 있다").

2) [연명문서의 위조(=1개의 행위)] 위 87도564 ("문서에 2인 이상의 작성명의인이 있을 때에는 각 명의자마다 1개의 문서가 성립되므로, 2인 이상의 연명으로 된 문서를 위조한 때에는 작성명의인의 수대로 수개의 문서위조죄가 성립한다. 또 그 연명문서를 위조하는 행위는 자연적 관찰이나 사회통념상 하나의 행위라 할 것이어서 위 수개의 문서위조죄는 상상적 경합범에 해당한다").

3) [각각의 강도행위(=1개의 행위)] 위 91도643 ("피고인이 여관에서 종업원을 칼로 찔러 상해를 가하고 객실로 끌고 들어가는 등 폭행 · 협박을 하고 있던 중, 마침 다른 방에서 나오던 여

있고, ㉡ 반면, 일련의 계속된 운전행위임에도, 무면허'운전'행위와 그 운전 중 행해진 업무상과실'치상'행위는 별개의 행위로서 '수개의 행위'('실체적 경합')라고 판단한 사례(대판 1972.10.31. 72도2001)[1]도 있다.

2) **실행행위의 동일성**('완전' 동일성 또는 '주요부분' 동일성) 수개의 구성요건을 실현하는 각각의 실행행위가 '완전히' 동일한 경우 언제나 1개의 행위가 되고 행위단일성이 인정된다(실행행위의 '완전 동일성'). 예컨대, ㉠ 폭탄 1개를 던져 여럿을 살해하거나, 자동차를 운전하다가 한꺼번에 여럿을 사상케 한 경우, ㉡ 위조된 수개의 문서를 일괄행사하거나, 2인 이상의 연명으로 된 문서를 위조한 경우(대판 1987.7.21. 87도564), ㉢ 동일한 교통사고로 차량을 손괴하고 그 차량 승객에게 상해를 입힌 경우(대판 1986.2.11. 85도2658), ㉣ 무면허운전과 음주운전(대판 1987.2.24. 86도2731) 등은 모두 상상적 경합의 전형적인 예이다. 또한 ㉤ "'절도범인'이 체포를 면탈할 목적으로 공무집행 중인 경찰관에게 '폭행·협박'을 가하는 행위는, (동일성이 있으므로) 준강도죄와 공무집행방해죄의 상상적 경합이 된다"(대판 1992. 7.28. 92도917).[2]

문제는 자연적 행위의 일부가 공동으로 수개의 서로 다른 범죄의 실현에 기여한 경우, 즉 각각의 실행행위가 '부분적으로만' 중첩되거나 동일한 경우이다(실행행위의 '부분적 동일성'). 이 경우 '어느 정도의 부분적 동일성'이 요구되는지가 반드시 명백한 것은 아니지만, 적어도 그 실행행위가 '각 구성요건의 **주요부분** 또는 필수부분'에 해당하는 경우(실행행위의 '주요부분의 동일성'이 있는 경우)에 한정하여 제한적으로 행위동일성이 인정된다. 예컨대, ㉠ 강도의 기회에 강간을 저지르고 상해를 입게 한 경우에, '폭행이라는 주요부분'의 행위에 동일성이 있으므로, (주요부분의 동일성 있는 1개의 행위로) 강도강간죄와 강도치상죄가 상상적 경합이 되고,[3]

관의 주인도 같은 방에 밀어 넣은 후, 주인으로부터 금품을 강취하고, 1층 안내실에서 종업원 소유의 현금을 꺼내 갔다면, 여관 종업원과 주인에 대한 각 강도행위가 각별로 강도죄를 구성하되 피고인이 피해자인 종업원과 주인을 폭행·협박한 행위는 법률상 1개의 행위로 평가되는 것이 상당하므로 위 2죄는 상상적 경합범관계에 있다").

1) [비교: 무면허운전행위와 업무상과실치사상행위(=수개의 행위, 실체적 경합)] 위 72도2001 ("운전면허 없이 운전을 하다가 두 사람을 한꺼번에 치어 사상케 한 경우에 이 업무상 과실치사상의 소위는 상상적 경합죄에 해당하고 이와 무면허운전에 대한 본법위반죄와는 실체적 경합관계에 있다").

2) [비교: 강도행위와 (경찰관에 대한) 폭행행위(=수개의 행위, 실체적 경합)] 그러나 "강도범인이 체포를 면탈할 목적으로 경찰관에게 폭행을 가한 때에는, (동일성이 없으므로) 강도죄와 공무집행방해죄는 실체적 경합관계에 있고, 상상적 경합관계에 있는 것은 아니다"(92도917).

3) [강도강간미수죄와 강도치상죄(=상상적 경합)] 대판 1988.6.28. 88도820 ("강도가 재물강취의 뜻을 재물의 부재로 이루지 못한 채 미수에 그쳤으나 그 자리에서 항거불능의 상태에 빠진 피

㉡ 건물을 소훼하면서 그 안에 있는 사체를 손괴한 경우 역시 '소훼라는 주요부분'에 행위동일성이 있으므로, 방화죄와 사체손괴죄가 상상적 경합이 된다.[1] ㉢ 또한, 업무상과실 치사상 및 업무상과실 재물손괴 후 필요한 조치없이 도주한 경우에도 '미조치(도주)라는 주요부분'에 행위동일성이 있으므로, "특가법위반(도주치사상)죄와 도로교통법위반(손괴후 미조치)죄는 상상적 경합관계에 있다"(대판 1996.4.12. 95도2312). 결국 구체적 · 개별적으로 판단될 사항에 속한다.

[행위의 동일성이 문제되는 경우] i) **[고의범과 과실범 사이]** 고의범과 과실범 사이에서도 행위동일성이 인정될 수 있다. 예컨대, 폭탄 1개를 던져 고의로 재물을 손괴하고 (과실로) 사람을 사망케 한 경우 재물손괴죄와 과실치사죄는 상상적 경합이 된다.

ii) **[과실범과 과실범 사이, 부작위범과 부작위범 사이]** ㉠ 수개의 과실범 사이에서도 동일한 주의의무를 위반한 1개의 과실행위로 수개의 결과가 발생한 경우 상상적 경합이 되고, ㉡ 수개의 부작위범 사이에서도 기대되는 행위동일성이 인정될 수 있으므로 상상적 경합이 인정된다. ㉢ 그러나 작위범과 부작위범 사이에서는 행위동일성이 인정되지 않기 때문에 상상적 경합이 성립할 수 없다(통설).

iii) **[계속범과 상태범 사이]** 계속범(주거침입, 감금, 음주운전 등)이 상태범(강도 · 강간, 업무상과실치사상 등)을 실현하는 수단인 경우(예: 강도 · 강간을 범하기 위해 주거침입)에, 주거침입과 강도 · 강간은 실행행위의 동일성이 없으므로, 실체적 경합범이 된다. 그러나 <u>감금행위 그 자체가 동시에 강간의 수단인 경우</u>처럼, 계속범이 상태범의 '특정한 실행행위의 주요부분'인 경우에는 '행위의 부분적 동일성'이 인정되므로 상상적 경합이 된다.[2]

해자를 <u>간음</u>할 것을 결의하고 실행에 착수했으나 역시 미수에 그쳤더라도 <u>반항을 억압하기 위한 폭행으로 피해자에게 상해</u>를 입힌 경우에는 <u>강도강간미수죄와 강도치상죄가 성립</u>되고 이는 1개의 행위가 2개의 죄명에 해당되어 <u>상상적 경합관계</u>가 성립된다").

1) [비교: 방화행위와 살인행위(=수개의 행위, 실체적 경합)] 대판 1983.1.18. 82도2341 ("사람을 살해하기 위하여 현주건조물내에 있는 사람을 강타하여 실신케 한 후 방화하고, 빠져 나오려는 피해자들의 탈출을 막아 소사케 한 행위는 1개의 행위가 아닌 별개의 행위이니, 현주건조물방화죄와 살인죄는 실체적 경합관계에 있다").

2) [감금죄와 상상적 경합 (감금행위 그 자체가 강간의 수단인 경우)] 대판 1983.4.26. 83도323 ("피고인이 피해자가 자동차에서 내릴 수 없는 상태를 이용하여 강간하려고 결의하고, 주행중인 자동차에서 탈출 불가능하게 하여 외포케 하고 50km를 운행하여, 여관 앞까지 강제로 연행하여 강간하려다 미수에 그친 경우 위 협박은 감금죄의 실행의 착수임과 동시에 강간미수죄의 실행의 착수이다. 감금과 강간미수의 두 행위가 시간적 · 장소적으로 중복될 뿐 아니라 <u>감금행위 그 자체가 강간의 수단인 협박행위</u>를 이루고 있는 경우이므로, <u>감금죄와 강간미수죄는 상상적 경합 관계</u>이다").

[감금죄와 실체적 경합 (강도범행 후 계속 감금한 경우)] 대판 2003.1.10. 2002도4380 ("감금행위가 단순히 강도상해 범행의 수단이 되는 데 그치지 아니하고 <u>강도상해의 범행이 끝난 뒤에도 (감금이) 계속되는 경우</u>에는 1개의 행위가 감금죄와 강도상해죄에 해당하는 경우라고

iv) [부진정결과적 가중범과 (중한 결과에 대한) 고의범 사이] 중한 결과가 고의에 의해 야기된 경우 실행행위의 중요한 일부가 동일하면 부진정결과적 가중범과 고의범의 상상적 경합이 가능하다. 판례는 특히, (부진정)결과적가중범에서 중한 결과에 대한 고의범이 별도의 구성요건에 해당하고 그 고의범에 대하여 결과적가중범에 정한 형보다 더 '무겁게' 처벌하는 규정이 있는 경우(즉, 고의범의 법정형이 더 '중한' 경우. 따라서 같거나 경한 경우는 제외)에 한정하여 (부진정)결과적 가중범과 (중한 결과에 대한) 고의범은 상상적 경합 관계에 있다고 본다.[1]

v) [이른바 견련범] 우리 형법은 일본형법과 달리 견련범을 과형상 1죄로 규정하지 않고 있다. 견련범은 범죄의 수단과 결과가 다른 죄명에 해당하는 경우를 말한다. 예컨대, 주거침입과 절도 · 강도 · 강간 또는 문서위조 · 행사와 사기 등과 같이 서로 목적과 수단의 관계에 있는 경우이다. 이에 대해서는 행위의 부분적 동일성을 인정할 여지가 있기 때문에 상상적 경합이 된다는 견해도 있으나, 실질적 수죄라서 실체적 경합범이 된다는 견해가 타당하다(다수설 · 판례). 판례도 같다. 즉, 비록 수단 · 목적 관계에 있더라도, ㉠ "예금통장을 강취하고 예금자명의의 예금청구서를 위조한 다음 이를 은행원에게 제출행사하여 예금인출금 명목의 금원을 교부받았다면, 강도, 사문서위조,동행사, 사기의 각 범죄는 실체적 경합관계에 있고"(대판 1991.9.10. 91도1722), ㉡ "위조통화를 행사하여 재물을 불법영득한 때에는 위조통화행사죄와 사기죄가 성립하고, 양죄는 실체적 경합관계에 있으며"(대판 1979.7.10. 79도840). ㉢ "피해자 명의의 신용카드를 부정사용하여 현금자동인출기에서 현금을 인출하고 그 현금을 취득까지 한 행위는 신용카드 부정사용죄와 별도로 절도죄를 구성하고, 양자는 그 보호법익이나 행위태양이 전혀 달라 실체적 경합관계에 있다"(대판 1995.7.28. 95도997)고 한다.

(2) 여러 개의 죄

1) 뜻 상상적 경합이 되려면 1개의 행위가 '여러 개의 죄'에 해당하여야 한다. 여러 개의 죄(즉, 수개의 죄)란 수개의 범죄가 모두 그 성립요건(구성요건해당성, 위법성 및 책임)을 구비하는 것을 의미한다. 이때 그 수개의 죄는 전제가 되는 수개의 구성요건이 '다른 종류'(이종異種)일 수도 있고(이종의 상상적 경합), '같은 종류'(동종同種)일 수도 있다(동종의 상상적 경합).

볼 수 없고, 이 경우 감금죄와 강도상해죄는 형법 제37조의 경합범 관계에 있다").

1) [부진정결과적 가중범과 고의범의 상상적 경합] 특수공무집행방해치상죄와 폭처법위반(상해)죄 상호간(대판 1995.1.20. 94도2842); 현주건조물방화치사죄와 강도살인죄 상호간(대판 1998.12.8. 98도3416). 단, 현주건조물방화치사죄와 존속살해죄 상호간(대판 1996.4.26. 96도485)에도 상상적 경합을 인정한 사례가 있으나, 그후 1995년 형법개정(1996.7.1. 시행)으로 양죄의 법정형이 동일하게 됨에 따라, 판례의 법리상 양자는 이제 더 이상 상상적 경합의 관계가 아니게 되었다.

2) 일신전속적 법익과 상상적 경합 동종의 상상적 경합은 '같은 구성요건'을 수회 실현하는 경우(예: 수개의 살인죄)이다. 여기서는 피해법익의 종류가 문제된다. 피해법익이 ㉠ 일신전속적 법익(예: 생명·신체·자유)인 경우에는 '피해자의 수'에 따라 동종의 상상적 경합이 성립하지만, ㉡ 비전속적 법익(예: 재산·공공안전)인 경우에는 단순1죄가 성립할 뿐이다. 이는 구성요건실현의 단순한 양적 증가에 불과하기 때문이다.

3) 특별법과 상상적 경합 여러 개의 죄는 각 범죄의 종류를 불문하므로, 고의범과 과실범 사이는 물론, 형법상 범죄와 특별법상 범죄 사이, 형사범과 행정범 사이 또는 행정범 상호간에서도 상상적 경합의 성립이 가능하다. 단, 행위단일성(내지 행위동일성)이 인정되면 상상적 경합이 되고, 행위다수성이 인정되면(즉, 행위동일성이 인정되지 않는다면), 실체적 경합이 된다.

[판례 (상상적 경합)] i) **[재산죄]** ㉠ (사기죄와 배임죄) "업무상배임행위에 사기행위가 수반된 때의 죄수관계를 보면, 1개의 행위로 사기죄와 업무상배임죄의 각 구성요건을 모두 구비하면 양 죄는 법조경합 관계가 아니라 상상적 경합관계이고, 나아가 업무상배임죄가 아닌 단순배임죄라고 하여 양 죄의 관계를 달리 볼 이유도 없다"(대판 2002.7.18. 2002도669 전합).

㉡ (사기죄와 변호사법위반죄) "공무원이 취급하는 사건에 관하여 청탁 또는 알선을 할 의사와 능력이 없음에도 청탁 또는 알선을 한다고 기망하여 금품을 교부받은 경우에 성립하는 사기죄와 변호사법위반죄는 상상적 경합의 관계에 있다"(대판 2006.1.27. 2005도8704).[1]

㉢ (수인에 대한 사기죄) 피해자들을 유인하여 사기도박으로 도금을 편취한 행위는 사회관념상 1개의 행위로 평가함이 상당하므로, 피해자들에 대한 각 사기죄는 상상적 경합의 관계에 있다(대판 2011.1.13. 2010도9330).

ii) **[사회·국가적 법익]** ㉠ (연명문서의 위조) "(1개의 문서에 2인 이상의 작성명의인이 있는) 2인 이상의 연명으로 된 문서를 위조한 때에는, 작성명의인의 수대로 수개의 문서위조죄가 성립하고, 그 연명문서를 위조하는 행위는 자연적 관찰이나 사회통념상 하나의 행위이므로, 상상적 경합범에 해당한다"(대판 1987.7.21. 87도564). ㉡ (수개의 위조문서를 일괄행사) 수개의 위조문서행사죄 상호간에는 상상적 경합관계에 있다(대판 1956.9.7. 4289형상188).

㉢ (수인의 공무원에 대한 공무집행방해죄) "동일한 공무를 집행하는 여럿의 공무원

1) [공소시효] "변호사법 위반죄의 '공소시효가 완성'되었다고 하여 그 죄와 상상적 경합관계에 있는 사기죄의 공소시효까지 완성되는 것은 아니다"(2005도8704).

에 대하여 폭행 · 협박 행위를 한 경우에는 '공무원의 수'에 따라 여럿의 공무집행방해죄가 성립하고, 그 폭행 · 협박 행위가 동일한 장소에서 동일한 기회에 이루어진 것으로서 사회관념상 1개의 행위로 평가되는 경우에는 여럿의 공무집행방해죄는 상상적 경합관계에 있다"(대판 2009.6.25. 2009도3505).

㉣ (공무집행방해죄와 상해죄) 공무집행하는 공무원을 폭행하여 상해를 가한 경우 '상해'(*)와 공무집행방해죄는 상상적 경합관계이다"(대판 1999.9.21. 99도383).

㉤ (하나의 고소장으로 수인을 무고) 하나의 고소장으로 수인을 무고한 경우에는, (국가의 심판기능은 사람마다 별도로 발생하므로) '피무고자의 수'에 따라 수개의 무고죄가 성립하고, 이는 상상적 경합관계에 있다(대판 2008.12.11. 2008도8922).

iii) [상상적 경합 여부 (부정)] (공무원인 의사의 허위진단서작성) 반면, 공무원인 의사가 공무소의 명의로 허위진단서를 작성한 경우 허위공문서작성죄만이 성립하고, 허위진단서작성죄는 별도로 성립하지 않는다(대판 2004.4.9. 2003도7762).[1] 즉, 허위공문서작성죄와 허위진단서작성죄의 상상적 경합이 아니라고 한다.

4) 뇌물죄와 교통사고의 죄수관계 상상적 경합인지 실체적 경합인지 죄수관계가 특히 문제되는 경우로는, ㉠ 뇌물죄(공무원이 타인을 기망 또는 공갈하여 뇌물을 수수한 경우) 및 ㉡ 교통사고의 경우가 있다. 이를 정리하면 다음과 같다.

[1. 뇌물죄와 사기 · 공갈 · 장물죄의 죄수관계: 수수자(공무원)와 교부자의 죄책(판례)]
이 부분은 중요한 쟁점이다. 공무원이 기망한 경우와 공갈한 경우 등으로 나누어 설명한다.

i) [뇌물죄와 사기죄] 공무원이 직무와 관련하여 타인을 기망하여 재물을 교부받은 경우에는 ㉠ (공무원: 사기죄와 뇌물수수죄의 상상적 경합) "뇌물죄와 사기죄의 각 구성요건에 해당될 수 있으므로, 상상적 경합으로 처단하여야 한다"(대판 1977.6.7. 77도1069). ㉡ (교부자: 뇌물공여죄) 이때 재물교부자에게는 뇌물공여죄가 성립한다.

ii) [뇌물죄와 공갈죄: 주의] ㉮ "공무원이 '직무집행의 의사 없이 또는 직무처리와 대가적 관계 없이' 타인을 공갈하여 재물을 교부받은 경우"에는 ㉠ (공무원: 공갈죄만

---

1) 이는, 허위진단서작성죄의 주체는 해석상 '사인(私人)에 한정된다'는 점에 근거한 해석론이다. 즉, 문서위조죄에 대해, 형법은 사문서와 공문서로 대별하여 범죄의 성립과 처벌을 달리 규정하는 것을 기본적인 입법형태로 삼고, 어느 문서가 사문서와 공문서 양쪽에 모두 포함되는 경우는 상정하고 있지 않으므로, 이 경우에도 어느 하나의 죄만 성립한다는 것이다.

한편, 주의할 점은, 그렇다고 하여 허위공문서작성죄와 허위진단서작성죄가 법조경합(특별관계)인 것은 아니라는 점이다. 특별관계는 그 개념상 어느 구성요건이 다른 구성요건의 모든 요소를 포함하는 이외에 다른 요소를 구비하여야 하는데, ㉠ 허위공문서작성죄의 구성요소가 일반적으로 허위진단서작성죄의 구성요소를 포함하는 것은 아니며, ㉡ 단지 공무원이 작성한 진단서라는 특별한 경우에만 양 죄의 구성요건을 모두 충족하게 될 뿐이기 때문이다.

성립) "뇌물수수죄는 성립되지 않으며 공갈죄만이 성립한다"(대판 1966.4.6. 66도12; 1994. 12.22. 94도2523). ㉡ (교부자: 뇌물공여죄 아님) 이때 "재물교부자는 단순히 공갈죄의 피해자에 지나지 아니하고, 뇌물공여죄를 구성하지 않는다"(위 66도12).

이러한 법리는 공무원이 '직무집행을 빙자하여 타인을 공갈한 경우에도 그대로 적용된다. 즉, "공무원이 '직무집행을 빙자하여' 타인을 공갈하여 재물을 교부케 한 공갈죄만이 성립한다"(대판 1969.7.22. 65도2266). 이 경우 "금품제공자에 대하여 증뢰죄가 성립될 수 없다"(위 65도2266).

한편, ㉯ 문제는 공무원이 '직무집행의 의사가 있고 직무처리와의 대가적 관계'에서 타인을 공갈하여 재물을 교부받은 경우인데, 이에 대해서는 아직 판례가 없다.

㉠ (공무원: 공갈죄와 뇌물수수죄의 상상적 경합) 일반적으로는 공갈죄와 뇌물수수죄가 모두 성립하고,[1] 양자는 상상적 경합의 관계에 있다고 본다(다수설).

㉡ (교부자: 뇌물공여죄 아님) 견해의 대립이 있다. ⓐ 긍정설은, 뇌물을 공여하게 된 의사결정의 자유 정도에 따라, 재물교부자에게도 뇌물공여죄의 성립을 인정하는 견해이다. 그 논거는, 교부자의 경우 비록 다소의 외포심이 있더라도 임의성이 있다면 공무원의 의무위반을 야기한 책임을 면할 수 없고, 실제로 대부분의 교부자가 불이익을 면하기 위해 두려운 마음에서 뇌물을 교부하는 실정을 감안하면, 공갈죄의 피해자라는 이유만으로 가벌성을 전적으로 배제하는 것은 부당하다는 것이다. ⓑ 부정설은, 공무원에게 공갈죄가 성립하는 경우 공갈죄의 피해자인 교부자에 대해서는 뇌물공여죄의 성립을 부정하는 견해이다.

생각건대, 공무원에게 공갈죄가 성립하는 경우 교부자에 대해서는 뇌물공여죄의 성립을 배제하는 부정설이 타당하다(부정설). 그 이유는, ① 공무원에게 공갈죄가 성립하는 이상 교부자는 공갈죄의 피해자이고(위 94도2528 판결은, 공무원에게 공갈죄가 성립하는 경우 상대방에게 뇌물공여죄가 성립하지 않음을 명백한 취지로 보인다), ② 자유의사에 의해 공여한 경우와는 달리, 피공갈자의 뇌물공여는 '강박'에 의한 것이며, ③ 수수한 공무원에게 뇌물수수죄가 성립한다고 하여, 상대방에게 반드시 뇌물공여죄가 성립해야 하는 것은 아니기(대판 2008.3.13. 2007도10804) 때문이다.

iii) **[뇌물죄와 장물죄]** ㉮ 공무원이 직무와 관련하여 장물임을 알면서 교부받은 경우이다. 위 i)㉠의 '사기죄와 뇌물수수죄'의 경우와 같다. 즉, ㉠ 공무원은 장물취득죄와 뇌물수수죄의 상상적 경합범, ㉡ 교부자는 뇌물공여죄가 성립한다.

---

1) [직무집행의 의사와 대가관계가 있는 경우: 공갈죄 외에 뇌물수수죄 성립] ㉠ 첫째, 만일 뇌물수수죄의 성립을 부정한다면, 공갈에 의한 수뢰가 그렇지 않은 단순수뢰보다 법정형이 낮게 되는 불합리한 결과가 생길 수 있다. 형법에서는 공갈죄가 수뢰죄보다 법정형이 무겁지만, 특가법상으로는 오히려 수뢰죄가 공갈죄보다 법정형이 훨씬 무겁기 때문이다. ㉡ 둘째, 수뢰죄의 뇌물로써 필요적 몰수·추징의 대상에 포함시키는 것이 정의에 부합한다.

[뇌물죄와 사기 · 공갈 · 장물죄의 죄수관계]

<table>
<tr><th colspan="2"></th><th>공무원</th><th>재물 교부자</th><th>비고
(교부자의 공여죄?)</th></tr>
<tr><td colspan="2">기망</td><td>사기죄 ○
뇌물수수죄 ○ (상경)</td><td>– – –
뇌물공여죄 ○</td><td>★ ○</td></tr>
<tr><td rowspan="4">공
갈</td><td>직무의사 없이</td><td rowspan="3">공갈죄 ○
뇌물수수죄 ×</td><td rowspan="3">(공갈의 피해자)
뇌물공여죄 ×</td><td rowspan="3">★ ×</td></tr>
<tr><td>대가관계 없이</td></tr>
<tr><td>직무집행 빙자</td></tr>
<tr><td>직무의사/대가관계</td><td>공갈죄 ○
뇌물수수죄 ○ (상경)</td><td>(공갈의 피해자)
뇌물공여죄 ×</td><td>★ ×
(견해 대립/이설 있음)</td></tr>
<tr><td colspan="2">장물</td><td>장물취득죄 ○
뇌물수수죄 ○ (상경)</td><td>– – –
뇌물공여죄 ○</td><td></td></tr>
</table>

[2. 교통사고의 죄수관계(판례)] i) [무면허 · 음주운전] ㉠ (무면허운전죄와 음주운전죄: 상상적 경합) "무면허인데다가 술이 취한 상태에서 오토바이를 운전하였다는 것은 사회관념상 사물자연의 상태로서 분명히 1개의 운전행위이고, 두 죄는 형법 제40조의 상상적 경합관계에 있다"(대판 1987.2.24. 86도2731).[1] ㉡ ('운전한 날' 및 '교통단속' 기준에 의한 2죄 분리효과) 시간적 간격(예: 2016.5.4. 00:00경과 2016.5.5. 11:35경)을 두고 2일간 무면허운전을 한 경우, 무면허운전죄는 사회통념상 운전한 날을 기준으로 '운전한 날마다' 1죄가 성립하고 실체적 경합범이며, 포괄1죄가 아니다"(대판 2002.7.23. 2001도6281). 예컨대, 같은 날 저녁식사 전 · 후에 이루어진 각 무면허운전의 죄수관계는, 각 무면허운전 행위를 통틀어 포괄1죄에 해당한다(대판 2022.10.27. 2022도8806). 다만, 음주상태로 동일 차량을 일정기간 계속 운전하다가 1회 음주측정을 받았다면 (그 단속을 기준으로) (그때까지의 음주운전은) 포괄1죄에 해당한다"(대판 2007.7.26. 2007도4404).[2] ㉢ (음주운전죄와 음주측정불응죄: 실체적 경합) "도교법위반(음주운전)죄와 도교법위반(음주측정거부)죄는 (주취운전의 불법과 책임내용이 일반적으로 음주측정거부의 그것에 포섭되는 것은 아니므로) 실체적 경합관계에 있다"(대판 2004.11. 12. 2004도5257).

---

1) [무면허 · 음주 운전 (=1개의 행위)] 무면허 · 음주 운전은 일정한 목적지로 이동하기 위한 동일한 의사를 가진 하나의 운전행위이기 때문이다.

2) [교통단속 기준에 의한 2개의 범죄로 분리 효과 (=실체적 경합] 어느 날에 운전을 시작하여 다음날까지 동일한 기회에 일련의 과정에서 계속 운전한 경우에는, 무면허운전이든 음주운전이든 포괄1죄로 볼 수 있다. 다만, "음주상태로 동일한 차량을 일정기간 계속하여 운전하다가 1회 음주측정을 받았다면 이러한 음주운전행위는 동일 죄명에 해당하는 연속된 행위로서 단일하고 계속된 범의하에 일정기간 계속하여 행하고 그 피해법익도 동일한 경우이므로 포괄일죄에 해당한다. 즉, 제1차 사고를 내고 그대로 진행하여 제2차 사고를 낸 후 비로소 음주측정을 받은 경우 (그때까지의 음주운전은) 포괄1죄에 해당한다".

[도해: 교통사고의 죄수관계]

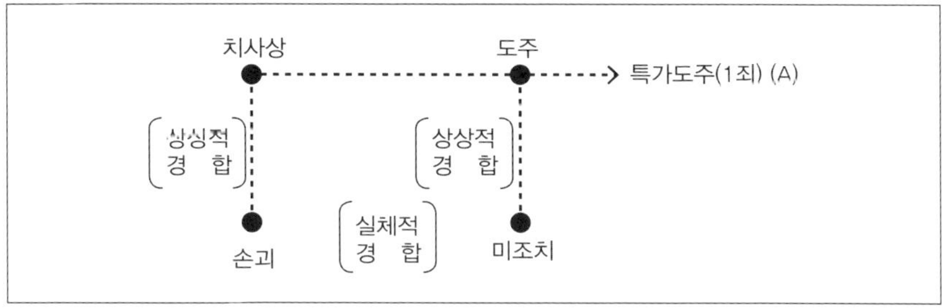

ii) [교통사고] ㉠ (교특법위반죄와 과실손괴죄: 상상적 경합) "자동차운전자가 다른 차량을 들이받아 그 차량을 손괴하고 동시에 그 차량에 타고 있던 승객에게 상해를 입힌 경우, 교특법위반죄(업무상과실치사상)와 도교법위반(업무상과실손괴. 이하 '과실손괴'라고만 함)죄는, 동일한 업무상과실로 발생한 수개의 결과로서 상상적 경합관계에 있다"(대판 1986.2.11. 85도2658).

㉡ (무면허/음주운전죄와 업무상과실치사상죄: 실체적 경합) "면허없이 운전하다가 사람을 치어 사상하게 한 경우 무면허운전죄와 업무상과실치사상죄는 실체적 경합의 관계에 있다"(대판 1972.10.31. 72도2001). "음주운전죄와 교특법위반죄는 (고의범과 과실범으로 별개의 범죄이고, 1개의 행위에 의한 것이 아니므로) 실체적 경합관계에 있다"(대판 1987.2.24. 86도27319).

㉢ (과실'치사상'죄 · 과실'손괴'죄와 미조치죄: 실체적 경합) 업무상과실'치사상'죄(내지 교특법위반죄) 또는 업무상과실'손괴'죄와 도교법위반(미조치)죄는 1개의 행위에 의한 것이 아니므로, 실체적 경합관계에 있다(대판 1991.6.14. 91도253; 2017.9.7. 2017도9689).

iii) [뺑소니사고] "사고운전자가 업무상과실에 의하여 사람을 사망 또는 상해에 이르게 하거나 재물을 손괴하고 도로교통법 제54조 제1항의 구호조치 등 필요한 조치를 취하지 아니한 경우"에는,

㉠ (과실'치사상'+미조치 ⇒ 도주치사상죄 1죄만 성립) '업무상과실 치사상' 부분에 대해서는 특가법위반(도주치사상)죄만이 성립하고(대판 1991.6.14. 91도253), 업무상과실치사상죄(내지 교특법위반죄) 및 도교법위반(미조치)죄는 여기에 흡수된다(결합범). (만일 검사가 업무상과실치사상죄와 미조치죄로만 기소한다면) 업무상과실치사상죄와 도교법위반(미조치)죄는 실체적 경합이다(위 91도253).

㉡ (과실'손괴'+미조치 ⇒ 실체적 경합) '업무상과실 재물손괴' 부분에 대해서는 "도교법위반(과실손괴)죄 외에 도교법위반(손괴후 미조치)죄가 성립하고, 이는 (1개의 행위가 아니므로) 실체적 경합이다"(위 91도253).

㉢ (도주치사상죄와 과실손괴죄: 상상적 경합) "사고운전자가 도주한 경우에는 업무상

과실치사상죄는 결합범으로 규정된 특가법위반(도주치사상)죄에 흡수되어 같은 죄 1죄만 성립하고, 도교법위반(과실손괴)죄는 특가법위반(도주치사상)죄와 그러한 관계가 없어 위 죄에 흡수되지 아니하며, 양죄는 여전히 상상적 경합관계에 있다"(서울고등법원 1986.11.15. 86도2447).[1]

㉣ (도주치사상죄와 '손괴후 미조치'죄: 상상적 경합) "특가법위반(도주치사상)죄와 도교법위반(손괴후 미조치)죄는 ('미조치'라는 주요부분의 행위동일성이 있으므로) '1개의 행위가 수개의 죄에 해당하는' 상상적 경합관계에 있다"(대판 1996.4.12. 95도2312; 위 93도49).

반면, 뺑소니는 다음의 ㉤(음주)·㉥(미신고)·㉦(안전운전)과는 실체적 경합이 된다.

㉤ (도주치사상죄와 음주운전죄: 실체적 경합) "특가법위반(도주치사상)죄와 도교법위반(음주/무면허)죄는 실체적 경합 관계에 있다"(대판 1997.3.28. 97도447).

㉥ (도주치사상죄와 미신고죄: 실체적 경합) "특가법위반(도주치사상)죄와 도교법위반(미신고)죄는 실체적 경합관계에 있다"(대판 1992.11.13. 92도1749).

㉦ (도주치사상죄와 안전운전의무위반죄: 실체적 경합) "특가법위반(도주치사상)죄와 도교법위반(안전운전의무위반)죄는 실체적 경합관계에 있다"(위 93도49).

iv) [위험운전치사상] "음주 또는 약물의 영향으로 정상적인 운전이 곤란한 상태에서 자동차를 운전하여 사람을 상해에 이르게 함과 동시에 다른 사람의 재물을 손괴한 경우"에는,

㉠ (위험운전치사상죄와 교특법위반죄: 법조경합) "음주로 인한 특가법위반(위험운전치사상)죄는 업무상과실치사상죄의 특례를 규정하여 가중처벌함으로써, 피해자의 생명·신체의 안전이라는 개인적 법익을 보호하기 위한 것으로, 그 죄가 성립하는 때에는 교특법위반죄는 그 죄에 흡수되어 별죄를 구성하지 아니한다"(대판 2008.12.11. 2008도9182). 즉, 법조경합 가운데 '특별관계'에 해당한다.

㉡ (위험운전치사상죄와 과실손괴죄: 상상적 경합) "특가법위반(위험운전치사상)죄와 도교법위반(과실손괴)죄는 '1개의 운전행위로 인한 것으로서' 상상적 경합관계에 있다"(대판 2010.1.14. 2009도10845).

㉢ (음주운전죄와 위험운전치사상죄: 실체적 경합) "특가법위반(위험운전치사상)죄(또는 업무상과실재물손괴죄)와 도교법위반(음주운전)죄는 '입법취지와 보호법익 및 적용영역을 달리하는 별개의 범죄로서' 양죄가 모두 성립하는 경우 두죄는 실체적 경합관계에 있다"(대판 2008.11.13. 2008도7143).

v) [행위의 완전 동일성] ㉠ (하나의 교통사고로 '수인에 대한 치사상죄' 상호간: 상상적 경합) 하나의 교통사고로 수인을 치사상케 한 경우 수개의 교특법위반죄가 성립하고

---

1) [상상적 경합] 이를 실체적 경합 관계라고 한 판결(대판 1996.4.12. 95도2312)도 있으나, 상상적 경합 관계로 보는 것이 타당하고 현재의 실무이다(위험운전치사상죄와 과실손괴죄의 죄수에 관한 대판 2010.1.14. 2009도10845 등 참조).

각 죄는 상상적 경합관계에 있다. ㉡ (하나의 교통사고로 '수인의 차량에 대한 과실손괴죄' 상호간: 상상적 경합) 연쇄충돌사고로 여러 대의 자동차를 손괴한 경우 수개의 도교법위반(과실손괴)죄가 성립하고 각 죄는 상상적 경합관계에 있다. ㉢ ('수인에 대한 도주치사상죄' 상호간: 상상적 경합) 자동차등의 교통으로 수인을 치사상케 한 후 도주한 경우 피해자의 수에 따라 수개의 특가법위반(도주치사상)죄가 성립하고 각 죄는 상상적 경합관계에 있다.

3. 상상적 경합의 효과

(1) 실체법적 효과

1) 과형상 1죄 상상적 경합은 '가장 무거운 죄에 대하여 정한 형'으로 처벌한다[흡수주의](40). 죄의 경중은 '법정형→죄질→범정'의 순서로 가린다. '법정형'의 경중은 제41조(형의 종류), 제50조(형의 경중)에 따른다.[1] 법정형이 같으면 범죄의 질에 따라 '죄질'의 경중을 가리고, 죄질이 같으면 '범정'에 따라 판단한다. 범정의 경중은 피해액 · 피해정도 등을 기준으로 하되, 그마저 같으면 실무상 대개 맨 마지막 범죄의 범정이 무겁다고 본다.

2) 전체적 대조주의 다만, 가장 무거운 죄에 대하여 정한 형의 '하한'이 다른 죄에 대하여 정한 형의 '최하한'보다 가벼운 경우가 문제된다. 수개의 법정형 가운데 상한뿐만 아니라 '하한'도 모두 '중한 형'의 범위 내에서 처단하여야 하며(대판 2008.12.24. 2008도9169), 만일 경한 죄에 '병과형 또는 부가형'이 있는 때에는 이를 병과하여야 한다(대판 2006.1.27. 2005도8704). 이를 '전체적 대조주의'(차단효 또는 저지효)라고 한다.

(2) 소송법적 효과

1) 소송법상 1죄 상상적 경합은 행위가 1개이므로 소송법상 1개의 사건이 된다. 따라서 상상적 경합의 소송법상 취급은 포괄1죄의 경우와 유사하다. 즉, 상상적 경합은 소송법상 1죄이므로, 상상적 경합의 일부에 대한 공소제기는 그 효력이 나머지 범죄 전부에 미치고, 그 전부가 법원의 잠재적 심판대상이 된다. 따라서 상상적 경합의 다른 일부를 공소사실로 추가하기 위해서는 공소장변경의 방법으로 가능하다. 또한 상상적 경합의 일부에 대한 확정판결이 있는 경우 나머지 범죄에 대해서도 일사부재리의 효력이 미친다.

2) 실질적 수죄 상상적 경합은 실체법상 수죄이다. 따라서 상상적 경합의 관계

---

1) 따라서 상상적 경합에서는 "실체적 경합범 처벌에 관한 형법 제38조 제2항(징역과 금고를 동종의 형으로 간주하여 징역형으로 처벌)은 준용될 수 없다"(대판 1976.1.27. 75도1543).

에 있는 모든 범죄사실과 적용법조를 판결이유에 기재하여야 하고, 일부가 무죄인 경우 그 이유를 판결이유에 적시해야 한다('이유무죄'). 상상적 경합의 일부가 친고죄인 경우 친고죄에 대한 고소 및 취소는 비친고죄의 처벌에 영향을 미치지 않는다(대판 1983.4.26. 83도323). 모두 친고죄인 경우의 고소·고소취소의 효력은 물론, 공소시효도 각 죄별로 따로 판단한다.

4. 연결효과에 의한 상상적 경합의 문제

1) 뜻 2개의 독립적 행위가 제3의 행위와 부분적 동일성이 있는 경우 그 2개의 행위가 제3의 행위에 의해 '연결되어' 그 전체가 상상적 경합이 되는가의 문제이다. 즉 경합범인 A죄·B죄가 각각 C죄와 상상적 경합관계에 있는 경우 A죄와 B죄 사이에서도 C죄에 의해 '연결되어' 그 전체가 상상적 경합범으로 처리될 수 있는가의 문제이다. 예컨대, ㉠ 결합범인 수뢰후부정처사죄와 부정처사의 내용인 공도화변조죄 및 그 행사죄의 경우, ㉡ 계속범인 감금죄와 그 과정에서 행해진 수차례의 상해죄나 폭행죄의 경우 등이다(앞의 '도해: 교통사고의 죄수관계' 참조).

2) 학설 ㉠ (긍정설) 연결효과를 인정하지 않는다면 제3의 행위(C죄)를 이중평가하는 불합리한 결과가 발생하므로, 관련된 모든 죄의 상상적 경합관계를 인정해야 한다는 견해, ㉡ (부정설) 서로 다른 2개의 행위가 제3의 다른 행위에 의해 1개가 될 수 없고, 제3의 범죄행위라는 우연한 사정에 의해 오히려 양형상 이익을 얻게 되는 불합리한 결과가 발생하므로, 이를 인정해서는 안된다는 견해, ㉢ (절충설) 연결하는 C죄의 불법내용이 연결되는 A죄·B죄의 그것보다 '경(輕)하지 않은'(='중하거나 동등한') 경우에는 연결효과를 인정하여 모두 상상적 경합범으로 처리한다는 견해, ㉣ (비교단위확장설) A죄·B죄를 먼저 경합범가중하여 그 형을 정하고, 그 후 C죄와 비교하여 상상적 경합으로 처리하자는 견해(비교단위확장설은, 먼저 경합범가중한 형이 상상적 경합에서의 비교단위가 된다는 의미) 등이 있다.

3) 검토 재판실무상 처단형의 산출은 '과형상 1죄(상상적 경합)의 처리→형종의 선택→경합범가중'의 순서[1]를 따르는데, 순서상 상상적 경합은 실체적 경합보다 먼저 처리한다. 그 결과 앞서 본 '절충설'과 같은 결론에 이르게 된다(절충설 비슷). 한편, 비교단위확장설은, 죄수의 문제와 양형의 문제를 구별하지 못하

---

1) ['법령의 적용'의 순서] 형법 제56조 및 재판실무례에 따르면, 법령적용은 "당해 형벌법규 적용→각칙 조문에 따른 가중→형법 제34조 제2항의 가중→상상적 경합의 처리→형종의 선택→누범 가중→법률상 감경→경합범 가중→정상참작감경(작량감경)→선고형의 결정"의 순이다. 제56조는 '각·제·누·법·경·정' 내지 '각·제·(상·선)·누·법·경·정'으로 요약된다.

고, 형법 제56조(가중감경의 순서)에도 부합하지 않는다는 문제가 있다.

[절충설의 적용] i) (C죄가 무거운 경우) '연결하는 C죄'가 '연결되는 A · B죄'에 비해 법정형이 '중(重)한' 경우에는 중한 C죄로만 처단하면 될 것이고, 이때 A · B죄에 대하여 별도로 경합범가중을 할 필요가 없다. 예컨대, 감금죄와 각 폭행죄가 연결관계에 있는 경우 감금죄의 법정형(5년 이하 징역)이 폭행죄의 그것(2년 이하 징역)보다 중하기 때문에 각 폭행죄는 그와 각 상상적 경합관계에 있는 감금죄에 흡수되고, 결국 감금죄의 '중한' 형으로만 처단하면 된다.

ii) (C죄가 가벼운 경우) 반면, '연결하는 C죄'가 '연결되는 A · B죄'에 비해 법정형이 '경(輕)한' 경우에는 C죄는 '중(重)한' A · B죄의 형에 흡수되고, A · B죄의 실체적 경합으로만 처리하면 된다. 예컨대, 감금죄와 각 상해죄가 연결관계에 있는 경우 감금죄의 법정형(5년 이하 징역)이 상해죄의 그것(7년 이하 징역)보다 경하기 때문에 각 상상적 경합에 의해 상해죄의 형으로 처단하되, 상해죄 상호간에는 실체적 경합이 된다.

iii) (A · B죄 중 하나가 무거운 경우) 또한, A · B죄의 어느 하나만이 '중(重)한' 경우에도 C죄는 그 중한 죄에 정한 형에 흡수되므로, 결국 마찬가지로 처리된다.

4) 판례 판례는 ㉠ 수뢰후부정처사죄와 허위공문서작성 · 동행사죄의 관계에서, 가장 '중한' 죄인 수뢰후부정처사죄에 정한 형(1년 이상의 유기징역)으로 처단하면 족하고, 따로 경합범 가중을 할 필요가 없다(대판 1983.7.26. 83도1378)[1]고 판시한 바 있다. ㉡ 수뢰후부정처사죄와 공도화변조 · 동행사죄의 관계(대판 2001.2.9. 2000도1216),[2] ㉢ 업무상배임죄와 사문서위조 · 동행사죄의 관계(대판 2009.4.9. 2008도5634)[3]에서도 같은 입장을 취하였다. ㉣ 특정범죄가중처벌법위반(도주치사

---

1) ['수뢰후부정처사죄'와 허위공문서작성 · 동행사죄] 위 83도1378 ("예비군 중대장이 그 소속예비군으로부터 금원을 교부받고 그 예비군이 예비군훈련에 불참하였음에도 불구하고 참석한 것처럼 허위내용의 중대학급편성명부를 작성, 행사한 경우 허위공문서작성죄와 동행사죄가 수뢰후 부정처사죄와 각각 상상적 경합범관계에 있을 때에는 허위공문서작성죄와 동행사죄 상호간은 실체적 경합범관계에 있다고 할지라도 상상적 경합범관계에 있는 수뢰후 부정처사죄와 대비하여 가장 중한 죄에 정한 형으로 처단하면 족한 것이고 따로이 경합가중을 할 필요가 없다").

2) ['수뢰후부정처사죄'와 공도화변조 · 동행사죄] 위 2000도1216 ("공도화변조죄와 동행사죄가 수뢰후부정처사죄와 각각 상상적 경합범 관계에 있을 때에는 공도화변조죄와 동행사죄 상호간은 실체적 경합범 관계에 있다고 할지라도 상상적 경합범 관계에 있는 수뢰후부정처사죄와 대비하여 가장 중한 죄에 정한 형으로 처단하면 족한 것이고 따로이 경합범 가중을 할 필요가 없다"). 단, 이 판결은 '3죄의 실체적 경합'으로 본 원심을 파기한 것이다.

3) ['업무상배임죄'와 사문서위조 · 동행사죄] 위 2008도5634 ("회사 명의의 합의서를 임의로 작성 · 교부한 행위에 대하여 '약식명령이 확정된 사문서위조 및 그 행사죄의 범죄사실'과 그로 인하여 '회사에 재산상 손해를 가하였다는 업무상 배임의 공소사실'은 그 객관적 사실관계가 하나의 행위이므로 1개의 행위가 수개의 죄에 해당하는 경우로서 형법 제40조의 상상적 경합

상)죄와 도로교통법상 업무상과실재물손괴 · 미조치죄의 관계(대판 1991.6.14. 91도253 등 참조)도 다를 바 없다. 판례가 '연결효과 이론'을 인정한 것인가에 대해 이견이 있으나(즉, 판례는 A · B · C죄를 모두 상상적 경합범으로 처리하는 것은 아님), 연결하는 제3의 행위(C죄)의 법정형이 더 '중한' 경우 사실상 '연결효과에 의한 상상적 경합'의 결과만은 인정함으로써, 간접적으로나마 그 효과를 인정하고 있는 셈이다.

Ⅲ. 실체적 경합

제37조(경합범) '판결이 확정되지 아니한 수개의 죄' 또는 '금고 이상의 형에 처한 판결이 확정된 죄와 그 판결확정전에 범한 죄'를 경합범으로 한다.

1. 의의와 유형

1) 뜻 실체적 경합(實體的 競合)이란 수개의 행위가 수개의 범죄에 해당하는 경우, 즉 실체법적으로 수죄이면서 과형상으로도 수죄로 취급되는 경우를 말한다. 이는 수죄의 가장 일반적인 경우이므로, 실체적 경합관계에 있는 수개의 죄를 가리켜서 단순히 '경합범'이라 한다. 그 실현되는 구성요건의 '동종 여부'에 따라 '동종(同種)의 경합범'과 '이종(異種)의 경합범'이 있다. 예컨대, ㉠ 수인의 피해자에 대해 각 피해자별로 기망행위를 하여 각각 재물을 편취한 경우는 '각 사기죄'의 (동종의) 경합범(대판 1997.6.27. 97도508), ㉡ 절취한 신용카드를 부정사용하여 현금지급기에서 현금서비스를 제공받아 현금을 인출하는 행위는 '여신전문금융업법상 신용카드부정사용죄'와 '절도죄'의 (이종의) 경합범이다(대판 1995.7.28. 95도997; 2006.7.27. 2006도3194).

2) 유형('동시적 경합범'과 '사후적 경합범') 형법 제37조는 '판결이 확정되지 않은 수개의 죄' 또는 '금고 이상의 형에 처한 판결이 확정된 죄와 그 판결확정 전에 범한 죄'를 경합범으로 규정하고 있다. 그 전단(前段)의 '판결이 확정되지 않은 수개의 죄'를 '형법 제37조 **전단 경합범**' 내지 '**동시적 경합범**'이라 하고, 후단(後段)의 '금고 이상의 형에 처한 판결이 확정된 죄와 그 판결확정 전에 범한 죄'를 '형법 제37조 **후단 경합범**' 내지 '**사후적 경합범**'이라 한다. 이때 '**동시적**(同時的)' 경합범이라는 표현은 수죄가 아직 재판을 받지 아니하여 '동시에 심판(재판)

관계에 있다").

받을 가능성'이 '있다'는 현재 상태를 뜻하고, '**사후적**(事後的)' 경합범이라는 표현은 어느 죄에 대해 이미 판결이 확정되었으나 그 판결 당시 '동시에 심판받을 가능성'이 '있었다'는 과거의 상태를 나타낸다.

2. 동시적 경합범(전단 경합범)

(1) 요건

판결이 확정되지 않은 수개의 죄가 동시에 심판될 수 있는 경우이다. 즉, 전단 경합범이 되려면, 그 요건으로 ㉠ 수개의 행위로 수개의 죄를 범할 것, ㉡ 수개의 죄는 모두 판결이 확정되지 않았을 것, ㉢ 수개의 죄가 하나의 재판에서 동시에 판결될 것이 요구된다. 예컨대, A, B, C, D, E죄를 범하고, 그중 확정판결을 받은 죄가 없으며, 현실적으로 하나의 재판에서 모두 심판대상이 되어 '동시에 판결될 수 있는 상태'에 있는 경우, 그 전부가 전단 경합범이 된다.

1) 수개의 행위로 수개의 죄 1개의 행위로 수죄를 범하거나(상상적 경합), 수개의 행위로 1죄를 범한 경우(포괄1죄)는 경합범이 아니다. 여기서 '수개의 행위'란 행위의 단일성과 동일성이 인정되지 않는 것, 즉 "법적 평가를 떠나 사회관념상 '행위가 사물자연의 상태로 수개'로 평가되는 것"(대판 1997.6.27. 97도508 참조)을 말한다. 상상적 경합과 실체적 경합은 모두 수죄이지만, 결국 1개의 행위인가 수개의 행위인가에 따라 구별된다.[1] 그러나 그 구별기준이 반드시 명료한 것은 아니고, 매우 어려운 문제에 속한다.[2]

---

1) [실행행위의 중첩] 이때 '1개의 행위'란 "수개의 죄를 구성하는 각각의 구성요건 실행행위가 전부 또는 일부 중첩되는 경우"라고 정의할 수 있는데, '실행행위의 중첩'이란 '주요부분 또는 필수부분의 중첩', 즉 어떤 구성요건의 실행행위를 이루는 자연적 행위가 다른 구성요건의 실현에도 '전적으로' 또는 '부분적이지만 본질적으로' 기여하였다는 의미이다.

2) [실무의 경향] 판례는 포괄1죄나 상상적 경합보다 '실체적 경합'을 더 넓게 인정하는 경향이다. 즉, 1개의 행위냐 수개의 행위냐에 대해 행위다수성을 넓게 인정하여 상상적 경합보다는 실체적 경합을 인정하고, 수개의 행위에 대해서도 포괄1죄보다는 실체적 경합을 더 넓게 인정하는 경향이 강하다. 설령 행위의 부분적 동일성이 인정되더라도, 구성요건적 행위 태양과 보호법익이 서로 다르고, 어느 죄의 불법과 책임내용이 다른 죄의 불법과 책임내용을 모두 포함하고 있지 않은 경우 또는 목적과 수단의 관계에 있는 경우 대체로 '실체적 경합'을 인정한다.

그 결과 실무상 ㉠ 실체적 경합범으로 인정되는 수죄가 일괄기소된 사건에서는, 그 전부가 무죄로 되는 일은 드물기 때문에, 피고인의 현실적인 관심은 유·무죄보다는 양형에 있게 되고, ㉡ 일부기소되어 확정된 사건에서는, 일부범죄에 대한 확정판결의 기판력 내지 일사부재리의 효력이 나머지 범죄에 미치지 않기 때문에, 추가기소를 통한 피고인의 재차 처벌이 얼마든지 가능하게 되는 현상이 반복되고 있는 실정이다.

[판례 (실체적 경합)] 다음은 모두 각 죄의 실체적 경합을 인정한 사례들이다.

i) [재산죄] ㉠ (절도죄와 주거침입죄) 특수절도(흉기휴대 또는 2인 이상 합동의 경우)에서 주거침입은 그 구성요건이 아니므로, 절도범인이 그 범행수단으로 주거침입을 한 경우 절도죄와 주거침입죄의 실체적 경합범(대판 2009.12.24. 2009도9667),

㉡ (상습단순절도죄와 주거침입죄) 상습으로 단순절도죄를 범한 범인이 상습적인 절도범행의 수단으로 주간(낮)에 주거침입한 경우 상습(단순)절도죄와 주거침입죄의 실체적 경합범, 또는 상습절도죄를 범한 범인이 그 범행 외에 상습적인 절도의 목적으로 주간에 주거침입을 하였다가 절도에 이르지 아니하고 주거침입에 그친 경우 상습절도죄와 주거침입죄의 실체적 경합범(대판 2015.10.15. 2015도8169),

㉢ (각 강도상해죄) 강도가 1개의 강도범행 기회에 수명의 피해자에게 각 폭행을 가하여 각 상해를 입힌 경우 피해자별로 각 강도상해죄의 실체적 경합범(대판 1987.5.26. 87도527),

㉣ (각 사기죄) 수인의 피해자에게 각 피해자별로 기망하는 경우 각 사기죄의 실체적 경합범(대판 1997.6.27. 97도508),

㉤ (사기죄와 부수법위반죄) 사기의 수단으로 발행한 수표가 지급 거절된 경우 부수법위반죄와 사기죄의 실체적 경합범(대판 2004.6.25. 2004도1751),

㉥ <u>(사기죄와 불실기재죄)</u> 법원을 기망하여 승소판결을 받고 그 확정판결에 의해 소유권이전등기를 경료한 경우 사기죄와 공정증서원본불실기재죄의 실체적 경합범(대판 1983.4.26. 83도188),

ii) [위조·행사죄] ㉠ (절도죄와 사문서위조죄) 예금통장을 절취한 후 예금청구서를 위조하는 경우 절도죄와 사문서위조죄의 실체적 경합범(대판 1991.9.10. 91도1722), ㉡ (각 유가증권위조죄) 수개의 유가증권을 위조하는 경우 각 유가증권위조죄의 실체적 경합범(대판 1983.4.14. 82도2938), ㉢ (행사죄와 사기죄) 위조통화를 행사하여 재물을 불법영득한 경우 위조통화행사죄와 사기죄의 실체적 경합범(대판 1979.7.10. 79도840).

iii) [기타] ㉠ 사람을 살해한 다음 그 사체를 다른 장소로 옮겨 유기한 경우 살인죄와 사체유기죄의 실체적 경합범(대판 1984.11.27. 84도2263), ㉡ 감금행위가 단순히 강도상해 범행의 수단이 되는 데 그치지 아니하고 강도상해의 범행이 끝난 뒤에도 계속 감금된 경우 감금죄와 강도상해죄의 실체적 경합범(대판 2003.1.10. 2002도4380), ㉢ 대마취급자가 아닌 자가 절취한 대마를 흡입할 목적으로 소지한 경우 절도죄와 무허가대마소지죄의 실체적 경합범(대판 1999.4.13. 98도3619) 등.

2) 수개의 죄는 모두 판결이 확정되지 않았을 것 만일 판결이 확정되었다면, 확정판결의 일사부재리 효력 내지 기판력이 발생하므로, 그 죄에 대해서는 다시 심판할 수 없다. 판결의 '확정'이란 상소 등 통상의 불복방법으로는 더

이상 다툴 수 없게 된 상태를 말한다. 상소기간 중 또는 상소가 제기된 경우 그 판결은 물론 확정된 것이 아니다.

수죄는 판결이 확정되지 않았을 것을 요하므로, 원래 경합범관계에 있었더라도 '이미 판결이 확정된 죄'의 '확정 전에 범한 죄'는 후단 경합범 여부가 문제된다. 즉, ㉠ 원래 전단 경합범관계에 있었으나 그 중 일부만을 기소하여 판결이 확정된 경우 그 나머지 범죄(대판 1966.6.7. 66도526), ㉡ 경합범인 A, B죄 중 항소심이 A죄(유죄)·B죄(무죄)를 선고하여 검사만이 B죄에 대해 상고하였는데(그 결과 A죄는 분리확정), 상고심이 B죄에 관해서만 파기환송한 경우 확정된 A죄를 제외한 나머지 B죄(대판 1974.10.8. 74도1301)는, 전단 경합범이 아니라 단지 후단 경합범 여부가 문제될 뿐이다. 다만, **주의할 점**이 있다. 즉, 후단 경합범에서 '이미 판결이 확정된 죄'의 '판결'은 '금고 이상의 판결'만으로 한정된다는 점이다(후술). 따라서 여러 개의 죄를 범하였는데 그 가운데 '이미 판결이 확정된 죄'가 있더라도, 그 확정판결이 '금고 이상의 판결'이 아니라면, 예컨대 어느 한 죄에 대해 기소되어 **중간에 '벌금형'이 확정된 경우라면**, 그 '확정 **전에 범한 죄**'와 그 '확정 **후에 범한 죄**' 상호간에는 **여전히 전단 경합범 관계**가 그대로 유지된다(후술). 즉, 수개의 죄 사이에 '**금고 미만의 확정판결**이 있는 경우'에는 그 확정시점을 기준으로 '**전·후 범죄 상호간**'에도 전단 경합범관계는 그대로 유지된다. 요컨대, 여러 개의 죄를 범하였는데 그 가운데 어느 한 죄에 대해 중간에 확정판결이 있는 경우에는, 후단 경합범의 요건과의 관계에서, 전단 경합범의 요건에 '**중간에 금고 이상의 확정판결이 없을 것**'이라는 주의사항이 추가되는 셈이다(사례 참조).[1)]

3) 동시에 판결될 것 판결이 확정되지 않은 수개의 죄일지라도, 전단 경합범이 되려면, 현실적으로 하나의 재판에서 모두 심판대상이 되어 '동시에 판결될 수 있는 상태'에 있어야 한다. 그렇지 않으면 형의 양정에서 제38조(경합범과 처벌례)의 적용은 문제되지 않기 때문이다. 따라서 판결이 확정되지 않은 수개

---

1) [★ 사례] 甲(갑)이 A죄, B죄, C죄를 범한 후 C죄에 대해서만 기소되어 유죄판결이 확정되었는데, 그 후 D죄, F죄를 범한 다음, 한꺼번에 A죄, B죄, D죄, F죄가 기소된 경우에, A죄, B죄, D죄, F죄 상호간의 경합범처리 문제이다.
(해설) i) C죄에 대해 금고 이상의 형이 확정된 경우에는 A죄, B죄는 C죄에 대한 관계에서 후단 경합범이 되고, A죄, B죄 상호간에는 전단 경합범이 된다. 물론 D죄, F죄 상호간에는 전단 경합범이 된다.
ii) C죄에 대해 금고 미만의 형이 확정된 경우에는 A죄, B죄는 C죄에 대한 관계에서 후단 경합범이 아니다. 따라서, A죄, B죄 및 D죄, F죄 전체가 모두 전단 경합범이 된다.

의 죄 가운데 ㉠ 일부가 기소되지 않았거나, ㉡ 모두 기소되었으나 사정상 별개로 이미 심판받는 경우, 그 죄는 전단 경합범이 될 수 없다. 반면, ㉠ 일부만 기소되었더라도 누락된 나머지 죄가 후에 추가기소되어 병합심리된 경우,[1] ㉡ 제1심에서 별도로 판결된 수죄일지라도 항소심에서 병합심리된 경우에는, 그 각 죄가 전단 경합범이 된다(대판 1972.5.9. 72도597).

(2) 전단 경합범의 처리

판결이 확정되지 않은 수개의 죄가 실체적으로 경합하는 경우 과형상으로도 수개의 죄가 존재하므로, 이론상으로는 수개의 형을 병과하여 집행하는 것이 타당할 것이다. 그러나 형을 거듭하여 집행하는 것은 그 누진적 효과 때문에 (단순히 형의 산술적 합산 차원을 넘어) 형의 성질을 변경시키고 가혹한 결과를 초래하게 된다. 즉, 수개 형의 병과 집행에 의한 **누진적 효과의 가혹성**을 양형과정에서 교정할 필요가 있다. 그리하여 형법은 전단 경합범의 형량결정에 대해 **가중주의를 원칙**으로 하되, 흡수주의, 병과주의를 예외적으로 가미하고 있다(38. 일종의 '삼각형 체계').[2] 즉, 경합범을 동시에 판결할 때에는 제38조(경합범과 처벌례)의 처벌례에 따라야 하는 것이다. 만일 경합범으로 공소제기된 수개의 죄에 대해 그 적용을 배제하고 위 처벌례와 달리 따로 형을 선고하려면, 예외를 인정하는 명문의 규정이 있어야 한다(대판 2011. 8.18. 2011도6311).

1) **흡수주의** 가장 무거운 죄의 형에 나머지 경합범의 형을 흡수시키는 방식이다. 이때 흡수된 경합범에 대해서는 달리 형을 선고하지 않는다. 즉, "가장 무거운 죄에 대하여 정한 형이 **사형**, **무기징역**, 무기금고인 경우에는 가장 무거운 죄에 대하여 정한 형으로 처벌한다"(38①i). 따라서 "경합범 중 가장 중한 죄의 형에서 무기징역형을 선택한 이상 무기징역형으로만 처벌하고, 따로 경합범가중이나 누범가중을 할 수는 없다"(대판 1992.10.13. 92도1428 전합).

2) **가중주의** 가장 무거운 죄의 형을 기준으로 여기에 일정 부분을 가중하는 방식이다. 즉, "각 죄에 대하여 정한 형이 사형, 무기징역, 무기금고 외의 **'같은 종류의 형'**(각각 동종의 유기징역·금고 또는 벌금)인 경우에는 가장 무거운 죄에 대하여 정한 장기 또는 다액(多額)의 **'그 2분의 1까지 가중'**한다"(38①ii본문전단).[3]

---

1) [병합심리(재량)] 별도로 기소되어 각별로 심리되고 있는 죄를 법원이 반드시 병합심리해야 하는 것은 아니다(대판 1971.1.26. 70도2560).

2) 전단 경합범에서 '흡수주의→가중주의→병과주의'의 순차성은 '삼각형' 체계를 형성한다.

3) [경합범가중의 순서] 형법 제56조의 가중감경의 순서에 따른다. 즉, 경합범인 각 죄의 법정형 중 "형종 선택→누범 가중→법률상 감경→<u>경합범 가중</u>→정상참작감경"의 순이다.

"징역과 금고는 같은 종류의 형으로 보아 징역형으로 처벌한다"(38②). 다만, 유기징역 · 유기금고를 가중하는 때에는 (누범 가중한 후 경합범 가중을 하는 관계로 최대한) '50년까지'로 하며(42), 가중한 형은 "각 죄에 정한 형의 장기 또는 다액을 합산한 형기 또는 액수를 초과할 수 없다"(38①ii본문후단).[1] 요컨대, 가중주의는 **'양형상의 혜택'**, 즉, 50% 가중하여 1개의 형이 선고되는 결과, 수개의 형을 단순합산하는 병과주의에 비해 형이 더 가벼워지는 효과가 생긴다('사실상의 감경효과'). 한편, 그 '단기'에 대해서는 규정이 없으나, "가장 중한 죄 아닌 죄에 정한 형의 단기가, 가장 중한 죄에 정한 형의 단기보다 중한 때에는, 본문 규정취지에 비추어 그 '중한 단기'를 **'하한'**으로 한다"[**결합주의**](대판 1985.4.23. 84도2890).

3) **병과주의** 수죄에 대해 각각 형을 선고하고 이를 모두 집행하는 방식이다. "각 죄에 대하여 정한 형이 무기징역, 무기금고 외의 **'다른 종류의 형'**인 경우에는 병과(倂科)한다"(38①iii). 다만, 과료와 과료, 몰수와 몰수는 (제한없이) 병과할 수 있다(38①ii단서). 과료 · 몰수는 그 형이 경미한 것이어서 형벌의 누진적 효과가 그다지 크지 않기 때문이다.

(3) 특별법상 예외

1) **'2분의 1까지 가중'의 예외: 합산** 벌금의 경합에 관한 가중제한 규정('2분의 1까지 가중')의 적용을 배제(=경합범 각각의 벌금형을 모두 합산)하는 특별형법상 예외가 있다. 예컨대, 관세법위반죄(관세법278①)와 (관세법상 특정범죄에 대한 가중처벌규정인) 특가법 제6조 위반죄(대판 1982.4.13. 82도256), 조세범처벌법상 특정 범칙행위(조세범처벌법20)와 (조세범처벌법상 특정범죄에 대한 가중처벌규정인) 특가법 제8조 위반죄(대판 1996.5.31. 94도952) 등의 경우에는, 각 죄마다 벌금형을 따로 양정하여, 그 **합산액을 선고**한다.

2) **'1개 형'의 예외: 형의 분리 선고** 전단 경합범은 1개의 주문으로 선고되는 것이 원칙이다. 여기에는 '형의 분리 선고'라는 특별법상 예외가 있다. 예컨대, 공직선거법에 따르면, ㉠ 선거범, 정치자금부정수수죄, 선거비용관련 위반행위의 경우와 ㉡ 대통령 · 국회의원 · 지방의회의원 · 지방자치단체의 장으로서 그 재임 중의 직무와 관련하여 각종 뇌물죄나 알선수재죄를 범한 경우 그 선거권 및 피선거권이 제한된다(18③iii · 19). 이들 범죄와 다른 범죄의 경합범에 대해서는, 형법 제38조에도 불구하고 형을 분리 선고해야 한다(18③). 다른 범죄가 선거범 등 이들 범죄의 양형에 미치는 유리한 영향을 차단 내지 최소화하고, 선

---

1) [2호 본문후단] 이 경우에는 합산한 형기 또는 액수의 범위 내에서 형을 선고해야 한다.

거 관련 법률관계의 간명한 처리를 도모하려는 것이다.[1)]

3. 사후적 경합범(후단 경합범)

(1) 요건

'금고 이상의 형에 처한 판결이 확정된 죄'와 '그 판결확정 전에 범한 죄'는 사후적 경합범이 된다. 만일 경합범 가운데 판결이 확정된 죄가 있다면, 그 죄는 일사부재리의 효력상 더 이상 심판할 수 없지만, 그 죄와 경합범관계에 있던 나머지 죄에 대해서는 그 판결 당시 '동시에 심판(재판)할 가능성'(동시심판의 가능성)이 '있었다'. 이와 같이 확정판결 당시 동시심판의 가능성이 '있었던' 수개의 범죄는 사후적 경합범(즉, 후단 경합범)이 된다. 즉, 경합범 가운데 동시심판의 가능성이 있는 경우가 전단 경합범인 반면, 동시심판의 가능성이 있었으나 동시에 심판하지 못한 경우가 후단 경합범이다. 양자는 '확정판결'의 유무에 의해 구별된다. 양형상 혜택의 가능성이 있는 전단 경합범의 경우와 비교할 때, 후단 경합범에 대해서는 특별한 취급을 할 필요가 있다. 그래서 마련된 것이 '제37조 후단'과 '제39조 제1항'이다.

후단 경합범이 되려면, 그 요건으로 ㉠ 수개의 행위로 수개의 죄를 범할 것, ㉡ '금고 이상의 형에 처한 판결'이 확정된 죄가 있을 것, ㉢ 그 판결 '확정 전에 범한' 죄일 것이 요구된다. 따라서 그 '판결 확정 전에 범한 죄'와 그 '판결 확정 후에 범한 죄'는 제37조 전단·후단의 어느 경합범도 될 수 없다(대판 1970.12.22. 70도2271). 이 점은 각별한 주의가 필요하다.

1) 수개의 행위로 수개의 죄 실체적 경합의 기본요건이다(이미 설명).

2) '금고 이상의 형에 처한 판결'이 '확정'된 죄가 있을 것 형법은 2004년 개정에서, **확정판결의 범위를 축소**하여 후단 경합범의 기준이 되는 확정판결을 **'금고 이상**의 형에 처한 판결이 확정된 죄'로 한정하였다.[2)] 애당초 후단 경합범

---

1) [선거범 등 범죄와 다른 범죄의 상상적 경합: 분리선고 불가] 대판 1999.4.23. 99도636 ("선거범과 상상적 경합관계에 있는 (다른) 모든 범죄는 (가장 중한 죄가 선거범인지 여부를 묻지 않고) 통틀어 선거범으로 취급한다").

2) [확정판결의 범위축소] 원래 일사부재리의 효력이 인정되는 확정판결에는 형사소송법상 유죄판결(321), 무죄판결(325), 면소판결(326), 약식명령(457) 및 즉결심판(즉심법16) 등이 있지만, 후단경합범의 기준이 되는 확정판결은 그 범위가 현재 '금고 이상의 형에 처한 판결'로 축소되었다. 그 결과 무죄판결·면소판결은 후단 경합범과 관련하여 확정판결에 해당하지 않는다. 유죄판결도 자격정지 이하의 형이 선고된 경우는 후단 경합범의 기준인 확정판결에 해당하지 않는다.

을 인정한 원래의 취지는, 가능하면 전단 경합범에 준하여 취급하려는 것이다. 만일 후단 경합범의 기준이 되는 확정판결의 범위가 축소된다면, 후단 경합범의 범위도 그만큼 줄어들고, 그에 반비례하여 전단 경합범의 사례가 늘어난다. 그리고 가중주의에 의한 양형상 혜택도 그만큼 증가한다. 이러한 긍정적 효과를 감안하여 2004년 개정에서 확정판결의 범위를 축소 제한한 것이다.

i) '**금고 이상의 형**에 처한 판결'에는 금고형 · 징역형 · 사형이 확정된 판결을 말한다. 벌금형에 처한 판결, 약식명령(벌금)이나 즉결심판(20만원 이하의 벌금, 구류 또는 과료)은 후단 경합범의 기준이 되는 여기서의 확정판결에 해당하지 않는다. '금고 이상의 형이 아닌 판결'은 후단 경합범의 기준에서 제외되므로, 그 죄를 제외한 나머지 죄들 상호간에는 '전단 경합범'이 된다.

예컨대, ㉠ A, B, C, D, E죄를 순차로 범한 후 C죄에 대해 금고 이상의 형의 확정판결이 있는 경우에, C죄와 A, B, D, E죄 상호간은 후단 경합범이 되고, 그와 별도로 A, B, D, E죄 상호간은 전단 경합범이 된다. 만일 위 ㉠사안에서 C죄에 대해 금고 미만의 형(예: 벌금형)의 확정판결이 있는 경우에는 C죄와 A, B, D, E죄 상호간은 후단 경합범이 되는 것이 아니다.

㉡ 반면, A, B, C죄를 순차로 범하고 C죄에 대해 금고 이상의 형의 확정판결이 있은 다음, 비로소 F, G죄를 범한 경우에, C죄와 A, B죄 상호간은 후단 경합범이지만, C죄와 F, G죄 상호간은 (동시에 심판할 가능성이 전혀 없기 때문에) 후단 경합범이 아니다. 물론 A, B죄 상호간은 그와 별도로 전단 경합범이 되고, 그와 무관하게 F, G죄 상호간도 전단 경합범이 된다.

㉢ 만일 위 ㉡ 사안에서 C죄에 대해 금고 미만의 형(예: 벌금형)의 확정판결이 있는 경우에는 A, B, F, G죄 그 전부가 '전단 경합범'이 된다.

ii) 여기서 '판결이 **확정**된 죄'라 함은 "수개의 독립한 죄 중의 어느 죄에 대하여 확정판결이 있었던 '**사실 자체**'를 의미하고, 그 확정판결이 있은 죄의 형의 집행을 종료한 여부, 일반사면으로 형의 선고의 효력이 상실된 여부, 형의 집행유예가 실효된 여부는 묻지 않는다"(대결 1984.8.21.자 84모1297; 1996.3.8. 95도2114). 즉, 금고 이상의 확정판결에는, 금고 이상의 형의 집행유예 판결 · 선고유예 판결도 포함되고, ㉠ 집행유예의 선고 후 그 유예기간을 경과하여 형의 선고가 효력을 잃은 경우(형선고의 실효: 65),[1] ㉡ 선고유예의 판결 후 2년을 경과하여 면소

1) [실효된 집행유예 포함] "집행유예를 선고한 확정판결에 의한 형의 선고가 형법 제65조에 따라 그 효력을 잃었다 하더라도 확정판결을 받은 죄의 존재가 이에 의하여 소멸되지 않는 이상

된 것으로 간주된 경우(60)도 여기에 해당한다.

3) 그 판결 '확정 전'에 '범한' 죄일 것 i) 후단 경합범의 기준이 되는 시기는 그 판결의 '확정시점'이다. 판결의 '**확정**'시기는 판결 선고 후 상소기간이 도과되었거나, 상소를 포기·취하하였거나, 대법원 판결이 선고된 때(대결 1967. 6.2.자 67초22) 등인데, 판결이 확정되기 전이라면 항소심판결 선고 후 상고심 계속 중에 범한 죄도 후단 경합범이 된다. 즉, 그 '**확정일자**'를 기준으로 그 전에 범한 죄는 후단 경합범이 된다(대판 1997.10.10. 97도1834).

ii) 여기서 죄를 '**범한**' 시기는 일반적으로 '범죄의 종료시'를 기준으로 한다. 계속범, 연속범, 상습범 등 포괄1죄에서, 범죄의 종료시는 최종행위가 된다. 따라서 "**그 중간에 '별종**(別種)**의 범죄**'에 대한 확정판결이 끼어 있는 경우에도, 그 죄는 2죄로 분리되지 않고, (확정판결 후인 최종행위시에 포괄1죄가 완성되므로) '확정판결 후의 범죄'로 다루어야 한다"(대판 2002. 7.12. 2002도2029; 2003.8.22. 2002도5341)는 것이다.[1] 이 경우 후단 경합범은 문제될 여지가 없다.

[주의: 기판력(면소)과 후단 경합범(임의적 감면)의 차이] 첫째, 확정판결의 기판력은 소송법상 1죄(단순1죄, 포괄1죄, 과형상 1죄)에서만 문제되고, 소송법상 수죄(실체적 경합범)에서는 문제되지 않는다. 소송법상 수죄(실체적 경합범)에서는 후단 경합범이 문제된다. 기판력은 일사부재리 효력상 소송법상 1죄(과형상 1죄 포함)에 대해서만 작용하고, 즉, 소송법상 수죄(실체적 경합범)에서는 문제되지 않는다. 소송법상 수죄(실체적 경합)에서는, 그 확정일자를 기준으로 그 확정 전에 범한 다른 범죄에 대해, 후단 경합범이 문제된다.

둘째, 1죄에서 문제되는 기판력은 그 기준이 '사실심리 가능성의 최후시점'이고, 경합범에서 문제되는 후단 경합범은 '동시심판의 가능성이 있었던 최후시점'이다.

셋째, '기판력'의 기준시점은 사실심판결의 '선고'시점(판결은 선고일자, 약식명령은 발령일자)이고, '후단 경합범'의 기준시점은 그 판결의 '확정'시점(확정일자)이다.

제37조 후단에서 정한 '판결이 확정된 죄'에 해당한다"(대판 2025.5.15. 2025도470).

1) [상습범의 특별취급] 상습범으로 포괄1죄의 관계에 있는 수개의 범죄사실의 경우 동일한 범죄로 이미 상습범에 대한 확정판결을 받은 사실이 있어 그 판결의 기판력이 미치는 범위 안에 있는 범죄사실이 면소가 되는 것은 별개의 문제이다. 다만, 상습범에서 전소(前訴)판결의 기판력이 그 판결 '선고' 전의 나머지 범죄에 미친다고 하기 위해서는 "상습범으로 기소되어 처단되었을 것"을 요구한다. 즉, 상습범이 아닌 기본 구성요건의 범죄로 처단되는데 그친 경우에는 그 기판력이 그 판결 선고 전의 나머지 범죄에 미친다고 보아서는 아니된다(대판 2004.9.16. 2001도3206 전합). 따라서 기본 구성요건의 범죄에 대한 확정판결만 있는 경우에는 그 중간에 '별종의 범죄'에 대한 확정판결이 있는 경우와 마찬가지로 확정판결 후의 하나의 범죄로 다루어야 한다.

(2) 후단 경합범의 처리

1) 추가형의 선고 확정판결을 받은 죄는 일사부재리의 원칙상 다시 판결할 수 없다. 따라서 그 전에 범한 죄로서 아직 판결을 받지 아니한 죄에 대해서 따로 추가형만 선고한다. 그 결과 (앞서 본) A, B, C죄를 순차로 범하고 C죄에 대해 금고 이상의 형의 확정판결이 있은 다음 비로소 F, G죄를 범한 경우, 형을 선고한 주문은 결국 3개가 된다(C죄, A·B죄, F·G죄 각 1개씩).[1)]

2) 양형단계의 배려: 임의적 감면 "경합범 중 판결을 받지 아니한 죄가 있는 때에는 그 죄와 판결이 확정된 죄를 '동시에 판결할 경우와 형평을 고려하여' 그 죄에 대하여 형을 선고한다. 이 경우 그 형을 '**감경 또는 면제할 수 있다**'"(39①). 형법은 2005년 개정에서, 후단 경합범에 대해 (종전의 형집행 단계에서가 아니라) 양형단계에서의 배려로 변경하였다. 그 배경에는, 아직 판결을 받지 아니한 죄가 특별형법상 법정형의 하한이 매우 높은 죄의 경우(예: 특가법 제3조의 뇌물죄의 가중처벌), 처음부터 전단 경합범으로 기소되는 경우에 비해, 불가피하게 중형이 2중으로 선고되는 문제상황이 있었다.

여기서 '동시에 판결할 경우와 형평을 고려하여'라는 표현은 "'후단 경합범을 전단 경합범으로 처리한다고 가정할 때의 형량'을 후단 경합범의 판결에 참고하라"는 뜻이다.[2)] 후단 경합범에 대해 형을 감경 또는 면제할 것인지는 원칙적으로 법원의 재량이다(대판 2008.9.11. 2006도8376). 다만, 유기징역을 감경할 때에는 (법률상 감경에 관한 형법 제55조 제1항이 적용되기 때문에) 그 형기의 2분의 1 미만으로는 감경할 수 없다(대판 2019.4.18. 2017도14609 전합).

[판례 (후단 경합범의 형)] ㉠ 처단형의 제한 여부이다. 이 경우 후단 경합범의 처단형의 범위 내에서 후단 경합범의 선고형을 정할 수 있는 것이고, 그 죄와 판결이 확

---

1) [경합범 (주문의 수)] "확정판결 전에 저지른 범죄(A·B죄)와 그 확정판결 후에 저지른 범죄(F·G죄)는 서로 겹쳐 있는 경우이기는 하나, 이는 제37조의 경합범관계에 있는 것은 아니므로, 2개의 주문으로 따로따로 처벌한다"(대판 1970.12.22. 70도2271). "수개의 죄의 중간에 확정판결이 존재하여(C죄) 확정판결 전후의 범죄가 서로 경합범 관계에 있지 않게 되었으므로, 형법 제39조 제1항에 따라 2개의 주문으로 형을 선고하여야 한다"(대판 2010.11.25. 2010도10985).

그 전후의 범죄는 서로 경합범 관계가 아니므로, 경합범에 관한 형법규정이 적용될 여지가 없고, 각 선고형은 병과(합산)되며, 수개의 형의 합계가 어떤가는 전혀 문제되지 않는다. 따라서 소년에 대해 2개의 형이 선고된 경우 그 단기형의 합계가 5년을 초과하여도 무방하며, 소년법(60①단서)에 위반되는 것이 아니다(대판 1983.10.25. 83도2323).

2) [전과기재 누락] 대판 2008.10.23. 2008도209: "(후단 경합범인 죄에 대한 형을 선고하면서) 판결이유의 '법령의 적용' 부분에서 유죄판결이 확정된 죄에 대한 전과 기재를 누락하고 전과의 구체적 내용을 심리하지 아니한 경우 형법 제39조 제1항을 위반하여 위법하다."

정된 죄에 대한 선고형의 총합이 두 죄에 대하여 형법 제38조를 적용하여 산출한 처단형의 범위 내에 속하도록 후단 경합범에 대한 형을 정하여야 하는 제한을 받는 것은 아니다(대판 2008.9.11. 2006도8376). 예컨대, 무기징역에 처하는 판결이 확정된 죄와 형법 제37조의 후단 경합범의 관계에 있는 죄에 대하여 공소가 제기된 경우에도, (형법 제38조 제1항 제1호가 형법 제37조의 전단 경합범 중 가장 중한 죄에 정한 처단형이 무기징역인 때에는 흡수주의를 취하였다고 하여) 뒤에 공소제기된 후단 경합범에 대한 형을 필요적으로 면제하여야 하는 것은 아니다(위 2006도8376). 즉, 선고형의 총합이 '전단 경합범으로 처벌할 경우의 처단형의 범위'를 벗어나는 경우가 생길 수도 있다는 것이다.

㉡ 재량의 한계이다. 법원의 재량이 무제한적인 것은 아니다. 후단 경합범에 해당한다는 이유만으로, 특별히 형평을 고려하여야 할 사정이 존재하지 아니함에도, 형법 제39조 제1항 후문을 적용하여 형을 감경 또는 면제하는 것은 (오히려 판결이 확정된 죄와 후단 경합범을 동시에 판결할 경우와 형평에 맞지 아니할 뿐만 아니라 책임에 상응하는 합리적이고 적절한 선고형이 될 수 없어) 허용될 수 없다(대판 2011.9.29. 2008도9109).

㉢ 추가형의 기존 형과 동종 여부이다. 이미 판결을 받은 죄에 대한 형과 반드시 동종의 형을 선택하여야 되는 것은 아니다(대판 1984.11.27. 84도1371).

㉣ 후단 경합범에 대해서는 선고유예가 허용되지 않는다. "형법 제37조 후단에 규정된 금고 이상의 형에 처한 판결이 확정된 죄의 형도 형법 제59조 제1항 단서에서 정한 '자격정지 이상의 형을 받은 전과'에 포함된다고 봄이 상당하다"(대판 2010.7.8. 2010도931).

(3) 후단 경합범 여부

1) 2중의 확정판결 　예컨대, A, B→(A판결 확정)→C, D→(B판결 확정)→E, F죄가 범해진 '실체적 경합'의 경우에, A죄에 대한 확정판결(A확정판결), B죄에 대한 확정판결(B확정판결)이 거듭하여 존재하는 사안(단, A확정판결은 B죄와 C, D죄의 중간에 존재하고, 그 후 B확정판결은 C, D죄와 E, F죄 사이에 존재)이 문제된다. 이때 C, D, E, F죄가 동시에 판결될 경우에는, "아직 판결을 받지 아니한 C, D죄는 B판결 확정 전에 범한 것이기는 하나, '중간의 A판결 때문에' B죄와는 처음부터 '동시에 판결할 수 없었던 경우'에 해당한다. 그 결과 [①] ㉠ C, D죄는 B죄와 사이에 후단 경합범 관계가 성립할 수 없고, ㉡ 형법 제39조 제1항이 적용되지 않는다('임의적 감면' 불가). [②] 그렇다고 하여 '마치 B판결이 존재하지 않는 것처럼' C, D죄와 E, F죄 사이에 전단 경합범 관계가 인정된다고 볼 수도 없다. [③] 따라서 C, D죄와 E, F죄에 대하여 '별도로 형'을 정하여 선고하는 수밖에 없다"(대판 2014.3.27. 2014도469).

2) 재심판결의 확정 원래 포괄1죄에서는 그 중간에 '동종(同種)의 범죄'에 관한 확정판결이 끼어 있는 경우 그 죄는 (그 '선고일자'를 기준으로) 2죄로 '분단'되어 별개의 독립적인 범죄가 되는 효과(이른바 '분단효과')가 발생한다.[1] 문제는 그 확정판결에 대한 재심절차에서 재심판결이 확정된 경우 그 재심판결도 여기서의 확정판결에 포함되는지 여부이다. 예컨대, '포괄1죄'에서 유죄의 확정판결을 받은 사람이 그 후 별개의 '동종' 후행범죄를 저질렀는데, 그 유죄의 확정판결에 대해 재심이 개시되고 그 재심판결이 확정된 경우이다. 판례는 **부정설**의 입장이다. 즉, "재심판결이 후행범죄 사건에 대한 판결보다 먼저 확정된 경우에, 후행범죄에 대해 재심판결을 근거로 후단 경합범이 성립하려면, 재심심판법원이 후행범죄를 동시에 판결할 수 있었어야 한다. 그러나 아직 판결을 받지 아니한 후행범죄는 재심심판절차에서 재심대상이 된 선행범죄와 '함께 심리하여 동시에 판결할 수 **없었다**'. 따라서 ㉠ 후행범죄와 재심판결이 확정된 선행범죄 사이에는 **후단 경합범이 성립하지 않고**, ㉡ 동시에 판결할 경우와 형평을 고려하여 그 형을 감경 또는 면제할 수 없다"(대판 2019.6.20. 2018도20698 전합). 재심심판절차는 일반형사절차와 상관 없는 별개의 절차이고, 재심대상사건과 일반 형사사건을 '**묶어서 함께 심리·판결할 수 없다**'는 것을 의미한다.

[재심대상판결 전후 범행 사이에 제37조 전단의 경합범 여부(소극)] 최근 선고된 대법원 2023.11.16. 선고 2023도10545 판결에 따르면, 재심판결에서 금고 이상의 형이 확정된 경우, 재심대상판결 이전 범죄(ⓐ)와 재심대상판결 이후 범죄(ⓑ) 사이에 형법 제37조 전단의 경합범 관계가 성립하지 않는다고 한다.

즉, "재심의 대상이 된 범죄(='선행범죄', ㉮)에 관한 유죄 확정판결(='재심대상판결')에 대하여 재심이 개시되어, 재심판결에서 다시 금고 이상의 형이 확정되었다면, 재심대상판결 이전 범죄(ⓐ)와 재심대상판결 이후 범죄(ⓑ) 사이에는 형법 제37조 전단의 경합범 관계가 성립하지 않으므로, 그 각 범죄에 대해 별도로 형을 정하여 선고하여야 한다. 그 이유는 다음과 같다.

1) 재심대상판결 이전 범죄(ⓐ)는 재심판결이 확정되기 이전에 범한 죄일 뿐만 아니라 재심대상판결이 확정되기 이전까지 선행범죄(㉮)와 함께 기소되거나 이에 병합

---

1) [동종 범죄의 확정판결과 포괄1죄의 분단효과] 대판 2017.5.17. 2017도3373 ("실체법상 포괄일죄의 관계에 있는 일련의 범행 중간에 '동종(同種)의 죄'에 관한 확정판결이 있는 경우에는, 확정판결로 전후 범죄사실이 나뉘어져, 원래 하나의 범죄로 포괄될 수 있었던 일련의 범행은 확정판결의 전후로 '분리'된다. 사실심판결 선고시 이후의 범죄는, 확정판결의 기판력이 미치지 않으므로, 설령 확정판결 전의 범죄와 포괄일죄의 관계에 있다고 하더라도, 별개의 독립적인 범죄가 된다").

되어 동시에 판결을 받아 하나의 형을 선고받을 수 있었다. 따라서 재심대상판결 이전 범죄는 선행범죄와 형법 제37조 후단의 경합범 관계에 있고, 형법 제39조 제1항에 따라 하나의 형이 선고되어야 한다.

2) 반면, 재심대상판결 이후 범죄(ⓑ)는 비록 재심판결 확정 전에 범하여졌더라도 재심판결이 확정된 선행범죄(㉮)와 사이에 형법 제37조 후단의 경합범이 성립하지 않는다. 재심대상판결 이후 범죄가 종료하였을 당시 선행범죄(㉮)에 대하여 이미 재심대상판결이 확정되어 있었고, 그에 관한 비상구제절차인 재심심판절차에서는 별개의 형사사건인 재심대상판결 이후 범죄 사건을 병합하여 심리하는 것이 허용되지 아니하여, 재심대상판결 이후 범죄(ⓑ)는 처음부터 선행범죄(㉮)와 함께 심리하여 동시에 판결을 받음으로써 하나의 형을 선고받을 수 없기 때문이다(대판 2019.6.20. 2018도20698 전합).

3) 결국, 재심대상판결 이전 범죄(ⓐ)는 선행범죄(㉮)와 형법 제37조 후단의 경합범 관계에 있지만, 재심대상판결 이후 범죄(ⓑ)는 선행범죄(㉮)와 형법 제37조 후단의 경합범 관계에 있지 아니하므로, 재심대상판결 이전 범죄(ⓐ)와 재심대상판결 이후 범죄(ⓑ)는 형법 제37조 전단의 경합범 관계로 취급할 수 없어 형법 제38조가 적용될 수 없는 이상 별도로 형을 정하여 선고하여야 한다.

다만, 이러한 결론은 재심판결이 확정되더라도 재심대상판결이 여전히 유효하다거나 선행범죄(㉮)에 대하여 두 개의 확정판결이 인정된다는 의미는 아니다. 단지 재심판결이 '금고 이상의 판결'인 경우, 그 이전 범죄(ⓐ)는 선행범죄(㉮)와 후단 경합범 관계라서 하나의 형이 선고되어야 하고, 그렇지 않은 재심대상판결 이후 범죄(ⓑ)에 대하여는 별도의 형이 선고되어야 한다는 의미일 뿐이다.

4) 한편, 재심대상판결이 '금고 이상의 형에 처한 판결'이었더라도, 재심판결에서 무죄 또는 금고 미만의 형이 확정된 경우에는, 재심대상판결 이전 범죄(ⓐ)가 더 이상 '금고 이상의 형에 처한 판결'의 확정 이전에 범한 죄에 해당하지 않아 선행범죄(㉮)와 사이에 형법 제37조 후단 경합범에 해당하지 않는다. 이 경우에는 재심대상판결 이전 범죄(ⓐ)와 재심대상판결 이후 범죄(ⓑ) 중 어느 것도 이미 재심판결이 확정된 선행범죄(㉮)와 사이에 형법 제37조 후단 경합범 관계에 있지 않아 형법 제37조 전단의 '판결이 확정되지 아니한 수개의 죄'에 해당하므로, 형법 제38조의 경합범 가중을 거쳐 하나의 형이 선고되어야 한다(대판 2023.11.16. 2023도10545)."

4. 경합범의 형집행

1) 선고형의 집행 경합범에서는 '수개의 형'이 선고되는 경우가 생긴다. 우선, 전단 경합범의 경우 흡수주의·가중주의에 의하면 1개의 형이 선고되나, 병과주의에 의하면 2개 이상의 형이 병과되고 동시에 집행하게 된다. 반면, 후

단 경합범의 경우에는 반드시 2개 이상의 형이 선고된다. 이렇게 선고된 2개 이상의 형은 '**전부**' 순차로 집행하게 된다(사실상 '합산주의'와 같은 결과가 된다).

2) 경합범에 관한 '형의 분리': 일부 사면 · 형집행면제　경합범에 의하여 판결의 선고를 받은 자가 경합범 중의 '어떤 죄에 대하여 사면 또는 형의 집행이 면제된 때'에는, '다른 죄에 대하여 다시 형을 정한다'(39③). 이는 '1개의 형'이 선고된 경우로서, '경합범에 관한 형의 분리'라고 한다.

[경합범에 관한 형의 분리] 여기서 ㉠ '경합범에 의하여 판결의 선고를 받은'이란 경합범에 대해 '1개의 형이 선고된 경우'를 의미한다. 경합범이 아닌 과형상 1죄에 대해서는 적용되지 않는다. ㉡ '사면'은 '일반사면'만을 가리킨다. 일반사면은 '죄의 종류'를 정하여 행해지는 것이므로, 경합범 중 어떤 죄에 대해 일반사면이 있다면 나머지 죄에 대해 다시 형을 정할 필요가 생긴다. 반면, 특별사면은 형의 집행만을 면제하는 것이고 1개의 형을 그 대상으로 하므로, 형의 분리를 생각할 필요가 없다. ㉢ '형의 집행면제'는 사실상 '판결확정 후 법령개폐'(1③)만을 가리킨다. 이 경우 형집행면제 여부는 '범죄' 단위로 결정되므로, 그렇지 않은 나머지 죄에 대해 다시 형을 정할 필요가 생긴다. 이 경우 형의 분리가 '법률이념의 변경으로 폐지된 경우'로만 한정될 것인지 여부는 한시법 이론과 관계된다. 그 밖에 형집행면제의 사유로는 특별사면, 형의 시효완성(77) 등이 있지만, 1개 형의 일부인 어떤 죄에 대해서만 그런 일이 생기는 경우란 거의 없으므로, 형의 분리도 문제되지 않는다. ㉣ '다른 죄에 대하여 다시 형을 정한다'는 것은, 형만 새롭게 결정한다는 뜻이다('새로운 형의 결정'). 법원은 그 '다른 죄'의 사실인정과 법령적용에 대해 기존의 확정판결과 다른 판단을 할 수 없고, 양형사정도 기존의 확정판결의 제반사정을 기준으로 삼아야 한다. 그 다른 죄에 대해 새로운 형을 결정하는 절차를 '경합범에 관한 형의 분리 절차'라고 하며, 형사소송법 제336조(경합범 중 다시 형을 정하는 절차)에 규정되어 있다. 이는 검사의 청구가 있어야 한다. 새로이 다시 정한 형을 집행하며, 이때 "이미 집행한 형기를 통산한다"(39④).

5. 경합범의 소송법적 효과

1) 소송법상 수개의 사건　경합범은 행위가 수개인 수죄이므로 소송법상 '수개의 사건'이 된다. 즉, 경합범은 소송법상 '사건의 단일성과 동일성이 없는' 완전히 별개의 사건이 된다. 따라서 경합범 중 일부에 대한 공소제기는 그 효력이 경합범의 다른 범죄에 대해서는 미치지 않고, 공소제기되지 않은 부분은 법원의 잠재적 심판대상조차도 되지 않는다. 경합범의 다른 일부를 공소사실로 추가하기 위해서는 추가기소를 하여야 하며, 공소장변경의 방법으로 추가할 수는 없다. 또한 경합범의 일부에 대한 확정판결이 있는 경우 경합범의 다른 범죄에 대해서는 기판력이 미치는 것도 아

니다. 한편, 친고죄의 고소·고소취소 효력, 공소시효도 각 죄별로 따로 판단한다.

2) 판결의 주문과 이유　경합범에 대해 일부 유죄, 일부 무죄인 경우에는 각 공소사실에 따라 모두 주문에 표시하여야 한다('주문무죄'). 유죄 부분은 주문에서 1개의 형을 선고하는 것이 원칙이나, 병과형이나 수개의 형(예: 후단 경합범, 공직선거법상 형의 분리선고 등)을 선고하는 경우도 있다.

그 밖에 자세한 것은 '형사소송법'에서 다루도록 한다.

[죄수론이 소송관계에 미치는 영향: 상상적 경합과 실체적 경합을 중심으로]

	상상적 경합	실체적 경합
0. 관련사건의 병합심리	관련사건 아님(과형상 1죄이므로) -병합심리 여부 아예 문제되지 않음	관련사건(1인이 범한 수죄이므로) -병합심리 허용
1. (공소장)적용법조	형법 제40조 (흡수주의: 중한 죄의 형)	형법 제37조, 제38조 (흡수, 가중, 병과)
2. 공소시효 (시효기간/기산점)	각 죄에 관하여 개별적으로	각 죄에 관하여 개별적으로 그 법정형
3. 공소제기의 효력 (일부기소와 나머지 부분)	일부기소는 나머지 부분에 효력 있음 (공소불가분원칙 적용)	일부기소는 나머지 부분에 효력 없음 (공소불가분원칙 적용 없음-공소가분)
4. 심판대상 (나머지 부분은?)	나머지 부분은 잠재적 심판대상	나머지 부분은 심판대상 아님
5. 공소장변경(추가) or 추가기소	나머지 부분은 공소장변경(공소사실 추가)	나머지 부분은 추가기소
6. 공소장변경(철회) or 공소취소	일부철회는 공소장변경(공소사실 철회) (공소기각 안됨, 재추가는 가능)	일부 철회는 공소취소 (공소기각 결정)
7. 기판력 (일사부재리 효력)	나머지 부분에 기판력 미침(면소판결) * 규범적 요소 고려 없음	나머지 부분에 기판력 미치지 않음 (별도로 유죄가능, 제37조 후단경합범)
8. 보강증거 요부	각 공소사실에 대해 필요 (대개는 중한 죄와 사실상 중복)	각 공소사실에 대해 필요
9. 주문 표시 (1죄 1주문 원칙)	일부유죄-일부무죄등의 경우, 무죄등 부분은 판결이유에만 표시	일부유죄-일부무죄등의 경우, 모두 판결주문에 표시
10. 일부상소 허부/ 상소심의 심판범위	일부상소 불가(상소불가분 원칙 적용) 전부 이심, 심판범위-공방대상론 적용	(주문 수개인 경우) 허용 일부 이심(분리확정), 심판범위도 일부

제 3 편

형사제재론

제 1 장
형 벌

제 1 절 형벌의 의의

Ⅰ. 형벌과 형사제재

1. 형사제재

형사제재는 범죄에 대한 법률효과로서 범죄인에게 부과되는 제재를 말한다. 여기에는 형벌과 보안처분이 있으며, 그 밖에 보호관찰, 사회봉사명령, 수강명령, 신상공개명령 등과 같은 제3의 형사제재도 모두 포함된다. 형벌은 과거의 범죄행위에 대한 사후적인 제재로서, 책임을 전제로 책임의 범위에서 부과되는 것인 반면, 보안처분은 장래의 재범 위험성에 대한 미래를 향한 예방적 제재로서, 행위자의 사회적 위험성을 전제로 특별예방의 관점에서 부과되는 것이다(2원적 체계).

우리 형법은 제1편 총칙에서, 제1장 '형법의 적용범위'를 규정한 다음, 제2장 죄(범죄), 제3장 형(형벌)을 규정하고 있다.

2. 형벌

형벌이란 범죄에 대한 법률효과로서, 국가가 범죄인에 대해 그 책임을 기초로 부과하는 법익 박탈을 말한다.

1) 주체: 국가 형벌의 주체는 국가이다. 형벌은 어디까지나 공형벌(公刑罰)

이며, 개인이 부과하는 사형벌(私刑罰) · 사형(私刑)은 허용되지 않는다.

2) **범죄의 효과** 형벌은 범죄에 대한 법률효과이다. '범죄 없이 형벌 없다'(죄형법정주의). 범죄는 법률이 범죄로 규정한 것이다.

3) **책임** 형벌은 이미 행해진 범죄행위에 대해 행위자의 책임에 기초하여 사후적으로 부과되는 제재이다. '책임 없이 형벌 없다'. 형벌은 책임을 초과할 수 없고, 책임에 상응해야 한다(책임주의).

4) **법익 박탈** 형벌의 내용은 범죄인의 법익을 박탈하는 것이다. 본질은 '해악'이고 '고통'이다. 박탈되는 법익의 종류에 따라 생명형(사형), 자유형(징역 · 금고 · 구류), 명예형(자격상실 · 자격정지), 재산형(벌금 · 과료 · 몰수)으로 나뉜다.

Ⅱ. 형벌의 목적

형벌의 목적으로는 응보, 일반예방, 특별예방 등이 제시되고 있다.

1) **응보** 응보란 범죄에 상응하는 해악(고통)을 가한다는 관념이다. 전통적으로 형벌은 응분의 '죄값'을 묻는 방법, 즉 '응보'라고 이해되었다. 응보는 형벌의 목적으로서 가장 원시적 · 원초적 형태이지만, 가장 본질적인 것이다. 응보에 기초하여 범죄와 형벌의 **비례성**이 도출될 수 있기 때문이다. 근대에 이르러 감정적인 보복은 억제되고 '죄형의 균형'이 강조되었다.

2) **일반예방과 특별예방** 한편, 형벌은 형벌 그 자체가 목적이 아니라 다른 목적, 즉 범죄의 '예방'이라는 목적을 달성하기 위한 수단이라는 관념이다. 일반예방주의와 특별예방주의가 있다.

우선, **일반예방**은 범죄인을 처벌함으로써 '일반인들'의 범죄를 '예방'('미리 방지')한다는 관념이다. 여기에는 **소극적 일반예방**(형벌의 위하威嚇를 통해 다른 일반인들의 심리를 강제함으로써, 소극적으로 장래의 범죄를 예방한다는 관념)과 **적극적 일반예방**(범죄인의 처벌을 통해 일반인들의 규범의식을 강화 · 내면화함으로써, 적극적으로 법질서를 준수하도록 하여 범죄를 예방한다는 관념)의 2가지 측면이 있다.

한편, **특별예방**은 범죄인의 처벌을 통해 '그 범죄인'(당해 범죄자)의 '재범을 예방'('미리 방지')한다는 관념이다. 범죄자의 격리를 통해 그 기간 동안 범죄를 예방하고(incapacitation), 형벌의 위하를 통해 그 범죄자의 재범을 예방하며(intimidation), 범죄인을 교화 · 개선하여 정상인으로 사회에 복귀시킴으로써 재범을 예방한다(rehabilitation, reform)라는 내용이다.

3) 결합설 응보 · 일반예방 · 특별예방의 어느 하나만으로는 형벌의 목적을 설명할 수 없는 이상 이를 결합하여 설명하려는 입장이다. 일반적으로 책임의 상한선과 일반예방의 하한선 사이에서, 특별예방을 고려하여 구체적 형량이 정해진다고 이해되고 있다. 특히 응보 목적은 책임원칙에 의해 제한되므로, 형벌의 상한은 책임에 기초한 응보의 범위 내에서 결정된다. 판례는 기본적으로 '응보'와 '예방'을 모두 고려하고 있는 것으로 보인다.[1)]

제 2 절 형벌의 종류

우리 형법상 형벌에는 사형(생명형), 징역 · 금고(자유형), 자격상실 · 자격정지(명예형), 벌금 · 구류 · 과료 · 몰수(구류는 자유형, 나머지는 재산형)의 9가지가 있다(41). 추징은, 몰수가 불가능한 경우에 그 가액을 추징한다(48②).

Ⅰ. 사형

사형은 생명을 박탈하는 형벌이다(생명형 · 극형). 가장 오래된 형벌이다.

1) 법정형 형법상 사형이 규정된 범죄는 매우 많다. 특별형법에서도 그때 그때 사회상황에 따라 많은 사형 규정을 두고 있으며, 군형법에서는 대부분 범죄에 대해 사형이 규정되어 있다. 형법상 여적죄(93)에서는 절대적 법정형으로 사형만 규정되어 있고, 나머지 범죄는 사형이 선택형이다.

2) 사형존폐론 1764년 이탈리아의 형법학자 베까리아(Beccaria)가 그의 저서 "범죄와 형벌(dei delittie delle pene)"에서 사형은 잔혹한 형벌로서 폐지해야 한다고 주장한 이래, 인도주의적 견지에서 폐지론이 주장되어 왔다. 국제사면위원회는 각국에 사형폐지를 권고하고 있다. 오늘날 사형폐지국가는 점차 증가하는 추세이고, 지난 10년간 매년 평균 3개 국가가 사형제도를 폐지하였다. 우리나라도 1997. 12. 30. 마지막 사형을 집행한 이래 더 이상 사형집행이 없어 2007년부터 '실질적 사형폐지국가'로 분류되고 있다.

---

1) 예컨대, "형벌의 목적이 결코 응보에만 있는 것이 아니다"(대판 1977.2.22. 76도4034 전합의 반대의견), "형벌의 목적은 교정에 있는 것이며 응보가 그 목적은 아니다"(대판 1984.10.10. 82도2595 전합의 반대의견), 또는 "(형벌은) 범죄행위를 한 자에 대한 응보를 주된 목적으로 그 책임을 추궁하는 사후적 처분"(대판 2011.7.28. 2011도5813) 등.

3) 사형이 허용되는 경우 사형존폐론에 관하여 논란이 있으나, 헌법재판소는 사형제도가 아직은 우리 헌법질서에 반하는 것은 아니라는 입장이다(헌재 1996.11.28. 95헌바1; 헌재 2010.2.25. 2008헌가23). 대법원도 사형제도가 헌법에 위반되는 것은 아니라는 입장이며,[1] 다만 사형의 선택은 '극형이 불가피하다고 인정되는 경우에 한하여 적용된다'고 한다. 즉 "사형 선고는 누구라도 그것이 정당하다고 인정할 수 있는 특별한 사정이 있는 경우에만 허용된다"(대판 2016.2.19. 2015도12980 전합; 2023.7.13. 2023도2043).

4) 사형의 집행방법 사형의 집행방법은 나라마다 다르다. 우리의 경우 일반재판에서는 "사형은 교정시설 안에서 '교수(絞首)'하여 집행한다"(66). 군사재판에서는 "'총살'로써 이를 집행한다"(군형법3).

Ⅱ. 자유형

자유형은 신체적 자유를 박탈하는 형벌이다. 형법상 징역·금고·구류가 있다. 자유형은 벌금과 함께 오늘날 가장 대표적인 형벌이다. 자유형의 목적은 범죄인의 자유를 박탈함으로써 범죄인의 교정·교화와 건전한 사회복귀를 도모함에 있다(형집행법1). 따라서 자유형 집행에서는 교육적 내용이 중요하며, 자유박탈 이외의 고통을 제거하고 인간다운 생활을 보장해야 한다.

1. 징역

징역은 교정시설에 수용하여 집행하며, '정해진 노역'(勞役, '정역'이라고도 한다)에 복무하게 하는 형벌이다(67). 자유형 중 가장 무거운 형벌이며, 수형자가 '정해진 노역(정역)'에 복무한다는 점에서 금고와 구별된다. 기간이 1개월 이상이라는 점에서 1일 이상 30일 미만인 구류와도 구별된다. 징역에는 무기징역과 유기징역이 있다. 무기징역은 소위 종신형이고, 유기징역은 1개월 이상 30년 이하이며, 유기징역을 가중하는 때에는 50년까지로 한다(42).

---

1) [사형의 위헌 여부] 대판 1991.2.26. 90도2906 ("헌법 제12조 제1항에는 형사처벌에 관한 규정이 법률에 위임되어 있을 뿐 그 처벌의 종류를 제한하지 않고 있으며, 현재 우리나라의 실정과 국민의 도덕적 감정 등을 고려하여, 국가의 형사정책으로 질서유지와 공공복리를 위하여 형법 등에 사형을 규정하였다 하여, 헌법에 위반된다고 할 수 없다").

2. 금고

금고(禁錮)는 교정시설에 수용하여 집행하는 형벌이다(68). 금고는 주로 과실범이나 사상범·확신범 등과 같은 비파렴치범에 대해 적용되고, 수형자가 정해진 노역(정역)에 복무하지 않는다는 점에서 징역과 구별된다. 금고도 유기와 무기로 구분되며, 형기는 징역과 같다. 금고의 경우 집행단계에서 수형자의 신청이 있으면 작업을 부과할 수 있고(형집행법67) 실제 90% 이상이 이를 신청한다는 점에서 실제로는 징역과 큰 차이가 없다.

3. 구류

구류도 자유형으로, 수형자를 교정시설에 수용하여 집행하는 형벌이다. 다만 그 기간이 1일 이상 30일 미만일 뿐이다(46). 형법상 구류는 폭행죄·과실치상죄·협박죄 등 극히 예외적인 경우에만 적용되고, 주로 경범죄처벌법 등 질서위반법규에 규정되어 있다. 구류는 주로 **즉결심판**에서 선고된다.

구류는 원칙상 교정시설에 수용하여 집행하나(68), 예외적으로 경찰서 유치장에서도 집행이 가능하다(형집행법시행령175). 구류도 금고와 마찬가지로, 일정한 노역(정역)에 복무하지는 않으나 수형자의 신청이 있으면 작업을 부과할 수 있다(형집행법67).

[자유형의 개선방안] 자유형의 개선방안으로는, ㉠ 자유형의 단일화, ㉡ 단기자유형의 폐지, ㉢ 일부 집행유예제도 내지 충격 보호관찰 등이 논의되고 있다.

우선, ㉠ 자유형의 단일화는 징역과 금고의 구별을 폐지하고 단일한 자유형을 도입하자는 견해인데, 우리나라에서도 지배적이다. 한편 자유형의 단일화에는 구류까지 포함시켜 단일화를 이루는 것이 바람직하다는 주장도 제기되고 있다.

㉡ 단기자유형은 대체로 6개월 이하의 자유형을 말한다(통설). 단기자유형에 대해서는 교정기관 안에서 학습효과를 통해 범죄수법을 습득한다는 폐해가 지적되고 있다. 그리하여 단기자유형을 폐지 또는 제한하고, 벌금형이나 사회내 처우로 대체하자는 주장이 제기되고 있다.

㉢ 한편, 형기의 일부에 대한 '일부 집행유예 제도'의 도입도 주장되고 있다. 이는 형기의 일부만 구금하여 집행하고 그 이후 보호관찰을 받도록 하는 제도인데, 이로써 범죄인의 반성과 사회복귀를 촉진하고, 단기자유형의 단점을 보완할 수 있다는 것이다. 이를 충격 보호관찰(shock–probation)이라고도 한다.

Ⅲ. 명예형

명예형은 명예적 권리 또는 자격을 박탈·제한하는 형벌을 말하며, 자격형이라고도 한다. 형법상 명예형으로는 자격상실과 자격정지가 있다.

1. 자격상실

자격상실이란 사형·무기형을 선고받으면 그 부수효과로서 일정한 자격이 당연히 상실되는 것을 말한다. 자격상실은 언제나 부수적이며, 형법각칙상 독립적으로 부과되는 일은 없다. 형법상 사형, 무기징역 또는 무기금고의 판결을 받은 경우에 당연히 상실되는 자격(4개)은 다음과 같다(43①). 즉, ㉠ 공무원이 되는 자격, ㉡ 공법상의 선거권과 피선거권, ㉢ 법률로 요건을 정한 공법상의 업무에 관한 자격, ㉣ 법인의 이사, 감사 또는 지배인 기타 법인의 업무에 관한 검사역이나 재산관리인이 되는 자격이, 당연히 상실된다.

2. 자격정지

자격정지란 일정한 자격의 전부 또는 일부를 일정기간 동안 정지시키는 것을 말한다. 자격정지에는 당연정지와 선고정지가 있다.

1) **당연정지**　당연정지란 유기징역·유기금고의 형을 선고받으면 그 부수효과로서 일정한 자격이 당연히 정지되는 것을 말한다. 형법상 유기징역 또는 유기금고의 판결을 받은 자가 그 형의 집행이 종료하거나 면제될 때까지 당연히 정지되는 자격(3개)은 다음과 같다(43②). 즉, ㉠ 공무원이 되는 자격, ㉡ 공법상의 선거권과 피선거권, ㉢ 법률로 요건을 정한 공법상의 업무에 관한 자격이, 당연히 정지된다. 다만 다른 법률에 특별한 규정이 있는 경우에는 그 법률에 따른다(43②).[1)]

2) **선고정지**　선고정지란 자격정지 판결의 선고에 의해 비로소 일정한 자격의 전부 또는 일부가 정지되는 것을 말한다. 판결 선고에 의한 자격정지 기간은 1년 이상 15년 이하이다(44①). 자격정지가 선택형으로 규정된 경우(예: 공무원의 직무에 관한 죄 등)도 있고 병과형(대부분 임의적)으로 규정된 경우(예: 상해·폭행죄 등)도 있다. 자격정지의 기산점은, 자격정지가 선택형인 때에는 판결이 확정된 날로부터 기산하며(84①), 유기징역 또는 유기금고에 자격정지를 병과한 때에는 징역 또

1) [다른 법률] '공법상 선거권'에 관한 헌재 2014.1.28. 2012헌마409 참조.

는 금고의 집행을 종료하거나 면제된 날로부터 자격정지기간을 기산한다(44②).

Ⅳ. 재산형

재산형이란 재산적 이익을 박탈하는 형벌이다. 형법상 벌금·과료·몰수 3가지가 있다. 재산형 중 벌금형은 원래 개인의 배상금 또는 속죄금으로 인정되던 것인데, 국가 공형벌제도의 확립에 따라 형벌로 체계화되었다. 벌금형은 주로 경미한 범죄와 이득범죄에 대응한 형벌이지만, 실제로는 모든 형벌 중 활용도가 가장 높은 형벌이다. 벌금과 과료는 액수로 구별된다. 벌금은 5만원 이상으로 상한은 제한이 없으나(45), 과료는 2천원 이상 5만원 미만이다(47). 몰수는 부가형으로 범죄와 관련된 재산을 박탈하는 형벌이다.

1. 벌금

벌금형은 일정한 금액의 납입의무를 강제적으로 부과하는 형벌이다. **채권적 의무**를 부과할 뿐이라는 점에서, 재산권을 국가에 일방적으로 귀속시키는 물권적 효과를 가진 몰수와 구별된다. 벌금형은 **일신전속성**을 갖는다. 즉, 제3자의 대납, 상계, 상속 등이 허용되지 않는다(원칙).[1] 벌금형의 부과방식은 공판절차에서 벌금형 선고 또는 약식절차에서 벌금형의 약식명령 고지이다. 벌금형의 약 75%가 **약식명령**이다.

1) **총액벌금제도** 벌금은 5만원 이상으로 하되, 감경하는 경우에는 5만원 미만으로 할 수 있다(45). 벌금의 상한은 총칙상 제한이 없으나, 형법각칙을 비롯한 여러 처벌규정에서 각각 별도로 정해진다. 우리 법제상 벌금은 확정된 총액의 형태로 부과되며, 이를 '총액벌금제도'라고 한다.

2) **노역장유치제도** 벌금은 판결확정일로부터 30일 이내에 납입해야 한다(69①본문). 벌금을 납입하지 않은 경우 미납자의 재산에 대해 강제집행이 가능하나, 미납자를 노역장에 유치할 수 있다(69). 이를 '노역장유치' 또는 '환형유치(換刑留置)'라고 한다. 벌금을 선고할 때에는 이를 납입하지 아니하는 경우의 유치기간을 동시에 정해야 한다. 즉, **노역장의 유치기간은 형의 선고와 동시에 판결**

---

1) [예외: 상속재산 등에 대한 집행] 몰수 또는 조세, 전매 기타 공과에 관한 법령에 의하여 재판한 벌금 또는 추징은 그 재판을 받은 자가 재판확정 후 사망한 경우에는 '그 상속재산'에 대하여 집행할 수 있다(형소478). 법인에 대하여 재판확정 후 합병된 경우에는 '존속한 법인 또는 신설된 법인'에 대하여 집행할 수 있다(형소479).

로써 선고하여야 한다(70① · 형소321②).[1)]

i) [유치기간] 노역장 유치기간은 벌금의 경우 '1일 이상 3년 이하'의 기간이다. 즉, 벌금을 납입하지 아니한 자는 1일 이상 3년 이하의 기간 노역장에 유치하여 작업에 복무하게 한다(69②).

ii) [고액 벌금형의 최소 유치기간] 그런데 '고액 벌금형의 경우 단기간 유치'라는 폐단이 문제로 부각됨에 따라, 2014년 형법 개정에서 벌금 액수에 따른 **최소 유치기간**이 설정되었다. 즉, 선고하는 벌금이 1억원 이상 5억원 미만인 경우 300일 이상, 5억원 이상 50억원 미만인 경우 500일 이상, 50억원 이상인 경우 1,000일 이상의 유치기간을 정하여야 한다(70②). 벌금액의 '일부'만 납입한 경우에는 벌금액과 노역장 유치기간의 일수(日數)에 비례하여 납입금액에 해당하는 일수를 뺀다(71).

3) 분납 · 연기 및 사회봉사 집행 i) [분납 · 연기] 2016년 형사소송법 개정으로 벌금, 과료, 추징 등의 분할납부, 납부연기 등이 제도화되었다(형소477⑥). 검사의 결정으로 이를 허가할 수 있고, 분할납부 또는 납부연기 기한은 6개월 이내로 하되, 검사가 3개월의 범위에서 2회에 한하여 기한을 연장할 수 있다('재산형 등에 관한 검찰 집행사무규칙'12).

ii) [사회봉사 집행] 한편, 확정된 벌금형이 '500만원 이하'인 경우 벌금 미납자가 검사에게 신청하면 검사의 청구에 의해, 법원은 (노역장유치를 대신하여) **사회봉사**를 허가할 수 있다(벌금미납자법4-6 · 시행령2). 법원의 허가가 필요하며, 법원은 노역장 유치기간에 상응하는 사회봉사기간을 산정해야 한다(동법6④).

4) 벌금형의 선고유예 · 집행유예 벌금형에 대해서는 그 형의 선고유예가 가능하다(59). 또한 벌금형의 집행유예제도 역시 2016년 형법 개정에서 새로 도입되었다(2018.1.1. 시행). 다만. (고액 벌금형에 대한 집행유예는 비판적인 법감정이 있는 점을 고려하여) 집행유예의 선고가 가능한 벌금형은 '500만원 이하'의 벌금형을 선고하는 경우로 한정된다(62①본문).

[가납판결 · 유치명령] 벌금형에 대해서는 가납판결과 유치명령이 가능하다.

i) 가납판결은 벌금, 과료 또는 추징을 선고하는 경우 판결의 확정 후에는 집행할 수 없거나 집행하기 곤란할 염려가 있다고 인정한 때에 미리 그 집행력을 얻기 위해

1) [예외: 소년, 법인] 다만 선고 당시 18세 미만의 소년에 대하여는 환형유치를 선고할 수 없고(소년법62), 법인에 대해서는 성질상 환형유치를 선고할 수 없다. 설령 법인에게 이를 선고하더라도 법인의 성질상 집행불능에 그친다(대판 1963.7.11. 63오3).

금액의 납부를 명하는 것이다.[1] 이는 법원이 직권 또는 검사의 청구에 의해 형의 선고와 동시에 판결로써 선고한다(형소334). 가납판결은 임의적이라서 법원이 재량껏 명하는 것이 원칙이나, 예외적으로 '부정수표단속법의 경우'에는 가납판결이 필수이며 구속피고인이라면 벌금을 가납할 때까지 계속 구속된다(동법6). 가납판결이 선고되면 확정 전이라도 즉시 집행할 수 있다(형소334③).

ii) 유치명령은 벌금을 납입하지 아니하는 경우 그 금액을 완납할 때까지 미납자를 노역장에 유치할 것을 명하는 것이다(69①단서). 유치명령 또한 임의적이라서 법원이 재량껏 명한다. 노역장유치를 선고할 수 없는 18세 미만의 소년에 대하여는 유치명령도 할 수 없다.

[벌금형의 개선방안] 벌금형의 개선방안으로는, ㉠ 일수벌금제도의 도입, ㉡ 벌금형의 확대, ㉢ 벌금형의 과태료 전환 등이 논의되고 있다.

우선, ㉠ (일수벌금제도의 도입) 일수벌금제도란 벌금형을 일수(日數)와 일수정액(日數定額, 1일 벌금액)으로 나누어, 행위자의 불법과 책임에 따라 벌금'일수'를 정하고, 행위자의 자력(경제력)에 따라 '일수정액'을 정하는, 일종의 재산비례 벌금제도이다. 총액벌금제도는 피고인의 경제력을 고려하지 않고 가난한 자와 부유한 자 모두에게 동일한 벌금형을 적용하는 결과, 재산의 다과에 따라 부담의 정도가 다르다는 문제가 발생한다. 이러한 문제점을 개선하여 배분적 정의를 실현하는 제도가 일수벌금제도인데, 일수벌금제도에도 경제사정에 대한 조사의 객관성 담보 문제와 법관의 자의적인 일수정액 산정의 위험성 문제는 남아 있다.

㉡ (벌금형의 확대) 벌금형은 단기자유형의 폐해를 해소하기 위한 효과적인 대체수단으로 평가받고 있다. 징역형만을 법정형으로 규정하고 있는 가벼운 범죄에 대해서는 벌금형을 선택형으로 규정함으로써 그 적용범위를 확대할 필요가 있다.

㉢ (벌금형의 과태료 전환) 형사특별법 가운데 행정형법은 단순한 행정상 의무불이행에 대해서도 벌금형을 규정한 경우가 많다. 경미한 행정법규 위반행위에 대해서는 비례의 원칙상 벌금형을 과태료로 전환하여 비범죄화하는 것이 바람직하다.

2. 과료

과료는 일정한 금액의 납입의무를 강제적으로 부과하는 형벌로서 벌금형과 동일하지만, 그 액수에서만 차이가 있다. 즉, 과료는 2천원 이상 5만원 미만으로 한다(47). 과료는 경미한 범죄에 대하여 부과된다. 형법상 과료는 폭행죄 · 과실치상죄 · 협박죄 · 자동차불법사용죄 · 점유이탈물횡령죄 등 예외적인 경우에만

1) [재판의 성질: 판결] 가납명령이라고도 하나, 재판의 성질은 '판결'이다.

선택형으로 규정되어 있고, 주로 경범죄처벌법 등 질서위반법규에 규정되어 있다. 과료는 형벌이므로 행정벌인 **과태료**와 구별된다. 과료는 주로 **즉결심판**에서 선고된다.

과료도 벌금과 마찬가지로 30일 내에 납입해야 하며, 과료를 납입하지 아니하는 경우의 노역장 유치기간을 정하여 동시에 선고해야 한다(70①). 다만, 과료는 '1일 이상 **30일 미만**'의 기간 노역장에 유치하여 작업에 복무하게 한다(69②). 벌금과 마찬가지로 일부납입과 유치일수의 공제(71), 가납판결(형소334)도 가능하나, 반면 유치명령은 허용되지 않는다.

3. 몰수

第48條(몰수의 대상과 추징) ① 범인 외의 자의 소유에 속하지 아니하거나 범죄 후 범인 외의 자가 사정을 알면서 취득한 다음 각 호의 물건은 전부 또는 일부를 몰수할 수 있다.
1. 범죄행위에 제공하였거나 제공하려고 한 물건.
2. 범죄행위로 인하여 생겼거나 취득한 물건.
3. 제1호 또는 제2호의 대가로 취득한 물건.

② 제1항 각 호의 물건을 몰수할 수 없을 때에는 그 가액(價額)을 추징한다.

③ 문서, 도화(圖畫), 전자기록(電磁記錄) 등 특수매체기록 또는 유가증권의 일부가 몰수의 대상이 된 경우에는 그 부분을 폐기한다.

第49條(몰수의 부가성) 몰수는 타형에 부가하여 과한다. 단, 행위자에게 유죄의 재판을 아니할 때에도 몰수의 요건이 있는 때에는 몰수만을 선고할 수 있다.

(1) 몰수의 의의

1) 뜻 몰수란 범죄와 관련된 물건의 소유권 내지 재산권을 박탈하여 국가에 강제로 귀속시키는 형벌이다. 여기서 소유권의 박탈은 소유와 소지(점유) 모두의 박탈을 뜻한다. 몰수는 원칙적으로 타형에 부가하여 과하는 '부가형'(49)이지만, 예외적으로 행위자에게 유죄의 재판을 아니할 때에도 몰수의 요건이 있는 때에는 **몰수만**을 선고할 수도 있다(49단서).[1)]

---

1) ['유죄의 재판을 아니할 때'의 의미] 이는 구성요건에 해당하고 위법한 행위가 책임무능력으로 인하여 무죄가 되는 경우를 의미한다(다수설). 그러나 주의할 점이 있다.

㉠ 구성요건해당성 또는 위법성의 결여, 범죄의 증명이 없는 경우는, 범죄라 할 수 없으므로 몰수가 허용되지 않는다.

㉡ 기소되지 않은 범죄, 공소시효가 완성된 범죄에 관하여도 몰수가 허용되지 않는다. 즉, "우리 법제상 공소제기 없이 별도로 몰수만 선고할 수 있는 제도가 마련되어 있지 않으므로, 형법 제49조 단서에 근거하여 몰수를 선고하기 위해서는 몰수의 요건이 공소제기된 공소사실

2) 법적 성격　몰수는 형벌이지만 동시에 보안처분적 성격도 갖고 있다. 즉, 몰수는 형법상 재산형으로 규정된 형벌의 일종이지만(41), 몰수 대상이 범죄의 제공물건(48①i)인 경우 유사한 범죄를 예방하는 보안처분의 성질을 갖으며, 몰수만을 선고할 수 있다는 규정(49단서)도 이를 뒷받침한다. 이와 같이 몰수는 형법상 형벌이지만, 실질적으로는 범죄반복의 위험성을 예방하고 불법한 범죄이익을 박탈하는 대물적 보안처분의 성격을 갖는다는 견해가 지배적이다(다수설). 그 밖에도, 형벌과 보안처분의 중간에 위치한 독립된 제재라는 견해(독립제재설), 행위자와 공범의 물건에 대한 몰수는 재산형이고, 제3자의 물건에 대한 몰수는 보안처분이라는 견해(구별설)도 있다.

[몰수의 부가성과 선고유예] 몰수는 원칙적으로 부가형이지만 예외적으로 몰수만을 선고할 수도 있다. 그 결과 ㉠ (부가형) 주형을 선고유예하는 경우 몰수나 추징도 선고유예할 수 있지만(대판 1980.12.9. 80도584), 주형은 선고하면서 몰수와 추징에 대해서만 선고를 유예할 수는 없다(대판 1979.4.10. 78도3098). ㉡ (몰수만 선고가능) 다만, (제49조 단서가 몰수의 부가성에 대한 예외를 인정하고 있으므로) 주형을 선고유예하는 경우에도 몰수의 요건이 있는 때에는 몰수만을 선고할 수 있다(대판 1973.12.11. 73도1133 전합).

(2) 몰수의 종류

몰수에는 임의적 몰수와 필요적 몰수가 있다.

1) 임의적 몰수　형법 제48조는 "몰수할 수 있다"라고 규정하고 있는바, '**형법총칙**'상 몰수는 임의적 몰수가 원칙이다. 따라서 몰수의 요건에 해당되는 물건이라도 몰수 여부는 법원의 재량에 맡겨져 있다. 그러나 재량이라 해도 '내재적 한계'가 있다. 즉, "형법 제48조에 의한 몰수는, 형법 일반에 적용되는 **비례의 원칙**에 의한 제한을 받는다"(대판 2013.5.23. 2012도11586).

2) 필요적 몰수　반면, 필요적 몰수는 '**형법각칙**' 등 개개의 형벌법규에서 "몰수한다"라고 규정하여, 몰수의 요건에 해당하는 때에는 **반드시 몰수**하여야 하는 경우를 말한다. 필요적 몰수는 형법 제48조의 **특칙**이므로, 개개의 특칙이

과 관련되어 있어야 한다. 공소가 제기되지 아니한 별개의 범죄사실을 법원이 인정하면서 몰수나 추징을 선고하는 것은 불고불리의 원칙에 위반되어 허용되지 아니한다"(대판 2010.5.13. 2009도11732; 2023.11.17. 2022도8662).

㉢ 공소기각 또는 면소의 판결을 할 경우에 몰수의 선고가 가능한지 여부에 대해서는 견해가 대립한다.

형법 제48조의 규정에 우선하여 적용된다. 예컨대, ㉠ **뇌물죄**에서 '범인 또는 사정을 아는 제3자가 받은 뇌물 또는 뇌물로 제공하려고 한 금품'(134), ㉡ **배임수증재죄**에서 '범인 또는 그 사정을 아는 제3자가 취득한 재물'(357③), ㉢ 특가법상 **알선수재죄**에서 '범인이 취득한 해당 재산'(동법13), ㉣ 특경법상 **알선수재죄**에서 '범인 또는 정황을 아는 제3자가 받은 금품이나 그 밖의 이익'(동법10②), ㉤ **변호사법위반죄**에서 '범인 또는 그 사정을 아는 제3자가 받은 금품이나 그 밖의 이익'(동법116) 등은 필요적 몰수의 대상이다.

(3) 몰수의 대인적 요건

몰수 대상물이 ㉠ 범인 외의 자의 소유에 속하지 아니하거나, ㉡ 범죄 후 범인 외의 자가 사정을 알면서 취득한 물건이어야 한다.

1) 범인 외의 자의 소유 아닐 것('제3자의 소유에 속하지 아니할 것') 범인 이외의 자의 소유에 속한 물건(예: 장물, 제3자 소유인 범행도구)은 몰수할 수 없다. 여기에는 '범인의 소유에 속하는 것'과 '어느 누구의 소유에도 속하지 않는 것'이 있다. 즉, '범인 소유인 것'과 '소유자 부존재인 것'은 몰수할 수 있다. 반면, 타인의 소유에 속하는 것이라면 몰수가 불가능하므로, 공무소의 소유에 속하는 것(예: 불실기재된 등기부의 기재부분)도 몰수(폐기)할 수 없다.

i) **범인 소유**의 물건은 타인이 점유하더라도 몰수의 대상이 된다. '범인'에는 **공범자**(공동정범, 교사범, 방조범, 필요적 공범)도 포함된다. '범인'에 '공범자'도 포함되므로, 범인 자신의 소유물은 물론, 공범자의 소유물도 그 공범자의 소추 여부를 불문하고 몰수할 수 있다(대판 2013.5.23. 2012도11586). 예컨대, (공범자) A 소유의 물건을 B가 소지하여 함께 범죄를 범한 경우 소지자 B로부터도 몰수할 수 있는데, 만일 A가 기소되지 않고 B만 기소된 경우에도 B로부터 몰수할 수 있다. 다만, 점유자인 공범 B에 대한 판결에서 몰수가 확정되더라도, 그 소유를 박탈하기 위해서는 소유자인 공범 A에 대한 판결에서 다시 몰수를 선고해야 한다(대판 1979.2.27. 78도2246). 형벌은 공범자 각자에게 개별적으로 선고되고, 판결의 효력은 **상대적**이기 때문이다.

ii) **소유자 부존재**, 즉 어느 누구의 소유에도 속하지 않는 물건도 몰수의 대상이 된다. 따라서 무주물, 소유자 불명의 물건, 법률상 어느 누구의 소유나 소지도 금지하는 금제품(예: 위조통화)은 몰수의 대상이 된다.

iii) 몰수 대상물의 소유 여부는 **판결선고시**를 기준으로 판단한다. 범행 당시에는 범인의 소유가 아니었더라도 범죄 후 상속 등에 의하여 나중에 범인의 소유가 된 물건도 몰수할 수 있다.

2) 지정(知情) 요건('범죄 후 범인 외의 자가 사정을 알면서 취득한 물건') 범인 외의 자의 소유에 속하는 물건은 원칙적으로 몰수할 수 없지만, **범죄 후** 그가 사정을 **알면서** 취득한 물건이라면 몰수할 수 있다. 취득이란 소유권은 물론 질권·저당권과 같은 물권의 취득도 포함하며, 범인으로부터 직접 취득한 것이 아니라도 무방하다(예: 선의취득자로부터 악의로 전득한 경우). 취득한 시점이 범죄 후라야 하므로 범행 전에 취득한 경우에는 이에 해당하지 않는다. '사정을 알면서 취득한다'고 함은 취득 당시에 '형법 제48조에 해당하는 물건임을 알면서' 취득하는 것을 말한다. 취득할 당시 몰랐다면 그 후 정을 알게 되었더라도 몰수할 수 없다.

(4) 몰수의 대물적 요건(몰수의 대상)

몰수의 대상은 '다음 각 호의 물건'의 전부 또는 일부이다. 여기서의 '물건'의 의미는 민법상의 물건 개념을 유추할 수밖에 없으므로, "유체물 및 전기 기타 관리할 수 있는 자연력"에 한정된다(민법98). 동산은 물론 부동산도 몰수 대상물에 포함되지만, (물건이 아닌) 권리 또는 이익은 몰수의 대상에 포함되지 않는다.[1]

또한 몰수의 대상은 '**특정**'되어야 하고[2] 범죄와 일정한 '관련'이 있어야 한다. 특히 **범죄관련성** 요건은 제48조 제1항에 정한 몰수의 대물적 요건으로 구체화되어 있다.

1) 제공물건('범죄행위에 제공하였거나 제공하려고 한 물건') 이는 범죄의 도구로 사용된다는 점에서 범죄관련성이 인정된다. ㉠ '범죄행위에 제공한 물건'은 범죄 실행행위에 직접 사용된 물건뿐만 아니라 실행행위와 밀접한 관계가 있는 행위에 사용된 물건(예: 절취품의 운반차량, 은닉도구 등. 단, 범인의 이동수단인 차량은 제외)도 포함된다. 즉, "가령 살인행위에 사용한 칼 등 범죄의 실행행위 자체에 사용한 물건에만 한정되는 것이 아니며, 실행행위의 착수 전의 행위 또는 실행행위

---

1) ['재산상 이익' 또는 '재산'] 뇌물죄의 몰수대상물은 뇌물인데(134), 뇌물은 물건뿐만 아니라 이익도 포함하는 개념이므로, 재산상 이익은 '뇌물'로서 몰수의 대상이 된다. 반면 배임수재죄의 경우 취득한 재물은 몰수의 대상이지만, 재산상 이익은 추징의 대상이 된다(357③, 대판 2000.3.14. 99도5195). 한편, 물건과 재산상 이익의 구별 없이 포괄하여 몰수의 대상으로 규정한 경우로는, 예컨대, 공무원범죄 몰수법 제3조의 '불법재산', 범죄수익은닉규제법 제8조의 '범죄수익', 마약거래방지법 제13조의 '불법수익' 등이 있다.

2) [특정된 물건] 대판 2023.4.27. 2022도15459 ("몰수는 특정된 물건에 대한 것이고 추징은 본래 몰수할 수 있었음을 전제로 하는 것임에 비추어, 뇌물에 공할 금품이 특정되지 않았던 것은 몰수할 수 없고 그 가액을 추징할 수도 없다.") 몰수는 대상 물건이 특정되어야 하고, 판결선고 당시 현존하는 경우에만 가능하다. 대체물 특히 금전의 경우에는 별도로 보관되거나 압수되어 선고 당시 특정성이 명확할 때에만 몰수가 가능하다.

의 종료 후의 행위에 사용한 물건이더라도, 그것이 **범죄행위의 수행에 실질적으로 기여**하였다고 인정되는 한 그 물건까지도 포함한다”(대판 2006.9.14. 2006도4075; 2024.1.4. 2021도5723). ㉡ ‘제공하려고 한 물건’은 범죄행위에 사용할 목적으로 준비하였으나 실제 사용하지 못한 물건(예: 살인의 목적으로 준비한 수개의 흉기 가운데 일부만 사용한 경우 사용하지 못한 그 나머지 흉기)을 의미하는데, 그 물건은 ‘**유죄로 인정되는 당해 범죄행위**’에 제공하려고 한 물건임이 인정되어야 한다(대판 2008.2.14. 2007도10034).

2) 생성물건 또는 취득물건(‘범죄행위로 인하여 생겼거나 취득한 물건’) 이는 범죄행위와 밀접한 관련이 있다는 점에서 범죄관련성이 인정된다. ㉠ ‘범죄행위로 인하여 생긴 물건’은 범죄행위로 인하여 비로소 존재하게 된 물건(예: 문서위조죄에서 위조문서)이고, ㉡ ‘범죄행위로 인하여 취득한 물건’은 범죄행위 당시 이미 존재하고 있던 것을 범인이 범죄행위로 얻게 된 물건(예: 도박으로 얻은 금품, 범행의 보수로 받은 금품)을 말한다(장물은 몰수의 대상이 아니다).[1] 특히, 여기의 ‘취득’이란 ‘해당 범죄행위를 하여 취득한 것’, 즉 ‘해당 범죄행위로 인하여 결과적으로 취득한 것’(대판 2013.7.12. 2013도4721)을 뜻한다(예: 무등록 외국환 업무를 영위하면서 환전을 위임받은 경우에, 그 국내지급수단이나 외국환 자체가 아니라, 위임자로부터 받은 ‘수수료’).[2] 당해 범죄행위가 일정한 **위임사무 처리**인 경우 ‘범죄행위로 인하여 취득한 물건’이란 그 ‘위임사무 처리의 대가’, 즉 위임의 대가(수수료)를 말하는 것이지, 위임된 사무의 처리내용 그 자체를 뜻하는 것이 아니다.

3) 대가물건(‘제1호 또는 제2호의 대가로 취득한 물건’) 이는 제공물건과 생성·취득물건의 대가로 얻은 물건을 범죄관련성이 있는 것으로 유형화한 것이다. 예컨대, 몰수할 물건이 선의의 제3자에게 양도되어 몰수할 수 없을 경우 그 양도대금이 여기에 해당한다. 다만, 장물은 몰수의 대상이 아니므로, 장물을 처분한 대가 역시 (피해자 교부의 대상이 될 뿐) 몰수의 대상이 아니다.

---

1) [장물의 몰수 여부] 한편, 장물(예: 절도로 취득한 물건)은 취득물건에 해당하지만 ‘범인 외의 자의 소유에 속하지 아니할 것’이라는 요건을 갖추지 못하므로, (환부의 대상이 될 뿐) 몰수의 대상은 되지 않는다.

2) [범죄관련성 없는 경우] 대판 2021.7.21. 2020도10970 (폐기물관리법위반으로 기소된 피고인들이 사업장폐기물 매출업체로부터 받은 돈이 형법 제48조의 몰수·추징의 대상으로 되기 위해서는, “피고인들의 위와 같은 범죄행위로 인하여 취득하였다는 점, 즉 위 돈이 피고인들과 사업장폐기물배출업체 사이에 범죄행위를 전제로 수수되었다는 점이 인정되어야 한다”)(단지 정상적인 절차에 따라 폐기물이 처리되는 것을 전제로 돈을 받았다면 여기에 해당하지 않는다).

(5) 비례원칙에 의한 제한

임의적 몰수는 일응 법원의 재량에 맡겨져 있지만, "형벌 일반에 적용되는 '비례의 원칙에 의한 제한'을 받는다"(대판 2013.5.23. 2012도11586). 몰수가 비례의 원칙에 위반되는지 여부는 제반 사정을 고려해야 한다.[1] 한편, 몰수형을 선고하지 않은 경우에도, '재량권에 내재된 한계'를 벗어난 것이 아니라면 위법하지 않다(대판 2013.2.15. 2010도3504). 이와 같이 법원의 몰수재량에는 '내재적 한계'가 있는 것이다.[2]

(6) 몰수의 효과

몰수를 선고하는 때에는 몰수할 '물건'과 '상대방'(어느 피고인에게서 몰수하는지)을 구체적으로 특정하여야 한다.

1) 물권적 효과 몰수의 선고가 있으면 범인으로부터 해당 물건의 재산권을 박탈하여 일방적으로 국가에 귀속시키는 물권적 효과가 있다.

2) 몰수판결의 상대적 효력 몰수에 의한 국고귀속의 효과는 당해 피고인에 대한 관계에서만 발생한다(=판결의 상대적 효력). 즉, 몰수 선고의 효력은 원칙적으로 몰수의 원인이 된 사실에 관하여 유죄의 판결을 받은 피고인에 대한 관계에서 그 물건을 소지하지 못하게 하는 데 그치고, 그 사건에서 재판을 받지 아니한 제3자의 소유권에 어떤 영향을 미치는 것은 아니다(대판 2006.11.23. 2006도5586). 따라서 피고인 이외의 제3자는 몰수판결이 선고된 물건의 소유자임을 주장하여 국가에 대하여 민사소송으로 그 반환을 청구할 수 있다(대판 1970.3.24. 70다245).

---

1) [몰수재량과 '비례원칙'] 위 2012도11586 ("형법 제48조 제1항 제1호에 의한 몰수는 임의적인 것이므로 그 몰수의 요건에 해당되는 물건이라도 이를 몰수할 것인지의 여부는 일응 법원의 재량에 맡겨져 있다 할 것이나, 형벌 일반에 적용되는 **비례의 원칙**에 의한 제한을 받으며, (중략) 몰수가 비례의 원칙에 위반되는 여부를 판단하기 위하여는, 몰수 대상 물건(이하 '물건')이 범죄 실행에 사용된 정도와 범위 및 범행에서의 중요성, 물건의 소유자가 범죄 실행에서 차지하는 역할과 책임의 정도, 범죄 실행으로 인한 법익 침해의 정도, 범죄 실행의 동기, 범죄로 얻은 수익, 물건 중 범죄 실행과 관련된 부분의 별도 분리 가능성, 물건의 실질적 가치와 범죄와의 상관성 및 **균형성**, 물건이 행위자에게 필요불가결한 것인지 여부, 물건이 몰수되지 아니할 경우 행위자가 그 물건을 이용하여 다시 동종 범죄를 실행할 위험성 유무 및 그 정도 등 제반 사정이 고려되어야 한다").

2) [판례사례] ㉠ (몰수 적법) 영업으로 성매매알선 등의 행위를 하면서 토지와 건물을 성매매업소로 제공한 경우 그 토지와 건물을 몰수한 것은 비례원칙에 반하는 것이 아니라서 정당하다고 한 사례(위 2012도11586) 등이 있다.

㉡ (몰수 위법) 대마 관련 범행 시 문자메시지를 몇 차례 주고받고 필로폰 관련 범행 시 통화를 1회 할 때 사용한 휴대전화를 '범죄행위에 제공된 물건'으로 보아 몰수하는 것은 비례의 원칙상 몰수가 제한되는 경우라고 한 사례(위 2021도5723) 등이 있다.

(7) 폐기: 물건 일부의 몰수

문서 · 도화(圖畫) · 전자기록(電磁記錄) 등 특수매체기록 또는 유가증권의 일부가 몰수의 대상이 된 경우에는 그 부분을 폐기한다(48③). 문서 중 진정 부분은 몰수할 근거도 없고 위조(변조) 부분과 독립하여 별도의 법적 효력을 갖고 있으며 제3자의 정당한 이익에도 관계될 수 있기 때문이다. 예컨대, 차용증서 중 보증인란만 위조한 경우 주채무 부분은 진정 · 유효하므로, 보증채무 부분만 폐기하여, 주채무에 관한 차용증서로써 사용하는 것이다.

한편, 전자기록은 일정한 저장매체에 전자방식이나 자기방식에 의하여 저장된 기록으로서 저장매체를 매개로 존재하는 물건이므로, 이를 몰수할 수 있다. "가령 휴대전화의 동영상 촬영기능을 이용하여 피해자를 촬영한 행위 자체가 범죄에 해당하는 경우, 휴대전화는 '범죄행위에 제공된 물건', 촬영되어 저장된 동영상은 휴대전화에 저장된 전자기록으로서 '범죄행위로 인하여 생긴 물건'에 각각 해당한다. 이러한 경우 법원이 휴대전화를 몰수하지 않고 동영상만을 몰수하는 것도 가능하다"(위 2021도5723).

4. 추징

(1) 추징의 의의

1) 뜻 추징이란 몰수 대상물의 전부 또는 일부를 '몰수하기 불가능'한 때에 몰수에 갈음하여 그 가액의 납부를 명하는 부수처분이다.

2) 법적 성격 추징은 형의 종류(41)에 열거되어 있지 않으므로 형이 아님은 명백하지만, 실질적으로 몰수와 차이가 없으며 특히 보안처분적 의미를 갖지 않는다는 점에서는, 오히려 몰수보다 순수한 형벌적 성격을 갖는 것이다. 따라서 실질적 의미에서 형에 준하여 평가하여야 한다는 것이 판례의 입장이다(대판 1961.11.9. 4294형상572). 추징은 형이 아니므로, 벌금과 달리 노역장유치는 인정되지 않는다.

3) 종류 몰수와 같이 추징에도 임의적 추징과 필요적 추징이 있다. 형법총칙상 추징은 임의적 추징(48②)이 원칙이나, 형법각칙상 뇌물죄에서의 추징(134후문), 관세법상 추징(282) 등 특별법상 추징은 필요적 추징이다.

(2) 추징의 요건

1) 몰수 요건의 존재 추징은 몰수에 갈음하는 처분이므로, 처음부터 몰수 요건에 존재하지 않는 경우에는 몰수는 물론 추징도 허용되지 않는다. 이미 몰

수가 된 경우라면 추징은 당연히 허용되지 않는다. 범죄사실에서 인정한 몰수대상의 양(예: 뇌물의 액수, 메트암페타민의 양)이 특정되지 않은 경우 그 가액의 추징을 명할 수 없다(대판 2016.12.15. 2016도16170).

2) 몰수 불능 '몰수할 수 없을 때'라 함은 몰수 요건은 구비하고 있으나 사실상 · 법률상의 장애로 말미암아 몰수할 수 없는 경우를 말한다. 몰수 대상물이 소비 · 훼손 · 분실 · 가공 · 혼화 등으로 그 존재 또는 동일성을 상실한 경우, 선의의 제3자에게 양도되어 법률상 몰수할 수 없는 경우 등이다.

3) 금전의 경우 몰수는 물건의 가치가 아닌 물건 그 자체를 박탈하는 것이므로, 몰수 대상물이 금전인 경우 금전 그 자체가 특정되어 현존하면 몰수의 대상이 된다. 그렇지 않을 경우 그 가액을 추징한다.

[★뇌물죄와 몰수 · 추징] 우선, ㉠ (그대로 반환) 수뢰자가 뇌물을 그대로 보관하였다가 증뢰자에게 반환한 때에는, '증뢰자'로부터 몰수 · 추징한다(대판 1984.2.28. 83도2783). ㉡ (소비 후 반환) 수뢰자가 현금 또는 자기앞수표를 뇌물로 받아 이를 소비한 후 같은 금액 상당액을 증뢰자에게 반환한 때에는, (뇌물 그 자체를 반환한 것은 아니므로) '수뢰자'로부터 그 가액을 추징하여야 한다(대판 1986.12.23. 86도2021; 1999.1.29. 98도3584). ㉢ (예금 후 반환) 수뢰자가 뇌물로 받은 돈을 은행에 예금한 후 같은 액수의 돈을 증뢰자에게 반환한 경우에도 (뇌물 그 자체의 반환으로 볼 수 없으므로) '수뢰자'로부터 그 가액을 추징하여야 한다(대판 1996.10. 25. 96도2022). ㉣ (공여 후 반환) 수뢰자가 뇌물로 받은 돈을 그 후 공범이 아닌 타인에게 다시 뇌물로 공여한 경우에는 (그 공여는 수뢰한 돈을 소비하는 방법에 지나지 아니하므로) '수뢰자'로부터 추징하여야 한다(대판 1986.11.25. 86도1951).

4) 추징액의 산정 추징의 대상은 몰수할 수 없는 물건의 '가액'이다. 금전의 경우에는 그 금액이 추징액이 되지만, 물건의 경우에는 시세변동이 있으므로 (범행시와 판결시 중) 어느 시점을 기준으로 산정할 것인가 문제된다.

i) [선고시설] 다른 명문의 특별규정이 없는 한 추징액의 산정은 '재판선고시'의 가격을 기준으로 한다는 것이 판례의 입장이다(판결선고시설). 즉, 몰수하기 불능한 경우 추징하여야 할 가액은 '범인이 그 물건을 보유하고 있다가 몰수의 선고를 받았더라면 잃었을 이득 상당액'을 의미한다(대판 1991.5.28. 91도352; 2008.10.9. 2008도6944). 다만, 특별형법상 명문의 예외 규정이 있다. 즉, 관세법에는 몰수할 수 없는 물품의 '범칙 당시의 국내 도매가격에 상당한 금액'이라고 하여 '범행시'

를 기준으로 한다(동법282③).

ii) [지출비용 포함] 범죄수익을 얻기 위해 범인이 '지출한 비용'은 그것이 범죄수익으로부터 지출되었다고 하더라도 이는 범죄수익을 소비하는 방법에 지나지 않아 추징할 범죄수익에서 공제할 것은 아니다(대판 2007.11.15. 2007도6775). 예컨대, 뇌물을 받기 위하여 '형식적으로 체결된 용역계약에 따른 비용'으로 사용된 부분은, 뇌물수수의 부수적 비용에 불과하다(대판 2017.3.22. 2016도21536).

(3) 추징의 방법

몰수대상에 여러 사람이 관여된 경우 판례는 몰수·추징의 성질에 따라 '이익박탈적 몰수·추징'과 '징벌적 몰수·추징'으로 구분하고 있다. 전자는 각자 개별책임을, 후자는 공동연대책임(부진정 연대책임)을 인정하는 것이다.

1) 이익박탈적 추징 이는, 범인이 취득한 당해 재산을 범인으로부터 박탈하여 범인으로 하여금 부정한 이익을 보유하지 못하게 함에 그 목적이 있다고 보아, 해당 피고인에게 '실질적으로 귀속된 이익만'을 추징하는 것을 말한다. 예컨대, 형법상 수뢰죄에서는, ㉠ 각자가 실제로 수수하거나 분배받은 금품을 기준으로 그 가액(=실제 향유이익)을 개별적으로 추징하며, ㉡ 개별적으로 알 수 없을 경우에는 평등하게(=균분均分) 추징하고 전원으로부터 공동으로 추징할 수는 없다(대판 1993.10.12. 93도2056).

여기에는 ㉠ 형법상 수뢰죄의 경우(134), ㉡ 특가법상 알선수재죄의 경우(동법13), ㉢ 특경법상 알선수재죄의 경우(동법10, 대판 1994. 2. 25. 93도3064), ㉣ 변호사법위반죄의 경우(동법116, 대판 1993. 12. 28. 93도1569) 등이 해당한다.

2) 징벌적 추징 이는, 이득의 박탈이 목적이 아니라 징벌적 성질의 처분으로, 그 범행으로 이득을 취하였는지 여부와 상관 없이 '공범자 각자에 대하여 그 가액 전부'의 추징을 명하는 것(=공동연대추징)을 말한다. 그 추징의 의미는 공범자 중 1인이 전부 납부한 때에는 전원에 대해 추징이 면제되지만, 전부 납부가 되지 않은 때에는 각 범칙자(공범자) 전원이 각각 추징에 복종하여야 한다는 뜻인데(부진정연대), 이 점에서 민법상 분할채무 원칙은 적용될 수 없고, 형법상 추징과도 구별된다.

여기에는 ㉠ 관세법상 추징(동법282, 대판 1983.5.24. 83도639; 2007.12.28. 2007도8401),[1] ㉡ 마약류관리법상 추징(동법67, 대판 2008.11.20. 2008도5596 전합),[2] ㉢ 외국

---

1) [관세법상 추징] 위 83도639 ("관세법상의 추징은 일반 형사법에서의 추징과는 달리 징벌적 성격을 띠고 있어 여러 사람이 공모하여 관세를 포탈하거나 관세장물을 알선, 운반, 취득한 경

환거래법상 추징(동법30, 대판 1998.5.21. 95도2002 전합), ㉣ 특경법상 '재산국외도피'에 관한 추징(동법10, 대판 2005.4.29. 2002도7262), ㉤ 밀항단속법상 '영리목적 알선'에 관한 추징(동법4의2, 대판 2008.10.9. 2008도7034) 등이 해당한다.

[징벌적 추징 비판] 이러한 징벌적 추징은 형사책임에 민사상 연대책임 비슷한 성격을 부여하는 것으로, 사인간의 이해관계의 조정이라는 민사책임의 본질과 국가형벌권 행사라는 형사책임의 본질을 근본적으로 무시하는 해석론이다.

i) 징벌적 추징에 대해서는 그 부당성이 제기되고 있다. 첫째, 몰수된 경우와의 불균형이 문제된다. 징벌적 추징을 인정하여 공범자 각자에게 가액 전액의 추징을 명하는 것은 몰수와 비교하여 불합리하다. 둘째, 추징의 본질 내지 보충성의 한계 일탈이 문제된다. 몰수는 부가형이고 추징은 몰수의 대체수단이므로, 이러한 광범위한 추징은 추징의 본래의 범위 내지 한계를 일탈하는 것이 된다.

ii) 공동연대 추징에 대해서도 그 부당성이 제기되고 있다. 공동연대추징은 선고받은 공범자 중 1인에 대하여 추징이 집행되면 그 범위 내에서 나머지 범인들도 추징의 집행을 면한다는 것으로, 공범자들 상호간에 부진정연대채무의 관계를 인정하는 것이다. 이는 실제 추징을 집행하는 검사의 입장에서 보면 업무수행의 편의성을 크게 증대시킬 것임에는 틀림없다. 그러나, ㉠ 추징에 대한 선고와 집행이 분리되어, 몰수 대상물을 취득한 적도 없는 공범이 그 전액의 추징을 당하거나, 반대로 몰수 대상물에 대해 처분의 이익을 누린 주범 등이 추징의 집행을 면할 수도 있게 되는바, 결국 형벌개별화의 원칙에 반하게 된다. ㉡ 몰수 대상물이 (기소되지 아니한) 다른 공범자의 소유·보관이 확실해도 압수되어 있지 않은 경우에는 공범자 가운데 먼저 재판을 받고 있는 자에게 추징이 선고될 수밖에 없다. ㉢ 나아가, 여럿의 공범자 중 누구에게 그 집행이 행해지는가는 전적으로 집행기관의 자의에 달려 있는 것이 된다.

iii) 더구나, 민법상 공동불법행위책임을 부진정연대로 새기는 것은 피해자를 두텁게 보호하기 위하여 특히 책임의 연대성을 인정하는 것이다. 공동불법행위자들의 내부관계에서는 과실의 정도에 따라 각 부담부분이 있으며, 공동불법행위자의 1인이 자기 부담부분 이상을 변제하여 공동면책을 얻게 한 때에는 다른 자에 대하여 그 부담부분의 비율에 따라 구상권을 가진다. 그런데, ㉠ 과연 국가형벌권의 행사주체인 국가권력이 손해배상청구권의 행사주체인 채권자와 "같은 선상"에 있고, 국가권력이 손

우에는 범칙자의 1인이 그 물품을 소유하거나 점유하였다면 그 물품의 범칙당시의 국내도매가격 상당의 가액전액을 그 물품의 소유 또는 점유사실의 유무를 불문하고 범칙자 전원으로부터 각각 추징할 수 있는 것이다").

2) [마약류관리법상 추징] 위 2008도5596 전합 ("마약류관리법 제67조는 이른바 필수적 몰수 또는 추징 조항으로서 그 요건에 해당하는 한 법원은 반드시 몰수를 선고하거나 추징을 명하여야 한다. 위 몰수 또는 추징은 범죄행위로 인한 이득의 박탈을 목적으로 하는 것이 아니라 징벌적인 성질을 가지는 처분으로 부가형으로서의 성격을 띠고 있다").

해배상청구권의 행사주체인 피해자와 "마찬가지로 두텁게 보호"되어야 한다는 것인지 도무지 납득하기 어렵다. 형사특별법에는 민법과 달리 연대책임에 관한 명문의 규정도 없고, 설령 있다고 하더라도 의제나 추정이 원칙적으로 부인되는 형사법상 책임개별화원칙 · 실체진실주의에 비추어, 그것이 용인되기도 어렵다. ㉡ 또한, 민사상 공동불법행위책임과 달리, 형사책임상 공동연대 추징에서는 자기의 책임부분 이상 추징당하여 공동면책케 한 자에게, 다른 공범자에 대한 관계에서 구상권 행사가 인정될 리 또한 만무하다. 결국, 민사법이론의 무분별한 도입은 형사법의 대원칙에 정면으로 반하는 것이 된다.

제 3 절 형의 양정

Ⅰ. 양형의 의의

1. 양형의 단계

(1) 양형

형법은 일정한 범죄에 대하여 일정한 종류와 범위의 형벌(법정형)을 규정하고 있다. 구체적인 사건에서 유죄가 인정되면 이에 대해 구체적인 형벌이 부과된다. 형의 양정, 즉 양형은 유죄가 인정된 사건에서 '법정형'을 기초로 하여 '처단형'을 정한 다음 구체적인 '선고형'을 결정하는 과정을 말한다. 대부분이 유죄로 판단되는 것이 현실인 형사재판에서는 무죄의 판단보다 오히려 양형이 더욱 중요한 부분을 차지한다. 개별적인 양형은 법관에게 맡겨져 있는 것이고, 정당한 형벌을 찾아내는 것은 법관의 책무이다.

종래 양형은 법관의 인격과 양심에 따른 가치판단이나 재량행위 또는 창조적인 형성행위라는 관념에서 법관의 재량사항으로 해석되었다. 그러나 그것은 법관의 자의나 감정을 허용하는 무제약의 재량이 아니며, 죄형균형 원칙이나 책임주의 원칙에 따라 내재적 한계가 있는 기속재량이다(다수설). 나아가 우리 법제는 양형편차를 줄이고 양형의 객관성과 예측가능성을 보장하기 위해 2007년 법원조직법을 개정하여 '양형기준제도'를 도입하였다.

(2) 양형의 단계

개별 사건에서 추상적인 형벌이 구체화되려면 3단계 과정을 거친다. 즉,

'법정형'을 기초로 형벌의 종류를 선택하고, 이를 가중 또는 감경하여 '처단형'을 정한 다음, 처단형의 범위 내에서 구체적인 '선고형'을 결정한다.

1) 법정형 법정형은 형법각칙상 개개의 구성요건에 규정되어 있는 형벌을 말한다. 이는 개별 범죄행위에 대한 불법의 평가로서, 입법자가 정한 형의 범위이다. 형법은 형벌의 종류와 범위만을 규정한 상대적 법정형을 원칙으로 하고, 여적죄(93)에 대해서만 절대적 법정형(사형)을 규정하고 있다.

2) 처단형 처단형은 법정형에서 형벌의 종류를 선택한 후 이를 토대로 법률상 가중·감경 및 재판상 감경을 한 형벌을 말한다. 즉, 법정형이 처단의 범위로 구체화된 형이 처단형이다. 처단형은 선고형의 최종기준이다.

3) 선고형 선고형은 처단형의 범위 내에서 법관이 구체적으로 형량을 결정하여 선고하는 형벌을 말한다. 즉, 실제 집행되는 형벌은 선고형이다.

2. 법률상 가중·감경 사유

(1) 법률상 가중사유

형법은 감경의 경우와 달리, 형의 가중에 대해서는 법률상 가중만 인정할 뿐 재판상 가중은 불허한다. 죄형법정주의 원칙상 당연한 일이다.

1) 일반적 가중사유 모든 범죄에 공통되는 일반적인 가중사유를 말한다. 형법총칙상 ㉠ 특수교사·방조(34②), ㉡ **누범가중**(35), ㉢ 경합범가중(38)의 3가지 경우만 있다. 누범가중은 다음 별도의 항목에서 설명한다.

2) 특수한 가중사유 특정 범죄에만 인정되는 각칙상 또는 특별구성요건에 의한 가중사유이다. 예컨대, ㉠ 상습범가중, ㉡ 특수범죄(예: 특수절도)의 가중, ㉢ 공무원의 직무상 범죄에 대한 가중(135) 등이 대표적인 예이다.

(2) 법률상 감경사유

법률상 감경에도 모든 범죄에 공통되는 일반적 감경사유(총칙상 감경)와 특정 범죄에만 인정되는 특수한 감경사유(각칙상 감경)가 있다. 필요적 감경과 임의적 감경이 있다. 법률상 감경사유가 수개라면 **거듭 감경**할 수 있다.

1) 필요적 감경사유 반드시 감경해야 하는 경우로, ㉠ 외국에서 집행받은 형의 산입(7), ㉡ 청각 및 언어 장애인(11. 즉 농아자), ㉢ 중지미수(26), ㉣ 방조범(32) 등이다.

2) 임의적 감경사유 법관의 재량에 따라 감경여부가 결정되는 경우로, ㉠ 과잉방위(21②)·과잉피난(22③)·과잉자구행위(23②), ㉡ 미수범(25②), ㉢ 불능

미수(27단서), ㉣ 사후적 경합범(39①), ㉤ 자수 또는 자복(52①) 등이다.

(3) 정상참작감경(재판상 감경)

1) 뜻 특별한 법률상 감경사유가 없는 경우에도 법원은 "범죄의 정상(情狀)에 참작할 만한 사유가 있는 경우에는 그 형을 감경할 수 있다"(53). 이를 재판상 감경 또는 정상참작감경(2021년 형법개정 전의 용어는 '작량감경')이라 한다. 여기서 '참작할 만한 사유'란 형법 제51조의 양형의 조건을 말한다. 이로써 법원은 모든 정상을 참작하여 재량으로 형의 하한을 조절하고 적절한 선고형량을 도출할 수 있게 된다. 즉, 법률상 가중·감경을 한 다음, 다시 정상참작 감경할 수 있는 것이다.[1)]

2) 기능 정상참작감경은 이와 같은 '법률상 감경을 다하고도' 그 처단형보다 '낮은 형'을 선고하고자 할 때에 하는 것이 옳다(대판 1994.3.8. 93도3608). 다만 정상참작감경은 법률상 감경과는 달리 정상참작감경 사유가 수개 있는 때에도 1회만 가능할 뿐 거듭할 수는 없다(대판 1964.4.7. 63도410).[2)]

[형의 면제] 형의 면제란 범죄는 성립하되 형벌을 부과하지 않는 경우이다. 형면제는 유죄판결의 일종인데(형소322), 형의 면제와 형의 집행면제는 서로 구별된다. 형의 면제는 '확정재판 전의 사유'로 인하여 '형'이 면제되는 경우인 반면, 형의 집행면제는 '확정재판 후의 사유'로 인하여 형의 '집행'이 면제되는 경우이다.

형의 면제에는 '필요적 면제'와 '임의적 면제'가 있다. 양자 모두 법률상 면제이며, 재판상 면제는 인정되지 않는다. 예컨대, '필요적 감경·면제'에는 ㉠ 외국에서 집행받은 형의 산입, ㉡ 중지미수, 기타 각칙상으로는 ㉢ 위증죄·무고죄에서 자백·자수(153·157), ㉣ 장물죄에서 장물범과 본범이 친족간(365②) 등이 있고, 한편 '임의적 감경·면제'에는 ㉠ 과잉방위·과잉피난·과잉자구행위, ㉡ 불능미수, ㉢ 사후적 경합범, ㉣ 자수·자복 등이 있다. 각칙상 재산죄(절도, 사기·공갈, 횡령·배임, 장물, 권리행사방해죄)의 친족상도례에서 '근친 사이'는 '필요적 면제'가 적용된다.

---

1) [높은 법정형의 시정 효과] 이처럼 작량감경은 법정형이 지나치게 가혹한 경우 이를 시정하기 위하여 인정되는 것인데, 남용의 우려가 있다는 이유로 폐지론도 주장되고 있다.

2) [병과형의 일부에 대한 작량감경 여부] 수개의 죄에 대해 그 중 1죄에 대한 징역형과 나머지 1죄에 대한 벌금형을 병과하는 경우 각 범죄의 정상에 차이가 있을 수 있으므로 징역형에만 작량감경하고 벌금형에는 작량감경하지 않더라도 위법이 아니다(대판 2006.3.23. 2006도1076). 반면, 1죄에 대하여 징역형과 벌금형을 병과하는 경우 특별한 규정이 없는 한 징역형에만 작량감경을 하는 것은 위법하다(대판 1997.8.26. 96도3466).

Ⅱ. 누범: 법률상 가중사유

제35조(누범) ① 금고(禁錮) 이상의 형을 선고받아 그 집행이 종료되거나 면제된 후 3년 내에 금고 이상에 해당하는 죄를 지은 사람은 누범(累犯)으로 처벌한다.
② 누범의 형은 그 죄에 대하여 정한 형의 장기(長期)의 2배까지 가중한다.

1. 누범의 의의

1) 뜻 누범(累犯)이란 범죄를 누적적으로 반복하여 범하는 것을 말한다. 형법상 '금고(禁錮) 이상의 형을 선고받아 그 집행이 종료되거나 면제된 후 3년 내에 금고 이상에 해당하는 죄를 지은 경우' 누범이 된다(35①). 즉, '누범전과'(=전범前犯), '누범기간'(='3년 내' 재범), '누범'(=후범後犯)이라는 형식적 요건만 충족하면, 그 재범은 누범이 되는 것이다.[1] 누범의 형은 그 죄에 정한 법정형의 '장기(長期)'를 2배까지 가중한다(동②).

2) 법적 성격 누범을 ㉠ 양형의 문제로 보아 '법률상 가중사유'라는 견해(가중사유설), ㉡ 죄수의 문제로 보아 수죄로 파악하는 견해(수죄설)가 있다. 그러나 전범(前犯) 아니라 후범(後犯)만이 심판대상(처벌대상)이며, 형법상 누범과 경합범은 서로 다른 절에 규정되어 있으므로, 누범은 죄수의 문제가 될 수 없다. 즉, 누범은 양형규정으로 '법률상 가중사유'이다(다수설).

2. 누범가중의 요건

(1) 누범전과: 금고 이상의 형을 선고받았을 것

1) 뜻 누범이 성립하려면, 금고 이상의 형을 선고받아야 한다. i) 금고 이상의 형이란 '선고형이 유기징역·유기금고인 경우'를 말한다. 사형·무기형을 선고받은 경우라고 하더라도 감형으로 유기형으로 되거나, **특별사면** 또는 형의 시효 등에 의하여 그 집행이 면제된 경우는 여기에 해당한다(대판 1986.11.11. 86도2004). ii) 여기서 금고 이상의 형은 '실형'의 선고만을 의미하므로, 집행유예를 선고받은 경우에는 원칙적으로 누범전과가 될 수 없다.[2] '선고유예'는 선고 자

1) [실질적 요건 여부] 형법은 누범의 형식적 요건만 규정할 뿐이다. 실질적 요건(예: 종전 판결의 경고에 따르지 않은 것을 비난할 수 있을 때) 등과 같은 제한 규정은 없으며, 판례나 해석론상 인정되는 것도 아니다. 그 결과 '형벌 과잉의 위험'이 있다.

2) [집행유예의 취소] 다만, 집행유예가 취소되어 징역형의 집행이 종료된 때에 비로소 누범의 전과가 될 수 있다.

체가 없는 것이므로 역시 누범전과가 될 수 없다. iii) '금고 미만의 형'(자격정지·벌금·구류·과료. 벌금에 대한 노역장유치도 마찬가지)은 아예 누범 문제가 생기지 않는다. iv) 금고 이상의 형을 선고받은 이상, 그것이 형법위반이건 특별법위반이건 불문하고, 고의범·과실범 여부도 불문한다. 군사법원에서 처벌받은 전과도 해당된다(대판 1959.10.11. 4290형상268).

2) 형선고의 유효 금고 이상의 형은 그 형의 선고가 유효해야 한다. 따라서 ㉠ '일반사면'(대판 1964.3.31. 64도34)이나 ㉡ '집행유예기간의 경과'(대판 1970.9.22. 70도1627)의 경우 그 형의 선고가 효력을 잃으므로(사면법5①i·형법65), 누범전과가 될 수 없다. ㉢ 형실효등에관한법률에 따라 이미 '실효'된 형도 (형의 선고가 실효된 이상) 누범전과가 될 수 없다(대판 2002.10.22. 2002감도39).

반면, ㉣ **특별사면**이나 **복권**의 경우 형 집행이 면제되거나 상실 또는 정지된 자격이 회복될 뿐(사면법5①ii) 형의 선고가 효력을 상실하는 것은 아니므로, 누범전과에 해당한다(대판 1965.11.30. 65도910; 1986.11.11. 86도2004).

(2) 누범기간: 그 집행종료 또는 면제 후 3년 내의 재범일 것

누범이 성립하려면, 형의 집행이 종료되거나 면제된 후 3년 내에 재범을 해야 한다.

1) 집행종료 또는 면제 후 형의 집행종료란 형기가 만료된 경우이며, 형의 집행면제란 형의 시효가 완성된 때(77), 특별사면에 의해 형의 집행이 면제된 때(사면법5①ii), 외국에서 형의 집행을 받았을 때(7) 등이다.

따라서 ㉠ 그 형의 집행 전 또는 집행 중 또는 **집행정지기간 중**에 범한 죄(대판 1958.1.28. 4290형상438),[1] ㉡ **가석방기간 중**에 범한 죄(대판 1976.9.14. 76도2071)는 누범이 될 수 없다. ㉢ 집행유예기간 중에 범한 죄 또한 누범이 될 수 없다(대판 1983.8.23. 83도1600).

2) 누범기간(3년) **및 기산점** 다시 범한 죄는 형의 집행종료 또는 면제 '후' '3년 이내'에 행해져야 한다. 3년의 기간을 누범시효라 한다.

그 기산점은 일응 누범전과인 형의 **집행을 종료한 날** 또는 그 **집행을 면제받은 날**이다. 다만, 법문상 형집행의 종료 또는 면제 '후'로 되어 있고 제62조 제1항 단서의 해석론과의 균형상, 그 기산점은 형집행을 종료한 '**다음날**'이다(익일설).

(3) 누범: (선고형이) 금고 이상에 해당하는 죄를 지을 것

1) 재범의 시기: '실행의 착수시기' 기준 재범의 시기는 실행의 착수시기

---

1) [복역중] 즉, 복역 중 교도소 안에서 범한 죄나 도주하여 범한 죄는 누범이 될 수 없다.

를 기준으로 한다(통설·판례). 즉, 실행의 착수가 3년 이내에 있으면, 기수시기가 3년 이후라고 해도 누범가중을 할 수 있다(대판 2006.4.7. 2005도9858 전합). 다만 예비·음모죄는 이 기간 내에 예비·음모가 있어야 한다.

특히, "포괄일죄의 경우 일부 범행이 누범기간 내에 이루어진 이상 (나머지 범행이 누범기간 경과 후에 이루어졌더라도) 그 범행 전부가 누범에 해당한다"(대판 2012.3.29. 2011도14135; 상습범에 대해서는 대판 1982.5.25. 82도600). 반면, 실체적 경합의 경우에는 누범기간 내에 행해진 범죄만 누범이 된다.[1]

재범은 누범전과와 같은 죄명이거나 죄질이 같은 '동종의 범죄'일 필요가 없다. 재범이 고의범·과실범인지 여부도 문제되지 않는다.

2) 누범: (선고형이) 금고 이상에 해당하는 죄일 것 여기서 '금고 이상에 해당하는 죄'는 법정형이 아니라 '선고형'으로 축소하여 해석한다(통설·판례). 이는 누범가중의 적용범위를 제한하려는 취지이다. 즉, "유기금고형이나 유기징역형으로 '처단'할 경우를 가리키는 것으로, (설령 법정형에 금고 이상의 형이 선택형으로 규정되어 있더라도) '벌금형을 선택'한 경우에는 누범가중을 할 수 없다"(대판 1982.7.27. 82도1018).

3. 누범의 효과

1) 장기의 2배까지 가중 누범의 형은 '장기'의 2배까지 가중한다(35②). 다만 장기는 50년을 초과할 수 없다(42단서). 이때 장기만 가중할 뿐 단기까지 2배로 가중하는 것은 아니다(대판 1969.8.19. 69도1129). 다만, 특정강력범죄의 누범인 경우에는 그 형의 장기 및 '단기'의 2배까지 가중하는 특별규정이 있다(동법3).[2] 누범이 수죄인 경우에는 처단형의 산출은 '상상적 경합의 처리→형종의 선택→누

---

1) [누범전과에 대한 재심판결의 확정] 재심판결이 확정되면 종전의 확정판결은 당연히 효력을 상실하므로, 종전의 확정판결 전과는 누범전과가 될 수 없다. 즉, 종전의 확정판결의 집행을 종료한 후 3년 내에 범한 죄라고 하더라도, 그 누범전과인 확정판결에 대해 재심판결이 확정되면, 더 이상 확정판결에 의한 형의 집행이 끝난 후 3년 내에 이루어졌다고 할 수 없다(대판 2017.9.21. 2017도4019).

2) [특강법 제3조와 위헌성 여부] ㉠ "제3조(누범의 형) 특정강력범죄로 형을 선고받고 그 집행이 끝나거나 면제된 후 3년 이내에 다시 특정강력범죄를 범한 경우(형법 제337조의 죄 및 그 미수의 죄를 범하여 '특정범죄 가중처벌 등에 관한 법률' 제5조의5에 따라 가중처벌되는 경우는 제외한다)에는 그 죄에 대하여 정하여진 형의 장기 및 단기의 2배까지 가중한다." ㉡ "형법 제337조의 강도치상죄의 죄질, 특강법 제3조의 누범요건 및 입법목적, 관련 헌법재판소 결정, 대법원 판례 등을 종합하면, 특강법 제3조에 의하여 강도치상죄의 형의 하한이 징역 7년에서 징역 14년까지 가중된다고 하더라도 지나치게 과중하고 가혹한 형벌을 규정하는 조항이라고 단정할 수 없다"(헌재 2008.12.26. 2005헌바16).

범가중→경합범 가중'의 순서로 한다. 물론 누범에 대하여도 법률상 또는 재판상 감경을 할 수 있다. 선고형은 처단형의 범위 내에서 정해지면 되고, 반드시 원래의 법정형을 초과해야 하는 것은 아니다.

누범전과는 그 자체가 범죄사실이 아니므로 불고불리의 원칙이 적용되지 않으며(즉, 직권 적용), 공소장에 기재되지 않은 전과사실을 인정하고 누범으로 처벌할 수 있다(대판 1971.12.21. 71도2002). 누범전과는 형벌권의 범위에 관한 사실이므로 '엄격한 증명'의 대상이 된다. 다만 피고인의 자백만으로 인정할 수 있고, 보강증거가 필요한 것도 아니다(대판 1981.6.9. 81도1353).

2) 판결선고 후 누범 발각 판결선고 후 누범인 것이 발각된 때에는 그 선고할 형을 통산하여 다시 형을 정할 수 있다. 단, 선고한 형의 집행을 종료하거나 그 집행이 면제된 후에는 예외로 한다(36). 재판 당시 인적 사항을 사칭하거나 전과사실을 은폐하고 누범가중을 모면하였다가, 뒤늦게 누범인 것이 발각되는 경우를 대비하기 위해 마련된 규정이다.

[상습범에 대한 누범 가중] 누범은 상습범과 서로 다른 개념이다. 누범은 반복된 범죄를 의미하나, 상습범은 반복적 범죄에 징표된 범죄적 경향을 말한다. 누범은 전과를 요건으로 하나, 상습범은 반드시 전과가 있을 필요가 없다. 양자는 서로 그 처벌의 근거도 다르다. 누범은 초범자보다 책임이 가중된다는 행위책임에 중점이 있는 반면(총칙 제35조에 규정), 상습범은 행위자의 상습성이라는 행위자책임사상에 기초하고 있다(각칙에서 개별적으로 규정).

따라서 상습범가중과 누범가중사유가 경합하는 경우에는 양자를 모두 적용한다. 즉, 판례는 ㉠ '상습범'에 대한 누범가중(대판 1982.5.25. 82도600)뿐만 아니라, ㉡ '상습범을 가중처벌하는 특정범죄가중처벌법위반죄'(예: 특가법5의4②의 '5인 이상 공동 상습절도')에 대한 누범가중(폐지된 동①에 대한, 대판 1991.5.28. 91도741 참조) 및 ㉢ '상습성이 인정되지 않는 경우에도 상습범의 법정형으로 가중처벌하는 상습성 의제규정'(예: 특가법5의4ii의 '누범강도')[1]에 대한 누범가중(2016.1.6. 개정 전의 구 특가법 제5조의4 제5항에 대한, 대판 1994.9.27. 94도1391 참조)까지도 허용한다.

[특별법상 누범가중 구성요건에 대한, 다시 형법 제35조의 누범 가중(특가법상 누범 절

1) [특가법상 누범강도(상습성 의제규정)와 누범가중] 누범강도(특가법5의4⑤ii)는 형법상 상습강도죄(341)와 동일한 법정형(무기 또는 10년 이상의 징역)으로 규정되어 있는데, 이는 상습성이 인정되지 않더라도 상습범과 마찬가지로 취급하여 상습범과 동일한 법정형으로 가중처벌한다는 것이므로, 상습성 의제규정에 해당한다. 이 경우에도 다시 형법 제35조의 누범가중을 할 수 있다는 것이다.

도등·누범 상습절도, 폭처법상 누범 폭행등·누범 특수폭행등)] 특가법 및 폭처법에는 누범을 특히 가중처벌하는 내용의 특별구성요건이 있다. 즉, (i) 특가법상 ㉠ (누범 절도등) 절도·강도·장물죄로 3회 이상 징역형을 받은 사람이 다시 이들 죄를 범하여 누범으로 처벌하는 경우(동법5의4⑤), ㉡ (누범 상습절도) 상습적으로 절도죄로 두 번 이상 실형을 선고받고 그 집행이 끝나거나 면제된 후 3년 이내에 다시 상습적으로 절도죄를 범한 경우(동⑥), (ii) 폭처법상 ㉢ (누범 폭행등) 이 법을 위반하여 2회 이상 징역형을 받은 사람이 다시 폭행등의 죄를 범하여 누범으로 처벌할 경우(동법2③), ㉣ (누범 특수폭행등) 이 법을 위반하여 2회 이상 징역형을 받은 사람이 다시 특수폭행등의 죄를 범하여 누범으로 처벌할 경우(동법3④)이다.

문제는 이 경우 다시 형법 제35조의 누범가중이 적용되는지 여부이다. (그 중 누범강도에 대해서는, 상습성 의제규정으로 다시 제35조의 누범가중이 가능하다는 점을 앞서 '상습범에 대한 누범가중' 부분에서 서술하였다.) 그 밖에 나머지 누범절도·누범장물·누범상습절도·누범폭행등·누범특수폭행등에 대해서는, ㉠ 새로운 구성요건의 창설로서, 제35조의 누범가중이 가능하다는 견해(긍정설), ㉡ 제35조의 특례규정으로, 별도의 누범가중은 허용되지 않는다는 견해(부정설)가 있다. 판례는, 긍정설의 입장인데, 예컨대, 누범절도에 대해 이는 "형법 제35조(누범)와 별개로 새로운 구성요건을 창설한 것이며, 다시 형법 제35조의 누범가중이 가능하다"고 한다.[1]

Ⅲ. 자수와 자복: 임의적 감면사유

제52조(자수, 자복) ① 죄를 지은 후 수사기관에 자수한 경우에는 형을 감경하거나 면제할 수 있다.

② 피해자의 의사에 반하여 처벌할 수 없는 죄의 경우에는 피해자에게 죄를 자복(自服)하였을 때에도 형을 감경하거나 면제할 수 있다.

자수 또는 자복에 대해서는 형을 감경 또는 면제할 수 있다(52). 즉, 자수 또는 자복은 임의적 감면사유이다. 행위자에게 개전의 기회를 주고 범죄수사를

1) [특가법상 누범절도(새로운 구성요건의 창설)와 누범가중] 대판 2020.5.14. 2019도18947 ("2016.1.6. 법률 제13717호로 개정·시행된 특가법 제5조의4 제5항은 (중략) 그 입법취지가 반복적으로 범행을 저지르는 절도 사범에 관한 법정형을 강화하기 위한 데 있고, 조문의 체계가 일정한 구성요건을 규정하는 형식으로 되어 있으며, 적용요건이나 효과도 형법 제35조와 달리 규정되어 있다. 위 법률 규정의 입법취지, 형식 및 형법 제35조와의 차이점 등에 비추어 보면, 위 법률 규정은 형법 제35조(누범) 규정과는 별개로 (중략) 새로운 구성요건을 창설한 것으로 해석해야 한다. 따라서 위 법률 규정에 정한 형에 다시 형법 제35조의 누범가중한 형기범위 내에서 처단형을 정하여야 한다").

용이하게 하기 위한 정책적 고려에서 규정된 것이다.

1. 자수

자수(自首)란 범인이 스스로 수사기관에 자기의 범행을 자발적으로 신고하고 그 처분을 구하는 의사표시이다(대판 2011.12.22. 2011도12041). 자수는 '자발적'인 것이어야 하므로, (소극적으로) 수사기관의 직무상의 질문 또는 조사에 응하여 범죄사실을 진술하는 것은 자백일 뿐 자수로는 되지 않는다(대판 2002.6.25. 2002도1893). 또한 자수는 수사기관에 '의사표시'를 함으로써 성립하는 것이므로, 내심적 의사만으로는 부족하고 외부로 표시되어야 한다(대판 2011.12.22. 2011도12041). '범행 발각 전'이라는 제한 문언 없이 '자수'라는 단어를 사용하고 있으므로, '자수'에는 '범행이 발각되고 지명수배된 후'의 자진출두도 포함된다고 해석한다(대판 1997.3.20. 96도1167 전합).

범죄사실의 신고가 구체적·세부적일 필요는 없으나 이를 인정하는 내용이라야 하고, 범행 부인 등 범죄성립요건을 구비하지 못한 경우에는 자수로 평가될 수 없다. 자수가 성립한 이상 법정에서 부인해도 자수의 효력에는 영향이 없다. 한편, 자수는 법원이 '임의로 형을 감경(또는 면제)'할 수 있음에 불과한 것으로서, 자수감경을 하지 않거나 자수감경 주장에 대해 판단을 하지 않더라도 위법이 아니다(대판 2011.12.22. 2011도12041).

2. 자복

자복(自服)은 반의사불벌죄에서 피해자에게 자기의 범죄를 고백하는 것을 말한다. 자복은 **반의사불벌죄**에 대해서만 인정되므로, 반의사불벌죄가 아닌 범죄에서 피해자에게 범죄를 고백하는 것은 (양형참작사유는 될 수 있지만) 자복의 효과(임의적 감면)는 인정되지 않는다.

Ⅳ. 형의 가중·감경: 그 순서와 방법

1. 가중·감경의 순서

형법은 형의 가중·감경의 순서와 방법을 명시적으로 규정하고 있다. 1개의 범죄에 대하여 여러 종류의 형벌이 선택형으로 규정되어 있는 경우에는 "먼저 적용할 형을 정하고(즉, 형종 선택 후) 그 형을 감경한다"(54). 형을 가중·감경할 사유가 경합하는 경우에는 다음의 순서에 따른다. 즉, 각칙 조문에 따른 가중→제34조 제2항의 가중→누범 가중→법률상 감경→경합범 가중→정상참작감경(작량감경)의 순서로 한다(56).

결국 형법 제56조 및 재판실무예에 따른 처단형의 산출순서는, 법정형→"①각칙 본조에 의한 가중→②제34조 제2항의 가중→(㉠상상적 경합범의 처리[1])→㉡형종의 선택[2])→③누범 가중→④법률상 감경→⑤경합범 가중→⑥정상참작감경"이 되고, 처단형의 범위 내에서 선고형이 결정된다. 요컨대, 형의 가중·감경의 순서는 '각·제·누·법·경·정' 내지 '**각·제·(상·선)·누·법·경·정**'으로 요약된다.

[형의 경중] 처단형의 산출에서는 형의 경중이 문제된다. 예컨대, ㉠ 상상적 경합의 처리(40), ㉡ 경합범 가중(38①)에서이다. 그 밖에 형의 경중이 문제되는 경우로는, ㉢ 신법과 구법의 경중비교(1②), ㉣ 형사소송법상 불이익변경금지 원칙의 적용(형소 368) 등도 있다. '형의 경중'의 '판단기준'은 제50조(형의 경중)이다.

"제50조(형의 경중) ① 형의 경중은 제41조 각 호의 순서에 따른다. 다만, 무기금고와 유기징역은 무기금고를 무거운 것으로 하고, 유기금고의 장기가 유기징역의 장기를 초과하는 때에는 유기금고를 무거운 것으로 한다.

② 같은 종류의 형은 장기의 긴 것과 다액의 많은 것을 무거운 것으로 하고, 장기 또는 다액이 같은 경우에는 단기가 긴 것과 소액이 많은 것을 무거운 것으로 한다.

③ 제1항 및 제2항을 제외하고는 죄질과 범정(犯情)을 고려하여 경중을 정한다."

2. 가중·감경의 방법

1) 법률상 가중의 방법 각칙 조문에 따른 가중은 각칙에 따로 규정되어 있다(예: 상습범가중은 형기의 2분의 1까지). 한편, 총칙상 제34조 제2항(특수교사·방조의 가중)은 장기 또는 다액의 2분의 1까지 또는 정범의 형으로 처벌한다. 누범 가중은 장기의 2배까지(35), 경합범 가중은 가장 무거운 죄에 대하여 정한 형의 장기

---

1) [상상적 경합의 처리] 상상적 경합은 '가장 무거운 죄에 대하여 정한 형으로 처벌'(40)하므로, 먼저 상상적 경합을 처리한 다음, 비로소 형종의 선택이 행해지게 된다.

2) [형종의 선택] '먼저 적용할 형을 선택하고 그 형을 감경한다'(54)는 규정에 따르면, 법률상 '감경' 직전에 '형의 선택'을 한다는 취지이지만, 누범 가중에서는 "벌금형을 선택한 경우에는 누범 가중을 할 수 없으므로"(위 82도1018), 결국 순서상 '형의 선택'이 '누범 가중 여부'에 앞선 단계에서 '누범가중' 바로 직전 시점에 행해지게 된다(즉, 금고 이상의 형을 선택하는 경우에만 누범 가중을 한다).

또는 다액의 2분의 1까지(38)이다.

2) 법률상 감경의 방법 법률상 감경은 다음과 같다(55①). 즉, ① 사형을 감경할 때에는 무기 또는 20년 이상 50년 이하의 징역 또는 금고로 한다. ② 무기징역 또는 무기금고를 감경할 때에는 10년 이상 50년 이하의 징역 또는 금고로 한다. ③ 유기징역 또는 유기금고를 감경할 때에는 그 형기의 2분의 1로 한다(상한과 하한 모두).[1] ④ 자격상실을 감경할 때에는 7년 이상의 자격정지로 한다. ⑤ 자격정지를 감경할 때에는 그 형기의 2분의 1로 한다. ⑥ 벌금을 감경할 때에는 그 '다액(=금액)'의 2분의 1로 한다.[2] ⑦ 구류를 감경할 때에는 그 장기의 2분의 1로 한다. ⑧ 과료를 감경할 때에는 그 다액의 2분의 1로 한다.

법률상 감경할 사유가 수개 있는 때에는 거듭 감경할 수 있다(55②).

3) 정상참작감경의 방법 형법상 명시된 바는 없지만, "작량감경의 방법도 제55조(법률상 감경)의 방법에 따라야 한다"(대판 1964.10.28. 64도454). 법률상 감경을 먼저하고 작량감경은 그 이후에 행한다.

V. 양형기준과 양형조건

1. 양형기준

처단형이 정해지면 그 처단형의 범위 내에서 양형참작사유를 고려하여 선고형이 결정된다. 양형은 법적용의 문제이므로, 법관의 양형재량은 자의적인 자유재량이 아니라 법적으로 구속된 재량(기속재량)을 의미한다. "형벌은 책임을 초과할 수 없고, 책임에 상응해야 한다"(책임주의).

1) 우리나라의 양형기준제도 우리나라는 2007년 대륙법계 국가 최초로 양형기준제도를 도입하였다. 이는 체계적인 양형시스템을 구축하고 불합리한 양형편차를 해소하며 공정하고 합리적인 양형을 보장하기 위한 것이다. 대법원으로부터 독립된 양형위원회가 설정한 최초의 양형기준은 2009. 7. 1.부터 시행되었으며, 그 후에도 범죄유형별로 설정된 개별적 양형기준은 점진적 · 지속적으로 추가 · 개정 · 보완되고 있다. 우리나라의 양형기준은 범죄유형별로 각각 권고

---

1) [임의적 감경의 방법] 대판 2021.1.21. 2018도5475 전합 ("임의적 감경사유의 존재가 인정되고 법관이 그에 따라 징역형에 대해 법률상 감경을 하는 이상, 형법 제55조 제1항 제3호에 따라 상한과 하한을 모두 2분의 1로 감경한다").

2) ['다액'의 의미: '금액'] 대판 1978.4.25. 78도246 전합 ("여기서 '다액'이란 '금액'으로 해석하여 그 상한과 함께 '하한'도 2분의 1로 내려가는 것으로 해석하여야 한다").

형량범위, 양형인자, 집행유예 기준을 제시하고 있다. 형량범위는 범죄유형별로 가중영역, 기본영역, 감경영역의 3단계 형량범위를 제시하고 있다. 양형인자는 시행상 문제점을 최소화하고자 수량화하지는 않되, 범죄유형별로 세분하여 '특별인자'와 '일반인자', '가중인자'와 '감경인자' 등으로 질적 구분하고, 그 평가원칙(특별인자는 형량범위를 결정 등) 또한 제시하고 있다.

2) 양형에서의 책임과 예방 양형은 책임을 한도로 하되, 형벌목적(일반예방·특별예방)을 고려하여 행한다. 양형책임은 범죄성립요건으로서의 책임의 요소 이외에도, 범인의 성행·지능·환경 등 제51조에 예시된 사항은 물론, 여기에 예시되지 않은 사항이라도 행위·행위자에 관한 모든 사정까지 고려하여 결정된다. 한편, 예방목적은 책임의 범위 내에서 고려되며, 일반예방·특별예방을 위해 양형이 책임의 범위를 벗어나는 것은 허용되지 않는다.

[양형이론] 이와 관련된 양형의 기준에 관한 이론이 '양형이론'이다.

우선, ㉠ **유일형이론**이다. 책임은 언제나 유일한 고정된 크기로 존재하며, 정당한 형벌은 항상 하나일 수밖에 없다는 견해이다. '점(點)이론'이라고도 한다.

㉡ **책임범위이론**이 있다. 책임은 고정된 점이 아니라 책임범위의 형태로 존재하며, 책임범위 안에서 형벌의 예방목적이 고려될 수 있다는 견해이다. '폭(幅)이론'이라고도 한다. 즉, 책임은 상한과 하한의 일정한 범위가 있고, 그 책임범위 안에서 일반예방과 특별예방을 고려하여 형벌을 정하되, 예방목적을 위해 책임의 상한을 초과할 수는 없으며, 다만 그 하한에 미달할 수는 있다고 한다(다수설).

㉢ **단계이론**도 있다. 형량의 결정 단계(협의의 양형)에서는 오로지 불법과 책임의 정도에 따라 판단하고, 형종의 선택과 집행 단계(광의의 양형)에서는 전적으로 예방목적의 관점에서 형종과 집행 여부 등을 판단한다는 견해이다.

2. 양형조건

1) 양형 참작사유 제51조(양형의 조건)에 의하면, 형을 정함에 있어서는 ㉠ 범인의 연령, 성행, 지능과 환경, ㉡ 피해자에 대한 관계, ㉢ 범행의 동기, 수단과 결과, ㉣ 범행 후의 정황 등의 사항을 참작하여야 한다(51). 이를 양형조건, 양형요소, 양형인자 또는 **양형참작사유**라고 한다. 제51조에 규정된 사항은 '예시적'인 것이므로, 제51조에 규정되지 아니한 사항도 양형사정으로 얼마든지 참작할 수 있다.

2) 이중평가 금지 이미 구성요건의 불법과 책임을 근거지우거나 형의 가

중·감경의 사유가 된 사항은, 양형에서 다시 이중으로 평가해서는 안 된다. 이를 이중평가 금지라고 한다. 형법상 명문 규정은 없지만 **책임원칙**의 당연한 요청이다. 예컨대, ㉠ 흉기나 위험한 물건을 사용하여 법정형이 가중된 경우에도(구성요건의 불법과 책임에서 이미 가중된 것이므로) 이러한 범행수단은 양형에서 다시 고려해서는 안 된다. ㉡ 범인에게 전과가 있어 누범가중한 경우 그 전과는 양형에서 다시 고려해서는 안 된다.

Ⅵ. 미결구금일수의 산입·판결의 공시

1) 판결선고 전 구금일수의 산입(전부) 판결선고 전 구금일수란 범죄의 혐의를 받은 자가 재판이 확정될 때까지 구금된 기간을 말한다. 판결선고 전 구금(='미결구금')은 형벌은 아니지만 자유를 박탈한다는 점에서 실제의 자유형(='기결구금')과 차이가 없다. 따라서 판결선고 전의 구금일수는 그 '전부'를 유기징역·유기금고·벌금이나 과료에 관한 유치 또는 구류에 산입한다(57①, '전부산입'). 즉, 미결구금일수는 그 전부가 형기에 산입된다(헌재 2009.6.25. 2007헌바25). 구금일수의 1일은 징역·금고·벌금이나 과료에 관한 유치 또는 구류의 1일로 계산한다(동②).

2) 판결의 공시 판결의 공시란 피해자의 이익 또는 피고인의 명예회복을 위해 판결의 선고와 함께 판결의 전부 또는 일부를 관보·일간신문 등에 공적으로 알리는 것을 말한다. 형법상 판결공시는 다음과 같다. 즉, ㉠ ('피해자의 이익'을 위한 판결공시) 피해자의 이익을 위하여 필요하다고 인정할 때에는 피해자의 청구가 있는 경우에 한하여 피고인의 부담으로 판결공시의 취지를 선고할 수 있다(58①). ㉡ ('피고인의 명예회복'을 위한 '무죄·면소'의 판결 공시) 피고사건에 대하여 '무죄'의 판결을 선고하는 경우에는 무죄공시의 취지를 반드시 선고하여야 한다(동②, 무죄의 공시는 '필요적'). 다만 피고인이 동의하지 않거나 그 동의를 받을 수 없다면 예외이다. 한편, 피고사건에 대하여 '면소'의 판결을 선고하는 경우에는 면소공시의 취지를 선고할 수 있다(동③, 면소의 공시는 '임의적').

제 4 절 선고유예 · 집행유예 · 가석방

Ⅰ. 선고유예

제59조(선고유예의 요건) ① 1년 이하의 징역이나 금고, 자격정지 또는 벌금의 형을 선고할 경우에 제51조의 사항을 고려하여 뉘우치는 정상이 뚜렷할 때에는 그 형의 선고를 유예할 수 있다. 다만, 자격정지 이상의 형을 받은 전과가 있는 사람에 대해서는 예외로 한다.

② 형을 병과할 경우에도 형의 전부 또는 일부에 대하여 선고를 유예할 수 있다.

제60조(선고유예의 효과) 형의 선고유예를 받은 날로부터 2년을 경과한 때에는 면소된 것으로 간주한다.

1. 의의

형의 선고유예란 피고사건이 유죄로 인정됨에도 경미한 사안에서 뉘우치는 정상이 뚜렷할 때 형의 선고를 유예하는 것을 말한다. 유죄판결의 일종이지만 형의 선고를 유예함으로써, 주로 경미한 초범자에 대해 특별예방의 목적에서 피고인의 사회복귀를 촉진하려는 제도이다.

2. 요건

1) 선고할 형: 1년 이하의 징역이나 금고, 자격정지 또는 벌금의 형을 선고할 경우 선고유예는 경미한 범죄가 대상이며, 여기서 형은 법정형이 아니라 '선고형'이다. 사형 · 무기형, 1년이 넘는 징역 · 금고, 구류, 과료에 대해서는 선고유예를 할 수 없다. 자격정지나 벌금형은 형기나 액수에 제한이 없다.

문제는 몰수 · 추징도 선고유예의 대상이 되는지 여부이다. ㉠ 선고유예를 할 수 있는 형이란 주형과 부가형을 포함한 '처단형 전체'를 의미한다(대판 1970.6.30. 70도883). 따라서 "주형을 선고유예하는 경우에는, 부가형인 몰수나 추징에 대하여도 선고유예할 수 있다"(대판 1980.3.11. 77도2027). ㉡ 또한, "주형을 선고유예를 하는 경우에도, 몰수 · 추징만을 선고할 수 있다"(대판 1973.12.11. 73도1133 전합). 몰수의 부가성에 대한 예외를 인정하는 명문규정(49단서)이 있기 때문이다. 예컨대, 뇌물수수의 경우 징역형은 선고유예하되, 뇌물상당액만은 몰수 · 추징할 수 있다. ㉢ 그러나 주형을 선고하면서 몰수나 추징만을 선고유예할 수는 없다. 이는 몰수·추징의 부가성에 반(反)하기 때문이다. 즉, "주형은 선고를 유예하지 않으면서, 부가할 추징만 선고를 유예할 수는 없다(대판 1979.4.10. 78도3098).

양벌규정의 경우 대표자 개인에 대한 형은 선고유예하고, 법인에 대한 형은 선고유예하지 않고 벌금형을 선고할 수 있다(대판 1995.12.12. 95도1893).

2) 정상: 뉘우치는 정상이 뚜렷할 것 '뉘우치는 정상이 뚜렷하다'(즉, '개전의 정상이 현저하다')는 것은, '**재범의 위험성이 없는 경우**', 즉 "형을 선고하지 않더라도 다시 범행을 저지르지 않으리라는 사정이 현저하게 기대되는 경우"(대판 2003.2.20. 2001도6138 전합)를 말한다. 반드시 죄를 깊이 뉘우친다거나 범죄사실을 자백한다는 뜻이 아니므로, "피고인이 범죄사실을 **부인하는 경우에도 선고유예를 할 수 있다**"(위 2001도6138 전합). 재범의 위험성 판단은 모든 양형조건을 고려하여 '판결선고시'를 기준으로 하며, 사실심법원의 재량사항이다(위 2001도6138 전합).

3) 결격사유: 자격정지 이상의 형을 받은 전과가 없을 것 "자격정지 이상의 형을 '받은' 전과"와 관련하여, 그 형의 효력이 상실된 경우도 결격사유가 되는지 여부가 문제된다. 판례는 "자격정지 이상의 형을 선고받은 '**범죄경력 자체**'를 의미하는 것이고, 그 형의 효력이 상실된 여부는 묻지 않는다"(대판 2003.12.26. 2003도3768)는 입장이다(즉, '받은'이라는 문언상, 실효 여부와 관계 없이 선고유예의 결격사유가 된다는 것). 집행유예가 실효된 경우이건, 형실효법에 의한 형의 실효이건 마찬가지라고 한다.[1] 이는 선고유예가 재범의 위험성이 가장 적은 초범자에 대한 제도라는 이해에서 비롯된 것이다.

[축소해석] 그러나 이러한 해석은 선고유예제도의 취지(특별예방의 목적)와 형의 실효제도의 취지(전과자의 사회복귀 촉진)에 부합하지 않는다. 따라서 자격정지 이상의 형을 받은 자라도 형 선고의 효력이 상실된 경우에는, 선고유예의 자격을 회복한다고 보아야 한다. '받은 전과'에 대한 일종의 축소해석이다.

---

1) [범죄경력 자체: 형의 실효 여부 불문] ㉠ 대판 2003.12.26. 2003도3768 ("형의 집행유예를 선고받은 자는 형법 제65조에 의하여 그 선고가 실효 또는 취소됨이 없이 정해진 유예기간을 무사히 경과하여 형의 선고가 효력을 잃게 되었다고 하더라도 형의 선고의 법률적 효과가 없어진다는 것일 뿐, 형의 선고가 있었다는 기왕의 사실 자체까지 없어지는 것은 아니므로, 형법 제59조 제1항 단행에서 정한 선고유예 결격사유인 "자격정지 이상의 형을 받은 전과가 있는 자"에 해당한다"), ㉡ 대판 2004.10.15. 2004도4869 ("일단 자격정지 이상의 형을 선고받은 이상 그 후 그 형이 구 형의실효등에관한법률 제7조에 따라 추후 실효되었다 하여도 이는 형법 제59조 제1항 단행에서 정한 선고유예 결격사유인, '자격정지 이상의 형을 받은 전과가 있는' 경우에 해당한다").

4) 형의 일부에 대한 선고유예 우선, i) [병과형의 일부] "형을 병과할 경우에도 형의 전부 또는 일부에 대하여 선고를 유예할 수 있다"(59②). 예컨대, 징역형과 벌금형을 병과하는 경우 그 전부는 물론, 어느 한 쪽에 대해서만 선고를 유예할 수 있다. ii) [단일형의 일부] 문제는 하나의 형의 일부에 대해 선고유예가 가능한지 여부이다(예: 징역 6월 중 2월은 선고, 나머지 4월은 선고유예하는 방식). 집행유예와 관련하여, 부정설을 취한 판례가 있다. 즉, "단일형의 일부에 대한 집행유예는 허용되지 않는다"(대판 2007.2.22. 2006도8555).

3. 선고유예와 보호관찰

"형의 선고를 유예하는 경우에 재범방지를 위하여 지도 및 원호가 필요한 때에는, **보호관찰**을 받을 것을 명할 수 있다"(59의2①). 법원의 재량사항이다. 이 때 "보호관찰의 기간은 1년으로 한다."(동②). 보호관찰만 명할 수 있고, 사회봉사·수강명령은 명할 수 없다. 모두 가능한 집행유예와 구별된다.

4. 효과

형의 선고유예 여부는 법원의 재량에 속한다(59). 선고유예의 판결은 주문에서 '형의 선고를 유예한다'라고 기재하지만, 실효되는 경우를 대비하여 "판결 이유에서는 '선고할 형의 종류와 량', 즉 선고형을 미리 정해 놓아야 한다"(대판 1988.1.19. 86도2654).

1) '유예기간 중'의 효과 선고유예 판결은 실효가능성(61)을 제외하고, 형법상으로는 특별히 불리한 내용이 없다. 자격정지의 효력이 발생하는 것도 아니다(43②반대해석). 다만 각종 행정법규상 일정한 경우에는, 임용 또는 자격의 결격사유가 되고(예: 국가공무원법33), 당연퇴직사유가 된다(예: 국가공무원법69).

2) '유예기간 경과'의 효과: 면소 선고유예 판결은 (형의 선고유예를) '받은 날'로부터 2년이 경과하면 '면소된 것으로 간주'된다. ㉠ 첫째, 여기서 '받은 날'은 선고된 날이 아닌 '확정된 날'(판결확정시)이다. 판결은 그 확정에 의하여 본래의 효력이 발생하기 때문이다. ㉡ 둘째, 유예기간은 2년으로 법정되어 있고, 유예기간이 경과하면 '면소판결과 동일한 효력'이 발생한다. ㉢ 셋째, '면소'란 글자 그대로 '공소의 면제'를 뜻한다. 면소판결은 일사부재리의 효력이 있으므로, 같은 사건을 다시 소추·심판하는 것은 허용되지 않는다. 면소로 간주되더라도, 이미 발생한 당연퇴직의 효력에는 영향이 없다(대판 2002.7.26. 2001두205).

5. 실효

선고유예의 실효는, 유예기간 중 일정한 사유가 발생하여 법원의 결정으로 '유예한 형을 선고'하는 제도이다. 필요적 실효와 임의적 실효가 있다.

1) 필요적 실효 "[㉠] 형의 선고유예를 받은 자가 유예기간 중 자격정지 이상의 형에 처한 '판결이 확정'되거나 [㉡] 자격정지 이상의 형에 처한 '전과가 발견'된 때에는, 유예한 형을 선고한다"(61①). 이 경우 실효는 필요적이다. 여기서 '전과의 발견'은 유예기간 중 비로소 그 전과가 발견된 경우라야 한다. 따라서 "선고유예의 판결 확정 전에 이러한 전과가 발견된 경우는 포함되지 않는다"(대결 2008. 2.14.자 2007모845).

2) 임의적 실효 "[㉢] 보호관찰을 명한 선고유예를 받은 자가 보호관찰기간 중에 '준수사항을 위반'하고 그 '정도가 무거운 때'에는, 유예한 형을 선고할 수 있다"(61①). 이 경우 선고유예의 실효는 임의적이다.

3) 집행유예의 실효 · 취소사유와의 비교 선고유예의 경우 위 ㉠㉡㉢이 모두 실효사유인 반면, 집행유예의 경우에는 위 ㉠만이 실효사유이고 위㉡㉢은 취소사유로 규정되어 있다. 선고유예의 경우 집행유예와 달리 이를 모두 실효사유로 규정한 것은 논리적 이유가 있다. 첫째, 집행유예는 이미 형의 선고가 있었던 반면, 선고유예는 형의 선고 자체가 없었다는 점에서 단지 취소사유로만 규정하는 것은 비논리적이다. 둘째, ㉠과 ㉡㉢은 모두 '유예된 형을 선고하는 결정'이 별도로 필요하다는 점에서 아무런 차이가 없다.

[실효의 절차와 시간적 한계] i) [실효의 절차] 유예된 형의 선고는 반드시 검사의 청구가 있어야 하고, 그 범죄사실에 대한 최종판결을 한 법원이 관할한다(형소법336①). '유예된 형을 선고하는 결정'에서는 주문에 유예된 형을 선고한다는 취지와 선고되는 형을 표시한다. 예컨대, '피고인에 대한 ○○법원 ○○고단○○ △△사건에 관하여 선고유예한 형을 선고한다. 피고인을 ○○에 처한다'는 형식이다. 이 결정에 대해서는 즉시항고를 할 수 있다(동법335③④).

ii) ['유예된 형을 선고하는 결정'의 시간적 한계] 유예된 형의 선고는 '선고유예기간 중'에만 가능하다. 즉, 유예기간 중 실효사유가 발생하였더라도, "유예기간이 경과함으로써 면소된 것으로 간주된 후에는, 실효시킬 선고유예의 판결이 존재하지 아니하므로, 선고유예 실효의 결정(선고유예된 형을 선고하는 결정)을 할 수 없다"(대결 2007.6.28.자 2007모348). "이는 아직 그 선고유예 실효 결정의 효력이 발생하기 전 상태에서 상소심에서 절차 진행 중에, 그 유예기간이 그대로 경과한 경우에도, 마찬가지이다"(위 2007모348).

Ⅱ. 집행유예

제62조(집행유예의 요건) ① 3년 이하의 징역이나 금고 또는 500만원 이하의 벌금의 형을 선고할 경우에 제51조의 사항을 참작하여 그 정상에 참작할 만한 사유가 있는 때에는 1년 이상 5년 이하의 기간 형의 집행을 유예할 수 있다. 다만, 금고 이상의 형을 선고한 판결이 확정된 때부터 그 집행을 종료하거나 면제된 후 3년까지의 기간에 범한 죄에 대하여 형을 선고하는 경우에는 그러하지 아니하다.

② 형을 병과할 경우에는 그 형의 일부에 대하여 집행을 유예할 수 있다.

제65조(집행유예의 효과) 집행유예의 선고를 받은 후 그 선고의 실효 또는 취소됨이 없이 유예기간을 경과한 때에는 형의 선고는 효력을 잃는다.

1. 의의

형의 집행유예란 피고인에 대해 일단 형을 선고하되, 일정한 기간 동안 형의 집행을 유예하고 그 유예기간을 경과한 때에는 형의 선고가 없었던 것과 동일한 효과를 발생하게 하는 제도이다(62). 이와 같이 일단 형을 선고하되 그 집행의 유예기간이 경과하면 형선고의 효력을 상실하게 하는 제도를 일컬어, '조건부 유죄판결제도'라고 한다. 특별예방의 목적을 효과적으로 달성하고, 형집행에서 형법의 보충성 원칙을 확대 실현하려는 제도이다. 형의 집행유예는 형의 선고는 하되 그 집행만을 유예한다는 점에서, 형의 선고 자체를 유보하는 선고유예와 구별된다.

집행유예의 법적 성격에 대하여는 **'형집행의 변형'**이라는 견해가 일반적이다(통설). 우리 형법상 집행유예는 형의 선고를 전제로 하여 그 집행만 유예하는 것이기 때문이다. 다만 사회봉사명령 · 수강명령과 결합되는 집행유예는 여러 제재기능을 함께 가진 제3의 형사제재로 이해되기도 한다.

2. 요건

형법상 형의 집행유예 요건은 다음과 같다. ㉠ 선고할 형: 3년 이하의 징역 · 금고 또는 500만원 이하의 벌금의 형을 선고할 경우, ㉡ 정상: 정상에 참작할만한 사유가 있을 것, ㉢ '결격사유'가 없을 것, 즉 금고 이상의 형을 선고한

'판결이 확정된 때'부터―그 '집행을 종료하거나 면제된 후 3년'까지의 기간에 범한 죄에 대하여, 형을 선고하는 경우가 아닐 것.

이러한 요건을 갖춘 경우에는, '1년 이상 5년 이하'의 기간 형의 집행을 유예할 수 있다(62①). 집행유예기간의 시기(始期)는 집행유예를 선고한 '판결 확정일'이다. 1개의 형의 일부에 대한 집행유예는 허용되지 않지만, 형을 병과할 경우에는 그 형의 일부에 대하여 집행을 유예할 수 있다(62②).

(1) 선고할 형: 3년 이하의 징역 · 금고 또는 500만원 이하의 벌금의 형 선고

여기서 형은 법정형이 아니라 **'선고형'**이다. 징역 · 금고 또는 벌금형에 한정된다. 자격상실 · 자격정지 · 구류 · 과료에 대해서는 집행유예를 할 수 없다.

1) 3년 이하의 징역 · 금고 징역 · 금고형의 경우 집행유예가 가능한 선고형의 상한은 3년이다.

2) 500만원 이하의 벌금 벌금형의 경우 집행유예가 가능한 선고형의 상한은 500만원이다. 2016. 1. 6. 개정으로 신설된 내용인데, 자유형의 집행유예를 인정하면서 그보다 가벼운 벌금형의 집행유예를 인정하지 않는다는 것은 불합리한 측면이 있으므로 이를 입법화하되, 고액 벌금형의 집행유예에 대해서는 비판적인 법감정이 있으므로 그 상한선을 규정한 것이다.

(2) 정상: 정상에 참작할 만한 사유가 있을 것

정상참작의 사유란 형의 선고 자체만으로 충분한 경고로 작용하여 장래에 재범을 하지 않을 것으로 기대되는 상황을 말한다. 판단의 기준은 **형법 제51조의 사항**(즉, ㉠ 범인의 연령 · 성행 · 지능과 환경, ㉡ 피해자에 대한 관계, ㉢ 범행의 동기 · 수단과 결과, ㉣ 범행후의 정황 등)"을 종합하여 판단하여야 한다. 판단의 기준시기는 **'판결 선고시'**이다. 정상의 판단은 사실심법원의 재량사항이다.

(3) 결격사유: 금고 이상의 형을 선고한 판결이 확정된 때부터, 그 집행을 종료하거나 면제된 후 3년까지의, 기간에 범한 죄에 대하여, 형을 선고하는 경우

1) 결격기간의 계산과 범행시점 기준 "금고 이상의 형을 선고한 판결이 확정된 때부터(始期), 그 집행을 '종료하거나 면제된 후'[1] 3년까지(終期)의 기간에 범한 죄"에 대하여는, 집행유예를 할 수 없다(62①단서). 즉, 결격기간(=결격사유에

1) ['집행종료 또는 면제 후 3년까지의 기간의 기산점'] ㉠ 집행의 '종료'란 선고형의 집행을 받아 형기가 만료된 것을 말한다. 이 경우 3년의 기간은 형기종료일의 익일부터 기산한다. ㉡ 집행의 '면제'란 형의 선고를 받았으나 그 집행이 면제되는 것을 말한다. 이 경우 3년의 기간은 집행면제사유에 따라 달리 기산한다(예: 법률변경으로 인한 것이면 당해 법률의 효력발생일로부터, 특별사면으로 인한 것이면 석방일로부터 각 기산한다).

해당하는 기간)의 **시작시점**(始期)은 선행사건(先行事件)에 대한 "금고 이상 판결의 '확정된 때'부터"이고, 그 **종료시점**(終期)은 "그 집행을 종료하거나 면제된 후 3년까지의 기간"이다. 그리고 후행사건인 피고사건의 집행유예 결격 여부는 "범한 때" 즉, 후행사건의 **"범행시점"**을 기준으로 판단한다. 후행사건이 포괄1죄(예: 상습범 등)인 경우 일부 행위가 종료시점 내에 이루어진 이상 나머지 행위가 그 기간 경과 이후에 행해졌다고 하더라도, 그 행위 전부가 집행유예의 결격 대상이다.

따라서 ㉠ 금고 이상의 판결 '확정 이전에 범한 죄'에 대해서는 집행유예가 가능하다. 즉, '후단 경합범 관계에 있는 범죄'에 대해서는 (이미 선고받은 형이 금고 이상의 실형이라 하더라도) 집행유예가 가능하다. ㉡ 금고 이상의 판결의 집행종료·면제 후 '3년을 경과한 이후에 범한 죄'에 대해서도 집행유예가 가능하다.

반면, ㉢ 후행사건의 '범행시점'이 기준인 이상, 위 '3년까지의 기간에 범한 죄'에 대해서는 '3년을 경과한 이후에 형을 선고하는 경우'에도, 그 선고시점과 관계 없이, 집행유예가 불가능하다(법률상 형실효는 제외). 그 결과 이러한 집행유예 결격사유는 후행사건의 공소시효 완성시까지 지속되는 '매우 강력한 것'이 된다. ㉣ 후행사건이 결격사유에 해당하는 이상 집행유예를 선고할 수 없으므로, 반드시 '실형'을 선고하여야 한다. 여기서 '실형'이란 '실제로 복역 내지 집행해야 하는 형'으로서, 집행유예가 붙은 형을 제외한 것이다. 따라서 자유형의 집행유예도 불가능하고 벌금형의 집행유예도 불가능하다. 다만, 후행사건에 대해 집행유예가 아닌 벌금형(실형)을 선고하는 것은 물론 가능하다.

2) 금고 이상의 형을 선고한 판결에서 '형'의 의미 문제는, 여기서 '형'이 '실형'만을 의미하는지 또는 '형의 집행유예'도 포함하는지 여부이다. 여기에는 2가지 쟁점이 함축되어 있다.

첫째, **집행유예 기간 중에 범한 죄에 대한 재차 집행유예의 가능 여부**의 문제이다(즉, 선행사건의 집행유예기간 중에 범한 후행사건에 대해서도 재차 집행유예가 가능한지 여부의 문제). 이에 대해서는 ㉠ 긍정설(금고 이상의 형은 '실형'만 의미하므로, 집행유예기간 중에 범한 죄에 대해서도 재차 집행유예가 가능하다는 견해. **'실형전과설'**), ㉡ 부정설(금고 이상의 형은 '실형' 뿐만 아니라 '형의 집행유예'도 포함하므로, 집행유예기간 중에 범한 죄에 대해서도 재차 집행유예가 불가능하다는 견해. **'단순전과설'**)이 대립한다. 긍정설(실형전과설)이 통설이다(각주 참조).[1)]

---

1) [긍정설의 논거] 긍정설이 타당하다. 그 이유는, ㉠ 집행유예기간이 경과하면 형선고의 효력이 상실되어 형선고가 없었던 상태로 돌아간다는 점, ㉡ 제62조 제1항 단서의 <u>'집행을 종료하거나 면제'라는 문언은 현실적인 집행절차를 거쳤다는 것으로 '실형'을 전제로 표현이고</u>(즉, 집행

반면, 판례는 **부정설**(단순전과설)의 입장이다. 즉, "금고 이상의 형의 집행유예기간 중에 범한 죄에 대하여는 다시 집행유예를 선고할 수 없다"(대판 2007.2.8. 2006도6196; 2007. 7.27. 2007도768).[1] 이에 대해서는 강력한 비판이 제기되고 있다.

둘째, 집행유예 기간 중에 범한 죄에 대하여, 판결선고시점에서 그 유예기간이 이미 경과한 경우에, 재차 집행유예의 가능 여부의 문제이다. 이는 첫째 쟁점에서 부정설(판례, 단순전과설)의 입장에 따를 경우 비로소 문제되는 쟁점이다. 이에 대해서는 ㉠ 긍정설(이미 유예기간이 경과한 때에는 '형선고의 효력이 상실되므로', 재차 집행유예가 가능하다는 견해), ㉡ 부정설(집행유예의 결격 여부는 '범행시점을 기준으로 하므로'. 그 유예기간이 경과한 이후에 선고할 경우에도 재차 집행유예가 불가능하다는 견해)이 대립한다.

판례는 **긍정설**의 입장이다. 즉, "금고 이상의 형의 집행유예기간 중에 범한 죄라고 할지라도, 집행유예가 실효됨이 없이 그 유예기간을 경과한 경우에는, 다시 집행유예의 선고가 가능하다"(대판 2007.2.8. 2006도6196).[2][3]

유예기간 중에는 집행의 종료나 면제라는 개념은 처음부터 성립할 수 없는 것), 집행의 '면제'와 (집행유예에서의) '형선고의 실효'는 다른 개념이라는 점(즉, 누범 전과가 되는지 여부에서 차이가 발생하는데, 집행이 면제된 전과는 누범 전과가 되지만, 형선고가 실효된 전과는 누범 전과가 되지 않는다) ㉢ 第63조의 집행유예의 실효사유에도 '실형'의 선고를 요구하고 있다는 점, ㉣ 특별예방의 목적 달성에 집행유예제도의 취지를 감안하면 재차의 집행유예를 허용하는 것이 법관의 양형의 재량범위를 확대시켜 주는 것으로 타당하다는 점 등이다.

1) [2005. 7. 29. 형법개정: 결격사유의 변경과 이른바 '쌍집행유예'의 문제상황 해소] 2005년 개정 형법은 집행유예 결격사유(형법 제62조 제1항 단서)에 관하여 '선고시점 기준'을 '범행시점 기준'으로 변경하였다. 종전에는 "단, 금고 이상의 형의 선고를 받아 집행을 종료한 후 또는 집행이 면제된 후로부터 5년을 경과하지 아니한 자에 대하여는 예외로 한다."고 규정하고 있었다. 여기에 대해서는 크게 2가지 비판이 제기되었다. 첫째, 판결 선고시를 기준으로 하기 때문에, 형사사법의 처리가 어떠한 시기에 행해지느냐에 따라 집행유예 허용 여부가 좌우되는 불합리함이 있다. 둘째, 결격기간의 시작시점에 대한 언급이 없기 때문에, 피고사건이 전과범죄보다 먼저 범해진 경우에도 결격요건에 해당될 수 있는 비정상적인 현상이 발생한다는 것이었다.

형법 개정 전에는 금고 이상의 형에는 (이른바 '쌍집행유예'의 특수한 경우를 제외하고는) 실형은 물론 집행유예를 받은 경우도 포함되므로, '집행유예기간 중의 범죄에 대하여는 다시 집행유예를 할 수 없다'는 입장이었다(대판 1989.9.12. 87도2365 전합).

그런데 형법 개정으로 적어도 형법 제37조 후단의 경합범에 대해서만큼은 아무런 제한 없이 재차 집행유예의 선고가 가능하게 되었다(즉, '쌍집행유예'의 문제상황 해소). 이는 결격사유의 기준시점을 '범행시점'으로 변경하는 등 결격사유를 조정하였기 때문이다.

2) [집행유예기간 경과 후 다시 집행유예를 선고할 수 있는지 여부(긍정)] 위 2006도6196 ("집행유예 기간 중에 범한 죄에 대하여 형을 선고할 때에, 집행유예의 결격사유를 정하는 형법 제62조 제1항 단서 소정의 요건에 해당하는 경우란, 이미 집행유예가 실효 또는 취소된 경우와 그 선고 시점에 미처 유예기간이 경과하지 아니하여 형 선고의 효력이 실효되지 아니한 채로 남아 있는 경우로 국한되고, 집행유예가 실효 또는 취소됨이 없이 유예기간을 경과한 때에는, 형의 선고가 이미 그 효력을 잃게 되어 '금고 이상의 형을 선고'한 경우에 해당한다고 보기 어려울 뿐 아니라, 집행의 가능성이 더 이상 존재하지 아니하여 집행종료나 집행면제의 개념도 상정하기 어려우므로 위 단서 소정의 요건에 해당하지 않는다. 집행유예 기간 중에 범한 범죄

[실형전과설의 타당성: 판례의 단순전과설 비판] 집행유예기간 중 재차 집행유예 가능성을 원천봉쇄하고 있는 판례의 태도는 다음과 같은 문제점이 있다.

첫째, 판례에 따르면 후행사건에 대한 재판진행의 완급에 따라 집행유예 가능성이 달라지는 모순이 발생한다. 단순히 재판의 진행속도에 따라 집행유예 가능성이 뒤바뀌는 것은 지극히 비합리적이다.

둘째, 개정된 형법 제63조(집행유예의 실효)는 집행유예의 실효사유를 고의범으로 한정할 뿐만 아니라 그 고의범에 대해 금고 이상의 '실형'이 선고될 것을 요구한다. 여기서 '실형'으로 제한한 것은 범죄인의 사회복귀를 최대한 촉진하기 위하여 집행유예의 활용가능성을 넓혀 놓은 것이다.

셋째, 집행유예 결격사유를 규정한 제62조 제1항 단서의 "금고 이상의 '형'을 선고한 판결이 확정된 때"의 '형'은 '실형'으로 새겨야 한다. 이것이 곧이어 나오는 "그 집행을 '종료'하거나 '면제'된 후"라는 요건과 맥락이 통하는 해석이다. '형의 집행종료'나 '형의 집행면제'는 '실형'이 선고되는 경우에만 상정할 수 있는 상황임은 분명하기 때문이다. 판례는 "'형'의 선고"라는 표현에만 집착하여 집행유예의 활용가능성을 확대하려는 개정 형법 입법자의 의도를 외면하고 있다.

요컨대, 집행유예기간 중에 범한 죄에 대해서도 재차 집행유예가 가능하다고 보아야 한다. 판례는 조속히 "그 집행을 '종료'하거나 '면제'된 후"라는 부분에 무게를 두어 집행유예의 확대적용으로 나아가야 한다. 한편, 논란의 소지를 없애기 위해서는 입법론상 "금고 이상의 '형'의 선고"를 "금고이상의 '실형'의 선고"로 문언을 개정하는 것이 바람직하다.

(4) 형의 일부에 대한 집행유예: 1개의 형은 전부만 집행유예 가능

1) 병과형의 일부 "형을 병과할 경우에는 그 형의 일부에 대하여 집행을 유예할 수 있다"(62②). 그 대표적인 예가 ㉠ 병과형의 경우(예: 징역형과 벌금형의 병과), ㉡ 제37조 후단 경합범의 경우이다. 즉, 제37조 후단의 경합범 관계에 있는 2개의 범죄에 대하여, 하나의 판결로 2개의 징역형을 선고하는 경우에, 그 중 하나의 징역형에 대하여만 집행유예를 선고할 수 있다(대판 2001.10.12. 2001도3579).[1]

라고 할지라도 집행유예가 실효 취소됨이 없이 그 유예기간이 경과한 경우에는 이에 대해 다시 집행유예의 선고가 가능하다").

3) [형선고의 효력이 상실된 경우] 금고 이상의 형을 선고한 판결이 확정되었더라도, 그 형의 선고가 효력을 상실한 경우(예: 집행유예기간의 경과, 일반사면, 특별사면 중 형선고의 효력상실인 경우, 형실효법 제7조에 의한 형실효 등)에는, 이미 형선고의 효력이 상실된 이상 그 이후부터는 집행유예의 선고가 가능하다(대판 2007.2.8. 2006도6198; 대판 2007.7.27. 2007도768).

1) [병과형: 일부 집행유예 가능] 위 2001도3579 ("형법 제37조 후단의 경합범 관계에 있는 두 개의 범죄에 대하여 하나의 판결로 두 개의 자유형을 선고하는 경우 그 두 개의 자유형은 각각 별개의 형이므로 형법 제62조 제1항에 정한 집행유예의 요건에 해당하면 그 각 자유형에

2) 단일형의 일부 집행유예 문제 문제는 하나의 형의 일부에 대해 집행유예가 가능한지 여부이다(예; 징역 3년을 선고하면서 1년은 실형, 나머지 2년은 집행유예를 선고하는 방식). 제62조 제2항의 문리해석상 하나의 형의 일부에 대한 집행유예가 불가능하다는 **부정설**이 통설 · 판례이다. 즉, "하나의 자유형 중 일부에 대해서는 실형을, 나머지에 대해서는 집행유예를 선고하는 것은, **허용되지 않는다**"(대판 2007.2.22. 2006도8555).[1] 실형을 복역시켜 충격효과를 준 다음 사회내 복귀를 촉진한다는 취지에서, 단일형의 일부 집행유예제도를 도입한 입법례가 있고, 우리 형법에도 이를 도입하자는 논의가 있다.

(5) 유예기간: 1년 이상 5년 이하

집행유예의 기간은 재판확정일로부터 '1년 이상 5년 이하'의 범위 내에서 법원이 재량으로 정한다. 집행유예기간의 시기(始期)는 판결확정일이고 달리 법원이 임의로 선택할 수 없다.[2] 유예기간은 실무상 자유형의 형기보다 장기간으로 하며, 벌금형의 경우에도 법문상 별도로 추가된 제한은 없다.

3. 집행유예와 보호관찰 · 사회봉사명령 · 수강명령

"형의 집행을 유예하는 경우에는, 보호관찰을 받을 것을 명하거나, 사회봉사 또는 수강을 명할 수 있다"(62의2①). 법원의 재량사항이다. "집행유예를 선고할 경우 보호관찰과 사회봉사 또는 수강을 **동시에** 명할 수 있다"(대판 1998.4.24. 98도98).

1) 보호관찰 보호관찰이란 범죄인의 재범방지와 사회복귀를 촉진하기 위

대하여 각각 집행유예를 선고할 수 있는 것이고, 또 그 두 개의 징역형 중 하나의 징역형에 대하여는 실형을 선고하면서 다른 징역형에 대하여 집행유예를 선고하는 것도 우리 형법상 이러한 조치를 금하는 명문의 규정이 없는 이상 허용된다").

1) [단일형: 일부 집행유예 불허] 위 2006도8555 ("집행유예의 요건에 관한 형법 제62조 제1항이 '형'의 집행을 유예할 수 있다고만 규정하고 있다고 하더라도, 이는 같은 조 제2항이 그 형의 '일부'에 대하여 집행을 유예할 수 있는 때를 형을 '병과'할 경우로 한정하고 있는 점에 비추어 보면, 조문의 체계적 해석상 하나의 형의 전부에 대한 집행유예에 관한 규정이라 할 것이다. 또한 하나의 자유형에 대한 일부집행유예에 관하여는 그 요건, 효력 및 일부 실형에 대한 집행의 시기와 절차, 방법 등을 입법에 의해 명확하게 할 필요가 있어, 그 인정을 위해서는 별도의 근거 규정이 필요하므로, 하나의 자유형 중 일부에 대해서는 실형을, 나머지에 대해서는 집행유예를 선고하는 것은 허용되지 않는다").

2) [유예기간의 시기(始期): 판결확정일(=임의선택 불가)] 대판 2002.2.26. 2000도4637 ("집행유예기간의 시기始期는 집행유예를 선고한 판결 확정일로 하여야 하고, 법원이 판결 확정일 이후의 시점을 임의로 선택할 수는 없다"). 예컨대, 법원이 다른 하나의 징역형의 집행종료일로 정하는 것은 허용되지 않는다.

하여 범죄인에 대한 사회 내 처우의 한 유형으로서 보호관찰관의 지도·감독과 원호를 받게 하는 제도를 말한다. 그 법적 성격에 대해서는 견해가 대립하나, 판례는 **보안처분**으로 본다. 즉, "형벌이 아닌 보안처분의 성격을 갖는다"(대판 2010.9.30. 2010도6403). 보호관찰 대상자는 보호관찰관의 지도·감독을 받으며 준수사항을 지키고 스스로 건전한 사회인이 되도록 노력하여야 한다(보호관찰법32①). 그 준수사항에는 일반준수사항과 특별준수사항이 있다. 한편, "보호관찰의 기간은 집행을 유예한 것으로 한다. 다만 법원은 유예기간의 범위 내에서 보호관찰기간을 정할 수 있다"(62의2②).

2) 사회봉사명령 　사회봉사명령이란 범죄인으로 하여금 일정한 시간 동안 무보수의 공익적 봉사활동을 하도록 하는 제도를 말한다. 형의 집행을 유예하는 경우 사회봉사는 "**자유형의 집행을 대체**하기 위한 것으로서, 500시간 내에서 시간 단위로 부과될 수 있는 일 또는 근로활동"을 의미한다(대판 2008.4.11. 2007도8373; 보호관찰법59①). 따라서 "일정한 **금원을 출연**하거나 이와 동일시할 수 있는 행위를 명하는 것은 허용될 수 없다. 범죄행위와 관련하여 어떤 **말이나 글**을 공개적으로 발표하라는 사회봉사명령은 위법하다"(위 2007도8373). 사회봉사명령의 작업내용은 자연보호활동, 병원이나 사회복지시설에서의 봉사활동, 공공시설봉사활동, 대민지원봉사활동 등이다. 사회봉사명령 대상자에게도 지켜야 할 준수사항, 즉 일반준수사항과 특별준수사항이 있다. "사회봉사명령은 집행유예기간내에 이를 집행한다"(62의2③).

3) 수강명령 　수강명령은 범죄인에 대하여 일정한 시간 동안 지정된 장소에 출석하여 강의, 훈련 등을 받도록 하는 제도이다. 이는 "형벌 자체가 아니라 보안처분의 성격을 갖는다"(위 2007도8373). 수강명령은 200시간의 범위에서 기간을 정한다(보호관찰법59①). 수강명령의 내용은 일반적으로 약물·마약·알코올치료강의, 준법운전강의, 심리치료강의, 성폭력·가정폭력치료강의 등이다. 수강명령 대상자에게도 일반준수사항과 특별준수사항이 있다.[1] "수강명령은 집행유예기간내에 이를 집행한다"(62의2③).

---

1) [보호관찰과 사회봉사명령·수강명령의 특별준수사항 차이] 대결 2009.3.30.자 2008모1116("사회봉사·수강명령대상자에 대한 특별준수사항은 보호관찰대상자에 대한 것과 같을 수 없고, 따라서 <u>보호관찰대상자에 대한 특별준수사항을</u> <u>사회봉사·수강명령대상자에게 그대로 적용하는 것은 적합하지 않다</u>").

4. 효과

형의 집행유예 여부는 법원의 재량에 속한다(62). 유예기간은 1년 이상 5년 이하의 범위에서 법원이 재량으로 정한 기간이다. "집행유예기간의 시기(始期)는 집행유예를 선고한 '판결 확정일'이다"(대판 2002.2.26. 2000도4637).

1) '유예기간 중'의 효과 집행유예 판결은 실효(63) 또는 취소(64)의 가능성을 제외하고, 형법상으로는 특별히 불이익한 내용이 없다. 자격정지의 효력이 발생하는 것도 아니다(43②반대해석). 선거일 현재 집행유예기간 중에 있는 사람이라도 공직선거법상 선거권이 있다(공직선거법18①i · 19i).

다만, 각종 행정법규상 일정한 경우에는, 임용 또는 자격의 결격사유가 되고(예: 국가공무원법33), 당연퇴직사유가 된다(예: 국가공무원법69).

2) '유예기간 경과'의 효과: 형선고의 실효 "집행유예의 선고를 받은 후 그 선고의 실효 또는 취소됨이 없이 유예기간을 경과한 때에는, **형의 선고는 효력을 잃는다**"(65). 여기서 '형의 선고가 효력을 잃는다'는 것은, 형의 집행이 면제되는 정도가 아니라, 처음부터 형의 선고가 없었던 법적 상태로 되돌아간다는 의미이다. 즉, "**형의 선고에 의한 법적 효과가 장래를 향하여 소멸한다**"는 취지이다(대판 2010.9.9. 2010도8021).[1] 그러나 "형의 선고의 법률적 효과가 없어진다는 것일 뿐, 형의 선고가 있었다는 **기왕의 사실 자체**까지 없어진다는 뜻이 아니다"(대결 1983.4.2.자 83모8). 그 구체적 적용을 상술한다.

[형선고의 효력상실과 기왕의 사실 자체] i) [형선고의 법적 효과 소멸] 첫째, 형선고의 법적 효과는 소멸한다. 그 결과 판례의 확립된 해석론은 이러하다. 집행유예기간이 무사히 경과한 때에는, '형의 선고는 효력을 잃는다'(=형선고의 효력상실, 형선고의 실효).

㉠ (누범전과 아님) 누범 전과에 해당하지 않게 된다(대판 1970.9.22. 70도1627).

㉡ (집유결격사유 아님) 집행유예 결격사유가 되지 않는다(대판 1983.8.23. 83도1600). 즉, 집행유예기간이 경과한 경우에는 다시 집행유예의 선고가 가능하다.

㉢ (집행유예의 실효·취소 대상 제외) 실효의 경우는 집행유예기간 중에 실효사유인 판결이 확정되어야 하고, 취소의 경우에는 집행유예기간 중에 취소결정이 확정되어야 한다. 유예기간 경과 이후에는, 유예된 형이 집행될 여지는 없다.

---

1) ['집행유예의 형실효'와 '형실효법상 형실효'] 판례는 같은 의미라고 해석한다. 즉, "집행유예의 효과에 관한 형법 제65조에서 '형의 선고가 효력을 잃는다'는 의미는 형실효법에 의한 형의 실효와 같이 형의 선고에 의한 법적 효과가 장래에 향하여 소멸한다는 취지이다"(위 2010도8021).

㉣ (누범가중 특별구성요건 불해당) 유예기간이 경과한 전과는 폭처법상 누범폭력행위(동법2②) 및 특가법상 누범절도(동법5의4⑤)의 누범 계산에서 제외된다. 즉, 그 전과는 폭처법 제2조 제3항의 '징역형을 받은 경우'라고 할 수 없고(대판 2016.6.23. 2016도5032), 특가법 제5조의4 제5항에서 정한 '징역형을 받은 경우'로도 볼 수 없다(대판 2010.9.9. 2010도8021; 2014.9.4. 2014도7088).

ii) [기왕의 사실 자체의 존재] 둘째, 기왕의 사실 자체는 변함 없이 존재한다. 그 결과 판례의 확립된 해석론은 이러하다. 집행유예기간이 경과한 이후에도,

㉠ (형법 제37조 후단경합범) 금고 이상의 형의 집행유예기간이 경과한 이후에도 여전히 '금고 이상의 형'의 집행유예 판결이 확정된 죄와 그 판결확정 전에 범한 죄는 형법 제37조 후단 경합범의 관계에 있다(대결 1984.8.21.자 84모1297). 형의 선고가 그 효력을 잃었다 하더라도 확정판결을 받은 존재가 소멸되지 않는 이상 형법 제37조 후단의 판결이 확정된 죄에 해당한다는 것이다.

㉡ (선고유예 결격사유) 여전히 선고유예 결격사유가 된다. 즉, 형법 제59조 제1항 단행에서 정한 선고유예 결격사유인 '자격정지 이상의 형을 받은 전과가 있는 자'에 해당한다(대판 2003.12.26. 2003도3768).

㉢ (형의 당연실효의 소극적 요건) 형법 제81조(형의 실효)와 관련하여, 형의 집행종료 후 7년 이내에 집행유예의 판결을 받고 그 기간을 무사히 경과하여 7년을 채우더라도, 제81조의 "형을 받음이 없이 7년을 경과"한 때에 해당하지 아니하여 형의 실효를 선고할 수 없다(위 84모1297).

㉣ ('2회 이상 음주운전 가중'의 특별구성요건 포함) 형선고의 효력이 상실된 음주운전 전과도 도로교통법 제148조의2 제1항의 '2회 이상 위반'에 해당된다(대판 2012.11.29. 2012도10269 참조).[1] ※ 이 조항 중 일부(음주운전 부분에 국한, 측정거부 부분은 제외)는 2021.11.25. 위헌결정이 선고되었다.[2]

iii) [신분상 불이익] 셋째, 각종 행정법규에는 임용 또는 자격과 관련하여, 일정 기간 동안 집행유예 전과로 인한 신분상 불이익 규정이 있다. 예컨대, 금고 이상의 형

---

1) ['2회 이상 음주운전'과 실효된 전과] 위 2012도10269 ("형실효법 제7조 제1항 각 호나 사면법 제5조 제1항 제1호에 따라 형 선고의 효력이 상실된 구 도로교통법 제44조 제1항 위반 음주운전 전과도 제148조의2 제1항 제1호의 '제44조 제1항을 2회 이상 위반한' 것에 해당된다").

2) [위헌결정: 2회] 도로교통법 제148조의2 제1항 중 '제44조 제1항을 2회 이상 위반한 사람'에 관한 부분은, 헌법에 위반된다는 결정(7:2)이 선고되었다(헌재 2021.11.25. 2019헌바446). "과거 위반 전력 등과 관련하여 아무런 제한을 두지 않고, 죄질이 비교적 가벼운 재범 음주운전 행위까지 일률적으로 법정형의 하한인 징역 2년, 벌금 1천만 원을 기준으로 가중처벌 하는 것은, 책임과 형벌 사이의 비례성을 인정할 수 없다"는 이유이다.

그 후 음주운전 재범뿐만 아니라, 음주측정거부 재범이나 음주운전－음주측정거부 결합사건에도 위헌결정이 선고되었다(헌재 2022.5.26. 2021헌가30). "전범을 이유로 아무런 시간적 제약 없이 무제한 후범을 가중처벌하는 예는 발견하기 어렵고, 공소시효나 형의 실효를 인정하는 취지에도 부합하지 않는다. 또한 책임과 형벌 사이의 비례성을 인정하기 어렵다"는 이유이다.

의 집행유예를 받고 그 집행유예기간이 경과한 후 2년간은 공무원이나 변호사 등이 될 수 없고(예: 국가공무원법33, 변호사법5), 변호사시험에도 응시할 수 없다(변호사시험법6). 형선고의 효력이 상실되더라도, 이미 발생한 당연퇴직의 효력에는 영향이 없다(대판 2011.3.24. 2008다92022).

5. 집행유예의 실효와 취소

제63조(집행유예의 실효) 집행유예의 선고를 받은 자가 유예기간 중 고의로 범한 죄로 금고 이상의 실형을 선고받아 그 판결이 확정된 때에는 집행유예의 선고는 효력을 잃는다.

제64조(집행유예의 취소) ① 집행유예의 선고를 받은 후 제62조 단행의 사유가 발각된 때에는 집행유예의 선고를 취소한다.

② 제62조의2의 규정에 의하여 보호관찰이나 사회봉사 또는 수강을 명한 집행유예를 받은 자가 준수사항이나 명령을 위반하고 그 정도가 무거운 때에는 집행유예의 선고를 취소할 수 있다.

(1) 집행유예의 실효

집행유예의 실효란 일정한 사유가 있는 경우 집행유예의 선고가 법률상 당연히 효력을 상실하는 것을 말한다. "집행유예의 선고를 받은 자가 '유예기간 중' '고의로 범한 죄'로 금고 이상의 '실형'을 선고 받아 그 판결이 확정된 때에는, 집행유예의 선고는 효력을 잃는다"(63). 여기서 '집행유예의 선고는 효력을 잃는다"는 것은 '**유예된 형이 실형으로 전환된다**'는 의미이다. 이와 같이 집행유예의 실효는 법원의 재판 없이 **법률상 당연히** 그 효과가 발생한다. 선고유예의 실효 또는 집행유예의 취소가 법원의 재판(결정)이 별도로 요구되는 것과 구별된다.

1) 요건①: 유예기간 중 고의로 범한 죄 새로 범한 죄는 '집행유예기간 중 고의로 범한 죄'에 한정된다. 따라서 ㉠ 집행유예 판결이 확정되기 '전에 범한 죄'(즉, 집행유예를 선고받은 범죄와 형법 제37조 후단의 경합범 관계에 있는 범죄)에 대하여는, 집행유예기간 중에 실형이 선고·확정되더라도, '집행유예기간 중 범한 죄'가 아니므로 기존의 집행유예는 실효되지 않는다. 집행유예가 판결 이후의 재범방지를 목적으로 하는 이상 당연한 결과이다. ㉡ '고의범' 아닌 '과실범'으로 금고 이상의 실형이 선고된 경우는 여기에 해당하지 않는다.

2) 요건②: '금고 이상의 실형'을 선고받아 확정될 것 '금고 이상의 실형'

을 선고받아 그 판결이 확정되어야 한다. 따라서 ㉠ '벌금형'의 확정만으로는 기존의 집행유예가 실효되지 않는다. ㉡ 여기서의 '실형'은 '실제로 복역해야 하는 형'으로서 집행유예가 붙은 형을 제외한 것을 의미한다. 금고 이상의 형이 선고된 경우라도 (실형이 아닌) '집행유예의 판결'이 확정된 때에는, 기존의 집행유예가 실효되지 않는다(집행유예기간 중인데도 착오로 이를 알지 못하고 재차 집행유예를 선고하여 확정된 경우에는, 기존의 집행유예는 실효되지 않는다).

3) 요건③: 실형의 선고시점과 확정시점이 유예기간 중일 것 범행시점은 물론, 선고시점 및 확정시점 모두 집행유예기간 내에 있어야 한다. 집행유예기간이 이미 경과한 경우에는, 형법 제65조에 따라 '형의 선고 자체가 효력을 상실'(형선고의 실효)하므로, 집행유예의 실효에 의하여 집행하게 될 '유예된 형' 자체가 법률상 존재하지 않는 것이 되기 때문이다. 요컨대, 여기서의 '집행유예기간 중'이라는 문언은 '고의로 **범한**' 및 실형의 '**선고**'와 '**확정**'까지를 모두 수식하는 것이 된다. 따라서 집행유예기간 중에 범한 고의범에 대해 금고 이상의 실형을 선고받았더라도 그 판결이 확정되기 이전에 집행유예기간이 경과한 경우에는 기존의 집행유예는 실효되지 않는다.

[실효의 절차] 집행유예의 실효는 법률상 당연히 그 효과가 발생하는 것이므로, 별도의 재판이 필요 없다. 즉, 집행유예의 선고가 효력을 상실하면 유예된 형을 집행한다. 따라서 검사는 곧바로 형의 집행을 지휘하게 된다(형집행장 발부).

(2) 집행유예의 취소

집행유예의 취소란 일정한 사유가 있는 경우 법원의 재판(결정)에 의해 집행유예 선고의 효력이 상실되는 것을 말한다. 필요적 취소(결격사유의 발각)와 임의적 취소(준수사항 등의 위반)가 있다.

1) 필요적 취소: 결격사유의 사후 발각 "형의 집행유예의 선고를 받은 후 제62조 단행의 사유가 발각된 때에는 집행유예의 선고를 취소한다"(64①). 집행유예를 선고받은 후 그 '결격사유가 발각'된 경우를 말한다. 즉, 집행유예의 선고를 받은 후 "금고 이상의 형을 선고한 판결이 확정된 때부터 그 집행을 종료하거나 면제된 후 3년까지의 기간에 범한 죄"에 대해 금고 이상의 형을 선고받은 사실이 발각된 경우인데, 집행유예 결격사유의 사후적 발각은 필요적 취소사유가 된다. 이 경우 집행유예의 취소는 필요적이다. 법원은 집행유예의 선고를

반드시 취소해야 한다. 몇 가지 유의할 점이 있다. ㉠ (집행유예 판결 포함) 여기서 (집행유예 결격 전과에 해당하는) '금고 이상의 형을 선고받은 판결'에는, 실형의 선고 이외에 '집행유예'를 선고받은 경우도 포함한다(대결 1983.2.5.자 83모1; 1990.8.24.자 89모36)고 한다. 이는 집행유예 결격사요에 관한 종래 판례의 해석론(단순전과설)은 그대로 반복한 것으로, 그 문제점은 앞서 결격사유 부분에서 설명한 것과 같다. 즉, 금고 이상의 형의 '집행유예'를 선고받은 사실이 사후에 발각되면 기존의 집행유예는 곧바로 그 취소사유가 존재하게 된다. ㉡ (집행유예의 선고를 받은 후 발각) 여기서 (후행의)집행유예의 '선고'를 받은 후라 함은 집행유예를 선고한 판결이 '확정'된 후를 의미한다(대결 1986.3.25.자 86모2; 2001모135). 즉, (후행의)집행유예 판결이 '확정'된 이후 그 '집행유예기간 중'에 비로소 결격전과가 발견된 경우에 한하여 그 집행유예의 취소가 문제된다. '확정되기 전'에 결격전과가 발견된 경우에는 상소에 의해 그 위법을 시정할 수 있기 때문이다.

2) 임의적 취소　"보호관찰이나 사회봉사 또는 수강을 명한 집행유예를 받은 자가 준수사항이나 명령을 위반하고 그 정도가 무거운 때에는, 집행유예의 선고를 취소할 수 있다"(64②). 보호관찰 등 사회내 처우의 실효성을 담보하기 위한 규정이다. 단지 준수사항이나 명령을 위반하였다는 사정만으로 집행유예의 선고를 취소시키는 것은 부당한 측면이 있음을 고려하여, 그 위반의 정도가 무거운 때에 한하여, 법원의 재량에 따라 집행유예를 임의적으로 취소할 수 있도록 규정한 것이다. 여기서 '위반의 정도가 무거운 때'란, "(집행유예의 취소는 자유형의 선고와 마찬가지로 자유를 박탈하는 결과를 가져올 뿐만 아니라 사회봉사 · 수강명령의 실패와 다름아니기 때문에) 사회봉사 · 수강명령의 목적을 도저히 달성할 수 없을 정도에 이르렀다고 판단될 때"를 의미한다(대결 2009.3.30.자 2008모1116).

[취소의 절차와 시간적 한계] i) [실효의 절차] 집행유예의 결격사유의 발각을 이유로 한 필요적 취소는, 반드시 검사의 취소청구가 있어야 한다. 한편, 준수사항이나 명령 위반을 이유로 한 임의적 취소는, 보호관찰소의 장의 신청에 의하여 검사가 취소청구를 한다(보호관찰법47①). 청구사건은 판결법원이 아니라 피고인의 현재지 또는 최후 주거지를 관할하는 법원이 관할한다(형소법335① · 보호관찰법47②).

집행유예취소 결정의 주문은 예컨대, '피고인에 대한 ○○법원 ○○고단○○ △△ 사건에 관하여 위 법원이 20○○.○○.○○. 선고한 집행유예의 선고를 취소한다'는 형식이다. 이 결정에 대하여는 즉시항고를 할 수 있다(동법335③).

ii) ['집행유예 선고의 취소 결정'의 시간적 한계] 집행유예의 취소결정은 '집행유예기간 중'에만 가능하다(즉, 집행유예기간 경과 전에 취소결정이 확정되어야 한다). 그 이유는, 유예기간이 경과함으로써 형법 제65조에 따라 '형선고의 효력이 상실'된 후에는, 취소의 대상인 '유예된 형' 자체가 법률상 존재하지 않기 때문이다.

판례도 같다. 즉, "(집행유예의 선고 취소청구에 대한) 심리 도중 집행유예 기간이 경과하면, 형의 선고는 효력을 잃기 때문에 더 이상 집행유예의 선고를 취소할 수 없고 취소청구를 기각할 수밖에 없다. 집행유예의 선고 취소결정에 대한 즉시항고 또는 재항고 상태에서 집행유예 기간이 경과한 때에도 같다. 이처럼 집행유예의 선고 취소는 '집행유예 기간 중'에만 가능하다는 시간적 한계가 있다."(대결 2023. 6. 29.자 2023모1007). 법원은 관련 절차를 신속히 진행해야 함에 유의할 필요가 있다.

Ⅲ. 가석방

제72조(가석방의 요건) ① 징역이나 금고의 집행 중에 있는 사람이 행상(行狀)이 양호하여 뉘우침이 뚜렷한 때에는 무기형은 20년, 유기형은 형기의 3분의 1이 지난 후 행정처분으로 가석방을 할 수 있다.
② 제1항의 경우에 벌금이나 과료가 병과되어 있는 때에는 그 금액을 완납하여야 한다.
제73조의2(가석방의 기간 및 보호관찰) ① 가석방의 기간은 무기형에 있어서는 10년으로 하고, 유기형에 있어서는 남은 형기로 하되, 그 기간은 10년을 초과할 수 없다.
② 가석방된 자는 가석방기간중 보호관찰을 받는다. 다만, 가석방을 허가한 행정관청이 필요가 없다고 인정한 때에는 그러하지 아니하다.
제76조(가석방의 효과) ① 가석방의 처분을 받은 후 그 처분이 실효 또는 취소되지 아니하고 가석방기간을 경과한 때에는 형의 집행을 종료한 것으로 본다.
② 전2조의 경우에는 가석방중의 일수는 형기에 산입하지 아니한다.

1. 의의

1) 뜻　가석방이란 징역·금고형의 집행 중에 있는 수형자를 '형기만료 전'에 '조건부로 석방'하는 것을 말한다. 잔여형기의 집행에 대한 일종의 유예제도인데, 응보나 일반예방보다는 **특별예방**의 목적을 중시한다.

2) **법적 성격**　가석방은 형의 집행유예와 형사정책적 목적이 동일하지만, 법원의 재판이 아니라 법무부장관의 행정처분에 의한다(72①). 즉, 교정시설의 장의 신청으로 법무부 가석방심사위원회가 가석방의 적격여부 심사를 한 다음(형집행법121①②), 가석방 적격결정에 따라 가석방허가를 신청하면 법무부장관이 그 허가 여부를 결정한다(동법122①②). 따라서 그 법적 성격은 형집행작용에 해

당한다.

2. 가석방의 요건

1) (무기형은) **20년 또는** (유기형은) **형기의 3분의 1 경과** 가석방은 징역이나 금고의 집행 중에 있는 사람에 대해서만 인정되고, 사형이나 구류에서는 인정되지 않는다. 무기징역·무기금고에서도 가석방이 인정된다. 한편, 실무상 벌금형의 노역장유치에 대해서도 가석방을 인정하지 않지만, 유추적용이 타당하다(다수설). 징역형보다 가벼운 벌금형 받은 자를 더 불리하게 처우해서는 안 되기 때문이다.

무기형은 20년, 유기형은 형기의 3분의 1이 지난 후라야 가능하다(72①).[1] 여기서 형기란 선고형을 의미하며, 사면 등으로 감형된 경우에는 감형된 형기가 기준이 된다. 이때 형기에 산입된 판결선고 전 구금의 일수는 가석방을 하는 경우 집행한 기간에 산입한다(73①).[2]

1개의 판결로 수개의 형이 확정된 경우 **'각형의 형기'**가 각각 3분의 1을 경과하여야만 가석방이 가능하다. 즉, "'각형의 형기를 합산한 형기'나 '최종적으로 집행되는 형의 형기'가 아니라 언제나 '각형(各刑)의 형기'를 의미하고, 그 결과 수개의 형이 확정된 수형자에 대하여는 '각형의 형기'를 모두 '3분의 1 이상씩 경과'한 후가 아니면 가석방이 불가능하다"(헌재 1995.3.23. 93헌마12).

2) 행상 양호와 뉘우침 뚜렷 행상(行狀)이 양호하여 뉘우침(죄를 뉘우치는 마음, 2021년 형법개정 전의 '개전의 정')이 뚜렷할 것을 요한다. 즉, 나머지 형을 집행하지 않더라도 재범의 위험성 없음이 뚜렷한 경우이다. 가석방은 행상의 양호와 뚜렷한 뉘우침만을 기준으로, 순수하게 특별예방의 관점에서 결정하는 것이며, 중대한 범죄라는 이유로 가석방을 불허할 수는 없다.

3) 병과된 벌금·과료 완납 벌금이나 과료가 병과되어 있는 때에는 그 금액을 완납해야 한다(72②). 벌금·과료에 관한 노역장 유치기간에 산입된 판결선고 전 구금일수는 그에 해당하는 금액이 납입된 것으로 본다(73②).

---

1) [가석방의 기간요건과 현황] 형법상 형기의 3분의 1, 즉 형기의 33.3%를 마치면 가석방이 가능하지만, 실제로는 대체로 형기의 67%를 마쳐야 가석방되고 있는 실정이다.

2) [사형집행 대기기간의 산입 여부] 사형이 무기징역으로 특별감형된 경우 사형집행 대기기간은 이를 처음부터 무기징역을 받은 경우와 동일하게 가석방요건인 형의 집행기간에 다시 산입할 수는 없다(대결 1991.3.4.자 90모59).

3. 가석방의 효과

(1) 가석방기간과 보호관찰

가석방의 기간은 무기형에 있어서는 10년, 유기형에 있어서는 남은 형기로 하되, 그 기간은 10년을 초과할 수 없다(73의2①). 가석방된 자는 가석방기간 중 보호관찰을 받는다(동②).[1] 다만, 가석방을 허가한 행정관청이 필요가 없다고 인정하는 때에는 보호관찰을 받지 않는다(동단서).

(2) 실효와 취소

1) 가석방의 실효 일정한 사유가 있으면 별도의 조치 없이 가석방의 효력이 상실되는 것을 말한다. 가석방 기간 중 '고의로' 지은 죄로 '금고 이상의 형의 선고'를 받아 그 판결이 '확정'된 경우에 가석방 처분은 효력을 잃는다(74). 과실범으로 형을 선고받은 때에는 가석방의 효력이 유지된다.

2) 가석방의 취소 일정한 사유가 있으면 별도의 취소처분을 통하여 가석방의 효력을 소급적으로 상실시키는 것을 말한다. 가석방의 처분을 받은 자가 감시에 관한 규칙을 위배하거나, 보호관찰의 준수사항을 위반하고 그 정도가 무거운 때에는 가석방처분을 취소할 수 있다(75). 그 취소는 임의적인 것이므로 법무부장관의 재량에 속한다.

3) 실효 · 취소의 효과 가석방이 실효되거나 취소된 경우 '가석방 중의 일수'는 형기에 산입하지 아니한다(76②). '가석방 중의 일수'란 가석방된 다음날부터 가석방이 실효 · 취소되어 구금된 전날까지의 일수를 말한다. 따라서 가석방이 실효 · 취소되면, '가석방 당시의 잔형기간' '전부'를 집행한다.

(3) 효과

1) 형집행의 종료 가석방의 처분을 받은 후 그 처분이 실효 또는 취소되지 아니하고 가석방기간을 경과한 때에는 '형의 집행을 종료'한 것으로 본다(76①). 형의 집행을 종료한 효과만이 인정되고, 집행유예처럼 형선고 자체가 실효되는 것은 아니다.

2) 누범 여부 따라서 가석방 기간을 경과한 후에는 누범이 될 수 있다. 다만, '가석방기간 중'에 재범을 한 경우에는, 아직 형의 집행이 종료된 것이 아니므로 누범가중사유에 해당하지 않는다(대판 1976.9.14. 76도2071).

---

1) 가석방자의 재범방지와 사회복귀를 위하여 1995년 형법 개정에서 신설한 사회내처우이다.

제5절 형의 시효와 소멸, 기간

Ⅰ. 형의 시효

1. 의의

1) 뜻 형의 시효란 확정된 선고형을 집행할 수 있는 시간적 한계를 말한다. 형의 시효는 일정한 기간이 경과한 때에 확정된 형벌의 집행권을 소멸시키는 제도(즉, 형의 집행시효)인 반면, 공소시효는 미확정의 형벌권(즉, 공소권)을 소멸시키는 제도(형소249)라는 점에서 구분된다. 공소시효는 형사소송법에 규정되어 있다(형소249).

2) 취지 형의 시효는, 오랜 시일의 경과로 형의 선고와 집행에 대한 사회적 의식이 감소되고, 일정한 기간 동안 계속된 평온한 상태를 존중할 필요가 있다는 것에 그 취지가 있다.

2. 시효기간 및 정지·중단

(1) 형의 시효기간

1) 시효기간 형의 시효는 형을 선고하는 재판이 확정된 후 그 집행을 받지 아니하고 일정한 기간이 지나면 완성된다(78). 그 시효기간은 ① 사형: 해당 없음(2023.8.8. 개정으로 사형의 집행시효 폐지),[1] ② 무기의 징역·금고: 20년, ③ 10년 이상의 징역·금고: 15년, ④ 3년 이상의 징역·금고 또는 10년 이상의 자격정지: 10년, ⑤ '3년 미만'의 징역·금고 또는 5년 이상의 자격정지: 7년, ⑥ 5년 미만의 자격정지, '벌금', 몰수 또는 추징: 5년, ⑦ 구류 또는 과료: 1년이다(78).

2) 시효기간의 계산 형의 시효기간은 재판확정일로부터 기산한다(78). 징역·금고형의 일부를 집행 중 수형자가 도주한 경우에는 그 도주일이 시효기간의 기산일이다. 형의 시효는 그 시효기간 최종일의 24시에 완성된다. 시효기간은 연(年)으로 정한 기간이므로 연 단위로 계산하고(83), 시효기간의 초일은 '시간을 계산함이 없이' 1일로 산정한다(85).

1) 구법에서 사형의 시효기간은 30년이었다. 개정규정은 이 법 시행(2023.8.8.) 전에 사형을 선고받은 경우에도 적용한다(부칙2).

(2) 정지와 중단

1) 시효의 정지 시효의 정지란 일정한 정지사유가 발생하면 시효의 진행이 정지되고 그 사유가 소멸하면 '남은 시효기간이 다시 진행'하는 것을 말한다. 시효는 '형 집행의 유예나 정지' 또는 '가석방' '기타 집행할 수 없는 기간'은 진행되지 아니한다(79①. 즉, 그 기간 동안 형의 집행시효가 정지된다). '기타 집행할 수 없는 기간'이란 천재지변 또는 기타 사변으로 인하여 형을 집행할 수 없는 기간을 말한다. 또한, 형의 선고를 받은 자가 형의 집행을 면할 목적으로 '국외에 있는 기간' 동안 시효는 정지된다(79②). 시효의 정지사유가 소멸하면 잔여 시효기간이 진행되고, 이미 진행된 시효기간에는 영향이 없다.

2) 시효의 중단 시효의 중단이란 일정한 중단사유가 발생하면 시효의 진행이 중단되고 그 사유가 소멸하면 '처음부터 다시 (전체의) 시효기간이 진행' 하는 것을 말한다. 시효는 징역·금고 및 구류의 경우에는 수형자를 **체포**한 때, 벌금·과료·몰수 및 추징의 경우에는 **강제처분을 개시**한 때에 중단된다(80. 사형 부분은 삭제. 사형은 형의 집행시효가 없으므로, 정지나 중단은 상정하기 어렵다). 벌금형의 집행에서 압류물건의 평가액이 집행비용에 미달하여 집행불능이 된 경우에도 벌금의 시효기간은 중단된다(대결 2001.8.23.자 2001모91). 추징형의 시효중단도 같다.[1] 시효가 중단되면 이미 경과한 시효기간은 '전부' 무효가 된다. 시효의 중단사유가 소멸하면 새로이 시효의 '전체 기간'이 다시 진행하게 된다.

3. 형 시효완성의 효과

형(사형은 제외한다)을 선고를 받은 사람에 대해서는 시효가 완성되면 그 집행

---

1) [추징형의 집행시효] 대결 2023.2.23.자 2021모3227 ("추징형의 시효는 강제처분을 개시함으로써 중단되는데(형법 제80조), 추징형은 검사의 명령에 의하여 민사집행법을 준용하여 집행하거나 국세징수법에 따른 국세체납처분의 예에 따라 집행한다(형사소송법 제477조). 추징형의 집행을 채권에 대한 강제집행의 방법으로 하는 경우에는 검사가 집행명령서에 기하여 법원에 채권압류명령을 신청하는 때에 강제처분인 집행행위의 개시가 있는 것이므로 특별한 사정이 없는 한 그때 시효중단의 효력이 발생한다.

시효중단의 효력이 발생하기 위하여 집행행위가 종료하거나 성공할 필요는 없다. 압류신청을 한 이상, 피압류채권이 존재하지 않거나 압류채권을 환가하여도 집행비용 외에 잉여가 없다는 이유로 집행불능이 되었다고 하더라도, 이미 발생한 시효중단의 효력이 소멸하지 않는다. 또한 채권압류가 집행된 후 해당 채권에 대한 압류가 취소되더라도 이미 발생한 시효중단의 효력이 소멸하지 않는다.

채권압류의 집행으로 압류의 효력이 유지되고 있는 동안에는 특별한 사정이 없는 한 추징형의 집행이 계속되고 있는 것으로 보아야 한다. 한편 피압류채권이 법률상 압류금지채권에 해당하더라도 재판으로서 압류명령이 당연무효는 아니므로 즉시항고에 의하여 취소되기 전까지는 역시 추징형의 집행이 계속되고 있는 것으로 보아야 한다").

이 면제된다(77). 형집행이 면제될 뿐 형선고의 효력 자체가 실효되는 것은 아니다. 법률상 당연히 형집행이 면제되고, 별도의 재판이 필요 없다.

Ⅱ. 형의 소멸

형법은 '형의 소멸'(제8절)이라는 표제하에 '형의 실효'(81)와 '복권'(82)을 규정하고 있다. 일반적으로 '형의 소멸'이란 유죄판결의 확정으로 발생한 '형집행권의 소멸'을 말하지만(통설. 예: 형집행종료, 가석방기간만료, 형집행면제, 시효완성, 범인의 사망 등), 여기서는 전과자의 불이익을 제거하여 사회복귀를 돕는, 양자를 포섭하는 상위개념으로써 '형의 소멸'을 사용하고 있다.

1. 형의 실효

형이 선고되면 나중에 그 형이 소멸되어도 전과사실은 남기 때문에 (사회적 평가는 물론) 형선고의 법률상 효과는 그대로 존속한다. 즉, 전과자는 여러 가지 자격제한이나 사회생활상의 불이익을 받는다(예: 누범가중, 선고유예 · 집행유예 결격, 공무원임용 제한, 선거권 · 피선거권 제한 등). 그런데 형의 실효는 이러한 형선고의 법률상 효과를 소멸시키는 제도이다. 즉, 형의 실효는 형집행권의 소멸과 별도로, 형선고의 법적 · 사후적 효과를 소멸시켜 그 전과기록을 말소하고, 전과자의 사회복귀를 돕는 제도이다.

여기에는 재판상 실효, 법률상 실효, 사면에 의한 실효가 있다. 재판상 실효는 법원의 재판으로 형선고의 법적 효과를 소멸시키는 것이고(81), 법률상 실효는 수형인이 일정한 요건에 해당하면 법률상 당연히 그 형이 실효된다(형실효법7). 한편, 대통령이 행하는 사면(즉, 일반사면과 특별사면)도 같은 기능을 하며, 별도로 사면법이 규정한다(동법5).

1) 재판상 실효 형법은 재판상 실효에 대해서만 규정한다. 즉, '징역 또는 금고의 집행을 종료하거나 집행이 면제'된 자가 '피해자의 손해를 보상'하고 '자격정지 이상의 형을 받음이 없이 7년을 경과'한 때에는 본인 또는 검사의 신청에 의하여 그 재판의 실효를 선고할 수 있다(81). 실효의 대상은 징역 · 금고형에 제한되며, 기간경과로 자동 실효되는 것이 아니라 별도의 재판이 필요하다. 실효의 재판이 확정되면 형선고에 기한 법적 효과는 '장래에 향하여' 소멸된다(대판 2002.10.22. 2002감도39). 다만, 좀더 요건이 완화된 '법률상 실효'(당연실효) 규정으

로 인하여 '재판상 실효'는 그 쓰임이 거의 없다.

2) **법률상 실효**(당연실효) 법률상 실효(당연실효)는 **'형의 실효 등에 관한 법률'**에 규정되어 있다. 동법 세/소에 따르면, 수형인이 '자격정지 이상의 형을 받지 아니하고' '형의 집행을 종료하거나 그 집행이 면제'된 날부터 '다음의 기간이 경과'한 때에 그 형은 (법률상 당연히) 실효된다(형실효법7①). 그 실효에 필요한 기간(='실효기간')은 형종 및 형기에 따라 다르다. 즉, ① 3년을 초과하는 징역·금고: 10년, ② '3년 이하'의 징역·금고: '5년', ③ '벌금': '2년'이다. ④ 다만, 구류와 과료는 형의 집행을 종료하거나 그 집행이 면제된 때에 그 형이 실효된다(동단서).[1] 이때 '형이 실효된다'는 것은, "**형의 선고의 법률적 효과가 없어진다는** 것일 뿐, 형의 선고가 있었다는 기왕의 사실 자체의 모든 효과까지 소멸한다는 것은 아니다"(대판 2012.11.29. 2012도10269).

문제는, 어느 징역형(a)의 실효 기간이 경과하기 전에 별도로 형의 집행유예(b) 선고가 있었으나 그 집행유예기간이 무사히 경과한 경우인데, 판례는 그 징역형(a)도 자체의 실효기간이 경과하면 당연히 실효된다고 한다. 즉, "어느 징역형(a)의 실효기간이 경과하기 전에 별도의 집행유예(b) 선고가 있었지만, 집행유예가 실효 또는 취소됨이 없이 유예기간이 경과하였고, 그 무렵 집행유예 전에 선고되었던 징역형(a)도 자체의 실효기간이 경과하였다면, 그 징역형(a) 역시 실효된다"(대판 2014.9.4. 2014도7088; 2016.6.23. 2016도5032).

[판례의 논거] "이와 같이 해석하지 않는다면, 위 (b)전과에서 만약 (징역형의 집행유예가 아닌) 징역형의 실형을 받고 그 징역형이 실효된 경우에는 위 (a)전과의 징역형도실효되는 효과를 누리게 되는 반면, 더 가벼운 징역형의 집행유예 판결을 선고받은경우에는 (집행유예 기간이 경과하여 사실상 형이 실효된 것과 같은 효과가 발생하여도) 그 전에 선고받은 (a)전과의 징역형은 실효되지 않는, 불합리한 결과가 발생" (위 2014도7088)하기 때문이다.

[★ 판례사례: 당연실효(2016도5032 사례)] (쟁점) 피고인이 '폭처법을 위반하여 2회 이상 징역형을 받은 사람'에 해당하는지 여부(누범폭력행위 여부)가 문제된 사안이다. 실효된 전과는 '2회 이상'의 횟수 계산에서 제외된다(대판 2016.6.23. 2016도5032).

---

1) ['가장 무거운 형' 기준] 하나의 판결로 여러 개의 형이 선고된 경우에는 각 형의 집행을 종료하거나 그 집행이 면제된 날부터 '가장 무거운 형'에 대한 제7조 제1항의 기간이 경과한 때에 형의 선고는 효력을 잃는다. 다만, 제1항 제1호 및 제2호를 적용할 때 징역과 금고는 같은 종류의 형으로 보고 각 형기를 합산한다(동법7②).

(사안) 요약하면, "피고인이 ① 2000. 9. 26. 징역 2년, ② 2005. 5. 19. 징역 4월에 집행유예 2년, ③ 2008. 6. 5. 징역 2년에 집행유예 4년을 각 선고받고, ④ 2012. 6. 1. 징역 2년을 선고받아 2013. 1. 31. 확정"된 경우이다.

(판단) "① 전과는 3년 이하의 징역형으로, 구 형실효법 제7조 제1항 제2호에 의하여 그 실효기간은 형의 집행 종료일 또는 면제일로부터 5년이다. 그런데 ① 전과의 실효기간이 경과하기 전에 ② 집행유예 선고가 있었으나 그 집행유예가 실효 또는 취소되지 않고 유예기간이 경과한 것으로 보이고, ① 전과도 그 무렵 자체의 실효기간 5년이 경과한 것으로 보인다. ② 집행유예 선고가 실효 또는 취소되었다는 등의 사정이 인정되지 않는 한 ① 전과는 폭처법 제2조 제3항에서 말하는 '징역형을 받은 경우'라고 할 수 없다. ③ 집행유예 전과도 그 선고가 실효되거나 취소되지 않고 유예기간이 경과하였다면 형법 제65조에 따라 형의 선고에 의한 법적 효과가 장래를 향하여 소멸하게 된다. 따라서 ③ 집행유예 선고가 실효 또는 취소되었다는 등의 사정이 인정되지 않는 한 ③ 전과 역시 '징역형을 받은 경우'라고 할 수 없다. ①, ③ 전과가 제외된다면, 피고인은 폭처법 제2조 제3항에서 말하는 '2회 이상 징역형을 받은 사람'에 해당한다고 할 수 없다." 그 밖에 특가법상 누범절도 사례도 참조.[1]

3) 형 실효의 효과 재판상 실효든 법률상 실효든 실효의 효과는 같다. 형의 실효는 형선고에 기한 '법적 효과'가 '장래에 향하여' 소멸한다(대판 2014.9.4. 2014도7088 등)는 것일 뿐, 형의 선고가 있었다는 '기왕의 사실' 자체까지 소멸하

---

1) [판례사례: 당연실효(2023도10699 사례)] [쟁점] 피고인이 '특정범죄가중처벌법 제5조의4 제5항에서 정한 절도죄로 3번 이상 징역형을 받은 경우'에 해당하는지 여부(누범절도 여부)가 문제된 사안이다. 형실효법의 입법취지에 비추어 보면, 실효된 전과는 '3번 이상'의 횟수 계산에서 제외된다(대판 2016.6.23. 2016도5032).

[사안] 요약하면, "피고인은 ① 2005.12.22. 절도죄로 징역 8월에 집행유예 2년을 선고('제1전과')받고, ② 2006.5.17. 절도죄로 징역 8월을 선고('제2전과')받았으며, ③ 2007.9.4. 특가법위반(절도)죄로 징역 1년 6월을 선고('제3전과')받고 2009.2.1. 그 형의 집행을 종료하였고, ④ 2009.5.27. 특가법위반(절도)죄로 징역 2년을 선고('제4전과'→재심 대상)받고, ⑤ 2012.11.14. 같은 죄로 징역 3년 6월을 선고('제5전과'→재심 대상)받았으며, ⑥ 2016.6.13. 특수강도죄로 징역 3년을 선고받고, ⑦ 2021.4.16. 수원지방법원에서 절도죄로 징역 1년 6월을 선고('제6전과')받고 2022.2.23. 그 형의 집행을 종료하였다."

[판단] "각 재심판결이 선고되어 확정됨으로써 제4전과 및 제5전과의 확정판결은 종국적으로 효력을 상실하여 형의 선고가 있었다는 기왕의 사실 자체의 효과가 소멸하였으므로, 위 각 전과는 형실효법 제7조 제1항에서 정한 '자격정지 이상의 형'을 받은 경우에 해당하지 않는다. 피고인이 제3전과에 의한 형의 집행을 종료한 2009.2.1.부터 그 후 특수강도죄로 징역형을 선고받은 2016.6.13.까지 형실효법 제7조 제1항 제2호에서 정한 5년의 기간이 경과한 이상 이로써 제1전과 내지 제3전과는 위 실효기간이 경과한 때에 모두 실효되었다. 따라서 피고인의 전과 중 형법 제329조부터 제331조까지의 죄 또는 그 미수죄로 징역형을 받은 전과는 제6전과만 남게 되어 피고인은 특정범죄가중법 제5조의4 제5항 제1호에서 정한 '세 번 이상 징역형을 받은 사람'에 해당하지 않는다."

는 것은 아니다.

형선고에 기한 법적 효과가 소멸한다는 것은 형선고로 인한 법적 불이익이 장래를 향해 해소된다는 것을 의미한다. 전과기록은 수형인명부, 수형인명표 및 범죄경력조회를 말하는데(형실효법2vii),[1] 형이 실효되면. 전과기록의 일부인 '수형인 명부'는 해당란을 삭제하고, '수형인 명표'는 폐기한다. 다만, 형실효법에는 '범죄경력자료'에 관한 규정은 없다. 범죄경력자료가 그대로 남는 이상(수사경력자료도 그대로 남는다) 전과기록이 사실상 평생 남는다.[2] 형의 선고가 있었다는 사실 자체를 기록한 자료에 불과하기 때문이다.

반면, 형의 실효는 소급효가 없으므로 형선고에 기한 기성의 효과는 소멸하지 않는다. 즉, 형이 실효되더라도 소급하여 자격을 회복하는 것은 아니고(대판 1974.5.14. 74누2), 그 형의 선고에 의해 이미 상실한 어떤 권리를 소급적으로 회복시켜 주는 것도 아니며(대판 1991.5.14. 90누3720), 그 형의 선고에 의해 공무원의 직을 상실한 자가 당연히 복직되는 것도 아니다.

[형의 실효와 특별법상 누범가중 구성요건에서의 '징역형을 받은 사람' 여부]

(1) 누범가중 구성요건 특가법 및 폭처법상 누범가중 구성요건에서는 '2회 또는 3회 이상 징역형을 받은 사람'의 누범을 특히 가중처벌하는 내용의 특별구성요건이 특가법과 폭처법에 있다.

i) 특가법상 ㉠ (누범 절도등) 절도·강도·장물죄로 3회 이상 '징역형을 받은 사람'이 다시 이들 죄를 범하여 누범으로 처벌하는 경우(동법5의4⑤), ㉡ (누범 상습절도) 상습적으로 절도죄로 두 번 이상 '실형을 선고받고' 그 집행이 끝나거나 면제된 후 3년 이내에 다시 상습적으로 절도죄를 범한 경우(동⑥),

ii) 폭처법상 ㉠ (누범 폭행등) 이 법을 위반하여 2회 이상 '징역형을 받은 사람'이 다시 폭행등의 죄를 범하여 누범으로 처벌할 경우(동법2③), ㉡ (누범 특수폭행등) 이 법을 위반하여 2회 이상 '징역형을 받은 사람'이 다시 특수폭행등의 죄를 범하여 누범으로 처벌할 경우(동법3④)이다.

(2) 실효된 형 제외 문제는 형이 실효된 경우 여기서의 '징역형을 받은 경우'에 해당하는지 여부이다. 판례는 "형이 실효된 경우에는 형선고에 의한 법적 효과가 장

---

1) [전과기록의 뜻] "수형인명부"란 자격정지 이상의 형을 받은 수형인을 기재한 명부로서 검찰청 및 군검찰부에서 관리하는 것을 말한다(2ii). 그리고 "수형인명표"란 자격정지 이상의 형을 받은 수형인을 기재한 명표로서 수형인의 등록기준지 시·구·읍·면 사무소에서 관리하는 것을 말한다(2iii). 한편 "범죄경력자료"는 벌금 이상의 형의 선고 등에 해당하는 사항에 관한 자료를 말한다(2v).

2) 이 자료는 조회(신원조회)가 제한되지만 삭제되지는 않는다.

래를 향하여 소멸하므로, 형이 실효된 후에는 그 전과는 여기서 말하는 '징역형을 받은 경우'에 해당하지 않는다"고 한다(대판 2014.9.4. 2014도7088; 2016.6.23. 2016도5032).

[형의 실효와 제37조 후단경합범 여부 · 선고유예 결격 여부 · 집행유예 결격 여부] ㉠ (후단경합범 전과) 형이 실효되더라도, 확정판결을 받은 죄의 존재가 소멸되지 않는 이상, 형법 제37조 후단의 '판결이 확정된 죄'에는 해당한다. 제37조 후단에서 말하는 판결이 확정된 죄라 함은, 수개의 독립된 죄 중 어느 죄에 대하여 확정판결이 있었던 사실 자체를 의미하기 때문이다(대판 2016.6.23. 2016도5032).

㉡ (선고유예 결격 여부) 자격정지 이상의 형을 받은 전과가 있는 자에 대해서는 선고유예를 할 수 없다(59①단서). 형이 실효되더라도 형의 선고가 있었다는 기왕의 사실 자체의 모든 효과까지 소멸한다는 의미는 아니므로, 일단 자격정지 이상의 형을 선고받은 이상, 그 후 그 형이 실효되더라도 선고유예의 결격사유에 해당한다(대판 2004.10.15. 2004도4869).

㉢ (집행유예 결격 여부) 재판상 실효기간(7년)과 법률상 실효기간(5년 또는 10년)이 집행유예의 결격기간(3년)보다 장기이므로, 집행유예의 결격 여부는 문제되지 않는다. 다만, 특강법(=특정강력범죄가중처벌법) 제5조는 결격기간을 집행종료 또는 면제후 10년으로 규정함으로써 실효된 전과와 집행유예 결격 여부가 문제되나, 형선고의 효력이 상실되는 형의 실효제도의 취지상 형이 실효된 이후부터는 집행유예 결격전과에 해당하지 않는다고 본다.

2. 재판상 복권

재판상 복권이란 자격정지형의 선고에 따라 정지된 자격을 재판의 선고에 의하여 회복시키는 것을 말한다. 그 정지기간 만료 전에 자격을 회복시켜 사회복귀의 장애를 제거함에 그 취지가 있다. 즉, 자격정지의 선고를 받은 자가 '피해자의 손해를 보상'하고 '자격정지 이상의 형을 받음이 없이 정지기간의 2분의 1을 경과'한 때에는 본인 또는 검사의 신청에 의하여 자격의 회복을 선고할 수 있다(82). 형법은 재판상 복권에 대해서만 규정하고 있다. 한편, 사면에 의한 복권(즉, 형의 선고에 따라 상실 또는 정지된 자격을, 대통령의 명에 의하여 회복시키는 것)은 별도로 사면법이 규정한다(동법5).

재판상 복권은 법원의 재판이 필요하고, 자격정지형의 기간 만료 전에 정지된 자격을 회복시키며, 이는 장래에 대해서만 효력이 있다. 복권은 정지된 자격만 회복시킬 뿐, 형선고의 효력은 상실되지 않으므로, 복권이 있더라도 그 전과사실은 누범가중사유에 해당한다(대판 1981.4.14. 81도543).

3. 재판절차: 재판상 실효와 재판상 복권

형의 실효(81)와 복권(82)의 선고는 그 사건에 관한 기록이 보관되어 있는 검찰청에 대응하는 법원에 신청해야 한다(형소337①). 그 선고는 결정으로 한다(동②). 신청인은 각하결정에 대해 즉시항고할 수 있다(동③).

Ⅲ. 기간

형법상 기간이란 일정한 시점에서 다른 시점까지 계속되는, 형법상 의미 있는 일정한 길이의 시간을 말한다(예: 형기, 시효기간, 형의 실효기간, 복권의 요건인 기간 등). 민법상 기간은 주, 월 또는 연으로 정한 기간을 역(曆)에 의하여 계산하나(동법160), 형법상 기간은 '연(年) 또는 월(月)로 정한 기간은 연 또는 월 단위로 계산한다'(83)는 차이가 있다. 계산방법은 다음과 같다.

1) 기간의 계산　연 또는 월로 정한 기간은 연 또는 월 단위로 계산한다(83). 즉, 역법적 계산방법에 따라 연·월 단위로 계산하고, 중간의 일·시·분·초는 정산하지 않는다. '연·월의 초일'이 기산일인 때에는 그 기간의 최후의 연·월의 말일이 만료일(종료일)이 된다(예: 6개월 기간의 기산일이 3월 1일이면, 그 만료일은 8월 31일이다). '초일 이외의 날'이 기산일인 때에는 그 기간의 최후의 연·월에 해당하는 날(해당일)의 전날이 만료일이 된다(예: 1년 기간의 기산일이 8월 31일이면, 그 만료일은 다음해 8월 30일이다).

2) 형기의 계산　형기는 판결이 확정된 날로부터 기산한다(84①). 여기서 형기란 자유형의 기간을 말한다. 징역·금고·구류와 노역장유치에 있어서는 '(실제로) 구속되지 아니한 일수'는 형기에 산입하지 아니한다(동②). 형의 집행과 시효기간의 초일(첫날)은 시간을 계산함이 없이 1일로 산정한다(85).

석방은 형기종료일에 하여야 한다(86). 즉, 석방일은 형기종료일이다. 수형자의 석방은 형기종료에 따라 교정시설의 장이 하며(형집행법123), 형기종료일 05:00 이후에 석방하여야 한다(법무부예규제1219호43②).

제 2 장

보안처분

제 1 절 보안처분의 의의와 본질

Ⅰ. 의의와 종류

1) 뜻 　형사제재에는 형벌과 보안처분이 있다. 보안처분이란 재범의 위험성이 있는 범죄인을 교화·개선하여 정상인으로 사회복귀를 촉진하고(개선), 이를 통해 그 범죄인의 재범을 방지하고 '사회의 안전을 보호'하기 위한(보안) 처분을 말한다. 즉, "형벌만으로는 행위자의 장래의 재범에 대한 위험성을 제거하기에 충분하지 못한 경우에, 사회방위와 행위자의 사회복귀의 목적을 달성하기 위하여 고안된 특별예방적 목적 처분"(헌재 1997.11.27. 92헌바28)이다. 보안처분은 헌법이 예정하고 있다(헌법12①).

형벌과 보안처분은 모두 이미 저질러진 범죄에 대한 법률효과로서 부과된다는 점에서는 동일하다. 그러나 형벌이 과거의 범죄행위에 대한 사후적 제재로서, 책임원칙이 적용되는 것임에 비해, 보안처분은 행위자의 사회적 위험성과 재범의 위험성에 기초한, 미래를 향한 특별예방적 제재로서, 비례성원칙이 강조된다는 차이가 있다.

2) 보안처분법정주의 　헌법상 "누구든지 법률과 적법절차에 의하지 아니하고는 처벌·보안처분을 받지 아니한다"(헌법12①). 이는 보안처분법정주의를 선언한 것이다. 즉, 형벌과 보안처분은 헌법이 인정하는 동등한 형사제재로서, 보안처분의 부과요건 및 절차는 형벌의 그것과 동등한 수준으로 헌법상 법치국가

원리의 제한을 받는나. 따라서 형벌에 관한 죄형법정주의의 하위원리(법률주의, 명확성 원칙, 유추적용금지 원칙 등)는, 보안처분의 본질상 적합하지 않은 것을 제외하고, 원칙적으로 보안처분법정주의의 내용으로 인정된다(대판 2012.3.22. 2011도15057 전합 참조). 다만 소급입법금지 원칙과 관련하여, 헌법재판소는 형벌적 성격이 강한 보안처분에는 적용되지만 '비형벌적 보안처분에는 적용되지 않는다'고 한다(헌재 2014.8.28. 2011헌마28 등).

[판례: 보안처분과 소급효] 자세한 것은 죄형법정주의 부분 참조.

i) [소급적용] ㉠ 보호관찰(대판 1997.6.13. 97도703), ㉡ 전자장치 부착명령(헌재 2015.9.24. 2015헌바35), ㉢ 아청법(청소년성보호법)상 신상정보의 공개명령(대판 2011.3.24. 2010도14393), 성폭법(성폭력처벌법)상 공개명령 및 고지명령(헌재 2016.12.29. 2015헌바196, 대판 2011.9.29. 2011도9252; 2012.6.28. 2012도2947 등).

ii) [소급적용 부정] ㉠ 사회봉사명령(대결 2008.7.24.자 2008어4), '수강명령 또는 이수명령의 병과규정(대판 2013.4.11. 2013도1525), ㉡ 전자장치 부착기간 하한을 2배 가중하는 규정'(대판 2013.7.26. 2013도6220) 등.

3) 보안처분의 전제조건 보안처분은 범죄에 대한 법률효과로서, 장래의 재범 위험성에 대한 특별예방적 제재이다. 다음 조건을 충족해야 한다.

i) [행위] 보안처분은 이미 저질러진 범죄에 대한 법률효과이므로, 기왕의 행위가 '구성요건에 해당하고 위법'한 것이라야 한다. 책임이 인정되지 않았더라도 보안처분만큼은 가능한 셈이다. 아직 범죄행위(소위 단서범죄)로 나아가지 않았던 경우에는, 보안처분이 부과될 수 없다.

ii) [재범의 위험성] 보안처분은 특별예방적 제재이므로, '재범의 위험성'이 있어야 한다. 재범의 위험성이 없으면 보안처분은 허용되지 않는다(헌재 1989.7.14. 88헌가5 등). 재범의 위험성은 대상자가 다시 죄를 범하여 법적 평온을 깨뜨릴 확실한 개연성을 의미하며, 범죄행위시가 아니라 '판결선고시'를 기준으로 판단한다(대판 1996.4.23. 96감도21).

iii) [비례성원칙] 보안처분은 형벌과 달리 책임주의가 적용되지 않으므로, 법치국가 원리에 근거하는 비례성원칙(= 적합성원칙, 필요성원칙, 균형성원칙)이 특히 강조된다(이는 책임주의와 유사한 기능을 한다). 즉, "형벌은 책임주의에 의하여 제한을 받지만, 보안처분은 책임에 따른 제재가 아니어서 책임주의의 제한을 받지 않는다. 보안처분에서는 형벌에 대해 책임주의가 기능하는 바와 같은 역할을 하는 것이 바로 비례의 원칙이다. 비례의 원칙은 보안처분의 선고 여부 결정뿐만 아니라, 보안처분을 종료할 것인지 여부를 판단할 때에도 적용된다"(헌재 2005.2.3. 2003헌바1).

[보안처분의 종류] i) **[대인적 보안처분과 대물적 보안처분]** ㉠ 대인적 보안처분은 사람에 의한 장래의 범죄행위를 방지하기 위해 특정인에게 선고되는 보안처분이다. 치료감호법상 치료감호, 보호관찰 등이 여기에 해당한다. ㉡ 대물적 보안처분은 물건에 대해 선고되는 보안처분이다. 예컨대, 영업소폐쇄, 법인의 해산·업무정지 등이 있겠으나, 현행법상 이에 관한 명문의 규정은 없다. 형법상 몰수를 보안처분으로 이해한다면, 몰수는 대물적 보안처분에 해당한다.

ii) **[자유박탈적 보안처분과 자유제한적 보안처분]** 대인적 보안처분을 자유침해의 정도에 따라 분류한 것이다. ㉠ 자유박탈적 보안처분에는 치료감호법상 치료감호, 소년법상 소년원송치처분 등이 있고, ㉡ 자유제한적 보안처분에는 치료감호법상 보호관찰, 보호관찰법상 보호관찰 등이 있다.

Ⅱ. 보안처분과 형벌의 관계

1) 본질: 일원론과 이원론 형벌과 보안처분의 관계에 대해서는 일원론과 이원론이 논의된다. i) 일원론은 형벌이든 보안처분이든 범죄인의 재범방지와 사회방위에 목적이 있는 이상 양자를 서로 구별할 필요가 없다는 입장이다(근대학파). 양자는 본질적으로 동일하고, 양자 가운데 어느 하나만 적용하자는 것이다. 이를테면 응보가 강조되는 경우에는 형벌을, 예방이 강조되는 경우에는 보안처분을 부과하게 된다. ii) 반면, 이원론은 형벌이 행위책임을 기초로 과거의 범죄행위에 대한 사후적 제재인 것에 비해, 보안처분은 장래의 위험성에 대한 순수한 예방적 제재인 이상, 양자가 본질적으로 구별된다는 입장이다(통설). 양자는 동시에 선고되고 중복적으로 집행되어야 한다는 것이다. 나아가 형벌은 반드시 사법처분에 의해야 하지만, 보안처분은 사법처분이 아닌 행정처분 등에 의해서도 부과될 수 있다고 한다.

헌법상 형벌과 보안처분은 서로 구분되고(헌법12①), 형벌은 형법에서, 보안처분은 특별법에서 규정하고 있다. 판례 역시 **이원론**의 입장이다. 즉, "**양자는 그 근거와 목적을 달리하는 형사제재**이다. 형벌은 책임의 한계 안에서 과거 불법에 대한 응보를 주된 목적으로 하는 제재이고, 보안처분은 장래 재범 위험성을 전제로 범죄를 예방하기 위한 제재(형벌에 대신하여 또는 형벌을 보충하여 부과)이다”(헌재 2014.8.28. 2011헌마28 등)라고 한다. 예컨대, “성폭력범죄자에 대한 전자감시제도는 일종의 보안처분이며, 형벌과 구별되어 그 본질을 달리한다”(대판 2011.7.28. 2011도5813)는 것이다. 따라서 명시적인 배제조항이 없는 한 어느 한 쪽의 적용대상이라는 이유로 다른 한 쪽의 적용 배제를 주장할 수 없다(대판 2007.8.23. 2007도3820).[1] 즉, 양자는 **병과**될 수 있다(이원론).

2) 집행방법: 병과주의와 대체주의 이원론에 따라 형벌과 보안처분이 함께 부과되는 경우 그 집행방식이 문제된다. 병과주의와 대체주의가 있다.

i) [병과주의] 형벌과 보안처분을 모두 집행하는 방식이다. 대개 형벌을 먼저 집행하고, 이어서 보안처분을 순차 집행한다(예: 소년법64. 보호처분 계속 중일 때에 징역형을 선고받은 소년에 대해서는 그 ‘형’을 먼저 집행한다). ii) [대체주의] 보안처분을 먼저 집행하고, 보안처분의 집행으로 형벌의 집행을 대체하는 방식이다. 대개 보안처분을 우선 집행하고, 보안처분의 집행기간을 형기에 산입하며, 그후 형벌의 집행 유예 여부를 결정한다(예: 치료감호법18. 치료감호와 형이 병과된 경우에는 ‘치료감호’를 먼저 집행하고, 치료감호의 집행기간은 형 집행기간에 포함한다).

현행법상 보호관찰 등 일반적으로는 병과주의를 채택하고 있으나, **치료감호**(형벌대체적 보안처분)는 예외적으로 **대체주의**를 채택하고 있다.

제 2 절 현행법상 보안처분

Ⅰ. 치료감호법상 치료감호

치료감호법(‘치료감호 등에 관한 법률’)상 치료감호란 심신장애인, 약물중독자 및 정신성적 장애인이 치료감호시설에서 치료를 받을 필요가 있고 재범의 위험성이 있는 경우에 치료감호시설에 수용하여 치료를 위한 조치를 하는 보안처분을 말한다(동법2·16). 치료감호시설에 수용한다는 점에서 자유박탈적 보안처분에 속한다.

1) [새로운 형사제재수단의 등장] 한편, “오늘날에는 형벌과 보안처분의 형태가 다양해지고 새로운 형사제재수단들의 등장으로 형벌과 보안처분의 경계가 모호해지고 있어, 종전과 같은 ‘과거 행위에 대한 응보－재범의 위험성에 따른 사회 예방’이라는 이분법적 논리를 단순히 적용하기에는 타당하지 않은 면도 있다”(헌재 2012.12.27. 2010헌가82 등; 2014.8.28. 2011헌마28 등).

[치료감호] i) [요건] 치료감호의 대상자는 심신장애인, 중독자 및 정신성적 장애인으로서, 치료감호시설에서 치료를 받을 필요가 있고 재범의 위험성이 있는 자라야 한다(동법2①i). 즉, ㉠ [심신장애인] 심신상실자 · 심신미약자로서 금고 이상의 형에 해당하는 죄를 범한 자(동i). 심신장애 여부는 형법 제10조에 따라 결정한다. ㉡ [약물중독자] 마약 · 향정신성의약품 · 대마, 그 밖에 남용되거나 해독을 끼칠 우려가 있는 물질이나 알코올을 식음 · 섭취 · 흡입 · 흡연 또는 주입받는 습벽이 있거나 그에 중독된 자로서 금고 이상의 형에 해당하는 죄를 지은 자(동ii), ㉢ [정신성적 장애인] 소아성기호증, 성적가학증 등 성적 성벽이 있는 정신성적 장애인으로서 금고 이상의 형에 해당하는 성폭력범죄를 지은 자이다(동iii).

ii) [청구와 선고] 치료감호의 청구는 검사가 관할 법원에 청구하고(동법4①), 공소제기한 사건의 항소심 변론종결 시까지 청구할 수 있다(동⑤). 법원은 공소제기된 사건의 심리결과 치료감호를 할 필요가 있다고 인정할 때에는 검사에게 치료감호 청구를 요구할 수 있다(동⑦). 다만 법원의 의무는 아니다(대판 1998.4.10. 98도549). 법원은 치료감호사건을 심리하여 그 청구가 이유 있다고 인정할 때에는 판결로써 치료감호를 선고해야 한다(동법12①).

iii) [집행] 치료감호를 선고받은 자에 대하여는 치료감호시설에 수용하여 치료를 위한 조치를 한다(동법16①). 심신장애인과 정신성적 장애인의 수용기간은 15년을 초과할 수 없고, 약물중독자의 수용기간은 2년을 초과할 수 없다(동②). 감호기간의 과도한 장기화를 방지하기 위한 것이다. 특히 **대체주의**를 채택하고 있다. 즉, 치료감호와 형이 병과된 경우에는 치료감호를 먼저 집행하고, 치료감호의 집행기간은 형 집행기간에 포함한다(동법18).

치료감호심의위원회는 피치료감호자에 대해 치료감호 집행을 시작한 후 매 6개월마다 치료감호의 종료 · 가종료 여부를 심사 · 결정하고, 가종료 또는 치료위탁된 피치료감호자에 대해서는 가종료 또는 치료위탁 후 매 6개월마다 종료 여부를 심사 · 결정한다(동법22). 치료감호가 가종료된 자와 치료위탁된 자 등에게는 보호관찰법에 따른 보호관찰이 시작된다(동법32①).

Ⅱ. 보호관찰법상 보호관찰

보호관찰법('보호관찰 등에 관한 법률')은 범죄인에 대한 사회 내 처우를 확대 적용하여 범죄인의 건전한 사회 복귀를 촉진하고 사회를 보호하기 위하여 보호관찰을 규정하고 있다(동법1 참조). 보호관찰이란 보호관찰관이 보호관찰 대상자를 사회 내에서 지도 · 감독하는 보안처분을 말하며, 자유제한적 보안처분에 해당한다.

[보호관찰] i) [보호관찰 대상자] 보호관찰의 대상자는, 형법에 따라 보호관찰을 조건으로 선고유예·집행유예를 선고받은 사람 및 가석방되거나 임시퇴원된 사람, 소년법에 따라 보호관찰이 보호처분을 받은 사람, 다른 법률에서 보호관찰법에 따른 보호관찰을 받도록 규정된 사람 등이다(동법3①).

ii) [보호관찰의 내용] 보호관찰에 관한 사항은 법무부장관 소속으로 설치된 보호관찰 심사위원회에서 심사·결정하며(동법5·6), 보호관찰에 관한 사무는 보호관찰소에서 관장하고 보호관찰관이 담당한다(동법14·15·16).

보호관찰 대상자는 보호관찰관의 지도·감독을 받으며, 준수사항(일반, 특별)을 지키고 스스로 건전한 사회인이 되도록 노력해야 한다(동법32). 보호관찰관은 보호관찰 대상자의 재범을 방지하고 건전한 사회 복귀를 촉진하기 위하여 필요한 지도·감독을 한다(동법33①).

iii) [보호관찰 기간] 보호관찰법상 보호관찰의 기간은, ㉠ 선고유예를 받은 사람은 1년, ㉡ 집행유예를 받은 사람은 그 유예기간(다만, 법원이 보호관찰 기간을 따로 정한 경우에는 그 기간), ㉢ 가석방자는 형법 제73조의2(무기형은 10년, 유기형은 남은 형기) 또는 소년법 제66조에 정한 기간(가석방 전에 집행받은 기간), ㉣ 임시퇴원자는 퇴원일부터 6개월 이상 2년 이하의 범위에서 심사위원회가 정한 기간, ㉤ 소년법상 보호관찰의 보호처분을 받은 사람은 그 정한 기간(단기 보호관찰은 6월, 장기보호관찰은 2년이 되 연장 가능), ㉥ 다른 법률에 따라 보호관찰법에서 정한 보호관찰을 받는 사람은 그 법률에서 정한 기간(예: 치료감호법32②의 보호관찰은 3년)이다.

Ⅲ. 전자장치부착법상 전자장치 부착

전자장치부착법('전자장치 부착 등에 관한 법률')은 범죄인의 사회복귀를 촉진하고 범죄로부터 국민을 보호함을 목적으로, 특정 범죄자의 신체에 위치추적 전자장치를 부착하게 하는 조치(전자장치 부착명령)를 규정하고 있다. 위치추적 전자장치는 전자파를 발신하고 추적하는 원리를 이용하여 위치를 확인하거나 이동경로를 탐지하는 일련의 기계적 설비로서(동법2iv), GPS 또는 이동통신망을 이용하여 원격감시하는 새로운 사회내 처우프로그램이다. 즉, "전자감시제도는 일종의 보안처분이다. 형벌과 구별되어 그 본질을 달리하는 것으로서, 형벌에 관한 소급입법금지의 원칙이 그대로 적용되지 않으므로, 법률이 개정되어 부착명령 기간을 연장하더라도 소급입법금지의 원칙에 반하지 않는다"(대판 2010.12.23. 2010도11996).

[전자장치 부착명령] i) [요건] 2008년 '성폭력범죄'에 대하여 처음 도입된 후 현재 '미성년자 대상 유괴범죄, 살인범죄 및 강도범죄'에까지 확대되어 있다(동법2·5). 특정범죄자의 장래의 재범 위험성을 요건으로 한다(동법5).

ii) [부착] 부착명령의 청구는 공소제기된 특정범죄사건의 항소심 변론종결 시까지 해야 한다(동법5⑤). 법원은 공소제기된 특정범죄사건을 심리한 결과 부착명령을 선고할 필요가 있다고 인정하는 때에는 검사에게 부착명령의 청구를 요구할 수 있다(동⑥). 법원은 부착명령 청구가 이유 있다고 인정하는 때에는 부착기간을 정하여 판결로 부착명령을 선고해야 하고(동법9①), 그 판결은 특정범죄사건의 판결과 동시에 선고해야 한다(동⑤).

부착명령은 공소제기된 사건에서 검사의 청구로 법원이 판결로써 하는 것이 원칙이지만, 보호관찰심사위원회나 치료감호심의위원회가 결정하는 경우(행정처분)도 있다. 즉, 부착명령 판결을 선고받지 않은 특정 범죄자로서 형의 집행 중 가석방되어 보호관찰을 받게 되는 자에 대해서는 보호관찰심사위원회(동법22), 치료감호의 집행 중 '가종료 또는 치료위탁되는 피감호자'나 보호감호의 집행 중 '가출소되는 피보호감호자'[1]에 대해서는 치료감호심의위원회가 각각 기간을 정하여 전자장치를 부착하게 할 수 있다(동법23).

[성폭력범죄자에 대한 보안처분] 성폭력처벌법('성폭력범죄의 처벌 등에 관한 특례법'), 청소년성보호법('아동·청소년의 성보호에 관한 법률'), 성충동약물치료법('성폭력범죄자의 성충동 약물치료에 관한 법률'), 전자장치부착법('전자장치 부착 등에 관한 법률') 등은 성폭력범죄에 대하여 다양한 보안처분을 규정하고 있다.

주요 내용으로는 보호관찰, 수강명령과 이수명령, 신상정보 등록, 등록정보 공개명령과 고지명령, 취업제한, 성충동 약물치료, 전자장치 부착명령 등이 있다.

Ⅳ. 소년법상 보호처분

소년법은 소년에 대한 교화·개선의 조치로서 10개의 보호처분을 규정하고 있다(동법32①). 즉, 보호자 위탁(제1호), 수강명령(제2호), 사회봉사명령(제3호), 단기 보호관찰(제4호), 장기 보호관찰(제5호), 아동복지시설·소년보호시설에 대한 감호 위탁(제6호), 병원·요양소·소년의료보호시설에 대한 위탁(제7호), 1개월 이내의 소년원 송치(제8호), 단기 소년원 송치(제9호), 장기 소년원 송치(제10호) 등이다.

단기 보호관찰기간은 1년, 장기 보호관찰기간은 2년으로 한다(동법33②③).

---

1) 이는, 치료감호법 또는 사회보호법(2005년 법률 제7656호로 폐지되기 전의 법률)에 따른 준수사항 이행 여부 확인 등을 위한 것이다(동법23①).

단기로 소년원 송치된 소년의 보호기간은 6개월을 초과하지 못하고, 장기로 소년원에 송치된 소년의 보호기간은 2년을 초과하지 못한다(동법33⑤⑥). 보호처분 계속 중에 징역·금고·구류를 선고받은 소년에 대하여는 먼저 그 형을 집행한다(동법64).

Ⅴ. 보안관찰법상 보안관찰

보안관찰법은 특정범죄('보안관찰 해당범죄')를 범한 자에 대하여 재범의 위험성을 예방하고 건전한 사회복귀를 촉진하기 위하여 보안관찰처분을 규정하고 있다. 보안관찰이란 보안관찰 대상자를 사회 내에서 지도·감독하는 보안처분을 말한다. 이는 헌법 제12조 제1항에 근거한 보안처분이다(헌재 2015.11.26. 2014헌바475).

[보안관찰] i) [보안관찰 대상자] 보안관찰 대상자는 보안관찰 해당범죄(주로 내란, 외환 등 반국가적 범죄. 동법2) 또는 이와 경합된 범죄로, 금고 이상의 형의 선고를 받고 그 형기합계가 3년 이상인 자로서, 형의 전부 또는 일부의 집행을 받은 사실이 있고 재범위험성이 있는 자를 말한다(동법3·4).

ii) [심사와 집행] 보안관찰은 보안관찰처분심의위원회가 결정하고(행정처분), 경찰서장이 보안관찰 사무를 담당한다. 보안관찰처분을 받은 자는 법이 정하는 바에 따라 주거지 관할경찰서장에게 신고하고, 재범방지에 필요한 범위 안에서 그 지시에 따라 보안관찰을 받아야 한다(동법4②). 보안관찰의 기간은 2년이다. 법무부장관은 검사의 청구가 있는 때에는 보안관찰처분심의위원회의 의결을 거쳐 그 기간을 갱신할 수 있다(동법5).

판례색인

[대법원 결정]

[대법원 판결]

[서울고등법원]

[대구고등법원]

[수원지방법원]

[헌법재판소 결정]

사항색인

[ㅊ]

저자약력

이주원(李柱元). 柳泉

서울대학교 법과대학 사법학과 졸업
고려대학교 대학원 법학과 졸업(법학석사)
독일 Frankfurt a. M. 대학 Visiting Scholar
일본 北海道大學 객원연구원
제31회 사법시험 합격, 사법연수원 제21기 수료
청주, 수원, 인천 각 지방법원 판사, 서울고등법원 판사
대법원 재판연구관(판사), 광주지방법원 부장판사
광주광역시 광산구선거관리위원회 위원장
고려대학교 법과대학 부교수
고려대학교 법학전문대학원 학생부원장
고려대학교 교원윤리위원회 위원장
근로복지공단 정책자문위원회 위원
대법원 양형위원회 위원(제6기, 제7기)
법무부 검찰인사위원회 위원
고위공직자범죄수사처 자문위원회 위원
사법연수원 법원실무제요[형사] 발간위원회 위원
한국법학교수회 부회장 겸 형사법연구위원회 위원장
한국형사법학회 회장(제44대)
한국형사판례연구회 부회장(현)
대법원 형사실무연구회 부회장(현)
대법원 양형연구회 회장(현)
대법원 국선변호정책심의위원회 위원장(현)
법무부 형사법개정특별위원회 위원(현)
고려대학교 법학연구원 원장(현)
고려대학교 범죄와양형 연구센터 소장(현)
現在 고려대학교 법학전문대학원 교수
(형법 및 형사소송법 담당)

주요 저서

형법총론, 박영사, 2022–2026(총4판)
형법각칙[Ⅳ]–국가, 박영사, 2026
특별형법, 홍문사, 2011–2025(총11판)
형사소송법, 박영사, 2019–2026(총7판)
주석 형법총칙(공저), 한국사법행정학회, 2020
형법주해[Ⅱ] 총칙(2)(공저), 박영사, 2024
특별형법 판례 100선(공편저), 박영사, 2022

제 4 판
형법총론

초판 발행　2022년 2월 15일
제 4 판 발행　2026년 1월 15일

지은이　이주원
펴낸이　안종만 · 안상준

편　집　김선민
기획/마케팅　조성호
표지디자인　벤스토리
제　작　고철민 · 김원표

펴낸곳　(주) 박영사
서울특별시 금천구 가산디지털2로 53, 210호(가산동, 한라시그마밸리)
등록 1959. 3. 11. 제300-1959-1호(倫)
전　화　02)733-6771
f a x　02)736-4818
e-mail　pys@pybook.co.kr
homepage　www.pybook.co.kr
ISBN　979-11-303-9963-8　93360

정 가　39,000원